INDIANA COUNTY 175th Anniversary History

by
Clarence D. Stephenson

Clarence Stephenson

VOLUME V

The A. G. Halldin Publishing Company
Indiana, Pennsylvania
15701

1995

ALL RIGHTS RESERVED

No part of this book may be reproduced or transmitted in quantity or for sale by any means, electronic or mechanical, including photocopying, or by information storage or retrieval system, without permission in writing from the author.

ISBN 0-935648-48-8
Copyright © 1995 by Clarence Stephenson

Published by The A. G. Halldin Publishing Company
Indiana, Pennsylvania 15701

DEDICATED TO MY CHILDREN

Grace Ellen Stephenson

Richard Sutor Stephenson

Nancy Mae Stephenson Prothero

Alice Charlotte Stephenson Leon

Table of Contents

	Page
Acknowledgements	iii-iv
Errata	v-ix
Surname Index - Volumes I-IV	1
Subject Index - Volumes I-IV	245-329
Gazetteer of Place Names	331-409
Bibliography	411-550
Appendix 1 - List of County Officials and State and National Legislators	551-566
Appendix 2 - Additional Biographical Sketches Addenda to Volume IV	567-575
Appendix 3 - The Nugen Cave	577-578
Appendix 4 - Letter from Libby Prison by Harry White	579-580
Appendix 5 - The Origin of Jim Crow	581-583
Appendix 6 - Old Stone House in White's Woods	585-589
Appendix 7 - Benedectine Monastery, Cherryhill Township	591
Appendix 8 - Soldiers of Early Wars, Spanish-American and First World War	593-635
Appendix 9 - Folklore Notes	637-642
Appendix 10 - Blairsville in 1827	643-645
Epilogue	647-651
Picture Album	653-824

Acknowledgements

My sincere thanks to all the many persons and organizations who, at one time or another over the past forty years, have had a role in the research and writing of this history. I hope I have not forgotten or overlooked anyone. Please forgive me if I have.

* Deceased

Assistance with Research, Proofreading and Indexing
Blairsville Library
Bertha Buterbaugh * read through Stewart's and Wiley's histories during January 9 to March 25, 1975, approximately 108 hours, during which time she made 379 cards, read 1144 biographical sketches, and made comments on her reading.
Historical & Genealogical Society of Indiana County
Holli Elgin recorded thousands of names on long ruled sheets as indexing.
Janice Johnson's time at her word processor preparing the surname index would probably be many hundreds of hours over a period of three or more years.
Marcella Stephenson has done much proofreading of galleys

Typing and Printing
Marilyn Caldwell
A. G. Halldin & Staff
Rhonda Thompson

Gave permission to copy
Historical Society of Pennsylvania, Philadelphia
Historical Society of Western Pennsylvania, Pittsburgh
Huntingdon Library, San Marino, California
Indiana Gazette, Indiana, Pa.
Kansas State Historical Society
Library of Congress, Washington D.C
Pennsylvania Historical & Museum Commission, Harrisburg, Pa.
University of Pittsburgh Libraries

Donation or Loan of Materials and Information
Richard Albert, West Trenton, NJ	William F. Graff
ARIN Intermediate Unit	Andrew Wilson Green
Charlotte Armstrong Estate	Lancaster, Pa.
Joseph Barkley	J. Neal Griffith
Margaret Bassler, Columbia, MD*	Lucinda Harris
Mary Bee *	Kenneth F. Haydon

Elda Bence
D. Hall Blair *
Blairsville Library
Bertha & Gertrude Botsford *
Paul Botsford
Ernest H. Coleman, State College, Pa. *
Eileen Cooper
C. Merle Craig
Michael A. Crevak
Veida Dahlin
Luella Daugherty, Broomall, Pa. *
John J. Dropcho
William Dzombak, Latrobe, Pa.
Earl Giles, Johnstown, Pa. *
Mr. & Mrs. Murray Martin
Nell Russell McMahan
Thomas Metzgar, Export, Pa.
Donald M. Miller
Harry C. Moorhead, San Mateo, CA
J. Upshur Moorhead, Tequesta, FL
Robert G. Pollock, Nashua, NH
Mr. & Mrs. Wallace Pollock
Mrs. John Price
Pyle Appliance & Furniture Center
DeWitt Ray *
Rochester & Pittsburgh Coal Co.
Martha Russell *
Saltsburg Historical Society
Rodney Sheffar
Wayne Slippy, Barnesboro, Pa.
Jeffrey Smith
Lois Clark Smith, Johnstown, Pa.
Francis Strong Helman *
Jean Hill
Historical & Genealogical Society
    of Indiana County

Rev. Arthur M. Hayes *
Fred G. Hunter
    Binghamton, NY
Indiana University of
    Pennsylvania Library
Mary A. Jack *
Homer Jeffries
George Johnson
Zella Kuntz *
Rachel Levine, Westfield, NJ
Arthur Lewis
Dixon Lightcap
Dorothy Long *
Evelyn Lott
Mrs. H. Glenn Lowry
Rhodes R. Stabley *
L.T. Stadtmiller *
Marjorie McCormick Stephenson*
Richard Stephenson,
    Anchorage, AK
Rev. Dr. Reid W. Stewart
George Swetnam
Mabel Apple Talley
    Charlottesville, VA
Roxie Thompson
R. Dudley Tonkin *
Caroline Moore Walker
William Walker
Denise Weber
Gladys Wille *
David Williams
Isabel McAnulty Williams
Cathy Wilson
A. William Wolford
Margaret Work

Errata (Volumes I-IV)

I am sorry there have been so many errors. It is suggested to go systematically through each volume and print corrections with a fine-tip black ballpoint pen.

--CDS

Volume I
page
- xi   564-0 should be 546-0
- 87   Line 5 from end, strike out "near Black Lick Creek." Should be White Township
- 99   Line 3 from end, strike out "Brushvalley." Should be Burrell
- 126   Paragraph 3, line 8 beginning "died," Change date 1789 to 1792
- 154   Line 5 from end. Insert period after "services," Capital L in "later."
- 161   Paragraph 4, lines 5 & 6 from end. Strike out "where Robert Nixon's residence was later erected"
- 182   First paragraph, line 4. Add footnote 7 after "Saltsburg."
- 188   First line under "Salt Statistics." Spelling error: impossible
- 202   First paragraph under "Views..." last line "See Chapter 2..."
- 210   Lines 2,3,4. Strike out "and others..." to end of sentence
- 219   Line 1. Strike out first word "they." Should be that.
- 242   Line 3 from end. Year 1846 should be 1840
- 249   Paragraph above quotation "A Hard Case." Henry Clay, Whig, who received 2,000. Strike out 220.
- 252,253   Begin on last line of 252. Change years as follows: Robert Robinson 1812, James Elliott 1818, Thomas Sutton 1809, Clemence McGara 1824, Thomas Sutton 1815, Henry Kinter 1821
- 253   Paragraph 3, line 9 beginning "Nixon Avenue." Strike out rest of sentence "where Squire..."
- 264   First paragraph under "Hunting..." line 11 beginning "diana." Chapter 3 should be Chapter 2
- 267   Paragraph 3, line 2. Date March 1828 should be May 1827
- 269   Line 5 from end. "H.C. Chapman" should be H. L. Chapman
- 270   Line 4 from end. "H.C. Chapman" should be H. L. Chapman
- 271   Paragraph 2, line 2. "Chapter 5" should be Chapter 4
- 277   Line 8 from end. "Edward" should be Robert
- 286   Last paragraph, line 2. Year 1836 should be 1838
- 310   Line 4. Spelling error: boarded
- 312   First paragraph under "Tragedies," next to last line. "Chapter 5" should be Chapter 4.
- 328   Paragraph 3, line 8 beginning "Volume 4". Change to Volume 5.

v

344   Next to last paragraph, lines 4 & 5. Strike out everything after "road" to end of sentence

359   Paragraph 3, line 11 beginning "Moorhead." Year 1820 should be 1829

361,362   Last line on 361 and first line on 362. Strike out "T.S. Reid." Should be Copley. Change date January 1, 1827 to Spring 1818

449   Quotation at end, line 1 "of" should be "or"

490   Line 3. "H.C. Chapman" should be H. L. Chapman

492   Last line "H.C. Chapman" should be H. L. Chapman

496   Last paragraph, line 1 "H.C. Chapman" should be H. L. Chapman

516-D   Caption under picture. Strike out "June 1896." Should be December 10, 1899

530   Under "Paper Mill," last sentence beginning "Clean rags..." Strike out entire sentence

534   Line above quotation "H.C. Chapman" should be H. L. Chapman

535   Paragraph 3, line 8 beginning "chased." John Sutton should be James Sutton

537   Line 7 beginning "the best," Strike out "grain drill." Should be Stalk and straw cutter.

572   Line 6 from end. Spelling error: open

579   Line 1 "Samuel G. Miller(D)" should be Samuel G. Miller(L)

592   Line 4, first list of election returns beginning "Canal Commissioner" After "Millward(R) add 2545

598   Line 3 from end beginning "his nephew." Change to his wife's nephew

609   First paragraph, line 9 beginning "sistent" Spelling error: create

617   Line 6 above illustration "Old Findley Mill," beginning "general." "25 years should be 35

654   Next to last paragraph, line 2. Strike out "is found in volume 3." Change "announcing" to announced

Volume II

page

vii,viii   Page numbers in Table of Contents are erroneous. Chapter 3, page vii should be 428-448. Chapter 4 should be 449-473. Chapter 5 should be 474-503. Chapter 6 should be 504-547. All sub-headings should be one digit higher.

7   Last paragraph, line 3. Strike out "J24435." should be footnote 35

70   First paragraph, last line. Strike out "O" following footnote 78

109   Paragraph beginning "In January..." line. Strike out "including the digging of a tunnel."

116   Second line from end. Strike out "8MJ244540"

142   Paragraph headed "Chemical Works," line 6 beginning "the roof." Spelling error: works

149	Paragraph 4, line 5 beginning "Patterson." Strike out "Purchased the" Should be "Built a"
174	First paragraph, line 10 beginning "tennial" 1886 should be 1876
183	Second paragraph, line 10. Strike out "(or India)"
200	Line 8 from end. Strike out "(Climax)"
231	Second paragraph from end, line 2. "McCreary's" should be McCrea's
231	Line 4 from end. Add "be" between "may" and "of"
258	Paragraph 2, line 2. Strike out footnote 75
263	Second paragraph, next-to-last line beginning "thouse." Strike out "J244"
266	Paragraph "Progressive Movement" line 5 from end beginning "nominated." Spelling error: movement
271	Line 2. Spelling error: Pinchot
291	First paragraph, line 7 from end beginning "lustrated," Spelling error: Hammers
313	Fourth paragraph, last line. "Campbell Street" should be Market Street
375	Paragraph 2, line 2 from end. Spelling error: Torpedo
540	Line 3. Spelling omission: different
632	Paragraph one, last line. "Part A" should be Part B

Volume III

page

i	Table of Contents, Part II: "William Maclay" should be Samuel Maclay
iii	Omission, Part V: Insert Indiana Progress - Indiana County Celebrates the Centennial of the United States(1876) 251-262
iv	Omission, Part V: Insert Indiana County Gazette - Garfield, a Brick Manufacturing Center(1899) 294-300
v	Line 3 from end. 546-K should be 460F
xi	Line beginning "Gap." Strike out "Blairsville-Cokeville" Should be Avonmore
xiii	Line 9 from end "McKinney" should be Superintendent's
xiv	Last line. "Walter" Carmo should be "George."
27	"A Trip..." William Maclay should be Samuel Maclay. Strike out entire next sentence beginning "Prior to this..."
34	Paragraph one, line 5 from end beginning "Cloathing..." "a fur that" should be fur hat
178-P	Picture caption beginning "Gap..." Strike out "Blairsville-Cokeville" Should be Avonmore
187	Footnote 31 "stewed crackers" should read stewed Biscuits
358	Paragraph "Right on the Job," line 4. Spelling error: Apples
385	Missing line between lines 9 and 10 from end. Insert "portion of the town site owned by Mr. J.B. Siverd. The deed from"

543 Line 2. "Carol" should be Carl
613 "Last Session..." Nov. 11, 1970 should be Nov. 3, 1870
614-C Picture caption beginning "McKinney" should be Superintendent's
622 "County Commissioner..." Date should be June 26, 1973

Volume IV

page

v Index "Cochrane, William C." page 51 should be 600. On next line below "Cochran, William C." should be William A. and page number 600 should be 51
15 Paragraph 2, line 2. 1743 should be 1749
57 Ayers, line 7, "Widdowson" should be Walker
63 Hewitt, line 3 1939-56 should be 1941-56
111 Ayers, line 2. "July 1924-1927" should be July 1924-1929
122 Paragraph 3, line 2. Strike out "(3-2-1787" Should be (1-5-1761
122 Paragraph 4, line 7 from end beginning "at sea." After "birthday" add "and Jane Burke m. John Savage(widower of Elizabeth)"
131 Cummings, line 2. "1928-33" should be 1930-1933
137 Campbell, line 2. Strike out "c. December 1828 or January 1829," Insert after d. Jan, 15, 1829
160 Clark, paragraph 2, line 2 from end. After "details)" add "The damage award was lost on appeal."
212 Paragraph 5, line 4 beginning "Martin." James should be Thomas
241 Todd, line 4 from end. Strike out "He m. Margaret Barr."
268 Line 8: "6-12-1932" should be 7-12-1932. Line 9: "1980" should be 3-6-1981 Line 10: Strike out "Altamarie Lydick." Insert Alda Jean Franklin 7-12-1958
268 Thompson, line 1. Add "b. ca 1842-43 Somerset County, d. 2-6-1925." Strike out "8-10-1938"
288 Langham, line 2. Strike out "1911-16" Insert 3-4-1909/3-3-1927
293 Lowry, line 1. Add after d. 4-28-1930. Line 2 should be 1886-1927
322 Brewer, paragraph 2, line 11 beginning "War." Spelling error: out
335 McMullen, line one. Error: "1863-64" should be 1763-64
336 Clymer, line one. Morrisville, NJ should be Morrisville, PA
337 Paragraph 2 from end, line 4. NJ should be PA
372 Carpenter, line 1. 8-10-1788 should be 8-19-1788
391 Shryock, last paragraph, line one. Strike out "distant relative" Insert cousin
433 Paragraph 4, line 1 beginning "Samuel." Strike out Isaiah and insert Thomas
471 Nesbit, line 2, 1928-1931 should be 1929-1931
489 Black, line 2. 1929-1949 should be 1929-1947
506 Line 6 5-28-1847 should be 1947

513 Line 6 spelling error: director
521 Jeffries, line one. Add after 1904 "d. 8-15-1977"
532 Williams, paragraph 3, line 2 from end. After 1949 add "m. Michael Daniel Lenehan 10-29-1983
603 Paragraph 2, last line beginning "Keyes," Add sentence "Mr. W. m. 2nd Clara W. Klinepeter 6-20-1912"
619 Shank, line 2. 1951 should be 1952
621 Paragraph 3, last line beginning "Historical." Strike out entire line and add "Federation of Historical Societies."
656 Paragraph 2, line 2. Strike out "Chapter 5." Insert "the gazetteer, vol. V"

INDIANA COUNTY

175th

Anniversary

History

Stephenson

Volume
V

0-935648-48-8

Halldin

INDIANA COUNTY
175th
Anniversary History

by
Clarence D. Stephenson

VOLUME V

The A. G. Halldin Publishing Company
Indiana, Pennsylvania
15701

1995

Surname Index

AGEY, ELIZABETH: - IV, 391
AGEY, HANNAH: - IV, 131
AGEY, J. C.: II, 297 -
AGEY, J.: I, 198 -
AGEY, JOHN: I, 162 -
AGEY, JONATHAN S.: - III, 114, 123
AGEY, JONATHAN: I, 145, 367, 725; - III, 215; IV, 131, 281, 391
AGEY, MARY: - IV, 131, 391
AGEY, OLIVE: - IV, 594
AGEY, WALLACE: II, 278 -
AGNEW, I, 677 -
AGNEW, ALBERT BYINGTON: - IV, 277
AGNEW, ANNA MABEL: - IV, 277
AGNEW, B. L.: I, 475 -
AGNEW, CORA E.: - IV, 363
AGNEW, ELIZABETH PARK: - IV, 15
AGNEW, JOHN: - IV, 15
AHEARN, ROY: II, 439 -
AILMAN, II, 258 -
AKE, AGNES B.: - IV, 404
AKE, ALMONT: - IV, 404
AKE, AMANDA: - IV, 142
AKE, ANNA BELL: - IV, 404
AKE, ANNACE DONAHEY: - IV, 404
AKE, DAVID F.: II, 482 -
AKE, DAVID S.: - IV, 403, 404
AKE, DAVID: - IV, 404
AKE, ELIZA: - IV, 142
AKE, ELIZABETH NOTLEY: - IV, 404
AKE, ELIZABETH RANK: - IV, 404
AKE, EVERETT CAMP: - IV, 404
AKE, FRANCES DRUSILLA: - IV, 404
AKE, JACOB G.: - IV, 404
AKE, JACOB: - IV, 142, 404
AKE JAMES D.: II, 330; - IV, 404
AKE, JAMES DOWLER: - IV, 403, 404
AKE, JAMES HUBERT: - IV, 404
AKE, JAMES: - III, 262-P, 321, 429
AKE, JOHN H.: - IV, 404
AKE, JOSEPH H.: - IV, 404
AKE, MARY HIGGINS: - IV, 404
AKE, MARY JANE: - IV, 404
AKE, PHILANDER: - IV, 404
AKE, ROSA AMANDA: - IV, 404
AKE, RUTH BOSTIC: - IV, 404
AKE, SARAH E.: - IV, 404
AKE, SARAH FRANCES CHURCHILL: - IV, 404
AKE, SYLVESTER: - IV, 404
AKE, WILFRED HALE: - IV, 404

AKE, WILLIAM: - IV, 404
AKINS, ASTRID: - IV, 218
AKINS, EDWARD: - III, 434
AKINS, REBECCA: - III, 434
AKINS, WILLIAM: - IV, 218
ALABRAN, T. G.: - IV, 251
ALABRANT, H.: I, 651 -
ALBERT, I, 324 -
ALBERT, J. G.: II, 224 -
ALCORN, (MESSER): II, 487 -
ALCORN, ABRIA: - IV, 128
ALCORN, CARRIE: - IV, 106
ALCORN, ELIZABETH: - IV, 106
ALCORN, ISAAC: - IV, 106
ALCORN, JOHN: - IV, 348
ALCORN, MARY W.: - IV, 348
ALCORN, NANCY: - IV, 128
ALCORN, WILLIAM: - IV, 128
ALDERMAN, ROY: II, 756 -
ALDRICH, LAURA: - IV, 26
ALEXANDER, I, 569, 570, 627 -
ALEXANDER, (CAPT.): - III, 61
ALEXANDER, HARRIET: - IV, 465
ALEXANDER, J. D.: II, 265 -
ALEXANDER, JAMES: I, 257, 466, 521, 596, 660, 661, 664; - IV, 350, 351
ALEXANDER, JANE: - IV, 292
ALEXANDER, JOHN B.: I, 160; - III, 49, 223; IV, 114, 178
ALEXANDER, JOSEPH: - IV, 465
ALEXANDER, MARY HAMMILL: IV, 351
ALEXANDER, NANCY: - IV, 622
ALEXANDER, SARAH: - IV. 348
ALEXANDER, SHANA (MS): II, 803 -
ALEXANDER, THOMAS: - III, 431
ALEXANDER, W. J. (PROF.): II, 44 -
ALEXANDER, WILLIAM: I, 173; - IV, 351
ALEXANDER, WINSTON D.:II, 646
ALEXANDROWICZ, EUGENE: - III, 638, 639, 640
ALGER, RUSSELL A.: II, 256 -
ALLAN, EDNA: II, 285 -
ALLEN, II, 271 -
ALLEN, DELIVERANCE: - IV, 594
ALLEN, DENNIS: II, 675 -
ALLEN, E. E.: - III, 274; IV, 243
ALLEN, ELIZABETH COLEMAN: - IV, 592
ALLEN, ERNEST L.: - IV, 275
ALLEN, HENRY: I, 181 -
ALLEN, HERVEY: II, 535 -

ALLEN, JOHN: I, 437 -
ALLEN, MARY HENRIETTA: - IV, 275
ALLEN, NORRIS - III, 408
ALLEN, ROBERT G.: II, 495 -
ALLEN, SILAS: II, 260 -
ALLEN, THOMAS C.: II, 445 -
ALLEN, WILLIAM: I, 505 -
ALLEN, ZOE: - IV, 275
ALLICK, JOANNA: II, 352 -
ALLICK, MARY (MRS.): II, 352 -
ALLISON, I, 669 -
ALLISON, (DR.): - III, 259
ALLISON, (JUDGE): - III, 223; IV, 134, 135
ALLISON, (MISS): - IV, 283
ALLISON, A. H. (DR.): II, 110, 151 -
ALLISON, ADALINE: - IV, 20, 536
ALLISON, ALEXANDER HAMILTON: - IV, (M.D.) 536
ALLISON, ALEXANDER: - III, 301
ALLISON, ALONZO: - III, 301, 303
ALLISON, AMANDA: - IV, 107
ALLISON, ANDREW B.: - IV, 135, 268
ALLISON, ANDREW W.: - IV, (CO. A) 536
ALLISON, ANDREW: I, 81, 117, 118, 157; - III, 215; IV, 135, 196, 385
ALLISON, ANN BROWN: - IV, 135
ALLISON, ANN RAMSEY: - IV, 135
ALLISON, ANN: - IV, 135
ALLISON, ANNA E. BRUCE: - IV, 133
ALLISON, BECKY BEARD: - IV, 134, 135
ALLISON, BECKY J: - IV, 135
ALLISON, CLARA BELL: - IV, 279
ALLISON, CLARK D. : - IV, 134
ALLISON, DAVID B.: - IV, 107, 135
ALLISON, DAVID MILTON: - IV, 133
ALLISON, DAVID R. (DR.): - IV, 135, 236, 377
ALLISON, DELMONT: - IV, 610
ALLISON, ELINOR LOUISE: - IV, 133
ALLISON, ELIZABETH GERTRUDE: - IV, 134
ALLISON, ELIZABETH HAMILTON: - IV, 133
ALLISON, ELMER W.: - IV, 133
ALLISON, ELMER WATT: - IV, 133
ALLISON, ELMER: II, 299 -
ALLISON, ESTHER: - IV, 243, 385
ALLISON, EVA FARNSWORTH: - IV, 579
ALLISON, EVA: - IV, 268, 353
ALLISON, FRANK R.: II, 94, 95 -
ALLISON, FRANK: - IV, 631
ALLISON, GAIL: - IV, 610

ALLISON, HANNAH DICKEY: - IV, 134
ALLISON, HANNAH GRAHAM: - IV, 134, 135
ALLISON, HANNAH J.: - IV, 134, 236
ALLISON, HARRY A.: - IV, (MRS.) 420
ALLISON, ISABELLA BROWN: - IV, 135
ALLISON, ISABELLA KINTER: - IV, 134
ALLISON, J. B.: I, 544 -
ALLISON, JAMES C.: - IV, 107
ALLISON, JAMES G.: II, 27; - III, 300, 301
ALLISON, JAMES LEWIS: - IV, 133
ALLISON, JAMES: - IV, 84, 135, 170
ALLISON, JANE DELIA: - IV, 134
ALLISON, JANE SIMPSON: - IV, 135
ALLISON, JANE: - IV, 135, 530
ALLISON, JEMIMA COULTER: - IV, 135
ALLISON, JNO E.: I, 648 -
ALLISON, JOH: - IV, 135
ALLISON, JOHN (SR.): - III, 145
ALLISON, JOHN B.: I, (ESQ.) 265, 389, 391, 395, 408, 505, 582; - III, (ESQ.) 114, 123, 145, 157, 215, 256; IV, 385
ALLISON, JOHN G.: - IV, 467
ALLISON, JOHN H.: I, 367, 586 -
ALLISON, JOHN HARRY: - IV, 536
ALLISON, JOHN R.: - IV, 135, 536
ALLISON, JOHN SCOTT: - IV, 133
ALLISON, JOHN W.: - III, 301
ALLISON JOHN: I, 169, 174, 265, 346, 367, 384, 388, 579; - III, 149; IV, 134
ALLISON, JONATHAN: I, 367 -
ALLISON, JOSEPH ROW: - IV, 107
ALLISON, LARRY: II, 634 -
ALLISON, LAURA HAMILTON: - IV, 135
ALLISON, LAWRENCE: - IV, 610
ALLISON, LIZZIE: - IV, 107
ALLISON, LOIS MCAFOOSE: - IV, 610
ALLISON, LUCY: - IV, 44
ALLISON, MARGARET L.: - IV, 536
ALLISON, MARGARET: - IV, 135, 506
ALLISON, MARIE ALLISON MCKEE: - IV, 610
ALLISON, MARION: - IV, 133
ALLISON, MARTHA A.: - IV, 107
ALLISON, MARTHA MCELROY: - IV, 133
ALLISON, MARTHA TAYLOR: - IV, 135
ALLISON, MARTHA: - IV, 530
ALLISON, MARY HENRY: - IV, 135
ALLISON, MARY M.: IV, 236
ALLISON, MARY L. TIFFANY: - IV, 133
ALLISON, MARY LOCKARD: - IV, 536
ALLISON, MARY MCKEE: - IV, 479
ALLISON, MARY O'HARA: - IV, 135

ALLISON, MARY PILSON: - IV, 135
ALLISON, MARY SIMPSON: - IV, 135
ALLISON, MARY WILSON: - IV, 134
ALLISON, MARY: II, 27; - IV, 107, 133, 385, 569
ALLISON, MATILDA RONEY: - IV, 135
ALLISON, NANCY A.: - IV, 134
ALLISON, NANCY ANNA: - IV, 133
ALLISON, NANCY J.: - IV, 37, 385
ALLISON, NANCY JANE: - IV, 536
ALLISON, NANCY LEWIS: - IV, 133
ALLISON, NANCY RIDDLE: - IV, 135, 536
ALLISON, NANCY: - IV, 55
ALLISON, PETER: I, 367 -
ALLISON, R. W.: II, 150 -
ALLISON, REBECCA JAMES: - IV, 135, 536
ALLISON, REBECCA JANE: - IV, 107
ALLISON, REBECCA: - IV, 196
ALLISON, RHONDA ANDERSON: - IV, 135
ALLISON, RHONDA: - IV, 107
ALLISON, ROBERT B.: - IV, 107
ALLISON, ROBERT CROMWELL: - IV, (M.D.) 536
ALLISON, ROBERT I.: - IV, 135
ALLISON, ROBERT M.: - IV, (COMMANDER) 610, 611
ALLISON, ROBERT W.: - IV, 55, 143
ALLISON, ROBERT WILSON: - IV, 133
ALLISON, ROBERT: I, 117, 174, 265; II, 27; - III, 300, 301; IV, 107, 134, 135, 479, 506, 536
ALLISON, RON: - III, 593, 594
ALLISON, S. A.: I, 401, 539, 636, 664; II, 64, 141 -
ALLISON, SALLIE BARR: - IV, 135
ALLISON, SALLY: - IV, 385
ALLISON, SAMUEL A.: - IV, 107, (JR.) 107, 135
ALLISON, SAMUEL C. BROWN: - IV, 134
ALLISON, SOPHIA: - IV, 536
ALLISON, T. (REV.): - IV, 457
ALLISON, T. B.: I, 559; II, 22, 40, 44; - IV, (DR.) 579
ALLISON, TABATHA RUTH: - IV, 77
ALLISON, TATE: - IV, 135
ALLISON, THOMAS (CAPT.): I, 226 -
ALLISON, THOMAS (MRS.): - III, 473
ALLISON, THOMAS (REV.): I, 164 -
ALLISON, THOMAS B.: I, 559; - IV, 107, 134, 135, (DR.) 353, 385, 536
ALLISON, THOMAS HANNA: - IV, 77
ALLISON, THOMAS: I, 150, 157, 167, 233; - III, 40; IV, 135, 419

ALLISON, VEDA: - IV, 631
ALLISON, W. R.: II, 6, 9 -
ALLISON, WILLIAM B.: - IV, 135
ALLISON, WILLIAM E.: - IV, 107
ALLISON, WILLIAM R.: II, 101, 123; - III, 259; IV, 536
ALLISON, WILLIAM: I, 367; II, 339 -
ALLISON, ZETTA STUCHAL: - IV, 107
ALLISON, ZOE: II, 801; - IV, (DR.) 579
ALLMAN, (REV.): - III, 302, 303
ALLSHOUSE, (MR.): I, 158 -
ALLSHOUSE, ALEX: II, 722 -
ALLSHOUSE, HENRY: I, 173, 220 -
ALLSHOUSE, MAUDE: - IV, 238
ALLSHOUSE, NANCY: - IV, 238
ALLSHOUSE, S. B.: II, 278 -
ALLSHOUSE, SAMUEL B.: - IV, 238
ALLSHOUSE, VERNA B.: - IV, 462
ALMES, ALVIN: II, 733, 734 -
ALMOND, EDWARD (I): - IV, 28
ALMOND, EDWARD (II): - IV, 28
ALMOND, EDWARD (III): - IV, 28
ALMOND, JENNIE: - IV, 28
ALMOND, LUCY: - IV, 28
ALMOND, MARIE: - IV, 28
ALTEMUS, VESTA: - IV, 162
ALTENBURG, OTTO: - IV, 426
ALTENBURG, SARAH: - IV, 426
ALTER, A.: I, 616 -
ALTER, ALEXANDER: I, 508, 531 -
ALTER, GEORGE E. (ATTORNEY GENERAL): II, 395, 397 -
ALTER, JACOB: I, 360 -
ALTER, JAMES: I, 508 -
ALTEUS, MATILDA C.: IV, 279 -
ALTEMUS, J. F.: II, 212
ALTHAUS, JOHN (REV.): I, 290, 294 -
ALTIMUS, ADAM: I, 280, 493 -
ALTIMUS, ANNIE (MRS.): - III, 588
ALTIMUS, GRETCHEN: - III, 595
ALTIMUS, SARAH JANE: - IV, 299
ALTIMUS, WILLIAM: - IV, 299
ALTMAN (ALKMAN), JOHN PETER: I, 79
ALTMAN, ADAM: I, 167 -
ALTMAN, CATHARINE: - IV, 97, 600
ALTMAN, D. T.: II, 265 -
ALTMAN, ELIZABETH: - IV, 129, 600
ALTMAN, HENRY: I, 37, 201, 262, 475, 575, 581, 590, 666; - IV, (CAPT.) 428, 600
ALTMAN, J.: I, 475 -
ALTMAN, JACOB: - IV, 600
ALTMAN, JULIA ANN SLOAN: - IV, 600
ALTMAN, KRISTY: - IV, 60

ALTMAN, LOUISA KEPPLE: - IV, 600
ALTMAN, LOUISA: - IV, 97, 600
ALTMAN, LUCINDA: 1, 290; - IV, 600
ALTMAN, MARGARET CABLE: - IV, 600
ALTMAN, MARY: - IV, 600
ALTMAN, PETER: 1, 75 -
ALTMAN, PHILIP: 1, 146; - IV, 97, 600
ALTMAN, SUSAN: - IV, 600
ALTMAN, W. P. (CAPT.): - II, 34
ALWINE, AMANDA EPPLEY: - IV, 562
ALWINE, EDWIN: - IV, 562
ALWINE, ESTHER: - IV, 562
ALWINE, FLORENCE SHAFFER: - IV, 562
ALWINE, JOSEPH: - IV, 562
ALWINE, MARY GINDLESBERGER: - IV, 562
ALWINE, PETER: - IV, 562
ALWINE, PHILLIP: - IV, 562
ALWINE, RUTH: - IV, 562
ALYMACAPY (INDIAN), SEE CAPTAIN HILL -
AMENT, EMILY DODSON: - IV, 498
AMENT, JAMES (DR.): II, 525 -
AMENT, JAMES E. (DR.): II, 285, 287; - III, 450; IV, 497
AMENT, JAMES E.: II, 284, 294; - IV, 498
AMENT, JAMES ROE (REV.): - IV, 498
AMES, II, 273, 407 -
AMHERST, GENERAL: I, 60 -
AMSBAUGH, ELIZABETH: - IV, 375
ANCKER, ADELIA: - IV, 526
ANDERSON, I, 636; II, 397; - III, 395, 456
ANDERSON, (COLONEL): - III, 173
ANDERSON, (DR.): - IV, 235
ANDERSON, (MR.): - IV, 312
ANDERSON, (REV.): I, 661, 682 -
ANDERSON, ANDREW (MRS.): - III, 396
ANDERSON, ANDREW: - III, 391
ANDERSON, ANN: - IV, 235
ANDERSON, ANNA: - IV, 589
ANDERSON, BETTY: - IV, 525
ANDERSON, BILL: II, 643 -
ANDERSON, CATHARINE RAY: - IV, 606
ANDERSON, CATHARINE: I, (NEE TOMB) 133; - IV, 306
ANDERSON, CLIFFORD A.: - IV, 471
ANDERSON, DANIEL: - IV, 606
ANDERSON, DONALD: - IV, 525
ANDERSON, DORIS: II, 756 -
ANDERSON, DOROTHY ELIZABETH: - IV, 213
ANDERSON, EARL (REV.): - III, 619

ANDERSON, ELIZA CALDWELL: - IV, 606
ANDERSON, ELIZA: - IV, 235, 606
ANDERSON, ELIZABETH LOGAN: - IV, 606
ANDERSON, ELIZABETH: - IV, 290
ANDERSON, ETHEL Z.: - IV, 600
ANDERSON, EUPHEMIA: - IV, 163
ANDERSON, FRANK - III, 396
ANDERSON, G. E.: II, 496 -
ANDERSON, GEORGE H.: - III, 239
ANDERSON, HUGH E.: II, 280 -
ANDERSON, ISAAC: - IV, 163
ANDERSON, ISABELLA: - IV, 235
ANDERSON, J. A.: II, 137 -
ANDERSON, JAMES: I, 133, 160, 456; - IV, 306, 606
ANDERSON, JAMES: II, 68
ANDERSON, JANE MCCRACKEN: - IV, 235
ANDERSON, JANE: - IV, 235
ANDERSON, JANET E.: - IV, 586
ANDERSON, JOHN (CAPT.): I, 337 -
ANDERSON, JOHN: 1, 356; II, 745; - IV, 235, (REV. DR.) 457, 606
ANDERSON, JOSEPH: II, 173 -
ANDERSON, JOYCE ELAINE: - IV, 562
ANDERSON, MAE E.: - IV, 47
ANDERSON, MARGARET DEAN: - IV, 606
ANDERSON, MARGARET THOMPSON: - IV, 235
ANDERSON, MARGARET: - IV, 235, 522, 606
ANDERSON, MARTHA: - IV, 111, 359, 606
ANDERSON, MARY A.: - IV, 202
ANDERSON, MARY BELL: - IV, 158
ANDERSON, MARY MCCOLLIAM: - IV, 606
ANDERSON, MARY: - IV, 235, 290, 346, 606
ANDERSON, MATTHEW: - IV, 479
ANDERSON, NANCY SMITH: - IV, 606
ANDERSON, NANCY: - IV, 70, 235, 606
ANDERSON, O. P.: I, 409 -
ANDERSON, PAUL T.: - IV, 213
ANDERSON, RHODA: - IV, 135
ANDERSON, RHONDA: - IV, 107
ANDERSON, ROBERT: - IV, 606
ANDERSON, SAMUEL (REV.): I, 493, 494, 498, 684; - III, 153; IV, 458
ANDERSON, SAMUEL: - IV, 606
ANDERSON, SARAH DODDS: - IV, 606
ANDERSON, SARAH J.: - IV, 479
ANDERSON, SARAH: - IV, 282, 479
ANDERSON, T. W. (CAPT.): I, 636 -

ANDERSON, THOMAS: I, 530; II, 150; - IV, 282, 606
ANDERSON, THOMPSON MCCREA: - IV, 606
ANDERSON, VIRGINIA: - IV, 471
ANDERSON, W. C.: II, 297 -
ANDERSON, W. G. (JR.): - IV, 562
ANDERSON, WILLIAM (DR.): I, 509, 510, 512; II, 73, 303, 347; - IV, (M.D.) 234, 235, 420-I
ANDERSON, WILLIAM: I, 396, 640; - IV, 34, 290, 605, 606
ANDERSON, WILLIAM L.: II, 646
ANDERSON, ZILLA M.: - IV, 321
ANDRE, F. B.: - III, 333
ANDRE, HELEN: - III, 458
ANDREW, JOHN: I, 235 -
ANDREWS, (BISHOP): I, 374 -
ANDREWS, (CAPT): - III, 23
ANDREWS, BENJAMIN: I, 228, 230, 277, 342P -
ANDREWS, ELIZABETH: - IV, 128
ANDREWS, G. W.: I, 683 -
ANDREWS, HARRIET: - IV, 416
ANDREWS, JAMES E.: - III, 251
ANDRIE, CYNTHIA L.: - IV, 529
ANDRIE, RICHARD: - IV, 529
ANGELO, LENA: - III, 395
ANGLE, ROSE: II, XI
ANNAND, EFFIE: - IV, 317
ANNAND, R. D. (REV.): - IV, 317
ANSHUTZ, GEORGE: I, 499 -
ANSLEY, A. B.: II, 571 -
ANSLEY, ANNA HOUSER: - IV, 112
ANSLEY, ARTHUR B.: - IV, 164
ANSLEY, ARTHUR BLAIR: - IV, 112
ANSLEY, BETTY GABLE: - IV, 112
ANSLEY, BLAIR: II, 414 -
ANSLEY, CATHARINE: - IV, 27, 70, 108
ANSLEY, CATHERINE: - IV, 617
ANSLEY, DANIEL: - IV, 27, 70, (SHERIFF) (SR) 108, (SR) 109, 112, 464, 617
ANSLEY, EDWARD M.: - IV, 108, 112, 164
ANSLEY, EDWARD W.: - IV, 164
ANSLEY, ELIZABETH: - IV, 127
ANSLEY, ELLA BINGHAM: - IV, 464
ANSLEY, ELLA M. CHAMBERS: - IV, 164
ANSLEY, ELLEN BINGHAM: - IV, 108
ANSLEY, FLORETTA: - IV, 108
ANSLEY, HELEN LOUSIE: - IV, 112
ANSLEY, JAMES EDWARD: - IV, 112
ANSLEY, JAMES: - IV, 108, 164
ANSLEY, JOHN: - IV, 27, 109
ANSLEY, JOSIAH (DR): - IV, 108
ANSLEY, LAURA (MISS): II, 339 -
ANSLEY, LAURA (MRS.): II, 67, 123 -
ANSLEY, LOUISA: - IV, 164
ANSLEY, PAUL: - IV, 164
ANSLEY, SARAH ANN: - IV, 27
ANSLEY, SARAH LYDICK: - IV, 108
ANSLEY, SARAH SPENCER: - IV, 164
ANSLEY, SARAH: - IV, 108
ANSLEY, W. B. (DR.): II, 323 -
ANSLEY, WILLIAM B.: - IV, 128, 164
ANSLEY, WILLIAM BLAIR: - IV, 112
ANTES, CATHARINE: - IV, 406
ANTHONY, (DR.): I, 659 -
ANTHONY, ALICE MARY: - IV, 60
ANTHONY, ALPHEUS: - IV, 60
ANTHONY, ARTHUR A.: - III, 578
ANTHONY, BERTHA ENNS: - IV, 60
ANTHONY, BERTHA: - IV, 396
ANTHONY, BYRON: - IV, 60
ANTHONY, CHARLENE FURL: - IV, 60
ANTHONY, CHARLES PERRY: - IV, 60
ANTHONY, CLIFFORD BYRON: - IV, 60
ANTHONY, CLIFFORD: II, 778 -
ANTHONY, D. R. (COL.): I, 419 -
ANTHONY, D. W.: II, 463 -
ANTHONY, DAVID: I, 281; - IV, 356
ANTHONY, FLORA A.: - IV, 356
ANTHONY, GARY PHILIP: - IV, 60
ANTHONY, HARRISON: 1, 126 -
ANTHONY, J. J.: I, 602 -
ANTHONY, JACOB: I, 79, 174 -
ANTHONY, JOAN ELAINE: - IV, 60
ANTHONY, JOHN RICHARD: - IV, 60
ANTHONY, JUDY JOHNSTON: - IV, 60
ANTHONY, KAREN HOGAN: - IV, 60
ANTHONY, KATHIRENE SUE: - IV, 60
ANTHONY, KATHY PARDEE: - IV, 60
ANTHONY, KRISTY ALTMAN: - IV, 60
ANTHONY, LEROY MARK: - IV, 60
ANTHONY, MARGARET: - IV, 369, 619
ANTHONY, MARK A.: - IV, 60
ANTHONY, MARK: II, 633 -
ANTHONY, MARTHA: - IV, 60
ANTHONY, NANCY JOHNSTON: - IV, 619
ANTHONY, NANCY THOMAS: - IV, 619
ANTHONY, NANCY: - IV, 433, 569
ANTHONY, ROBERT DALE: - IV, 60
ANTHONY, RUTH PETERS: - IV, 60
ANTHONY, SARAH A.: - IV, 228
ANTHONY, SUSAN PEARL: - IV, 60
ANTHONY, TWILA M. STEELE: - IV, 60
ANTHONY, WAYNE THOMAS: - IV, 60

ANTHONY, WILLIAM (DR.): I, 509 -
ANTHONY, WILLIAM: I, 587; - IV, 619
ANTIDORME, RAFAULE: II, 248 -
APOLLO, II, 271 -
APPEL, KIMBERLY DIANE: - IV, 592
APPEL, RICHARD: - IV, 592
APPLE, A. H.: II, 58; - IV, 29, 64
APPLE, CHARLES: II, 98 -
APPLE, HARRY: II, 98 -
APPLE, J. LISLE: II, 98, 285, 309 -
APPLE, JOHN LISLE (MR. & MRS.): II, (MR.) 310; - III, 353, 357, 358
APPLE, KATE: - IV, 29
APPLE, L. (MAJOR): II, 86 -
APPLE, PHIL: II, 86, 98 -
APPLE, SAM J.: II, 98, 308 -
APPLE, SAM: II, ͺ6 -
APPLEBY, DOROTHY MALINDA: - IV, 213
APPLEBY, ELLEN: - IV, 214
APPLEBY, GEORGE: I, 49 -
APPLEMAN, ANNA: - IV, 416, 541
AQUA, PURA: II, 77
ARBUCKLE, LAURA MAY: - IV, 193
ARCHER, J. J. (MR. & MRS.): II, (MR.) 317 - III, 328, (MR.) 427
ARCHER, LILLIAN MARIE: - IV, 559
ARCHER, WAYNE: - IV, 559
ARCHIBALD, J. P.: II, 586-L; - III, 364
ARCHIBALD, JOHN P.: II, 270 -
ARCHIBALD, MARY K. SCHRECENGOST: - IV, 622
ARCHIBALD, MAYME: - IV, 430
ARCHIBALD, SARAH: - IV, 622
ARCHIBALD, T. J.: II, 265 -
ARCHIBALD, THOMAS J.: - IV, 622
ARDELL, JOHN: - III, 284
ARICO, - III, 391
ARMEL, ISAAC: - IV, 462
ARMEL, MARGARET SEASE: - IV, 462
ARMEL, REBECCA: - IV, 462
ARMENDT, ANNA M.: - IV, 526
ARMITAGE, CALEB: - IV, 13
ARMITAGE, CATHARINE: - IV, 13
ARMITAGE, JOHN: - III, 217
ARMOR, JOHN C.: II, 118 -
ARMOR, JOHN: I, 625 -
ARMS, - IV, 44
ARMS, (CAPT.): - IV, 154
ARMS, (MR.): - IV, 155
ARMS, (REV. DR.): I, 424 -
ARMS, AARON: - IV, 156
ARMS, ANNA PRAGUE: - IV, 155
ARMS, AVICE J.: - IV, 155

ARMS, AVICE STEBBINS: - IV, 156
ARMS, C. T.: II, (CAPT) 91, 92, 206; - IV, 32, 94, 154
ARMS, CHRISTOPHER (III): - IV, 153
ARMS, CHRISTOPHER TYLER (III): - IV, 155
ARMS, CHRISTOPHER TYLER (JR.): - IV, 153
ARMS, CHRISTOPHER TYLER (SR.): I, ii, 134; - IV, 12, 155
ARMS, CHRISTOPHER TYLER: II, 92; - IV, 94
ARMS, DANIEL (I): - IV, 156
ARMS, DANIEL (II): - IV, 156
ARMS, EDWARD W.: - IV, 156
ARMS, ESTHER SMEAD: - IV, 156
ARMS, HENRIETTA: - IV, 155
ARMS, IDA MAE GOODLANDER: - IV, 155
ARMS, ISABELLA: - IV, 155
ARMS, JOHANNA HAWKS: - IV, 156
ARMS, LUCINDA C. HAYDEN: - IV, 155
ARMS, LUCY TYLER: - IV, 156
ARMS, MARY STEBBINS: - IV, 156
ARMS, RICHARD C.: - IV, 153, 155
ARMS, WALTER F.: II, 92, 206, 329; - III, 373; IV, 154
ARMS, WALTER FRENCH: - IV, 155
ARMS, WILLIAM: - IV, 156
ARMSTRONG, I, 51, 52, 584 -
ARMSTRONG, (DR.): I, 543 -
ARMSTRONG, (GENERAL): I, 35, 47, 57, 68 -
ARMSTRONG, A. M.: II, 316 -
ARMSTRONG, A.: I, 345 -
ARMSTRONG, ALEXANDER: - IV, 165, 270, 356, 592
ARMSTRONG, ANDREW: I, 502 -
ARMSTRONG, EDWARD (LT.): I, 45 -
ARMSTRONG, ELEANOR MCNUTT: - IV, 356
ARMSTRONG, ELIZABETH H.: - IV, 266, 492
ARMSTRONG, ELIZABETH HINDMAN: - IV, 269, 356
ARMSTRONG, ELIZABETH: - IV, 209, 261, 296
ARMSTRONG, FLORA A.: - IV, 356
ARMSTRONG, FLORA CAMPBELL: - IV, 270, 356, 592
ARMSTRONG, FLORA: - IV, 165
ARMSTRONG, GEORGE: I, (MAJOR) 25, (CAPT.) 46 -
ARMSTRONG, GEORGE: I, 160; - III, 49; IV, 70
ARMSTRONG, HELEN PROTHERO: - IV, 411
ARMSTRONG, ISABELLA: - III, 166

ARMSTRONG, JAMES: I, 104; - III, 26; IV, 13
ARMSTRONG, JANE: - IV, 165, 356, 391, 592
ARMSTRONG, JESSE: I, 212 -
ARMSTRONG, JOHN (GEN.): I, 103 -
ARMSTRONG, JOHN (LT. COL): I, 45, 49, 55, 62, 84J; - IV, (COL.) 518
ARMSTRONG, JOHN: I, 104; - IV, 113, 209, 356
ARMSTRONG, JOSEPH G.: - III, 463
ARMSTRONG, L. RANDOLPH: II, 437 -
ARMSTRONG, LENA ANN HINDMAN: - IV, 592
ARMSTRONG, LENA ANN: - IV, 165, 270, 356
ARMSTRONG, LOIS CLARK: - IV, 592
ARMSTRONG, MABEL: - IV, 13
ARMSTRONG, MARTHA MCNUTT: - IV, 356
ARMSTRONG, MARTHA: - IV, 363
ARMSTRONG, MARTIN: - III, 170
ARMSTRONG, MARY AGNES: - IV, 592
ARMSTRONG, MARY WALKER: - IV, 356, 592
ARMSTRONG, NEWT: - III, 411
ARMSTRONG, ROBERT H.: I, 395, 534, 535, 584 -
ARMSTRONG, ROBERT HINDMAN: - IV, 355, 356
ARMSTRONG, SARAH A.: - IV, 113
ARMSTRONG, SARAH ANN: - IV, 312
ARMSTRONG, SARAH LYTLE: - IV, 356
ARMSTRONG, THOMAS A.: II, 14, 15 -
ARMSTRONG, THOMAS: - IV, 356
ARMSTRONG, WILLIAM METCALF: - IV, 411
ARMSTRONG, WILLIAM: I, 42, 345; II, 31; - IV, 165, 270, (I) 356, 356, (III) 592, (II) 592, (I) 592
ARMSTRONG, FRANK (GEN.): - IV, 585
ARNOLD, A. (MAJOR): I, 261 -
ARNOLD, CHARLES: - IV, 169
ARNOLD, R. A.: - III, 227
ARONE, SAMUEL: II, 576 -
ARTHUR, CHESTER A. (PRESIDENT): II, 12; - IV, 4
ARTHUR, DAVID (REV.): - III, 609, 610
ARTHUR, PHILIP S.: I, 389, 475 -
ARTHUR, PHILIP: I, 516 -
ARTLEY, W. R.: II, 314 -
ARTS, JOHN: I, 188 -
ARTURA, ROTH: - III, 409
ASCETTI, JOE: II, 470 -
ASENSIO, MANUEL J.: - III, 541, 543
ASHBAUGH, (MR.): - IV, 355
ASHBAUGH, ELIZABETH: - IV, 630

ASHBAUGH, LAURA: - IV, 355
ASHBAUGH, THOMAS: II, 359 -
ASHBAUGH, WILLIAM: II, 599 -
ASHCOM, ANNIE E.: - IV, 109
ASHCOM, SYLVIA: II, 756 -
ASHCOM, WILLIAM: - IV, 109
ASHTON, J. HUBLEY: - IV, 101
ASICK, JOHN: - III, 409
ASKEW, MARY E.: - IV, 425
ASKEY, TONY: - III, 437
ASKINS, O. D.: II, 447 -
ASKINS, TILLIE: - IV, 59
ASOMZO, JAMES: - III, 409
ASTORFO, GAETRANO: - III, 4
ATCHESON, GEORGE: I, 212, 375, 389, 391, 396, 405, 431, 441, 446, 581; - III, 114, 137, 138, 141, 142, 143, 148; IV, 142, 361, 362
ATCHESON, JOHN: I, 442 -
ATCHESON, WILLIAM: I, 405; - III, 138; IV, 362
ATCHISON, - III, 156
ATKINSON, ISABEL: - IV, 379
ATKINSON, JOSEPH - III, 301
ATKINSON, ROBERT: - IV, 379
ATLAS, BEERS: I, 190 -
ATLEE, SAMUEL JOHN: I, 114 -
ATTERBURY (BRIGADIER GENERAL): II, 396
ATWELL, (MR.): I, 145 -
AUBER, II, 309 -
AUEL, C. H. W.: II, 231 -
AUKER, H. W.: II, 513 -
AUL, ESSIE: - IV, 148
AUL, GEORGE: - IV, 70
AUL, HENRY: - III, 265, 266
AUL, J. M.: - IV, 461
AUL, MARGARET: - IV, 70
AUL, MARY LOUISE: - IV, 185
AUL, NORA: - IV, 461
AULD, BELLE: - IV, 23
AULD, ELIZABETH: - IV, 549
AULD, JAMES G.: - IV, 561
AULD, JENNIE CLARK: - IV, 561
AULD, JENNIE MACK: - IV, 561
AULD, JENNIFER R.: - IV, 561
AULD, JOHN G.: - IV, 560, 561
AULD, JOHN MARTIN - IV, 561
AULD, JOSEPH: - IV, 561
AULD, MARGARET MARTIN: - IV, 561
AULD, MARIBEL ELDRED DORTON (1ST LT): - IV, 561
AULD, SARA: - IV, 561
AULD, THOMAS FRANKLIN: - IV, 561
AULD, THOMAS: - IV, 561

AULD, WILLIAM: - IV, 561
AULTMAN, RONALD W.: - III, 624
AUSTIN, GRETTA JANE: - IV, 631
AUSTIN, THOMAS (DR.): - IV, 631
AUSTINE, IDA: - IV, 198
AVEY, SARAH AMANDA: - IV, 148
AVEY, WILLIAM M.: - IV, 148
AVIS, JOHN (CAPT.): I, 418, 419, 421, 422 -
AYDELOTTE, ANN: - III, 574
AYERS, - IV, 494
AYERS, ALICE C.: - IV, 433
AYERS, ANN: - IV, 548
AYERS, ANNE E.: - IV, 429
AYERS, CATHARINE RIDDLE: - IV, 58
AYERS, DOLLIE W. (MRS.): II, (DOLLIE WALKER) 399, 401; - III, 467 IV, (DOLLIE WALKER) 57,
AYERS, DOLLIE: - IV, 111
AYERS, DOROTHY: - IV, 111
AYERS, ELEANOR HALL: - IV, 58
AYERS, ELIZA JANE: - IV, 110, 182
AYERS, ELIZA MEDILL: - IV, 58
AYERS, ELIZA: - IV, 183
AYERS, ELLEN HALL: - IV, 183
AYERS, ELLEN: - IV, 110
AYERS, EVELYN: - IV, 111
AYERS, HELEN: - IV, 111
AYERS, JAMES M.: - IV, 57, 58
AYERS, JAMES: - IV, 58
AYERS, JANET G.: - IV, 441
AYERS, JEAN (MISS): - IV, 111
AYERS, JIM: I, 457 -
AYERS, JOHN: - IV, 58, 441
AYERS, JONATHAN (SR.): I, 230 -
AYERS, JONATHAN W.: - IV, 58
AYERS, JONATHAN: I, 133, 234, 286, 342-F, 357, 359; - III, 232; IV, 58, 183
AYERS, MARIAN: - IV, 111
AYERS, MARY SUTTON: - IV, 436
AYERS, MARY: - IV, 58, 105
AYERS, NANCY H. DICKEY: - IV, 58
AYERS, PHEBE: - IV, 58
AYERS, POLLY: - IV, 105
AYERS, REBECCA: - IV, 58
AYERS, SUSANNAH KINNAN: - IV, 58
AYERS, SUSANNAH: - IV, 183
AYERS, SYLVANUS: - IV, 58, 105, 110, 183, 437
AYERS, WALTER H.: - IV, 57, 111, (JR.) 111
AYERS, WALTER: II, 399 -
AYRE, LARRY (SENATOR): II, 395 -
BABCOCK, E. V.: - III, 463; IV (COMMISSIONER) 514

BABICH, GEORGE: - III, 479
BABULA, ROBERT: II, 764 -
BACON, DAVIS (REV. MR.): I, 490 -
BACON, JAMES E.: II, 500 -
BACON, JAMES: II, 545 -
BACON, MERRICK: I, 331 -
BADGER, (MR).: - IV, 201
BADGER, MARY C.: - IV, 201
BAGGE, CARL O.: - III, 637
BAGLEY, - III, 597
BAGLEY, NAOMI: - IV, 398
BAGLEY, RONALD (LT.): II, 582 -
BAGLEY, WILLIAM: - III, 584
BAILEY, II, 139 -
BAILEY, ELIZABETH: - IV, 177, 354, 559
BAILEY, GAMALIEL: I, 391 -
BAILEY, HENRY: I, 34 -
BAILEY, JACOB: II, 64 -
BAILEY, JAMES: I, 5160, 522, 535; II, 92; - III, 256; IV, 392
BAILEY, JANE: - IV, 15
BAILEY, KEN: II, 764 -
BAILEY, L. E.: II, 445 -
BAIR, J. C.: - IV, 268
BAIR, JEAN: - IV, 582
BAIR, RUE LETTA: - IV, 268
BAIRD, I, 586 -
BAIRD, (LT. COL.): I, 256
BAIRD, DONALD: II, 634 -
BAIRD, ELIZA JANE: - IV, 236
BAIRD, ELIZABETH D.: - III, 177
BAIRD, HALLIE (MRS.): II, 278 -
BAIRD, HENRY CARY: - III, 176
BAIRD, JAMES: I, 237 -
BAIRD, JANET: II, 634 -
BAIRD, JOHN: I, 547 -
BAIRD, PENNY: II, 634 -
BAIRD, SAMUEL: I, 355, 356 -
BAIRD, THOMAS: I, 168; - III, 547
BAIRD, WILLIAM S.: I, 488 -
BAIRD, ZEBULON: - IV, 236
BAKER, II, 133,- IV, 439
BAKER, A. M.: II, 339 -
BAKER, ALBERT: - III, 498
BAKER, ARTHUR D.: - III, 523
BAKER, CATHERINE: - IV, 67
BAKER, E. P.: - III, 321
BAKER, ELIAS: I, 196, 514, 517, 519 -
BAKER, ELIZABETH JANE: - IV, 397
BAKER, ELIZABETH: - IV, 607
BAKER, ESMARELDA: - IV, 276
BAKER, FRANK L.: - IV, 288
BAKER, GEORGE: - IV, 607

BAKER, JAMES P.: II, 94 -
BAKER, JAMES: - III, 498, 524
BAKER, JENNIE: - IV, 288
BAKER, JETTIE M.: - IV, 489
BAKER, JOHN: I, 46, 49 -
BAKER, JOYCE YVONNE: - IV, 69
BAKER, MICHAEL (JR.): - IV, 220
BAKER, MURIEL MAE: - IV, 288
BAKER, PHILIP N.: - IV, 276
BAKER, R. E. (MR. & MRS.): - III, 610
BAKER, ROY: - III, 329
BAKER, SYLVESTER C.: II, 139 -
BAKER, W. HARRY: II, 396 -
BAKER, WILL H.: II, 94 -
BAKERY, GREINER: II, 478 -
BAKEWELL, (MISS): I, 643; II, 271 -
BAKEWELL, MARY (MISS): II, 270 -
BALAAM, I, 671 -
BALARRINO, DOMINIC: - III, 402
BALDI, C. C. A.: II, 249 -
BALDRIDGE, CHARLES J.: - IV, 152
BALDRIDGE, MARGARET E.: - IV, 152
BALDRIDGE, MARTHA L. - IV, 152
BALDRIDGE, ROBERT W.: II, 733 -
BALDRIDGE, W. R.: II, 538 -
BALDRIDGE, WILLIAM T.: - IV, 152
BALDWIN, (CAPTAIN): II, 336 -
BALDWIN, (LT. COL.): I, 256 -
BALDWIN, ALONZO: - IV, 216
BALDWIN, CARRIE: - IV, 465
BALDWIN, CORNELIA: - IV, 216
BALDWIN, HANNAH: - IV, 57
BALDWIN, JAMES D. (DR.): I, 580 -
BALDWIN, JOHN: - IV, 216
BALDWIN, ROY: - III, 533
BALDWIN, SUMMERS: - IV, 216
BALENTINE, MALINDA JANE: - IV, 265
BALL, A. M. (MAJOR): I, 416 -
BALL, J. WILLIAM: - III, 408
BALL, JOHN: I, 254 -
BALL, ROBERT (COL.): - III, 62
BALLANTYNE, SUSAN: I, 268 -
BALMER, HANS MICHAELS: - IV, 234
BALQUIST, THELMA: - IV, 593
BANE, JOHN: I, 561 -
BANKS, I, 585; - III, 144, 308, 309, 310, 311
BANKS, (DR.): - IV, 290
BANKS, (MR.) (MRS.): II, (MR.) 260; - III, (MRS.) 234
BANKS, ALLEN: II, 497 -
BANKS, BETTY: - IV, 582
BANKS, CATHARINE: - IV, 359

BANKS, CHARLOTTE CLARK DENNISTON: - IV, 624
BANKS, CHARLOTTE: - IV, 130
BANKS, ELEANOR R.: - IV, 340
BANKS, J. N. (MRS.): - III, 339
BANKS, J. N.: II, 254, 258 -
BANKS, JNO. N.: - III, 274, 279
BANKS, JOHN N.: - IV, 288, 624
BANKS, JOHN: I, 245; - IV, 624
BANKS, M. R. (DR.): - IV, 562
BANKS, MARY: II, 746 -
BANKS, RICHARD (MR. & MRS.): - III, 610
BANKS, T. N.: II, 453 -
BANKS, THOMAS: II, 497 -
BANKS, WILLIAM: I, 162, 252, 262, 286, 444, 476, 478, 542, 550, 572, 584, 624, 627; II, 20, 32, 81, 291; - III, 53, 126, 127, 224; IV, 116, 120, 130, 623, 624, 625
BANNING, HERMAN: II, 445 -
BANSHAFF, CHRISTOPHER: - IV, 162
BARBER, BESS E.: - IV, 525
BARBER, EZEKIEL A.: - IV, 496
BARBER, MARY: - IV, 109
BARBER, ROBERT: - III, 202
BARBER, SELINA: - IV, 496
BARBEY, CATTENET: - IV, 576
BARBOR, ELIZA J.: - IV, 14, 615
BARBOR, ELIZABETH: - IV, 525
BARBOR, EZEKIEL A.: - IV, 14
BARBOR, EZEKIEL H.: - IV, 14
BARBOR, FRED: II, 212 -
BARBOR, IRENE: - IV, 13
BARBOR, JOHN: - IV, 14, 615
BARBOR, LYDIA: - IV, 14
BARBOR, SARAH: - IV, 615
BARBOR, SELINA: - IV, 14
BARBOR, THOMAS SHARP: - IV, 13, 14
BARBOUR, AMANDA: - IV, 15
BARBOUR, ROBERT: - IV, 15
BARCELLA, FRED: - III, 409
BARCLAY, I, 233 -
BARCLAY, (DR.): II, 798 -
BARCLAY, A.: I, 247 -
BARCLAY, ALEXANDER: I, 81 -
BARCLAY, DAVID (REV.): I, 294 -
BARCLAY, DAVID: I, 588 -
BARCLAY, ELIZA: - IV, 109
BARCLAY, J. BOYD "GRINNY": II, 692 -
BARCLAY, J. W.: - III, 219
BARCLAY, JAMES M.: - IV, 370
BARCLAY, JANE: - IV, 370
BARCLAY, MARIA: - IV, 272
BARCLAY, ROBERT: - III, 41

BARCLAY, SARAH A.: - IV, 109
BARCLAY, THOMAS: - IV, 109
BARCLAY, WILLIAM A. (DR.): II, 755; - III, 41
BARD, ARCHIBALD (JUDGE): - III, 4
BARD, DAVID (REV.): - IV, 20
BARD, ELIZABETH DEEMER: - IV, 20
BARD, ELIZABETH: - IV, 20, 335
BARD, JAMES: I, 345 -
BARD, JOHN: 1, 54 -
BARD, KATHERINE (POE): 1, 54; - III, 7
BARD, RACHEL: - IV, 20
BARD, RICHARD: I, 53; - III, 1, 2; IV, 21
BARDENO, JAMES: - III, 409
BARGE, EFFIE: - IV, 106
BARGE, EUPHEMIA: - IV, 106
BARGE, JOHN: I, 468, 470; - III, 217, 219; IV, 106
BARGER, HELEN: - IV, 635
BARGER, SARAH ANN PETERS: - IV, 635
BARKELY, J. WALLACE: I, 472 -
BARKER, - III, 79
BARKER, (JUDGE): - III, 307, 309, 310
BARKER, A. A.: II, 189; - III, (HON.) 138
BARKER, A. V.: II, (JUDGE) 184; - IV, 281, (JUDGE) 438
BARKER, CAROL: - IV, 607
BARKER, WILLIAM J.: - IV, 124
BARKEY, DAVID: II, 153 -
BARKLEY, II, 732 -
BARKLEY, ANN MARTHA MCKEE: - IV, 79
BARKLEY, FRANK M.: II, 730, 731; - III, 617, 618; IV, 79
BARKLEY, FRANK SEIBER: - IV, 79
BARKLEY, FRANK: II, 550; - III, 537, 564, 621, 639, 642
BARKLEY, HENRIETTA: - IV, 348
BARKLEY, JAMES FRANKLIN: - IV, 575
BARKLEY, JAMES M.: - IV, 348
BARKLEY, JANE PAULINE: - IV, 79
BARKLEY, JOSEPH: I, 342-J -
BARKLEY, LOU C.: - IV, 477
BARKLEY, PATRICIA HART: - IV, 79
BARKLEY, RUTH BRENISER: - IV, 79
BARKLEY, WILLIAM D.: I, 229, 230 -
BARKLEY, WILLIAM FRANK: - IV, 79
BARLOW, (JUDGE): II, 53 -
BARNES, I, 493 II (BROS.) 95 - I V, (MR.) 1
BARNES, DANIEL: - IV, 209
BARNES, HENRY: I, 30 -
BARNES, J. F.: II, 58; - III, 253
BARNES, J. K.: - III, 177

BARNES, JAMES: I, 133 -
BARNES, JOS. F.: - III, 252, 253
BARNES, JOSEPH: I, 138 -
BARNES, MARGARET: - IV, 9
BARNES, MARY: - IV, 28
BARNES, S. G.: II, 95 -
BARNES, SARAH: - IV, 209
BARNET, ANDREW: I, 229 -
BARNET, DAVID: I, 436, 437 -
BARNETT, A. (JUDGE): II, 416 -
BARNETT, ANDREW: I, 228, 234 -
BARNETT, ELIZA: - IV, 88
BARNETT, ELIZABETH: - IV, 259
BARNETT, HARRY: - III, 472
BARNETT, J. M.: I, 469; - III, 218
BARNETT, JAMES: - IV, 546
BARNETT, JOHN: I, 481 -
BARNETT, JOSEPH: - IV, 405
BARNETT, KATHERINE: - IV, 546
BARNHART, CHARLOTTE A.: - IV, 453
BARNHART, ELIZABETH: - IV, 484
BARNHART, FRANK M.: - III, 487
BARNHART, GEORGE: I, 201 -
BARNHOUSE, YOLONDA: - III, 632, 633
BARNHURST, JOSEPH: - IV, 335
BARNUM, P. T.: 1, 453 -
BARON, RUTH: - IV, 541
BAROON, PETER: I, 82 -
BARR, (DR.): - III, 400
BARR, (MRS. DR.): II, 88 -
BARR, ALEXANDER: I, 160, 346 -
BARR, ALFRED H. (REV.): - IV, 476
BARR, ANNIE ELIZABETH: - IV, 476
BARR, CATHARINE: - IV, 49
BARR, CATHERINE LYDICK: - IV, 421
BARR, CHARLES: II, 143; - IV, (CHAS.) 70
BARR, DANIEL H.: I, 228, 237, 247, 280, 282, 333, 547, 551; - IV, 418
BARR, ELIZA JANE: - IV, 289
BARR, ELIZABETH EVANS: - IV, 402
BARR, ELIZABETH: - IV, 402
BARR, EVA: - IV, 420
BARR, HANNAH: - IV, 628
BARR, ISABELLA: - IV, 358
BARR, JAMES P.: I, 465; - III, 227
BARR, JAMES: I, 88 -
BARR, JANE: - IV, 289, 606
BARR, JOHN: - III, 449
BARR, LOUISE: - IV, 69
BARR, MARGARET: - IV, 241
BARR, MARY ANN: - IV, 418
BARR, MARY VAN HORN: - IV, 420

BARR, MARY: - IV, 65
BARR, NANCY: - IV, 70, 313
BARR, R. (DR.): I, 458 -
BARR, R.: I, 437 -
BARR, ROBERT KELLEY: - IV, 421
BARR, ROBERT: II, (DR.) 30; - IV, 289, 606
BARR, S. L.: II, 393 -
BARR, S.: I, 659 -
BARR, SALLIE: - IV, 135
BARR, SALLY: - IV, 385
BARR, SAMUEL L.: - IV, 65, 421
BARR, SAMUEL LYDICK: - IV, (PROFESSOR) 420, 421
BARR, SAMUEL: I, 163; -
BARR, T. (SR): I, 309 -
BARR, THOMAS: I, 178, 229, 267; - IV, 49, 402
BARR, W. W.: - IV, 421
BARR, WILLIAM: I, 261, 269, 360 -
BARRA, MARIANNA: II, 249 -
BARRATT, A. M.: - III, 262
BARRE, WILKES: II, 457 -
BARRET, M. L.: I, 518 -
BARRET, MARCUS: I, 518 -
BARRETT, E. D.: I, (REV.) 487, 518 -
BARRETT, ELIZABETH: - IV, 160
BARRETT, JOHN: I, 536 -
BARRETT, LYSANDER: II, 92 -
BARRETT, W. L. (REV.): II, 267 -
BARRON, (COM.): I, 268 -
BARROW, SAMUEL: I, 104 -
BARRY, I, 416 -
BARRY, E. I.: - III, 436
BARRY, O. C.: - III, 516
BARRY, OLIVER: - III, 472
BARSETTO, CARLO: - III, 402
BARTASH, DAVID: - IV, 245
BARTASH, SUZANNE HOPE: - IV, 245
BARTHOLOMEW, II, 446 -
BARTHOLOMEW, BELLE: - IV, 192
BARTHOLOMEW, MARGARET: II, 569 -
BARTLEBAUGH, ABNER: I, 696; - III, 321
BARTLEBAUGH, JAMES: II, 691 -
BARTLEBAUGH, JOHN: I, 27, 212 -
BARTLEBAUGH, LUCINDA: - IV, 607
BARTLEBAUGH, MARGARET: - IV, 442
BARTLEBAUGH, NANCY: - IV, 442
BARTLEBAUGH, RUCILLA: - IV, 442
BARTLES, ALICE: - IV, 286
BARTLES, FRED R.: - IV, 286
BARTLETT, EMERY W.: II, 304 -
BARTLEY, EDNA (MRS.): II, 538 -

BARTO, ROBERT: II, 744 -
BARTON, C. M.: I, 665 -
BARTON, J. HUGHES: II, 45 -
BASE, STEVE: - III, 400
BASH, (MESSR.): II, 88 -
BASH, EDNA: - III, 457
BASILE, FRANK J.: II, 674 -
BASOCCHI, ERNEST: - III, 400
BASSARO, JULIA ELIZABETH: - IV, 256
BASSARO, RUDY: II, 740 -
BASSARO, SCOTT: - IV, 256
BASSI, MICHELE: II, 423 -
BASTIC, LAVINA: - IV, 632
BASTON, FLORENCE: - IV, 319
BASTON, STANLEY: - IV, 319
BATEMAN, ELEANOR: - IV, 605
BATES, A. D.: II, 153 -
BATES, DAVID: I, 508 -
BATES, EDWARD (ATTORNEY GENERAL): - IV, 100
BATES, EDWARD: - IV, 100
BATES, PHOEBE: - IV, 586
BATEST, TOM: - III, 400
BATEST, TONY: - III, 400
BATH, AGNES J. HAMILTON: - IV, 487
BATH, BEVERLY DAWN: - IV, 182
BATH, CLAUDE E.: - IV, 487
BATH, ISABEL KING: - IV, 487
BATH, JAMES M.: - IV, 487
BATH, JAMES THOMAS: - IV, 182
BATH, JOHN R.: - IV, 487
BATH, JOSEPH K.: - IV, 487
BATH, JOSEPH: - IV, 487
BATH, LEONARD A.: - IV, 487
BATH, MARION (MRS.): - IV, 188
BATH, MYRTLE M.: - IV, 487
BATH, SAVILLA A.: - IV, 487
BATH, TERZAH M.: - IV, 487
BATLEY, REBECCA: - IV, 583
BATTICK, BONNIE: II, 513 -
BATTLES, ASA: II, 131 -
BATTS, FAITH GERTRUDE: IV, 533
BATTS, JOHN: IV, 533
BAUGHMAN, ESTHER: - IV, 547
BAUGHMAN, JONAS: II, 146 -
BAUGHMAN, MYRTLE BLANCHE: - IV, 622
BAUM, BARBARA: - IV, 209
BAUM, FREDERICK: - IV, 209
BAUM, JOHN: I, 608 -
BAUMGARDNER, GEORGE: II, 434 -
BAUMRITTER, BARBARA TIMMERMON: - IV, 531

BAUMRITTER, LENORE: II, 801; - IV, 531
BAUMRITTER, MAX: - IV, 531
BAUMRITTER, ROBERT: - IV, 531
BAUMRITTER, RUTH: - IV, 531
BAUMRITTER, SAMUEL: - IV, 531
BAUMRITTER, SARA WEISS: - IV, 531
BAURER, (REV.): - III, 267
BAXTER, JOHN: II, 290 -
BAXTRY, R. S.: - III, 439
BAYLESS, MARK E.: - IV, 367
BAYLESS, SUSAN: - IV, 367
BAYLISS, I. J.: II, 209 -
BAYLOR, JACOB C.: I, 559 -
BAYLOR, MARY ALDA: - IV, 110
BAYLOR, MARY: II, 57 -
BAZALION, PETER: I, 33 -
BEACOM, J. WESLEY: II, 94 -
BEACOM, JAMES S. II, 94 -
BEAL, ARTHUR E.: II, 744 -
BEAL, ROY: - III, 515
BEALS, II, 268 -
BEAM, GEORGE: I, 72 -
BEAMER, SARAH B.: - IV, 478
BEARD, BECKY: - IV, 134, 135
BEARD, RALPH B.: - IV, 625
BEATLEY, (MR): II, 40 -
BEATON, JAMES A. (REV.): - III, 448
BEATTIE, JOHN A.: II, 487 -
BEATTIE, MARTHA: - IV, 247, 412
BEATTY, (DR.): - III, 207
BEATTY, ALETHA: - III, 262-K
BEATTY, ALICE REBECCA: - IV, 148
BEATTY, BRUCE B.: - III, 620
BEATTY, ELIZA: - IV, 293
BEATTY, JAMES: I, 561; - IV, 110
BEATTY, MARGARET ELLA: - IV, 293
BEATTY, MARY ANN: - IV, 569
BEATTY, MARY NANCY: - IV, 110
BEATTY, R. F.: - III, 491
BEATTY, R. W.: II, 234 -
BEATTY, RICHARD: - IV, 293
BEATTY, ROBERT: I, 171 -
BEATTY, SARAH: - IV, 110
BEATTY, TILLIE: - III, 457
BEATTY, TOMMY: II, 543 -
BEATTY, VERNON R.: II, 305, 537 -
BEATTY, W. P.: II, 441 -
BEATTY, WALTER L.: II, 804 -
BEATTY, WILLIAM: I, 475 -
BEATY, EDWARD: - III, 27
BEATY, WILLIAM: I, 247 -
BEAVER, II, 17, (GOV.) 284 -

BEAVER, CHIEF KING: I, 55, 58, 59, 60 -
BEAVER, JAMES A.: II, 14, 15; - III, 321; IV, (GOV.) 415 -
BEAVERS, JANE: - IV, 28
BEBLYAK, STEVE: - III, 420
BECHTEL, VEDA: - IV, 631
BECHTEL, WILLIAM: - IV, 631
BECK, DANIEL: I, 199 -
BECK, EDSON EVART: II, 218 -
BECK, EDSON: - III, 431
BECK, ELIZA: - IV, 345
BECK, HAL MITCHELL: - IV, 28
BECK, ISAAC: II, 146 -
BECK, JOHN: I, 84G, 155, 156; - III, 39
BECK, LAVINIA: - IV, 524
BECK, LEROY: II, 532 -
BECK, MYRTLE: - IV, 412, 524
BECK, NORMA DORRICE: - IV, 28
BECK, RALPH: II, 590 -
BECK, RAYMOND: II, 590 -
BECK, SHARP: II, 552 -
BECK, WILLIAM F. (MRS.): - IV, 390
BECK, WILLIAM F.: - IV, 390
BECK, WILLIAM L.: II, 531, 663 -
BECK, WILLIAM: I, 118 -
BECKHAM, FONTAIN: I, 415 -
BECKWITH, DONALD: - III, 623, 624
BEDFORD, (DR.): I, 127 -
BEDFORD, (MR.): I, 283 -
BEDZYK, JOSEPH: - III, 479
BEE, (DR.): - IV, 285
BEE, CHARLES H.: - III, 191; IV, 285
BEE, CHARLES HOWARD (M.D.): - IV, 285
BEE, CLARE POORMAN: - IV, 285
BEE, CYNTHIA: - IV, 285
BEE, D. H.: I, 634 -
BEE, DANIEL EVANS: - IV, 285
BEE, DANIEL H.: 1, 646, 647, 648; II (DR.) 798; - III, 191, 192; IV, 285
BEE, DANIEL HAROLD (M.D.): - IV, 284
BEE, DANIEL HOLLENBAUGH: - IV, 285
BEE, DANIEL: - III, 167
BEE, ELIZABETH M. DUNCAN: - IV, 285
BEE, GLADYS OVERHOLT: - IV, 285
BEE, HATTIE M.: - IV, 285
BEE, MARY (MISS): II, 271 -
BEE, MARY J.: - IV, 276
BEE, MARY SUSAN (M.D.): - IV, 285
BEE, MARY T.: - IV, 285
BEE, MARY: - IV, 285, 463
BEE, ZORA J.: - IV, 285

BEEBE, LOVICA MARSHALL: - IV, 271
BEECH, HAL: II, 542; - III, 492
BEECHER, HENRY WARD: II, 89 -
BEECHY, JAMES: - III, 418
BEEGLE, DAISY: - IV, 273
BEERESS, JACOB: I, 345 -
BEERS, II, 111 -
BEERS, F. W.: II, 90 -
BEERS, J. CLYDE: II, 383 -
BEESON, CHARLES EDMUND: - IV, 172
BEESON, HELEN: - IV, 172
BEHAM, FANNIE: - IV, 258
BEIDLEMAN, EDWARD E.: IV, 514 -
BELCH, SETH: I, 404 -
BELL, I, 596; II, 24, 127; - III, 395, 398; IV, 589
BELL, (MR): II, 304 -
BELL, (REV.): II, 13 -
BELL, A. T. (MRS.): - III, 363
BELL, ALFRED M.: - IV, 510
BELL, ALFRED: - IV, 510
BELL, BERL: II, 98 -
BELL, C. M. (MRS.): - III, 365
BELL, CAROL MARGARET: - IV, 559
BELL, DEBENNEVILLE: - IV, 510
BELL, EDITH: - IV, 323
BELL, EDNA TODD: - IV, 482
BELL, ELEANOR: - IV, 375
BELL, ELIZABETH D. TODD: - IV, 482
BELL, ELLA: IV, 152
BELL, FLEURETTE DEBENNEVILLE MYERS: - IV, 510
BELL, G. P.: - III, 427
BELL, H. M.: II, 159 -
BELL, H. W.: II, 234 -
BELL, HUGH A.: II, 140 -
BELL, HUGH M.: II, 379, 455, 482, 488; - III, 490; IV, 2
BELL, HUGH: II, 208, 223; - IV, 375
BELL, ISABEL: - IV, 205
BELL, J. (MR.): II, 126 -
BELL, JAMES H.: I, 559 -
BELL, JAMES K.: I, 386 -
BELL, JANE: - IV, 106, 107, 234
BELL, JANICE: - IV, 595
BELL, JEAN: - IV, 323
BELL, JESSIE: IV, 384
BELL, JOHN A.: - IV, 103
BELL, JOHN CROMWELL: - IV, 510, (JR.) 510
BELL, JOHN: I, 175, 294, 594; II, 118; - IV, 438, 482, 510
BELL, JULIA: - IV, 417
BELL, JULIUS: - IV, 559
BELL, LOUIS: - III, 490
BELL, MARGARET: - IV, 348
BELL, MARTHA: - IV, 259, 468
BELL, MARY: - IV, 234, 375
BELL, MATTHEW: - IV, 595
BELL, REBECCA HANSON: - IV, 510
BELL, REBECCA: 1, 303 -
BELL, SAMUEL: I, 303, 344 -
BELL, SARAH ANN: - IV, 201
BELL, SARAH JANE: - IV, 390
BELL, THOMAS: - III, (JR. & SR.) 231; IV, 234, 375
BELL, WARNER H.: II, 20, 95 -
BELL, WATSON (CAPT.): I, 337 -
BELL, WILLIAM H.: - IV, 323
BELL, WILLIAM W.: I, 353 -
BELLAFIORA, II, 744 -
BELLARI, ANTONIO: - III, 409
BELLE, EARL: II, 601 -
BELLE, JELLICO: - IV, 618
BELLETIERE, FRANK: II, 734 -
BELLIS, THOMAS: II, 177 -
BELNAP, II, 358 -
BELSKI, STANLEY: II, 531 -
BELT, CARON: - IV, 299
BEN-ZVI, LINDA: II, 751 -
BENAMATI, PETE: - III, 593, 596
BENCE, ADA B. ACKERSON: - IV, 525
BENCE, ANNA ELIZABETH RINN: - IV, 525
BENCE, ANNA MINERVA SHORT: - IV, 525
BENCE, ANNIE CLAWSON: - IV, 525
BENCE, ANNIE STEAR: - IV, 525
BENCE, BARBARA: - IV, 525
BENCE, BESS E. BARBER: - IV, 525
BENCE, BETTY: - IV, 525
BENCE, BILL: - III, 597
BENCE, CARL R.: II, 456 -
BENCE, CHARLES H.: - IV, 525
BENCE, CHARLES L.: II, 401, 456; - IV, 489, 524, 525
BENCE, CLARENCE D.: - IV, 525
BENCE, CLARENCE: - IV, 547
BENCE, DOROTHY CHLOE SHOFF: - IV, 525
BENCE, ELIZABETH BARBOR: - IV, 525
BENCE, ELIZABETH: - IV, 525
BENCE, ELSIE SICKENBERGER: - IV, 525
BENCE, FANNIE: - IV, 525
BENCE, GENEVIEVE: - IV, 525
BENCE, GEORGE: - IV, 525
BENCE, HARRY E.: - IV, 525

BENCE, HARRY: - III, 597
BENCE, HELEN: - IV, 593
BENCE, IVAN: - IV, 525
BENCE, J. LUTHER: - IV, 525
BENCE, JACOB: - IV, 525
BENCE, JAMES L.: - IV, 525
BENCE, JAMES: - IV, 525
BENCE, JOHN L.: - IV, 525
BENCE, JOHN: I, 201 -
BENCE, L. C.: - III, 421
BENCE, LAURA: - IV, 525
BENCE, LOGAN C.: - IV, 525
BENCE, LUTHER: II, 456 -
BENCE, MARY CATHERINE: - IV, 489
BENCE, MARY E.: - IV, 525
BENCE, MARY GERTRUDE: - IV, 525
BENCE, NORA SLOAN: - IV, 525
BENCE, PEARL EDWARDS: - IV, 525
BENCE, PEARL: - IV, 547
BENCE, ROSINA EVERWINE: - IV, 525
BENCE, SAMUEL: - IV, 489, 525
BENCE, W. A.: - III, 346
BENDER, ANNA M.: IV, 186
BENFORD, (CAPT.): I, 634 -
BENFORD, ALTMAN J. H. (COL.): I, 632 -
BENFORD, ELIZABETH: - IV, 34
BENFORD, J. H.: - IV, 34
BENGSTON, ARLINE M.: - IV, 582
BENJAMIN, JUDITH: - IV, 61
BENJAMIN, WILLIAM: II, 234 -
BENKE, JOSEPH: II, 426 -
BENKOSKEY, STANLEY: II, 424 -
BENNETT, II, 398
BENNETT, - III, 102, 312
BENNETT, (MRS.): II, 733, 739 -
BENNETT, (SENATOR): II, 483; - IV, 176
BENNETT, ABRAHAM B.: - IV, 559
BENNETT, ABRAHAM: - IV, 177
BENNETT, ALEX: - IV, 558, 559
BENNETT, ANNIE S.: - IV, 559
BENNETT, BOYD D.: - IV, 196
BENNETT, C. W.: - III, 540
BENNETT, CATHERINE PETTICORD: - IV, 559
BENNETT, CATHERINE: - IV, 177
BENNETT, CHARLES W.: - IV, 559
BENNETT, CHARLOTTE RICHARDSON: - IV, 176
BENNETT, CHARLOTTE: - IV, 176
BENNETT, CORA A.: - IV, 559
BENNETT, E. B.: II, 414, (JR.) 600 -
BENNETT, EDWARD - III, 467

BENNETT, EDWARD B.: II, 403, 404, 411, (SENATOR) 527; - III, 487; IV, 176, (JR.) 176, 559
BENNETT, ELIZA LEWIS: - IV, 177
BENNETT, ELIZABETH BAILEY: - IV, 177, 559
BENNETT, ELIZABETH: - IV, 177, 559
BENNETT, ELVERTA: - IV, 612
BENNETT, GEORGE: - IV, 177
BENNETT, HARRY H.: - IV, 176
BENNETT, HARRY W.: - IV, 559
BENNETT, HARRY: II, 418; - III, 546A
BENNETT, HENRY: I, 368 -
BENNETT, J. PURL: - IV, 177
BENNETT, JACOB: - IV, 176, 177
BENNETT, JAMES: - III, 294; IV, 482, 559
BENNETT, JENNIE BRACKEN: - IV, 559
BENNETT, JENNIE: - III, 458
BENNETT, JEROME: - IV, 612
BENNETT, JOHN: I, 116, 335; II, 268; - IV, 177, 181, 422, 559
BENNETT, JOSEPH: - III, 294; IV, 422
BENNETT, KATHERINE: - IV, 176
BENNETT, KATIE: - IV, 177
BENNETT, LAURA MEYERS: - IV, 177
BENNETT, LYDIA: - IV, 177
BENNETT, M.: II, 328, 349, 429, 504; - IV, 176
BENNETT, MARGARET DICKEY: - IV, 177
BENNETT, MARGARET MCADAMS: - IV, 559
BENNETT, MARGARET: - IV, 177
BENNETT, MARTHA ELIZABETH: - IV, 482
BENNETT, MARTHA JANE: - IV, 176
BENNETT, MARY ANN GRAHAM: - IV, 559
BENNETT, MARY GERTRUDE ORNER: - IV, 559
BENNETT, MARY J. LEWIS: - IV, 177
BENNETT, MICHAEL: II, 264, 322; - IV, 176, 177
BENNETT, MIRIAM: - IV, 176, 177
BENNETT, N. D.: II, 265 -
BENNETT, NELLIE MCGREGOR: - IV, 176
BENNETT, OTES: - III, 638
BENNETT, PETER: - IV, 177
BENNETT, RALPH C.: - IV, 177
BENNETT, SARAH SHANK: - IV, 177
BENNETT, SARAH: - IV, 177
BENNETT, SUSAN: - IV, 177
BENNETT, VERNA M.: - IV, 197
BENNETT, VERNA MARGARET: - IV, 196

BENNETT, VERNA ZARTMAN (MRS.): II, 731, - III, 529, 530
BENNETT, VERNA: II, 733, 735, 737, 738, 801 -
BENNETT, VICKI: - IV, 196
BENNETT, VICTORIA JANE: - IV, 196
BENNETT, VIRGINIA: - IV, 176
BENNETT, W. C.: II, 569 -
BENNETT, WILLIAM C.: II, 418; - IV, 177
BENNETT, WILLIAM T.: - IV, 559
BENNETT, WILLIAM: I, 79, 81, 82, 115, 116, 335; - III, 89, 546A; IV, 177, 559
BENNEY, - III, 298
BENNEY, C. A. R.: - IV, 362
BENNEY, MARY: - III, 208, 209
BENSHOFF, MARY M.: - IV, 162
BENSHOFF, MARY MARTHA: - IV, 162
BENSON, THOMAS: I, 174 -
BENTLY, (MRS.): II, 71
BENTON, ALECK: - III, 539
BENTON, ELLEN: - IV, 326
BENZ, MARGARET L.: II, 672 -
BENZ, W. L. (DR.): - III, 546
BERDAN, BESSIE: - IV, 563
BERESFORD, EMILY: - IV, 576
BERESFORD, JOHN GEORGE: - IV, 576
BEREZONSKY, ALEX: II, 358 -
BERGANI, FRANK: - III, 391
BERGEN, EDGAR: II, 540 -
BERGER, JAMES: II, 643, 644 -
BERGMAN, SOPHIA: - IV, 508
BERKEY, ELIZABETH: - IV, 484
BERKEY, J. M.: - III, 251
BERKEY, MARY: - IV, 481
BERKEY, T. M.: - III, 298
BERKHIMER, (MRS.): II, 422 -
BERKHIMER, EDWARD: II, 422 -
BERKSHIRE, WILGUS: II, 460 -
BERLIN, A. H.: II, 52 -
BERLIN, E. H.: II, 307 -
BERLIN, M. S. (MRS.): II, 86 -
BERLIN, S. J.: - III, 253
BERMONT, LUCINDA: - IV, 187
BERMONT, VICTOR: - IV, 187
BERNARD, I, 652 -
BERNARD, JIM: - III, 638
BERNER, MARGARETTA LOUISE: - IV, 56
BERNHEIM, JOHN H. (REV.): I, 300 -
BERNOTAS, RICHARD: - IV, 537
BERNOTAS, SUSAN: - IV, 537
BERRIGAN, (DR.): - III, 604

BERRINGER, GLORIA: II, 675 -
BERRINGER, HARRY: - III, 475
BERRINGER, JESSIE: II, 562 -
BERRINGER, KATE: - III, 458
BERRINGER, PATRICIA: II, 278 -
BERROW, SAMUEL: - III, 26
BERRY, DAVID F.: II, 306, 363 -
BERRY, HARRY L.: II, 363 -
BERRY, HARRY: II, 306 -
BERRY, ISABEL: - IV, 38
BERRY, J. D.: II, 305 -
BERRY, J. PORTER: - IV, 38
BERRY, RICHARD: II, 714 -
BERRY, WILLIAM H.: II, 266, 267 -
BERRY, WILLIAM: II, 266 -
BESICK, STEVE: II, 378 -
BEST, (MESSR.): II, 88 -
BEST, HUGH: - IV, 224
BEST, JANE: - IV, 224
BETTS, TOM: II, 778 -
BETTY, ELIZABETH: - IV, 490
BETZ, MARGARET: - IV, 192
BEVERLAND, JOHN: I, 200 -
BEXTON, MARY: - IV, 503
BEYER, WILBER (MRS.): - III, 365
BEYMER, BARBARA: - IV, 463
BHE, CATHERINE ALLEN: - IV, 490
BHE, MARGARET: - IV, 38
BIAMONTE, FRANCESCA: - IV, 357
BIAMONTE, FRANCISCO: II, 306, 354, 400, 537, 668; - IV, 356, 357
BIAMONTE, GRACE HOUSTON: - IV, 357
BIAMONTE, GUISEPPE: - IV, 356
BIAMONTE, JOSEPH: - IV, 357
BIAMONTE, RAFFAELINE: - IV, 357
BIAMONTE, TERESA: - IV, 357
BIANCO, ANTONIO: II, 544 -
BIANCO, JOE: - III, 388
BIBLE, ELIZABETH BITNER: - IV, 214
BIBLE, SARA: - IV, 214
BIBLE, WILLIAM: - IV, 214
BICKERT, TOM: - III, 649
BIDDLE, CHARLES: I, 214A -
BIDDLE, EDWARD (MRS.): - III, 362
BIDDLE, ERIC H.: II, 489 -
BIDDLE, SARAH: - IV, 283
BIDWELL, II, 257 -
BIEDA, ROSE: - IV, 592
BIEGHLER, MARGARET: II, 772 -
BIERER, DANIEL: - IV, 66
BIERER, DORA BELLE: - IV, 66, 611
BIERER, EVERHART (COL.): II, 180

BIERER, MARGARET MARSHALL: - IV, 66
BIGAM, MIKE: II, 496 -
BIGHAM, - III, 78
BIGHAM, JOHN: I, 356 -
BIGLER, I, 584, 586; II, 19 -
BIGLER, (GOV.): I, 565, 566; - III, 156
BIGLER, W. D.: II, 186, 187 - III, 385, 387
BIGLER, WILLIAM: I, 248, 249, 388, 579, 580; II, 7 -
BILLICK, JAMES P. D.: I, 571 -
BILLOW, ANDREW: II, 747 -
BILLS, ALLANSON: I, 222 -
BINGHAM, ANN: I, 271 -
BINGHAM, WM. B. (REV.): I, 375, 376, 389, 390, 391, 393, 491, 587; - III, 154, 155
BINNEY, HORACE: - IV, 113
BINNIE, ANNIE (MISS): II, 281 -
BIRD, C. M. (CHIEF ENG.): II, 110, 111-
BIRKMAN, MARY L. BLACK: - IV, 88
BIRKMAN, R. K.: - IV, 88
BIRKMAN, R. M.: II, 66, 77, 93, 123; - III, 256
BIRNEY, - IV, 373, 377
BIRNEY, JAMES G.: I, 249, 381 -
BIRNEY, JOHN T.: II, 143 -
BISHOP, E. (MRS.): - III, 102
BISHOP, HENRY (REV.): I, 492 -
BISHOP, JESSE: - III, 102
BISHOP, ROBERT (DR.): - IV, 555
BISS, (MAJOR): - IV, 217
BISS, ALEX IRVIN: - IV, 217
BISS, ALEX: - IV, 217
BISS, BETTY: II (MRS.) 763; - III, 602, 603
BISS, BRENDA: - IV, 217
BISS, CAROL KELLEY: - IV, 217
BISS, DAVID: - IV, 217
BISS, ELIZABETH: - IV, 216
BISS, ENNA ROSS: - IV, 217
BISS, IRVIN OLIVER (MAJOR): - IV, 216
BISS, IRVIN, (MR. & MRS.): - III, 604, 605
BISS, JAMES: - IV, (I, II, & III) 217
BISS, JERRY: - III, 604; IV, 217
BISS, KATHERINE RANDALL: - IV, 217
BISS, MAE: - IV, 570
BISS, MARGIE: - IV, 217
BISS, MARY DESPRES: - IV, 216
BISS, MARY ROWLEY: - IV, 217
BISS, MARY: - III, 178-L, 604; IV, 217
BISS, MICHELE: - III, 604; IV, 217

BISS, ROBERT I.: II (MAJOR) 763; - III, 178-K, 178-L, 602, 603, 604, 605, 606, 607; IV, 216
BISS, ROBERT: - IV, 217
BISSELL, ALBERT WEST: - IV, 193
BISSELL, DORCAS LOGAN: - IV, 193
BITNER, ELIZABETH: - IV, 214
BIVENS, EDWARD B.: II, 510 -
BIVENS, RUSSELL: II, 752 -
BIXLER, J. R.: II, 9 -
BLACK, I, 586, 678; II, 17; - III, 75
BLACK, (COL.): I, 613 -
BLACK, (PROF.): II, 103 -
BLACK, ADAM: II, 294, 302; - IV, 482, 483
BLACK, AGNES: IV, 496
BLACK, ANGELINE: - IV, 483
BLACK, CATHERINE CRISSMAN: - IV, 483
BLACK, CATHERINE: - IV, 483
BLACK, CHRISTIAN REID: - IV, 489
BLACK, CHRISTIAN WILL: - IV, 82
BLACK, CHRISTIAN: - IV, 483
BLACK, CLARA MAY: - IV, 426
BLACK, CORA ROWLEY: - IV, 483
BLACK, CORA: - IV, 483
BLACK, DANIEL: - IV, 483
BLACK, DAVE ("DEVIL"): II, 28 -
BLACK, DAVID: II, 80 -
BLACK, DOLLIE: - IV, 483
BLACK, ELEANOR E. STUCHELL: - IV, 89
BLACK, ELIZABETH SETTLEMIRE: - IV, 483
BLACK, ELIZABETH: - IV, 88
BLACK, EUNICE: - IV, 98
BLACK, HANNAH: - IV, 483
BLACK, HARRY W.: - IV, 489
BLACK, J. G.: II, 171 -
BLACK, JAMES A.: II, 28; - III, 301
BLACK, JAMES HENRY: - III, 166
BLACK, JAMES: I, 137, 212, 255; - IV, 88
BLACK, JANE II, 80;
BLACK, JEMIMA: - IV, 483
BLACK, JEREMIAH S.: I, 598; - IV, (JUDGE) 116
BLACK, JEREMIAH: - IV, 110
BLACK, JOSEPH F.: - IV, 483
BLACK, JOSEPH: I, 184, 185, 189, 193, 347; - III, 74
BLACK, KEZIAH: - IV, 483
BLACK, MADGE WALKER: - IV, 489
BLACK, MAE NEAL: - IV, 483
BLACK, MAGDALENA: - IV, 483
BLACK, MARTIN LUTHER: - IV, 483

BLACK, MARTIN: - IV, 98
BLACK, MARY A.: - IV, 110
BLACK, MARY ANN RUSSELL: - IV, 489
BLACK, MARY ELIZABETH: - IV, 483
BLACK, MARY ELLA BOUCHER: - IV, 489, 490
BLACK, MARY L.: - IV, 88
BLACK, MARY MARGARET: - IV, 82
BLACK, MARY: II, 480; - IV, 89
BLACK, MERLE L.: - IV, 483
BLACK, MUSE: - IV, 89
BLACK, NANNIE J. BROWN: - IV, 483
BLACK, OVICE: - IV, 483
BLACK, REUBEN: II, 80;
BLACK, ROBERT: - IV, 89
BLACK, SAMUEL BOUCHER: - IV, 489
BLACK, SIGRID SWANSON: - IV, 489
BLACK, SOLOMON: - IV, 489
BLACK, VERNIE L.: - IV, 483
BLACK, W. R.: - IV, 430
BLACK, WALTER D.: - IV, 483
BLACK, WILLIAM CHARLES: - IV, 82
BLACK, WILLIAM R.: II, 93; - IV, 88
BLACK, WILLIAM: I, 484 -
BLACKBURN, MARY LUCINDA: - IV, 90
BLAINE, II, 16 -
BLAINE, ELIZABETH: - IV, 605
BLAINE, HENRIETTA: - IV, 605
BLAINE, MARY: - IV, 446
BLAIR, II, vi
BLAIR, (JUDGE): II, 15, 17, 27, 57; - III, 302; IV, 500
BLAIR, ALEXANDER: - IV, 245
BLAIR, ANN JANE: - IV, 459
BLAIR, ANN: - IV, 379
BLAIR, BARBARA: - IV, 245
BLAIR, CALVIN: - III, 532
BLAIR, CAROLINE HALL (MRS.): II, 310 -
BLAIR, CAROLINE ROWLAND HALL: - IV, 467
BLAIR, CAROLINE: - IV, 488
BLAIR, CATHARINE: - IV, 245
BLAIR, D. HALL (MRS.): II, 508 -
BLAIR, D. HALL: - IV, 94
BLAIR, DAVID (MRS. REV.): II, (MRS.) 310, 533; - III, 115
BLAIR, DAVID (REV.): I, 288, 294, 295, 365, 367, 373, 374, 381, 389, 494, 498, 499, 543, 661, 682; II, 61, 79; - III, 145, 153, 156, 219, 230, 233, 256; IV, 314, 456, 457, 458, 459, 467, 468
BLAIR, DAVID HALL: II, 410; - IV, 488
BLAIR, DAVID: II, 92; - IV, 468
BLAIR, ELINOR GORDON: - IV, 488
BLAIR, ELINOR: - IV, 94

BLAIR, ELIZA: - IV, 283
BLAIR, ELIZABETH COCHRAN: - IV, 245
BLAIR, ELIZABETH SUTTON: - IV, 467, 488
BLAIR, ELIZABETH: - IV, 459, 488, 496
BLAIR, EMMA GORDON: II, 286; - IV, 399
BLAIR, EMMA REINHART: - IV, 488
BLAIR, FLORINDA CUST: - IV, 245
BLAIR, HADDEN: - IV, 245
BLAIR, HALL: II, 492, 507; - IV, 447
BLAIR, HELEN TORRENCE: - IV, 468
BLAIR, HENRIETTA: - IV, 29
BLAIR, HENRY: - IV, 459
BLAIR, HUGH: - IV, 459, (JR) 459
BLAIR, J. S. (MRS.): II, 309 -
BLAIR, JAMES S.: - IV, 202-L
BLAIR, JAMES SUTTON: - IV, 467, 487, 488
BLAIR, JAMES: II, (MRS.) 227; - IV, 245, 379, 459
BLAIR, JANE THOMPSON: - IV, 459
BLAIR, JANE: - IV, 245
BLAIR, JOHN M.: - IV, 245
BLAIR, JOHN P.: II, 6, 22, (JUDGE) 66, 258; - III, 279, 307, 308, 311, 314, 348; IV, 2 (JUDGE) 170, 207, (JUDGE) 457, 458, 459, 488, 496
BLAIR, JOHN PRINGLE: - IV, (JUDGE) 466, 467, 468
BLAIR, JOHN: I, 348; - III, 321; IV, 245, 459, 496
BLAIR, LENA CURTIS: - IV, 488
BLAIR, MARGARET B.: - IV, 459
BLAIR, MARGARET HENRY: - IV, 245
BLAIR, MARGARET STEEL: - IV, 458, 468
BLAIR, MARGARET SUTTON: - IV, 467
BLAIR, MARGARET: - IV, 245, 389, 459
BLAIR, MARY MCQUISTON: - IV, 459
BLAIR, MAXWELL: - IV, 245
BLAIR, MOSES: - IV, 459
BLAIR, RUTH: - IV, 245
BLAIR, S. S.: - IV, 117
BLAIR, SAMUEL S.: - IV, 314, 466
BLAIR, SAMUEL STEEL: - IV, 459
BLAIR, SARAH M. DENNISTON: - IV, 314
BLAIR, SUSAN GALBRAITH: - IV, 245
BLAIR, SUSAN MCCLELLAND: - IV, 245
BLAIR, SUSANNAH: - IV, 245
BLAIR, THOMAS (CAPTAIN): I, 103, 104; - IV, 245
BLAIR, THOMAS S.: - IV, 245
BLAIR, THOMAS: I, 352; - IV, 245
BLAIR, WALTER: II, 756 -

BLAIR, WILLIAM A.: II, 786 -
BLAIR, WILLIAM PENN: - IV, 245
BLAIR, WILLIAM: - IV, 245, 459
BLAISDELL, II, 398 -
BLAISDELL, FRANCES: II, 186 -
BLAISDELL, W. S.: II, 186 -
BLAISDELL, WALTER S. (DR.): - III, 381
BLAKE, LYDIA: - IV, 83
BLAKE, PATRICIA: - IV, 387
BLAKE, WILLIAM F.: - IV, 387
BLAKELEY, ELIZABETH: - IV, 173
BLAKELEY, HUGH: - IV, 369
BLAKELEY, JANE: - IV, 369
BLAKELEY, JOSEPH A.: - IV, 173
BLAKELEY, MARIA A.: - IV, 341
BLAKELY, JAMES: - IV, 206
BLAKELY, JANE: - IV, 206
BLAKLEY, CATHERINE: - IV, 68
BLAKLEY, JOHN: II, 465 -
BLAKLEY, JOSEPH (CORP.): II, 256 -
BLAKLEY, JOSEPH A.: II, 257 -
BLAKLEY, ROBERT: - IV, 68
BLANE, LT.: I, 61 -
BLANEY, II, 405, 488 -
BLANEY, ANNA (MRS.): II, 534 -
BLANEY, JACK W.: II, 405 -
BLANEY, JACK: II, 483, 485 -
BLANEY, JIM: II, 488 -
BLANK, VALENTINE: II, 141 -
BLATT, GENEVIEVE: II, 732 -
BLENKENSOP, J.: II, 183 -
BLESSING, A. F.: II, 418, 420 -
BLEY, CHARLES: II, 289 -
BLEY, CONRAD: II, 125, 172; - IV, 11
BLEY, ELIZABETH: - IV, 11
BLEY, MARY: - IV, 11
BLOCK, NANCY: - IV, 245
BLOCK, NETTIE: - IV, 102
BLODGET, THOMAS: I, 201, 216, 275, 279, 304, 347 -
BLOOD, II, 8 -
BLOOD, KENNEDY L.: I, 683, 684 -
BLOOM, BERNARD: - IV, 487
BLOOM, JANE: - IV, 487
BLOOM, KEITH: II, 663 -
BLOOM, SUSAN: - III, 561
BLOOMFIELD, DOROTHY: - IV, 594
BLOOR, ALFRED J.: I, 641 -
BLOSE, ADDISON: - IV, 247
BLOSE, BEATRICE: - IV, 545
BLOSE, ELLA: - IV, 247
BLOSE, FRANK: II, 265; - IV, 612
BLOSE, FRED: - IV, 551

BLOSE, GEORGE: - IV, 496
BLOSE, J. M. (PROF.): II, 86 -
BLOSE, LAURA: - IV, 551
BLOSE, MAGDALINE: - IV, 612
BLOSE, OLLIE REED: - IV, 551
BLOSE, RACHEL: - IV, 412, 496
BLOSE, SALLY WALTON: - IV, 496
BLOSE, SARAH: - IV, 342
BLOSE, W. M.: II, 397 -
BLOSSER, PEGGY (MRS.): II, 666, 801-
BLOWER, - III, 401
BLUE, REBECCA M.: - III, 457
BLUE, ROSHALL A.: II, 380 -
BLY, NELLIE: II, 53, 87 -
BLYSTONE, RONALD: II, 627 -
BLYTH, W. S.: II, 195 -
BOADENHAMER, G. W.: I, 640; II, 119-
BOADENHAMER, GEORGE W.: II, 50 -
BOADENHAMER, J. H.: II, 146 -
BOALS, DAVID: - IV, 135
BOALS, FRANCIS: I, 159, 167, 215; - IV, 135
BOALS, THOMAS: I, 159; - IV, 135
BOALS, WILLIAM: - IV, 135
BOBBITT, HESTER AMELIA: - IV, 277
BOBER, GEORGE: II, 366 -
BODEN, CHRISTINA KERK: - IV, 72
BODEN, RICHARD L.: - IV, 72
BODENHAMER, A. W.: II, 7 -
BODENHAMER, G. W.: - III, 303
BODENHAMER, GEORGE W.: - IV, 64
BODENHAMER, GEORGE: II, 20 -
BODENHAMER, M. A. (MRS.): - III, 343
BODENHAMER, MARY A. WISE: - IV, 65
BODINE, SUSAN WRIGHT: - IV, 146
BODINE, SUSAN: - IV, 333
BODLEY, ISABELLA HAMILTON: - IV, 280
BOEH, MARY KOHL: - III, 574
BOESMAN, WILLIAM A. (CAPT.): II, 549 -
BOGGS, - III, 73, 224
BOGGS, (MISS): - IV, 42
BOGGS, ALEXANDER: - IV, 184
BOGGS, ANDREW: I, 183, 184, 185, 186, 187, 188, 190, 191, 192, 193, 317, 322, 329, 354, 364, 500; - III, 77; IV, 283, 284
BOGGS, ANN: - IV, 284
BOGGS, ANNA BELLA: - IV, 283
BOGGS, ANNABELA: - IV, 179
BOGGS, CARRIE C.: - IV, 183
BOGGS, CLARA MAY: - IV, 183
BOGGS, CLARA: - IV, 183
BOGGS, ELIZA BELL: - IV, 284

BOGGS, ELIZABETH ADAMS: - IV, 183
BOGGS, ELIZABETH JOHNSTON: - IV, 283
BOGGS, ELIZABETH: - IV, 179, 283, 284
BOGGS, FLORENCE M. MCLAUGHLIN: - IV, 183
BOGGS, FRANCIS: - IV, 284
BOGGS, FRANK A.: - IV, 183
BOGGS, GRACE MIRIAM: - IV, 183
BOGGS, HARRY A.: II, (SHERIFF) 378, 379; - IV, 183
BOGGS, HARRY AUSTIN: - IV, 183
BOGGS, JACOB DRUM: - IV, 283
BOGGS, JANE JOHNSTON: - IV, 283
BOGGS, JANE: - IV, 283, 284
BOGGS, JENNIE V.: - IV, 183
BOGGS, JOHN: - IV, (COL.) 283, (DR.) 284
BOGGS, JOHNSTON: - IV, 284
BOGGS, JOSEPH: II, 12; - IV, 183
BOGGS, MARY DAUGHERTY: - IV, 184
BOGGS, MARY: - IV, 283, 284
BOGGS, REBECCA: - IV, 283
BOGGS, SARAH BIDDLE: - IV, 283
BOGLE, JAMES: - III, 230
BOHINCE, BRENDA: - IV, 453
BOHINCE, PAUL: - IV, 453
BOHLEN, F. H.: II, 402 -
BOLAR, - III, 217
BOLAR, A. J. (CAPT/MAJOR): I, 629, 655; II, 13, 31, 33, 40, (SUPT) 45, 49, 52; - III, 217, 220, 221, 252, 253; IV, 166
BOLAR, ANDREW J.: II, 36 -
BOLAR, ANDREW JACKSON: - IV (MAJOR) 375, 376
BOLAR, ANNE HUMPHREY: - IV, 375
BOLAR, CATHARINE NAGLE: - IV, 375
BOLAR, CORDILLA: - IV, 375
BOLAR, DANIEL: - IV, 375
BOLAR, ELEANOR: - IV, 375
BOLAR, ELIZABETH AMSBAUGH: - IV, 375
BOLAR, ELIZABETH: - IV, 375
BOLAR, GEORGE: - IV, 375, 376
BOLAR, GILSON: - IV, 375
BOLAR, HARRY: II, 299 -
BOLAR, JANE ANN: - IV, 375
BOLAR, JEANNET MCCOY: - IV, 375
BOLAR, JOHN A.: II, 233 -
BOLAR, JOHN: I, 80; - IV, 375, (I) 376
BOLAR, MARTHA S. KERN: - IV, 375
BOLAR, MARY CATHARINE: - IV, 375
BOLAR, MARY GRAY: - IV, 375
BOLAR, MARY: - IV, 234, 375, 376

BOLAR, MATILDA: - IV, 375
BOLAR, MELINDA: - IV, 375
BOLAR, MIRIAM SPIRES: - IV, 375
BOLAR, NANCY JOHNSON: - IV, 375
BOLAR, NANCY: - IV, 375
BOLAR, ORLANDO: - IV, 375
BOLAR, SARAH F.: - IV, 375
BOLAR, SARAH WEIR: - IV, 375
BOLAR, SUSANNAH: - IV, 375
BOLINSKI, MIKE: II, 248 -
BOLLINGER, (MR.): II, 208 -
BOLLINGER, JOHN: - IV, 310
BOLLINGER, JUDITH JANE: - IV, 310
BOLLMAN, ANNA STELLA: - IV, 597
BOLLMAN, CALVIN PORTER: - IV, 597
BOLLMAN, ELIZABETH COCHRAN: - IV, 597
BOLLMAN, ELIZABETH: - IV, 597
BOLLMAN, GEORGE MILTON: - IV, 597
BOLLMAN, HARRIET EmMA: - IV, 597
BOLLMAN, HARRIET N. GAMBLE: - IV, 597
BOLLMAN, HENRY: - IV, 597
BOLLMAN, JAMES: II, 804; - III, 583, 584
BOLLMAN, JENNIE: - IV, 597
BOLLMAN, JOSEPH: - IV, 597
BOLLMAN, LENA ROBINSON: - IV, 597
BOLLMAN, MARGARET ANN MCCUTCHEON: - IV, 597
BOLLMAN, MARTHA L. SELBY: - IV, 597
BOLLMAN, NANCY: - IV, 597
BOLLMAN, S. P. (REV.): I, 493; - III, 219, 220, 221
BOLLMAN, SAMUEL P.: I, 466, 467, 468, 470, 471, 473 -
BOLLMAN, SAMUEL PORTER: - IV, (REV.) 597, 598
BOLLMAN, SAMUEL: - IV, 597
BOLLMAN, WILLIAM J.: - IV, 597
BOLOGH, STEVE: II, 514 -
BOLTON, (COL.): - III, 23
BOMFORD, (MR.): - IV, 337
BONAR, ANN: - IV, 379
BONARRIGO, RUSSELL: - III, 564
BOND, II, 18, 19 -
BOND, (MR.): - IV, 500
BOND, WILLIAM: I, 159, 160 -
BONDRA, JOHN (MRS.): II, 571 -
BONDRA, JOHN: II, 571 -
BONFOEY, KATHERINE: - IV, 176
BONFOEY, MCBURNIE: - IV, 176
BONGIOVANNI, JOSEPH: II, 510 -
BONNER, J. A.: - IV, 629
BONNER, LORETTA F.: - IV, 629

BONNER, MARGARET J.: - IV, 629
BONNETT, JOHN (SR.): - IV, 148
BONNETT, MARY: - IV, 148
BONNIN, GEORGE W.: - IV, 13
BONNIN, JANE R.: - IV, 13
BONNIWELL, II, 405 -
BONNIWELL, EUGENE C.: II, 400; - III, 468; IV, (JUDGE) 514
BONOFHOSK, FRANK: - III, 409
BONOMO, ROSARO (MRS.): II, 249 -
BONYA, BEVERLY A. GAZZA: - IV, 550
BONYA, JOHN A.: - IV, 549, 550
BONYA, JOHN J.: - IV, 550
BONYA, JOHN: II, 755 -
BONYA, VIRGINIA M. JONES: - IV, 550
BOOCKS, JOHN W.: - III, 303
BOOCKS, S. ARTHUR: - IV, 340
BOOKAMIRE, JACOB: II, 250 -
BOOKAMYRE, CHRISTIANA: - IV, 45
BOOKER, SAMUEL: II, 380 -
BOONE, ANNA MARY: - IV, 173
BOONE, GEORGE: - IV, 173
BOOTH, EVANGELINE: II, 520 -
BOOTH, J. L.: - III, 391
BOPP, MONICA AGNES: - IV, 91
BORDER, SUSAN: - IV, 48
BORGIO, ANGELINE: II, 249 -
BORGIO, FRANK: II, 249 -
BORING, DUANE (PVT.): II, 575 -
BORLAND, C. CLAIR: - IV, 473
BORLAND, ELIZABETH: - IV, 182
BORLAND, H. ELMER: II, 548; - IV, 473
BORLAND, HELEN: - IV, 473
BORLAND, JAMES: - IV, 473
BORLAND, MARGARET: - IV, 446
BORLAND, MARY A. HAROLD: - IV, 473
BORLAND, MARY ELLEN MCGEARY: - IV, 473
BORLAND, MAUDE BROWN: - IV, 473
BORLAND, MICHAEL: - III, 494
BORLAND, SARAH: - IV, 569
BORLAND, TOM: II, 574; - III, 492, 493, 494
BORLAND, WILLIAM: I, 475; - IV, 182, 446, 473
BORTZ, PAUL T.: - III, 536
BOSSERT, CATHERINE: - IV, 566
BOSSERT, ELIZABETH: - IV, 151
BOSSERT, JOHN: - IV, 151
BOSTIC, CHARLOTTE NOTLEY: - IV, 217
BOSTIC, CHARLOTTE: - IV, 543
BOSTIC, EDWARD K: - IV, 217
BOSTIC, ELIZABETH: - IV, 216
BOSTIC, EMMA: - IV, 579
BOSTIC, FELIX: - IV, 217
BOSTIC, JACOB: - IV, 217
BOSTIC, NANCY: - IV, 217
BOSTIC, PEARL: - IV, 217
BOSTIC, RUTH: - IV, 404
BOSTON, JOHN: - III, 585, 586
BOTHEL, AGNES: - IV, 442
BOTHEL, BERTHA: - IV, 442
BOTHEL, CLARA MCDONALD: - IV, 443
BOTHEL, D. P.: II, 394 -
BOTHEL, DANIEL P. CAMPBELL: - IV, 443
BOTHEL, DANIEL: - III, 520
BOTHEL, DAVID P.: - IV, 443
BOTHEL, DAVID PLATT: - IV, 442
BOTHEL, DAVID: - IV, 443, 606
BOTHEL, ELIZA: - IV, 606
BOTHEL, ELLEN LONG: - IV, 443
BOTHEL, FLOYD D.: - IV, 442
BOTHEL, IRA L.: - IV, 442
BOTHEL, JAMES LEROY: - IV, 491
BOTHEL, JAMES: - IV, 443
BOTHEL, JANE: - IV, 124, 490
BOTHEL, JENNIE: - IV, 442
BOTHEL, JOHN MCCREA: - IV, 443
BOTHEL, JOHN: - III, 218, 220; IV, 15, 124, 443
BOTHEL, LAURA J.: - IV, 443
BOTHEL, LAVELLE MAE: - IV, 527
BOTHEL, MARTHA: - IV, 443
BOTHEL, MARY CAMPBELL: - IV, 443
BOTHEL, MARY MCCREA: - IV, 443
BOTHEL, MARY: - IV, 107, 443
BOTHEL, MAURICE W.: - IV, 442
BOTHEL, ONEDA SHAFFER: - IV, 443
BOTHEL, REBECCA TRIMBLE: - IV, 443
BOTHEL, ROBERT P.: - IV, 527
BOTHEL, ROSELMA (MRS.): - III, 520, 522
BOTHEL, SARAH ANN LONG: - IV, 442
BOTHEL, SARAH RUTH: - IV, 443
BOTHEL, SARAH: - IV, 443
BOTHEL, THOMAS C.: - IV, 442
BOTHEL, THOMAS: - IV, 443
BOTHEL, WILBUR: - III, 520
BOTHERS, CATHERINE: - IV, 344
BOTSFORD, - III, 263
BOTSFORD, ALBERT: - IV, 56
BOTSFORD, BERTHA: - IV, 56
BOTSFORD, BEVERLY TRAUGH: - IV, 56
BOTSFORD, CHARLES: - IV, 56
BOTSFORD, CLARENCE F.: - IV, 56
BOTSFORD, EARL HAMILTON: - IV, 56

BOTSFORD, EDITH: - IV, 56
BOTSFORD, EDNA: - IV, 56
BOTSFORD, ELIZABETH B.: - IV, 57
BOTSFORD, ELNATHAN: - IV, 57
BOTSFORD, FLORENCE T. EDWARDS: - IV, 56
BOTSFORD, FLORENCE: - IV, 56
BOTSFORD, FRANCES: - IV, 56
BOTSFORD, GEORGE LOUIS: - IV, 56
BOTSFORD, GEORGE WASHINGTON: - IV, 56
BOTSFORD, GERTRUDE: - IV, 56
BOTSFORD, HANNAH: - IV, 56, 57
BOTSFORD, HARRY H.: - IV, 485
BOTSFORD, HARVEY FRANK: - IV, 56
BOTSFORD, HENRY: - IV, 57
BOTSFORD, J. W.: - IV, 56
BOTSFORD, JAMES WESLEY: - IV, 56
BOTSFORD, JOYCE LYNNE: - IV, 56
BOTSFORD, KATHARINE ROSE HUSTON: - IV, 56
BOTSFORD, KATHLEEN LEE: - IV, 56
BOTSFORD, LAURA WOODALL: - IV, 56
BOTSFORD, LENA: - IV, 56
BOTSFORD, MARGARET LARUE BURKETT: - IV, 56
BOTSFORD, MARGARETTA LOUISE BERNER: - IV, 56
BOTSFORD, MARTHA W. TWEED: - IV, 56
BOTSFORD, MERCY: - IV, 56
BOTSFORD, NATHAN: - IV, 56
BOTSFORD, NEHEMIAH: - IV, 56
BOTSFORD, PAUL L.: - IV, 57
BOTSFORD, PAUL LEWIS: - IV, 56
BOTSFORD, PAUL: I, 516-F; II, 679, 689 -
BOTSFORD, ROBERT SUTOR: - IV, 56
BOTSFORD, RUFUS ALEXANDER: - IV, 56
BOTSFORD, RUTH: - IV, 56
BOTSFORD, SAMUEL: - IV, (JR) 57, (SR) 57
BOTSFORD, SUSAN CATHERINE GLASSER: - IV, 56
BOTSFORD, SUSAN RIDDLE: - IV, 56
BOTSFORD, TIMOTHY PAUL: - IV, 56
BOTTINGLIONE, NUNZIO: II, 248 -
BOTTS, I, 414, 418 -
BOTTS, LAWSON: - III, 162, 163
BOUCHER, AGNES: - III, 457; IV, 500
BOUCHER, AMELIA CREPS: - IV, 489
BOUCHER, ANDREW: - IV, 489, 490
BOUCHER, CATHERINE ALLEN BHE: - IV, 489

BOUCHER, CLARA BELLE HERRON: - IV, 574
BOUCHER, ELIZABETH GERTRUDE: - IV, 489
BOUCHER, ELIZABETH WOLF: - IV, 490
BOUCHER, ELIZABETH: - IV, 490
BOUCHER, ELLEN: - IV, 489
BOUCHER, FLORINNA AMELIA: - IV, 489
BOUCHER, FRANK: - IV, 500
BOUCHER, HARRY K.: - IV, 574
BOUCHER, HARRY SAMUEL: - IV, 489
BOUCHER, HENRY: - IV, 490
BOUCHER, IRVIN ANDREW: - IV, 489
BOUCHER, JACOB: - IV, 489
BOUCHER, JAMES: - IV, 490
BOUCHER, JETTIE M. BAKER: - IV, 489
BOUCHER, JOHN: I, 209, 314, 353, 360, 492, 573 -
BOUCHER, LARKEY MARIE: - IV, 489
BOUCHER, LOTTIE ELIZABETH: - IV, 489
BOUCHER, LUCINDA: - IV, 493
BOUCHER, MARY A.: - IV, 489
BOUCHER, MARY CATHERINE BENCE: - IV, 489
BOUCHER, MARY ELLA: - IV, 489, 490
BOUCHER, MARY M. SHIELDS: - IV, 490
BOUCHER, MARY MCAFOOS: - IV, 490
BOUCHER, MEREDITH AGNES: - IV, 573
BOUCHER, RACHEL CONRAD: - IV, 489
BOUCHER, RALPH: II, 456 -
BOUCHER, RICHARD L.: - IV, (MRS.) 420
BOUCHER, SAMUEL: IV, 489
BOUCHER, WILLIAM W.: - IV, 489
BOUGHTON, DANIEL: - IV, 486
BOUGHTON, ETHELINDA: - IV, 486
BOUQUET, (COL.): I, 56, 57, 58, 59, 60, 61 -
BOUTON, MIKE: - III, 625
BOUVIER, ELLA A.: - IV, 188
BOVARD, I 592 -
BOVARD, CHARLES: I, 396 -
BOVARD, J. C.: II, 220 -
BOVARD, JAMES: I, 641; - IV, 40
BOVARD, JOHN: I, 625 -
BOWEN, ELI (PROF.): I, 525 -
BOWER, POLLY: - IV, 550
BOWERS, B. F.: II, 344 -
BOWERS, DORA MAY NEIL: - IV, 25
BOWERS, ELIZABETH (MRS.): - IV, 25

BOWERS, H. B.: - IV, 25
BOWERS, HARVEY G.: II, 401 -
BOWERS, J. B.: - IV, 364
BOWERS, JAMES H.: II, 178 -
BOWERS, JOHN R.: II, 157 -
BOWERS, JOHN S.: II, 196 -
BOWERS, JOHN: I, 159; II, 28 -
BOWERS, JOSEPH: I, 624; II, 31 -
BOWERS, KENNETH: - IV, 147
BOWERS, MARVEL: - IV, 219
BOWERS, P. H.: II, 126 -
BOWERS, RUTH: - IV, 364
BOWERS, SARAH: - IV, 125
BOWERS, SHARON: - IV, 147
BOWERS, TIRZAH I.: - IV, 125
BOWERS, VALENTINE: - IV, 125
BOWERS, WILLIAM: - III, 217
BOWMAN, ADAM F.: - IV, 376
BOWMAN, B. C.: II, 239 -
BOWMAN, CLEMENTINE: - IV, 376
BOWMAN, JAMES N.: - IV, 376
BOWMAN, KATHRYN (MISS): II, 344 -
BOWMAN, KETURAH (MRS.): - IV, 401
BOWMAN, MARY: - IV, 97
BOWMAN, MYRTLE: - IV, 376
BOWMAN, OLIVE: - IV, 376
BOWMAN, RACHEL FLEMING: - IV, 376
BOWMAN, SAM: II, 767 -
BOWMAN, WILLIAM E.: - IV, 376
BOWSER, (MRS.): - III, 265
BOWSER, ANNA BOUCH: - IV, 527
BOWSER, CARRIE: - III, 457
BOWSER, CYNTHIA REBECCA: - IV, 299
BOWSER, EDWARD: - IV, 299
BOWSER, VALENTINE: - IV, 527
BOYD, ALICE BLANCHE: - IV, 565
BOYD, EMMA: - IV, 586
BOYD, FANNIE BROOKS: - IV, 586
BOYD, HAROLD LEE: - IV, 5
BOYD, HARRY B. (DR.): - III, 503
BOYD, HARRY BURTON (DR.): II, 550 -
BOYD, HUGH S. (REV.): - IV, 277
BOYD, ISABELLA JANE: - IV, 277
BOYD, JANE: - IV, 259
BOYD, JOHNNY: II, 146 -
BOYD, LEONA: II, 801; - IV, 5, 6
BOYD, LYDA: - IV, 286
BOYD, MARGARET: - IV, 97
BOYD, THOMAS: II, 26; - III, 298; IV, 362
BOYD, WILLIAM: - IV, 586
BOYER, II, 19 -

BOYER, FRANK R.: - IV, 150
BOYER, LAVINIA: - IV, 164
BOYER, MONA: - IV, 150
BOYERS, W. R.: I, 466, 476, 546P, 684-
BOYLE, II, 97 -
BOYLE, A. C.: II, 30, 68; - IV, 171, 179
BOYLE, A. L.: - IV, 117
BOYLE, ALBERT C.: - IV, 310
BOYLE, ALBERT: - IV, 309
BOYLE, ELIZA SEBRING: - IV, 310
BOYLE, EMORY: - III, 614
BOYLE, JOHNSON: - IV, 476
BOYLE, KEZIA: - IV, 225
BOYLE, LAURA: - IV, 310
BOYLE, LIZZIE R.: - IV, 310
BOYLE, M. E.: - IV, 310
BOYLE, MARIA: - IV, 131
BOYLE, MARY A.: - IV, 310
BOYLE, MARY S. DRUM: - IV, 310
BOYLE, MARY STANARD: - IV, 179
BOYLE, NANCY: - IV, 476
BOYLE, SARAH A.: - IV, 310
BOYLE, THOMAS: I, 195, 247, 269, 521; - IV, 131
BOYLE, WILLIAM C.: I, 542, 543, 544, 546; - IV, 310
BOYNTON, H. WILLIAM: - IV, 184
BOYNTON, J. (ESQ.): I, 104 -
BOYNTON, JEAN E.: - IV, 184
BRACKEN, (MISS): - IV, 437
BRACKEN, ELIZABETH: - IV, 402, 481
BRACKEN, EVELYN: - IV, 528
BRACKEN, HATTIE N.: I, 483 -
BRACKEN, HELEN: - IV, 38
BRACKEN, J. S.: I, 498 -
BRACKEN, JANE: - IV, 481
BRACKEN, JENNIE: - IV, 559
BRACKEN, JOHN: - IV, 401
BRACKEN, JULIA: - IV, 256
BRACKEN, MARTHA: I, (MISS) 482; - IV, 401
BRACKEN, MARY ANN: - IV, 279
BRACKEN, MARY S.: - IV, 104
BRACKEN, MARY: - IV, 402
BRACKEN, REBECCA: - IV, 37
BRACKEN, RUTH: - IV, 401
BRACKEN, SAMUEL: - IV, 279
BRACKEN, SARAH JANE: - IV, 64
BRACKEN, T. J.: - IV, 64
BRACKEN, T. W.: II, 279 -
BRACKEN, THOMAS: I, 167 -
BRACKEN, WILLIAM: I, 80, 135, 280, 281, 396; - III, 10; IV, 401
BRACKENRIDGE, W. H.: - IV, 372

23

BRACKENRIDGE, WILLIAM H.: I, 252 -
BRACKETT, E. A.: I, 419 -
BRADDOCK, (GEN.): - IV, 236
BRADDOCK, EDWARD (GEN.): I, 44 -
BRADFORD, I, 586 -
BRADFORD, SAMUEL F.: I, 207 -
BRADFORD, WILLIAM: I, 207 -
BRADLEY, I, 274; - IV, 8
BRADLEY, (JUSTICE): II, 8 -
BRADLEY, FRANK: II, 177 -
BRADLEY, MARY: II, 52; - IV (MISS) 302
BRADLEY, SUSAN: - III, 208
BRADSTREET, (COL.): I, 65, 66 -
BRADY, I, 592, 628; - III, 121
BRADY, (FATHER): - III, 317
BRADY, (SENATOR): - IV, 78
BRADY, AGNES: - IV, 75
BRADY, CATHERINE: - IV, 78
BRADY, EBENEZER: - IV, 9
BRADY, ELEANOR: - IV, 9
BRADY, ELIZABETH: - IV, 9, 242
BRADY, GEORGE W.: I, 653 -
BRADY, H. P.: - III, 577
BRADY, HANNAH: - IV, 8, 9, 75
BRADY, HUGH I, 167, 170; - III, 232; IV, 9, 74, 75, 79, 210, 211
BRADY, HUGH J. (MAJOR): I, 617, 629, 633, 639 -
BRADY, JAMES H.: - IV, 78
BRADY, JAMES ROBB: - IV, 78
BRADY, JAMES Y.: 1, 281; - IV, 78
BRADY, JAMES: II, (FATHER) 494; - III, (MONSIGNOR) 537
BRADY, JAMES: I, 137, 147, 160, 167, 168, 173, 174, 175; - III, 30; IV, 9, 75, 78, 221
BRADY, JANE COOKE: - IV, 74
BRADY, JANE MCCALL: - IV, 75
BRADY, JANE: - IV, 9, 77, 221
BRADY, JENNIE: - IV, 75
BRADY, JOAN ELLEN: - IV, 532
BRADY, JOHN: I, 616; II, 129; - IV, 8, 9, (CAPT.), 75, 75, 78
BRADY, JOSEPH: I, 625; - IV, 9, 15, 75
BRADY, LIBERTY: - IV, 75
BRADY, LISLE: II, 781 -
BRADY, MARGARET: - IV, 9
BRADY, MARY BELLA: - IV, 15
BRADY, MARY COOK: - IV, 75
BRADY, MARY QUIGLEY: - IV, 75
BRADY, MARY: - IV, 8, 9, 75, 77, 502
BRADY, O. C.: II, 129, 130 -
BRADY, OLIVER C. (FAMILY): II, 73 -
BRADY, R. T.: I, 646, 648 -

BRADY, REBECCA: - IV, 9, 78
BRADY, ROBERT QUIGLEY: - IV, 75
BRADY, ROBERT: I, 170; - III, 262K; IV, 74
BRADY, ROSE E.: - III, 458
BRADY, SADIE: - IV, 490
BRADY, SAMUEL D.: I, 445, 446 -
BRADY, SAMUEL G.: I, 445 -
BRADY, SAMUEL P.: - IV, 211
BRADY, SAMUEL T.: - IV, 77, 242
BRADY, SAMUEL: I, (LT.) 100, 106, 129; - IV (CAPT.) 8, 12, 74,75
BRADY, SAMUEL: I, 47, 48, 119, 170, 273, 274, 315, 698; II, 361; - IV, 7-9, 12, 75, 211, 221, 502
BRADY, SARAH RICKETTS: - IV, 78
BRADY, SARAH WALLACE: - IV, 75
BRADY, SARAH: - IV, 211
BRADY, SILAS EBBERTS: - IV, 78
BRADY, UNCLE SAM: - IV, 8
BRADY, WILLIAM P.: I, 27, 129, 167, 170, 178, 274; - IV, 12, 75, 211
BRADY, WILLIAM PERRY: - IV, 74, 211
BRADY, WILLIAM: - IV, 9
BRAGG, FREEMAN: - III, 614
BRAGG, JACK: - IV, 542
BRAGG, MARY LOUISE: - IV, 542
BRAILLIER, JOHN K. (DR.): II, 301 -
BRAINARD, - III, 201
BRAINARD, MARTIN: I, 271, 281, 282, 283; - III, 103
BRAINERD, MARTIN: - IV, 259
BRAINERD, NANCY: - IV, 259
BRALLIER, BESSIE GARNETT: - IV, 90
BRALLIER, EMANUEL (DR.): - IV, 562
BRALLIER, JOHN K. (DR): - IV, 90
BRALLIER, LINDA: II, 680 -
BRAND, CHARLES: - IV, 560
BRAND, GERTRUDE L.: - IV, 560
BRANDGLER, DAVID: - IV, 313
BRANDGLER, MARTHA: - IV, 313
BRANDON, (MR.): I, 169 -
BRANDON, EDWARD: II, 126 -
BRANDON, JOHN (ESQ.): I, 218, 357 -
BRANDON, MARGARET J.: - IV, 571
BRANDON, S. R.: I, 589 -
BRANDON, THOMAS C. (DR.): - III, 476
BRANDT, MARY: - IV, 53
BRANDY, H.: I, 528 -
BRANDY, T.: I, 528 -
BRANNON, ROBERT (REV.): - III, 575, 576, 610
BRANT, JOSEPH: I, 110, 123 -
BRANTLINGER, II, 149 -
BRASSEL, FLORENTINA: - IV, 220

BRATTEN, W. B.: - III, 491
BRATTON, I, 401 -
BRATTON, BECKY J.: - IV, 135
BRATTON, DELLA NEIL LONG: - IV, 25
BRATTON, ED: II, 598 -
BRATTON, GEORGE: - IV, 135
BRATTON, NORTH: - IV, 25
BRATZ, KEITH: II, 689 -
BRAUGHLER, A. C.: II, 34, 238 -
BRAUGHLER, AARON H.: - IV, 476
BRAUGHLER, ADAM C.: - IV, 476
BRAUGHLER, ADAM: - IV, 476
BRAUGHLER, ANNIS: - IV, 476
BRAUGHLER, CLAIR: - IV, 476
BRAUGHLER, CORDILIA JOHNSTON: - IV, 476
BRAUGHLER, DAVID J.: - IV, 476
BRAUGHLER, DAVID: II, 126 -
BRAUGHLER, EDNA: - IV, 476
BRAUGHLER, ELIZABETH DOTY: - IV, 476
BRAUGHLER, FLOYD: II, 507, 639; - IV, 476
BRAUGHLER, HANNAH HARTSHORN: IV, 476
BRAUGHLER, JACK: II, 639 -
BRAUGHLER, LYDIA SNYDER: - IV, 476
BRAUGHLER, MARIA: - IV, 476
BRAUGHLER, MARTIN: - IV, 476
BRAUGHLER, NANCY BOYLE: - IV, 476
BRAUGHLER, NANCY J.: - IV, 476
BRAUGHLER, SARAH C. DONAHEY: - IV, 476
BRAUGHLER, SOLOMON: - IV, 476
BRAWLEY, I, 585 -
BRECHBILL, CHRISTIAN: I, 531 -
BRECKINRIDGE, JOHN C.: I, 594; - IV, 414
BRECKINRIDGE, MARIA: - IV, 414
BREEGLE, EDNA: - IV, 565
BREEGLE, GEORGE MCCLELLAN: - IV, 565
BRENAMEN, - III, 78
BRENDLINGER, CARRIE L.: - IV, 439
BRENDLINGER, W. J.: II, 548 -
BRENISER, RUTH: - IV, 79
BRENIZER, - III, 299
BRENNEMAN, DAVID: I, 188 -
BRENNEMAN, LEWIS: I, 188 -
BRENNER, (MRS.): II, 372 -
BRENNER, ESTA: - IV, 198
BRETH, BILL L. (PFC): II, 578 -
BRETH, SAMUEL: - III, 321
BRETZ, EMIL: II, 785 -
BRETZ, RUTH: - IV, 205

BREWER, A. T.: I, 457, 629, 645; II, 32, 133; - III, 172
BREWER, ABRAHAM T.: - IV, 323
BREWER, ABRAHAM TITUS: II, 507; - IV, 322
BREWER, ABRAHAM: I, 260; - IV, 322
BREWER, CHARLES: - III, 276
BREWER, CLARA TAGG: - IV, 322
BREWER, ELIZABETH: - IV, 281
BREWER, EVA B.: - IV, 322
BREWER, JEREMIAH: - IV, 281
BREWER, MARY: - IV, 322
BREWER, SAM: I, 457 -
BREWER, THOMAS H.: - III, 174; IV, 322
BREWSTER, CHARLES: I, 410 -
BREYLINGER, HANNAH: I, 44 -
BRIAN, DONALD WARD (DR.): II, 717 -
BRICE, PRISCILLA ANN: - IV, 490
BRICE, THOMAS ANDREW: - IV, 490
BRICKLE, I, 533 -
BRICKLEY, ANNIE: - IV, 56, 360
BRICKLEY, DANIEL: - IV, 360
BRICKLEY, JERRY: II, 240 -
BRICKLEY, JOHN K.: - IV, 360, 361
BRICKLEY, MARGARET SHEPLER: - IV, 361
BRICKLEY, MARY M.: - IV, 360
BRIDGES, JAMES: I, 104 -
BRIGGS, ORLIN K.: II, 306 -
BRIGHT, L. J.: II, 721 -
BRIGHT, LORRIE: II, 713 -
BRIGMAN, RUTH CHARLOTTE: - IV, 625
BRIGMAN, RUTH: II, 801 -
BRILHART, E. E.: - III, 320
BRILHART, ELLIS (CO.): II, 129 -
BRILHART, J. H.: - III, 347
BRILHART, J. L.: II, 480 -
BRILHART, NANNIE: - III, 457
BRILHART, SAMUEL: I, 608 -
BRILHART, STELLA: - IV, 417
BRILL, J. G.: II, 331 -
BRINDLE, LENNIE: - IV, 97
BRINEMAN, ADAM: I, 36 -
BRINEY, CHRISTINA: - IV, 394
BRINK, I, 679 -
BRINK, A. C.: - IV, 335
BRINK, ANNA: - IV, 335
BRINK, BELLE KINTER: - IV, 335
BRINK, ELLEN IRVIN: - IV, 335
BRINK, HARRY: - IV, 335
BRINK, HERBERT: - IV, 335
BRINK, JANNEY: - IV, 335

BRINK, JOHN: I, 592, 660, 661; - IV, 335
BRINK, LIZZIE: - IV, 335
BRINK, MARIE CLARK: - IV, 335
BRINK, SAMUEL: - IV, 335
BRINKER, SUSAN: - IV, 363
BRINKERHOFF, (REV.): II, 482 -
BRINKERHOFF, HOWARD (REV.): II, 482 -
BRINKEY, GASPER C.: - III, 251
BRINKLEY, RUSS: II, 442 -
BRINKMAN, WILLIAM: - III, 254
BRINTLINGER, OLIVE: - III, 457
BRINTON, (GEN.): - III, 271
BRISBON, ELIZA: - IV, 202
BRITO, PHIL: - III, 489
BRITTON, - III, 70
BRIXNOR, CHRISTIAN: II, 184 -
BROADMEADOWS, N. J.: II, 185 -
BROADWAY, AGNES: - IV, 28
BROADWAY, CHARLOTTE: - IV, 28
BROADWAY, JOHN: - IV, 28
BROCIOUS, CINDY: - IV, 361
BROCIOUS, DWIGHT E.: - IV, 361
BROCIOUS, DWIGHT: II, 734 -
BROCIOUS, EDDY: - IV, 361
BROCIOUS, HELEN: - IV, 361
BROCIOUS, KENNY: - IV, 361
BROCIOUS, LAWRENCE: - IV, 361
BROCIOUS, MARGIE PATSOLIC: - IV, 361
BROCIOUS, RANDY: - IV, 361
BROCK, LEM S.: - IV, 65
BROCK, RACHEL: - IV, 65
BROCKOVER, JANE: - IV, 434
BRODERICK, RAYMOND J.: II, 738 -
BRODHEAD, DANIEL (COL.): I, 89, 106, 107, 108, 109, 110, 130, 145, 206-
BRODHEAD, JOHN: I, 129 -
BRODY, ABRAHAM: II, 454; - IV, 244
BRODY, ALICE: - IV, 245
BRODY, BARBARA M. KURTZ: - IV, 244
BRODY, BIRDYE E.: - IV, 245
BRODY, BIRDYE EVELYN: - IV, 244
BRODY, DANIEL MATTHEW: - IV, 245
BRODY, DONALD SAMUEL: - IV, 244
BRODY, DORA GOLDSTOCK: - IV, 244
BRODY, DOROTHY EMMERMAN: - IV, 244
BRODY, ELAINE LISOWITZ: - IV, 244
BRODY, FANNIE: - IV, 244
BRODY, GAY SIEGAL: - IV, 245
BRODY, GERTUDE ROSENTHAL: - IV, 244
BRODY, H. J. (MRS.): II, 520 -
BRODY, HYMAN J.: II, 454; - IV, 244
BRODY, I.: - III, 487
BRODY, ISRAEL I.: - IV, 245
BRODY, ISRAEL ISAAC: - IV, 243, 244
BRODY, ISRAEL: II, 454; - IV, 244
BRODY, LEONARD B.: II, 773 -
BRODY, LILY: - IV, 244
BRODY, LOUIS: - IV, 244
BRODY, MARJORIE ANNE: - IV, 245
BRODY, MILTON H.: - IV, 244
BRODY, NANCY BLOCK: - IV, 245
BRODY, RACHEL: - IV, 244
BRODY, ROBERT W.: - IV, 244
BRODY, ROSE: - IV, 244
BRODY, SARAH: - IV, 244
BRODY, SUZANNE HOPE: - IV, 245
BRODY, VIRGINIA MANSBACK: - IV, 244
BRODY, WILLIAM: - IV, 244
BRONSON, GEORGE (SR.): I, 502 -
BRONSON, JANE: I, 501; - IV, 588
BRONSON, MARY: I, 206 -
BRONSON, SARA GRACIE KING: - IV, 577
BRONSON, TOM: II, 354 -
BROOKS, I, 587; - III, 53, 273
BROOKS, ALBERT: - IV, 590
BROOKS, FANNIE: - IV, 586
BROOKS, JOHN J.: - IV, 34
BROOKS, MARY MULHOLLAN: - IV, 590
BROOKS, PHEBE E.: - IV, 34
BROOKS, PRESTON: I, 402 -
BROOKS, RUSSELL: - III, 558, 559
BROOME, I, 592 -
BROPHY, T.: I, 625 -
BROSKIN, ALEX: - III, 408
BROSKIN, DOROTHY JEAN: - IV, 380
BROTHERS, A. C.: II, 456 -
BROTHERS, C. F.: II, 240 -
BROTHERS, CATHERINE: - IV, 344
BROTHERS, JOSEPH: - IV, 361
BROTHERS, MARY GALBRAITH: - IV, 361
BROTHERS, MARY M.: - IV, 360, 361
BROTHERTON, I, 104 -
BROWER, MADAME LOUISA: I, 453 -
BROWN, I, 194 -
BROWN, (CAPT.): I, 616 -
BROWN, (JUDGE): - IV, 233
BROWN, (MR.): - IV, 133
BROWN, A. B.: I, 482, 497 -
BROWN, A. C. (REV.): - IV, 315

BROWN, ABIGAIL GRACE: - IV, 315
BROWN, ALEX: I, 458 -
BROWN, ALEXANDER: - IV, 266
BROWN, ANDREW (JUDGE): - III, 101
BROWN, ANDREW: I, 252, 302, 356; - IV, 233
BROWN, ANNA E. SMITH: - IV, 529
BROWN, ANNA: - IV, 615
BROWN, ANNE: I, 420; - IV, (ANN) 135, 236
BROWN, B. A.: II, 243 -
BROWN, BURT A.: - IV, 236
BROWN, CAROL J.: - IV, 529
BROWN, CATHARINE RINGLE: - IV, 529
BROWN, CECIL: - III, 489
BROWN, CHARLES: I, 390; - III, 117, 121, 122, 133, 135, 156, 251; IV, 207, 274, 341, 483
BROWN, CHARLOTTE KEENER: - IV, 529
BROWN, CHARLOTTE SMITH: II, 716 -
BROWN, CHERYL CLINE: - IV, 529
BROWN, CHRISTIAN: - IV, 61
BROWN, CLAIR: II, 446 -
BROWN, CYNTHIA L.: - IV, 529
BROWN, DAVID C.: - IV, 236
BROWN, DAVID EARL: - IV, 236
BROWN, DAVID O.: I, 487 -
BROWN, DAVID: - IV, 236, 379
BROWN, DORIS YOUNG: - IV, 529
BROWN, DWIGHT D.: - IV, 529
BROWN, ELIJAH: I, 35, 84-G -
BROWN, ELINOR LOUISE: - IV, 133
BROWN, ELIZA JANE: - IV, 236
BROWN, ELIZA: - IV, 292
BROWN, ELIZABETH A.: - IV, 529
BROWN, ELIZABETH THOMAS: - IV, 483
BROWN, ELIZABETH: II, (MISS) 40; - IV, 70, 177, 236, 321
BROWN, F. S.: II, 402 -
BROWN, FRANCIS M.: - IV, 236
BROWN, FRANK A.: - IV, 548
BROWN, FRANK E.: - IV, 236
BROWN, FRANK M. (IST LT.): I, 546-L -
BROWN, HANNAH J.: - IV, 236
BROWN, HARRIET (MISS): - III, 102
BROWN, HARRY W.: - IV, 236
BROWN, HARRY: II, 466 -
BROWN, HAZEL T.: - IV, 541
BROWN, HENRY T.: - IV, 518
BROWN, HENRY TATNALL: - IV, 515
BROWN, ISABELL: - IV, 501
BROWN, ISABELLE: - IV, 135
BROWN, J. E.: I, 206 -

BROWN, JACOB (GEN.): I, 258; - III, 60, 65
BROWN, JAMES G.: - IV, 233
BROWN, JAMES L.: - IV, 17
BROWN, JAMES: II, 283, 466; - IV, 493, 529
BROWN, JANE: I, 179; - IV, 152, 236, 379
BROWN, JEREMIAH: I, 159; - IV, 236, 321
BROWN, JERRY: II, 59 -
BROWN, JESSE: I, 649 -
BROWN, JIMMY: - III, 583
BROWN, JOHN "YANK": I, 599, 600 -
BROWN, JOHN ALLEN: I, 486 -
BROWN, JOHN D.: - IV, 529
BROWN, JOHN M. (CAPT.): II, 34 -
BROWN, JOHN W.: I, 228, 237, 548; - IV, 236
BROWN, JOHN: I, (JR.) 600, (SR.) 601; - IV, (REV.) 9
BROWN, JOHN: I, 84-M, 405, 407, 408, 410, 412, 418, 419, 420, 421, 425; - III, 158, 159, 161; IV, 146, 236, 318, 473, 529
BROWN, JOSEPH R.: II, 168; - IV, 529
BROWN, JOSEPH: - IV, 236
BROWN, JOSHUA: - IV, 177
BROWN, KAREN EBERHART: - IV, 529
BROWN, LEWIS: I, 599, 600, 601 -
BROWN, LIANA GOODAT: - IV, 529
BROWN, LUTHER E.: - IV, 529
BROWN, M. E.: II, 100, 211, 262, 269 -
BROWN, MANSFIELD: - IV, 384
BROWN, MARGARET BUSH: - IV, 529
BROWN, MARGARET KESSLER: - IV, 529
BROWN, MARGARET: - IV, 70, 236, 384
BROWN, MARTHA THOMPSON: - IV, 236
BROWN, MARY M.: - IV, 236
BROWN, MARY NANCY: - IV, 321
BROWN, MARY: - IV, 236, 515, 518
BROWN, MAUDE: - IV, 473
BROWN, MELINDA DILTS: - IV, 473
BROWN, NANCY J.: - IV, 556
BROWN, NANCY: - IV, 236
BROWN, NANNIE J.: - IV, 483
BROWN, NATHANIEL: I, 281 -
BROWN, OLIVER: I, 179 -
BROWN, OSSAWATAMIE: - III, 157, 158
BROWN, OWEN: I, 409 -
BROWN, POLLY: - IV, 493
BROWN, RALPH RICHARD: - IV, 528, (DR.) 529

27

BROWN, RALPH SPENCER: - IV, 529
BROWN, RICHARD R.: - IV, 529
BROWN, ROBERT: - III, 280, 281, IV, 236
BROWN, SAMUEL C.: - IV, 134, 236
BROWN, SARAH ELLIS: - IV, 236
BROWN, SARAH WETZEL: - IV, 236
BROWN, SARAH: - IV, 70, 621
BROWN, SIDNEY ISABELLA: - IV, 146
BROWN, SUSAN: - IV, 303
BROWN, T. C.: II, 100 -
BROWN, THOMAS: I, 199; II, 329; - IV, 529
BROWN, W. C. (DR.): - IV, 293
BROWN, W. G.: - III, 551; IV, 478
BROWN, WILLIAM (CAPT.): I, 639 -
BROWN, WILLIAM B.: I, 277, 342G, 465, 563 -
BROWN, WILLIAM C.: II, (SHERIFF) 25, 101; - IV, 236
BROWN, WILLIAM G.: II, 93 -
BROWN, WILLIAM: I, 35, 60, 84G, 155, 156, 320, 321, 601; - III, 39; IV, 152, 236
BROWNE, II, 7 -
BROWNLEE, (REV.): - III, 302
BROWNLEE, A. A.: II, 298 -
BROWNLEE, ARTHUR: II, 511, 512 -
BROWNLEE, J. D. (JR.): II, 271 -
BROWNLEE, J. DAY (JR.): II, 268, 270, 272, 412 -
BROWNLEE, J. DAY: II, 266, (REV.) 511; - III, 274
BROWNLEE, JOSEPH (LT.): I, 112 -
BROWNSON, SARAH: - IV, 12
BRUBAKER, EVELYN STAPLETON: - IV, 626
BRUBAKER, FRANK BARTON (M.D.): - IV, 626
BRUBAKER, R. L.: - III, 491
BRUBAKER, SUSANNA JEAN STAPLETON: - IV, 626
BRUCE, ANNA E.: - IV, 133
BRUCE, ANNABELLA: - IV, 217
BRUCE, ELIZABETH: - IV, 217
BRUCE, EMMA: - IV, 217, 563
BRUCE, J. H.: II, 150; - III, 256
BRUCE, JAMES HARRY: - IV, 339
BRUCE, JAMES: - IV, 217
BRUCE, JANE COLEMAN: - IV, 339
BRUCE, JANE COOK: - IV, 217
BRUCE, JANE WILSON: - IV, 217
BRUCE, JANE: - IV, 217
BRUCE, JOHN: I, 133, 397, 592, 593, 638, 639; - IV, 217, 339,
BRUCE, JOSIAH K.: - IV, 217
BRUCE, LILLIE O.: - - IV, 217

BRUCE, MARGARET RANKIN: - IV, 339
BRUCE, MARIA: - IV, 339
BRUCE, MARY E.: - IV, 217
BRUCE, MARY H. (MRS.): II, 374 -
BRUCE, MARY KURTZ: - IV, 217, 563
BRUCE, MARY PARKS: - IV, 146
BRUCE, MARY: - IV, 339
BRUCE, POLLY: - IV, 339
BRUCE, ROBERT H.: II, 116 -
BRUCE, ROBERT HOPKINS: - IV, 217
BRUCE, ROBERT: - III, 254
BRUCE, SARAH: - IV, 563
BRUCE, THOMAS: II, 190 -
BRUCE, W. P.: I, 536 -
BRUCE, WILLIAM J.: - III, 216
BRUCE, WILLIAM PARKS: - IV, 339
BRUCE, WILLIAM: I, 245, 445, 446; - IV, 146, 217, 339
BRUMBAUGH, (GOVERNOR): II, 249, 255, 271; - IV, 159
BRUMBAUGH, MARTIN G.: II, 270 -
BRUNIANNIS, FRANK: - III, 395, 397
BRUNO, JOE (MRS.): II, 424 -
BRUNO, JOE: II, 248 -
BRUNOT, L.: - III, 99
BRUNOT, MARY CAROLINE: - IV, 394
BRUNOT, SANSON (REV.): I, 292, 295, 302, 338; - III, 97, 103; IV, 233
BRUSHNELL, RUTH: - IV, 348
BRUZDA, BARBARA: II, 756 -
BRYAN, II, 263, 265 -
BRYAN, CARRIE: II, 57 -
BRYAN, FRANK: II, 657
BRYAN, HARRY: - III, 252
BRYAN, HENRY: - IV, 603
BRYAN, JOHN M.: I, 544 -
BRYAN, MARGARETTA: - IV, 603
BRYAN, NANCY: - IV, 375
BRYAN, SARAH: - IV, 419
BRYAN, WILLIAM J.: II, 265 -
BRYAN, WILLIAM JENNINGS: II, 261, 371; - III, 354, 450, 451, 452, 614C; IV, 508
BRYANT, EMMA: - IV, 594
BRYANT, HANNAH: - IV, 379
BRYANT, JULIA: - IV, 157
BRYANT, LEILA BELLE: - IV, 157
BRYANT, PETER: - IV, 157
BRYSON, J. A. (DR.): - III, 395
BRYSON, WILLIAM: II, 162 -
BUCCIGROSS, E. M.: II, 751 -
BUCHANAN, I, 589; II, 729, 732, 738 -
BUCHANAN, (PRES.): I, 418, 444, 594; - IV, 21
BUCHANAN, A. MEADE: - IV, 7

BUCHANAN, ANN IRWIN: - IV, 503
BUCHANAN, ARTHUR (COL.): I, 103 -
BUCHANAN, BILL: II, 734 -
BUCHANAN, CATHARINE: - IV, 245
BUCHANAN, CYRUS A.: - IV, 181
BUCHANAN, DAVE: II, 532 -
BUCHANAN, EDITH: - IV, 151, 503
BUCHANAN, ELIZA J.: - IV, 7
BUCHANAN, ERNEST: II, 278 -
BUCHANAN, GEORGE T.: II, 217, 271, 451; - IV, 150
BUCHANAN, GEORGE THOMAS: - IV, 502, 503
BUCHANAN, GEORGE: - IV, 503
BUCHANAN, H. S.: II, 267 -
BUCHANAN, H. W.: II, 217 -
BUCHANAN, IRENE: - IV, 496
BUCHANAN, JAMES: I, 248; - IV, (HONORABLE) 85, 211, 328, (PRESIDENT) 399, 588
BUCHANAN, JANE: I, 600 -
BUCHANAN, JENNIE R. DAVISON: - IV, 503
BUCHANAN, JOHN E. (DR.): - IV, 20
BUCHANAN, JOHN: I, 128; - IV, 17
BUCHANAN, JOSEPH: - IV, 496, 612
BUCHANAN, JOSEPHNE: - IV, 503
BUCHANAN, LANA JO: - IV, 6
BUCHANAN, MAGDALINE: - IV, 612
BUCHANAN, MARY MATILDA WIDDOWSON: - IV, 503
BUCHANAN, RACHEL BARD: - IV, 20
BUCHANAN, RACHEL DEEMER: - IV, 20
BUCHANAN, ROBERT MEADE: - IV, 6
BUCHANAN, ROBERTA JEAN: - IV, 6
BUCHANAN, ROSEMARY: - IV, 6
BUCHANAN, STELLA A.: - IV, 7
BUCHANAN, WILLIAM G.: II, 685, 704, 730, 733, 735, 736, 737, 782; - III, 542, 566
BUCHANAN, WILLIAM GEORGE: - IV, (JR.) 6, (SR.) 6, 7
BUCHANAN, WILLIAM J.: - IV, 7
BUCHANAN, WILLIAM L.: ' - IV, 503, 508
BUCHANAN, WILLIAM ORRIN: - IV, 503
BUCHANAN, WILLIAM PAUL: - IV, 503
BUCHANAN, WM.: - III, 561
BUCHEIT, TODD: II, 532 -
BUCHER, A. KATE: - IV, 398
BUCHER, JOHN f.: - IV, 398
BUCHHEIT, EDWARD C.: II, 507 -
BUCHMAN, ABRAHAM: - IV, 541
BUCHMAN, ALAN: - IV, 541
BUCHMAN, ANDREA: - IV, 541

BUCHMAN, ANNE FEINBERG: - IV, 541
BUCHMAN, DAVID H. (DR.): - IV, 541
BUCHMAN, HARRY: - IV, 541
BUCHMAN, HAZEL T. BROWN: - IV, 541
BUCHMAN, HERBERT: - IV, 541
BUCHMAN, LENA: - IV, 541
BUCHMAN, NATHALIA D.: - IV, 81
BUCHMAN, RUTH BARON: - IV, 541
BUCK, FRANK H.: II, 733 -
BUCK, FRANK: II, 546 -
BUCKALEW, C. R.: I, 587 -
BUCKALEW, CHARLES R.: II, 4 -
BUCKEYE, SENIOR: II, 125 -
BUCKLEY, HANNAH: - IV, 262
BUCKLEY, TOM: I, 452 -
BUCKMEYER, MARY L. (MRS.): II, 280-
BUCKNAM, R. E.: II, 373 -
BUDD, I, 585 -
BUDETT, ANTONIO: - IV, 336
BUDETT, ELLA: - IV, 336
BUFFINGTON, I, 237, 247, 584, 588 -
BUFFINGTON, (JUDGE): II, 2; - III, 223; IV, 275
BUFFINGTON, A. P.: - IV, 471
BUFFINGTON, E.: I, 546 -
BUFFINGTON, JOSEPH: I, 249, 588, 597; - III, 54; IV, 222, 284, 554
BUFFINGTON, JOSEPH (JUDGE): II, 21
BUFFINGTON, LOUSIE: - IV, 471
BUGGEY, JNO: II, 373 -
BUGGEY, WILLIAM (SR.): II, 497 -
BUGGEY, WILLIAM: II, 486, 488, 492 -
BULL, JOSEPH: - III, 11
BULL, ROBERT: - III, 57
BULLARD, PAULINE: - IV, 16
BULLOCK, (MR.): IV, 186
BUMMEL, SIMEON: II, 134 -
BUNNER, A. A. (REV.): II, 357 -
BUNTIN, ALEX A.: - IV, 53
BUNTIN, MARJORY: - IV, 53
BUNTING, ANNETTE: - IV, 446
BUNTON, GEORGE: - III, (JR.) 406, 408
BURCKHALTER, GEORGE: - III, 487
BURD, ED: I, 130 -
BURD, JAMES (COL.): I, 56 -
BURGER, C. F.: - III, 346
BURGESS, MAY: - IV, 64
BURGHOLDER, GEORGE: - IV, 524
BURGHOLDER, MARY: - IV, 524
BURGOYNE, (GEN.): I, 100 -
BURKE, II, 397 -
BURKE, EDMUND: - IV, 122
BURKE, FLORENCE N.: - IV, 108

BURKE, JOHN: II, 596 -
BURKE, MARSHALL: - IV, 116
BURKE, THOMAS: I, 47 -
BURKEPILE, W. C.: II, 231 -
BURKET, MARGARET: - IV, 402
BURKET, MARY A. M. (MRS.): I, 486 -
BURKETT, DUANE: - III, 598
BURKETT, JACOB: I, 516-C -
BURKETT, MARGARET LARUE: - IV, 56
BURKETT, WILLA (MISS): - III, 364
BURNHAM, CHARLES: I, 536 -
BURNHAM, MARGARET: - IV, 378
BURNHAM, N. C. (REV.): II, 79 -
BURNHEIMER, LEWIS: - III, 313
BURNS, II, 139 -
BURNS, BOBBY LEE: II, 808 -
BURNS, CHARLENE: II, 808 -
BURNS, EDNA MAE: II, 808 -
BURNS, H. A.: II, 617 -
BURNS, H. G.: II, 617 -
BURNS, HENRY: - III, 254
BURNS, JAMES: I, 578 -
BURNS, P. F.: - III, 400
BURNS, PATRICK: II, 139; - III, 401
BURNS, ROBERT: II, 88 - III, 228
BURNS, SARAH: - IV, 494
BURNS, THOMAS: I, 30 -
BURNS, WILLIAM: - III, 400, 401
BURR, DAVID: I, 363 -
BURR, GRACE: - IV, 247
BURR, THEODORE: II, 650 -
BURRELL, (JUDGE): I, 547 -
BURRELL, J. M.: I, 247, (JUDGE) 610 -
BURRELL, JEREMIAH M.: I, 584, 597, 598; - III, 54; IV, 117, 280
BURRELL, JEREMIAH MURRAY (JUDGE): - IV, 279
BURRIS, HENRY (MRS.): - IV, 430
BURROWES, THOMAS H.: I, 469,473; - III, 218
BURSON, MARY: - IV, 396
BUSCH, ALBERT CHRISTIAN: - IV, 204
BUSCH, MARGARET WOODS: - IV, 204
BUSCH, REBECCA: II, 801; - IV, 203, 204
BUSH, ELIZABETH: - IV, 212
BUSH, FRANK: II, 299 -
BUSH, GEORGE: II, 747 -
BUSH, J. CHRISTOPHER (DR.): I, 511 -
BUSH, MARGARET: - IV, 529
BUSH, OSCAR: I, 651 -
BUSI, JOHN: - IV, 234
BUSI, JOSEPH (PFC): II, 577 -
BUSI, JUANITA: - IV, 234

BUSIJA, IMOGENE BUTERBAUGH: - IV, 385
BUSIJA, IVA JEAN HAMILTON: - IV, 384
BUSIJA, JESSIE BELL: - IV, 384
BUSIJA, JOHN P.: - IV, 384
BUSIJA, JOSEPH D.: - IV, 385
BUSIJA, KATHRYN: - IV, 384
BUSIJA, MARGARET CUMMINS: - IV, 385
BUSIJA, MICHAEL ANDREW: - IV, 384
BUSIJA, MICHAEL J.: II, 591; - IV, 202-J
BUSIJA, MICHAEL JOHN: - IV, 384, 385
BUSIJA, MILKA MARIA BUTKOVIC: - IV, 384
BUSIJA, NICK (SR.): - IV, 384
BUSIJA, NICK S.: - IV, 384
BUSS, ETTA: - IV, 262
BUSS, GEORGE F.: - IV, 262
BUSS, JENNIE: - IV, 262
BUSSARD, NANCY: - IV, 238
BUSTI, PAUL: I, 131 -
BUTERBAUGH, A. L.: II, 196 -
BUTERBAUGH, ADA SPICHER: - IV, 463
BUTERBAUGH, AMARIAH N.: II, 196 -
BUTERBAUGH, ANN LANGHAM: - IV, 276, 463
BUTERBAUGH, ANNA BROWN: - IV, 615
BUTERBAUGH, ANNA LAURA: - IV, 615
BUTERBAUGH, AZARIAH: - IV, 275
BUTERBAUGH, BENTON: - IV, 276
BUTERBAUGH, CHRISTINA: - IV, 276
BUTERBAUGH, DAVID: II, 556; - IV, 276, 463
BUTERBAUGH, DELILAH LANGHAM: - IV, 276
BUTERBAUGH, DOROTHY: - IV, 198, 463
BUTERBAUGH, ELIAS L.: - IV, 615
BUTERBAUGH, ELIAS PARK: - IV, 615
BUTERBAUGH, ELIZA: - IV, 275
BUTERBAUGH, ELIZABETH LEARN: - IV, 276
BUTERBAUGH, ELLA FAITH: - IV, 275
BUTERBAUGH, EMMA S.: - IV, 276
BUTERBAUGH, ESMARELDA: - IV, 276
BUTERBAUGH, FREDERICK: - IV, 275, 276, 353, 463, 615
BUTERBAUGH, GEORGE: - IV, 276
BUTERBAUGH, GRACE: - IV, 615
BUTERBAUGH, H. B.: II, 298, (DR.) 421; - III, 433
BUTERBAUGH, H. C.: - IV, (MRS.) 421
BUTERBAUGH, HARRIET: - IV, 276

BUTERBAUGH, HAZEL THOMAS: - IV, 463
BUTERBAUGH, HENRY: - IV, 276, 615
BUTERBAUGH, HOWARD B.: - IV, 615
BUTERBAUGH, HOWARD BARBOR (DR.): - IV, 614, 615
BUTERBAUGH, IMOGENE: - IV, 385
BUTERBAUGH, J. MURRAY: II, 571; - III, 484; IV, 463, 618
BUTERBAUGH, J. R.: I, 213, 708 -
BUTERBAUGH, J.: I, 664 -
BUTERBAUGH, JACOB R.: - IV, 276
BUTERBAUGH, JACOB: 1, 512 -
BUTERBAUGH, JANNETTA GIL-HOUSEN: - IV, 275
BUTERBAUGH, JAY: II, 291 -
BUTERBAUGH, JOHN: - IV, 276, 463
BUTERBAUGH, JUDSON: - IV, 463
BUTERBAUGH, KATHRYN: - IV, 615
BUTERBAUGH, KAYE: - IV, 463
BUTERBAUGH, LEE: II, 556 -
BUTERBAUGH, LYDIA CHAPMAN: - IV, 276
BUTERBAUGH, M. OLIVE: - IV, 615
BUTERBAUGH, MARGARET L.: - IV, 275
BUTERBAUGH, MARGARET LANGHAM: - IV, 275
BUTERBAUGH, MARGARET: - IV, 353
BUTERBAUGH, MARY A. LANGHAM: - IV, 276
BUTERBAUGH, MARY ANN LANGHAM: - IV, 615
BUTERBAUGH, MARY ANN: - IV, 275, 353, 579
BUTERBAUGH, MARY BEE: - IV, 463
BUTERBAUGH, MARY E. GARTLEY: - IV, 275
BUTERBAUGH, MARY J. BEE: - IV, 276
BUTERBAUGH, MARY MOYER: - IV, 276
BUTERBAUGH, MARY: - IV, 276, 586, 607
BUTERBAUGH, MILES C.: - IV, 275
BUTERBAUGH, NANCY F.: - IV, 262
BUTERBAUGH, NANCY: - IV, 275
BUTERBAUGH, ROBERT CLARK: - IV, 275
BUTERBAUGH, ROBERT H.: - IV, 615
BUTERBAUGH, SAMANTHA: - IV, 276
BUTERBAUGH, SAMUEL: - IV, 275
BUTERBAUGH, SARAH BARBOR: - IV, 615
BUTERBAUGH, SARAH JANE: - IV, 276
BUTERBAUGH, VIRGINIA GARTLEY: - IV, 275
BUTERBAUGH, WARD: II, 388 -
BUTERBAUGH, WILLIAM H.: - IV, 275

BUTERBAUGH, WILLIAM: - IV, 276
BUTKOVIC, MILKA MAIRA: - IV, 384
BUTLER, (LT. COL.): I, 93 -
BUTLER, BENJAMIN: II, 16, 17 -
BUTLER, DOROTHY ELIZABETH: - IV, 307
BUTLER, ELLA W.: - III, 457
BUTLER, FRANK (REV.): - IV, 307
BUTLER, FRANK E. (REV.): II, 781 -
BUTLER, J. H.: II, 322 -
BUTLER, JAMES: - IV, 402
BUTLER, MARION: II, 236 -
BUTLER, MARTHA: - IV, 402
BUTLER, MARY W.: - IV, 408
BUTLER, MARY: - IV, 374
BUTLER, RICHARD: I, 90, 91 -
BUTLER, SARAH: - IV, 223
BUTLEK, SMEDLEY (GEN.): II, 404 -
BUTLER, SMEDLEY D. (GEN.): II, 419, 546 -
BUTLER, WASHINGTON: II, 63 -
BUTLER, WILSON D. (LT.): II, 376 -
BUTTARO, MIKE: II, 247 -
BUTTERBAUGH, JACOB R.: I, 441, 445, 446 -
BUTTERFIELD, (CAPT.): I, 261 -
BUTTON, JOHN: II, 508, 509 -
BUTTS, BEVERLY: II, 756 -
BUTTS, ROBERT: II, 756 -
BYERLY, EVELYN: - IV, 111
BYERLY, RUSSELL: - IV, 111
BYERS, ABRAM: - III, 321
BYERS, ANDREW (REV.): - IV, 287
BYERS, BUSTER: II, 502 -
BYERS, CLARA HOSFELD: - III, 529; IV, 189
BYERS, DAVID: I, 534 -
BYERS, EARL: II, 497 -
BYERS, FRED: - III, 460-N
BYERS, HELEN (MRS.): - III, 339
BYERS, JENNIE: - IV, 470
BYERS, JOHN M.: II, 130 -
BYERS, LYDA: - IV, 287
BYERS, REBECCA: - IV, 47
BYLER, ERVIN: II, 636 -
BYLER, MARTHA (MISS): II, 703 -
BYRD, (ADMIRAL): - IV, 289, 610
BYRD, DORA: - IV, 588
BYRD, RICHARD E.: II, 546; - III, 262-K, 490, 491, 492
BYRNE, JOSEPH M.: II, 142 -
BZANSZOLO, JOHN: - III, 402, 404
CABLE, MARGARET: - IV, 600
CADMAN, (MR.): - IV, 317

31

CADMAN, CHARLES WAKEFIELD: - IV, 317
CADWALADER, (GEN): - IV, 121
CAGLITORE, FRANCIS: - IV, 189
CAHOON, D. K.: I, 320 -
CAHOON, J. R.: I, 320 -
CAIN, (MR.): II, 172 -
CAIN, HARRY (PFC): II, 583 -
CAIT, - III, 391, 392
CAKE, J. A.: II, 14, 15 -
CALABRIA, ANTONIO: - IV, 599
CALABRIA, CAROLE ANN: II, 801; - IV, 598, 599
CALABRIA, CORA: - IV, 599
CALABRIA, DOMENIC A.: - IV, 599
CALABRIA, DONNA LOUISE: - IV, 599
CALABRIA, MARY ANN HANDRICK: - IV, 599
CALCASURE, JOHN: - IV, 209
CALCASURE, MARGARET: - IV, 209
CALDER, JOHN R.: - III, 251
CALDIBELLO, VICTOR: II, 466 -
CALDWELL, I, 104, 428, 430 II, (MR.) 163 -
CALDWELL, (MRS.): II, 351 -
CALDWELL, A.: - III, 439
CALDWELL, ADA: - III, 457
CALDWELL, AGNES: - IV, 585
CALDWELL, ALEX: - III, 437
CALDWELL, ASCENATH: - IV, 249
CALDWELL, BENJAMIN: - IV, 297
CALDWELL, CHARLES: - III, 539
CALDWELL, D. M.: - III, 347
CALDWELL, ELIZA: - IV, 606
CALDWELL, ERNEST F.: II, 388 -
CALDWELL, ERNEST: - III, 449
CALDWELL, ISABEL: - IV, 297
CALDWELL, J. A.: II, 92; - IV, 154
CALDWELL, J. G. (DR.): I, 405, 512, 651; - III, 51
CALDWELL, J. R.: II, 112, 213 -
CALDWELL, JAMES G.: - III, (DR.) 141; IV, 296
CALDWELL, JAMES: I, 174; - IV, (SR.) 297, (JR.) 297
CALDWELL, JAY - IV, 2 12
CALDWELL, JENNETT GRAHAM: - IV, 297
CALDWELL, JOHN ALEXANDER: - IV, 154
CALDWELL, JOHN R.: II, 163, 225, 328, 340; - IV, 297, 384
CALDWELL, JOHN RENWICK: - IV, 601
CALDWELL, JOHN: II, 150, 160; - IV, 297
CALDWELL, JOSEPH: - IV, 297

CALDWELL, JOSIAH: I, 543; - IV, 297
CALDWELL, JUANITA: IV, 212
CALDWELL, MARGARET: - IV, 297, 305, 606
CALDWELL, MARY PATTERSON: - IV, 601
CALDWELL, MARY: - IV, 297, 601
CALDWELL, REBECCA: - IV, 580
CALDWELL, ROBERT: - IV, 297
CALDWELL, SAMUEL: I, 36, 46 -
CALDWELL, THOMAS: - IV, 606
CALDWELL, WILLIAM W.: I, 194, 195, 247, 282, 359, 370, 387, 579, 584; - IV, 297
CALDWELL, WILLIAM WADDLE: - IV, 296
CALDWELL, WILLIAM: I, 465; - III, 140, 141, 147
CALHOUN, I, 120; - III, 19; IV (COLQUHOUN) 583
CALHOUN, ALBERTA FULMER: - IV, 582
CALHOUN, ALEXANDER H.: - IV, 454, 583
CALHOUN, ALEXANDER HARVEY: - IV, 454
CALHOUN, ALMA: - IV, 454, 633
CALHOUN, ANNIE MCCORMICK: - IV, 454
CALHOUN, ANSON LEE: - IV, 582
CALHOUN, ARLINE M. BENGSTRON: - IV, 582
CALHOUN, BETTY BANKS: - IV, 582
CALHOUN, BRUCE: - IV, 583
CALHOUN, CARL: - IV, 454
CALHOUN, CARRIE MCCREIGHT: - IV, 582
CALHOUN, CARRIE: - IV, 454, 582
CALHOUN, EMMA TREESE: - IV, 583
CALHOUN, HARVEY BRUCE: - IV, 583
CALHOUN, HELEN M.: - IV, 582
CALHOUN, J. J.: II, 154 -
CALHOUN, J. S.: - IV, 583
CALHOUN, JAMES: - IV, 454, 583
CALHOUN, JEAN BLAIR: - IV, 582
CALHOUN, JOHN C.: - IV, 582
CALHOUN, JOHN R.: - IV, 582, 583
CALHOUN, JOHN: I, 345 -
CALHOUN, JOSEPHINE GALLAGHER: - IV, 582
CALHOUN, LESLIE (LT.): II, 500 -
CALHOUN, LILLIAN: - IV, 454
CALHOUN, MARGARET: - IV, 396
CALHOUN, MARY ANN HENRY: - IV, 454
CALHOUN, MURRAY W.: - IV, 582
CALHOUN, NANCY JANE: - IV, 582

CALHOUN, NANCY ROBINSON: - IV, 454, 583
CALHOUN, NANCY: - IV, 454
CALHOUN, NELLIE E. WASSAM: - IV, 582
CALHOUN, OSCAR: - IV, 454
CALHOUN, PATRICIA GAUL: - IV, 582
CALHOUN, R. C.: I, 537; II, 125, 126; - IV, 583
CALHOUN, RICHARD L.: - IV, 582
CALHOUN, ROBERT J.: - IV, 582
CALHOUN, RUEL R.: - IV, 582
CALHOUN, SAMUEL: - IV, 583
CALHOUN, W. R.: II, 303 -
CALHOUN, W. R.: II, 405
CALHOUN, WILLIAM R.: - IV, 454, 583
CALHOUN, WILLIAM ROBINSON: - IV, 454, 582, 583
CALHOUN, WILLIAM: I, 174; - IV, 583
CALL, JOHN: II, 444 -
CALLAGHAN, - III, 90
CALLOWAY, A. W.: II, 346 -
CALVIN, (GEN.): II, 258 -
CAMENSKY, WALTER: II, 249 -
CAMERON, II, 7, 101; - III, 167
CAMERON, ALBERT (REV.): - IV, 442
CAMERON, AMANDA: - IV, 242
CAMERON, AMOS: - IV, 442
CAMERON, ANDREA GRETCHEN: - IV, 572
CAMERON, C. J. (DR.): - III, 320
CAMERON, CATHARINE LAPSLEY: - IV, 442
CAMERON, CATHARINE: - IV, 39
CAMERON, CHRISSIE: - IV, 442
CAMERON, CLARA: - IV, 289, 442
CAMERON, CORA: - IV, 442
CAMERON, CORDELIA: - IV, 442
CAMERON, DANIEL: I, 46; - III, 259; IV, 442
CAMERON, DORA: - IV, 472
CAMERON, ELEANOR: - IV, 442
CAMERON, ELIZA: - IV, 442, 592
CAMERON, ELIZABETH GROW: - IV, 442
CAMERON, ELIZABETH PERSHING: - IV, 442, 592, 593
CAMERON, ELIZABETH WILSON: - IV, 442
CAMERON, ELIZABETH: - IV, 289, 424
CAMERON, EMILY MOORHEAD: - IV, 442
CAMERON, FINDLEY: I, 175; - IV, 442
CAMERON, FREDERICK: II, 150, 170; - IV, 442
CAMERON, GAYLE: - IV, 241

CAMERON, H. W.: - IV, 488
CAMERON, HUGH: - IV, (JR.) 442, (SR.) 442, (II) 592, (I) 593
CAMERON, J. C.: II, 299 -
CAMERON, J. M.: II, 102, 130; - IV, (MRS.) 417
CAMERON, JACOB: - IV, 442
CAMERON, JENNIE M.: - IV, 442
CAMERON, JOHN C.: I, 632 -
CAMERON, JOHN G.: - IV, 424, 442
CAMERON, JOHN GRAHAM: - IV, 289
CAMERON, JOSEPH: - IV, 442
CAMERON, JUNE: - IV, 289
CAMERON, KATE: - IV, 442
CAMERON, LAURA BELLE (OLLIE): - IV, 442
CAMERON, LEONA ADELINE: - IV, 488
CAMERON, LOWRY: - IV, 442
CAMERON, MADGE V.: - IV, 442
CAMERON, MARGARET BARTLEBAUGH: - IV, 442
CAMERON, MARTHA: - IV, 442
CAMERON, MARY L.: - IV, 442
CAMERON, MAUDE V.: - IV, 424, (MAUD V.) 442
CAMERON, MIRIAM GRAHAM: - IV, 442
CAMERON, MIRIAM: - IV, 442
CAMERON, NANCY BARTLEBAUGH: - IV, 442
CAMERON, NANCY MANKINS: - IV, 442, (MAKINS) 442
CAMERON, NANCY: - IV, 442
CAMERON, PERNILLA NEFF: - IV, 442
CAMERON, PHEBE: - IV, 442
CAMERON, PHOEBE: - IV, 593
CAMERON, ROBERT E.: - IV, 572
CAMERON, RUCILLA: - IV, 442
CAMERON, SARAH J.: - IV, 442
CAMERON, SIMON: I, 587; II, 6 -
CAMERON, SUDIE: - IV, 176
CAMERON, WILLIAM: - IV, 39, 442
CAMORRATTE, JAMES: - III, 409
CAMP, ANNA: - IV, 586
CAMP, E. B.: II, 48, 110; - III, 320
CAMP, E. H.: - IV, 326
CAMP, EBEN BATES: - IV, 586
CAMP, ELIZABETH M.: - IV, 586
CAMP, EMILY: - IV, 586
CAMP, F. B.: II, 369 -
CAMP, FRANCIS E. WALLER: IV, 586
CAMP, H. F.: - IV, 124
CAMP, HANNAH: - IV, 57
CAMP, HETH F.: I, 345; - IV, 585, 586
CAMP, JAMES H.: - III, 321
CAMP, JAMES: - IV, 586

CAMP, MARY O'BRIEN: - IV, 586
CAMP, PHOEBE BATES: - IV, 586
CAMPBELL, I, 97, 684 II, xii
CAMPBELL, (COL.): - III, 58, 59
CAMPBELL, (GENERAL): - IV, 139, 140
CAMPBELL, (JUDGE): - III, 223
CAMPBELL, (LIEUT.): - III, 65
CAMPBELL, (MRS): - IV, 124, 138, 139
CAMPBELL, (SHERIFF): I, 421 -
CAMPBELL, A. W.: - IV, 493
CAMPBELL, ALEXANDER: I, 489; - IV, 369
CAMPBELL, ALEXANDRA: - IV, 636
CAMPBELL, ALICIA: - IV, 636
CAMPBELL, ALLEN N.: II, 738; - IV, 635, 636
CAMPBELL, AMY HOWARD: - IV, 139
CAMPBELL, ANDREW: - IV, 174
CAMPBELL, ANN WHITE: - IV, 196
CAMPBELL, ANN: - IV, 335, 425
CAMPBELL, ANNIE GRIFFIN: - IV, 390
CAMPBELL, BARBARA: - III, 44; IV, 61, 139, 506
CAMPBELL, BERTHA: - IV, 442
CAMPBELL, C. A.: II, 279; - IV, (PROF) 46, 278
CAMPBELL, C. L.: II, 394, 401, 403, 408, 410, 412, 414, 501, 571; - III, 498
CAMPBELL, C. RANDALL: II, 727 -
CAMPBELL, C. W.: I, 552; II, (CAPT.) 549 -
CAMPBELL, C.: I, 210 -
CAMPBELL, CAROLINE E.: - IV, 452
CAMPBELL, CARRIE ALCORN: - IV, 106
CAMPBELL, CATHERINE: II, 628; - IV, 313, 471
CAMPBELL, CHARLES (GEN.): I, 73, 80, 83, 93, 96, 99, 111, 113, 117, 119, 121, 127, 131, 135, 136, 138, 139, 140, 147, 150, 151, 153, 154, 159, 160, 164, 165, 166, 177; 183, 216, 245, 249, 251, 252, 256, 260, 309, 347, 348, 364, 419, 500-1, 547, 550; - III, 21, 35, 36, 37, 38, 48, 49, 56G, 158, 159, 230, 233; IV, 61, 112, 137, 138, 219, 334
CAMPBELL, CHARLES (JR): - IV, 111, 112, 139, 414
CAMPBELL, CHARLES B.: I, 537, 584 -
CAMPBELL, CHARLES WILBUR: - IV, 106
CAMPBELL, CHARLES: - IV, 135, 140, 271, 281, (COL.) 583
CAMPBELL, CHRISTOPHER: - IV, 106
CAMPBELL, CHRISTY: - IV, 314
CAMPBELL, CLARK: II, 426 -
CAMPBELL, CLEMENT L.: - IV, 453

CAMPBELL, CLEMENT LAIRD: - IV, 106
CAMPBELL, CORNELIUS: II, 163, 178; - III, 215; IV, 389, 390
CAMPBELL, D. H. (REV): - IV, 124
CAMPBELL, DAVID: I, 160; - III, 313; IV, 46, 106, 492
CAMPBELL, DELOS: III, 462
CAMPBELL, DOROTHY J. MUIRHEAD: - IV, 636
CAMPBELL, DOYLE: - IV, 106
CAMPBELL, DUTCH: II, 541, 542, 549; - III, 503
CAMPBELL, E. B.: II, 217, 223, 294, 323 -
CAMPBELL, EDNA: - IV, 106, 453
CAMPBELL, ELI: - III, 167
CAMPBELL, ELIZA: - IV, 139
CAMPBELL, ELIZABETH DOTY: - IV, 112
CAMPBELL, ELIZABETH FAIR: - IV, 139
CAMPBELL, ELIZABETH RAMSEY: - IV, 139
CAMPBELL, ELIZABETH: - IV, 106, 111, 157, 313, 369, 390
CAMPBELL, ELLA M.: - IV, 493
CAMPBELL, ELMER: II, 346, 352; - IV, 126
CAMPBELL, EMILY: - IV, 130, 624
CAMPBELL, F.: I, 475 -
CAMPBELL, FANNIE: - IV, 363
CAMPBELL, FENNEVELL: - IV, 139
CAMPBELL, FLORA: - IV, 165, 270, 356, 592
CAMPBELL, FLOY SHAFFER: II, 380 -
CAMPBELL, GEORGE W.: I, 584 -
CAMPBELL, GEORGE: I, 32, 98, 99; - III, 21, 112; IV, 140
CAMPBELL, GLEN: II, 186; - IV, 389, 390, 403, 409, 420, 486, 507, 525, 535, 571, 577, 622
CAMPBELL, HARRY (MRS.): II, 380 -
CAMPBELL, HARRY: II, 420 -
CAMPBELL, HETTY DOTY: - IV, 112
CAMPBELL, I. M.: - III, 457
CAMPBELL, IDA: - IV, 45
CAMPBELL, J. A.: - IV, 106
CAMPBELL, J. M. (COL.): I, 683; - III, 237
CAMPBELL, J. W.: II, 796; - IV, (DR.) 465
CAMPBELL, JAMES E.: - IV, 493
CAMPBELL, JAMES F.: I, 466, 659 -
CAMPBELL, JAMES G.: I, 557 -
CAMPBELL, JAMES I.: I, 163, 214A -
CAMPBELL, JAMES J.: II, 64 -
CAMPBELL, JAMES: - IV, 139, 233, 313

CAMPBELL, JANE: - III, 37, 44; IV, 62, 106, 139, 174
CAMPBELL, JENNIE: - IV, 314
CAMPBELL, JOAN V.: - IV, 63
CAMPBELL, JOE (JR): I, 367 -
CAMPBELL, JOHN A.: II, 264; - IV, 492, 493
CAMPBELL, JOHN F.: I, 404, 405, 407, 546M -
CAMPBELL, JOHN H.: - IV, 452
CAMPBELL, JOHN R.: I, 651 -
CAMPBELL, JOHN: I, 104, 159, 199, 466, 189, 530, 612; II, 326, 566; - III, 26; IV, 313
CAMPBELL, JOSEPH E.: - IV, 493
CAMPBELL, JOSEPH: I, 169, 307, 365, 367, 395; II, 22; - III, (HON.) 113, 145, 149, 219 (HON.) 256); IV, 112, 195, 196
CAMPBELL, LAVINIA: - IV, 124
CAMPBELL, LESTER: - IV, 106
CAMPBELL, MACK: - IV, 106
CAMPBELL, MALINDA: - IV, 106
CAMPBELL, MARGARET (CLARK): - III, 37, 38; IV, 138
CAMPBELL, MARGARET C. CARNAHAN: - IV, 492
CAMPBELL, MARGARET: II, 123, (MISS) 339; - IV, 106, 112, 139, 313, 334
CAMPBELL, MARIA: - IV, 138
CAMPBELL, MARITA: - IV, 138
CAMPBELL, MARTHA C. CARNAHAN: - IV, 493
CAMPBELL, MARTHA C.: - IV, 46
CAMPBELL, MARTHA: - IV, 46, 313
CAMPBELL, MARY AGNES: - IV, 106
CAMPBELL, MARY CUMMINS: - IV, 112
CAMPBELL, MARY JANE: - IV, 452
CAMPBELL, MARY: - III, 36, 39, 44; IV, 139, 281, 390, 443, 554
CAMPBELL, MATILDA HENDERSON: - IV, 112
CAMPBELL, MATILDA: - IV, 112, 414
CAMPBELL, MATTHIAS: - IV, 106
CAMPBELL, MAY: - IV, 590
CAMPBELL, MICHAEL: I, 62L, 150, 167; - III, 40; IV, 139, 419
CAMPBELL, MILLARD W.: II, 523 -
CAMPBELL, NANCY ELGIN: - IV, 196
CAMPBELL, NANCY ELLEN: - IV, 196
CAMPBELL, NANCY J. PALMER: - IV, 492
CAMPBELL, OLIVE: - IV, 107
CAMPBELL, ORESSIA: - IV, 636
CAMPBELL, PAUL: II, 581 -
CAMPBELL, PEGGY JANE: II, 553 -
CAMPBELL, PHANNEL: - IV, 139

CAMPBELL, POLLY: - IV, 492
CAMPBELL, PORTER: - III, 313
CAMPBELL, RACHEL: - IV, 571
CAMPBELL, REBECCA ALLISON: - IV, 196
CAMPBELL, REBECCA J.: - IV, 196
CAMPBELL, REBECCA: I, 301; - III, 36; IV, 139, 196, 335
CAMPBELL, ROBERT (SR.): I, 94 -
CAMPBELL, ROBERT: - IV, 492
CAMPBELL, ROSA: - IV, 493
CAMPBELL, SARAH ANN: - IV, 196
CAMPBELL, SARAH: - IV, 112, 125, 139
CAMPBELL, SCOTT: II, 446 -
CAMPBELL, SUSANNA PALMER: - IV, 106
CAMPBELL, SUSANNAH: - IV, 427
CAMPBELL, T.: I, 210 -
CAMPBELL, THOMAS: I, 26, 107, 248, 249, 404; - IV, 112, 139, 140, (JR.) 140
CAMPBELL, WILLIAM A.: I, 611, 612; II, 115 -
CAMPBELL, WILLIAM H.: II, 446 -
CAMPBELL, WILLIAM: I, 104, 162, 367, 559; - III, 26; IV, 45, 196, 313, 335
CAMPBELL, ZORA C.: - IV, 493
CAMPBELL, ZORA CLAIRE: - IV, 46
CANADY, A.: I, 625 -
CANAN, JOHN: I, 129 -
CANBEY, THOMAS: I, 84M -
CANFIELD, HANNAH D.: - IV, 365
CANFIELD, HARRY A.: II, 532 -
CANNANS, HUGH: I, 346 -
CANNELL, ANTHONY: II, 425 -
CANNON [CANNONS], I, 178, 578 -
CANNON, ELIZA DILLIS: - IV, 131
CANNON, ELIZA DILLS: - IV, 131
CANNON, ELIZABETH: - IV, 275
CANNON, FERGUS: I, 229, 233, 234, 278, 280, 299, 342P, 465, 506, 546J, 579; - III, 217; IV, 131
CANNON, H. M.: I, 213, 309, 529 -
CANNON, HUGH M.: - IV, 131
CANNON, HUGH: I, 179, 280; - IV, 131
CANNON, J. A.: I, 286 -
CANNON, JAMES: - IV, 131
CANNON, JANE G.: - IV, 275
CANNON, JANE GREY: - IV, 273
CANNON, JOHN: - IV, 131
CANNON, JOSEPH: - IV, 131
CANNON, LETITIA CROMWELL: - IV, 131
CANNON, MARGARET: - IV, 275
CANNON, MARTHA: - IV, 131
CANNON, MARY G.: - IV, 15

CANNON, MARY: - IV, 131, 275, 429, 596
CANNON, ROBERT: - IV, 131
CANNON, THOMAS: - IV, 275
CANNON, WILLIAM: - IV, 131, 275
CANON, I, 252, 599 -
CANON, H. M.: I, 210 -
CANTON, LOUIS: - III, 614-C
CANTON, OLIVER: - III, 614-C
CANTWELL, L. S.: I, 586, 625 -
CANTWELL, NANCY: - IV, 98
CAPEHART, HOMER E.: - III, 533, 535
CAPIZZI, ANTONETTA: II, 699, (ANTONETTE) 740 -
CAPMAN, JAMES F.: II, 277 -
CAPUTO, ANTHONY: II, 381 -
CAPUTO, CARRIE: - IV, 24
CARAHER, CATHARINE: - IV, 339, 433
CARBONE, II, 252 -
CARBONE, BRUNO: II, 249, 250 -
CARCELLI, MARIO: II, 532 -
CARCLAMONE, ANGIE: II, 545 -
CARDEN, ELIZABETH: - IV, 412
CARDWELL, WILLIAM: II, 369 -
CARELLO, II, 248 -
CAREY, GEORGE: II, 576 -
CAREY, J. W. (MRS.): - III, 362
CAREY, THOMAS P. (DR.): II, 697 -
CARL, JOANNA: - IV, 318
CARL, WILLIAM: - IV, 318
CARLETON, (GEN.): - III, 25
CARLETON, GEORGE (SIR): - III, 25
CARLSON, ED: II, 197 -
CARLTON, EDWARD: I, 185, 229, 333, 358, 582 -
CARLTON, GUY (SIR): I, 97, 98 -
CARMALT, I, 293 -
CARMALT, ISAAC: I, 293 -
CARMICHAEL, JOHN: I, 88 -
CARMO, A. B.: - III, 564
CARMO, ANGELO: - III, 495
CARMO, GEORGE: II, 574; - III, 494, 495, 614P
CARNABUA, CARMELIA: - IV, 189
CARNABUA, CHARLES: - IV, 189
CARNABUA, VERA: - IV, 189
CARNAHAN, - III, 391
CARNAHAN, ADAM: I, 94 -
CARNAHAN, ALEXANDER: I, 133 -
CARNAHAN, C. W.: II, 307 -
CARNAHAN, DAVID: - IV, 571
CARNAHAN, EARL: - III, 614-A
CARNAHAN, JAMES (COL.): I, 86, 107 -
CARNAHAN, JANE C.: - IV, 452

CARNAHAN, JANE: - IV, 300
CARNAHAN, JENNIE: - IV, 452
CARNAHAN, JOHN R.: II, 327; - IV, 632
CARNAHAN, JOHN: I, 94 -
CARNAHAN, LOT: - III, 392
CARNAHAN, MARGARET: - IV, 571
CARNAHAN, MARIE: - IV, 429
CARNAHAN, MARTHA C.: - IV, 46, 492, 493
CARNAHAN, MARTHA E.: - IV, 228
CARNAHAN, MARY: - IV, 9
CARNAHAN, SARAH: - IV, 629
CARNAHAN, T. W.: II, 539 -
CARNAHAN, WILLIAM F.: - IV, 629
CARNAHAN, WILLIAM S.: II, 539 -
CARNAHAN, WILLIAM: I, 513, 574; II, 289 -
CARNATHAN, ALEXANDER: - IV, 306
CARNATHAN, ELIZABETH: I, (NEE TOMB) 133, - IV, 306
CARNEGIE, ANDREW: II, 90, 202, 303, 315, 355, 356; - IV, 353, 406
CARNEY, EDITH (ADAMS) (MRS.): - III, 496
CARNEY, EDITH MIRIAM: - III, 496
CARNEY, ETTIE MAUDE: - IV, 609
CARNEY, FINDLEY: I, 645; II, 418 -
CARNEY, HELEN: - IV, 473
CARNEY, JAMES (MR. & MRS.): - III, 497
CARNEY, JUDITH ANN: - III, 496
CARNEY, LISLE: - IV, 473
CARNEY, MILTON: - IV, 442
CARNEY, PHEBE: - IV, 442
CARNEY, WARREN L.: - III, 496, 497
CAROLL, ELLEN: I, 433, 502 -
CAROTHERS, (CAPT.): I, 336 -
CAROTHERS, J. E.: I, 498 -
CAROTHERS, JOHN (REV.): I, 372, 498, 689 -
CARPENTER, (MISS): I, 479 -
CARPENTER, A.: I, 475 -
CARPENTER, ALPHEUS: - IV, 373
CARPENTER, AMOS: - IV, 373
CARPENTER, AUSTIN: - IV, 373
CARPENTER, BETSY: - IV, 223
CARPENTER, CALVIN: - IV, 373
CARPENTER, CHARLES: - IV, 223
CARPENTER, E.: I, 513 -
CARPENTER, ELIZABETH SHRYOCK: - IV, 373, 602
CARPENTER, ELIZABETH: - IV, 373, 391
CARPENTER, ELLEN: - IV, 373
CARPENTER, EMMA: - IV, 373

CARPENTER, EPHRAIM: I, 226, 245, 252, 267, 280, 281, 314, 367, 382, 552; - III, 145; IV, 372, 373, (JR.) 373, 391, 602
CARPENTER, EUNICE: - IV, 373
CARPENTER, GIDEON: - IV, 373
CARPENTER, H.: I, 286 -
CARPENTER, HENRY: - IV, 373
CARPENTER, J: I, 475 -
CARPENTER, JAMES: - IV, 373
CARPENTER, JOHN C. (COL.): II, 30 -
CARPENTER, JOHN: - IV, 373
CARPENTER, LEONARD: I, 543; - IV, 373
CARPENTER, LOIS: - IV, 631
CARPENTER, PHILENA: - IV, 373
CARPENTER, RAYMOND: - IV, 631
CARPENTER, SUSAN: - IV, 373, 602
CARPENTER, WILLIAM: - IV, 373
CARR, I, 362 -
CARR, (MISS): - IV, 224
CARR, CYRUS P.: - IV, 600
CARR, HARRIET: - IV, 369
CARR, MATTHEW (REV.): I, 290, 291 -
CARR, RALPH - III, 524
CARR, SAMUEL: I, 593 -
CARR, ZELLA: - IV, 600
CARREL, MIKE: - III, 405, 406
CARROLL, C. B.: II, 441 -
CARROLL, HARRY (CORP.): II, 248 -
CARROLL, R. B.: II, (REV.) 9, 162; - III, (REV.) 280
CARROLL, WILLIAM: I, 537; II, 173 -
CARSON, ANNIE E.: - IV, 424
CARSON, D. J. (MR.): II, 218 -
CARSON, ELIZABETH: - IV, 436
CARSON, GERTRUDE: - IV, 109
CARSON, HARRY FOSTER: - IV, 424
CARSON, HARRY S.: II, 715 -
CARSON, HARRY: I, 181 -
CARSON, J. B.: II, 339 -
CARSON, JOHN: - III, 256
CARSON, MARGARET MARTIN: - IV, 424
CARSON, MARGARET P. WALKINSHAW: - IV, 424
CARSON, MOSES: I, 88 -
CARSON, OLIVER P.: - IV, 424
CARSON, PRINE: I, 186; - IV, 424
CARSON, ROBERT: - III, 540
CARSON, WILLIAM: I, 367 -
CARSTONS, ELIZABETH: - IV, 84
CARTER, II, 742, 745 -
CARTER, (PRES.): II, 620, 722, 745, 764, 767 -
CARTER, BOB: II, 553

CARTER, E. D.: II, 203 -
CARTER, J. P.: II, 173; - IV, 341
CARTER, JAMES P.: I, 533; II, 50, 122, 125, 127, 170, 174; - IV, 118
CARTER, JIMMY (PRES.): - III, 569, 591
CARTER, NANCY: - IV, 341
CARTER, NICHOLAS L.: - III, 341
CARTER, VIRGINIA ANN: - IV, 176
CARTLIDGE, EDMUND: I, 34 -
CARTWRIGHT, SARAH JANE: - IV, 234
CARUTHERS, (REV.): II, 101 -
CARUTHERS, ELIZA: - IV, 73, 351
CARUTHERS, ELIZABETH: - IV, 348
CARUTHERS, J. E. (REV.): I, 483, 495 -
CARUTHERS, MARTHA: - IV, 15
CARY, BUD: II, 337 -
CARY, GRAY: II, 445 -
CARY, J. W. (REV.): - III, 450, 451
CARY, JESSIE W. (MRS.): II, 536 -
CARY, JOHN B.: I, 262 -
CASSELLA, SOPHIA: - IV, 46
CASEY, (GOV.): II, 804 -
CASEY, EMMA JEAN: - IV, 540
CASEY, JOHN F.: II, 650 -
CASEY, JOHN: II, 396 -
CASEY, ROBERT P.: II, (GOV.) 711, 746 -
CASEY, ROBERT: II, 650 -
CASEY, SAMUEL: - IV, 540
CASS, I, 387 -
CASS, LEWIS: I, 581, 583 -
CASSEL, CAROLYN M.: II, 682 -
CASSEL, CHARLES M.: II, 682 -
CASSEL, RICHARD: II, (DR.) 783; - III, (REV.) 574
CASSEL, THOMAS K.: II, 682 -
CASSELL, HESTER: - IV, 380
CASSELL, JOSEPH: - IV, 380
CASSIDY, - III, 90
CASSIDY, EDITH: - IV, 273
CASSIDY, JAKE: II, 689 -
CASSIDY, SOLOMON: I, 542 -
CASTALLDO, AVROHMICK: - III, 409
CASTLE, II, 265 -
CASYS, (GEN.): - III, 180
CATALINA, MADAME: I, 268 -
CATANESE, ALBERT (SGT.): II, 761 -
CATHARINA, ANN: - IV, 196
CATHCART, WILLIAM: I, 171 -
CATLIN, ESTHER: - IV, 156
CATRON, JOHN: I, 444 -
CATTON, BRUCE: I, i -
CAUFFMAN, JOSEPH: I, 290, 291 -
CAVET, JAMES: I, 78, 85, 86 -

37

CAVOTA, VERONICA: II, 767 -
CAWSON, W. H.: - III, 431
CAYLOR, ALICE: - IV, 545
CAYLOR, BEATRICE BLOSE: - IV, 545
CAYLOR, JAMES: - IV, 545
CAYLUS, LOUISE: - IV, 577
CEDERBERG, ELFORD A.: - III, 535
CESSNA, EDITH: - IV, 147
CESSNA, MARTHA: - IV, 487
CHABERT, I, 42 -
CHADWICK, MARGARET: - IV, 30
CHAFIN, EUGENE W.: II, 363 -
CHALFANT, GEORGE W.: I, 487 -
CHALMER, THOMAS: - III, 638
CHALMERS, JAMES: I, 47 -
CHALMERS, THOMAS: - III, 640, 641
CHAMBERLAIN, CLARENCE: II, 444 -
CHAMBERLIN, WILLIAM: I, 655 -
CHAMBERS, ELISHA: I, 119, 129; - IV, 593, 594
CHAMBERS, ELIZABETH: - IV, 594
CHAMBERS, ELLA M.: - IV, 164
CHAMBERS, EZEKIEL: I, 119 -
CHAMBERS, F. S.: II, 99 -
CHAMBERS, FRANK S. (MAJOR): II, 151 -
CHAMBERS, JAMES M.: II, 268 -
CHAMBERS, JAMES: I, 237; - IV, 40, 58, 164
CHAMBERS, JOHN: II, 86 -
CHAMBERS, LAVINIA: - IV, 164
CHAMBERS, LIZZIE: - IV, 107
CHAMBERS, MARGARET: - IV, 40
CHAMBERS, MARY: - IV, 549
CHAMBERS, MOSES: I, 118; - III, 9
CHAMBERS, PHEBE: - IV, 58
CHAMBERS, WILL GRANT: II, 287 -
CHAN, YEE SUE: II, 509 -
CHANDLER, THOMAS J.: I, 311 -
CHAPLAN, ALBERT: - IV, 244
CHAPLAN, LILY: - IV, 244
CHAPMAN, - III, 134, 237, 354
CHAPMAN, (SUPER.): II, 276, 279, 280-
CHAPMAN, AGNES C. STAHL: - IV, 136
CHAPMAN, ALVA [ALVAH] R.: I, 62-H, 214, 260, 271, 331, 459; - III, 106; IV, 135, 136, (REV.) 136, 294
CHAPMAN, ALVA: II, 83 -
CHAPMAN, ANNA: - IV, 247
CHAPMAN, BESSE CUNNINGHAM: - IV, 246
CHAPMAN, BESSE MARROW: - IV, 471
CHAPMAN, CHARLOTTE: - IV, 304
CHAPMAN, DAVID: - IV, 246
CHAPMAN, ELIZA: - IV, 105, 246

CHAPMAN, ELLA BLOSE: - IV, 247
CHAPMAN, ELLEN M.: - IV, 247
CHAPMAN, ELLEN: - IV, 247
CHAPMAN, ETHEL: - IV, 304
CHAPMAN, FRANCIS: I, 293 -
CHAPMAN, FREDERICK W.: - IV, 136
CHAPMAN, GEORGE W.: - IV, 136
CHAPMAN, GRACE BURR: - IV, 247
CHAPMAN, H. C.: I, 269-70, 490, 492, 496, 534 -
CHAPMAN, H. L;: I, 213, 214, 260, 268, 282, 283, 297, 350, 589 - III, 103, 105, 262D; IV, 136, 217, 294, 295
CHAPMAN, HANNAH WAITE: - IV, 136
CHAPMAN, HARRIET LEANTHA: - IV, 136
CHAPMAN, HARRIET: - IV, 246
CHAPMAN, HENRY: - IV, 246
CHAPMAN, HOMER LUCIUS: - IV, 135, 136
CHAPMAN, ISAAC: - IV, 136
CHAPMAN, J. F.: II, 406 -
CHAPMAN, J. H.: II, 279 -
CHAPMAN, J.: - IV, 230
CHAPMAN, JAMES F.: II, 236, 274, 505, 522, 523; - III, 334; IV, 246, 247, 304, 471
CHAPMAN, JAMES: II, (SR.) 302; - IV, (JR. & SR.) 246, (JR.) 247, (JR.) 304
CHAPMAN, JEANETTE: - IV, 419
CHAPMAN, JOHN (M.D.): - IV, 247
CHAPMAN, JOHN ISAAC: - IV, 136
CHAPMAN, JOHN: - IV, 246
CHAPMAN, JONATHAN (JOHNNY APPLESEED): - IV, 272
CHAPMAN, JOSEPH H.: - IV, 247
CHAPMAN, JOSEPH: II, 83; - IV, 105; 136
CHAPMAN, LOTTIE SMITH: - IV, 304
CHAPMAN, LUCIUS W.: - IV, 137
CHAPMAN, LYDIA: - IV, 276
CHAPMAN, MARGARET: - IV, 246
CHAPMAN, MARTHA CORNS: - IV, 136
CHAPMAN, MARTHA: - IV, 230, 304
CHAPMAN, MARY: - IV, 246
CHAPMAN, MATILDA DAVIS: - IV, 136
CHAPMAN, NICHOLAS: - IV, 419
CHAPMAN, ROBERT: - IV, 246
CHAPMAN, ROSIE UNDERWOOD: - IV, 247
CHAPMAN, SARAH D.: I, 446 -
CHAPMAN, SARAH ELKIN: - IV, 247
CHAPMAN, SARAH: - IV, 246, 304
CHAPMAN, SUSANNAH TRIECE: - IV, 136
CHAPMAN, T. J.: II, 52 -
CHAPMAN, THOMAS J.: - IV, 136, 545

CHAPMAN, THOMAS: I, 29, 190, 526 -
CHAPMAN, WALLACE C.: II, 715; - IV, 247, 303, 304
CHAPMAN, WALLACE S.: - IV, 304
CHAPMAN, WALLACE: II, 529 -
CHAPMAN, WILLIAM: - IV, 246, 247
CHARLTON, ELIZABETH: - IV, 588
CHARNEY, EILEEN: - IV, 88
CHARTER, JOHN: I, 320 -
CHARTIER, PETER: I, 34, 38 -
CHASE, (GOV.): I, 408 -
CHASE, S.: II, 15 -
CHATHAM, ADELIA: - IV, 465
CHATHAM, LEWIS: - IV, 465
CHEELEY, EDGAR M.: - IV, 611
CHEELY, EDGAR M.: - IV, 13, 573
CHELLMAN, JOHN: II, 574 -
CHERRY TREE JOE: - IV, 339
CHESLEY, A. H.: - IV, 257
CHESLEY, CELIA G.: - IV, 257
CHEW, EVELYN: - IV, 101, 102
CHEW, JOHN J.: - IV, 101, 102
CHEW, LILLIAN: - IV, 101, 102
CHEYETTE, IRVING: II, 532 -
CHIAKA, GEORGE: - III, 420
CHILDS, DONALD H.: II, 425 -
CHILTON, - III, 162
CHISHOLM, M: II, 658 -
CHO, DON-CHEAN: - IV, 133
CHO, M. C.: - IV, 133
CHODOCK, JOANNE: - IV, 81
CHODOCK, LESLIE: - IV, 81
CHORZAK, JOHN: - III, 478
CHOVANES, ANDREW B.: II, 771 -
CHRIST, SUSAN: - IV, 446
CHRISTIAN, MARTHA: - IV, 506
CHRISTMAN, JESSE: I, 326 -
CHRISTY, ALVIN G.: I, 605 -
CHRISTY, AMANDA: I, 486 -
CHRISTY, CATHERINE: - IV, 422
CHRISTY, GEORGE: II, 149
CHRISTY, G. S.: I, 541; II, 126; - III, 318
CHRISTY, GEORGE S.: II, 50; - IV, 422
CHRISTY, H. C. (MRS.): II, 348, 350 -
CHRISTY, H. C.: II, 219, 231, 294, 297, 303, 327; - III, 431
CHRISTY, HARRY C. (MRS.): - III, 361, 363, 365, 546-P
CHRISTY, HARRY C.: II, (FIRECHIEF) 368; - III, 404; IV, 422
CHRISTY, JAMES HEWETT: - IV, 390
CHRISTY, JIM: II, 351 -
CHRISTY, LUCIA: II, 351 -
CHRISTY, MARY: - IV, 390

CHRISTY, SARAH ROW: II, 350 -
CHRISTY, SARAH: - IV, 421, 422
CHRISTY, WILLIAM: I, 306 -
CHRYSLER, BERNICE: I, 62E -
CHU, (DR.): - IV, 132
CHU, C. M. HU: - IV, 132
CHU, DON-CHEAN: II, (DR.) 703, 768 - IV, 132, 133
CHU, HSIANG-DA: - IV, 132
CHU, HSIANG-LING: - IV, 133
CHU, HSING-ZA: - IV, 132
CHU, LAN WANG: - IV, 132
CHU, M. C. CHO: - IV, 133
CHU, M. M.: - IV, 133
CHU, RAI SHOW-CHIH: - IV, 132
CHUNG, FONG FOOK: II, 354 -
CHURCH, EBENEZER: I, 346 -
CHURCH, ROBERTA L.: - IV, 625
CHURCH, THOMAS P.: - IV, 625
CHURCHILL, - III, 117
CHURCHILL, ELIZABETH: - IV, 404
CHURCHILL, G. R. (DR.): II, 347 -
CHURCHILL, P.: - III, 321
CHURCHILL, PHILANDER: - IV, 404
CHURCHILL, SARAH FRANCES: - IV, 404
CHURCHILL, WINSTON (PRIME MINISTER): II, 584 -
CIAKO, GEORGE: - III, 420
CICERO, ARTHUR: II, 544 -
CICERO, CHARLES: II, 543, 544 -
CIDOR, DIANA LEE: II, 804 -
CIDOR, JENNIFER DAWN: II, 804 -
CIDOR, TROY DRENNER: II, 804 -
CIOTOLI, ANTONIO: - IV, 69
CIPOLLA, EUNICE: - III, 632, 633
CISSLER, JOHN: I, 254 -
CLAGHORN, CLARENCE R.: II, 184, 321 -
CLAIR, HARRY: II, 381 -
CLAPPER, - III, 642
CLAPPER, ROBERT: - III, 638
CLARK, II, 271, 411; - III, 238, 271, 274, 302, 501
CLARK, (JUDGE): II, 731, 732, 751, 753, 780; - IV, 330, 332
CLARK, (JUSTICE): II, 61; - IV, 327, 328, 333
CLARK, (MR.): II, 146, 412 -
CLARK, (SENATOR): II, 399 -
CLARK, A. GLENN (DR.): - IV, 165
CLARK, AARON P.: - IV, 160
CLARK, ABSALOM: - IV, 333
CLARK, ADAH S. HIDDLESON: - IV, 161
CLARK, AGNES: - IV, 442

CLARK, ALEXANDER ARMSTRONG: - IV, 165
CLARK, ALEXANDER MARTIN: - IV, 546
CLARK, ALEXANDER: - IV, 165, 334, 356, 374, 592
CLARK, ALPHEUS BELL: - IV, 142
CLARK, ALPHEUS SCOTT: - IV, 142
CLARK, AMANDA AKE: - IV, 142
CLARK, ANN (ANNA): - IV, 402
CLARK, ANN MOORHEAD: - IV, 333
CLARK, ANN TODD: - IV, 165, 334
CLARK, ANN: - IV, 440
CLARK, ANNIE: - IV, 333
CLARK, B. M. (MRS.): II, 549, 566 -
CLARK, B. M.: - III, 393, 394, 395, 436, 438
CLARK, BARBARA SANDERSON: I, 150; - III, 37; IV, 165, 333
CLARK, BARBARA: - IV, 138, 333, 334
CLARK, BELINDA: - IV, 307
CLARK, BELLE SMATHERS (MRS.): II, 250 -
CLARK, BEN: II, 404 -
CLARK, BENJAMIN N.: - IV, 428
CLARK, BETTY (LT.): II, 584 -
CLARK, BETTY TAYLOR: - IV, 165
CLARK, BRACKEN: II, 149 -
CLARK (BROS.): II, ziii
CLARK, C. STEELE: - IV, 333
CLARK, CATHARINE: - IV, 374
CLARK, CATHERINE GROVE: - IV, 161
CLARK, CATHERINE RUPERT: - IV, 165
CLARK, CATHERINE: I, 563 -
CLARK, CHARLOTTE M.: - IV, 333
CLARK, CLARA EDITH LYTLE: - IV, 374
CLARK, CLARISSA MOORHEAD: - IV, 333
CLARK, CORDELIA F. GORGAS: - IV, 374
CLARK, CORNELIA: I, 479; - III, 205
CLARK, D. A.: II, 430 -
CLARK, D. H.: II, 330; - III, 436
CLARK, DANIEL: II, 332;
CLARK, DAVID: - IV, 334
CLARK, DORA ELIZABETH MARTIN: - IV, 546
CLARK, DORA: - IV, 546
CLARK, E. H.: - III, 621
CLARK, E. M. (DISTRICT ATTORNEY): II, 427 -
CLARK, EDNA R.: - IV, 161
CLARK, EDWIN M.: II, 408, 414, 491, 571, 691, 728, (JUDGE) 741, 774; - III, (JUDGE) 543, 574, 613-15, 617-21, 624; IV, 165

CLARK, EDWIN MILLIGAN: - IV, (JUDGE) 545, 546, (JR.) 546
CLARK, ELILEEN STROUD: - IV, 546
CLARK, ELIZABETH BRACKEN: - IV, 402
CLARK, ELIZABETH MAY: - IV, 546
CLARK, ELIZABETH MCFARLAND: - IV, 402
CLARK, ELIZABETH: - IV, 333
CLARK, ELMIRA HAZLET: - IV, 142
CLARK, EMILY: - IV, 481
CLARK, EMMA LOUISE MCKEAGE: - IV, 142
CLARK, ESTHER PEW: - IV, 165
CLARK, FERDINAND G.: II, 218 -
CLARK, FERDINAND: - IV, 374
CLARK, FERGUS SCOTT: - IV, 333
CLARK, GEORGE C.: II, 152 -
CLARK, GEORGE K.: II, 420 -
CLARK, GEORGE ROGERS (GEN.): I, 106, 110 -
CLARK, GEORGE: - IV, 402, 594
CLARK, H. C.: - IV, 442
CLARK, H. E.: II, 215, 241; - III, 346, 436; IV, 160
CLARK, HAIL: I, 573, 616; II, 44, 69, 118, 145, 218; - III, 287, 288; IV, 373, 374
CLARK, HANNAH: - IV, 545
CLARK, HARRIET MARIA: - IV, 594
CLARK, HARRY C.: - III, 429
CLARK, HARRY E.: - IV, 160
CLARK, HARRY: II, 186; - IV, 161
CLARK, HEATH STECK: - IV, 427, 428
CLARK, HEATHER: - IV, 142
CLARK, HELEN: - III, 457
CLARK, HENRY: - IV, 374
CLARK, IDA MAY RANKIN: - IV, 165
CLARK, IDA: - IV, 374
CLARK, ISABELLA: - IV, 333
CLARK, ISABELLE: - IV, 165
CLARK, J. O.: II, 179, 186, 214, 215, 453, 463; - III, 429, 436; IV, 160, 202
CLARK, J. S.: II, 195 -
CLARK, J. W.: - IV, 202, 403
CLARK, J. WOOD: II, 265, 271, 272, 293, 327, 346, 407; - III, 329, 349, 450, 451, 467; IV, 330, 333
CLARK, JACOB: - IV, 335
CLARK, JAMES (CAPT.): I, 121, 150; - III, 18, 37; IV, 138, 334
CLARK, JAMES H.: - IV, 161
CLARK, JAMES L.: I, 667; - IV, 333
CLARK, JAMES WOOD: - IV, 333
CLARK, JAMES: I, 115, 246, 299, 309, 316, 397, 478, 549, 550, 552, 571, 573, 582, 622; III, 217, 256; IV, 165, 221, 333, 440

CLARK, JANE ARMSTRONG: - IV, 165, 592
CLARK, JANE: - IV, 281, 334, 356, 378, 561
CLARK, JEAN HOCKER: - IV, 546
CLARK, JENNIE: - IV, 561
CLARK, JOHN OSCAR: - IV, 160
CLARK, JOHN W.: II, 240; - IV, 160, 161
CLARK, JOHN: - IV, 545
CLARK, JOSEPH N.: - IV, 374
CLARK, JOSEPH O.: II, 299, (SENATOR) 395; - IV, (JR.) 160
CLARK, JOSEPH S.: - III, 531, 546-J
CLARK, JOSEPH: I, 588; - IV, 106, 165, 333, 334
CLARK, JULIET: - IV, 333
CLARK, KATHERINE: - IV, 546
CLARK, L. G.: - III, 486
CLARK, L. M.: - III, 321
CLARK, L. REED: - IV, 165
CLARK, LAURA E. MEIXNER: - IV, 333
CLARK, LEWIS: II, 398
CLARK, LEWIS G.: II, 501; - IV,165
CLARK, LEWIS GIBSON: - IV, 164, 221, 546, 592
CLARK, LOIS MARGARET: - IV, 546
CLARK, LOIS: - IV, 592
CLARK, LOUISA: - IV, 610
CLARK, LUTHER MARTIN: - IV, 142
CLARK, LUTHER STEELE: - IV, 141, 142
CLARK, MARGARET ELLIOTT: - IV, 165, 334
CLARK, MARGARET HOUSTON: - IV, 142
CLARK, MARGARET MACK: - IV, 402
CLARK, MARGARET: - IV, 138, 139, 334, 632
CLARK, MARGRETTA IRLAND STADDEN: - IV, 161
CLARK, MARIA: - IV, 335
CLARK, MARTHA BRACKEN: - IV, 401
CLARK, MARTHA: - IV, 402
CLARK, MARY A.: - IV, 335
CLARK, MARY ANN: - IV, 541
CLARK, MARY BRACKEN: - IV, 402
CLARK, MARY DARR: - IV, 428
CLARK, MARY ISABELLE: - IV, 165
CLARK, MARY JANE: - IV, 333
CLARK, MARY TODD: - IV, 334
CLARK, MARY: - IV, 278, 318, 333, 378, 402
CLARK, MATILDA: - IV, 481
CLARK, MATTHEW: - IV, 378
CLARK, MURRAY J.: II, 218; - IV, 374
CLARK, PAULINE KELLY: - IV, 333

CLARK, PAULINE: - IV, 106
CLARK, R.: I, 548 -
CLARK, RICHARD: - III, 226
CLARK, ROBERT L. (DR.): II, 522 -
CLARK, ROBERT L. (JR. REV.): II, 408, 409, 497, 498;
CLARK, RUTH SIMPSON: - IV, 546
CLARK, RUTH: - IV, 175, 402
CLARK, S. M.: I, 157, 471, 475, 476, 514, 525; II, iii, 4, 13, (JUDGE) 15, 48, 58; - III, 219, 221, 227; IV, 333, 341
CLARK, SAMUEL LUTHER: - IV, 160, 161
CLARK, SAMUEL: - IV, 561
CLARK, SARAH E.: I, (MISS) 629; - IV, 333, 374, 440
CLARK, SARAH WOODWARD: - IV, 333
CLARK, SARAH: - IV, 221, 333, 334, 402, 411
CLARK, SILAS M.: I, 396, 462, 464, 470, 478, 513, 588, 591-92, 622, 624, 637, 666, 668; II, 3, 5, 7, 13, 14, 18, 21, 22, 50, 54, 112, 126, (JUDGE) 128, 174, 237, (JUSTICE) 247, 257, (JUDGE) 282, 285, 286, 373, 676, 677, 681, 795;- III, 114, 122, 197, 221, 238, 324, 643, 644; IV, 2, 170, 215, 275, 281, 330, 331, 333, 334, 336, 354, 420-D-E-H, 437, 440, 450
CLARK, SILAS MOORHEAD: - IV, 327
CLARK, STEELE: II, 413, 550, (COMMISSIONER) 552, 571, 573, 727, 728; - III, 498, 500
CLARK, SUSAN JANE: - IV, 546
CLARK, T. B.: II, 294, 307 -
CLARK, THOMAS: I, 502; - IV, 401
CLARK, VIRGINIA MCCRACKEN: - IV, 165
CLARK, VIRGINIA: - IV, 428
CLARK, VIRTUE: - IV, 142, 161
CLARK, W. E.: II, 430 -
CLARK, W. S.: II, 71 -
CLARK, WILLIAM A.: - IV, 374
CLARK, WILLIAM B.: I, 247, 441, 445, 563, 578, 579, 582, 583, 614 -
CLARK, WILLIAM F.: - IV, 281
CLARK, WILLIAM H.: - III, 470
CLARK, WILLIAM MCKEAGE: - IV, 142
CLARK, WILLIAM: I, 73, 80, 135, 159, 165, 167, 170, 204, 348, 356, 628; II, 149 - III, 10, 40, 41, 49, 479; IV, 221, 333, (ESQ.) 401, 402, 419
CLARK, WINIFRED J. PATCHIN: - IV, 160
CLARK, WOOD: II, 268 -
CLARK, WOODWARD: - IV, 333
CLARKE, - III, 18, 19, 356 IV, (MR) 84, 85, 86
CLARKE, ANN: - IV, 87
CLARKE, EMILY NEWMAN: - IV, 87

41

CLARKE, FAITH: - IV, 434
CLARKE, GEORGE: - IV, 87
CLARKE, H. M.: - III, 267
CLARKE, ISABEL KEENAN: - IV, 86
CLARKE, JAMES CUNNINGHAM: - IV, 86
CLARKE, JAMES: I, 187, 202, 203, 239, 240, 241, 242, 243, 247, 269, 316-17, 321, 346, 357, 381, 516, 548-49, 551, 554; - IV, 84, 86, 87, 199, 294
CLARKE, JANE GABBY: - IV, 86
CLARKE, JANE PATTON: - IV, 86
CLARKE, JANE: - IV, 87
CLARKE, JOHN G.: - IV, 86
CLARKE, JOHN PAUL: - IV, 86
CLARKE, JOHN: I, 211; - IV, 87
CLARKE, MARGARET SINCLAIR: - IV, 87
CLARKE, MARTHA ANN: - IV, 87
CLARKE, MARTHA JANE: - IV, 86
CLARKE, MARTHA: - IV, 86, 87
CLARKE, MARY ANN: - IV, 86
CLARKE, MARY: - IV, 87
CLARKE, NANCY: I, 245 -
CLARKE, R. W.: I, 548 -
CLARKE, ROBERT W.: - IV, 86, 87
CLARKE, ROBERT: - IV, 86, 87
CLARKE, S. M.: I, 286 -
CLARKE, WILLIAM M.: - IV, 87
CLARKE, WILLIAM: I, 161, 220, 221, 346, 359; - IV, 401, 402
CLARKIN, ANN: - IV, 634
CLARKIN, JAMES J.: - IV, 634
CLARKSON, CHARLES S. (MAJOR): I, 341 -
CLASSEN, PIETER: - IV, 593
CLASTY, JOHN: II, 438 -
CLAWSON, ALBERT HOWARD: II, 374, 381 -
CLAWSON, ANNA: II, 562 -
CLAWSON, ANNIE: - IV, 525
CLAWSON, ARLENE L. COLEMAN: - IV, 542
CLAWSON, BENJAMIN FRANKLIN: - IV, 542
CLAWSON, BENJAMIN: I, 174 -
CLAWSON, GERALD J.: - IV, 542
CLAWSON, HULDA: - IV, 369
CLAWSON, JEFFREY: - IV, 542
CLAWSON, JOHN: - III, 256
CLAWSON, JOSEPH: I, 83 -
CLAWSON, KIMBERLY: - IV, 542
CLAWSON, MARTY: - IV, 542
CLAWSON, MARY A.: - IV, 152
CLAWSON, MICHELE: - IV, 542
CLAWSON, MILDRED JOSEPHINE SCHARDT: - IV, 542
CLAWSON, NANCY: - IV, 492
CLAWSON, NETTIE: - IV, 560
CLAWSON, NORMAN W.: - III, 623
CLAWSON, RICHARD S.: - IV, 228
CLAWSON, RICHARD: I, 174; II, 25; - III, 215
CLAWSON, ROSE VERNIE: - IV, 599
CLAWSON, W. H.: II, 259 -
CLAWSON, WASHINGTON: - IV, 152
CLAWSON, WILLIAM H.: - III, 252
CLAXON, JAMES L.: - IV, 387
CLAXON, VIRGINIA: - IV, 387
CLAY, CASSIUS M.: I, 437; - III, 135
CLAY, HENRY: I, 221, 236, 248, 249, 340, 381; II, 732; - IV, 50
CLAYPOOLE, ADA WILSON: - IV, 527
CLAYPOOLE, ALICE MCMUNN: - IV, 527
CLAYPOOLE, ANNA BOUCH BOWSER: - IV, 527
CLAYPOOLE, BERNICE L. SHEARER: - IV, 527
CLAYPOOLE, BETTY FOX: - IV, 527
CLAYPOOLE, CHARLES: - IV, 527, 528
CLAYPOOLE, CLARK: - IV, 527
CLAYPOOLE, DARLENE FAY: - IV, 527
CLAYPOOLE, DOROTHY: - IV, 527
CLAYPOOLE, ESSIE: - IV, 527
CLAYPOOLE, FLOYD: - IV, 527
CLAYPOOLE, GRACE: - IV, 527
CLAYPOOLE, HARVEY C.: - IV, 527
CLAYPOOLE, JAMES: - IV, 528, (JR.) 528
CLAYPOOLE, JANET MUSHRUSH: - IV, 527
CLAYPOOLE, LAVELLE MAE: - IV, 527
CLAYPOOLE, MADALYN LEE: - IV, 527
CLAYPOOLE, MARGARET MATEER: - IV, 527
CLAYPOOLE, MARGARET ZELLEFROW: - IV, 528
CLAYPOOLE, MERLE: - IV, 527
CLAYPOOLE, PEARL HEILMAN: - IV, 527
CLAYPOOLE, R. J.: - IV, 262
CLAYPOOLE, RANDAL: - IV, 527
CLAYPOOLE, REBECCA WHITE: - IV, 528
CLAYPOOLE, RUTH: - IV, 527
CLAYPOOLE, VERNON R.: - IV, 527, (JR.) 527, 528
CLAYPOOLE, WARREN: - IV, 527
CLAYPOOLE, WILLIAM H.: II, 738 -
CLAYPOOLE, WILLIAM: - IV, 527
CLEAVER, (MR.): II, 359; - IV, 84
CLEAVER, AMANDA: - IV, 84

CLELAND, JAMES: - IV, 521
CLELAND, MILDRED: - IV, 521
CLEMENSON, A.: - III, 421
CLEMENSON, AMIEL: II, 188, 189, 378 -
CLEMENT, BILL: - III, 596
CLEMENT, DARYL: - IV, 565
CLEMENTE, JAMES: II, 248 -
CLEMENTS, ALICE (MISS): II, 525 -
CLEMENTS, ANNA M.: - IV, 477
CLEMENTS, DAVID M.: - IV, 477
CLEMENTS, E. O. (MRS.): II, 171 -
CLEMENTS, ELIZABETH M.: - IV, 477
CLEMENTS, JOHN F.: II, 539 - III, 340, 347
CLEMENTS, JOHN: II, 226, 296, 297 -
CLEMENTS, JOSEPH W.: II, 271, 346, 434 -
CLEMENTS, JOSEPH: II, 226, 297 -
CLEMENTSON, WILLIAM.: I, 30, 697 -
CLEVELAND, GROVER (PRES.): II, iii, 15, 16, 17, 18, -
CLEVELAND, GROVER: II, 257 -
CLEVER, AHRENS: - IV, 524
CLEVER, KATHLEEN: - IV, 524
CLIFFORD, FRANCES: - IV, 299
CLIFFORD, JACOB CLAIR: - IV, 299
CLIFFORD, RUSSELL J.: II, 759 -
CLIFTON, WILLIAM: - III, 45
CLINE, CHERYL: - IV, 529
CLINGENBERGER, JOSEPH: - III, 256
CLINTON, GEORGE: I, 175; II, 248 -
CLIPPER, GEORGE: - III, 478
CLOPPER, ELIZABETH: - IV, 50
CLOPPER, J. Y.: I, 475 -
CLOVER, I, 585 -
CLOVER, JAMES: I, 236 -
CLOVER, PETER: I, 345 -
CLOWE, (CAPT.): I, 416 -
CLOWES, ELDER: II, 513 -
CLOWS, JOHN: I, 676, 677 -
CLUGGAGE, (MAJOR): I, 102 -
CLUVER, HENRY J. (REV.): - III, 498
CLYDE, II, xi
CLYDE, JANET B.: - IV, 70
CLYDE, JOHN: I, 164, 174 -
CLYDE, WILLIAM: - IV, 70
CLYMER, II, xiii
CLYMER, ANN: I, 155; - IV, 337
CLYMER, CHRISTOPHER: - IV, 337, 338
CLYMER, DEBORAH: - IV, 337
CLYMER, ELIZABETH MEREDITH: - IV, 337

CLYMER, ELIZABETH: I, 155; - IV, 337, 338
CLYMER, GEORGE (JR.): I, 155 -
CLYMER, GEORGE: I, 88, 101, 130-31, 135, 149-50, 155-56, A62, 171, 284, 343; II, 187, 463, 681; - III, 34, 35, 40, 48-9, 339, 386, 646; IV, 24, 113, 202E, 330, 336, 337, 338, 366, 512
CLYMER, HENRY: - IV, 337
CLYMER, JULIAN: - IV, 337
CLYMER, MARGARET: - IV, 337
CLYMER, MARY WILLING: - IV, 337
CLYMER, MEREDITH: - IV, 337
CLYMER, RICHARD: - IV, 338
CLYMER, WILLIAM COLEMAN: - IV, 337
COARD, ROBERT D. (MRS.): - III, 362
COATES, JOHN R.: I, 171 -
COCHRAN, I, 593 -
COCHRAN, (SUPERINTENDENT): II, 37, 38 -
COCHRAN, ALEXANDER: - IV, 51
COCHRAN, ARCHIE: II, 172 -
COCHRAN, CHARLENE RUTH: II, 804 -
COCHRAN, ELIZABETH ("PINK"): II, 53, 87 -
COCHRAN, ELIZABETH: - IV, 245, 555, 597
COCHRAN, EUGENE SCOTT: II, 804 -
COCHRAN, J. N.: - III, 265
COCHRAN, JOHN A.: - IV, 258
COCHRAN, MARGARET: - IV, 258, 365, 597
COCHRAN, MARY PARK: - IV, 15
COCHRAN, NINIAN: - IV, 15
COCHRAN, P.: I, 345 -
COCHRAN, PHILENA: - IV, 373
COCHRAN, ROBERT: I, 132 -
COCHRAN, ROSE ANN: - IV, 471
COCHRAN, SAMUEL: - IV, 597
COCHRAN, SARAH JANE: - IV, 585
COCHRAN, T. E.: I, 588 -
COCHRAN, W. H.: I, 277 -
COCHRAN, WILLIAM A.: II, 36; - III, 251
COCHRAN, WILLIAM H. [COUCHRAN]: I, 382; - III, 218; IV, 373
COCHRAN, WILLIAM: I, 188, 635; - IV, 51
COCHRAN, ZULIA A.: - IV, 253
COCHRANE, BLANCHE: - IV, 592
COCHRANE, CLARA EMMA: - IV, 592
COCHRANE, CLARA: - IV, 294
COCHRANE, ELIZABETH COLEMAN: - IV, 592
COCHRANE, ETHEL Z. ANDERSON: - IV, 600

COCHRANE, GEORGE SCOTT: - IV, 592
COCHRANE, IONA BLANCHE: - IV, 592
COCHRANE, JOHN: - IV, 592
COCHRANE, KAY LOUISE: - IV, 600
COCHRANE, RUSSELL M.: - IV, 600
COCHRANE, WILLIAM C.: II, 635; - IV, 600
COCHRANE, WILLIAM: - IV, 600
COCHRANE, ZELLA CARR: - IV, 600
COCKRELL, ALTON WARD (JR.): II, 659 -
CODY, WILLIAM F.: II, 293 -
COE, B. F. (DR.): II, 344, 345 -
COE, BARBARA: - IV, 486
COE, BENJAMIN F.: I, 486; - IV, (DR.) 485, 486
COE, BENJAMIN: - IV, 477
COE, CALEB E.: - IV, 486
COE, CALEB: - IV, 486
COE, EDGAR: - IV, 486
COE, ELIZABETH CORNWELL: - IV, 486
COE, ETHELINDE BOUGHTON: - IV, 486
COE, JUDD: - IV, 486
COE, JUDSON: - IV, 486
COE, LYMON: - IV, 486
COE, MARGARET: - IV, 477
COE, MONTGOMERY: - IV, 486
COE, NANCY MARGUERITE: - IV, 486
COE, NANCY SHIELDS: - IV, 477
COE, SARAH: - IV, 486
COE, SCOTT: J - IV, 486
COENS, RACHEL: - IV, 113
COFFEY, (MR.): - IV, 101, 102
COFFEY, CATHERINE E.: - IV, 102
COFFEY, GEORGE A.: - IV, 102
COFFEY, HARRY KERR: - IV, 102
COFFEY, HENRY LLOYD (DR.): - IV, 102
COFFEY, HENRY T. (DR.): - IV, 101
COFFEY, JAMES (DR.): - IV, 102, 159
COFFEY, LILLIAN: - IV, 102
COFFEY, MARGARETTA MCCONNELL: - IV, 102
COFFEY, MARGARETTA PEMBERTON: - IV, 159
COFFEY, MARY KERR: - IV, 102
COFFEY, NETTIE BLACK: - IV, 102
COFFEY, ROBERT L. (JR.): II, 727 -
COFFEY, ROBERT L. (MRS.): II, 727 -
COFFEY, T. J.: I, 584, 588, 589, 592 -
COFFEY, THOMAS P.: - IV, 101
COFFEY, THOMAS PEMBERTON: - IV, 102

COFFEY, TITIAN J.: I, 395, 398, 461, 472, 473, 545, 598; - IV, 12, (JR.) 101, 102, 118, 159, 168
COFFEY, TITIAN JAMES: - IV, 100, 102
COFFEY, TITIAN: - IV, 202
COFFEY, VIRGINIA C.: - IV, 102
COGLEY, JOSIAH: I, 176 -
COGSWELL, - III, 367
COGSWELL, (PROF.): II, 309; - IV, 325
COGSWELL, CAROLINE: - IV, 326
COGSWELL, DOROTHY TEWKSBURY: - IV, 326
COGSWELL, DOROTHY: II, 285, 310; - IV, 325
COGSWELL, EDNA A.: II, 310, 311 -
COGSWELL, EDNA ALLAN: - IV, 325
COGSWELL, EDNA: - III, 358, 359; IV, 325
COGSWELL, HAMLIN E.: II, 285, 291, 309, (PROF.) 310, 311, 662; - III, 358, 359; IV, 326
COGSWELL, HAMLIN ELISHA: - IV, 325
COGSWELL, NIRAM JACKSON (M.D.): - IV, 326
COHEN, MARK (REP.): II, 647
COLDWELL, JOHN: - IV, 68
COLDWELL, SARAH JANE: - IV, 68
COLEMAN, I, 104, 586, 677, 678; II, 107 -
COLEMAN, A. M.: II, 133 -
COLEMAN, ADA SOPHIA: - IV, 266
COLEMAN, ALBERT: - IV, 49
COLEMAN, ALEXANDER: - IV, 49
COLEMAN, ALICE: - III, 457
COLEMAN, ARCHIBALD: I, 505; - IV, 10, 568
COLEMAN, ARLENE L.: - IV, 542
COLEMAN, BARZYELLA: - IV, 210
COLEMAN, CATHERINE GORDON: - IV, 49
COLEMAN, CATHERINE: - IV, 49
COLEMAN, CHARLES: - IV, 592
COLEMAN, E. O.: - IV, 558
COLEMAN, ELIJAH (REV.): I, 375; - III, 151-2; IV, 592
COLEMAN, ELIZABETH DUNMOODY: - IV, 49
COLEMAN, ELIZABETH HARRISON: - IV, 49
COLEMAN, ELIZABETH JANE: - IV, 279
COLEMAN, ELIZABETH SPIRES: - IV, 49
COLEMAN, ELIZABETH WESTON: - IV, 592
COLEMAN, ELIZABETH: - IV, 49, 206, 592
COLEMAN, EMMA LEE: - IV, 210
COLEMAN, EVA: - IV, 558

43

COLEMAN, F. MOORHEAD: - III, 195
COLEMAN, HARRY: I, 31 -
COLEMAN, HENRY: I, 163, 175; - III, 216; IV, 49, 54
COLEMAN, J.: II, 97 -
COLEMAN, JAMES M.: I, 664; II, 29, 57 -
COLEMAN, JANE (NEE MCCLELLAND): I, 80 -
COLEMAN, JANE: - IV, 49, 339, 473, 559
COLEMAN, JEFF: - IV, 210
COLEMAN, JOHN E.: II, 34; - III, 252
COLEMAN, JOHN G.: I, 478, 535, 642; - III, 217
COLEMAN, JOHN W.: - IV, 49
COLEMAN, JOHN: I, 210, 345; - IV, 49
COLEMAN, LOUISA CRISWELL: - IV, 49
COLEMAN, LYDIA MCBROOM: - IV, 49
COLEMAN, M.: II, 97 -
COLEMAN, MARGARET JAMIESON: - IV, 568
COLEMAN, MARGARET LUCAS: - IV, 49
COLEMAN, MARGARET: - III, 212; IV, 10, 558
COLEMAN, NANCY: - IV, 440, 568
COLEMAN, NICHOLAS: I, 80 -
COLEMAN, ROBERT (CAPT.): I, 615 -
COLEMAN, ROBERT G.: - IV, 49
COLEMAN, ROBERT L.: - IV, 49
COLEMAN, SAMUEL: I, 80 -
COLEMAN, SARAH: - IV, 355
COLEMAN, SUSANNAH MOOREHEAD: - IV, 49
COLEMAN, THEO.: - III, 235, 236, 251, 252
COLEMAN, THEODORE: II, 101; - IV, 49
COLEMAN, THOMAS M.: - IV, 49
COLEMAN, VIRGINIA: - IV, 271
COLEMAN, W. H. H.: - IV, 49
COLEMAN, W. H.: I, 470, 513, 642; - III, 220
COLEMAN, W. J.: I, 659; - III, 212; IV, 558
COLEMAN, WILLIAM H.: I, 521, 535, 622, 676; - IV, 49
COLEMAN, WILLIAM SR.: I, 345 -
COLEMAN, WILLIAM: I, 88, 168, 210, 280; - III, 216; IV, 337
COLGAN, MIKE: II, 497 -
COLKITT, CATHARINE LEASURE: - IV, 480
COLKITT, CATHERINE: - IV, 242
COLKITT, FRANCIS EMALINE: - IV, 183
COLKITT, JOHN: - IV, 183, 242, 480
COLKITT, MARY: - IV, 183
COLKITT, SARAH ELLEN: - IV, 321
COLL, MAC (DR.): - III, 356
COLLIER, (PROF.): - III, 253
COLLIER, HIRAM: II, 52 -
COLLIERY, VINTON: II, 184, 185 -
COLLINS, D. M. (MRS.): II, 67 -
COLLINS, D. M. (REV.): II, 40, 148 -
COLLINS, GEORGE W.: II, 150 -
COLLINS, HANNAH: - IV, 635
COLLINS, JANE: - IV, 13
COLLINS, JOSEPH: I, 536; II, 804 -
COLLINS, PAUL T.: II, 440 -
COLLINS, PHILIP: II, 116 -
COLLINS, SARAH: - IV, 216
COLLINS, T. D.: - III, 288
COLLINS, THOMAS: II, 116 -
COLLINSON, PETTER: I, 40 -
COLLIVER, MARJORIE J.: - IV, 551
COLLOM, SARAH M.: - IV, 351
COLONNA, ENRICO: II, 663 -
COLPETZER, WILLIAM: I, 405 -
COLTON, MARGARET: - IV, 223
COLVIN, BAILEY: - IV, 537
COLVIN, MARGARET R.: - IV, 537
COLVIN, RUTH: - IV, 537
COLYER, JUDGE: - III, 224
COMEGIST, ARIENNE: - IV, 269
COMERER, (DR.): - III, 400
COMINS, LOUISE E.: - IV, 625
COMINETTI, TERESA. IV, 308
COMPTON, A.: I, 625
COMPTON, ANDREW: I, 214-M; - IV, 359
COMPTON, GARVIN: - III, 215
COMPTON, MARY C.: - IV, 359
CONDOR, CURTISS: II, 444 -
CONDRON, AUSTIN: - III, 313
CONDRON, D. H.: II, 278 -
CONDRON, H. D.: - IV, 278
CONDRON, H. O.: II, 274 -
CONE, WALTER: II, 668 -
CONGLETON, L.: I, 567 -
CONKLIN, ELIZABETH: - IV, 488
CONKLIN, H. KING: II, 246 -
CONKLIN, WILLIAM S. (M.D.): - IV, 488
CONLEY, PATRICIA: - IV, 74
CONN, PATRICIA ANN: - IV, 629
CONN, WILLIAM R.: - IV, 629
CONNARE, WILLIAM G. (BISHOP): II, 772 -
CONNELLY, "ONE EYED": - III, 471
CONNELLY, JOHN: - III, 408
CONNER, II, xii
CONNER, (REV.): I, 661 -

CONNER, ALEXANDER: II, 28 -
CONNER, C. A.: II, 424 -
CONNER, CHARLES: II, 164 -
CONNER, DAISY (MISS): - III, 426
CONNER, EVERT ORD: II, 390 -
CONNER, HARRY C.: - III, 474, 475
CONNER, HARRY: II, 242; - III, 460-J
CONNER, J. C.: II, 218, 219 -
CONNER, J. K.: I, 593 -
CONNER, J. O.: - III, 347
CONNER, LEVI: II, 390; - III, 474, 475
CONNER, NANCY: II, 28 -
CONNER, SIMON: I, 201 -
CONNER, WILLIAM (REV.): I, 672 -
CONNER, WILLIAM: I, 498 -
CONNERS, LEVI: II, 178 -
CONNOLL, HUGH: II, 115 -
CONNOLLY, JOHN (DR.): I, 71, 86 -
CONNOR, (MRS.): I, 283, 304; - III, 32
CONNOR, ALAN: - III, 574; IV, 586
CONNOR, ANDREA: - IV, 586
CONNOR, CHARLES: - III, 277
CONNOR, ELIZA C.: - IV, 320
CONNOR, EMMA BOYD: - IV, 586
CONNOR, FULTON I.: - III, 587
CONNOR, GEORGE W.: - IV, 586
CONNOR, HARRIET SMITH: - IV, 425
CONNOR, J. J.: II, 185 -
CONNOR, J. R.: I, 664 -
CONNOR, JETAUN: - IV, 586
CONNOR, JOHN C.: - III, 321
CONNOR, JOHN M.: - IV, 425
CONNOR, LISA: - IV, 586
CONNOR, LYMAN A.: - IV, 586
CONNOR, LYMAN: II, 773, 774; - III, 572, 573, 574, 638, 639, 640; IV, 586
CONNOR, MARY HOPKINS: - IV, 586
CONNOR, MARY PETERSON: - IV, 586
CONNOR, NOREEN: - IV, 586
CONNOR, WILLIAM: II, 31 -
CONNORS, HARRY: - III, 474
CONRAD, CATHERINE: - IV, 4
CONRAD, ELIZABETH: - IV, 5
CONRAD, IVAN: - III, 622
CONRAD, JANE: I, 433-4; - IV, 494
CONRAD, MARY (MISS): - III, 313
CONRAD, MARY A.: - IV, 489
CONRAD, RACHEL: - IV, 489
CONRAD, REBECCA: - IV, 4
CONRAD, ROBERT T.: - IV, 338
CONRAD, SAMUEL (REV.): - IV, 4
CONRAD, SAMUEL A.: - IV, 489
CONRATH, A. CHLOE: - IV, 506

CONRATH, AMANDA: - IV, 506
CONRATH, AUDLEY: - IV, 506
CONRATH, EFFELINE: - IV, 506
CONRATH, FRANK: - IV, 506
CONRATH, G. A.: II, 208; - IV, 202-P
CONRATH, GEORGE A.: - IV, 506
CONRATH, GEORGE: II, 208; - IV, 506
CONRATH, ISAAC N.: - IV, 506
CONRATH, JOHN: - IV, 506
CONRATH, MATHIAS: - III, 259; IV, 506
CONRATH, NATHAN: - IV, 506
CONRATH, SARAH C.: - IV, 506
CONRATH, SARAH WATERSON: - IV, 506
CONRATH, SUSAN HAM: - IV, 506
CONRATH, VIRGINIA: - IV, 506
CONSTANTINO, JEAN: - IV, 537
CONVERY, II, 139 -
CONVERY, JAMES: II, 139 -
CONWAY, II, 623 -
CONWAY, THOMAS (DR.): II, 777 -
CONWELL, RUSSELL H. (REV.): II, 276-
CONWELL, RUSSELL: - III, 354
CONYNGHAM, W. L.: - III, 74
COOK, II, 137 -
COOK, ABRAM: - IV, 607
COOK, ANDREW: - IV, 607
COOK, BELL REPINE: - IV, 607
COOK, CATHARINE LANGHAM: - IV, 607
COOK, CATHARINE: - IV, 607
COOK, EDWARD: I, 88, 111, 113 -
COOK, ELIZABETH SMITH: - IV, 607
COOK, ELIZABETH: - IV, 607
COOK, ELLSWORTH: II, 252 -
COOK, F. D.: II, 209 -
COOK, H. W. (CAPT.): I, 616 -
COOK, HEZEKIAH W.: - IV, 607
COOK, ISABELLA: - IV, 271
COOK, J. C.: II, 208 -
COOK, JANE: - IV, 217
COOK, JOHN E.: I, 410 -
COOK, JOHN: - IV, 607
COOK, LUCINDA BARTLEBAUGH: - IV, 607
COOK, LUCINDA: - IV, 607
COOK, LUCRETIA ANN: - IV, 607
COOK, MARGARET: II, 350 -
COOK, MARY ANN STOVER: - IV, 607
COOK, MARY ANN: - IV, 607
COOK, MARY BUTERBAUGH: - IV, 607
COOK, MARY: - IV, 75
COOK, NANCY SMITH: - IV, 607
COOK, RACHEL MCGUIRE: - IV, 607

COOK, RICHARD: - IV, 607
COOK, VALENTINE (REV.): I, 143 -
COOK, WASHINGTON: - IV, 607
COOK, WILLIAM: II, 31; - IV, 607
COOKE, ALISTAIR: II, 82, 666 -
COOKE, JANE: - IV, 74
COOKE, MARY: - IV, 240
COOKE, WILLIAM (COL): - IV, 74, 75
COOLEY, (MR.): - IV, 373
COOLEY, BETSY LOUISE: - IV, 310
COOLEY, EMMA: - IV, 373
COOLEY, MARTIN R.: - IV, 354
COOLEY, NANCY: - IV, 354
COOLEY, STEPHEN: - IV, 310
COOLIDGE, CALVIN (PRES.): - III, 463; IV, 193
COOMBES, BERNICE: - IV, 540
COON, CLARA: - IV, 60
COON, CYNTHIA: - IV, 496
COON, JAMES: - IV, 496
COOPER, (MR.): - IV, 203
COOPER, A. F.: II, 264, 329; - III, 376; IV, 512
COOPER, AGNES: - IV, 203
COOPER, ALBERT F.: II, 212; - IV, 52, 203
COOPER, ALBERT FENNIMORE: - IV, 202
COOPER, BENJAMIN B.: I, 205 -
COOPER, BETH EILEEN: - IV, 521
COOPER, EILEEN MOUNTJOY: II, 674; - IV, 521, 522, 555
COOPER, EILEEN: II, 192, 351, 610, 675, 801 -
COOPER, ELIZABETH: - IV, 268
COOPER, HELEN: - IV, 175
COOPER, I. N. W. (PROF.): II, 45 -
COOPER, IRENE: - IV, 203
COOPER, JAMES FENIMORE: - IV, 7
COOPER, JAMES: I, 72, 74-5; - III, 15
COOPER, JOHN: II, 142; - IV, 203
COOPER, KATHERINE RICHARDSON: - IV, 555
COOPER, LAWRENCE: - IV, 203
COOPER, MARGARET: - IV, 262
COOPER, MARY: - IV, 194
COOPER, MILES Y.: - III, 485
COOPER, PAUL: - IV, 555
COOPER, RICHARD (REV.): II, 666 -
COOPER, RICHARD PAUL: - IV, 521, (REV.) 555
COOPER, ROBERT G.: - IV, 555
COOPER, SAMUEL (CAPT.): II, 31 -
COOPER, SAMUEL: I, 257; - III, 312
COOPER, T. C.: II, 52, 84, 307 -
COOPER, WILLIAM (LT.): I, 123 -

COPACK, PAUL: - III, 420
COPE, JOHN R.: II, 596 -
COPE, WALTER B. (JR.): - IV, 618
COPELAND, I, 415; II, 405; - III, 164
COPELAND, C. D.: II, 472;
COPLEY, - IV, 66
COPLEY, ALBERT: - IV, 30
COPLEY, HENRY WELDON: - IV, 30
COPLEY, JANE SIBBET: - IV, 30
COPLEY, JANE: - IV, 425
COPLEY, JOHN SIBBET: - IV, 30
COPLEY, JOHN: - IV, 30
COPLEY, JOSEPH: I, 146; - IV, 29
COPLEY, JOSIAH (JR.): - IV, 30
COPLEY, JOSIAH: I, 142, 164, 170, 275, 278, 284, 288, 311, 361, 499; II, 87; - III, 55, 83, 229, 546M; IV, 25, 30, 65, 138, 413, 458
COPLEY, MARGARET CHADWICK HAAS (MRS.): - IV, 30
COPLEY, MARY SIBBET: - IV, 30
COPLEY, SAMUEL: - IV, 30
COPLEY, SAMUEL: I, 171 -
COPLEY, WILLIAM: - IV, 30
COPPERSMITH, LOUIS: - III, 592
CORBET, H. A.: II, 465 -
CORBETT, JAMES H.: II, 317; - III, 382, 425
CORBETT, S. T. (MAJOR): I, 261 -
CORBETT, THOMAS C.: II, 693 -
CORBETT, WILLIAM: - III, 85
CORBY, JOHN (JR.): - III, 90
CORDES, JOHN (CORP.): II, 381 -
CORDIER, ANDREW: - IV, 198
CORDIER, CHARLES: - IV, 198
CORDIER, DOROTHY BUTERBAUGH: - IV, 198
CORDIER, IDA AUSTINE: - IV, 198
CORDIER, MARY HULBERT: - IV, 198
CORDIER, MINNIE LOHR: - IV, 198
CORDIER, RALPH W.: II, (DR.) 717; - IV, 197, 198
CORDIER, RUTH: - IV, 198
CORDIER, SHERWOOD: - IV, 198
CORDIER, WELLINGTON J.: - IV, 198
CORLE, NORA: - IV, 162
CORNELIUS, ELIZABETH: - IV, 185
CORNELL, HARRY (MR.): II, 304 -
CORNELL, HARRY (MRS.): II, 304 -
CORNELL, ROSE: - IV, 280
CORNELL, SLOAN: II, 654 -
CORNETT, CHARLES W.: - IV, 420
CORNETT, VIRGINIA: - IV, 420
CORNMAN, C. F. (REV.): - IV, 353
CORNMAN, LOUISA: - IV, 353

CORNPLANTER, CHIEF: I, 114-5, 125 -
CORNS, MARTHA: - IV, 136
CORNSTALK, I, 77 -
CORNWALLIS, I, 111, 144 -
CORNWELL, ELIZABETH: - IV, 486
CORNWELL, HARRIET ENGLISH: - IV, 486
CORNWELL, L. A. (MRS.): I, 477 -
CORNWELL, R. T.: I, 470, 472, 477, 627-8, 642, 655, 667; - III, 221
CORNWELL, THOMAS: - IV, 486
CORRIGAN, - IV, 80
CORRIGAN, JAMES: II, 206, 207 -
CORSON, I, 585 -
CORSON, LAWRENCE E.: I, 389 -
COSBY, JOHN R. (REV.): II, 522 -
COST, E. F.: II, 594 -
COST, FRANCIS: II, 146 -
COST, W. A.: II, 594 -
COSTELLO, JOHN: II, 541 -
COSTELLO, MARGARET: - IV, 592
COSTELNOCK, DONNA: - IV, 453
COSTELNOCK, WILLIAM: - IV, 453
COUCH, ISAAC: I, 438 -
COUCH, SAMUEL L.: - III, 135, 136
COUCH, SAMUEL: I, 437 -
COUGHERTY, DANIEL: II, 222 -
COULSON, JOHN R.: II, 697; - IV, 74
COULSON, PATRICIA CONLEY: - IV, 74
COULTER, - IV, 122
COULTER, ADDA: - IV, 631
COULTER, ALMA CALHOUN: - IV, 633
COULTER, ALMA: - IV, 454
COULTER, CATHERINE: - IV, 446
COULTER, ELIZABETH: - IV, 603
COULTER, J. A.: I, 546 -
COULTER, J. E.: I, 413 -
COULTER, JAMES: I, 624; - III, 215, 216; IV, 446, 603
COULTER, JANE: - IV, 37
COULTER, JEMIMA: - IV, 135
COULTER, JULIET: - IV, 122
COULTER, MARGARET: - IV, 255
COULTER, NELLIE D.: - IV, 633
COULTER, R. S.: - IV, 454
COULTER, R.: I, 546 -
COULTER, REBECCA J.: - IV, 633
COULTER, RICHARD: I, 221, 230, 233, 236-7; - III, 223
COULTER, ROBERT: I, 157, 163; - IV, 633
COULTER, RONALD M.: II, 697; - IV, 637
COULTER, SAMUEL: I, 163 -
COULTER, WILLIAM B.: I, 634 -

COULTER, WILLIAM N.: I, 475 -
COULTER, WILLIAM: I, 160, 161, 163 -
COURSIN, W. F.: II, 115 -
COURY, GEORGE: II, 732 -
COVELY, FREDERICK C.: II, 142 -
COVODE, II, iii, 3
COVODE, I, 592, 596, 674, 678 -
COVODE, JOHN ("HONEST"): II, 2 -
COVODE, JOHN: I, 402, 484, 550, 586-9, 592, 596, 664, 667; II, 4; - III, 52; IV, 200, 509
COWAN, EDGAR: I, 478, 554, 588, 594, 598, 600; II, (SENATOR) 1; - III, 51; IV, 114, (SENATOR) 115
COWAN, EDWARD: I, 405 -
COWAN, FRANK: I, 30; - IV, 95
COWAN, HANNAH: - IV, 635
COWAN, JAMES: - IV, 635
COWAN, JOHN: I, 187 -
COWAN, MARGARET: - IV, 635
COX, II, 394, 475 -
COX, (FATHER): II, 478 -
COX, ALBERT M.: II, 689, (JUSTICE OF THE PEACE) 731 -
COX, ALBERT: II, 753 -
COX, JAMES R. (FATHER): II, 475 -
COX, JAMES: I, 515 -
COXES, - IV, 113
COY, PETER: II, 110, (PETE) 598 -
CRAG, DAVID: - III, 479
CRAIG, I, 585 -
CRAIG, (CAPT.): I, 131, 326 -
CRAIG, (COL.): I, 150-1, 153, 650 -
CRAIG, (MAJOR): I, 131 -
CRAIG, AGNES SUTOR: - IV, 397
CRAIG, AGNES YOUNG: - IV, 397
CRAIG, AGNES: - IV, 259, 397, 446
CRAIG, ALEXANDER: I, 149, 152, 155, 171; - III, 48; IV, 334, 336
CRAIG, ALICE: - IV, 74
CRAIG, ANNA: - IV, 429
CRAIG, BARBARA: - IV, 314
CRAIG, BEVERLY: - IV, 299
CRAIG, CLIFFORD: - IV, 546
CRAIG, ELIZABETH JANE BAKER: - IV, 397
CRAIG, ELIZABETH: I, 507; - IV, 71, 390
CRAIG, EUENA M.: - IV, 397
CRAIG, EUENA: - IV, 557
CRAIG, GLADYS: - IV, 11
CRAIG, HELEN G. S. R.: - IV, 397
CRAIG, HELEN: - IV, 397
CRAIG, IRVIN: - III, 259
CRAIG, ISAAC: I, 46 -
CRAIG, JAMES S.: - IV, 314

CRAIG, JANE: - IV, 26, 259, 334
CRAIG, JOHN: I, 121, 580; - IV, 204, 236
CRAIG, KATE W.: - IV, 397
CRAIG, LUCREZIA TREGO: - IV, 397
CRAIG, MARGARET (MRS.): II, 733 -
CRAIG, MARGARET H. LANG: - IV, 397
CRAIG, MARGARET HELM: - IV, 15
CRAIG, MARGARET: - IV, 299, 397
CRAIG, MARY: - IV, 236, 242
CRAIG, MATILDA: - IV, 313
CRAIG, NEVILLE B.: I, 389 -
CRAIG, R.: I, 485, 625; - III, 127, 128
CRAIG, ROBERT: II, 149
CRAIG, ROBERT A.: I, 653; - III, 167; IV, 397
CRAIG, ROBERT: I, 160, 243, 246, 249, 588; - IV, 396, 397
CRAIG, SAMUEL A.: II, 18 -
CRAIG, SAMUEL: - III, 202; IV, 15, 259
CRAIG, SUSAN JANE: - IV, 546
CRAIG, THOMAS H.: - IV, 397
CRAIG, THOMAS: I, 507 -
CRAIG, VESTA: II, 536 -
CRAIG, WILLIAM (CAPT): - IV, 67
CRAIG, WILLIAM H.: - IV, 299
CRAIG, WILLIAM LANG: - IV, 397
CRAIGEN, ADELAIDE: - IV, 603
CRAIGEN, JACOB I.: - IV, 603
CRAIGHEAD, DAVID E. (REV.): - IV, 67
CRAIGHEAD, GEORGE V.: - IV, 67
CRAIGHEAD, GRACE HODGE: - IV, 67
CRAIGHEAD, J. R. E.: - III, 321
CRAIGHEAD, JAMES R. E.: II, 278; - IV, (REV) 67
CRAIGHEAD, JAMES: - IV, 67
CRAIGHEAD, JULIA E.: - IV, 67
CRAIGHEAD, MARIE E.: - IV, 67
CRAIGHEAD, MARY EMELINE: - IV, 67
CRAIGHEAD, NANCY BELL: - IV, 67
CRAIGHEAD, S. J.: I, 108; II, 17, 36, (SUPT.) 37, 39, 41, 45; - IV, 609
CRAIGHEAD, SAMUEL JUDSON: - IV, 67
CRAIGHEAD, SARAH C.: - IV, 67
CRAIGHEAD, SARAH C.: - IV, 105
CRAIGHEAD, SARAH E. ELDER: - IV, 67
CRAMER, ALDIE: - IV, 109
CRAMER, ANNIE E.: - IV, 109
CRAMER, BRUCE D.: - IV, 109
CRAMER, CATHERINE F.: - IV, 109
CRAMER, DAVID H.: - IV, 110
CRAMER, DAVID: - IV, 375
CRAMER, ELIZABETH: - IV, 110

CRAMER, ELLEN: - IV, 110
CRAMER, FRANK: - IV, 110
CRAMER, GEORGE: - IV, 110
CRAMER, GERTRUDE CARSON: - IV, 109
CRAMER, IDA CATHERINE STEPHENS: - IV, 109
CRAMER, ISAAC (REV.): - IV, 110
CRAMER, JAYNE: II, 675 -
CRAMER, JOSEPH: II, 139; - IV, 109, (JR) 109, 110
CRAMER, LAURA M. HILL: - IV, 109
CRAMER, LAURA M.: - IV, 109
CRAMER, MARY A.: - IV, 110
CRAMER, MARY E.: - IV, 109
CRAMER, MATILDA: - IV, 375
CRAMER, MAUDE E.: - IV, 109
CRAMER, MELINDA: - IV, 375
CRAMER, REUBEN: - IV, 110
CRAMER, ROBERT G.: - IV, 109
CRAMER, ROXANNA: - IV, 110
CRAMER, SARAH A. BARCLAY: - IV, 109
CRAMER, THOMAS W.: - IV, 109
CRAMER, WILSON (REV. JR.): - IV, 110
CRAMER, WILSON: - IV, 110
CRANDELL, CORA: - III, 457
CRANE, ANN: - IV, 5
CRAVEN, - III, 167, 398, 399
CRAVEN, AARON: - III, 407
CRAVEN, JAMES: - III, 394, 395
CRAVEN, JOHN: - III, 44-5, (MRS.) 395
CRAVEN, SAMUEL: - III, 215
CRAVEN, THOMAS: - III, 44-5
CRAVNER, II, 80 -
CRAVOTTA, ANGELO C.: II, 753 -
CRAWFORD, I, 106; II, 13 -
CRAWFORD, (DR.): II, 257 -
CRAWFORD, A. J. T.: I, 626; II, 40 -
CRAWFORD, ARTHUR: I, 196 -
CRAWFORD, DAVID R.: II, 257 -
CRAWFORD, ELLA M.: - IV, 37
CRAWFORD, ENID: - IV, 482
CRAWFORD, F. S.: II, (DR.) 308, (MRS.) 350; - III, (MRS.) 361
CRAWFORD, HARRY: II, 280, 388, 523-
CRAWFORD, HUGH: I, 42 -
CRAWFORD, J. L. (DR.): II, 31 -
CRAWFORD, J. P.: I, 484 -
CRAWFORD, JAMES L. (CAPT): II, 33 -
CRAWFORD, JENNIE C.: - IV, 559
CRAWFORD, JOAN: II, 540 -
CRAWFORD, MARGARET: - IV, 255
CRAWFORD, MARY JANE: - IV, 333
CRAWFORD, MARY: - IV, 87

CRAWFORD, MOSES: I, 167, 175 -
CRAWFORD, PAULINE C.: - IV, 629
CRAWFORD, R. D.: - IV, 461
CRAWFORD, ROBERT: I, 397, 445, 446, 590; - IV, 87
CRAWFORD, SAMUEL G.: - IV, 629
CRAWFORD, WILLIAM H.: I, 221 -
CRAWFORD, WILLIAM: I, (JUSICE) 78; - IV, 100
CREBS, JACOB (SHERIFF): II, 65 -
CREDE, G. W. (LT. COL.): II, 254 -
CREDE, HENRY E.: II, 338 -
CREE, JOB: I, 160 -
CREPS, - III, 319, 320
CREPS, (CAPT.): I, 638, 644, 651; - IV, 45, 352
CREPS, (JUDGE): II, 501, 509, 510, 554; - IV, 206
CREPS, AMELIA: - IV, 45, 489
CREPS, CHRISTIANA BOOKAMYRE: - IV, 45
CREPS, DAVID: - IV, 45
CREPS, E. E.: II, 436, (JUDGE) 586; - III, (JUDGE) 489, 498, 503; IV, 430
CREPS, ELBIE E.: II, 408, 410, (JUDGE) 426; - IV, 45, 206
CREPS, ELBIE EDISON: - IV, 206
CREPS, ELEANOR: - IV, 45
CREPS, ELIZABETH PULFER: - IV, 45
CREPS, EMILIUS: - IV, 45
CREPS, FLORENCE: - IV, 45, 206
CREPS, FRANCELIA GARSON: - IV, 206
CREPS, HOWARD D.: II, 402; - IV, 206
CREPS, HOWARD: II, 538 -
CREPS, IDA: - IV, 45
CREPS, J. A.: - IV, 182
CREPS, JACOB: II, 17
CREPS, JACOB (CAPT.): I, 546L, 615, 616, 630; II, 11, 30, 31 -
CREPS, JACOB A.: - IV, 206
CREPS, JACOB AUGUSTUS: - IV, 45
CREPS, JACOB: II, 19, 20, 129; - IV, 44, 45, 206
CREPS, JAMES J.: II, 301 -
CREPS, JAMES M.: - III, 301
CREPS, JOHN FORNEY: - IV, 45
CREPS, JOHN W. SAMUEL: - IV, 45
CREPS, MARGARETHA: - IV, 45
CREPS, MARIA MAGDALENA: - IV, 45
CREPS, MARY ANN GORA: - IV, 45
CREPS, MARY E.: - IV, 45
CREPS, MINNIE A.: - IV, 182
CREPS, MINNIE AMANDA: - IV, 206
CREPS, SAMUEL: - IV, 45,
CREPS, SUSAN: - IV, 45
CREPS, WINONA: - IV, 206

CRESSWELL, JOHN: I, 176 -
CRESWELL, A. A.: II, 537 -
CRESWELL, LOUISA: - IV, 49
CRIBBS, (MISS): - IV, 68
CRIBBS, C. M.: II, 265 -
CRIBBS, CELIA (MRS.): II, 505 -
CRIBBS, GEORGE C.: II, 64 -
CRIBBS, JULIA CLARA: - IV, 299
CRIBBS, LOIS: - IV, 148
CRIBBS, LYDIA M.: - IV, 68
CRIBBS, MATILDA: - IV, 522
CRIBBS, OREN: - IV, 299
CRIBBS, REBECCA: - IV, 295
CRIBBS, RUCILLA: - IV, 442
CRIBBS, SARAH EMMA: - IV, 23
CRILLEY, MAGDELENA: - IV, 239
CRISMAN, ELIZABETH: - IV, 226
CRISMAN, JULIE: - IV, 226
CRISSMAN, ANGELINA: - IV, 228
CRISSMAN, BENJAMIN: I, 201 -
CRISSMAN, CATHERINE: - IV, 483
CRISSMAN, ELIZA J.: - IV, 49
CRISSMAN, GEORGE W.: - IV, 228
CRISSMAN, JEREMIAH: I, 347 -
CRISSWELL, I, 585 -
CRISSWELL, JOHN: I, 281 -
CRISSWELL, SAMUEL: I, 505 -
CRIST, ALLAN: - III, 474, 477
CRIST, ANDREA GRETCHEN: - IV, 572
CRIST, AVONEL LOUISA: - IV, 572
CRIST, EDITH BELLE HOTTER: - IV, 572
CRIST, GEORGE ELLERY: - IV, 572, (SR.) 572
CRIST, RUTH LOUISA KINTER: - IV, 572
CRISWELL, ELIJAH: I, 584 -
CRISWELL, LOUISA: - IV, 49
CROCK, GEORGE: II, 642 -
CROCO, REBECCA: - IV, 292
CROFT, II, 397 -
CROGHAN, GEORGE: I, 25, 36, 39-42, 53, 58-9, 65, 67, 71, 74, 78, 102 -
CROLL, JOHN: - IV, 29
CROMLING, A. A.: II, 617 -
CROMLING, AL: II, 617 -
CROMWELL, - IV, 355
CROMWELL, LETITIA: - IV, 131
CROMWELL, SARAH: - IV, 390
CROMWELL, T. Y.: - IV, 520
CROOKS, CAROL ANN: - IV, 557
CROOKS, MARTHA: - IV, 490
CROOKS, PAUL: - IV, 557
CROOKS, RICHARD (GEN.): I, 257-8 -

CROSBY, (COL.): - IV, 303
CROSIER, (REV.): II, 77 -
CROSS, JOHN (REV.): I, 288 -
CROSS, SARAH: - IV, 303
CROSSMAN, ASA: - IV, 405
CROSSMAN, CATHARINE: - IV, 405
CROSSMAN, CHARLOTTE: - IV, 327
CROSSMAN, J. A.: II, 215, 324, 361 -
CROSSMAN, JAMES A.: II, 211, (BURGESS) 389; - III, 447, 448
CROSSMAN, JOSEPH: - IV, 405
CROSSMAN, MARY: - IV, 363, 405
CROSSMAN, WILLIAM: I, 312 -
CROTZER, PETER: I, 281 -
CROUSE, H. J.: II, 139 -
CROW, J. (JR): - IV, 95
CROW, J. G.: I, 261; - IV, 95
CROW, JAMES G.: - IV, 95
CROW, JAMES: - IV, 95
CROW, JIM: - IV, 95
CROW, REBECCA: - IV, 292
CROW, SAMUEL: I, 501 -
CROW, WILLIAM E. (SENATOR): II, 397 -
CROW, WILLIAM: - IV, 95
CROWL, BARBARA: - IV, 486
CROWL, EDWARD (DR.): - IV, 486
CROZIER, BYRON: II (DR.) 783; - III, (REV.) 618
CRUICKSHANK, SARAH: - IV, 22
CRUISE, DAVID: I, 405 -
CRUM, HARRY W.: - IV, 492
CRUMBINE, J. H.: - III, 401
CRUMRINE, E. D.: II, 495 -
CRUSAN, J. N.: - IV, 62
CRUSAN, MARGARET E.: - IV, 62
CRYTZER, JOAN: - IV, 567
CUFFEY, ROGER (DR.): I, 5 -
CUGINI, BETH: - IV, 431
CUGINI, JOHN C.: - IV, 431
CULBERTSON, ELIZABETH: - IV, 354
CULBERTSON, HENRY: - IV, 354
CULBERTSON, ISAAC: I, 547 -
CULBERTSON, JANE: - IV, 22, 242, 480, 502
CULBERTSON, JOSEPH: - IV, 305
CULBERTSON, MOSES: I, 330 -
CULBERTSON, NANCY: - IV, 305
CULBERTSON, PEARL MAY: - IV, 353, 354
CULBERTSON, SAMUEL: I, 593, 625 -
CULLINGFORD, MARGARET: - IV, 636
CULP, JEANETTE: - III, 457
CULP, L. T. (REV.): II, 521 -
CULP, MARY: - IV, 631

CULVER, CHARLOTTE ZETTA: - IV, 220
CULVER, GEORGE R.: - IV, 220
CUMMINGS, (CAPT): - IV, 131
CUMMINGS, ALEX: II, 306 -
CUMMINGS, CHARLES (MRS.): - III, 516
CUMMINGS, E. R.: II, 768 -
CUMMINGS, GEORGE (MRS.): - III, 262-0
CUMMINGS, JEAN: - IV, 131
CUMMINGS, JOANNE: - IV, 131
CUMMINGS, JOHN: II, (SGT.) 381 - IV, 175
CUMMINGS, LOLA: - IV, 131
CUMMINGS, M. HOMER: - IV, 559
CUMMINGS, MARGARET: - IV, 175
CUMMINGS, MARJORIE: - IV, 559
CUMMINGS, ROSE LEECH: - IV, 131
CUMMINGS, THOMAS: - IV, 131
CUMMINGS, W. RAPLPH: II, 405, IV 131
CUMMINGS, W. RALPH: II, 417, 418, 419; - IV, 131
CUMMINGS, WILLIAM R. (IST LT.): II, 377 -
CUMMINGS, WILLIAM: - IV, 131
CUMMINGS, ZELLA M.: - IV, 557
CUMMINS, I, 678 II, 19 -
CUMMINS, (CAPT.): I, 649 -
CUMMINS, ALBERT: - IV, 131
CUMMINS, DAVID: I, 126, 136; - IV, 62, 281, 366, 391, 545
CUMMINS, EDNA: - IV, 131
CUMMINS, ELEANOR TODD: - IV, 281
CUMMINS, ELEANOR: - IV, 87, 273, 281
CUMMINS, ELIZABETH: - IV, 236, 281, 321
CUMMINS, HANNAH: - IV, 131
CUMMINS, JANE: - IV, 273, 281
CUMMINS, JENNET: - IV, 281
CUMMINS, JENNETT (DAVISON): I, 126 -
CUMMINS, JOHN: I, 126, 136, 245, 267, 281; - IV, 273, 280, 281, 607
CUMMINS, JOSEPH: I, 31; - IV, 281
CUMMINS, MARGARET MCKNIGHT: - IV, 281
CUMMINS, MARGARET TODD: - IV, 280
CUMMINS, MARGARET: - IV, 62, 112, 281, 366, 385
CUMMINS, MARY ANN: - IV, 607
CUMMINS, MARY: - IV, 112, 281, 391, 545
CUMMINS, MYRTLE: - IV, 131
CUMMINS, POLLY TRIMBLE: - IV, 281

CUMMINS, R. B. (DR.): II, 347 -
CUMMINS, SAMUEL T.: - IV, 281
CUMMINS, SUSANNA: - IV, 366
CUMMINS, SUSANNAH: - IV, 55, 62, 281
CUMMINS, WILLIAM E.: - IV, 131
CUMMINS, WILLIAM: I, 126, 351, 616, 619, 622, 628-9; - IV, 87, 112, 280, 281
CUMMISKEY, DR.: I, 525 -
CUNNINGHAM, I, 593; - III, 124, 127, 308-11, 395; IV, 469
CUNNINGHAM, (JUDGE): I, 475; - III, 208
CUNNINGHAM, (LT. COL.): I, 256 -
CUNNINGHAM, A. S.: II, 68, 214, 215, 219, 221, 238, 263, 345, 346, 366; - III, 254, 347, 429
CUNNINGHAM, ADDA B.: - IV, 540
CUNNINGHAM, ALPHONSE: - IV, 471
CUNNINGHAM, BEN: - III, 574
CUNNINGHAM, BESSE MARROW: - IV, 471
CUNNINGHAM, BESSIE: - IV, 246
CUNNINGHAM, CATHERINE CAMPBELL: - IV, 471
CUNNINGHAM, DAIVD: - IV, 471
CUNNINGHAM, ESTHER HUTCHINSON: - IV, 471
CUNNINGHAM, FLORA: IV, 248
CUNNINGHAM, GEORGE: I, 337, 550, 571, 602 -
CUNNINGHAM, HARRIET B.: - IV, 471
CUNNINGHAM, HELEN: - IV, 471
CUNNINGHAM, J. A.: II, 90 -
CUNNINGHAM, J. J.: II, 321 -
CUNNINGHAM, J. M.: - IV, 288
CUNNINGHAM, JAMES: - IV, 471
CUNNINGHAM, JESSE: - IV, 26
CUNNINGHAM, JOANNA M.: - IV, 44
CUNNINGHAM, JOHN (JUDGE): I, 597; - III, 231, 232
CUNNINGHAM, JOHN H.: - IV, 44
CUNNINGHAM, JOHN: I, 234, 237, 252, 479, 547, 625; II, 250; - IV, 25, 26, 471
CUNNINGHAM, JOSEPH: I, 574; - IV, (REV.) 471
CUNNINGHAM, LAURA C.: - IV, 471
CUNNINGHAM, LUELLA MAY: - IV, 507
CUNNINGHAM, MABEL: - IV, 471
CUNNINGHAM, MARGARET MACK: - IV, 471
CUNNINGHAM, MARGARET: - IV, 152, 592
CUNNINGHAM, MARY P.: - IV, 244
CUNNINGHAM, MARY SCOTT: - IV, 26
CUNNINGHAM, MARY: - III, 346; IV, 26, 50, 68, 496

CUNNINGHAM, NANCY: - IV, 174
CUNNINGHAM, NANNIE (MRS.): II, 56, 67 -
CUNNINGHAM, PAUL: II, 266 -
CUNNINGHAM, R. H.: II, 429 -
CUNNINGHAM, ROBERT: I, (REV.) 508; - IV, 471
CUNNINGHAM, RUTH: - IV, 174
CUNNINGHAM, SAMUEL: I, 593; II, 258, 264; - III, 274; IV, (JUDGE) 171, 191, 246, 470, 471, 511
CUNNINGHAM, T. D.: II, 19, 90, 158, (MAJOR) 252, 280, 295; - III, 205, 348
CUNNINGHAM, THOMAS D.: - IV, 26
CUNNINGHAM, V. M.: - III, 346
CUNNINGHAM, WALLACE: - III, 498
CUNNINGHAM, WILLIAM: I, 484; - III, 294; IV, 26, 471
CURATO, TONY: II, 422 -
CURFMAN, GEORGE H. (JUS. OF PEACE): II, 250 -
CURLEE, HARRIET CORNELIA: - IV, 28
CURLEE, JESSE PINKEY: - IV, 28
CURLEE, JOHN EDWARD: - IV, 28
CURLEE, LUC MINERVA: - IV, 28
CURLEE, LUCY: - IV, 28
CURLEE, OBADIAH: - IV, 28
CURLEE, SARAH: - IV, 28
CURRY, (PROF.): II, 85 -
CURRY, CELIA M.: - IV, 257
CURRY, JOHN: II, 48 -
CURRY, MOSES: I, 159 -
CURTIN, I, 596, 674, 676, 677 -
CURTIN, (GOV.): I, 570, 620, 626, 631, 684; II, 1, 57; - IV, 50, 166, 167, 168
CURTIN, A. G.: - III, 237
CURTIN, ANDREW G.: - IV, 101, (GOV) 118
CURTIN, ANDREW GREGG: I, 499, 593, 594 -
CURTIN, ROLAND: I, 499 -
CUSH, II, 407 -
CUSHING, (GEN.): I, 614 -
CUST, FLORINDA: - IV, 245
CUSTALOGA, (CHIEF): I, 53 -
CUSTER, (GEN.): - IV, 491
CUSTER, CATHERINE SEESE: - IV, 484
CUSTER, ELIZABETH STOVER: - IV, 484
CUSTER, FREDERICK: - IV, (JR.) 484, (SR.) 484
CUSTER, HANNAH: - IV, 484
CUSTER, JOHN (SR.): - IV, 484
CUSTIS, MARTHA (MRS.): - III, 175
CUSTODIS, ALPHONS: II, 220 -
CUTLER, JOHN B.: II, 715 -

CUTTER, (DR.): I, 470 -
CUTTS, ANOLA: - IV, 162
CUTSHALL, H.M.: II, 140
CYGA, STEVE: - III, 481
CZAP, ANDREW W. (POLICEMAN): II, 422 -
D'ANGELO, VINCE: II, 676 -
DACY, (MR.): - IV, 290
DACY, BELLE: - IV, 290
DAHLIN, VEIDA (MRS.): II, 385 -
DAHLQUIST, CHARLES E.: II, 727 -
DAILEY, PETER: I, 104 -
DAKAK, FRED (DR.): II, 724, 725 -
DALBEY, KATE: - IV, 506
DALE, CHRISTIAN: - IV, (I & 11) 214
DALE, HANNAH: - IV, 214
DALE, HENRY: - IV, 214
DALE, MARY KATHERINE: - IV, 214
DALE, S. WALTER: II, 46 -
DALE, SAMUEL: I, 344 -
DALESSIO, SAM: II, 640 -
DALLAS, (REV.): I, 678, 682 -
DALLAS, A.: I, 121 -
DALLAS, ALEXANDER J.: I, 581 -
DALLAS, GEORGE M.: I, 564, 580 -
DALLAS, M. W.: I, 693 -
DALLY, PHILIP: I, 326 -
DALY, PETER: - III, 26
DALZELL, - III, 372
DAMEWOOD, SANDRA: - IV, 233
DAMON, - III, 198, 199
DANER, CHARLES: II, 86
DANIELS, (MAJOR): II, 385 -
DANKS, (REV.): - III, 248
DANNA, (PROF.): I, 487 -
DARR, ANN: - IV, 402
DARR, ELIZABETH BARR: - IV, 402
DARR, ELLEN DIAMOND: - IV, 402
DARR, GEORGE: - IV, 402
DARR, HENRY: I, 212; - IV, 402
DARR, JACOB: - III, 225; IV, 402
DARR, JOHN STEELE: - IV, 402
DARR, JOHN: I, 352; - IV, 48, 402
DARR, JOSEPH: - IV, 402
DARR, JOSIE B. YOUNG: - IV, 402
DARR, MARGARET BURKET: - IV, 402
DARR, MARIA: - IV, 295
DARR, MARY: - IV, 428
DARR, ROBERT S.: - IV, 402
DARR, ROBERT: - IV, 402
DARR, SABINA: - IV, 402
DARR, SABRINA: - IV, 48
DARR, SARAH GARNER: - IV, 402

DARR, SARAH: - IV, 48, 402
DARR, STEELE: II, 260 -
DARSIE, I, 586 -
DASHER, CATHARINE: - IV, 607
DASHER, EMANUEL: - IV, 607
DAUB, JACK: - III, 356
DAUB, JOHN J. (JR. LT.): II, 551 -
DAUB, JOHN J.: II, 551 -
DAUGHERTY, I, 677; - III, 273
DAUGHERTY, (MR.): - IV, 355
DAUGHERTY, ANGELINE: - IV, 483
DAUGHERTY, ANNA MAY: - IV, 158
DAUGHERTY, ANNA: - IV, 446
DAUGHERTY, ANNETTE BUNTING: - IV, 446
DAUGHERTY, BLANCHE ST. CLAIR: - IV, 225
DAUGHERTY, CAROLINE: - IV, 492
DAUGHERTY, CHARLES: - IV, 509
DAUGHERTY, DANIEL K.: - IV, 446
DAUGHERTY, DELLA MITCHELL: - IV, 446
DAUGHERTY, ELIZABETH WALTOUR: - IV, 446
DAUGHERTY, ETTA MAY GARMAN: - IV, 446
DAUGHERTY, EVERT: - IV, 398
DAUGHERTY, FLORENCE W.: - IV, 509
DAUGHERTY, FRANK W.: - IV, 509
DAUGHERTY, FRANK HART: - IV, 446
DAUGHERTY, HART B.: - IV, 225
DAUGHERTY, HART: II, 550 -
DAUGHERTY, HUGH: I, 346; - IV, 446, (JR.) 446
DAUGHERTY, J. R.: II, 68, 298; - IV, 392
DAUGHERTY, JAMES R. (JR.): - III, 235; IV, 446
DAUGHERTY, JAMES R.: I, 676; II, 152; - III, 252; IV, 446, (SHERIFF) 568
DAUGHERTY, JAMES ROBINSON: - IV, 225, (SHERIFF) 445, 446
DAUGHERTY, JANE C. HENDERSON: - IV, 446
DAUGHERTY, JASON D.: - IV, 483
DAUGHERTY, JOHN M.: II, 298; - III, 404
DAUGHERTY, JOHN MARSHALL: - IV, 446
DAUGHERTY, JOHN: III, 516; IV, 446
DAUGHERTY, JOSEPH T. P.: - IV, 509
DAUGHERTY, LUELLA: I, 79, 113 -
DAUGHERTY, MARGARET B.: - IV, 424
DAUGHERTY, MARGARET JANE WADDELL: - IV, 446
DAUGHERTY, MARGARET: - IV, 90
DAUGHERTY, MARGARET: - IV, 446

DAUGHERTY, MARTHA J.: - IV, 42
DAUGHERTY, MARTHA JANE: - IV, 446, 568
DAUGHERTY, MARTHA V. SANSOM: - IV, 225
DAUGHERTY, MARTHA: I, 79, 113; - IV, 84, 446
DAUGHERTY, MARY ANN HART: - IV, 445
DAUGHERTY, MARY BLAINE (BLANEY): - IV, 446
DAUGHERTY, MARY JANE MCCRACKEN: - IV, 446
DAUGHERTY, MARY JANE: - IV, 446
DAUGHERTY, MARY: - III, 458; IV, 184
DAUGHERTY, MINA: - IV, 571
DAUGHERTY, NANCY ELIZABETH: - IV, 398
DAUGHERTY, ROBERT JOHNSTON: - IV, 446
DAUGHERTY, ROSS: - IV, 225
DAUGHERTY, SARA: - IV, 355
DAUGHERTY, SILAS CLARK: - IV, 446
DAUGHERTY, SUSAN CHRIST: - IV, 446
DAUGHERTY, W. S.: II, 66, 152, 223, 524; - IV, 84, 96
DAUGHERTY, WILLIAM S.: - III, 252; IV, 273, 314, 341, 470, 486
DAUGHERTY, WILLIAM STERRETT: - IV, 224, 446
DAUGHERTY, WILLIAM: - IV, 446
DAUGHTERY, W. S.: II, 159 -
DAVENPORT, JONAS: I, 25, 34 -
DAVID, NANCY: - IV, 55
DAVID, SARAH JANE: - IV, 64
DAVID, SARAH: - IV, 244
DAVIDO, RANDAL: II, 777 -
DAVIDSON, II, 98 -
DAVIDSON, JOHN: I, 218; II, 98 -
DAVIDSON, JOSEPH B.: I, 485 -
DAVIDSON, R. M.: - III, 391, 398
DAVIDSON, ROBERT B.: I, 377 -
DAVIDSON, WILLIAM L.: II, 658 -
DAVIES, MARIA: - IV, 111
DAVIS, I, 586, 593, 636, 684; II, 398; - IV, 64
DAVIS, (CAPT.): I, 669 -
DAVIS, (DR.): II, 13 -
DAVIS, (ENGINEER): II, 292 -
DAVIS, (MR.): II, 743, 744 -
DAVIS, (REV.): - IV, 134
DAVIS, A.: I, 345, 475, 536 -
DAVIS, ABRAHAM: I, 579, 584; - IV, 126, (JR) 127, 459
DAVIS, AGNES CRAIG: - IV, 127
DAVIS, ALEX: - IV, 64

DAVIS, AMOS B.: I, 246, 281 -
DAVIS, AMOS: - IV, 98
DAVIS, AMY: - IV, 98
DAVIS, ANN: - IV, 64
DAVIS, ANNA: - IV, 370
DAVIS, ANNIE: - IV, 279
DAVIS, ARCHIBALD: I, 397, 513, 542, 623, 625 -
DAVIS, BEULAH: - IV, 535
DAVIS, BEVERLY: - IV, 535
DAVIS, C. C.: I, 291, 542, 616; - III, 303
DAVIS, CHARITY: - IV, 64
DAVIS, CHARLES A.: - IV, 535, 612
DAVIS, CHESTER (ESQ.): I, 433 -
DAVIS, CHESTER C.: - IV, 98
DAVIS, CLAUDE: - IV, 535
DAVIS, CYNTHIA JANE GEORGE: - IV, 64
DAVIS, DANIEL C.: - IV, 127
DAVIS, DANIEL CLARK: - IV, 127
DAVIS, DANIEL: I, 130; - IV, 22
DAVIS, DAVID W.: II, 85 -
DAVIS, DAVID: I, 554; - IV, 370
DAVIS, EDWARD: - IV, 609
DAVIS, ELIZA HARBAUGH: - IV, 64
DAVIS, ELIZA JANE MCKEE: - IV, 127
DAVIS, ELIZA MORTON: - IV, 98
DAVIS, ELIZA: - IV, 206
DAVIS, ELIZABETH ANSLEY: - IV, 127
DAVIS, ELIZABETH D.: - IV, 370
DAVIS, ELIZABETH DAVIS: - IV, 228
DAVIS, ELIZABETH LAWRENCE: - IV, 68
DAVIS, ELIZABETH M. MOTT: - IV, 111
DAVIS, ELIZABETH MCFARLAND: - IV, 98
DAVIS, ELIZABETH: - IV, 111, 609
DAVIS, ELLA: - IV, 249
DAVIS, EMABEL: - IV, 249
DAVIS, EMELINE MCGAUGHEY: - IV, 127
DAVIS, EMMA E.: II, 38 -
DAVIS, EPHRAIM (CAPT.): - IV, 624
DAVIS, ERNIS: - III, 583
DAVIS, EUNICE: - IV, 98
DAVIS, EVAN G.: - IV, 249
DAVIS, F. D.: II, 330 -
DAVIS, FLORETTA: - IV, 108
DAVIS, FOSTER: - IV, 64
DAVIS, FRANCIS H.: II, 518 -
DAVIS, GEORGE MILES: - IV, 127
DAVIS, GILBERT: - IV, 111
DAVIS, GWENDOLYN ELIZABETH: - IV, 184
DAVIS, HARRY: - IV, 111

DAVIS, HELEN MAE: - IV, 111
DAVIS, HELEN: - IV, 134
DAVIS, HORATIO N.: - III, 100
DAVIS, ISABELLE WEST: - IV, 134
DAVIS, ISAIAH: - IV, 64
DAVIS, J. J.: II, 146 -
DAVIS, J. T.: II, 413 -
DAVIS, J.: I, 345 -
DAVIS, JAMES A.: - IV, 64
DAVIS, JAMES C.: - IV, 535
DAVIS, JAMES J.: II, 402, (SENATOR) 413; - IV, 127, 515
DAVIS, JAMES M.: I, 335 -
DAVIS, JAMES: I, 437; - IV, 64, 111, 134
DAVIS, JANE HUNTER: - IV, 370
DAVIS, JANE WAUGH: - IV, 370
DAVIS, JANE: - IV, 64, 127, 370
DAVIS, JANET: - IV, 535
DAVIS, JEFFERSON: I, 620, 663, 689; II, l; - IV, 499
DAVIS, JOE: II, 532; - IV, 447
DAVIS, JOHN D.: I, 335 -
DAVIS, JOHN E.: II, 530, 568, 715; - IV, 111
DAVIS, JOHN SAMUEL: - IV, 111
DAVIS, JOHN T.: II, 393, 402 -
DAVIS, JOHN THOMAS: - IV, 134
DAVIS, JOHN: II, 206, 550; - IV, 88, 249, 370
DAVIS, JOSEPH: - IV, 236
DAVIS, JULIETTA DECKHARD: - IV, 98
DAVIS, KENNETH W.: - IV, 534, 535, (JR.) 535
DAVIS, LAWRENCE CHARLES: - IV, 614
DAVIS, LENA: - IV, 127, 459
DAVIS, LISLE R.: - IV, 535
DAVIS, LULU P.: - IV, 560
DAVIS, LYDIA THOMPSON: - IV, 127, 459
DAVIS, MARGARET: - IV, 365, 370, 464
DAVIS, MARTHA WAKEFIELD: - IV, 98
DAVIS, MARTHA: - IV, 111
DAVIS, MARY ANN: - IV, 127
DAVIS, MARY GORDON: - IV, 370
DAVIS, MARY HOOD: - IV, 22
DAVIS, MARY: - IV, 88
DAVIS, MATILDA: - IV, 136
DAVIS, MELANIE: - IV, 535
DAVIS, NANCY CANTWELL: - IV, 98
DAVIS, NANCY RAINEY: - IV, 64
DAVIS, NATHANIEL: - III, 13, 217
DAVIS, NELSON (REV.): - IV, 365
DAVIS, NORMAN: II, 551 -
DAVIS, OAKLEY M.: - IV, 249

DAVIS, PATRICIA ANN: - IV, 249
DAVIS, PHEBE: - IV, 98
DAVIS, PHOEBE LAWRENCE: - IV, 370
DAVIS, PHOEBE: - IV, 228
DAVIS, PRISCILLA: - IV, 97
DAVIS, R. S.: II, 123 -
DAVIS, RACHEL A. (MRS.): II, 67 -
DAVIS, RACHEL SHEALER: - IV, 64
DAVIS, REBECCA J.: - IV, 427
DAVIS, REBECCA: - IV, 64, 127
DAVIS, RICHARD: II, (SGT.) 761; - III, 523, 524
DAVIS, ROACH S.: - IV, 98
DAVIS, ROBERT S.: II, 94; - IV, 98
DAVIS, ROBERT: I, 134, 146; - III, 276
DAVIS, RUBYE L. (MRS.): - III, 523, 524
DAVIS, RUTH WILLIAM: - IV, 535
DAVIS, S. M.: II, 40, 43; - IV, 472
DAVIS, SALLIE: - IV, 208
DAVIS, SAMUEL H.: - IV, 98
DAVIS, SAMUEL: I, 436; - IV, 206
DAVIS, SARAH JONES: - IV, 127
DAVIS, SPEAR: - IV, 111
DAVIS, STEWART: I, 220, 221, 229, 233; - IV, 97
DAVIS, SUSAN D.: - IV, 370
DAVIS, T. J.: II, 299 -
DAVIS, T. M.: - IV, 108
DAVIS, TARA ANN: - IV, 249
DAVIS, THOMAS CLARK: - IV, 535
DAVIS, THOMAS J.: - IV, 64
DAVIS, THOMAS: I, (REV.) 288, 592; II, (CAPT.) 330; - III, (REV.) 230-32; IV, 64, 111, (REV.) 315
DAVIS, VALERIE: - IV, 535
DAVIS, VAUGHN: II, 741
DAVIS, VAUGHN L.: II, 624; - IV, 250
DAVIS, VAUGHN LEE: - IV, 249
DAVIS, VAUGHN: II, 734, 752; - III, 614, 627
DAVIS, WILBUR: - IV, 535
DAVIS, WILLIAM G.: I, 293; - III, 97, 98, 99, 100, 103
DAVIS, WILLIAM T.: I, 587; II, 12 -
DAVIS, WILLIAM THOMPSON: - IV, 127
DAVIS, WILLIAM: I, 534; - IV, 64, 111, 370
DAVIS, WINNIFRED WEAMER: - IV, 535
DAVIS, ZINA (MRS.): - III, 524
DAVISES, DANIEL: I, 346 -
DAVISON, JACOB: - IV, 27
DAVISON, JENNET: - IV, 281
DAVISON, JENNIE R.: IV, 503
DAVISON, MARY: - IV, 27
DAVISON, WILLIAM S.: IV, 503

DAWSON, I, 670, 679, 692, 693 -
DAWSON, JOHN L.: I, 671 -
DAY, II, 17 -
DAY, E. W. (JR. CAPT.): II, 17, 441 -
DAY, JAMES: I, 297 -
DAY, SHERMAN: - IV, 12
DAYMOND, E.: - III, 167
DAYTON, JULIUS A.: II, 31 -
DEAN, (DR.?): II, 73 -
DEAN, BRIAN MICHAEL: - IV, 385
DEAN, CAROL JOCELYN: - IV, 385
DEAN, ELIZABETH: - IV, 108, 353
DEAN, ELLEN: - IV, 110
DEAN, GEORGE: - IV, 110
DEAN, MARGARET: - IV, 68, 606
DEAN, WILLIAM: - IV, 68
DEANE, BARBARA EVANS: - IV, 382
DEANE, CHARLES W.: II, 284; - IV, (DR.) 382
DEANE, ETTA: - IV, 382
DEANE, MABEL: - IV, 382
DEANE, MARY LEAVENWORTH: - IV, 382
DEANE, MURIEL: - IV, 382
DEANIN, RITA: - IV, 298
DEARMENT, JOHN: I, 198 -
DEAROLPH, II, 272 -
DEAROLPH, I. A.: II, 368 -
DEAROLPH, J. A.: II, 227, 271 -
DEBS, II, 394 -
DEBS, EUGENE X.: II, 265 -
DECATER, (COM.): I, 268 -
DECECERA, MIKE: - III, 394
DECKER, (BROTHERS): - IV, 608, 609
DECKER, BENJAMIN F.: II, 83 -
DECKER, BENJAMIN FRANK: - IV, 609
DECKER, CLARK: - IV, 608
DECKER, CLINTON: II, 83; - IV, 609
DECKER, ELIZABETH: - IV, 609
DECKER, EMABEL: - IV, 249
DECKER, ETTIE MAUDE CARNEY: - IV, 609
DECKER, FORD B.: - IV, 249, 250
DECKER, JACOB: - IV, 609
DECKER, JAMES M.: - IV, 608
DECKER, JAMES THOMPSON: - IV, 609
DECKER, JAMES: - IV, 609
DECKER, JOHN: I, 281, 312, 345; II, 83; - IV, 608, 609, (SR.) 609
DECKER, LAURA WILKINS: - IV, 608
DECKER, LEONA: - IV, 609
DECKER, LEWIS JOHN: - IV, 609
DECKER, LOUISA STONEBRAKER: - IV, 608

DECKER, MARGARET ANN: - IV, 609
DECKER, MAUD IRENE HILL: - IV, 609
DECKER, NELLIE SIMPSON: - IV, 609
DECKER, PETER: - IV, 250
DECKER, REBECCA ELLEN: - IV, 609
DECKER, REBECCA THOMPSON: - IV, 609
DECKER, SUSANNAH REPLOGLE: - IV, 608, 609
DECKER, TERZA KING: - IV, 249
DECKER, WILLIAM HARVEY: - IV, 609
DECKER, WINIFRED ELEANER: - IV, 493
DECKER, ZENAS: II, 83; - IV, 609
DECKHARD, JULIETTA: - IV, 98
DEEMER, (MRS.): I, 181-3 -
DEEMER, ELIAS: I, 182, 503 -
DEEMER, ELIZABETH: - IV, 21
DEEMER, WILLIAM: - III, 327
DEERE, JOHN: II, 459 -
DEEVER, I, 636 -
DEFALCO, "PIPPY": II, 756 -
DEFEO, - III, 391
DEFORD, I, 493 -
DEHAVEN, JEAN (MRS.): II, 517 -
DEHAVEN, WILLIAM (MRS.): - IV, 430
DEJAQUES, RICHARD (SIR): - IV, 595
DEJOINVILLE, (PRINCE): I, 340 -
DELAMATER, GEORGE W.: II, 19, 20 -
DELANCY, C. B.: II, 279 -
DELANEY, II, 735, 737 -
DELANEY, DANIEL V.: II, 733; - III, 615, 616
DELANEY, DANIEL VINCENT: - IV, 258
DELANEY, EILEEN E.: - IV, 258
DELANEY, FLORENCE HACKETT: - IV, 258
DELANEY, FLORENCE M.: - IV, 258
DELANEY, JOHN F.: - IV, 258
DELANEY, JOHN FRANCIS: - IV, 258
DELANEY, JOHN JOSEPH: - IV, 258
DELANEY, JOHN W.: - IV, 258
DELANEY, KATHRYN N.: - IV, 258
DELANEY, MARSHA ANNE SULLIVAN: - IV, 258
DELANEY, MARY W.: - IV, 258
DELANEY, MATTHEW S.: - IV, 258
DELANEY, PAULINE LYNCH: - IV, 258
DELANGTON, FRANK C. (MAJOR): II, 499 -
DELANO, WARREN: II, 184, 185 -
DELAWARE, GEORGE: I, 53 -
DELEGRAM, FRANK: - III, 400, 401
DELEVAN, JOHN B.: II, 513 -
DELISI, JOSEPHINE: - IV, 385

DELLAFIORA, II, 728, 744 -
DELLAFIORA, ARTHUR: II, 574 -
DELLAFIORA, ED: II (EDWARD) 728; - III, 639
DELLAFIORA, GUISEPPE: II, 353 -
DELLAFIORA, JACK: II, 741 -
DELLAFIORA, JOHN A.: II, 624; - IV, 346
DELLAFIORA, JOHN: II, 743 -
DELLANTONIO, GLORIA: - IV, 575
DELLAPA, MARY (MRS.): II, 439 -
DELONG, JAMES: I, 104 -
DELUCA, AL: II, 691 -
DELUCA, ANGELO: - III, 624
DELUCA, VINCE: II, 663 -
DEMARIA, JOSEPH: - IV, 385
DEMARIA, JOSEPHINE: - IV, 385
DEMARIA, MARY C.: - IV, 385
DEMETER, STEVE: II, 691 -
DEMINIO, VINCENT: II, 424 -
DEMPSEY, (MADAM): - III, 261
DEMPSEY, MARY: - IV, 306
DEMPSEY, MICHAEL: I, 175 -
DEMPSEY, MOLLIE: I, 134 -
DEMPSEY, RICHARD: - IV, 306
DENAUFVILLE, MARIE: - IV, 577
DENMAN, DAVID N. (ATTORNEY): II, 488 -
DENNIS, L. H.: - III, 336
DENNISON, JOHN: I, 136 -
DENNISTON, (MR.): - III, 39
DENNISTON, CHARLOTTE CLARK: - IV, 130, 624
DENNISTON, CHARLOTTE: - IV, 42
DENNISTON, JOHN: I, 162, 284, 285, 286, 351, 352; - III, 36, 39, 44, 232; IV, 130, 137, 139, 314, 554, 624
DENNISTON, JULIA ANN: - IV, 554
DENNISTON, MARY CAMPBELL: - IV, 554
DENNISTON, MARY: - IV, 139
DENNISTON, NANCY: - IV, 139
DENNISTON, REBECCA: - IV, 139
DENNISTON, SAMUEL: III, 36, 85; - IV, 139
DENNISTON, SARAH M.: - IV, 314
DENNY, WILLIAM (GOV.): I, 53, 55, 56 -
DENT, JOHN H.: - III, 637
DENTY, EDWIN (MRS.): - III, 442
DEPA, NICK: II, 475 -
DEPASSIO, FRANK: II, 439 -
DERMITT, RONALD: II, 692 -
DEROULET, AIMEE JEANNE SUSANNE EMILIE: - IV, 576
DERR, CHARLES: II, 172 -
DERR, FRANK: II, 25 -

DERR, HARVEY: II, 98 -
DERR, KATE C.: - IV, 40
DESELLE, PERRY: II, 496 -
DESPRES, GERARD: - IV, 216
DESPRES, GLEN: - IV, 216
DESPRES, MARY: - IV, 216
DETWILER, I, 514 -
DETWILER, C.: II, 172 -
DETWILER, FRANK: IV, 603
DETWILER, JEMIMA: IV, 603
DETWILER, MARILYN: II, 596
DEVEREAUX, TOMMY: I, 520 -
DEVERS, J. H.: II, 209; - III, 258
DEVERS, MARGARET: - IV, 581
DEVILLING, ANNE: - IV, 637
DEVILLING, BRUCE E.: - IV, 637
DEVINE, H. C.: - IV, 120
DEVINEY, JOHN (JR.): I, 657 -
DEVINNEY, I, 592, 636; - III, 373
DEVINNEY, ANGELINE: - IV, 422
DEVINNEY, JAMES: - IV, 422
DEVINNY, JOHN: I, 554; II, 148 -
DEVINNY, WILLIAM: I, 159 -
DEVLIN, AGNES: - IV, 481
DEVLIN, SAMUEL: - IV, 481
DEWALT, ELIZABETH: - IV, 25
DEWART, LIBERTY: - IV, 75
DEWART, WILLIAM (MAJOR): - IV, 75
DEWEY, P. H.: II, 402 -
DEWEY, THOMAS E.: II, 572, 727 -
DEWIN, C.: I, 466 -
DEYARMIN, BLANCE: - IV, 364
DEYARMIN, CAROLINE: - IV, 178
DEYARMIN, DENNIS: II, 804 -
DEYARMIN, ELIZABETH: - IV, 178
DEYARMIN, JOHN: II, 804; - IV, 178
DEYARMIN, KENNETH: II, 804 -
DEYARMIN, LINUS: - IV, 364
DEYARMIN, RICKY: II, 804 -
DIAMOND, ELLEN: - IV, 402
DIAS, II, 488 -
DIAS, ANNA M.: - IV, 141
DIAS, ARMELA DOLMO: - IV, 141
DIAS, BERTHA JANE: - IV, 141
DIAS, CARL A.: - IV, 141
DIAS, DOROTHY LICHTENFELS: - IV, 141
DIAS, ELDORA: - IV, 141
DIAS, G. M. (MRS.): II, 537 -
DIAS, HARRY FRANCIS: - IV, 141
DIAS, JOHN A.: - IV, 141
DIAS, JOSEPH FRANKLIN: - IV, 141
DIAS, LEONORA: - IV, 141

DIAS, LESTER MERLE: - IV, 141
DIAS, LORENA MAE LAMBES: - IV, 141
DIAS, LORENA MAE: - IV, 141
DIAS, LORENA: - IV, 141
DIAS, MARGARET: - IV, 141
DIAS, MELVIN: - IV, 141
DIAS, RALPH E.: - IV, 140
DIAS, STELLA J.: - IV, 141
DIAS, TILLIE JAMISON: - IV, 141
DIAS, VELMA MOOSE: - IV, 141
DIAS, VICTOR LYLE: - IV, 141
DIAS, WILBUR AUGUSTA: - IV, 141
DIAS, WILLIAM F.: II, 367; - IV, 141
DIAS, WILLIAM: II, 486, 488, 491 -
DIBBS, AGNES: - III, 9, 10
DIBLE, SAM: II, 558; - III, 629, 630
DIBLE, SAMUEL: II, 271; - IV, 343
DICE, AGNES: - IV, 203
DICK, (LIET.): - III, 61, 63, 65-7
DICK, AGNES: - IV, 182, 465
DICK, ALBERT: - IV, 465
DICK, ALEXANDER B.: - IV, 465
DICK, ALEXANDER: I, 396, 569; - IV, 15
DICK, ANDREW S.: - IV, 465
DICK, ANN: - IV, 15
DICK, ANNA G.: - IV, 475
DICK, ANNIE GRAHAM: - IV, 475
DICK, ANNIE: - IV, 465
DICK, CATHERINE SOWERS: - IV, 465
DICK, DINSMORE: - IV, 465
DICK, E. W.: - IV, 465
DICK, ELIZABETH: - IV, 465
DICK, ESTHER: - IV, 15
DICK, HARRIET: - IV, 465
DICK, HOMER L.: - III, 520, 521, 522, (MRS.) 521
DICK, ISAAC: - IV, 15
DICK, ISABELLA: - IV, 15
DICK, J. W.: II, 152 -
DICK, JAMES I.: I, 259, 586; - IV, 15
DICK, JAMES K.: - IV, 465
DICK, JAMES: - IV, 15, 475
DICK, JANE LAPSLEY: - IV, 15
DICK, JANE: - IV, 15
DICK, JEANNET: - IV, 15
DICK, JOHN: I, 259; - IV, 15, 465, 475
DICK, JULIA: - IV, 465
DICK, LUELLA: - IV, 319
DICK, MARGARET HICE: - IV, 15
DICK, MARGARET: - IV, 15, 465
DICK, MARY DINSMORE: - IV, 15
DICK, MARY JANE: - IV, 15
DICK, MARY KELLY: - IV, 15, 465

DICK, MARY MITCHELL: - IV, 15
DICK, MARY STEWART: - IV, 15
DICK, MARY: I, 259 -
DICK, MILLISIA MACK: - IV, 465
DICK, R. N.: I, 469, 485; - III, 218
DICK, RALPH: - III, 624
DICK, ROBERT NELSON: - IV, 465
DICK, ROBERT: I, 259; - IV, 15
DICK, SADIE B.: - IV, 182
DICK, SARAH GRIFFITH: - IV, 15
DICK, SARAH JANE: - IV, 310, 465
DICK, SARAH: - IV, 15
DICK, SMITH: - IV, 15
DICK, THOMAS: - IV, 15, 182
DICK, THOMPSON: - IV, 465
DICK, WILLIAM: I, 259; - IV, 15, 270
DICKENS, ALFRED TENNYSON: II, 302 -
DICKENS, CHARLES: I, 207, 208, 274, 339, 378; II, 302; - III, 94, 460-C
DICKERSON, D. F.: II, 64 -
DICKEY, II, 51 -
DICKEY, ALEXANDER: I, 440, 445-6; - IV, 238
DICKEY, GEORGE C.: II, 346 -
DICKEY, HANNAH: - IV, 134
DICKEY, J. T.: II, 23; - IV, 432
DICKEY, JAMES: I, 495, 543 -
DICKEY, JANE DELIA: - IV, 134
DICKEY, JOHN (REV.): I, 308, 309 -
DICKEY, JOHN: II, 121 -
DICKEY, JOSEPH: I, 212, 499 -
DICKEY, MARGARET: - IV, 177
DICKEY, NANCY H.: - IV, 58
DICKEY, NANCY: - IV, 295
DICKEY, PHILIPENA: - IV, 345
DICKEY, THOMAS: I, 173 -
DICKEY, WILLIAM: - IV, 134
DICKIE, ALICE: - IV, 553
DICKIE, DONALD D.: - IV, 47
DICKIE, DONALD: - IV, 553
DICKIE, FLORENCE ELLEN: - IV, 46
DICKIE, GEORGE: - III, 451; IV, 287
DICKIE, JANE: - IV, 62, 287
DICKIE, JOSEPH D.: - IV, 62
DICKIE, LAURA: - IV, 53
DICKIE, NANCY: - IV, 287
DICKIE, PEARLE D.: - IV, 62
DICKIE, THOMAS: - III, 46
DICKIE, TILLIE C.: - IV, 563
DICKINSON, JOHN: I, 87 -
DICKINSON, MAHLON H.: I, 604, 405, 406; II, 26, 65 -
DICKSON, ANDREW: I, 112;

DICKSON, ELIZABETH: - IV, 306, 481
DICKSON, JAMES E.: I, 649 -
DIEGLEMAN, J.: II, 209 -
DIEHL, GEORGE: II, 681 -
DIEM, DAVID: - IV, 60
DIEM, JOAN ELAINE: - IV, 60
DIES, HANNAH: - IV, 141
DIES, JOHN A.: - IV, 141
DIETHORNE, HELEN MAE: - IV, 111
DIETHORNE, WARD: - IV, 111
DIETRICK, ELIZABETH GERTRUDE: - IV, 489
DIETZ, MARTHA: - IV, 299
DIFFENBAUGH, ELIZA JANE: - IV, 160
DIGHT, JOHN C.: - III, 484, 485, 486,
DIKE, PETER: I, 115, 134 -
DILINGER, SARAH: - IV, 206
DILL, I, 678 -
DILL, (MISS): - III, 406, 435
DILL, AMANDA: - IV, 481
DILL, ANDREW H.: II, 10 -
DILL, ANN: - IV, 5
DILL, CAROLINE MAUD: - IV, 4
DILL, ELIZA: II, 380 -
DILL, ELIZABETH REBECCA: - IV, 4
DILL, ELIZABETH: - IV, 5, 523
DILL, EVA ELIZABETH: - IV, 5
DILL, GEORGE: - IV, 5
DILL, HARRY ROYER: - IV, 4
DILL, JAMES C.: I, 664 -
DILL, JAMES COULTER: - IV, 4, 5
DILL, JAMES: - III, 217
DILL, JOHN GALBREATH: - IV, 5
DILL, JOHN HENRY: - IV, 4
DILL, JOHN: I, 80 -
DILL, JOSEPH: I, 81 -
DILL, LAURA M.: - IV, 4
DILL, LIZZIE R.: - IV, 279
DILL, MARGARET MCCARTNEY: - IV, 421
DILL, MARGARET: - IV, 419
DILL, MARTHA: - IV, 419
DILL, MARY: - IV, 4
DILL, MATTHEW: I, 80; - III, 33, 34, (SR.) 34, 217; IV, (IV) 4, (I & III) 5, 419, 421, (II) 523
DILL, PARMELIA: - IV, 141
DILL, RICHARD: - IV, 419
DILL, ROSE LEE: - IV, 4
DILL, RUSSELL L.: II, 809 -
DILL, SAMUEL: I, 81, 169 -
DILLIS, - IV, 131
DILLS, - IV, 131
DILTS, II, 741, 744, 745, 752 -

DILTS, (MR.): II, 743, 744, 746; - IV, 238
DILTS, ALEXANDER: - IV, 37
DILTS, ALLISON WILSON: - IV, 238
DILTS, ANDREW C.: - IV, 37
DILTS, BONITA LEE: - IV, 238
DILTS, C. W.: II, 497 -
DILTS, DAVID D.: - IV, 37
DILTS, ELIZABETH SIMPSON: - IV, 37
DILTS, ELIZABETH: - IV, 37, 461
DILTS, ELLA M. CRAWFORD: - IV, 37
DILTS, H. K.: I, 130, 170 -
DILTS, HARRY WHITE: - IV, 37
DILTS, HELEN LIGHTCAP: - IV, 238
DILTS, HENRY K.: - IV, 238, 536
DILTS, HENRY KINTER: - IV, 37
DILTS, ISABELLA: - IV, 37
DILTS, JAMES (CAPT.): II, 34 -
DILTS, JAMES E.: - IV, 37
DILTS, JAMES: - IV, 37, 461
DILTS, JANE (SARAH): - IV, 37
DILTS, JANE COULTER: - IV, 37
DILTS, JAY B.: II, 623, 624, 740; - III, 574, 625, 626
DILTS, JAY BLAINE: - IV, 237
DILTS, JAY: II, 778 -
DILTS, JEMIMA: - IV, 37
DILTS, JOHN M.: - IV, 37
DILTS, JOHN: - IV, 37
DILTS, LAURA B. SHIELDS: - IV, 37
DILTS, LETTICE B.: - IV, 37
DILTS, MARGARET MEANS: - IV, 37
DILTS, MARY H. EWING: - IV, 37
DILTS, MARY JANE: - IV, 37, 238
DILTS, MAUDE ALLSHOUSE: - IV, 238
DILTS, MAY HALL: - IV, 37
DILTS, MELINDA: - IV, 473
DILTS, MINNIE STEAR: - IV, 37
DILTS, MIRIAM: - IV, 37
DILTS, NANCY KEEN: - IV, 37
DILTS, NANCY ALLISON: II, 174 -
DILTS, NANCY J. ALLISON: - IV, 37
DILTS, NANCY JANE: - IV, 536
DILTS, NANCY MCELHOES: - IV, 37
DILTS, PAULA RAY: - IV, 238
DILTS, PETER: I, 346 II, (JR) 22 - IV, (SR) 37, (JR) 37, (SR) 38, 238, (ASSOCIATE JUDGE, SR.) 446
DILTS, ROBERT A.: - IV, 37
DILTS, ROBERT HENRY: - IV, 238
DILTS, ROBERT JAY (JK.): - IV, 238
DILTS, ROBERT JAY: - IV, 238
DILTS, SARAH (JANE): - IV, 37
DILTS, SARAH E.: - IV, 37

DILTS, SARAH J.: - IV, 37
DILTS, SARAH: - IV, 446
DILTS, WILLIAM: I, 130, 170, 175, 347; - IV, 37
DILWORTH, MARY: - IV, 24
DILWORTH, RICHARDSON: II, 731, 732; - IV, 24
DIMIT, BEATTY H.: II, 683; - IV (JR.) 574
DIMIT, MIRIAM ELIZABETH: - IV, 574
DIMSEY, MARY: I, 222 -
DINGER, EMMA: - IV, 27
DINGER, GEORGE: - IV, 27
DINSEY, RICHARD: I, 140 -
DINSMORE (DUNSMORE), WILLIAM: II, 188
DINSMORE, BRUCE: II, 532 -
DINSMORE, CATHERINE: - III, 574
DINSMORE, MARY: - IV, 15
DINWIDDIE, (GOVERNOR): I, 36, 43 -
DIRK, JOHN: I, 216 -
DITCH, HELEN: - IV, 63
DITSON, OLIVER (CO.): - IV, 16
DITZ, CHARLOTTE: - IV, 633
DITZ, JOHN: - IV, 633
DIVANS, (FAMILY): II, 571 -
DIVEN, MARGRETTA: - IV, 271
DIVINEY, AARON: I, 228 -
DIVINNY, JOHN: I, 247 -
DIXON, I, 118, 329; II, 332 -
DIXON, ALICE: II, 57 -
DIXON, ANDREW: I, 83, 236, 237, 239, 247, 267; - III, 10
DIXON, AURIE ELLEN: - IV, 479
DIXON, BILLY: II, 138 -
DIXON, DAVID: I, 998, 999; - III, 21
DIXON, ELIZABETH MCQUISTON: - IV, 305
DIXON, FRANK: II, 582 -
DIXON, GERTRUDE E.: - IV, 526
DIXON, HOMER: - IV, 526
DIXON, J. A.: II, 236 -
DIXON, JAMES: I, 174, 176; - IV, (COL.) 414
DIXON, JANE: - IV, 287, 359
DIXON, JOHN: - IV, 305
DIXON, JONATHAN: - IV, 530
DIXON, JOSEPH: I, 80, 344; - IV, 35, 112, 305
DIXON, MARGARET CALDWELL: - IV, 305
DIXON, MARGARET: - IV, 112
DIXON, MARTHA: - IV, 35
DIXON, MARY: - IV, 127, 305, 443, 530
DIXON, NANCY: - IV, 205, 305
DIXON, REBECCA: - IV, 305
DIXON, ROSSIE: II, 57 -
DIXON, SAMUEL: II, 149
DIXON, SAMUEL: I, 61, 80, 81, 112, 120, 167; II, (MR. & MRS.) 57, 80; - IV, 359
DIXON, SARAH EMMA: - IV, 35
DIXON, SARAH: - IV, 134, 414, 443, 471
DIXON, SUSIE (MRS.): II, 234 -
DIXON, WILLIAM E.: - IV, 479
DIXON, WILLIAM HUTCHISON: - IV, 443
DOAK, CHARLES: - III, 491
DOAK, GEORGIA: - IV, 212
DOAK, MARGARET: - IV, 13
DOAK, ROBERT: - IV, 13
DOBBIN, SAMUEL: I, 186 -
DOBBINS, SAMUEL: I, 188 -
DOBERNECK, GEORGE: II, 223 -
DOBERNICK, FRANK M.: II, 145 -
DOBERNICK, MATT: - III, 420
DOBSON, KATHLEEN LEE: - IV, 56
DOBSON, KENNETH G. (DR.): - IV, 56
DOCH, ALBERT: - III, 479
DOCK, HELEN (MRS.): II, 534 -
DOCKARY, JOHN: I, 205 -
DODD, JOHN: I, 314 -
DODD, THOMAS: II, 361 -
DODDS, EDITH: - IV, 77
DODDS, JAMES A.: - IV, 77
DODDS, JAMES: II, 336 -
DODDS, MARIE L.: - IV, 77
DODDS, SARAH: - IV, 606
DODGE, HENRY: I, 386 -
DODSON, ELI (DR.): - IV, 498
DODSON, EMILY: - IV, 498
DODSON, H. BLAINE: II, 456 -
DODSON, HATTIE M.: - IV, 285
DODSON, MABEL: - IV, 150
DODSON, MARY A.: - IV, 519
DODSON, MARY ANN: - IV, 518
DODSON, THOMAS: I, 634 -
DODSON, W. E.: II, (DR.) 73, 151 - IV, (DR.) 285, (DR.) 637
DODSON, WILLIAM (DR.): - IV, 150
DOHERTY, FLORENCE: - IV, 572
DOHNER, NAOMI: - IV, 435
DOLAN, II, 398 -
DOLAN, PATRICK: II, 200 -
DOLMO, ARMELA: - IV, 141
DOLPHIN, (MR.): II, 123 -
DOLPHIN, LUCY: II, 123 -
DOMINICK (DOMENEC), MICHAEL (RT. REV.): II, 78; - III, 409
DOMINICK, - III, 409

DONAHEY, ANNACE: - IV, 404
DONAHEY, JAMES: I, 99 -
DONAHEY, MARY: I, 99; - IV, 632
DONAHEY, SARAH C.: - IV, 476
DONAHEY, WILLIAM: I, 99 -
DONAHUE, F.: I, 401, 625 -
DONAHUE, FRANK: I, 653; II, 89 -
DONAHUE, J.: I, 625 -
DONAHUE, MARY ELLEN: - IV, 596
DONAHUE, N. W.: II, 117 -
DONALD, T.: I, 616 -
DONALDSON, I, 140 -
DONALDSON, (DR.): II, 277; - III, 247, 248; IV, 103, 104, 105
DONALDSON, (MRS. DR.): II, 67
DONALDSON, ALEXANDER (REV., REV. DR.): I, 288, 372, 481-82, 498, 481-3, 512; II, 41, 105; - III, 222; IV, 67, 102
DONALDSON, ALEXANDER HASSELTHINE (REV.): - IV, 104
DONALDSON, ALEXANDER: - IV, 202 - M
DONALDSON, ANNA MARY: - IV, 104
DONALDSON, CLARENCE: II, 476, 477-
DONALDSON, DAVID ELDER: - IV, 104
DONALDSON, DORA ELIZABETH: - IV, 104
DONALDSON, ISAAC: - IV, 105
DONALDSON, JACOB: - IV, 105
DONALDSON, JAMES HENRY: - IV, 104
DONALDSON, JAMES: - IV, 105
DONALDSON, JANET WILSON: - IV, 105
DONALDSON, MARTHA JANE: - IV, 104
DONALDSON, MARTHA: - IV, 259
DONALDSON, MARY S. BRACKEN: - IV, 104
DONALDSON, MARY: - IV, 105
DONALDSON, PATER: - IV, 103
DONALDSON, ROBERT MCCHEYNE: - IV, 105
DONALDSON, SARAH C. CRAIGHEAD: - IV, 105
DONALDSON, THOMAS WILSON: - IV, 104
DONALDSON, WILLIAM BRACKEN: - IV, 104
DONEBY, MICHAEL: I, 557 -
DONEHOO, I, 28 -
DONEHOO, J. R.: II, 93 -
DONEHOO, JOHN R.: - IV, 83
DONEHUE, J. A.: II, 541 -
DONGAN, THOMAS: I, 13, 14 -
DONLEY, ANNIE: - IV, 460
DONLEY, DANIEL: - IV, 460

DONLY, - III, 79
DONNELL, II, 307 -
DONNELL, ROBERT: I, 337 -
DONNELLSON, BERT: - IV, 493
DONNELLSON, ELLA M.: - IV, 493
DONNELLY, - III, 90
DONNELLY, ALICE: - IV, 553
DONNELLY, DORIS ELLEN: - IV, 537
DONNELLY, FRANCIS MICHAEL: - IV, 553
DONNELLY, JANICE MONDALE: - IV, 553
DONNELLY, JOE: - III, 526
DONNELLY, JOSEPH L.: II, 669 -
DONNELLY, JOSEPH LEO: - IV, 552, 553
DONNELLY, JOSEPH: II, 736 -
DONNELLY, LEO JAMES: - IV, 553
DONNELLY, LINDA LOUISE ADAMS: - IV, 553
DONNELLY, LUCILLA RAY (LUCY): - IV, 552, 553
DONNELLY, LUCILLA: II, 669, 801; - IV, 305
DONNELLY, LUCY: II, 597; - IV, 305
DONNELLY, MARY CECELIA KEENAN: - IV, 553
DONNELLY, MICHAEL JOSEPH: - IV, 553
DONNELLY, MICHAEL JOYCE: - IV, 553
DONNELLY, PATRICIA MCCLOSKEY: - IV, 553
DONNELLY, ROBERT HASTIE: - IV, 553
DONNELLY, ROSE: - IV, 553
DONNELLY, STACIE KEENAN: - IV, 553
DONNELLY, THOMAS: II, 197 -
DONNELLY, WILLIAM: I, 672 -
DONOHUE (DONAHEY), I, 81, 99 -
DONOHY, ANN: - IV, 309
DOOLITTLE, R. M.: - III, 381
DORCHESTER, (LORD): I, 127 -
DORING, C. A.: I, 516 -
DORNEY, THOMAS: - III, 217
DORNING, HUGH: II, 146 -
DORSETT, EMILY: - IV, 263
DORSETT, JOSEPH: - IV, 263
DORSEY, JAMES: I, 489 -
DORSEY, JOHN: - III, 315
DORSEY, RICHARD: - III, 574
DORSEY, THOMAS: - III, 489
DORSEY, W. E. (LT.): I, 633 -
DORTON, MARIBEL ELDRED (1ST LT.): - IV, 561
DOSTMAN, MARGARET: - IV, 336
DOTEN, EDWARD: - IV, 434

DOTY, I, 118, 593 -
DOTY, (JUDGE): - III, 308, 309, 310, 311
DOTY, ALICE C. AYERS: - IV, 433
DOTY, ANNIE STEAR (MRS.): - IV, 525
DOTY, CLAIR: - III, 262-K
DOTY, CLARISSA: - IV, 434
DOTY, DANIEL W.: - III, 251
DOTY, EDWARD: - IV, 434
DOTY, ELDA ELEZDA: - IV, 434
DOTY, ELIZA: - IV, 243
DOTY, ELIZABETH WHALEY: - IV, 434
DOTY, ELIZABETH: - IV, 112, 476
DOTY, FAITH CLARKE: - IV, 434
DOTY, FANNIE: - IV, 363
DOTY, FENNEVELL: - IV, 139
DOTY, GEORGE S.: - IV, 434
DOTY, GEORGE: - IV, 434
DOTY, GIL: II, 127 -
DOTY, GILLIS: I, 81, 659, 661 -
DOTY, HANNAH JANE: - IV, 434
DOTY, HANNAH JELLISON: - IV, 434
DOTY, HETTY: - IV, 112
DOTY, HILDA: - IV, 433
DOTY, ISRAEL: - III, 52
DOTY, IVAN.: - IV, 434
DOTY, JAMES MARSHALL: - IV, 434
DOTY, JANE BROCKOVER: - IV, 434
DOTY, JEANE HARMAN: - IV, 434
DOTY, JOHN STANLEY: - IV, 434
DOTY, JOHN: I, 356; - IV, 433, 434
DOTY, JONATHAN: - IV, (I & II) 434
DOTY, KATE IOLA: - IV, 434
DOTY, MARY: - IV, 434
DOTY, NANCY: - IV, 246
DOTY, NATHANIEL: I, 355, 356; - IV, 434
DOTY, PATIENCE SUTTON: - IV, 434
DOTY, PEARL: - IV, 434
DOTY, PHANNEL: - IV, 139
DOTY, ROBERT CLARK: - IV, 433, 434
DOTY, ROBERT: - IV, 139, 363
DOTY, RUTH STANLEY: - IV, 434
DOTY, SAMUEL: I, 209; - IV, 434
DOTY, SARAH JANE: - IV, 363
DOTY, VIOLET (MISS): - III, 166, 167, 169, 170, 171
DOTY, WENDELL A.: - IV, 433
DOUDS, CHARLES T.: II, 488; - IV, 490
DOUDS, CHARLES: II, 488 -
DOUDS, DONALD ALEXANDER: - IV, 490
DOUDS, ELIZABETH BETTY: - IV, 490
DOUDS, ELIZABETH SHANNON: - IV, 491

DOUDS, EMMA LOU: - IV, 490
DOUDS, ERVENE YELOUSHAN: - IV, 490
DOUDS, HELEN THOMPSON: - IV, 490
DOUDS, JAMES B.: - IV, 490
DOUDS, JAMES BOTHEL: - IV, 490
DOUDS, JAMES LEROY: - IV, 490, 491
DOUDS, JANE BOTHEL: - IV, 490
DOUDS, JANE: - IV, 491
DOUDS, JOSEPH RAY: - IV, 490
DOUDS, JOSEPH WILLISON: - IV, 490
DOUDS, MARGARET JANE MORROW: - IV, 490
DOUDS, MARTHA CROOKS: - IV, 490
DOUDS, MARY EMMA THOMPSON: - IV, 490
DOUDS, PRISCILLA ANN: - IV, 490
DOUDS, ROBERT: - III, 281
DOUDS, SAMUEL WILLISON: - III, 281; IV, 490
DOUDS, SAMUEL: - III, 281; IV, 490, 491
DOUGHERTY, ELIZA: - IV, 109
DOUGHERTY, ESTHER MCLAUGHLIN: - IV, 509
DOUGHERTY, GEORGE: I, 543 -
DOUGHERTY, JAMES: I, 452 -
DOUGHERTY, JANE M. MCLAUGHLIN: - IV, 509
DOUGHERTY, JESSE: - IV, 509
DOUGHERTY, JOHN: I, 335; II, 301 -
DOUGHERTY, JULIA: - IV, 214
DOUGHERTY, NEIL: I, 115 -
DOUGHERTY, OLIVE J. LOOMIS: - IV, 509
DOUGHERTY, OWEN: II, 692 -
DOUGHERTY, ROBERT: II, 618 -
DOUGHERTY, ROSS: II, 301 -
DOUGHERTY, W. S.: - III, 347
DOUGHERTY, WILLIAM: - IV, 509
DOUGLAS, ARCHIBALD: - IV, 283
DOUGLAS, CARL: II, 307 -
DOUGLAS, DOROTHY: - IV, 181
DOUGLAS, EDWARD: - IV, 283
DOUGLAS, ELIZA: - IV, 283
DOUGLAS, JAMES C. (JR.): - IV, 283
DOUGLAS, JAMES C.: - IV, 283
DOUGLAS, JAMES CLARENCE: - IV, 282
DOUGLAS, JAMES: - III, 232
DOUGLAS, JOHN E.: II, 239 -
DOUGLAS, JOHN: - III, 232
DOUGLAS, LARUE WINSLOW: - IV, 283
DOUGLAS, S. A.: I, 589 -
DOUGLAS, STEPHEN A.: I, 594 -
DOUGLAS, TOM: II, 239 -

DOUGLAS, WILLIAM: - III, 232
DOUGLAS, WOODROW: - III, 232
DOUGLASS, II, 394 -
DOUGLASS, (MRS.): I, 255 -
DOUGLASS, B. F.: II, 48 -
DOUGLASS, ELIZABETH A.: - IV, 129
DOUGLASS, ELLEN: - IV, 264
DOUGLASS, FRANK: II, 342 -
DOUGLASS, FREDERICK: II, 63, 88 -
DOUGLASS, HANNAH: - IV, 246
DOUGLASS, HENRIETTA: - IV, 129
DOUGLASS, J. C.: II, 393 -
DOUGLASS, J. W.: I, 414 -
DOUGLASS, JAMES: - IV, 129, 246
DOUGLASS, JANE: - IV, 246
DOUGLASS, JOHN: I, 220, 251, 252, 357; - III, 232; IV, 129, 246
DOUGLASS, LYDIA A.: - IV, 129
DOUGLASS, LYDIA: - IV, 246
DOUGLASS, MARGARET: - IV, 65
DOUGLASS, MARY A.: - IV, 129
DOUGLASS, MARY TRUBY: - IV, 129
DOUGLASS, NANCY DOTY: - IV, 246
DOUGLASS, RACHEL: - IV, 246
DOUGLASS, ROBERT: II, 751; - III, (HON.) 232-33, 574
DOUGLASS, SAMUEL A.: I, 519; - IV, 129
DOUGLASS, SAMUEL: I, 161, 163, 286; - IV, 246
DOUGLASS, SIMEON W.: - IV, 129
DOUGLASS, W.: I, 243, 247 -
DOUGLASS, WILLIAM QUAY: - IV, 129
DOUGLASS, WILLIAM: I, 163, 199, 352-3; - IV, 129, 245, 246, 264, 455
DOUGLASS, WOODROE: I, 280, 286, 299; - IV, 129, 246, (MRS.) 415
DOUTHET, J.: I, 397 -
DOUTHET, NATHAN: I, 165, 174 -
DOUTHITT, AGNES: - IV, 173
DOUTHITT, JOSEPH: II, 110 -
DOVERSPIKE, ISAAC D.: II, 234 -
DOVLIN, JOHN: I, 651 -
DOW, NEAL: II, 12 -
DOWDLE, CATHARINE J.: - IV, 152
DOWDLE, JAMES: - IV, 152
DOWDS, JAMES: - IV, 491
DOWDS, RACHEL WILLISON: - IV, 491
DOWDS, ROBERT: - IV, 491
DOWDS, SAMUEL W.: - IV, 491
DOWLER, H. P.: II, 196, 300; - III, 366
DOWLER, JAMES: - III, 137, 138, 321
DOWNEY, FRANK: II, 292 -
DOWNEY, JOHN: I, 81 -
DOWNEY, MORTON: - III, 489

DOWNEY, RONALD: II, 293 -
DOWNEY, WILLIAM CHAMBERS: II, 292 -
DOWNING, ANGELINE: - IV, 130
DOWNING, FLORENCE: II, 801; - IV, 130, 207
DOWNING, JAMES DAVIS: - IV, 130
DOWNING, W. J.: I, 286 -
DOWTHAT, NATHAN: I, 279 -
DOYCHAK, LOUIS: II, 773 - III, (RT. REV. FATHER) 618, 622
DOYLE, DAVID (PVT): II, 581 -
DOYLE, ELIZABETH: - IV, 369
DRAGOO, DON W.: I, 6, 11 -
DRAKE, (COL.): I, 190, 524 -
DRAKE, BERT: II, 756 -
DRAKE, MAUD LORD: - IV, 530
DRAPER, LYMAN C. (DR.): - IV, 12, 74
DRAPER, LYMAN (DR.): I, 76, 274 -
DRAVO, M.: I, 260 -
DRAWL, ANDREW: - IV, 384
DRAWL, KATHRYN: - IV, 384
DRENNEN, ANNA MATILDA: - IV, 251
DRENNEN, ROBERT: - IV, 251
DREW, W. G.: II, 402 -
DRINKARD, ROBERT: II, 668 -
DRIPPS, ANDREW: I, 614 -
DRIPS, MARTHA ANN: - IV, 87
DRIPS, S. W.: I, 589 -
DRIPS, SAMUEL W.: I, 262 -
DRIPS, WILLIAM: - IV, 87
DRISCOLL, JOHN (MRS.): - III, 364
DRISCOLL, JOHN: II, 94 -
DROBNSK, DOMITILLA (SISTER): II, 783 -
DROPCHO, JOHN D.: II, 142 -
DROSKI, RONALD E. (JR.): II, 670 -
DROST, ALBIN: - IV, 545
DROST, CATHERINE J.: - IV, 545
DRUM, I, 584, 586; - III, 79
DRUM, (CONGRESSMAN): - IV, 178, 179
DRUM, (MRS.): - III, 350; IV, 179
DRUM, ABRAHAM A.: - IV, 554
DRUM, AGNES LANG: - IV, 179
DRUM, AGNES M.: - IV, 179
DRUM, AGNES: - IV, 179, 346
DRUM, ANNA: - IV, 179
DRUM, ANNABELA BOGGS: - IV, 179
DRUM, AUGUSTUS: I, 248, 249, 250, 252, 269, 277, 378, 392, 399, 400, 401, 402, 521, 523, 550, 552, 572, 578, 579, 583, 585, 586, 598, 600, 614; - III, 51, 126, 127; IV, 178, 179, 310, 315, 348
DRUM, DANIEL STANARD: - IV, 179

DRUM, EDITH LEONARD: - IV, 554
DRUM, ELIZABETH BOGGS: - IV, 179
DRUM, ELIZABETH: - IV, 283
DRUM, EMILY: - IV, 179
DRUM, HENRY: II, 20 -
DRUM, ISABELLA: - IV, 348
DRUM, J. H.: - III, 79
DRUM, J. W.: II, 78, 168; - III, 224
DRUM, JACOB: I, 184, 358, 364; - III, 78, 79; IV, 179
DRUM, JAMES W.: II, 22, 23, 51; - IV, 314, 315
DRUM, JOHN: - IV, 179, 315
DRUM, LEONARD: - IV, 554
DRUM, LOVINIA MORGAN: - IV, 179
DRUM, MARGARET LEONARD: - IV, 554
DRUM, MARTHA MCLAUGHLIN: - IV, 179
DRUM, MARTHA: - IV, 315
DRUM, MARY (MRS.): II, 99 -
DRUM, MARY ALICE HESS: - IV, 554
DRUM, MARY S.: - IV, 310
DRUM, MARY STANARD: - IV, 179
DRUM, RICHARD COULTER: - IV, 179
DRUM, S. H. (CAPT.): I, 612 -
DRUM, S.: I, 475 -
DRUM, SIMON HENRY: - IV, 179
DRUM, SIMON: - IV, 179, (SR.) 179, 283
DRUM, SUSAN: - IV, 241
DRUM, SUSANNA LAUFFER: - IV, 179
DRUM, SUSANNA: - IV, 179
DRUM, THOMAS L.: - IV, 179
DRUM, WARREN NEVIN: - IV, 553, 554
DRUM, WILHELM: - IV, 179
DRUM, WILLIAM J.: - IV, 315
DRUMMOND, F.S.: - III, 427
DRUMMOND, GAWIN: I, 30 -
DUBIE, JOHN: II, 248 -
DUBOIS, JOHN: II, 241 -
DUBY, HELEN (MAYOR): II, 809 -
DUDLEY, GRACE E.: - IV, 559
DUER, - III, 78
DUFF, (GOV.): II, 728 -
DUFF, (LT.): I, 652 -
DUFF, JAMES H.: II, 727, 728 -
DUFFALO, MICHAEL: II, 608 -
DUFFEY, WILLIAM E.: - III, 251
DUFFIE, BENJAMIN: - IV, 613
DUFFIE, ELIZA: - IV, 429, 613
DUFFIE, PATRICK: - IV, 613
DUFFIELD, (MR.): - III, 102
DUGAN (DUGAS?), THOMAS: II, 299 -
DUGAN, (MR.): - IV, 263

DUGAN, EMILY DORSETT: - IV, 263
DUGAN, EMILY L.: - IV, 263
DUGAN, FANNIE: - IV, 263
DUGAN, RUTH: II, 800 -
DUGAN, SAMUEL: - IV, 263
DUGAN, THOMAS E. A.: II, 215 -
DUGAN, THOMAS: II, 214; - IV, 262, 263
DUKAKIS, MICHAEL: II, 747 -
DULER, CHARLES: - III, 420
DULLEY, EDWARD: I, 584 -
DULLEY, T. B.: I, 676, 677 -
DULLEY, T. BENTON: II, 66 -
DUMAS (THOMAS?): EVE: - IV, 558
DUMM, I, 651 -
DUNBAR, (COL).: I, 44 -
DUNBAR, F. B.: II, 185 -
DUNCAN, II, 97, 385 -
DUNCAN, AGNES A. SUTTON: - IV, 40
DUNCAN, AGNES: - IV, 48
DUNCAN, ANN ELLEN: - IV, 406
DUNCAN, D.: I, 523 -
DUNCAN, ELIZABETH M.: - IV, 285
DUNCAN, GEORGE: - III, 254
DUNCAN, JAMES: I, 550; II, 128; - III, 215
DUNCAN, JOHN W.: II, 147 -
DUNCAN, JOHN: I, 544; - III, 256
DUNCAN, MARY J.: - IV, 370
DUNCAN, NORMAN L. (SGT.): II, 381 -
DUNCAN, NORMAN: - III, 449
DUNCAN, PETER: - III, 650
DUNCAN, SAMUEL: I, 563 -
DUNCAN, SARAH: - IV, 426
DUNCAN, THOMAS: I, 84-N, 171, 540; II, 70, 141; - III, 41
DUNEGAN, HARRY (DR.): II, 567 -
DUNHAM, ASHER (LT.): I, 103 -
DUNHAM, D.: I, 580 -
DUNHAVER, ANGELINE: - IV, 130
DUNKEL (DUNCKEL), MAGDALENA: - IV, 488
DUNKEL (DUNCKEL): JOHN: J- IV, 488
DUNKEL (DUNCKEL): SUSAN: - IV, 488
DUNKELBERGER, SUSANNA: - IV, 107, 234
DUNKLE, LARRY K.: - IV, 527
DUNKLE, MADALYN LEE: - IV, 527
DUNLAP, G. E.: I, 552 -
DUNLAP, HELEN JULIA: - IV, 92
DUNLAP, JAMES: I, 445, 448; - IV, 92
DUNLAP, JEMIMA (MRS.): - IV, 152
DUNLAP, MARY: - IV, 88, 606
DUNLAP, NORA: - IV, 92
DUNLAP, R. H.: I, 522 -

DUNLAP, ROBERT: I, 561; - IV, 606
DUNLAP, W. A.: II, 135 -
DUNLOP, JOHN: - IV, 283
DUNMEYER, SARAH: - IV, 351
DUNMIRE, SARAH: - IV, 351
DUNMIRE, SUSAN: - IV, 596
DUNMOODY, ELIZABETH: - IV, 49
DUNMORE, LORD: I, 74, 86 -
DUNN, ALEXANDER: I, 437 -
DUNN, ELIZABETH: - II, 128; IV, 95
DUNN, JAMES: I, 252, 601 -
DUNN, SAMUEL (CAPT.): - III, 57
DUNSMORE, W. D.: II, 188 -
DUNWOODY, NANCY: I, 511 -
DUPP, MIKE: - III, 434
DURAND, MARY: - IV, 56
DURANG, CHARLES: - IV, 122
DURANG, MARY: - IV, 122
DURLING, CHARLES: - IV, 254
DURLING, H. L.: - IV, 309
DURLING, KITTIE SAYERS NOLEN: - IV, 254
DURLING, L. H.: - IV, 254
DURLING, LEONARD H.: II, 53 -
DURLING, LEONARD HARRIS: - IV, 253
DURST, CATHERINE NEFF: - IV, 214
DURST, ESTHER K.: - IV, 214
DURST, ESTHER: - IV, 568
DURST, GEORGE: - IV, (I & 11) 214
DURST, HIRAM: - IV, 214
DURST, SARA BIBLE: - IV, 214
DUSHON, ISRAEL (RABBI): - III, 537
DUSKA, FRANK: - III, 420
DUTKO, HELEN (MRS.): - III, 610
DUTKO, NICK: - III, 608
DUTTON, JENNIE: - IV, 28
DUVAL, EMMA: - IV, 288
DYSINGER, ADA FRANCES: - IV, 604
DYSINGER, HOLMES: - IV, 604
EAKER, ARTHUR T. (CAPT.): II, 494 -
EAKIN, WARREN R.: II, 491 -
EARHART, ABRIA ALCORN: - IV, 128
EARHART, ALBERT MOSHEIM: - IV, 97
EARHART, AMELIA: - IV, 97, 128, 257
EARHART, ANTHONY: - IV, 97, 359
EARHART, CATHARINE ALTMAN: - IV, 97
EARHART, CATHARINE SHOEMAKER: - IV, 258
EARHART, CATHARINE SHUMAKER: - IV, 258
EARHART, CATHARINE: - IV, 600
EARHART, CATHERINE FLORA: - IV, 97
EARHART, CATHERINE YATES: - IV, 97

EARHART, CELIA G.: - IV, 257
EARHART, CELIA M. CURRY: - IV, 257
EARHART, CHARLES: - IV, 258
EARHART, CLARA M. GAILEY: - IV, 258
EARHART, DANIEL: - IV, 97
EARHART, DAVID (REV.): - IV, 96, 97, 129, 258,, 359
FARHART, DAVID MILTON: - IV, 97
EARHART, DAVID: - IV, (SR.) 97, 600
EARHART, DELLA: - IV, 97
EARHART, E. B. (DR.): II, 345 -
EARHART, E. BRUCE: - IV, 129
EARHART, EDWIN STANTON: - IV, 97
EARHART, ELIAS BRUCE (DR): - IV, 128
EARHART, ELIZABETH URICH: - IV, 97
EARHART, ELIZABETH: - IV, 129, 258, 359, 600
EARHART, EMMA: - IV, 129
EARHART, FANNIE BEHAM: - IV, 258
EARHART, FLORA M.: - IV, 258
EARHART, FRANCES FIDDLER: - IV, 97
EARHART, FRANK H.: - IV, 257
EARHART, FRANKLIN PATTON: - IV, 97
EARHART, HARRIET: - IV, 97
EARHART, HARRY W.: II, 268; - IV, 258
EARHART, HENRY (CAPT.): I, 337 -
EARHART, HENRY: II, 299; - IV, 97
EARHART, ISAAC: - IV, 87
EARHART, JENNIE N.: - IV, 258
EARHART, JENNIE SCOTT: - IV, 97
EARHART, JOHN A.: - IV, 257
EARHART, JOHN K.: - IV, 128, 129
EARHART, JOHN W.: - IV, 128 258
EARHART, JOHN: - IV, 97, 258
EARHART, JOSEPH E.: - IV, 97
EARHART, JOSEPHINE: - IV, 97
EARHART, KATE L.: - IV, 258
EARHART, KATE THEODORE: - IV, 97
EARHART, LAVINIA O.: - IV, 258
EARHART, LENNIE BRINDLE: - IV, 97
EARHART, LUCY: - IV, 97
EARHART, MARGARET BOYD: - IV, 97
EARHART, MARGARET: - IV, 258
EARHART, MARIA EGGBERT: - IV, 97
EARHART, MARTIN LUTHER: - IV, 97
EARHART, MARTIN: I, 571; II, 157, 171, 172; - IV, 170, 257, 258
EARHART, MARY ANN: - IV, 258
EARHART, MARY BOWMAN: - IV, 97
EARHART, MARY ELLEN: - IV, 87
EARHART, MARY LOGUE: - IV, 97
EARHART, MARY LOUISE: - IV, 97
EARHART, MARY OTIS: - IV, 97

EARHART, MARY WELLS PATTON: - IV, 97
EARHART, MARY: - IV, 97, 258, 359
EARHART, MICHAEL: - IV, 129, 600
EARHART, NANCY: - IV, 128
EARHART, NELLIE GIBSON: - IV, 97
EARHART, NEWTON: - IV, 129
EARHART, PHILIP MELANCTHON: - IV, 97
EARHART, PHILIP: - IV, 97
EARHART, PRISCILLA DAVIS: - IV, 97
EARHART, ROBERT NIXON: - IV, 97
EARHART, SAMUEL: I, 145; - III, 214; IV, 97
EARHART, SARAH CATHERINE: - IV, 97
EARHART, SARAH FAIR: - IV, 97
EARHART, SARAH: - IV, 258, 259
EARHART, SOLOMON: II, 31, 171; - IV, 257, 258
EARHART, WILHELMINA HENDERSON: - IV, 128
EARHART, WILHELMINA: - IV, 129
EARHART, WILLIAM M.: - IV, 257
EARHART, WILLIAM: - IV, 97
EARHART, WYATH (PVT.): II, 381 -
EARL, (CAPT.): I, 314, 666 -
EARL, ANNIE SWEENY: - IV, 50
EARL, DAVID: - IV, 50
EARL, ELIZABETH C.: - IV, 50
EARL, EMMA HILDEBRAND: - IV, 50
EARL, G. W.: - III, 431
EARL, GEORGE W.: - IV, 50
EARL, JANE: - IV, 50
EARL, JENNIE C.: - IV, 50
EARL, JOHN: - IV, 50
EARL, MARY CUNNINGHAM: - IV, 50
EARL, OLIVER C.: - IV, 50
EARL, SARAH MCNEEL: - IV, 50
EARL, WILLIAM: II, 62; - IV, 50, (JR) 50
EARLE, II, 407; - IV, 377
EARLE, (GOVERNOR): II, 411, 412, 413, 427, 507, 525, 527, 528; - IV, 339
EARLE, GEORGE H.: II, 405 (GOVERNOR) 440; - IV, (GOVERNOR) 565
EARLE, THOMAS: I, 381 -
EARLEY, (JUDGE): II, 746, 755, 756; - IV, 143
EARLEY, CLAWSON: - IV, 143
EARLEY, EVELYN WOODHEAD: - IV, 143
EARLEY, EVELYN: - IV, 143
EARLEY, HAZEL OREM: - IV, 143
EARLEY, MARGARET: - IV, 143
EARLEY, ROBERT C.: II, (JUDGE) 619, 753; - IV, (JUDGE) 143

EARLEY, ROBERT CLAWSON: - IV, 142
EARLEY, ROBERT SAMUEL: - IV, 143
EARLEY, ROBERT: - III, 623
EARLEY, SAMANTHA LYNN: - IV, 143
EARLEY, SAMUEL L. (JR.): - IV, 143
EARLEY, SAMUEL LEE (M.D.): - IV, 143
EARLEY, STEPHEN CALVERT: - IV, 143
EARLEY, SYLVANIA YEAGER STOLTZ: - IV, 143
EARLY, ROBERT C.: II, 741
EARLY, SUSANNA: - IV, 15
EASON, AMELIA: - IV, 190
EASON, JOHN: II, 10 -
EASON, JOHN D.: IV, 496
EASON, VIRGINIA: - IV, 428
EASTMENT, ISABELLE: - IV, 158
EATON, II, 40 -
EATON, (MR.): II, 97 -
EAVENSON, HOWARD N.: - IV, 367
EBERHARDT, ANNA BARBARA: - IV, 518
EBERHARDT, JOSEPH: - IV, 518
EBERHART, JEANNE: - IV, 83
EBERHART, KAREN: - IV, 529
EBERT, FREDERICK WILLIAM: - IV, 631
EBERT, HATTIE IRENE: - IV, 631
EBERT, ROSA EMMA POLLARD: - IV, 631
EBEY, ANNA: - IV, 487
EBEY, CHARLES: - IV, 487
EBEY, ELLEN: - IV, 487
EBEY, J. LAWRENCE (LOREY): - IV, 487
EBEY, JOHN: - IV, 487
EBEY, LUCINDA LUKER: - IV, 487
EBEY, MAY: - IV, 487
EBEY, PEARL: - IV, 487
EBEY, WILSON: - IV, 487
EBY, WILSON: II, 307 -
ECKELS, HARRY: II, 757 -
ECKENROAD, WAYNE: - III, 574
ECKERMAN, ANN ELIZABETH: - IV, 303
ECKERMAN, JEREMIAH: - IV, 303
ECKHARDT, FRANCES: - IV, 623
ECROYD, ANNIE: - IV, 485
ECUYER, (CAPT.): I, 61 -
EDDLEMAN, CATHERINE: - IV, 536
EDDY, ELSIE LOUISE JEWELL: - IV, 578
EDDY, JERRY KENNETH (DR.): - IV, 578
EDDY, JOYCE PORTER: - IV, 578
EDDY, KENNETH EDWARD: - IV, 578
EDDY, KYLE KENNETH: - IV, 578

EDDY, LORI MAY: - IV, 578
EDDY, MARA LEE: - IV, 578
EDGAR, KENNETH F. (DR.): II, 773 -
EDGERLY, JAMES: - III, 532
EDISON, THOMAS A.: II, 98 -
EDMISTON, GEORGE: - IV, 549
EDMISTON, JETTIE: - III, 457
EDMISTON, NINA: - IV, 549
EDMOND, F. A. (REV.): II, 511 -
EDMUND, I, 585 -
EDMUNDSON, JAMES: - III, 384
EDWARD, (PRINCE): II, 206 -
EDWARDS, ALICE: - IV, 478
EDWARDS, ARTHUR: - IV, 319
EDWARDS, BLANCHE: - IV, 319
EDWARDS, CHARLES STUART: - IV, 416
EDWARDS, EARL: - IV, 319
EDWARDS, EMMA J.: - IV, 22
EDWARDS, EMMA: - IV, 547
EDWARDS, ESTHER: - IV, 319
EDWARDS, FLORENCE T.: - IV, 56
EDWARDS, FLORENCE: - IV, 319
EDWARDS, G. STEPHENS: II, 731, 737; - IV, 319
EDWARDS, GARY: - IV, 547
EDWARDS, GRACE: - IV, 319
EDWARDS, IRVIN P.: - IV, 319
EDWARDS, JAMES K.: - IV, 353
EDWARDS, JOHN: - IV, 547
EDWARDS, LENA WEISS: - IV, 547
EDWARDS, LUELLA DICK: - IV, 319
EDWARDS, MINE PEARL: - IV, 353
EDWARDS, MYRTLE IRENE: - IV, 547
EDWARDS, MYRTLE: - IV, 547
EDWARDS, PEARL: - IV, 525, 547
EDWARDS, SANFORD: II, 756 -
EDWARDS, THELMA: - IV, 319
EDWARDS, WILLIAM: - III, 66
EFFIGRES, II, 389 -
EGAN, EDWARD: II, 515 -
EGAN, MICHAEL (RIGHT REV.): I, 290 -
EGGBERT, MARIA: - IV, 97
EGLE, W. H.: - IV, 384
EGLE, WILLIAM H.: II, 91 -
EHEMANN, JOSEPH J. (SR.): II, 516 -
EHRENFELD, A. C. (REV.): - III, 248, 251, 254, 256, 302; IV, 500
EHRENFELD, ADA: - IV, 568
EHRENFELD, D. R. (DR.): II, 157 -
EHRENFELD, FRANK (DR.): - III, 252, 304
EHRENFELD, N. F. (DR.): II, 221; - IV, 480
EHRENFELD, SARAH: - IV, 500

EHRENFELDT, A. C.: II, 59 -
EICHBAUM, GEORGE R.: I, 559 -
EICHELBERGER, D. SMITH: I, 421 -
EICHER, DAVID L.: - IV, 248
EICHER, ELIZABETH: - IV, 394
EICHER, FLORA: - IV, 248
EICHER, JACOB: - IV, 212
EICHER, NANCY: - IV, 212
EICHER, SADIE: - IV, 248
EICHER, W. WARD: - IV, 248
EICHER, WARD: - III, 472
EICHER, WILLIAM J.: - IV, 248
EICHER, WILLIAM W. (JR.): - IV, 248
EINSTEIN, REUBEN: II, xi, 265, 268, 270, 271, 288, 393, 475, 796 -
EISEN, DONALD G.: II, 773 -
EISENHOWER, (PRESIDENT): - IV, 449
EISENHOWER, DWIGHT D.: II, 729 -
EISENHOWER, DWIGHT: - IV, 587
EISENHOWER, MAMIE: - IV, 587
EKIN, (MR. & MRS.): - III, 328
EKIN, LUCILLE: - III, 328
ELBEL, CARL G.: - IV, 582
ELBEL, HELEN M.: - IV, 582
ELDER, I, 584, 585 -
ELDER, (ATTORNEY GENERAL): - IV, 11
ELDER, ANN NESBIT: - IV, 609
ELDER, ANN: - IV, 609
ELDER, D. W.: I, 468, 483 -
ELDER, DAVID W.: I, 353 -
ELDER, DAVID: - IV, 67, 609
ELDER, DORCAS: - IV, 359, 568
ELDER, ELEANOR: - IV, 609
ELDER, ELIZABETH: - IV, 461
ELDER, JAMES N.: - IV, 181
ELDER, JAMES: I, 307, 347; - IV, 609
ELDER, JOHN W.: I, 563 -
ELDER, JOHN: I, 134, 138, (CAPT.) 615; - IV, 359, (REV.) 610
ELDER, JOSHUA: I, 28, 46, 60, 84-M, 131, 147; - IV, 610
ELDER, JULIA ANN: - IV, 67
ELDER, MARGARET: - IV, 124
ELDER, MARGUERITE: II, 278 -
ELDER, MARIA ANN: - IV, 255
ELDER, MARTHA ROBINSON: - IV, 609
ELDER, MARY ANN: - IV, 7, 255
ELDER, MARY MCALISTER: - IV, 610
ELDER, MARY SMITH: - IV, 609
ELDER, MARY TAYLOR: - IV, 609
ELDER, MARY: - IV, 206, 255, 359
ELDER, RACHEL: - IV, 174
ELDER, ROBERT: I, 131, 281, 505,579; - III, 276; IV, 255, 281, 609

ELDER, SAMUEL: I, 475, 606; - IV, 124
ELDER, SARAH E.: - IV, 67
ELDER, SARAH MCALISTER: - IV, 610
ELDER, T. B.: II, 278 -
ELDER, T. R.: I, 402 -
ELDER, THOMAS B.: II, 41 -
ELDER, W. B.: II, 278 -
ELDER, WILLIAM: I, 580 -
ELDRED, BERTHA OTWELL: - IV, 561
ELDRED, G. J.: I, 459 -
ELDRED, MARIBEL (1ST LT.): - IV, 561
ELDRED, MOSES EDWIN: - IV, 561
ELDRICKS, JOHN: II, 81 -
ELDRIDGE, CHARLES: I, 418 -
ELGIN, DANIEL: - IV, 196
ELGIN, GEORGE: - III, 498
ELGIN, NANCY: - IV, 196
ELIAS, CAROLINE: - IV, 205
ELIAS, GEORGE: II, 381, 389 -
ELIAS, JOHN: II, 381 -
ELIAS, RICHARD: II, 756 -
ELICKER, JEAN (MRS.): II, 635 -
ELKIN, (MRS.): II, 540 -
ELKIN, ADDA (MRS.): II, 539 -
ELKIN, ADDA PROTHERO: - IV, 409, 411
ELKIN, ADRIENNE DAWN: - IV, 593
ELKIN, BETHANY ALONA: - IV, 593
ELKIN, CURTIS E.: II, 456 -
ELKIN, DAVID SCOTT: - IV, 593
ELKIN, DAVID: - IV, 246
ELKIN, ELIZABETH CAROLINE: - IV, 412
ELKIN, ELIZABETH PRATT: - IV, 411
ELKIN, ELIZABETH: - IV, 412, 431
ELKIN, ELLA OBERLIN: - IV, 412
ELKIN, ERSIE C. MAUGANS: - IV, 431
ELKIN, FLOYD: - IV, 593
ELKIN, FRANCES: - IV, 411, 412, 431
ELKIN, HELEN BENCE: - IV, 593
ELKIN, HELEN PROTHERO: - IV, 411
ELKIN, HELEN: II, 580 -
ELKIN, HENRY: II, 362 -
ELKIN, J. P.: II, 214, 215, 221, 222, 296, (JUDGE) 329, (JUSTICE) 330; - III, 305
ELKIN, JAMES A. (GEN.): - IV, 509
ELKIN, JAMES HENRY: - IV, 412
ELKIN, JANE RIPPEY: - IV, 412
ELKIN, JOHN D.: IV, 496
ELKIN, JOHN F.: - IV, 247
ELKIN, JOHN P. (MRS.): II, 374, 509 -
ELKIN, JOHN P.: II, 15, 17, 129, 208, 238, 247, 261, 262, 263, 264, (JUSTICE) 272, 298, 326, 327, 346, 361, 365; - III, 251, 288, 289, 343, 367, 427, 428, 436; IV, 108, 202-I, (JUSTICE) 315, 430, 431, 512
ELKIN, JOHN PRATT: - IV (JUSTICE) 407, 408, 409, 410, 411, 412
ELKIN, JOHN: II, 163, (DR.) 378 -
ELKIN, LAURA LOUISE: - IV, 411
ELKIN, LUTHER: II, 634 -
ELKIN, M. ELLA (MRS.): II, 353 -
ELKIN, MARGARET ALICIA: - IV, 412
ELKIN, MARGARET: - IV, 246
ELKIN, MARJORIE: - IV, 412
ELKIN, MARTHA BEATTIE: - IV, 412
ELKIN, MARTHA CORDELIA: - IV, 412
ELKIN, MARTHA: - IV, 247
ELKIN, MATTHEW STANLEY QUAY: II, 261, - IV, 315
ELKIN, NANCY: - IV, 412
ELKIN, NATHAN PAUL: - IV, 593
ELKIN, PAULA RHINE: - IV, 593
ELKIN, ROBERT: - IV, 412
ELKIN, SAM: II, 634 -
ELKIN, SAMUEL DAVIS: - IV, 593
ELKIN, SARAH: - IV, 246, 247, 304
ELKIN, STANLEY Q.: - IV, 411
ELKIN, STANLEY QUAY: II, 540; - IV, 410, 411
ELKIN, STANLEY: II, 474 -
ELKIN, W. F.: II, 294, 298, 329; - III, 429, 431
ELKIN, WILLIAM FRANCIS: - IV, 412, 430, 431
ELKIN, WILLIAM: - IV, 247, 412
ELKINS, ROBERT: - III, 45
ELLINGTON, DUKE: II, 494 -
ELLIOT, THOMAS: - III, 217
ELLIOTT, II, 54 -
ELLIOTT, ALEXANDER: - IV, 373, 438, 439
ELLIOTT, BENJAMIN (JUDGE): - IV, 50
ELLIOTT, CATHARINE: - IV, 363
ELLIOTT, ELIZABETH: - IV, 370, 373, 439
ELLIOTT, HARRIET B.: - IV, 471
ELLIOTT, JAMES: I, 228, 252, 354, 357, 574; - IV, 127
ELLIOTT, JOHN: - IV, 363
ELLIOTT, JOSEPH: II, 120 -
ELLIOTT, JUDITH: - IV, 7
ELLIOTT, LARRY: II, 605 - IV, 7
ELLIOTT, MARGARET: - IV, 88, 165, 334
ELLIOTT, MARY: - IV, 255, 363
ELLIOTT, MATILDA E.: - IV, 50
ELLIOTT, RICHARD: I, 334 -
ELLIOTT, SARAH: - IV, 127

ELLIOTT, THOMAS: - IV, 88
ELLIS, CHAUNCEY A.: I, 27, 363 -
ELLIS, D.: - III, 347
ELLIS, DAVID: I, 540; II, 147, 149, 210, 213, 517, 586J -
ELLIS, ELMER (MRS.): II, 310 -
ELLIS, ELMER G.: II, 211 -
ELLIS, ELMER: II, 323 -
ELLIS, GRIFF W.: - III, 235, 252, 253
ELLIS, GRIFFITH W.: II, 98 -
ELLIS, GRIFFITH: II, 147, 213, 329; - IV, 42
ELLIS, JOHN: I, 648; - III, 145
ELLIS, MARY L.: - IV, 42
ELLIS, NELLE H.: - IV, 556
ELLIS, O. A.: II, 30 -
ELLIS, R. R.: - III, 258
ELLIS, REES R.: II, 149 -
ELLIS, REESE: II, 127 -
ELLIS, SARAH: - IV, 236
ELLIS, THOMAS ELMER: - IV, 556
ELLIS, WILLIAM: II, 116 -
ELLMAKER, AMOS: I, 235 -
ELLMANS, DAVE: - III, 489
ELLSWORTH, E. H.: II, 186 -
ELLWANGER, MARGARET: - IV, 436
ELLWOOD, JOSIAH W.: I, 675 -
ELRICK, GEORGE S.: - IV, 258
ELRICK, MALINDA: - IV, 73
ELRICK, MELINDA J.: - IV, 351
ELRICK, SARAH: - IV, 258
ELROD, (LT. COL.): I, 256 -
ELWELL, JUDITH A.: - IV, 270
ELWOOD, HAZEL: - IV, 175
ELWOOD, MARGARET: - IV, 235
ELWOOD, R. M.: II, 260 -
ELWOOD, WILLIAM J.: - III, 301
ELWOOD, WILLIAM W.: - IV, 235
EMANUEL, ELIZABETH: - IV, 404
EMBREY, ALFONSO: II, 773 -
EMERICK, ELIZABETH: - III, 110
EMERICK, ELSA: - III, 110
EMERICK, EVA: - III, 110
EMERICK, GEORGE: - III, 110
EMERICK, HARVEY: - III, 110
EMERICK, HENRY; - III, 110
EMERICK, JOHN: - III, (JR.) 106, (JR.) 110; IV, 600
EMERICK, M. KATE: - III, 110
EMERICK, MARGARETH: - III, 110
EMERICK, MARY M.: - IV, 600
EMERICK, MARY: - III, 110
EMERICK, WILLIAM: - III, 110
EMERSON, (MR.): II, 114 -

EMERSON, EDWARD P. (DR.): I, 199, 200, 247, 280, 281, 310, 311 -
EMERSON, GARY: II, 752 -
EMERSON, JAMES: II, 11; - IV, 17, 19
EMERSON, RALPH WALDO: IV, 564
EMERSON, W. E. (DR.): I, 526 -
EMERSON, WILLIAM E.: I, 524 -
EMERY, II, 265 -
EMERY, MARTHA: - IV, 34
EMERY, W. S.: I, 477, 498, 661 - IV (REV.) 34
EMIGH, C. C.: II, 148; - IV, 506
EMIGH, JOHN: I, 608 -
EMMERMAN, DOROTHY: - IV, 244
EMMET, ROBERT: - IV, 479
EMORY, FRED: I, 402 -
EMPFIELD, BERLIN: - III, 327
EMPFIELD, GEORGE: I, 167, 170 -
EMPFIELD, ISAAC: I, 642; II, 110 -
EMPFIELD, RUTH: - III, 346
ENDERS, NICHOLAS: I, 293 -
ENDRESS, G. C. (DR.): I, 511 -
ENERSON, DANIEL (DR.): II, 639 -
ENGLE, C. H.: - III, 283
ENGLE, GEORGE B. (DR): - IV, 83
ENGLE, HARVEY B.: II, 231 -
ENGLE, HARVEY: II, 218 -
ENGLE, HENRY: II, 364 -
ENGLE, J. H.: II, 208, 217, 218 -
ENGLE, JAMES: I, 147 -
ENGLISH, HARRIET: - IV, 486
ENGLISH, N. F.: II, 447 -
ENGLISH, V. F.: - III, 427
ENNS, BERTHA: - IV, 60
ENNS, JOHN HIEBERT: - IV, 60
ENNS, KATHERINE: - IV, 60
ENSIGN, R. S. (REV.): I, 375 -
ENSLEY, ROBERT: - IV, 612
EPPLEY, AMANDA: - IV, 562
ERRETT, ADAM: - IV, 518
ERRETT, BARBARA: - IV, 518
ERTEL, ALLEN: II, 745 -
ERVIN, II, 273 -
ERWIN, ELIFELET: I, 345 -
ESCARIO, VICTORIA: - IV, 298
ESCH, CHARLES: - IV, 417
ESCH, GEORGE W.: - IV, 417
ESCH, HAZEL: - IV, 417
ESCH, LOUISE:: - IV, 417
ESCH, MARY L.: II, 801; - IV, 416, 417
ESCH, ROYAL L.: - IV, 417
ESKAVIZ, SAMUEL: II, 361 -
ESPOSITO, GERALD: II, 799 -
ESPY, ANN: - IV, 379

ESPY, HUGH: I, 28 -
ESSEX, HARRY: - IV, 615
ESSEX, KATHRYN: - IV, 615
ESTEP, T. E.: II, 196 -
ESTEP, THOMAS: II, 416 -
ETHERSON, THOMAS: - III, 515
ETTWEIN, JOHANNES (REV.): - III, 11, 12
ETTWEIN, JOHN (REV. & BISHOP): I, 19, 68, 69, 111 -
EURICH, (MR.): - IV, 426
EURICH, FLORENCE: - IV, 426
EVANS, I, 99, 593 -
EVANS, (DR.): - IV, 262
EVANS, ALBERT R.: - IV, 372
EVANS, ALBERT: II, 251 -
EVANS, ALONZO: - IV, 372
EVANS, ANDREW JACKSON: - IV, 367
EVANS, ANDREW W.: - IV, 372
EVANS, ANGELINE: - IV, 372
EVANS, BARBARA: - IV, 262
EVANS, C. K.: II, 231 -
EVANS, CAROLYN CURTIS: - IV, 124
EVANS, CATHERINE: - IV, 367
EVANS, DANIEL: - IV, 262
EVANS, E. M.: II, 148 -
EVANS, EFFIE MAY: - IV, 367
EVANS, ELIZABETH MCFARLAND: - IV, 372
EVANS, ELIZABETH MOCK: - IV, 372
EVANS, ELIZABETH: - IV, 49, 372, 402
EVANS, EMMA F.: - IV, 406
EVANS, ETTA: - IV, 262
EVANS, F. P.: II, 210 -
EVANS, GEORGE: II, 756 -
EVANS, H. W.: II, 513 -
EVANS, HELEN: - IV, 372
EVANS, HUGH: I, 169; - IV, 414
EVANS, ISABELLA: - IV, 61
EVANS, J. HERBERT: II, 182 -
EVANS, JAMES (MRS.): II, 72 -
EVANS, JAMES BIRNEY: - IV, 124
EVANS, JAMES: - IV, 372
EVANS, JENNIE: - IV, 262
EVANS, JEREMIAH: - IV, 335
EVANS, JOHN (MRS.): - IV, 315
EVANS, JOHN M.: - IV, 372
EVANS, JOHN: I, 160, 167, 175, 176, 252; - III, 81, 82, 216; IV, (DR) 61, 106
EVANS, JOSEPH: I, 254, 255 -
EVANS, LEWIS: I, 40, 41, 136, 181 -
EVANS, LOUISA: - IV, 372
EVANS, MARGARET MOORHEAD: - IV, 261, 262, 372

EVANS, MARGARET S. (MISS.): II, 341-
EVANS, MARGARET: - IV, 261, 262
EVANS, MARTHA: - IV, 372
EVANS, MARY ELIZABETH: - IV, 372
EVANS, MARY: - IV, 372
EVANS, MIRIAM: - IV, 372
EVANS, NANCY: - IV, 40, 372
EVANS, RACHEL: - IV, 335
EVANS, RHODA: - IV, 372
EVANS, ROBERT B.: II, 116 -
EVANS, ROBERT: I, 524; II, 64; - IV, 372, 406
EVANS, RUTH TUCKER: - IV, 261
EVANS, SARAH: I, 160 -
EVANS, VIOLETTE: II, 756 -
EVANS, W. A. (DR.): II, 227 -
EVANS, W. W.: I, 655 -
EVANS, WILLIAM A.: II, 344 -
EVANS, WILLIAM G.: - IV, 261, 372
EVANS, WILLIAM GUY: - IV, 262
EVANS, WILLIAM: I, 160, 167, 175, 245, 253, 470, 505, 513, 534, 535, 546, 582, 595, 596, 664, 684, 685; II, 42; - III, 216; IV (SHERIFF) 31, 41, 371, 372
EVERETT, ARIO: - IV, 567
EVERETT, DON F.: - IV, 567
EVERETT, DOUGLAS R. K.: - IV, 567
EVERETT, EDWIN ARIO: - IV, 567
EVERETT, FRANK A.: - IV, 567
EVERETT, GLADYS ROBERTSON: - IV, 567
EVERETT, J. W.: II, 586, 730, 731 -
EVERETT, JOAN CRYTZER: - IV, 567
EVERETT, JOHN W.: II, 550, 554; - III, 498, 502, 612, 617, 621; IV, 567
EVERETT, JOHN WILBUR: - IV, 566, 567
EVERETT, MARGARET WALTERS: - IV, 567
EVERETT, MARY MARSHALL: - IV, 567
EVERETT, MATTIE: - IV, 567
EVERETT, ROBERT: - IV, 567
EVERETT, RUTH GENEVIEVE KLINE: - IV, 567
EVERETT, SAMUEL: - IV, 567
EVERETT, WILLIAM: - IV, 567
EVERWINE, CATHERINE ROSINA: - IV, 622
EVERWINE, JACOB J.: - IV, 621
EVERWINE, JACOB: - IV, 525, 622
EVERWINE, JEAN: - IV, 621
EVERWINE, MARY AMANDA: - IV, 622
EVERWINE, NETTIE: - IV, 389
EVERWINE, ROSINA: - IV, 525
EWALT, H. WARD (JR.): - IV, 424

EWALT, JANE: - IV, 424
EWING, (CAPT.): - IV, 476
EWING, (MRS.): - IV, 273
EWING, ALBERT: - III, 431
EWING, ANNA M.: - IV, 536
EWING, ANNA: - IV, 617
EWING, ANNIS: - IV, 476
EWING, ANTHONY: - IV, 61
EWING, CATHARINE: - IV, 369, (MRS.) 418
EWING, CHARLES KERMIT: II, 666 -
EWING, DAVIS: - IV, 273
EWING, ELIZABETH: - IV, 273
EWING, EMMA: - IV, 61
EWING, J. A.: I, 468, 470, 477; - III, 219
EWING, JAMES: I, 175; - IV, 149
EWING, JOHN: I, 62F, 160, 228, 230, 345, 355, 384, 579, 580, 585; - III, 114, 139, 145, 147; IV, 37
EWING, LETITIA: I, 311 -
EWING, LETTICE: - IV, 37
EWING, MARY H: - IV, 37
EWING, MARY HORN: - IV, 149
EWING, MARY: - IV, 149
EWING, ROBERT S.: I, 543 -
EWING, ROBERT: I, 159, 174 -
EWING, SAMUEL: - III, 114
EWING, T. R. (REV.): II, 47, 280 -
EWING, WILLIAM: II, (MR. & MRS.) 88 -
EXTON, JOE: - III, 577
EXTRAM, SARA ELEANOR: - IV, 502
EYER, MINERVA: - IV, 526
EYRE, T. L.: - III, 436
EYRE, T. LARRY (SENATOR): II, 396 -
EYSTER, MARY E.: - IV, 455
FACE, ELROY: II, 690; - III, 629
FACIAS, FIERI: I, 451 -
FAEHNLE, A. E.: II, 515 -
FAGAN, P. T.: - III, 482
FAILS, A. C.: II, 73 -
FAINT, GEORGE: II, 83 -
FAINT, J. B.: II, 83, 275 -
FAIR, ADELAIDE M. PHILLIPS: - IV, 425
FAIR, ALEXANDER: II, 150
FAIR, ALICE: - IV, 425
FAIR, ANNE CAMPBELL: - IV, 425
FAIR, D. M.: II, 90, 222 -
FAIR, DANIEL MCCLURE: - IV, 425
FAIR, DANIEL: - IV, 37
FAIR, ELIZABETH: - IV, 37, 139
FAIR, ETHEL MARIAN: - IV, 425
FAIR, FLORINDA: - IV, 96
FAIR, GEORGE HILL: - IV, 425

FAIR, HARRIET SMITH: - IV, 425
FAIR, HARVEY R.: - III, 195
FAIR, HELEN MCCLELLAND: - IV, 425
FAIR, HOWARD M.: - IV, 90
FAIR, JAMES CAMPBELL: - IV, 425
FAIR, JAMES MEANS: - IV, 425
FAIR, JAMES: - IV, 425
FAIR, JANE ELIZABETH: - IV, 425
FAIR, LOUIS MARGARET: - IV, 425
FAIR, MARGARETTA A. MEANS: - IV, 425
FAIR, MARTHETTA STEPHENS: - IV, 425
FAIR, MARY E. ASKEW: - IV, 425
FAIR, MARY: - IV, 239, 345
FAIR, MAY C.: - IV, 425
FAIR, NANCY PEARL: - IV, 90
FAIR, PETER C.: - IV, 545
FAIR, PETER: I, 159 -
FAIR, R. H.: I, 619 -
FAIR, R. M.: - IV, 545
FAIR, R. W.: II, 43; - IV, 475
FAIR, R. WILLIS: II, 53; - IV, (DR.) 424, 425
FAIR, SAMUEL: - IV, 425
FAIR, SARAH: - IV, 97
FAIR, WILLIAM: II, 42 -
FAIRFIELD, (DR.): II, 52 -
FAIRFIELD, (REV.): - III, 238, 239 ; IV, 302
FAIRFIELD, CHARLES T.: - IV, 302
FAIRFIELD, E. B. (DR.): II, 52 -
FAIRFIELD, EDMUND BURKE: (REV.) IV, 301
FAIRFIELD, EDWARD MINOR: - IV, 302
FAIRFIELD, EMMA: - IV, 302
FAIRFIELD, GEORGE D.: - IV, 302
FAIRFIELD, HANNAH: - IV, 302
FAIRFIELD, J. C.: II, 9 -
FAIRFIELD, JAMES: - IV, 533
FAIRFIELD, JOHN M.: - IV, 302
FAIRFIELD, LEAH: - IV, 533
FAIRFIELD, MARY: - IV, 302
FAIRFIELD, MAY: - IV, 302
FAIRFIELD, MICAIAH (REV.): - IV, 302
FAIRMAN, DON: II, 575, (DONALD) 808 -
FAIRMAN, EUGENE: II, 808 -
FAIRMAN, FRANCES: - IV, 631
FAIRMAN, FRANCIS: I, 222, 296 -
FAITH, ELLA: - IV, 275
FAITH, J. E.: II, 501 -
FAITH, JACOB: I, 516 -
FAITH, MARY ANN: - IV, 444

FALL, ALBERT B.: - IV, 193
FALLETT, HELEN (MISS): - III, 589
FALLON, ROBERT: I, 219; - IV, 494
FALZONE, JOHN: II, 517 -
FARABAUGH, RICHARD H.: II, 692 -
FARIS, II, 398 -
FARMER, GEORGE: I, 81, 95 -
FARNSWORTH, ADDA M.: - IV, 548
FARNSWORTH, ADDA MCQUOWN: - IV, 353
FARNSWORTH, AZORIAH: - IV, 353
FARNSWORTH, BESSINA: - IV, 353
FARNSWORTH, BLANCHE: - IV, 353
FARNSWORTH, CLARA: - IV, 353
FARNSWORTH, DAVE: - IV, 353
FARNSWORTH, DAVID: - IV, 354
FARNSWORTH, ELIZABETH DEAN: - IV, 353
FAKNSWORTH, ELIZABETH WYMER: - IV, 354
FARNSWORTH, ELIZABETH: - IV, 108, 354
FARNSWORTH, ENOCH: I, 210; II, 173; - IV, 354
FARNSWORTH, EULALE OLLOWENE: - IV, 353
FARNSWORTH, EVA: - IV, 353, 579
FARNSWORTH, GWEN: - IV, 353
FARNSWORTH, HENRY: - IV, 354
FARNSWORTH, IDA: - IV, 353, 586
FARNSWORTH, JANE MCCARTNEY: - IV, 354
FARNSWORTH, JEAN VERNE: - IV, 353
FARNSWORTH, JENNIE MCALLISTER: - IV, 354
FARNSWORTH, JOHN A.: - IV, 579
FARNSWORTH, JOHN ARTHUR: - IV, 352, 353, 354
FARNSWORTH, JOHN M.: - IV, 353, (II) 353
FARNSWORTH, JOHN MCQUOWN: - IV, 353
FARNSWORTH, JOHN; II, 664; - III, 562, 563; IV, 108, 275, 353, (I) 354, (II) 354, 579, 586
FARNSWORTH, JOSEPH: - IV, 353
FARNSWORTH, LOUISA: - IV, 353
FARNSWORTH, LOUISE: - IV, 354
FARNSWORTH, MARIA TURNBAUGH: - IV, 354
FARNSWORTH, MARY ANN BUTERBAUGH: - IV, 353, 579
FARNSWORTH, MARY ANN: - IV, 275
FARNSWORTH, MARY BUTERBAUGH: - IV, 586
FARNSWORTH, MARY JANE: - IV, 354
FARNSWORTH, MAY: - IV, 353
FARNSWORTH, MINE PEARL: - IV, 353
FARNSWORTH, MOLLY JEAN: - IV, 353
FARNSWORTH, NANCY WILSON: - IV, 354
FARNSWORTH, NANCY: - IV, 354
FARNSWORTH, SALINA: - IV, 354
FARNSWORTH, SUSAN GLANCEY: - IV, 353
FARNSWORTH, SUSANNA I.: - IV, 353
FARNSWORTH, SUSANNA IRWIN: - IV, 108
FARNSWORTH, SUSANNA TURNER: - IV, 354
FARNSWORTH, TOBIAS JOHN: - IV, 353
FARNSWORTH, VERNE: - IV, 353
FARNSWORTH, WILLIS J.: - IV, 353, 548
FARNSWORTH, WILLIS JOHN: - IV, 353
FARQUHAR, A. B.: I, 651 -
FARRELL, "RED": II, 300 -
FARRELL, CHARLES: I, 511 -
FARREN, REUBEN: II, 165 -
FARRI, (FATHER): - III, 424
FARRINGTON, (PROF.): I, 458 -
FARRINGTON, ELIZABETH: - IV, 368
FARRINGTON, S. A. B. (PROF.): II, 85 -
FAULKINBRIDGE, - III, 216
FAULKNER, EVE: - IV, 150
FAUSOLD, (DR.): II, 529 -
FAUSOLD, ADA HAYES: - IV, 565
FAUSOLD, ADA: - IV, 566
FAUSOLD, ALICE BOYD: - IV, 565
FAUSOLD, ANN SHANK: - IV, 565
FAUSOLD, CASPAR: - IV, 566
FAUSOLD, CHARLES: - IV, 566
FAUSOLD, DARYL CLEMENT: - IV, 565
FAUSOLD, EDNA BREEGLE: - IV, 565
FAUSOLD, ELEANOR GILMORE: - IV, 566
FAUSOLD, ELLEN FREEMAN: - IV, 566
FAUSOLD, ESTELLE SUPRIC: - IV, 565
FAUSOLD, GEORGE MCCLELLAN: - IV, 565
FAUSOLD, GRACE: - IV, 566
FAUSOLD, JOHN: - IV, 566
FAUSOLD, MARIA DOROTHEA SHEAFFER: - IV, 566
FAUSOLD, MARTIN L.: - IV, 566
FAUSOLD, MARTIN LUTHER: - IV, 565
FAUSOLD, PATRICIA HOWELL: - IV, 565
FAUSOLD, SAMUEL (DR.): II, 412, 528, 530; - IV, 564, 565, (JR.) 565, 566
FAUST, C. E.: II, 227 -
FAUST, IRVIN N.: II, 434 -
FAY, LEONARD A.: II, 451 -

FEATHERSTONE, JOHN C.: II, 419 -
FEDDER, CLAVIN: II, 752 -
FEDELUM, GEORGE: II, 248 -
FEDEROCK, PETER: - III, 481
FEDORICK, THEODORE: - III, 481
FEE, I, 104; II, (MR.) 399, 571 -
FEE, ANDREW: I, 133, 160 -
FEE, CARLYLE R.: - III, 619
FEE, CATHERINE J.: - IV, 300
FEE, ELIZABETH: I, 133 -
FEE, H. W.: II, 408, 410 -
FEE, HARRY W.: II, 208, 306, 375, 410, 412, 446, 447, 526 -
FEE, HARRY: - III, 451
FEE, JAMES: II, 761; - III, 601
FEE, JANE: I, 133 -
FEE, JEANNETTE: I, 133 -
FEE, JESSE: - IV, 300
FEE, ROENA: - IV, 320
FEE, ROSANNA: - IV, 76
FEE, TOM: II, 71 -
FEGURSON, CAPT.: I, 639 -
FEIDLER, MADELINE MAE: - IV: 4
FEINBURG, ANNE: IV, 541
FEIT, - III, 395
FEIT, GEORGE (MRS.): II, 525 -
FEIT, GEORGE J.: II, 395, 399, 414, 548; - IV, 125, 229
FEIT, GEORGE JOHNSTON: - IV, 228
FEIT, GEORGE: II, 291 -
FEIT, JOHN: - IV, 229
FEIT, MARY JANE JOHNSTON: - IV, 229
FEITSHANS, EDWIN F. (MRS.): - IV, 476
FENDLER, GEORGE: I, 73 -
FENLON, D. A. (MRS.): - III, 364
FENLON, D. A.: II, 158 -
FENNELL, MAE: - IV, 314
FENNELL, WILLIAM: - III, 281
FENTON, C.: I, 475 -
FENTON, CAROL MARGARET: - IV, 559
FENTON, CHARLES H.: - IV, 560
FENTON, DOROTHY JANE: - IV, 559
FENTON, ELINOR PRYOR: - IV, 559
FENTON, ELIZABETH RIPLEY: - IV, 559
FENTON, FRANK LESLIE: IV, 559, 560
FENTON, FRANK MUHLEMAN: - IV, 559
FENTON, GERTRUDE L.: - IV, 560
FENTON, GRACE E. DUDLEY: - IV, 559
FENTON, JAMES (COL.): I, 258; - III, 57, 58, 60
FENTON, JAMES E.: - IV, 560
FENTON, JAMES: - IV, 559, 560

FENTON, JENNIE C. CRAWFORD: - IV, 559
FENTON, JOHN W.: - IV, 559
FENTON, JOHN: - IV, 429, 560
FENTON, LILLIAN MARIE: - IV, 559
FENTON, LILLIAN MAY MUHLEMAN: - IV, 559
FENTON, LULU P. DAVIS: - IV, 560
FENTON, MARJORIE: - IV, 559
FENTON, MARY ELIZABETH THOMAS: - IV, 559
FENTON, MARY JANE WEIR: - IV, 559
FENTON, MARY: - IV, 354, 429
FENTON, NEDWENA GIBSON: - IV, 560
FENTON, NETTIE CLAWSON: - IV, 560
FENTON, QUINDARA KERR: - IV, 560
FENTON, ROBERT C.: - IV, 559
FENTON, ROBERT: - IV, 560
FENTON, RUTH: - IV, 559
FENTON, WILLIAM H.: - IV, 560
FENTON, WILLIAM J.: - IV, 560
FENTON, WILMER CRAIG: - IV, 559
FERGUSON, (MRS.): - III, 388
FERGUSON, ANNA DAVIS: - IV, 370
FERGUSON, ARABELLA MORTON: - IV, 369
FERGUSON, CAROLINE: - IV, 369
FERGUSON, DAVID: I, 344; - IV, (CAPT.) 369, 370
FERGUSON, DERBY: I, 81, 83, 98 -
FERGUSON, E.: I, 616 -
FERGUSON, ELIZABETH ELLIOTT: - IV, 370
FERGUSON, ELIZABETH JOHNSTON: - IV, 370
FERGUSON, ELIZABETH: - IV, 370
FERGUSON, ELLIOTT: - III, 212, 225; IV, 369, 370
FERGUSON, EMELINE: - IV, 369
FERGUSON, HANCE: - IV, 370
FERGUSON, HARRIET: - IV, 429
FERGUSON, HORACE: - IV, 369
FERGUSON, HULDA CLAWSON: - IV, 369
FERGUSON, ISABELLA: - IV, 365
FERGUSON, JAMES: - IV, 370
FERGUSON, JANE: - IV, 370
FERGUSON, JEHU: - IV, 370
FERGUSON, JOHN D.: II, 116 -
FERGUSON, JOHN: I, 622; - IV, 27
FERGUSON, LARRY C.: - IV, 369
FERGUSON, MARGARET: - IV, 370
FERGUSON, MARION: - IV, 492
FERGUSON, MARY: - IV, 370
FERGUSON, REBECCA: - IV, 370
FERGUSON, ROXANNA: - IV, 369

73

FERGUSON, S.: I, 616 -
FERGUSON, SAMUEL: - IV, 370
FERGUSON, SARAH JANE: - IV, 27
FERGUSON, SUSAN D.: - IV, 370
FERGUSON, W. SHERMAN: - IV, 27, 369
FERGUSON, WILHELMINA: - IV, 369
FERGUSON, WILLIAM DAVIS: - IV, 370
FERRARI, ANGELO: - III, 514
FERRARI, BARBARA MARIE: - III, 546
FERRARI, BRUNO: - III, 546
FERRARI, CHRISTINE: - IV, 307
FERREE, JOEL (LT. COL.): I, 256, 257 -
FERREE, JOSEPHINE: - IV, 540
FERREE, ROBERT A.: - IV, 540
FERRICK, FREDERICK: I, 54; - III, 2
FERRIER, A. C.: - III, 431
FERRIER, R. L.: II, 344 -
FERRIN, WILLIAM: I, 345 -
FESSENDEN, JOHN (COL.): - IV, 153
FESTBINDER, GEORGE: - IV, 402
FESTBINDER, SARAH: - IV, 402
FETSET, GEORGE: II, 248 -
FETSKO, JOE (S/SGT): II, 583 -
FETTERHOFF, ELIZABETH: - IV, 558
FETTERHOFF, H. C.: II, 278 -
FETTERMAN, AUGUSTUS: - IV, 570
FETTERMAN, MINNIE MYERS: - IV, 570
FETTERMAN, NOVA P.: - IV, 570
FETTERMAN, RAYMOND A.: II, 464 -
FETTERMAN, WILLIAM: - III, 613
FICK, A. F.: II, 447 -
FICKES, SUSAN: - IV, 205
FIDDLER, FRANCES: - IV, 97
FIELD, HAMILTON: II, 492 -
FIELD, MARSHALL: II, 217 -
FIELDS, JOSEPH: I, 84-G -
FIGHT, (MR.): - III, 68
FILE, CLINTON: II, 545, (MRS.) 550; - III, (MRS.) 496
FILER, - III, 294
FILLER, JENNIE: - IV, 25
FILLMORE, I, 589 -
FILLMORE, MILLARD: I, 398, 587 -
FILTON, I, 424 -
FINDLAY, (MRS.): - IV, 283
FINDLAY, JAMES: I, 280 -
FINDLAY, WILLIAM: I, 219 -
FINDLEY, - III, 273
FINDLEY, ABEL: - IV, 385
FINDLEY, BEN: - III, 431
FINDLEY, CARRIE HOOD: - IV, 385
FINDLEY, EDWARD: - IV, 217

FINDLEY, ELIZABETH GALBREATH: - IV, 141
FINDLEY, ELIZABETH MARIE MACNEALE: - IV, 141
FINDLEY, ELIZABETH: - IV, 141, 303
FINDLEY, GENEVA: - IV, 385
FINDLEY, GEORGE: I, 63, 68, 73, 75, 79, 80, 81, 84, 95, 96, 135, 167, 175, 337, 346, 517, 617; - III, 47; IV, 141, 401, 420-G
FINDLEY, ISABELLE: - IV, 141
FINDLEY, J. A.: II, 159, 341 -
FINDLEY, JAMES: I, 159, 252, 337, 617; - IV, 141
FINDLEY, JOHN A.: II, 217 -
FINDLEY, JOHN ALLISON: - IV, 385
FINDLEY, JOHN: - IV, 141, 221
FINDLEY, MARY E.: - IV, 109
FINDLEY, MARY: II, (MRS.) 563; - IV, 221, 447
FINDLEY, NANCY J.: - IV, 385
FINDLEY, PAMELIA: I, 517 -
FINDLEY, PARMELIA DILL: - IV, 141
FINDLEY, PEARL: - IV, 217
FINDLEY, SAMUEL: - IV, 55
FINDLEY, SARAH: - IV, 217, 221
FINDLEY, VERNA: - III, 457
FINDLEY, WILLIAM HARVEY: - IV, 109
FINDLEY, WILLIAM: I, 121, 123, 125, 131, 137, 140, 143, 529 -
FINE, IRA C.: II, 457 -
FINE, JOHN S.: II, 728; - III, 557
FINK, GILMORE C.: II, 157 -
FINK, JOEL: II, 157 -
FINK, MINERVA: - IV, 526
FINK, VICTORIA: 804 -
FINKEL, LOIS LURIE: - IV, 81
FINKELSTEIN, FANNIE: - IV, 244
FINKELSTEIN, MAX: - IV, 244
FINLEY, JOHN A.: II, 152 -
FINLEY, JOHN: - IV, 280
FINLEY, SARAH: - IV, 280
FINNELL, KAYE: - IV, 463
FINNELL, TERRY D.: - IV, 463
FINSTHWAIT, FRANK: II, 330 -
FINSTHWAIT, HELEN MCKEAG (MRS.): II, 353 -
FIORENTINO, ANTHONY: II, 383 -
FIORINA, HELEN - III, 563
FISCHER, JOHANN JACOB: J - IV, 519
FISCHER, SOPHIA ELIZABETH: - IV, 519
FISCUS, II, 137 -
FISCUS, ALEXANDER: - IV, 527
FISCUS, CALVIN S.: II, 170 -
FISCUS, DAVID J.: - IV, 527

FISCUS, MABEL: - IV, 527
FISCUS, MARGARET: - IV, 631
FISCUS, MARY E. SMITH: - IV, 527
FISCUS, N. S. (REV.): II, 282 -
FISCUS, NANCY AGNES GIBSON: - IV, 527
FISCUS, RICHARD: - IV, 527
FISCUS, ROBERT W.: - IV, 527
FISCUS, ROBERT: II, 627 -
FISCUS, SUSAN: - IV, 527
FISCUS, VERNA RISING: - IV, 527
FISCUS, WILLIAM J.: II, 738; - II, 615, 616, 617, 618, 620
FISCUS, WILLIAM JACKSON: - IV, 526, 527, (JR.) 527, 527
FISCUS, WILLIAM: - III, 281
FISH, E. E.: II, 457 -
FISH, ERNEST E.: II, 375; - IV, 128
FISHER, I, 150; II, 397; - IV, 469
FISHER, (GOVERNOR): II, 470, 471, 472, 490, 525, 527 -
FISHER, (MR.): II, 396, 398, 399, 400 -
FISHER, A. C.: II, 502 -
FISHER, ANNA BARBARA: - IV, 518
FISHER, ARTHUR GETTEL: - IV, 277
FISHER, BARBARA ERRETT: - IV, 518
FISHER, BETSY FRY: - IV, 628
FISHER, CATHARINE: - IV, 27, 70, 108
FISHER, CATHERINE HELEN: - IV, 277
FISHER, CHARLES: - IV, 518
FISHER, CHARLOTTE: - IV, 518
FISHER, EFFIE MABEL: - IV, 518
FISHER, ELIZABETH ROYER: - IV, 518
FISHER, GARNETT: - IV, 148
FISHER, GLADYS WASHBURN: II, 663; - IV, 99, 517
FISHER, GLADYS: II, 533, 542, 801; - IV, 231, 232
FISHER, HANNAH: I, 131 -
FISHER, HAPSIE MILLER: - IV, 518
FISHER, HAPSIE: - IV, 231
FISHER, HERMAN: - IV, 518, 519
FISHER, I. H.: - III, 487
FISHER, IRVING H.: II, 491 -
FISHER, J. W.: II, 36 -
FISHER, JACOB: - IV, 628
FISHER, JAMES: - IV, 518
FISHER, JOHN GEORGE: - IV, 518
FISHER, JOHN ROYER: - IV, 518
FISHER, JOHN S.: I, (GOVERNOR) 35, 46; II, 187, 219, 262, 263, 264, 265, 268, (SENATOR) 268, 346, (ATTORNEY) 357, 393, 372, 394, 395, 400, (GOVERNOR) 401, 402, 403, 405, 420, 430, 511, 521, 533;- IV, 99, 186, 227, (II), 231, 231, 281, 289, 336, 384 (GOVERNOR) 398, 400, 420-A, 452, 469, 470, 518, (II) 567, (GOVERNOR) 617
FISHER, JOHN STUCHELL: - III, 385, 388, 453, 456, 461, 462-71, 483-86, 546AC; IV, (MRS. II) 99, (GOV.) 511, 512-16, (GOV.) 517, 518, 519
FISHER, JOHN: - III, 100; IV, 518
FISHER, JOSHUA: - IV, 24
FISHER, JOSIAH: - IV, 518
FISHER, LYDIA: - IV, 24
FISHER, MARGARET: - IV, 518
FISHER, MARIA LOUISE MCGAUGHEY: - IV, 518
FISHER, MARY (MISS): - III, 467
FISHER, MARY ANN (MOLLIE): - IV, 518
FISHER, MARY W.: - IV, 99, 231
FISHER, MARY: - IV, 515, 518
FISHER, MAUD: - IV, 571
FISHER, MIERS: I, 131; - III, 41
FISHER, MILES: - IV, 518
FISHER, NANCY A.: - IV, 48, 243
FISHER, PHILIP: - IV, 518
FISHER, REBECCA YARGER: - IV, 518
FISHER, ROBERT (MRS.): II, 521 -
FISHER, ROBERT M.: II, 463, 472, 636, 729; - III, 262-H; IV, (MR. & MRS.) 426, 518, 567
FISHER, ROBERT MILLER: - IV, 99, 231, 518
FISHER, ROBERT: II, 527; - III 467
FISHER, S. J. (REV.): - IV, 275
FISHER, SALLY: - IV, 243
FISHER, SAMUEL R.: I, 131; - IV, 518
FISHER, SAMUEL ROYER: - IV, 518
FISHER, SAMUEL: - III, 41
FISHER, SARAH (MRS.): - III, 101
FISHER, SARAH JANE NEFF: - IV, 99
FISHER, SARAH JANE: - IV, 231
FISHER, SUSAN: - IV, 628
FISHER, SUSANNAH: - IV, 25
FISHER, THOMAS: I, 131; - III, 41
FISHLER, JOHN V.: I, 600 -
FISK, CLINTON B.: II, 18 -
FISKE, EDWARD B.: II, 718 -
FITHIAN, II, 407
FITZGERALD, (CAPT.): I, 340 -
FITZGERALD, JEAN: - IV, 487
FITZGERALD, ZILPH M.: IV, 35
FITZSIMMONS, HUGH R.: II, 668
FITZSIMMONS, HUGH: II, 538
FITZWATER, DEBORAH: - IV, 337
FLAHERTY, II, 745 -
FLAHERTY, PETER: II, (PETE) 741; - III, 621
FLAKER, SARAH JANE: - IV, 141
FLANIGAN, (MISS): - IV, 64

75

FLANIGAN, EILEEN ELIZABETH: - IV, 66
FLANNERY, JAMES F. (1ST LT.): II, 762-
FLANNIGAN, NANCY: - IV, 239
FLECK, BEN: - III, 166
FLECK, BENJAMIN: - IV, 150
FLECK, CATHERINE: - IV, 477
FLECK, LEWIS (MRS.): - III, 364
FLECK, MARY ANN: - IV, 150
FLECK, WILLIAM M.: - IV, 285
FLECK, ZORA J.: - IV, 285
FLEEGER, ALBERT: - IV, 484
FLEEGER, LAURA MATILDA: - IV, 484
FLEEGER, PAUL: II, 540 -
FLEEGER, RITZ: II, 540 -
FLEGAL, JOHN A. L.: - IV, 286
FLEGAL, MARGARET: - IV, 286
FLEGAL, MARY EDNA: II, 529, (MISS) 533 -
FLEGAL, VIRGINIA: - IV, 286
FLEMING, I, 684 -
FLEMING, (MRS.): - III, 259
FLEMING, (REV.): I, 373 -
FLEMING, ANDREW: - IV, 246
FLEMING, ANGELINE MAHON: - IV, 571
FLEMING, ANN: - IV, 571
FLEMING, ANNIE MORTON: - IV, 571
FLEMING, ARCHIBALD: - IV, 369
FLEMING, BETTY OLIVE: - IV, 538
FLEMING, CHARLES: II, 97; - IV, 538
FLEMING, CLAY: - IV, 538
FLEMING, CLIFFORD: - IV, 538
FLEMING, D. A.: II, 343 -
FLEMING, DALE: - IV, 538
FLEMING, DAVID W.: - IV, 619, 627
FLEMING, DONALD R.: - IV, 538
FLEMING, EDITH: - IV, 571
FLEMING, EDWARD L. (DR.): - III, 479
FLEMING, ELIZA: - IV, 571
FLEMING, ELIZABETH RICHARDSON: - IV, 619
FLEMING, ELIZABETH: - IV, 369, 484, 571, 591, 597, 627
FLEMING, EMMA: - IV, 129
FLEMING, ETHEL HOCKENBURY: - IV, 538
FLEMING, GAMBLE: II, 237, 266 -
FLEMING, GAYLE WELTEROTH: - IV, 538
FLEMING, GEORGE: - IV, 129
FLEMING, J. G.: - III, 431
FLEMING, JAMES: I, 676, 677; - IV, 571, 619
FLEMING, JANE MARGERY: - IV, 571
FLEMING, JANE: - IV, 571, 594

FLEMING, JERRY D.: - IV, 538
FLEMING, JOHN S.: - III, 225
FLEMING, JOHN: I, 81, 255, 534; - IV, 571
FLEMING, JOY THOMAS: - IV, 538
FLEMING, KATE I.: - IV, 571
FLEMING, LARRY D.: - IV, 538
FLEMING, MARGARET J. BRANDON: - IV, 571
FLEMING, MARGARET: - IV, 571
FLEMING, MARTHA I. SAMUEL: - IV, 571
FLEMING, MARTIN I.: - IV, 571
FLEMING, MARTIN: II, 250 -
FLEMING, MARY A.: - IV, 453
FLEMING, MARY ANNADORA: - IV, 538
FLEMING, MARY GAMBLE: - IV, 619
FLEMING, MARY JANE WILSON: - IV, 537
FLEMING, MATILDA MAGUIRE: - IV, 484
FLEMING, MAUD: - IV, 571
FLEMING, MERLE: - IV, 538
FLEMING, MORTON J.: - IV, 484
FLEMING, NANCY HENDERSON: - IV, 627
FLEMING, NANCY JANE HENDERSON: - IV, 619
FLEMING, NANCY: - IV, 87, 571
FLEMING, NETTIE: - IV, 477
FLEMING, PAULA WOODOWSKI: - IV, 538
FLEMING, PHILIP H. SHERIDAN: - IV, 571
FLEMING, QUAY: - IV, 538
FLEMING, R. F.: II, 463 -
FLEMING, R. M.: II, 171 -
FLEMING, RACHEL: IV, 376
FLEMING, RACHEL CAMPBELL: - IV, 571
FLEMING, RANDY D.: - IV, 538
FLEMING, RICHARD: - IV, 538
FLEMING, ROBERT D.: - III, 566
FLEMING, ROBERT: I, 516; - III, 132
FLEMING, ROY: II, 637; - III, 601, 629; IV, 537, 538
FLEMING, SADIE: - IV, 248
FLEMING, SAMUEL: II, 258; - IV, 571
FLEMING, SARAH: - IV, 246, 571
FLEMING, SHARON SANDERS: - IV, 538
FLEMING, THOMAS KENNETH: - IV, 538
FLEMING, THOMAS: - IV, 571, 619
FLEMING, WILLIAM B.: - IV, 571
FLEMING, WILLIAM: I, 81, 683; - IV, 571

FLENNIKEN, II, 414, 501 -
FLENNIKEN, BERTHA ANTHONY: - IV, 396
FLENNIKEN, ELIAS A.: - IV, 396
FLENNIKEN, HAMILTON N.: - IV, 396
FLENNIKEN, J. B.: II, 403, 408, 410, 479; - IV, 396
FLENNIKEN, JOHN B.: II, 492 -
FLENNIKEN, LOTTIE NEWCOMER: - IV, 396
FLENNIKEN, MARY: - IV, 396
FLENNIKEN, ROBERT B.: - IV, 396
FLETCHER, II, 128 -
FLETCHER, (GOV.): I, 408 -
FLETCHER, ERNEST: II, 183, 184, 185-
FLICK, ROBERT: - III, 547
FLICKINGER, HARRY: II, 522; - III, 384
FLICKINGER, LYSLE: II, 487 -
FLINN, CHARLES C.: - IV, 72, 73
FLINN, DIANA HOLMAN: - IV, 72
FLINN, WILLIAM: II, 268, 270 -
FLOOD, GERALD F.: - III, 532
FLORA, CATHERINE: - IV, 97
FLORY, JOSEPH W. (DR.): II, 717 -
FLOTO, MAX C.: II, 767 -
FLOYD, (SECRETARY): - IV, 201
FLUDE, II, 137 -
FLUDE, LYDIA STEETLE (MRS.): - IV, 603
FLYNN, FRANK: II, 241 -
FLYNN, M.C.: II, 592
FOCHT, EVORE: - IV, 434
FOCHT, VIRGINIA: - IV, 434
FOGLE, LEWIS: II, 756 -
FOLDY, CHARLES: - III, 400
FOLEY, LEE: II, 808 -
FOLEY, MARY: - IV, 623
FOLEY, REPECCA: IV, 228
FOLGER, EDWARD MILTON: - IV, 533
FOLGER, FAITH GERTRUDE: - IV, 533
FOLGER, OLIVE GILSON KINGMAN: - IV, 533
FOLGER, OLIVE: II, 801 -
FONDA, HENRY: - IV, 448
FONDA, JANE: - III, 603, 604
FOOSE, MINA: - III, 457
FORBES, ALLEN: - IV, 79
FORBES, J. J.: - III, 480
FORBES, JANE PAULINE: - IV, 79
FORBES, JOHN (GEN.): I, 55, 56, 57, 58, 59, 66; - III, 9
FORBES, M. (CAPT.): I, 629 -
FORBES, MURRAY: II, 321 -
FORD, I, 636 -
FORD, (PRES.): II, 742 -

FORD, A. D.: II, 112 -
FORD, ALONZO: I, 602 -
FORD, GERALD: II, 741; - IV (VICE PRES.) 140
FORD, HENRY: - IV, 175
FORD, JOHN P.: II, 148 -
FORD, JOHN PAUL: - IV, 86
FORD, MARTHA JANE: - IV, 86
FORD, RUSSELL: I, 347 -
FORD, W. R. (PROS.): II, 169 -
FORD, WILLIAM R.: I, 474, 625 -
FORDIER, ESTA BRENNER: - IV, 198
FOREMAN, CAESAR A.: II, 251 -
FOREMAN, CHARLES: I, 112 -
FOREMAN, ED: II, 639 -
FOREMAN, THEODORE: II, 575 -
FORESI, Y. ELAINE: - IV, 547
FORESMAN, P. H.: II, 498 -
FORESTER, I. G. GORDON: - III, 498
FORRESTER, R. E.: II, 439 -
FORRESTER, RALPH E.: - III, 487, 488, RALPH 546A
FORSHA, JOSEPH (CAPT.): II, 575 -
FORSYTHE, I, 585 -
FORSYTHE, JAMES: - IV, 62
FORSYTHE, JOHN: - IV, 606
FORSYTHE, MARTHA: - IV, 62, 68, 606
FORWARD, WALTER: I, 440, 441, 442 -
FOSTER, II, iii, 3
FOSTER, I, 592, 596; II, 109, 178, 405, 411; - III, 144
FOSTER, (DR.): II, 484 -
FOSTER, (WIDOW): I, 197 -
FOSTER, ALEXANDER W.: I, 220, 221 -
FOSTER, BRIAN: - III, 561
FOSTER, CHARLES R.: II, (DR.) 404, 476, 480, 525-528, 530; - III, 484, 490, (MR. & MRS.) 491; IV, (DR.) 338, (JR.) 339
FOSTER, GLEN (MR. & MRS.): - III, 561
FOSTER, H. D.: - III, 51, 52
FOSTER, H. S.: I, 573 -
FOSTER, HENRY D.: I, 248, 519, 593, 594; II, 2, 4; - IV, 114, 115, 118, 383
FOSTER, J. M.: II, 44 -
FOSTER, KEITH: - III, 561
FOSTER, MARY: - IV, 260
FOSTER, MAY WEIBLE: - IV, 339
FOSTER, ROGER: - III, 561
FOSTER, STEPHEN: I, 503; II, 87, 664; - IV, 588
FOSTER, W. B.: I, 247 -
FOSTER, WILLIAM B.: - IV, 199
FOUGHT, C. F. (MR).: II, 370 -
FOULKS, JOHN: I, 468, 475 -
FOUST, J. W. (DR.): II, 268 -

FOUST, LEVI: II, 149 -
FOUST, ROBERT WILLIAM: - III, 624
FOUST, SHERRI LYNNE: - IV, 532
FOWLER, DAVID: II, 471 -
FOWLER, ERNEST C.: I, 522 -
FOWLER, N. F.: II, 421, 462 -
FOX, BETTY: - IV, 527
FOX, DAVID (CAPT.): I, 652 -
FOX, GEORGE: II, 300 -
FOX, HARRY M.: II, 741 -
FOX, JOSEPH M.: I, 227; II, 157 -
FRALEY, MERCY: - IV, 591
FRAMPTON, ALICE: - IV, 613
FRAMPTON, HARRIET ROCHESTER: - IV, 613
FRAMPTON, HARRIET: - IV, 613
FRAMPTON, J. W.: II, 84 -
FRAMPTON, JOHN H.: II, 548 -
FRAMPTON, JOHN W.: - IV, 613
FRAMPTON, JOHN: - IV, 234
FRAMPTON, LACONIUS: - IV, 234
FRAMPTON, LILLIAN: - IV, 234
FRAMPTON, MARIA GARCIA: - IV, 234
FRAMPTON, NATHANIEL: - IV, 234
FRAMPTON, SAMUEL: - IV, 234
FRAMPTON, THOMAS: - IV, 234
FRAMPTON, WILLIAM: - IV, 234
FRANCE, MILTON G.: II, 95 -
FRANK, MARTHA: - IV, 499
FRANKHAUSER, JACOB: - IV, 15
FRANKHOUSER, MARGARET: - IV, 15
FRANKLIN, ALDA JEAN: - IV, 268
FRANKLIN, BENJAMIN: I, 39, 40, 43, 84I, 87, 92 (REV.) 489; II, 430, 443, (BEN) 631, 653, 693, 694, 695, (BEN) 783; - III, 483, 484; IV, 91, 158, 420, 434, 441, 516, 527, (BEN) 531, 602, 617
FRANKLIN, CAMILLIA: - IV, 253
FRANKLIN, WILLIAM: I, 39, 40, 84I -
FRANKS, JOHN E. (DR.): - III, 569
FRANKS, U. A.: - III, 227
FRANSON, ANN: - IV, 618
FRANTZ, ANNA MARIA: - IV, 205
FRANTZ, HENRY: - III, 381
FRANTZ, JAKE: II, (MR. & MRS.) 571 -
FRARIER, CHRISTOPHER: - III, 400
FRARY, LUCY: - IV, 156
FRATTURA, FRANK: - III, 578
FRAY, DAWN: - IV, 205
FRAZER, I, 592 -
FRAZER, JOHN: I, 43 -
FRAZER, W. S.: II, 230 -
FRAZER, WILLIAM: I, 213 -
FREAS, ANNABELLE: - IV, 589

FRECH, ANNA MARY JACOBY: - IV, 463
FRECH, ANNIE A.: - IV, 462
FRECH, CATHERINE: IV, 463
FRECH, EARL: - III, 614-A
FRECH, GEORGE: - IV, 462, 463
FRECH, JOHN: - IV, 463
FRECH, MARY ELIZABETH: - IV, 463
FRECH, MARY LAVINA: - IV, 462
FRECH, ORPHA: - IV, 293
FRECH, PETER: - IV, (JR.) 462, (JR. & SR.) 463
FRECH, REBECCA KIMPLE: - IV, 462
FREDERICK, SAMUEL A.: II, 382
FREDRICK, VIRGINIA S.: - IV, 335
FREED, GEORGE WILLIAMS: - IV, 439
FREED, JANE: - IV, 439
FREEDLINE, AMANDA: - IV, 506
FREEDLINE, SAMUEL: - IV, 506
FREELAND, RICHARD (CAPT.): I, 337 -
FREELAND, SARAH: IV, 359
FREEMAN, ELLEN: - IV, 566
FREEMAN, ELVIRA SHONTS/SHAUNTZ: - IV, 566
FREEMAN, PHILIP: - IV, 566
FREEMAN, SAMUEL: - IV, 566
FREEMONT, JOHN C.: I, 588-89 - IV, 231
FREMONT, JOHN: - IV, 89
FRENCH, CLARA: - IV, 309
FRENCH, FRANK (DR.): - IV, 309
FRENCH, JANE: - IV, 139
FRENCH, JOHN H.: II, (DR.) 53; - IV, 420-C
FRENCH, JOHN HOMER (DR.): - IV, 308
FRENCH, JONATHAN, (DR.): I, 164; - III, 37; IV, 139, 376
FRENCH, MARY E. WASHBURN: - IV, 309
FRENCH, MARY LOUISE: - IV, 309
FREY, PETER: I, 289 -
FRICK, H. C.: - IV, 263
FRICK, JOHN: II, 208 -
FRICK, TOM: - III, 574
FRICKE, ERNEST B. (DR.): II, 675 -
FRIDLEY, JACOB: - IV, 571
FRIDLEY, LEAH: - IV, 571
FRIEDAN, BETTY (MS): II, 803 -
FRIEDLINE, CATHERINE: - IV, 591
FRIEDLINE, EUGENE: II, 668 -
FRIEDT, MARY: - IV, 209
FRITCHMAN, DONNA SMELTZ: - IV, 239
FRITCHMAN, ETHEL N.: - IV, 239
FRITCHMAN, F. M. (SUPER.): II, 203

FRITCHMAN, F. M.: II, 194, 371; - III, 406, 421; IV, 333
FRITCHMAN, FRANK MARKLE: - IV, 239
FRITCHMAN, H. VERNON: - IV, 240
FRITCHMAN, HARRY VERNON: - IV, 239
FRITCHMAN, MAGDELENA: - IV, 239
FRITCHMAN, MARY: - IV, 239
FRITCHMAN, VERNON N.: - IV, 239
FRITCHMAN, WILLIAM PAGE: - IV, 239
FRITZ, ALFRED: II, 172 -
FROESE, KATHERINE: - IV, 60
FROST, I, 592 -
FROST, BESSIE ALICE: - IV, 502
FROST, FREDERICK VAN WAGENER: - IV, 502
FROST, HARRIET: - IV, 502
FRY, ANN: - IV, 309
FRY, BETSY: - IV, 628
FRY, CHESTER: II, 252 -
FRY, JACOB (JR.): I, 588 -
FRY, JOHN: II, 515 -
FRY, KINTER: II, 226 -
FRY, LEVI: I, 510 -
FRY, WILLIAM: - III, 310
FRYE, CLARENCE: II, 423; - III, 410, 411
FRYE, EDNA: II, 556 -
FRYE, J. M. (MRS.): - III, 364
FUCHS, A. E.: II, 212 -
FUCHS, A. K.: II, 213 -
FUCHS, E. J.: II, 213 -
FUGET, CHARLES (DR.): II, 724; - III, 573
FUGET, CHARLES R. (DR.): - IV, 615
FUGET, CRAIG: - IV, 615
FUJII, JAMES: - III, 587
FULKERSON, ANN: - IV, 422
FULLER, JENNIE NEAL: - IV, 25
FULLER, SMITH (DR.): I, 679 -
FULLERLOVE, - III, 507
FULLERTON, HUMPHREY: I, 27 -
FULLERTON, LETITIA: - IV, 369, 418, 619
FULLERTON, RETTA: - IV, 203
FULLERTON, THEODORE: II, 697 -
FULLINGTON, NORA: - IV, 637
FULMER, ALBERTA: - IV, 582
FULMER, CHRISTIANA ANN: - IV, 479
FULMER, H. J.: - III, 253, 255
FULMER, JAMES WILMER: - IV, 596
FULMER, MARGARET: - IV, 595
FULMER, MARY CATHERINE STEFFY: - IV, 596

FULMER, MARY ELLEN DONAHUE: - IV, 596
FULMER, SIMON P.: - IV, 596
FULMER, SOLOMON: - IV, 596
FULMER, SUE (MISS): II, 344 -
FULMER, SUSAN DUNMIRE: - IV, 596
FULTON, II, 126
FULTON, A. H.: II, 10, 15, 112; - III, 276
FULTON, A. W.: II, 4 -
FULTON, A.: II, 24 -
FULTON, AGNES DOUTHITT: - IV, 173
FULTON, AGNES FULTON: - IV, 558
FULTON, ALEXANDER HAMILTON: - IV, 173
FULTON, ALEXANDER: - IV, 174
FULTON, ANNA MARY: - IV, 173
FULTON, ANNA: - IV, 173
FULTON, CAROLINE: - IV, 173
FULTON, CATHERINE HARBISON: - IV, 173, 174
FULTON, CORNELIA: - IV, 173
FULTON, DAVID: I, 160, 167, 175, 281; - III, 42
FULTON, ELIZABETH: - IV, 173
FULTON, FRANK: - III, 481
FULTON, GEORGE: - IV, 174
FULTON, J. C.: II, 356 -
FULTON, J. E.: II, 148 -
FULTON, JAMES C.: II, 244 -
FULTON, JAMES ROSS: - IV, 173
FULTON, JAMES: I, 190 -
FULTON, JANE: - IV, 174
FULTON, JEMIMA: - IV, 174
FULTON, JOHN: I, 395; II, 66, 691; - IV, 174, 211
FULTON, JOSEPH: - IV, 173
FULTON, KEZIAH ANN: - IV, 174
FULTON, MARGARET: - IV, 174, 286
FULTON, MARIA MCCLELLAND: - IV, 173
FULTON, MOSES: - IV, 558
FULTON, NANCY CUNNINGHAM: - IV, 174
FULTON, RACHEL ELDER: - IV, 174
FULTON, REBECCA: - IV, 173
FULTON, ROBERT: I, 174; - IV, 173, 174
FULTON, RUTH: - IV, 174
FULTON, SAMUEL T.: I, 30 -
FULTON, SARAH A.: - IV, 228
FULTON, SARAH: - IV, 173, 174
FULTON, SILAS ALFRED (REV.): - IV, 173
FULTON, SILAS: - III, 215; IV, 173, 174
FULTON, WILLIAM: II, 59 -

FUNCK, RICHARD S.: - IV, 621
FURGUSON, J.: II, 243 -
FURL, CHARLENE: - IV, 60
FURLONG, JIMMY: II, 444 -
FURLONG, LOU: II, 444 -
FURMAN, (REV. DR.): - III, 344
FURMAN, A. J. (REV.): - III, 347
FURMAN, MELSENA CHRISTINA: - IV, 178
FURMAN, PARMELIA KELLY: - IV 178
FURMAN, SAMUEL (REV.): I, 493; - IV, 178
FURMAN, SAMUEL: I, 661 -
FURMAN, WILLIAM: - IV, 178
FURNACE, MOLLIE: I, 81 -
FUSION, I, 597 -
FUZZANI, ANTONIO: - III, 409
FYLER, A.: I, 458, 626 -
FYOCK, ANNA MINERVA SHORT: - IV, 525
FYOCK, DAVID: II, 44 -
FYOCK, ED: II, 545 -
FYOCK, ELIZABETH: - IV, 319, 609
FYOCK, JACOB: II, 461 -
FYOCK, LEVI: - IV, 319
FYOCK, WILDA JEAN: - IV, 148
GABBY, ANN MCMILLAN: IV, 87
GABBY, ANN: IV, 86
GABBY, JAMES: IV, 87
GABBY, JANE: IV, 86, 87
GABBY, JOHN: IV, 87
GABBY, MARY: IV, 87
GABBY, WILLIAM: IV, 86, 87, (SR) 87
GABLE, BETTY: IV, 112
GABSTER, JOHN: II, 780
GAERTNER, EMIL: II, 515
GAFFNEY, FRANCIS: IV, 452
GAGE, (GEN.): I, 86
GAHAGAN, ADAM: IV, 433
GAHAGAN, CATHARINE: IV, 433
GAHAGAN, EVA: IV, 433
GAHAGAN, JOAN: IV, 38U
GAHAGAN, MARY ELIZABETH: IV, 483
GAHAGAN, O. S.: IV, 483
GAHAGEN, ADAM: IV, 339
GAHAGEN, CATHARINE: IV, 339
GAHAGEN, CHRISTINA YOUNG: IV, 339
GAHAGEN, ELIZABETH: IV, 339
GAHAGEN, GLENDA L.: IV, 547
GAHAGEN, THOMAS: IV, 339
GAILEY, A. W.: II, 196
GAILEY, CLARA M.: IV, 258
GALASKO, I, 45

GALBRAITH, ALEXANDER: IV, 419
GALBRAITH, JAMES: I, 115, (REV.) 164, 179, 287, 288; IV, (REV.) 414, 419
GALBRAITH, MARY: IV, 361, 414
GALBRAITH, NANCY: IV, 571
GALBRAITH, RACHEL: IV, 419
GALBRAITH, ROBERT: I, 128, 132, 138, 139
GALBRAITH, SARAH: IV, 419, 421
GALBRAITH, SUSAN: IV, 245
GALBRAITH, THOMAS: I, 75, 95
GALBREATH, BETSY: IV, 223
GALBREATH, CATHERINE: IV, 580
GALBREATH, ELIZABETH: IV, 141, 279
GALBREATH, JANE: IV, 141
GALBREATH, JOHN: IV, (COL.) 141, 441
GALE, MARY (MRS): I, 412
GALENTINE, (MRS. DR.): IV, 309
GALENTINE, JOHN: II, 359
GALL, JONAS: I, 84G, 155, 156; III, 39
GALLAGHER, (GEN.): III, 271
GALLAGHER, ELIZABETH: IV, 606
GALLAGHER, GRAF: I, 27
GALLAGHER, HUGH: I, 608
GALLAGHER, JAMES J. A.: II, 704; III, 567
GALLAGHER, JAMES: I, 543
GALLAGHER, JOHN: I, 550
GALLAGHER, JOSEPHINE: IV, 582
GALLAGHER, P. (CAPT): I, 260, 261
GALLAGHER, PHILIP: I, 247
GALLAGHER, SARAH: II, 53
GALLAGHER, THOMAS: IV, 606
GALLAGHER, WALLACE: I, 543
GALLAHER, I, 233
GALLAHER, H. N.: I, 421
GALLAHER, J. W.: I, 422
GALLAHER, JOHN R.: I, 539
GALLAHER, MICHAEL: I, 602
GALLAHER, PHILIP (MAJOR): I, 267
GALLAHER, THOMAS: III, 217
GALLAUGER, JOHN: I, 357
GALLITZIN, DEMETRIUS (FATHER) I, 274, 291
GALLO, FRANCIS: IV, 622
GALLO, NANCY JANE: IV, 622
GALLO, PATRICIA LEE: IV, 76
GALLO, SAM: II, 539
GALLO, THOMAS: III, 420
GALLOWAY, (MAJOR): III, 62
GALVIN, GEORGE: II, 229
GAMAGE, III, 78
GAMBLE, III, 138

GAMBLE, ALBERT: IV, 141, 369
JAMBLE, ANNE KINNY: IV, 597
GAMBLE, ARCHIBALD F.: IV, 369
GAMBLE, CARRIE SIMPSON: IV, 369
GAMBLE, CATHARINE LUTE: IV, 369
GAMBLE, EDWIN R.: IV, 369
GAMBLE, ELIZABETH WAKEFIELD: IV, 369
GAMBLE, ELIZABETH: IV, 369
GAMBLE, FRANK: II, 301
GAMBLE, GEORGE M.: III, 114
GAMBLE, GEORGE W.: IV, 369
GAMBLE, GEORGE: IV, 597
GAMBLE, HARRIET N.: IV, 597
GAMBLE, HARRIET: IV, 369, 540
GAMBLE, HUGH PERRY: IV, 369
GAMBLE, J. M.: II, 149, 210
GAMBLE, JACOB A.: IV, 369
GAMBLE, JACOB K.: IV, 369, 540
GAMBLE, JACOB: I, 534, 535, 581
GAMBLE, JAMES ST. CLAIR: IV, 369
GAMBLE, JANE: IV, 427
GAMBLE, JOHN M.: IV, 369
GAMBLE, JOHN: IV, 369
GAMBLE, JULIA A.: IV, 369
GAMBLE, LAFAYETTE: II, 272
GAMBLE, LORENA: IV, 141
GAMBLE, MARIA: IV, 369
GAMBLE, MARIAN SCOTT: IV, 369
GAMBLE, MARY SHAFFER: IV, 369
GAMBLE, MARY WAKEFIELD: IV, 369
GAMBLE, MARY: IV, 369, 619
GAMBLE, T. B. (DR.): I, 509
GAMBLE, THOMAS: IV, 369
GAMBLE, W. H.: II, 149, 210
GAMBLE, WILLIAM HARRISON: IV, 369
GAMBLE, WILLIAM: IV, 369
GANG, II, 267
GANLEY, BERNARD J.: II, 691, 712, 728; IV, 62, 63
GANLEY, BERNARD: II, 717
GANLEY, HELEN DITCH: IV, 63
GANLEY, JAMES ROBERT: IV, 63
GANLEY, JOAN V. CAMPBELL: IV, 63
GANLEY, JOHN J.: IV, 63
GANO, I, 104
GANO, ETHEL REED: IV, 193
GANO, GEORGE W.: IV, 193
GARA, LARRY: III, 112
GARBER, ELLEN K.: II, 635
GARBER, VERNA: IV, 572
GARBISCH, BERNICE CHRYSLER: II, 665
GARBISCH, EDGAR WILLIAM: I, 62E

GARBO, GRETA: IV, 448
GARCIA, MARIA: IV, 234
GARDNER, I, 665; IV, 115
GARDNER, ALEXANDER: IV, 381
GARDNER, ANN: IV, 381
GARDNER, ANNA E.: IV, 380
GARDNER, CHRISTINA: IV, 381
GARDNER, CLARA: IV, 548
GARDNER, DAVID (LT. COL.): IV, 381
GARDNER, ELIZABETH: IV, 381
GARDNER, FAITH GERTRUDE: IV, 533
GARDNER, FREDERICK: IV, 381
GARDNER, GEORGIA: IV, 38
GARDNER, HESTER CASSELL: IV, 380
GARDNER, HESTEK: IV, 380
GARDNER, HOWARD L.: IV, 38
GARDNER, JAMES: IV, 380, 381
GARDNER, JANE: IV, 381
GARDNER, JOHN: IV, 381, 533
GARDNER, JONATHAN H.: IV, 381
GARDNER, JOSEPH M: IV, 380
GARDNER, JOSEPH: IV, 381
GARDNER, KATE: IV, 380
GARDNER, MOSES: IV, 381
GARDNER, PHILIP L.: IV, 380
GARDNER, RACHEL: IV, 381
GARDNER, REBECCA T.: IV, 380
GARDNER, REBECCA: IV, 381
GARDNER, ROBERT: IV, 381
GARDNER, RUSSELL: II, 730
GARDNER, SALLIE: IV, 380
GARDNER, SAMUEL: IV, 381
GARDNER, WARREN A.: II, 236
GARDNER, WILLIAM T.: IV, 380
GAREE, W. S. (MR.): II, 218
GARFIELD, II, iii
GARFIELD, (PRESIDENT): II, 13; III, 49; IV, 363
GARFIELD, JAMES A.: II, 12; IV, 170
GARMAN, EMMA GRACE: IV, 626
GARMAN, ETTA MAY: IV, 446
GARMAN, JACOB: III, 321
GARMAN, JAMES T.: II, 423
GARMAN, JAMES: II, 423
GARNER, FRANCES: IV, 576
GARNER, JAMES H. (?): IV, 248
GARNER, MARYANN: IV, 44, 248
GARNER, RICHARD M: IV, 251
GARNER, SARAH: IV, 402
GARNER, VIRGINIA A.: IV, 251
GARNER, VIRGINIA L.: IV, 251
GAROFOLO, FRANCESCO: II, 353
GARRET, III, 391, 392

81

GARRETSON, WILLIAM: IV, 222
GARRETT, JEMIMA: IV, 483
GARRETT, THOMAS: IV, 483
GARRISON, I, 377
GARRISON, ELIJAH: IV, 376
GARRISON, MARY: IV, 376
GARRISON, WILLIAM LlOYD: I, 366, 402
GARROWAY, W. T.: II, 45
GARROWAY, WILLIAM T.: II, 42
GARSON, FRANCELIA: IV, 206
GARTLEY, MARY E.: IV, 275
GARTLEY, VIRGINIA: IV, 275
GARVIN, DOROTHY MILDRED: IV, 82
GARVIN, FRANK: IV, 82
GARVIN, MARGARET: IV, 205
GARVIN, VIDA: IV, 82
GARY, MARY: IV, 413
GASCOYNE, A. G.: II, 439
GASKILL, CHARLES C.: I, 205, 344
GASKILL, WILLIAM P.: I, 559
GASSLANDER, ALMA: II, 665
GASTER, MARY: II, 380
GASTON, CARRIE & NEIL: III, 25
GASTON, JOHN M.: III, 381
GASTON, LEWIS D.: II, 159
GASTON, LUTHER: III, 25
GASTON, MARY: IV, 583
GASTON, R. K. III, 252
GATES, (GEN.): I, 93
GATES, ADELIA: IV, 465
GATES, ALICE CONNER: IV, 320
GATES, CARRIE BALDWIN: IV, 465
GATES, CARRIE BURNHAM HILL: IV, 465
GATES, ELIZABETH DUNN: IV, 465
GATES, EMILY: IV, 548
GATES, HORATIO (GEN.): IV, 466
GATES, MARY: IV, 49
GATES, RUTH A: IV, 465
GATES, RUFUS WINDSOR: IV, 320
GATES, SETH: IV, 465, 466
GATES, W. D. (DR.): III, 392, 393, 398
GATES, WILLIAM D.: IV, 465
GATES, WILLIAM DUNN: IV, (DR.) 465, 466
GATES, WILLIAM: IV, 49, 465
GATTO, GUISEPPE: II, 353
GATTO, JOE: III, 346
GAUL, ANDY: III, 420
GAULT, CALVIN A.: IV, 251
GAULT, DOROTHY C.: IV, 251
GAULT, EUNICE HOWELL: IV, 251
GAULT, F. HAROLD: IV, 251

GAULT, FRED HENRY: IV, 251
GAULT, HOBART WAYMAN: IV, 251
GAULT, JOSEPH: IV, 338
GAULT, M. ARLENE GOWER: IV, 251
GAULT, PATRICIA: IV, 582
GAULT, RICHARD T.: IV, 251
GAULT, THOMAS G.: IV, 250, 251
GAULT, VIRGINIA L. GARNER: IV, 251
GAULT, WILLIAM: IV, 251
GAUPHANY, FRANCIS: IV, 299
GAUSTARAY, I, 61
GAWIN, I, 585
GAYDOS, JANE: III, 604
GAYDOS, JOSEPH: II, 426
GAZZA, BEVERLY A.: IV, 550
GAZZAM, (DR.): I, 396
GEARHART, E. M. (REV.): II, 369, 395
GEARHART, M. (REV): III, 448
GEARY, JOHN W.: I, (CAPT.) 611, (GEN.) 684; II, 2, 3, 47, 50
GEDDES, ANN: IV, 295
GEDDES, W. F.: II, 52
GEENTHER, AMELIA: IV, 19
GEER, DANIEL: I, 363
GEER, JAMES: I, 363
GEER, JANE: IV, 368
GEER, LUTHER: I, 363
GEER, WASHINGTON: I, 363
GEESEY, ELLA: IV, 205
GEHMAN, CLAYTON (REV.): II, 773
GEHR, HARVEY (BURMA MAJOR): II, 582
GEIB, KATE: III, 457
GEISEL, TERRY: II, 752
GEMMELL, (DR.): III, 521
GEMMILL, WILLIAM L.: I, 543
GENNARA, ANTONIO: II, 353
GENTILE, JOHN: III,481
GEORDA, CHARLES: III, 400
GEORGE, (KING): I, 85
GEORGE, CYNTHIA JANE: IV, 64
GEORGE, DONALD (MRS.): III, 564
GEORGE, ELLA: IV, 205
GEORGE, HARRIET: IV, 364
GEORGE, ISABELLE MCMILLAN: IV, 472
GEORGE, ISABELLE: IV, 472
GEORGE, JOE: II, 604, 605
GEORGE, JOHN D.: II, 537
GEORGE, PAUL: II, 766; III, (MRS.) 564
GEORGE, R. H.: II, 178
GEORGE, ROBERT: II, 518
GEORGE, SAMUEL: I, 229, 521; IV, 472

GEORGE, THOMAS K.: II, 517
GEORGE, W. BATES: II, 326
GEORGE, WILLIAM: IV, 377
GEORGE, WILSON: II, 278
GEORGEUM, TONY: II, 514
GERA, BERNICE: II, 692
GERARD, FELIX R.: IV, 266
GERARD, FELIX: IV, 157
GERARD, RACHEL ANN: IV, 157
GERHARD, F. B.: II, 433
GERIDEAU, BENJAMIN: II, 775
GERIDEAU, JIM: II, 510
GERSHMAN, BARBARA: II, 795, 801; III, 574, 587
GERSHMAN, FRED: II, 532
GERSHWIN, GEORG: III, 562
GESSLER, I, 649
GESSLER, C. V.: III, 429
GESSLER, C. Y.: II, 168
GESSLER, CAROLINE: II, 533, 542
GESSLER, CHARLES: II, 291
GESSLER, CLYDE: II, 291
GESSLER, E.: II, 144
GESSLER, HARRY: II, 300
GESSLER, RALPH L.: II, 807
GESSLER, RALPH: III, 614
GETTS, ABRAHAM: IV, 350
GETTS, ADAM: IV, 350
GETTS, ANNA ELIZABETH: IV, 350
GETTS, EDITH ODESSA THOMPSON: IV, 350
GETTS, LINDA JANE: IV, 350
GETTS, MARGARET ANN: IV, 350
GETTS, PAUL R.: II, (DR.) 277, 693, (DR.) 702
GETTS, PAUL ROBERT (DR.): IV, 349
GETTS, PAUL: II, 698
GETTS, SARAH ELIZABETH: IV, 350
GETTY, I, 593, 600, 684
GETTY, AMANDA: IV, 44
GETTY, ANDREW: I, 468, 470, 472, 490; II, (REV.) 79, 149, 357, 369
GETTY, ANNIE REBECCA: IV, 321
GETTY, CECELIA (LACY ANN): IV, 632
GETTY, CLARK: IV, 632
GETTY, DAVE: III, 481
GETTY, DON: III, 424
GETTY, GEORGE: IV, 632
GETTY, ISABELLA (BELLA) ANN: IV, 632
GETTY, ISABELLA GREEN: IV, 632
GETTY, ISABELLA: IV, 593
GETTY, JAMES A.: I, 683
GETTY, JAMES ALEXANDER: IV, 632
GETTY, JAMES JOHNSTON: IV, 632

GETTY, JAMES: IV, (MRS.) 32, 632
GETTY, JOHN A. LINCOLN: IV, 422, 423
GETTY, LAVINA BASTIC:: IV, 632
GETTY, LAWRENCE (DR.): IV, 423
GETTY, M. C.: II, 70
GETTY, MARGARET CLARK: IV, 632
GETTY, MARGARET: IV, 267, 270, 436, 632
GETTY, MARY DONAHEY: IV, 632
GETTY, MARY: IV, 610
GETTY, MATTHEW C.: IV, 423, 631, 632
GETTY, NANCY J. MCCARTNEY: IV, 632
GETTY, NANCY J.: IV, 632
GETTY, NANCY: IV, 262
GETTY, RICHARD WILSON: IV, 632
GETTY, ROBERT: I, 337
GETTY, S. W.: II, 208
GETTY, SAMUEL A.: I, 601
GETTY, SAMUEL JACKSON: IV, 632
GETTY, SAMUEL W.: IV, 44
GETTY, TODD: III, 481
GETTY, VIOLA HANEY: IV, 423
GETTYS, GEORGE WISTAR (DR.): I, 466, 661
GEYER, CLIFFORD: III, 479
GEYER, JUDITH: IV, 51
GHIZZONI, CHARLES C.: II, 496
GHIZZONI, CHARLES: IV, 308
GHIZZONI, CHRISTINE FERRARI: IV, 307
GHIZZONI, DOROTHY: IV, 307
GHIZZONI, FELIX: IV, 308
GHIZZONI, FREDERICK: IV, 308
GHIZZONI, JOHN F.: IV, 307
GHIZZONI, JOHN L.: IV, 307, 308
GHIZZONI, JOHN: II, 406, 414, 476, 477, 496, 617; III, 482
GHIZZONI, TERESA: IV, 308
GIANNINI, VALERIOL: III, 569
GIBSON, I, 376, (COLONEL) 421; IV (PA CHIEF JUSTICE) 113
GIBSON, A. H.: II, 230
GIBSON, ALBERT B.: IV, 44
GIBSON, ALBERT C.: IV, 44
GIBSON, AMANDA: IV, 44
GIBSON, ANDREW: IV, 44, 501, 593
GIBSON, ANN: IV, 364
GIBSON, CALVIN S.: IV, 488
GIBSON, CHARLES: I, 178
GIBSON, CLARA MAY: IV, 629
GIBSON, D. B.: I, 596
GIBSON, DORA B.: IV, 539
GIBSON, EDWIN A.: IV, 44

GIBSON, ELIZABETH SMITH: IV, 44
GIBSON, ELROD: II, 325
GIBSON, FORD: II, 279
GIBSON, GERTRUDE: III, 457
GIBSON, HUGH: I, 47, 52
GIBSON, IRENE: IV, 488
GIBSON, ISABELLA: IV, 575
GIBSON, ISABELLE: IV, 165
GIBSON, J. N.: II, 86
GIBSON, J. T.: II, 36, (SUPER.) 48, 101; III, 221
GIBSON, J. WILBURG (DR.) III, 484
GIBSON, JAMES: I, 258; IV, 127
GIBSON, JANE MCSPARAN: IV, 501
GIBSON, JANE: IV, 44, 236
GIBSON, JENNIE ALLISON: IV, 44
GIBSON, JOANNA M. CUNNINGHAM: IV, 44
GIBSON, JOHN BANNISTER (CHIEF JUSTICE): IV, 222
GIBSON, JOHN E.: IV, 44
GIBSON, JOHN T.: IV, 44, 501
GIBSON, JOHN: I, 81, 82, 98, 100, 111; II, 69; III, 21, 431
GIBSON, JOSEPH T.: IV, (REV.) 44
GIBSON, JOSEPH THOMPSON: IV, (REV.) 500, 501
GIBSON, JOSEPH: I, 267
GIBSON, LEVI: I, 81
GIBSON, LUCY J.: IV, 44
GIBSON, LYDIA: I, 258; IV, 44
GIBSON, MARGARET: IV, 494
GIBSON, MARTHA: IV, 127, 488
GIBSON, MARY JANE SWAN: IV, 44
GIBSON, MARY JANE: IV, 593
GIBSON, MARY: IV, 96
GIBSON, MATILDA TRIMBLE: IV, 488
GIBSON, NANCY AGNES: IV, 527
GIBSON, NEDWENA: IV, 560
GIBSON, NELL JACQUELINE: IV, 387
GIBSON, NELLIE: IV, 97
GIBSON, ROBERT: IV, 127
GIBSON, S. S.: II, 41
GIBSON, STEPHEN: II, 233
GIBSON, THOMAS: I, 396, 470, 582; III, 219, 434; IV, 355
GIBSON, WILDA: II, 230
GIBSON, WILLIAM CLAIR: IV, 44
GIBSON, WILLIAM G.: IV, 575
GIDDENS, EDWARD: I, 104
GIDDINGS, E. W.: II, 143
GIFFEN, J. K.: IV, 286
GIFFORD, EVELYN: IV, 102
GIFFORD, GERTRUDE WHITMAN: IV, 508
GIFFORD, ROBERT: IV, 102
GIGLERNO, TONY: II, 248
GIGLIOTTI, DOLORES E.: IV, 69
GIGLIOTTI, VINCENT: IV, 69
GILATKO, JOHN: III, 420
GILBERT, A. L.: II, 298; IV, 75
GILBERT, A. LINCOLN: IV, 359
GILBERT, ADRIENNE MARGARETTA: IV, 577
GILBERT, ANNA MAY: IV, 359
GILBERT, DAISY C.: IV, 359
GILBERT, DAISY: III, 458
GILBERT, DELBERT: IV, 570
GILBERT, DUDLEY PIERREPONT: IV, 577
GILBERT, ELIZABETH: IV, 359
GILBERT, G. W. (PROF.): II, 42
GILBERT, GEORGE W.: IV, 359
GILBERT, GEORGE: IV, 359
GILBERT, JOHN: IV, 359
GILBERT, LYMAN D.: III, 307
GILBERT, MARCIA ANN: IV, 220
GILBERT, MARGARET GRAY: IV, 359
GILBERT, MARTHA ANDERSON: IV, 359
GILBERT, MARY C.: IV, 359
GILBERT, MARY: IV, 359
GILBERT, RICHARD: II, 476
GILBERT, ROBERT: II, 354
GILBERT, SARAH J.: IV, 359
GILBERT, SCOTT: IV, 220
GILBERT, THOMAS A.: IV, 359
GILBERT, VIRGINIA MAE: IV, 570
GILCHRIESE, LOUISE: IV, 407
GILCHRIESE, SAMUEL M. (REV.): IV, 407
GILCHRIST, ALEXANDER: II, 31
GILCHRIST, JANE C.: IV, 172, 243
GILDAY, PATRICK: II, 201
GILE, ANNA SIMPSON (MRS.): II, 310
GILE, KIRBY (MRS.): II, 310
GILES, EARL: III, 614B
GILHOUSEN, JANNETTE: IV, 275
GILL, II, 20
GILL, ANDREW: II, 201
GILL, EDNA BELL: III, 458
GILL, GEORGE B.: I, 423; III, 162
GILL, JEAN GARMAN: IV, 526
GILL, JOAN: IV, 203
GILL, NELLIE V.: IV, 540
GILLESPIE, AMOS E.: II, 206
GILLESPIE, DAVID: I, 163
GILLESPIE, JOHN: I, 362
GILLESPIE, MARGARET: IV, 255, 294, 491

GILLESPIE, WILLIAM E.: I, 559
GILLIS, ENOS: I, 222
GILLIS, JAMES: I, 222, 232; IV, 114, 272, 347
GILLITA, DOMINICK: II, 201
GILLY, ANNETTE (MRS.): II, 619
GILMARTIN, DANIEL: III, 90
GILMORE, ALFRED: I, 579, 582, 583
GILMORE, DONALD: III, 564
GILMORE, ELEANOR: IV, 566
GILMORE, MARY: IV, 365, 569
GILMORE, ROBERT: II, 183
GILMORE, SAMUEL A.: I, 598
GILMORE, THOMAS P.: III, 2
GILMOUR, ALEXANDER W.: IV, 439
GILMOUR, J. C. (CAPT.): II, 444
GILMOUR, NANCY J.: IV, 439
GILPATRICK, ELLEN: IV, 489
GILPATRICK, MARSHALL: IV, 489
GILPIN, IV, 429
GILPIN, HENRY D: III, 24
GILPIN, HENRY: III, 36, 46
GILPIN, J. I, 152
GILPIN, JOHN: I, (ALL DR.) 204, 228, 339; III, 45
GILPIN, JOSHUA: I, 98, 131, 147, 149, 150, 161, 164, 70, 182, 195, 204, 228, 257, 274, 311, 343; III, 35, 36, 40, 46, 56A; IV, 24, 106, 138, 271, 391, 395, 401, 419, 421
GILPIN, LYDIA FISHER: IIII, 24
GILPIN, MARY DILWORTH: III, 36; IIII, 24
GILPIN, MARY: I, 131
GILPIN, RICHARD A.: IIII, 24
GILPIN, THOMAS W.: IIII, 24
GILPIN, THOMAS: I, 131, 147, 48, 149, 150, 151, 171, 172, 204, 343; III, 35, 40, 41, 42, 43, 47, IIII, 24
GILPIN, WILLIAM: IIII, 24
GILPINS, GEORGE: IV, 113
GILSON, AGNES: IV, 342
GILSON, ROBERT: IV, 342
GILTING, JOHN: II, 228
GINDLESBERGER, MARY: IV, 562
GINGERY, DON: III, 482
GINTER, BERTHA: II, 804
GINTER, EARL: II, 804
GINTER, GEORGE: II, 804
GINTER, JOHN: II, 804
GIPPEL, MARGARETHA CATHERINE: IV, 455
GIPSON, LUCILLE: II, 774, 795; III, 573, 574
GIRTY, GEORGE: I, 110
GIRTY, SIMON: I, 102

GIRTY, THOMAS: I, 48
GIST, CHRISTOPHER: I, 41, 42
GIVEN, ROBERT: I, 357
GIZA, BRUNO: II, 494
GLADDEN, JANE: IV, 157
GLANCEY, SUSAN: IV, 353
GLASGOW, G. M. (DR.): III, 292
GLASGOW, RACHEL: IV, 606
GLASS, JOHNSTON A.: II, 600
GLASS, MARGARET: IV, 90
GLASSER, FREDERICK: IV, 56
GLASSER, IRVIN: III, (MRS.) 515, 519; IV, 150
GLASSER, J. C.: IV, 150
GLASSER, JAMES: III, 623
GLASSER, JANE: IV, 389
GLASSER, JOYCE: IV, 150
GLASSER, LEWIS: IV, 389
GLASSER, MAGDALINE: IV, 389
GLASSER, SUSAN CATHERINE: IV, 56
GLASSFORD, ALVERDA: III, 457
GLASSFORD, S. J.: II, 260
GLATFELTER, GERTRUDE E. M.: IV, 455
GLAWSSER, HELEN (MRS.): III, 496
GLEASON, J.A.: III, 393, 395
GLENDENING, CHARLES: II, 698
GLENN, (PROF.): III, 237
GLENN, ABRAHAM R.: II, 141
GLENN, DANIEL: II, 131
GLENN, SARAH: IV, 264
GLINK, FRANZ XAVIER: I, 459, 516-G
GLINSKY, MARK: IV, 51
GLINSKY, MILLIE ANN: IV, 51
GLOVER, LINTON: II, 380
GODCHARLES, II, 167
GODCHARLES, F. A.: II, 402
GODCHARLES, FREDERIC A. (DR.): II, 403
GODDARD, HOPE: IV, 576
GODDARD, MAURICE K. (DR.): III, 560, 561, 649, 650
GODFREY, ARTHUR: II, 465; III, 415, 416; IV, 126
GOFF, HARRIET: III, 574
GOFFMAN, AMY: IV, 634
GOHEEN, JOHN B. (MRS.): II, 310, 533
GOHEEN, MARGARET LAWTHER (LUTHER): II, 310
GOLDEN, EDWARD S.: II, (HON.) 52; III, 238
GOLDEN, JOSEPH: IV, 365
GOLDEN, NANCY: IV, 365
GOLDING, NITA (MRS.): IV, 292
GOLDMAN, ESTHER: IV, 634

GOLDSTEIN, IRWIN: II, 588
GOLDSTOCK, DORA: IV, 244
GOLDSTROHM, GEORGE C.: IV, 593
GOLDSTROHM, GREGG: IV, 593
GOLDSTROHM, MARGARET WYCOFF: IV, 593
GOLDSTROHM, ROBERT G.: II, (ALL DR.) 730, 734; IV, 593, (DR.) 593
GOLDSTROHM, ROBIN: IV, 593
GOLDSTROHM, THELMA BALQUIST: IV, 593
GOLDWATER, IV, 143
GOLDWATER, BARRY: II, 732
GOLINSKY, HELEN: II, 756
GOLLOHER, II, 119
GOMPERS, III, 199
GOMPERS, CHARLES: I, 542, 552; II, 123; III, 256
GOMPERS, FRANCIS I, 209, 553; III, 110
GOMPERS, HENRY: I, 543
GOMPERS, JAMES: II, 221; III, 140, 431
GOMPERS, MARY: IV, 422
GOMPERS, SAMUEL: I, 200
GOMPERS, WILLIAM: II, 171
GONDAL, (SHERIFF): II, 746, 747; IV, 81
GONDAL, JOHN R.: II, (SHERIFF) 619, 744, 759; IV, 81
GONDAL, LUCY: IV, 81
GONDAL, LYNN: IV, 81
GONDAL, SUSAN: IV, 81
GOOD, "RED": III, 416
GOOD, ANNIE N.: III, 458
GOOD, ELAINE VIRGINIA: IV, 148
GOOD, LILLIAN (MISS): II, 344
GOOD, LYNNE: IV, 592
GOOD, SHERMAN: IV, 148
GOODALE, FRANK W.: II, 336
GOODAT, LIANA: IV, 529
GOODING, (SENATOR): II, 470
GOODLANDER, IDA MAE: IV, 155
GOODLIN, J. W.: II, 146
GOODLIN, JENNIE N.: IV, 258
GOODLIN, JOHN W.: IV, 258
GOODMAN, BENNY: III, 489
GOOSEHORNE, LEONARD: I, 107; III, 45
GORA, MARY ANN: IV, 45
GORDISH, VELMA: IV, 633
GORDON, IV, (SHERIFF) 87, 377
GORDON, ALICE: IV, 94
GORDON, CATHARINE: IV, 49, 88
GORDON, DAVID F.: I, 518
GORDON, ELEANOR CUMMINS : IV, 87

GORDON, ELEANOR: IV, 281
GORDON, ELINOR: IV, 94, 488
GORDON, EMMA REINHARDT: IV, 94, 488
GORDON, GEORGE (REV.): I, 373
GORDON, JAMES A.: IV, 87
GORDON, JAMES: I, 167, 206, 232, 233, 253, 548; IV, 87, 88, 281
GORDON, JANE: IV, 88, 606
GORDON, JOHN D.: I, (LT.) 651; IV, 87
GORDON, JOSEPH T.: IV, 87
GORDON, M. C.: III, (MR.) 365; IV, 382
GORDON, MAC: III, 331
GORDON, MARGARET L.: IV, 301
GORDON, MARGARET LOUISA: IV, 87
GORDON, MARGARET: IV, 88
GORDON, MARY DUNLAP: IV, 88
GORDON, MARY ELLEN: IV, 87
GORDON, MARY: IV, 88, 370
GORDON, MCCLENNAN: IV, 94, 488
GORDON, NANCY FLEMING: IV, 87
GORDON, PATRICK (GOVERNOR): I, 25, 33, 34, 35
GORDON, PETER: I, 167; III, 80, 94
GORDON, ROBERT: IV, 49
GORDON, SAMUEL: I, 258; III, 57, 59, 64
GORDON, SARAH: IV, 625
GORDON, SIDNEY: IV, 88
GORDON, THEODORE: IV, 550
GORDON, WILLIAM C.: IV, 87
GORELL, BETTY: IV, 240
GORELL, DIANE WOLFF: IV, 240
GORELL, FRANK: II, 592, 662, 663, 707, 789; III, 574; IV, 240, (SR.) 626
GORELL, FRANKLYN: II, 592; IV, 240
GORELL, ITZHAK: IV, 240
GORELL, MARY COOKE: IV, 240
GORELL, MARY: II, 662, 707, 789
GORELL, MONICA: IV, 240
GORELL, SARAH: IV, 240
GORELL, WALLACE: IV, 240
GORELL, WAYNE: IV, 240
GORGAS, CORDELIA F.: IV, 374
GORGAS, WILLIAM: IV, 374
GORICHEN, FRANK: II, (MR. & MRS.) 439
GORLEY, MARY: III, 457
GORMAN, I, 234, 677
GORMAN, DAVID G.: I, 676
GORMAN, DAVID: I, 321
GORMAN, JOHN K.: III, 321
GORMAN, JOSEPH: III, 634
GORMAN, ROBERT F.: III, 469
GOSNELL, WILLIAM M.: II, 640

GOSS, EDNA: IV, 611
GOSSAGE, RACHEL: IV, 464
GOUGHNOUR, III, 68
GOUGHNOUR, ALICE: IV, 162
GOUGHNOUR, WILLIAM: IV, 162
GOULD, HATTIE: II, 99
GOURLEY, ALEXANDER: IV, 255
GOURLEY, ARMSTRONG: IV, 255
GOURLEY, ELEANOR ADAMS: IV, 255
GOURLEY, EMMA J.: IV, 255
GOURLEY, GEORGE A.: IV, 255
GOURLEY, GEORGE: IV, 255
GOURLEY, H. I.: IV, 103
GOURLEY, J. C.: II, 278
GOURLEY, JAMES: IV, 255
GOURLEY, JANE A. RUSSELL: IV, 255
GOURLEY, JOHN: I, 395, 484, 513; II, 40; IV, 254, 255
GOURLEY, MARGARET COULTER: IV, 255
GOURLEY, MARGARET CRAWFORD: IV, 255
GOURLEY, MARGARET GILLESPIE: IV, 255
GOURLEY, MARGARET HENRY: IV, 255
GOURLEY, MARGARET TRAVIS: IV, 255
GOURLEY, MARGARET: IV, 255
GOURLEY, MARTHA J.: IV, 255
GOURLEY, MARY A.: IV, 255
GOURLEY, MARY ELLIOTT: IV, 255
GOURLEY, NANCY: IV, 255
GOURLEY, ROBERT: IV, 255
GOURLEY, ROSANNA MCNEIL: IV, 255
GOURLEY, ROSANNA: IV, 255
GOURLEY, SAMUEL ROBERT: IV, 255
GOURLEY, THOMAS: IV, 255
GOURLEYS, GEORGE: I, 347
GOURLY, SAMUEL: I, 444
GOWER, M. ARLENE: IV, 251
GRABENJET, WILLIAM: IV, 202
GRABENSTEIN, WILLIAM: II, 141
GRAFF, I, 584 II, (MR.) 119, (STORE) 123; IV, (SENATOR) 159, 160
GRAFF, ALEXANDER: IV, 208
GRAFF, ARMA PAGE: IV, 209
GRAFF, BARBARA BAUM: IV, 209
GRAFF, BARBARA LOBINGIER: IV, 209
GRAFF, BILL: III, 598, 636
GRAFF, CAROLINE: IV, 208
GRAFF, CHARLES H.: IV, 208
GRAFF, CHARLES L.: IV, 70
GRAFF, CHARLES: I, 330; IV, 207
GRAFF, E. J.: II, 339

GRAFF, EDWARD: IV, 208
GRAFF, ELIZABETH A. MOWRY: IV, 208
GRAFF, ELIZABETH LOBINGIER: IV, 209
GRAFF, ELIZABETH: IV, 70, 209
GRAFF, F. M.: II, 183, 401
GRAFF, FLORENCE JAMES: IV, 209
GRAFF, FRANK M.: II, 373, 455; IV, 209
GRAFF, FRANK: II, 200
GRAFF, GEORGE R.: IV, 209
GRAFF, GEORGE W.: III, 431
GRAFF, HENRY: I, 307, 330, 354; IV, 207, 208, 209
GRAFF, J. A.: II, 339
GRAFF, J. ANTHONY: IV, 542
GRAFF, J. P.: II, 125
GRAFF, JACOB: I, 330; II, 90, 162, 163, 177, 209; III, 411; IV, 151, 207, 208, 209
GRAFF, JAMES: IV, 208
GRAFF, JOHN: I, 247, 249, 330, 382, 388, 389, 390, 397, 475, 480, 502, 505, 513, 536, 537, 539, 542, 546, 551, 569, 573, 582, 586, 642; II, 92, 168; III, 113, 124, 145, 205; IV, 151, 160, 207, 208, 209, (I) 209, (II) 209, 210
GRAFF, JOSEPH: IV, 209
GRAFF, LAURA M.: IV, 209
GRAFF, LAURA RUGG: IV, 160
GRAFF, LUCY SOPHIA HACKE: IV, 208
GRAFF, MARGARET LOUGHTY: IV, 208
GRAFF, MARGARET WILKINSON: IV, 208
GRAFF, MARGARET: IV, 209
GRAFF, MARY WILKINSON: IV, 208
GRAFF, MARY: IV, 208, 209
GRAFF, MATTHEW: IV, 209
GRAFF, NICHOLAS: IV, 208
GRAFF, PAUL W.: IV, 159, 160
GRAFF, PAUL: I, 330; II, 163, 280; III, 431; IV, 151, 207, 208, 209
GRAFF, PAUL (MRS.): II, 67
GRAFF, PETER: I, 330, 337; II, (SENATOR) 527; IV, 207, 209
GRAFF, R. G.: II, 90
GRAFF, REBECCA TRIMBLE: IV, 209
GRAFF, ROSE: IV, 542
GRAFF, SALLIE DAVIS: IV, 208
GRAFF, SARAH PERSHING: IV, 209
GRAFF, SARAH REED: IV, 209
GRAFF, SARAH: IV, 209
GRAFF, SUSAN LOBINGIER: IV, 209
GRAFF, SUSANNA: IV, 208
GRAFF, SUSANNE: IV, 470
GRAFF, W. G.: II, 303

GRAFF, WALTER R.: IV, 209
GRAFF, WILBUR P.: II, 272; III, 453, 455; IV, 209
GRAFF, WILBUR PAUL: IV, 159
GRAFF, WILBUR: II, 200
GRAFF, WILLIAM F.: I, 546-C; II, 571, 676, 678; III, 178-P, 460-F, 546-H, 546-I
GRAFF, WILLIAM: IV, 209
GRAFFENS, MARGARET: IV, 326
GRAFTON, PEGGY: IV, 617
GRAHAM, II, 268
GRAHAM, ALLEN: IV, 559
GRAHAM, ANDREW: III, 7
GRAHAM, ANN: IV, 15, 64
GRAHAM, ANNABEL C.: III, 624
GRAHAM, ANNABELLE: II, 756
GRAHAM, ANNIE: IV, 475
GRAHAM, ARTHUR: I, 199
GRAHAM, CATHARINE: IV, 305, 369, 418
GRAHAM, CORA A.: IV, 559
GRAHAM, DUNCAN: I, 581
GRAHAM, ELIZABETH: IV, 296, 569
GRAHAM, ESTHER: IV, 243
GRAHAM, G. H.: I, 491
GRAHAM, G. Q.: I, 498
GRAHAM, H. Q. (REV.): II, 13, 79; III, 257, 258, 276
GRAHAM, HANNAH: IV, 134
GRAHAM, HOWARD: II, 270
GRAHAM, HUGH M.: I, 574
GRAHAM, J. H. (JUDGE): I, 410, 411, 417
GRAHAM, JAMES: I, 133, 134, 160, 303; III, (HON.) 159; IV, 241, 305
GRAHAM, JANE: I, 179
GRAHAM, JEMIMA: IV, 152
GRAHAM, JENNETT: IV, 297
GRAHAM, JOHN: IV, 64
GRAHAM, LAVINIA O.: IV, 25
GRAHAM, LUCY: IV, 241
GRAHAM, M. (MAJOR): I, 229, 261
GRAHAM, MARGARET JANE (NEE TOMB): I, 133; IV, 305
GRAHAM, MARGARET JANE: IV, 481
GRAHAM, MARGARET: IV, 385, 478
GRAHAM, MARK: I, 198, 199, 330
GRAHAM, MARY ANN: IV, 559
GRAHAM, MARY: IV, 279, 306, 464
GRAHAM, MIRIAM: IV, 442
GRAHAM, PAUL: III, 487, 488
GRAHAM, S. L.: IV, 258
GRAHAM, WILLIAM S.: I, 275
GRAHAM, WILLIAM: I, 553; IV, 243, 464

GRANT, II, 4, (PRES.) 132
GRANT, (GEN.): II, 2; III, 177; IV, 83
GRANT, JAMES (MAJOR): I, 56
GRANT, JOHN: I, 602
GRATER, HARRY (SGT.): II, 575
GRATZ, HYMAN: I, 343
GRAVETT, JOHN: IV, 153
GRAY, II, 412
GRAY, ANN: IV, 442
GRAY, AUGUSTUS P.: I, 640
GRAY, BARBARA: II, 552
GRAY, BEATRICE (MRS.): III, 622
GRAY, EARL (MRS.): II, 380
GRAY, HANNAH: I, 274; IV, 8, 75
GRAY, ISRAEL: IV, 305
GRAY, JAMES: I, 661
GRAY, JOSEPH: I, 558; II, 406, 407, 413; III, 482
GRAY, L. PATRICK: III, 621
GRAY, MARGARET: IV, 38, 278, 359
GRAY, MARY JANE: II, 380
GRAY, MARY: III, 191; IV, 75, 376
GRAY, REBECCA: IV, 305
GRAY, ROBERT: IV, (MAJOR) 75, 278, 359
GRAY, SARAH: IV, 231
GRAY, THOMAS H.: IV, 38
GRAY, WILLIAM: IV, (CAPT.) 75, 442
GREDE, GEORGE W. (JR.): II, 69, 70
GREELEY, HORACE II, 4, 89; III, 56-A, 227, 228; IV, 41, 84, 331, 383
GREEN, I, 414, 418; III, 90, 162, 163
GREEN, ABRAHAM: I, 600, 601
GREEN, E.: III, 266
GREEN, EDWARD C.: IV, 134
GREEN, ELIZABETH GERTRUDE: IV, 134
GREEN, EUNICE L.: IV, 534
GREEN, ISAAC: I, 331, 355
GREEN, ISABELLA: IV, 632
GREEN, J. N. (CAPT.): I, 629
GREEN, JAMES: III, 85
GREEN, LORENA: IV, 162
GREEN, SAMUEL: I, 530
GREEN, SHIELDS: I, 409
GREEN, W. H.: II, 217
GREEN, WILLIAM: IV, 514
GREENE, (MISS): IV, 466
GREENE, LORNE: II, 664
GREENE, NATHANIEL (GEN.): IV, 466
GREENHILL, R. B.: I, 271, 309; III, 117, 197
GREENWOOD, II, 97
GREER, (CAPT.): I, 639
GREER, GEORGE: I, 247

GREER, J. C. (REV.): I, 486
GREER, JAMES: I, 360
GREER, JOHN (CAPT.): I, 339
GREESLEY, GAYLORD: II, 518
GREGG, II, 51, 52
GREGG, ANDREW: I, 221
GREGG, ELIZABETH: IV, 545
GREGG, JAMES: IV, 545
GREGG, JOSEPH: I, 717
GREGG, MARTHA J. (MRS.): IV, 255
GREGG, MARTHA: IV, 545
GREGG, MARY ELLEN: IV, 351
GREGG, WILLIAM: IV, 351
GREGOR, (DR.): II, 463
GREGORY, DICK: II, 773
GREINER, ANNA KING: IV, 187
GREINER, CHARLES: IV, 187
GREINER, EDNA: IV, 187
GREINER, GEORGE W.: II, 587; IV, 187, (JR.) 187
GREINER, GEORGE: IV, 82
GREINER, JOHN A.: IV, 187
GREINER, LUCINDA: IV, 187
GREINER, MARGARET: IV, 187
GREINER, MARY JANE HOBAUGH: IV, 187
GREINER, PEARL LEWIS: IV, 187
GREINER, SARAH KATHRYN PAGE: IV, 187
GREINER, WILLIAM: IV, 187
GRESOCK, KATHLEEN: IV, 623
GRESSLEY, DWIGHT: IV, 599
GRESSLEY, HELEN: IV, 599
GRESSLEY, VIRGINIA RUTH: IV, 599
GREWELL, JANE: IV, 152
GREWELL, JOHN: IV, 152
GREY, DAVID WILSON: I, 312
GREY, JANE: I, (MRS.) 390, 391; IV, 378
GREY, JOHN: I, 647
GREY, JOSEPH: I, 312, 570
GREY, ROSANNA: IV, 542
GRIER, (JUDGE): IV, 274
GRIER, (REV.): I, 673, 685
GRIER, ALEX: II, 202
GRIER, GEORGE: 4I, 237
GRIER, J. C.: I, 498
GRIER, JOHN: I, 202
GRIER, ROBERT C.:-I, 252, 441, 442, 443, 446, 450
GRIER, SAMUEL G.: II, 216
GRIESEMER, E. Z.: II, 131
GRIFFIN, ANNIE: IV, 390
GRIFFIN, LOUISE: IV, 264

GRIFFITH, II, (MR.) 124, 398, 401, 402; III, (JUDGE)624
GRIFFITH, ABNER: IV, 268
GRIFFITH, AGNES: IV, 397
GRIFFITH, ALICE CRAIG: IV, 74
GRIFFITH, ALICE: IV, 295
GRIFFITH, AMY MORGAN: IV, 150
GRIFFITH, C. R.: II, 118
GRIFFITH, CHARLES R.: II, 86, 94, 305, 338, 403, 521, 537; III, 484, 485; IV, 150
GRIFFITH, CHARLES ROCHESTER: IV, 149
GRIFFITH, CHARLES: IV, 269
GRIFFITH, CLARENCE: IV, 150
GRIFFITH, D. W.: II, 513
GRIFFITH, DORINDA: IV, 148
GRIFFITH, E. B.: II, 323
GRIFFITH, E. H.: III, 260
GRIFFITH, E. W.: II, 203
GRIFFITH, EDWARD H.: II, 117
GRIFFITH, EDWARD HARE: IV, 74, 150
GRIFFITH, EDWARD: II, 153; IV, 74
GRIFFITH, ELIZABETH J.: IV, 228
GRIFFITH, ELIZABETH: IV, 268
GRIFFITH, ELLA A.: IV, 149
GRIFFITH, EVA FAULKNER: IV, 150
GRIFFITH, EVA: IV, 268
GRIFFITH, FRANK PARK: IV, 150
GRIFFITH, FRANK: II, 94
GRIFFITH, GEORGE (JUDGE): II, 743
GRIFFITH, GEORGE W. (JUDGE): III, 623; IV, 404
GRIFFITH, GRACE KUNTZ: IV, 74
GRIFFITH, H. P.: II, 86, (DR.) 347; III, 431
GRIFFITH, HARRY (DR.): II, 86
GRIFFITH, HARRY P. (DR.): IV, 150
GRIFFITH, ISAAC: I, 178
GRIFFITH, ISABELLA HARE: IV, 150
GRIFFITH, J. NEAL: II, 83, 153, 671, 678, 688; IV, 74, 451
GRIFFITH, JANE ELIZABETH: IV, 367
GRIFFITH, JANE M.: IV, 488
GRIFFITH, JOHN C.: IV, 397
GRIFFITH, JOHN NEAL: II, 672; IV, 73, 150
GRIFFITH, JOHN: IV, 150, 545
GRIFFITH, JOSEPH: I, 468, 470; III, 219; IV, 295
GRIFFITH, JOYCE: IV, 150
GRIFFITH, LENA: IV, 150
GRIFFITH, LIDA A. NEAL: IV, 74
GRIFFITH, MABEL: IV, 150
GRIFFITH, MARGARET WILLIAMS: IV, 488, 489

GRIFFITH, MARY A.: IV, 335
GRIFFITH, MARY ANN: IV, 150
GRIFFITH, MARY LANG PARK: IV, 74, 150
GRIFFITH, MARY: IV, 150, 465
GRIFFITH, MONA: IV, 150
GRIFFITH, NORMAN B.: IV, 150
GRIFFITH, PRISCILLA: IV, 150
GRIFFITH, REBECCA JANE: IV, 150
GRIFFITH, REBECCA: IV, 269, 352
GRIFFITH, ROBERT E.: I, 130, 205
GRIFFITH, SARAH L.: IV, 150
GRIFFITH, SARAH OWENS: IV, 150
GRIFFITH, SARAH: IV, 15, 150
GRIFFITH, SHIRLEY: IV, 524
GRIFFITH, STEPHEN: IV, 150
GRIFFITH, TABITHA: IV, 269
GRIFFITH, THOMAS: IV, 150, 488, 489
GRIFFITH, WILLIAM C.: IV, 150
GRIFFITH, WILLIAM CANNON: IV, 74
GRIFFITH, WILLIAM H. H.: IV, 150
GRIFFITH, WILLIAM H.: IV, 228
GRIFFITH, WILLIAM W.: IV, 150
GRIFFITH, WILLIAM: IV, 150
GRIFFITHS, JEMIMA: IV, 251
GRIFFITHS, JEREMIAH: IV, 251
GRIGAS, CHARLES: II, 686; IV, 233
GRIM, II, 398
GRIM, WEBSTER: II, 266, 267
GRIMES, FRANCES: II, 668
GRIMES, HANNAH GRAHAM: IV, 135
GRIMES, HOWARD: II, 668
GRINDLE, ANNA M.: IV, 141
GROFF, ED. J.: II, 143
GROFT, FRANK E.: II, 267
GROMLEY, A. F.: II, 497
GROMLEY, D. W. (DR.): IV, 150
GROMLEY, ELMER (CPL): II, 583
GROMLEY, GRACE: IV, 586
GROMLEY, LEDA: IV, 487
GROMLEY, LENA: IV, 150
GROMLEY, LOLA: IV, 487
GROMLEY, WILLIAM: IV, 487
GROOMES, JOHN H.: II, (MR. & MRS.) 770
GROSECLOSE, ROBERT C.: II, 805
GROSECLOSE, ROBERT: II, 721, 759
GROSS, (CAPT.): I, 615
GROSS, AUGUSTUS H.: I, 581
GROSS, CLARISSA BELLE: IV, 635
GROSS, GEORGE ALBERT: IV, 634
GROSS, MARIANNE: IV, 634
GROSS, SAMUEL W.: IV, 393
GROSSE, W. F.: II, 307

GROSSE, WILLIAM F.: II, 84
GROTZINGER, I.: II, 307
GROVE, CATHERINE: IV, 161
GROVE, ED: II, 86
GROVE, JOHN A.: II, 147
GROVE, PETER: IV, 8
GROVE, SAMUEL: I, 640; II, 147; IV, 161
GROW, ELEANOR: IV, 442
GROW, ELIZABETH: IV, 442
GROW, JACK: II, 440
GROW, SARAH: IV, 279
GRUBB, III, 400
GRUBBS, T. S. (MRS.): IV, 275
GRUBE, LEWIS M.: III, 520
GRUMBLING, C. A.: II, 141
GRUMBLING, E. H.: II, 110
GRUMBLING, G. A.: II, 330
GRUMBLING, GEORGE: I, 635
GRUMBLING, HUGH B.: II, 141
GRUMBLING, WILLIAM: II, 258
GRUNDFEST, JERRY: IV, 338
GRUNDY, JOSEPH R.: II, 402
GRUNDY, JOSEPH: IV, 513, 514, 515
GRYCZUK, STANLY: III, 479
GUALTIER, PETER: II, 464
GUERRENA, GEORGE: III, 409
GUERRIERI, II, 739
GUERRIERI, AL: II, 740
GUFFEY, JOHN: III, 311
GUFFEY, JOSEPH F.: II, 406, 414, 727; III, 481, 482
GUFFY, II, 10, 406; III, 312
GUILFORD, S.: I, 247
GUISBERT, ESTHER: IV, 319
GUISBERT, UPTON: IV, 319
GUITETIS, ANDY: II, 424
GUITETIS, TONY: II, 424
GULAKOWSKI, SOPHIE: IV, 218
GULD, JOHN: I, 118
GUSS, GEORGE W.: II, 243
GUSS, GULA (MRS.): IV, 271
GUSS, LAURA BELLE: IV, 442
GUSS, ROWLAND W.: IV, 442
GUTHREY, SAMUEL: III, 49
GUTHRIE, II, 137, 183
GUTHRIE, A. D.: IV, 281
GUTHRIE, ALEXANDER: IV, 561
GUTHRIE, ANNA M.: III, 374
GUTHRIE, ANNA MARY: IV, 104
GUTHRIE, AUSTIN LEWIS: IV, 321
GUTHRIE, ELIZA M.: IV, 261

GUTHRIE, J. M.: I, 83, 267; II, 112, 123, 134, 136, 143, 162, 163, 189, 239, 332; III, 56J, 283, 411
GUTHRIE, JACKSON BOGGS: IV, 321
GUTHRIE, JAMES: I, 79
GUTHRIE, JEME: IV, 11
GUTHRIE, JOHN M.: IV, 104
GUTHRIE, M. H.: II, 298
GUTHRIE, MARGARET HAMILTON: IV, 321
GUTHRIE, MARGARET: IV, 281
GUTHRIE, MARY CAROTHERS: IV, 321
GUTHRIE, MAUD CAROTHERS: IV, 321
GUTHRIE, MURRAY H.: II, 239
GUTHRIE, NANCY KENLEY: IV, 561
GUTHRIE, NELL (MISS): II, 271, 310
GUTHRIE, O. K.: II, 553; III, 486
GUTHRIE, S. W.: II, 132, 212, 239, 298; III, 347; IV, 52
GUTHRIE, SAMUEL: I, 160
GUTHRIE, SARA: IV, 561
GUTHRIE, STEELE: II, 550
GUTHRIE, STIELE: III, 496
GUTHRIE, W. A.: II, 297
GUTHRIE, WILLIAM A.: II, 239
GUTHRIE, WILLIAM: III, 298; IV, 261, 362
GUYASUTA, I, 112
GWINNER, JOSEPH: I, 538, 605; II, 151
GYEKIS, II, 407
HAAS, JACOB: I, 174
HAAS, MARGARET CHADWICK (MRS.): IV, 30
HABEL, WALTER: II, 445
HABUNSKI, JOE: III, 433
HACKE, LUCY SOPHIA: IV, 208
HACKE, NICHOLAS: IV, 208
HACKENBERG, MARY: IV, 550
HACKETT, FLORENCE HACKET: IV, 258
HACKETT, FLORENCE M.: IV, 258
HACKETT, JOHN VINCENT: IV, 258
HADAN, II, 25
HADDE, THOMAS B. (DR.): III, 624
HADDEN, (DR.): IV, 203
HADDEN, BONNIE SOLLIE: IV, 203
HADDEN, CRAIG WOODS: IV, 203
HADDEN, EDGAR: IV, 203
HADDEN, JANE: IV, 234
HADDEN, JOAN GILL: IV, 203
HADDEN, REBECCA BUSCH: IV, 203
HADDEN, REBECCA: II, (MRS.) 678, 801; IV, 203, 204
HADDEN, RETTA FULLERTON: IV, 203
HADDEN, SARA MCCLEAN: IV, 203
HADDEN, THOMAS M. (JR.): IV, 203

HADDEN, THOMAS MILES: IV, 203, 204
HADDEN, THOMAS: IV, 203
HADDON, JANE: IV, 59
HADDON, NANCY: IV, 59
HADDON, WILLIAM: IV, 59
HADLEY, (DR.): IV, 98, 99
HADLEY, C. A.: IV, 362
HADLEY, C.: II, 143
HADLEY, CHAS. GUY: IV, 99
HADLEY, ELAINE MARIE: IV, 99
HADLEY, GEORGEANNE KATTIE: IV, 99
HADLEY, NELLE WEISS: IV, 99
HADLEY, OLIVE REITZ: IV, 98
HADLEY, S. TREVOR: II, 723 III, (DR.) 574
HADLEY, SAMUEL J.: IV, 99
HADLEY, SAMUEL TREVOR: IV, 98, 99
HADLEY, THOMAS DAVID: IV, 99
HADLEY, TREVOR REITZ: IV, 99
HADLEY, WILLIAM SAMUEL: IV, 99
HAER, F. G.: II, 234
HAER, FRED G.: II, 456
HAER, FLORINNA AMELIA: IV, 489
HAER, FREDERICK G.: IV, 525
HAER, FREDERICK: IV, 489
HAER, MARY GERTRUDE: IV, 525
HAFFRICK, JOHN: III, 110
HAGENLOCHER, GENEVA (MRS.): IV, 385
HAGGERTY, "RUBE": II, 300
HAGNEY, WILLIAM: II, 586
HAIGH, II, 51
HAINES, CALVIN MONROE: IV, 364
HAINES, OLIVE: IV, 364
HALABURDA, PATRICIA ANN: IV, 249
HALDEMAN, (GEN.): III, 25
HALDIN, EDLA MARIE: IV, 218
HALE, ANDREW C.: I, 389
HALE, J()HN P.: I, 585
HALE, R.C.: I, 474
HALEY, ALEX:
HALFERTY, JAMES: I 255
HALL, I, 585; III, 31, (DR.) 246, (DR.) 247, 250
HALL, A. C.: III, 145; IV, 373
HALL, A. J.: II, 464
HALL, ALBERT: II, 563
HALL, ANDREW C.: I, 384, 441, 445, 446, 579, 582; III, 114; IV, 602
HALL, ANDREW CRAIG: IV, 602
HALL, AUSTIN: I, 404
HALL, CAROLINE ROWLAND: IV, 467, 488

HALL, CAROLINE: II, 310
HALL, CHARLES W.: IV, 601, 602
HALL, CLARISSA: II, 171
HALL, DAVID (REV.): IV, 488
HALL, ELEANOR: IV, 58
HALL, ELIZA: IV, 602
HALL, ELLEN: IV, 110, 183
HALL, EPHRAIM C.: IV, 602
HALL, ESTHER: IV, 602
HALL, HENRY: I, 621; II, 58, 66, 89, 99, 157, 297, 329, 346, 370D; III, 111, 195; IV, 601, 602
HALL, JAMES: IV, 602
HALL, JANE: IV, 242
HALL, JOHN: IV, 602
HALL, JOSIAH: III, 104
HALL, JUNIATA: IV, 622
HALL, LENA CURTIS: IV, 488
HALL, MARY: IV, 602
HALL, MAY: IV, 37
HALL, S.: I, 118
HALL, SAMUEL: IV, 602
HALL, SARAH E.: IV, 602
HALL, SOLOMON: IV, 242
HALL, SUSAN CARPENTER: IV, 602
HALL, SUSAN: IV, 373
HALL, T. J. (REV.): II, 509
HALL, THOMAS: IV, 602
HALL, W.: I, 118
HALL, WILLIAM F.: IV, 602
HALL, WILLIAM: IV, 602
HALL, WILLIS P. (DR.): II, 413
HALLDIN, A. G.: II, 673, 674
HALLDIN, ARTHUR G.: II, 577, 670; IV, 218
HALLDIN, ARTHUR GUSTAF: IV, 217, 218
HALLDIN, ASTRID: IV, 218
HALLDIN, EDLA MARIE: IV, 218
HALLDIN, GUSTAF J.: IV, 218
HALLDIN, IDA: IV, 218
HALLDIN, SOPHIE GULAKOWSKI: IV, 218
HALLDIN, SYLVIA: IV, 218
HALLDIN, WALTER: IV, 218
HALLERAN, EMMA LOU: IV, 490
HALLERAN, MICHAEL JOHN (JR.): IV, 490
HALLMAN, M.: II, 330
HALLMAN, ROBERT: III, 532
HALLOWELL, ABIGAIL: IV, 504
HALSTED, NANCY ELIZABETH: IV, 608
HALWIG, GEORGE (MRS.):
HALWIG, GEORGE: II, 502
HAM, SUSAN: IV, 506

HAMILL, A. RUTH: IV, 184
HAMILL, EBENEZER: IV, 185
HAMILL, HUGH FRANKLIN: IV, 184
HAMILL, J. G.: II, 299
HAMILL, JANE MCCREERY: IV, 185
HAMILL, JANE: IV, 185
HAMILL, JOHN: II, 699
HAMILL, MARY LOUISE AUL: IV, 185
HAMILL, ROBERT: IV, 185
HAMILL, WILLIAM: II, 92
HAMILTON, A. J.: II, 24, 127
HAMILTON, A.: II, 216
HAMILTON, AGNES J.: IV, 487
HAMILTON, ALEXANDER: I, 104
HAMILTON, ANN: IV, 110, 530
HAMILTON, CHARLES A.: I, 404
HAMILTON, D. B.: IV, 487
HAMILTON, D. J.: II, 444
HAMILTON, DAVID J.: II, 442
HAMILTON, DORCAS: IV, 455
HAMILTON, ELIZABETH: II, 535; IV, 133
HAMILTON, EMMA: IV, 186
HAMILTON, ESTHER D.: III, 458
HAMILTON, EUPHEMIA S.: IV, 321
HAMILTON, G. T.: III, 303
HAMILTON, HANCE (CAPT.): I, 46
HAMILTON, HENRY (LT.GOV.): I, 97, 106; III, 22
HAMILTON, HUGH: I, 280; IV, 321
HAMILTON, ISABELLA: IV, 280
HAMILTON, IVA JEAN: IV, 384
HAMILTON, J. N.: II, 136; III, 299; IV, 362
HAMILTON, J. R.: I, 544
HAMILTON, J. T.: II, 216
HAMILTON, JAMES (GOVERNOR): I, 36, 41, 60, 94, 128
HAMILTON, JAMES THOMPSON: IV, 321
HAMILTON, JAMES: I, 202, (SR.) 373, 384, 389, 426, 427, 430, 445, 446, 579; III, 114, 132, 142, 147, 145; IV, 310, 321, 487
HAMILTON, JANE: IV, 135, 310, 321
HAMILTON, JANNY: III, 17
HAMILTON, JOHN A.: I, 389
HAMILTON, JOHN: I, 505
HAMILTON, LAURA J.: IV, 205
HAMILTON, LAURA: IV, 135
HAMILTON, LENA ANN: IV, 269
HAMILTON, M. J.: IV, 186
HAMILTON, MARGARET: IV, 186, 321
HAMILTON, MARTHA E.: IV, 303
HAMILTON, MARTHA: IV, 110, 320
HAMILTON, MARY ELIZABETH: IV, 543

HAMILTON, MARY I.: IV, 321
HAMILTON, MARY STEWART: IV, 487
HAMILTON, NANCY: IV, 321, 479
HAMILTON, NEWTON: II, 147
HAMILTON, R. DRENNING (DR.): II, 442
HAMILTON, R. W.: II, 222
HAMILTON, ROBERT W.: IV, 303
HAMILTON, ROBERT: I, 396; II, 642; IV, 110
HAMILTON, SARAH T.: IV, 596
HAMILTON, SARAH: IV, 612
HAMILTON, SAVILLA A.: IV, 487
HAMILTON, SUSAN CUMMINS: IV, 321
HAMILTON, THOMAS: IV, 530
HAMILTON, VON GAIL: II, 674; IV, 72, 110, 311, 322
HAMILTON, W. S.: II, 219
HAMILTON, WILLIAM L.: III, 256
HAMILTON, WILLIAM MONROE: IV, 321
HAMILTON, WILLIAM WORK: IV, 269
HAMILTON, WILLIAM: I, 160, 445, 446, 491; III, 132, 431; IV, 135, 186
HAMLIN, II, 40
HAMMER, A. M.: II, 103
HAMMERS, III, 354
HAMMERS, A. M.: II, 36, 37, 44, 221, 274, (SUPERINTENDENT) 276, 277, 291; III, 327; IV, 278
HAMMERS, AUBREY MAYHEW: IV, 505, 506
HAMMERS, GEORGE M.: II, 199; III, 291
HAMMERS, GEORGE: IV, 135, 506
HAMMERS, JAMES S. (CORONER): II, 72
HAMMERS, JAMES S.: II, (DR.) 300; III, 400, 401, 403, 404; IV,
HAMMERS, KARL REX: IV, 506
HAMMERS, MARGARET ALLISON: IV, 506
HAMMERS, MARGARET: IV, 135
HAMMERS, MARTHA CHRISTIAN: IV, 506
HAMMERS, MARY LEECH: IV, 506
HAMMERS, WILLIAM: IV, 506
HAMMILL, JANE: IV, 351
HAMMILL, MARY: IV, 351
HAMMILL, NANCY: IV, 303, 396
HAMMILL, ROBERT M.: I, 136
HAMMILL, ROBERT: III, 219; IV, 351
HAMMILL, W. F.: III, 219
HAMMOND, E. R.: III, 297, 298
HAMMOND, J. B.: III, 298
HAMMOND, J. R.: III, 298
HAMMOND, JAMES: II, 510; III, 298

HAMMOND, SARAH: IV, 150
HAMMOND, THOMAS: III, 298
HAMPSON, ROGER: III, 405
HAMSON, WILLIAM: III, 26, 27
HANCOCK, DIANE: II, 809
HANCOCK, DOROTHY: IV, 588
HANCOCK, ELIZABETH CHARLTON: IV, 588
HANCOCK, FRED: IV, 588
HANCOCK, JANE: II, 809
HANCOCK, JOHN: II, 809
HANCOCK, THERESA FRAIN: II, 809
HANCOCK, WINFIELD: II, 12
HAND, EDWARD (BRIG.GEN.): I, 93, 94, 95, 98, 100, 101, 105, 106; III, 20
HANDFORTH, NELLE: IV, 151
HANDLER, (JUDGE): II, 720, 741, 749, 755, 760, 786, 792, 797
HANDLER, AMY GOFFMAN: IV, 634
HANDLER, EARL R. (JUDGE): II, 643, 645, 644, 702; III, 561, 589, 590, 624, 627; IV, 634
HANDLER, EARL R.: II, 753; IV, 633
HANDLER, EARL: II, 676, 739; IV, (JUDGE) 626
HANDLER, ESTHER: IV, 634
HANDLER, GERTRUDE: IV, 634
HANDLER, IDA SARAH HARRISON: IV, 634
HANDLER, JANIS LESNESKIE: IV, 634
HANDLER, JOHN: II, 759
HANDLER, LOUIS: IV, 634
HANDLER, MARY: IV, 634
HANDLER, MICHAEL: IV, 634
HANDLER, NATHALIA: IV, 634
HANDLER, PHOEBE SCHENKMAN: IV, 634
HANDLER, RICHARD (DR.): IV, 634
HANDLER, SIDNEY: IV, 634
HANDLER, W. (JUDGE): II, 746
HANDRICK, MARY ANN: IV, 599
HANEY, EVALINE: IV, 596
HANEY, GEORGE S.: IV, 596
HANEY, VIOLA: IV, 423
HANKINSON, PETE: III, 420
HANMER, PETE: I, 186
HANNA, ARCHIBALD: IV, 9
HANNA, ELIZABETH (NEE KELLEY): I, 112
HANNA, GEORGE W. (DR.): IV, 542, 543
HANNA, LURETTA MURRAY: IV, 543
HANNA, MARGARET: IV, 9
HANNA, MARTHA: IV, 543
HANNA, MARY: IV, 9
HANNA, PAT: III, 547

HANNA, ROBERT: I, 70, 78, 85, 86, 112; IV, 606
HANNA, ROSE: IV, 25
HANNA, S. A.: III, 427
HANNA, SAMUEL: IV, 9
HANNA, THOMAS: IV, 543
HANNAH, ANN: IV, 64
HANNAH, REBECCA: IV, 212
HANNAH, THOMAS: IV, 64
HANNAH, WILLIAM: I, 174
HANNEN, ROBERT: III, 420
HANNIFORD, H. GEORGE: II, 695
HANSCOM, B. D.: III, 427
HANSON, REBECCA: IV, 510
HARBAUGH, ELIZA: IV, 64
HARBESON, J.: I, 247
HARBESON, ROBERT: I,598
HARBISON, (MRS.): I, 24
HARBISON, A. B.: III, 431
HARBISON, ANNA: IV, 173
HARBISON, CATHERINE: IV, 173, 174
HARBISON, JOSEPH: I, 159; IV, 173
HARBISON, MARY: IV, 173
HARBISON, MATTHEW: IV, 173
HARDES, DAWN (MRS.): II, 458
HARDIN, JOHN (LT.): I, 106
HARDING, I, 414; II, 394
HARDING, (PRESIDENT): III, 508; IV, 193
HARDING, ANNA (MRS.): III,599
HARDING, J. L. (DR.): II, 243
HARDMAN, S. D. (DR.): I, 510
HARE, ISABELLA: IV, 150
HARE, JACOB: I, 104
HARE, KATE: IV, 442
HARE, MICHAEL: I, 104
HARGNETT, (MISS): III, 209
HARGRAVE, H.: II, 32, 147
HARISTGEE, (CHIEF) (HAGASTAS, OR MUD EATER): I, 53, 61
HARKINS, PETER: I,561
HARLACHER, VICTOR: II, 403
HARLACKER, VICTOR: IV, 516
HARLANDER, HARRY: II, 209
HARMAN, JEANE: IV, 434
HARMAN, LEORA: IV, 352
HARMAR, JOSIAH (GEN.): I, 115, 125
HARMON, C. M.: II, (MR. & MRS.) 571
HARMON, ELIZA J.: IV, 7
HARMON, FRED: IV, 610
HARMON, SARAH: IV, 610
HARN, E. H.: II, 95
HARNER, ERNEST: III, 475
HAROLD, MARY A.: IV, 473

HARPER, JOHN R.: I, 600, 601
HARPER, JOHN RANDOLPH: I, 605
HARPER, JOHN: I, 626; IV, 295
HARPER, LOUISA: I, 600
HARPER, ROBERT G.: IV, 152
HARR, HENRY: III, 72
HARRAL, WILLIAM B.: III, 638
HARRINGTON, JOHN: III, 397, 402, 404, 405
HARRINGTON, M. J.: III, 402, 403
HARRINGTON, MICHAEL: III, 402
HARRIS, IV, (MISS) 549, (MR.) 588
HARRIS, ALVIN R.: IV, 350
HARRIS, DAVID: II, 183
HARRIS, DOROTHY ELECTA: IV, 443
HARRIS, EMMA A.: IV, 444
HARRIS, FANNIE: IV, 444
HARRIS, FRANK: IV, 444
HARRIS, GARET: I, 436; III, 133, 134
HARRIS, GEORGE KELLAR: IV, 443
HARRIS, GEORGE W.: I, 321
HARRIS, GEORGE: III, 117, 121
HARRIS, HARRY: IV, 443, 444
HARRIS, JAMES: I, 138
HARRIS, JOHN: I, (JR.) 35, 42; IV, 549
HARRIS, JOSEPH: IV, 298
HARRIS, KELLAR: II, 246, (CHIEF) 512; III, 450, 451; IV, 444
HARRIS, LUCINDA: IV, 588
HARRIS, MARGARET ANN: IV, 350
HARRIS, MARGARET SCHRADER: IV, 443
HARRIS, MARGARET: IV, 443
HARRIS, MARY M.: II, 801; IV, 444
HARRIS, MARY MARGARET: IV, 443, 444
HARRIS, NANCY JANE LITTLE: IV, 444
HARRIS, NANCY: IV, 298
HARRIS, NELLIE M.: IV, 444
HARRISON, II, 257; III, 305, 438
HARRISON, "TIPPECANOE": IV, 377
HARRISON, (GEN.): I, 306
HARRISON, (PRESIDENT): IV, 462
HARRISON, BENJAMIN: I, 87; II, 18, 19, 257; IV, 83, (PRESIDENT) 409
HARRISON, BLANCHE HOPE: IV, 464
HARRISON, ELIZABETH: IV, 49
HARRISON, IDA SARAH: IV, 634
HARRISON, J. H.: II, 142
HARRISON, JAMES G.: II, 546
HARRISON, JOHN W.: III, 439
HARRISON, SAMUEL S.: I, 160; III, 49
HARRISON, W. C.: IV, 464
HARRISON, W. H.: IV, 378
HARRISON, W. I.: III, 397

HARRISON, WILLIAM HENRY: I, 239, 242, 243, 245, 257, 258, 340, 341, 420; II, 340, 34 , 420; IV, 377
HARRIT, J. H.: II, 43
HARROLD, CHRISTOPHER: I, 167
HARROLD, ELIZABETH: IV, 530
HARROLD, JOHN: I, 26, 347; IV, 600
HARROLD, PHEBE: IV, 105
HARROLD, SARAH A.: IV, 482
HARROLD, SUSAN: IV, 600
HARROLD, WILLIAM: I, 367; II, 31; IV, 105
HARRON, WILLIAM (CAPT.): I, 337
HART, II, 18
HART, A. N.: IV, 531
HART, A. T.: IV, 511
HART, ACHSAH: IV, 60
HART, ALBERT: II, 300
HART, ANNA SAMPLE: IV, 364
HART, CATHARINE MCKEE: IV, 364
HART, CLARENCE: IV, 364
HART, ELEIZABETH WHITE: IV, 364
HART, ELIZABETH WHITE: IV, 364
HART, ELIZABETH: IV, 531
HART, ELLA: IV, 364
HART, H. H.: III, 345
HART, HARRIET GEORGE: IV, 364
HART, ISABELLA MCKELVEY: IV, 364
HART, JAMES M. I, 536, 584; III, 14, 147; IV, 186, 364
HART, JAMES S.: IV, 364
HART, JAMES: IV, 7
HART, JANE H.: IV, 54
HART, JOHN H.: I, 534
HART, JOHN M.: I, 396
HART, JOHN: III, 45; IV, 60, 364, 446
HART, JOSEPH: I, 158
HART, JULIET: IV, 511
HART, L. C.: I, 214-B
HART, MARGARET: IV, 364
HART, MARTHA THOMPSON: IV, 364
HART, MARTHA: IV, 445
HART, MARY A.: IV, 60
HART, MARY ANN: IV, 445
HART, MARY PROTHERO: IV, 364
HART, MARY: I, 83; IV, 7, 44
HART, MATILDA J.: IV, 364
HART, PATRICIA: IV, 79
HART, REBECCA ROWE: IV, 364
HART, REBECCA: IV, 186
HART, SARAH: IV, 564
HART, THOMAS: II, 342; III, 276
HART, W. A.: II, 413;
HART, WILLIAM B.: IV, 364

HART, WILLIAM: IV, 364, 445
HARTER, III, 284
HARTER, ABSALOM: II, 64
HARTER, ELIZABETH: IV, 142
HARTER, JESSE M.: II, 48
HARTER, JESSE: II, 94
HARTER, JIM: II, 137
HARTER, ZOE AMANDA: IV, 75
HARTFIELD, TONY: II, 514
HARTMAN, ARLINE: IV, 188
HARTMAN, MARLIN E. (DR.): II, 764; III, 607, 608
HARTMAN, STEELE: II, 98; III, 235, 254
HARTRANFT, I, 684; IV, (GEN.) 168
HARTRANFT, J. F. (GOV.): II, 7, 32, 34 III, 238, 271
HARTRANFT, JOHN F.: II, 4
HARTS, WILLIAM: I, 345
HARTSHORN, HANNAH: IV, 476
HARTSHORNE, JOSHUA: I, 249
HARTSOCK, REBECCA: IV, 381
HARVEY, HARRIET: I, 503
HARVEY, J. M.: II, 339
HARVEY, JAMES M.: II, 16
HARVEY, JAMES: II, 368
HARVEY, JOHN M.: III, 381
HARVEY, JOHN: I, 113, 503
HARVEY, KENNETH: IV, 633
HARVEY, MARY D.: IV, 633
HARVEY, SIDNEY: I, 503; II, 61
HARWICK, JOHN: IV, 340
HARWICK, MARY: IV, 340
HARWICK, MAX C.: II, 697; IV, 340
HARWICK, PATRICIA: IV, 340
HARWOOD, JANE: IV, 64
HARWOOD, MACON: IV, 484
HARWOOD, RICHARD: IV, 64
HARWOOD, ROSEMARY: IV, 484
HASINGER, II, 307
HASINGER, CLEMENTS: III, 431
HASINGER, L. C.: II, 239
HASINGER, MARTIN: II, 116
HASSLER, (DR.): II, 706, 709, 710, 711, 712, 713, 718, 719, 721, 724, 763; III, 643
HASSLER, CLARA WOODS: IV, 230
HASSLER, JOHN W.: IV, 230
HASSLER, L. MANGOLOVITI: IV, 230
HASSLER, MARTHA: IV, 230
HASSLER, MARY ELLEN JACKSON: IV, 230
HASSLER, THOMAS: IV, 230
HASSLER, VIRGINIA: IV, 230

HASSLER, WILLIAM W.: II, (DR.) 712, 716; III, 567, (DR.) 567
HASSLER, WILLIAM WOODS (DR.): IV, 229
HASSON, JAMES (COL.): I, 261
HASTIE, (MR): IV, 114
HASTIE, BELLE: IV, 182
HASTIE, ELIZABETH: IV, 182
HASTIE, JOHN: IV, 182
HASTIE, R.: IV, 392
HASTINGS, (GOVERNOR): II, 262; IV, 410
HASTINGS, (SENATOR CANDIDATE): IV, 500
HASTINGS, BILL: II, 709, 713, 721, 741; III, 543, 557
HASTINGS, C. M.: II, 234
HASTINGS, DANIEL H.: II, 258
HASTINGS, DANIEL: II, 19; IV, 271
HASTINGS, ELIZA: IV, 271
HASTINGS, ELIZABETH: IV, 271
HASTINGS, ENOCH: IV, 271
HASTINGS, GULA: IV, 271
HASTINGS, ISABELLA COOK: IV, 271
HASTINGS, JOHN S.: II, 26, 136, 213, 221, 223, 266, 356; IV, 96, 397
HASTINGS, JOHN SUTOR: IV, 57, 270, 360
HASTINGS, JOHN: II, 213; III, 252, 254; IV, 271
HASTINGS, MADELINE: IV, 271
HASTINGS, MARGRETTA DIVEN: IV, 271
HASTINGS, MARY: IV, 271
HASTINGS, RALPH WENDELL: IV, 271
HASTINGS, SARAH: IV, 271
HASTINGS, THOMAS: IV, 271
HASTINGS, VIRGINIA COLEMAN: IV, 271
HASTINGS, W. P.: II, 16
HATFIELD, MARK: III, 582
HATTER, MARION: IV, 575
HATZFELD, ROSE: IV, 553
HATZFELD, WILLIAM: IV, 553
HAUPT, HERMAN: I, 554
HAUXHURST, I, 539, 685
HAUXHURST. ADELINE W.: II 801
HAUXHURST, ADELINE WEEKS: IV, 126
HAUXHURST, ADELINE WILLARD: II (ADELINE W.) 801; IV, 21
HAUXHURST, ANN: IV, 126
HAUXHURST, ANNE: IV, 126
HAUXHURST, BELLE PIERCE: IV, 21
HAUXHURST, CAROLINE: IV, 126
HAUXHURST, J. N.: II, 251
HAUXHURST, JACKSON: IV, 21, 126

HAUXHURST, SOLOMON: II, 142; IV, 126
HAUXHURST, SUE (AUNTY): IV, 125
HAUXHURST, SUE E.: IV, 125, (SUSAN E.) 126
HAUXHURST, SWAN E.: II, 350
HAUXHURST, WILLIAM ARDEN: IV, 21
HAWES, (MISS): III, 208
HAWES, ABBIE: IV, 315
HAWES, DOROTHY M.: IV, 257
HAWES, LIZZIE: IV, 437
HAWES, N. P.: IV, 315
HAWK, JOHN: IV, 376
HAWKS, ELIZABETH: IV, 156
HAWKS, JOHANNA: IV, 156
HAWKS, JOHN: IV, 156
HAWKSWORTH, JOHN: I, 546-M
HAWLEY, II, 258
HAY, MICHAEL (DR.): I, 281
HAYDEN, EDITH D.: IV, 636
HAYDEN, LUCINDA C.: IV, 155
HAYDON, KENNETH: III, 546D
HAYDUK, ED: II, 616
HAYE, ARTHUR M. (REV.): II, 677
HAYES, II, 7, 8; III, 257; IV, 169
HAYES, (MRS.): III, 44
HAYES, ADA: IV, 566
HAYES, CATHERINE BOSSERT: IV, 566
HAYES, ED: II, 98
HAYES, HELEN: IV, 450
HAYES, PATRICK: IV, 428
HAYES, SAMUEL A.: IV, 566
HAYS, I, 58, 441
HAYS, (COL.): I, 587
HAYS, CAROLINE D. (MISS): II, 282
HAYS, GEORGE (DR.): I, 164, 77, 309; III, 40
HAYS, J.: I, 395
HAYS, JAMES (COL.): I, 587
HAYS, JAMES (MAJOR): I, 616, 617
HAYS, JAMES: I, 495; IV, 127
HAYS, MARY ANN: IV, 127
HAYS, ROBERT S. I, 321
HAYS, THOMPSON: III, 114, 148
HAYS, WILLIAM: I, 201
HAYWARD, LELAND: III,504
HAZARD, SAMUEL: I, 501; IV, 12
HAZELETT, ALBERT (ABSALOM): I, 405, 406, 408, 409, 410, 411, 412, 412, 414, 415, 416, 417, 418, 419, 420,421; III, 157-164, 262-A, 262-B, 262-C,
HAZELETT, J. J.: II, 265
HAZELETT, JOHN: I, 405
HAZELETT, JONAS: I, 424

HAZLEHURST, I, 592
HAZLET, ELMIRA: IV, 142
HAZLETON, (PROF.): I, 302
HAZLETON, A.: I, 283
HAZLETON, ALBERT: I, 405, 406, 408, 409, 410, 411, 412, 413, 414, 415, 416, 417, 418, 419, 420, 421
HAZLETT, ABSALOM: I, 628; IV, 318, 383
HAZLETT, ALBERT: I, 490; III, 157, 158, 163; IV, 318
HAZLETT, ALEXANDER: IV, 318
HAZLETT, CATHERINE: IV, 461
HAZLETT, CHARLOTTE D.: IV, 42
HAZLETT, DALE CARLTON: II, 382
HAZLETT, ELIZABETH ANN: IV, 113
HAZLETT, ELIZABETH FYOCK: IV, 319
HAZLETT, ELIZABETH: IV, 296
HAZLETT, GRACE LONSBERG: IV, 318
HAZLETT, H. C.: I, 628
HAZLETT, HENRY: IV, 318
HAZLETT, J. M.: IV, 461
HAZLETT, JEREMIAH: IV, 318
HAZLETT, JOHN: IV, 296, 318
HAZLETT, JONAS: IV, 318
HAZLETT, LESLIE: IV, 42
HAZLETT, MALONA R.: IV, 319
HAZLETT, MARGARET: IV, 205, 369
HAZLETT, MARY: IV, 259, 318
HAZLETT, PETER: II, 130; IV, 318
HAZLETT, REBECCA: IV, 296
HAZLETT, S. C.: I, 397
HAZLETT, S. M.: II, 24
HAZLETT, SARAH: IV, 318
HAZLETT, TEMPLETON: II, 48
HAZLETT, WILLIAM M.: IV, 319
HAZLETT, WILLIAM R. (LT.): II, 583
HAZLETT, WILLIAM T: IV, 113
HAZLEY, RICHARD: II, 713
HEADERS, DOROTHEA: IV, 583
HEADERS, MARSHALL P.: IV, 583
HEALY, (CAPT.): II, 70, 148
HEALY, WILLIARD H. (1ST LT.): II, 34
HEARN, PAUL: IV, 593
HEARN, ROBIN: IV, 593
HEARST, JOHN P.: II, 42
HEASLEY, ELIZABETH: IV, 394
HEATER, CATHERINE: IV, 446
HEATER, CHRISTIANA: IV, 446
HEATON, CAROLYN: IV, 317
HEATON, ROBERT: IV, 317
HEATTER, GABRIEL: III,487
HEBE, II, 362
HECK, LULA MILDRE: IV, 420

HECK, PETER: I, 432, 433
HECKEL, III, 331
HECKEWELDER, I, 106
HECKEWELDER, JOHN: I, 19, 25, 60
HECKMAN, JOHN C.: II, 465
HEDGE, HANNAH: IV, 379
HEDGE, ISRAEL: IV, 379
HEDGPETH, ANN KATHERINE MCCAIG: IV, 28
HEDGPETH, ARMO TYE: IV, 28
HEDGPETH, CHARLOTTE AMALIE: IV, 28
HEDGPETH, CHARLOTTE: IV, 28
HEDGPETH, DENNY BURKE: IV, 28
HEDGPETH, HAROLD GLENN: IV, 27, 28
HEDGPETH, HARRIET MINERVA: IV, 28
HEDGPETH, HELEN RAE SLAGLE: IV, 28
HEDGPETH, HOLLY ANNE: IV, 28
HEDGPETH, JAMES DAVID: IV, 28
HEDGPETH, JANE: IV, 28
HEDGPETH, JEREMIAH WALKER: IV, 28
HEDGPETH, JEREMIAH: IV, 28
HEDGPETH, LAURA BELLE: IV, 28
HEDGPETH, LAURA GLYNNIS: IV, 28
HEDGPETH, LUCY MINERVA CURLEE: IV, 28
HEDGPETH, NORMA DORRICE: IV, 28
HEDGPETH, WILLIAM BEAVERS: IV, 28
HEETER, BOB: III, 533
HEFFELFINGER, BEULAH: II, 508, 673; IV, 621
HEFFELFINGER, DELBERT W.: IV, 493
HEFFELFINGER, MARY: IV, 96
HEFFELFINGER, SARAH ELIZABETH: IV, 493
HEID, EDYTHYE: IV, 535
HEIGES, BETTY ANN KUMMER: IV, 205
HEIGES, JESSE SHEARER: IV, 205
HEIGES, RALPH (DR.): II, 585
HEIGES, RALPH E. (DR.): II, 712
HEIGES, RALPH EBY: IV, 204
HEIGES, RICHARD FICKES: IV, 205
HEIGES, RUTH BRETZ: IV, 205
HEIGES, SUSAN FICKES: IV, 205
HEILBRUN, JAMES: II, 501
HEILMAN, ALINE: IV, 453
HEILMAN, HOWARD S.: IV, 571
HEILMAN, PEARL: IV, 527
HEILMAN, SARAH ANN: IV, 571
HEIM, ANNA ELIZABETH: IV, 350

HEIM, GEORGE: IV, 350
HEIM, KATHARINE: IV, 350
HEINTZELMAN, ELIZABETH: IV, 34
HEINTZELMAN, GEORGE: IV, 34
HEINZ, II, 745
HEINZ, H. J.: II, 558
HEINZ, JOHN: II, 742; IV, 635
HEIPLE, CATHERINE FRIEDLINE: IV, 592
HEIPLE, THERON: IV, 592
HEIPLE, VIRGINIA LOUISE: IV, 592
HEISER, LAURA LUELLA: IV, 395
HEISER, S. E.: II, 447
HEIST (HICE), GEORGE: I, 356
HEISTER, (GOV.): III, 84
HEITZENRATER, CLARENCE: II, 424
HELENA, EULALIA HANNA: IV, 227
HELL, HARRY: III, 498
HELM, J. S.: II, 45
HELMAN, I, 601
HELMAN, (MRS.): III, 617
HELMAN, ADAM: I, 510
HELMAN, BLAINE: IV, 621
HELMAN, CATHERINE: IV, 177
HELMAN, CHERYL LYNN: II, 72Z
HELMAN, DAVID J.: IV, 621
HELMAN, DOROTHY LOUISE WARDROP: IV, 621
HELMAN, EDWIN: IV, 621
HELMAN, FRANCES S.: IV, 105
HELMAN, FRANCES STRONG: I, 599; II, 536, 553, 664, 673, 676, 678, 768; IV, 342, 518, 620, 621, 622
HELMAN, FRANCES: II, 801
HELMAN, LAWRENCE: IV, 177
HELMAN, MARY JANE LITTLE: IV, 621
HELMAN, RICHARD BLAINE: IV, 621
HELMAN, SARA JEAN: IV, 621
HEMPFIELD, JACOB: I, 452
HEMPHILL, II, 402
HEMPHILL, J. C. (CAPT.): I, 261
HEMPHILL, JAMES SIDNEY: IV, 590
HEMPHILL, MARY MULHOLLAN: IV, 590
HENDERSON, II, 133
HENDERSON, A.: I, 337
HENDERSON, AGNES: IV, 414
HENDERSON, ALEXANDER: II, (ALEX) 148; IV, 369
HENDERSON, AMSTRONG: IV, 426
HENDERSON, AMY BETH: IV, 635
HENDERSON, AMY E.: IV, 368
HENDERSON, ANDREW: IV, 369
HENDERSON, ANN H.: IV, 368

HENDERSON, ANN HENDRICKS: IV, 414
HENDERSON, ANNA MARY: IV, 368
HENDERSON, AVY: IV, 128
HENDERSON, BELLE: IV, 313
HENDERSON, BETSY ANNE: IV, 635
HENDERSON, BRENDA GAYLE: IV, 635
HENDERSON, CATHARINE: IV, 369, 418
HENDERSON, D. D.: II, (MR. & MRS.) 336
HENDERSON, DAVID: I, 488, 589; IV, 368, 369
HENDERSON, EDWARD: IV, 368
HENDERSON, ELIZA: IV, 414
HENDERSON, ELIZABETH MORRISON: IV, 369
HENDERSON, ELIZABETH SCOTT: IV, 414
HENDERSON, ELIZABETH: IV, 112, 369, 454
HENDERSON, ELLA SHURICK: IV, 368
HENDERSON, H. H.: I, 6
HENDERSON, HANNAH: IV, 414
HENDERSON, HELEN LAWHORN: IV, 635
HENDERSON, HILDA: IV, 433
HENDERSON, HUGH: IV, 433, 635
HENDERSON, J. (MAJOR): I, 261
HENDERSON, J. F.: I, 559
HENDERSON, J. H.: II, 234
HENDERSON, JAMES I.: II, 401; IV, 426
HENDERSON, JAMES: IV, 368, 369, 414
HENDERSON, JANE C.: IV, 429, 446
HENDERSON, JANE GEER: IV, 368
HENDERSON, JANE: IV, 22, 369, 391, 414
HENDERSON, JENNIE P.: IV, 191
HENDERSON, JOHN A.: II, 693; IV, 634, 635
HENDERSON, JOHN B.: IV, 429
HENDERSON, JOHN: I, 159; IV, 368, 369, 414, 418, 558, 619
HENDERSON, JOSEPH (REV.): IV, 134, 195
HENDERSON, JOSEPH BUTE: IV, 635
HENDERSON, JOSEPH HUGH: IV, 635, (JR.) 635
HENDERSON, JOSEPH W.: I, (ALL REV.) 141, 142, 146, 163, 178, 284, 287, 307, 347, 501; III, (ALL REV.) 212, 214, 215, 216, 221, 230; IV, 112, 249, 414
HENDERSON, JOSEPH WASHINGTON (REV.): IV, 413, 414

HENDERSON, JOSEPH: I, 210, 354; II, 278; IV, 128, 369, 396, 418
HENDERSON, LETITIA FULLERTON: IV, 369, 619
HENDERSON, LETITIA: IV, 369, 418
HENDERSON, LUCY: IV, 369
HENDERSON, MACK: IV, 426
HENDERSON, MARGARET ANTHOHY: IV, 369, 619
HENDERSON, MARGARET COHAN: IV, 635
HENDERSON, MARGARET GRAHAM: IV, 478
HENDERSON, MARGARET HAZLETT: IV, 369
HENDERSON, MARGARET MCCLINTOCK: IV, 368
HENDERSON, MARGARET: IV, 134, 414
HENDERSON, MARIA BRECKINRIDGE: IV, 414
HENDERSON, MARIA: IV, 414
HENDERSON, MARIANNE GROSS: IV, 634
HENDERSON, MARTIN L.: II, 138
HENDERSON, MARY ANN RALSTON: IV, 619
HENDERSON, MARY ANN: IV, 225, 418
HENDERSON, MARY HELEN HESS: IV, 635
HENDERSON, MARY MCCOMB: IV, 418
HENDERSON, MARY: IV, 369, 396, 414
HENDERSON, MATILDA: IV, 112, 391, 414, 426
HENDERSON, MELINDA: IV, 558
HENDERSON, MILTON: I, 602
HENDERSON, NANCY J.: IV, 22
HENDERSON, NANCY JANE: IV, 619
HENDERSON, NANCY: IV, 414, 627
HENDERSON, OREN: III, 592
HENDERSON, PHEBE: IV, 368
HENDERSON, R. A.: II, 219
HENDERSON, REED: III, 260
HENDERSON, ROBERT: I, 169; II, (LT.) 31, 278, (T/SGT) 582; IV, 369, 418, 478, 619
HENDERSON, SALLY JO: IV, 635
HENDERSON, SAMUEL C.: II, 171; IV, 619
HENDERSON, SAMUEL: IV, 369, 619
HENDERSON, SARAH DIXON: IV, 414
HENDERSON, SARAH HINDMAN: IV, 414
HENDERSON, SARAH R.: IV, 478
HENDERSON, SARAH: IV, 134, 414
HENDERSON, SUSAN: IV, 414
HENDERSON, THEODORE: III, 195; IV, (REV.) 368

HENDERSON, THOMAS: IV, 368
HENDERSON, TRESSIE MACK: IV, 426
HENDERSON, WILHELMINA: IV, 128
HENDERSON, WILLIAM: IV, 313, 369 414
HENDRICKS, ABRAHAM: IV, 414
HENDRICKS, ANN: IV, 414
HENDRICKS, ELIZA: IV, 414
HENDRICKS, JOHN: I, 651; II, 64, 172
HENDRICKSON, E. J.: II, 294
HENDRICKSON, POLLY: III, 492, 494
HENEGAN, E. E.: I, 518
HENEIGH, (REV.): IV, 225
HENERY, JOHN: I, 279
HENNEGAN, THOMAS: I, 518
HENNESSEY, OLLIE: II, 123
HENNESSEY, WILLIAM: II, 123
HENNIG, III, 577
HENNIGH, H. K. (REV.): I, 494, 683, 685
HENRY, III, 90
HENRY, ALEXANDER ROSS: IV, 68
HENRY, CATHERINE: IV, 68
HENRY, CLARA THOMAS: IV, 68
HENRY, CLARK M.: IV, 68
HENRY, DOLLY: IV, 25
HENRY, EARTHA MILLER: IV, 68
HENRY, EDNA GRACE: IV, 612
HENRY, ELLA: IV, 62
HENRY, ERNEST: III, 522
HENRY, FRANK: IV, 430
HENRY, GEORGE (LT.): II, 582
HENRY, GEORGE H.: IV, 68
HENRY, HELEN CAROLINE: IV, 178
HENRY, HERBERT: IV, 178
HENRY, J. CARLISLE: IV, 62
HENRY, J. DONALD: IV, 62
HENRY, J. MONROE: IV, 62
HENRY, J. W.: II, 291
HENRY, JAMES T.: II, 268; IV, 62, 68
HENRY, JAMES THOMPSON: IV, 62
HENRY, JOHN G.: IV, 68
HENRY, JOHN K.: I, 360
HENRY, JOHN M.: IV, 62
HENRY, JOHN: I, 284, 286; III, 391; IV, 62, 68
HENRY, LARUE: IV, 430
HENRY, LOLA BELLE SHAFFER: IV, 68
HENRY, LYDIA M. CRIBBS: IV, 68
HENRY, MARGARET E.: IV, 62
HENRY, MARGARET MILLER: IV, 68
HENRY, MARGARET: IV, 68, 245, 255
HENRY, MARTHA FORSYTHE: IV, 68
HENRY, MARTHA: IV, 62

HENRY, MARY ANN: IV, 454
HENRY, MARY JANE LOWMAN: IV, 68
HENRY, MARY: IV, 135, 173
HENRY, MATTHEW H.: IV, 62, 68
HENRY, MATTHEW HUGH DEAN: IV, 68
HENRY, MERLE: III, 522
HENRY, NORMAN: II, 478
HENRY, P.: I, 87
HENRY, PEARLE D. DICKIE: IV, 62
HENRY, R. LOWELL: IV, 62
HENRY, ROBERT E.: II, (SGT.) 575; IV, 62
HENRY, ROBERT S.: IV, 68
HENRY, ROBERT: I, 463; IV, 75
HENRY, SARAH JANE: IV, 68
HENRY, SARAH MALISSA: IV, 62
HENRY, SUSAN ELIZABETH: IV, 68
HENRY, SYBILLA KELLS: IV, 68
HENRY, THOMAS R.: I, 6
HENRY, WILLIAM LOWMAN: IV, 68
HENRY, WILLIAM: I, 229, 235, 243, 359, 385; III, 145
HENSEL, (ATTORNEY GENERAL): III, 307; IV, 332
HEPBURN, (JUDGE): III, 162
HEPLER, D. E. (REV.): II, 278
HERBEN, J. D.: II, 402
HERBERT, R.W.: III, 311, 312
HERE, JACOB: III, 26, 27
HERE, MICHAEL: III, 26, 27
HEREITT, WILLIAM: I, 608
HERLINGER, BESSIE ROWE: IV, 522
HERLINGER, FRED: II, 246, 323; IV, (JR.) 522, (SR.) 522
HERLINGER, FREDERICK W.: IV, 522
HERLINGER, HARRY V. (JR.): IV, 522
HERLINGER, HARRY VIRGIL: IV, (DR.) 522, 523
HERLINGER, JOHAN FREDERICK: IV, 522
HERLINGER, MARGARET ANDERSON: IV, 522
HERLINGER, MAUDE YOUNKIN: IV, 522
HERLINGER, MYRTILLA ROBERTSON: IV, 522
HERLINGER, OUIDA JAMES WILES: IV, 522
HERMAN, AUGUSTINE: I, 24
HERMAN, JAMES: ; III, 408
HERN, ROBERT: II, 785
HERRIMAN, F. E.: II, 403, 467
HERRIN, ROBERT: I, 254
HERRMANN, JOHN: II, 349
HERRON, CLARA BELLE: IV, 574

HERRON, ROBERT: I, 254
HERRON, WILLIAM: I, 28
HERSHEY, JOHN: II, 149
HERTEL, HOWARD: IV, 542
HERTEL, OLIVE LOIS: IV, 542
HESS, ABRAHAM: IV, 635
HESS, ANNA LANSBERRY: IV, 635
HESS, BRIGIT: IV, 484
HESS, DANIEL: I, 540
HESS, DOLLY: IV, 38
HESS, GEORGE: III, 109; IV, 635
HESS, JACOB: I, 119, 159
HESS, JOHN E.: IV, 635
HESS, JOHN EVEY: IV, 635
HESS, JOHN: III, 27
HESS, KATHRYN: IV, 214
HESS, LEO G.: IV, 38
HESS, LEONARD: III, 647
HESS, MARIA KATHRYN: IV, 214
HESS, MARY ALICE: IV, 554
HESS, MARY HELEN: IV, 635
HESS, MARY LITZ: IV, 635
HESS, MICHAEL: I, 167; IV, 214
HESS, NANCY: IV, 375
HESS, QUINN A.: IV, 38
HESS, RICHARD H.: II, 781
HESS, RUTH PEALER (PEALOR): IV, 601
HESS, SARAH LITZ: IV, 635
HESSELIUS, GUSTAVIUS: I, 84-F
HETRICK, II, 124; III, 306; IV, 420-B
HETRICK, ADAM: IV, 556
HETRICK, CHARLES: IV, 556
HETRICK, D. A. J.: II, 108; IV, 556
HETRICK, D. A.: II, 148, 213, 221, 323; III, 431
HETRICK, DELOS A.: IV, 555, 556
HETRICK, DELOS: II, (ENGINEER) 115, 213
HETRICK, ELIZABETH WILKINSON: IV, 556
HETRICK, GEORGE W.: IV, 556
HETRICK, H.: II, 187
HETRICK, HELEN: IV, 556
HETRICK, JAY: III, 420
HETRICK, MARIE: IV, 556
HETRICK, NELLE H.: IV, 556
HETRICK, R. D.: II, 221; III, 431
HETRICK, R. DICK: II, 321; IV, 555, 556
HETRICK, SARA: III, 457
HETRICK, WILLIAM ROY: II, 771
HETZEL, H. H. (DR.): II, 462
HETZEL, JAMES: II, 209
HEVNER, ANNE M.: IV, 608

HEVNER, JOHN D.: IV, 608
HEVNER, W. R.: III, 460-B
HEWIT, (KING): I, 255
HEWITT, II, 571, 729, 746, 747
HEWITT, "MISS PATTI": II, 683
HEWITT, (MR.): II, 405, 730; IV, 64
HEWITT, ANTHONY S.: II, 746
HEWITT, BERTHA: IV, 64
HEWITT, BEVERLY: IV, 535
HEWITT, BILL: IV, 64
HEWITT, BOBBY: IV, 64
HEWITT, CHARLES: IV, 535
HEWITT, E. E. (SR.): II, 727, 728
HEWITT, E. E.: II, 397, 411, 413, 537
HEWITT, EARL E. (JR): IV, 64
HEWITT, EARL E.: IV, 63
HEWITT, EARL EDWARD (SR.): IV, 63
HEWITT, EARL S. (SR.): II, 692
HEWITT, EARL: II, 414
HEWITT, EBENEZER EZEKIEL: IV, 64
HEWITT, JOHN B.: IV, 64
HEWITT, LAURA FRANCES: IV, 299
HEWITT, MARY LOU: IV, 64
HEWITT, MAY BURGESS: IV, 64
HEWITT, OSCAR: IV, 299
HEWITT, PATRICE (MRS.): II, 683
HEYL, III, 382
HIATT, WILBUR: II, 588
HIBBS, J. D.: I, 561
HIBBS, WILLIAM: II, 446
HICE, GEORGE: I, (HEIST) 356; IV, 105
HICE, HENRY: IV, 581
HICE, MARGARET: IV, 15
HICE, MARY: IV, 581
HICE, PHEBE: IV, 105
HICE, WILLIAM: I, 357, 581
HICK, ISAAC: I, 515
HICKEY, STEPHEN: I, 339
HICKMAN, (MR. & MRS.): III, 326, 327
HICKMAN, ELIZABETH: III, 326
HICKMAN, THOMAS: I, 56, 57
HICKOK, FANNIE: IV, 612
HICKOK, HENRY C. (DR.): I, 471
HICKOK, LORNE: IV, 612
HICKOX, (MR.): II, 99
HICKS, BARBARA: I, 48
HICKS, FRANCES (MISS): II, 533
HICKS, GERSHAM: I, 104
HICKS, ISAAC: I, 563
HICKS, LAWRENCE: II, 536
HICKS, MARY ANN: IV, 264
HICKS, MOSES: I, 104
HICKS, S. H.: II, 314

HICKS, VESTA CRAIG: II, 536
HIDDLESON, ADAH S.: IV, 161
HIELM (HELM), MARGARET: IV, 15
HIESTER, (GOV.): I, 275; III, 229
HIESTER, JOSEPH: I, 219, 220
HIGBEE, E. E.: II, 284
HIGBY, MARY: IV, 221
HIGGINS, ABIGAIL: IV, 251
HIGGINS, JAMES M.: II, 505
HIGGINS, JOSEPH: IV, 251
HIGGINS, MARY: IV, 404
HIGGINSON, THOMAS WENTWORTH: I, 418, 419; III, 163
HIGH, JOHN C.: I, 661
HIGHBERGER, MARY (MRS.): II, 163
HILBERRY, J. S.: II, 146
HILBRUN, P. (REV.): I, 291
HILD, ALICE: IV, 61
HILD, HENRY: IV, 61
HILD, JUDITH: IV, 61
HILDEBRAND, B. F. "GUMP": II, 439, 444
HILDEBRAND, B. F.: II, 444
HILDEBRAND, BENJAMIN FRANKLIN: IV, 549
HILDEBRAND, E. D.: II, 140
HILDEBRAND, E. P.: I, 470, 530, (MRS.) 541, 552, 596; II, 123; IV, 368
HILDEBRAND, EDWARD P.: I, 676, 677; IV, 3, 368, 549
HILDEBRAND, ELIZA: IV, 3
HILDEBRAND, ELIZABETH AULD: IV, 549
HILDEBRAND, ELIZABETH FARRINGTON: IV, 368
HILDEBRAND, ELIZABETH WOODS: IV, 368
HILDEBRAND, ELIZABETH: IV, 368
HILDEBRAND, ELLA P.: IV, 3
HILDEBRAND, ELLA: IV, 368
HILDEBRAND, F. A.: III, 327
HILDEBRAND, FRANK: II, 99; IV, 549
HILDEBRAND, GLENDA L. SMITH: IV, 549
HILDEBRAND, HARRY W.: IV, 368
HILDEBRAND, IDA J.: IV, 368
HILDEBRAND, J. P.: II, 116
HILDEBRAND, JOHN: IV, 368
HILDEBRAND, LAURA L.: IV, 368
HILDEBRAND, OLIVER E.: IV, 368
HILDEBRAND, SARAH MCCLARAN: IV, 444, 549
HILDEBRAND, SARAH: IV, 349, 531
HILDEBRAND, T. E.: II, 217, 346
HILDEBRAND, W. B.: I, 507, 511, 512; II, 112, 124, (MRS.) 351; IV, 444

HILDEBRAND, W. F.: II, 727, 728
HILDEBRAND, WALTER JACKSON: IV, 549
HILDEBRAND, WILLIAM B.: IV, 349, 368, 445, 531, 549
HILDEBRAND, W. F.: II, 571
HILDEBRAND, WILLIAM F.: IV, 549
HILDEBRAND, WILLIAM HOWARD: IV, 549
HILDEBRAND, WILLIAM: IV, 368
HILE, WALTER H.: II, 454
HILEMAN, J. M.: II, 349
HILEMAN, JAMES: II, 325
HILEMAN, MORNA: III, 458
HILL (INDIAN), (CAPTAIN): I, 25
HILL, I, 459
HILL, (DR.): III, 248
HILL, ABBIE HAWES: IV, 315
HILL, ABIGAIL GRACE: IV, 315
HILL, AUGUSTUS B.: IV, 151
HILL, BENJAMIN S.: IV, 152
HILL, BEULAH MONTROSE SHUSTER: IV, 420
HILL, CATHARINE J.: IV, 152
HILL, CATHARINE: IV, 152
HILL, CHARLES W.: IV, 151
HILL, CHARLES W.: IV, 151
HILL, CHRISTOPHER: IV, 152
HILL, DANIEL: IV, 631
HILL, DARRIE BURNHAM HILL: IV, 465
HILL, DAVID KUNTZ: IV, 90
HILL, DAVID: II, 300
HILL, EDGAR N.: IV, 151
HILL, ELEANOR REESE: IV, 152
HILL, ELIZABETH BOSSERT: IV, 151
HILL, ELIZABETH MCCLELLAND: IV, 316
HILL, ELIZABETH MITCHELL: IV, 152
HILL, ELIZABETH REPINE: IV, 152
HILL, ELLA BELL: IV, 152
HILL, FRANCES DAVIS TRUSSELL: IV, 420
HILL, G. G.: IV, 626
HILL, GEORGE (REV.): I, 134, 140, (REV. JR.) 373, 468, 479, 480, 516-H, 672; II, 75, 280; III, 204, 205, 206, 207, 208, 218, 334; IV, 104, 288, (REV. DR.) 315, (I) 316
HILL, GEORGE G. (REV.): IV, 420
HILL, GEORGE H.: IV, 315
HILL, GEORGE JACOB (REV.): IV, 420
HILL, GEORGE W.: IV, 152
HILL, GEORGE: I, 358; IV, 316
HILL, GERVIS GARDNER: IV, 419, 420
HILL, GLEN: IV, 527
HILL, GRACE: IV, 527
HILL, HARRIET A.: IV, 315
HILL, HARRIET LEWIS: IV, 315
HILL, HELEN L.: IV, 617
HILL, HELEN P.: IV, 315
HILL, J. H.: II, 13, 101
HILL, J. W.: I, 464
HILL, J. WILSON: I, 694
HILL, JACOB L.: IV, 152
HILL, JACOB: I, 188; II, 319; IV, 152
HILL, JAMES W.: I, 552; IV, 420
HILL, JANE ANNE: IV, 288
HILL, JANE E.: IV, 315
HILL, JANE MOORHEAD: IV, 316
HILL, JANE: IV, 152, 259
HILL, JEANNETTE: IV, 90
HILL, JEMIMA DUNLOP: IV, 152
HILL, JESSE A.: IV, 152
HILL, JOE: III, 281
HILL, JOHN H: III, 274, 276
HILL, JOHN WESLEY: IV, 481
HILL, JOHN: I, 258, 344, 364, 480, 574, 625; II, 90, 280; III, 205; IV, 151, 152, (MAJOR) 259, 316
HILL, JOSEPH: IV, 152
HILL, JOSHUA: IV, 152
HILL, LAURA E. STEPHENSON: IV, 151
HILL, LAURA M.: IV, 109
HILL, LULU MILDRED HECK: IV, 420
HILL, MARGARET E.: IV, 152
HILL, MARGARET WILKINS: IV, 152
HILL, MARGARET WILSON: IV, 152
HILL, MARGARET: IV, 152, 187
HILL, MARTHA L.: IV, 152
HILL, MARTHA STEWART: IV, 481
HILL, MARY A.: IV, 152, 481
HILL, MARY E.: IV, 151
HILL, MARY JANE: IV, 251
HILL, MARY STITT: IV, 152
HILL, MARY: IV, 26
HILL, MAUDE IRENE: IV, 609
HILL, NANCY HOTHAM: IV, 152
HILL, R. H.: II, 94
HILL, REESE (COL): IV, 67
HILL, RICHARD: IV, 152
HILL, SARAH LIBENGOOD: IV, 152
HILL, SARAH: IV, 315, 453
HILL, SUSANNA: IV, 131
HILL, THOMAS J.: IV, 152
HILL, THOMAS L.: IV, 617
HILL, VIRGINIA: IV, 420
HILL, WILLIAM C.: IV, 152
HILL, WILLIAM: IV, 251
HILLARD, ELI: I, 655
HILLER, I, 360

HILLERY, LEVI: I, 185
HILLIARD, CHARLES: III, 481
HILLIARD, ETTA: III, 457
HILLIARD, M. M.: II, 104
HILSBERY, III, 274
HILTON, FRANCES (MISS): II, 458
HINCKSTON, JOHN (LT.): IV, 141
HINDMAN, FLORA: IV, 270
HINDMAN, JANE RANEY: IV, 270, 592
HINDMAN, JANE: IV, 165, 356
HINDMAN, LARKEY MARIE: IV, 489
HINDMAN, LENA ANN: IV, 165, 270, 356, 592
HINDMAN, ROBERT: IV, 165, 270, 356, 592
HINDMAN, SARAH: IV, 414
HINDMAN, THOMAS: IV, 489
HINDS, (MAJOR): III, 315
HINDS, JAMES: III, 315
HINDS, JOSEPH: II, 136
HINE, ALFRED BLAKELEE: IV, 501
HINE, MARGARET HULL: IV, 501
HINES, JANET: IV, 629
HINES, JOE: II, 315 (JOSEPH) 364
HINICK, ETHEL: II, 801; IV, 367, 368
HINICK, JEAN M. ANGELO SANNO: IV, 368
HINICK, JOHN FRANCIS: IV, 368
HINICK, KENNTH: IV, 368
HINICK, MARY LEE: IV, 368
HINITT, (REV.): II, 383
HINITT, FREDERICK W.: II, 380, (REV. DR.) 522
HINKSON, (CAPT.): I, 95
HINKSON, ROBERT: I, 26
HINKSTON (HINKSON), JOHN: I, 72, 74, 75, 76, 78; III, 15
HINTERLEITNER, H.J.: III, 387
HINTON, RICHARD J.: I, 410, 416,418, 419; III, 162, 163
HIROHITO, (EMPEROR): II, 585
HIRSCH, EDWARD F. (MRS.): IV, 508
HIRSCH, ELIZABETH: IV, 488
HIRSCH, HAROLD S.: IV, 488
HIRSH, MARK: I, 602
HITCHCOCK, HARRY A.: IV, 172
HITCHCOCK, VIRGINIA: IV, 172
HITTNER, JACOB: II, 116
HIXENBAUGH, MARGARET: IV, 237
HMATCKO, GEORGE (VERY REV. FATHER.): III, 460-O, 578, 579
HNATCKO, GEORGE: II, (REV.) 790; IV, (FATHER) 350, (JR.) 350
HNATCKO, LILLIAN: IV, 350
HOBART, HENRY: II, 531
HOBAUGH, MARY JANE: IV, 187

HOCKENBURY, ETHEL: IV, 538
HOCKER, JEAN: IV, 546
HODGE, GRACE: IV, 67
HODGE, ISAAC: I, 568
HODGE, JACOB T.: II, 784
HODGE, JOHN: II, 226
HODGE, P. M.: II, 63
HODGENS, D. W.: II, 144
HOEL, H.: II, 183
HOEY, W. J.: II, 573
HOFFMAN, I, 584
HOFFMAN, BELINDA: IV, 241
HOFFMAN, CONRAD: IV, 241
HOFFMAN, EDWARD: III, 435
HOFFMAN, ESTELLA A.: IV, 334
HOFFMAN, GEORGE: III, 258
HOFFMAN, HENRY; I, 262
HOFFMAN, JOHN W.: II, 265
HOFFMAN, JOSEF: III, 563
HOFFMAN, KEVIN: IV, 537
HOFFMAN, LAWRENCE: II, 335
HOFFMAN, PHILIP J.: III, 306-E, 546-L
HOFFMAN, REBECCA: IV, 537
HOFFMAN, THOMAS: IV, (MRS.) 622
HOGAN, DAVID L. (SGT.): II, 761
HOGAN, KAREN: IV, 60
HOGBIN, DELORES; III, 632
HOGG, JAMES (LT.): I, 47, 48, 49, 50
HOGG, JOHN T.: I, 542; II (HOOG) 455
HOGG, NANCY MCCOY: IV, 590
HOHENZOLLERN, III, 446
HOLGATE, JACOB: I, 316
HOLISTER, L. A.: III, 274
HOLLAHAN, LILLIAN M. (MISS): II, 505
HOLLAND, ANN: IV, 12
HOLLAND, C.: II, 370G
HOLLENBECK, MATHIAS: III, 74
HOLLER, ISAAC: I, 360
HOLLER, SAMUEL: I, 518
HOLLEY, W. W.: III, 475
HOLLIDAY, I, 104
HOLLIDAY, ADAM: III, 548
HOLLIDAY, E. S.: II, 94
HOLLINGSWORTH, A. B.: IV, 129
HOLLINGSWORTH, ANTHONY: I, 436, 439; III, 52, 117, 121, 124, 127, 128, 134, 143; IV, 116, 129, 341, 378, 624
HOLLIS, H. E.: III, 491
HOLLISTER, I. A.: II, 48
HOLMAN, STEPHEN: IV, 18, 19
HOLMES, II, 407
HOLMES, ABRAHAM (CAPT.): I, 337
HOLMES, AGNES CALDWELL: IV, 585
HOLMES, ARLINGTON: IV, 563

HOLMES, DOROTHY: IV, 585
HOLMES, E. A.: IV, 380
HOLMES, ELIZABETH: IV, 360, 563
HOLMES, HESTER: IV, 380
HOLMES, HOWARD: IV, 585
HOLMES, JESSE H. (DR.): II, 406
HOLMES, OLIVER WENDELL (JUSTICE): I, i
HOLMES, THOMAS: IV, 360
HOLSINGER, ALAN: IV, 546
HOLSINGER, ELIZABETH MAY: IV, 546
HOLSOPPLE, FRANK F.: II, 38
HOLST, RAYMOND H.: III, 638
HOLSTON, JOHNSTON: IV, 174
HOLSTON, MARGARET: IV, 174
HOLT, (CAPT.): II, 149
HOLT, A. J.: IV, 150
HOLT, CATHERINE E.: II, 635
HOLT, ELLA A.: IV, 149
HOLT, H. K.: IV, 32
HOLT, J. H.: II, 148
HOLT, SAM: III, 402
HOLT, W. A.: II, 148
HOLT, WILLIAM: II, 86
HOLTER, EDITH BELLE: IV, 572
HONONS, FREDERICK WILLIAM: III, 106
HOOD, II, iii, 11, 15
HOOD, ADELINE M. QUIGG: IV, 500
HOOD, AGNES BOUCHER: IV, 500
HOOD, ARLENE PFEIFFER: IV, 574
HOOD, AUGUSTUS E.: II, 538
HOOD, AUGUSTUS EHRENFELD: IV, 500, 573
HOOD, AUGUSTUS: IV, 574
HOOD, CARRIE: IV, 385
HOOD, ELEANOR: IV, 501
HOOD, ELIZABETH FRANCES: IV, 72
HOOD, ELIZABETH LYTLE: IV, 22
HOOD, ELIZABETH: IV, 465
HOOD, EMMA J. EDWARDS: IV, 22
HOOD, FRANK BOUCHER: IV, 572, 573, 574
HOOD, FRANK: II, 687, 806; III, 530, 540, 586, 592, 613, 615, 619; IV, 621
HOOD, G. W.: II, 11, 15, 16, 17, 49, 157; III, 256, 276, 279, 305; IV, 281, 467, 506
HOOD, GEORGE EHRENFELD: IV, 574
HOOD, GEORGE W.: II, 7, 18, 19, 213, (HON.) 260, 455; IV, 191, 207, 628
HOOD, GEORGE WASHINGTON: IV, 22, (SENATOR) 499, 500, 574
HOOD, ISABEL BROWN: IV, 501
HOOD, ISABELLA: IV, 22
HOOD, J. F.: II, 278

HOOD, J.: I, 397, 544
HOOD, JAMES A.: III, 315, 316; IV, 22
HOOD, JAMES: I, 113, 535, 579; II, 92; III, 256; IV, 21, 22, 500 574
HOOD, JANE H.: IV, 22
HOOD, JANE HENDERSON: IV, 22
HOOD, JANE: IV, 22, 391
HOOD, JENNIE M.: IV, 415
HOOD, JOHN: IV, 465
HOOD, JOSEPH D.: IV, 22
HOOD, JOSEPH HENDERSON: IV, 72
HOOD, LOTTIE: IV, 223
HOOD, MARGARET HULL: IV, 501
HOOD, MARGARET J. STEVENSON: IV, 22
HOOD, MARGARET TRIMBLE: IV, 22
HOOD, MARGARET: I, 48
HOOD, MARY E. TORRANCE: IV, 22
HOOD, MARY MARSHALL: IV, 22
HOOD, MARY: IV, 22
HOOD, MAY (MRS.): III, 315
HOOD, MEREDITH AGNES BOUCHER: IV, 573
HOOD, MEREDITH: IV, 574
HOOD, MIRIAM ELIZABETH: IV, 574
HOOD, NANCY J. H.: IV, 22
HOOD, PEARL (MRS.): III, 315
HOOD, ROBERT: I, 280; IV, 22, (REV.) 22, (JR.) 223
HOOD, SAMUEL M. (REV.): II, 43; IV, 22
HOOD, SARAH CRUIKSHANK: IV, 22
HOOD, SARAH EHRENFELD: IV, 500
HOOD, SUSAN MARGARET: IV, 22
HOOD, T. C.: II, 127
HOOD, THOMAS B.: IV, 22
HOOD, THOMAS C.: IV, 22
HOOD, THOMAS: II, 125, 141; IV, 22, 202, 385, 391
HOOD, VENIZA: IV, 22, 391
HOOD, WELLS: IV, 500
HOOD, WILLIAM T.: IV, 22
HOOD, WILMER H.: II, 271, 272
HOOK, FRED: II, 231
HOOK, JAMES: I, 534
HOOK, THOMAS: II, 86
HOOKERS, (GEN.): III, 182
HOOKERS, A.: II, 86
HOOPER, ERNEST W. (2ND LT.): II, 377
HOOVER, IV, 193
HOOVER, (MRS.) (MISS): III, 265; IV, 522
HOOVER, (PRES.): II, 479; IV, 516
HOOVER, ANN LEE THI: IV, 524
HOOVER, BETTY JEAN: IV, 524

HOOVER, CHARLES C.: I, 311, 511, 529
HOOVER, CHRISTOPHER C.: IV, 524
HOOVER, DAVID: I, 401
HOOVER, EDNA: IV, 524
HOOVER, ELIZABETH ROWLEY: IV, 524
HOOVER, ESTHER: IV, 524
HOOVER, ETTA MAE: IV, 524
HOOVER, FREDERICK: IV, 455
HOOVER, G. W.: II, 163; III, 288
HOOVER, GEORGE: I, 214M
HOOVER, HERBERT: II, 401 (PRESIDENT) 403, 404, 418; IV, (PRES.) 515
HOOVER, IVAN: IV, 524
HOOVER, JACOB: I, 577
HOOVER, JOHN C.: I, 511
HOOVER, JOHN: I, 311, 529
HOOVER, KATHLEEN: IV, 524
HOOVER, LETTICE: IV, 455
HOOVER, MARY: IV, 183, 635
HOOVER, N. L.: II, 241, 318
HOOVER, NATHANIEL: II, 241
HOOVER, NEVA: IV, 524
HOOVER, PETER: I, 159
HOOVER, R. C.: II, 40
HOOVER, RICHARD G.: IV, 524
HOOVER, RICHARD: IV, 524
HOOVER, ROBERT N.: IV, 524
HOOVER, RUTH: IV, 524
HOOVER, SALLY MCSWEENEY: IV, 524
HOOVER, SALLY: IV, 524
HOOVER, SHIRLEY GRIFFITH: IV, 524
HOOVER, VETA: IV, 524
HOOVER, WINIFRED NEAL: IV, 524
HOOVER, ZENAS H.: IV, 523, 524
HOOVER, ZENAS: II, 577, 741, 767, 768; III, 538
HOOVERS, JACOB: I, 347
HOPKINS, I, 584, 664; III, 97, 98, 99
HOPKINS, (CAPT.): I, 105
HOPKINS, A. C.: IV, 264
HOPKINS, A. M.: II, 338
HOPKINS, ALEXANDER: III, 202; IV, 226
HOPKINS, ANN: IV, 464
HOPKINS, BENJAMIN E.: IV, 212
HOPKINS, BERNICE: IV, 212
HOPKINS, CLYDE: IV, 212
HOPKINS, ESSIE ALICE PULLAM: IV, 212
HOPKINS, HARRY: II, 410
HOPKINS, JESSIE LEE MCCREARY: IV, 212
HOPKINS, JOHN: IV, 71

HOPKINS, JOSEPH: I, 81
HOPKINS, JUANITA: IV, 212
HOPKINS, KATHLEEN: IV, 212
HOPKINS, MARGARET: IV, 71, 77
HOPKINS, MARY: IV, 70, 586
HOPKINS, NANCY: IV, 226
HOPKINS, NORMAN: IV, 212
HOPKINS, PATTERSON: IV, 70
HOPKINS, R. J.: I, 664
HOPKINS, ROBERT: I, 280, 577
HOPKINS, ROSS: IV, 212
HOPKINS, RUTH: IV, 212
HOPKINS, SARA BELL: IV, 225
HOPKINS, SARA: IV, 38
HOPKINS, T.: I, 625
HOPKINS, WILLIAM: I, 175; II, 70
HOPPER, HEDDA: IV, 449
HORCHAR, ANTHONY: II, 764
HORN, (REV.): III, 100
HORN, JOEL: III, 187
HORN, MARY: IV, 149
HORNE, JOSEPH: IV, 130, 353
HORNER, III, 68
HORNER, GRACE: IV, 566
HORNER, TIMOTHY: IV, 566
HORRELL, II, 435
HORRELL, (MRS.): II, 487
HORRELL, G. W.: II, 432
HORRELL, S. W.: II, 432
HORTON, ELIZA WEAVER: IV, 148
HORTON, ELIZABETH ETHEL WOODY: IV, 521
HORTON, JOSEPH: IV, 465
HORTON, MARY C.: IV, 405
HORTON, RAYMOND FULLER (SR.): IV, 521
HORTON, ROBERT: IV, 20
HORTON, RUTH ANNE: IV, 74
HORTON, VIRGINIA: IV, 521
HOSACK, ALEXANDER: IV, 462
HOSACK, DAVID AUGUSTUS: IV, 563
HOSACK, ELIZABETH: IV, 563
HOSACK, EMMA BRUCE: IV, 563
HOSACK, EMMA: IV, 217
HOSACK, EULALIE MCCABE: IV, 563
HOSACK, EULALIE: IV, 13
HOSACK, FLORINDA MORFORD: IV, 563
HOSACK, JANE E.: IV, 315
HOSACK, JOHN M.: IV, 562
HOSACK, JOHN MCCREA: IV, 563
HOSACK, JOHN: IV, 563
HOSACK, JOSEPH: IV, 563
HOSACK, M. H.: IV, 315

HOSACK, MCCREA: IV, 13
HOSACK, MILTON EARL: IV, 563
HOSACK, NANCY: IV, 434
HOSACK, RACHEL MCCREA: IV, 563
HOSACK, RAY: IV, 563
HOSACK, REBECCA: IV, 462
HOSACK, ROBERT BRUCE: IV, 563
HOSACK, ROSS MAYNARD: IV, 563
HOSACK, SAMUEL LAWRENCE: IV, 563
HOSACK, SAMUEL R.: IV, 563
HOSACK, SARAH BRUCE: IV, 563
HOSACK, SARAH RUSSELL: IV, 563
HOSACK, THOMAS: IV, 563
HOSACK, TILLIE C. DICKIE: IV, 563
HOSACK, WILBUR DICKIE: IV, 563
HOSACK, WILLIAM (DR.): III, 321; IV, 217
HOSACK, WILLIAM C.: IV, 60, 563
HOSACK, WILLIAM CLARK: IV, (DR.) 562, 563
HOSKINSON, JOHN: IV, 369
HOSKINSON, JULIA A.: IV, 369
HOTHAM, NANCY: IV, 152
HOUCH, II, 267
HOUCH, HENRY: III, 238
HOUCH, JOHN N.: I, 570
HOUCK, II, 414
HOUCK, ANTHONY: IV, 230, 586
HOUCK, CARRIE: II, 307
HOUCK, CHARLES CLYDE: IV, 586
HOUCK, CHARLOTTE: IV, 230
HOUCK, DANIEL: IV, 230
HOUCK, EDWARD CLYDE: IV, 586
HOUCK, ELIZABETH MYERS: IV, 586
HOUCK, ELMIRE: IV, 230
HOUCK, ETHEL: IV, 230
HOUCK, FLOYD: IV, 230
HOUCK, GEORGE A.: IV, 230
HOUCK, GEORGE W.: IV, 230
HOUCK, GEORGE: IV, 230
HOUCK, GRACE GROMLEY: IV, 586
HOUCK, HANNAH: IV, 230
HOUCK, HELEN LOUISE: IV, 586
HOUCK, HENRY: IV, 330, 586
HOUCK, IDA FARNSWORTH: IV, 586
HOUCK, JAMES N.: IV, 230
HOUCK, JAMET E. ANDERSON: IV, 586
HOUCK, JOSEPH H.: IV, 586
HOUCK, KARL: IV, 230
HOUCK, LEONA: IV, 230
HOUCK, LEVI E.: II, 408, 410
HOUCK, LEVI: II, 501; III, 389; IV, 230 585

HOUCK, LOGAN: II, 542
HOUCK, LOWRY (MRS.): III, 365
HOUCK, MARTHA ELIZABETH: IV, 230
HOUCK, PAUL W.: III, 470
HOUCK, RUELLA: IV, 230, 585
HOUCK, SALINA: IV, 230
HOUCK, SALLIE MILLER: IV, 586
HOUCK, SALLIE: IV, 230
HOUCK, SYLVESTER L.: IV, 230
HOUCK, WARD: III, 389
HOUGH, C. P.: IV, 255
HOUGH, ELIZABETH: IV, 317
HOUGH, MATILDA (MRS.): IV, 296
HOUGHTON, EDWARD: III, 619
HOUK, D. R.: II, 44
HOUK, DAVID R.: IV, 276
HOUK, DAVID: II, 278
HOUK, GOLDIE: III, 457
HOUK, H. H.: II, 196
HOUK, IDA: IV, 353
HOUK, J. HOWARD: III, 404
HOUK, JOSEPH: IV, 353
HOUK, MARGARET L.: IV, 276
HOUSE, T. J.: IV, 275
HOUSEHOLDER, ARCHY PATTISON: III, 460L
HOUSEHOLDER, JAMES (DR.): II, 689
HOUSEHOLDER, MALINDA J.: III, 384D, 460L
HOUSEHOLDER, O. V.: II 331
HOUSER, ALICE BOYD: IV, 565
HOUSER, ANNA: IV, 112
HOUSER, BILL: III, 158, 159
HOUSER, JAY RAY (II): IV, 565
HOUSER, M. W.: I, 414
HOUSTON, II, 17; IV, 17
HOUSTON, ELIZA J.: IV, 29
HOUSTON, ELIZABETH: IV, 632
HOUSTON, GRACE: IV, 357
HOUSTON, JANE: IV, 632
HOUSTON, JOHN: IV, 29
HOUSTON, JOSEPH: IV, 632
HOUSTON, MARGARET: IV, 142, 469, 632
HOUSTON, MARY ANN: IV, 632
HOUSTON, NANCY: IV, 632
HOUSTON, SAM (GEN.): IV, 62
HOUSTON, WILLIAM: I, 224, 229, 233, 234, 235, 245, 385, 552; III, (MRS.) 123, 232; IV, 469, 632
HOUT, ABRAHAM (CAPT.): IV, 342
HOUZE, DOROTHY: IV, 463
HOUZE, LEON J.: IV, 463
HOWARD, II, 97
HOWARD, AMY: IV, 139

HOWARD, AUSTIN L. C. (PROF.): IV, 382
HOWARD, BARBARA EVANS: IV, 382
H0WARD, CAROLINE: IV, 506
HOWARD, CATHERINE: IV, 621
HOWARD, EDWARD (GEN.): I, 220, 348, 355, 504
HOWARD, ELLEN: IV, 475
HOWARD, H. C.: II, (CAPT.) 34, (CAPT.) 78, (CAPT.) 98, 101, 148; III, 195, 252, 253, 256, 303
HOWARD, HENDERSON: IV, 499, (SHERIFF) 506
HOWARD, KATE DALBEY: IV, 506
HOWARD, MARGARETTA C. C.: IV, 61
HOWARD, MARGARETTA C. C. MCCLAIN: IV, 506
HOWARD, MCLAIN: IV, 506
HOWARD, ROSS G.: IV, 506
HOWARD, SALLIE (MISS): II, 303, 304
HOWARD, SAMANTHA: IV, 506
HOWARD, SARAH: III, (MISS) 334, 406; IV, 385, 487, 506
HOWARD, THOMAS: IV, 61, 506
HOWARD, WILLIAM: I, 518
HOWE, (GEN.): I, 95
HOWE, DANIEL: I, 543
HOWE, EFFIE: III, 457
HOWE, HENRY: II, 426
HOWE, JOHN: I, 437
HOWE, LYMAN H.: II, 276, 288
HOWEARTH, III, 389
HOWEARTH, JOHN: I, 467
HOWEARTH, ROBERT: I, 467
HOWELL, EUNICE: IV, 251
HOWELL, M. H. (DR.): II, 209
HOWELL, READING: 1, 84-P
HOWER, CHARLES: III, 400
HOWER, DELILAH D.: IV, 539
HOWER, GEORGE (M.D.): IV, 539
HOWORTH, ELMA: II, 674
HOWORTH, GEORGE: II, 674
HOWRY, JAS.: I, 345
HOY, MARGARET: IV, 141
HOY, RUSSELL: IV, 141
HOY, SAMUEL: III, 28
HOYT, A. V.: IV, 123
HOYT, HENRY M. (GOV.): II, 10; III, 302
HRITZ, CECELIA: III, 594
HU, C. M.: IV, 132
HUBBARD, II, 125
HUBBARD, JOEL IRVIN: IV, 226
HUBBARD, OLIVE BOYLE: IV, 226
HUBBARD, RUTH: IV, 193
HUBER, GEORGE: IV, 610

HUBER, MARY: IV, 610
HUDSON, DAVID EUGENE: II, 804
HUDSON, JAMES LEE: II, 804
HUDSON, LINDA ANN: II, 804
HUELL, PENELOPE M.: IV, 588
HUEY, C. E.: III, 400
HUEY, CALVIN: III, 401
HUEY, CHARLES E.: II, 347
HUEY, JANE: IV, 217
HUEY, JOHN: I, (ALL GENERAL) 161, 162, 163, 209, 348, 354, 357; III, 49
HUEY, SAMUEL B.: III, 49
HUEY, WILLIAM: III, 49
HUFF, C. C. (MRS.): III, 363
HUFF, CEVILLA MAY: IV, 110
HUFF, FRANCES: IV 110
HUFF, GEORGE F.: II, 19, 20
HUFF, JAKE: II, 240
HUFF, JOHN: IV, 110
HUFFMAN, EDNA NUEL: IV, 611
HUFFMAN, JOHN WARREN: IV 612
HUFFMAN, SARA HAMILTON: IV, 612
HUFNAGLE, RHODA: IV, 372
HUFNAGLE, WASHINGTON: IV, 372
HUGHES, II, 137; IV (MISS) 13
HUGHES, "LEFTY": II, 300
HUGHES, CHARLES EVANS (JUSTICE): II, 272
HUGHES, E. L.: II, 548
HUGHES, ELLEN L.: IV, 336
HUGHES, ELLEN: IV, 264
HUGHES, FRANK: IV, 482
HUGHES, HOLKER: III, 109
HUGHES, J. R. (REV.): I, 481; II, 46; III, 209, 210
HUGHES, JAMES: I, 140; IV, 13
HUGHES, LYDIA O.: IV, 282
HUGHES, MABEL: IV, 13
HUGHES, MARGARET J.: IV, 264
HUGHES, MARGARET: IV, 13
HUGHES, NICHOLAS: IV, 13
HUGHES, PATRICK: IV, 13
HUGHES, RACHEL: IV, 606
HUGHES, ROBERT: I, 592; II, 48; IV, 13, 264
HUGHES, SAMUEL H.: IV, 282
HUGHES, VERNON: II, 565
HUGUS, SIMON (CAPT.): I, 616
HUHN, AGNES N.: IV, 185
HULBERT, MARY: IV, 198
HULINGS, WILLIS J.: III, 445
HULL, JULIA CARTER: IV, 228
HULL, LOIS IRENE: IV, 110
HULL, THOMAS: I, 173

HUMMELL, CATHERINE: IV, 367
HUMPHREY, ANNE: IV, 375
HUMPHREY, HUBERT: II, 737
HUMPHREYS, CHA.: I, 87
HUMPHREYS, JAN (DR.): II, 780
HUMPHREYS, JANE IFFT (MRS.): II, 635
HUMPSON, WILLIAM: I, 104
HUNG, NGUYEN TIEN: III, 611
HUNGER, AGNES: II, 335
HUNGER, MARTIN: II, 335
HUNGER, MARY: IV, 387
HUNT, JACOB: IV, 97
HUNT, MARY: IV, 97
HUNTER, I, 414
HUNTER, ADALINE: IV, 124
HUNTER, ANDREW: I, 412, 416
HUNTER, ANNIE A.: III, 251
HUNTER, BEVERLY CRAIG: IV, 299
HUNTER, BILLY: II, 690, 691
HUNTER, CARON BELT: IV, 299
HUNTER, CORA (LT.): II, 580
HUNTER, GORDON WILLIAM: IV, 298, 299
HUNTER, GORDON: IV, 299
HUNTER, GREG: IV, 299
HUNTER, HAROLD: II, 668
HUNTER, ISABELLA: IV, 588
HUNTER, J. M.: III, 224
HUNTER, J. NORMAN: II, 521
HUNTER, JAMES: I, 129, 307, 687; II, 130
HUNTER, JANE: IV, 370
HUNTER, JOHN: III, 388
HUNTER, JOYCE K.: IV, 299
HUNTER, KEVIN: IV, 299
HUNTER, LAURA LEE: IV, 299
HUNTER, MARIE ANTOINETTE: IV, 148
HUNTER, MILDRED: IV, 299
HUNTER, MILLIE (MRS.): II, 350
HUNTER, ROBERT C.: IV, 299
HUNTER, ROBERT: I, 404
HUNTER, SAMUEL: II, 268; III, 2, 3, 313
HUNTER, WILLIAM (DR.): I, 511; II, 69
HUONG, THAI-VAN (MR. & MRS.): III, 608, 609, 610, 614O
HURD, BENJAMIN: I, 515
HURD, L. J.: II, 150
HURLEY, ALPHA WILCOX: IV, 582
HURLEY, EVELYN WARNER: IV, 582
HURLEY, JAKE: IV, 582
HURLEY, JAMES H.: II, 613; IV, 581, 582
HURLEY, JAMES MICHAEL: IV, 582

HURLEY, JAMES
HURLEY, PATTI:
HURUE, JOSEPH
HUSTON, I, (MRS
HUSTON, HELE
HUSTON, J. NE
HUSTON, JANE JOHN
HUSTON, JOHN W.: I, 664, 676, 677; IV, 31, 32
HUSTON, JOHN: IV, 32
HUSTON, KATHARINE ROSE: IV, 56
HUSTON, MARY (MISS): II, 359
HUSTON, S. M.: II, 44
HUSTON, SADIE: III, 457
HUSTON, T. BENTON: IV, 32
HUTCHESON, ANNA: IV, 391
HUTCHESON, DAVID: I, 279
HUTCHINS, THOMAS: I, 25
HUTCHINSON, III, 227
HUTCHINSON, ED: III, 625
HUTCHINSON, ESTHER: IV, 471
HUTCHINSON, MARGARET: IV, 163
HUTCHINSON, MINNIE: II, 804
HUTCHINSON, THOMAS: III, 539
HUTCHINSON, WILLIAM: IV, 163
HUTCHISON, ANN: IV, 53
HUTCHISON, CORNELIUS: I, 104
HUTCHISON, DAVID: I, 210, 229, 346; IV, 369
HUTCHISON, ELIZA: IV, 61
HUTCHISON, JEMIMA: IV, 241
HUTCHISON, JOSEPH: I, 159
HUTCHISON, LUCINDA: IV, 481
HUTCHISON, MARGARET: IV, 61
HUTCHISON, MARY JANE: IV, 90
HUTCHISON, MARY: IV, 369
HUTOW, VLADIMER; III, 402
HUTTON, ELLA (MRS.): III, 360
HUTTON, OLIVE: IV, 316
HYNDMAN, THOMAS: I, 358
IANARELLI, ROBERT: II, 646
IANARELLI, ROBERT J. (JR.): II, 604
IFFT, JANE: II, 635
IGOU, DOROTHY: IV, 484
IHLSING, MAGNUS (REV.): II, 282
IMAN, HARRY W.: IV, 540
IMAN, JANICE L.: IV, 540
IMLER, GEORGE: III, 544
INGELS, BETH ESTELLE: IV, 215
INGELS, FRED: IV, 215
INGERSOLL, I, 669
INGERSOLL, BOB: III, 354
INGERSOLL, GEORGE G.: I, 666
INGERSOLL, GEORGE: IV, 509

INGERSOLL, SARAH: IV, 509
INGERSOLL, WILLIAM: II, 740, 772
INGHAM, S. D.: III, 78
INNES, G. W.: II, 36
INNES, JOANNE: III, 573
INSKEEP, JOSEPH: I, 445
INYARD, DAVID: I, 79, 81, 82, 115, 197; III, 28
IRELAND, MAY: IV, 477
IRELAND, RACHEL: IV, 72
IRONS, CLARA: III, (MRS.) 328; IV, 183
IRONS, JOSEPH: III, 328
IRONS, LUCY (MISS): II, 123, 339
IRONS, OLLIE (MISS): II, 123, 339
IRVIN, "BEESEYE": IV, 335
IRVIN, (GENERAL): IV, 380
IRVIN, ALEXANDER: I, 580
IRVIN, ANDREA EDITH: IV, 380
IRVIN, ANDREW ERIC: IV, 380
IRVIN, BETTY: IV, 493
IRVIN, DAVID: IV, 508
IRVIN, DOROTHY JEAN BROSKIN: IV, 380
IRVIN, E. A. (COL.): IV, 161
IRVIN, E. P.: II, 208
IRVIN, ELLEN: IV, 335
IRVIN, GERTRUDE WHITMAN (MRS.): IV, 508
IRVIN, J. CLAIR: II, 414, 496; III, 499, 500; IV, 430
IRVIN, JAMES JEFFERSON: IV, 380
IRVIN, JAMES: I, 581
IRVIN, JENNIE CHRISTINE RAINEY: IV, 380
IRVIN, JOAN GAHAGAN: IV, 380
IRVIN, JOHN R.: I, 306
IRVIN, JOSEPH R.: IV, 430
IRVIN, LARUE: IV, 430
IRVIN, LLOYD: IV, 430
IRVIN, LUELLA MAY CUNNINGHAM: IV, 507
IRVIN, MARK ROBERT: IV, 380
IRVIN, MAYME ARCHIBALD: IV, 430
IRVIN, MICHAEL ALAN: IV, 380
IRVIN, NANCY: I, 79
IRVIN, RAYMOND B.: IV, 430
IRVIN, ROBERT JEFFERSON: IV, 379, 380
IRVIN, ROBERT R.: IV, 430
IRVIN, SAMUEL: I, 636
IRVIN, SOPHIA BERGMAN: IV, 508
IRVIN, SUSAN WHITE: IV, 380
IRVIN, THOMAS: I, 441, 446
IRVIN, WILLIAM A.: IV, 202-O, 507, 508
IRVINE, JANE: IV, 9

IRVINE, WILLIAM: I, (GEN.) 111, 112, 113; IV, (COL.) 323
IRVING, J. C. (MRS.): III, 340
IRVING, WASHINGTON: III, 175
IRWIN, I, 520
IRWIN, A. W.: II, 134
IRWIN, ADA EHRENFELD: IV, 568
IRWIN, ANN: IV, 503
IRWIN, BENJAMIN: IV, 359
IRWIN, CATHARINE BANKS: IV, 359
IRWIN, CHARLES ELDER: IV, 568
IRWIN, DORCAS ELDER: IV, 359, 568
IRWIN, ELIPHALET: IV, 359, 568
IRWIN, ELIZABETH (MRS.): IV, 594
IRWIN, ELLEN MCCONNELL: IV, 359
IRWIN, ELSIE WALKER: IV, 359
IRWIN, GEORGE (DR.): I, 509
IRWIN, HANNAH: IV, 359
IRWIN, JAMES: IV, 359
IRWIN, JANE GRIFFITH: IV, 359
IRWIN, JANE: IV, 359
IRWIN, JESSIE J.: IV, 568
IRWIN, JOHN W.: II, 134
IRWIN, JOHN: IV, 359, (REV.) 568
IRWIN, JOSEPH: IV, 359
IRWIN, LUCINDA A.: IV, 536
IRWIN, MARGARET MARSHALL: IV, 359, 568
IRWIN, MARIAH JANE: IV, 568
IRWIN, MARSHALL: IV, 359
IRWIN, MARY: IV, 206, 359
IRWIN, MOWRY B.: I, 210
IRWIN, MYRTILLA: IV, 590
IRWIN, NANCY COLEMAN: IV, 568
IRWIN, R. J. (CAPT.): II, 35
IRWIN, REBECCA A.: IV, 359
IRWIN, REBECCA: IV, 359
IRWIN, SAMUEL: I, 589, 596; IV, 359, 568
IRWIN, SARAH FREELAND: IV, 359
IRWIN, THOMAS ELDER: IV, 359
IRWIN, THOMAS: I, 145; III, 215
IRWIN, W. W.: II, 265
IRWIN, WILLIAM MARSHALL: IV, 568
IRWIN, WILLIAM: II, 22, 129; IV, 359, 568
ISELIN, II, (MESSRS.) 194, (MR.) 346; IV, (BOTH FAMILY) 576, 577
ISELIN, ADRIAN GEORGE: IV, 576, (JR.) 576
ISELIN, ADRIAN: II, 113, 190, 191, (JR.) 191; III, (JR.) 367, 368; IV, (SR.) 575, (JR.) 577, (JR.) 578
ISELIN, ADRIENNE MARGARETTA: IV, 577

ISELIN, AIMEE JEANNE SUSANNE EMILIE: IV, 576
ISELIN, C. O'D.: II (C. O'DONNELL) 190; III, 368
ISELIN, CHARLES OLIVER: IV, 576
ISELIN, COLUMBUS O'DONNELL: IV, 576, 577
ISELIN, COLUMBUS O.: II, 346
ISELIN, EDITH COLFORD JONES: IV, 577
ISELIN, ELEANORA O'DONNELL: IV, 576
ISELIN, ELEANORA: IV, 576
ISELIN, EMILRES: II, 612
ISELIN, EMILY: IV, 576
ISELIN, ERNEST: II, 191; III, 368; IV, 576, 577, (JR.) 577
ISELIN, FRANCES GARNER: IV, 576
ISELIN, GEORGINE: II, (MISS) 346, 347; III, (MISS) 367, 368; IV, 576, 577
ISELIN, HEINRICH: IV, 575
ISELIN, HOPE GODDARD: IV, 576
ISELIN, ISAAC: IV, 576
ISELIN, JOHN: IV, 576
ISELIN, LEWIS: IV, 577
ISELIN, LOUISE GAYLUS: IV, 577
ISELIN, LOUISE M.: IV, 577
ISELIN, LOUISE: IV, 577
ISELIN, MARIE DENAUFVILLE: IV, 577
ISELIN, O'DONNELL: II, 612; IV, 577
ISELIN, PAULINE WHITTIER: IV, 577
ISELIN, SARA GRACIE KING: IV, 577
ISELIN, URLING SIBLEY: II, (MRS.) 612; IV, 577
ISELIN, WILLIAM EMIL: IV, 576
ISENBERG, HOMER: III, 574
ISENBURG, MIRIAM: IV, 176
ISETT, JOHN S.: I, 572
ISETT, O. B.: I, 269, 281
JACK, I, (CAPT.) 181, (REV.) 661; II, 264
JACK, (MR. OR MRS.): I, (MR.) 151; III, (ALL MR.) 310, 331, 332; IV, (MR. & MRS.) 215
JACK, ANDREW PLUMMER: IV, 387
JACK, ARVETA NOLF: IV, 387
JACK, CHRISTINE LOUISE: IV, 387
JACK, CORNELIA: IV, 216
JACK, EMMA ROWE: IV, 216
JACK, HENRY: I, 184, 195, 237
JACK, JACOB: IV, 216
JACK, JAMES L.: IV, 215, (JR.) 215, 216, (JR.) 526, (SR.) 526
JACK, JAMES: I, 159; II, (JR.) 396; III, 516, (JR.) 516
JACK, LOWRY: IV, 216
JACK, MABEL WETTLING: IV, 216, 526

JACK, MARGARET F. MITCHELL: II, 350; IV, 216
JACK, MARGARET F.: IV, 452
JACK, MARGARET: IV, 387
JACK, MARTHA TAYLOR: IV, 216, 452
JACK, MARY AMANDA PARK: IV, 526
JACK, MARY MARGARET: IV, 387
JACK, NANCY: IV, 396
JACK, NELL JACQUELINE GIBSON: IV, 387
JACK, NELL: II, 707, 708
JACK, PATRICIA: IV, 387
JACK, PATRICK: I, 174
JACK, PHIL R.: II, 125, 174
JACK, S. M.: II, (TREAS.) 261, 262, 263, 265, (MRS.) 270, 271,
JACK, S. W.: II, 605, 606, 714, 715, 799; IV, (JR.) 387
JACK, SAM: II, 707, 708
JACK, SAMUEL WILLIAMS: IV, (JR.) 386, (JR.) 387, (SR.) 387
JACK, SARAH CORNELIA: IV, 216
JACK, SARAH: IV, 216
JACK, SUMMERS M.: IV, 215, 216, 452, 526
JACK, VIRGINIA: IV, 387
JACK, WILLIAM (LT.): I, 104, 148
JACK, WILLIAM J.: II, 515, 528; IV, 216, (DR.) 452
JACKSON, I (GEN.) 578, 671; II, (JUSTICE) 488; III, (MRS.) 357, 458; IV, (DR.) 302, (PRESIDENT) 358, (SQUIRE) 444, 618
JACKSON, ANDREW (PRES.): II, 84; IV, 428
JACKSON, ANDREW: I, 202, 221, 227, 235, 268, 269, 270, 331, 582; II, 732; IV, 84, 178, 199, 444, 575
JACKSON, ANNA A.: IV, 181
JACKSON, C. M.: I, 474
JACKSON, CHARLOTTE: IV, 575
JACKSON, DONALD L.: III, 533, 535
JACKSON, DOROTHY DOUGLAS: IV, 181
JACKSON, ELIZABETH RUTH: IV, 292
JACKSON, ELIZABETH: IV, 447
JACKSON, EVE: III, 353
JACKSON, FLORENCE B. YOUNG: IV, 444
JACKSON, GEORGE: I, 360
JACKSON, HANNAH: IV, 66
JACKSON, HENRY S.: IV, 181
JACKSON, JAMES: II, 10, 62, 63, (REV.) 63
JACKSON, JANE BAILEY: IV, 15
JACKSON, JOSEPH (MRS.): II, 380
JACKSON, KATHRYN: IV, 531
JACKSON, MARY E.: IV, 292

JACKSON, MARY ELLEN: IV, 230
JACKSON, MYRTLE I. MCKINSTRY: II, 380
JACKSON, REBECCA MCCLARAN: IV, 444
JACKSON, ROBERT MONTGOMERY SMITH: IV, 302
JACKSON, S. M. (COL.): III, 237
JACKSON, SAMUEL MCCARTNEY: IV, 292
JACKSON, STONEWALL: I, 631
JACKSON, WALTER H.: II, 252, 270, 300, 307, 309, 310, 329, (JUSTICE OF THE PEACE) 470, 673, 676; III, 349, 359; IV, 420-H
JACKSON, WALTER HILDEBRAND: IV, 444, 445
JACKSON, WALTER: I, 253; II, 98, 99, 100, 103, 269, 291, 304, 325, 411, (JUSTICE OF THE PEACE) 510, 664; IV, 549
JACOB, THOMAS: I, 521
JACOBS, I, (ALL CAPT.) 20, 45, 47; II, (MESSR. DR.) 163
JACOBS, JAMES C.: III, 200
JACOBS, LOU: III, 603
JACOBS, MELANCTHON W. (REV.): I, 488
JACOBY, ANNA MARY: IV, 463
JACOBY, HENRY: II, 116
JACOBY, JOHN: II, 115
JACOBY, W.: II, 180
JACOCKS, CARRIE: IV, 364
JAMES, (GOV.): II, 569; III, (MRS.) 115, 495
JAMES, A. H.: II, 413; IV, (GOV.) 423
JAMES, ARTHUR H.: II, 413
JAMES, FLORENCE: IV, 209
JAMES, REBECCA: IV, 135, 536
JAMES, THERESA: II, 444
JAMESON, (MISS): IV, 42
JAMESON, JOHN: I, 339
JAMESON, PETER K.: I, 438
JAMIESON, AGNES: IV, 9, 10
JAMIESON, ALEXANDER: IV, 10
JAMIESON, ARCHIBALD: IV, 10
JAMIESON, ISABELLE: IV, 10
JAMIESON, ISOBEL: IV, 10
JAMIESON, JANET: IV, 10
JAMIESON, JEANETTE JANE: IV, 10
JAMIESON, JOHN (REV.): I, 142, 145, 146, 161, 214P, 284, 289, 298, 299, 300, 485; IV, 9-11
JAMIESON, MARGARET: IV, 10, 568
JAMIESON, MARTHA: IV, 10
JAMIESON, NANCY AGNES: IV, 10
JAMIESON, WILLIAM: IV, 10

JAMISON, I, 585; III, 303; IV (COAL CO) 80, (MRS.) 201
JAMISON, "TOMPY": II, 98
JAMISON, (SENATOR): I, 452, 565, 569, 587; IV, 198, 199, 200, 201, 202
JAMISON, ANGELINA: IV, 201
JAMISON, ANNIE A.: IV, 462
JAMISON, B. H.: IV, 29
JAMISON, B. K.: II, 160, 230, 231; IV, (& CO.) 50, 171, 202
JAMISON, BEN (JOBY): II, 98
JAMISON, BENTON KNOTT: II, 170; IV, 201
JAMISON, BERTHA: II, 570
JAMISON, C. F.: III, 614A
JAMISON, CHARLES D. (BRIG. GEN.): III, 179
JAMISON, CHARLES: II, 570
JAMISON, CLAIR R.: II, 570
JAMISON, CORNELIUS: III, 217; IV, 9
JAMISON, DALE W.: II, 570
JAMISON, EDNA MAY: IV, 38
JAMISON, ELI F.: IV, 202
JAMISON, ELIZA BRISBON: IV, 202
JAMISON, ELIZA: IV, 7, 29, 201
JAMISON, ELIZABETH SHRYOCK: IV, 202
JAMISON, ELIZABETH: IV, 7
JAMISON, EVELINE: IV, 201
JAMISON, F. F.: III, 439
JAMISON, FRANCIS: IV, 202
JAMISON, FRED: IV, 462
JAMISON, G. T.: II, 277
JAMISON, GEORGE J.: I, 333, 625
JAMISON, GEORGE S.: IV, 202
JAMISON, GEORGE: I, 687
JAMISON, HAROLD N.: II, 570
JAMISON, HAROLD: III, 498
JAMISON, HENRIETTA BLAIR: IV, 29
JAMISON, ISABELLA T.: IV, 202
JAMISON, ISABELLA: IV, 29, 429
JAMISON, J. C.: II, 79
JAMISON, J. T. I, 559; III, 252; IV, 29
JAMISON, JAMES R.: IV, 634
JAMISON, JANE: IV, 7, 634
JAMISON, JEMIMA: IV, 603
JAMISON, JOHN A.: I, 216, 246, 247, 428, 445, 446, 571, 592; III, 154; IV, 7, 29, 202
JAMISON, JOHN C.: II, 168
JAMISON, JOHN CLARK: IV, 201
JAMISON, JOHN T.: IV, 7, 38
JAMISON, JOHN W.: IV, 7, 202
JAMISON, JOHN: I, (REV.) 501; II, 86; III, (REV.) 54, (REV.) 212, 214, 215, (REV.) 215, 221

111

JAMISON, JULIA: IV, 201
JAMISON, KATE SPEARS: IV, 29
JAMISON, KATE: IV, 29
JAMISON, KENNETH D.: II, 570
JAMISON, M. F.: II, 13, 145, 238
JAMISON, M. J.: I, 559, 640; III, 303
JAMISON, MARGARET: IV, 71
JAMISON, MARTIN F.: II, 12; IV, 7, 29, 603
JAMISON, MARY A. ANDERSON: IV, 202
JAMISON, MARY ANGES: IV, 202
JAMISON, MARY C.: IV, 201
JAMISON, MIRA E.: IV, 201
JAMISON, NEAL A.: II, 570
JAMISON, NETTIE E.: IV, 61
JAMISON, NETTIE: IV, 29
JAMISON, P. K.: I, 625; II, 153
JAMISON, PETER K.: II, 138
JAMISON, PHEBE: IV, 98
JAMISON, RED (CAPT.): II, 562
JAMISON, ROBERT: I, 653; II, 570
JAMISON, S. S.: I, (ALL MAJOR) 486, 523, 557, 574, 575; II, (ALL JR.) 125, 141, 231, 291; III, (MAJOR) 214; IV, 201, (JR.) 202, 392
JAMISON, SALLY A.: IV, 29
JAMISON, SAMUEL M.: III, 148; IV, 29
JAMISON, SAMUEL S.: I, 229, 247, 260, 261, 281, 329, 345, 377, 395, 397, 401, 428, 429, 550, 578 IV, 7, 29, 203
JAMISON, SAMUEL SHRYOCK: IV, 198, 202
JAMISON, SAMUEL STEWART: IV, 201
JAMISON, SAMUEL: I, 428, 429, 430, 543; IV, 428
JAMISON, SARAH ANN BELL: IV, 201
JAMISON, THOMPSON: II, 101
JAMISON, TILLIE: IV, 141
JAMISON, WILLIAM T.: IV, 202
JANDREHOVSKI, PAULINE: IV, 587
JANICIK, ANTHONY: IV, 317
JANICIK, DAY KANARR: IV, 317
JANICIK, RUTH: IV, 317
JAQUETTE, ELIZABETH: IV, 248
JAQUISH, ANNA KNIGHT: IV, 594
JAQUISH, BLANCHE: IV, 594
JAQUISH, CATHERINE WHEATON: IV, 594
JAQUISH, CHARLES LEWIS: IV, 594
JAQUISH, CHRISTINE PRESTON: IV, 594
JAQUISH, CLARISSA REYNOLDS: IV, 594
JAQUISH, DELIVERANCE ALLEN: IV, 594

JAQUISH, DOROTHY BLOOMFIELD: IV, 594
JAQUISH, ELIZABETH GENETT WALKER: IV, 594
JAQUISH, ELIZABETH ROBINSON: IV, 594
JAQUISH, ELLA L.: IV, 594
JAQUISH, ELLA: IV, 327
JAQUISH, ELLEN J.: IV, 594
JAQUISH, EMMA BRYANT: IV, 594
JAQUISH, FRANCES: IV, 594
JAQUISH, GEORGE H.: II, 187; IV, 594
JAQUISH, GEORGE HENRY: IV, 594, (JR.) 594, 595
JAQUISH, HANNAH (OR ANN): IV, 594
JAQUISH, HANNAH CATHERINE: IV, 594
JAQUISH, HARRIET MARIA: IV, 594
JAQUISH, HENRY: IV, (II) 594, (I) 594
JAQUISH, JANE: IV, 594
JAQUISH, JOHN: IV, (III) 594, (II) 594, (I) 594
JAQUISH, JOSEPH S.: IV, 594
JAQUISH, JOSEPH SAMUEL: IV, 594
JAQUISH, JOSEPH: IV, 594
JAQUISH, MAE SMITH: IV, 594
JAQUISH, MARTHA: IV, 594
JAQUISH, NATHAN NAUGLE: IV, 594
JAQUISH, ROSAE NAUGLE: IV, 594
JAQUISH, VIRGINIA MCCLELLAN: IV, 594
JARED, I, 439, 444, 445, 446, 447, 448
JAVORNIK, J. J.: II, 698
JEFFERSON, III, 202; IV, 83
JEFFERSON, THOMAS: I, 87, 140, 174, 269, 278, 359; II, 717; IV, 179
JEFFRIES, AARON W.: IV, 38
JEFFRIES, ALBERT J.: IV, 38
JEFFRIES, DOLLY: IV, 38
JEFFRIES, DORIS ARLENE: IV, 521
JEFFRIES, DOROTHY: IV, 38
JEFFRIES, EDNA MAY: IV, 38
JEFFRILS, ELIZABETH RITTENHOUSE: IV, 38, 521
JEFFRIES, ELIZABETH: IV, 39
JEFFRIES, EMILY KERR: IV, 521
JEFFRIES, GEORGE H.: II, (SHERIFF) 354; IV, (SHERIFF) 38, 38, 39, 202-D, 521
JEFFRIES, GEORGIA: IV, 38
JEFFRIES, GETTIS B.: IV, 38
JEFFRIES, HAROLD: IV, 38
JEFFRIES, HELEN BRAKEN: IV, 38
JEFFRIES, HELENA: IV, 38
JEFFRIES, ISABEL: IV, 38
JEFFRIES, IVA MAE: IV, 521

JEFFRIES, JAMES H.: IV, 320
JEFFRIES, JERRY W.: IV, 38
JEFFRIES, LOLA WYKE: IV, 38
JEFFRIES, MARGARET: IV, 38
JEFFRIES, MARY ERMA LOWRY: IV, 38
JEFFRIES, MARY: IV, 38
JEFFRIES, MIRIAM: IV, 38
JEFFRIES, NELLIE E.: IV, 38
JEFFRIES, NOAH: IV, 38
JEFFRIES, NOLA: IV, 38
JEFFRIES, PAUL W.: IV, 38, (SHERIFF) 521
JEFFRIES, PAUL: III, 542; IV, (SHERIFF) 575
JEFFRIES, ROBERT H.: IV, 38
JEFFRIES, RUTH ANN: IV, 320
JEFFRIES, SARAH HOPKINS: IV, 38
JEFFRIES, SARAH: IV, 38, 39
JEFFRIES, WILLIAM B.: IV, 39
JEFFRIES, WILLIAM: IV, 38
JELLISON, HANNAH: IV, 434
JELLISON, ROBERT: IV, 434
JENKINS, (MR.): II, 164
JENKINS, BETTY: IV, 240
JENKINS, MARY: IV, 251
JENKINS, PAUL: IV, 559
JENKINS, RUTH C.: III, 457
JENKINS, RUTH: IV, 559
JENKINS, THOMAS: III, 622
JENKINS, W. H.: II, 93
JENKS, I, (DR.) 362; II, 8
JENKS, CORNELIA IDA: IV, 604
JENKS, G. A.: II, 262; III, 238
JENKS, GEORGE A.: II, 7, 262; IV, 169
JENKS, GEORGE D.: IV, 604
JENKS, JOHN (DR.): IV, 40
JENKS, JOHN W.: IV, 320
JENKS, P. W.: I, 559
JENNINGS, ANTHONY: II, 154
JENNINGS, CORAL IRENE: IV, 210
JENNINGS, JOHN THOMAS: II, 491
JENNINGS, MARGARET: IV, 210
JENNINGS, NATHAN: IV, 210
JERKO, GEORGE: II, 408
JESSOP, II, 268
JEWELL, ALBERT: I, 568
JEWELL, ELSIE LOUISE: IV, 578
JEWELL, FRANK FRITZ: II, 380
JEWELL, J. L.: IV, 440
JOB, MICHAEL: II, 92
JOBE, S. E. (MRS.): I, 277
JOES, THERESA: II, 380
JOHN, MARGARET: IV, 610
JOHNS, II, 397; III, 456

JOHNS, ANGELINE: IV, 251
JOHNS, IDA L.: III, 421; IV, 90
JOHNS, RAYMOND: III, 421
JOHNS, REUBEN: II, 424
JOHNS, SARAH: IV, 48, 402
JOHNS, THOMAS: II, 197
JOHNS, VALLEY: III, 498
JOHNS, WILLIAM: IV, 251
JOHNSON, I, 424, (REV.) 484
JOHNSON, AGNES: III, 574
JOHNSON, ALAN LEA: IV, 226
JOHNSON, ANDREW: I, (PRES.) 684; II, (PRES.) 1, 2; IV, (GOV.) 167
JOHNSON, ANNIE: IV, 566
JOHNSON, ARCHIBALD: IV, 303
JOHNSON, BERNICE PIPHER: IV, 226
JOHNSON, BLAINE: III, 543, 544
JOHNSON, CARL: II, 531
JOHNSON, CARRIE G.: IV, 566
JOHNSON, CHARLES S.: IV, 566
JOHNSON, CHARLOTTE: IV, 424
JOHNSON, CRAWFORD W.: III, 573
JOHNSON, DONALD RANDALL: IV, 226
JOHNSON, DORA: IV, 227
JOHNSON, DOROTHY: IV, 226, 227
JOHNSON, EDITH LINDEMANN: IV, 226
JOHNSON, EDNA V.: IV, 566
JOHNSON, ELIZA: IV, 275
JOHNSON, ELIZABETH HEZEL: IV, 226
JOHNSON, ESTER RYDIN: IV, 226
JOHNSON, FRANK P.: IV, 566
JOHNSON, FREDRICK: IV, 226
JOHNSON, G. C.: II, 398
JOHNSON, GEORGE B.: II, 675; IV, 227
JOHNSON, GEORGE BOWDEN: IV, 226
JOHNSON, GEORGE CARLISLE: IV, 226
JOHNSON, GEORGE H.: IV, 566
JOHNSON, GEORGE: II, 680; IV, 566
JOHNSON, H. R. (REV.): II, 280
JOHNSON, HUGH S.: II, 405; IV, (GEN.) 517
JOHNSON, HUGH: II, 662, 714
JOHNSON, J. A.: IV, 313
JOHNSON, JAMES: II (JIM) 119; III, 49
JOHNSON, JANE BRONSON: IV, 588
JOHNSON, JAY: IV, 555
JOHNSON, JOHN E.: II, 48
JOHNSON, JOHN: II, 531
JOHNSON, JULIE: IV, 226
JOHNSON, KATHERINE: IV, 435
JOHNSON, LAURA E. BOSLEY: IV, 566
JOHNSON, LAURENCE: IV, 435

113

JOHNSON, LAVINA (MRS.): IV, 241
JOHNSON, LAWRENCE: IV, 107
JOHNSON, LEE: III, 400
JOHNSON, LEWIS: I, 432, 501, 502, (JR.) 502; III, 113; IV, 588
JOHNSON, LYNDON: II, 732
JOHNSON, MARGARET: IV, 303
JOHNSON, MARION: IV, 257
JOHNSON, MARY J.: IV, 566
JOHNSON, MARY: IV, 27, 56
JOHNSON, MERCY: IV, 56
JOHNSON, NANCY: IV, 375, 588
JOHNSON, OLIVE: IV, 107
JOHNSON, PETER: II, 539
JOHNSON, RACHEL: I, 501
JOHNSON, RAYMOND EDWARD: IV, 226
JOHNSON, RONALD: II, 577
JOHNSON, SAMUEL: I, 501; IV, 56
JOHNSON, W. N.: III, 400, 401
JOHNSON, WALTER NORWOOD: II, 656
JOHNSON, WILLIAM F.: I, 581
JOHNSON, WILLIAM: III, 224; IV, 275
JOHNSON, WILLIAMS (SIR): I, 26, 27, 28, 29, 39, 56, 66, 343
JOHNSTON, I, 593, 674, 675, 676; II, 19, (MR.) 128; III, 79, 144, 327; IV, (CHANCELLOR) 113, (COL.) 283
JOHNSTON, A. C. (REV.): III, 257
JOHNSTON, ABRAHAM: I, 491, 504, 725
JOHNSTON, ADAM: I, 535; IV, 127, 530
JOHNSTON, ALEXANDER ELLIOTT: IV, 439
JOHNSTON, ALEXANDER: I, 491, (DR.) 519; IV, 438, (DR.) 439
JOHNSTON, AMOS: IV, 586
JOHNSTON, ANN: IV, 530
JOHNSTON, ANNE PRISCILLA: IV, 290
JOHNSTON, ANNIE: IV, 127, 256
JOHNSTON, ARCHIBALD: I, 217, 337, 356; IV, (CAPT.) 396
JOHNSTON, ARTHUR: IV, 579
JOHNSTON, AUGUSTA RENTZ: IV, 256
JOHNSTON, BELLE: IV, 5
JOHNSTON, BENJAMIN: IV, 600
JOHNSTON, CARRIE L. BRENDLINGER: IV, 439
JOHNSTON, CATHERINE MAXWELL: IV, 439
JOHNSTON, CATHERINE: IV, 26
JOHNSTON, CHARLES M.: IV, 579
JOHNSTON, CHARLOTTE: IV, 256, 518
JOHNSTON, CHAS. MCCRACKEN: IV, 127
JOHNSTON, CHRISTINA: IV, 394

JOHNSTON, CLARA: IV, 256
JOHNSTON, CORDELIA: IV, 476
JOHNSTON, CYNTHIA MEREDITH: IV, 127
JOHNSTON, DAVID: II, 126
JOHNSTON, EDWARD: I, 11
JOHNSTON, ELIZABETH ELLIOTT: IV, 439
JOHNSTON, ELIZABETH HARROLD: IV, 530
JOHNSTON, ELIZABETH IRENE: IV, 600
JOHNSTON, ELIZABETH LOWRY: IV, 439
JOHNSTON, ELIZABETH: IV, 77, 88, 283, 370, 530
JOHNSTON, EMILY: IV, 586
JOHNSTON, FRANCIS: I, 114
JOHNSTON, GEORGE H.: II, 170
JOHNSTON, GEORGE W.: IV, 229, 530
JOHNSTON, GEORGE: II, 25; IV, 127, 439
JOHNSTON, GERALDINE M.: IV, 255, 256
JOHNSTON, GERALDINE: II, 801
JOHNSTON, GLEN: II, 248
JOHNSTON, H. H.: IV, 487
JOHNSTON, I. W.: IV, 474
JOHNSTON, ISABELLA J.: IV, 600
JOHNSTON, ISABELLA SPEEDY: IV, 530
JOHNSTON, ISABELLA: IV, 127
JOHNSTON, J. D.: III, 199
JOHNSTON, J. E. (GEN.): III, 174
JOHNSTON, J. M.: IV, 70
JOHNSTON, J. MILTON: IV, 127
JOHNSTON, J. P.: I, 283
JOHNSTON, J.: I, 475
JOHNSTON, JAMES R.: I, 358, 717
JOHNSTON, JAMES STEWART: IV, 127
JOHNSTON, JAMES W.: III, 202
JOHNSTON, JAMES: I, 128, 130, 159, (JR.) 529, 555, 574; II, 12, 13, 116, 260; III, 303; IV, (COL.) 11, (LT. COL.) 14, 15, 127, 290, (JR.) 392, 413, 530
JOHNSTON, JANE ALLISON: IV, 530
JOHNSTON, JANE MCBETH: IV, 439
JOHNSTON, JANE: I, 208; IV, 15, 32, 283, 305, 413, 439, 604
JOHNSTON, JENNIE: IV, 127
JOHNSTON, JOHN B.: IV, 439
JOHNSTON, JOHN C.: I, 653; IV, 48
JOHNSTON, JOHN J.: II, 700
JOHNSTON, JOHN LOWRY: IV, 439
JOHNSTON, JOHN W. (CAPT.): I, 611
JOHNSTON, JOHN: I, 229, 233, 238; IV, 77, 127, (REV.) 439, 530

JOHNSTON, JOSEPH M.: IV, 5
JOHNSTON, JUDY: IV, 60
JOHNSTON, JULIA: IV, 256
JOHNSTON, LAVINIA WOODWARD: IV, 530
JOHNSTON, LEMUEL CLAUDE: IV, 256
JOHNSTON, LEONA: IV, 5
JOHNSTON, LIZZIE: IV, 127
JOHNSTON, LON: IV, 256
JOHNSTON, LOUISA: IV, 70
JOHNSTON, M.: I, 186
JOHNSTON, MARGARET BELLE: IV, 439
JOHNSTON, MARGARET JANE: IV, 604
JOHNSTON, MARGARET MATHEWS: IV, 396
JOHNSTON, MARGARET: IV, 42, 127, 128, 256
JOHNSTON, MARTHA ALLISON: IV, 530
JOHNSTON, MARTHA GIBSON: IV, 127
JOHNSTON, MARY C.: IV, 290
JOHNSTON, MARY DIXON: IV, 127
JOHNSTON, MARY E. LATIMER: IV, 127
JOHNSTON, MARY GARY: IV, 413
JOHNSTON, MARY JANE: IV, 5, 229, 439, 530
JOHNSTON, MARY MCNULTY: IV, 127
JOHNSTON, MARY PERRY: IV, 530
JOHNSTON, MARY: I, 62K; III, (MRS.) 365; IV, 39, 127, 530
JOHNSTON, N. R. (REV.): II, 40
JOHNSTON, NANCY MCNULTY: IV, 127, 530
JOHNSTON, NANCY: I, 79; IV, 619
JOHNSTON, NANNIE J.: IV, 96
JOHNSTON, PERRY: III, 449
JOHNSTON, PHOEBE E.: IV, 530
JOHNSTON, R.: I, 286
JOHNSTON, RICHARD M.: III, 340
JOHNSTON, ROBERT: I, 186, (REV.) 287, (REV.) 373, (REV.) 492, 516-O, 521, 522, 527; IV, 127, 392, 530
JOHNSTON, RONALD A.: IV, 356
JOHNSTON, RONALD: III, 614
JOHNSTON, S. A.: I, 519
JOHNSTON, SABRINA DARR: IV, 48
JOHNSTON, SABRINA: IV, 402
JOHNSTON, SAMUEL H.: I, 395, 534, 635; IV, 48, 402
JOHNSTON, SAMUEL P.: IV, 128
JOHNSTON, SAMUEL: I, 236, 535
JOHNSTON, SARAH IDA: IV, 439
JOHNSTON, SARAH: IV, 77, 342, 530
JOHNSTON, STELLA (MRS.): IV, 548
JOHNSTON, STEPHEN A.: II, 170

JOHNSTON, STEPHEN ALEXANDER: I, 516-N, 518; IV, 438, 439
JOHNSTON, THOMAS: I, 186, 280, 321, 333, 345, 524
JOHNSTON, TIRZAH M.: IV, 487
JOHNSTON, W. F. (GOV.): I, 214-I, 614
JOHNSTON, W. ROSCOE: II, 307
JOHNSTON, WILLIAM F.: I, 581
JOHNSTON, WILLIAM FREAME: I, 388, 582, 583
JOHNSTON, WILLIAM H.: IV, 530
JOHNSTON, WILLIAM LOWRY: IV, 5
JOHNSTON, WILLIAM: I, 137, 160, 170, 182, 183, 184, 185, 187, 193, 208, 345, 634; III, 73; IV, 32, 138, 283, 305, 413, 530, 604
JOHNSTON, ZOE ALLISON (DR.): IV, 579
JOHNSTON, ZOE: II, 801
JOHNSTON-POTTER, LEONA: II, 801
JOINER, CAROLINE NEFF: IV, 542
JOINER, CLAIRETTA MAE STEPHENS: IV, 542
JOINER, GEORGE MATTHEW: IV, 542
JOINER, GEORGE S.: IV, 541
JOINER, GEORGE W.: IV, 541
JOINER, GEORGE: IV, 542
JOINER, GLADYS M. SMITH: IV, 542
JOINER, HAROLD D.: IV, 542
JOINER, JOHN DALVIN: IV, 542
JOINER, MARY LOUISE: IV, 542
JOINER, MOLLY WILLIAMS: IV, 542
JOINER, OLIVE LOIS: IV, 542
JOINER, RUTH E. ROBERTS: IV, 541
JOINER, VERONICA WIZBOWSKI: IV, 541
JOINER, WILLIAM: IV, 542
JOLLY, J & W: IV, 18, 19
JOLLY, W. A.: II, 168
JOLSON, AL: II, 540
JONES, I, 104, 450; II (REV.) 13; III, 217, 237
JONES, ALICE FRAMPTON: IV, 613
JONES, ALICE: IV, 613
JONES, B. F.: IV, 211
JONES, BETTY: IV, 195
JONES, BEVERLY ANN: IV, 195
JONES, BILL: IV, 195
JONES, BOB: IV, 132, 300, 616
JONES, C. A.: II, 413
JONES, C. O.: I, 195, 359
JONES, CHARLES ALVIN: II, 413
JONES, CHARLES E.: III, 529, 530, 635
JONES, CHARLES: I, 501; IV, 542
JONES, DANIEL: IV, 195
JONES, DAVID A.: IV, 288

JONES, DAVID: II, 670
JONES, E. R.: II, 209
JONES, EDITH COLFORD: IV, 577
JONES, ELIZABETH SMITH: IV, 195
JONES, ELLA MARGARET STIFFLER: IV, 195
JONES, EMMA: IV, 288
JONES, GENE: III, 635
JONES, GLORIA: II, 627
JONES, IDUS (REV. JR.): II, 773
JONES, IVA REVINA SHUMAN: IV, 195
JONES, J. (MAJOR): I, 261
JONES, JOHN D.: IV, 288
JONES, JOHN PAUL: IV, 35, 36
JONES, JOHN: I, 485, 582; III, 114, 147
JONES, JOSEPH PAUL: IV, 195
JONES, LEWIS COLFORD: IV, 577
JONES, M. KATHLEEN: II, 801
JONES, MARGARET JENNINGS: II, 774
JONES, MARTY: IV, 542
JONES, MURIEL KATHLEEN (DR.): IV, 288
JONES, MURIEL MAE: IV, 288
JONES, OLGA KESSLER: IV, 195
JONES, QUINCE: III, 559
JONES, RAY C.: II, 450, 587
JONES, ROBERT F.: II, 699
JONES, RUSSELL: II, 627
JONES, S. H.: II, (MRS.) 271; IV, 613
JONES, SAM: III, 354
JONES, SARAH: IV, 127
JONES, SINGLETON T.: I, 294; II, (BOTH BISHOP) 63, 80
JONES, T. R.: III, 74
JONES, THEODORE: II, 53
JONES, THOMAS: I, 253
JONES, VIRGINIA M.: IV, 550
JONES, WILLIAM A.: II, 732
JONES, WILLIAM W.: III, (SR.) 615, 616, 617, 618, 619; IV, (JR.) 195
JONES, WILLIAM WAKEFIELD (SR.): IV, 194
JONES, WILLIAM: III, 588, 589, 638
JORDAN, BILL (WILLIAM): III, 532, 533, 542
JORDAN, JAMES: II, 81
JORDAN, JOHN W.: III, 11
JORDAN, W. A.: III, 427
JORDON, CHARLES G.: II, 462
JORDON, MARTHA: IV, 405
JOSEPH, ANNA ABRAHAM: IV, 24
JOSEPH, ELIZABETH: II, 720
JOSEPH, MARTHA: IV, 24
JOSEPH, MICHAEL: IV, 24

JOYCE, ELIZABETH: IV, 617
JOYNER, HELEN: IV, 111
JOYNER, KATHLEEN ANN: IV, 148
JOYNER, WILLIAM E.: IV, 111
JUDE, II, 45
JUDSON, GEORGE: I, 634, 635
JUDY, NANCY M.: IV, 53
JULIAN, GEORGE W.: I , 388
JULIETTE, RONALD: II, 666
JUNE, JAMES M.: I, 454
JUNKER, B. L.: II, 212, 223
JUNKIN, GEORGE: II, 13, 15
JUNKINS, HUGH: I, 133, 160
JUSTICE, HANNAH: IV, 99
JUSTICE, PETER:
KABLACK, WAYNE A.: IV, 567
KADAR, MIKE: III, 420
KAGI, JOHN N.: I, 408, 410
KAHN, CONRAD: II, 142
KAHNEY, HANNAH: IV, 66
KAHNEY, SERAPHIN: IV, 66
KAHNEY, TARESSA: IV, 66
KAISER, II, 389; III, 446
KALER, LAURA ELIZABETH: IV, 550
KALER, MARY HACKENBERG: IV, 550
KALER, THOMAS: IV, 550
KALINYAK, NINA G.: III, 578
KAMELISKI, JULIA: II, 806, 807
KAMELSKI, JULIA: III, 593, 601
KAMERER, J. W. B. (DR.): IV, 393
KAMPERT, BARBARA: IV, 431
KAMPERT, WILLIAM P.: IV, 431
KANABA, STEVE: II, 548
KANARR, ANNA M. BENDER: IV, 186
KANARR, CLARA MAY: IV, 186
KANARR, HARRY M.: IV, 186
KANARR, JOHN: IV, 186
KANARR, M. A.: II, 559
KANARR, M. J.: IV, 186
KANARR, MARY A.: IV, 186
KANARR, MOSES: IV, 186
KANARR, S. T.: II, 657
KANARR, THOMAS: II, 444
KANARR, WILLIAM R.: II, 320
KANE, II, 400
KANE, (MR. & MRS.): III, 368
KANE, DELANCEY: IV, 576
KANE, ELEANORA: II, 346; IV, 576
KANE, ISELIN: II, 346
KARNS, SAMUEL D.: I, 578
KASANAS, CHARLES: III, 420
KATO, FRANCIS: III, 481
KATON, ELIZABETH: IV, 606

KATTIE, GEORGEANNE: IV, 99
KATZ, OLIVER (REV.): II, 13
KATZEN, MAX: II, 518
KAUFFMAN, PAUL (REV.): III, 638
KAUFMAN, ALBERT S. (DR): IV, 68
KAUFMAN, FANNIE: IV, 124
KAUFMAN, PAUL: III, 554
KAUFMAN, SUSAN ELIZABETH: IV, 68
KAWSHAWGANCE, (CHIEF): I, 456
KEACH, CLARA A.: IV, 303
KEACH, ORIN A.: IV, 303
KEAGLE, GEORGE S.: II, 193
KEAHN, S. (DR.): I, 511
KEAN, (ADJUTANT): III, 67
KEANSEN, F. G.: II, 388
KEARNEY, II, 33
KEARNEY, PATRICK, H.: II, 142
KEARNEY, PHILIP (GEN.): III, 180, 184
KEATING, GROVER R.: III, 529
KECK, ANNA REBECCA: IV, 405
KECK, ANNA: IV, 637
KECK, JOHN: II, 98
KECK, JOSEPH: IV, 405
KECK, SOPHIA: IV, 405
KECKENEPAULIN I, 45
KEDMAN, JOE: III, 420
KEEFER, JOHN J.: III, 251
KEEFER, PETER: III, 66
KEEL, ELIZABETH DEWALT: IV, 25
KEEL, JACOB: IV, 25
KEEL, JONATHAN: IV, 25
KEEL, PETER: IV, 459
KEEL, SUSANNAH FISHER: IV, 25
KEEL, SUSANNAH: IV, 25
KEEL, VENIZAH: IV, 459
KEELEY, (MISS): II, 344
KEELY, HENRY: IV, 437
KEELY, PHOEBE BIRG: IV, 437
KEELY, THOMAS C. M.: I, 614
KEEN, NANCY: IV, 37
KEENAN, ISABEL: IV, 86
KEENAN, MARY CECELIA: IV, 553
KEENER, III, 308, 310
KEENER, ANN: IV, 206
KEENER, ANNA MARIE: IV, 205
KEENER, BIRDIE R. (MRS.): II, 374
KEENER, CHARLOTTE: IV, 529
KEENER, CLARK: II, 369
KEENER, ELIZABETH: IV, 535
KEENER, FRANK: IV, 277
KEENER, JOHANNES: IV, 205
KEENER, JOHN: IV, 535
KEENER, MARY ANN: IV, 543

KEENER, MARY FRANTZ: IV, 535
KEENER, MARY: IV, 205
KEENER, PETER: IV, 206
KEEPERS, HARRY: III, 384
KEERS, DAVID: I, 347
KEESBURG, MOLLIE: IV, 13
KEGEL, WILLIAM G.: II, 615; IV, 574
KEIFER, H. D.: II, 243
KEIL, CLIFFORD: II, 765
KEIM, I, 593
KEIM, HETHE DEBENNEVILLE: IV, 510
KEIR, MARTIN: I, 640
KEIR, SAMUEL: I, 659
KEIRS (KIER), JAMES: I, 358
KEISER, PAUL: III, 611
KEITH, II, (DR.) 525, (MR.) 648; IV, (DR.) 227
KEITH, B. F.: II, 539, 540
KEITH, HAROLD: II, 646
KEITH, HARVEY HAMILTON (REV.): IV, 228
KEITH, JOHN A. H.: II, 525; IV, (DR.) 515
KEITH, JOHN ALEXANDER HULL (DR.): IV, 227
KEITH, JOHN: IV, 228
KEITH, JULIA CARTER: IV, 228
KEITH, LEWIS: I, 490
KEITH, MARY LEE: IV, 228
KEITH, MICHAEL: IV, 617
KEITH, R. J.: II, 734
KEITH, REBECCA FOLEY: IV, 228
KEITH, SUSAN PARKER: IV, 617
KELLAR, CHRISTIAN (JR.): I, 62-F
KELLAR, HENRY: II, 162
KELLER, ELIZABETH MATTHEWS: IV, 223
KELLER, ELLEN: IV, 603
KELLER, FREDERICK: II, 211
KELLER, HENRY: IV, 603
KELLER, MARY: IV, 39
KELLER, PETER: IV, 39
KELLEY, II, 746
KELLEY, BEATRICE: IV, 484
KELLEY, CAROL: IV, 217
KELLEY, CHARLES R.: II, 648
KELLEY, EBEN S.: I, 190, 219, 227, 317
KELLEY, ELIZABETH KATON: IV, 606
KELLEY, ELIZABETH: IV, 112, 606
KELLEY, HAMILTON: IV, 606
KELLEY, JAMES: IV, 606
KELLEY, JANE GORDON: IV, 606
KELLEY, JANE: IV, 289, 606
KELLEY, JOHN: I, 81, 112; IV, 606

KELLEY, MARGARET: IV, 606
KELLEY, MARY THOMPSON: IV, 606
KELLEY, MARY: IV, 606
KELLEY, RACHEL GLASGOW: IV, 606
KELLEY, RACHEL HUGHES: IV, 606
KELLEY, REBECCA YOUNGBLOOD: IV, 606
KELLEY, ROBERT: IV, 606
KELLEY, SAMUEL: IV, 112, 606
KELLEY, VIRGINIA: IV, 492
KELLEY, WILLIAM R. (DR.): IV, 484
KELLEY, WILLIAM: IV, 606
KELLOGG, M. W.: II, 220
KELLS, CLARENCE H.: III, 504
KELLS, MARY: IV, 68
KELLS, ROBERT: IV, 68
KELLS, SYBILLA: IV, 68
KELLY, I, (MRS.) 169; II, (CONGRESSMAN) 440
KELLY, A. F.: III, 388
KELLY, ABNER: I, 62-F, (MAJOR) 82, 247, 344, 533, 578, 579, 582; II, 677, 688; IV, 71, 574, 575
KELLY, ANN: IV, 106
KELLY, BRADY: II, 260
KELLY, CHARLES E. "COMMANDO": II, 553
KELLY, CHARLOTTE: IV, 575
KELLY, CLINTON: II, 116; IV, 575
KELLY, CLYDE: II, xi, 174-M, 440
KELLY, EFFIE: IV, 106
KELLY, ELIZA RUSSELL: IV, 575
KELLY, ELIZA: IV, 575
KELLY, ELIZABETH (NEE TAYLOR): I, 613; IV, 106, 492
KELLY, ELIZABETH: IV, 351
KELLY, EUPHEMIA: IV, 106
KELLY, FERGUS: I, 543; IV, 106
KELLY, FRANCES: IV, 56
KELLY, G. W.: I, 659
KELLY, GEORGE W.: IV, 574, 575
KELLY, GRACE: IV, 587
KELLY, IRA L. (REV.): II, 536
KELLY, ISABELLA: IV, 575
KELLY, J. W.: III, 280
KELLY, JACK: IV, 340
KELLY, JAMES M.: I, 146, 284, 315, 351, 613; III, 82, 232; IV, 70, 71, 106, (ATTY) 113, 198, 292, 377, 428
KELLY, JAMES T.: I, 596; II, (LT.) 493
KELLY, JAMES: I, 75, 81, 82, 83, 118, 395; III, 8, 9; IV, 71, (JR.) 292, 418, 492, 575
KELLY, JANE MOORHEAD: IV, 106, 255, 629
KELLY, JANE: IV, 106, 163, 255

KELLY, JOHN: IV, 351, 414, 465, 596
KELLY, JULIA: IV, 575
KELLY, LOUISA: IV, 106
KELLY, LUKE: II, 426, (POLICE CHIEF) 565
KELLY, LYDIA: IV, 440, 464
KELLY, M. CLYDE: II, 439
KELLY, MARGARET ROETRUCK: IV, 575
KELLY, MARGARET: IV, 106, 629
KELLY, MARY ANN THOMAS: IV, 575
KELLY, MARY GRIFFITH: IV, 465
KELLY, MARY KELLY: IV, 465
KELLY, MARY RICHARDSON: IV, 71, 575
KELLY, MARY: IV, 15
KELLY, MEEK: I, 159, 229, 233, 237, 238, 247, 252, 269, 274, 286, 303, 344, 346; III, 81, 82, 215; IV, 71, 105, 163, 199, 255, 292, 575, 629
KELLY, MICHAEL: I, 204
KELLY, MINNIE: IV, 477
KELLY, NANCY: IV, 311, 414, 504
KELLY, O. H. P.: IV, 575
KELLY, P. F.: IV, 202
KELLY, PARMELIA: IV, 178
KELLY, PAULINE: IV, 106, 333, 575
KELLY, PLINY: I, 543, 613, 614; IV, 106
KELLY, PREBLE: IV, 575
KELLY, ROBERT: I, 167
KELLY, SARAH MEEK: I, 48, 82, 613; IV, 71, 575
KELLY, SARAH: IV, 106, 575
KELLY, THOMAS: II, 217
KELLY, VEIDA RUTH KINSELL: II, 439
KELLY, VIRGINIA: IV, 292
KELLY, WILLIAM D. (MR. & MRS.): III, 385, 386
KEMP, M. S. (REV.): II, 302, 355
KEMPF, HARRY: III, 498
KEMPF, MARY LEE: III, 498
KEMPF, WILLIAM H.: III, 498
KEMPF, WILLIAM: II, 572
KENLEY, NANCY: IV, 561
KENLY, DAVID: IV, 631
KENLY, MARGARET JANE: IV, 631
KENLY, SARAH PIPER: IV, 631
KENNEDY, I, (PROF.) 499; II, 18, (PRES.) 732; III, (LT. GOV.) 481, 482
KENNEDY, ALBERT COOKMAN: IV, 477
KENNEDY, AMELIA: IV, 96
KENNEDY, ANNIE M. SHRIMP: IV, 477
KENNEDY, BLANCHE MCKEE: IV, 477
KENNEDY, CATHERINE FLECK: IV, 477

KENNEDY, EDWARD: II, 800
KENNEDY, EDWIN KNOX: IV, 477
KENNEDY, ELAINE: IV, 404
KENNEDY, ELIZABETH: IV, 212
KENNEDY, ELMER C.: IV, 477
KENNEDY, J. P. (CAPT.): II, 35, (MAJOR) 184, (J.P.) 222
KENNEDY, JOHN E.: II, 443; IV, 477
KENNEDY, JOHN F.: II, 663, 730; III, 530-37, 546H, 546I, 546J,
KENNEDY, JOHN P. (REV.): I, 295
KENNEDY, JOHN SHEILDS: IV, 477
KENNEDY, JOSEPH: IV, 477
KENNEDY, LOU C. BARKLEY: IV, 477
KENNEDY, MARGARET COE: IV, 477
KENNEDY, MARY STELLA: IV, 477
KENNEDY, MELISSA E. SIMONS: IV, 477
KENNEDY, MINNIE KELLY: IV, 477
KENNEDY, NANCY JANE: IV, 477
KENNEDY, NELLIE GERTRUDE: IV, 477
KENNEDY, NETTIE FLEMING: IV, 477
KENNEDY, NORA: IV, 558
KENNEDY, PAUL: IV, 477
KENNEDY, S. U.: I, 693
KENNEDY, SAMUEL: IV, 96
KENNEDY, SARAH ALICE: IV, 363
KENNEDY, SILAS CLARK: IV, 477
KENNEDY, SYLVESTER COE: IV, 476, 477
KENNEDY, THOMAS: II, 413, (LT. GOV.) 496; IV, 477
KENNEDY, VAL JEAN: IV, 633
KENNEDY, VIRGINIA A.: IV, 251
KENNEDY, WILLIAM J.: IV, 477
KENNEDY, WILLIAM: IV, 212
KENNEKE, CLARENCE H.: II, 435
KENNEY, (JUDGE): I, 415
KENNING, CHARLES: I, 359; IV, 337
KENNING, PHEBE: IV, 105
KENNY, III, 90
KENRICK, F. P. (BISHOP): I, 291
KEOUGH, ORVILLE: II, 183
KEOUGH, WILLILAM E.: II, 659
KEPPLE, FRANK S.: II, 382
KEPPLE, LOUISA: IV, 97, 600
KEPPLE, MARGARET MARSHALL: IV, 66
KERBAUGH, H. S.: II, 312
KERK, AUGUSTA: IV, 260, 273
KERLER, CHARLES (JK.): II, 270, 301, 305
KERLER, CHARLES: II, 97, 144, 243, 266, 267, 537
KERLEY, ELIZABETH: IV, 600

KERN, CHARLES F.: IV, 455
KERN, ELIZABETH SCHERB: IV, 456
KERN, GEORGE W.: IV, 375
KERN, GRACE V.: IV, 455
KERN, JOHN FREDERICK: IV, 456
KERN, MARGARET: IV, 375
KERN, MARTHA S.: IV, 375
KERN, MARY E. EYSTER: IV, 455
KERR, I, 484; II, 397; III, 644
KERR, (MRS.): IV, 243
KERR, ANDREW L.: IV, 102
KERR, ANN: IV, 607
KERR, ANNA E.: IV, 628
KERR, D. M.: II, 266
KERR, ELIZABETH: IV, 289, 433, 509
KERR, EMILY LEASURE: IV, 521
KERR, EMILY: IV, 521
KERR, FLOY: IV, 611
KERR, FRANK: IV, 521
KERR, GEORGE B.: IV, 628
KERR, HANNAH BARR: IV, 628
KERR, IRENE: IV, 203
KERR, ISRAEL: IV, 255
KERR, J. C.: II, 512; III, 459
KERR, J. N.: IV, 482
KERR, J. W. (MAJOR): I, 261
KERR, JAMES: II, 241, 318
KERR, JANE: IV, 348
KERR, JESSICA B.: IV, 172
KERR, JOHN: II, 116, 134
KERR, JULIA: IV, 358
KERR, LES: II, 388
KERR, M. C.: II, 339
KERR, MARTHA: IV, 412
KERR, MARTIN: III, 254
KERR, MARY L.: IV, 482
KERR, MARY THOMAS: IV, 628
KERR, MARY: IV, 102
KERR, NANCY: IV, 313
KERR, QUINDORA: IV, 560
KERR, ROSANNA: IV, 255
KERR, SAMUEL R.: IV, 628
KERR, SAMUEL: I, 260; IV, 628
KERR, SARAH ELIZABETH: IV, 627, 628
KERR, SARAH ROUSH: IV, 627, 628
KERR, SCOTT: II, 134
KERR, STEELE: II, 767
KERR, T. A.: II, 367
KERR, THOMAS C. (LT. COL.): 1, 617
KERR, THOMAS E.: IV, 628
KERR, THOMAS: I, 175; IV, 289
KERR, VALENTINE T.: III, 302

KERR, VALENTINE: IV, 627, 628
KERR, VIRGINIA M.: IV, 484
KERR, WILLIAM H.: I, 162; IV, 628
KERR, WILLIAM: IV, 313
KERSHAW, ADA: II, 52; IV, (MISS) 302
KESLAR, II, 123
KESLAR, L.: II, 92
KESLAR, LAWRENCE: I, 543, 546, 552
KESSLER, ELIZABETH E.: IV, 365
KESSLER, ELLEN (MRS.): IV, 48
KESSLER, JOHN: III, 400; IV, 365
KESSLER, MARGARET: IV, 529
KESSLER, OLGA: IV, 195
KESTLER, III, 78
KETCHUM, I, 674
KETIUSKUND, (CHIEF): I, 58
KETLER, AL: II, 593
KETLER, HENRY: II, 149
KEYE, VOLENE: IV, 627
KEYES, BLANCHE: IV, 603
KEYES, W. D.: II, 216
KEYSER, CORA GERTRUDE: IV, 257
KIDD, J. M.: III, 391
KIER, I, 568
KIER, ANDREW: IV, 212
KIER, D. M.: II, 209
KIER, DAVID: IV, 212
KIER, ELIZABETH BUSH: IV, 212
KIER, ELIZABETH JOSEPHINE SAWYER: IV, 212
KIER, ELIZABETH: IV, 212
KIER, FRED: III, 433
KIER, GEORGIA DOAK: IV, 212
KIER, HARRY EICHER: IV, 212
KIER, JAMES: I, 247, 253, 262; IV, 93, 212
KIER, JANE: IV, 212
KIER, MARTIN: IV, 23
KIER, MARY B.: IV, 212
KIER, MARY BELLE: IV, 212
KIER, MARY MATHIS: IV, 212
KIER, MARY S. MOORHEAD: IV, 23
KIER, MARY: III, (MRS.) 364; IV, 212
KIER, NANCY EICHER: IV, 212
KIER, POLLY: IV, 212
KIER, REBECCA HANNAH: IV, 212
KIER, S. M.: II, 165; IV, 211, 212
KIER, SAMUEL M.: I, 335, 530; IV, 94, 212, 213
KIER, SAMUEL MARTIN: IV, 211
KIER, SAMUEL: II, 173
KIER, THOMAS C.: IV, 212
KIER, THOMAS: IV, 94, 212
KIER, WILLIAM LYON: IV, 212

KIER, WILLIAM: IV, 212
KIERN, D. A.: III, 491
KILER, HENRIETTA: IV, 155
KILER, JOHN M.: IV, 155
KILGORE, DAVID: I, 88
KILGORE, REBECCA: IV, 370
KILLBUCK, I, 106
KILLEN, ANN (ANNA): IV, 402
KILLEN, CHARLES: IV, 375, 402
KILLEN, JANE ANN: IV, 375
KILLEN, WILLIAM D.: IV, 17
KILLEN, WILLIAM: II, 149
KIM, YONG SHIK: II, 614
KIMBALL, ANDREW: I, 445, 446
KIMBALL, CHARLES: IV, 371
KIMBALL, CLYDE D.: IV, 371
KIMBALL, FLORENCE: II, 801; IV, 371
KIMBALL, MABEL: IV, 371
KIMBALL, SARAH: IV, 371
KIMBALL, WILLIAM: IV, 371
KIMBERLAIN, I, 654
KIMMEL, A. W.: I, 286, 468, 470; II, (MR. & MRS.) 256; III, 217, 219
KIMMEL, ADAM: IV, 253
KIMMEL, ANDREW W.: I, 492
KIMMEL, ELEANOR: IV, 485
KIMMEL, ELIZABETH: IV, 253
KIMMEL, HANNAH MARGARETTA: IV, 253
KIMMEL, HANNAH: IV, 253
KIMMEL, HARRY O.: IV, 485
KIMMEL, HARRY: II, 256, 266, (COMMANDER) 418
KIMMEL, JACOB: IV, 253
KIMMEL, LEWIS: I, 5
KIMMEL, MILDRED: IV, 485
KIMMELL, A. W.: II, 92
KIMMELL, ALBERT W.: IV, 239
KIMMELL, AMY C.: IV, 239
KIMMELL, ANDREW W.: IV, 238
KIMMELL, ANDREW: IV, 239
KIMMELL, CYNTHIA K.: IV, 239
KIMMELL, EDLER: IV, 487
KIMMELL, EDUKIN CHARLES: IV, 239
KIMMELL, ELLEN MARY: IV, 239
KIMMELL, ELLEN: IV, 487
KIMMELL, FRANK: IV, 239
KIMMELL, HARRY: IV, 239
KIMMELL, JOHN F.: IV, 239
KIMMELL, MARIA CORDILLA: IV, 239
KIMMELL, MARY M.: IV, 239
KIMMELL, MYRTILLA J.: IV, 239
KIMMELL, NANCY FLANNIGAN: IV, 239
KIMMELL, PHILIP: IV, 239

KIMMELL, SARAH MELISSA: IV, 239
KIMPLE, JOHN: I, 525; IV, 462
KIMPLE, MARY SIGLER: IV, 462
KIMPLE, REBECCA: IV, 462
KIND, JAMES: III, 398
KINDERUNTIE, (CHIEF): I, 60
KINEDY, PAUL T.: III, 584
KINER, GEORGE S.: IV, 543
KINER, MARY ELIZABETH: IV, 543
KING, IV, 340
KING, (DR.): II, 536
KING, ADAM: IV, 249
KING, ALBERT: IV, 334
KING, ALPHUS: IV, 487
KING, ANNA: IV, 187
KING, ANNIE: IV, 84
KING, ARABELLA: IV, 334
KING, BARBARA: IV, 446
KING, C. S.: III, 321
KING, CHARLOTTE JEAN: IV, 487
KING, CORETTA SCOTT: II, 775
KING, DORSEY: II, 518
KING, DOUGLASS, T.: III, 636
KING, ELIAS: II, 120
KING, EMMA PAULINE: IV, 236
KING, ESTELLA A. HOFFMAN: IV, 334
KING, F. F.: III, 614-A
KING, GEORGE S.: I, 196
KING, HARRY F.: III, 281
KING, ISABEL: IV, 487
KING, J. C.: II, 203
KING, J. H.: II, 308
KING, JANE LOUISE: IV, 334
KING, JANE: IV, 414
KING, JOHN ALBERT: IV, 334
KING, JOHN: I, 27
KING, JONATHAN: I, 218
KING, JOSEPH HOFFMAN: IV, 334
KING, JOSEPH: I, 104
KING, KARLA ANN: IV, 563
KING, LEROY A. (DR.): II, 530, 531; IV, 334
KING, LLOYD: III, 546
KING, MAGDELINE: IV, 249
KING, MARGARET: IV, 237
KING, MARTIN LUTHER (DR.): II, 773, 775
KING, MARY ST. CLAIR: II, 542
KING, REEDER: I, 194, 212, 608
KING, RUFUS: I, 219
KING, SALLY: IV, 222
KING, TERZA: IV, 249
KING, THOMAS M.: II, 113
KING, THOMAS: II, 201

KING, VICTOR: IV, 414
KING, WINFIELD L.: II, 217
KING, ZOE: IV, 611
KINGHORN, I, 603
KINGHORN, (MR): IV, 114
KINGHORN, ALEXANDER: IV, 441
KINGHORN, ELEXANIA: IV, 441
KINGHORN, JANET: IV, 441
KINGHORN, ROBERT: IV, 347
KINGMAN, FLORENCE SIMPSON: IV, 533
KINGMAN, FRANK: IV, 533
KINGMAN, GEORGE: IV, 533
KINGMAN, GERRISH: IV, 533
KINGMAN, GILSON: IV, 533
KINGMAN, LEAH: IV, 533
KINGMAN, MARTHA: IV, 533
KINGMAN, MILDRED: IV, 533
KINGMAN, NATHALIE: IV, 533
KINGMAN, OLIVE GILSON: IV, 533
KINGMAN, OLIVE: II, 801
KINGMAN, SAMUEL: IV, 533
KINGMAN, WALLACE: IV, 533
KINGSLAND, JAMES: I, 238, 269
KINGSTON, GEORGE: III, 420
KINKAID, AUGUSTA: IV, 233
KINKAID, JOHN M.: II, 95
KINKAID, JOHN: II, 155, 156
KINNAN, AMELIA: IV, 289
KINNAN, ANNIE: IV, 127
KINNAN, BARBARA E.: IV, 327
KINNAN, BARBARA ELLEN: IV, 27
KINNAN, GRACE (MRS.): III, 601
KINNAN, J. T.: IV, 289
KINNAN, JOHN: IV, 127
KINNAN, JONATHAN: IV, 27
KINNAN, SUSANNA: IV, 183
KINNAN, SUSANNAH: IV, 58
KINNEP, CHARLEY: IV, 337
KINNON, MARY J.: IV, 27
KINNY, ANNE: IV, 597
KINPORT, HARRY III, 235, 236
KINPORTS, I, 669
KINPORTS, DAVID R.: I, 607
KINPORTS, DAVID: I, 431, 659, 661, 666
KINPORTS, GIDEON R.: III, 284
KINPORTS, H. B.: III, 252
KINPORTS, HARRY B.: II, 116
KINPORTS, HARRY: II, 106 III,
KINPORTS, JOHN: I, 608
KINPORTS, PORTER: II, 48, 110, 111, 134; III, 321
KINSELL, IDA J.: I, 697

KINSELL, VEIDA RUTH: II, 439
KINSEY, (MR.): II, 530
KINSEY, C. E.: II, 397, 529, 571, 693
KINSEY, C. ERNEST: II, 523
KINSEY, CHARLES ERNEST: IV, 519, 520
KINSEY, LEMON B.: IV, 520
KINTER, (FAMILY): II, 493
KINTER, ADA B. (MRS.): II, 67
KINTER, ADALINE ALLISON: IV, 20
KINTER, ADELINE: IV, 536
KINTER, AGNES CRAIG: IV, 446
KINTER, AGNES: IV, 397
KINTER, ALLEN: II, 639
KINTER, ARTHUR: III, 434
KINTER, BARBARA KING: IV, 446
KINTER, BARBARA: IV, 447
KINTER, BELLE: IV, 335
KINTER, CATHERINE HEATER: IV, 446
KINTER, CATHERINE: IV, 446
KINTER, CHRISTIANA HEATER: IV, 446
KINTER, CLAIR: II, 804
KINTER, EBERT: IV, 20, 536
KINTER, ELIZABETH JACKSON: IV, 447
KINTER, EMILY A.: IV, 221
KINTER, EMMA: IV, 220, 221
KINTER, F. M.: I, 478, 513, 556, 616, 617, 627, 637, 642; IV, 362, 429
KINTER, FINDLEY: IV, 446
KINTER, FRANK C.: IV, 553
KINTER, H. P.: II, 211
KINTER, HANNAH MYERS: IV, 446
KINTER, HARVEY: II, 223; III, 190
KINTER, HENRY: I, 253, 355, 582, 583, 622, 624; II, 172; IV, 221, 446, 447, 547
KINTER, HUGH B.: IV, 221
KINTER, I.: I, 395
KINTER, ISAAC: I, 438, 512, 525, 595; III, 135, 136, 190; IV, 446
KINTER, ISABELLA FINLEY (FINDLEY): IV, 446
KINTER, ISABELLA: IV, 134
KINTER, J. A.: I, 639
KINTER, J. H.: I, 286
KINTER, J. RUSSELL: I, 514, 541
KINTER, JAMES L.: III, 434
KINTER, JANE: IV, 37
KINTER, JIMMY: II, 556
KINTER, JOHN A.: II, 143
KINTER, JOHN: II, 11, (CAPT.) 258; IV, 37, 242, 446, 447, 547
KINTER, JOSEPH CAMPBELL: IV, 553
KINTER, JOSIAH: I, 438
KINTER, L.: II, 143

KINTER, MABEL: IV, 20
KINTER, MARGARET: IV, 221, 446, 547
KINTER, MARILYN K.: IV, 596
KINTER, MARTHA: IV, 221, 242, 429
KINTER, MARY FINDLEY: IV, 447
KINTER, MARY SPEEDY: IV, 446
KINTER, MARY: IV, 221, 242
KINTER, MILLIGAN: IV, 238
KINTER, NEAL: IV, 596
KINTER, PETER: I, 204, 396, 438, 540, 550, 589; III, 135, 136; IV, 221, 226, 397, 446, 447
KINTER, PHILIP: IV, 446, 447
KINTER, RICHARD: I, 6
KINTER, ROBERTA HASTIE: IV, 553
KINTER, RUTH LOUISA: IV, 572
KINTER, SARAH ROSS: IV, 446, 547
KINTER, SARAH: IV, 37, 225, 446
KINTER, SOPHIA: IV, 536
KINTER, TIM: II, 752
KINTER, W. H.: I, 286
KINTER, WILLIAM H.: IV, 536
KINTER, WILLIAM: IV, 446
KIPP, CORA GERTRUDE: IV, 257
KIPP, DOROTHY M. HAWES: IV, 257
KIPP, JOHN LEWIS: IV, 257
KIPP, KATHERINE F.: IV, 257
KIPP, LEWIS PERCY: IV, 257
KIPP, MARION JOHNSON: IV, 257
KIPP, NAOMI GERTRUDE: IV, 257
KIPP, ORVAL (DR.): II, 533, 665; IV, 256, 626
KIRBY, II, 125
KIRK, C. H. (MRS.): III, 364, 365
KIRK, JASON: I, 431
KIRKBRIDE, BETTY (MRS.): III, 589
KIRKELL, L. H.: II, 671; III, 564
KIRKLAND, III, 306
KIRKLAND, G. T.: II, 162; III, 411
KIRKPATRICK, I, (REV.) 661; III, 18; IV, (JUDGE) 500
KIRKPATRICK, DAVID (REV.): I, 373
KIRKPATRICK, ELIZABETH HAMILTON: II, 535
KIRKPATRICK, ELLA S.: IV, 548
KIRKPATRICK, JAMES: I, 121; III, 18
KIRKPATRICK, JOHN (REV.): I, 286, 294
KIRKPATRICK, JOHN F.: I, 486
KIRKPATRICK, JOHN H.: I, 498
KIRKPATRICK, JOHN K. (REV.): III, 221
KIRKPATRICK, MARGARET: IV, 295
KIRKPATRICK, MARTHA: IV, 295
KIRKPATRICK, MARY: IV, 242
KIRKPATRICK, SARAH: IV, 11

KIRKPATRICK, WILLIAM: I, 475; IV 295
KIRKWOOD, J. S.: II, 265, 271, 273
KIRNE, R. R.: IV, 464
KIRTLAND, A. P.: II, 90
KISER, JANET: IV, 535
KISER, LARRY: IV, 535
KISSENAUGHTHA, (CHIEF): I, 66
KISSINGER, ANNIE: IV, 465
KISSINGER, ELIZABETH M.: IV, 452
KISSINGER, JOHN H.: IV, 452
KISSINGER, WILLIAM: IV, 465
KITCHEN, CLINT: II, 756
KITCHEN, ZIGGY (PFC): II, 579
KLEIBENSTEIN, JACK: III, 604
KLEINGLASS, LEAH: IV, 531
KLINE, II, 123
KLINE, ANNE: IV, 126
KLINE, CHARLES (JR.): II, 172
KLINE, CHARLES H.: III, 463, 464; IV, (MAYOR) 514
KLINE, CLARK: II, 219
KLINE, GEORGE: II, 64, 172
KLINE, JOHN: I, 358
KLINE, M. B.: II, 125, 126, 230
KLINE, MARGARET: IV, 96
KLINE, MARY: IV, 415
KLINE, MAYBERRY: IV, 126
KLINE, RICHARD: II, 689
KLINE, RUTH GENEVIEVE: IV, 567
KLINE, W. B.: II, 159, 223
KLINE, WADE T. (CAPT.): II, 382
KLINE, WARREN P.: III, 486
KLINEPETER, ROBERTA S.: II, 793
KLINGAMAN, (PROF.): II, 278
KLINGENSMITH, ABRAHAM: IV, 394
KLINGENSMITH, CHRISTINA WEGLEY: IV, 394
KLINGENSMITH, ELIZABETH EICHER: IV, 394
KLINGENSMITH, ELIZABETH J.: IV, 462
KLINGENSMITH, HILARY BRUNOT: IV, 394
KLINGENSMITH, I. PUTNAM (DR.): III, 317, 367
KLINGENSMITH, ISAAC: IV, 394
KLINGENSMITH, ISRAEL P. (DR.): II, 74, 344
KLINGENSMITH, ISRAEL PUTNAM (DR.): IV, 393, 394
KLINGENSMITH, J. A.: III, 450
KLINGENSMITH, JOHN W.: II, 454
KLINGENSMITH, JOHN: II, 347, 390; III, 434; IV, 394
KLINGENSMITH, JOSEPH: II, 120

KLINGENSMITH, MARY C.: III, 367
KLINGENSMITH, MARY CAROLNE BRUNOT: IV, 394
KLINGENSMITH, MARY CHRISTINA: IV, 394
KLINGENSMITH, WILLIAM ISAAC: IV, 394
KLINGENSMITH, WILLIAM: IV, 397
KLINGENSMITH: I, 237
KLINGENSMITH: (MRS.): IV, 393
KLYAP, THERESA: II, 718
KNABB, AMOS: II, 64
KNAPP, CHARLES D.: IV, 397
KNAPP, HELEN G. S. R.: IV, 397
KNEEDLER, GEORGE: I, 437; II, 240
KNEEDLER, JOHN A.: II, 125
KNEISS, A.: III, 437, 438, 439
KNESS, JACOB: I, 518
KNIGHT, ANNA: IV, 594
KNIGHT, FLORENCE: IV, 282
KNIGHT, J.: IV, 282
KNIGHT, JEFFREY: III, 633
KNIPPENBERG, (MISS): IV, 406
KNOTT, ANN MARY ROBERTS: IV, 358
KNOTT, CLARK: II, 17, 90; IV, 358
KNOTT, ELIZABETH: IV, 358
KNOTT, ISABELLA: IV, 358
KNOTT, JAMES: IV, 358
KNOTT, JOSEPH: IV, 358
KNOTT, JULIA KERR: IV, 358
KNOTT, LUCINDA: IV, 358
KNOTT, LUCY: IV, 358
KNOTT, MARY J.: IV, 358
KNOTT, PETER: IV, 358
KNOTT, REBECCA WALLACE: IV, 358
KNOTT, RICHARD: IV, 358
KNOTT, SAMUEL: IV, 358
KNOTT, SARAH: I, 479; III, 205; IV, 358
KNOTT, WILLIAM: IV, 358
KNOTT, WILSON: I, 228, 237, 258, 329, 331, 542; IV, 357, 358
KNOWLES, A. F.: II, 142
KNOWLES, ANN THOMAS: IV, 360
KNOWLES, ELIZABETH HOLMES: IV, 360
KNOWLES, ELIZABETH: IV, 360
KNOWLES, FREDERICK C.: II, 142
KNOWLES, GEORGE N. (I): IV, 360
KNOWLES, GEORGE NATHANIEL: IV, 360
KNOWLTON, CHRISTOPHER: II, 774
KNOX, I, 585; II, 412
KNOX, (JUDGE): IV, 222
KNOX, ARCHIBALD: IV, 223
KNOX, BETSEY: IV, 223

KNOX, CATHERINE: IV, 68
KNOX, COLTON: IV, 223
KNOX, DAVID: IV, 476
KNOX, DOLLY: IV, 223
KNOX, ELLA: IV, 62
KNOX, HUGH: IV, 303
KNOX, JAMES: IV, 223
KNOX, JOHN C.: I, 597, 598, 599; III, 54; IV, 117
KNOX, JOHN COLWIN: IV, 222
KNOX, JOHN D. (REV.): I, 654
KNOX, JOHN: I, 283; III, 355; IV, 62, 223
KNOX, MARGARET: IV, 223
KNOX, MARIA: IV, 476
KNOX, MARTHA: IV, 303
KNOX, P. C.: II, 273
KNOX, ROBERT: I, 237; III, 45
KNOX, SAMUEL M.: IV, 68
KNOX, SUSANNA: IV, 293
KNOX, WILLIAM: IV, (JR. & SR.) 223, 293
KOBAK, ROBERT: IV, 185
KOBAK, SARA ANN: IV, 185
KOCHES, ADAM (PVT): II, 581
KOENER, CARRIE: IV, 82
KOHLHEPP, DALE: III, 574; IV, 319
KOHLHEPP, THELMA: IV, 319
KOLB, JOHN THOMAS: II, 549
KOLOGIE, CARL: III, 572, 582, 595, 638
KOLTER, II, 745, 746
KOLTER, JOSEPH (CONGRESSMAN): II, 592
KOMER, II, 644
KOMER, ROBERT: II, 643
KONCHA, LOUIS: III, 400
KONCHA, SAM: III, 400
KONDRIA, F. S. (REV. FATHER): III, 421
KOONS, HENRY S. (REV.): I, 476; III, 221
KOONTZ, ALICE: IV, 484
KOONTZ, BEATRICE: IV, 484
KOONTZ, BRIGIT HESS: IV, 484
KOONTZ, CLARENCE M.: IV, 484
KOONTZ, DOROTHY IGOU: IV, 484
KOONTZ, ELIZABETH FLEMING: IV, 484
KOONTZ, HOMER W.: IV, 484
KOONTZ, HOMER: III, 541
KOONTZ, JOHN PAUL: IV, 484
KOONTZ, LAURA MATILDA: IV, 484
KOONTZ, LILLIAN M. LAYTON: IV, 484
KOONTZ, MARY BELLE MARTIN: IV, 484

KOONTZ, NORMAN CLAIR: IV, 483, 484, (JR.) 484
KOONTZ, NORMAN: II, 181, 292, 490
KOONTZ, ROSEMARY: IV, 484
KOONTZ, SAMUEL HENRY: IV, 484
KOONTZ, VIRGINIA M. KERR: IV, 484
KOONTZ, W. HOMER: II, 656, 657
KOOSER, HARRY (DETECTIVE): II, 514
KOOZER, BERT: IV, 273
KOOZER, CLYDE: IV, 273
KOOZER, DAISY: IV, 273
KOOZER, DANIEL B.: IV, 273
KOOZER, EDITH CASSIDY: IV, 273
KOOZER, ELIZABETH: IV, 273
KOOZER, FRED: IV, 273
KOOZER, GUSSIE: IV, 273
KOOZER, HARRY E.: II, 408, 410; III, 514; IV (SHERIFF) 273
KOOZER, JOHN: IV, 273
KOOZER, SAMUEL: IV, 273
KOOZER, SUSAN: IV, 273
KOPCZYK, JOHN: II, 575
KOPLAS, JOHN: II, 424
KOPP, M. C.: II, 528
KORACS, ANDREW (REV.): II, 471
KOSANOVICH, GEORGE: II, 767; III, 620; IV, 349
KOSTAS, JOHNNY: II, 690
KOVACS, A. W. (REV.): II, 250
KOVALCHICK, ANNA PATCHIN: IV, 51
KOVALCHICK, FANNIE SCOLNICK: IV, 51
KOVALCHICK, JOSEPH: IV, 51
KOVALCHICK, JUDITH GEYER: IV, 51
KOVALCHICK, MILLER ANN: IV, 51
KOVALCHICK, NICK: II, 502; III, 587, 589, 639, 640, 641, 642; IV, 51, (NICHOLAS) 51
KOVALCHICK, REBECCA: IV, 51
KOVALCHICK, SALLY: IV, 51
KOVALIC, JOE: III, 481
KOWASH, GEORGE: III, 400
KOWCHUCK, CHARLOTTE AMALIE: IV, 28
KOWCHUCK, DAVID BRIAN: IV, 28
KOZLETSKY, JANICE: IV, 237
KOZLETSKY, ROBERT: IV, 237
KRAGCAR, ANDY: III, 402, 404
KRAVONTKA, ANNA: II, 570; III, 499, 500
KRAVONTKA, FKANK: III, 500
KRAVONTKA, JOHN: II, 570; III, 499, 500, (SON) 500
KRAVONTKA, JOSEPH: III, 500
KRAVONTKA, MICHAEL: II (LT.) 579; III, 500

KRAVONTKA, STANLEY: III, 499
KRAVONTKA, STEVE: II (STEPHEN) 570; III, 500
KREIDER, MARIA KATHRYN: IV, 214
KREMER, J. B.: II, 72
KRIDLER, JACOB: I, 269
KRITZER, D. W.: III, 431
KRIWANIK, ABE: II, 357, 520
KROESEN, JANE ELIZABETH: IV, 603
KROESEN, W. B. (DR.): IV, 603
KROH, ALICE: IV, 27, 327
KROH, CHARLES: IV, 27
KROH, JACOB: IV, 327
KROH, MARY A.: IV, 327
KROH, MARY ELLA: IV, 27
KROLICK, JOE: II, 574
KROMER, KAREN: II, 753
KRONSON, CHARLES M.: II, 451
KROUSE, II, 64
KROUT, J. C. (MR.): II, 218
KRUPA, GENE: III, 489
KRUSHCHEV, III, 531
KRYTZER, DAVID W.: IV, 110
KRYTZER, MARTHA ETTA: IV, 110
KUGEL, OWEN: II, 597
KUHN, CONRAD: II, 51
KUHN, JACOB: I, 614
KUHN, S. C.: II, 361
KUHNS, I, 584
KUHNS, DANIEL S.: I, 614
KUHNS, ELI: I, 508
KUHNS, ELIZABETH BARNHART: IV, 484
KUHNS, ELIZABETH BERKEY: IV, 484
KUHNS, EVELINE E.: IV, 351
KUHNS, GEORGE: IV, 484
KUHNS, HANNAH: IV, 484
KUHNS, JOHN: I, (COL.) 220; IV, 484
KUHNS, LEVI E.: IV, 351
KUHNS, PAUL: IV, 484
KUHNS, SAMUEL HENRY: IV, 484
KUMMER, BETTY ANN: IV, 205
KUNDLA, KEN: III, 597
KUNKLE, II, 747
KUNKLE, ADAM: I, 367
KUNKLE, C. S.: II, 541
KUNKLE, CATHERINE EMMA: IV, 630
KUNKLE, CATHERINE MUNSHOWER: IV, 630
KUNKLE, CLARENCE: IV, 538
KUNKLE, DORA B. GIBSON: IV, 539
KUNKLE, FRED: I, 199
KUNKLE, HARRY C.: II, 408, 410
KUNKLE, HENRY: IV, 630
KUNKLE, JASPER R.: II, 439
KUNKLE, JENNIFER (MRS.): III, 610
KUNKLE, JOHN C.: I, 31; IV, 471
KUNKLE, LISLE: III, 610
KUNKLE, MAMIE: III, 457
KUNKLE, MARY ELIZABETH: IV, 471
KUNKLE, MARY JANE: IV, 5
KUNKLE, MICHAEL: I, 358; IV, 5
KUNKLE, ROBERT: III, 598
KUNKLE, SARAH DIXON: IV, 471
KUNKLE, THOMAS L.: IV, 538
KUNKLE, VIRGINIA LLOYD: IV, (DR.) 538, 539
KUNKLE, VIRGINIA: II, 801
KUNKLE, W. L.: II, 243
KUNKLE, WILLIAM: I, 651; II, 608
KUNSELMAN, H. H.: II, 411
KUNTZ, EARLE: II, 538
KUNTZ, GRACE: IV, 74
KUNTZ, JACK: IV, 131
KUNTZ, LOLA: IV, 131
KURTZ, II, 265, 271
KURTZ, BARBARA M.: IV, 244
KURTZ, ELIZABETH: IV, 217
KURTZ, JONATHAN: IV, 217
KURTZ, LYDIA: I, 304
KURTZ, MARY: IV, 217, 563
KURTZ, T. M.: II, 265, 268, 269, 271, 539
KUSER, RAY: II, 492
KUSICH, JOHN: III, 420
KUSTERCAMP, HERMAN: I, 488
KUSTKA, ANNIE: II, 364
KUZICK, JOE: III, 420
KUZICK, JOHN: III, 420
KUZICK, MIKE: III, 420
KUZMINSKY, HARRY: III, 593, 594
KUZNESKI, II, 741, (COm.) 752; IV, (MR.) 253
KUZNESKI, ANDREW J.: II, (ALL JR.) 692, 739, 741, 742; III, 635; IV, (JR.) 252, (III) 253, (SR.) 253
KUZNESKI, ANDREW: III, 603
KUZNESKI, CHRISTOPHER D.: IV, 253
KUZNESKI, JOYCE ANN ADAMSON: IV, 253
KUZNESKI, KARA A.: IV, 253
KUZNESKI, KRISTA A.: IV, 253
KUZNESKI, VIRGINIA MEGGO: IV, 253
KWISNEK, GARY: II, 634
KWISNEK, RUBY: II, 634
KWISNEK, STEVE: II, 634
KYLE, SARAH: IV, 581
LABARNES, JOHN W.: I, 418
LABINER, S. L.: II, 448

LABORDE, (COL.): III, 282
LAFAYETTE, (GEN.): I, 269
LAFFERTY, (MR.): I, 319
LAFFERTY, WILLIAM L.: I, 332
LAFOLLETTE, ROBERT (MRS.): II, 271
LAFOLLETTE, ROBERT M. (SENATOR): II, 266, 271, 398
LAFRANCHI, EMIEL SAMUEL: IV, 243
LAFRANCHI, EMMA ELIZABETH: IV, 243
LAFRANCHI, SYLVIS SCHMIDLE: IV, 243
LAFRANCHI, WILLIAM E.: II, 671
LAFRANCHI, WILLIAM EMIL: IV, 242
LAHR, RAYMOND: II, 445
LAING, JAMES: II, 187
LAIRD, II, (DR.) 700; IV, (MISS) 270
LAIRD, DAVID H.: II, 698; IV, (DR.) 564
LAIRD, ELIZABETH NETH: IV, 564
LAIRD, FRANCIS (MAJOR): I, 379, 396
LAIRD, FRANCIS: I (JR.) 563, 581; II, 149
LAIRD, H. P.: IV, (HON) 114, 115
LAIRD, HAROLD EDWIN: IV, 564
LAIRD, JULIANNE: IV, 564
LAIRD, M. K.: II, 247
LAIRD, NANCY STIVER: IV, 564
LAIRD, SCOTT: IV, 564
LAIRD, STEPHANIE: IV, 564
LAIRD, T. H. (REV.): I, 283
LAIRD, WILLIAM (REV.): III, 98
LAIRD, WILLIAM: I, 234; IV, 7
LAMAGNA, SALLY J.: IV, 252
LAMANTIA, ANTONIO: II, 353
LAMANTIA, PAUL: II, (PVT.) 581, 756
LAMAR, LAURA: II, 302, 694; IV, 549, 599
LAMAR, WILLIAM: I, 183, 186; II, 260
LAMARR, DICK: I, 185, 191
LAMB, (MRS.): I, 283
LAMB, JAMES: II, 545
LAMBERT, JAMES C.: IV, 327
LAMBERT, JAMES P.: III, 623
LAMBERT, JAMES: II, 753
LAMBERT, KATHLEEN: IV, 463
LAMBERT, MARY ELLA: IV, 327
LAMBES, ELYPHLETE HAYDEN: IV, 141
LAMBES, LORENA MAE: IV, 141
LAMBES, SARAH JANE: IV, 141
LAMBING, ALICE CAYLOR: IV, 545
LAMBING, ANNA PEARCE: IV, 545
LAMBING, BEATRICE: II, 801; IV, 543, 544, 545
LAMBING, DERWOOD G.: IV, 545

LAMBING, DORIS: IV, 545
LAMBING, DOROTHY SHIELDS: IV, 545
LAMBING, GEORGE: IV, 545
LAMBING, ORAN C.: IV, 545
LAMER, FLOSSIE: IV, 571
LAMKIE, ALBERT G.: II, 733
LAMOREE, LINDA K.: IV, 540
LAMPBRECHT, JOHN GOTTFRIED (REV.): I, 289, 300
LAMPIER, THOMAS (MAJOR): II, 441
LANCE, (MRS.): II, 73
LANCE, PAT (MRS.): III, 610
LANDIS, JOHN: I, 506
LANDIS, MARGARET T.: IV, 241
LANDIS, SAMUEL T. (DR.): IV, 241
LANDON, III, 481, 482
LANDON, ALFRED M.: II, 411, 412
LANDON, DALE E.: IV, 400
LANDON, DALE: II, 546, (DR.) 675
LANDRIGAN, STEPHEN: III, 562
LANDRIGAN, STEVE: III, 370, 570
LANDRUM, GRAHAM G.: IV, 231
LANDRUM, GRAHAM: IV, 99
LANDRUM, MARY W.: IV, 99, 231
LANDSBERRY, THOMAS (JUDGE): III, 617
LANE, JAMES: I, 405
LANEY, JOHN D.: IV, 294
LANEY, MARGARET: IV, 294
LANG, A. W.: I, 655
LANG, AGNES: IV, 179
LANG, ANNA: IV, 179
LANG, C. M.: I, 538, (MRS.) 650
LANG, CHARLES M.: II, 151
LANG, EDGAR: II, 151
LANG, JAMES (REV.): IV, 15
LANG, MARGARET H.: IV, 397
LANG, MARGARET: IV, 15, 397
LANG, MARY: IV, 15
LANG, W. M.: II, 151
LANG, WILLIAM: I, 538; IV, 397
LANGHAM, II, 265
LANGHAM, (JUDGE): II, 363, 365, 372, 395, 399, 400, 466, 467, 470, 471, 476, 477, 479, 491, 523; IV, 289
LANGHAM, ALEXANDER: IV, 289
LANGHAM, AMELIA: IV, 289
LANGHAM, ANN: IV, 276, 463
LANGHAM, CATHARINE: IV, 607
LANGHAM, CLARA CAMERON: IV, 289
LANGHAM, CLARA: IV, 442
LANGHAM, DELILAH: IV, 276
LANGHAM, EDNA LUCINDA: IV, 561
LANGHAM, ELIZA JANE BARR: IV, 289

LANGHAM, ELIZABETH CAMERON: IV, 289
LANGHAM, ELIZABETH: IV, 289
LANGHAM, GRACE (MISS): II, 380
LANGHAM, J. N.: II, 19, 44, 226, 265, 266, 267, 268, 269, 272, 307, 329, 330, (JUDGE) 468; III, 429, 461, 462, 546A; IV, 172, 277, 430, (JUDGE) 442
LANGHAM, JONATHAN N.: II, 247; III, 484, 485, 490; IV, 289
LANGHAM, JONATHAN NICHOLAS (JUDGE): IV, 288
LANGHAM, JONATHAN: IV, 289
LANGHAM, JOSEPH L.: IV, 289
LANGHAM, JOSEPH: IV, 289
LANGHAM, LAURA: IV, 289
LANGHAM, MARGARET NICHOLAS: IV, 275
LANGHAM, MARGARET: IV, 275, 353
LANGHAM, MARY A.: IV, 276
LANGHAM, MARY ANN: IV, 615
LANGHAM, NORA LOUISE: IV, 289
LANGHAM, R. W. JOHN: IV, 289
LANGHAM, SAMUEL S.: IV, 289
LANGHAM, SMITH: IV, 289
LANGHAM, WILLIAM: II, 752; IV, 275, 289
LANGHAM, WILSE: IV, 289
LANGHAM, WILSON: II, 134
LANKLAIN, JAN: I, 207
LANSBERRY, ALFRED CLARK: IV, 635
LANSBERRY, ANNA: IV, 635
LANSBERRY, HELEN BARGER: IV, 635
LANSBERRY, MARY HOOVER: IV, 635
LANSBERRY, SAMUEL: IV, 635
LANT, E. F.: I, 536
LANT, J. E.: I, 684
LANTZ, KIMBERLY: IV, 542
LANTZ, LARRY: IV, 542
LANTZ, MICHAEL: I, 130
LAPLANT, H. D. (DR.): IV, 465
LAPORTE, B.: I, 588
LAPPAWINZOE, (CHIEF): I, 84F
LAPSLEY, AGNES: IV, 40
LAPSLEY, CARRIE TARR: IV, 39
LAPSLEY, CATHARINE: IV, 39, 442
LAPSLEY, ELEANOR MCCAFFREY: IV, 39
LAPSLEY, ELEANOR: IV, 39
LAPSLEY, ELIZABETH: IV, 39, 40
LAPSLEY, GEORGE: IV, 40, 372
LAPSLEY, J. E.: I, 487
LAPSLEY, JAMES E. (REV.): IV, 39
LAPSLEY, JAMES: I, 247, 538; IV, 39, 40
LAPSLEY, JANE: IV, 15

LAPSLEY, LUCY: IV, 40
LAPSLEY, MARGARET: IV, 39
LAPSLEY, MARTHA J.: IV, 39
LAPSLEY, MARY JOHNSTON: IV, 39
LAPSLEY, MARY: IV, 39
LAPSLEY, NANCY EVANS: IV, 39
LAPSLEY, NANCY: IV, 40, 372
LAPSLEY, SARAH: IV, 39
LAPSLEY, THOMAS: IV, 39, 40
LAPSLEY, WILLIAM: I, 167, 173; IV, 39
LARDIN, J. E.: III, 391
LARDS, WILLIAM: I, 345
LARIFF, MYER: III, 389
LARIMER, WILLIAM: I, 249, (JR.) 382, (JR.) 384, 578
LARKIN, II, 267, 271
LARKIN, JOHN F.: II, 732
LARN, JOHN: I, 580
LARSON, MARY: III, 574
LASSEN, E. W.: II, 415, 498
LAST, GEORGE: III, 420
LATHAM, RACHEL: IV, 26
LATHBURY, N.: IV, 230
LATHBURY, VIRGINIA: IV, 230
LATIMER, MARY E.: IV, 127
LATIMORE, ALPHA: I, 254
LATIMORE, AMASSA: I, 254
LATSHAW, CHRISTIAN: I, 185
LATTA, JOHN: I, 28
LATTIMER, GEORGE: I, 218
LATTIMER, MARY: IV, 519
LAUBSCHER, G. A.: IV, 322
LAUDERDALE, JAMES M.: IV, 28
LAUDERDALE, MARGARET: IV, 28
LAUDERMILCH, HENRY: IV, 256
LAUDERMILCH, MARGARET: IV, 256
LAUFFER, JOHN (SR.): IV, 179
LAUFFER, SAMUEL B.: I, 466
LAUFFER, SUSANNA: IV, 179
LAUFMAN, P. H.: IV, 507
LAUGHIN, HARRY J.: III, 443, 462
LAUGHLIN, (COL.): IV, 134
LAUGHLIN, B. F.: III, 56-F, 195, 196; IV, 613
LAUGHLIN, CLARA: IV, 70
LAUGHLIN, ELIZA: IV, 11
LAUGHLIN, ELIZABETH: IV, 11, 134, 322
LAUGHLIN, HARRY J.: II, 293
LAUGHLIN, HARRY: II, 324
LAUGHLIN, IRWIN B.: IV, (MRS.) 577
LAUGHLIN, ISAAC F.: IV, 70
LAUGHLIN, JAMES: IV, 11
LAUGHLIN, JANE: IV, 11, 396

LAUGHLIN, JOHN: I, 99, 159; IV, 11
LAUGHLIN, JOSEPH (MRS.): I, 82
LAUGHLIN, JOSEPH: IV, 11
LAUGHLIN, MARGARET HENDERSON: IV, 134
LAUGHLIN, MARGARET: IV, 414, 613
LAUGHLIN, MARIA: IV, 11
LAUGHLIN, MARTHA: IV, 11, 322
LAUGHLIN, MARY: IV, 11
LAUGHLIN, NANCY J.: IV, 454
LAUGHLIN, NANCY: IV, 11
LAUGHLIN, RANDALL (RANDAL): I, 82, 97, 98, 99, 101, 109, 154; III, 21, 35, 48; IV, 11, 134, 322, 323, 395
LAUGHLIN, SARAH: IV, 11
LAUGHLIN, THOMAS (COL.): I, 235, 261, 495, 513; IV, 11, 414
LAUGHLIN, THOMAS B.: IV, 134
LAUGHLIN, THOMAS J.: IV, 454
LAUGHREY, ELIZA: IV, 261
LAUGHREY, MARGARET: IV, 295
LAUGHRY, (CAPT.): III, 271
LAURERRE, DARYL: III, 481
LAUVER, GUY C.: II, 528
LAVELY, CHARLES (MRS.): II, 372
LAVINGAIR, CHRISTOPHER: I, 88
LAWER, (TRES.): II, 591
LAWER, MICHAEL: II, 591
LAWHEAD, EMERY: III, 281
LAWHORN, HELEN: IV, 635
LAWRENCE, (GOVERNOR): II, 704
LAWRENCE, AMOS: I, 222; IV, 98
LAWRENCE, DAVID L. (GOV.): II, 631, 684, 730; III, 528, 531, 532, 561; IV, 43
LAWRENCE, DAVID: III, 546J
LAWRENCE, ELIZABETH: IV, 98, 601
LAWRENCE, PHOEBE: IV, 370
LAWRENCE, REBECCA: IV, 363
LAWSON, DAVID: I, 221, 222
LAWSON, HUGH: I, 401
LAWSON, LOTON: I, 222
LAWSON, WILLIAM (COL.): I, 547
LAWSON, WILLIAM: I, 163, 246, 247, 548, 576, 582, 583, 615
LAYTON, ANNIE: IV, 526
LAYTON, HERBERT: IV, 304
LAYTON, ISAAC: II, 424
LAYTON, JOHN C.: II, 94
LAYTON, LILLIAN M.: IV, 484
LAYTON, MARTHA: IV, 304
LAYTON, THOMAS E.: I, 634
LAZAR, VAL: III, 610
LEACH, ERIN: IV, 603
LEACH, EUNICE: IV, 56
LEACH, GARY: IV, 603

LEACH, HANNAH: IV, 56
LEACH, HARVEY: II, 116
LEACH, J. P.: II, 26
LEACH, JOHN: IV, 112
LEACH, LOREN: IV, 603
LEACH, NATHANIEL: IV, 56
LEACH, PATRICIA: II, (ALL MRS.) 635, 801; IV, 603
LEACH, SARAH: IV, 112
LEADER, (GOV.): II, 637, 730
LEADER, CATHARINE: IV, 374
LEADER, GEORGE M.: II, 729; III, 528
LEADER, SARAH A.: IV, 84
LEADER, WILLIAM: IV, 84
LEANY, ELIZABETH: IV, 504
LEAR, BETSY: I, 501
LEAR, CYRUS: IV, 177
LEAR, SUSAN: IV, 177
LEARD, ELEANOR: IV, 7, 255
LEARD, ESSIE: IV, 527
LEARD, J. (MAJOR): I, 261
LEARD, JAMES: IV, 7, 255
LEARD, JANE KELLY: IV, 255
LEARD, JANE SMITH: IV, 255
LEARD, JANE: IV, 106, 255
LEARD, JOHN: I, 513; IV, 7, 255, 566
LEARD, JUDITH: IV, 7, 255
LEARD, LOHN: IV, 527
LEARD, M. K.: II, 262
LEARD, MARGARET: IV, 255
LEARD, MARIA ANN: IV, 255
LEARD, MARY ANN ELDER: IV, 255
LEARD, MARY ANN: IV, 7
LEARD, MARY ELIZABETH: IV, 255
LEARD, MARY J.: IV, 566
LEARD, MARY JANE: IV, 255
LEARD, MARY: IV, 7
LEARD, MEEK KELLY: IV, 255
LEARD, NANCY JANE: IV, 255
LEARD, R. E.: I, 30
LEARD, ROBERT: IV, 255
LEARD, SAMUEL: IV, 7
LEARD, SARAH AUGUSTA: IV, 255
LEARD, SARAH: IV, 255
LEARD, WILLIAM: I, 357; IV, 7, 255
LEARD, ZACHARIAH: I, 165; II, 7; IV, 7, 106, 255
LEARN, A.: II, 131
LEARN, ADAM: IV, 607
LEARN, ANDREW: IV, 630
LEARN, CATHERINE EMMA: IV, 630
LEARN, CECILIA LEWIS: IV, 630
LEARN, CLARA MAY GIBSON: IV, 629

LEARN, ELIZABETH ASHBAUGH: IV, 630
LEARN, ELIZABETH: IV, 276
LEARN, FRANK HENDERSON: IV, 629
LEARN, FRANK: IV, 630
LEARN, GEORGE: IV, 276
LEARN, HAZEL I. MCCOY: IV, 629
LEARN, HELEN LOUISE: IV, 629
LEARN, HENRY: IV, 629
LEARN, HOWARD G. (JR.): IV, 629
LEARN, HOWARD GIBSON: IV, 629
LEARN, J. (SR.): II, 110
LEARN, JANET HINES: IV, 629
LEARN, JOHN: IV, 630
LEARN, JONATHAN: II, 219
LEARN, JUDITH SHARKY: IV, 629
LEARN, LISLE W.: IV, 630
LEARN, LISLE: II, 694
LEARN, LUCINDA: IV, 607
LEARN, LUCRETIA ANN: IV, 607
LEARN, MARGARET JANE: IV, 629
LEARN, MARY HELEN ROSS: IV, 629
LEARN, MARY: IV, 276
LEARN, OAKLEY E.: IV, 630
LEARN, PATRICIA ANN: IV, 629
LEARN, PETER: IV, 607
LEARN, RICHARD LISLE: IV, 629
LEARN, SUSAN YOCKEY: IV, 630
LEARN, THOMAS: IV, 629
LEASON (SHARP), HANNAH (MRS.) I, 126; III, 30, 31, 32, 33
LEASON, ROBERT: III, 31, 33
LEASURE, ABRAHAM Y.: IV, 242
LEASURE, AMANDA CAMERON: IV, 242
LEASURE, ANNA: IV, 627
LEASURE, CATHARINE: IV, 480
LEASURE, CATHERINE: IV, 242
LEASURE, CLAIR FRANKLIN: IV, 230, 585
LEASURE, CULBERTSON: IV, 242
LEASURE, D. C.: II, 316
LEASURE, DONALD (JR.): II, 618; IV, 147
LEASURE, DOROTHY ELIZABETH: IV, 585
LEASURE, DOROTHY HOLMES: IV, 585
LEASURE, ELIZABETH: IV, 242
LEASURE, ELMER: II, 239
LEASURE, EMILY: IV, 521
LEASURE, FLORENCE EMMA SHEESLEY: IV, 585
LEASURE, GAYE CAMERON: IV, 241
LEASURE, GEORGE: IV, 242
LEASURE, IDA: IV, 242

LEASURE, J. C.: II, 239
LEASURE, JANE CULBERTSON: IV, 22, 242, 480, 502
LEASURE, JANE: IV, 70, 242
LEASURE, JENNIE WYNKOOP: IV, 242
LEASURE, JOHN C.: IV, 242
LEASURE, JOHN CALVIN: IV, 241, 502
LEASURE, JOHN: I, 126, 229, 265; IV, 22, 242, 480, 502, 585
LEASURE, JOSEPHINE: IV, 111
LEASURE, KENNETH: IV, 627
LEASURE, LUCY GRAHAM: IV, 241
LEASURE, LUCY: IV, 182
LEASURE, MARGARET ANN MILLER: IV, 241
LEASURE, MARGARET: IV, 22, 242
LEASURE, MARY CRAIG: IV, 242
LEASURE, MARY KINTER: IV, 242
LEASURE, MARY KIRKPATRICK: IV, 242
LEASURE, MARY MIRANDA: IV, 242
LEASURE, MARY: IV, 242, 268, 429
LEASURE, PATRICIA ANN: IV, 585
LEASURE, PEGGY ELLEN: IV, 585
LEASURE, PETER: IV, 241, 242
LEASURE, REBECCA: IV, 242, 502
LEASURE, ROBERT: I, 501
LEASURE, RUELLA HOUCK: IV, 585
LEASURE, RUELLA: IV, 230
LEASURE, SAMANTHA: IV, 242
LEASURE, SAMUEL BRUCE: IV, 241
LEASURE, SAMUEL R.: IV, 585
LEASURE, SARAH: IV, 70, 242
LEASURE, SOLOMON: IV, 242
LEASURE, WILLIAM C.: IV, 230
LEASURE, WILLIAM CLAIR: IV, 584, 585
LEASURE, WILLIAM G.: I, 479; II, 633
LEASURE, WILLIAM: II, (LT.) 570, 575, (MR. & MRS.) 708
LEAVENWORTH, MARY: IV, 382
LECK, ADAM: II, 28
LECKY, MARTHA: IV, 86, 87
LEDDON, PHILLIP A. (II): II, 627
LEE, IV, 492
LEE, (GEN.): II, 253; IV, 548
LEE, (MISS): III, 407
LEE, AL: II, 117
LEE, CATHERINE: IV, 78
LEE, CHING: II, 31, 61, 168; IV, 58
LEE, DARWIN: II, 633
LEE, DONALD: II, 633
LEE, GEORGE J.: IV, 521
LEE, H. N.: I, 586
LEE, HENRY (GEN.): IV, 292

LEE, JOSIAH: IV, 521
LEE, MAURICE: IV, 521
LEE, MILDRED CLELAND: IV, 521
LEE, PATRICIA LYDIC: IV, 521
LEE, RAYMOND (JR.): IV, 521
LEE, RAYMOND L.: IV, (DR.) 520, 520
LEE, RICHARD H.: IV, 521
LEE, RICHARD HENRY: I, 87
LEE, ROBERT E. (GEN.): I, 671, 674, 679; III, 174, 175, 193
LEE, ROBERT H.: IV, 521
LEE, SARAH SWINDLE: IV, 521
LEE, SING ("CHUCK"): II, 509
LEE, SING: II, 354
LEE, VIRGINIA HORTON: IV, 521
LEE, YEE QUONG: II, 354
LEECH, (PROF.): II, 44
LEECH, ALVIN: II, 280
LEECH, BARBARA: IV, 568
LEECH, DAVID: I, 320, 321, 337
LEECH, ELIZABETH: IV, 271
LEECH, FLORENCE N. BURKE: IV, 108
LEECH, GEORGE: IV, 271
LEECH, H. W.: II, 501
LEECH, J. M.: III, 431
LEECH, JAMES P.: IV, 506
LEECH, JAMES: I, (JR) 358; IV, 108
LEECH, JOHN M.: II, 266, 269, (MRS.) 270, 345, 352; IV, 410
LEECH, JOHN MCFARLAND: IV, 108
LEECH, MARY: IV, 506
LEECH, MORRIS: I, 325
LEECH, RICHARD T.: I, 187, 329
LEECH, ROSE: IV, 131
LEECH, WILLIAM F.: I, 321
LEEMAN, I, 408
LEEPER, JANE: IV, 87
LEFEVRE, D. C.: II, 463
LEGARE, ALVIN: I, 461
LEGARE, AMIE: I, 461
LEGGETT, FRANCIS H.: IV, 503
LEGGETT, W. A.: I, 484, 485
LEGO, ANN: IV, 540
LEININGER, BARBARA: I, 44, 51, 55, 57
LEININGER, REGINA: I, 44, 61
LEITCH, (DR.): III, 503
LEITZELL, FRANK O. (MRS.): IV, 507
LEMMON, CHARLES T.: III, 310
LEMMON, FRANCES ELIZA: IV, 110
LEMMON, J. S. (REV.): I, 666
LEMMON, JOHN: IV, 110
LEMMON, SUSAN W.: IV, 107
LEMOGNE, F. J.: I, 249

LEMON, (MR. & MRS.): IV, 459
LEMON, DICK: I, 185
LEMON, J. S.: I, 693
LEMON, JAMES: IV, 303
LEMON, JANE: IV, 303
LEMON, MOSES: IV, 464
LEMON, RACHEL ANN: IV, 464
LEMON, SUSAN: IV, 312
LEMOYNE, F. J.: I, 581
LEMOYNE, FRANCIS JAMES (DR.): I, 381, 382, 383, 386
LEMP, JOHN: IV, 463
LEMP, MARY ELIZABETH: IV, 463
LENEHAN, MARY MARGARET: IV, 532
LENEHAN, MICHAEL DANIEL: IV, 532
LENGEL, SAMUEL H.: II, 692
LENGLET, CRAIG: IV, 252
LENGLET, ISADORE R.: IV, 251, 252
LENGLET, ISADORE: IV, 252
LENGLET, ISODORE: III, 621, 639
LENGLET, KAREN: IV, 252
LENGLET, KIMBERLY: IV, 252
LENGLET, MINERVA URBAIN: IV, 252
LENGLET, SALLY J. LAMAGNA: IV, 252
LENHARDT, JUDY: IV, 53
LENHARDT, ROGERS: IV, 53
LENKERD, G. W.: II, 219
LENNING, JAMES: I, 269
LENT, (MISS): IV, 336
LENTZ, GLENN (REV.): II, 532
LENTZ, LINCOLN (JR.): IV, 218
LENTZ, SYLVIA: IV, 218
LEONARD, (MISS): II, 271, 272 III, 278
LEONARD, ABRAM: IV, 401
LEONARD, BETTY: IV, 526
LEONARD, CELIA: IV, 401
LEONARD, CLARA: IV, 401
LEONARD, EDITH: IV, 554
LEONARD, HESTER (MRS.): IV, 404
LEONARD, JANE E.: II, 37, 52, 53, 56, 270, 283, 286, 302, 350, 395, 397, 398, 536; III, 306-H, 331, 332, 362, 455, 456, 557; IV, 94, 202-E, (AUNT JANE) 398, 399, 400, 401, 408, 513, 588
LEONARD, JANE: IV, 523
LEONARD, KETURAH: IV, 401
LEONARD, LIZZIE R.: IV, 310
LEONARD, LYDIA: IV, 400
LEONARD, PATRICK: I, 326
LEONARD, ROBERT: IV, 400, 401
LEONARD, W. M.: IV, 526
LEONARD, WILLARD: IV, 310
LEOPOLD, HARRY L.: IV, 56
LEOPOLD, LENA: IV, 56

LEROY, HARMON: I, 207
LEROY, HERMAN: I, 130, 131
LEROY, JACOB: I, 44, 61
LEROY, JOHN: I, 61
LEROY, MARIE: I, 44, 51, 55, 57
LESHER, PATRICIA LONDON: II, 628
LESHER, RICHARD L. (DR.): II, 628
LESKO, JOHN: II, 756
LESLIE, ELIZA: IV, 605
LESLIE, JAMES: I, 133
LESNESKIE, JANIS: IV, 634
LESSLEY, JAMES: I, 160
LETCHER, (GOV.): I, 412, 413, 416, 418
LETORT, ANN: I, 32; IV, 621
LETORT, JACQUES (CAPTAIN): I, 32
LETORT, JAMES: I, 25, 32, 33, 34; II, 688; IV, 621
LETSO, MATT: III, 604
LETSO, MATTHEW C.: II, 741
LEVIER, JOHN: III, 479
LEVIN, GEORGE: III, 400
LEVINE, MAYER (PVT.): II, 381
LEVVY, H. S.: II, 307
LEWIS, IV, 589
LEWIS, II, 97, 397; III, 271
LEWIS, ABIGAIL HALLOWELL: IV, 504
LEWIS, AGNES: IV, 108
LEWIS, ALEXANDER BROWN: IV, 464
LEWIS, AMY: IV, 306
LEWIS, ANDREW (GEN.): I, 106
LEWIS, ANN HOPKINS: IV, 464
LEWIS, ANN: IV, 337
LEWIS, ARTHUR E.: IV, 556, 557
LEWIS, ARTHUR THOMAS: IV, 353, 354
LEWIS, ARTHUR: II, (ART) 682, 683;
LEWIS, BLANCHE HOPE: IV, 464
LEWIS, CAROL ANN: IV, 557
LEWIS, CAROLYN: IV, 312
LEWIS, CATHARINE LOUGHRY: IV, 55
LEWIS, CATHARINE: IV, 88, (CATHERINE) 133
LEWIS, CECILIA: IV, 630
LEWIS, CHARLES: IV, 337
LEWIS, D. R.: IV, 430
LEWIS, DAVID N.: IV, 312
LEWIS, DAVID R.: IV, 108, 312
LEWIS, DAVID RITTENHOUSE: IV, 107
LEWIS, DAVID: IV, 55, (REV.) 315, 504
LEWIS, DOROTHY MCELHOES: IV, 557
LEWIS, DREW: II, 741; IV, 143
LEWIS, E. E.: I, 587; III, (MR. & MRS.) 350; IV, 353
LEWIS, E.: I, 475

LEWIS, EARL: IV, 441
LEWIS, ELIZA H.: IV, 108
LEWIS, ELIZA: IV, 177
LEWIS, ELIZABETH (MRS.): I, 480; III, 205
LEWIS, ELIZABETH D.: IV, 108
LEWIS, ELIZABETH LEANY: IV, 504
LEWIS, ELLA BINGHAM ANSLEY: IV, 464
LEWIS, ELLEN BINGHAM: IV, 108
LEWIS, ENOCH F.: J IV, 108
LEWIS, EPHRAIM E.: I, 397, 587; IV, 108, 504
LEWIS, EPHRAIM ENZER: IV, 312
LEWIS, EPHRAIM: IV, 108
LEWIS, ESTEL EVERS: II, 534
LEWIS, ESTELL BUBB (M.D.): IV, 464
LEWIS, EULALE OLLOWENE: IV, 353
LEWIS, EVAN: I, 485; IV, (CAPT) 108, 504, 530
LEWIS, FULTON (JR.): III, 489
LEWIS, GEORGE R.: I, (DR.) 653; II, 59; III, 249, 252, 303
LEWIS, GEORGE: IV, 504
LEWIS, GILBERT: IV, 75
LEWIS, H. P.: II, 24, 85, 129, 131; III, 260
LEWIS, HARRIET: IV, 315
LEWIS, HENRY: III, 277
LEWIS, HUGH ANSLEY: IV, 464
LEWIS, HUGH P.: IV, 108, 464
LEWIS, HUGH PARR: IV, 464
LEWIS, I. M.: II, 236
LEWIS, IRA E.: IV, 108
LEWIS, IRVIN: II, 436
LEWIS, ISAAC: IV, 504
LEWIS, ISABELLA: IV 37
LEWIS, J. J.: IV, 55
LEWIS, JAMES L.: IV, 48, 55
LEWIS, JAMES: I, 217, 230, 233, 234, 357; IV, 55, 133, 385
LEWIS, JANE E.: IV, 108
LEWIS, JANE H.: IV, 108
LEWIS, JOHN B.: I, 31
LEWIS, JOHN C.: IV, 354
LEWIS, JOHN D.: IV, 504
LEWIS, JOHN K.: IV, 464
LEWIS, JOHN L.: II, 411, 414, 560; III, 481
LEWIS, JOHN: I, 556; IV, 37, 55, 504
LEWIS, JOSEPH: IV, 504
LEWIS, JOSHUA: I, 175, 178, 215, 220, 252, 346; IV, 108, 202-C, 202-N, 269, 311, 312, 388, 464, 491, 503, 504
LEWIS, JULIA A. SUTTON: IV, 55
LEWIS, JULIANA: IV, 48

LEWIS, KEZIAH: IV, 504
LEWIS, LINUS (MRS.): II, 270
LEWIS, LIZETTE STEWART: IV, 557
LEWIS, LUTHER: III, 396
LEWIS, LYDIA KELLY: IV, 464
LEWIS, LYDIA W.: IV, 108
LEWIS, LYDIA: IV, 311, 464, 504
LEWIS, M. J.: II, 209
LEWIS, MARGARET DAVIS: IV, 464
LEWIS, MARGARET H. MCPHERSON: IV, 108
LEWIS, MARGARET M.: IV, 108
LEWIS, MARGARET: IV, 108, 504
LEWIS, MARIA K.: IV, 75
LEWIS, MARION GALE: IV, 464
LEWIS, MARTHA: IV, 459
LEWIS, MARY E.: IV, 70, 504
LEWIS, MARY FENTON: IV, 354
LEWIS, MARY GRAHAM: IV, 464
LEWIS, MARY J.: IV, 177
LEWIS, MARY JANE SHIELDS: IV, 108
LEWIS, MARY LOUGHRY: IV, 55
LEWIS, MARY M.: IV, 108
LEWIS, MARY MABEL: IV, 464
LEWIS, MARY PARK: IV, 312
LEWIS, MARY: III, 457
LEWIS, MATTHEW: IV, 187
LEWIS, NANCY ELIZABETH: IV, 504
LEWIS, NANCY KELLY: IV, 504
LEWIS, NANCY: IV, 55, 133, 311, 504
LEWIS, NANNIE BOSTIC: III,457
LEWIS, NAOMI VIOLA: IV, 464
LEWIS, NATHANIEL: IV, 464
LEWIS, NOBLE N.: IV, 464
LEWIS, OLLIE: III, 457
LEWIS, PAUL: III, 516
LEWIS, PEARL MAY CULBERTSON: IV, 354
LEWIS, PEARL MAY: IV, 353
LEWIS, PEARL: IV, 187
LEWIS, POLLY: IV, 385
LEWIS, R. R.: IV, 464
LEWIS, RACHEL ANN: IV, 464
LEWIS, RACHEL GOSSAGE: IV, 464
LEWIS, RACHEL: IV, 464
LEWIS, REBECCA: IV, 55, 70, 269, 504
LEWIS, RICHARD PARK: IV, 312
LEWIS, ROBERT E.: IV, 312
LEWIS, ROBERT: II, (BOY SCOUT) 372; IV, 504
LEWIS, ROY ARTHUR: IV, 557
LEWIS, RUBY PEARL: IV, 464
LEWIS, RUTH THOMPSON: IV, 464
LEWIS, SAMUEL T.: III, 251

LEWIS, SAMUEL: IV, 88, (JR.) 464, (SR.) 464, 504
LEWIS, SARAH: IV, 504, 530
LEWIS, STEPHEN CLARK: IV, 464
LEWIS, STEPHEN: IV, 464
LEWIS, SUSAN W. LEMMON: IV, 107
LEWIS, SUSAN: IV, 312
LEWIS, SUSANNA I.: IV, 353
LEWIS, SUSANNA IRWIN FARNSWORTH: IV, 108
LEWIS, THOMAS: I, 106
LEWIS, TOBAS: I, 436
LEWIS, W. D. (MRS.): III, 365
LEWIS, W. G.: II, 40
LEWIS, WILL H.: IV, 557
LEWIS, WILLIAM G.: I, 484; IV, 464
LEWIS, WILLIAM H.: IV, 504
LEWIS, WILLIAM: I, 163, 645; II, 172; III, 141, 142; IV, 464
LEWONAS, DOLLY: IV, 618
LEYDA, FREDERICK: IV, 604
LEYDIC, GEORGE D.: II, 445; IV, 443
LEYDIC, LAVINA: IV, 265
LEZZADRO, CAROLINE: IV, 385
LIBBY, DOLORES: III, 496
LIBENGOOD, A. J.: III, 298; IV, 362
LIBENGOOD, FRANK: II, 224
LIBENGOOD, MATILDA: IV, 426
LIBENGOOD, ROBERT O.: II, 439
LIBENGOOD, SARAH: IV, 152
LICHTEBERGER, I, 593
LICHTEBERGER, B. F.: II, 293
LICHTEBERGER, B. H. (MRS.): III, 491
LICHTEBERGER, B. H.: II, 297, 298, 399, 501, (BURGESS) 508, 548; III, 467 485, 490, 491
LICHTEBERGER, B. HERBERT: IV, 75
LICHTEBERGER, BERT H.: III, 518
LICHTEBERGER, BERT: II, 98, 99, 291, 301; III, 360, 546A; IV, 75
LICHTEBERGER, CATHERINE C. STATLER: IV, 75
LICHTEBERGER, ED: III, 431
LICHTEBERGER, H. H.: I, 589
LICHTEBERGER, HERBERT: III, 360
LICHTEBERGER, J. H.: I, 463; II, 3; III, 252
LICHTEBERGER, JOHN H.: I, 278, 466, 516K, 535, 585; II, 48; IV, 23, 75
LICHTEBERGER, JOHN: I, 544; IV, 92, 474
LICHTEBERGER, MAGGIE (MISS): II, 86
LICHTEBERGER, MAYER: II, 545
LICHTEBERGER, ROSE ANN: IV, 23
LICHTEBERGER, ZOE AMANDA HARTER: IV, 75

LICHTENFELS, ALBERT: II, 757
LICHTENFELS, DOROTHY: IV, 141
LICHTENFELS, LESTER C.: II, 506
LICHTENFELS, MINA: IV, 299
LICTENFELS, RICHARD: II, 757
LICHTENWALNER, N. L.: II, 500
LICK, JOHN: I, 44
LICK, PETER: I, 44
LICK, WILLIAM: I, 44
LIDICK, PATRICK: I, 344
LIEB, EARL (MR. & MRS.): III, 526
LIEB, TED: II, 761; III, 526, 528
LIEBOLD, JOHN: II, 408
LIEGEY, JANET: IV, 222
LIEKERT, HENRY W.: IV, 492
LIEKERT, JULIA: IV, 492
LIERMAN, III, 79
LIGGET, ROBERT: I, 159
LIGGETT (LIGGARD), WILLIAM: I, 116, 357, 574
LIGGETT, AGNES: IV, 70
LIGGETT, AMY G.: IV, 223
LIGGETT, BARBARA WAGNER: IV, 223
LIGGETT, BEULAH: IV, 223
LIGGETT, ELIZABETH MATTHEWS KELLER: IV, 223
LIGGETT, EMMA PEARL PACK: IV, 223
LIGGETT, JANE: IV, 224
LIGGETT, JOHN: IV, 224
LIGGETT, JOSEPH R.: IV, 223
LIGGETT, LOTTIE V.: IV, 223
LIGGETT, MARGARET: IV, 70, 224
LIGGETT, MARY EMMA: IV, 223
LIGGETT, MARY WALLACE: IV, 223
LIGGETT, MARY: IV, 223
LIGGETT, ROBERT CARR: IV, 223
LIGGETT, ROBERT M.: IV, 223
LIGGETT, ROBERT: IV, 70, 224
LIGGETT, SAMUEL W.: IV, 223
LIGGETT, W.: I, 485
LIGGETT, WILLIAM N.: IV, 70, 223, 224
LIGGETT, WILLIAM NELSON: IV, 223
LIGGETT, WILLIAM: IV, 223
LIGHT, ("PROFESSOR"): II, 102
LIGHTCAP, BENJAMIN: 111, 319
LIGHTCAP, ELIZABETH: IV, 593
LIGHTCAP, FANNIE: IV, 525
LIGHTCAP, GODFREY: I, 294
LIGHTCAP, HELEN: IV, 238
LIGHTCAP, RALPH: II, 656
LIGHTCAP, RUTH (MISS): II, 558
LIGHTCAP, SAMUEL: IV, 593
LIGHTCAP, SARAH J.: IV, 593
LIGHTCAP, WILLETTA: IV, 596

LIGHTNER, MATTHEW: II, 804
LIGHTNER, MICHELE: II, 804
LILLIE, MAY (MISS): II, 237
LILLY, CATHERINE R.: IV, 608
LILLY, JAMES A.: IV, 608
LINCKLEAN, JAN: I, 130
LINCOLN, IV, 50, 83, 100, 491
LINCOLN, (GENERAL): I, 109
LINCOLN, (PRESIDENT): IV, 229, 322, 458
LINCOLN, ABRAMAM: I, 423, 457, 458, 594, 598, 618, 619, 621, 625, 638, 645, 667, 670-72, 675-81, 684, 690, 693; II, (PRES.) 382, 418, 667; III, 134, 177, 193, 195, 269; IV, 101, 166, 168
LINCOLN, MARY: IV, 280
LINCOLN, ROBERT: I, 676
LIND, JENNY: I, 340
LINDBERGH, (COL.): II, 443
LINDBERGH, CHARLES A.: II, 441
LINDEMANN, EDITH: IV, 226
LINDENMEYER, HENRY: II, 142
LINDERMAN, I, 592
LINDLEY, H. B.: IV, 153
LINDSEY, (MR.): I, 194
LINDSEY, HARRISON: II, 463
LINDSEY, LOUISA: IV, 55
LING, CAROLE ANN CALABRIA: IV, 598, 599
LING, CAROLE ANN: II, 801
LING, CHARLES W.: IV, 599
LING, CRYSTAL ANN: IV, 599
LING, DANIEL JASON: IV, 599
LING, ELIZABETH: IV, 375
LING, HARVEY: IV, 109
LING, JANE: IV, 318
LING, JAY R.: IV, 599
LING, LAURA M.: IV, 109
LING, MARY: IV, 481
LING, REUBEN: IV, 375
LING, ROSE VERNIE CLAWSON: IV, 599
LINGLE, C. M.: II, 180, 181, 323; III, 411
LINGLE, CAROLYN: IV, 123
LINGLE, CHESTER MUNSON: IV, 122
LINGLE, GERTRUDE A.: IV, 123
LINGLE, GERTRUDE MUNSON: IV, 123
LINGLE, L. G.: IV, 123
LINGLE, LORETTA NEFF: IV, 123
LINGLE, LORETTA P. NEFF: IV, 123
LINGO, ALBERT: II, 84
LINHART, S. B. (REV.): II, 281, 282
LININGER, I, 636
LININGER, CLARENCE R.: IV, 90

LININGER, MARTHA EVANGELINE: IV, 90
LINKLAEN, JAN: I, 131
LINSEBIGLER, DAVID: I, 254
LINSENBIGLER, W. S.: III, 301
LINTER, CONRAD: I, 305
LINTNER, DAVID: I, 480; III, 205; IV, 60
LINTNER, ELLEN: IV, 406
LINTNER, FLORA: III, 457
LINTNER, J. E.: IV, 406
LINTNER, J. P.: II, 159
LINTNER, MARIA: IV, 414
LINTNER, MARY: IV, 60
LINTNER, MATILDA J.: IV, 54
LINTNER, MATILDA: IV, 249
LINTNER, WILLIAM: I, 480; III, 205; IV, 414
LINTON, I, 684
LINTON, ANN PARK: IV, 15
LINTON, JOHN: IV, 15
LINTON, R. M.: II, 72
LINTON, ROBERT: III, 68
LINTONER, CONRAD: I, 348
LIPCHIK, ADOLPH: III, 420
LIPMAN, LEO: III, 618
LIPOLD, W. J.: III, 439
LIPSIE, WILLIAM A.: II, 659
LISOWITZ, ELAINE: IV, 244
LITCHENTHALER, (MISS): IV, 243
LITTLE, BLOSE: II, 200
LITTLE, DOROTHY: IV, 38
LITTLE, E. L.: II, 13
LITTLE, E.: I, 651
LITTLE, GEORGE: III, 262K, 505
LITTLE, HARVEY: IV, 38
LITTLE, J. G.: II, 424
LITTLE, JAMES: I, 104; III, 26, 27
LITTLE, JANE: I, 160
LITTLE, JIM: II, 359
LITTLE, JOHN: II, 80
LITTLE, MARY JANE: IV, 621
LITTLE, NANCY JANE: IV, 444
LITTLE, THOMAS: II, 471, 472
LITTLE, WILLIAM G.: II, 259
LITTON, DOMINIC: III, 400
LITTON, MIKE: III, 400
LITZ, ABRAM: IV, 635
LITZ, MARY WALKER: IV, 635
LITZ, MARY: IV, 635
LITZ, SARAH: IV, 635
LITZINGER, DAISY: IV, 248
LIVELY, SARAH JANE: IV, 96
LIVELY, W. T.: IV, 96
LIVENGOOD, I, 491

LIVENGOOD, NOVA: IV, 412
LIVENGOOD, PAUL: IV, 412
LIVENGOOD, WILLIAM S. (JR.): II, 728
LIVERMORE, I, 511
LIVERMORE, ALONZO: I, 185, 318, 331
LIVERMORE, E. R.: I, 319
LIVINGSTON, EDWARD: I, 201, 216, 347
LIXFIELD, JOHN G. (MRS.): III, 389
LIXFIELD, JOHN G.: II, 187; III, 388
LLOYD, IV, 439
LLOYD, ALBERT: IV, 539
LLOYD, DELILAH D. HOWER: IV, 539
LLOYD, HARVEY W. (M.D.): IV, 539
LLOYD, HAZEL MCQUOWN: IV, 539
LLOYD, HAZEL VIRGINIA: IV, 548
LLOYD, J. P.: I, 243, 245, 278
LLOYD, JUDITH PEMBERTON: IV, 102, 122, 158
LLOYD, LYDIA (SMYTHE): IV, 592
LLOYD, MARY: IV, 130, 625
LLOYD, THOMAS B.: IV, 130, 625
LLOYD, THOMAS: IV, 539
LLOYD, VIRGINIA: II, 801; IV, 538, 539
LLOYD, W. HARVEY (M.D.): IV, 548
LOBINGER, JOHN: I, 174
LOBINGIER, BARBARA: IV, 209
LOBINGIER, ELIZABETH: IV, 209
LOBINGIER, SUSAN: IV, 209
LOBODA, AGNES: IV, 505
LOBODA, ANDREW S.: IV, 505
LOBODA, ANN: IV, 505
LOBODA, JOHN: IV, 505
LOBODA, MARY ANN: IV, 505
LOBODA, SAMUEL R.: II, (COL.) 663; IV, (COL.) 504, 505
LOBODA, STEPHEN A.: IV, 505
LOCHRY, ARCHIBALD (COL.): I, 93, 97, 100, 1010, 105, 106, 107, 108, 109, 110; IV, 164
LOCHRY, JAMES: I, 345
LOCHRY, JOHN: I, 257
LOCHRY, MARY: IV, 163, 164
LOCKARD, I, 592
LOCKARD, A. KATE: IV, 398
LOCKARD, ALMA M.: IV, 398
LOCKARD, ANDREW S.: IV, 398
LOCKARD, CAROL SUZANNE WEAVER: IV, 592
LOCKARD, CLARA G.: IV, 398
LOCKARD, DAVID: II, 148
LOCKARD, DONALD WELLS: IV, 398
LOCKARD, E. M.: II, 238, 283, 370
LOCKARD, ELIZABETH LONG: IV, 398

LOCKARD, ELSWORTH M.: IV, 397, 398, 420-F
LOCKARD, ETHEL (MRS.): II, 555
LOCKARD, FORREST S.: III, 555
LOCKARD, FRANCIS: IV, 398
LOCKARD, G. W.: II, 148
LOCKARD, HIRAM R.: IV, 398
LOCKARD, JOHN: IV, 398
LOCKARD, LINCOLN M.: IV, 398
LOCKARD, MADGE E.: IV, 398
LOCKARD, MARGARET: IV, 398
LOCKARD, MARY JANE: IV, 364, 613
LOCKARD, MARY MIRELDA: IV, 96
LOCKARD, MARY: IV, 398, 536
LOCKARD, NANCY ELIZABETH DAUGHERTY: IV, 398
LOCKARD, NAOMI BAGLEY: IV, 398
LOCKARD, RALPH W.: IV, 398
LOCKARD, RAYMOND: II, 692
LOCKARD, ROBERT S.: IV, 398
LOCKARD, ROBERT: IV, 398
LOCKARD, SAMUEL K.: I, 485
LOCKARD, SAMUEL: IV, 398
LOCKARD, SUSAN: IV, 398
LOCKARD, THOMAS: IV, 398
LOCKARD, WILLIAM: IV, 96
LOCKARD, WILMER G. (DR.): IV, 398
LOCKART, FRANCIS: I, 30
LOCKE, EARL: IV, 110
LOCKE, FRANCES ELIZA: IV, 110
LOCKHARD, SADIE JANE: III, 210, 211
LOCKHART, DONALD: III, 529
LOCKHART, EDGAR: IV, 353
LOCKHART, ELMER (CORP.): II, 381
LOCKHART, JANE E.: IV, 10
LOCKHART, MAY: IV, 353
LOCKHART, THEODORE: IV, 108
LOCKMONIC, JOHN T.: II, 670
LODER, I, 401
LOFFERTY, ISABELLA J.: IV, 557
LOFINK, JOHN (JR.): II, 454
LOGAN (A CAYUGA CHIEF), (CAPTAIN): I, 102
LOGAN, (JUDGE): II, 22; IV, 330
LOGAN, A. J. (GEN.): II, 421
LOGAN, DORCAS: IV, 71
LOGAN, ELIZABETH: IV, 290, 606
LOGAN, GUSTIN: IV, 90
LOGAN, JAMES A.: II, 3, 21; IV, (JUDGE) 103, 275, 330
LOGAN, JAMES R. (MRS.): IV, 130
LOGAN, RON: III, 583
LOGUE, (MR.): IV, 87
LOGUE, ANN: IV, 87

LOGUE, MARY: IV, 97
LOHER, ROSE: IV, 478
LOHR, ALICE EDWARDS: IV, 478
LOHR, ANNIE: IV, 16
LOHR, CHARLES: IV: 16
LOHR, CLYDE: III, 491
LOHR, EMANUEL: IV, 478
LOHR, FRANK C.: II, 256
LOHR, FRANK: IV, 16
LOHR, H. J.: II, 406
LOHR, HARRY: IV, 16
LOHR, MARY ANN: IV, 16
LOHR, MINNIE: IV, 198
LOHR, NOAH: I, 683; II, 3; IV, 16
LOHR, SAVILA: IV, 562
LOMAN, JERRY: III, 604
LOMBARD, W. P.: II, 668
LOMBART, H. J.: II, 111
LOMISON, ANGELINE: IV, 422
LOMISON, ANN FULKERSON: IV, 422
LOMISON, H. G.: I, 337
LOMISON, HENRY G. (DR.): IV, 422
LOMISON, JANE: IV, 422
LOMISON, JEREMIAH: IV, 422
LOMISON, JOHN NELSON: IV, 422
LOMISON, LUCY: IV, 422
LOMISON, MARGARET: IV, 422
LOMISON, MARY MERVINE: IV, 422
LOMISON, MARY: IV, 422
LOMISON, MIRIAM STEWART: IV, 422
LOMISON, WILLIAM: IV, 422
LONDON, E. GERTRUDE: II, 287
LONDON, GRACE REED: IV, 551
LONDON, HENRY: IV, 551
LONDON, LAURA BLOSE: IV, 551
LONDON, PATRICIA: II, 628
LONDON, SALLY: II, 801; IV, 550, 551
LONDON, SAMUEL A.: IV, 551
LONDON, WILLIAM: II, (MR. & MRS.) 628
LONG, (MISS): IV, 158
LONG, BENJAMIN: II, 150
LONG, BILL: I, 265
LONG, C. J. T.: II, 172
LONG, CARL: III, 542, 543
LONG, CLAIR: IV, 561
LONG, CURT (DR.): II, 532
LONG, DEANNA: II, 756
LONG, DELLA NEIL: IV, 25
LONG, ED: II, (EDWARD) 228, 328, (EDWIN) 251; III, 389
LONG, EDNA LUCINDA: IV, 561
LONG, ELIZABETH: IV, 398, 561
LONG, ELLEN: IV, 443

LONG, ELMIRE: IV, 230
LONG, GEORGE: IV, 25
LONG, GOLDIE: III, 458
LONG, HARRY B.: IV, 561
LONG, HARRY: III, 345
LONG, JANE: IV, 363
LONG, JOHN: IV, 363
LONG, KATHRYN L.: IV, 534
LONG, LAVERNE: IV, 561
LONG, MARGARET J.: IV, 70
LONG, MARTHA: IV, 176
LONG, MARY ELIZABETH: IV, 28
LONG, NANCY SEBRING: IV, 561
LONG, NETTIE: IV, 70
LONG, ORANGE M.: II, 508
LONG, SARA GUTHRIE: IV, 561
LONG, SARAH ANN: IV, 442
LONG, SUSANNAH: IV, 363
LONG, THEODORE KEPHART: IV, 534
LONG, THOMAS: III, 284
LONG, TOBIAS: I, 169
LONG, TOM: II, 239; III, 546G, 546H
LONG, W. B.: IV, 70
LONG, W. EARL: II, 403; IV, 561
LONG, WESLEY B.: IV, 561
LONG, WILLIAM: IV, 230
LONG, WILSON: I, 395, 397, 446; IV, 561, (SR.) 561
LONGACRE, JOHN: IV, 264
LONGACRE, VIVIAN S.: IV, 264
LONGSTREET, JAMES: I, 175
LONGSTRETH, JAMES: I, 159
LONGSTRETH, MORRIS: I, 582, 583
LONGUWUIL, BARON DE: I, 36
LONGWILL, A. L.: IV, 289
LONGWILL, EVA: IV, 478
LONGWILL, FRANKLIN B.: IV, 525
LONGWILL, HERBERT: II, 301
LONGWILL, J. CLAIR: IV, 477, 478
LONGWILL, JACOB: II, 513
LONGWILL, JOHN S.: IV, 478
LONGWILL, JOSEPH A. HALE: IV, 478
LONGWILL, LAURA: IV, 289, 525
LONGWILL, MATILDA J. MCCULLOUGH: IV, 478
LONGWILL, MYRTLE: IV, 376
LONGWILL, O. JAY: IV, 478
LONGWILL, ROSE LOHR: IV, 478
LONGWILL, SARAH B. BEAMER: IV, 478
LONGWILL, SARAH R. HENDERSON: IV, 478
LONGWILL, THELMA R.: IV, 478
LONGWILL, THOMAS: IV, 478
LONGWILL, WARD: IV, 478
LONSBERG, GRAGE: IV, 318
LOO, MONG SHAW: I, 487
LOOMIS, I, 442, 457
LOOMIS, AMANDA: IV, 42
LOOMIS, OLIVE J.: IV, 509
LOON, YEE S.: II, 509
LORAIN, H.: I, 247
LORE, JAMES A.: II, 172
LORENZI, BRUNO: III, 479
LOSE, GEORGE (CAPT.): I, 337
LOSE, JACOB: IV, 209
LOSE, JOHN: IV, 209
LOSE, MARY: IV, 209
LOSKIEL, I, 18, 19
LOTZ, JACOB:O I, 145; III, 216
LOUCKS, AMANDA: III, 251
LOUGHNER, DANIEL: I, 619
LOUGHREY, I, 654; IV, 31
LOUGHREY, (MAJOR): I, 307
LOUGHREY, ALEXANDER: IV, 61
LOUGHREY, ANNA: IV, 15
LOUGHREY, ARCHIBALD: I, 126
LOUGHREY, JOSEPH: I, 556
LOUGHREY, LOUISA C.: IV, 61
LOUGHREY, WILLIAM: I, 654
LOUGHRY, ALLISON: IV, 422
LOUGHRY, ANN WILSON: IV, 385
LOUGHRY, ANN: IV, 479
LOUGHRY, BENJAMIN: IV, 385
LOUGHRY, CATHERINE: IV, 133
LOUGHRY, CHAMBERS (?): IV, 385
LOUGHRY, ELIZABETH: IV, 385
LOUGHRY, ELLEN: IV, 128
LOUGHRY, ESTHER ALLISON: IV, 385
LOUGHRY, ESTHER: IV, 243
LOUGHRY, GENOA: II, 228
LOUGHRY, JAMES: I, 174, 235; IV, 24, (JAS.) 55, 385, 414, 479, 494
LOUGHRY, JANE SHIELDS: IV, 385
LOUGHRY, JANE: IV, 508
LOUGHRY, JEREMIAH: IV, 385
LOUGHRY, JOHN: I, 159, 284, 465; IV, 385
LOUGHRY, JOSEPH: I, 174, 208, 253, 280, 346; IV, 24, 385, (SHERIFF) 385
LOUGHRY, MARGARET GRAHAM: IV, 385
LOUGHRY, MARGARET SLOAN: IV, 385
LOUGHRY, MARGARET: IV, 208, 422
LOUGHRY, MARY: IV, 55, 385
LOUGHRY, NANCY SLOAN: IV, 385
LOUGHRY, NELSON B.: IV, 24
LOUGHRY, POLLY: IV, 385

LOUGHRY, REBECCA S.: IV, 494
LOUGHRY, REBECCA: IV, 55, 128, 243, 349, 385
LOUGHRY, S. L.: II, 213
LOUGHRY, SALLY: IV, 385
LOUGHRY, SARAH: IV, 269
LOUGHRY, SARAH HOWARD: IV, 385
LOUGHRY, SARAH: IV, 385, 414
LOUGHRY, SUSANNA: IV, 385
LOUGHRY, T. C.: II, 150
LOUGHRY, W. R.: II, 213; III, 254, 346; IV, 359
LOUGHRY, WILLIAM: I, (SR.) 159, 470; III, 219; IV, 243, 385
LOUIS, LOVEY: III, 400
LOUISA, JOE: III, 481
LOUISA, REN: III, 481
LOUTHER, III, 401
LOUTHER, FRANCES: I, 159
LOVE, JACK: III, 540
LOVE, JEANNET: IV, 15
LOVE, LAURA WOODALL: IV, 56
LOVE, NANCY: IV, 53
LOVE, THOMAS: IV, 15
LOVEJOY, SARA C. (MISS): III, 363
LOVELACE, ALFRED: III, 301
LOVELACE, CHARLES: II, 552
LOVELACE, JOSEPH: I, 405; III, 138; IV, 362
LOVELL, HAROLD: IV, 533
LOVELL, JACKIE: II, 308
LOVELL, MILDRED: IV, 533
LOVEY, CHARLES: III, 400
LOVISA, RENALDO (SR.): II, 692
LOWE, (GOV.): III, 157
LOWE, C.: I, 659, 661
LOWE, CORNELIUS: IV, 339
LOWE, J. R.: II, 141
LOWE, KURTZ (SQUIRE): II, 302
LOWE, SARAH E.: IV, 339
LOWE, THOMAS N.: II, 93
LOWELL, JAMES RUSSELL: I, 677
LOWERS, MOSES: I, 160
LOWERY, MARY: IV, 163
LOWMAN, I, 584, 683
LOWMAN, ABRAHAM: I, 126, 484; IV, 253, 433, 568, (REV.) 568, 569
LOWMAN, ALBERT: II, 86
LOWMAN, ALEXANDER: IV, 228
LOWMAN, ALLISON: IV, 569
LOWMAN, ALMIRA: IV, 568
LOWMAN, CAROLINE MAUD: IV, 4
LOWMAN, DAVID: I, 343
LOWAN, E. (MISS): II, 88

LOWMAN, ELIZABETH GRAHAM: IV, 569
LOWMAN, ELIZABETH MCFARLAND: IV, 569
LOWMAN, ELIZABETH MCLAIN: IV, 569
LOWMAN, ELIZABETH: IV, 558, 568
LOWMAN, GEORGE S.: I, 485, 586; II (MRS.) 71
LOWMAN, GEORGE SCOTT: IV, 568, 569
LOWMAN, GEORGE: IV, 613
LOWMAN, J. H.: III, 189
LOWMAN, JACOB: IV, 68
LOWMAN, JOHN CALVIN: IV, 568
LOWMAN, JOHN: I, 301; II (SQUIRE) 71; III, 135, 136; IV, 4, 45, 569
LOWMAN, JULIA: IV, 575
LOWMAN, MARGARET: IV, 613
LOWMAN, MARIA: IV, 568
LOWMAN, MARTHA J.: IV, 253
LOWMAN, MARY ANN: IV, 569
LOWMAN, MARY J.: IV, 61
LOWMAN, MARY JANE: IV, 68
LOWMAN, MARY: IV, 568
LOWMAN, MICHAEL: IV, 472, 569
LOWMAN, NANCY ANTHONY: IV, 569
LOWMAN, NANCY WALKER: IV, 569
LOWMAN, NANCY: IV, 359, 472, 569
LOWMAN, PAUL: II, 634
LOWMAN, RACHEL NEAL: IV, 569
LOWMAN, RACHEL: IV, 440
LOWMAN, ROSANNA MCLAIN: IV, 568
LOWMAN, ROSANNA: IV, 569
LOWMAN, S. MARLIN: IV, 575
LOWMAN, SAMUEL: IV, 569
LOWMAN, SARAH BORLAND: IV, 569
LOWMAN, SUSAN MCELHOES: IV, 568
LOWMAN, SUSAN: IV, 45, 68, 296, 433, 472, 568, 569
LOWMAN, T. N.: III, 551; IV, 478
LOWMAN, THOMAS MCLAIN: IV, 568
LOWMAN, THOMAS: II, 128; III, 298, 299, 429; IV, 362, 363, 440, 569
LOWMAN, WILLIAM: I, 210, 386; IV, 61, 569
LOWMASTER, AGNES: IV, 310
LOWREY, JAMES: I, 41
LOWRIE, I, 677
LOWRY, I, 669; II, 15, 225; III, 325
LOWRY, (EDITOR): II, 258
LOWRY, (MRS.): III, 327
LOWRY, ADAM P.: II, 95; III, 451; IV, 508, 509
LOWRY, ADAM: I, 505, 582, 590, 620, (CAPT.) 692; IV, (JR.) 508, 508, (SR.) 509

LOWRY, ALBERT P.: IV, 355
LOWRY, ANNIE K. LUCAS: IV, 508
LOWRY, ARABELLA: IV, 355
LOWRY, ELIZABETH KERR: IV, 509
LOWRY, ELIZABETH MCCARTNEY: IV, 293
LOWRY, ELIZABETH: IV, 439
LOWRY, ELLA SMITH: IV, 355
LOWRY, H. M.: 11, 237
LOWRY, HARRY: IV, 509
LOWRY, HORACE M.: II, 93, 304; IV, 293, 355, 508
LOWRY, HORACE: IV, 293
LOWRY, HOWARD J.: II, 83, 533; IV, 355
LOWRY, J. M.: III, 274
LOWRY, J. R.: III, 427
LOWRY, JAMES A.: IV, 509
LOWRY, JANE LOUGHRY: IV, 508
LOWRY, JANE: I, 81
LOWRY, JENNIE: IV, 509
LOWRY, JOHN B.: II, 543, 728; III, 498
LOWRY, JOHN BEATTY: IV, 293
LOWRY, JOHN R.: IV, 509
LOWRY, JOHN: I, 159, 546, 622, 637, 664; II, 83, 93, 570, 586; IV, 293, 354, 355, 420-F, 508
LOWRY, JOSEPH: II, 147; IV, 355, 509
LOWRY, LAURA: IV, 355
LOWRY, MARGARET ELLA BEATTY: IV, 293
LOWRY, MARTHA ELIZABETH: IV, 508
LOWRY, MARTIN: IV, 509
LOWRY, MARY ERMA: IV, 38
LOWRY, MARY: IV, 509
LOWRY, MINA MCHENRY: IV, 509
LOWRY, NANCY (NEE STEELE): I, 82, 91; II, 533
LOWRY, NANCY ADAMS: IV, 509
LOWRY, NANCY ANN: IV, 54
LOWRY, NANCY MCCARTNEY: IV, 355
LOWRY, NANCY: IV, 293
LOWRY, ORPHA FRECH: IV, 293
LOWRY, ROBERT: III, 253; IV, 54, 472
LOWRY, ROY (SGT.): II, 576
LOWRY, SAMUEL: I, 544
LOWRY, SARA: IV, 355
LOWRY, SARAH: I, 82, 91; IV, 472, 508
LOWRY, WILLIAM P.: IV, 355
LOWRY, WILLIAM: I, 82, 91
LOWTHER, MARGARET (MISS): II, 310
LOWTHER, THOMAS S.: II, 477
LOWTHER, THOMAS: III, 405
LRSCHON, MIKE: III, 420
LUCAS, ANNIE K.: IV, 508

LUCAS, CARL: II (CPL.) 761; III, 524
LUCAS, CHARLES: III, 481
LUCAS, D. H.: III, 252, 254
LUCAS, DAVID H.: IV, 219
LUCAS, DAVID: III, 234, 237
LUCAS, EDWIN: IV, 359
LUCAS, ISAAC: IV, 358
LUCAS, JOHN: I, 163, 247, 249; II, 70; IV, 358
LUCAS, LUCY: IV, 262
LUCAS, MARGARET: IV, 49, 219, 358
LUCAS, MARTHA L.: IV, 219
LUCAS, MARY: IV, 358
LUCAS, MATILDA: IV, 358
LUCAS, NANCY LOWMAN: IV, 359
LUCAS, NANCY: IV, 569
LUCAS, NICHOLAS (MR. & MRS.): III, 524
LUCAS, PATRICK: IV, 358
LUCAS, SAMUEL: II, 542; IV, 358, 359
LUCAS, THOMAS: I, 351; IV, 358, 359
LUCAS, WILLIAM: I, 163, 220, 235, 236, 299, 352; III, 340; IV, 358, 359, 569
LUCHSINGER, DAVID: III, 564
LUCHSINGER, WILLIAM JAMES: II, 692
LUCKEY, WILLIAM S.: II, 337
LUCKHART, II, 18; III, 265
LUCKHART, AARON: IV, 459
LUCKHART, CATHARINE F. STEAR: IV, 459
LUCKHART, CONRAD F.: IV, 460
LUCKHART, CURTIS E.: III, 544
LUCKHART, D. A. (CAPT.): II, 302
LUCKHART, DAVIS A.: IV, (CAPT.) 459, 459, 460
LUCKHART, GEORGE MILES: IV, 459
LUCKHART, GEORGE: III, 276
LUCKHART, HARVEY L.: IV, 460
LUCKHART, HULDA REED: IV, 460
LUCKHART, IDA MARSHAL: IV, 460
LUCKHART, IRENE S.: IV, 460
LUCKHART, JACOB REID: IV, 460
LUCKHART, JACOB: IV, 127, 459, (LUKEHART) 459
LUCKHART, JAMES J.: IV, 459
LUCKHART, LENA DAVIS: IV, 459
LUCKHART, LENA: IV, 127
LUCKHART, LYDIA AGNES: IV, 459
LUCKHART, MARGARET REISE: IV, 460
LUCKHART, MARTHA LEWIS: IV, 459
LUCKHART, MARY JANE SINK: IV, 459
LUCKHART, MARY JANE: IV, 459
LUCKHART, NANCY RAIRIGH: IV, 459

LUCKHART, PRESCOTT S.: IV, 460
LUCKHART, REBECCA M. STEAR: IV, 459
LUCKHART, SARAH VAN HORN: IV, 459
LUCKHART, TURNER: IV, 459
LUCKHART, URIAH: IV, 459
LUCKHART, VENIZAH: IV, 459
LUDWICK, BILL: II, 661
LUDWIG, III, 74
LUDWIG, F. B.: IV, 97
LUDWIG, JOHN P.: III, 288
LUDWIG, KATE THEODORA: IV, 97
LUDWIG, LORENZ: II, 521
LUKE, BARBARA ANN: III, 520, 521 522
LUKE, CATHY: III, 520, 521
LUKE, CHARLES (PVT.): III, 521
LUKE, JAMES: I, 133
LUKE, MEREDITH (MRS. DICK): III, 520, 521
LUKEHART, III, 167
LUKEHART, CORA: IV, 483
LUKEHART, HARRY: II, 359
LUKEHART, J.: I, 345
LUKEHART, JACOB: I, 534
LUKEHART, T. R.: I, 401, 587
LUKEHART, THOMAS ADDISON: IV, 483
LUKEHART, THOMAS R.: I, 676, 677
LUKEHART, THOMAS: II, 195
LUKEHART, TOM (MR. & MRS.): III, 370, 371
LUKENS, DAVID: I, 155
LUKER, JOHN: IV, 487
LUKER, LUCINDA: IV, 487
LUKER, SARAH HOWARD: IV, 487
LUMLEY, JEAN: IV, 595
LUMSDEN, E. R.: II, 231; III, 442
LUNA, ELIZABETH: IV, 28
LUNA, FANNIE: IV, 28
LUNA, HARRIET MINERVA: IV, 28
LUNA, MADISON, R.: IV, 28
LUNA, MARGARET: IV, 28
LUNA, MARY ELIZABETH: IV, 28
LUNA, MARY: IV, 28
LUNA, PETER P. (I): IV, 28
LUNA, PETER PITMAN: IV, (II & III) 28
LUNA, ROBERT: IV, 28
LUNDY, BENJAMIN: I, 366
LUNGER, CARRIE: III, 458
LUNGER, THOMAS: III, 588
LUTE, CATHARINE: IV, 369
LUTES, JOHN: III, 313
LUTHER, DOYLE: IV, 162

LUTHER, JANET: IV, 626
LUTHER, LOUIS G.: II, 692
LUTHER, MABEL: IV, 162
LUTHER, MARTIN: III, 354
LUTHER, RITA: IV, 58
LUTMAN, GEORGE: II, 469
LUTMAN, GERTRUDE: IV, 472
LUTY, CHARLES: II, 301
LUTZ, JANE MARGERY: IV, 571
LUTZ, SUSANNA: IV, 45
LUXENBERG, DAVE: III, 597
LUXENBERG, JOSEPH: III, 584
LYDA, JOSEPH: I, 608
LYDA, W. J.: II, 449
LYDIC, AMANDA PEARL: IV, 310
LYDIC, BENJAMIN: IV, 599
LYDIC, CLARK: IV, 310
LYDIC, DOROTHY: II, 534
LYDIC, JANE: IV, 310
LYDIC, JOHN R.: IV, 72
LYDIC, JOSEPH M. (DR.): IV, 632
LYDIC, JUNE: IV, 629
LYDIC, MARGARET: IV, 632
LYDIC, MARY: IV, 310
LYDIC, NANNIE JANE: IV, 599
LYDIC, PATRICIA: IV, 521
LYDIC, PATRICK: IV, 310, (SR.) 310
LYDIC, REBECCA JANE: IV, 72
LYDIC, SARAH EMMA: IV, 310
LYDIC, SILAS CLARK: IV, 310
LYDIC, SILAS: IV, 310
LYDICK, II, 265; III, 167
LYDICK, A. E.: II, 485
LYDICK, ANN TURNER: IV, 530
LYDICK, ANN: IV, 235
LYDICK, CATHERINE: IV, 421
LYDICK, CRAWFORD: II, 260
LYDICK, DOROTHY J.: II, 638
LYDICK, ELIZA SUTOR: IV, 530
LYDICK, ELIZA: IV, 271
LYDICK, ELIZABETH: 1, 303; IV, 389, 622
LYDICK, ERNEST B.: IV, 202-K, 530
LYDICK, ERNEST BROADWAY: IV, 529, 530
LYDICK, GEORGE T.: IV, 530
LYDICK, HARRY S.: IV, 530
LYDICK, HELEN A. SILVIS: IV, 530
LYDICK, ISAAC: IV, 271, 530
LYDICK, J. S.: II, 25
LYDICK, JACOB L.: IV, 235
LYDICK, JACOB: IV, (JR.) 622, (SR.) 622

LYDICK, JOHN: I, 75, 82, 120, 175, (SR.) 303: IV, 21, 38, 230, 310, 345, 620, 622
LYDICK, JOSEPH: III, (JOE) 388, (JOE) 389: IV, (JOS) 70, 530
LYDICK, LAURA (MRS.): III, 497
LYDICK, MARGARET: IV, 70
LYDICK, MARTHA ELIZABETH: IV, 230
LYDICK, MARY MAY: IV, 310, 622
LYDICK, MARY STUCHELL: IV, 622
LYDICK, MARY: IV, 108, 311
LYDICK, MAUD LORD DRAKE: IV, 530
LYDICK, MORY MCHENRY: IV, 530
LYDICK, NANCY ALEXANDER: IV, 622
LYDICK, NANCY MABON: IV, 530
LYDICK, NANCY: IV, 70
LYDICK, NOLA: IV, 38
LYDICK, PATRICK: I, 175: IV, 530
LYDICK, PHILIPENA: IV, 345
LYDICK, RUTH ARLENE: IV, 182
LYDICK, SAMUEL: IV, 421
LYDICK, SARAH: IV, 108
LYDICK, VIRGINIA B.: IV, 530
LYDICK, WILLIAM: II, 110: IV, 108
LYDICK, WILSON: III, 584
LYKE, GEORGE J.: IV, 77
LYKE, MARTHA HAMILTON: IV, 77
LYNCH, GEORGE W.: IV, 220
LYNCH, LUCY: IV, 407
LYNCH, MARY ELLEN: IV, 220
LYNCH, PAULINE: IV, 258
LYNCH, TINIE MARIE: IV, 220
LYNN, IV, 64
LYNN, (MISS) IV, 364
LYNN, ELIZABETH WOODS: IV, 364
LYNN, ROBERT: IV, 363
LYNN, SARAH A.: IV, 363
LYNN, SMITH: IV, 364
LYNN, U. SIMEON: IV, 299
LYNN, VIOLA EMMA: IV, 299
LYON, ELLIE MYRTLE: IV, 612
LYON, JOHN: IV, 612
LYON, MARY ANN: IV, 536
LYON, MARY: IV, 418
LYONS, I, 593
LYONS, ALBERT: I, 174
LYONS, ALEXANDER: I, 167
LYONS, JO (MISS): III, 365
LYONS, JOHN D.: II, 692
LYONS, SAMUEL: I, 347
LYONS, WALTER LOWRY: I, 486
LYTLE, (MISS): IV, 294
LYTLE, ALEXANDER C.: IV, 73
LYTLE, ALEXANDER CLARK: IV, 351

LYTLE, ALEXANDER: I, 159; IV, 351
LYTLE, ANNA: IV, 453
LYTLE, BETSY MATTHEWS: IV, 73
LYTLE, CELIA (MRS.): IV, 401
LYTLE, CHRISTINA KERK: IV, 72
LYTLE, CLARA EDITH: IV, 374
LYTLE, CORDELIA: IV, 351
LYTLE, DIANA HOLMAN: IV, 72
LYTLE, ELIZA CARUTHERS: IV, 73, 351
LYTLE, ELIZABETH: IV, 22, 351
LYTLE, EVELINE E.: IV, 351
LYTLE, FRANKLIN PIERCE: IV, 351
LYTLE, GRACE ROBINSON: IV, 73, 260
LYTLE, JAMES: IV, 351
LYTLE, JANE WALKER MCQUILKIN: IV, 72
LYTLE, JANE: IV, 391
LYTLE, JOHN HARVEY: IV, 351
LYTLE, JOHN MILLER: IV, 72
LYTLE, JOHN: I, (SR.) 395: III, 145: IV, 73, 351
LYTLE, JOSEPH: IV, 391
LYTLE, LETITIA: IV, 472
LYTLE, MALINDA: IV, 73
LYTLE, MARGARET: IV, 294
LYTLE, MARSHALL: II, 105
LYTLE, MARTHA SLOAN: IV, 351
LYTLE, MARY C. WADDLE: IV, 351
LYTLE, MARY ELLEN: IV, 351
LYTLE, MARY: IV, 183, 351
LYTLE, MELINDA J. ELRICK: IV, 351
LYTLE, MELISSA JANE: IV, 351
LYTLE, MYRTLE: IV, 404
LYTLE, R. MCKAY: IV, (JR.) 73, 260
LYTLE, RACHEL: IV, 351
LYTLE, RALPH M.: II, (DR.) 548: IV, (III) 72, (DR.) 73, (DR.) 260
LYTLE, RALPH MCKAY (JR): IV, 72
LYTLE, REBECCA JANE: IV, 72
LYTLE, REBECCA: IV, 342
LYTLE, ROBERT: IV, 294, 342
LYTLE, SARA STEELE: IV, 72
LYTLE, SARAH DUNMEYER: IV, 351
LYTLE, SARAH M. COLLOM: IV, 351
LYTLE, SARAH: IV, 351, 356
LYTLE, WILLIAM B.: II, 312
LYTLE, WILLIAM CALVIN: IV, 73
LYTLE, WILLIAM: I, 543: IV, 73, 351, (JOE) 388, (JOE)
M'ALLISTER, ALEXANDER: I, 52
M'CUNES, ARCHD: I, 346
M'GUIRE, DANIEL: I, 200
M'LEISH, DAVID: IV, 65
MABON, "MOE": III, 559

MABON, A. W.: II, 346; IV, 492
MABON, AGNES LIGGETT: IV, 70
MABON, ALEXANDER: IV, 70
MABON, ANGELINE: IV, 70
MABON, ANN: IV, 70
MABON, ANNIE: IV, 617
MABON, CATHERINE ANSLEY: IV, 70, 617
MABON, CATHERINE: IV,108
MABON, CHARLES: IV, 70
MABON, CLARA: IV, 70
MABON, ELIZABETH BROWN: IV, 70
MABON, ELIZABETH: IV, 70, 236
MABON, EMMA C.: IV, 70
MABON, ESTHER: IV, 15
MABON, FRANCIS B.: IV, (SR.) 70, (JR.) 70,108,109, 617
MABON, GEORGE C.: IV, 443
MABON, GEORGE: I, 574; IV, 70
MABON, J. MILTON: IV,127
MABON, JAMES S.: IV, 70
MABON, JAMES: IV, 70
MABON, JANE LEASURE: IV, 70
MABON, JANET B.: IV, 70
MABON, JOHN: IV, 70, 224, 236
MABON, LOUIE: IV,127
MABON, LOUISA: IV, 70
MABON, MARGARET J.: IV, 70
MABON, MARGARET LIGGETT: IV, 70
MABON, MARGARET LYDICK: IV, 70
MABON, MARGARET: IV, 70, 224, 292, 443
MABON, MARTHA CANNON: IV, 269
MABON, MARY E. LEWIS: IV, 70
MABON, MARY: IV, 70
MABON, NANCY ANDERSON: IV, 70
MABON, NANCY: IV, 70, 235, 530
MABON, NETTIE: IV, 70
MABON, REBECCA LEWIS: IV, 70
MABON, ROBERT L.: IV, 70
MABON, SAMUEL: IV, 269
MABON, SARAH BROWN: IV, 70
MABON, SARAH LEASURE: IV, 70
MABON, SARAH: IV, 242
MABON, T. H.: I, 397
MABON, THOMAS (DR.): I, 509, 625; IV, 295
MABON, THOMAS M.: IV, 70
MABON, THURZA JANE SMITH: IV, 70
MABON, WILLIAM G.: IV, 70
MABON, WILLIAM: I, 209, 265, 266; II,12,13,118; III, 303; IV, 70, (JR.) 70, 235, 242
MAC, NGUYEN TRONG: III, 611

MACARTHUR, (GENERAL): II, 479; IV, 469
MACDONALD, (MRS.): II, 88
MACDONALD, GEORGE: II (DR.) 88,172; III, 228, (MRS.) 228
MACDONALD, GREVILLE (M.D.): III, 228
MACDONALD, JOHN (& CO .): IV,19
MACERA, NICOLO: II, (NICOLA) 201; III, 393, 394, 395, 397, 398, 399, 400, 460-1
MACERO, NICOLO: III, 393, 394, 395, 397, 398, 399, 400, 460-1
MACFARLAND, MALCOLM: III, 475
MACFARLANE, JAMES R.: IV, 338
MACHER, NICHOLAS: III, 392, 393
MACK, II,18, (SHERIFF) 198,199; IV, (MR.) 313
MACK, ARMSTRONG: IV, 313
MACK, BARBARA BEYMER: IV, 463
MACK, BELLE: IV, 313
MACK, BERNICE COOMBES: IV, 540
MACK, BETHEL BEYMER: IV, 463
MACK, CATHARINE: IV, 306, (CATHERINE) 313
MACK, CONNIE: IV, 64
MACK, D. C.: II, 214, 238; III, 309, 424
MACK, DAVID C.: IV, 307, 313, 540
MACK, DAVID CAMPBELL: IV, 301, 312, 464
MACK, DAVID W.: IV, 540
MACK, DAVID: IV, 313
MACK, DORA ADESSIA: IV, 47
MACK, EDGAR M.: II, 501
MACK, EDGAR MCCRORY: IV, 313
MACK, EDWARD: II, 346
MACK, ELIZABETH MCCRORY: IV, 313
MACK, ELIZABETH: IV, 313, 540
MACK, EMMA K. WILSON: IV, 313
MACK, EMMA PEARL: IV, 223
MACK, EMMA WILSON: IV, 540
MACK, EMMA: IV, 279
MACK, FLORA: IV, 313
MACK, GEORGE: IV, 313
MACK, HARRY (MRS.): II, 353
MACK, HUGH: IV, 279, 313, 314
MACK, J. S.: I, 479; II, 464, 501, 504, 505, 637, 638, 687, 773, 795; IV, 463, 546, 560, 585
MACK, J. SEPHUS: II, 545
MACK, JACOB: IV, 452
MACK, JAMES A.: IV, 313
MACK, JAMES M.: II, (MRS.) 525, 633
MACK, JAMES S.: IV, 300
MACK, JAMES STEPHEN: IV, 301

MACK, JAMES W.: II, (MRS.) 394, 395, 421, 488, (JR.) 700, (JR.) 751; III, (MRS.) 467; IV, 416, (JR.) 540
MACK, JAMES WILSON: IV, 313, 540
MACK, JAMES: II, 472, 496; IV, 313
MACK, JEAN: IV, 313
MACK, JENNIE: IV,5613
MACK, JOHN GORDON: IV, 301
MACK, JOHN M.: IV, 313
MACK, JOHN MCCRORY: IV, 301
MACK, JOHN SEPHUS: IV, 300, 301, 306, 313
MACK, JOHN: IV, 306, 313, 519
MACK, JONATHAN BEYMER: IV, 463
MACK, JOSEPH NEWLIN: IV, 463, 464
MACK, JOSEPH P.: II, 346
MACK, JOSEPH PERRY: IV, 313
MACK, JOSEPH: IV, 313
MACK, JOSEPHINE: IV, 540
MACK, KATHLEEN LAMBERT: IV, 463
MACK, MABEL WALLER: IV, 313, 540, 541
MACK, MABEL: II, 801; IV, 416
MACK, MARGARET CAMPBELL: IV, 313
MACK, MARGARET L. GORDON: IV, 301
MACK, MARGARET MCDONALD: IV, 313
MACK, MARGARET: IV, 313, 402, 471, 519, 540
MACK, MARTHA MCDONALD: IV, 313
MACK, MARTHA: IV, 313
MACK, MARY ANN: IV, 279, 313, 314
MACK, MARY JANE: IV, 452
MACK, MARY NEWLIN: IV, 464
MACK, MARY: IV, 313
MACK, MATILDA CRAIG: IV, 313
MACK, MELINDA BEYMER: IV, 463
MACK, MELINDA: II, 763
MACK, MILLISIA: IV, 465
MACK, NANCY JANE: IV, 313
MACK, NANCY: IV, 313
MACK, NANNIE: IV, 313
MACK, OLIVE: II, (MISS) 308; IV, 313
MACK, PAUL BEYMER: IV, 463
MACK, PAUL W.: IV, 464
MACK, PAULWILMER: IV, 313
MACK, RAYMOND: IV, 162
MACK, ROBERT S.: IV, 313
MACK, ROBERT: IV, 47, 223, (JR.) 313, (SR.) 313
MACK, SAMUEL: IV, 313
MACK, SARAH E. MURPHY: IV, 301
MACK, SARAH JANE WAGNER: IV, 313
MACK, SARAH: IV, 223
MACK, SEPH: II, 495
MACK, STEWART: IV, 313
MACK, TRESSIE: IV, 426
MACK, VIOLA: IV, 162
MACK, WILLIAM: IV, 313
MACKAY, AENEAS (COL.): I, 88 ,89
MACKIEWCZ, RICHARD (REV. FATHER): III, 610
MACLAY, SAMUEL: I, 26
MACLAY, WILLIAM B.: III, 251
MACLAY, WILLIAM: I,144,139; III, 27
MACLENNAN, IAN: III, 622
MACNEALE, ELIZABETH MARIE: IV,141
MACRO, TONY: III, 390, 391, 394, 395, 398, 399
MADDEN, RICHARD (DR) II, 530
MADILL, JOHN: II, 482
MADILL, THOMAS: II, 692
MADISON, JAMES: I,175
MADY, (DR.): III, 67
MAFFETT, JAMES T.: II, 17
MAGEE, JOHN: I,199, 309, 360, 530; II, 92,150
MAGEON, AUGUST: III, 409
MAGILL, JOHN C.: I, 519 ; IV,118
MAGRUDER, J. B. (GEN.): 111,179
MAGUIRE, ESTHER BAUGHMAN: IV, 547
MAGUIRE, GERALD A.: IV, 546
MAGUIRE, LOIS MARGARET: IV, 546
MAGUIRE, MATILDA: IV, 484
MAGUIRE, THOMAS A.: I, 384, 465, 547, 548, 579
MAHAFFEY, ALICE: IV, 297
MAHAFFEY, ELIZABETH: IV, 241
MAHAFFEY, HARRY: II, 242
MAHAFFEY, JOHN: I, 608; IV, 404
MAHAFFEY, MARY JANE: IV, 404
MAHAFFEY, W. T.: II,137;111,138, 321, 339
MAHAFFEY, WILLIAM: I, 212
MAHAN, ANNIE: IV, 128
MAHAN, ARTHUR T.: IV, 426
MAHAN, CLARA MAY: IV, 426
MAHAN, D. B.: I, 486
MAHAN, D.: I, 261
MAHAN, FLORENCE: IV, 426
MAHAN, HARRY ELMER: IV, 426
MAHAN, J. T.: III, 258
MAHAN, J. W. I, 514
MAHAN, JAMES W.: I, 586
MAHAN, JAMES: I,159,161
MAHAN, MAE EVALINE WATSON: IV, 426
MAHAN, MARGARET: IV,106, 426

MAHAN, MINNIE LAURA: IV, 426
MAHAN, NANCY: IV, 426
MAHAN, PATRICK: IV, 426
MAHAN, ROBERT: IV,426
MAHAN, ROSS: II, 192
MAHAN, SARAH: IV, 426
MAHAN, W. M.: II, 257
MAHAN, WILLIAM L.: IV, 426
MAHAN, WILLIAM M.: II, (CAPT.) 255; III, 460-H; IV, 426
MAHAN, WILLIAM MEADE: (CAPT.): IV, 425, 426
MAHAR, WILLIAM: I, 466
MAHEGAN, MICHAEL D.: I, 248
MAHER, II, (BELL & CO.) 70
MAHER, DANIEL: IV, 418
MAHER, HARVEY: II, 219
MAHER, JAMES P.: II,116; IV, 418
MAHER, JOHN: II,148
MAHER, JOSEPHINE A. MORROW: IV, 417
MAHER, LYONS: IV, 418
MAHER, MARY ANN BARR: IV, 418
MAHER, MARY AUGUSTA: IV, 249
MAHER, MARY LYON: IV, 418
MAHER, NICHOLAS D.: IV, 417, 418
MAHER, NICHOLAS: IV, 418
MAHER, PATRICK M: IV, 418
MAHER, PATRICK: II,144; IV, 417
MAHER, SARAH: IV, 249
MAHER, TERESSA: IV, 418
MAHER, THOMAS C.: IV, 418
MAHER, THOMAS F.: II, 618
MAHER, THOMAS HART: IV, 249
MAHER, THOMAS: II,116, 177,199, 200, 339; IV, 418
MAHER, WILLIAM EDWARD: IV, 418
MAHER, WILLIAM: I, 536, 542, 551, 553, 554, 558, 573; II,171; IV, 418
MAHON, ANGELINE: IV, 571
MAHON, ISABELLA: IV, 610
MAHON, MARY ANN: IV, 596
MAHON, NANCY: IV, 571
MAHON, PATRICK: IV, 571
MAHON, WILLIAM: IV, 596
MAHOOD, THOMAS (MRS.): III, 515
MAHR, AUGUST C.: III,11
MAJOR, REBECCA: IV, 280
MAJOR, ROBERT: IV, 280
MAKINS (MANKINS): NANCY: IV, 442
MALAWLEY, EDMUND: I, 81, 83, 98
MALCOLM, ALEXANDER: IV, 623
MALCOLM, CHARLES: IV, 622
MALCOLM, CHARLOTTE BOSTIC: IV, 543

MALCOLM, DAVID BRUCE: IV, 622
MALCOLM, DONALD C.: IV, 622
MALCOLM, DOUGLAS A.: IV, 622
MALCOLM, DOUGLAS: II, 637
MALCOLM, EDITH TODD: IV, 622
MALCOLM, ELMER: IV, 622
MALCOLM, HARRY E.: IV, 622
MALCOLM, ISABELLE MCLAGEN: IV, 543, 622
MALCOLM, J. M.: II, 472
MALCOLM, JAMES: IV, 623
MALCOLM, JANE I. WEBER: IV, 622
MALCOLM, JOHN A.: IV, 622
MALCOLM, JOHN M.: II, (ALL SHERIFF) 401, 512, 514; IV, 543
MALCOLM, JOHN: IV, 543, 622
MALCOLM, KATHERINE A.: IV, 622
MALCOLM, MAUDE: IV, 622
MALCOLM, NANCY JANE: IV, 622
MALCOLM, ROBERT: IV, 622
MALCOLM, SARAH ARCHIBALD IV, 622
MALCOLM, W. THOMAS: III, 614
MALCOLM, WALTER T.: IV, 622
MALCOLM, WALTER THOMAS: IV, 543, 622
MALCOLM, WALTER Y.: IV, 622
MALCOLM, WALTER YOUNG: IV, 622
MALCOLM, WILLIAM: IV, 622
MALCOLM, WINONA: IV, 622
MALEE, JAMES: III, 479
MALEK, BRENDA GAYLE: IV, 635
MALEK, FRANK (JR.): IV, 635
MALLINO, CARRIE CAPUTO: IV, 24
MALLINO, JAMILLE ANNA: IV, 24
MALLINO, JOHN R.: IV, 23, 24, (SR.) 24
MALLINO, JOHN ROBERT: IV, 24
MALLINO, JOSEPH: IV, 24
MALLINO, KATHERYNE Y. TOMSON: IV, 24
MALLINO, MARTHA JOSEPH: IV, 24
MALLINO, MELISSA DIANE: IV, 24
MALLORY, WILLIAM: II, 676
MALONEY, IV, (MR.) 289
MALONEY, J. R.: II, 436, (BURGESS) 559; III, 489
MALONEY, J. ROY: II, 562
MALONEY, JEREMIAH: III, 90
MALONEY, MARTIN: II,194
MALONEY, NORA LOUISE: IV, 289
MANCANELLI, VIRGINIA (MRS.): II, 247
MANCE, JACK: II, 793
MANDOLENE, PRIMO (PVT.): II, 575
MANGES, GEORGE A.: II, 727
MANGOLOVITI, L.: IV, 230

MANN, A. W. (REV.): II, 355
MANN, ANDREW: I, 88
MANN, AUSTIN W.: IV, 387
MANN, HORACE: II, 524, 552, 695; IV, 72, 82, 625, 636
MANN, JAMES: II, 632
MANN, MARGARET: IV, 387
MANNELLA, FRANK: II, 349
MANNER, BLANCHE COCHRANE: IV, 592
MANNER, CAROL SUZANNE WEAVER: IV, 592
MANNER, DANIEL: IV, 592
MANNER, ELIZABETH TILLERINGTON: III,179; IV, 547, 592
MANNER, EUGENE (COL.): IV, 547
MANNER, EUGENE LEROY: IV, (COL.) 591 & 592, 593
MANNER, FRANK DALE: IV, 592
MANNER, GLORIA WILCOX: IV, 592
MANNER, HARRY REED: IV, 592
MANNER, IONA BLANCHE COCHRANE: IV, 592
MANNER, JAMES: II, 597
MANNER, JEAN WEISS: IV, 592
MANNER, JESSE PAUL: IV, 592
MANNER, JOHN: III,179, 186; IV, 547, 592
MANNER, KIMBERLY DIANE: IV, 592
MANNER, LYNNE GOOD: IV, 592
MANNER, MARCELLA HELEN: IV, 360
MANNER, MARCELLA: IV, 592
MANNER, MARGARET COSTELLO: IV, 592
MANNER, MARY AGNES: IV, 592
MANNER, MARY ELLEN: IV, 547
MANNER, MATTHIAS: I, 634, 644, 650; III,179, 614-D; IV, 592
MANNER, MILDRED NICHOLS: IV, 592
MANNER, MIOLA MAE: IV, 360
MANNER, RANDY EUGENE: IV, 592
MANNER, REGINA: IV, 592
MANNER, RICHARD ALLEN: IV, 592
MANNER, RICHARD HERBERT: IV, 360, 592
MANNER, ROSE BIEDA: IV, 592
MANNER, TIMOTHY BRYAN: IV, 592
MANNER, VIOLA MAE WALTENBAUGH: IV, 592
MANNER, VIRGINIA LOUISE HEIPLE: IV, 592
MANNERS, H. H.: III, 490, 491
MANNERS, HERBERT H.: II, 688
MANNERS, HERBERT: III,176-G, 555
MANNERS, JAMES: IV, 206
MANNERS, LOGAN: III, 433
MANNERS, MARY: III,176-G

MANNERS, WINONA: IV, 206
MANOS, LOUIS: II, 540
MANSBACH, VIRGINIA: IV, 244
MANSELL, DAN III, 593, 594
MANSFIELD, HELEN LOUISE: IV,112
MANSFIELD, THOMAS E.: IV, 112
MANSION, BAKERS: I, 517
MANUEL, JOHN: II, 353
MARASCO, ROBERT: II, 752
MARAZIK, JOE: III, 481
MARBACH, GEORGE: II, 551
MARBACK, G. W.: III, 542
MARCHAND, DAVID: I, 219
MARCO, STEVE: III, 420
MARCOLINE, JOSEPH F.: IV, 6
MARCOLINE, LANA JO: IV, 6
MARCUS, CLARENCE: II, 677
MARDIS, DAVID: III, 313
MARDIS, SCOTT: II, 28
MARGIOTTI, II, 409, (ATTORNEY GENERAL) 440
MARGIOTTI, C. J.: II, 407
MARGIOTTI, CHARLES J. II, 286, 405, 413, 472, 523
MARGIOTTI, CHARLES J. (ATTY GEN): II, 526
MARGIOTTIC, CHARLES J.: III, 481, 482
MARIE, ANN: IV, 371
MARING, MARGARET: IV, 502
MARK, JAMES: II, 476; III, 481, 482
MARK, JOHN: I,145,146; III, 216
MARK, MOSES: III, 216
MARKER, B. D.: I, 533, 571
MARKER, BENJAMIN: I, 360; II,172; III,156
MARKLAND, DORIS: IV, 521
MARKLE, III, 398
MARKLE, JOSEPH (GEN.): IV,179
MARKLE, JOSEPH W.: I, 249
MARKLE, MARY: IV, 239
MARKOFF, III, 438
MARKOFF, SANTO: III, 439
MARKS, III, 356; IV, (MISS) 177
MARKS, JAMES: II, 201, 559
MARKS, MARY: IV, 544
MARLIN, CARRIE: II, 57
MARLIN, DALE (SGT.): II, 377
MARLIN, DALE C. (LT.): II, 390
MARLIN, GEORGE: III, 516
MARLIN, J. (MAJ. JR.): I, 261
MARLIN, JANE: IV, 86
MARLIN, JOSHUA: I, 31, 209, 213, 233, 234, 236, 267, (JR.) 352
MARLIN, ROBERT T.: II, 57

MARLIN, ROBERT: II, 86; III, 449
MARLIN, SIDNEY: I, 680; II, 381 (PVT.)
MARLIN, W.: I, 286
MARONE, PHILIP: II , 412
MARPLE, ALEXANDER (REV.): IV, 607
MARPLE, MARY ANN: IV, 607
MARQUIS, I, 141
MARROW, FLOYD W. (MRS.): IV, 548
MARSCHALK, DONNA: IV, 618
MARSCHALK, HARRY: IV, 618
MARSH, (MRS.): II, 517
MARSH, C. A. (MR.): II, 517
MARSH, EDNA: (MISS) III, 585, 586
MARSH, T. S.: II, 279
MARSHAL, IDA: IV, 460
MARSHALL, I, 528, 636, 687; II,18, (MR.) 99,123
MARSHALL, A. (COL.): I, 261
MARSHALL, AMANDA: IV, 296
MARSHALL, ANN: IV, 609
MARSHALL, ARCHIBALD: I, 174; IV, 609
MARSHALL, C. H.: III, 491
MARSHALL, CATHARINE WISSEL: IV, 498
MARSHALL, DAVID M.: II, (DR.) 2; IV, (DR.) 295, 296
MARSHALL, ELIZABETH ARMSTRONG: IV, 261, 296
MARSHALL, ELIZABETH GRAHAM: IV, 296
MARSHALL, ELIZABETH: IV, 296, 396, 405, 543
MARSHALL, ELLA: IV, 295
MARSHALL, EMILY MCPHILIMEY: IV, 296
MARSHALL, EUNICE: IV, 56
MARSHALL, FAYE: IV, 490
MARSHALL, FRANK: IV, 312
MARSHALL, G. H.: III, 491
MARSHALL, G. MEADE: IV, 312
MARSHALL, GODFREY: III, 346, 429; IV, 499
MARSHALL, HANNAH: IV, 312
MARSHALL, HARRY B.: II, 98, 291, 309; III, 359; IV, 498, 499
MARSHALL, HARVEY: II, 99
MARSHALL, IDA L. MCANULTY: IV, 312
MARSHALL, J. K.: I, 616
MARSHALL, J. M.: I, 563, 614; II, 91, 398
MARSHALL, J. R.: II,108
MARSHALL, JAMES A.: II, 246
MARSHALL, JAMES G.: I, 377; II, 389
MARSHALL, JAMES M.: II, 401; IV, 205, 312
MARSHALL, JAMES MADISON: IV, 311

MARSHALL, JAMES S.: II, 586-C
MARSHALL, JAMES: I, 159, 165, 345, 573; IV, 295, 296, 610
MARSHALL, JANE S.: IV, 296
MARSHALL, JANE SCOTT: IV, 260, 296
MARSHALL, JANE: IV,127
MARSHALL, JOHN M.: I, 333, 337, 486, 571; IV, 311
MARSHALL, JOHN: I, 83, 174, 175, 501, 593; IV, 260, 261, 295, 296
MARSHALL, JOSEPH W.: IV,127
MARSHALL, JOSEPH: I, 364
MARSHALL, MAGDALENA: IV, 499
MARSHALL, MARGARET (LAUGHREY): IV, 295
MARSHALL, MARGARET ELIZABETH: IV, 436
MARSHALL, MARGARET K.: IV, 296
MARSHALL, MARGARET KIRKPATRICK: IV, 295
MARSHALL, MARGARET MCFARLAND: IV, 296
MARSHALL, MARGARET: IV, 359, 568
MARSHALL, MARTHA F.: IV, 182
MARSHALL, MARTHA STEWART: IV, 296
MARSHALL, MARTHA: IV, 296
MARSHALL, MARY: IV, 22, 567
MARSHALL, MATILDA (MRS.): IV, 296
MARSHALL, MAUDE: IV, 295
MARSHALL, MEADE: III, 339
MARSHALL, NANCY: IV, 610
MARSHALL, PEGGY LOU: IV, 182
MARSHALL, PETER: IV, 499
MARSHALL, PHILIP: IV, 499
MARSHALL, PRUDENCE: IV, 296
MARSHALL, R. J. (DR.): I, 480; III, 205
MARSHALL, REBECCA ANN: IV, 296
MARSHALL, REBECCA HAZLETT: IV, 296
MARSHALL, ROBERT D.: II, 461
MARSHALL, RUSSELL C.: IV,182
MARSHALL, SALLY: IV, 473
MARSHALL, SAMUEL P.: IV, 296
MARSHALL, SAMUEL S.: I, 535
MARSHALL, SAMUEL: I, 174, 345, 376, (MRS.) 376
MARSHALL, SARAH J.: IV, 205
MARSHALL, SCOTT: I, (SR.) 624; IV, 312
MARSHALL, SUSAN LOWMAN: IV, 296
MARSHALL, T. D.: II, 105,106
MARSHALL, THOMAS ELDER: IV, 296
MARSHALL, THOMAS M.: II, 14
MARSHALL, W. B.: I, 685; II, 61, 112, 159, 213, 223; III, 318; IV, 31, 265
MARSHALL, W.: II, 804

MARSHALL, WILLIAM B.: IV, 494
MARSHALL, WILLIAM C.: I, 26
MARSHALL, WILLIAM K.: IV, 296
MARSHALL, WILLIAM: IV, 261, 296
MARSHALL, WILLIS: IV, 295
MARSHALL, ZILLA M.: IV, 312
MARTIN, I, 492, 592; II (MISS) 118, (GOVERNOR) 559; III, (MAJ) 58; IV, (DR.) 222, (GOV.) 423
MARTIN, A. B. (DR.): II, 782
MARTIN, ADDA COULTER: IV, 631
MARTIN, AL W.: II, 292
MARTIN, ANN ELIZA: IV, 15
MARTIN, ANNA MAY PHILLIPS: IV, 222
MARTIN, CAROLINE: II, 83
MARTIN, CHARLES FRANK: II, 668
MARTIN, CLARA J.: III, 251
MARTIN, DON: II, 300
MARTIN, DORA ELIZABETH: IV, 546
MARTIN, EDNA: IV, 524
MARTIN, EDWARD L.: IV, 515
MARTIN, EDWARD: II, (LT. COL.), 571, (GOVERNOR) 572, 728, 729; IV, 524
MARTIN, ELIZABETH ELDER: IV, 461
MARTIN, ELIZABETH MAY POWELL: IV, 222
MARTIN, ELIZABETH R. (MISS): II, 345
MARTIN, FRANCIS FAIRMAN: IV, 631
MARTIN, G. E.: II, 447
MARTIN, GEORGE (DR.): II, 413
MARTIN, GEORGE C. (DR.): II, 550; IV, 542
MARTIN, GEORGE W.: IV, 631
MARTIN, GRETA JANE: IV, 631
MARTIN, GRETA STITT: IV, 631
MARTIN, H. R.: IV, 464
MARTIN, IUANEITA L. NEUPERT: IV, 631
MARTIN, J. J.: III, 340
MARTIN, JAMES L.: II,140,173
MARTIN, JAMES LANG: II,127
MARTIN, JAMES: IV,15
MARTIN, JANE: IV, 461
MARTIN, JANET LIEGEY: IV, 222
MARTIN, JOHN: II,147; IV, 201, 461, 561, 631
MARTIN, LOIS: IV, 631
MARTIN, LUTHER H.: II, 319
MARTIN, LUTHER: I, 456, 524, 542, 623; II, 69
MARTIN, MARGARET FISCUS: IV, 631
MARTIN, MARGARET JANE KENLY: IV, 631
MARTIN, MARGARET: IV, 424, 427, 561
MARTIN, MARY BELLE: IV, 484

MARTIN, MARY CULP: IV, 631
MARTIN, MARY WATSON: IV, 631
MARTIN, MARY: IV, 212
MARTIN, MURRAY: IV, 547
MARTIN, NAOMI VIOLA: IV, 464
MARTIN, O. J.: III, 280
MARTIN, ORD KENLY: IV, 631
MARTIN, PARK: II, 650
MARTIN, PHOEBE: IV, 222
MARTIN, POLLY: IV, 212
MARTIN, R. MELVIN: IV, 630, 631
MARTIN, RAYMOND ROBINSON: IV, 631
MARTIN, REBECCA ANN: IV, 296
MARTIN, ROBERT (DR.): II, 695
MARTIN, ROBERT B.: II, 698
MARTIN, ROBERT IVAN: IV, 631
MARTIN, ROBERT P. (JR.): IV, 222
MARTIN, ROBERT PHILLIPS: IV, 221
MARTIN, RUTH: IV, 547
MARTIN, SALLY KING: IV, 222
MARTIN, SAMUEL HUNLER: IV, 631
MARTIN, SARAH HAZEL: IV, 631
MARTIN, SETH LEE: IV, 631
MARTIN, SUSAN S.: IV, 455
MARTIN, TONY: III, 400
MARTIN, VEDA: IV, 631
MARTIN, W. H.: III, 345
MARTIN, W. T.: I, 734
MARTIN, WILLIAM JOHN: IV, 222
MARTIN, WILLIAM: III, 215
MARTINEAU, HARRIET: I, 339, 341
MARTINO, CARLO: II, 210
MARTINO, DOROTHY: IV, 307
MARTINO, ROBERT: IV, 307
MASE, (CAPT.): III, 25
MASHUDA, FRANK: II, 657
MASON, II, 40
MASON, G. F. (DR.): I, 421, 422
MASON, GLADYS: II, 568
MASON, J. H.: I, 528
MASON, S. R.: II, 10
MASON, WILLIAM: IV, 325
MASSEY, SAMUEL: I,160; III, 49
MATEER, DONALD D.: II, 589, 648
MATEER, MARGARET: IV, 527, 629
MATEER, ROSE (MRS.): IV, 537
MATHEWS, ARCHIBA LD: I, 160, 354
MATHEWS, JAMES: IV, 396
MATHEWS, JOHN: I, 159, 162; III, 68
MATHEWS, MARGARET: IV, 396
MATHEWS, NANCY: IV, 396
MATHEWS, SAMUEL: III, 68

MATHIAS, JOHN: I, 280, 342G
MATHIOT, J. D.: III, 68
MATHIOT, JACOB D. (COL): I, 519
MATHIOTT, JOHN: I, 518, 519
MATHIS, JUDIE EILEEN: IV, 570
MATHIS, STEVE L. (REV. III): IV, 570
MATHISON, MARGARET (MISS): III, 610
MATHISON, MARY: IV, 212
MATKO, CHRISTINE: IV, 626
MATSON, JACK: II, 752
MATSON, R. M.: II, 271
MATTERN, CATHERINE: IV, 4
MATTERN, JACOB: IV, 580
MATTERN, MARY: IV, 580
MATTHEWS, IV, (SGT.) 303
MATTHEWS, AGNES J.: IV, 303
MATTHEWS, ALBERT ORR: IV, 303
MATTHEWS, ANN ELIZABETH: IV, 303
MATTHEWS, ANN: IV, 303
MATTHEWS, ARCHIBALD: I, 196, 280; IV, 141, 303
MATTHEWS, ASENATH WORK: IV, 303
MATTHEWS, BETSY: IV, 73
MATTHEWS, CHARLES: IV, 481
MATTHEWS, CLARA A.: IV, 303
MATTHEWS, DOUGLAS: IV, 54
MATTHEWS, ELIZABETH FINDLEY: IV, 303
MATTHEWS, ELIZABETH OREM: IV, 303
MATTHEWS, ELIZABETH SNODGRASS: IV, 303
MATTHEWS, ELIZABETH: IV,141, 364
MATTHEWS, GEORGE F.: I, 96
MATTHEWS, HUGH H.: IV, 303
MATTHEWS, JAMES EDWIN: IV, 303
MATTHEWS, JAMES: I,168; III, 215; IV, 303
MATTHEWS, JANE: IV, 303
MATTHEWS, JESSIE FLORENCE: IV, 303
MATTHEWS, JOHN C.: I, 647; IV, (SGT.) 302, 303
MATTHEWS, JOHN: I, 174; III, 49, 277; IV, 303
MATTHEWS, JOSEPH S.: IV, 303
MATTHEWS, LINDA: IV, 54
MATTHEWS, MARGARET BELLE: IV, 303
MATTHEWS, MARGARET ROBB: IV, 303
MATTHEWS, MARGARET: IV, 303
MATTHEWS, MARTHA E.: IV, 303
MATTHEWS, MARTHA MCLAIN: IV, 303
MATTHEWS, MARTHA: IV, 303

MATTHEWS, MARY A.: IV, 303
MATTHEWS, MARY POLLOCK: IV, 303
MATTHEWS, MARY: IV, 303, 605
MATTHEWS, NANCY TRIMBLE: IV, 303
MATTHEWS, NANCY: IV, 303
MATTHEWS, NORMAN: IV, 303
MATTHEWS, RONALD L.: I, 63
MATTHEWS, SAMPSON: I, 101
MATTHEWS, SAMUEL: IV, 303
MATTHEWS, SARAH CROSS: IV, 303
MATTHEWS, SARAH: IV, 303
MATTHEWS, SUSAN: IV, 303
MATTHEWS, VERNA: IV, 481
MATTHEWS, WILLIAM: IV, 303
MATTHIAS, ALFERD: I, 370, 387, 396, 397, 465
MATTHIAS, JOHN: I, 277, 293
MATTISON, ROBIN DALE: II, 783, 801
MAUD, WINIFRED: IV, 28
MAUGANS, ERSIE C.: IV, 431
MAUK, (MR): II, 488
MAUK, DAVID: II, 506
MAUK, H. M.: II, 488
MAUK, SUSAN: IV, 47
MAUL, NICHOLAS: I, 262
MAUL, ROBERT: II, 70, 302
MAURER, II, 407
MAURER, JAMES H.: II, 268
MAURO, CHRISTINA MARIA: IV, 69
MAXIMILIAN, I, 207, 350
MAXWELL, ELSA: III, 498
MAXWELL, PETER: I, 357
MAXWELL, ROBERT: I, 343
MAXWELL, SAMANA: (MISS) III, 365
MAY, JAMES: III, 215
MAY, MARY: IV, 310, 622
MAY, THOMAS: II, 756
MAYDOK, THOMAS: III, 479
MAYER OAKES, WILLIAM: I, 5,6
MAYER, DAVID: IV, 310
MAYER, H.: I, 554
MAYER, KATHRYN LEE: IV, 310
MAYER, LOUIS HENRY (SR.): IV, 580
MAYER, OLIVE FRANCIS: IV, 580
MAYERS, DELLA: IV, 97
MAYERS, JOHN: IV, 97
MAYFIELD, III, 398, 399
MAYFIELD, J. H.: I, 391
MAZURKA, TONY: II, 466
MAZZA, GUISEPPE: II, 375
MAZZA, PAUL: II, 606
MCADAMS, AGNES MORROW: IV, 559
MCADAMS, CLIFFORD: II, 756

147

MCADAMS, MARGARET: IV, 559
MCADAMS, SAMUEL: IV, 559
MCADOO, JOHN: I, 481 II, 326
MCADOO, LETITIA: IV, 545
MCAFEE, III, 217, 239
MCAFEE, JAMES R.: III, 237
MCAFOOS, CLAIR: II, 573
MCAFOOS, MARY: IV, 490
MCAFOOSE, LOIS: IV, 610
MCALISTER, MARY: IV, 610
MCALISTER, SARAH: IV, 610
MCALLISTER, JENNIE: IV, 354
MCANULTY, (MR.): IV, 113
MCANULTY, ALICE CELIA: IV, 113
MCANULTY, AMBROSE: IV, 113
MCANULTY, ANN IRWIN: IV, 348
MCANULTY, CHARLES A.: II,168, 432
MCANULTY, CHARLES AUGUSTUS: IV, 532
MCANULTY, CHARLES: II, 270
MCANULTY, ELIZABETH ANN HAZLET: IV, 113
MCANULTY, FRANK DEWITT: IV, 113
MCANULTY, HARRIET: II, 339
MCANULTY, IDA L.: IV, 312
MCANULTY, ISABELLA ANNETTA: IV, 532
MCANULTY, ISABELLA: IV, 345, 347
MCANULTY, J. A.: II, 126, 173; IV, 112
MCANULTY, J. W.: II, 393
MCANULTY, JAMES S.: II, 173
MCANULTY, JAMES SIMPSON: IV, 312
MCANULTY, JAMES W.: IV, 113
MCANULTY, JOHN: I, 162, 163, (SR.) 267 & 359; III, 49; IV, 345, (JR.) 347
MCANULTY, MARGARET THEREST: IV, 532
MCANULTY, MARGARET: IV, 345
MCANULTY, MARTHA: IV, 105
MCANULTY, MARY: IV, 347
MCANULTY, NANCY: IV, 530
MCANULTY, RACHEL COENS: IV,113
MCANULTY, S.: I, 542
MCANULTY, SAMUEL: I, 231, 232, 269, 332, 333, 350, 357, 358, 360, 549; II, 171; IV, 532
MCANULTY, SARAH A.: IV, 113
MCANULTY, SARAH ANN: IV, 312
MCARTHUR, WILLIAM: I, 148
MCAVOY, FRANK: IV, 438
MCAVOY, JAMES: I, 516-A
MCAVOY, MARY BELLE: IV, 438
MCBETH, A.: I, 475
MCBETH, JANE: IV, 439
MCBRAYER, DAVID: IV, 292

MCBRAYER, ELIZABETH: IV, 292
MCBRAYER, ESTHER: IV, 292
MCBRETH, ROBERT: III, 312
MCBRIDE, IV, 9
MCBRIDE, ELIZABETH: IV, 62
MCBRIDE, HANNAH: I, 54; III, 2
MCBRIDE, ISABELLA: IV, 366
MCBRIDE, SARAH A.: IV, 310
MCBRIDE, W. H. H. (REV.): IV, 310
MCBROOM, LYDIA: IV, 49
MCBROON, WILLIAM: I, 501
MCCABE, I, ii
MCCABE, A. B.: II, 339
MCCABE, ALBERT B.: IV, 13
MCCABE, ANN MARY : IV, 12
MCCABE, CATHARINE: IV, 13
MCCABE, DAVID: IV, 13
MCCABE, EULALIE: IV, 13, 563
MCCABE, JAMES: IV, 13
MCCABE, JANE R .: IV, 13
MCCABE, JANE: IV, 13
MCCABE, JOHN YOUNG: IV, 13
MCCABE, MARTHA MCLURE (MCCLURE): IV, 13
MCCABE, MOLLIE: IV, 13
MCCABE, OWEN: IV, 13
MCCABE, PAULINE: IV, 12
MCCABE, R. B.: I, 120, 228, 231, 397, 401, 465, 551, 579, 582, 583; IV, 418
MCCABE, RICHARD B.: I, 247, 273, 274, 357, 370, 386, 387, 388, 573, 579; III, 8, 16; IV, 74, 401
MCCABE, RICHARD BUTLER: IV, 8, 11, 12, 13
MCCABE, RICHARD DECHARMS: IV,13
MCCABE, ROACH B.: IV, 13
MCCABE, ROBERT ADAMS: IV, 12
MCCABE, ROBERT: IV, 13
MCCABE, SARAH A.: IV, 12
MCCABE, SARAH MINOVA: IV, 13
MCCABE, WILLIAM: IV, 13
MCCAFFERY, MARY: IV, 460
MCCAFFRAN, JANE: IV, 305
MCCAFFREY, ELEANOR: IV, 39
MCCAHAN, (MRS.): IV, 66
MCCAHAN, JAMES: I, 214-O, 219, 275, 276, 337, 352, 361; III, 82, 83, 229, 546-M; IV, 29, 54, 65
MCCAHAN, MARY: IV, 61, 554
MCCAIG, ANN KATHERINE: IV, 28
MCCAIG, DONALD W.: IV, 28
MCCAIG, WINIFRED: IV, 28
MCCAIN, LINDA: IV, 148
MCCALDEN, JOHN: I, 628
MCCALL, GEORGE: IV, 337

MCCALL, JANE: IV, 75, 221, 321
MCCALL, MARGARET: IV, 221, 337
MCCALL, MATTHEW W.: I, 286, 484 III, 221
MCCALL, MAX: II, 782
MCCALL, ROBERT: I, 452
MCCALL, WILLIAM: IV, 221
MCCALLISTER, II, 151
MCCALMONT, I, 237
MCCALMONT, ALEXANDER: I, 344
MCCANDLESS, I, 439, 444
MCCANDLESS, MARY B.: IV, 287
MCCANDLESS, T. M. I, 619
MCCANDLESS, T. N. IV, 238
MCCANDLESS, THOMAS W.: I, 397; IV, 238
MCCANDLESS, WILSON: I, 441, 598
MCCANN, (JUDGE): II, 409, 411, 528
MCCARDELL, MARY JANE: IV, 96
MCCARDLE, II, 68, 70
MCCARDLE, DAVID: II, 25
MCCARDLE, MATILDA: IV, 613
MCCARTHY, CATHERINE: IV, 608
MCCARTHY, D.: III, 90
MCCARTHY, EUGENE: II, 742
MCCARTHY, J.: III, 90
MCCARTHY, P. T.: IV, 608
MCCARTHY, PATRICK F.: II, 715
MCCARTNEY, I, 684; III, 46, (SHERIFF) 159, 161 & 163
MCCARTNEY, CATHARINE: IV, 419
MCCARTNEY, CATHERINE GALBREATH: IV, 580
MCCARTNEY, CATHERINE: IV, 580
MCCARTNEY, ELIZABETH: IV, 217, 421
MCCARTNEY, G. P.: II, 159, 223; (MISS) 345
MCCARTNEY, GEORGE: I, 210, 525, 550; IV, 5, 491, 632
MCCARTNEY, J. W.: II, 159, 223, 224
MCCARTNEY, J. WILSE: II, 118
MCCARTNEY, JAMES A.: II, 150
MCCARTNEY, JAMES: I, 476
MCCARTNEY, JANE TRIMBLE: IV, 419
MCCARTNEY, JANE: IV, 124, 354, 391
MCCARTNEY, JEANETTE: I,117; IV, 418, 419
MCCARTNEY, JOHN T.: I, 546
MCCARTNEY, JOHN Y.: IV, 355
MCCARTNEY, JOHN YOUNG: I, 475, 476
MCCARTNEY, JOHN: IV, 419
MCCARTNEY, JOSEPH R.: IV, 217
MCCARTNEY, JOSEPH: I, 29, 82, 117, 134, 148, 150, 151, 159, 167, 171, 175, (MRS.) 177, 217; I, 311; III, 9, 40, 45; IV, 5, 391, 418, 419, 421, 580
MCCARTNEY, LAVINIA: IV, 491
MCCARTNEY, MARGARET: III, 33, 34; IV, 4, 5, 419, 421
MCCARTNEY, MARTHA ANN: IV, 492
MCCARTNEY, MARTHA: IV, 419
MCCARTNEY, MARY: IV, 4, 5
MCCARTNEY, NANCY ADAMS: IV, 491
MCCARTNEY, NANCY J.: IV, 632
MCCARTNEY, NANCY: IV, 293, 355
MCCARTNEY, RACHEL: IV, 419
MCCARTNEY, SAMUEL: I, 84-G, 485, 627, 683; II, 50, 51, 59, 89, 141, 154, 155, 245; IV, 124, 158, 419
MCCARTNEY, SARAH (GALBRAITH): I, 82; IV, 419
MCCARTNEY, SARAH BRYAN: IV, 419
MCCARTNEY, SARAH: IV, 355, 421, 581
MCCARTNEY, THOMAS: I, 159, 161, 163, 177, 252, 311, 359; III, 33, 34, 39, 40, 43; IV, 419, (SHERIFF) 421
MCCARTNEY, W. P.: II, 539
MCCARTNEY, WASHINGTON: IV, 421
MCCARTY, MICHAEL: I, 557
MCCARTY, THOMAS: III, 22
MCCASLIN, JOHN JOSEPH (II): IV, 56
MCCASLIN, JOYCE LYNNE: IV, 56
MCCAUGHAN, (DR.): IV, 77
MCCAUGHAN, EDITH L.: IV, 77
MCCAULY, JAMES: I, 635
MCCAUSLAND, ALEXANDER: I, 28
MCCAUSLAND, SARAH EMMA: IV, 310
MCCAY, JULY: II, 119
MCCHESNEY, R. H. (DR.): II, 170
MCCHESNEY, R.: II, 171
MCCHESNEY, ROBERT (DR.): IV, 290
MCCLAEN, J. F. (DR.): I, 475
MCCLAIN, ANDREW D.: IV, 61
MCCLAIN, C. C.: I, 651 II, (MAJ.) 294, 412
MCCLAIN, CHARLES C.: I, 642
MCCLAIN, ELIZA C.: IV, 61
MCCLAIN, JEAN: IV, 313
MCCLAIN, JOHN F.: I, 619; II, 64
MCCLAIN, WILLIAM: IV, 313
MCCLANAHAN, MARGARET: IV, (MRS.) 364
MCCLARAN, ANNA MARY: IV, 375
MCCLARAN, ELIZABETH: IV, 531
MCCLARAN, JOHN D.: IV, 375
MCCLARAN, MATILDA: I, 508
MCCLARAN, NELSON: IV, 531
MCCLARAN, PHEBE SUTTON: IV, 349, 531

MCCLARAN, PHEBE: IV, 243
MCCLARAN, REBECCA: IV, 444, 445, 531
MCCLARAN, ROBERT: IV, 531
MCCLARAN, SARAH: IV, 349, 444, 531, 549
MCCLARAN, THOMAS: IV, 531
MCCLARAN, W.: I, 664
MCCLARAN, WILLIAM (JR.): I, 369, 370, 384, 389, 464, 579; IV, 531, 532
MCCLARAN, WILLIAM: I, 246, 407, 462, 475, 476; IV, 243, 348, 349, 445, 531, 549
MCCLAREN, DEFOE: II, 291
MCCLAREN, WILLIAM: IV, 145
MCCLAY, JOHN: III, 65
MCCLEAN, (MRS.): III, 44
MCCLEAN, SARA: IV, 203
MCCLEARY, ESTHER: IV, 292
MCCLEARY, MARIA: IV, 131
MCCLEARY, THOMAS: IV, 292
MCCLELLAN, I, 631, (GEN.) 645, 652, (GEN.) 670, 671, & 677, 679; II,123; III, (GEN.) 179 & 183; IV, 466
MCCLELLAN, ALICE BLANCHE BOYD: IV, 565
MCCLELLAN, ELIZABETH: IV, 49
MCCLELLAN, GEORGE: IV, 565
MCCLELLAN, JOHN: I, 88
MCCLELLAN, SAMUEL: I, 692
MCCLELLAN, VIRGINIA: IV, 594
MCCLELLAND, ADA SOPHIA: IV, 266
MCCLELLAND, BARBARA: IV, 245
MCCLELLAND, CATHARINE: IV, 405
MCCLELLAND, CRAIG A.: I, 286
MCCLELLAND, ELEANOR M.: IV, 266
MCCLELLAND, ELIAS B.: I, 461, 516-N, 517, 518, 550; IV, 438
MCCLELLAND, ELIZABETH: IV, 316, 405
MCCLELLAND, HENRY T.: I, 516-N, 518; IV, 438
MCCLELLAND, HOWARD JAMIESON: IV, 266
MCCLELLAND, JAMES: IV,173, 405
MCCLELLAND, JANE: IV, 245
MCCLELLAND, JOHN: IV, 255
MCCLELLAND, MARIA: IV, 173
MCCLELLAND, NANCY: IV, 255
MCCLELLAND, ROBERT: I, 82; III, 61
MCCLELLAND, SALLIE: I, 461, 517
MCCLELLAND, SARAH: IV, 173
MCCLELLAND, SUSAN: IV, 425
MCCLELLAND, SUSANNAH: IV, 245
MCCLELLAND, WILLIAM: III, 57
MCCLELLEN, ALMEDA: II, 801; IV, 587, 588

MCCLELLEN, DORA BYRD: IV, 588
MCCLELLEN, FRANCIS M.: IV, 588
MCCLELLEN, GEORGE JACKSON: IV, 588
MCCLELLEN, GEORGE: IV, 588
MCCLELLEN, ISABELLA HUNTER: IV, 588
MCCLELLEN, LEWIS J.: IV, 588
MCCLELLEN, LUCINDA: IV, 588
MCCLELLEN, MILES: IV, 588
MCCLELLEN, NANCY JOHNSON: IV, 588
MCCLELLEN, PENELOPE M. HUELL: IV, 588
MCCLELLEN, PENELOPE: IV, 588
MCCLELLEN, SAMUEL A.: IV, 588
MCCLELLEN, SAMUEL: II, 63; IV, 588
MCCLELLEN, WILLA: IV, 588
MCCLINCY, ABBY GAIL: IV, 490
MCCLINCY, ELIZABETH: IV, 490
MCCLINCY, HOPE MAY: IV, 320
MCCLINTOCK, (MRS.): IV, 58
MCCLINTOCK, MARGARET: IV, 368
MCCLOSKEY, A. L.: I, 592
MCCLOSKEY, EDWARD: II, 571
MCCLOSKEY, PATRICIA: IV, 553
MCCLOSKEY, WILLIAM (CAPT.): I, 615
MCCLUNE, I, 439
MCCLUNE, HENRY: III, 411
MCCLUNE, THOMAS: II, 423; III, 410, 411
MCCLUNG, SAMUEL A. (JUDGE): IV, 103
MCCLUNG, SAMUEL M. (REV.): I, 373
MCCLURE, I, 585; II, (DR.) 350; IV, (REV. DR.) 174, (DR.) 174 & 175
MCCLURE, A. STANSBERRY (DR.): II, 73
MCCLURE, ALBERT: IV,175
MCCLURE, CATHERINE F.: IV, 109
MCCLURE, CATHERINE: III, (DR.) 581 & 582 IV, 175
MCCLURE, CHARLES L.: IV, 109
MCCLURE, DAVID (REV.): I, 9, 22, 25, 69, 73, 192; IV, 32
MCCLURE, DON W. (REV. DR.): II, (REV.) 781; III, 581, 582
MCCLURE, DONALD: III, (REV. JR.) 581; IV, (DON) 174
MCCLURE, HAZEL ELWOOD: IV, 175
MCCLURE, HELEN COOPER: IV, 175
MCCLURE, JAMES (DR.): IV, 259
MCCLURE, JANET: III, (MISS) 564 & 581; IV,175
MCCLURE, JOHN M.: IV, 175
MCCLURE, JOHN: I, 202; V, 22
MCCLURE, LETITIA: IV, 175

MCCLURE, LYDA BOYD: IV, 286
MCCLURE, LYDA: IV, 287
MCCLURE, MARGARET MCNAUGHER: IV, 175, 287
MCCLURE, MARGARET: IV, 175, 287
MCCLURE, MARY HOOD: IV, 22
MCCLURE, MYRTILLA: IV, 259
MCCLURE, R. E. (MRS.): II, 304, 350; III, 364
MCCLURE, R. E. (REV.): II, 280, 281, 282, 363, 364, (REV. DR.) 395
MCCLURE, ROBERT B.: IV, 175
MCCLURE, ROBERT E. (REV.): IV, 287
MCCLURE, ROBERT ELMER: IV,174, (JR.) 175
MCCLURE, RUTH CLARK: IV, 175
MCCLURE, THOMAS: IV, 175
MCCLURE, VIRGINIA SPAHR: IV, 286
MCCLURE, W. DON: IV, 287
MCCLURE, WILLIAM C.: IV, 175
MCCLURE, WILLIAM DONALD: IV, 175, (DR.) 286, (JR.) 287
MCCLURE, WILLIAM : I, 133
MCCLURKIN, II, 61; IV, (THE STORY) 573
MCCLURKIN, AURELIUS L.: II, 770
MCCLURKIN, HARRY (SR.): I,113
MCCLURKIN, HARRY SAMUEL: II, 61
MCCLURKIN, MARY ALICE: II, 510
MCCLURKIN, SAMUEL S.: I, 113
MCCLUSKEY, I, 669
MCCLUSKEY, JENNIE: IV, 107
MCCLUSKEY, MARY: IV, 596
MCCLUSKY, I, 592, 684
MCCLUSKY, A. L.: I, 623, 664, 683; II, 24
MCCLUSKY, ANDREW L.: IV, 430, 433
MCCLUSKY, B. F.: IV, 385
MCCLUSKY, BENJAMIN F.: IV, 430, 433
MCCLUSKY, EVA GAHAGAN: IV, 433
MCCLUSKY, MARTHA: IV, 433
MCCLUSKY, ROBERT: I, 508; IV, 433
MCCOLAUM, LAWRENCE: IV, 540
MCCOLAUM, MAUDE: IV, 540
MCCOLLIAM, MARY: IV, 606
MCCOLLOUGH, JAMES S.: IV, 364
MCCOLLOUGH, MARY: IV, 364
MCCOLLUM, HARVEY: II, 244
MCCOMB, I, (GEN.) 168, (LT. COL.) 256; IV, 7
MCCOMB, A. D.: IV, 173
MCCOMB, ALONZO D. (M.D.): IV, 543
MCCOMB, ANDREW: IV, 396
MCCOMB, DAVID: IV, 396
MCCOMB, ELEANOR: IV, 7

MCCOMB, ELIZABETH MARSHALL: IV, 396, 543
MCCOMB, GEORGE H.: I, 484
MCCOMB, GEORGE: I, 159, 362; IV, 396, 543
MCCOMB, JAMES ALBERT: IV, 543
MCCOMB, JAMES: I, 154, 157, 158, 166, 168, 173, 218, 256, 257, 260, 284, 344, 362; III, (GEN.) 40 & 41; IV, (GEN.) 9, 11, (GEN.) 395-96, 396, (GEN.) 418; IV, & 543, 554, (GEN.) 554
MCCOMB, JANE LAUGHLIN: IV, 396
MCCOMB, JANE MCLAUGHLIN: IV, 554
MCCOMB, JANE: IV, 11, 62, 366, 396, 479
MCCOMB, JOHN IRWIN: IV, 543
MCCOMB, JOHN MARSHALL: IV, 543
MCCOMB, JOHN: IV, 396, 554
MCCOMB, JOSEPH: IV, 396
MCCOMB, MARGARET CALHOUN: IV, 396
MCCOMB, MARGARET D. MILLER: IV, 543
MCCOMB, MARGARET D.: IV, 205
MCCOMB, MARY ELIZABETH HAMILTON: IV, 543
MCCOMB, MARY ELIZABETH: IV, 543
MCCOMB, MARY JANE: IV, 554
MCCOMB, MARY: IV, 396, 418
MCCOMB, NANCY A.: IV,134, 596
MCCOMB, NANCY ANN: IV, 554
MCCOMB, NANCY JACK: IV, 396
MCCOMB, NANCY: IV, 396
MCCOMB, R. N.: II, 15, 26; IV, 205
MCCOMB, REBECCA : IV, 173
MCCOMB, ROBERT N.: IV, 543
MCCOMB, SALINA: IV, 354
MCCOMB, SAMUEL G.: IV, 543
MCCOMB, T. R.: II, 129; IV, 134
MCCOMB, THOMAS: IV, 554
MCCOMB, WILLIAM: I, 234
MCCOMBS, (MAJOR): I, 141
MCCOMISH, I, 576
MCCONAUGHEY, JAMES: I, 82, 117
MCCONAUGHEY, JANE: IV, 558
MCCONAUGHEY, MARY (MRS.): IV, 258
MCCONNAUGHEY, ANNA T.: IV, 53
MCCONNAUGHEY, ARCHIBALD: I, 603, 605
MCCONNAUGHEY, BELLE V.: IV, 53
MCCONNAUGHEY, BERTHA: IV,190
MCCONNAUGHEY, GRACE (MISS): II, 345
MCCONNAUGHEY, HARVEY: IV, 53
MCCONNAUGHEY, MARY: IV, 53

151

MCCONNAUGHEY, SARAH: III, 458
MCCONNAUGHEY, THOMPSON: IV,190
MCCONNEL, H.: I, 476
MCCONNELL, I, 509, 513, 566, 577, 584, 586; IV, (MRS.) 158
MCCONNELL, ALEXANDER: I, 584, 585, 586, 606; II, (ALEX) 165; IV, (SR.) 102, (SR.) 122, 158, (SR.) 158,159
MCCONNELL, BARBARA: II, 801
MCCONNELL, C. H.: III, 649
MCCONNELL, CATHERINE BROOKS: IV, 113, 122, 159, 202-G
MCCONNELL, CATHERINE WHITE: IV, 158
MCCONNELL, CONNIE RUTHERFORD: IV, 577, 578
MCCONNELL, CONNIE: II, 801
MCCONNELL, ELLEN: IV, 359
MCCONNELL, HENRY LLOYD: IV, 159
MCCONNELL, ISABELLA WOODWARD: IV, 159
MCCONNELL, ISABELLA: IV, 158, (MRS.) 393
MCCONNELL, JOHN: II, 690; IV, 158, 159
MCCONNELL, JUDITH PEMBERTON: IV, 102, (LLOYD) 122, 158
MCCONNELL, JUDITH: IV, 158
MCCONNELL, LOU: IV, 578
MCCONNELL, MARGARET: IV, 158
MCCONNELL, MARGARETTA PEMBERTON: IV, 159
MCCONNELL, MARGARETTA: IV, 102
MCCONNELL, MARTHA: IV, 296
MCCONNELL, MARY SAVAGE: IV, 159
MCCONNELL, MICHAEL: IV, 578
MCCONNELL, PENNY BAIRD: II, 634
MCCONNELL, RICHARD WHITE: IV, 158
MCCONNELL, THOMAS WHITE: IV, 158
MCCONNELL, WILLIAM: III, 301
MCCOOL, JESS: IV,182
MCCOOL, JESSE CLAIRE: IV, 392
MCCORD, ANNE: I, 48
MCCORD, JOHN: I, 48
MCCORMIC, GEORGE T.: I, 524
MCCORMICK, I, 684; II, 271; III, (MRS.) 315; IV, (DR.) 44, (CAPT.) 326, (DR.) 422
MCCORMICK, ALEXANDER: IV, 326
MCCORMICK, ALVA M.: IV, 69
MCCORMICK, ANN ELIZA: IV, 20
MCCORMICK, ANNIE: IV, 454
MCCORMICK, CARRIE A.: IV, 326
MCCORMICK, CHARLES FLOYD: IV, 248
MCCORMICK, CORA WYNKOOP: IV,248

MCCORMICK, CORA: IV, 69
MCCORMICK, CYRUS B.: IV, 20
MCCORMICK, CYRUS HALL: IV, 69
MCCORMICK, DAISY LITZINGER: IV, 248
MCCORMICK, DAVID BARD: IV, 20
MCCORMICK, DAVID: IV, 44
MCCORMICK, DOUGLAS: IV, 44
MCCORMICK, EDGAR BENTON: IV, 326
MCCORMICK, EDWARD: IV, 561
MCCORMICK, ELIZA: IV, 454
MCCORMICK, ELIZABETH JAQUETTE: IV, 248
MCCORMICK, ELLEN BENTON: IV, 326
MCCORMICK, HANNAH: IV, 9
MCCORMICK, HAROLD C.: III, 541, 542, 617; IV, 44, 248
MCCORMICK, HAROLD CLARK: IV, 247
MCCORMICK, HAROLD: II, 729, 730
MCCORMICK, J. C.: II, 127, 491
MCCORMICK, JAMES DONALD: IV, 248
MCCORMICK, JAMES H.: II, (DR.) 716; IV, 43
MCCORMICK, JAMES HAROLD: IV, 248
MCCORMICK, JANE E.: IV, 550
MCCORMICK, JANE MARY: IV, 34
MCCORMICK, JOHN B. (NEPHEW OF JOHN B.): IV, 19
MCCORMICK, JOHN B.: I, 458; II, 83, (PROF.) 84, 85, 173, 454, 681; IV, (JR.) 19, 202-C, 202-N, 269, 491, 504
MCCORMICK, JOHN BUCHANAN: IV, 16-21
MCCORMICK, JOHN JEDEDIAH: IV, 326
MCCORMICK, JOHN M.: II, 86
MCCORMICK, JOHN: I, 257
MCCORMICK, JOSEPH ALEXANDER: IV, 20
MCCORMICK, JOSEPH C: IV, 19, 20, 248
MCCORMICK, JOSEPH CONNALLY: IV: 19,20
MCCORMICK, JOSEPH: IV, 326
MCCORMICK, LACEY JANE: IV, 20
MCCORMICK, LILLIE EVA: IV, 326
MCCORMICK, MABEL KINTER: IV, 20
MCCORMICK, MARGARET AYERS: IV, 20
MCCORMICK, MARGARET: IV, 326
MCCORMICK, MARGERY: IV, 19, 20
MCCORMICK, MARY BLANCHE TRUBY: IV, 248
MCCORMICK, MARY FILER: IV, 248

MCCORMICK, MARY: IV, 326
MCCORMICK, MARYAN GARNER: IV, 44, 248
MCCORMICK, MAXINE E.: IV, 264
MCCORMICK, PAUL: IV, 248
MCCORMICK, R. H.: I, (CAPT.) 522; II, 3, 48,110, (CAPT.) 110; III, (CAPT.) 321
MCCORMICK, RACHEL D. B.: IV, 20
MCCORMICK, ROBERT H.: I, 683; II, 2; IV, 326
MCCORMICK, ROBERT: II,134; IV, 264, 414
MCCORMICK, RUTH: IV, 69
MCCORMICK, SAMUEL F. B.: IV, 20
MCCORMICK, SARA: IV, 561
MCCORMICK, VANCE, C.: II, 270
MCCORMICK, W. H. (DR.): IV, 34
MCCORMICK, WILLIAM HARRY: IV, 326
MCCORMICK, WILLIAM: IV, 454
MCCORTNEY, MARIA LOUISA: IV, 481
MCCORY, MARY ANN: IV, 279
MCCOY, I, 685; II, 128
MCCOY, ADA SHIELDS: IV, 629
MCCOY, ALBERT CLINTON: IV, 96
MCCOY, ALEX: III, 313
MCCOY, ALMA M.: IV, 398
MCCOY, ANNA MARY REED: IV, 96
MCCOY, ARABELLE: IV, 96
MCCOY, BERT: II, 243
MCCOY, C. S.: II, 131; IV, 96
MCCOY, CATHERINE STEPHENS: IV, 96
MCCOY, CHARLES: I, 120, 127; IV, 96
MCCOY, CHURCH SMITH: IV, 96
MCCOY, CLARA MYRTLE: IV, 96
MCCOY, COLUMBUS: II, 264; III, 431; IV, 96
MCCOY, DANIEL: I, 120; IV, 96
MCCOY, DAVID MILTON: IV, 96
MCCOY, EDWARD: IV, 96
MCCOY, ELLA ELIZABETH: IV, 571
MCCOY, EMELINE: IV, 96
MCCOY, GEORGE S.: IV, 96
MCCOY, HARRY: II, 331; III, 430, 431
MCCOY, HAZEL I.: IV, 629
MCCOY, ISAIAH (REV.): II, 359
MCCOY, J. A.: IV, 571
MCCOY, JANE: IV, 96
MCCOY, JEANNET: IV, 375
MCCOY, JOHN S.: IV, 96
MCCOY, JOHN: IV, 96
MCCOY, MARGARET KLINE: IV, 96
MCCOY, MARTHA ELEANOR SIMPSON: IV, 96
MCCOY, MARY GIBSON: IV, 96

MCCOY, MARY HEFFELFINGER: IV, 96
MCCOY, MARY JANE MCCARDELL: IV, 96
MCCOY, MARY MIRELDA: IV, 96
MCCOY, MINA PEARL: IV, 96
MCCOY, MURRAY: III, 472
MCCOY, NANNIE J. JOHNSTON: IV, 96
MCCOY, ROBERT S.: IV, 629
MCCOY, S. A.: IV, 398
MCCOY, SARAH JANE: IV, 96
MCCOY, VALERIE: IV, 535
MCCOY, WILLIAM E.: IV, 96
MCCOY, WILLIAM: I, 213, 359; II, 93,127; IV, 525
MCCRACKEN, I, 586
MCCRACKEN, ARCHIBALD: I, 175
MCCRACKEN, CHARLOTTE: IV, 176
MCCRACKEN, HUGH B.: I, 603
MCCRACKEN, JAMES: I, 79
MCCRACKEN, JANE: IV, 235
MCCRACKEN, JOHN: I, 312
MCCRACKEN, MARTHA JANE: IV, 446
MCCRACKEN, MARY: IV, 342
MCCRACKEN, VANCE: IV,176
MCCRACKEN, VIRGINIA: IV, 165
MCCRACKEN, WILLIAM: I, 586; IV, 235, 342
MCCRACKIN, ALEX: II, 134
MCCRADY, JOHN: I, 167
MCCREA, I, 146, 677, 684
MCCREA, ACHSAH: IV, 60
MCCREA, ALEXANDER: I, 468
MCCREA, ANN MCKESSON: IV, 60
MCCREA, ELIJAH: IV, 443
MCCREA, ELIZABETH REED: IV, 59, 563
MCCREA, ELIZABETH TURNER: IV, 60
MCCREA, ELIZABETH: IV, 60, 443
MCCREA, HUGH: I, 254
MCCREA, JANE: I, (NEE PORTER) 82, 99; IV, 60, 217
MCCREA, JOHN: I, 82, (JR.) 99, 99, 167, 227, 228, (JR.) 276, 516-J; IV, (JR.) 1, 59, (JR.) 60, 563
MCCREA, JOS.: II, 209, 320
MCCREA, MARGARET: IV, 391, 557
MCCREA, MARY A. HART: IV, 60
MCCREA, MARY: IV, 443
MCCREA, MATILDA: IV, 60
MCCREA, NANCY HADDON: IV, 59
MCCREA, NETTIE (MISS) II, 533
MCCREA, RACHEL: IV, 60, 563
MCCREA, ROBERT E: I, 653
MCCREA, ROBERT R: I, 261, 396, 397
MCCREA, ROBERT REED: IV, 59, 60

MCCREA, ROBERT: I, 281, 470; IV, 217
MCCREA, SAMUEL: I, 524, 593, 664; IV, 60
MCCREA, SARAH PARKER: IV, 60
MCCREA, THOMPSON: I, 25, 246, 259, 281, 394, 576, 585, 664, 683; II, 162; IV, 60, 290
MCCREA, WILLIAM C.: I, 676; IV, 59, 60, 563
MCCREA, WILLIAM: IV, 59
MCCREADY, JOHN: I, 79, 174
MCCREARY, II, v, 181, 182; III (MRS.) 376; IV, (MR.) 80
MCCREARY, A. H.: IV, 476
MCCREARY, ALEXANDER M.: I, 397
MCCREARY, ANN MARGARET: IV, 69
MCCREARY, CHARLOTTE ZETTA: IV, 220
MCCREARY, CLAIR: II, 534
MCCREARY, DOROTHY DOUGLAS: IV, 181
MCCREARY, ELIZABETH KENDALL: IV, 220
MCCREARY, FRANCES SPEEDY: IV, 180
MCCREARY, FRANCES: IV, 181
MCCREARY, GEORGE: IV, 81
MCCREARY, H. C.: IV, (SR.) 69
MCCREARY, HARRY C.: II, 657, 658; III, 375, 376, 383, 384; IV, 80, (JR.) 80, 81, 180, (JR.) 220 & 420-E
MCCREARY, HARRY CLAY: IV, (JR.) 68, (SR.) 69, (SR.) 219
MCCREARY, HARRY: II, 163, 177, 180, 198, 211, 212, 370, 459, 685; IV, 69, 79, 220
MCCREARY, HIRAM: IV, 81
MCCREARY, JAMES B.: IV, 69
MCCREARY, JESSIE LEE: IV, 212
MCCREARY, JOAN L. WELCH: IV, 69
MCCREARY, JOHN BRITAIN: IV, 81
MCCREARY, JOHN SWAN: IV, 220
MCCREARY, JOHN: II, 180
MCCREARY, JOYCE YVONNE BAKER: IV, 69
MCCREARY, LIZETTA WORK: IV, 81
MCCREARY, MARGARET ISABELLE SWAN: IV, 69, 220
MCCREARY, MARGARET: IV, 555
MCCREARY, RALPH W.: III, 375, 376; IV, 80, 81, 219
MCCREARY, RALPH WORK: IV, 180
MCCREARY, RALPH: II, 685; III, 368
MCCREARY, ROBERT: II, 63
MCCREARY, RUEY: IV, 81
MCCREARY, SARAH: IV, 81
MCCREARY, SHIRLEY JANE: IV, 181
MCCREERY, "CHERRY TREE JOE": II, 135, 673; IV, 339

MCCREERY, (MR.): I, 145
MCCREERY, ALBERT: IV, 340
MCCREERY, ALEXANDER: I, 389
MCCREERY, ANDREW: IV, 35, (I) 35
MCCREERY, AQUILLA MCCLEMENT: IV, 340
MCCREERY, BANKS: IV, 340
MCCREERY, ELEANOR R.: IV, 340
MCCREERY, HANNAH: IV, 365
MCCREERY, HUGH: IV, 339
MCCREERY, J. W.: III, 250
MCCREERY, JAMES WORK: IV, 193
MCCREERY, JANE: IV, 185
MCCREERY, JOHN OSCAR: IV, 340
MCCREERY, JOSEPH MCCREIGHT: IV, 339, (JOE) 340
MCCREERY, JOSHUA LEANDER: IV, 340
MCCREERY, JOSHUA: IV, 340
MCCREERY, MARGARET: IV, 303
MCCREERY, MARTHA V.: IV, 35
MCCREERY, MORGAN R.: IV, 340
MCCREERY, ROBERT: III, 114,138
MCCREERY, SAMUEL: IV, 365
MCCREERY, SARAH EMMA DIXON: IV, 35
MCCREERY, WALLACE: IV, 340
MCCREERY, WILLIAM A.: II, 693; IV, 35, 36
MCCREERY, WILLIAM ANDREW: IV, 34
MCCREERY, WILLIAM EDWARD: IV, 340
MCCREERY, ZILPHA M.: IV, 35
MCCREIGHT, ANDREW: IV, 325
MCCREIGHT, ANN: IV, 325
MCCREIGHT, BLAINE: II, 300, 301
MCCREIGHT, CHARLES: I,121; III, 18
MCCREIGHT, CLARENCE: II, 301, 375
MCCREIGHT, CORRIE: IV, 582
MCCREIGHT, LLOYD: II, 300
MCCREIGHT, MARRY (MISS): II, 310
MCCRORY, (MRS): II, 521, 781
MCCRORY, CARRIE MAY: IV, 307
MCCRORY, DAVID: IV, 314
MCCRORY, DOROTHY ELIZABETH: IV, 307
MCCRORY, ELIZABETH: IV, 313, 314
MCCRORY, EUNICE MARJORIE: IV, 307
MCCRORY, GEORGE: IV, 307
MCCRORY, HELEN THOMPSON: IV, 307
MCCRORY, ISABELLE: IV, 314
MCCRORY, J. G.: II, 453, 504, 633; IV, 307
MCCRORY, JAMES: IV, 307, 314

MCCRORY, JENNIE CAMPBELL: IV, 314
MCCRORY, JENNIE: IV, 306, 307
MCCRORY, JOHN G.: II, 232, 521, 781; IV, 300, 307, 308, 314
MCCRORY, JOHN GRAHAM: IV, 306
MCCRORY, JOHN: IV, 307, 313
MCCRORY, LILLIE PETERS: IV, 307
MCCRORY, LOIS JEAN: IV, 307
MCCRORY, MARY A. MURPHY: IV, 307
MCCRORY, MARY ANN: IV, 313, 314
MCCRORY, NANCY: IV, 314
MCCRORY, VAN CLAIR: IV, 307
MCCROSKEY, ROBERT G.: II, 646
MCCULLEY, OCTA: IV, 611
MCCULLOCH, JANET: IV, 581
MCCULLOCH, ROBERT: IV, 581
MCCULLOCH, SARAH MCCARTNEY: IV, 581
MCCULLOUGH, A. W.: I, 470; II, (REV.) 42
MCCULLOUGH, B. P.: II, 233
MCCULLOUGH, DAVID: I, 175; IV, 28, 324
MCCULLOUGH, EDWARD: IV, 540
MCCULLOUGH, HANNAH: IV, 324
MCCULLOUGH, HELEN RUTH: IV, 540
MCCULLOUGH, ISAAC: IV, 478
MCCULLOUGH, ISABELLA MCCOLLOUGH: IV, 324
MCCULLOUGH, ISAIAH: I, 634
MCCULLOUGH, J. H.: IV, 306
MCCULLOUGH, JOHN H.: IV, 307
MCCULLOUGH, JOHN: I, 25, 45; IV, 325
MCCULLOUGH, MARGARET: IV, 325
MCCULLOUGH, MARY ANN: IV, 28
MCCULLOUGH, MATILDA J.: IV, 478
MCCULLOUGH, NINA: IV, 28
MCCULLOUGH, NORA: IV, 540
MCCULLOUGH, SARAH MCGUIRE: IV, 478
MCCULLY, JAMES R.: IV, 47
MCCULLY, JULIA: IV, 256
MCCULLY, MARTHA: IV, 256
MCCULLY, SARAH PEARL: IV, 47
MCCULLY, STEWARD: IV, 256
MCCUNE, II, 123; III, 396
MCCUNE, ALEXANDER: II, 11
MCCUNE, ARCHID: I, 346
MCCUNE, C. (DR.): II, 9
MCCUNE, ELIZABETH: IV, 365
MCCUNE, J. H.: II, 13
MCCUNE, JOHN: I, 162; IV, 202, 438
MCCUNE, MARY ANGES: IV, 202
MCCUNE, VIRGINIA BURYE: IV, 438

MCCUNE, WILLIAM: I, 69
MCCURDY, CHRISTINE MATKO: IV, 626
MCCURDY, CLAIR DELOS: IV, 626
MCCURDY, IRWIN P.: III, 256
MCCURDY, JOHN: I, 485
MCCURDY, JOSEPH A.: III, 251
MCCURDY, KIMBERLY SUE: IV, 626
MCCURDY, MARGARET: IV, 206
MCCURDY, R. C.: II, 48, 110
MCCURDY, RUTH CHARLOTTE: IV, 625, 626
MCCURDY, RUTH: II, 801
MCCURDY, SAMUEL: IV, 206
MCCURDY, T. A.: I, 485
MCCURDY, THOMAS LYNN: IV, 626
MCCURDY, WILLIAM R.: II, 647
MCCURDY, WILLIAM: I, 511; II, 120
MCCUTCHEON, C. W.: II, 734
MCCUTCHEON, MARGARET ANN: IV, 597
MCDERMITT, EDNA YEAGER: IV, 540
MCDERMOTT, JAMES: II, 251
MCDIVITT, II, 739, 740
MCDIVITT, DANIEL B.: II, 738; III, 615, 616, 617, 620, (JR.) 622, 623, & 624 IV, (JR.) 404, (SR.) 404
MCDIVITT, DANIEL M.: II, 732
MCDIVITT, DANIEL MCGREGOR: IV, 404
MCDIVITT, DAVID: IV, 404
MCDIVITT, ELAINE KENNEDY: IV, 404
MCDIVITT, ELIZABETH: IV, 404
MCDIVITT, HESTER (MRS.): IV, 404
MCDIVITT, KATHIE: IV, 404
MCDIVITT, KELLY: IV, 404
MCDIVITT, LINDA: IV, 404
MCDIVITT, MYRTLE: IV, 404
MCDIVITT, PATRICIA: IV, 404
MCDIVITT, SYBIL: IV, 404
MCDONALD, BARBARA: IV, 345
MCDONALD, CLARA: IV, 443
MCDONALD, ELIZABETH: IV, 305
MCDONALD, JAMES: I, 159
MCDONALD, JOHN: III, (CAPT.) 27; IV, 345
MCDONALD, JOSEPH: IV, 313
MCDONALD, MARGARET: IV, 313
MCDONALD, MARTHA: IV, 313
MCDONALD, SARAH: IV, 174
MCDONALD, THOMAS C.: I, 252
MCDONIGAL, DIANE: IV, 147
MCDONIGAL, JAMES: IV, 147
MCDOUGALL, MALCOLM: III, 381
MCDOWELL, ELIZA ANN: IV, 348

MCDOWELL, ELIZABETH: IV, 280
MCDOWELL, JAMES: III, 214
MCDOWELL, JOHN: I, 30, 144; IV, 348
MCDOWELL, REBECCA T.: IV, 380
MCDOWELL, SAMUEL: I, 101
MCDOWELL, THOMAS C.: I, 248, 252
MCELHANEY, I, 636; II, (MISS) 533
MCELHANEY, ELISHA: IV, 427
MCELHANEY, GEORGE (REV.): I, 373
MCELHANEY, JANE GAMBLE: IV, 427
MCELHANEY, JEAN REPINE: IV, 426, 427
MCELHANEY, JEAN: I, 84-H
MCELHANEY, JOHN: IV, 427
MCELHANEY, MARGARET MARTIN: IV, 427
MCELHANEY, REBECCA J. DAVIS: IV. 427
MCELHANEY, SUSANNAH: IV, 427
MCELHANEY, WILLIAM G.: IV, 427
MCELHANEY, WILLIAM: I, 628; IV, 427
MCELHOES, IV, (DR.) 83
MCELHOES, AGNES LARUE: IV, 433
MCELHOES, AGNES: IV, 433
MCELHOES, ANN: IV, 433
MCELHOES, CHARLES J.: IV, 433
MCELHOES, DOROTHY: IV, 557
MCELHOES, ELIZABETH KERR: IV, 433
MCELHOES, EPHRAIM: IV, 433
MCELHOES, ESTHER: IV, 163, 333, 433
MCELHOES, EUENA CRAIG: III, (MRS.) 145; IV, 557
MCELHOES, FANNIE (nee Kaufman): I, 115
MCELHOES, HARVEY J.: IV, 83, 433
MCELHOES, ISAIAH: I, 115; II, 151, 152
MCELHOES, J. K.: II, 13
MCELHOES, J. S.: II, 217
MCELHOES, JAMES M.: IV, 433
MCELHOES, JAMES S.: II, 152
MCELHOES, JAMES: IV, 433
MCELHOES, JANE VAN HORN: IV, 433
MCELHOES, JANE: IV, 37, 163, 236, 429, 433
MCELHOES, JEANNE: IV, 83
MCELHOES, JOHN E.: IV, 82
MCELHOES, JOHN: IV, 37, 433
MCELHOES, JULIET: IV, 333
MCELHOES, LAVINIA PROTHERO: IV, 433
MCELHOES, LEVI: I, 385
MCELHOES, LULU CAROLYN RANKIN: IV, 433

MCELHOES, MARTHA H.: IV, 433
MCELHOES, MARTHA MCCLUSKEY: IV, 433
MCELHOES, MARY I.: IV, 433
MCELHOES, NANCY ANTHONY: IV, 433
MCELHOES, NANCY JEAN: IV, 83
MCELHOES, NANCY SCOTT: IV, 433, 568
MCELHOES, NANCY: IV, 37
MCELHOES, ROBERT A.: IV, 432, 433
MCELHOES, ROY: IV, 557
MCELHOES, SAMUEL E.: IV, 433
MCELHOES, SAMUEL: IV, 433
MCELHOES, SARAH: IV, 433
MCELHOES, STEELE: II, 217
MCELHOES, SUSAN: IV, 433, 568
MCELHOES, THOMAS: IV, 433, 568
MCELHOES, WILLIAM CHAUNCEY: IV, 433
MCELHONEY, JEAN R.: II, 306
MCELHOSE, JOHN: I, 162, 280
MCELHOSE, ROBERT: I, 623
MCELIVANY, MARY: IV, 221
MCELLWAIN, (REV.): I, 681, 682
MCELROY, IV, (MISS) 476
MCELROY, J. M.: I, 468, 469; III, 218
MCELROY, MARTHA: IV, 133
MCELWAIN, A.: II, 59
MCELWAIN, ANDREW (REV.): I, 462, 476, 477, 488, 492, 498, 661; IV, 328
MCELWAIN, WILLIAM: I, 358
MCEVOY, IV, 86
MCEWEN, I, 596
MCEWEN, C.: I, 587
MCEWEN, CHRISTOPHER: I, (DR.) 509; IV, (DR.) 293, 365
MCEWEN, ELIZABETH E.: IV, 365
MCEWEN, ELIZABETH MCCUNE: IV, 365
MCEWEN, ELIZABETH: IV, 365
MCEWEN, ELLEN: IV, 48
MCEWEN, EMMA: IV, 365
MCEWEN, FRANCIS: I, 343
MCEWEN, HANNAH D.: IV, 365
MCEWEN, HANNAH: IV, 365
MCEWEN, JAMES: IV, 365
MCEWEN, JANE: IV, 365
MCEWEN, JOHN: I, 246, 247, 396, 587; IV, 364, 365
MCEWEN, JOSEPH: IV, 365
MCEWEN, MARGARET COCHRAN: IV, 365
MCEWEN, MARGARET: IV, 365
MCEWEN, MARY GILMORE: IV, 365
MCEWEN, NANCY: IV, 365

MCEWEN, OLIVE WRIGHT: IV, 365
MCEWEN, WILLIAM: III, 284; IV, 365
MCFADDEN, JANE; IV, 389
MCFADDEN, JOHN: I, 335
MCFADDEN, MARGARET: IV, 389
MCFAREN, ELIZA ISABELLA: IV, 26
MCFAREN, NANCY: IV, 26
MCFARLAN, ALEXANDER: I, 320
MCFARLAND, II, (DR.) 13; III, 318
MCFARLAND, ABIGAIL SMITH: IV, 432
MCFARLAND, CARRIE: IV, 432
MCFARLAND, CATHARINE: IV, 472
MCFARLAND, CHARLES A.: IV, 365
MCFARLAND, CHRISSY: IV, 379
MCFARLAND, CLARA: IV, 432
MCFARLAND, ELIZABETH CATHERINE: IV, 580
MCFARLAND, ELIZABETH: IV, 98, 372, 402, 569
MCFARLAND, FLORENCE RHEA: IV, 365
MCFARLAND, IDA: IV, 432
MCFARLAND, IRVIN: II, 23, 139; IV, 431, 432
MCFARLAND, IRWIN: II, (MAJOR) 101; III, 224, 253; IV, (MAJOR) 126
MCFARLAND, ISABELLE: IV, 580
MCFARLAND, J.: I, 346
MCFARLAND, JAMES V.: II, 57
MCFARLAND, JAMES: I, 177; IV, 303, 472
MCFARLAND, JOHN R.: IV, 365
MCFARLAND, JOHN REED: IV, 365
MCFARLAND, JOHN: I, 249, (DR.) 310 & 486, 548, (DR.) 579 & 588; IV, (DR.) 365, 379, 606
MCFARLAND, KATE I.: IV, 571
MCFARLAND, KENNETH W.: II, 391
MCFARLAND, MARGARET: IV, 54, 279, 296
MCFARLAND, MARTHA: IV, 490
MCFARLAND, MARY A.: IV, 303
MCFARLAND, MARY BELLE: IV, 365
MCFARLAND, MARY: IV, 292, 351, 365
MCFARLAND, NAN: IV, 432
MCFARLAND, NANCY DONLEY (DONNELLY): IV, 432
MCFARLAND, NANCY: IV, 607
MCFARLAND, ROBERT D. (ENSIGN): II, 583
MCFARLAND, ROBERT N.: IV, 569
MCFARLAND, ROBERT: I, 402; IV, 432
MCFARLAND, ROSANNA: IV, 569
MCFARLAND, SAMUEL: IV, 365
MCFARLAND, SARAH A. SHEPPARD: IV, 432

MCFARLAND, SARAH L. REED: IV, 365
MCFARLAND, T.: I, 261
MCFARLAND, THOMAS F.: IV, 365
MCFARLAND, THOMAS: I, 237, 269, 277, 280, 342-G, 350
MCFARLAND, WILLIAM: I, 133, 165, 167, 169, 188, 280, 346, 384, 485, (JR.) 573, 579; IV, 205, 351, 606, 607
MCFARLANE, ANDREW: I, 89, 91, 94
MCFARLANE, GEORGE R.: I, 522
MCFARLEN, III, 79
MCFARLIN, (MR.): I, 319
MCFARREN, SARAH (MISS): III, 205
MCFEATERS, A.: III, 217
MCFEATERS, EDITH: IV, 56
MCFEATERS, MARGARET J.: IV, 96
MCFEATERS, THOMAS S.: IV, 56
MCFEATERS, WILLIAM: II, 150
MCFEETERS, EMMA C.: IV, 70
MCFERRAN, (REV.): I, 373
MCFILLIMY, WILLIAM: I, 581
MCFITRIDGE, JANE: I, 334
MCFITRIDGE, SAMUEL: I, 334
MCFLAVINE, JOHN J. (REV.): II, 484
MCGANNON, MIKE: III, 547
MCGARA, III, 216
MCGARA, CLEMENCE: I, 220, 221, 222, 253; IV, 348
MCGARA, JANE: IV, 594
MCGARA, JOHN: IV, 348
MCGARA, MARGARET BELL: IV, 348
MCGARA, MARTHA: IV, 348, 594
MCGARA, MARY: IV, 594
MCGARA, SAMUEL: IV, 348, 594
MCGARA, SARAH MCLAUGHLIN: IV, 348
MCGARA, WILLIAM: IV, 594
MCGARVEY, EMMA: IV, 549
MCGARVEY, MARY MARGARET: IV, 387
MCGARVEY, ROBERT: IV, 549
MCGAUGHEY, ALEXANDER M.: IV, 473
MCGAUGHEY, ALEXANDER: IV, 473, (SR.) 473
MCGAUGHEY, ANNE: II, 725
MCGAUGHEY, CHARLES: IV, 472
MCGAUGHEY, JAMES: IV, 518, 519
MCGAUGHEY, JANE COLEMAN: IV, 473
MCGAUGHEY, JOHN: II, 203; III, 252, 276; IV, 472, 473
MCGAUGHEY, JOHNSTON (PROFESSOR): II, 40
MCGAUGHEY, MARIA: IV, 518
MCGAUGHEY, MARY A. DODSON: IV, 519

MCGAUGHEY, MARY ANN DODSON: IV, 518
MCGAUGHEY, MARY L.: IV, 472
MCGAUGHEY, MARY LATTIMER: IV, 519
MCGAUGHEY, MARY: IV, 391
MCGAUGHEY, NICHOLAS: IV, 472
MCGAUGHEY, ROBERT: I, 36
MCGAUGHEY, SALLY MARSHALL: IV, 473
MCGAUGHEY, SARAH LOWRY: IV, 472
MCGAUGHEY, SUSAN LOWMAN: IV, 472
MCGAUGHEY, WALLACE (SGT.): II, 575
MCGAW, (COLONEL): IV, 71
MCGEARY, MARY ELLEN: IV, 473
MCGEE, I, 233; II,114; III, 234
MCGEE, AGNES: IV, 67
MCGEE, ANN: IV, 228, 442, 593
MCGEE, CHARLES: III, 473
MCGEE, ELMER: III, 478
MCGEE, HELEN: IV, 471
MCGEE, HENRY: I, 104
MCGEE, JAMES: II, 98, 137; III, 284
MCGEE, JOHN A.: II, 134
MCGEE, JOHN: I, 54, 162; III, 4, 256; IV, 16
MCGEE, MARTHA: IV, 297
MCGEE, MARY ANN: IV, 16
MCGEE, PATRICK: I, 174, 175
MCGEE, PAULINE BULLARD: IV, 16
MCGEE, ROBERT: I, 84, 234; IV, 297
MCGEE, ROBERT K.: IV, 471
MCGEEHAN, IV, (DR.) 376
MCGEHAN, IV, (DR.) 376
MCGEHAN, CATHARINE: IV, 249
MCGILL, BELINDA: IV, 307
MCGILL, CARRIE MAY: IV, 307
MCGILL, EFFIE: IV, 317
MCGILL, G. WESTON: II, 434, 651; IV, 317
MCGILL, GEORGE W.: IV, 317
MCGILL, JESSIE C.: IV, 317
MCGILL, JOHN A. (REV.): IV, 307
MCGILL, JOHN J.: IV, 317
MCGILL, LEWIS L.: II, 434, 651
MCGILL, LEWIS: III, 540, 541; IV, 317
MCGILL, LOIS JEAN: IV, 307
MCGILL, LOIS MCCRORY: IV, 317
MCGILL, WESTON: IV, 307
MCGILLICK, PAUL W.: II, 732
MCGINITY, A. S.: II, 86
MCGINITY, ANNA: IV, 389
MCGINITY, J.: I, 625
MCGINITY, JAMES C.: I, 162
MCGINITY, MARGARET THERESA: IV, 532
MCGINNIS, BARBARA: IV, 525
MCGINNIS, WILLIAM: IV, 525
MCGINTY, JAMES: I, 504
MCGIRR, TERRENCE (REV.): I, 291
MCGOECH, ESTHER: IV, 323
MCGONIGLE, II, 730
MCGORN, GEORGE: II, 380
MCGOUGH, EVELINE: IV, 231
MCGOUGH, TERENCE: IV, 231
MCGOUGH, THOMAS: IV, 231
MCGOUGHEY, NICHOLAS: IV, 351
MCGOUGHEY, RACHEL: IV, 351
MCGOVERN, ANNIE: IV, 460
MCGOVERN, EUNICE L. GREEN: IV, 534
MCGOVERN, FRANCIS G. (DR.): IV, 534
MCGOVERN, FRANCIS P.: IV, 534
MCGOVERN, FRANK: IV, 460
MCGOVERN, GEORGE: II, 740; III, 602
MCGOVERN, GLENN P.: IV, 534
MCGOVERN, JAMES: IV, 460
MCGOVERN, JOHN: III, 157; IV, 460
MCGOVERN, KATHRYN L.: IV, 534
MCGOVERN, LEILA M. VIRTUE: IV, 534
MCGOVERN, LUESTA K.: IV, 460
MCGOVERN, MARY MCGAFFERY: IV, 460
MCGOVERN, P. J.: II, 328, 338, 346; III, 374
MCGOVERN, PATRICK E.: IV, 460
MCGOVERN, PETER J.: IV, 460
MCGOVERN, THOMAS: IV, 460
MCGOWAN, ANNA MARY: IV, 368
MCGOWAN, GEORGE W.: II, 290
MCGOWAN, SAMUEL: IV, 368
MCGRATH, THOMAS: II, 669
MCGREGOR, II, 15, (REGISTER) 198; III, 314
MCGREGOR, AGNES A. SUTTON: IV, 40
MCGREGOR, AGNES: IV, 310
MCGREGOR, ALEXANDER: IV, 40
MCGREGOR, ALICE C.: IV, 40
MCGREGOR, AMANDA PEARL: IV, 310
MCGREGOR, ANNA I.: IV, 40
MCGREGOR, BETSY LOUISE: IV, 310
MCGREGOR, CATHERINE POUNDS: IV, 40
MCGREGOR, CATHERINE: IV, 461
MCGREGOR, CHARLES LEE: IV, 310
MCGREGOR, CLARA L.: IV, 40

MCGREGOR, DANIEL E.: IV, 40
MCGREGOR, DANIEL ELLSWORTH: IV, 310
MCGREGOR, DANIEL: IV, 40
MCGREGOR, FRANK: IV, 40
MCGREGOR, HARVEY M.: IV, 40
MCGREGOR, J. C.: II (MR.) 218; III, 429
MCGREGOR, JAMES A.: II, 153
MCGREGOR, JAMES C.: IV, 40, 313
MCGREGOR, JAMES: II, 148, 238, 303; III, 260; IV, 40, 310
MCGREGOR, JOHN: IV, 40
MCGREGOR, JUDITH JANE: IV, 310
MCGREGOR, KATE C. DERR: IV, 40
MCGREGOR, KATHRYN LEE: IV, 310
MCGREGOR, MAHLON: IV, 40
MCGREGOR, MARGARET CHAMBERS: IV, 40
MCGREGOR, MARY O.: IV, 40
MCGREGOR, NELLE: IV, 176
MCGREGOR, OLA A.: IV, 40
MCGREGOR, PAUL C.: II, 687, 689, 773; IV, 310, 530, 622
MCGREGOR, PAUL: II, 540
MCGREGOR, SARA JANE DICK: IV, 310
MCGREGOR, WILLIAM H.: IV, 40
MCGREW, ARCH: III, 558
MCGRIFFIN, JAMES: IV, 314
MCGRIFFIN, NANCY: IV, 314
MCGUINESS, BLANCHE: IV, 353
MCGUINESS, GEORGE (DR.): IV, 353
MCGUIRE, ARCHIBALD: I, 79, 81, 82, 115, 266
MCGUIRE, CHARLES: I, 29
MCGUIRE, DANIEL: I, 200
MCGUIRE, FRANK: II, 240
MCGUIRE, JAMES: I, 291, 302 III, 405
MCGUIRE, JOHN: I, 441, 445, 446, 635; III, 124, 131, 132, 134, 203
MCGUIRE, LEVI: II, 270
MCGUIRE, NARAMIA: I, 303
MCGUIRE, P. G.: II, 361
MCGUIRE, P. J.: II, 209
MCGUIRE, PATRICK: III, 614-H
MCGUIRE, RACHEL: IV, 607
MCGUIRE, SARAH: IV, 478
MCHAIL, MARGARET: IV, 363
MCHALE, JAMES: III, 587
MCHARD, MARGARET: IV, 262
MCHENRY, II, 19, (DR.) 102
MCHENRY, ALFRED J.: IV, 405
MCHENRY, ANN NEAL: IV, 405
MCHENRY, ANNA KECK: IV, 637

MCHENRY, ANNA REBECCA KECK: IV, 405
MCHENRY, BELL: III, 457; IV, (BELLE) 5, 6
MCHENRY, BESSIE S.: IV, 405
MCHENRY, CATHARINE MCCLELLAND: IV, 405
MCHENRY, CATHARINE: IV, 405
MCHENRY, CHARLOTTE: II, 381 (MRS.)
MCHENRY, CLARENCE: II, 385
MCHENRY, CORA H. STUMPF: IV, 405
MCHENRY, ELIZABETH J.: IV, 405
MCHENRY, ELIZABETH STUCHELL: IV, 405
MCHENRY, ELIZABETH WOLFE: IV, 493
MCHENRY, ELIZABETH: IV, 405, 493, 637
MCHENRY, FERNE: II, 679
MCHENRY, FRANK: III, 429; IV, 5
MCHENRY, GEORGE T. II, 536
MCHENRY, GEORGE T.: II, 401
MCHENRY, GEORGE W.: IV, 310, 405, 637
MCHENRY, GEORGE WASHINGTON: IV, 404, 405
MCHENRY, GEORGE: I, 428, 651; II, 258; III, 449
MCHENRY, GERTRUDE J. WILSON: IV, 405, 637
MCHENRY, HERBERT E.: II, 382
MCHENRY, HERBERT EARL: II, 386
MCHENRY, HERBERT L.: II, 382, 385, 386, 387
MCHENRY, HERBERT: II, 382, 550
MCHENRY, ISAAC: I, 150, 175; IV, 5, 310, 405
MCHENRY, ISABELLA T.: IV, 202
MCHENRY, JAMES W.: IV, 405
MCHENRY, JAMES: I, 175; II, 381 (SGT.), 385 (SGT.), 384 (SGT.); III, 491; IV, 6, 405
MCHENRY, JANE SMYTHE: IV, 405
MCHENRY, JANE: IV, 29, 310, 405
MCHENRY, JOHN: IV, 405
MCHENRY, JOSEPH: IV, 637
MCHENRY, JULIA A. RUTH: IV, 405
MCHENRY, LAOTTA: IV, 405
MCHENRY, LELIA A.: IV, 405
MCHENRY, MARGARET: IV, 5
MCHENRY, MARTHA CORDELIA: IV, 412
MCHENRY, MARTHA JORDAN: IV, 405
MCHENRY, MARY C. HORTON: IV, 405
MCHENRY, MARY JANE (MRS.): II, 382
MCHENRY, MARY: IV, 310, 405, 530
MCHENRY, MERLE (SGT): II, 572
MCHENRY, MINA: IV, 509

MCHENRY, MINERVA J.: IV, 557
MCHENRY, MOWRY: IV, 493
MCHENRY, OLIVER (PVT.): II, xi
MCHENRY, OLIVER S. (PVT.): II, 174-A
MCHENRY, R. F. (DR.): II, 347; III, 365
MCHENRY, RACHEL M. SWISHER: IV, 405
MCHENRY, RALPH F.: IV, 405, (DR.) 405, 636, (DR.) 637
MCHENRY, RALPH WILSON: IV, 637
MCHENRY, ROBERT: IV, 202
MCHENRY, S. H.: II, 131
MCHENRY, S. M.: II, 258
MCHENRY, SAM: I, (CAPT.) 651; IV, (SAMUEL) 405
MCHENRY, SAMUEL T.: II, 231
MCHENRY, SIDNEY: IV, 88
MCHENRY, U. S. GRANT: IV, 405
MCHENRY, W. D.: IV, 412
MCHENRY, WALTER: IV, 405
MCHENRY, WILLIAM P.: IV, 405
MCHENRY, WILLIAM: I, 129; III, 42; IV, 88
MCHOLAM, AL (MRS.): II, 439
MCHOLAM, DONALD: II, 439
MCHUGH, MAUREEN: II, 786
MCILLWAIN, JOHN: III, 552
MCILROY, JAMES ANDERSON: IV, 435
MCILROY, JANET: IV, 435
MCILROY, JEAN: IV, 435
MCILVAINE, J. J. (& MRS.): III, 491
MCILWAIN, JOHN: IV, 478
MCILWAIN, MARY: IV, 348
MCILWAIN, ROBERT: IV, 348
MCILWAIN, WILLIAM: IV, 590
MCINTIRE (MCINTYRE) H. BARELAY: II, 193
MCINTIRE, I, 593
MCINTIRE, GEORGE: I, 159, 160
MCINTIRE, H. B.: I, 484, 485
MCINTIRE, JAMES: IV, 87
MCINTIRE, MARTHA: IV, 87
MCINTIRE, THOMAS: II, 439
MCINTIRE, WILLIAM: I, 615, 617, 631
MCINTOSH, DANIEL: I, 602
MCINTOSH, LACHLAN (GEN.): I, 105, 106
MCINTOSH, WILLIAM: I, 345
MCINTYRE, D. H.: II, 194
MCINTYRE, MARY MABEL: IV, 464
MCINTYRE, PEG: III, 599, 607
MCINTYRE, WILLIAM H.: IV, 464
MCISAACS, ROBERT: II, 133
MCJUNKIN, CHARLES F.: II, 451
MCJUNKIN, JOHN M. (2ND LT.): II, 34

MCJUNKIN, MARY STELLA: IV, 477
MCJUNKIN, ROSS: IV, 477
MCKALIP, CLARK: III, 252, 254
MCKALIP, J. D.: II (MR. & MRS.) 88
MCKANE, J. D.: II, 251
MCKANE, JANE: II, 299
MCKEAG, HELEN: II, 353
MCKEAGE, III, 138
MCKEAGE, ELIZABETH: IV, 142
MCKEAGE, EMMA LOUISE: IV, 142
MCKEAGE, GEORGE: II, 137; IV, 403
MCKEAGE, LOUISE (MISS): III, 364
MCKEAGE, ROBERT: II, 48
MCKEAGE, WILLIAM: IV, 142
MCKEAN, (GOV.): I, 154, 159, 166
MCKEAN, DANIEL: I, 358
MCKEAN, JESSE E.: II, 322
MCKEAN, THOMAS: I, 140, 148, 174
MCKEE, II, 292 (ENGINEER); III, 26, 27, 382, 383, 395
MCKEE, A. V.: III, 431
MCKEE, ALEXANDER: I, 102, 103, 104
MCKEE, ANN MARTHA: IV, 79
MCKEE, BESSIE S.: IV, 405
MCKEE, BLANCHE: IV, 477
MCKEE, CATHARINE: IV, 364
MCKEE, CLOYDE: IV, 610
MCKEE, DELMONT: IV, 610
MCKEE, ELIZA JANE: IV, 127
MCKEE, HENRY: I, 102
MCKEE, JAMES: I, 119, 126, 150, 167, 168, 169, 175, 346, 347, 480; II, 337; IV, 54, 325, 396
MCKEE, JOHN: I, 159, 345
MCKEE, KENNETH: IV, 610
MCKEE, L. A.: IV, 346
MCKEE, MARGARET: IV, 436
MCKEE, MARIE: IV, 610
MCKEE, MARTHA: IV, 479
MCKEE, MARY MORROW: IV, 54
MCKEE, MARY: IV, 279
MCKEE, MILDRED (MRS.): III, 564
MCKEE, NANCY JANE: IV, 477
MCKEE, NANCY: IV, 54, 396
MCKEE, OLIVER: IV, 477
MCKEE, ORHA: IV, 610
MCKEE, R. W.: II, 49
MCKEE, ROBERT: IV, 405
MCKEE, THOMAS: I, 559
MCKEE, VIOLA: IV, 610
MCKEE, W. M.: I, 476
MCKEE, WALDO, C. (1ST LT): II, 549
MCKEE, WILKIN: I, 389
MCKEE, WILLIAM: I, 234, III, 546

MCKEIRMAN, WILLIAM D.: I, 517, 519
MCKEIRNAN, THOMAS: I, 519
MCKELVEY, (MESSERS): II, 487
MCKELVEY, ANNIE S.: IV, 559
MCKELVEY, ARMOUR: IV, 617
MCKELVEY, CLARK: IV, 313
MCKELVEY, DONALD R.: IV, 257
MCKELVEY, E. W.: I, 574; IV, 575
MCKELVEY, ELLEN: IV, 481
MCKELVEY, EPHRAIM W.: I, 581, 582
MCKELVEY, FLORA: IV, 313
MCKELVEY, HELEN G. S. R.: IV, 397
MCKELVEY, ISABELLA: IV, 364
MCKELVEY, J. N.: IV, (DR.) 397
MCKELVEY, JANE: IV, 185, 351
MCKELVEY, KATHERINE F.: IV, 257
MCKELVEY, OLIVER: IV, 559
MCKELVEY, SARAH: IV, 575
MCKENDRICK, II, (& CO.) 70
MCKENDRICK, FRED: II, 443
MCKENDRICK, IVAN (JUDGE): II, 407
MCKENDRICK, SAMUEL: I, 266
MCKENNAN, CHARLOTTTE: IV, 554
MCKENNAN, ELIZA C.: IV, 554
MCKENNAN, J. D.: I, 475
MCKENNAN, JAMES WHITE: IV, 554
MCKENNAN, JAMES: I, 248, 249, 252; IV, (JUDGE) 554
MCKENNAN, JANE: IV, 61, 554
MCKENNAN, JOHN DENNISTON: IV, 554
MCKENNAN, JOHN: IV, 61, 554
MCKENNAN, JULIA ANN DENNISTON: IV, 554
MCKENNAN, MARY C.: IV, 554
MCKENNAN, MARY MCCAHAN: IV, 554
MCKENNAN, MARY: IV, 61, 393, 554
MCKENZIE, IV, (MR.) 364
MCKENZIE, JOHN: I, 29
MCKENZIE, MATILDA J.: IV, 364
MCKEOWN, JOHN R.: II, 267
MCKEOWN, JOHN: I, 188
MCKESSON, ANN: IV, 60
MCKESSON, DANIEL: I, 82, 344
MCKESSON, MARY: I, (NEE HART) 82; IV, 389
MCKESSON, WILLIAM: I, 344 III, 257
MCKIBBEN, JOHN: III, 20
MCKIBBON, (MRS.): I, 321
MCKIBBON, E. O.: III, 427
MCKIBBON, MARGARET ALICIA: IV, 412
MCKIBBON, ROBERT: IV, 412
MCKILLIP, MARTHA: IV, 496
MCKILLIP, WILLIAM: IV, 496

MCKIM, J. MILLER: I, 410
MCKINLEY, II, xiii, (PRES.) 255, 261, 263, (MRS.) 292, (PRES.) 292; IV, (FOR PRESIDENT) 410, (PRESIDENT) 536
MCKINLEY, WILLIAM (PRES.): III, 279, 340
MCKINNEY, (COMPANY): IV, 80
MCKINNEY, ALEXANDER: I, 586, 588
MCKINNEY, J. P.: II, 216
MCKINNEY, JANET: IV, 435
MCKINNEY, JOSEPHINE BURKE: II, 206
MCKINNIE, CATHARINE M.: IV, 335
MCKINNIE, ELIZABETH: IV, 335
MCKINNIE, JAMES: IV, 335
MCKINSTRY, MYRTLE I.: II, 380
MCKINSTRY, T. A.: III, 491
MCKISSEN, JAMES: I, 82, 628
MCKISSICK, ROBERT: I,169 III, 81
MCKNIGHT, II, iii, 11, 15 (DR.) 11, 12, & 15, (SENATOR) 11 & 16
MCKNIGHT, A. M. (COL.): III, 179
MCKNIGHT, ALEXANDER: IV, 55, 62, 281, 366, (JR.) 366
MCKNIGHT, ALICE: IV, 62, 366
MCKNIGHT, ELIZABETH: IV, 62, 366
MCKNIGHT, ISABELLA: IV, 62, 366, 436
MCKNIGHT, JAMES A.: II, 170
MCKNIGHT, JAMES ALEXANDER: IV, 55
MCKNIGHT, JAMES O.: IV, 55
MCKNIGHT, JAMES: I, 159, 284; IV, 55, 62, 365, 366, (JR.) 366, 396
MCKNIGHT, JANE MCCOMB: IV, 62, 366
MCKNIGHT, JANE MCNUTT: IV, 62, 366
MCKNIGHT, JANE: IV, 62, 366, 396
MCKNIGHT, JOHN: IV, 62, 366
MCKNIGHT, LOUISA LINDSEY: IV, 55
MCKNIGHT, MARGARET: IV, 55, 62, 281, 366
MCKNIGHT, MARY C.: II, 298
MCKNIGHT, MARY THOMPSON: IV, 62, 366
MCKNIGHT, MARY: II, (MISS) 346; III, 457
MCKNIGHT, REGIS: II, 690, ("PECK") 692
MCKNIGHT, SUSANNAH CUMMINS: IV, 62, 366
MCKNIGHT, SUSANNAH: IV, 55, 281
MCKNIGHT, W. J. (DR.): II, 8, 73
MCKNIGHT, WILLIAM C.: I, 581; IV, 55
MCKNIGHT, WILLIAM J.: IV, (DR.) 500
MCKNIGHT, WILLIAM: I, 580; IV, 62, 366

MCKOWAN, JOHN: I, 185
MCLACHLAN, DORA (MRS.): II, 733
MCLACHLAN, ROBERT JEAN: IV, 6
MCLAGEN, ISABELLA: IV, 543, (MCLA?) 622
MCLAIN, II, 97, (MAJOR) 402; IV, (REV.) 61, (MAJOR) 219
MCLAIN, ALEXANDER: III, 49; IV, 554, 555
MCLAIN, ANN: IV, 554, 555
MCLAIN, BARBARA CAMPBELL: IV, 61, 506
MCLAIN, BARBARA: IV, 139
MCLAIN, C. C.: I, 210, 262, 546, 552; II, 125, (CAPT.) 257, 266, 269, (MRS.) 374, 382, 393 (MAJ.) 401, 403, (MAJ.) 419, 476; III, 449, 491
MCLAIN, CAROLINE: IV, 61
MCLAIN, CHARLES C.: I, 246, 477-8; III, 466, 498; IV, 61, (MAJOR) 218, 219
MCLAIN, CHARLES CAMPBELL (MAJ.): II, 383
MCLAIN, CHARLES L. (CAPT.): II, 377
MCLAIN, CHARLES LUCAS: II, 382, 383 (CAPT.); IV, 219
MCLAIN, CHRISTIAN: IV, 61
MCLAIN, ELIZA HUTCHISON: IV, 61
MCLAIN, ELIZABETH: IV, 555, 569
MCLAIN, G. A. (MRS.): II, 351
MCLAIN, GAWIN A. (CAPT.): IV, 219
MCLAIN, GEORGE P.: IV, 219
MCLAIN, HARRY DAVID: IV, 219
MCLAIN, HOWARD: IV, 219
MCLAIN, ISABELLA: IV, 555
MCLAIN, JAMES ALVIN: IV, 219
MCLAIN, JAMES: I, 84-G, 150, 157, 159, 163, 225, 284; II, 150; III, (REV.) 44, 216, 233, 256; IV, 61, (REV.) 139, 219, (REV.) 506 & 554
MCLAIN, JOHN F.: IV, 29
MCLAIN, JOHN J.: IV, 219
MCLAIN, JOHN: IV, 555
MCLAIN, LOUISA C.: IV, 61
MCLAIN, MALINDA ANN MITCHELL: IV, 219
MCLAIN, MARGARET HUTCHISON: IV, 61
MCLAIN, MARGARET: IV, 554, 555
MCLAIN, MARGARETTA C. C.: IV, 61, 506
MCLAIN, MARTHA D.: IV, 219
MCLAIN, MARTHA HELEN: IV, 219
MCLAIN, MARTHA L. LUCAS: IV, 219
MCLAIN, MARTHA: IV, 555
MCLAIN, MARVEL BOWERS: IV, 219
MCLAIN, MARY J.: IV, 61
MCLAIN, MARY REYNOLDS: IV, 61
MCLAIN, MARY: IV, 555

MCLAIN, PENELOPE ADAMS: IV, 61, 219
MCLAIN, ROSANNA: IV, 568
MCLAIN, SAMUEL: IV, 555
MCLAIN, THOMAS BROWN: IV, 61
MCLANAHAN, BELLE M.: IV, 260
MCLANAHAN, ELIZA BELL: IV, 284
MCLANAHAN, ELIZABETH: IV, 284
MCLANAHAN, ISABELLA M.: IV, 260
MCLANAHAN, JAMES: I, 186; IV, 284
MCLANAHAN, NANCY: IV, 260
MCLANAHAN, ROBERT: IV, 260
MCLANE, III, 262
MCLANE, GEORGE: I, 356
MCLANE, ISABELLA: IV, 345, 347
MCLAREN, DEFOE: IV, 234
MCLAREN, JUANITA: IV, 234
MCLAREN, MARGARET: IV, 271
MCLAREN, ROBERT: IV, 271
MCLAUGHLIN, I, 529, 630, 669
MCLAUGHLIN, CHARLOTTE: IV, 220
MCLAUGHLIN, DAVID: II, 58
MCLAUGHLIN, DUNLAP: I, 582
MCLAUGHLIN, ELIZABETH WARNICK: IV, 554
MCLAUGHLIN, ESTHER: IV, 509
MCLAUGHLIN, FLORENCE M.: IV, 183
MCLAUGHLIN, HARRY, III, 529
MCLAUGHLIN, J. F.: IV, 164
MCLAUGHLIN, JAMES B.: I, 666
MCLAUGHLIN, JAMES K.: IV, 183
MCLAUGHLIN, JAMES: I, 294
MCLAUGHLIN, JANE M.: IV, 509
MCLAUGHLIN, JANE: IV, 554
MCLAUGHLIN, JULIA (MRS.): II, 72; III, 317
MCLAUGHLIN, KATHERINE (MISS): II, 272, 349, 350
MCLAUGHLIN, LOUISA: IV, 164
MCLAUGHLIN, M. W.: IV, 269
MCLAUGHLIN, MARGARETTA T.: IV, 269
MCLAUGHLIN, MARTHA: IV, 179
MCLAUGHLIN, MICHAEL: II, 581
MCLAUGHLIN, RANDAL: IV, 554
MCLAUGHLIN, ROBERT: II, 804
MCLAUGHLIN, SARAH BELLE: IV, 183
MCLAUGHLIN, SARAH: IV, 348
MCLAUGHLIN, THOMAS: I, 145 III, 215
MCLAWS, AGNES: IV, 397
MCLEACH, (MRS.): I, 429
MCLEAN, IV, (REV.) 456
MCLEAN, ALEXANDER: I, 215
MCLEAN, GLORIA HATRICK: IV, 449
MCLEAN, JAMES: I, 284; III, 30

MCLEAN, MICHAEL: III, 546-E; IV, 449
MCLEAN, RONALD W.: IV, (LT.) 450
MCLEAN, RONALD: IV, 449
MCLEAN, THOMAS B.: I, 128
MCLEAVY, WILLIAM: III, 405
MCLILLAN, WILLIAM: I, 145, III, 216
MCLOCHHARR, JOHN: II, 31
MCMAHAN, GEORGE: II, 576
MCMANIMY, DANIEL: III, 2, 7
MCMANMON, JOHN (DR.): II, 666
MCMANNING, DANIEL: I, 54
MCMANUS, S. J.: II, 258
MCMASTER, DAVID DALE II, 527, 528
MCMASTERS, I, 234; IV, (GEN.) 295
MCMASTERS, ANNA ELIZABETH: IV, 535
MCMASTERS, CLYDE VALANDCOURT: IV, 535
MCMASTERS, DALE: II, 526
MCMASTERS, DONALD HOWARD: IV, 535
MCMASTERS, EDYTHE HEID: IV, 535
MCMASTERS, FERNE REID: IV, 535
MCMASTERS, GEORGE: IV, 295
MCMASTERS, IRVIN ROBERT: IV, 535
MCMASTERS, J.: I, 616
MCMASTERS, JOSEPH: I, (GEN.) 243, 260, 269, 271, 282, & 584, 671; IV, (GEN.) 294, 295
MCMASTERS, LIZZIE: IV, 295
MCMASTERS, MARGARET WALLACE: IV, 294
MCMASTERS, MARGARET: IV, 295
MCMASTERS, MARIA DARR: IV, 295
MCMASTERS, MARY J.: IV, 294
MCMASTERS, REBECCA: IV, 295
MCMASTERS, ROBERT: IV, 295
MCMATH, JOHN: III, 298
MCMICHAEL, PAUL: II, 791
MCMILLAN, ISABELLE: IV, 472
MCMILLAN, SHIRLEY B.: II, 28
MCMILLEN, II, 414, (MR.) 748
MCMILLEN, ALBERT W.: IV, 570
MCMILLEN, ANN: IV, 86, 87
MCMILLEN, BERTA WORK: IV, 570
MCMILLEN, CHARLES LEROY: IV, 570
MCMILLEN, CHARLES S.: IV, 570
MCMILLEN, CLARENCE: IV, 571
MCMILLEN, DELLA SMITH: IV, 571
MCMILLEN, ELLA ELIZABETH: IV, 571
MCMILLEN, FLOSSIE LAMER: IV, 571
MCMILLEN, GLENN G.: IV, 629
MCMILLEN, HARVEY CLAIR: IV, 571
MCMILLEN, JAMES: II, 52
MCMILLEN, JANE: IV, 87

MCMILLEN, JANICE E.: IV, 570
MCMILLEN, JEAN SIMPSON: II, 674
MCMILLEN, JOHN: III, 284; IV, 87, 571
MCMILLEN, JUDIE EILEEN: IV, 570
MCMILLEN, LEAH FRIDLEY: IV, 571
MCMILLEN, LENA MARY: IV, 570
MCMILLEN, LORETTA ANN O'HARRAH: IV, 571
MCMILLEN, LUCILLE SMITH: IV, 570
MCMILLEN, MARGARET JANE: IV, 629
MCMILLEN, MARGARET ROSE: IV, 570
MCMILLEN, MARK: IV, 570
MCMILLEN, MARTIN: IV, 571
MCMILLEN, MARY JANE MINSER: IV, 570
MCMILLEN, MARY: III, 457
MCMILLEN, MAY BISS: IV, 570
MCMILLEN, MAYADORE SYLVESTER: IV, 570
MCMILLEN, MINA DAUGHERTY: IV, 571
MCMILLEN, NOVA P. FETTERMAN: IV, 570
MCMILLEN, O. M.: III, 491
MCMILLEN, ORANGE: IV, 570
MCMILLEN, ORRIN: II, 571, 728
MCMILLEN, RAY: IV, 571
MCMILLEN, SAMUEL CLAIR: IV, 570
MCMILLEN, SARAH ANN: IV, 571
MCMILLEN, SARAH ELLEN: IV, 571
MCMILLEN, SIMON: IV, 571
MCMILLEN, STELLA NEAL: IV, 570
MCMILLEN, SYLVESTER: IV, 570, 571
MCMILLEN, VIRGINIA MAE: IV, 570
MCMILLEN, WILLIAM R.: II, 727, 744, 746; IV, 569, 570, 571
MCMILLEN, WILLIAM: II, 486, 633, (CHAIR) 652, 729, 739; III, 546, 574; IV, 571
MCMINN, III, 217
MCMULLAN, ALEXANDER: IV, 196
MCMULLAN, REBECCA: IV,196
MCMULLEN, III, 145; IV, (MISS) 472
MCMULLEN, ABBIE: IV, 511
MCMULLEN, ALEXANDER R.: IV, 335
MCMULLEN, ALEXANDER: I, 235, 236, 249, 258, 307, 367, 382; III, 57, 145, 149; IV, 55, 56, 335
MCMULLEN, ANN ROBERTS: IV, 335
MCMULLEN, ARMOR: II, 108
MCMULLEN, BLANCHE G.: IV, 55
MCMULLEN, CATHARINE M. MCKINNIE: IV, 335
MCMULLEN, CHARLES BELL: IV, 55
MCMULLEN, ELIZABETH: IV, 55, 335
MCMULLEN, ELLEN: IV, 335

MCMULLEN, EVA: IV, 335
MCMULLEN, HARVEY: IV, 335
MCMULLEN, J.: I, 286
MCMULLEN, JAMES (DR.): I, 486, 509; IV, 335
MCMULLEN, JAMES POE: IV, 335
MCMULLEN, JAMES WALLACE: IV, 55
MCMULLEN, JANE: IV, 335
MCMULLEN, JEANNET CRAIG: IV, 56
MCMULLEN, JESSIE P.: IV, 56
MCMULLEN, JOHN: III, 57; IV, 335
MCMULLEN, JOSEPH C.: IV, 335
MCMULLEN, MARGARET ROSS: IV, 335
MCMULLEN, MARGARET: IV, 335
MCMULLEN, MARY TOMB: IV, 335
MCMULLEN, MARY: IV, 56, 335
MCMULLEN, RACHEL: IV, 335
MCMULLEN, RANKIN: IV, 335
MCMULLEN, REBECCA CAMPBELL: IV, 335
MCMULLEN, REBECCA J. SWAN: IV, 55
MCMULLEN, RICHARD BARD: IV, 56
MCMULLEN, SAMUEL S.: IV, 55
MCMULLEN, SARAH C.: IV, 55
MCMULLEN, SARAH M.: IV, 335
MCMULLEN, THOMAS: I, (DR.) 509; II, (DR.) 42; III, 219; IV, (DR.) 55, 335
MCMULLIN, THOMAS: I, 145; III, 215
MCMUNN, ALICE: IV, 527
MCMURRAY, AMELIA: IV, 190
MCMURRAY, ANNIE I.: IV, 190
MCMURRAY, JAMES: II, 110; IV, 190
MCNAIR, II, 405
MCNALLY, RAND: IV, 197
MCNALLY, ROBERT: III, 482
MCNAMEE, IV, (MR.) 303
MCNAMEE, MARGARET BELLE: IV, 303
MCNAUGHER, JESSIE: IV, 175
MCNAUGHER, JOSEPH: IV, 175
MCNAUGHER, MARGARET: IV, 175, 287
MCNAUGHTON, DAVID (DR.): II, 663
MCNAUGHTON, RAYMOND D.: IV, 157
MCNAUGHTON, REBECCA: IV, 157
MCNEAL, CORDELIA: IV, 442
MCNEAL, DOMINICK: I, 104
MCNEAL, HARRY: II, 344
MCNEAL, JOHN: I, 582
MCNEEL, HARRY: II, 513
MCNEEL, JANE: IV, 50
MCNEEL, SARAH: IV, 50
MCNEELS, JOHN: I, 345

MCNEES, JAMES: II, 150
MCNEIL, JOHN: I, 249
MCNEIL, JOSEPH: I, 602
MCNEIL, MARGARET: IV, 219
MCNEIL, ROSANNA: IV, 255
MCNELIS, (FATHER): II, 303; IV, 386, 572
MCNELIS, N. P. (REV.): II, 360, 361
MCNULTY, (MR.): II, 171
MCNULTY, MARY: IV, 127
MCNULTY, NANCY : IV, 127
MCNUTT, IV, 62
MCNUTT, ALEXANDER: IV, 366
MCNUTT, ALFRED LYLE: IV, 234
MCNUTT, ELEANOR: IV, 356
MCNUTT, ELIZABETH: IV, 62, 366
MCNUTT, EMMA ELIZABETH: IV, 243
MCNUTT, FLORENCE LILLIAN: IV, 233
MCNUTT, FLORENCE: II, 404, 686, 801; IV, 234
MCNUTT, HENRY DARIUS: IV, 234
MCNUTT, JAMES: I, 174
MCNUTT, JANE: IV, 62, 366
MCNUTT, JOHN: I, 281, 297
MCNUTT, JOSEPH: I, 174
MCNUTT, JUNIATA: IV, 234
MCNUTT, MARTHA: IV, 356
MCNUTT, MIRIAM: IV, 72
MCNUTT, SARAH JANE CARTWRIGHT: IV, 234
MCPHEETERS, (MISS): IV, 614
MCPHERSON, AIMEE SEMPLE: II, 520
MCPHERSON, DAVID: I, 260
MCPHERSON, ELIZABETH ANN: IV, 532
MCPHERSON, MARGARET H.: IV, 108
MCPHERSON, NEIL JEFFREY: IV, 532
MCPHILEMEY, MARY: IV, 206
MCPHILIMEY, EMILY: IV, 296
MCQUAIDE, ISABELLA: IV, 346
MCQUAIDE, J. G.: I, 563
MCQUAIDE, JAMES G.: I, (MAJ.) 619; IV, 346
MCQUEENEY, JOHN: II, 201
MCQUIGG, FLORENCE MARTHA: IV, 172
MCQUILKEN, A. S.: II, 341
MCQUILKEN, ELIZA REYNOLDS: IV, 269
MCQUILKEN, ROBERT: IV, 269
MCQUILKEN, W. H.: II, 423
MCQUILKIN, JANE WALKER: IV, 72
MCQUILKIN, JOHN: I, 246
MCQUISTON, AMY C.: IV, 239
MCQUISTON, ELIZABETH: IV, 305

MCQUISTON, MARY: IV, 459
MCQUISTON, ROBERT (CPT.): II, 581
MCQUIVY, W. F.: III, 382
MCQUOWN, II, 747; III, 167
MCQUOWN, ADDA M.: IV, 548
MCQUOWN, ADDA: IV, 353
MCQUOWN, ALICE: IV, 286
MCQUOWN, ANNIE M.: IV, 549
MCQUOWN, CHARLES: IV, 548
MCQUOWN, CLARA GARDNER: IV, 548
MCQUOWN, DAVID: IV, 549
MCQUOWN, ELLA S. KIRKPATRICK: IV, 548
MCQUOWN, EMMA: IV, 549
MCQUOWN, ERNEST JAMES: IV, 548
MCQUOWN, HARRY E.: IV, 548
MCQUOWN, HAZEL VIRGINIA: IV, 548
MCQUOWN, HAZEL: IV, 539
MCQUOWN, J. H.: III, 431
MCQUOWN, JAMES A.: II, 118; IV, 286, 353, 539, 548, 549
MCQUOWN, JAMES E.: II, 746
MCQUOWN, JAMES: II, 12, 13, 647; IV, 548
MCQUOWN, JOHN FLEGAL: IV, 286
MCQUOWN, LAWRENCE: IV, 549
MCQUOWN, MABEL WOOD: II, (MRS.) 536; IV, 548
MCQUOWN, MARGARET SHIELDS: IV, 548
MCQUOWN, MARGARET: IV, 286
MCQUOWN, MARTIN LUTHER: IV, 285, 548, 549
MCQUOWN, MARY CHAMBERS: IV, 549
MCQUOWN, MARY JANE SHANKLE: IV, 539, 548
MCQUOWN, MARY JANE: IV, 353
MCQUOWN, MARY: IV, 286
MCQUOWN, MINNIE RORABAUGH: IV, 548
MCQUOWN, MURRAY CLIFFORD: IV, 548
MCQUOWN, NINA: IV, 549
MCQUOWN, PAUL V.: IV, 548
MCQUOWN, ROSA A. REITHMILLER: IV, 548
MCQUOWN, SUSAN SHAFFER: IV, 549
MCQUOWN, TERENCE V.: IV, 548
MCQUOWN, VIRGINIA FLEGAL: IV, 286
MCQUOWN, WILLIAM: IV, 286, 548, 549
MCREE, JOHN: I, 267
MCRODDEN, HUGH (REV.): I, 306
MCSPARAN, JANE: IV, 44, 501
MCSPARRAN, C. E.: II, 213
MCSPARROW, II, 405

MCSPARROW, JOHN A.: II, 397
MCSWEENEY, BRYAN: I, 659, 661; IV, 524
MCSWEENEY, DENNIS: IV, 524
MCSWEENEY, LAVINIA BECK: IV, 524
MCSWEENEY, MARY BURGHOLDER: IV, 524
MCSWEENEY, MARY: IV, 524
MCSWEENEY, SALLY: IV, 524
MCTAVISH, WILLIAM: III, 420
MCVICKER, III, 215
MCWHERTER, ANNA BELL: IV, 92
MCWHERTER, ANNABEL GRACE: IV, 91
MCWHERTER, HELEN JULIA: IV, 92
MCWHERTER, JESSE I.: IV, 92
MCWHERTER, SAMUEL H.: IV, 92
MCWILLIAMS, EMMA: II, 93
MCWILLIAMS, JOHN: I, 464; II, (LT.) 30, 93, 93
MCWILLIAMS, S. B.: II, 265
MCWILLIAMS, WILLIAM: II, 93; III, 303
MEADE, II, (GENERAL) 33; III, 217
MEADE, GEORGE GORDON: (GEN) II, 494; III, 190
MEAGHER, (GEN) : III, 173
MEANOR, III, 217
MEANOR, ELIZABETH ESTELLA: IV, 321
MEANOR, ELLEN H.: IV, 65
MEANOR, FRANK: II-K, 86
MEANOR, R. C.: II, 94, 305
MEANOR, ROBERT CRAIG: IV, 321
MEANOR, SAMUEL: I, 357, 574
MEANOR, WILLIAM (SR.): IV, 65
MEANS, CLARA: IV, 298
MEANS, DELBERT J.: III, 434, 435
MEANS, G. W.: III, 427
MEANS, JAMES R.: IV, 425
MEANS, MARGARET: IV, 37
MEANS, MARGARETTA A.: IV, 425
MEANS, MARY C.: IV, 480
MEANS, MARY: IV, 557
MEANS, SARA C.: IV, 88
MEANS, SUSAN: IV, 425
MEARNS, JANE: IV, 391, 557
MEARS, BONITA LYNN: IV, 547
MEARS, CAROL JEAN SHORT: IV, 547
MEARS, CHARLES E.: IV, 547
MEARS, CHARLES: IV, 547
MEARS, DIANE ELAINE: IV, 547
MEARS, EDWARD L.: II, 614; IV, 546, 547
MEARS, EDWARD: II, 623
MEARS, ETHEL GRACE: IV, 547

MEARS, GLENDA L. GAHAGEN: IV, 547
MEARS, H. B.: II, 79
MEARS, IRVIN K.: IV, 547
MEARS, JOHN: IV, 547
MEARS, JOSEPH: IV, 547
MEARS, KAREN SUE: IV, 547
MEARS, KERRY LEE: IV, 547
MEARS, KERRY: II, 610
MEARS, MARGARET KINTER: IV, 547
MEARS, MARY ELLEN MANNER: IV, 547
MEARS, MARY SMITH: IV, 547
MEARS, MYRTLE IRENE EDWARDS: IV, 547
MEARS, NORA: IV, 46
MEARS, RUTH: IV, 547
MEARS, SAMUEL: IV, 547
MEARS, VICKY LEE: IV, 46
MEARS, VIRGINIA ILEAN: IV, 46
MEARS, WILLIAM: IV, 46
MEARS, Y. ELAINE FORESI: IV, 547
MEASON, ISAAC: III, 68
MECHLIN, PAUL: I, 54
MECHLING, ANNIE K.: IV, 31
MECHLING, ANNIE: IV, 31
MECHLING, ARTHUR: IV, 31
MECHLING, FRANK: IV, 31
MECHLING, HARRY: IV, 31
MECHLING, JACOB: III, 85
MECHLING, JANE: IV, 31, 529
MECHLING, PHILIP H.: IV, 31
MECHLING, PHILIP: IV, 31
MECHLING, ROSS M.: IV, 31
MECHLING, WILLIAM: III, 85, 86
MECKLING, PHILIP: I, 230, 233
MEDILL, ELIZA: IV, 58
MEDINA, RAYMOND: III, 526
MEDULSIA, II, 571
MEEHAN, III, 90
MEEHAN, H. J.: II, 196
MEEHON, JAMES: II, 300
MEEK, PRUDENCE: IV, 147
MEEK, SARAH: IV, 71, 575
MEEKS, (MR.): II, 73
MEFFEY, MARY: III, 458
MEGGO, VIRGINIA: IV, 253
MEHOLICK, GEORGE: III, 420
MEIXNER, LAURA E.: IV, 333
MELAY, CHARLOTTE: III, 574
MELDREN, II, 27, 156, 157, (MRS.) 219
MELDREN, E. J.: II, 79
MELDRON, (MR.): I, 145; III, 214, 215

MELDRON, E. J.: II, 9, 60
MELECH, LITTLE EBED: I, 368
MELISSA, SHIRLEY: II, 524
MELLINGER, GEORGE: II, 191
MELLINGER, L. O.:: II, 195
MELLON, II, 417
MELLON, A. W.: II, 463
MELLON, ANDREW: II, 396
MELLON, THOMAS: I, 185,187,197, 193; III, 56-N, 76
MELLOR (MOELLER), C. C.: II, 87, 310
MELLOTT, CHARLES (PVT.): II, 576
MELONS, W. C. (REV): II, 510
MELZER, EMMA: IV, 27
MELZER, ROBERT J.: IV, 27
MENASKY, MIKE: II, 300
MENCH, ELIZABETH: IV, 610
MENDALL, GEORGE S.: I, 283, 469, 470, 474, 654; III, 105
MENDALL, NOAH: I, 654
MENDELL, G. S.: III, 218
MENDELL, GEORGE S.: I, 542; IV, 358
MENDELL, MARY SCOTT: IV, 26
MENDELL, MELISSA R.: I, 481; III, 204
MENDELL, SARAH: IV, 358
MENHAM, J. P. (JR.): IV, 488
MENHAM, LOUISE: IV, 488
MENTCH, GEORGE: II, 260
MERCER, HUGH (CAPT.): I, 46, 48, 49, 50, 51, 55, 57, 59, 66, 84-J, 89
MERCER, JOHN: I, 41
MERCER, S. B.: II, 36, 44, 93
MEREDITH, I, 593
MEREDITH, CYNTHIA: IV, 127
MEREDITH, ELIZABETH: IV, 337
MEREDITH, REESE: IV, 337
MERION, MIKE: II, 60
MERLIN, CHARLES: I, 605
MERMER, JOHN: II, 580
MERRICK, W. T. (REV): II, 511
MERRILL, GEORGE: II, 731
MERRIN, F. W.: I, 459
MERRIOTT, JOE: III, 400
MERRITT, DOROTHY (MRS.): III, 639, 642
MERRYMAN, GRACE LIN: IV, 616
MERRYMAN, JOHN (JR.): IV, 616
MERRYMAN, JOHN E.: II, 708, 709, 713; IV, (DR.) 415
MERRYMAN, JOHN EDWARD: II, 55; IV, (SR. DR.) 616
MERRYMAN, JUNE: IV, 616
MERVINE, MARY: IV, 422
METCALFE, THOMAS (GOV.): IV, 498
METOSKI, LEWIS S.: III, 438, 439

METZ, CATHARINE: IV, 84
METZ, JOHN: I, 505
METZGER, WILLIAM H.: II, 188
MEXIS, THOMAS: II, 650
MEYERS, I, 585
MEYERS, LAURA: IV, 177
MICARE, NICOLI: III, 390
MICHAEL, PEARL P.: II, 69
MICHAEL, PEARL: III, 235
MICHAEL, RICHARD: II, 626, 630, 647, 675
MICHAELMAN, BIRDYE E.: IV, 245
MICHAELMAN, BIRDYE EVELYN: IV, 244
MICHAELS, JANE: IV, 234
MICHARDS, ROHN: III, (JR.) 472 & 473 IV, 251
MICHEAL, ROBERT S.: I, 651
MICHEL, ROBERT H.: III, 535
MICHER, JUNE M.: II (MRS.) 762; III, 611, 612, 613
MIDDLESWARTH, NER: I, 582
MIDDLETON, CATHARINE: IV, 345
MIDDLTON, JAMES: IV, 345
MIDKIRK, W.: I, 625
MIFFIN, JOHN: III, 42
MIFFLIN, (GOV.): I, 122, 123, 124, 125, 136; IV, 50
MIHALAK, STEVE (CPL.): II, 581
MIKAC, GEORGE: II, 207
MIKESELL, A . L.: II, 162
MIKESELL, AD H.: II, 231
MIKESELL, GEORGE A.: II, 162
MIKESELL, JOHN S.: I, 543
MIKESELL, JOHN: II, 322
MIKESELL, MARLENE: II, 679
MIKESELL, VIOLET: IV, 48
MIKSELL, GEORGE A.: III, 411
MILDREN (MELDREN), E. J.: II, 143
MILER, WILLIE: III, 394
MILERS, ART: III, 601
MILES, III, 192
MILES, ANN: IV, 284
MILES, MARY: IV, 283
MILES, WILLIAM WISTAR: IV, 284
MILHUSER, A.: I, 616
MILL, HETRICK: II, 805
MILL, WILSON: II, 805
MILLER, I, (MR.) 153, 678; II, (REV. DR.) 43; III, (MR.) 79, 294, 558; IV, (MISS) 42
MILLER, A. STANLEY: II, 455
MILLER, ALEXANDER H.: IV, 424
MILLER, ALEXANDER HAMILTON: IV, 518
MILLER, ALEXANDER: IV, 206

MILLER, ALINE HEILMAN: IV, 453
MILLER, AMOS S.: IV, 321
MILLER, ANN FRANSON: IV, 618
MILLER, ANN: IV, 206
MILLER, ANNA: IV, 627
MILLER, ANNIE: IV, 333
MILLER, ANTHONY: IV, 255
MILLER, ARNOLD: II, 619
MILLER, BARBARA: IV, 431
MILLER, BETH: IV, 431
MILLER, BETTY REPHORN: IV, 618
MILLER, BLAINE: II, 558
MILLER, BRENDA: IV, 453
MILLER, BRYAN: II, 495, (MR. & MRS.) 571
MILLER, C. M.: II, 416
MILLER, CALVIN: III, 313
MILLER, CAROLINE ELIAS: IV, 205
MILLER, CATHERINE: II, 252
MILLER, CHARLES: II, 248; IV, 628
MILLER, CHARLOTTE JOHNSTON: IV, 518
MILLER, CHARLOTTE: IV, 424
MILLER, CHAS. W.: IV, 217
MILLER, CHRISTIAN: I, 168
MILLER, CHRISTOPHER: I, 169, 346, 347
MILLER, CREE: II, 538
MILLER, D. (ATTORNEY): II, 472
MILLER, D. LOWELL (DR.): III, 638
MILLER, D. P. (MRS.): IV, 420
MILLER, DANIEL T.: IV, 453
MILLER, DAVID: II, 320
MILLER, DAWN FRAY: IV, 205
MILLER, DEE: II, 729, 730, 731; III, 621, 541, 617; IV, 106
MILLER, DELLA: IV, 622
MILLER, DOLLY LEWONAS: IV, 618
MILLER, DONALD M.: II, 678; IV, (JR.) 618, 627
MILLER, DONALD MAXWELL: IV, 618, 619
MILLER, DONALD: III, 623, 624; IV, (ATTORNEY) 291
MILLER, DONNA: IV, 453, 618
MILLER, E. DEE: IV, 453
MILLER, EARTHA: IV, 68
MILLER, EDNA WALTERS: IV, 627
MILLER, EDNA: IV, 106, 453
MILLER, ELIZA: IV, 206
MILLER, ELIZABETH C.: IV, 205
MILLER, ELIZABETH COLEMAN: IV, 206
MILLER, ELIZABETH FLEMING: IV, 627
MILLER, ELIZABETH SNYDER: IV, 205

MILLER, ELLA GEESEY: IV, 205
MILLER, ELLA GEORGE: IV, 205
MILLER, ELLEN: IV, 206
MILLER, ESTHER: IV, 431
MILLER, F. W. (MRS): III, 364
MILLER, FAYE WALKER: IV, 627
MILLER, FLOYD: III, 505; IV, 290, 447
MILLER, FRANCIS: II, 656
MILLER, G. W. (DR.): II, 366
MILLER, GEORGE P.: II, 301, 691; IV, (COACH) 431
MILLER, GEORGE: I, 121, 559, 111, 18
MILLER, GRACE: IV, 550
MILLER, GWEN (MRS): II, 531
MILLER, H. PORTER: II, 523
MILLER, H. S.: II, 528
MILLER, H. W.: II, 491
MILLER, HANNAH SIMPSON: IV, 206
MILLER, HAPSIE: IV, 231, 518
MILLER, HARRY DWIGHT: IV, 453
MILLER, HARRY: IV, 106, 453
MILLER, HARVEY E.: IV, 628
MILLER, HELEN: I, 433
MILLER, HENRY: II, 136
MILLER, HOLLY ANN: IV, 28
MILLER, HUGH B.: IV, 575
MILLER, HUGH: IV, 206
MILLER, ISABEL BELL: IV, 205
MILLER, J. C.: I, 684
MILLER, J. H.: II, 66, 154, 178
MILLER, J. J.: IV, 333
MILLER, JACOB WILLIAM: IV, 627
MILLER, JACOB: II, 126; III, 570, 571; IV, 628
MILLER, JAMES ALBERT (M.D.): IV, 205
MILLER, JAMES B.: II, 64
MILLER, JAMES: I, 222; II, 92; III, 256; IV, 174, 206, (COL.) 354
MILLER, JANE E. MCCORMICK: IV, 550
MILLER, JANE: IV, 206
MILLER, JESSE: I, 247; II, (JESS) 643, 644; III, 627; IV, 199
MILLER, JOHN E.: IV, 397
MILLER, JOHN K.: IV, 205
MILLER, JOHN M.: II, 399, 434
MILLER, JOHN O. (JR.): II, 668
MILLER, JOHN RANDALL: IV, 550
MILLER, JOHN: I, 186; II, 324, (JR.) 531; IV, 174, 206
MILLER, JOHNSTON: III, 303
MILLER, JONAS: IV, 628
MILLER, KATE: IV, 380
MILLER, KENNETH JOHN: IV, 28

MILLER, KEZIAH ANN: IV, 174
MILLER, L. EARLE: II, 424
MILLER, LAURA A. HAMILTON: IV, 205
MILLER, LEO: II, 491
MILLER, LEWIS EARLE: IV, 619, 627, 628
MILLER, LISLE F.: IV, 627
MILLER, LORRAINE OLLE: IV, 431
MILLER, LOUISE: IV, 354, 417
MILLER, LYDIA OLIVE: IV, 628
MILLER, M. G.: II, 94
MILLER, M. L.: I, 542, (DR.) 636
MILLER, M. WATSON (M.D.): IV, 205
MILLER, MARGARET ANN: IV, 241
MILLER, MARGARET BELLE: IV, 628
MILLER, MARGARET D.: IV, 205, 543
MILLER, MARGARET HAZLETT: IV, 205
MILLER, MARGARET: IV, 68, 124, 205, 206
MILLER, MARIE: IV, 453
MILLER, MARION GRAFFAM (MISS): II, 533
MILLER, MARTHA: IV, 610
MILLER, MARTIN L.: I, 283
MILLER, MARTIN: IV, 206
MILLER, MARY A.: IV, 255
MILLER, MARY ANN KEENER: IV, 543
MILLER, MARY ANN: IV, 256
MILLER, MARY ANNA: IV, 205
MILLER, MARY C.: IV, 290
MILLER, MARY E.: IV, 217
MILLER, MARY ELDER: IV, 206
MILLER, MARY JANE: IV, 321
MILLER, MARY KEENER: IV, 205
MILLER, MARY KEZIAH: IV, 424
MILLER, MARY MAGDALENE SELL: IV, 628
MILLER, MARY MCPHILEMEY: IV, 206
MILLER, MAUD: IV, 628
MILLER, MICHAEL: IV, 431
MILLER, MILO: II, 636
MILLER, MILTON G.: IV, 205
MILLER, MOSES: IV, 628
MILLER, NANCY DIXON: IV, 205
MILLER, NANCY: IV, 42
MILLER, NEWELL (SGT.): II, 579
MILLER, NOBLE C.: IV, 453
MILLER, NOBLE: II, 557
MILLER, PAMELA: IV, 618
MILLER, PATRICIA: IV, 618
MILLER, PAUL D.: IV, 627
MILLER, PAUL K.: IV, 628
MILLER, PAULINE: IV, 575
MILLER, PERCY C.: IV, 453

MILLER, PERCY: IV, 162
MILLER, PREBE: II, 341
MILLER, RALPH: II, (DR.) 797; III, 521
MILLER, RICHARD: IV, 206
MILLER, ROBERT N.: IV, 205
MILLER, ROBERT: I, 126, 260
MILLER, ROBYN LEIGH: II, 573
MILLER, ROSALIE: IV, 162
MILLER, ROSE: IV, 434
MILLER, S. G.: I, 247; II, 7, 119
MILLER, S. W. (REV.): I, 183
MILLER, SALLIE: IV, 230, 586
MILLER, SAMUEL G.: I, 280, 366, 384, 485, 579, 580; III, 215; IV, 205, (JR. MD.) 205, 206
MILLER, SAMUEL GARVIN: IV, 543
MILLER, SAMUEL W.: II, 548
MILLER, SAMUEL: I, 88, 94, 105, 112; II, 438; IV, 205, 241
MILLER, SARAH DILINGER: IV, 206
MILLER, SARAH ELIZABETH KERR: IV, 627
MILLER, SARAH J.: IV, 205
MILLER, SARAH: IV, 42,174, 206
MILLER, SUSAN FISHER: IV, 628
MILLER, SUSAN: IV, 280
MILLER, THADDEUS S.: IV, 205
MILLER, THOMAS B.: II, 439
MILLER, VIRGIE: IV, 54
MILLER, W. H. H.: II, 323
MILLER, W. J.: III, 159, 161
MILLER, WILLIAM ARTHUR: IV, 628
MILLER, WILLIAM P.: IV, 431
MILLER, WILLIAM: III, 395; IV, 206, 628
MILLER, WILLIS E.: IV, 627
MILLER, YOLENE KEYE: IV, 627
MILLHOUSER, ABRAHAM: I, 452
MILLHOUSER, CONRAD: I, 538
MILLIGAN, A. M. (REV.): III, 218
MILLIGAN, EDWARD: IV, 369
MILLIGAN, ELIZABETH: IV, 369
MILLIGAN, J. S. T. (REV.): I, 487, 661
MILLIGAN, MARIAN: IV, 111
MILLIGAN, ROSWELL B.: IV, 111
MILLINER, SARA: IV, 498
MILLIRON, CHRISTENA: IV, 228
MILLIRON, JOHN: I, 345
MILLS, (MCGEES): III, 474
MILLS, ARDELLA: IV, 231
MILLS, AUGUSTUS K.: IV, 577
MILLS, DAVID (REV.): I, 494
MILLS, JOHN: I, 329
MILLS, LOUISE: IV, 577
MILLWARD, I, 592

MILROY, (GEN.): IV, 167
MILSOP, JOE: II, 786
MILTON, JOHN: II, 673
MINEHART, THOMAS Z.: III, 532
MINER, II, 405, (REV.) 486
MINIAM, JOHN GEORGE: IV, 34
MINIAM, MARIA C.: IV, 34
MINISH, JAMES: I, 651
MINISH, LARUE WINSLOW: IV, 283
MINKO, PAUL: II, 466
MINNEMYER, W. G.: II, 215
MINOR, G. W. K.: II, 3
MINSENKO, MIKE: III, 420
MINSER, IV, (MISS) 590
MINSER, ELIZABETH: IV, 570, 571
MINSER, HARRY: II, 804
MINSER, MARK: IV, 570, 571
MINSER, MARY JANE: IV, 570, 571
MINTO, RICHARD: III, 419
MIREON, MIKE: II, 27
MISTRETTA, SUSAN K.: IV, 545
MISURDA, GEORGE M.: III, 596
MITCHEL, MARGARET: I, 177
MITCHEL, MATHEW: I, 177
MITCHEL, ROBERT: I, 177
MITCHEL, SAMUEL: I, 177
MITCHELL, I, 568, 585; II, 136, (SENATOR) 263; III, (MRS.) 227, 232, & 234, 271, (MRS.) 328,111, 328, (MRS.) 386; IV, 29; IV,116, (DR.) 144, (MISS) 257, (DR.) 259, IV, 320, 341, 388, 602 & 624, 624
MITCHELL, A. R.: I, 655
MITCHELL, A.: I, 476
MITCHELL, AGNES: IV, 342
MITCHELL, ALEXANDER: IV, 342
MITCHELL, ANN BONAR: IV, 379
MITCHELL, ANN ESPY: IV, 379
MITCHELL, ANN: IV, 284, 342, 379
MITCHELL, ANNA MARY: III, 340; IV, 379
MITCHELL, ANNE WILLET: IV, 323
MITCHELL, ANNE: IV, 636
MITCHELL, BENJAMIN: IV, 379
MITCHELL, BETSEY: IV, 379
MITCHELL, CAROLINE: IV, 379
MITCHELL, CHRISSY: IV, 379
MITCHELL, DAVID: I, 186
MITCHELL, DELLA: IV, 446
MITCHELL, EDITH D. HAYDEN: IV, 342, 379, 636
MITCHELL, ELIZA: IV, 342, 379
MITCHELL, ELIZABETH: IV, (MRS.) 152, 275
MITCHELL, GAVIN: IV, 379
MITCHELL, GEORGE: IV, 379

MITCHELL, GERTRUDE: IV, 364
MITCHELL, H. Z.: IV, 275
MITCHELL, HANNAH BRYANT: IV, 379
MITCHELL, HANNAH: IV, 379
MITCHELL, HENRY: II, 734; IV, (DR.) 636, 637
MITCHELL, I. W.: IV, 315
MITCHELL, ISABEL: IV, 378, 379
MITCHELL, J. L.: II, 186, 188
MITCHELL, JAMES A.: IV, 277
MITCHELL, JAMES: I, 126, 540, 552; II, 681; IV, 238, 342, 379
MITCHELL, JANE BROWN: IV, 379
MITCHELL, JANE C.: I, 431
MITCHELL, JANE CLARK: IV, 378
MITCHELL, JANE: I, 258; IV, 379
MITCHELL, JENNIE: I, 444; II, (MISS) 67; III, 149, 340; IV, 275, 379, 403
MITCHELL, JESSE: IV, 292
MITCHELL, JOHN C.: I, 402, 403; IV, 379
MITCHELL, JOHN: I, 167, 177, 258, 286, 476; II, 200, 201; IV, 11, 219, 284, 322, 323, 364, 379, 596, 636, (M.D.) 637
MITCHELL, JOHNSTON: III, 252
MITCHELL, MALINDA ANN: IV, 219
MITCHELL, MARGARET BURNHAM: IV, 378
MITCHELL, MARGARET CULLINGFORD: IV, 636
MITCHELL, MARGARET F.: II, 350; IV, 216, 452
MITCHELL, MARTHA LAUGHLIN: IV, 322
MITCHELL, MARTHA LOUISE T.: IV, 379
MITCHELL, MARTHA: IV, 10, 11
MITCHELL, MARY ANN: IV, 378, 596
MITCHELL, MARY: IV, 15, 219, 322, 637
MITCHELL, MATHEW: I, 369; IV, (MATTHEW) 377, 378, & 379
MITCHELL, MINOT SHERMAN: IV, 637
MITCHELL, NANCY: IV, (MRS.) 313, 342
MITCHELL, NORA FULLINGTON: IV, 637
MITCHELL, PARKINSON: I, 258
MITCHELL, REBECCA: IV, 342
MITCHELL, ROBERT (DR.): I, 226, 227, 233, 239, 245, 252, 286, 309, 310, 359, 366, 367, 369, 374; 381, 382, 384, 389, 390, 393, 396, 402, 434, 439, 440-46, 448, 449, I, 450, 506, 513, 544, 553; 11 f, 53, 114, 121, 122, 124-27, 134, 139, 145, 146, 153, 155, 1V, 54, 70, 116, 274, 347,367, 376, 377, 378, 561
MITCHELL, ROBERT: I, 202, 211, 220, 249, (JR.) 430 & 431, 478, 552;
III,117,127, 227; IV, 275, 342, 377, 378, 379
MITCHELL, RUTH: IV, 292
MITCHELL, SAMUEL: I, 258; IV, 219, 323
MITCHELL, SARAH BLOSE: IV, 342
MITCHELL, SARAH E.: IV, 216
MITCHELL, SARAH JOHNSTON: IV, 342
MITCHELL, SARAH: IV, 315
MITCHELL, SIMEON: IV, 379
MITCHELL, THOMAS SHARP: IV, 342
MITCHELL, VIOLA: IV, 610
MITCHELL, W. J.: IV, 216
MITCHELL, WILLIAM CLARKE: IV, 379
MITCHELL, WILLIAM: I, 446, 447; IV, 342, 636
MIX, TOM: II, 545
MOCK, HANNAH: IV, 230
MOCK, MARY: IV, 47
MOCK, PETER: IV, 230, 398
MOCK, SUSAN: IV, 47, 398
MOCK, WILLIAM: IV, 47
MOELLER, H. A.: II, 453
MOFFETT, JANE: IV, 15
MOFFETT, WILLIAM: IV, 15
MOGLE, EDITH: IV, 25
MOGLE, G.: II, 141
MOHR, FREDERICK: I, 531; II, 146
MOLOSKO, MIKE: II, 756
MONACO, JUDY: II, (MISS) 753, 801
MONCKTON, ROBERT (GEN.): I, 60
MONDALE, II, 746
MONDALE, JANICE: IV, 553
MONG, GEORGE: I, 476
MONROE, A. D.: IV, 97
MONROE, FEMOTHY: I, 223
MONROE, H. E. (MRS.): III, 354, 355
MONROE, HARRIET: IV, 97
MONROE, JAMES: I, 219
MONS, P. B. L.: III, 477
MONTGOMERY, I, 586; III, 281; IV, (GEN.) 395
MONTGOMERY, ABSALOM: IV, 342
MONTGOMERY, ALEX: I, 571, 686
MONTGOMERY, ANNA: IV, 343
MONTGOMERY, ANTHONY: III, 17
MONTGOMERY, DELANEY: I, 461
MONTGOMERY, ELIZA: IV, 342, 575
MONTGOMERY, J. C.: II, 248
MONTGOMERY, J. N.: III, 238
MONTGOMERY, JAMES: I, 147, (CAPT.) 405, 418; IV, 343
MONTGOMERY, JANE: IV, 342, 343

MONTGOMERY, JOHN: I, 26, 68, 259, 261, 263, 296, 309, 571; IV, 311, 342, 343, 575
MONTGOMERY, MARGARET: IV, 343
MONTGOMERY, MARTHA EWING: IV, 343
MONTGOMERY, MARY: IV, 234
MONTGOMERY, RACHEL: IV, 342, 343
MONTGOMERY, ROBERT, IV, 343
MONTOUR, ANDREW: I, 41, 42, 58
MOONSHOWER, JOHN: I, 255
MOOR, (CAPT.): III, 25
MOORE, I, 104, 636; III, 227, (MRS.) 365; IV, (MR.) 86, (MR.) 155, (MISS) 182, (MR.) 183, (DR.) 496
MOORE, A. E.: II, 719
MOORE, ABEL: IV, 271
MOORE, ABRAHAM: I, 533, 654; II, 64; IV, 128, 178
MOORE, ADAM: II, 134
MOORE, ALICE MAY WORK: IV,182
MOORE, BEVERLY DAWN: IV, 182
MOORE, C.: II, 143
MOORE, CAROLINE DEYARMIN: IV, 178
MOORE, CHARLES H.: II, 231, 267
MOORE, CLARA: IV, 622
MOORE, CRAIG EDWARD: IV, 182
MOORE, DAVID BROOK: IV, 182
MOORE, DORSEY: IV, 622
MOORE, EDWARD PAUL: III, 624
MOORE, EDWARD: II, 756
MOORE, EFFIE ALICE: IV, 178
MOORE, EFFIE: III, 457
MOORE, ELIZA: IV, 482
MOORE, EMMA: IV, 105
MOORE, EVELET BROOK: IV, 182
MOORE, F. F.: III, 405
MOORE, FRANK A.: IV, 110, 182
MOORE, FRANK E.: II, 732, 733, 734, 735; IV, 182
MOORE, FRANK EMERSON: IV, 182
MOORE, FRANK F. (DR.): II, 423
MOORE, FRANK: II, 734, 737, 738
MOORE, G. W.: I, 625
MOORE, H. M.: IV, 92
MOORE, HELEN: IV, 496
MOORE, HENRY M.: IV,128, 474
MOORE, HENRY W.: III, 431
MOORE, ISABELLA: IV, 155
MOORE, J. C.: II, 173, 323
MOORE, J. W.: II, 162,163,180; III, 411; IV, 80
MOORE, JAMES: I, 342-L, 356; IV, 86, 212, 245, 271
MOORE, JANE PATTON: IV, 86

MOORE, JANE: IV, 212, 261
MOORE, JOHN W.: IV, 178
MOORE, JOHN: I, 79, 88, (REV.) 484; II, 153; IV, 182, 243, 482, (MRS.) 548
MOORE, JOSEPH ELMER: IV, 622
MOORE, JOSIE: IV, 482
MOORE, JUDY LEE: IV, 182
MOORE, JUNIATA HALL: IV, 622
MOORE, KENNETH LISLE: IV, 182
MOORE, LINDA JEAN: IV, 182
MOORE, LINDA: II, 667, 682, 801
MOORE, LUCY: IV, 182
MOORE, MADELINE: IV, 271
MOORE, MARTHA E. WALKER: IV, 622
MOORE, MARY: IV, 243, 271, 378
MOORE, MYRTLE BLANCHE BAUGHMAN: IV, 622
MOORE, PEGGY LOU MARSHALL: IV, 182
MOORE, PHEBE: IV, 128
MOORE, REBECCA: IV, 128
MOORE, RUTH ARLENE LYDICK: IV, 182
MOORE, RUTH: IV, 245
MOORE, SARAH IDA: IV, 110, (WORK) 182
MOORE, SARAH: IV, 206
MOORE, SILAS: I, 360
MOORE, T. J. (CAPT.): I, 639
MOORE, T. M.: III, 339
MOORE, VIOLA: IV, 622
MOORE, W. J.: II, 447
MOORE, W. P.: I, 477
MOORE, WILLIAM J.: II, 571; IV, (SHERIFF) 622
MOORE, WILLIAM JOHNSTON: IV, 622
MOORE, WILLIAM: I, (PRES.) 112; II (SHERIFF) 571; III, 516; IV, 261, 482
MOOREHEAD. ALEXANDER THOMPSON (JR): I, 374, 395, 396, 426, 435, 446, 504, 541, 642; III, 252
MOOREHEAD, ALEXANDER THOMPSON (SR): I, 163, 169, 214-0, 276, 426, 470, 202, 211, 222, 227, 249, 364; III, 219, 256
MOOREHEAD, J. C.: II, 66
MOOREHEAD, JAMES: II, 64
MOOREHEAD, ROBERT B.: IV, 158
MOORHEAD, I, (CAPT.) 101, 585; II, 24; III, 199, 205; IV, (MR.) 145, (JUDGE) 259
MOORHEAD, A. C.: II, 116
MOORHEAD, A. F.: III, 216
MOORHEAD, A. R.: III, 486
MOORHEAD, A. RALF: IV, 89
MOORHEAD, A. RALPH (MR.): II, (MR. & MRS.) 294, 304

MOORHEAD, A. T.: II, 64, (SR.) 92, 93, 123, 304; IV (JR.) 54, (SR.) 65, (& SONS) 89, (JR.) 116, (JR. & SR.) 144, 377

MOORHEAD, AGNES CRAIG: IV, 259

MOORHEAD, AGNES ELIZABETH: IV, 259

MOORHEAD, ALBERT S.: II, 304, 537; IV, 89

MOORHEAD, ALBERT SPEEDY: IV, 90

MOORHEAD, ALEXANDER CUNNINGHAM: IV, 259

MOORHEAD, ALEXANDER RALPH: IV, 90

MOORHEAD, ALEXANDER T. (JR.): IV, 54, 90

MOORHEAD, ALEXANDER THOMPSON: IV, (SR.) 54, (JR.) 89, (SR.) 90, (SR.) 146

MOORHEAD, ALEXANDER: I, 303; IV, 146, 147, 163, 339

MOORHEAD, ALICE CRAIG: IV, 462

MOORHEAD, ALMIRA STEPHENS: IV, 364, 613

MOORHEAD, ANN: IV, 163, 333, 342, 364, 440

MOORHEAD, BELLE AULD: IV, 23

MOORHEAD, BESSIE GARNETT: IV, 90

MOORHEAD, BESSIE: III, 457

MOORHEAD, BLANCE: IV, 364

MOORHEAD, C. R.: II, 539

MOORHEAD, CALVIN: II, 301

MOORHEAD, CAROL: IV, 568

MOORHEAD, CAROL: IV, 568

MOORHEAD, CARRIE JACOCKS: IV, 364

MOORHEAD, CHARLES WILLS: IV, 90

MOORHEAD, CHARLOTTE: IV, 23,146

MOORHEAD, CLARA: IV, 55

MOORHEAD, CLARISSA: IV, 333

MOORHEAD, COOK HARRY: II, 381

MOORHEAD, DONALD W.: II, 772, (MRS.) 773

MOORHEAD, EDGAR THOMPSON: IV, 90

MOORHEAD, ELIZABETH BARNETT: IV, 259

MOORHEAD, ELIZABETH J.: IV, 462

MOORHEAD, ELIZABETH STEPHENS: IV, 364

MOORHEAD, ELIZABETH: IV, 364

MOORHEAD, EMILY: IV, 442

MOORHEAD, EMMA: IV, 613

MOORHEAD, ESTHER MCELHOES: IV,163

MOORHEAD, ESTHER: IV, 147, 333, 433

MOORHEAD, EUPHEMIA: IV,163, 236, 429

MOORHEAD, FERGUS: I, 75, 82, 83, 84-0, 90, 94, 118, 129, 150, 153, 160, 174, 214-C, (JR.) 260, 555, 556; II, xii, 370-G, 680; III, 8, 9, 20; IV, 65, 71, 106, 147, 162, 163, (JR.) 163, 236, 259, 333, 364, 418, 420-H, 420-I, 433, 662

MOORHEAD, FRANK EDWIN: IV, 90

MOORHEAD, FRANK: IV, 364, 613

MOORHEAD, FREDERICK: IV, 90

MOORHEAD, GEORGE RAY: IV, 462

MOORHEAD, GERTRUDE: IV, 364

MOORHEAD, GUSTIN LOGAN: IV, 90

MOORHEAD, HARRY C.: IV, 102

MOORHEAD, HARRY SHIELDS: IV, 462

MOORHEAD, HARVEY: IV, 364

MOORHEAD, HOWARD HUTCHISON: IV, 90

MOORHEAD, HOWARD: III, 254

MOORHEAD, HUGH MCKEE (M.D.): IV, 90

MOORHEAD, IDA L. JOHNS: IV, 90

MOORHEAD, J. C .: II, 130; III, 298; IV, 362

MOORHEAD, J. L.: II, 329

MOORHEAD, J. O .: III, 347

MOORHEAD, JAMES MCKEE: IV, 54

MOORHEAD, JAMES S.: IV, 114, 603

MOORHEAD, JAMES W.: IV, 145, 146

MOORHEAD, JAMES WASHINGTON: I, 369, 370, 396, 407, 462, 464, 589; IV, 146

MOORHEAD, JAMES: I, 30, 133, 146, 160, 163, 167, 214-0, 224, 225, 226, 227, 230, 238, 239, 266, 271, 272, 277, 295, 301, 303, 367, 368, 369, 382, 384, 387, 389, 393, 396, 426, 445, 446, 464, 476; III, 82, 114, 125, 145, 156, 256; IV, 23, 54, 55, 71, 89, 90, 143, 147, 163, 364, 603

MOORHEAD, JANE H. HART: IV, 54

MOORHEAD, JANE MCELHOES: IV, 163, 236

MOORHEAD, JANE WHITE: I, 83, 92; IV, 163

MOORHEAD, JANE: IV, 106, 163, 236, 255, 259, 316, 429, 433, 629

MOORHEAD, JEANNETTE: IV, 90

MOORHEAD, JENNIE CLYDE: IV, 146

MOORHEAD, JESSE MILDRED: IV, 462

MOORHEAD, JESSIE: IV, 462

MOORHEAD, JOHN CALVIN: IV, 54

MOORHEAD, JOHN MILTON: IV, 146

MOORHEAD, JOHN UPSHUR: IV, 102, (JR;) 102

MOORHEAD, JOHN W.: II, 305; IV, 462

MOORHEAD, JOHN WILSON: IV, 462

MOORHEAD, JOHN: IV, 236, 259, 364

171

MOORHEAD, JOHNSTON: II, 264; IV, 364, 613
MOORHEAD, JOSEPH MCCLOUD: I, 369; IV, 54, 145
MOORHEAD, JOSEPH PAUL: IV, 462
MOORHEAD, JOSEPH: I, 83, 118, 119, 159, 164, 174, 215, 284, 343, 351, 352, 640; II, 71, 94, 266, 270, (EDITOR) 296, 302, 305; III, 192, 347; IV, 1, 163, 236, 259, 429, 433, 461, 462
MOORHEAD, KATHERINE: IV, 90
MOORHEAD, LAVINIA: IV, 146
MOORHEAD, LILLIAN: IV, 102
MOORHEAD, MARGARET ANN RANKIN: IV, 90
MOORHEAD, MARGARET DAUGHERTY: IV, 90
MOORHEAD, MARGARET GLASS: IV, 90
MOORHEAD, MARGARET MCFARLAND: IV, 54
MOORHEAD, MARGARET THOMPSON: IV, 54
MOORHEAD, MARGARET W.: IV, 23
MOORHEAD, MARGARET: IV, 146, 147, 163, 372
MOORHEAD, MARTHA BELL: IV, 259
MOORHEAD, MARTHA DONALDSON: IV, 259
MOORHEAD, MARTHA EVANGELINE: IV, 90
MOORHEAD, MARTHA JANE: IV, 104
MOORHEAD, MARTHA S.: IV, 23
MOORHEAD, MARTHA: IV, 259
MOORHEAD, MARY HAZLETT: IV, 259
MOORHEAD, MARY JANE HUTCHISON: IV, 90
MOORHEAD, MARY JANE: IV, 54
MOORHEAD, MARY L.: IV, 364
MOORHEAD, MARY LOCHRY: IV, 163, 164
MOORHEAD, MARY LOWERY: IV, 163
MOORHEAD, MARY LUCINDA BLACKBURN: IV, 90
MOORHEAD, MARY M.: IV, 84
MOORHEAD, MARY MORROW MCKEE: IV, 54, 90
MOORHEAD, MARY MORROW: IV, 146
MOORHEAD, MARY PARKS: IV, 146, 339
MOORHEAD, MARY S.: IV, 23
MOORHEAD, MARY: IV, 147, 462
MOORHEAD, MATILDA S. LINTNER: IV, 54
MOORHEAD, MOWRY T.: IV, 23
MOORHEAD, MYRTILLA B.: IV, 462
MOORHEAD, MYRTILLA: IV, 259
MOORHEAD, NANCY ANN: IV, 54
MOORHEAD, NANCY PEARL: IV, 90

MOORHEAD, NANCY RIDDLE: IV, 146
MOORHEAD, NANCY THOMPSON: IV, 146
MOORHEAD, NANCY: I, 296; IV, 259, 260, 339
MOORHEAD, OLIVE: IV, 364
MOORHEAD, PHOEBE: IV, 163
MOORHEAD, POLLY: IV, 339
MOORHEAD, PRUDENCE: I, 303; IV, 147
MOORHEAD, R. B.: I, 210, 395, 396, 589
MOORHEAD, REBECCA ARMEL: IV, 462
MOORHEAD, REBECCA HOSACK: IV, 462
MOORHEAD, REBECCA JANE: IV, 259
MOORHEAD, REBECCA: IV, 393
MOORHEAD, RICHARD E.: IV, 462
MOORHEAD, ROBERT BROWN: I, 245, 278, 390, 463, 516-K; IV, 23, 146
MOORHEAD, ROSE A. LICHTEBERGER: IV, 23
MOORHEAD, RUTH: IV, 364
MOORHEAD, S. N.: III, 347
MOORHEAD, SAMUEL C: I, 614; IV, 259
MOORHEAD, SAMUEL P.: I, 445
MOORHEAD, SAMUEL: I, 75, 79, 80, 83, 87, 89, 91, 93, 94, 95, 104, 106, 107, 111, 135, 170, 176, 229, 237, (JR.) 252, 282, 312, (JR.) 440 & 547; II, 64; III, 10, 20, 21; IV, 137, 163, 164, (JUDGE JR.), 258, 259, 316, 347, 364, 372, (ASSO. JUDGE) 462
MOORHEAD, SARAH DALES: IV, 90
MOORHEAD, SARAH E. CRIBBS: IV, 23
MOORHEAD, SARAH EARHART: IV, 259
MOORHEAD, SARAH PORTER: IV, 364
MOORHEAD, SARAH: IV, 334, 375
MOORHEAD, SINEY ISABELLA BROWN: IV, 146
MOORHEAD, SUSAN WRIGHT BODINE: IV, 146
MOORHEAD, SUSAN: IV, 236, 333
MOORHEAD, SUSANNAH: IV, 49
MOORHEAD, THOMAS: III, 449; IV, 102, 163
MOORHEAD, THOMPSON: I, 468
MOORHEAD, VERNA B. ALLSHOUSE: IV, 462
MOORHEAD, W. R.: I, 210
MOORHEAD, W. W.: I, 456
MOORHEAD, W. WALLACE (REV.): IV, 104
MOORHEAD, WILLIAM BRUCE: V, 23
MOORHEAD, WILLIAM FULTON: IV, 90
MOORHEAD, WILLIAM M.: IV, 603

MOORHEAD, WILLIAM WALLACE (REV.): IV, 259
MOORHEAD, WILLIAM: I, 163, 245, 275, 277, 278, 342N, 359, 370, 516-K, 552, 559, 571, 572 576, 595, 596; III, 30; IV, 23, 75, 143, 146, 163, 236, 259, 333, 364
MOORHEAD, WILLIE: IV, 462
MOORHOUSE, II (BROS.) 70
MOORHOUSE, ELI: II, 151
MOORHOUSE, JOHN: II, 151
MOOSE, FRANK: II, 545
MOOSE, VELMA: IV, 141
MOOT, IRENE: IV, 13
MOOT, MARTIN: I, 648
MOOT, W. H.: II, 146
MORCELIA, ANGELO: III, 409, 410
MORCHESKY, STAN: III, 596
MORE, ANN: IV, 271
MOREAU, FRANK: IV, 626
MORELAND, ANNA E. (MRS.): IV, 380
MORELL, D. J. (HON.): II, 52
MOREY, LEONA: IV, 609
MOREY, TOM: IV, 609
MORFORD, AMY: IV, 98
MORFORD, EDITH: II, 756
MORFORD, FLORINDA: IV, 563
MORFORD, S. L.: I, 333
MORFORD, STEPHEN: IV, 98
MORGAN, (GEN.): I, 655
MORGAN, AMY: IV, 150
MORGAN, BEN: III, 639
MORGAN, GEORGE (COL.): I, 91, 93, 106
MORGAN, J. P.: II, 200, 202, 230, 315
MORGAN, J.: I, 389
MORGAN, JAMES: II, 642
MORGAN, LAVINIA: IV,179
MORGAN, MARGERET J.: IV, 496
MORGAN, MARGERET: IV, 262
MORGAN, REBECCA JANE: IV, 150
MORGAN, T. E.: I, 469
MORGAN, THOMAS E.: I, 470, 475, III, 218, 219, 221
MORGAN, WILLIAM D.: IV, 150
MORGAN, WILLIAM: I, 222, 223
MORGANROTH, III, 226
MORGANT, CASPER; II, 423; III, 410, 411
MORGANTI, CHARLES: II, 598
MORGANTI, JOE: II, 598
MORGANTI, KATHLEEN JOANNE: IV, 368
MORGANTI, PHILIP: IV, 368
MORGART, (MISS): II, 346
MORGART, SARA (MISS): II, 380

MORMINO, JOHN: II, 423
MOROCCO, (MRS.): III, 395
MORRELL, MARGARET: IV, 357
MORRIS, II, 271, 412
MORRIS, ABBY: III, 574
MORRIS, ARTHUR E.: II, 597
MORRIS, DAVID: IV, 212
MORRIS, DOROTHY: IV, 53
MORRIS, ELIZABETH (NORRIS?): IV, 561
MORRIS, MARY ANN: IV, 28
MORRIS, ROBERT M.: II, 137
MORRIS, ROBERT: I, (GOVERNOR) 45, 201
MORRIS, RUTH: IV, 212
MORRIS, THOMAS: I, 382
MORRIS, W. REED: IV, 53
MORRIS, WALTER E.: II, 732
MORRISON, (MR.): IV, 269
MORRISON, ALICE: III, 251
MORRISON, ELIZABETH: IV, 369
MORRISON, GENEVIEVE: IV, 279
MORRISON, JANE: IV, 391, 557
MORRISON, MARTHA: IV, 87
MORRISON, TABITHA: IV, 269
MORRISON, WILLIAM: IV, 279
MORROW, A. M.: II, 279
MORROW, A.: I, 397
MORROW, AGNES: IV, 559
MORROW, C. G. (MRS.): II, 272
MORROW, CATHERINE: IV, 294
MORROW, CLARA COCHRANE: IV, 294
MORROW, CLIFFORD: II, 300
MORROW, DAVID: IV, 255, 294
MORROW, ELIZABETH: IV, 348
MORROW, HUGH: II, 117
MORROW, J. E.: II, 227
MORROW, J. W.: II, 19
MORROW, JOHN WILSON: IV, (M.D.) 293, 294
MORROW, JOHN: IV, 294
MORROW, JOSEPHINE A.: IV, 417
MORROW, MARGARET GILLESPIE: IV, 294, 491
MORROW, MARGARET JANE: IV, 490
MORROW, MARGARET STUCHELL: IV, 490
MORROW, MARGARET: IV, 255, 294, 491
MORROW, MARY: IV, 146, 147, 281
MORROW, NANCY STEWART: IV, 294
MORROW, NANCY: IV, 54
MORROW, R.: I, 476, (REV.) 508
MORROW, ROBERT: IV, 294
MORROW, THOMAS: IV, 294

MORROW, WILSON: IV, 490, 491
MORSE, S. F. B.: I, 571
MORTON, (MR.): I, 194; III, 305
MORTON, ANNIE REBECCA (MRS.): IV, 321
MORTON, ANNIE: IV, 571
MORTON, ARABELLA MORTON: IV, 369
MORTON, DAVID: I, 339
MORTON, ELIZA: IV, 98
MORTON, ELIZABETH: IV, 317
MORTON, GEORGE (REV.): I, 373
MORTON, JENNIE: IV, 288
MORTON, JOHN: IV, 317
MORTON, ROBERT H.: I, 578; II, 532
MORTON, ROBERT: II, 540, 542, 663;
MORTON, SAMUEL: IV, 317
MOSER, ANNA (MRS): II, 499
MOSER, DANIEL: IV, 214
MOSER, GEORGE C.: II, 208
MOSER, JOHN MARTIN: IV, 214
MOSER, JOHN PHILIP: IV, 214
MOSER, MAGDALENA OSWALD: IV, 214
MOSER, MARGARETHA:: IV, 214
MOSER, MARIA BARBARA: IV, 214
MOSES, (GRANDMA): II, 666
MOSES, SAMUEL: II, 361
MOSGROVE, II, iii, 11
MOSGROVE, JAMES: II, 10, 11, 12, 58; IV, 169, 170
MOTSKO, CHARLES: II, 570
MOTSKO, JOHN (1ST SGT): II, 578
MOTT, I, 586
MOTT, ALBERT B.: IV, 111
MOTT, ELIZABETH M.: IV, 111
MOTT, MARIA: I, 200; IV, 111, 319
MOTTEY, GEORGE: II, 408, 550
MOUNTJOY, CHARLES AUGUSTUS: IV, 522
MOUNTJOY, DAIVD: IV, 522
MOUNTJOY, DORIS MARKLAND: IV, 521
MOUNTJOY, EDWARD CHARLES: IV, 521
MOUNTJOY, EILEEN: II, 801; IV, 521, 555
MOUNTS, (LT. COL.) I, 256
MOWERY, (MISS): IV, 536
MOWRY, (DR.): I, 127
MOWRY, ELIZABETH A.: IV, 208
MOYER, IV, (MISS) 361
MOYER, MARY: IV, 276
MROZOWSKI, ELIZABETH A.: IV, 529
MUCCINATE, MARTINO: II, 248
MUCHNICK, JAY: IV, 245

MUCHNICK, MARJORIE ANNE: IV, 245
MUHLEMAN, HENRY: IV, 559
MUHLEMAN, LILLIAN MAY: IV, 559
MUHLEMAN, MARTHA ELIZABETH THOMAS: IV, 559
MUHLENBERG, HENRY A.: I, 238, 239
MUIR, DAVID: II, 57
MUIRHEAD, DOROTHY J.: IV, 636
MULHOLLAN, GEORGE: I, (ALL JR.) 234, 331, 354, 355, 364, 501, 549, 562; IV, 604
MULHOLLAN, JOHN: I, 355
MULHOLLAND, ELIZABETH: IV, 429
MULHOLLAND, HELEN: II, 801; IV, 384
MULHOLLAND, JOHN: III, 403
MULHOLLEN, D. J.: II, 183
MULLEN, I, 679
MULLEN, ALBERT: IV, 297
MULLEN, ALICE: IV, 295, 297
MULLEN, ANN GEDDES: IV, 295
MULLEN, ARMOR: III, 235; IV, 295
MULLEN, CHARLOTTE: IV, 295
MULLEN, CLARE: IV, 297
MULLEN, DAVID: III, 252; IV, 295, 297
MULLEN, HUGH: IV, 295
MULLEN, JENNIE WILSON: IV, 297
MULLEN, JENNIE: IV, 295
MULLEN, JOHN: I, 591, 592, 601, 678; IV, 297
MULLEN, MARTHA MCGEE: IV, 297
MULLEN, NANCY (MRS.): IV, 287
MULLEN, R. M.: IV, 601
MULLEN, REBECCA CRIBBS: IV, 295
MULLEN, ROBERT MCKEE: IV, 295, 297
MULLEN, ROBERT: III, 383, 384
MULLEN, WILLIAM: IV, 297
MULLER, H. A. (DR.): II, 798
MULLIN, HUGH: IV, 295
MULLIN, JOHN: III, 257
MULLIN, NANCY DICKEY: IV, 295
MULLIN, WILLIAM: III, 257; IV, 295
MULVEHILL, PATRICK: I, 511
MULVEHILL, THOMAS: II, 155
MUMAU, DONALD WAYNE: II, 804
MUMAU, GWEN: IV, 353
MUMAU, LEONARD: IV, 353
MUMMA, WALTER M.: IV, 184
MUNN, LUCY: IV, 156
MUNSHOWER, CATHERINE: IV, 630
MUNSHOWER, DANIEL: III, 256
MUNSHOWER, DAVID: I, 367
MUNSHOWER, HARRY: II, 347
MUNSHOWER, PAUL: II, 519
MUNSHOWER, SAMUEL: II, 347

MUNSON, ALMOND: IV, 123
MUNSON, CHESTER: IV, 123
MUNSON, GERTRUDE A.: IV, 123
MUNYON, JACK (REV): II, 520
MURDICK, SARAH: IV, 217
MURDOCH, GEORGE (DR.): II, 720
MURDOCH, GEORGE W.: II, 711; IV, 74
MURDOCK, ROBERT: I, 173
MURPHY, "JOHN": III, 364
MURPHY, DANIEL: IV, 15
MURPHY, FRANCIS: II, 66
MURPHY, FRANK: II, 429
MURPHY, G. C.: II, 453, 504, 597, 632; IV, 172, 300, 301, 313
MURPHY, GEORGE: IV, 307
MURPHY, HENRY: II, 222
MURPHY, JAMES E.: II, 808
MURPHY, JEREMIAH: I, 278, 546-J
MURPHY, MARGARET I.: IV, 307
MURPHY, MARY A.: IV, 307
MURPHY, MARY JANE: IV, 15
MURPHY, MOSES: I, 355
MURPHY, RALPH: III, 544
MURPHY, SARAH E.: IV, 301
MURPHY, WILLIAM: II, 152; III, 317
MURRAY, II, 398; IV, (REV.) 457
MURRAY, ALBERT: IV, 526
MURRAY, ANNA H. PALMER: IV, 526
MURRAY, ANNA M. ARMENDT: IV, 526
MURRAY, ANNIE: IV, 526
MURRAY, C. F.: II, 261, 361, 394
MURRAY, CECILIA: IV, 526
MURRAY, CORNELIUS F.: IV, 526
MURRAY, DANIEL: II, (JR.) 120; IV, 526
MURRAY, EMMA SINGER: IV, 526
MURRAY, GERTRUDE E.: IV, 526
MURRAY, IVA MAE: IV, 521
MURRAY, JAMES M.: III,137
MURRAY, JAMES: I, (CAPT.) 611; IV, 526
MURRAY, JOHN DANIEL: IV, 526
MURRAY, JOHN: I, 277, 342-G
MURRAY, LURETTA: IV, 543
MURRAY, M. S.: III, 381
MURRAY, MARY: IV, 526
MURRAY, MAY B.: IV, 526
MURRAY, MILFORD J. (SR.): IV, 526
MURRAY, NANCY: IV, 526
MURRAY, PHILIP:*II, 485
MURRAY, RAYMOND: IV, 526
MURRAY, S. K. (MR.): II, 429
MURRAY, S. M. (MRS.): III, 339
MURRAY, T. G.: II, 266

MURRAY, THOMAS FRANCIS: IV, 521
MURRAY, THOMAS: I, 131, 246, (DR.) 386, 717; II, (SUPT.) 182; IV, 526
MURRAY, VIVIAN C.: IV, 526
MURRAY, WALTER C.: II, 439
MURRAY, WARNER B.: IV, 526
MURRAY, WILLIAM: III, 427
MURRY, IDA: III, 457
MURTHA, II, 742, 744, 745, (CONG.) 767
MURTHA, JOHN P.: II, 616, 684, 741; III, 637
MURTHA, JOHN: III, 603, 604
MURTLAND, III, 299; IV, 363
MUSALKO, KATHRYN: IV, 384
MUSALKO, STEVE: IV, 384
MUSGROVE, JAMES: IV, 121
MUSHRUSH, JANET: IV, 527
MUSMANNO, M. A. (JUDGE): II, 496
MUSSER, A. J.: II, 403; III, 546-A
MUSSER, ALFRED JOHN: IV, 214, 568
MUSSER, DOROTHY ELIZABETH: IV, 213
MUSSER, DOROTHY MALINDA APPLEBY: IV, 213
MUSSER, DOROTHY: II, 636
MUSSER, ELIZABETH LUCILLE: IV, 214
MUSSER, ELIZABETH: IV, 568
MUSSER, ELLEN APPLEBY: IV, 214
MUSSER, ESTHER K. DURST: IV, 214, 568
MUSSER, FRED A.: IV, 213, 214, (SR.) 214
MUSSER, FRED ALFRED: IV, (SR.) 213, (JR.) 214
MUSSER, FRED: II, 463, 636; III, 628, 629, 610
MUSSER, G. W.: II, 636, 637
MUSSER, GEORGE WILLIAM: IV, 214
MUSSER, HELEN ESTHER: IV, 214
MUSSER, JOHN DURST: IV, 214
MUSSER, JOHN J.: IV, 214
MUSSER, JULIA DOUGHERTY: IV, 214
MUSSER, KATHRYN HESS: IV, 214
MUSSER, KATHRYN: IV, 214, 634
MUSSER, MARTHA: IV, 162
MUSSER, MARY KATHERINE DALE: IV, 214
MUSSER, MARY L. RIVERS: IV, 214
MUSSER, NANCY CAROL: IV, 214
MUSSER, WILLIAM: IV, 214
MYERS, II, (MRS.) 102; IV, 359
MYERS, A.: I, 584
MYERS, AGNES: IV, 534
MYERS, ANNIE: IV, 186

MYERS, BENAMIN: II, 31
MYERS, BUTLER: I, 333
MYERS, CLAIR: II, 360
MYERS, CLARK: IV, 96
MYERS, DAVID: I, 430; II, (SR.) 92; III, 114, 115, 141, 142, 147
MYERS, E.: I, 476
MYERS, EDWARD L.: II, 633
MYERS, ELIEZER: I, 88
MYERS, ELIZA: IV, 534
MYERS, ELIZABETH: IV, 586
MYERS, EVA: IV, 478
MYERS, F. P.: II, 703
MYERS, FLEURETTE DEBENNEVILLE: IV, 510
MYERS, FRANCIS J. (SENATOR): II, 572; III, 498
MYERS, FRANK: III, 498
MYERS, FRED: IV, 478
MYERS, GEORGE W.: I, 438
MYERS, GILBERT: II, 657
MYERS, HANNAH: IV, 446
MYERS, HARVEY: IV, 38
MYERS, HETHE DEBENNEVILLE KEIM: IV, 510
MYERS, HUGH: II, 532
MYERS, IRA A.: III, 347, 487 IV, 186
MYERS, J. L.: II, 9, (PROF.) 43, 44
MYERS, J.: I, 476
MYERS, JACOB: II, 114, 147; IV, 534
MYERS, JIM: II, 25
MYERS, JOHN H.: IV, 109
MYERS, JOHN K.: III, 301
MYERS, JOHN: I, 309, 396, (MRS.) 511, 513, 586; II, 242; IV, 534
MYERS, LEONARD (CONGRESSMAN): IV, 510
MYERS, MARY A. F.: IV, 626
MYERS, MARY: IV, 580
MYERS, MAUDE E.: IV, 109
MYERS, MINA PEARL: IV, 96
MYERS, MINNIE: IV, 570
MYERS, NANCY: IV, 217
MYERS, NELLIE E.: IV, 38
MYERS, ROBERT: IV, 534
MYERS, SAMUEL F.: IV, 626
MYERS, THOMAS: IV, 534
MYERS, WALTER: III, 313
MYERS, WILLIAM: IV, 534
MYFORD, JAMES C.: II, 666
MYLLIKEN, ADDA: IV, 540
NAGEY, STEVE: II, 470
NAGIE, JOHN: III, 253
NAGLE, CATHARINE: IV, 375
NALON, DAVID: II, 597

NANCE, IV, (MRS.) 327
NANCE, J. S. (MRS.): III, 614-L
NANCE, JAMES S.: IV, 327
NANCE, JAMES: II, 691, 775; III, 614-L, (JIM) 582; IV, 327
NANCE, JIM (MRS.): III, 582
NANCE, JIM (SON OF JIM): III, 582
NANCE, KATHY O'BRIEN: IV, 327
NANIA, GINA: III, 577
NANTAIS, FRANCIS: IV, 407
NANTAIS, FRANK: III, 542, 543; IV, 407
NAPOLEON, I, 262
NASH, ANN: IV, 221
NAST, THOMAS: II, 89
NATION, CARRIE: II, 363
NAUGLE, ROSAE: IV, 594
NAYLON, DAVID: IV, 305
NAYLON, MARK: IV, 368
NAYLON, MARY ANN: IV, 368
NAYLON, SALLY: IV, 305
NEAL (NIEL), WILLIAM LEWIS: IV, 439, 440
NEAL, I, 125, (CAPT.) 639; II, xii;
NEAL, AARON: IV, 412, 496, 524
NEAL, ALBERT LAWRENCE: IV, 496
NEAL, ANN (NIEL): IV, 405
NEAL, ANNIE OBERLIN: IV, 496
NEAL, ANNIE: IV, 14
NEAL, CATHARINE: IV, 497
NEAL, CLARK: IV, 412
NEAL, CORA WINSLOW: IV, 496
NEAL, CYNTHIA: IV, 496
NEAL, EMMA SMITH: IV, 496
NEAL, G. B.: III, 547
NEAL, GEORGE: IV, 496
NEAL, GRACE C.: IV, 496
NEAL, H. B. (DR.): II, 370-E
NEAL, HARRY B.: IV, 496
NEAL, IRENE: IV, 496
NEAL, JAMES WILTON: IV, 412
NEAL, JENNIE RALSTON: IV, 412
NEAL, JOHN B.: IV, 412, 496
NEAL, JOHN L.: II, 130
NEAL, JOHN LOVE: IV, 74
NEAL, JOSIAH H.: IV, 412
NEAL, JOSIAH: II, (I. C. DETECTIVE) 361; III, 410, 431; IV, 496
NEAL, LEWIS: II, 233
NEAL, LIDA A.: IV, 74
NEAL, LOWMAN: II, xii, 586-D
NEAL, LUCINDA VAN HORN: IV, 496
NEAL, MAE: IV, 483
NEAL, MARGARET J. MORGAN: IV, 496

NEAL, MARTHA KERR: IV, 412
NEAL, MARTHA: IV, 496
NEAL, MARY C. REITZ: IV, 412
NEAL, MARY CUNNINGHAM: IV, 496
NEAL, MARY E.: IV, 496
NEAL, MARY REYNOLDS: IV, 497
NEAL, MYRTLE BECK: IV, 412, 524
NEAL, NIOMA C.: IV, 461
NEAL, NIOMA: IV, 496
NEAL, NOVA: IV, 412
NEAL, PRESTON: IV, 496
NEAL, QUAY: III, 625
NEAL, RACHEL BLOSE: IV, 496
NEAL, RACHEL: IV, 412, 569
NEAL, REBECCA: IV, 637
NEAL, ROXIE WIDDOWSON: IV, 496
NEAL, RUTH ANNE HORTON: IV, 74
NEAL, SARAH: IV, 496
NEAL, SELINA: IV, 14, 496
NEAL, STELLA: IV, 570
NEAL, SUSAN NEFF: IV, 497
NEAL, T. SHARP: II, 302
NEAL, THOMAS S.: IV, 412, 461
NEAL, THOMAS SHARP: IV, 14, 412, (SHERIFF) 496, 497
NEAL, THOMAS: II, 240
NEAL, W. L.: II, 236, 456
NEAL, WALTER: IV, 496
NEAL, WILLIAM R.: IV, 496
NEAL, WILLIAM: I, 140, 212; IV, 496, (JR.) 496, (NIEL, SR.) 497
NEAL, WINIFRED: IV, 524
NEALE, RUSSELL II, 534
NEALER, JOHN: II, 440
NEALL, FRANK L.: I, 331
NEALOR, J O H N : III, 313
NEASBITS, JOHN: I, 345
NEEL, THOMAS: I, 320
NEELY, JAMES: III, 301
NEESE, BONITA LYNN: IV, 547
NEESE, ROBERT P.: IV, 547
NEFF, AARON (REV.): II, 81; IV, 127
NEFF, ADALINE W. SMITH: IV, 592
NEFF, AGNES CRAIG: IV, 127
NEFF, BILL: II, 475, 540, 541, 549; III, 505
NEFF, CAROLINE: IV, 542
NEFF, CATHERINE: IV, 214
NEFF, CLARA EMMA: IV, 592
NEFF, DILL: IV, 447
NEFF, ELIZA CAMERON: IV, 592
NEFF, ELIZA: IV, 442
NEFF, FRANK I.: III, 436
NEFF, FRANK L.: II, 542; III, 449

NEFF, FRANK: II, 436; III, 489
NEFF, JACOB CAMERON: IV, 592
NEFF, JOHN J.: IV, 127
NEFF, JOHN W.: III, 484
NEFF, JOHN: IV, 442, 592
NEFF, JONATHAN: IV, 354
NEFF, LORETTA P.: IV, 123
NEFF, MARY JANE: IV, 354
NEFF, MARY: IV, 108
NEFF, PERNILLA: IV, 442
NEFF, REBECCA: IV, 127
NEFF, SARAH JANE: IV, 99, 231
NEFF, SUSAN: IV, 497
NEFF, W. (MAJ. GEN. M.D.): IV, 123
NEFF, W. S.: II, 218
NEFF, WILLIAM (BILL) T.: II, 545, 667
NEGLEY, JAMES S. (GEN.): II, 11,125
NEHRIG, CHRISTOPHER: IV, 599
NEHRIG, DAVID EDWIN: IV, 599
NEHRIG, JOHN FRED: IV, 599
NEHRIG, NANNIE JANE LYDIC: IV, 599
NEHRIG, ROBERT EDWIN: IV, 599, 600
NEHRIG, ROBERT H.: IV, 599
NEHRIG, ROBERT HAROLD: IV, 599
NEHRIG, RUTH IRENE WINSHEIMER: IV, 599
NEHRIG, SUSAN MAIR: IV, 599
NEHRIG, VIRGINIA RUTH GRESSLEY: IV, 599
NEHRIG, WILLIAM CHRIST: IV, 599
NEIL (NEIL, NEAL), DAVID: IV, 25
NEIL, I, 636
NEIL, ANNA B.: IV, 25
NEIL, BERTHA JANE: IV, 25
NEIL, BLANCHE: IV, 25
NEIL, CARRIE ELIZABETH: IV, 25
NEIL, CHARLES E.: IV, 25
NEIL, DAVID HENRY: IV, 25
NEIL, DAVID T.: IV, 25
NEIL, DEBORAH PIERCE: IV, 25
NEIL, DELLA: IV, 25
NEIL, DOLLY HENRY: IV, 25
NEIL, DORA MAY: IV, 25
NEIL, EDITH MOGLE: IV, 25
NEIL, ELIZABETH BOWERS: IV, 25
NEIL, ELIZABETH PIERCE: IV, 25
NEIL, FLORA D.: IV, 25
NEIL, GENEWORTH: IV, 25
NEIL, JACOB: IV, 25
NEIL, JAMES HENRY: IV, 25
NEIL, JENNIE FILLER: IV, 25
NEIL, JENNIE: IV, 25
NEIL, JOHN K.: IV, 25
NEIL, JOHN: IV, 25

NEIL, LEWIS: IV, 25
NEIL, MILES LESTER: IV, 25
NEIL, ORA ETTA: IV, 25
NEIL, RHODA BELLE: IV, 25
NEIL, ROSE HANNA: IV, 25
NEIL, S.: I, 475
NEIL, SARAH C. SHEESLEY IV, 25
NEIL, SARAH DALES: IV, 90
NEIL, SCOTT R.: IV, 25
NEIL, SUSANNAH KEEL: IV, 25
NEIL, WILLIAM A.: IV, 90
NEIMAN, SI: III, 421
NELLIS, I, 454
NELSON, I, 104; IV, (MR.) 87
NELSON, ALAN: III, 574
NELSON, ANDREW: III, (MR. & MRS.) 592
NELSON, BEATRICE E.: IV, 545
NELSON, CHARLES: II, 154
NELSON, EDWARD: IV, 147
NELSON, GREGORY: IV, 545
NELSON, ISABELLA: IV, 15
NELSON, JANE: IV, 87
NELSON, MONA: IV, 147
NELSON, NETTIE KING (MRS.): I, 27
NELSON, OSCAR G.: III, 420
NELSON, THOMAS H.: IV, 87
NELSON, WILLIAM: III, 227
NERHAUGEN, NATHALIA: IV, 634
NERONE, BETTY: III, 595
NESBIT, I, 669; II, 97
NESBIT, AGNES FULTON: IV, 558
NESBIT, AGNES ROSS: IV, 558
NESBIT, AGNES: IV, 415
NESBIT, ALEXANDER GILMORE (NESBITT): IV, 558
NESBIT, ANN: IV, 609
NESBIT, ANNIE: IV, 469
NESBIT, BELLE: IV, 558
NESBIT, CHARLES: IV, 469
NESBIT, ELIZABETH LOWMAN: IV, 558
NESBIT, ESTHER J.: IV, 558
NESBIT, EVA: IV, 558
NESBIT, FRANK: IV, 469
NESBIT, G. RAYMOND: IV, 471
NESBIT, GEORGE: IV, 471
NESBIT, HAROLD E.: IV, 471
NESBIT, J. HARVEY (REV.): IV, 558
NESBIT, J. S.: I, (CAPT.) 653; II, 65; IV, 568
NESBIT, JAMES S.: II, 22
NESBIT, JAMES: IV, (JUDGE) 468 & 469, 469, 605
NESBIT, JANE MCCONAUGHEY: IV, 558

NESBIT, JOHN K.: IV, 471
NESBIT, JOHN: I, 346; IV, 471
NESBIT, JOSEPH F.: IV, 471
NESBIT, JOSEPH: IV, 469
NESBIT, LOUISE: IV, 471
NESBIT, MARGARET HOUSTON: IV, 469
NESBIT, MARGARET SMITH: IV, 469
NESBIT, MARGARET: II, (MRS.) 67; IV, 469, 558
NESBIT, MARTHA: IV, 605
NESBIT, MARY ELIZABETH KUNKLE: IV, 471
NESBIT, MAUD STRANAHAN: IV, 558
NESBIT, MELINDA: IV, 558
NESBIT, NANCY J.: IV, 558
NESBIT, NANCY: IV, 183
NESBIT, NATHANIEL: I, 616, 666; II, 31; IV, 469
NESBIT, NORA KENNEDY: IV, 558
NESBIT, ROBERT NEWTON: IV, 558
NESBIT, ROBERT: IV, 469, 558
NESBIT, ROSE ANN COCHRAN: IV, 471
NESBIT, ROY: II, 512
NESBIT, SAMUEL MOSES: IV, (REV.) 558
NESBIT, SAMUEL: I, 131; IV, 469, 558, (SR.) 558, (JR.) 558
NESBIT, SARA: IV, 471
NESBIT, VIRGINIA: IV, 471
NESBIT, WILLIAM W.: IV, 415
NESBIT, WILLIAM: IV, 469
NESBITT, (MISS): I, 536
NESBITT, ALEXANDER: I, 199
NESBITT, ANN: IV, 303
NESBITT, EVA L.: I, 726
NESBITT, GEORGE K.: III, 165
NESBITT, JACOB: IV, 359
NESBITT, JOHN: IV, 303
NESBITT, NATHANIEL: II (MAJOR) 7, 66; III, 164, 165, (JR.) 165
NESBITT, NOBLE: I,199; III, 72
NESBITT, REBECCA A.: IV, 359
NESS, ANDREW: I, 516-A
NETAWATWES, (CHIEF): I, 71
NETH, C. DAVID: IV, 564
NETH, ELIZABETH: IV, 564
NETH, SARAH HART: IV, 564
NETTING, GRAHAM (DR.): II, 463
NEUPERT, HATTIE IRENE EBERT: IV, 631
NEUPERT, IUANEITA L.: IV, 631
NEUPERT, LOUIS HENRY: IV, 631
NEVILL, (MR.): II, 213
NEVILLE, ASA G.: II, 216, 229
NEVIN, D. R. B.: IV, 338

NEVIN, W. L.: II, 160
NEVLON, GEORGE H.: III, 251
NEW, GEORGE: III, 346
NEW, JAMES: II, 432
NEWBERRY, S. (REV.): III, 218
NEWBURY, S. (REV.): I, 469
NEWCOMB, CHARGES (REV.): II, 357
NEWCOMER, EVA ELIZABETH: IV, 4
NEWCOMER, LOTTIE: IV, 396
NEWHOUSE, JACOB: I, 333
NEWINGHAM, WILLIAM: II, 94
NEWLIN, HARRIET MELINDA: IV, 464
NEWLIN, JOHN: IV, 464
NEWLIN, MARY: IV, 464
NEWMAN, EMILY: IV, 87
NEWMAN, WILLIAM: II, 510
NEWTON, B. B.: I, 418
NEWTON, JOHN BARR: IV, 621
NEWTON, SARA JEAN: IV, 621
NICEWONGER, III, 314
NICEWONGER, WILLIAM: II, 196
NICHOL, II, 745
NICHOL, AGNES N. HUHN: IV, 185
NICHOL, ARCHIBALD: IV, 186
NICHOL, ARTHUR: II, 558
NICHOL, BEN: I, 209
NICHOL, CAROLYN: IV, 317
NICHOL, CHARLES A.: IV, 186
NICHOL, CHARLES ALFRED: IV,185
NICHOL, CLARA MAY KANARR: IV, 186
NICHOL, DAY K.: II, 744; IV, 316
NICHOL, DAY KANARR: IV, 185
NICHOL, DAY: II, 657
NICHOL, ELIZABETH CORNELIUS: IV, 185
NICHOL, GLADYS: IV, 317
NICHOL, H. A.: II, 517, 571
NICHOL, HARRY H.: IV, 316
NICHOL, HARRY: II, 550, 586, 657; III, 542, 543, 546-D; IV, 316
NICHOL, JAMES: II, 422
NICHOL, JOSEPH: II, 9, 44; IV, 608
NICHOL, MARGARET MARTIN: IV, 185
NICHOL, MARGARET: IV, 186
NICHOL, OLIVE HUTTON: IV, 316
NICHOL, RUTH: IV, 317
NICHOL, SARA ANN: IV, 185
NICHOL, WILLIAM DAY: IV, 185
NICHOL, WILLIAM EVANS: IV, 186
NICHOLAS, EVA: IV, 215
NICHOLAS, MARGARET: IV, 275
NICHOLLS, WILLIAM C.: II, 756
NICHOLS, (COL.): III, 64
NICHOLS, MILDRED: IV, 592

NICHOLS, SAMUEL J.: IV, 103
NICHOLSON, ANN: IV, 588
NICHOLSON, ANNA ANDERSON: IV, 589
NICHOLSON, ANNA MAY: IV, 359
NICHOLSON, ANNABELLE FREAS: IV, 589
NICHOLSON, ARTHUR F.: II, 278; IV, 75, 399
NICHOLSON, ARTHUR: II, 87, 664; IV, (DR.) 588, 589
NICHOLSON, DOROTHY HANCOCK: IV, 588
NICHOLSON, JOHN: I, 27, 130, 206; IV, 589
NICHOLSON, MARTIN ARTHUR: IV, 588
NICHOLSON, MARTIN: IV, 589
NICHOLSON, ROBERT W.: IV, 589
NICHOLSON, S.: I, 632
NICHOLSON, SAMUEL: IV, 359
NICHOLSON, VIVIAN RUTH: IV, 589
NICHOLSON, W.: I, 513
NICKERSON, CHARLES: I, 537
NICKERSON, DAVID: IV, 546
NICKERSON, KATHERINE: IV, 546
NICKLIN, PHILIP N.: I, 340
NICKLIN, PHILIP: I, 189, 193, 334
NICKOL, LEONA: IV, 230
NICOSON, WILLIAM: II, 638
NIEL, CAROLINE: IV, 439
NIEL, CLARA: IV, 60
NIEL, HUGH: IV, 439, 440
NIEL, JOHN J.: IV, 60
NIEL, JOHN MORGAN: IV, 439
NIEL, JOHN: IV, 440, 464
NIEL, KEZIAH: IV, 439, 440
NIEL, LYDIA KELLY: IV, 439
NIEL, LYDIA: IV, 464
NIEL, MARY REYNOLDS: IV, 440
NIEL, NANCY COLEMAN: IV, 439
NIEL, NANCY J.: IV, 439
NIEL, RACHEL: IV, 439
NIEL, SARAH ANN WILKINSON: IV, 439
NIEL, SARAH BELL: IV, 439
NIEL, SUSAN PEARL: IV, 60
NIEL, WILLIAM LEWIS: IV, 439
NIEL, WILLIAM: IV, 440
NIMMO, ROBERT: IV, 47
NIMMO, ZULA E.: IV, 47
NIRELLA, III, 444
NIX, IV, 52
NIX, ANNA T. MCCONNAUGHEY: IV, 53
NIX, BELLE V. MCCONNAUGHEY: IV, 53
NIX, D. RUSSELL: IV, 53

NIX, DOROTHY: IV, 53
NIX, E. (MRS.): III, 365
NIX, EDWARD: IV, 53
NIX, J. L.: II, 203; IV, 202
NIX, JAMES L.: II, 174, 212; IV, 53
NIX, JAMES LOVE: III, 376, 378, 424; IV, 51, 53
NIX, LAURA DICKIE: IV, 53
NIX, MARJORY: IV, 53
NIX, NANCY M. JUDY: IV, 53
NIX, NANCY: IV, 53
NIX, RUTH: IV, 53
NIX, WILLIAM H. (M.D.): IV, 53
NIXON, I, 674; II, 740, 741
NIXON, DANIEL M.: II, 584
NIXON, E.: I, 602
NIXON. EDWARD: I, 262, 277, 345, 397, 478, 513, 552, 578, 581, 589; II, 20, 168; III, 234, 256; IV, 328, 420-H, 437, 438
NIXON, EMMA THERESA: IV, 438
NIXON, FANNIE W.: II, 344; IV, 438
NIXON, GEORGE: I, 267; IV, 437
NIXON, JAMES: IV, 437
NIXON, LIZZIE HAWES: IV, 437
NIXON, MARGARET: IV, 363
NIXON, MARY BELLE: IV, 438
NIXON, MARY SUTTON: IV, 437
NIXON, MARY: IV, 105, 437
NIXON, PHOEBE BIRG KEELY: IV, 437
NIXON, POLLY: IV, 105
NIXON, REBECCA: IV, 363
NIXON, RICHARD M.: II, 730, 737
NIXON, RICHARD: III, 531, 533, 534, 568, 603
NIXON, ROB: III, 316
NIXON, ROBERT HENRY: IV, 437
NIXON, ROBERT: I, 104, 133, 159, 161, 163, 201, 210, 234, 236, 351, 352, 345, 357, 359; III, 232; IV, 105, 363, 436, 437, (JR.) 437
NIXON, VIRGINIA BURYE: IV, 438
NIXON, WILLIAM II, 323
NOBLE, C. C.: II, 480
NOBLE, HARRY W.: IV, 526
NOBLE, HENRY: I, 195,196
NOBLE, JOAN: IV, 563
NOBLE, JOHN: I, 196
NOBLE, MARY: IV, 49
NOBLE, MILDRED D.: IV, 619
NOBLE, SAMUEL IV, 49
NOBLE, SARAH: IV, 49
NOBLE, VIVIAN C.: IV, 526
NOCCO, CAROL JOCELYN: IV, 386
NOCCO, CAROLINE: IV, 386
NOCCO, LORETTA MARIE: IV, 386

NOCCO, LOUIS J.: II, 753, (D. JUSTICE) 754
NOCCO, LOUIS JACQUES: IV, 385, 386
NOCCO, LOUIS: IV, (JR.) 386
NOCCO, MARY C. DEMARIA: IV. 386
NOCCO, ROBERT ANTHONY: IV, 386
NOCCO, RONALD SAMUEL: IV, 386
NOCCO, SAMUEL: IV, 386
NOCHINA, III, 391
NOLEN, KITTIE SAYERS: IV, 254
NOLF, ARVETA: IV, 387
NOLF, ISAAC: II, 513
NOLF, JAMES H.: IV, 387
NOLF, MARY: IV, 387
NOLLENBERGER, C. F.: II, 586-N
NOLLENBERGER, CHARLES: II, 196
NOONAN, W. T.: III, 368
NOONAN, WILLILAM: IV, 589
NOONE, DOROTHY ELECTA: IV, 443
NOONE, JOHN W.: IV, 443
NORD, W. R.: III, 405, 406
NORDBY, WALLACE: IV, 540
NORMAN, AMY JOAN: IV, 26
NORMAN, GEORGE: IV, 26
NORMAN, HELEN JANE PRICE: IV, 26
NORMAN, JEAN: IV, 26
NORMAN, MARY THOMAS: IV, 26
NORMAN, WILLIAM J.: II, 697
NORMAN, WILLIAM JAMES: IV, 26
NORMAN, WILLIAM T.: IV, 26
NORRIS, AARON: I, 574
NORTH, II, 398
NORTH, CHARLES: III, 329
NORTH, JOHN: I, 258
NORTH, L. S.: II, 401
NORTH, LEVI J.: I, 454
NORTH, NANCY: IV, 454
NORTH, S. T.: II, 271
NORTH, THOMAS P.: II, 40
NORTH, W. J.: IV, 454
NORTH, WILLIAM: II, 201; III, 391, 392, 393, 394, 397, 398, 399; IV, 171, 229, 281, 471
NORTHNAGLE, CHARLES E.: II, 543
NORTHOVER, MARY JANE: IV, 601
NORTHWOOD, HARRY: II, 214; IV, 262
NORWEOOD, LOUISE: IV, 193
NOTLEY, CHARLOTTE: IV, 217
NOTLEY, D. E.: II, 239
NOTLEY, ELIZA: IV, 142
NOTLEY, ELIZABETH: IV, 404
NOTLEY, JOHN F.: II, 48; III, 321
NOTT, (REV.): I, 178
NOTT, JOHN: IV, 254

NOVAK, AL: II, 591
NOVATNY, ALBERT: III, 482
NOWERY, HARRY E.: IV, 351
NOWERY, MELISSA JANE: IV, 351
NOWRY, JAMES Y.: II, 131
NOWRY, JAMES: II, 128
NOYES, THAYER: I, 455
NUGENT, (LT.): I, 649
NUGENT, W. J.: III, 321
NUNE, II, 247
NUPP, ALEX: II, 44
NUPP, GEORGE: IV, 276
NUPP, HARRIET: IV, 276
NUPP, JOHN M.: IV, 276
NUPP, SARAH JANE: IV, 276
NYE, BILL: III, 354
NYMWHA, (CHIEF): I, 65
O'BALE, (CAPT.,INDIAN CHIEF): I, 114
O'BRIEN, DENNIS: I, 557
O'BRIEN, KATHY: IV, 327
O'BRIEN, MARIA: IV, 337
O'BRIEN, MARY: IV, 586
O'BRIEN, W. D.: II, 197
O'BRUBA, WILLIAM (DR.): II, 717
O'CONNER, J. D. (JR.): III, 487
O'CONNER, JOHN A.: II, 191, 490
O'CONNER, JOHN: I, 160
O'CONNOR, JAMES: I, 336, 337, 562
O'CONNOR, JOHN: III, 49
O'DONNELL, COLUMBUS (GEN.): IV, 576
O'DONNELL, ELEANORA: IV, 576
O'HARA, IV, (SERGEANT) 448
O'HARA, BEN: III, 406
O'HARA, BERNARD C.: IV, 460
O'HARA, BERNARD: II, 563
O'HARA, GAYNELLE ANNA: IV, 460
O'HARA, GRACE (MISS): II, 295
O'HARA, JOHN: II, 116, 539
O' HARA, MARY: IV, 135
O'HARE, LUCILLA: IV, 182, 305
O'HARRAH, LORETTA ANN: IV, 571
O'HARRAH, ORAN: II, 512
O'NEAL, EDWARD: I, 440, 445, 446
O'NEAL, JAMES: I, 104
O'NEAL, NANCY ELIZABETH (MRS.): II, 187
O'NEAL, VIVIAN RUTH: IV, 589
O'NEIL, III, 396
O'NEIL, ARTHUR (LT.): II, 762
O'NEIL, CHARLES (CAPT) II, 531
O'NEIL, E.: III, 385
O'NEIL, NANCY J. (MRS.): III, 385
O'NEIL, TIMOTHY: I, 119, 175

O'NEILL, E.: II, 131
O'NEILL, LINDA: IV, 256
O'NIEL, CATHERINE: I, 445, 446
OAKES, JUDY RAE: IV, 220
OAKES, W. E.: II, 456
OAKES, W. EARL: II, 417
OAKES, W. Z.: II, 227
OAKES, WILLIAM E. JR. (SGT.): II, 381
OAKES, WILLIAM EARL: III, 498
OATMAN, FRANK: IV, 242
OATMAN, J. J.: I, 651
OATMAN, SAMANTHA: IV, 242
OBER, CLYDE EUGENE: IV, 586
OBER, EMMA MATILDA: IV, 76
OBER, EMMA: II, 744, 746, 801
OBER, EUNICE MARLINE: IV, 76
OBER, HELEN LOUISE: IV, 586
OBER, IRA GLENN: IV, 76
OBER, IVAN GLENN: IV, 76
OBER, PATRICIA LEE GALLO: IV, 76
OBER, STEELE: II, 420
OBERLIN, ANNIE: IV, 14, 496
OBERLIN, ELLA: IV, 412
ODELL, HARRIET: IV, 605
ODELL, J.: II, 172
OGDEN, GEORGE DICKIE: IV, 287
OGDEN, GEORGE HILL: IV, 287
OGDEN, JANE ANNE: IV, 288
OGDEN, JOSEPH CLARK (CAPT.): IV, 288
OGDEN, JOSEPH: IV, 288
OGDEN, MARY B.: IV, 287
OGDEN, NANCY H.: IV, 287
OGILBY, CHARLES: I, 410
OGLE, ALEXANDER: I, 158
OHIS, II, 407
OKATEWAULA, (CHIEF): I, 456
OKOWELA, (INDIAN): I, 25
OLDHAM, S. T.: II, 194
OLIVER, DAVID: III, 178
OLIVER, ELIZA JANE: IV, 231
OLIVER, ELIZA: IV, 606
OLIVER, GEORGE S.: II, 396
OLIVER, HENRY: II, 315
OLIVER, JANE S.: IV, 296
OLIVER, JOHN: I, 396; IV, 231
OLIVER, NANCY: IV, 231
OLIVER, ROBERT: IV, 231, 296
OLIVER, WILLIAM: IV, 606
OLLE, LORRAINE: IV, 431
OLMSTEAD, GEORGE T.: I, 318
OLP, (MRS.): II, 59
OLSEN, JOHN: III, 419

OLSEN, LINDA KAY: II, 801
OLSON, IV, (ATTY) 237
OLSON, CONRAD GEORGE: IV, 237
OLSON, CONRAD L. A.: IV, 237
OLSON, CYNTHIA JOANN: IV, 237
OLSON, DAVID LESLIE: IV, 237
OLSON, EMMA PAULINE: IV, 237
OLSON, GREGORY A.: IV, 237
OLSON, GREGORY ALLEN: IV, 237
OLSON, H.: IV, 251
OLSON, JANICE: IV, 237
OLSON, JOHANNA: IV, 237
OLSON, KEITH LESLIE: IV, 237
OLSON, NELS: IV, 237
OLSON, PAULA MARGARET: IV, 237
OLSON, ROBERT E.: III, 638
OLSON, ROBERT: III, 561
OLSON, SUSAN: IV, 237
ONDERDONK, N. V. (Rt. REV.): I, 293; III, 97, 98,103
OPDYKE, TWILA: IV, 441
ORAM, MARTHA: IV, 191
ORANGE, ADELINE LOUISE TYGER: IV, 157
ORANGE, ELMA IONE WILLIAMS: IV, 157
ORANGE, EVA: IV, 335
ORANGE, JANE GLADDEN: IV, 157
ORANGE, LEILA BELLE BRYANT: IV, 157
ORANGE, MARSHALL: IV, 157
ORANGE, MARTHA JANE RICHARDSON: IV, 157
ORANGE, RACHEL ANN: IV,157
ORANGE, REBECCA: IV, 157
ORANGE, RICHARD STERLING: IV,157
ORANGE, ROBERT BRYANT: IV, 157
ORANGE, RUTH LOUISE: IV, 157
ORANGE, STERLING (JR): II, 500, 501
ORANGE, STERLING J.: IV,156,157
ORANGE, WILLIAM PRICE: IV, 157
ORAVIC, JOE: II, 373
OREM, ELIZABETH: IV, 303
OREM, HAZEL: IV, 143
ORENDORFF, HAROLD: IV, 58
ORENDORFF, JULIE: IV, 58
ORENDORFF, RICHARD G.: II, 753; IV, 58
ORENDORFF, RITA LUTHER: IV, 58
ORLOF, (DR.): II, 559
ORNER, A. D.: II, 352
ORNER, DAVID: IV, 442
ORNER, ELIZA: IV, 442
ORNER, MARY GERTRUDE: IV, 559
OROCO, MELE: III, 341

ORR, I, (GEN.) 257 & 258; II, (DR.) 358
ORR, ANDREW: IV, 253
ORR, CAMILLIA FRANKLIN: IV, 253
ORR, DONALD W.: IV, 490
ORR, ELIZABETH ANN: IV, 253
ORR, ETHEL: II, 801; IV, 367, 368
ORR, FAYE: IV, 490
ORR, FRANKLIN (REV.): I, 485, 498
ORR, H. A.: III, 487
ORR, HANNAH KIMMEL: IV, 253
ORR, HARVE: III, 541, 542
ORR, HARVEY A.: II, 728, 729; IV, 490
ORR, HARVEY: III, 617; IV, (JR.) 490
ORR, J. C.: II, 193, 447, 729
ORR, J. L.: II, 233; III, 346; IV, 253
ORR, J. LOWRY: II, 208
ORR, JAMES CARLYLE: IV, 253
ORR, JAMES J.: IV, 490
ORR, JAMES LORENZO: IV, 253
ORR, JAMES: I, 602
ORR, JOSEPH D.: IV, (DR.) 365
ORR, KATHLEEN JOANNE: IV, 368
ORR, KATHLEEN: IV, 253
ORR, MARTHA F.: IV, 182
ORR, MARTHA J. LAWMAN: IV, 253
ORR, MARTHA MCFARLAND: IV, 490
ORR, MARY ANN: IV, 368
ORR, MARY BELLE: IV, 365
ORR, MICHAEL THOMAS: IV, 368
ORR, PATRICK MABON: IV, 368
ORR, ROBERT (JR.): I, 220
ORR, ROBERT N.: IV, 490
ORR, SADIE BRADY: IV, 490
ORR, SARA: IV, 490
ORR, THOMAS WOODROW: IV, 368
ORR, ZULIA A.: IV, 253
ORRIS, RUEY: IV, 81
ORRS, WILLIAM J. II, 538
ORVIS, II, 273
ORWAT, JOE: III, 400
OSACKY, JOHN (FATHER): II, 758
OSBORN, J.: I, 194
OSBORN, JOSEPH: I, 84-G
OSHENIC, KOSTIC: III, 514, 517
OSTEND, HELEN (MRS.): II, 505
OSTRANDER, ELEANOR: IV, 298
OSWALD, MAGDALENA: IV, 214
OTIS, IV, (MR.) 326
OTIS, EDNA ALLAN: IV, 326
OTIS, MARY: IV, 97
OTWELL, BERTHA: IV, 561
OULD, ROBERT (JUDGE): I, 655
OURRY, WENDELL: I, 88

OVERDORF, OLLIE ELNORA: II, 74
OVERDORFF, CARL (LT.): II, 549
OVERDORFF, FLORA: IV, 76
OVERDORFF, FRANKLIN: IV, 76
OVERDORFF, ROSEANNA: IV, 76
OVERHOLT, GLADYS: IV, 285
OVERLY, H. S.: II, 180
OVERMYER, II, 51
OW, HERMANUS (REV.): I, 463
OWEN, BESSIE (MISS): II, 458
OWEN, JOHN: I, 36, 46
OWENS, (REV.): III, 246, 318
OWENS, CHARLES T.: II, 256, 257
OWENS, ELIZABETH: IV, 110
OWENS, ELLIOTT: III, 327
OWENS, HARRY: III, 537
OWENS, R. E.: III, 344, 384-A
OWENS, SARAH: IV, 150
OWENS, THOMAS A.: II, 727
OWENS, W. S. (REV.): II, 284; IV, 458
OWENS, WILLIAM S.: II, (REV.) 256, (MRS.) 256
OWENS, WILLIAM: IV, 110
PACKER, I, 592
PACKER, ASA: II, 3
PACKER, WILLIAM F.: I, 412, 592
PAGAN, WILLIAM: I, 320
PAGE, (COL.): I, 623
PAGE, ARMA PAGE: IV, 209
PAGE, DAVID C. (REV.): I, 293
PAGE, SARAH KATHRYN: IV, 187
PAHUTSKY, MARJIE: IV, 217
PAHUTSKY, PETER: IV, 217
PAIGE, I, 585, 669
PAIGE, ALICE: III, 458
PAIGE, AMELIA: IV, 96
PAIGE, EDMUND: I, (ALL COL.) 37, 165, 581, 664, 683; II, (COL.) 91; IV, 95, 96
PAIGE, ELIZABETH STEWART: IV, 96
PAIGE, ELIZABETH: IV, 95, 96
PAIGE, EMMA: IV, 95
PAIGE, FLORINDA FAIR: IV, 96
PAIGE, J. D.: I, 396
PAIGE, JOHN D.: IV, 95
PAIGE, JOHN: IV, 96
PAIGE, NICHOLAS: IV, 96
PAIGE, RAYMOND: II, 532
PAIGE, SUSAN: IV, 96
PAINTER, I, (MR.) 173; II, (CHILDREN) 804; IV, 141
PAINTER, ISRAEL (COL.): I, 189, 582, 583
PAINTER, MARTHA: IV, 583
PAINTER, ROBERT: I, 199; II, 150

PALANGE, MARK: II, 792
PALMER, I, 605; II, 271; III,113
PALMER, A. MITCHELL: II, 271
PALMER, ABSALOM: I, 634
PALMER, ADDISON: IV, 106
PALMER, ANN: II, 675
PALMER, ANNA H.: IV, 526
PALMER, ANNIE LAYTON: IV, 526
PALMER, CLAYTON E.: III, 427
PALMER, CYNTHIA: IV, 299
PALMER, D. R.: II, 268
PALMER, DAVID JENKINS: IV, 234
PALMER, DAVID: IV, 106, 107, 234, (SR.) 234, 375
PALMER, DAVIS, A.: II, 265, 390
PALMER, E. H.: I, 684
PALMER, ELI: IV, 526
PALMER, ELIZABETH: IV, 253
PALMER, EVA B. (MRS.): IV, 322
PALMER, EVERETT: IV, 234
PALMER, FLORENCE LILLIAN: IV, 233
PALMER, FLORENCE: II, 801; IV, 234
PALMER, FLOSSIE (MRS.): III, 579
PALMER, FRANCIS: IV, 299, 452
PALMER, HARRY: II, 756
PALMER, HENRY: I, 601; IV, 107, (SR.) 234
PALMER, J. J.: I, 421
PALMER, JANE BELL: IV, 107, 234
PALMER, JANE HADDEN: IV, 234
PALMER, JANE MICHAELS: IV, 234
PALMER, JANE: IV, 106
PALMER, JEREMIAH WAKEFIELD: IV, 234
PALMER, JESSE, D.: II, 290
PALMER, JESSE: II, 27, 28, 60
PALMER, JOHN: I, 36; IV, 234
PALMER, JOSIE: IV, 234
PALMER, KATE: II, 58
PALMER, LILLIAN: IV, 234
PALMER, LUCINDA: IV, 452
PALMER, LUIS: IV, 234
PALMER, MARY AGNES: IV, 106
PALMER, MARY BELL: IV, 234
PALMER, MARY: II, 344; IV, 375
PALMER, NANCY J.: IV, 492
PALMER, PETER: IV, 299, 452
PALMER, RAYMOND: IV, 234
PALMER, SUSANNA DUNKELBERGER: IV, 107, 234
PALMER, SUSANNA: IV, 106
PALMER, WILBER: II, 449
PALMER, WILLIAM: II, 58
PALUMBO, ANTONIO J. (II): II, 755

PANA, DOMINICK: III, 409
PANGBORNE, W. W.: II, 501
PANTALL, (SGT.): II, 764
PANTALL, JAMES: II, 764
PAPUS, WASSIL: III, 402
PARASKEVAS, JAHARIAS (PVT.): II, 381
PARDEE, HOWARD C.: IV, 38
PARDEE, KATHY: IV, 60
PARDEE, MARY: IV, 38
PARK, AMANDA: IV, 15
PARK, ANN ELIZA: IV, 15
PARK, ANN: IV, 15
PARK, ANNA: IV, 15
PARK, DAISY M. REESE: IV, 526
PARK, EARL HEATH: IV, 526
PARK, ELIZABETH: IV, 15
PARK, H. C.: II, 352
PARK, HOWARD: IV, 13
PARK, IREN: IV, 13
PARK, ISOBEL: IV, 10
PARK, JAMES LANG: III, 114; IV, 14
PARK, JAMES LOUGHRY, JR.: IV, 321
PARK, JAMES: II, 153; III, 114; IV, 14
PARK, JANE JACKSON: IV, 15
PARK, JANE REBECCA: IV, 15, 57
PARK, JANE: IV, 360
PARK, JENNIE (MISS): II, 86
PARK, JESSIE FREMONT: IV, 321
PARK, JOHN: I, 62-P, 129, 159, 167, 214-N, 346; III, 286; IV, 14, (JR.) 15, 15, 57, 74, 150, 163, 360, 429, 451
PARK, JOSEPH (DR.); IV, 496
PARK, L. N.: II, (DR.) 73, (DR.) 86, 153, (DR.) 253
PARK, LEON N.: IV, 312
PARK, LINTON: I, 62-E, 264, 311, 546-l, 645; II, 71, 82, 83, 153, 174, 307, 665, 666, 678; III, 203, 260; IV, 15, 451
PARK, MARGARET HELM: IV, 15
PARK, MARGARETTA: IV, 15
PARK, MARTHA A.: IV, 312
PARK, MARTHA IDE: IV, 15
PARK, MARTHA: IV, 15
PARK, MARY AMANDA: IV, 526
PARK, MARY BELLA: IV, 15
PARK, MARY G.: IV, 15
PARK, MARY LANG: IV, 15, 74, 150
PARK, MARY: IV, 15, 131, 312
PARK, NANCY: IV, 412
PARK, NORMAN: I, 679; II, 508, 532
PARK, R. A.: III, 260
PARK, R.: I, 485
PARK, ROBERT I.: IV, 15
PARK, ROBERT: IV, 15, 131, 150, 609
PARK, SAYLOR: II, 795

PARK, SUSANNA: IV, 15
PARKER, I, 593; II, 265
PARKER, ALTON, B.: II, 264
PARKER, DOROTHY: IV, 470, 617
PARKER, ELIZABETH MCDONALD: IV, 305
PARKER, ELIZABETH: IV, 280
PARKER, GEORGE: II, 198
PARKER, HUGH: I, 133, 348; IV, 305
PARKER, IDA SCHIEDEMANTEL: IV, 470
PARKER, J.: I, 469 III, 218
PARKER, JAMES: IV, 280
PARKER, JANE MCCAFFRAN: IV, 305
PARKER, JANE: I, 133; IV, 305, 413
PARKER, JOSEPH: I, 163, 167; III, 40, 42, 80
PARKER, LORD: I, 133; IV, 305
PARKER, LUCINDA WAKEFIELD: IV, 305
PARKER, MARGARET (TOMB): I, 303
PARKER, MARGARET JANE: IV, 305
PARKER, MARIA LOUISA: IV, 121
PARKER, MARY (YOUNG): I, 163
PARKER, MARY: IV, 280
PARKER, SAMUEL: I, 133, 134; IV, 305
PARKER, SARAH: I, 163; III, 42; IV, 60
PARKER, THEODORE: I, 408
PARKER, WILLIAM F.: IV, 470
PARKER, WILLIAM: I, 133, 134, 159, 167; IV, 280, 305, (SR.) 305
PARKES, DANIEL: I, 511
PARKS, (REV.): IV, 136
PARKS, CHARLES M.: IV, 285
PARKS, ELIZABETH: IV, 273
PARKS, J. J.: III, 210, 221
PARKS, J. JEWETT (REV.): II, 46, 47
PARKS, J. LINDSAY (DR.): II, 796
PARKS, JAMES LANG: III, 138
PARKS, LEON NORMAN (DR.): III, 138
PARKS, LEROY: III, (MR. & MRS.) 521
PARKS, MARY T.: IV, 285
PARKS, POLLY: I, 163
PARMELIA, LEONARD: I, 163
PARNELL, G. S. (MRS.): II, 563
PARNELL, GILBERT S.: II, 453
PARNELL, GILBERT: II, 408, 412
PARNELL, J. E.: II, 327, 375, 430
PARR, (MR.): I, 151; III, 260
PARR, ISAAC: I, 186
PARR, JAMES: I, 148
PARRISH, JACOB: IV, 244
PARRISH, JOSEPH (DR.): I, 506
PARRISH, RACHEL: IV, 244
PARRY, E. F.: IV, 488

PARRY, EDNA EVELYN: IV, 488
PARSONS, (REV.): II, 79
PARSONS, D.: III, 218
PARTEE, CHARLES: IV, 287
PARTEE, MARGARET: IV, 287
PASTERNAK, ANN: IV, 270
PATCH, ABRAHAM: I, 521
PATCHIN, III, (MR. & MRS.) 518
PATCHIN, A. W.: II, 240, 241; III, 321
PATCHIN, AARON W.: IV, 160
PATCHIN, ANNA: IV, 51
PATCHIN, ELIZABETH: IV, 160
PATCHIN, JACKSON: II, 48, 110; III, 321
PATCHIN, JOHN: I, 212
PATCHIN, STEPHEN R.: II, 606
PATCHIN, WINIFRED J.: IV, 160
PATERSON, I, 619
PATERSON, JOSEPH H.: II, 460
PATHMORE, CARL: II, 336
PATRICK, "DAL": III, 235
PATRIQUIN, CLAUDE E.: II, (MR. & MRS.) 407
PATRIQUIN, GUFFEY EARLE: II, 407
PATSOLIC, MARGIE: IV, 361
PATTEN, III, 99
PATTERSON, I, 434; III, 382
PATTERSON, A. C.: III, 217
PATTERSON, ALEXANDER: I, 354; IV, 490
PATTERSON, ANNA: IV, 61
PATTERSON, CARRIE G.: IV, 566
PATTERSON, CHARLES EDWIN: IV, 488
PATTERSON, D. D.: II, 279, 523, 554, 558; III, 322
PATTERSON, DONALD: II, 697
PATTERSON, DWIGHT DONALD: IV, 488, 489
PATTERSON, DWIGHT: II, 697
PATTERSON, EDNA EVELYN: IV, 488
PATTERSON, ELIZABETH DEPESTER: I, 294
PATTERSON, ELLA: IV, 249
PATTERSON, FINDLEY (MAJOR): I, 579, 580
PATTERSON, FRANK: III, 584
PATTERSON, FRED (PVT.): II, 575
PATTERSON, H. C. W.: II, 210
PATTERSON, H. P. W. (MRS.): II, 310
PATTERSON, HARRY (MRS.): III, 362, 363, 365
PATTERSON, HARRY: III, 281
PATTERSON, HELEN THOMPSON: IV, 490
PATTERSON, HUGH E. (PVT.): II, 381

PATTERSON, IRENE GIBSON: IV, 488
PATTERSON, J. M.: II, 210
PATTERSON, JAMES: I, 253
PATTERSON, JANE M. GRIFFITH: IV, 488
PATTERSON, JOHN: I, 267
PATTERSON, LEONA ADELINE: IV, 488
PATTERSON, LOUISE: IV, 488
PATTERSON, MADELYN LEE: IV, 527
PATTERSON, MAGDALENA DUNKEL (DUNCKEL): IV, 488
PATTERSON, MARTHA GIBSON: IV, 488
PATTERSON, MARTIN V. B.: IV, 61
PATTERSON, MARTIN V.: II, 149
PATTERSON, MARY: IV, 601
PATTERSON, SAMUAL: I, 516
PATTERSON, THOMAS: IV, 488
PATTERSON, WILLIAM A.: I, 294
PATTERSON, WILLIAM E.: IV, 488
PATTERSON, WILLIAM: IV, 527
PATTIN, JOHN: I, 191
PATTISON, II, (GOV.) iii, 13, 257, 263, 264, 284, 364; III, (GOV.) 307, 346; IV, 42, (GEN.) 230, (GOV.) 333, 344, & 501
PATTISON, A. (GEN.): I, 281
PATTISON, A. S.: I, 516
PATTISON, ALEXANDER: I, 220, 221, 229, 233, 260, 261; IV, (JR.) 230, (SR.) 231, 268, 277, 278, 401
PATTISON, CARRIE: II, 533, 664, 665
PATTISON, ELIZA JANE: IV, 231
PATTISON, EVELINE: IV, 231
PATTISON, JIM: III, 557
PATTISON, JOHN JOSEPH: IV, 231
PATTISON, JOHN: I, 174; IV, 231
PATTISON, L.: II, 232
PATTISON, LESLIE: II, 307, 533, 544, 664, 665; III, 340
PATTISON, MARGARET J.: I, 516
PATTISON, MARTHA SCOTT: IV, 230
PATTISON, MARTHA: IV, 231, 270, 277
PATTISON, MARY (SIMPSON): I, 516
PATTISON, MARY SMITH: IV, 231
PATTISON, MARY: IV, 230, 277
PATTISON, NANCY: IV, 231
PATTISON, ROBERT E.: II, 13, 15, 19, 20; IV, 331, 332, (GOV.) 415
PATTISON, ROBERT: IV, 270
PATTISON, SARAH GRAY: IV, 231
PATTISON, WILLIAM: III, 397
PATTON, I, (MRS.) 495, 496; II, (CONGRESSMAN) iii & 13, 52, (GEN) 578, (MRS.) 746; III, 64, 215; IV, (MISS) 284
PATTON, A. E.: II, 316
PATTON, ALEXANDER: II, 317

PATTON, CHARLOTTE CLARK DENNISTON: IV, 130, 624
PATTON, CHARLOTTE D.: IV, 42, 130, 624
PATTON, CHARLOTTE: IV, 42
PATTON, DAVID DENISON: IV, 531
PATTON, ELLEN J.: IV, 429
PATTON, EMILY CAMPBELL: IV, 130, 624
PATTON, GARY W. R.: IV, 531
PATTON, J. D.: I, 476
PATTON, J. DANIEL: I, 286
PATTON, J. W.: I, 581
PATTON, J.: III, 254
PATTON, JANE: IV, 86
PATTON, JOHN C.: IV, 130, 480
PATTON, JOHN D.: II, 13, 15; IV, 130, 170, 624
PATTON, JOHN DENNISTON: IV, 130
PATTON, JOHN: I, 224, 280; IV, 42, 86, 130, 624
PATTON, KATHRYN JACKSON: IV, 531
PATTON, LENORE BAUMRITTER: IV, 531
PATTON, LENORE: II, 744, 801, 803
PATTON, MARGARET: IV, 389, 475
PATTON, MARTHA: IV, 476
PATTON, MARY E.: IV, 130
PATTON, MARY WELLS: IV, 97
PATTON, MARY: IV, 130, 545, 624
PATTON, NORA C.: III, 457
PATTON, NORA: IV, 480
PATTON, PAMELA ANNE: IV, 531
PATTON, R.: III, 224
PATTON, THOMAS B.: II, 146; IV, 200
PATTON, WILLIAM: III, 532
PAUL, ALICE: IV, 531, 544
PAUL, ANDREW: IV, 487
PAUL, MARY L.: IV, 442
PAUL, MAY: IV, 487
PAUL, ZACHARIAH: IV, 442
PAULI, ANTONIO: III, 409
PAULINA, JOHN (CPT.): II, 761
PAULINA, JOHN P.: III, (MR. & MRS.) 525, 526, 527, 528
PAULL, JAMES: III, 68
PAULSON, KENNETH S.: III, 620
PAVOLKA, JOE: III, 481
PAXSON, IV, (CHIEF JUSTICE) 328, 332 & 333
PAYNE, ESMARELDA: IV, 276
PAYNE, MELVIN: IV, 276
PAYTASH, PETER: II, 353
PEALE, FRANK: II, 186
PEALE, REMBRANDT: II, (JR.) 188; III, 385, 387

PEALER, JACOB: I, 220
PEALER, THOMAS: IV, 297
PEALOR, CORA (PEALER): IV, 601
PEALOR, DAVID W. (PEALER): IV, 601
PEALOR, ELIZABETH LAWRENCE (PEALER): IV, 601
PEALOR, MARY CALDWELL IV, 601
PEALOR, MARYJANE: IV, 601
PEALOR, MERTON L. (PEALER): IV, 601
PEALOR, RUTHE: IV, 601
PEALOR, THOMAS: IV, 601
PEAR, CORA (MISS) II, 310
PEARCE, (MRS.): I, 421
PEARCE, ANN: IV, 402
PEARCE, ANNA: IV, 545
PEARCE, C. S. (DR.): II, 299
PEARCE, ISAAC: IV, 35, 36
PEARCE, JOHN C.: I, 511
PEARCE, JOHN: I, 345
PEARCE, JOSHUA: I, 167
PEARCE, MARTHA: IV, 35
PEARCE, MILES: IV, 402
PEARCE, WAYNE: III, 547
PEARL, RAY: II, 544
PEARSON, C. B.: II, 533
PEARSON, DREW: II, 730
PEARSON, PRISCILLA: IV, 143
PEARSONS, ABLE: I, 57
PEARSONS, JACOB: I, 57
PEARY, ROBERT E. (ADMIRAL): II, 546
PEAS (PEACE), AUGUSTUS: I, 495
PECHAN, II, 732, 733, (SEN.) 738
PECHAN, ALBERT R.: II, (SEN.) 704; III, 565, 566
PECK, BEULAH: IV, 608
PECK, HENRY: II, 305
PECK, RAYMOND: IV, 608
PEDDICORD, I, 115
PEDDICORD, DENNIS: II, 243
PEDDICORD, J . S .: II, 178
PEDEN, GRISELP IV, 293
PEDEN, SARAH: IV, 292
PEELOR, II, 398, 401, 402, (MR.) 403; III, (PROTHONOTARY) 308
PEELOR, ADALINE HUNTER: IV, 124
PEELOR, ANN: IV, 634
PEELOR, ANNA: IV, 124
PEELOR, BENJAMIN ROSS: IV, 125
PEELOR, CAROLINA (MISS): I, 535
PEELOR, CAROLINE CURTIS: IV, 124
PEELOR, DAVID: I, 115, 345, 346, 478, 571, 581; II, 71; IV, 123,124, 202-D, 593, 610

PEELOR, ELDER: I, 46, 47, 698; II, 346, 504, 521, 537; III, 485
PEELOR, ELIZA B.: IV, 124
PEELOR, ELIZA RICHEY: IV, 124
PEELOR, ELIZABETH WALKER: IV, 125
PEELOR, FANNIE: IV, 124
PEELOR, HARRY: IV, 124
PEELOR, J. ELDER: II, 372 (ATTY.), 395; IV, 124, 125, 228, 592
PEELOR, J. H.: III, 254
PEELOR, JACOB: I, 161, 162; IV, 124
PEELOR, JAMES B.: IV, 124
PEELOR, JAMES: IV, 125
PEELOR, JANE BOTHEL: IV, 124
PEELOR, JANE: IV, 124, 634
PEELOR, JOHN B.: I, 29; IV, 124
PEELOR, JOSEPH: IV, 124
PEELOR, KATHRYN MUSSER: IV, 634
PEELOR, KATHRYN: IV, 214
PEELOR, L. MURRAY (SEN.): II, 636
PEELOR, L. MURRAY: IV, 125
PEELOR, LAVINIA CAMPBELL: IV, 124
PEELOR, LINDLEY MURRAY: IV, 214, (SENATOR) 634
PEELOR, MARGARET MILLER: IV, 124
PEELOR, MARGARET THOMAS: IV, 124
PEELOR, MARGARET: IV, 124
PEELOR, MARY: IV, 124
PEELOR, MURRAY L.: IV, 228
PEELOR, MURRAY: II, 463, 727
PEELOR, THOMAS: II, 537
PEELOR, TIRZAH I. BOWERS: IV, 124
PEELOR, WILLIAM EDWARD: IV, 124
PEELOR, WILLIAM: IV, 124
PEFFER, ELIZABETH STORMER: IV, 148
PEFFER, ELIZABETH: IV, 49
PEFFER, GEORGE: IV, 49
PEFFER, IVA BLANCHE: IV,148
PEGG, EMMA: IV, 95
PEGG, RICHARD: IV, 95
PELHAM, JOHN (COLONEL): IV, 229
PELLA, FRANCESCO: III, 402
PELLAGI, ALEX: II, 250
PELLAGI, LOUIS: II, 250
PELTIGREW, SAMUEL: I, 283
PEM BERTON, MARY: I, 156
PENDER, WILLIAM DORSEY: IV, 229
PENDLER, J. T. (REV.): II, 359
PENELLA, PETER: III, 395, 397, 399
PENFIELD, ROY E.: II, 548
PENN, JOHN (GOV.): I, 62, 64, 71, 72, 73, 75, 77, 79, 84-N, 84-F; III, 15; IV, 32

PENN, JOHN: I, 171; III, 15, 56-B, 56-C; IV, 163, 619
PENN, RICHARD: I, 60, 67, 84-N, 171
PENN, THOMAS: I, 52, 60, 67, 84-F; IV, 619
PENN, WILLIAM: I, 13, 14, 15, 17, 20, 21, 44, 60, 66, 166, 214-B; II, 69, 327, 429, 432, 441, 444, 478, 545, 685, 786; IV, 66, 68, 111, 162, 180, 226, 234, 266, 485, 577, 623
PENNEY, JOHN P.: I, 286, 475, 678; IV, 165
PENNIL, FRANK: III, 390
PENNINGTON, CHARLES: II, 86; III, 614
PENNINGTON, ED: II, 86
PENNY, I, 674
PENNYPACKER, (GOVERNOR): II, 249
PENNYPACKER, SAMUEL W.: II, (JUDGE) 263; IV, 410
PENROD, GLADYS B.: II, 679
PENROD, GLADYS: II, 571
PENROSE, II, 261; III, 159
PENROSE, ANNIE E.: IV, 47
PENROSE, BOIES: II, 261, 264, 266, 267, 271
PENTLAND, JOE: I, 454
PENTZ, MARIA MARGARETHA: IV, 97
PEOPLES, JOHN: I, 255
PEPPER, II, (SENATOR) 399, 400; III, 471
PEPPER, GEORGE W.: II, 397
PEPPER, GEORGE WHARTON: III, 463, 464; IV, (SENATOR) 514
PEPPER, JUDITH: IV, 298
PERCIC, MICKEY: III, 479
PERFETTI, MENOTTI: II, 587
PERKINS, ELI: III, 354
PERKINS, H. W. (MRS.): IV, 309
PERKOVISH, JOHN: III, 420
PERLMAN, B.: II, 517
PERREY, WILLIAM (COL.): III, 28
PERRY, (MR.): II, 201
PERRY, ALBERT C.: IV, 188
PERRY, ARLINE HARTMAN: IV, 188
PERRY, EDGAR C.: IV, 187, 188
PERRY, EDGAR: II, 698
PERRY, ELLA A. BOUVIER: IV, 188
PERRY, JAMES: I, 88
PERRY, MARION BATH (MRS.): IV, 188
PERRY, MARION: IV, 403
PERRY, MARY WILSON: IV, 292
PERRY, MARY: IV, 127, 530
PERRY, OLIVER H.: I, 258
PERRY, ROBERT (DR.): IV, 292
PERRY, SAMUEL: I, 36, 37,
PERRY, SARAH ELINOR: IV, 122

PERRY, SARAH ELLEANOR: III, 339
PERRY, WARREN B.: IV, 188
PERRY, WILLIAM: IV, 74
PERSHING, I, 636
PERSHING, ABRAHAM: IV, 228
PERSHING, ANGELINA: IV, 228
PERSHING, ANN E. THOMPSON: IV, 228
PERSHING, ANN MCGEE: IV, 228, 442, 593
PERSHING, CHRISTENA MILLIRON: IV, 228
PERSHING, CHRISTIAN: IV, 228
PERSHING, CHRISTINA: IV, 228
PERSHING, CONRAD: IV, 228
PERSHING, CYRUS L.: I, 336; II, 7; IV, 330
PERSHING, DANIEL: I, 144, 238, 269, 292; IV, 228, 593
PERSHING, ELIZABETH DAVIS: IV, 228
PERSHING, ELIZABETH J.: IV, 228
PERSHING, ELIZABETH: IV, 228, 442, 592
PERSHING, FREDERICK: I, (JR.) 144; IV, 228, (II) 442, 593
PERSHING, JAMES G.: IV, 228
PERSHING, JOHN F.: IV, 228
PERSHING, JOHN J. (GEN.): IV, 228, 593
PERSHING, JOSEPH M.: IV, 228
PERSHING, JOSEPH: IV, 442, 593
PERSHING, MARIA ELIZABETH: IV, 228
PERSHING, MARIA: IV, 228
PERSHING, MARTHA E.CARNAHAN: IV, 228
PERSHING, MARTHA: IV, 228
PERSHING, PETER: IV, 228
PERSHING, PHOEBE: IV, 228
PERSHING, ROSANNA: IV, 228
PERSHING, SARAH A.: IV, 228
PERSHING, SARAH: IV, 209
PESCE, MARTHA: II, 509
PESIN, ALEX: III, 402
PETERMAN, ARTHUR L.: II, 383
PETERMAN, CLETUS: II, 756
PETERMAN, DORIS: IV, 545
PETERMAN, J. L.: II, 344
PETERMAN, JAMES E. (DR.): IV, 478
PETERMAN, JAMES L.: III, 396
PETERMAN, THELMA R.: IV, 478
PETERMAN, W. D.: II, 399
PETERS, I, 669
PETERS, CERING (REV.): IV, 307
PETERS, E. E.: IV, 45
PETERS, FLORENCE: IV, 45

PETERS, HANNA: IV, 307
PETERS, JOHN: I, 200, 212, 247, 331, 536, 547, 548, 625, 666
PETERS, LILLIE:: IV, 307
PETERS, MARY J.: IV, 295
PETERS, RICHARD: I, 38, 39, 66; IV, 295
PETERS, RUTH: IV, 60
PETERS, SARAH ANN: IV, 635
PETERSEN, MIKE: III, 560, 600, 604, 622; IV, 180
PETERSON, HOMER: II, 380
PETERSON, MARY: IV, 586
PETERSON, OLLIE BLANCHE: IV, 320
PETERSON, WILLIAM: IV, 320
PETIT, ACKER: IV, 530
PETOSCHNEK, JOHN: II, 248
PETROSKI, GIOVANNI: III, 391, 392
PETROSKI, JOHN: III, 390, 392
PETROSKY, MONICA: IV, 240
PETTICORD, CATHERINE: IV, 559
PETTIT, A. C.: II, 15
PETTIT, THOMAS MCKEAN: I, 206
PEW, ESTHER: IV, 165
PEZZI, BONZI: II, 423
PFAFF, ELSA BEATRICE: IV, 603
PFAFF, FREDERICK: IV, 603
PFEIFFER, III, 98
PFEIFFER, A. RUTH HAMILL: IV, 184
PFEIFFER, ALTA E. SMITH: IV, 184
PFEIFFER, ARLENE: II, 700, 701; IV, 574
PFEIFFER, CONRAD: IV, 184
PFEIFFER, DOREDA: IV, 184
PFEIFFER, EARL H.: III, (MRS.) 524; IV, 184, 185
PFEIFFER, EA RL HAMILL: IV, 184
PFEIFFER, EDWARD E.: IV, 184
PFEIFFER, ELIZABETH: IV, 184
PFEIFFER, FREDERICK: IV,184, (JR.) 184
PFEIFFER, GWENDOLYN ELIZABETH DAVIS: IV, 184
PFEIFFER, HELEN L.: IV, 184
PFEIFFER, JEAN E.: IV, 184
PFEIFFER, JOHN: IV, 184
PFEIFFER, LELAND R.: IV, 184
PFEIFFER, NORMAN: II, 412
PFOHL, ARTHUR (REV.): II, 564
PHAFF, MARY JANE: II, 755
PHALEN, WILLIAM CLIFTON: I, 189
PHELAN, J. B.: III, 436
PHELPS, I, 596
PHELPS, DARWIN: I, 248, 588; III, 51
PHILIPPI, BLANCHE: IV, 353

PHILIPPI, BOYD M.: II, 767
PHILIPPI, BRUCE: IV, 353
PHILIPPI, WOODROW E.: II, 693
PHILIPS, STAN: II, 587
PHILIPS, WENDELL: I, 408
PHILLIP, FRANK: II, 380
PHILLIPPI, BETH ESTELLE: IV, 215
PHILLIPPI, ESTELLA WEBER: IV, 215
PHILLIPPI, EVA NICHOLAS: IV, 215
PHILLIPPI, LOUIS FLOYD: IV, 215
PHILLIPPI, POLLY NICHOLAS: IV, 215
PHILLIPPI, WOODROW L.: IV, 214, 215
PHILLIPS, II, 405, (REV.) 471
PHILLIPS, ADELAIDE: IV, 425
PHILLIPS, ALICE: IV, 295
PHILLIPS, ANNA MAY: IV, 222
PHILLIPS, ARMOUR: II, 149; IV, 295, 545
PHILLIPS, DAVID: IV, 222
PHILLIPS, E. H.: IV, 472
PHILLIPS, J. M.: II, 466
PHILLIPS, MARY: IV, 222
PHILLIPS, NELLIE: IV, 472
PHILLIPS, NEWELL (PVT.): II, 381
PHILLIPS, REX. A. J.: II, 467
PHILLIPS, ROBERT: IV, 465
PHILLIPS, SARAH JANE: IV, 465
PHILLIPS, T. W.: II, 226, 402
PHILLIPS, WENDELL: I, 418, 667; II, 89; III, 163
PHILSON, R.H. II, 527
PIATT, I, 593
PIATT, W. A. (DR.): I, 609
PICCOLINI, FRANK: II, 583
PICKERING, TIMOTHY: IV, 113
PIDHIRNAY, MICHAEL: II, 425
PIERCE, A. L.: II, 86
PIERCE, ABRAHAM: I, 509, 599
PIERCE, ANGELINE STUCHELL: IV, 21
PIERCE, ANNA (MRS.): II, 118
PIERCE, ANNA B. NEIL: IV, 25
PIERCE, BELLE: IV, 21
PIERCE, CALVIN: IV, 25
PIERCE, DAVID: III, 251
PIERCE, DEBORAH: IV, 25
PIERCE, EDNA TODD BELL: IV, 482
PIERCE, EDWARD MARTIN: IV, 482
PIERCE, ELIZABETH: IV, 25, 76
PIERCE, ENID CRAWFORD: IV, 482
PIERCE, FRANKLIN: I, 388, 585
PIERCE, J. M.: II, 280
PIERCE, J. R.: I, 625
PIERCE, JAMES: IV, 482
PIERCE, JOHN H.: IV, 482

PIERCE, JOHN M.: IV, 482
PIERCE, JOSEPH: IV, 21
PIERCE, JOSIE MOORE: IV, 482
PIERCE, MARTHA ELIZABETH: IV, 482
PIERCE, MARY L.: IV, 482
PIERCE, R. H.: II, 265
PIERCE, ROBERT BELL: IV, 482
PIERCE, SARAH A. HARROLD: IV, 482
PIERCE, WILLIAM E.: II, (1ST LT.) 377, 549, (1ST LT.) 765; IV, 482
PIERCE, WILLIAM ELLIOTT: IV, 481, 482
PIERCE, WILLIAM T.: IV, 482
PIERCE, WILLIAM: II, 301; IV, 482
PIFER, II, 730, 731
PIFER, CONRAD: II, 254
PIFER, EARL: IV, 88
PIFER, EILEEN CHARNEY: IV, 88
PIFER, IRVIN GEORGE: IV, 88
PIFER, LANNY EARL: IV, 88
PIFER, SARA C. MEANS: IV, 88
PIFER, SUSAN KAY: IV, 88
PIFER, UZELLA M. RHOADES: IV, 88
PIFER, W. L. (MRS.): IV, 430
PIFER, WILLIAM: IV, 251
PIGGOTT, JAMES: I, 88
PIKE, (GEN.): I, 268
PIKE, (MISS): III, 209
PIKE, MARY J.: I, 475, 507
PIKEL, TED: II, 577, 579
PILSON, MARY: IV, 135
PINA, JOHN: II, 544
PINCHOT, II, (MR.) 401, 402, 405
PINCHOT, (GOVERNOR): II, 398, 400, 403, 404, 407, 413, 431, 479, 480, 482, 483, 488, 537
PINCHOT, (MRS.) II, 462
PINCHOT, GIFFORD: II, 266, 268, 271, 396, 397, (MRS.) 397; III, 456, 464, 470, 471; IV, 514, (GOVERNOR) 514 & 516
PINCHOT, GRIFFITH: II, 271
PINCKNEY, C. C.: I, 174, 175
PINE, SENATOR: II, 470
PINELLO, PETE: III, 390
PINKARD, HELEN: IV, 575
PINKERTON, III, 306
PINKERTON, G. W.: II, 108
PINKERTON, J. C. (REV., DR.): III, 469
PINKERTON, J. G. (DR.): III, 467
PINKERTON, JOHN C. (REV.): IV, 515
PINKNEY, ELIZABETH: IV, 305
PINNEY, JOHN B. (Rev.): I, 377
PINO, ALEXANDER: II, 570
PINO, ARMANDO: II, 570

PINO, BRUNO: II, 570
PINO, FRANK: III, 394, 395
PINO, JOSEPH (MR.): II, 570
PINO, JOSEPH (MRS.): II, 570
PINO, RALPH: II, 570
PINO, RAYMOND: II, 570
PINO, VINCENT L.: II, 570
PIONTKA, KATHIE: IV, 404
PIONTKA, MICHAEL: IV, 404
PIPE, (CAPT.): I, 20, 106
PIPER, IV, (MR.) 131
PIPER, BESSIE L.: IV, 260
PIPER, ENDA: IV, 131
PIPER, JOHN (COL.): I, 105
PIPER, JOSEPH: IV, 348
PIPER, LEWIS: II, 337
PIPER, MARGARET: IV, 348
PIPER, SARAH: IV, 631
PIPER, THOMAS: II, 64
PIPHER, BERNICE: IV, 226
PISEL, ELIZABETH: IV, 84, 225
PISEL, PHILIP: IV, 84
PISQUETOMEN, I, 57
PISTININZI, FRANK: IV, 404
PISTININZI, SYBIL: IV, 404
PITCAIRN, EDWARD: I, 558
PITMAN, JOSEPH: IV, 580
PITMAN, MIRIAM: IV, 580
PITTMAN, L. D.: II, 330
PITTMAN, SARAH C.: IV, 506
PITTMAN, W. S.: IV, 506
PITTS, B. F.: II, 168
PITZERELL, JOYCE R.: IV, 299
PITZERELL, PHILIP: IV, 299
PIZZATELLI, JAMES: II, 423
PLATER, IV (MRS.) 306
PLATT, ELIZABETH: IV, 443
PLAYFOOT, CHARLES: IV, 594, (JR.) 594
PLAYFOOT, OLIVE AGEY: IV, 594
PLAYFOOT, ROSAE: IV, 594
PLEASANTS, SAMUEL: I, 156, 172, 206
PLENNEY, JOHN P.: IV, 117
PLESS, ED: II, 690
PLOSKUNAK, ANN: II, 570
PLUMER, A. G.: II, 160
PLUMER, GEORGE: I, 220, 221
PODESTA, KATHRINA HELENA: IV, 120 (KATHERINA) 277
POE, MARY: IV, 335
POE, THOMAS: III, 60, 64, 65; IV, 335
POLACK, CATHERINE ROSINA: IV, 622
POLASKEY, GEORGE: III, 420
POLASKEY, MIKE: III, 420

POLIN, LOUIS: II, 559
POLK, (PRES.): I, 578
POLK, JAMES KNOX: I, 249 III, 202
POLLARD, ROSA EMMA: IV, 631
POLLIARD, A. G.: IV, 27
POLLIARD, ANNA: IV, 27
POLLOCK, I, (MISS) 282, 586; IV, (GOV.) 146
POLLOCK, ALICE: III, 166
POLLOCK, ANN: IV, 70
POLLOCK, ANNA: II, (MISS) 344; III, 166
POLLOCK, C. C.: II, 461
POLLOCK, CLARK C.: II, 634
POLLOCK, CLAYTON: II, 443
POLLOCK, DAVID: II, 443
POLLOCK, ETHEL GRACE: IV, 547
POLLOCK, GEORGE: II, 663; III, 166
POLLOCK, HUGH R.: III, 169
POLLOCK, HUGH: IV, 70
POLLOCK, ISABELLA: III, 168, 169,170
POLLOCK, J. W.: I, 440
POLLOCK, JAMES (GOV.): I, 370
POLLOCK, JANE (DOTY): III, 166
POLLOCK, JOHN: I, 582, 647, 653; II, 31; III, 166, 167, 168, 169, 171, 523; IV, 45, 441, 464
POLLOCK, JOSEPH W.: I, 445, 446
POLLOCK, MARY ELIZABETH (Miss): III, 166, 170
POLLOCK, MARY: IV, 303
POLLOCK, POLLY: IV, 480
POLLOCK, REN: II, (MR. & MRS.) 310
POLLOCK, ROBERT G.: III, 167
POLLOCK, SUSAN: IV, 414
POLLOCK, THOMAS: I, 230, 233; IV, (JUDGE) 414
POLLOCK, WALLACE: II, 634; IV, 547
POLLSTON, IV, (CAPT.) 406
POMROY, JOHN: I, 148
POND, (MISS): III, 209
PONTIAC, (CHIEF): I, 61
POOLE, ALICE: IV, 583
POORMAN, (MR.): IV, 84
POORMAN, ANNA E.: IV, 84
POORMAN, CLARE: IV, 285
POPSON, MARTIN J.: II, 584
PORES, I. D.: IV, 151
PORKO, CASPER: II, 424
PORTER, I, 592, 684; II, iii, (MR.) 82; IV, (MR.) 290, (U.L.) 500
PORTER, AGNES M .: IV, 179
PORTER, AGNES: IV,179, 346
PORTER, ALEXANDER: IV, 348
PORTER, ANDREW W.: I, 247

191

PORTER, ANDREW: IV, 375
PORTER, ANNA MARY: IV, 375
PORTER, BRYON (REV.): I, 493, 498, 533, 661
PORTER, CATHARINE A.: IV, 346
PORTER, CATHARINE: IV, 479
PORTER, D. A. (DR.): II, 431
PORTER, D. S.: I, 622, 629, 654; II, 6, 7, 8, 19, (COL.) 32; IV, 270
PORTER, D. T.: I, 163
PORTER, DAN S.: I, 462, 476, 619, 651, 674, 675, 683; III, 195
PORTER, DANIEL S.: II, 4, (COL.) 30 & 31; IV, (COL.) 374 & 375
PORTER, DAVID A.: IV, 346
PORTER, DAVID R.: I, 242, 243, 245
PORTER, E. D. B.: I, 477, 486; III, 221
PORTER, ELIZABETH: IV, 139
PORTER, ELLEN J.: IV, 346
PORTER, H. J.: II, 589
PORTER, H. K.: II, 550, 562
PORTER, ISABELLA: IV, 346
PORTER, J. R. (CAPT. JR.): I, 567
PORTER, J. R.: I, (COL.) 666; III, 195
PORTER, J.: I, 395, 523
PORTER, JAMES B.: I, 486
PORTER, JAMES R.: I, 185, 592, 619, 626, 627, 628, 629; IV, (COL. JR.) 345, 346, (JR.) 346, (JR.) 375
PORTER, JOHN B.: IV, 179, 346
PORTER, JOYCE: IV, 578
PORTER, L. A. MCKEE: IV, 346
PORTER, MARGARET WEAVER: IV, 345
PORTER, MARY BUTLER: IV, 375
PORTER, MARY: IV, 290, 346
PORTER, MATILDA: IV, 346
PORTER, PATRICK: IV, 405
PORTER, PETER B. (GEN.): III, 62, 66, 67
PORTER, R.: I, 476
PORTER, REED: II, 86
PORTER, RICHARD W.: IV, 179, 346
PORTER, ROBERT: IV, 375
PORTER, RUTH STANARD: IV, 375
PORTER, RUTH: IV, 348
PORTER, SAMUEL (REV.): I, 143
PORTER, SARAH E.: IV, 374
PORTER, SARAH MOORHEAD: IV, 375
PORTER, SARAH: IV, 290
PORTER, T. C.: IV, 290
PORTER, WILLIAM: IV, 139
PORTSER, HARRY W.: II, 256; III, 281
PORTSER, JULIA: IV, 61
PORTSER, W. J.: II, 84, 307; III, 281
PORTSER, WILLIAM J.: II, 369

PORTSER, WILLIAM: III, 281; IV, 61
POST, C. W.: II, 689
POST, CHRISTIAN FREDERICK: I, 27, 54, 55
POST, LOUISA MASON: IV, 158
POST, MARY BELL: IV, 158
POST, REUBEN LARNED: IV, 158
POSTLEWAITE, CHARLES C.: IV, 298
POSTLEWAITE, CLARA: IV, 298
POSTLEWAITE, HERBERT: III, 521
POSTLEWAITE, JANE: IV, 405
POSTLEWAITE, MILDRED: IV, 298
POSTLEWAITE, WILLIAM: IV, 405
POTMERCER, ADAM: I, 104, (JR.) 104; III, 26, 27
POTMERCER, PETER: I, 104; IV, 26
POTTER, ARTHUR: IV, 367
POTTER, C. J. (DR.): II, 612
POTTER, CAROLYN GRIFFITH: IV, 367
POTTER, CHARLES (DR.): II, 685
POTTER, CHARLES J.: II, 559, 612, (DR.) 748, 795; III, 554, 561
POTTER, CHARLES JACKSON: IV, (DR.) 366 & 367, 367
POTTER, CORA PEALER (MRS.): IV, 601
POTTER, EDGAR D.: IV, 5
POTTER, EFFIE MAY EVANS: IV, 367
POTTER, GEORGE: IV, 367
POTTER, JAMES : I, 128
POTTER, JANE ELIZABETH: IV, 367
POTTER, JANE G. (MRS.): II, 612
POTTER, JOHN (CAPT.): I, 46
POTTER, LEONA: III, (MRS.) 585 & 586; IV, 5
POTTER, LINA BELLE: IV, 367
POTTER, ROBERT: IV, 203, (MRS.) 203
POTTER, SUSAN EVANS: IV, 367
POTTER, THOMAS (LT.): III, 1, 2
POTTS, ANNIE M.: IV, 549
POTTS, DAVID: II, (DAVE) 689; III, 520
POTTS, J. S.: II, 278
POTTS, JOHN: IV, 549
POTTS, MARGARET: IV, 255
POTTS, SAMUEL: IV, 255
POULSON, ORNER B.: II, 515
POUND, I. EUGENE: IV, 579
POUND, JULIA: IV, 579
POUNDS, ARCHIE: II, 25
POUNDS, BRUCE WAYNE: IV, 534
POUNDS, CATHERINE: IV, 40
POUNDS, CLOVER: II, 117
POUNDS, JOHN: IV, 40
POUNDS, PAULA RAY: IV, 238
POWDERLY, TERENCE: I, 200

POWELL, DICK: III, 489
POWELL, DON: II, 778
POWELL, ELIZABETH MAY: IV, 222
POWELL, EMILY: IV, 262
POWELL, VERNE: IV, 353
POWELL, WALTER: IV, 353
POWER, JAMES (REV.): III, 212, 221
POWERS, RICHARD: II, 565
POWERS, SARAH E. (MRS): II, 248
POWERS, WILLIAM (CAPT.): II, 293
POWNALL, I, 585
POWNALL, MARY ELIZABETH: IV, 255
POZAR, RYAN: II, 681
PRATO, LOU: III, 628
PRATT, (DR.): II, 705, 709, 712, 715, 716, 717, 724; IV, 192
PRATT, BELLE BARTHOLOMEW: IV, 192
PRATT, CARDEN: IV, 412
PRATT, CROMWELL: IV, 412
PRATT, ELIZABETH: IV, 411, 412, 431
PRATT, JAMES: II, 178
PRATT, JOHN I.: IV, 192
PRATT, JOHN: IV, 412
PRATT, MARGARET BETZ: IV, 192
PRATT, MARILYN LOUISE: IV, 192
PRATT, MARJORIE ANN: IV, 192
PRATT, WILLIAM HENRY: IV, 192
PRATT, WILLIS (DR.): II, 665
PRATT, WILLIS E. (DR.): II, 712- III, 536, 542, 556, 566; IV, 192
PRATT, WILLIS EVERETT: IV, 191
PREISENDEGER, HAROLD (1ST LT.): II, 761
PRESTLEY, JAMES (REV.): III, 249
PRESTLEY, MARGARET: III, 251
PRESTON, CHRISTINE: IV, 594
PRICE, I, (LT.) 653; II, (MISS) 271
PRICE, A. D.: I, 344
PRICE, ALICE: IV, 62
PRICE, CONRAD: IV, 239
PRICE, DANIEL: IV, 97
PRICE, DAvnD J.: II, 187; III, 387
PRICE, DAVID: I, 206, 437; IV, 381
PRICE, ELIZABETH: IV, 381
PRICE, HELEN JANE: IV, 26
PRICE, ISAAC N. (2nd LT.): I, 546-L
PRICE, JOHN: I, 281; II, 527; IV, 62
PRICE, LUCY: IV, 97
PRICE, LYDIA: IV, 14
PRICE, MARIA CORDILLA: IV, 239
PRICE, MARY: IV, 239, 381
PRICE, REBECCA: IV, 64
PRICE, WILLIAM G. (JR.): III, 469

PRICE, WILLIAM: IV, 64
PRICELAND, BETTY SPROWLS (MRS.): IV, 548
PRIESTLEY, JOSEPH (DR.): I, 143
PRIESTLY, SHEPLEY: III, 68
PRIESTLY, THOMAS: III, 68
PRIMAK, ANATOLY (DR.): II, 769
PRIMAK, JOE: III, 480
PRINDLE, HANNAH: IV, 57
PRINDLE, JOHN: IV, 57
PRINGLE, DAVID: III, 274
PRINGLE, FRANCIS (REV.): IV, 457
PROBERTSTEIN, ESTHER: IV, 531
PROBERTSTEIN, ISAAC: IV, 531
PROBERTSTEIN, ROSE: IV, 531
PROCTOR, I, (COL.) 111; III, 68
PROCTOR, ISAAC: I, 344, 364
PROCTOR, JOHN: I, 85
PROFFITT, THOMAS: III, 474, 475, 476
PROFUGHI, SAM: II, 541
PROSSER, DAVID: IV, 100
PROTHERO, ADDA: IV, 409, 411
PROTHERO, AGNES B.: IV, 404
PROTHERO, ANN: IV, 221
PROTHERO, CHARLES GILBERT: IV, 220
PROTHERO, EMMA: IV, 220, 221
PROTHERO, GEORGE: III, 288, 289; IV, 404, 409
PROTHERO, GILBERT B.: IV, 220, 411
PROTHERO, GILBERT CHARLES: IV, 220
PROTHERO, GILBERT: IV, 221, 360
PROTHERO, H. NEY (DR.): III, 390
PROTHERO, HELEN LUCINDA SPICHER: IV, 220
PROTHERO, HENRY: IV, 409
PROTHERO, HENRY: II, 240; III, 288, 289
PROTHERO, JOHN P.: I, 538; IV, 220, 221, 411
PROTHERO, JOHN: I, 210, 397, 485, 627, 642; IV, 333, 433, 494
PROTHERO, JUDY RAE OAKES: IV, 220
PROTHERO, L. E. (DR.): II, 227
PROTHERO, LAVINIA: IV, 433
PROTHERO, LOUISE: IV, 220
PROTHERO, MARCIA ANN: IV, 220
PROTHERO, MARY RUTH: IV, 220
PROTHERO, MARY: IV, 364
PROTHERO, NANCY MAE: IV, 220, 360
PROTHERO, NOEL CLARK: IV, 220, 360
PROTHERO, PATRICIA ELLEN: IV, 220
PROTHERO, SARAH CLARK: IV, 221

PROTHERO, SARAH JANE: IV, 220
PROTHERO, SARAH: IV, 333, 411
PROTHERO, SILAS C.: IV, 220
PROTHERO, TIMOTHY GORDON: IV, 220
PROTHERO, TINA MARIE LYNCH: IV, 220
PROTHERO, W. N.: II, 88
PROTHERO, WILLIAM: IV, 221
PROTHERO, WM. N.: IV, 189
PRUGH, DAVID: II, 216
PRUGH, RALPH: II, 513
PRYOR, ELINOR: IV, 559
PUCCINI, IV, 357
PULFER, ELIZABETH: IV, 45
PULLAM, ELLIE ALICE: IV, 212
PULLMAN, GEORGE M.: I, 334
PUMROY, (MR.): I, 151
PUNELLA, PETER: III, 394
PURDY, DAVID L.: II, 594
PURINGTON, A. F. (MRS.): III, 334
PURNELL, J. BERT: II, 442
PURO, JOSEPH: III, 420
PURO, MIKE: III, 418, 420
PURO, STEVE: III, 420
PURPLE, IV, (JUDGE) 222
PUSKAR, HELEN T. (MRS.): II, 635
PUTKO, JOHN W. (PFC.): II, 584
PUTNAM, AMELIA EARHART: IV, 96
PUTNAM, DAVE: III, 603
PUTT, ROMONA: II, 571
PUTT, WALLACE: II, 627
PYATTE, JAMES B.: I, 489
PYLE, (MISS): IV, 83
PYLE, FORREST: III, 306-M
PYLE, J. WARNER: II, 500
PYLE, MATILDA: IV, 296
PYLE, SARAH: IV, 38
QUAGLIERRI, BEN: III, 450
QUAY, II, (BOSS) 13, 14, (BOSS) 19, 260, (SENATOR) 261, 261, 262, 263, 264; IV, (REV.) 130, (REV.) 134, (SENATOR) 315, (FOR PRESIDENT) 410
QUAY, A. B. (REV.): I, 372, 377; IV, 241
QUAY, ANDERSON B.: I, (DR.) 441 & 496; IV, (REV.) 315 & 428
QUAY, E. S.: I, 476
QUAY, M. S.: II, 17, 18, (BOSS) 260; III, 238; IV, (HON.) 409, 474, 512
QUAY, MATTHEW S.: II, 10; IV, 327, 409
QUAY, MATTHEW STANLEY: I, 441; II, 5; IV, 315
QUAY, MATTHEW: IV, 170
QUEEN, ELIZABETH: II, 559
QUEN, JOHN: I, 40, 314

QUESADA, PETER: III, 541
QUICK, JEAN: IV, 131
QUICK, KENNETH: IV, 131
QUIGG, ADELINE M.: IV, 500
QUIGLEY, MARY: IV, 9, 75
RABB, ROBERT W. (MRS.): IV, 554
RADER, CHARLOT: IV, 498
RAFFENSPERGER, M. (REV.): II, 77
RAFINESQUE, CONSTANTINE S.: I, 11
RAGER, DON: II, 799
RAGER, LENA MARY: IV, 570
RAGER, LEWIS: II, 252
RAGER, ORRIS: IV, 570
RAGER, VIOLETTE: IV, 542
RAGLANI, G. G.: II, 727
RAGOSIN, DAVID: II, 361
RAHAR, DONALD (SGT.): II, 581
RAINEY, JENNIE CHRISTINE: IV, 380
RAINEY, JOHN: IV, 64
RAINEY, NANCY: IV, 64
RAINEY, SHERIDAN (S/SGT): II, 576
RAIRIGH, ALBERT E.: IV, 612
RAIRIGH, DANIEL: IV, 612
RAIRIGH, EDNA GRACE HENRY: IV, 612
RAIRIGH, EDNA NUEL HUFFMAN: IV, 611
RAIRIGH, ELVERTA: IV, 612
RAIRIGH, ESSIE MYRTLE: IV, 612
RAIRIGH, ETHEL ELIZABETH HUEY: IV, 612
RAIRIGH, ETTA: IV, 612
RAIRIGH, FANNIE: IV, 612
RAIRIGH, H. A.: II, 403
RAIRIGH, HARRY DANIEL: IV, 612
RAIRIGH, HENRY ALBERT: IV, 611, 612
RAIRIGH, ISAIAH CLAIR: IV, 612
RAIRIGH, J. A. C.: II, 39, 44, 45, 93, 94, 95; III, 303; IV, 354
RAIRIGH, MAGDALINE: IV, 612
RAIRIGH, MARY ELIZABETH SPICHER: IV, 612
RAIRIGH, NANCY: IV, 459
RAIRIGH, SARA ELVERTA: IV, 612
RALSTON, III, (SHERIFF) 132, 133, & 134, 156; IV, (MR.) 496
RALSTON, AGNES: IV, 341, 342
RALSTON, ANDREW: IV, 342
RALSTON, CLARA SUTTON: IV, 341
RALSTON, CLARA: IV, 496
RALSTON, DAVID: I, 28, 83, 246, 253, 262, 359, 371, 376, 377, 390, 392, 440, 445, 446, 524, 534, 535, 548, 549, 550, 675, 676, 689, 691; III, 124, 125; IV, 119, 325, (SHERIFF) 329, 341, (SR.) 341, (SR.) 342, (I) 342, 378, 384, 428

RALSTON, ISABELLA: IV, 341
RALSTON, J. S.: II, 125
RALSTON, JAMES S.: II, 64, 171, 173; IV, 341
RALSTON, JAMES: I, 476; II, 425; III, 437
RALSTON, JANE SLOAN: IV, 342
RALSTON, JENNIE: IV, 412
RALSTON, JOHN: I, 641; II, 170; IV, 342
RALSTON, MARGARET SHARP: IV, 341
RALSTON, MARIA A. BLAKELEY: IV, 341
RALSTON, MARY ANN: IV, 418, 619
RALSTON, MARY: IV, 342, 369
RALSTON, NANCY: IV, 341, 607
RALSTON, SAMUEL: I, 37; IV, 607
RALSTON, T. E.: II, 173
RALSTON, T. ELDER: IV, 341
RALSTON, W. E.: II, 535
RALSTON, WILLIAM L.: II, 112
RAMBO, ANN: IV, 454
RAMBO, ANNA: IV, 165, 280
RAMDEN, RALPH: III, 622
RAMEY, CONRAD: IV, 49
RAMEY, DANIEL: II, 7, 8, 10, 15; IV, 49, 107
RAMEY, ELIZA J. CRISSMAN: IV, 49
RAMEY, ELIZABETH: IV, 49
RAMEY, ELLSWORTH: IV, 49
RAMEY, ENOCH: IV, 49
RAMEY, FREDERICK: IV, 49
RAMEY, HARRY BAKER: IV, 49
RAMEY, JERUSHA B. RUGH: IV, 107
RAMEY, MARY: IV, 49
RAMEY, SARAH J.: IV, 49
RAMEY, SARAH NOBLE: IV, 49
RAMEY, T. MAL: IV, 107
RAMEY, THOMAS C.: IV, 49, 107
RAMEY, ULYSSES GRANT: IV, 49
RAMEY, WEBSTER E.: IV, 49
RAMONTI, OBALDI: II, 373
RAMSAY, (MR.): II, 182
RAMSAY, ERSKINE: IV, 367
RAMSAY, HANNAH: IV, 312
RAMSELL, CHARLES: III, 479
RAMSEY, ANN: IV, 135
RAMSEY, ELIZABETH (MRS.): IV, 139
RAMSEY, HUGH: IV, 262
RAMSEY, JAMES: IV, (MAJOR) 139, 391
RAMSEY, JOHN: I, 32
RAMSEY, MARGARET: IV, 262
RAMSEY, SALLY: IV, 325
RAMSEY, WILLIAM (CAPT.): I, 615

RANCK, BETTY: IV, 526
RANCK, CALVIN: IV, 526
RANCK, FAYE L. STRONG: IV, 526
RANCK, HARVEY LARIMER: IV, 526
RANCK, JACK: IV, 526
RANCK, JEAN GARMAN GILL: IV, 526
RANCK, JOSEPHINE SMITH: IV, 526
RANCK, LUCILLE ROSER: IV, 526
RANCK, MIGS R.: II, 537
RANCK, MILES E.: II, 187, 306; III, 138
RANCK, MILES ELLSWORTH: IV, 525, 526
RANCK, MILES: IV, (JR.) 525 & 526
RANCK, MINERVA EYER: IV, 526
RANDALL, I (MR.) 319; II, 229; III, (DR.) 503
RANDALL, KATHERINE: IV, 217
RANDOLPH, I, (MR.) 319; III, (EX-GOV.) 227
RANDOLPH, J. H.: III, 391
RANEY, JANE: IV, 165, 270, 356, 592
RANK, ELIZABETH: IV, 404
RANK, ETTA: IV, 262
RANK, GEORGE: III, 138
RANK, MARY: III, 457
RANK, SAMUEL: III, 114,138
RANKIN, IV, (MISS) 464
RANKIN, AUSTIN C.: IV, 262
RANKIN, ELIZA: IV, 11
RANKIN, ELIZABETH: IV, 530
RANKIN, EMILY POWELL: IV, 262
RANKIN, ETTA RANK: IV, 262
RANKIN, HANNAH BUCKLEY: IV, 262
RANKIN, HUGH R.: IV, 262
RANKIN, IDA MAY: IV, 165
RANKIN, ISABELLE: IV, 10
RANKIN, J. W.: II, 227, 456
RANKIN, JAMES: I, 355; III, 498
RANKIN, JANE TAYLOR: IV, 262
RANKIN, JOHN R.: IV, 262
RANKIN, JOHN: IV, (DR.) 11, 51, 165, 262
RANKIN, JOSEPH W.: IV, 262
RANKIN, JOSEPH: I, 524; II, 300
RANKIN, LEWIS D.: IV, 262
RANKIN, LUCY LUCAS: IV, 262
RANKIN, LULU CAROLYN: IV, 433
RANKIN, M. M.: (DR.): IV, 632
RANKIN, MARGARET RAMSEY: IV, 262
RANKIN, MARGARET: IV, 262, 339
RANKIN, MARIA: IV, 11, 339
RANKIN, MARY RUFFNER: IV, 262
RANKIN, MARY: IV, 131
RANKIN, MATTHEW: IV, 530

RANKIN, MELISSA: IV, 180
RANKIN, MICHAEL M. (M.D.): IV, 262
RANKIN, NANCY F.: IV, 262
RANKIN, NANCY GETTY: IV, 262
RANKIN, NANCY J.: IV, 632
RANKIN, NANCY: IV, 275
RANKIN, REBECCA: IV, 51
RANKIN, ROGERS: II, 679
RANKIN, S. J.: IV, 339
RANKIN, SAMUEL R.: IV, 82
RANKIN, SUSAN: IV, 165
RANKIN, WILLIAM: I, 357; IV, 10, 262, (JR.) 262, (SR.) 262, 275, 604
RANSON, ALEXANDER: IV, 370
RANSON, DAVID: IV, 370
RANSON, EMMA TRUBY: IV, 370
RANSON, EVALINE: IV, 370
RANSON, ISAAC: IV, 370
RANSON, JOHN: IV, 370
RANSON, MARY J. DUNCAN: IV, 370
RANSON, MARY: IV, 370
RANSON, WILLIAM CONNOR (M.D.): IV, 370
RANSON, WILLIAM: I, 555; IV, 370
RAPACH, KAREN: II, 667
RAPACH, RANDY: II, 667
RAPINES, GEORGE: I, 346
RAPP, A. E.: II, 222
RAPPISH, ROSCOE: III, 418
RATHER, BRUNO: IV, 240
RAUB, A. N. (PROF): II, 50; III, 222
RAUSO, PATRICK: IV, 585
RAUSO, PEGGY ELLEN: IV, 585
RAWLE, WILLIAM H.: II, 14, 15
RAWLE, WILLIAM: IV, 113
RAWLINGS, T. J.: II, 417
RAY, II, 279; IV, (MR.) 305
RAY, ADA FRANCES: IV, 604
RAY, AGNES DICK: IV, 182
RAY, ALEXANDER: I, 159
RAY, AMYE TAYLOR: II, 669; IV, 182
RAY, ANN: IV, 588
RAY, B. DEWITT: IV, 304
RAY, B. DWIGHT: II, 669
RAY, BELLE DWIGHT: IV, 182
RAY, BELLE HASTIE: IV, 182
RAY, CATHARINE: IV, 606
RAY, CHARLES S.: II, 184
RAY, CLARK E.: II, 697
RAY, CLARK: II, 557
RAY, CORNELIA IDA: IV, 604
RAY, DANIEL D. (DR.): IV, 286
RAY, DE WITT: III, 450, 541; IV, 304, 305

RAY, ELEANOR (MISS): III, 362
RAY, ELEANOR BATEMAN: IV, 605
RAY, ELEANOR R. (MISS): II, 304, 350
RAY, ELIZA LESLIE: IV, 605
RAY, ELIZABETH A.: IV, 39
RAY, ELIZABETH ANN: IV, 39
RAY, ELIZABETH BLAINE: IV, 605
RAY, ELIZABETH: II, 801; IV, 182, 392
RAY, GEORGE MULLHOLLAN: IV, 604
RAY, HARRIET ODELL: IV, 605
RAY, HASTIE: II, 300
RAY, HENRIETTA BLAINE: IV, 605
RAY, JAMES: IV, 605, 606
RAY, JAN PARKER: IV, 468
RAY, JANE PARKER: IV, 604
RAY, JANE: IV, 605
RAY, JESS CLAIRE MCCOOL: IV, 392
RAY, JESS MCCOOL: IV, 182
RAY, JOHN M.: IV, 182, 429
RAY, JOHN: IV, 182, 605
RAY, LUCILLA O'HARE: IV, 182, 305
RAY, LUCILLA: II, 801; IV, 305, 552, 553
RAY, LUCILLE: II, 669
RAY, LUCY: IV, 305
RAY, LYMAN S. W.: II, 140
RAY, LYMAN SWAN WATERMAN: IV, 604
RAY, MAGGIE B.: IV, 182
RAY, MARGARET JANE JOHNSTON: IV, 604
RAY, MARGARET JOHNSTON: IV, 604
RAY, MARTHA: IV, 605
RAY, MARY MATTHEWS: IV, 604, 605
RAY, MARY: IV, 286, 303, 429
RAY, MATTHEW: IV, 182, 303, 605
RAY, MINNIE A.: IV, 182
RAY, MINNIE AMANDA: IV, 206
RAY, MOLL: II, 58
RAY, N. DE WITT: II, 669; III, 375, 486; IV, 182
RAY, NANCY: IV, 606
RAY, NELSON DEWITT: IV, 39, 182, 391, 392
RAY, NICHOLAS VAN: IV, 186
RAY, R. H.: II, 412, 413, 449
RAY, R. HASTIE: II, 300, 669, 685; III, 561; IV, 181, 182, 553
RAY, R. N.: II, 266, 305, 374 (MRS.); IV, 277, 553
RAY, R. NELSON: IV, 182
RAY, ROBERT HASTIE: IV, 182, 304
RAY, ROBERT NELSON: IV, 39, 181, 305, 392
RAY, ROBERT R.: IV, 182
RAY, ROBERT: IV, 588, 605

RAY, SADIE B. : IV, 182
RAY, SALLY: IV, 305
RAY, SAMUEL: I, 330, 542, 548, 573; II, 25, 69, 140; IV, 151, 468, 604, 605
RAY, SARAH BLACK: IV, 604
RAY, SUSANNAH: I, 508
RAY, W. (DR) II, 529
RAY, W. D.: III, 431
RAY, WILLIAM D.: IV, 182
RAY, WILLIAM: IV, 605
RAY, ZEHNER: IV, 182
RAYBUCK, MARY A.: IV, 327
RAYBURN, CHERYL: II, 757
RAYMER, A. D.: III, 400
RAYMOND, I, 585
RAYMOND, ANTHONY J.: II, 667
RAYMOND, H. E.: III, 486
RAYMOND, H. EARL: II, 543
RAYNE, JAMES: I, 610; IV, 583, 584
RAYNOR, C. R.: II, 361
REA, WALTER S.: II, 431
READ, I, 592
READ, J. R.: III, 225
REAGAN, (PRES.): II, 667, 746
REAGAN, ALEXANDER: IV, 344
REAGAN, PHILIP: IV, 344
REAGAN, RONALD: II, 745
REAGAN, W. J.: II, 478
REAM, LAVINIA: IV, 562
REAM, MARGUERITE: IV, 162
REAMS, M. S.: III, 547
REBOVICH, GEORGE: II, 780
RECESKI, ANDREA: IV, 569
RECESKI, ANNA: IV, 569
RECESKI, C. EDWARD: IV, 569
RECESKI, CHARLES: IV, 569
RECESKI, EDWARD: IV, 569
RECESKI, JANELLA: IV, 569
RECESKI, JULIE WANNETT: IV, 569
RECESKI, MEGAN: IV, 569
RECORDS, WALLACE: III, 420
REDD, LOVELL: III, 564
REDD, YVONNE B.: III, 574, 620
REDDING, LAWRENCE J.: III, 479
REDNO, FRANK: III, 409
REDNO, JOE: III, 409
REDPATH, ANN H.: IV, 368
REDPATH, WILLIAM: I, 563
REDWOOD, SARAH: I, 131
REEB, JAMES J. (REV.): II, 772
REECE, J. A.: II, 305
REED, I, (PRES.) 109 & 110, (MR.) 145, (GEN.) 257, (SENATOR) 399, 406, 407, I, (MR.) 677; III, 471; I, (DR.) 290

REED, A. B.: I, 344
REED, AGNES (MRS.): III, 439
REED, ALBERT: II, 453
REED, ALEXANDER: IV, 369
REED, ANNA (MRS.): II, 361
REED, ANNA MARY: IV, 96
REED, ANNE PRISCILLA JOHNSTON: IV, 290
REED, AUGUSTUS J.: IV, 290
REED, AUGUSTUS: I, 651; IV, 606
REED, BELLE: IV, 290
REED, C. PAUL (DR.): III, 405
REED, CAROLINE: IV, 173
REED, CHARLES PAUL (M.D.): IV, 290
REED, DAVID (SENATOR): IV, 514
REED, DAVID A.: II, 396, 397
REED, DON: II, 226
REED, ELEANOR SARAH: IV, 502
REED, ELIZABETH C.: IV, 205
REED, ELIZABETH TEITHART: IV, 551
REED, ELIZABETH: I, 83; IV, 59, 563
REED, ETHEL: IV, 193
REED, G. P.: I, 369, 552, 584, 600, 668; IV, 32, 145
REED, GEORGE J.: I, 654
REED, GEORGE: I, 210, 580, 676
REED, GRACE: IV, 551
REED, GUTHRIE P.: I, 464; IV, 75
REED, H. C.: II, 537
REED, H. L.: II, 305
REED, HANNAH MAY: IV, 621
REED, HELEN: III, 439
REED, HENRY E. (CAPT): II, 494
REED, HULDA: IV, 460
REED, ISABELLA: IV, 365
REED, J. D.: II, 25
REED, J. R.: II, 24, 144
REED, JAMES A.: IV, 290
REED, JAMES: I, 204
REED, JOHN: I (REV.) 284, 285, 286, 287, 295 & 298, (CAPT.) 337; III, 215, (REV.) 221, 230 & 232, 345, 391, 394-98, 403, 404; IV, (REV.) 365
REED, JOSEPH: I, 107, 337
REED, LOTT H.: IV, 551
REED, LOTT: IV, 551
REED, LUCY: IV, 369
REED, LULU: IV, 290
REED, MARGARET: IV, 436, 548, 549
REED, MARY ANDERSON: IV, 290
REED, MARY: I, 540; IV, 290, 606
REED, NELLIE: IV, 290
REED, NOLA: IV, 290
REED, OLLIE: IV, 551
REED, PAUL E.: III, 616

REED, PAUL: II, (DR.) 270; III, (MRS.) 365
REED, ROBERT P.: III, 217
REED, ROBERT: II, (LT.) 582 & 583; IV, 173
REED, SAMUEL M.: I, 183, 185, 186
REED, SARAH L.: IV, 365
REED, SARAH: IV, 290
REED, THOMAS: I, 83, 159, 165, 174
REED, W. L.: II, 209; III, (DR.) 276, 303
REED, WALTER: II, 380
REED, WILLIAM L.: IV, 290
REED, WILLIAM: I, (DR.) 509, 510; II, 196; III, 391, 393, 394, 396, 397, 398, 399, 404, 405; IV, (M.D.) 289, 290
REEDER (REIDER): A. R.: II, 64
REEDER, RONALD L.: IV, 575
REEDER, SHIRLEY: IV, 575
REEDS, III, 73
REEL, III, 167
REES, ELIZABETH: IV, 381
REES, HUGH: IV, 381
REES, JOHN: IV, 381
REES, MARY: IV, 381
REES, WILLIAM: II, 545
REESE, B. F.: III, 298
REESE, DAISY M.: IV, 526
REESE, ELEANOR: IV, 152
REESE, ELIZABETH: IV, 40
REESE, ISAAC: III, 298
REESE, J. R.: I, 603
REESE, JACOB: I, 401
REESE, MARGARET: IV, 460
REESE, MARY: IV, 222
REESE, THOMAS: IV, 40
REGALDO, III, 396
REICHART, GABRIEL ADAM (REV.): I, 290
REID, I, ii, 590; IV, (MR.) 313
REID, ANDREW: IV, 292, 293
REID, ANDY: III, 70, 71, 72
REID, ANNA ELIZABETH: IV, 2
REID, ANNE E. (PECK): IV, 1
REID, CHRISTINA: IV, 489
REID, DAVID F.: IV, 292
REID, DAVID: I, 135, 136, 218, 316; III, 68; IV, 2, 292
REID, ELIZA BROWN: IV, 292
REID, ELIZABETH A.: IV, 292
REID, ELIZABETH MITCHELL: IV, 292
REID, ELIZABETH: IV, 292
REID, ESTHER MCBRAYER: IV, 292
REID, ESTHER: IV, 292
REID, FERNE: IV, 535
REID, GRISEL PEDEN: IV, 293

REID, HADASSAH M.: IV, 2
REID, JANE (MABON): IV, 1
REID, JANE ALEXANDER: IV, 292
REID, JENNIE A.: IV, 2
REID, JESSE M.: IV, 292
REID, JESSE: I, 266
REID, JOHN: IV, 293
REID, MARGARET MABON: IV, 292
REID, MARTHA: IV, 292
REID, MARY: IV, 292, 293
REID, NANCY JANE: IV, 313
REID, NANNIE: IV, 313
REID, NANNIE: IV, 313
REID, REBECCA CROCO: IV, 292
REID, ROBERT K.: IV, 2
REID, ROBERT: IV, 292, 293
REID, RUTH (KIRKWOOD): IV, 1
REID, RUTH: IV, 292
REID, SARAH PEDEN: IV, 292
REID, SUSANNA: IV, 293
REID, T. S.: I, 63-64, 134, 191, 208, 212, 214, 218, 227, 262, 264-65, 267, 270, 276, 278-79, 298-99, 306, 325, 338, 349, 355, 361, 363, 466, 493, 536, 593; II, 109; IV, 337
REID, THOMAS S.: I, 251, 370, 465, 587; II, 90; III, 68, 88; IV, 1, 2, 292
REID, THOMAS: IV, 292
REID, WILLIAM: IV, 292, 293
REIDER (RIEDER): AUGUSTUS R.: II, 145
REIDER, A. R.: I, 538
REIGART, EMANUEL: I, 581
REIGHARD, HELEN: IV, 361
REILLY, III, 227
REILY, III, 90
REINER, FRITZ: IV, 240
REINHARDT, EMMA: IV, 94
REINHART, EMMA: IV, 488
REIS, JOHN CONRAD: IV, 345
REISHEL, SARAH J.: IV, 76
REITER, FLORANDA ANN: IV, 360
REITER, JACOB: IV, 360
REITHMILLER, HAZEL: IV, 162
REITHMILLER, ROSA A.: IV, 548
REITZ, MARTIN: IV, 412
REITZ, MARY C.: IV, 412
RELLICK, TONY: II, 576
REMALEY, JOHN A.: II, 267, 272
REMALEY, REUBEN: IV, 19
REMBRANDT, (MESSRS.): II, 186
REMEY, ANNE M.: IV, 608
REMEY, BEULAH: IV, 608
REMEY, CAROL BARKER: IV, 607
REMEY, CATHERINE R.: IV, 608

REMEY, DONALD P.: IV, 608
REMEY, ELMER: IV, 608
REMEY, FRANCIS M. SNYDER: IV, 607
REMEY, GILBERT BEEBE: IV, 608
REMEY, GILBERT P.: III, 635; IV, 607, 608
REMEY, GILBERT WILLIAM: IV, 607
REMEY, GILBERT: IV, 608
REMEY, JOHN: IV, 608
REMEY, N.: IV, 608
REMEY, NANCY ELIZABETH HALSTED: IV, 608
REMEY, RUTH SMITH: IV, 607
REMSNYDER, WILLIAM R.: III, 476
RENALDO, PASQUALE: II, 27, 60
RENDLEMAN, ETHEL N.: IV, 239
RENTZ, AUGUSTA: IV, 256
RENZO, CARMENE: II, 249
REPHORN, BETTY: IV, 618
REPINE, BELL: IV, 607
REPINE, CORDELIA: IV, 442
REPINE, ELIZABETH: IV, 152
REPINE, GEORGE: I, 548
REPINE, JACOB: I, 536
REPINE, MARGARET: IV, 348
REPINE, MATILDA: IV, 610
REPINE, THOMAS: I, 524
REPLOGLE, ELIZABETH FYOCK: IV, 609
REPLOGLE, JACOB: IV, 609
REPLOGLE, SUSANNAH: IV, 608, 609
REPLOQLE, HARRY: II, 539
REPP, II, 397
RESTENBARGER, GLEN R. (MRS.): II, 773
REVERS, J. H.: IV, 287
REYBURN, (JUDGE): III, 308, 310
REYBURN, CALVIN: III, 308, 309
REYBURN, JAMES E. (SENATOR): IV, 500
REYBURN, JOHN E.: II, 16
REYNOLDS, II, 307, 405
REYNOLDS, A. L. (DR.): II, 783; III, 574
REYNOLDS, ANDREWS: IV, 141
REYNOLDS, CLARISSA: IV, 594
REYNOLDS, DANIEL: IV, 376
REYNOLDS, DAVID: I, 352; III, 85
REYNOLDS, GLADYS: IV, 317
REYNOLDS, ISABELLE: IV, 141
REYNOLDS, J.: III, 226
REYNOLDS, JAMES: II, 138, 243
REYNOLDS, MARY: IV, 61, 440, 497
REYNOLDS, R. B.: II, 588
REYNOLDS, SUE: IV, 454
REYNOLDS, SUSANNAH: IV, 376

REYNOLDS, WOODWARD: I, 559
REZZOLA, JOHN: II, 210
RHEA, C. B.: II, 242
RHEA, DANIEL: I, 581; IV, 348
RHEA, ELIZA ANN: IV, 348
RHEA, ELIZABETH CARUTHERS: IV, 348
RHEA, ELIZABETH MORROW: IV, 348
RHEA, ELIZABETH: IV, 348
RHEA, FLORENCE: IV, 365
RHEA, HENRIETTA: IV, 348
RHEA, ISAAC: IV, 348
RHEA, JAMES: IV, 348
RHEA, JANE HUSTON WRAY: IV, 348
RHEA, JANE KERR: IV, 348
RHEA, JOHN HARRISON: IV, 348
RHEA, JOSEPH: IV, 348
RHEA, MARGARET: IV, 348
RHEA, MARY W.: IV, 348
RHEA, MARY: IV, 348
RHEA, NANCY J.: IV, 348
RHEA, SARAH ALEXANDER: IV, 348
RHEA, SARAH SHIELDS: IV, 348
RHEA, THOMAS: IV, 348
RHEA, WILLIAM L.: IV, 348
RHEA, WILLIAM R.: I, 26
RHEAM, III, 68
RHEAM, CYRUS: II, 300
RHEIM, SAMUEL: II, 198
RHEY, (MR.): IV, 116
RHEY, GEORGE: I, 519
RHEY, JOHN S.: I, 248
RHINE, DANIEL: III, 132
RHINE, G. W.: I, 62-B
RHINE, PAULA: IV, 593
RHINE, RAYMOND (SGT): II, 761
RHINE, RAYMOND F.: III, 524
RHOADES, H. P. (MRS.): III, 364
RHOADES, UZELLA M.: IV, 88
RHODES, ALICE MARY: IV, 60
RHODES, CHRISTIAN: I, 659
RHODES, GRACE: IV, 319
RHODES, IVA: IV, 298
RHODES, JAMES (GOVERNOR): IV, 538
RHODES, MARY BLACK (MRS.): II, 480
RHODES, MELVIN: IV, 319
RHODES, SAMUEL: IV, 60
RHULE, JONATHAN: II, 23
RHYDE, HANNA: IV, 307
RICARD, ROBERT: III, 418
RICE, (REV.): I, 661
RICE, BARBARA: IV, 345
RICE, BEN: I, 405

RICE, CATHARINE: IV, 345
RICE, CONRAD: I, 144, 156, 157, 161, 162, 163, 164, 170, 289, 315; II, 64, 73; IV, 325, 345
RICE, DAN: I, 457
RICE, ELIZA BECK: IV, 345
RICE, ELIZABETH: IV, 345
RICE, JOHN CONRAD: IV, 345
RICE, JOHN S.: II, 727; III, 528, 531
RICE, JOHN: I, 510, 643; II, 210, 211, 558
RICE, MARGARET: IV, 345
RICE, MARY FAIR: IV, 345
RICE, PHILIP: I, 161, 163, 280; III, 49; IV, 344, 345
RICE, PHILIPENA DICKEY: IV, 345
RICE, PHILIPENA: IV, 345
RICE, SAMUEL: IV, 345
RICE, SUSANNAH: IV, 345
RICHARD, ANN MARIE: IV, 371
RICHARD, ANN: IV, 371
RICHARD, CHRISTOPHER: IV, 371
RICHARD, WILLIAM (REV.): II, 768, 784
RICHARD, WILLIAM J.: II, (JR., REV.) 773; IV, (JR., REV.) 370 & 371, 371
RICHARDS, ABIGAIL: IV, 251
RICHARDS, ANGELINE: IV, 251
RICHARDS, ANNA MATILDA DRENNEN: IV, 251
RICHARDS, BELLE SWARTZ: IV, 251
RICHARDS, DAVID: I, 485
RICHARDS, ESTHER: IV, 251
RICHARDS, HUGH: I, 355
RICHARDS, J. R.: II, 215, 221, 375, (SHERIFF) 394, (SHERIFF) 415; III, 451
RICHARDS, JEMIMA: IV, 251
RICHARDS, JOHN D.: IV, 251
RICHARDS, JOHN J.: IV, 251
RICHARDS, JOHN ROBERT: IV, 251
RICHARDS, JOHN: III, (JR.) 472 & 473; IV, 251
RICHARDS, MARGARET: IV, 251
RICHARDS, MARY JANE: IV, 251
RICHARDS, MARY: IV, 251
RICHARDS, ROBERT K.: IV, 251
RICHARDS, SAMUEL: I, 170; III, 45
RICHARDS, THOMAS J.: IV, 251
RICHARDS, THOMAS: IV, 251
RICHARDS, WILLIAM J.: II, 193
RICHARDS, WILLIAM R.: I, 198
RICHARDS, WILLIAM: II, 149
RICHARDSON, ABRAHAM C.: IV, 111
RICHARDSON, ALICE: IV, 94
RICHARDSON, ANNA ELIZA: IV, 111
RICHARDSON, CHARLOTTE: IV, 176
RICHARDSON, ELIZABETH: IV, 619

RICHARDSON, GEORGE O.: IV, 434
RICHARDSON, HANNAH JANE: IV, 434
RICHARDSON, KATHERINE: IV, 555
RICHARDSON, LUESTA K.: IV, 111, 460
RICHARDSON, MARTHA JANE: IV, 157
RICHARDSON, MARY: IV, 71, 575
RICHARDSON, NORMAN: III, 593, 595, 596
RICHARDSON, SAMUEL: II, 361
RICHARDSON, WILLIAM: I, 222
RICHELIEU, CHARLES H.: II, 541
RICHEY, I: 636
RICHEY, DAVID ALBERT: IV, 48
RICHEY, ELIZA: IV, 124, 201
RICHEY, GEORGE: I, 198
RICHEY, HARRIET: IV, 429
RICHEY, JAMES: I, 540; IV, 201, 429
RICHEY, JANE: IV, 260
RICHEY, JANET (MISS): II, 350
RICHEY, JANET C. (MISS): II, 304
RICHEY, NANCY C.: IV, 48
RICHEY, ROBERT L.: III, 620
RICHEY, SAMUEL: I, 571; IV, 257
RICHEY, W. C.: I, 556
RICHMAN, TERRY: II, 168
RICKARD, EARL (MRS.): II, 482
RICKETTS, I, 104
RICKETTS, SARAH: IV, 78
RICKEY, ADAM: III, 46
RICUPERO, JOSEPH: III, 543, 544
RICUPERO, TONY: II, 599, 684
RIDDELL, ARTHUR M.: II, 178
RIDDELL, JAMES: I, 324
RIDDELL, SILAS: I, 324
RIDDLE, I, 678
RIDDLE, CATHERINE: IV, 58
RIDDLE, GEORGE: I, 161
RIDDLE, JAMES E.: I, 683
RIDDLE, JAMES M.: I, 156, 160, 161, 172; III, 40, 49; IV, (ATTORNEY) 272
RIDDLE, JAMES: IV, 58
RIDDLE, JOHN B.: I, 452
RIDDLE, MADALENE: IV, 607
RIDDLE, MARY: IV, 58
RIDDLE, NANCY: IV, 135, 536
RIDDLE, ROBERT M.: IV, 29
RIDDLE, ROBERT: I, 357; III, 72
RIDDLE, SUSAN: IV, 56
RIDDLE, WILLIAM: I, (JR.) 396, 581
RIFFLE, FRANK: III, 515
RIGG, GEORGE C.: II, 210
RIGG, PHYLLIS JEAN: IV, 562
RIGG, RONAD G.: IV, 562

RIGG, WAYNE: III, 431
RIGGS, ANN MARY: IV, 12
RIGGS, JOANNE: IV, 131
RIGGS, PAUL: IV, 131
RIGGS, SILAS A.: IV, 12
RIGGS, SILAS: I, 200, 521
RIGHT, WILLIAM: I, 104
RILEY, ANNIE: IV, 336
RINGLE, CATHARINE: IV, 529
RINGLE, J. M.: I, 558
RINGLE, MATHIAS: I, 638
RINGLER, WARREN: III, 644
RINK, C. E. (DR.): II, 548; III, 449
RINK, CHARLES (T/SGT): II, 579
RINK, GEORGE: IV, 442
RINK, HAROLD F.: IV, 253
RINK, KATHLEEN: IV, 253
RINK, N. T.: III, 488
RINK, NANCY: IV, 442
RINN, ANNA ELIZABETH: IV, 525
RINN, D. F.: II, (MR.) 218, 325, 371
RINN, LOTTIE LEILA HUMBLE: IV, 626
RINN, NELLIE (MRS.): II, 529
RINN, S. A.: III, 436
RIPLEY, (GEN.): III, 63
RIPLEY, ELIZABETH: IV, 559
RIPPEY, JANE: IV, 412
RISHEBERGER, PAUL (DR.): II, 688; III, 538
RISHELL, EMMA: IV, 322
RISING, VERNA: IV, 527
RISINGER, J. M.: II, 168, 290, 534
RISINGER, JOHN B.: II, 424
RISINGER, M. H.: II, 270
RISSINGER, MARY K.: II, 458
RITCHEY, JAMES A.: I, 484
RITCHEY, JANE (MRS.): II, 299
RITCHEY, WILLIAM: I, 534
RITENOUR, MARGARET EMALINE: IV, 579
RITER, BETSY ANNE: IV, 635
RITER, RICHARD: IV, 635
RITES, AMANDA: IV, 536
RITNER, (GOV.): I, 302, 316; IV, 115, 210, 378
RITNER, JOSEPH: I, 227, 228, 236, 239, 240
RITTENHOUSE, ELIZABETH: IV, 38, 521
RITTENHOUSE, JOHN: IV, 38
RITTENHOUSE, MARGARET: IV, 38
RITTER, DAVID: I, 519
RIVERS, MARY L.: IV, 214
ROBB, MARGARET: IV, 303
ROBBINS, DANIEL: I, 395, 664

ROBBINS, E. E.: IV, 103
ROBBINS, EDWARD E.: II, 261
ROBERT, HELENA (MISS): III, 99
ROBERTS, (LT. GOV.): I, 588
ROBERTS, A. C.: II, 491
ROBERTS, ANN MARY: IV, 358
ROBERTS, ANN: IV, 335
ROBERTS, FRANK H. H. (DR.): I, 6
ROBERTS, GEORGE B.: I, 557; IV, 405
ROBERTS, JOHN R. II, 136
ROBERTS, MARY ANN CLARK: IV, 541
ROBERTS, NATHAN L.: I, 318
ROBERTS, ROBERT (JR.): I, 205
ROBERTS, RUTH E.: IV, 541
ROBERTS, SOLOMON: I,185,193, 321, 322, 323
ROBERTS, WILLIAM P.: IV, 541
ROBERTSON, II, 79
ROBERTSON, ELEANOR: IV, 476
ROBERTSON, GEORGE W.: IV, 522
ROBERTSON, GEORGE: IV, 522
ROBERTSON, GLADYS: IV, 567
ROBERTSON, HUGH: IV, 522
ROBERTSON, JOHN: I, 167
ROBERTSON, MARGARET SANDERSON: IV, 522
ROBERTSON, MATILDA CRIBBS: IV, 522
ROBERTSON, MELINDA: IV, 522
ROBERTSON, MYRTILLA: IV, 522
ROBERTSON, ROBERT: I, 159
ROBESON, DAVID: I, 34
ROBESON, GEORGE A.: II, 411
ROBINSON, I, 664, 665; II, 397, (MR.) 412; III, 298, 348
ROBINSON, A. C.: II, 147
ROBINSON, A. WALTER: IV, 434
ROBINSON, ADA: IV, 492
ROBINSON, ADAM: I, 486; IV, 260
ROBINSON, ALEXANDER: IV, 102
ROBINSON, ANN ELIZABETH: IV, 363
ROBINSON, ANNIE B.: IV, 260
ROBINSON, ARTHUR: III, 440, 483
ROBINSON, BELLE M.: IV, 260
ROBINSON, BELLIE L. PIPER: IV, 260
ROBINSON, CAROLINE MARGARET: IV, 363
ROBINSON, CAROLINE TALMADGE: IV, 363
ROBINSON, CAROLINE: IV, 309
ROBINSON, CATHERINE E.: IV, 102
ROBINSON, CATHERINE ELLIOTT: IV, 363
ROBINSON, CHARLES ASBURY: II, 302, 694
ROBINSON, CHARLOTTE: IV, 304

ROBINSON, CHRISTOPHER: IV, 363
ROBINSON, CORA E. AGNEW: IV, 363
ROBINSON, D. S.: II, 160, 170, 177
ROBINSON, DAVID S.: IV, 88
ROBINSON, DAVID: I, 196
ROBINSON, DOROTHY R.: IV, 260
ROBINSON, DOROTHY: II, 801; IV, 36
ROBINSON, E.: II, 143
ROBINSON, ELEANOR M. MCCLELLAND: IV, 266
ROBINSON, ELEANOR WALAHAN: IV, 88
ROBINSON, ELEANOR: IV, 39, 501
ROBINSON, ELIZA BARNETT: IV, 88
ROBINSON, ELIZA CATHERINE: IV, 363
ROBINSON, ELIZA J.: IV, 339
ROBINSON, ELIZA LAUGHREY: IV, 261
ROBINSON, ELIZA M.: IV, 261
ROBINSON, ELIZA: I, 502
ROBINSON, ELIZABETH BLACK: IV, 88
ROBINSON, ELIZABETH EWING: IV, 273
ROBINSON, ELIZABETH JOHNSTON: IV, 88
ROBINSON, ELIZABETH W.: IV, 88
ROBINSON, ELIZABETH WOODS: IV, 363
ROBINSON, ELIZABETH: IV, 339
ROBINSON, ELLA: IV, 339
ROBINSON, ELLIOTT H.: I, 492
ROBINSON, ELLIOTT: III, 298, 299; IV, 362, 363
ROBINSON, EMMA R.: IV, 363
ROBINSON, ESTELLA BLANCHE: IV, 260, 266, 273
ROBINSON, FRANK: IV, 260
ROBINSON, GEORGE A.: IV, 483
ROBINSON, GEORGE W.: I, 253
ROBINSON, GEORGE: IV, 363
ROBINSON, GILMOUR GRAIG: IV, 363
ROBINSON, GRACE: IV, 73, 260
ROBINSON, H. (LT. COL.): I, 261
ROBINSON, HANCE: IV, 363, 397
ROBINSON, HANNAH (MISS): I, 502
ROBINSON, HAROLD T.: IV, 159, 260, 273
ROBINSON, HAROLD: II, 434
ROBINSON, HARRY: IV, 339
ROBINSON, HELEN SPEARS: IV, 363
ROBINSON, HELEN: IV, 397
ROBINSON, IRWIN: IV, 363
ROBINSON, ISABELLA M.: IV, 260
ROBINSON, ISABELLA: IV, 424
ROBINSON, J. ARTHUR: IV, 72, 259, 260

ROBINSON, J. M.: II, 91,130; IV, 384
ROBINSON, J. W.: III, 300
ROBINSON, JAMES (JIMMY): I, 199, 380, 491, 502; III, 52; IV, 11, 88, 363
ROBINSON, JAMES ARTHUR: IV, 260, 272
ROBINSON, JAMES I.: IV, 597
ROBINSON, JAMES W.: I, 486, 546; II, 433; IV, 73, 260, 261
ROBINSON, JAMES WHITE: IV, 37, 88, 259, 260, 266, 273
ROBINSON, JANE B.: IV, 88
ROBINSON, JANE RICHEY: IV, 260
ROBINSON, JANE SCOTT MARSHALL: IV, 260
ROBINSON, JANE TREES: IV, 88
ROBINSON, JANE: IV, 261, 363
ROBINSON, JAY: II, 691
ROBINSON, JENNIE S.: IV, 261
ROBINSON, JENNIE: IV, 597
ROBINSON, JOHN G.: IV, 339
ROBINSON, JOHN H.: IV, 88
ROBINSON, JOHN M.: III, 212; IV, 261
ROBINSON, JOHN WESLEY: IV, 363
ROBINSON, JOHN: I, 256, 296, 307, 315; II, 292; IV, 39, 260, 335, 363, 583
ROBINSON, JOHNSTON S.: IV, 88
ROBINSON, JOSEPH: IV, 339
ROBINSON, L. W.: II, 346, 460
ROBINSON, LAWRENCE F.: II, 414
ROBINSON, LAWRENCE: IV, 434
ROBINSON, LENA: IV, 597
ROBINSON, LUCIUS W.: II, 189, 190, 278; IV, 171
ROBINSON, LUCIUS WATERMAN: II, 193; IV, 589
ROBINSON, MAIRA W.: IV, 261
ROBINSON, MARGARET MCHAIL: IV, 363
ROBINSON, MARGARET NIXON: IV, 363
ROBINSON, MARGARET ROBINSON: IV, 88
ROBINSON, MARGARET: IV, 88, 335
ROBINSON, MARTHA ARMSTRONG: IV, 363
ROBINSON, MARTHA: IV, 609
ROBINSON, MARY CROSSMAN: IV, 363
ROBINSON, MARY E.: IV, 260, 339
ROBINSON, MARY FOSTER: IV, 260
ROBINSON, MARY GASTON: IV, 583
ROBINSON, MARY JANE: IV, 363
ROBINSON, MARY WIER: IV, 260
ROBINSON, MARY: I, 315; IV, 11, 363
ROBINSON, MICHAEL: I, 405
ROBINSON, NANCY: IV, 434, 454, 583
ROBINSON, NELL WYLY: IV, 260

ROBINSON, OLLIE: IV, 339
ROBINSON, PEG: II, 596
ROBINSON, R. FOSTER: II, 31
ROBINSON, RACHEL: I, (NEE WIER) 118; IV, 88, (NEE WIER) 260, 261, 270
ROBINSON, REBECCA WIER: IV, 260
ROBINSON, REBECCA YALTON: IV, 363
ROBINSON, ROBERT S.: IV, 88
ROBINSON, ROBERT W.: IV, 260
ROBINSON, ROBERT: I, 108, 118, 121, (SR.) 144 & 145, 252, 296; III, 212, 214; IV, (JR.) 88, 88, 260
ROBINSON, ROSE MILLER: IV, 434
ROBINSON, RUTH SIMPSON: IV, 546
ROBINSON, RUTH: II, 756
ROBINSON, S. J.: II, 184
ROBINSON, S. STEWART: IV, 260
ROBINSON, SALLIE A. WAGNER: IV, 88
ROBINSON, SALLY: IV, 385
ROBINSON, SAMUEL S.: IV, 260, 261
ROBINSON, SAMUEL SCOTT: IV, 260
ROBINSON, SAMUEL STEWART: IV, 266
ROBINSON, SAMUEL: I, 98
ROBINSON, SARAH A. LYNN: IV, 363
ROBINSON, SARAH ALICE KENNEDY: IV, 363
ROBINSON, SARAH E. LOWE: IV, 339
ROBINSON, SARAH JANE: IV, 363
ROBINSON, SARAH S. SHRYOCK: IV, 88
ROBINSON, SARAH WHITE: IV, 261
ROBINSON, SARAH: IV, 385
ROBINSON, SIMPSON N.: IV, 363
ROBINSON, SUSAN BRINKER: IV, 363
ROBINSON, SUSANNAH LONG: IV, 363
ROBINSON, T. J.: II, 142; III, 299, 300
ROBINSON, T. M.: II, 93
ROBINSON, THOMAS J.: IV, 363
ROBINSON, THOMAS N.: II, 451, 480, 495, 543; III, 458, 460
ROBINSON, THOMAS W.: IV, 88, 261
ROBINSON, THOMAS: IV, 363
ROBINSON, VERNIE L.: IV, 483
ROBINSON, VIRGINIA: IV, 434
ROBINSON, W. H.: IV, 304
ROBINSON, W. I.: II, 142; III, 299, 300
ROBINSON, WILLIAM C.: IV, 88
ROBINSON, WILLIAM E.: IV, 260
ROBINSON, WILLIAM I.: IV, 363
ROBINSON, WILLIAM M.: IV, 261, 501
ROBINSON, WILLIAM: I, 306, 485; IV, 309, 339, 363, 385
ROBINSTEEN, C. H.: II, 212
ROBISON, I, 51

ROBISON, ROBERT: I, 46, 50,168,174
ROBISON, THOMAS: I, 210
ROCHESTER, II (DEPT. STORE) 70
ROCHESTER, AGNES: IV, 613
ROCHESTER, ANNA M.: III, 523; IV, 429, 613
ROCHESTER, BENJAMIN DUFFIE: IV, 613
ROCHESTER, CHARLES: IV, 613
ROCHESTER, ELIZA DUFFIE: IV, 613
ROCHESTER, ELIZA: IV, 429
ROCHESTER, EMMA: IV, 613
ROCHESTER, HARRIET: IV, 613
ROCHESTER, J. C.: IV, 189
ROCHESTER, J. H.: II, 13, 151, 369
ROCHESTER, JOHN C.: IV, 429, 612, 613
ROCHESTER, JOHN H.: II, 129, 266; III, 56-F, 313; IV, 612, 613
ROCHESTER, LAURA WELLS: IV, 613
ROCHESTER, MARGARET: IV, 613
ROCK, ESTHER: IV, 431
ROCK, F. S.: II, 94
ROCKEFELLER, JOHN D.: II, 202
RODDIS, LOUIS H. (JR.): III, 551, 553
RODEHEAVER HOMER II, 531
RODEHEAVER, HOMER: II, 521
RODGER, JAMES: II, 141
RODGERS, III, 79, (REV. DR.) 123
RODGERS, AMY G.: IV, 223
RODGERS, DON: II, 778
RODGERS, GEORGE T. (2ND): II, 377
RODGERS, GEORGE: I, (JR.) 519; II, 381, 384 (LT.)
RODGERS, ISAAC: I, 135, 175; IV, 581
RODGERS, MARY HICE: IV, 581
RODGERS, MARY: IV, 580, 581
RODGERS, ROBERT: I, 84, 95, 96, 175; III, 29, 30; IV, 223
RODGERS, SARAH (nee KYLE): I, 84; IV, 581
RODGERS, TOLLY: I, 81, 84, 98
RODGERS, WILLIAM: I, 62-F
RODGES, GEORGE T. 2ND (LT.): II, 381
RODKEY, J. S.: II, 141
RODKEY, JACOB: I, 437
RODKEY, RAY: I, 62-F; II, 653, (RAYMOND) 680; IV, 608
ROEBLING, JOHN: I, 547
ROETRUCK, MARGARET: IV, 575
ROGER, MICHAEL: I, 266
ROGERS, (JUSTICE): IV, 115
ROGERS, ISAAC: I, 348
ROGERS, JAMES: I, 188
ROGERS, MARY: IV, 246

ROGNER, JOHN: I, 515, 538
ROHRER, FREDERICK: I, 181
ROLAND, B. C.: II, 239
ROLAND, MARIE: IV, 28
ROLLER, I, 104
ROMANSIC, JOSEPH: II, 425
ROMBAUGH, ERNEST N. (REV): II, 494
ROMIG, JOHN L.: IV, 485
ROMIG, MARY: IV, 485
ROMINISKI, SIMON: III, 400
RONEY, MATILDA: IV, 135
RONEY, T. H. (DR): II, 505
ROOD, SHANE: III, 574
ROOF, MARGARET: IV, 610
ROOSEVELT, (PRESIDENT): II, 550, 560, 573; IV, 517
ROOSEVELT, FRANKLIN (PRES.): II (FRANKLIN DELANO) 184, (FRANKLIN D.) 404, 410, 411, 412, 414, 418, (MRS.) 418, (NOT PRES.) 487, 498, 508, 515; III, 481, 482, 531
ROOSEVELT, FRANKLIN D.: II, 481, 483, 484, 572; IV, (MRS.) 194
ROOSEVELT, THEODORE: II, (PRES.) 200, 263, 264, 266, 268, 269, 270, 271, (PRES.) 394, 522
ROOT, FREDERIC W.: IV, 325
RORABAUGH, JOHN: II, 240
RORABAUGH, MINNIE: IV, 548
ROSBOROUGH, JAMES: I, 581, 582
ROSE, C. E.: IV, 97
ROSE, ESTHER J.: IV, 558
ROSE, JOHN C.: IV, 558
ROSE, KATE THEODORA: IV, 97
ROSE, MARGARET: IV, 570
ROSE, MARY WENTZEL: IV, 570
ROSE, MAYADORE: IV, 570
ROSE, S. W.: II, (MRS.) 353, 372, & 454, 546; III, (MRS.) 365
ROSE, W. HORRACE: I, 72, 76
ROSENBERGER, FRED: II, (MR. & MRS.) 778
ROSENSTEEL, II, 728
ROSENSTEEL, ALMA K.: IV, 633
ROSENSTEEL, BEATRICE WILSON: IV, 633
ROSENSTEEL, CARL C.: IV, 633
ROSENSTEEL, CHARLOTTE: IV, 633
ROSENSTEEL, CLARENCE: IV, 633
ROSENSTEEL, DAVID A.: IV, 633
ROSENSTEEL, DAVID R.: IV, 633
ROSENSTEEL, ELIZA SLAUGHTERBECK: IV, 633
ROSENSTEEL, GEORGE: IV, 633
ROSENSTEEL, JOHN: IV, 633
ROSENSTEEL, L. C.: II, 727
ROSENSTEEL, LLOYD: IV, 633

ROSENSTEEL, MARY D.: IV, 633
ROSENSTEEL, NELLIE D. COULTER: IV, 633
ROSENSTEEL, OLIVE: IV, 633
ROSENSTEEL, REBECCA J. COULTER: IV, 633
ROSENSTEEL, RICHARD: IV, 633
ROSENSTEEL, VAL JEAN KENNEDY: IV, 633
ROSENSTEEL, VELMA GORDISH: IV, 633
ROSENSTEEL, WARD: IV, 633
ROSENTHAL, GERTRUDE: IV, 244
ROSER, J. S.: III, 614-A
ROSER, LUCILLA: IV, 526
ROSER, THOMAS S.: IV, 52
ROSS, IV, 202
ROSS, AGNES: IV, 558
ROSS, ALICE: IV, 366
ROSS, E. CLAIR: II, 571
ROSS, ELAINE L.: II, 674
ROSS, ELECTA: IV, 320
ROSS, ELIZABETH: IV, 421
ROSS, ENNA: IV, 217
ROSS, ESTHER: IV, 293
ROSS, FRANK: II, 218, 219
ROSS, GEORGE: I, 87, 140
ROSS, HENRIETTA LUCILLE: IV, 320
ROSS, JAMES: I, 175
ROSS, JOHN LOGAN: IV, 629
ROSS, JOHN S.: II, 378
ROSS, JOHN: I, 128, 162, 163, 283, 352; III, 49; IV, 320, 366
ROSS, JUNE LYDIC: IV, 629
ROSS, MARGARET: IV, 335
ROSS, MARJORIE L.: IV, 217
ROSS, MARY ANN: IV, 321
ROSS, MARY HELEN: IV, 629
ROSS, OLIVER: IV, 217
ROSS, PATRICK: I, 405
ROSS, R. F.: II, 218
ROSS, ROBERT J.: IV, 201
ROSS, S.: I, 286
ROSS, SARAH: IV, 446, 547
ROSS, WALENA (MISS): II, 344
ROSS, WILLIAM: I, 332; IV, 293
ROSSI, JOHN: III, 420
ROSSI, MASSEMINI: III, 402
ROSSITER, E. V. W.: III, 380
ROSSITER, E. W.: II, 185
ROSTAS, STEVE: III, 420
ROTH, JOHN (REV.): I, 19, 68,111; III, 11, 12, 13, 14
ROTHMAN, III, 587, 588
ROTHROCK, HERBERT: II, 322

ROTKEY, JACOB: I, 436, 437
ROUGHNER (ROGNER), JOHN: II, 65, 145
ROULSTON, W. A. (REV.): II, 267
ROUS, I, 298
ROUSH, J. A.: II, 447
ROUSH, SARAH: IV, 628
ROUSHENBUSH, STEPHEN: II, 488
ROW, I, ii; IV, (MR.) 33
ROW, ADAM: I, 642
ROW, AMOS: II, 61, 64; III, 274; IV, 34
ROW, ANDREW: IV, 34
ROW, AUGUSTUS: II, 59; IV, 34
ROW, CATHERINE: IV, 34
ROW, CHARLES H.: II, 117
ROW, CHARLES HENRY: IV, 34
ROW, DANIEL: I, 543
ROW, ED: III, 235
ROW, ELIZABETH HEINTZELMAN: IV, 34
ROW, ELIZABETH: IV, 34
ROW, EMMA: IV, 422, 547
ROW, GEORGE: I, 464; II, xiii, 42, 43, 93, 97, 129; III, 116; IV, 34
ROW, HERMAN: I, (DR.) 458, 628; II, (DR.) 30; IV, 34, (DR.) 422
ROW, J. FRANKLIN: IV, 34
ROW, JANE MARY: IV, 34
ROW, JOHN: IV, 547
ROW, JONATHAN: I, 90, 98, 108, 145, 161, 172, 207, 209, 259, 265, 287, 395, 463, 464, 535, 586, 687, 588, 616, 621; III, 80; IV, 32, 34, 71, 155, 162, 420-1, 422, 509
ROW, MARIA C. MINIAM: IV, 34
ROW, MARTHA: IV, 34
ROW, MARY GOMPERS: IV, 422
ROW, PHEBE E. BROOKS: IV, 34
ROW, S. B.: I, 464
ROW, S. J.: IV, 286
ROW, SAMUEL J.: IV, 34
ROW, SARAH: IV, 421, 422
ROW, SIMON B.: IV, 34
ROW, WILLIAM: I, 573; IV, 373
ROWE, I, 593
ROWE, ADA (MRS.): II, 353
ROWE, ADAM CAMERON: IV, 186
ROWE, ADAM: IV, 189, 364
ROWE, ANNIE: IV, 186
ROWE, BESSIE: IV, 522
ROWE, CHARLES: II, 192
ROWE, CLARA BELLE: IV, 322
ROWE, EDWARD: II, 98, 148, 157, 159, 173, 174, 221, 223, 245; III, (ED) 427, 431; IV, 186
ROWE, ELIZABETH: IV, 354

ROWE, EMMA WETTLING: IV, 186
ROWE, EMMA: IV, 186, 216
ROWE, ESTHER ANNE THOMPSON: IV, 186
ROWE, GEORGE (DR.): IV, 354
ROWE, JOHN: I, 588
ROWE, LEWIS: IV, 490
ROWE, MARY B.: IV, 212
ROWE, NICHOLAS VAN: IV, 186
ROWE, OLIVIA: III, 632
ROWE, REBECCA: IV, 186, 364
ROWE, RICHARD WILSON: IV, 186
ROWE, SAMUEL L.: IV, 322
ROWE, SARA: IV, 490
ROWE, SUSANNE FERGUSON WILSON: IV, 186
ROWE, WALTER: II, 575
ROWE, WILLIAM: IV, 373
ROWLAND, III, 167
ROWLAND, B. F. (SGT.): I, 648
ROWLAND, EDWARD J.: II, 215
ROWLAND, JANE CONRAD: IV, 494
ROWLAND, JOHN: IV, 494
ROWLAND, LOUISA J.: IV, 494
ROWLAND, LYDIA AGNES: IV, 459
ROWLAND, MARY JANE: IV, 459
ROWLAND, WILLIAM S.: IV, 459
ROWLEY, CORA: IV, 483
ROWLEY, ELIZABETH: IV, 524
ROWLEY, MARTHA JANE: IV, 579
ROWLEY, MARY: IV, 217
ROYAL, ANNIE E.: IV, 28
ROYAL, HARDY D. (JR.): IV, 28
ROYAL, HARDY D.: IV, 28
ROYAL, JOHN ISLAM: IV, 28
ROYAL, MARY JANE: IV, 28
ROYAL, SARAH T.: IV, 28
ROYALL, ANNE: I, (MRS.) 2, 187, 297, 319, 332; IV, 11, 95, 179
ROYER, ELIZABETH: IV, 518
ROYER, JANE: IV, 284
ROYER, JOHN: I, 185, 321, 331; IV, 284
RUBECK, IV, 115
RUBEN, JOHN: III, 614-1
RUBIN, II, 745
RUBIN, ISIDORE: IV, 81
RUBIN, JAY YALE: IV, 81
RUBIN, JAY: II, 744
RUBIN, JOANNE: IV, 81
RUBIN, LOIS LURIE FINKEL: IV, 81
RUBIN, NATHALIA D. BUCHMAN: IV, 81
RUBIN, SAMUEL K.: IV, 81
RUDDOCK, CLARA: IV, 622

RUDDOCK, DAVID PARKER: IV, 617
RUDDOCK, DAVID: IV, 622
RUDDOCK, DON M.: IV, 470
RUDDOCK, DOROTHEA: IV, 470
RUDDOCK, DOROTHY PARKER: IV, 470, 617
RUDDOCK, JENNIE BYERS: IV, 470
RUDDOCK, PARKER: II, (JUDGE) 647, 746
RUDDOCK, PEGGY GRAFTON: IV, 617
RUDDOCK, SUSAN PARKER: IV, 617
RUDDOCK, SUZANNE GRAFF: IV, 470
RUDDOCK, W. M.: II, 403, 484
RUDDOCK, W. PARKER: II, 753; IV, 567
RUDDOCK, WILLIAM M.: II, 414, 691, 715; III, (LT. COL.) 56-E; IV, 567, 617, (III) 617
RUDDOCK, WILLIAM MCCLAVE: IV, 469, 470
RUDDOCK, WILLIAM N.: II, 549
RUDDOCK, WILLIAM PARKER: IV, 470, (JUDGE) 616, 617
RUDDOCK, WILLIAM: II, 472, 480, 487 (MRS.) 542
RUDGE, ALICE: IV, 484
RUDGE, JON: IV, 484
RUDOLPH, H. C.: III, 382
RUDOSH, GEORGE L.: II, 449
RUFFANER, MARY MYRTLE: IV, 527
RUFFNER, I, 615; II, (DR.) xi, 370-A; III, 302; IV, (ATTORNEY) 467
RUFFNER, CLAIR L. (III): IV, 547
RUFFNER, D. H.: II,153
RUFFNER, DIANE ELAINE: IV, 547
RUFFNER, J. A. C.: II, 6, 7
RUFFNER, LESTER: III, 310
RUFFNER, LYDIA OLIVE: IV, 628
RUFFNER, MARY: IV, 262
RUFFNER, MORRIS: IV, 628
RUGG, II, xiii
RUGG, CHARLES: I, 458; II, 147, 222, 586-P; IV, 160
RUGG, ELIZA JANE: IV, 160
RUGG, JOSEPH H.: II, 222
RUGG, JOSEPH: I, 199; II, 147
RUGG, LAURA: IV, 160
RUGGLES, LULU: III, 351
RUGH, (MRS.): IV, 107
RUGH, A. B.: IV, 363
RUGH, CHRIST: IV, 372
RUGH, CHRISTIAN: I, 168
RUGH, CHRISTOPHER: IV, 481
RUGH, GEORGE: IV, 61
RUGH, HARRY: III, 498
RUGH, HELEN: IV, 372

RUGH, J. C.: II, 150, 341
RUGH, JACOB: IV, (MR.) 107, 417
RUGH, JAMES C.: IV, 415
RUGH, JENNIE: IV, 481
RUGH, JERUSHA B.: IV, 107
RUGH, JULIA: IV, 417
RUGH, LOTTIE NANCY: IV, 321
RUGH, M. J. (MRS.): III, 300
RUGH, MARGARET: IV, 415, 417
RUGH, MARY JANE: IV, 363
RUGH, MARY: IV, 415
RUGH, RILLA: IV, 61
RUGH, SAMUEL: IV, 321, 415
RUHAN, III, 90
RULE, JAMES R.: II, 523
RUMGAY, JAMES: III, 420
RUMMER, MARVIN: II, 444
RUNCO, MARY: II, 627
RUNK, FRED: III, 397
RUNYAN, B. T.: I, 587
RUNYAN, CHARLES: II, 593
RUNYAN, HOWARD: II, 445
RUNYAN, INEZ HEVE: IV, 415
RUNYAN, PAUL R.: II, 674
RUNZO, FRANK: III, 346
RUPERT, CATHERINE: IV, 165
RUPERT, JEMIMA JANE: IV, 196
RUPERT, MIMA: IV, 196
RUPP, ISRAEL D.: IV, 12
RUSH, ARNOLD B.: II, 808
RUSH, BENJAMIN (DR.): IV, 376
RUSIEWICZ, LUCILLE M: IV, 69
RUSSELL, (CAPT.): II, 576
RUSSELL, ALEXANDER: IV, 10
RUSSELL, BARBARA: II, 766
RUSSELL, BERT: III, 359
RUSSELL, CHERYL ANN: IV, 626
RUSSELL, DAVID STEPHENS: IV, 626
RUSSELL, DAVID T.: IV, 626
RUSSELL, ELIZA: IV, 575
RUSSELL, GILBERT (MRS.): II, 766
RUSSELL, J. S. (MRS.): II, 67
RUSSELL, JANE A.: IV, 255
RUSSELL, JANET: IV, 10
RUSSELL, JASPER STONE: IV, 602
RUSSELL, JOHN: IV, 610
RUSSELL, MARION ELIZABETH: IV, 626
RUSSELL, MARTHA: III, 306-N, 460-A
RUSSELL, MARY ANN: IV, 489
RUSSELL, MARY: IV, 602
RUSSELL, NEIL H.: II, 549, 576
RUSSELL, ROBERT A.: III, 498

RUSSELL, ROBERT A.: III, 498
RUSSELL, S. M.: I, 396, 588
RUSSELL, SAMUEL L.: I, 581
RUSSELL, SAMUEL M.: I, 547
RUSSELL, SARAH: IV, 563
RUSSELL, SOPHIA: II, 766
RUSSELL, SUSAN: IV, 610
RUSSELL, WILLIAM: III, 281
RUSSO, SAM: II, 249
RUTAN, ELIZABETH (MISS): III, 177, 178
RUTAN, JAMES SMITH: III, 178
RUTH, JULIA A.: IV, 405
RUTHERFORD, CONNIE: II, 801; IV, 577, 578
RUTHERFORD, CORRIE THAYER: IV, 578
RUTHERFORD, HANNAH: IV, 324
RUTHERFORD, JAMES: IV, 578
RUTHERFORD, MARY (MISS): III, 115
RUTHERFORD, WILLIAM (DR.): I, 419
RUTLEDGE, F. I.: II, 337
RUTLEDGE, GEORGE (CAPT.): I, 568
RUTTER, CARR: IV, 369
RUTTER, HARRIET: IV, 369
RUTTER, JOHN: I, 599, 600
RUTTER, JULIE ANN: IV, 299
RYDBOM, V. W.: II, 497
RYDIN, ESTER: IV, 226
SABIDO, ALMEDA MCCLELLEN: IV, 587, 588
SABIDO, ALMEDA: II, 801
SABIDO, DEREK MCCLELLEN: IV, 588
SABIDO, FREDERICK LIONEL HARRISON: IV, (JR. & SR.) 588
SABO, EMERY: II, 426
SACCO, LOUIS: II, 742
SACKETS, ANN: IV, 571
SADLER, ANGELA SERIANNI: IV, 575
SADLER, BARBARA JEAN: IV, 575
SADLER, CHARLES: II, (SR.) 773; IV, (JR.) 575, (SR.) 575
SADLER, CLARENCE LEE: IV, 575
SADLER, DELORIS: IV, 575
SADLER, GEORGE: I, 422
SADLER, GLORIA DELLANTONIO: IV, 575
SADLER, HELEN PINKARD: IV, 575
SADLER, LAWRENCE: IV, 575
SADLER, MARIANNE WALLEN: IV, 575
SADLER, MARION HATTER: IV, 575
SADLER, MARY ELIZABETH WILLIAMS: IV, 575
SADLER, SANDY: IV, 575
SADLER, SHIRLEY: IV, 575
SADLER, TED: IV, 575

SAGER, I, 607
SAHLI, JOHN (DR.): II, 679
SAHM, PETER (REV.): I, 469, 470, 506; III, 219
SAILOR, ELIZABETH: IV, 217
SALKELD, A. B.: II, 545
SALSGIVER, CALVIN: IV, 360
SALSGIVER, REBECCA: IV, 360
SAM, MIKE: III, 420
SAMPLE, IV, (MISS) 310
SAMPLE, ANNA: IV, 364
SAMPLE, DAVID: I, 174
SAMPSON, (ADMIRAL): II, 256
SAMPSON, EMMA F.: III, 251
SAMS, DAVID "EDDIE": II, 408
SAMUEL, EBENEZER: IV, 626
SAMUEL, EMMA GRACE GARMAN: IV, 626
SAMUEL, SUSAN THATCHER: IV, 626
SANBORN, FREDERICK (DR.): I, 487
SANDBERG, CARL: II, 546
SANDBURG, CARL: II, 535
SANDERS, E. M.: II, 519
SANDERSON, BARBARA: IV, 138, 165, 333
SANDERSON, THOMAS: I, 167, 175
SANDLES, (CAPT.): III, 271
SANDUSKY, (COL.): IV, 62, 366
SANDUSKY, JANE: IV, 62, 366
SANFORD, (MAJOR): I, 268
SANNA, JOE: II, 647
SANSOM, AMANDA: IV, 84
SANSOM, ANDREW J.: IV, 84
SANSOM, ANNA E.: IV, 84
SANSOM, ANNA KING: IV, 84
SANSOM, BESSIE (MISS): III, 356
SANSOM, CATHARINE METZ: IV, 84
SANSOM, DANIEL LEADER: IV, 84
SANSOM, ELIZABETH CARSTONS: IV, 84
SANSOM, ELIZABETH PISEL: IV, 84
SANSOM, ELIZABETH: IV, 225
SANSOM, FRANK: II, 69; III, 252
SANSOM, FRANKLIN: II, 93, 304, 538; III, 451; IV, 84
SANSOM, J. B.: I, 633, 678; II, 68; IV, 84
SANSOM, JAMES B.: I, 464, 663, 664, 665, 668, 669, 670, 671, 672, 674, 676, 677, 682, 683; II, 93, 538; III, 252; IV, 84, 225
SANSOM, JESSIE: IV, 84
SANSOM, JOHN P.: IV, 84
SANSOM, JOHN PHILIP: IV, 84, 225
SANSOM, JOHN: II, 86
SANSOM, JOSEPH B.: I, 664, 665

SANSOM, JOSEPH J.: IV, 84
SANSOM, MARTHA V.: IV, 225
SANSOM, MARTHA: IV, 84
SANSOM, MARY M. MOORHEAD: IV, 84
SANSOM, MARY MORROW MCKEE: IV, 90
SANSOM, PHILIP W.: IV, 84
SANSOM, SAMUEL: IV, 84
SANSOM, SARA: IV, 84
SANSOM, SARAH A. LEADER: IV, 84
SANSOM, WILLIAM L.: IV, 84
SANSOM, WILLIAM LEANDER: IV, 90
SANSON, I, 636, 639, 684, 689, 693, 694
SANTISTLEBAU, ELIZA: IV, 336
SANTISTLEBAU, MAGUEL: IV, 336
SANTUS, SHARON: III, 573, 593
SARRA, GEORGE: III, 614-A
SARRA, JOSEPH: III, 614-A
SARTWELL, MARTHA J. (MRS.): IV, 255
SARVER, JOSEPH: II, 27
SARVER, WILLIAM: II, 27
SAVAGE, ELIZABETH: IV, 122
SAVAGE, JACK: IV, 118, 202-B
SAVAGE, JANE BURKE: IV, 122
SAVAGE, JOHN: IV, 122
SAVAGE, MARY: IV, 159
SAWYER, ELIZABETH JOSEPHINE: IV, 212
SAXMAN, M. W.: II, 193
SAYE, DORA: III, 514, 517
SAYE, ETHEL MAE: III, 514, 517
SAYE, LILLIAN: III, 514, 517
SAYE, RUSSELL: III, 514, 517
SAYLOR, II, 729, 733, 738, (CONGRESSMAN) 739, 740, (CONGRESSMAN) 741, 761, 763
SAYLOR, JOHN P.: II, 671, 687, 727, 728; III, 542, 604, 621, 628, 637
SAYLOR, ROBERT H.: II, 767
SCALES, JOHN: III, 621
SCANTLAN, TIMOTHY: I, 557
SCHADE, W. C.: II, 208
SCHALL, HARRY: III, 614-A
SCHASNY, CECELIA G.: IV, 460
SCHAUGHENCY, ED: II, 676
SCHAUMAUCHER, HARRIET MELINDA: IV, 464
SCHEBOSCH, JOHN JOSEPH: III, 11
SCHEEREN, ROBERT: III, 577
SCHENKMAN, PHOEBE: IV, 634
SCHERB, ELIZABETH: IV, 456
SCHILLING, WILLIAM (DR.): III, 546
SCHLAGEL, JAMES: I, 518
SCHLATTER, CHARLES L.: I, 547

SCHMACHT, FLORENTINA: IV, 220
SCHMACHT, HERMAN F.: IV, 220
SCHMACHT, LOUISE: IV, 220
SCHMICK, J. GEORGE (REV.): I, 290; IV, 583
SCHMIDLE, SYLVIS: IV, 243
SCHMIDT, ELIAS: IV, 360
SCHMIDT, FLORANDA ANN: IV, 360
SCHNADER, II, 407
SCHNADER, WILLIAM A.: II, 405
SCHNEBLEY, ALLIE D.: IV, 264
SCHNEBLEY, DANIEL: IV, 264
SCHNETBERG, III, 340
SCHNETBERG, H.: III, 256
SCHNETBERG, JOHN: I, 475; II, (CAPT.) 46
SCHOENEWEIS, LOIS: IV, 631
SCHOENEWEIS, ROBERT: IV, 631
SCHOFIELD, BERTHA: IV, 64
SCHOLFIELD, BARZYELLA COLEMAN: IV, 210
SCHOLFIELD, CORAL IRENE: IV, 210
SCHOLFIELD, KATIE: IV, 210
SCHOLFIELD, REECE: IV, 210
SCHOLFIELD, ROBERT T.: IV, 209, 210
SCHOLFIELD, ROBERT: III, 574; IV, (JR.) 210
SCHOLFIELD, ROSALUND: IV, 210
SCHOLFIELD, SHERMAN: IV, 210
SCHOOLEY, ALLEN: IV, 217
SCHOOLEY, BRENDA: IV, 217
SCHOOLY, E. A.: II, 375
SCHOONMAKER, II, 371
SCHOONMAKER, F. P. (JUDGE): II, 495
SCHRADER, BERTHA JANE: IV, 444
SCHRADER, CHARLES: IV, 444
SCHRADER, DORIS: IV, 444
SCHRADER, HARRY FRANKLIN: IV, 444
SCHRADER, MARGARET: IV, 443, 444
SCHRADER, MARY ANN FAITH: IV, 444
SCHRADER, MARY ELIZABETH: IV, 444
SCHRADER, WILLIAM EDWARD: IV, 444
SCHRADER, WILLIAM JOHN: IV, 444
SCHRADER, WILLIAM: IV, 444
SCHRAEGER, HARRY: II, 361
SCHRAEGER, MAX: II, 361
SCHRECENGOST, MARY K.: IV, 622
SCHRECKENGOST, D. W.: III, 265, 266
SCHROTH, WALTER: II, 637
SCHUCKERS, ETHEL M.: IV, 327
SCHULZE, (GOV.): IV, 34
SCHUMANN-HEINK, (MADAME): II, 533

SCHURR, GEORGE: II, 86
SCHURR, HARRY W. (LT. COL.): II, 762
SCHUSTER, II, (MR.) 527, 528
SCHUSTER, EDGAR: III, 539
SCHUSTER, WILLIAM: II, 526
SCHWAB, CHARLES M.: II, 196, 399, 403
SCHWARTZ, LIETENANT: II, 387
SCHWEIKER, RICHARD: II, 741
SCHWEITZER, ALBERT (DR.): IV, 213
SCIOTTO, ATTORNEY BRUCE II, 470, 471
SCIOTTO, BRUCE: II, 406, 472
SCOBLICK, JAMES P.: II, 728
SCOLNICK, FANNIE: IV, 51
SCOOT, SQUIRE: I, 255
SCOTT, I, 503, 586, (GEN.) 613 & 631; II, 18, (MR.) 115, 732; III, (GEN.) 65, 299, 308, 310; IV, 363
SCOTT, A. W.: IV, 282
SCOTT, ALBERT H.: IV, 282
SCOTT, BOB: III, 569
SCOTT, BOYD: IV, 295
SCOTT, CORETTA: II, 775
SCOTT, DRED: I, 444
SCOTT, EDITH YOUNG: IV, 282
SCOTT, ELIZABETH: IV, 112, 414
SCOTT, FLORENCE: IV, 282
SCOTT, GEORGE: I, 588; II, 178
SCOTT, H. H.: IV, 290
SCOTT, HUGH: II, (SEN.) 730, 738
SCOTT, JANE: I, 83; IV, 260, 296
SCOTT, JENNIE: IV, 97
SCOTT, JOHN A.: II, 190, 202, 327, 346, 455; III, 373, 395, 427, 429; IV, 281, 282, 333
SCOTT, JOHN Y.: IV, 282
SCOTT, JOHN: I, 51, 332, 360; III, 546-A, 552; IV, 142, 282
SCOTT, JOSEPH: I, 165; IV, 230
SCOTT, LETITIA: IV, 72, 78
SCOTT, LYDIA O.: IV, 282
SCOTT, MARGARET: IV, 295
SCOTT, MARIAN SCOTT: IV, 369
SCOTT, MARK: III, 161, 162
SCOTT, MARTHA: IV, 230, 277
SCOTT, MARY: IV, 230, 275
SCOTT, MAY: III, 340; IV, 282
SCOTT, NANCY: IV, 424, 433, 568
SCOTT, NOLA: IV, 290
SCOTT, OLIVER H. (CAPT.): II, 33
SCOTT, OLIVER: IV, 6
SCOTT, R. K. (DR.): I, 349 (R. K. S.?)
SCOTT, SARAH: IV, 282
SCOTT, THOMAS: IV, 282

SCOTT, WILLIAM M. (M.D.): IV, 282
SCOTT, WILLIAM: I, 475; IV, (JUDGE) 414
SCOTT, WINFIELD: I, 388, 584
SCRANTON, II, (GOV.) 705, (GOV.) 733, (GOV.) 735, 746; IV, (GOV.) 196
SCRANTON, WILLIAM W.: II, 731
SCRANTON, WM. W.: II, (LT. GOV.) 605; III, (GOV.) 536, 566, 649
SCRANTON, WORTHINGTON (MRS.): III, 470
SCRETO, TONY: III, 394
SCRIBE, MICHAEL: II, 756
SCRIPIONI, GIOVANNI: III, 395
SCROGGS, ALEXANDER: IV, 72
SCROGGS, MIRIAM: IV, 72, 149, 311, 455
SCROGGS, RACHEL: IV, 72
SEAMAN, ANDREW: II, 361
SEAMEN, MIKE: III, 419
SEANOR, ALICE KROH: IV, 27, 327
SEANOR, ANNA: IV, 27
SEANOR, BARBARA E.: IV, 327
SEANOR, BARBARA ELLEN KINNAN: IV, 27
SEANOR, BERTHA SHILLILNG: IV, 27
SEANOR, BERYL LYMAN: IV, 327
SEANOR, BERYL: IV, 594
SEANOR, C. W. (MRS.): II, 353
SEANOR, CHARLOTTE CROSSMAN: IV, 327
SEANOR, CLYDE WILLIS: IV, 327
SEANOR CLYDE: II, 301
SEANOR, ELIZABETH WEIBLE: IV, 27
SEANOR, ELLA JAQUISH: IV, 327
SEANOR, ELLA L.: IV, 594
SEANOR, EMMA: IV, 27
SEANOR, ESTELLA BLANCHE: IV, 327
SEANOR, ESTELLA SMAUTHERS: IV, 27
SEANOR, ETHEL M. SCHUCKERS: IV, 327
SEANOR, GEORGE W.: IV, 27
SEANOR, GEORGE: IV, 27, 108
SEANOR, HARRISON: IV, 27, 327
SEANOR, LEMUEL: IV, 27
SEANOR, LILLIAN VELMA: IV, 327
SEANOR, LUELLA ELIZABETH: IV, 194
SEANOR, MARY ELLA: IV, 27, 327
SEANOR, MARY JOHNSON: IV, 27
SEANOR, MARY: IV, 27
SEANOR, MICHAEL: IV, 27
SEANOR, NOAH BLAINE: IV, 327
SEANOR, NOAH: II, 19, 195, 341; III, 277, 321, 349; IV, 26, 27, 327
SEANOR, SARAH ANN ANSLEY: IV, 27

SEANOR, SARAH JANE: IV, 27
SEANOR, SARAH: IV, 108
SEANOR, SHERMAN: IV, 27
SEANOR, VIRGINIA ALICE: IV, 327
SEANOR, WALTER DALE: IV, 327
SEANOR, WILBUR HARRISON: IV, 327
SEANOR, WILDA L.: IV, 327
SEARLE, III, 221
SEARLE, THOMAS S.: I, 475
SEARS, CATHARINE: IV, 13
SEASE, MARGARET: IV, 462
SEBASTIAN, WILLIAM: II, 472
SEBRING, ANGELINE: IV, 372
SEBRING, DEBORAH TALLMAN: IV, 561
SEBRING, DEBORAH: IV, 310
SEBRING, ELIZA: IV, 310
SEBRING, JOHN: IV, 372
SEBRING, MILDRED: IV, 611
SEBRING, NANCY: IV, 561
SEBRING, WILLIAM: I, 281; IV, 310, 561
SECHLER, BIRDIE: IV, 264
SECKMAN, CECIL: IV, 633
SECKMAN, MARY D.: IV, 633
SEDGEWICK, G. W.: I, 462, 561
SEDGEWICK, GEORGE W.: I, 556
SEDGWICK, CHARLES: I, 654
SEE, ORLEY: II, 308
SEELHORST, MARJORIE WALTER: II, 533, 665
SEGNER, E. S.: II, 218
SEHL, II, 397
SEIBERT, ANNIE (MRS.): II, 73
SEIGFREID, (MESSERS): II, 487
SEIPLE, WILLIAM: II, 436
SELAK, GEORGE: III, 402
SELASSIE, HAILE: III (PREMIER) 582; IV, (EMPEROR) 77
SELBY, JOHN: I, (REV.) 375, 385; III, 151, 152
SELBY, MARTHA L.: IV, 597
SELDEN, DOROTHY: IV, 111
SELDEN, GEORGE S.: I, 441
SELDEN, JOHN E.: IV, 111
SELIG, FRED: II, 291
SELL, MARY MAGDALENE: IV, 628
SELLERS, EDWARD: II, 204
SELLERS, HARLAN BAYLOR: IV, 165
SELLERS, MARY ISABELLE: IV, 165
SEMPLE, SAMUEL (MRS.): III, 363
SENARD ROBERT: II, 514
SENNOTT, (MR.): I, 418
SENNOTT, GEORGE: III, 638
SENOTT, GEORGE: III, 573

SENSENIG, DAVID M.: II, 53
SENSENING, (PROF.): III, 253
SEREHOWAND, I, 90
SERENA, AGNES MCGEE: IV, 67
SERENA, CATHERINE BAKER: IV, 67
SERENA, JOSEPH: IV, (I & II) 67
SERENE, DAVID CALVIN: IV, 66
SERENE, DORA BELLE BIERER: IV, 66, 611
SERENE, EILEEN ELIZABETH FLANIGAN: IV, 66
SERENE, HENRY: III, 346
SERENE, ISODEEN ELIZABETH VEIOCK: IV, 66
SERENE, J. W.: IV, (SR.) 66
SERENE, JANE ELIZABETH: IV, 66
SERENE, JOE: III, 574
SERENE, JOSEPH W.: II, 715; IV, 67, (JR.) 611
SERENE, JOSEPH WILLIAM: IV, (JR.) 66, (III) 66, (SR.) 66, 611
SERENE, JOSEPH: IV, (II) 66
SERENE, MARGARET T.: II, 793, 801; IV, 611
SERENE, MARGARET: II, 567
SERENE, OWEN M.: II, 548
SERENE, TARESSA KAHNEY: IV, 66
SERENE, TARESSA: IV, 66
SERENE, WILLIAM BAKER: IV, 66
SEREVE, OWENS (PVT.): II, 381
SERIANNI, ANGELA: IV, 575
SERINNI, M. P.: II, 426
SERWINSKI, JOSEPH: II, (JR.) 596, 623; III, 564
SESPAY STEVE: III, 420
SETLOCK, ANN: II, 691
SETTER, APRIL: II, 653
SEVERINO, TONY: II, 373
SEVERN , CHARLES: II, 196
SEVICK, KOSTI: III, 400
SEWARD, WILLIAM HENRY: I, 369, 408
SEYMOUR, HORATIO: II, 2
SGOTISH, JOHN: III, 439
SGRO, PETER: III, 479
SGRO, TONY: III, 479
SHACKLER, DANIEL: I, 212
SHADLE, THOMAS: II, 700
SHADRACH, (REV. DR.): II, 13
SHADRACH, MARY PRICE: IV, 381
SHADRACH, MESHACH: IV, 381
SHADRACH, WILLIAM: II, (DR.) 13, (REV. DR.) 78; IV, (REV. DR.) 381 & 382, 382
SHADRACK, MARY REES (MRS.): I, 292, 494
SHADRACK, W. (REV.): I, 489, 642

SHADRACK, WILLIAM: I, 292
SHAFER, (GOV.): IV, 196
SHAFER, RONALD (DR.): II, 673
SHAFFER, III, 265
SHAFFER, ANNA MAY: IV, 47
SHAFFER, C. C.: IV, 557
SHAFFER, CARRIE: IV, 557
SHAFFER, CLARENCE: IV, 557
SHAFFER, ELIZABETH C.: IV, 557
SHAFFER, ELIZABETH FETTERHOFF: IV, 558
SHAFFER, EVE DUMAS: IV, 558
SHAFFER, FLORENCE: IV, 562
SHAFFER, FLOY: II, 380
SHAFFER, FRANK: III, 533
SHAFFER, GEORGE L.: III, 431; IV, 557, (JR. & SR.) 557, 558
SHAFFER, HOMER: II, 556
SHAFFER, IRWIN J.: III, 404
SHAFFER, ISABELLA J. LOFFERTY: IV, 557
SHAFFER, J. I.: II, 371
SHAFFER, J. T.: IV, 557
SHAFFER, JACOB T.: IV, 557
SHAFFER, JACOB: IV, 557, 558
SHAFFER, JOHN J.: IV, 557
SHAFFER, JOHN: I, 453; IV, 558
SHAFFER, LEONARD: IV, 47
SHAFFER, LEWIS HENRY: II, 691
SHAFFER, LOLA BELLE: IV, 68
SHAFFER, MARY C.: IV, 557
SHAFFER, MARY MEANS: IV, 557
SHAFFER, MARY: IV, 369
SHAFFER, MICHAEL: I, 31, 37
SHAFFER, MINERVA J. MCHENRY: IV, 557
SHAFFER, NATHAN (DR.): IV, 415
SHAFFER, ONEDA: IV, 443
SHAFFER, RAYMOND: II, 733
SHAFFER, S. S.: II, 40
SHAFFER, STEVEN R.: II, 757
SHAFFER, SUSAN: IV, 549
SHAFFER, THOMAS B.: IV, 557
SHAFFER, WILLIAM H.: IV, 557
SHAFFER, ZELLA M. CUMMINGS: IV, 557
SHAFTECK, ALEX: III, 400
SHAFTRICK, ANDREW: III, 515
SHALE, MILTON R. II, 537, 668
SHALLEBERGER (SHELLENBERGER OR SHELLEBARER), JACOB: I, 119, 129, 172
SHALLEBERGER (SHELLENBERGER OR SHELLEBARGER), HENRY: I, 119, 172
SHALLEBERGER, AGNES: I, 179

SHALLEBERGER, JOHN: I, 179
SHAMBAUGH, I, 654
SHANE, II, 739, 741, (MR.) 741
SHANE, ESTHER MCGOECH: IV, 323
SHANE, JEAN: IV, 323
SHANE, JOSEPH S.: II, 692; IV, 323
SHANE, JOSEPH: IV, 323
SHANE, MARK GRIMM: IV, 323
SHANE, PEGGY: IV, 324
SHANE, SOPHIA S.: IV, 324
SHANE, SUSAN GRIMM: IV, 323
SHANE, WILLIAM C.: IV, 324
SHANE, WILLIAM R.: II (REP.) 685, 710; III, 561, 587, 588, 589
SHANE, WILLIAM: II, 656, 738, 746; IV, 323
SHANK, ANDREW: I, 445, 446; III, 132
SHANK, ANN: IV, 565
SHANK, DENNIS R.: IV, 626
SHANK, DONALD B.: IV, 619, 620
SHANK, H. C.: II, 464
SHANK, J. BLAIR: IV, 619
SHANK, JACOB: IV, 619
SHANK, KIMBERLY SUE: IV, 626
SHANK, MARY JANE: IV, 619
SHANK, MILDRED D. NOBLE: IV, 619
SHANK, SARAH: IV, 177
SHANKLE, ANN AYERS: IV, 548
SHANKLE, ELIAS: IV, 548
SHANKLE, MARY J.: IV, 548
SHANKLE, MARY JANE: IV, 353
SHANKS, NANCY: IV, 610
SHANNON, I, (CAPT) 95, (CAPT) 100; II, 405
SHANNON, CAROLINE: IV, 126
SHANNON, HALSEY: II, 219
SHANNON, M. J.: II, 94, 95, 132
SHANNON, M. JAMES: II, 66
SHANNON, MICHAEL JAMES: IV, 126
SHANNON, P. C. (JUDGE): I, 684
SHANNON, PHILIP: II, 23
SHANNON, R. B.: IV, 56
SHANNON, THOMAS: I, 228, 237, 333, 562
SHAPP, II, (GOV.) 709, 739, 741, (GOV.) 753, (GOV.) 776
SHAPP, MILTON J.: II, (GOV.) 643, 738; III, (GOV.) 591, 592, 593
SHAPP, MILTON: II, 733
SHARKY, JUDITH: IV, 629
SHARP, A. B.: III, 159, 162
SHARP, A.: I, 446
SHARP, AGNES: IV, 325, 341
SHARP, ALEXANDER: I, 126, 127, 602, 615; III, 16; IV, 325

SHARP, ANDREW: I, 118, 119, 126, 212; III, 16, 18, 31; IV, 324, 341
SHARP, ANN WOODS: IV, 324
SHARP, ANN: III, 16; IV, 325, 341
SHARP, CARRIE: III, 457
SHARP, ELIZABETH: IV, 456
SHARP, HANNAH: IV, 325
SHARP, ISABELLA MCCOLLOUGH: IV, 324
SHARP, JOSEPH: I, 579; III, 16; IV, 324, 325
SHARP, MARGARET: IV, 325, 341
SHARP, MARY: IV, 325
SHARP, NANCY: I, 126; III, 32; IV, 325, 341
SHARP, SALLY RAMSEY: IV, 325
SHARP, THOMAS: I, 233, 284, 351, 352; IV, 324, 325
SHARP, W. B.: I, 446
SHARRA, ALEX: I, 565, 566
SHARRETTS, CATHERINE: IV, 422
SHARRETTS, ELIZABETH A.: IV, 129
SHARRETTS, GEORGE: I, 476
SHARRETTS, M. F.: IV, 129
SHARRETTS, NICHOLAS G. (REV.): I, 280, 290, 294, 300
SHAULIS, DOROTHY: II, 801; IV, 36
SHAULIS, E. F. (DR.): III, 392, 393
SHAULIS, FREDERICK S. (III): IV, 37
SHAULIS, FREDERICK STEENROD (DR.): IV, 37
SHAULIS, REBECCA BRACKEN: IV, 37
SHAULIS, SCOTT: IV, 37
SHAULIS, SUZANNE: IV, 37
SHAVER (CHEAVER, SHAFFER, OR SHEAVER), PETER: I, 34, 38, 104; III, 26, 27
SHAW, III, 79; IV, (MISS) 365
SHAW, CLIFFORD: III, 435
SHAW, H. C.: II, 513
SHAW, MARY GRAY: IV, 376
SHAW, W. J.: II, 283
SHAW, WALTER C.: IV, 300
SHEA, BERNELL: II, 443
SHEA, GEORGE H.: III, 618, 621, 639
SHEA, GEORGE: II, 749
SHEAFFER, JAMES W.: IV, 565
SHEAFFER, MARIA DOROTHEA: IV, 566
SHEAFFER, PATRICIA HOWELL: IV, 565
SHEARER, JAMES I.: II, 659
SHEARER, JAMES J.: II, 439
SHEARER, MARY C.: II, 410
SHEARER, S. ROBERT: II, 756
SHEAVER, W. J.: I, 412; III, 158, 161, 162

SHEEDER, ALICE POOLE: IV, 583
SHEEDER, DOROTHEA: IV, 583
SHEEDER, ELWOOD (DR.): IV, 583
SHEEDER, MARTHA PAINTER: IV, 583
SHEEDER, REBECCA BATLEY: IV, 583
SHEEDER, RICHARD J.: IV, 583
SHEEDER, ROBERT E.: IV, 583
SHEEDER, SAMUEL D.: IV, 583
SHEEHA, THOMAS: II, 528
SHEESLEY, FLORENCE EMMA: IV, 585
SHEESLEY, HENRY: IV, 25
SHEESLEY, SALEM: IV, 585
SHEESLEY, SARAH C.: IV, 25
SHEESLEY, SARAH JANE: IV, 585
SHEESLEY, SARAH WILLIAMSON: IV, 25
SHEETS, I, 421
SHEETS, CATHARINE: IV, 152
SHEFFLER, CELIA: II, 252
SHEFFLER, HARRY: II, 252
SHELLEY, II, 358
SHELTON, III, 79
SHEPHARD, (ENGINEER): II, 115
SHEPHARD, JOSHUA: I, 544
SHEPHERD, AGNES WILLIAMSON: IV, 336
SHEPHERD, ANNA A.: IV, 181
SHEPHERD, ANNIE RILEY: IV, 336
SHEPHERD, CORA: IV, 69
SHEPHERD, ELIZA: IV, 336
SHEPHERD, ELIZABETH YAKELY: IV, 336
SHEPHERD, ELLA: IV, 336
SHEPHERD, ELLEN L. HUGHES: IV, 336
SHEPHERD, FRANCIS: IV, 336
SHEPHERD, FRANK: IV, 336
SHEPHERD, GEORGE: IV, 336
SHEPHERD, JOHN W.: IV, 336
SHEPHERD, JOHN: IV, 335
SHEPHERD, MARGARET DOSTMAN: IV, 336
SHEPHERD, MARY EMILY: IV, 336
SHEPHERD, WILLIAM: IV, 336
SHEPLER, MARGARET: IV, 361
SHEPLEY, H. P.: III, 346
SHEPLEY, MARY: IV, 26
SHEPLEY, S. H. (REV.): I, 480, 481; II, 40; III, 206, 207, 208, 209, (MRS.) 209, 210, 221; IV, 26
SHEPPARD, SARAH A.: IV. 432
SHERBON, ALEX: III, 479
SHERER, JULIA ANN: IV, 67
SHERIFF, IV, (MR.) 131
SHERIFF, B. S. (MRS.): III, 364

SHERIFF, MYRTLE: IV, 131
SHERINSKY, PAUL: III, 542
SHERMAN, (GEN.): I, 679, IV, 107, 369
SHERMAN, JOHN: III, 216, 303
SHERMAN, ROGER: IV, 637
SHERRARD, NANCY (MISS): III, 205, 208
SHERRER, HARRIET ODELL: IV, 605
SHERRY, JERRY: III, 603
SHERWIN, DAVID: IV, 83
SHERWIN, NANCY JEANNE: IV, 83
SHERWIN, WALTER: II, 518
SHETLER, JANET (MRS.): III, 587
SHICK, IRVIN J.: II, 548
SHICK, JOHN J.: II, 95
SHIELDS, JOHN: I, 75, 83, 126, 234, 492; III, 202, 523
SHIELDS, I, (CAPT.) 564, 592, 677, 684; II, 18, (MR. & MRS.) 322; III, 55, 215
SHIELDS, A.: I, 636
SHIELDS, ADA: IV, 629
SHIELDS, AGNES ELIZABETH: IV, 259
SHIELDS, ALEXANDER: IV, 208
SHIELDS, ANDREW: I, 395, 436, 438, 595, 642, 660, 661; IV, 22, 242, 429, 436
SHIELDS, ANNA CRAIG: IV, 429
SHIELDS, ANNA M. ROCHESTER: IV, 429, 613
SHIELDS, ANNIE M.: IV, 441
SHIELDS, BENJAMIN R.: IV, 429
SHIELDS, CARLOTTA: IV, 441
SHIELDS, CAROLINE: IV, 208
SHIELDS, CLARENCE: II, 558
SHIELDS, DAVID: IV, 348
SHIELDS, DOROTHY: IV, 545
SHIELDS, ELIZABETH B.: II, 294
SHIELDS, ELIZABETH CARSON: IV, 436
SHIELDS, ELIZABETH SPEEDY: IV, 436
SHIELDS, ELIZABETH: IV, 348, 430, 436
SHIELDS, FRANKLIN O.: II, 337
SHIELDS, GEORGE: I, 635
SHIELDS, H. A.: IV, 429
SHIELDS, HARRISON: IV, 48
SHIELDS, HENRY: I, 438; III, 203
SHIELDS, ISABELLA MCKNIGHT: IV, 436
SHIELDS, ISABELLA: IV, 62, 366
SHIELDS, J. G.: I, 587
SHIELDS, J. L.: III, 427
SHIELDS, J. M.: II, 40
SHIELDS, J. MILTON: IV, (DR.) 430

SHIELDS, JAMES G.: IV, 205
SHIELDS, JAMES M.: I, 476
SHIELDS, JAMES P. (DR.): IV, 13
SHIELDS, JAMES T.: I, 452
SHIELDS, JAMES: IV, 436
SHIELDS, JANE: IV, 385, 434
SHIELDS, JEAN: IV, 436
SHIELDS, JEMIMA: IV, 37
SHIELDS, JOHN WILSON: IV, 436, 440, 441
SHIELDS, JOHN: III, (SR.) 203; IV, 430, 436, 441, 549
SHIELDS, JOSEPH: I, (DR.) 587; II, 40; IV, 37, 62, 259, 366, 436
SHIELDS, JOSIAH: I, 246, 436, 437, 445, 446, 592, 615, 616, 617; III, 124, 202, 203
SHIELDS, LAURA B.: IV, 37
SHIELDS, LAWRENCE T.: IV, 441
SHIELDS, LYNN: III, 529, 530
SHIELDS, MARGARET ELIZABETH: IV, 436
SHIELDS, MARGARET GETTY: IV, 436
SHIELDS, MARGARET LEASURE: IV, 22
SHIELDS, MARGARET REED: IV, 436, 548, 549
SHIELDS, MARGARET: IV, 242, 286, 436, 548
SHIELDS, MARIE: IV, 429
SHIELDS, MARSHALL: I, 440, 563, 584
SHIELDS, MARTHA: IV, 436
SHIELDS, MARY ANN: I, 441, 445, 446
SHIELDS, MARY ANNA: IV, 205
SHIELDS, MARY B.: IV, 441
SHIELDS, MARY E.: IV, 48
SHIELDS, MARY JANE: IV, 108
SHIELDS, MARY THOMPSON: IV, 441
SHIELDS, PEG (MRS.): II, 664
SHIELDS, ROBERT CLARENCE: IV, 441
SHIELDS, RUBY: IV, 429
SHIELDS, S. A.: I, 537
SHIELDS, SAMUEL: I, 653
SHIELDS, SARAH MINONA: IV, 13
SHIELDS, SARAH: IV, 348, 436
SHIELDS, W. S.: I, 649; II, (DR.) 31; IV, (DR.) 613
SHIELDS, WILLIAM ANDREW: III, 202
SHIELDS, WILLIAM: I, 259, 359, 616, 676; IV, 436, (COL.) 548, 549
SHIELDS, WILMER W.: IV, 441
SHIELDS, WINFIELD S. (DR.): II, 766
SHIELDS, WINFIELD SCOTT (DR.): III, 56-D, 56-E, 522; IV, 429, 430
SHILLING, BERTHA: IV, 27
SHILLING, MARTHA: IV, 60

SHILLINGFORD, R. A.: II, 219; III, 385, 387
SHILLINGS, JOHN: I, 104; III, 26, 27
SHILLINGS, WILLIAM: I, 104; III, 26, 27
SHIMSKY, LEO R. (PVT.): II, 584
SHINGAS, I, 20, 45, 51, 58
SHIPPEN, I, 642
SHIPPEN, HENRY: I, 252
SHIPPEN, JOSEPH: III, 16
SHIREY, IV, (FAMILY) 562
SHIREY, DANIEL: IV, 562
SHIREY, DONALD EDGAR: IV, 562
SHIREY, ESTHER IRENE ALWINE: IV, 562
SHIREY, HENRY: IV, 562
SHIREY, JANET A.: IV, 562
SHIREY, JOYCE ELAINE: IV, 562
SHIREY, LAVINIA REAM: IV, 562
SHIREY, MARY: IV, 562
SHIREY, PHYLLIS JEAN: IV, 562
SHIREY, ROBERT EDWIN: IV, 562
SHIREY, ROBERT H.: IV, 562
SHIREY, RUTH ALWINE: IV, 562
SHIREY, RUTH I.: IV, 455
SHIREY, RUTH: II, 801; IV, 456, (DR.) 561, 562
SHIREY, SAVILA LOHR: IV, 562
SHIREY, SUSAN: IV, 237
SHIRLEY, II, 267
SHIRLEY, DON: III, 599
SHIRLEY, THOMAS: III, 215
SHOEMAKER, CATHARINE: IV, 258
SHOEMAKER, F. A.: III, 321
SHOEMAKER, J. W.: II, 52
SHOENBERGER, I, 119
SHOENBERGER, G.: I, 335
SHOENBERGER, HANNAH: IV, 214
SHOENBERGER, J. H.: I, 335
SHOENBERGER, PETER: I, 196, (DR.) 335, 518, (DR.) 520
SHOFF, ELIZABETH: I, 508
SHOFF, GEORGE: I, 508
SHOMO, H.: I, 537, 522
SHOMO, HARRIET: IV, 369
SHOMO, HENRY: II, 141; IV, 369
SHOMO, WILLIAM A.: II, 584
SHONTS/SHAUNTZ, ELVIRA: IV, 566
SHORT, II, 411; III, 482
SHORT, ALICE L.: II, 682
SHORT, ASCENATH CALDWELL: IV, 249
SHORT, BLAINE: II, 459
SHORT, C. J.: II, 155
SHORT, CAROL JEAN: IV, 547
SHORT, CATHARINE: IV, 249

SHORT, DANIEL: IV, 249
SHORT, DEWEY: II, 765
SHORT, JAMES: I, 438; III, 135, 136
SHORT, PATRICK: I, 161
SHORT, PAUL J.: II, 682; III, 489
SHORT, PETER: IV, 249
SHORT, SARAH: IV, 249
SHORT, W. J.: II, 343
SHORTER, II, 63
SHORTER, AMY: IV, 306
SHORTER, JOHN WESLEY: I, 503; II, 61; IV, 306
SHORTER, JOHN: IV, 306
SHORTHILL, DAVID: IV, 251
SHORTHILL, MARGARET: IV, 251
SHOUP, A. (CAPT.): I, 628
SHOUP, G. R.: I, 541
SHOUP, GAIL: II, 801
SHOUP, HENRY: I, 165
SHOW-CHIH, RAI: IV, 132
SHROCK, JOHN: III, 217
SHROPSHIRE, B. N.: II, 128
SHROPSHIRE, G. (MR.): II, 128
SHRYOCK, I, (CAPT.) 261; II, 170; III, 43
SHRYOCK, ALICE: IV, 390
SHRYOCK, AMELIA: I, 315; IV, 391
SHRYOCK, CLARA: IV, 390
SHRYOCK, ELEANOR: IV, 391
SHRYOCK, ELIZABETH: IV, 7, 202, 373, 391, 602
SHRYOCK, ELLEN: I, 163
SHRYOCK, EMMA: IV, 390
SHRYOCK, FULLERTON: IV, 390
SHRYOCK, GEORGE: I, 535; III, 225; IV, 390, 391
SHRYOCK, HARRY: IV, 390
SHRYOCK, HENRY: IV, 602
SHRYOCK, ISABELLA WOODWARD: IV, 159
SHRYOCK, ISABELLA: IV, 390, (MRS.) 393
SHRYOCK, JOHN H.: I, 478, 516-O, 516-P, 521, 527, 574; IV, 391, 392, 393
SHRYOCK, JOHN K.: I, 196
SHRYOCK, JOHN W.: IV, 259
SHRYOCK, JOHN: IV, 202, 390
SHRYOCK, L.: IV, 392
SHRYOCK, LEONARD: I, 157, 210, 224, 353, 345, 358, 359; IV, (MRS.) 61, 159, 391, 392, 393, 554
SHRYOCK, MARTHA: IV, 393
SHRYOCK, MARY MCKENNAN: IV, 393
SHRYOCK, MARY: IV, 61, 554
SHRYOCK, REBECCA JANE: IV, 259

SHRYOCK, REBECCA MOORHEAD: IV, 393
SHRYOCK, SARAH S.: IV, 88
SHRYOCK, SARAH WOODS: IV, 390
SHRYOCK, STACY B.: IV, 393
SHRYOCK, SUSANNA: IV, 373, 390, 391, 602
SHRYOCK, W.: I, 353
SHRYOCK, WILLIAM L. S.: I, 196
SHUGARTS, EMMA (MRS.): IV, 322
SHUGERT, J.B.: 1, 344
SHULL, II, 397
SHULL, CLYDE: II, 570
SHULTS, GEORGIANS: II, 556
SHULTZ, SAMUEL: I, 575
SHULZE, (GOV.): I, 252; IV, 85
SHULZE, JOHN ANDREW: I, 221, 235
SHUMAKER, CATHARINE: IV, 258
SHUMAKER, EDNA M.: IV, 617
SHUMAKER, MARGARET BLAIR (MRS.): II, 271
SHUMAKER, ROBERT C. L.: IV, 617
SHUMAN, ADAM: IV, 195
SHUMAN, IVA REVINA: IV, 195
SHUMAN, SOPHIA JANE: IV, 195
SHUNK, (GOV.): I, 565, 567, 578, 581, 582, 584, 597, 598; IV, 117, 222, 428
SHUNK, FRANCIS R.: I, 247, 248, 249 III, 202; IV, 199
SHUPE, BETTY: II, 671
SHUPE, DONALD: II, 426
SHUPE, LLOYD: II, 426
SHUPE, P. D.: II, 671
SHURICK, ADAM: I, 539; II, 148
SHURICK, ELLA; IV, 368
SHUSTER, BEULAH MONTROSE: IV, 420
SHUSTER, JOHN: II, 364
SHUSTER, RONALD E.: II, 738
SHUTE, ATTWOOD (MAYOR): I, 52
SHUTTLEWORTH, H. L.: II, 733
SHYROCK, JOHN H.: I, 552
SHYROCK, LEONARD: I, 547, 553
SIBLEY, URLING: II, 612; IV, 577
SICKENBERGER, ANNIE: IV, 256
SICKENBERGER, H. C.: II, 150
SICKENBERGER, IDA: IV, 352
SICKENBERGER, J. M.: IV, 352
SICKENBERGER, J. N. (MRS.): III, 365
SICKENBERGER, MARY ANN: IV, 256
SICKENBERGER, MICHAEL: IV, 256
SICKENBERGER, SAMUEL: II, 766
SICKMAN, A. F.: IV, 20
SIDES, ADAM: I, (JR.) 312; IV, 47
SIDES, ANN: IV, 47

SIDES, S. J.: III, 347
SIEGAL, GAY: IV, 245
SIEGAL, RAE: IV, 245
SIEGAL, WILLIAM ISRAEL: IV, 245
SIEQFRIED, CHARLES J.: II, 338
SIGAFOES, ROBERT: II, 757
SIGLER, MARY: IV, 462
SIGNOR, M. S.: II, 218
SILICERS, (REV): II, 357
SILL, SARAH H.: IV, 390
SILVERMAN, DAVID: IV, 244
SILVERMAN, ROSE: IV, 244
SIMMONS, DAVID: I, 603; II, 128
SIMMONS, H. K.: II, 69
SIMMONS, R. P.: I, 356
SIMON, D. (REV.): II, 78
SIMON, GABE: III, 639, 641
SIMON, S. S.: II, 45; IV, 418
SIMON, SIDNEY (STATE POLICE SGT.): II, 721
SIMONTON, JANE: IV, 9, 77
SIMONTON, ROBERT: IV, 9
SIMPSON, II, xii, (BISHOP) 79; IV, 71
SIMPSON, A. A.: II, 221; III, 487
SIMPSON, ADA : IV, 613
SIMPSON, ALEXANDER KINGHORN: IV, 441
SIMPSON, AMANDA: IV, 107
SIMPSON, ANDREW: I, 82, 84-O, 90, 92, 93, 96, 98, 117, 159
SIMPSON, ANN GRAY: IV, 442
SIMPSON, ANNA (MISS): II, 310
SIMPSON, ANNA C.: IV, 461
SIMPSON, ANNA J. ST. CLAIR: IV, 568
SIMPSON, BARBARA LEECH: IV, 568
SIMPSON, CAROL MOORHEAD: IV, 568
SIMPSON, CAROLINE: IV, 321
SIMPSON, CARRIE: IV, 369
SIMPSON, CATHERINE MCGREGOR: IV, 461
SIMPSON, CATHERINE: IV, 242, 461
SIMPSON, CHARLES: IV, 380
SIMPSON, CHARLOOTTE: IV, 295
SIMPSON, D. W.: II (SHERIFF) 74, (CAPT.) 199, 221, 256, 299, 429, (MAJOR) 455; III, 486
SIMPSON, DAVID C.: I, 654
SIMPSON, DAVID W.: IV, 441
SIMPSON, DAVID: IV, 442
SIMPSON, EDNA: IV, 461
SIMPSON, ELEXENIA KINGHORN: IV, 441
SIMPSON, ELIAS: I, 654
SIMPSON, ELIZABETH BELLE: IV, 183
SIMPSON, ELIZABETH E.: III, 457

SIMPSON, ELIZABETH LUCILLE: IV, 214
SIMPSON, ELIZABETH MUSSER: IV, 568
SIMPSON, ELIZABETH: IV, 37, 271, 461
SIMPSON. G. E.: II, 298, (DR.) 344, (DR.) 370-E
SIMPSON, GEORGE E.: IV, 202-I, (M.D.) 461
SIMPSON, GEORGE W.: IV, 22
SIMPSON, H.: I, 476
SIMPSON, HANNAH (nee WHITE): I, 117
SIMPSON, HANNAH SIMPSON: IV, 206
SIMPSON, HARALD (MAJOR): IV, 461
SIMPSON, HUGH: IV, 96
SIMPSON, ISAAC: IV, 596
SIMPSON, ISABELLA C.: IV, 311
SIMPSON, J. M.: II, 221
SIMPSON, JAMES S.: II, 149
SIMPSON, JAMES: I, 79, 117, 118, 159, 210, 281, 343, 445, 446, 501; II, 149; III, 43, 113, 124, 143; IV, 39, 461
SIMPSON, JANE MARTIN: IV, 461
SIMPSON, JANE: IV, 135
SIMPSON, JANET G.: IV, 441
SIMPSON, JEAN: II, 674
SIMPSON, JOHN M.: IV, 461, 568
SIMPSON, JOHN ST. CLAIR: IV, 214, 567, 568
SIMPSON, JOHN: I, 574; IV, (REV.) 442
SIMPSON, MARGARET J.: IV, 96
SIMPSON, MARGARET: IV, 39
SIMPSON, MARION ALICE: IV, 613
SIMPSON, MARTHA ELEANOR: IV, 96
SIMPSON, MARTHA JANE: IV, 613
SIMPSON, MARTIN: IV, 295
SIMPSON, MARY: IV, 26, 135, 183
SIMPSON, MATILDA MCCARDLE: IV, 613
SIMPSON, MILTON: IV, 461
SIMPSON, NATHAN: IV, 613
SIMPSON, NATHANIEL: IV, 242
SIMPSON, NELLIE: IV, 609
SIMPSON, NIOMA C. NEAL: IV, 461
SIMPSON, NORA: IV, 461
SIMPSON, RAY: III, 498
SIMPSON, RUTH: IV, 546
SIMPSON, SALLIE: IV, 380
SIMPSON, SARAH: IV, 596
SIMPSON, SOLOMON: I, 543
SIMPSON, SUSAN M. HOOD: IV, 22
SIMPSON, THOMAS: IV, 441, 442
SIMPSON, TWILA OPDYKE: IV, 441
SIMPSON, VIOLA H.: IV, 441

SIMPSON, W. A.: II, 298
SIMPSON, WALDO: IV, 461
SIMPSON, WESLEY C.: IV, 183
SIMPSON, WILLIAM A.: II, (DR.) 378; III, (DR.) 392 & 393, 498; IV, 420-E, 568, (M.D.) 568
SIMPSON, WILLIAM E.: IV, 461
SIMS, EDWARD ROY: II, 531, 662
SIMS, WILLIAM N. (DR.): I, 310, 584
SINCLAIR, GEORGE (PVT.): II, 576, 577
SINCLAIR, MARGARET: IV, 87
SINCLAIR, ROSA: I, 461
SINGERLY, II, 258
SINGHEISER, FRANK: III, 489
SINGLE, WILLIAM: I, 543
SINGLETON, THOMAS J.: II, 583
SINK, BLAIR: II, 426
SINK, EDNA: II, 426
SINK, MARY JANE: IV, 459
SINK, WILLIAM: II, 64
SIPOS, FRANK J.: III, 178-J
SIPOS, FRANK: III, 546, 546-E, 546-J, 546-K, 616
SIPOS, HELEN (MAYOR): II, 809
SIRIANNA, (MRS.): III, 395
SIRWELL, I, (COL.) 649; II, (MR.) 165
SISSON, II, 265
SIVERD, III, 385
SIVERD, J. B.: II, 187
SIXSMITH, G. M.: III, 487
SKELTON, WALTER: I, 186
SKILES, EPHRAIM: IV, 580, 581
SKILES, JAMES: IV, 581
SKILES, JOHN: IV, 581
SKILES, MARGARET DEVERS: IV, 581
SKILES, MARY RODGERS: IV, 580, 581
SKILES, SARAH ANN: IV, 580, 581, 627
SKILES, SARAH WALLACE: IV, 581
SKINNER, FRANCES: I, 304
SKROBALAK, CASIMIR: II, 573
SKULTETY, JOHN: III, 613
SLAGLE, HELEN RAE: IV, 28
SLAUGHTERBECK, ELIZA: IV, 633
SLAYSMAN, CHARLES: I, 440, 445, 446; III, 114, 115, 140; IV, 295
SLAYSMAN, REBECCA: IV, 295
SLAYTON, II, 267
SLEASMAN, TILLIE (MRS.): III, 589
SLEDZIK, HERMAN L.: II, 692
SLEMMONS, BOGGS (MISS): IV, 42
SLEMMONS, JENNIE: IV, 42, 389
SLEMMONS, WILLIAM: IV, 42
SLEPPEY, DANIEL: III, 45
SLIGH, AGNES: II, 302, 534

SLINAZKY, PAUL: III, 402
SLOAN, I, 647, 668; II, (SENATOR) 17, 19; III, 274, 302, 318, (DR.) 320, 397
SLOAN, A.: I, 345
SLOAN, ALBERT A.: IV, 265
SLOAN, ANNA MARY: IV, 629
SLOAN, B. S.: II, 270
SLOAN, B. SHIELDS: II, 266
SLOAN, BENJAMIN: IV, 414
SLOAN, BERT: IV, 629
SLOAN, CHARLES: IV, 441
SLOAN, FRANK: II, 266
SLOAN, GENEVA: IV, 629
SLOAN, GRACE (MRS.): III, 532
SLOAN, H. K.: I, 619; II, (MAJOR) 33, 69, 257, 367; IV, (STATE SEN.) 59, 629
SLOAN, H.: I, 476
SLOAN, HANNIBAL K.: II, 8, 19; IV, 628, 629
SLOAN, HOPE I.: IV, 629
SLOAN, IRA E.: IV, 433
SLOAN, J. CLAIR: II, 411, 413, 451, 543; III, 486; IV, 265
SLOAN, J. MEEK: IV, 629
SLOAN, JAMES B.: IV, 629
SLOAN, JAMES M.: I, 201, 591; III, 256; IV, 629
SLOAN, JAMES: I, 175, 218, 649; II, (PROF.) 369; IV, (CAPT.) 106
SLOAN, JANE: IV, 342
SLOAN, JOHN (JR.): I, 345, 346
SLOAN, JOHN: I, 173, 344
SLOAN, JULIA ANN: IV, 600
SLOAN, KATE: IV, 629
SLOAN, LAVINA: IV, 265
SLOAN, LORETTA F. BONNER: IV, 629
SLOAN, MAGGIE R.: IV, 629
SLOAN, MALINDA JANE: IV, 265
SLOAN, MARGARET J.: IV, 629
SLOAN, MARGARET KELLY: IV, 629
SLOAN, MARGARET MATEER: IV, 629
SLOAN, MARGARET: IV, 106, 385
SLOAN, MARTHA H.: IV, 433
SLOAN, MARTHA: IV, 292, 351
SLOAN, MARY: IV, 391
SLOAN, NANCY: IV, 385, 414
SLOAN, PAULINE C.: IV, 629
SLOAN, SAMUEL: I, 218
SLOAN, SARAH: IV, 629
SLOAN, T. J.: I, 655
SLOAN, THOMAS K.: I, 173
SLOAN, THOMAS N.: IV, 105, 292
SLOAN, VIRGINIA G.: IV, 629
SLOAN, WALTER: IV, 629
SLOANE, THOMAS N.: I, 165

SLOCUM, E.: I, 539
SLONAKER, SUSAN THATCHER: IV, 626
SLONAKER, W. G. (REV.): II, 279
SLONAKER, WALTER D.: IV, 626
SLOUGH, ROBERT N.: II, 537
SMATHERS, ESTELLA: IV, 27
SMAUTHERS, ESTELLA: IV, 27
SMAY, PAUL: II, 533
SMEAD, EBENEZER: IV, 156
SMEAD, ESTHER: IV, 156
SMEATON, H. W.: II, 439
SMEATON, HUGH WEIR: II, 439
SMEATON, HUGH: II, 440
SMELTZ, DONNA: IV, 239
SMELTZER, CAROLINE: II, 627
SMELTZER, LEON: III, 301
SMILEY, DANIEL: IV, 354
SMILEY, ELIZABETH BAILEY: IV, 354
SMILEY, SUSANNA: IV, 354
SMILO, ANN: II, 358
SMITH, I, 104, 636, 678, 679, 684; II, 67, (PROF.) 85-86, 265, 405, 411, (MR.) 541, 741, 744, 745, 747, (SHERIFF) 752; III, 99, 279, 280, (MISS) 294, 310; IV, (SHERIFF) 147, (MR.) 448
SMITH, A. W. (CAPT.): II, 255
SMITH, ABIGAIL: IV, 432
SMITH, ABRAHAM (CAPT.): IV, 342
SMITH, ADALINE W.: IV, 592
SMITH, AGNES: IV, 10
SMITH, ALBERT: IV, 364, (MRS.) 364
SMITH, ALFRED E.: II, 401; III, 482
SMITH, ALFRED S.: IV, 432
SMITH, ALTA E.: IV, 184
SMITH, ANDREW: I, 104
SMITH, ANDY: III, 639
SMITH, ANGELINE: IV, 70
SMITH, ANNA BELL: IV, 92
SMITH, ANNA FLORENCE: IV, 617
SMITH, ANNIE MABON: IV, 617
SMITH, ANNIE: IV, 226
SMITH, BELLE: IV, 415
SMITH, BLANCHE NEIL: IV, 25
SMITH, C. F.: IV, 194
SMITH, C. R.: II, 215, 222
SMITH, C. V.: II, 278
SMITH, C. WILBUR: IV, 617
SMITH, CARL: IV, 25
SMITH, CARLTON D.: IV, 147
SMITH, CATHERINE: I, 48
SMITH, CHARLES: IV, 304
SMITH, CHRISTOPHER: IV, 59
SMITH, CLARENCE: II, 214, 218, 283
SMITH, CYNTHIA REED: IV, 225

217

SMITH, D. C.: II, 497
SMITH, DALLA E.: IV, 147
SMITH, DANIEL C.: I, 440, 601
SMITH, DANIEL: I, 167, 174, (JR.) 281; III, 231; IV, 425
SMITH, DAVID F.: III, 137
SMITH, DELLA: IV, 571
SMITH, DEVEREAUX: I, 90, 91, 97, 98
SMITH, DIANE: IV, 147
SMITH, DONALD E.: III, 625; IV, 147
SMITH, DONALD EARL: IV, 147
SMITH, DONALD: III, 614
SMITH, DUNDAS: IV, 10
SMITH, E. W.: II, 240
SMITH, E. WALKER: II, 399
SMITH, EBENEZER: I, 345
SMITH, EDITH: IV, 147
SMITH, EDMUND: I, 551
SMITH, EDNA B.: III, 331, 332
SMITH, EDNA M.: IV, 617
SMITH, ELIZA B .: IV, 124
SMITH, ELIZABETH HENDERSON: IV, 454
SMITH, ELIZABETH JOYCE: IV, 617
SMITH, ELIZABETH T.: IV, 454
SMITH, ELIZABETH TODD: IV, 454
SMITH, ELIZABETH: IV, 44, 195, 389, 607
SMITH, ELLA: IV, 355
SMITH, EMANUEL: IV, 195
SMITH, EMMA: IV, 422
SMITH, ERNEST G.: III, 463
SMITH, ESTHER BAUGHMAN: IV, 547
SMITH, ETHEL: IV, 304
SMITH, EUGENE A.: IV, 257
SMITH, EUGENE: IV, 432
SMITH, EUNICE MARLINE: IV, 76
SMITH, F. M.: II, 9, 12, 398
SMITH, FLORA D. NEIL: IV, 25
SMITH, FLOYD D.: IV, 147
SMITH, FRANK M.: II, 66, 93, 94; III, 486; IV, 225, 617, (JR.) 617
SMITH, FRANK: II, 69
SMITH, FREDERICK: II, 25
SMITH, G. E. (CAPT.): II, 171
SMITH, G. Q.: IV, 25
SMITH, G. W. (MAJOR): I, 261
SMITH, GEOMETRY: III, 331
SMITH, GEORGE E.: I, 683; IV, 453, 454
SMITH, GEORGE H.: IV, 453
SMITH, GEORGE W.: I, 248, 582
SMITH, GEORGE: IV, 454
SMITH, GERRITT: I, 408
SMITH, GLENN L.: IV, 549

SMITH, GRANT: IV, 422
SMITH, H. D.: II, 368
SMITH, H. K.: II, 543
SMITH, H. V.: II, 325
SMITH, HARRIET L.: III, 457
SMITH, HARRIET: IV, 425
SMITH, HARRY: II, 299, 537; III, 433
SMITH, HELEN L.: IV, 617
SMITH, HELEN SNYDER: II, 676
SMITH, HELEN: IV, 226
SMITH, HENRY R. (JUDGE): II, 774
SMITH, HENRY: I, 34; IV, 592
SMITH, HORACE LOGAN: IV, 226
SMITH, HULETTE: IV, 432
SMITH, IDA: IV, 432
SMITH, J. C.: I, 628
SMITH, J. LYTLE: III, 227
SMITH, J. R.: I, 276, 586, 619; III, 145, 249
SMITH, J. W.: III, 427
SMITH, JACOB: II, 185; III, 380
SMITH, JAMES A.: IV, 147
SMITH, JAMES B.: IV, 344
SMITH, JAMES LYTLE: IV, 225
SMITH, JAMES: I, 76, 88, 100, 111, 160, 167, 173, 251, 252, 279, 284, 346; II, 497; IV, 38, (JR.) 38, 313
SMITH, JANE: IV, 6, 96, 255, 425
SMITH, JAY: II, 720
SMITH, JEAN: IV, 280
SMITH, JEFFREY: IV, 604
SMITH, JENNIFER: IV, 604
SMITH, JESSE (REV.): I, 306, 345
SMITH, JESSE BENTON: IV, 225
SMITH, JOHN (CAPT.): I, 23, 84-G
SMITH, JOHN D.: II, 381
SMITH, JOHN G.: III, 384-G, 460-C, 460-E
SMITH, JOHN T.: IV, 226
SMITH, JOHN W.: III, 421
SMITH, JOHN: I, 345, 657; II, 300, 471, 526, 569; IV, 38, 55, 124
SMITH, JOSEPH R.: I, 367, 384, 546, 589, 592, 599, 601, 685; II, 50, 68, 92, 93, 94; III, 114, 115, 140, 256; IV, 225, 226, 295
SMITH, JOSEPH: II, 123
SMITH, JUNE: IV, 604
SMITH, L. EUGENE: II, 740, (REP.) 788
SMITH, LAURA M.: IV, 209
SMITH, LEWIS: II, 25
SMITH, LOTTIE: IV, 304
SMITH, LOUISE M. UNCAPHER: IV, 617
SMITH, LOUISE: IV, 147
SMITH, LYDIA LLOYD: IV, 592

SMITH, MAE: IV, 299
SMITH, MARGARET BLANCHE: IV, 226
SMITH, MARGARET ESTELLA: IV, 344
SMITH, MARGARET WADDELL: IV, 453
SMITH, MARLIN: IV, 299
SMITH, MARTIN L. (CORP.): I, 654
SMITH, MARY ANN HENDERSON: IV, 225
SMITH, MARY HART: IV, 226
SMITH, MARY: IV, 44, 226, 231, 255, 313, 547, 609
SMITH, MAY: IV, 594
SMITH, MILDRED: IV, 299
SMITH, MONA: IV, 147
SMITH, MYRTLE B.: III, 457
SMITH, MYRTLE: IV, 59
SMITH, NANCY J.: IV, 454
SMITH, NANCY: IV, 38, 212, 226, 606, 607
SMITH, NAOMI GERTRUDE: IV, 227
SMITH, NELL: IV, 225
SMITH, OLIVE BOYLE: IV, 226
SMITH, PATRICIA: IV, 147, (MRS.) 404
SMITH, PATRICK: I, 657
SMITH, R. M.: II, 84; III, 393
SMITH, R. R. (MRS.): III, 364
SMITH, RALPH: IV, 209
SMITH, REBECCA: IV, 360
SMITH, RICHARD R.: IV, 389
SMITH, RICHARD TERRY: IV, 76
SMITH, RICHARD: I, 212; II, 110
SMITH, ROBERT M.: II, 307
SMITH, ROBERT P.: IV, 308
SMITH, ROBERT: I, 281, 345, 480, 536, 636; II, 86, 177, 182; III, 205
SMITH, RUTH: IV, 607
SMITH, S. A.: II, 94; III, 252, 256, 318
SMITH, S. G.: II, 308
SMITH, S. MORGAN: IV, (CO.) 18 & 19, 202-A
SMITH, SAMUEL A.: I, 464, 658, 660, 685; II, 93, 157, 304; III, 312, 384-H; IV, 225
SMITH, SAMUEL: I, 159; IV, 225
SMITH, SARA BELL HOPKINS: IV, 225
SMITH, SARAH HILL: IV, 453
SMITH, SARAH KINTER: IV, 225
SMITH, SARAH STEWART: IV, 453
SMITH, SARAH: IV, 371
SMITH, SHARON: IV, 147
SMITH, SOPHIA JANE: IV, 195
SMITH, STACY H.: II, 323
SMITH, STACY: III, 423
SMITH, SUE REYNOLDS: IV, 454
SMITH, SUSAN E.: IV, 453

SMITH, SUSAN: IV, 165
SMITH, SUSANNAH VIRGINIA: I, 502
SMITH, SYDNEY: I, 342
SMITH, THOMAS: I, 279
SMITH, THURZA JANE: IV, 70
SMITH, W. A.: III, 254
SMITH, W. C.: II, 500
SMITH, W. G.: II, 449
SMITH, W. H.: III, 380
SMITH, W. HOWARD: IV, 147
SMITH, W. R.: I, 252; II, 90
SMITH, W. RAY (DR): II, 530; IV, 584
SMITH, W. W. (CPT): II, 582
SMITH, W. WAYNE (DR.): II, 675; IV, 603, 604
SMITH, WAT.: I, 676
SMITH, WILLIAM A.: IV, 147, (D.D.S.) 453
SMITH, WILLIAM F.: II, 526, 528
SMITH, WILLIAM GEORGE: II, 482
SMITH, WILLIAM J.: IV, 70, 617
SMITH, WILLIAM T.: IV, 454, (M.D.) 454
SMITH, WILLIAM: I, 75, 83, 99, 130, 190, (JR.) 311; III, 331, 380; IV, 38, 44, (JR.) 226, (SR.) 226
SMITTEN, AGNES: IV, 596
SMITTEN, ARCHIBALD: I, 247; IV, (SR.) 554, 596
SMITTEN, EVALINE: IV, 596
SMITTEN, GEORGE M.: IV, 596
SMITTEN, HANNAH F. Q.: IV, 596
SMITTEN, HANNAH: IV, 596
SMITTEN, J. G.: IV, 596
SMITTEN, J. Y.: I, 533
SMITTEN, JANE: IV, 596
SMITTEN, JOHN Y.: I, 589, 630; IV, 596
SMITTEN, MARTHA A. WALLS: IV, 596
SMITTEN, MARY ANN: IV, 596
SMITTEN, MARY E.: IV, 596
SMITTEN, MARY J. SPOR: IV, 596
SMITTEN, MARY: IV, 219
SMITTEN, NANCY A. MCCOMB: IV, 596
SMITTEN, NANCY ANN: IV, 554
SMITTEN, RHODA: IV, 596
SMITTEN, RICHARD D.: IV, 596
SMITTEN, S. H. L.: IV, 596
SMITTEN, SARAH: IV, 596
SMITTEN, WHITECLOUD: IV, 596
SMOCK, (MRS.): III, 546
SMOCK, RAY F.: II, 649; III, 545, 546
SMYERS, I, 586
SMYERS, A. C.: IV, 25
SMYERS, BENJAMIN: II, 186
SMYERS, ORA ETTA NEIL: IV, 25
SMYERS, WILLIAM: II, 86

219

SMYTHE, I, (GEN.) 257
SMYTHE, JANE: IV, 310, 405
SNEYD, FANNIE: IV, 263
SNODDEN, THOMAS: IV, 434
SNODGRASS, ELIZABETH: IV, 303
SNOW, FRANCIS: III, 281
SNOWDEN, F. B.: II, 160
SNOWDEN, JAMES R.: I, 578
SNOWDEN, JOHN M.: I, 272
SNYDER, I, (GOV.) 258, 488; II, 165, 400; IV, (JUDGE) 176, (DR.) 344
SNYDER, ANNA ELLEN: IV, 406
SNYDER, ANNA MAE: II, 131
SNYDER, ANNABEL: II, 508
SNYDER, ANTES L.: IV, 406
SNYDER, ANTES: II, 90, 158, 280; IV, 405, 406
SNYDER, ANTHONY: IV, 406
SNYDER, C. B.: III, 397, 398
SNYDER, CATHERINE ANTES: IV, 406
SNYDER, CATHERINE BOTHERS: IV, 344
SNYDER, CATHERINE REAGAN: IV, 344
SNYDER, CHARLES: III, 397
SNYDER, CLAIR: III, 390, 391
SNYDER, CLAY D.: IV, 344
SNYDER, DANIEL P. (JUDGE): II, 743
SNYDER, DANIEL: IV, 344
SNYDER, DAVID: I, 197
SNYDER, EDWIN JAY: IV, 176
SNYDER, EDWIN LEONARD: IV, 175, (SR.) 176
SNYDER, ELIZABETH: IV, 205
SNYDER, ELLEN D.: IV, 406
SNYDER, EMMA F. EVENS: IV, 406
SNYDER, EMMA: IV, 406
SNYDER, FANNIE EVENAS: IV, 406
SNYDER, FRANCES M.: IV, 607
SNYDER, FRANK L. R.: IV, 607
SNYDER, FREDA LARUE WELLS: IV, 176
SNYDER, GEORGE A.: IV, 406
SNYDER, GEORGE: II, 172
SNYDER, HARRY: II, 453
SNYDER, HELEN: II, 676
SNYDER, JOHN A.: IV, 176
SNYDER, LAURA CALLOWAY: IV, 344
SNYDER, LUCINDA: II, 57
SNYDER, MADALENE RIDDLE: IV, 607
SNYDER, MARGARET ESTELLA SMITH: IV, 344
SNYDER, MARTHA: IV, 176
SNYDER, MITCHELL THOMAS: IV, 176
SNYDER, PETER: IV, 344

SNYDER, POLLY ANN: IV, 176
SNYDER, SIMON: I, 174, 175, 218, 219; III, 57; IV, (GOVERNOR) 406
SNYDER, TYNDAL E.: IV, 344
SNYDER, VIRGINIA ANN CARTER: IV, 176
SNYDER, W. F.: II, 233
SNYDER, Z. X.: II, 53, 284, 285; IV, (DR.) 343 & 415
SOLLIE, BONNIE: IV, 203
SOLOMON, JACK E.: II, 713
SOMERVELL, BREHAON (GEN.): II, 561
SOMMERVILLE, A. O.: II, 189
SOMONSKI, JOHN: IV, 191
SORENSON, SARAH M.: IV, 335
SOULE, SILAS C.: I, 419
SOUTAR, ELIZABETH SIMPSON: IV, 271
SOUTAR, THOMAS: IV, 271
SOUTHWELL, JANE: IV, 15
SOUTHWELL, JOHN: IV, 15
SOWDER, A. M.: III, 629
SOYESTER, JOHN: I, 294
SPACKMAN, E. S.: II, 456
SPADAFORE, CECIL: III, 634
SPAHR, VIRGINIA: IV, 287
SPALDING, GEORGE: I, 390, 431, 437, 441, 445, 446
SPALDING, JAMES: I, 437, 445
SPALDING, JOHN: I, 436
SPANGLER, II, 17
SPARE, SOPHIA: IV, 405
SPARKS, C. H. II, 26
SPATTI, RAYMOND (FATHER): II, 620, 622
SPAULDING, II, 111
SPAULDING, GEORGE: II, 110; IV, 320
SPAULDING, JAMES: I, 514, 538; III, 155; IV, 320
SPAULDING, JOHN: IV, 320
SPAYD, JOHN: I, 175
SPEAKER, JAMES: IV, 177
SPEAKER, SARAH: IV, 177
SPEALMAN, D. L.: II, 25
SPEAR, WILLIAM R. (DR.): I, 521; IV, 350
SPEARS, ABRAM: IV, 139
SPEARS, ALEXANDER: IV, 139
SPEARS, ELIZA: IV, 139
SPEARS, HELEN: IV, 363
SPEARS, KATE: IV, 29
SPEARS, MARGARET: IV, 139
SPECTER, ARLEN: II, 745
SPECTOR, II, 746
SPEEDY, I, 596
SPEEDY, ANDREW: IV, 436

SPEEDY, CAROLINE: IV, 48
SPEEDY, ELIZABETH: IV, 430, 436
SPEEDY, FRANCES: IV, 180
SPEEDY, HUGH M.: I, 505, 534, 535; IV, (CAPT.) 90, (MRS.) 90
SPEEDY, HUGH: I, 233, 397, 550
SPEEDY, J. C.: III, 429
SPEEDY, JAMES: II, 208; IV, 180, 436
SPEEDY, MARGARET ANN: IV, 90
SPEEDY, MARGARET MCKEE: IV, 436
SPEEDY, MARGARET: IV, 436
SPEEDY, MARY: IV, 446
SPEEDY, MELISSA: IV, 180
SPEEDY, SARA: IV, 453
SPEEL, JOHN N.: IV, 172
SPEEL, VIRGINIA: IV, 172
SPEER, JAMES: I, 330, 480; III, 205, 207
SPEER, JOHN: I, 403
SPEER, JOSEPH L.: I, 403
SPEER, KENNETH W.: II, 668
SPEER, W. R.: I, (DR.) 625, 638, 639
SPEERS, ABRAM: IV, 139
SPEERS, ALEXANDER: IV, 139
SPEERS, ELIAZ: IV, 139
SPEERS, MARGARET: IV, 139
SPEICHER, JAMES R.: IV, 545
SPELLI, NICK: III, 400
SPELOCK, ANNA: II, 425
SPENCE, CHESTER: III, 614-A
SPENCE, ELIZABETH: IV, 184
SPENCE, EVA OPAL VIRGINIA: IV, 148
SPENCE, HARRY: II, 150
SPENCE, J. O.: III, 179
SPENCE, JANE: IV, 594
SPENCE, LAWRENCE: III, 614-2
SPENCE, MARIE ANTOIN ETTE: IV, 148
SPENCE, RICHARD GETTY: IV, 148
SPENCER, BERTHA J. NEIL: IV, 25
SPENCER, CALVIN: IV, 25
SPENCER, MARY: IV, 49
SPENCER, SARAH: IV, 164
SPENPAK, GEORGE: III, 402
SPERA, PETER: II, 247
SPICER, I, 586; III, 281
SPICHER, ADA: IV, 463
SPICHER, C. C.: II, 344
SPICHER, CECELIA (LACY ANN): IV, 632
SPICHER, GEARY: IV, 579
SPICHER, H. R. II, 412
SPICHER, HELEN LUCINDA: IV, 220
SPICHER, MARTHA JANE ROWLEY: IV, 579

SPICHER, MARY ALMA: IV, 579
SPICHER, MARY ELIZABETH: IV, 612
SPIER, JAMES: I, 330
SPIERS, JOSEPH: II, 31
SPINELLI, ANTONIA: IV, 69
SPINELLI, CHRISTINA (MAURO): III, 622
SPINELLI, CHRISTINA MARIA MAURO: IV, 69
SPINELLI, DOLORES E.: IV, 69
SPINELLI, GEORGE L.: IV, 69
SPINELLI, GEORGE: III, (DR.& MRS.) 621; IV, 69
SPINELLI, GREGORY M.: IV, 69
SPINELLI, GREGORY WAYNE: IV, 69
SPINELLI, GREGORY: II, 756; III, 460-N, 621, 622; IV, (JR.) 69
SPINELLI, LAWRENCE B.: IV, 69
SPINELLI, LUCILLEL M. RUSIEWICZ: IV, 69
SPINELLI, MELISA ANDREA: III, 622; IV, 69
SPINELLI, RUTH: IV, 69
SPIRES, CHARLES L. (JR.): III, 498
SPIRES, CHARLES: III, 498
SPIRES, ELIZABETH: IV, 49
SPIRES, H. (CAPT.): I, 625
SPIRES, JOHN: I, 164
SPIRES, MIRIAM: IV, 375
SPIRES, T. H.: I, 628
SPONSLER, (SQUIRE): III, 158-59
SPOR, MARY J.: IV, 596
SPORY, EUNICE MARLINE: IV, 76
SPORY, PAUL RAY: IV, 76
SPOTTSWOOD, GEORGE W.: I, 309, 440, 445, 616
SPOTTSWOOD, GEORGE: I, 543
SPRANKLE, ELIZABETH: IV, 37
SPRANKLE, FREDERICK: I, 543
SPRANKLE, JOHN: IV, 37
SPRING, MARCUS: I, 420, 424
SPRING, REBECCA (MRS.): I, 419, 420
SPRINGER, C. C.: II, 186
SPRINGER, E. R.: II, 307
SPRINGER, LLOYD (S/SGT): II, 582
SPROGELL, JOHN: IV, 336
SPROGELL, MARY EMILY: IV, 336
SPROUL, (GOVERNOR): II, 396
SPROUL, S. V.: II, 243
SPROUL, WILLIAM C.: II, 393
SPROWLS, BETTY: IV, 548
SPROWLS, EDNA LEE: IV, 547, 548
SPROWLS, HOWARD B: IV, 548
SPROWLS, IRWIN N.: IV, 548
SPROWLS, JESS C.: IV, 548

SPROWLS, LESTER R.: IV, 548
SPROWLS, STELLA: IV, 548
SPUR, JAMES (DR.): IV, 33
SRIMUSHNAM, JANET A.: IV, 562
SRIMUSHNAM, S.: IV, 562
SRP, JOSEPH A.: II, 60
ST. CLAIR, I, 127; II, (SEN.) iii, 10, 11, (DR.) 12, 13, & 17, 97; IV, (GEN.) 8, (DR.) 168
ST. CLAIR, ALEXANDER: IV, 61
ST. CLAIR, AMANDA LOOMIS: IV, 42
ST. CLAIR, ANNA J.: IV, 568
ST. CLAIR, ARTHUR: I, 70, 71, 75, 77, 86, 88, 89, 90, 94, 122, 192; III, 15
ST. CLAIR, BLANCHE: IV, 225
ST. CLAIR, CHARLOTTE D. PATTON: IV, 42
ST. CLAIR, CHARLOTTE D.: IV, 42, 130, 624
ST. CLAIR, CHAS. M.: III, 235, 236, 252; IV, 42
ST. CLAIR, EMMA MALTIDA: IV, 76
ST. CLAIR, EMMA: II, 801
ST. CLAIR, ETHEL: IV, 230
ST. CLAIR, FLORA: IV, 76
ST. CLAIR, FRED W.: III, 421
ST. CLAIR, HIRAM: I, 537; IV, 42, 127
ST. CLAIR, HUGH: IV, 299, 313
ST. CLAIR, ISAAC: IV, 42
ST. CLAIR, J. M. (DR.): III, 348
ST. CLAIR, J. M.: III, 258
ST. CLAIR, JAMES H.: II, (DR.) 258; IV, 42
ST. CLAIR, JAMES: I, 559; II, 188, 189, 219; III, 346; IV, (II) 42, 42, (I) 42, 389
ST. CLAIR, JAMESON (MISS): IV, 42
ST. CLAIR, JENNIE SLEMMONS: IV, 42
ST. CLAIR, JENNIE: IV, 389
ST. CLAIR, JOHN G.: II, 553; III, 436
ST. CLAIR, JOHN M. (MRS.): II, 374
ST. CLAIR, JOHN P.: II, 149
ST. CLAIR, JOHN PATTON: IV, 42, 446, 568
ST. CLAIR, JOHN: II, 149, 301; III, 443; IV, 42
ST. CLAIR, JULIA ANN: IV, 299
ST. CLAIR, M. AGNES: II, 56
ST. CLAIR, MARGARET JOHNSTON: IV, 42
ST. CLAIR, MARGARET: IV, 42, 127, 313
ST. CLAIR, MARTHA J. DAUGHERTY: IV, 42
ST. CLAIR, MARTHA JANE DAUGHERTY: IV, 568
ST. CLAIR, MARTHA JANE: IV, 446
ST. CLAIR, MARY ELIZABETH

SWEENEY: IV, 42
ST. CLAIR, MARY L.: IV, 42
ST. CLAIR, MARY M.: IV, 389
ST. CLAIR, MARY W.: IV, 42
ST. CLAIR, MATILDA SIMPSON: IV, 76
ST. CLAIR, MILLER (MISS): IV, 42
ST. CLAIR, MIRIAM: IV, 442
ST. CLAIR, NANCY MILLER: IV, 42
ST. CLAIR, NANCY: IV, 134
ST. CLAIR, OSCAR A.: IV, 442
ST. CLAIR, PAUL ALLEN: IV, 76
ST. CLAIR, R. M.: I, 541; II, 168
ST. CLAIR, R. T. (DR.): I, 462
ST. CLAIR, ROBERT: IV, 42, 134
ST. CLAIR, S. JO. (MISS): III, 339
ST. CLAIR, SAMUEL ALLEN: IV, 76
ST. CLAIR, SAMUEL: IV, 42
ST. CLAIR, SARAH D. TAYLOR: IV, 42
ST. CLAIR, SARAH ELIZABETH: IV, 299
ST. CLAIR, SARAH JOSEPHINE: IV, 42
ST. CLAIR, SARAH MILLER: IV, 42
ST. CLAIR, SARAH WALKER: IV, 42
ST. CLAIR, SARAH: IV, 61
ST. CLAIR, THOMAS (DR.): I, 470, 477, 509, 510, 513, 546, 622, 623, 624, 627, 637, 642, 651, 659, 660, 661, 678, 682, 685, 693; II, 50, 77, (MRS.) 351; III, 227, 260, 318; IV, 41, 83, 100, 130, 568, 624, 628
ST. CLAIR, THOMAS: I, 552, 619; IV, 40, 42, 43
ST. CLAIR, W. A.: III, 254
ST. CLAIR, WILLIAM A.: II, 126
ST. CLAIR, WILLIAM M.: II, 445, (AGENT) 563
ST. CLAIR, WILLIAM S.: IV, 42
ST. CLAIR, WILLIAM: III, 546-E
STABILE, ROSARIO: II, 757
STABLER, DONALD B.: IV, 184
STABLEY, FREDERICK: IV, 403
STABLEY, MARION PERRY: IV, 403
STABLEY, RHODES R. (DR.): IV, 402, 403
STABLEY, RHODES: II, 534, 545
STABLEY, WILLIAM: IV, 403
STACK, JOSEPH M.: II, 728
STACKPOLE, E. J. (COL. JR.): III, 469
STADDEN, ANNA COULTER (MRS.): II, 163
STADDEN, MARGRETTA IRLAND: IV, 161
STADMILLER, JOHN: II, 740
STADTMILLER, II, (MILL) 532
STADTMILLER, ANDREW: I, 514, 538; II, 144
STADTMILLER, BERTHA: IV, 4

STADTMILLER, JOHN I. III, 404
STADTMILLER, JOSEPH L.: III, 434, 435
STADTMILLER, JOSEPH: III, 460-F
STADTMILLER, L. T.: III, 460-F, 460-M
STADTMILLER, RALPH: III, 437, 439, 440
STAFFEN, ALBERT (SGT.): II, 575
STAHL, AGNES C.: IV, 136
STAHL, G. W.: II, 242
STAHL, LAWRENCE A.: III, 620
STAHL, MARGARET BELLE: IV, 628
STAHL, MARY J.: IV, 27
STAHL, MARY JANE: IV, 620
STAHL, SAMUEL: I, 538
STAHL, SARAH RUTH: IV, 443
STAHL, UNCAPHER: IV, 443
STAHL, WILBUR: IV, 628
STAHL, WILLIAM B.: II, 418
STAHLMAN, MARY (MISS): II, 443
STAHURA, A. J.: II, 557, 588
STAHURA, ANDREW J.: III, 543; IV, 571, 572
STAHURA, ANDREW: III, (JR.) 541; IV, 572
STAHURA, ANNE: IV, 572
STAHURA, EDWARD J.: III, 543, 541
STAHURA, EDWARD: IV, 572
STAHURA, FLORENCE DOHERTY: IV, 572
STAHURA, JAMES B.: IV, 572
STAHURA, JOHN: IV, 572
STAHURA, MARY HELEN TATE: IV, 572
STAHURA, MARY MATILDA: IV, 572
STAHURA, RICHARD P.: IV, 572
STAHURA, VERNA: IV, 572
STAIRS, ELIZABETH: III, 458
STAKE, JACOB: I, 258; III, 57
STALNECKER, LINDA: II, 632, 637
STAMBAUGH, J. F.: II, 430
STAMEY, W. D.: II, 203
STANARD, (MR.): IV, 179
STANARD, ANN IRWIN MCANULTY: IV, 348
STANARD, DANIEL (MRS.): I, 641, 642; III, 115, 234
STANARD, DANIEL: I, 160, 161, 204, 220, 228, 232, 248, 261, 281, 284, 286, 344, 351, 352, 354, 357, 386, 444, 549 552; III, 42, 232; IV, 202-D, 272, 346, 348
STANARD, DAVID: IV, 348
STANARD, ISABELLA: IV, 348
STANARD, JOHN: I, 470, 588; IV, 348, 354
STANARD, MARTHA: IV, 348
STANARD, MARY MCANULTY: IV, 347

STANARD, MARY REPINE: IV, 347
STANARD, MARY: IV, 179
STANARD, RUTH: IV, 347, 348, 375
STANARD, SARAH: IV, 347
STANDARD, ALCO: II, 613
STANDLEY, MYRTLE: III, 458
STANFORD, ROBERT: I, 635
STANLEY, ANDREW: IV, 571
STANLEY, ELIZABETH: IV, 571
STANLEY, JANE: IV, 434
STANLEY, JOHN T.: III, 203; IV, 434
STANLEY, JOHN: III, 202
STANLEY, RUTH: IV, 434
STANLEY, WILLIAM H.: I, 644
STANNARD, (MRS.): I, 495, 496
STANNARD, DANIEL: I, 281
STANSBURY, SARAH: I, 282
STANTA, CLAUSE: II, 546
STANTON, III, 193
STANTON, EDWIN M.: III, 177
STANTON, ELIZABETH CADY: II, 56
STANWIX, JOHN (GENERAL): I, 58, 60
STAPLETON, II, 411, 412, (SEN.) 647, (SEN.) 712, 733, (COM.) 738, 739, 740, 745, 746, (SEN.) 786, 787, 788, 803; III, 482
STAPLETON, BERTHA: IV, 4
STAPLETON, MADELINE MAE: IV, 4
STAPLETON, PAT J. (JR.): III, 617, 618
STAPLETON, PAT: II, 654
STAPLETON, PATRICK J.: II, (SEN.) 607, (SEN.) 685, 715, 730, 738; III, 561, 574, 587, 592, 603, 638, 643
STAPLETON, PATRICK JAMES: IV, (JR., SR., III) 3, 4
STAPLETON, PATRICK: II, (SR.) 408, 410, 479, 732
STAPLETON, SUSANNA JEAN: IV, 626
STAPLETON, WALTER J.: II, 692
STARK, ADAM: IV, 373
STARK, JAMES: II, (MR. & MRS.) 466
STARON, MAX: II, 627
STARRY, (DR.): I, 422
STATES, II, 746, 747
STATES, BEATRICE E.: IV, 545
STATES, BEATRICE LAMBING: IV, 545
STATES, BEATRICE: II, 746, 801
STATES, CATHERINE J.: IV, 545
STATES, CHARLES W.: IV, 545
STATES, MARY: III, 521
STATES, SUSAN K. MISTRETTA: IV, 545
STATEWICZ, ELLEN: II, 756
STATLER, CATHERINE C.: IV, 75
STATTENBERG, MARY J.: IV, 61
STATTENBERG, THOMAS: IV, 61

223

STAUB, JAMES V.: IV, 189
STAUB, NELL VERA: IV, 189
STAVISH, COSTIC: III:420
STEAR, IV, (MISS) 364
STEAR, CATHARINE F.: IV, 459
STEAR, E. C.: III, 276
STEAR, E. R.: III, 276
STEAR, ELIZA: IV, 610
STEAR, GEORGE W.: IV, 7
STEAR, H. F.: II, 147
STEAR, JACOB: II, 150
STEAR, JOHN: IV, 459
STEAR, MINNIE: IV, 37
STEAR, MINTA C.: IV, 7
STEAR, REBECCA M.: IV, 459
STEAR, STELLA: IV, 7
STEARNS, ROBERT: II, 666; III, 574
STEBBINS, AVICE: IV, 156
STEBBINS, JOHN: IV, 156
STEBBINS, JOSEPH (COL.): IV, 156
STEBBINS, LUCY: IV, 156
STEBBINS, MARY: IV, 156
STECK, C. F. (REV.): III, 252
STECK, J. MICHAEL (REV.): I, 144, 289
STECK, O. F. (REV.): III, 254, 256
STEEL, (MISS): IV, 64
STEEL, GEORGE: I, 574
STEEL, J. IRVIN: I, 668, 672
STEEL, JAMES IRVIN: I, 466
STEEL, JAMES: I, 562
STEEL, JOHN (CAPT.): I, 46
STEEL, MARGARET: IV, 458
STEEL, MATTHEW: I, 249
STEEL, SAMUEL: I, 195; IV, 458
STEEL, STEWART: I, 195, 237, 280, 281, 357, 578
STEEL, THOMAS: I, 441
STEEL, W.: I, 286
STEELE, A. W.: II, 15, 26; IV, 72
STEELE, AARON WORK: IV, 454, 455
STEELE, ANDREW: I, 521, 522
STEELE, BILL: II, 532
STEELE, C. DOYLE: II, 740; III, 587
STEELE, CHARLES S.: III, 425
STEELE, DORCAS HAMILTON: IV, 455
STEELE, DOYLE: II, 733, 737, 738; III, 638, 642
STEELE, JAMES W.: IV, 455
STEELE, JESSIE G.: IV, 460
STEELE, LESTER: I, 177
STEELE, LETITIA WORK: IV, 455
STEELE, LETTICE: IV, 455
STEELE, M. T.: II, 126

STEELE, MARGARET E. WARDEN: IV, 455
STEELE, MARY S.: IV, 72
STEELE, MARY WORK: IV, 454
STEELE, MATTHEW: IV, 455
STEELE, MIRIAM W.: IV, 455
STEELE, MOSES T.: IV, 455
STEELE, NANCY RIDDLE: IV, 146
STEELE, ROBERT ALEXANDER: IV, 455
STEELE, ROBERT: IV, 455
STEELE, ROYDEN: III, 431
STEELE, S. C. (MRS.): III, 364
STEELE, SAMUEL: IV, 146
STEELE, SARAH S.: IV, 455
STEELE, SARAH: IV, 131
STEELE, SUSAN S. MARTIN: IV, 455
STEELE, TWILA M.: IV, 60
STEELE, WILLIAM ALLEN: IV, 455
STEELMAN, ROXANNA: IV, 110
STEER, I, (MAJOR) 577, 593
STEER, JAMES (MAJOR): I, 220
STEERS, DAVID E.: II, 29
STEERS, ELEANOR: II, 29
STEETLE, LYDIA: IV, 603
STEFAN, JOHN: II, 780
STEFFEE, MICHAEL K.: II, 753
STEFFEE, MICHAEL: II, 805
STEFFININO, JACK: III, 639, 642
STEFFY, BLAIR: II, 259
STEFFY, EPHRAIM: IV, 389
STEFFY, MARGARET: IV, 389
STEFFY, MARY CATHERINE: IV, 596
STEFFY, NORMAN: II, 546
STEFFY, R. EARL: II, 640
STEIN, W. M.: II, 180; III, 411
STEINER, JOSEPH: II, 601
STEINER, WILLIAM: II, 676
STEINMETZ, JESSIE W.: II, 708
STEPHEN, MONT.: III, 347
STEPHENS, II, (GIRL) 251; III, 546
STEPHENS, ADA SIMPSON: IV, 613
STEPHENS, ALEXANDER: IV, 235
STEPHENS, ALICE JONES: IV, 613
STEPHENS, ALMIRA: IV, 364, 613
STEPHENS, ANNIE: IV, 580
STEPHENS, BENJAMIN: IV, 580
STEPHENS, BETTY: IV, 195
STEPHENS, BLANCHE: IV, 319
STEPHENS, CATHARINE: IV, 419
STEPHENS, CATHERINE MCCARTNEY: IV, 580
STEPHENS, CATHERINE: IV, 96
STEPHENS, CYNTHIA ELLEN: IV, 580

STEPHENS, DANIEL: IV, 599
STEPHENS, DICK: II, 501
STEPHENS, DONALD: IV, 195
STEPHENS, DONNA LOUISE: IV, 599
STEPHENS, ELIZABETH CATHERINE: IV, 580
STEPHENS, EMMA: IV, 613
STEPHENS, EVELYN STAPLETON: IV, 626
STEPHENS, FRANCES THOMPSON: IV, 580
STEPHENS, GEORGE MILES: IV, 580
STEPHENS, GILBERT LLOYD: IV, 580
STEPHENS, GILES: II, 42
STEPHENS, H. DREW: IV, 613
STEPHENS, HARRY: I, 117
STEPHENS, IDA CATHERINE: IV, 109
STEPHENS, ISABELLE MCFARLAND: IV, 580
STEPHENS, JACOB MESHACH: IV, 580
STEPHENS, JAMES ESTEP: IV, 580
STEPHENS, JANE: IV, 235
STEPHENS, JANET LUTHER: IV, 626
STEPHENS, JOHN HARRIS: IV, 580, (JR.& SR.) 626, (SR.) 627
STEPHENS, JOHN S.: IV, 614
STEPHENS, JOHN: IV, 364, 613
STEPHENS, M. B.: II, 326
STEPHENS, MARGARET: IV, 613
STEPHENS, MARLIN BINGHAM: IV, (JUDGE) 580, 581, (II) 626, 627
STEPHENS, MARTHA J.: IV, 39
STEPHENS, MARTHA JANE: IV, 613
STEPHENS, MARTHETTA: IV, 425
STEPHENS, MARY A. F.: IV, 626
STEPHENS, MARY JANE LOCHARD: IV, 613
STEPHENS, MARY JANE: IV, 364, 580
STEPHENS, MARY MATTERN: IV, 580
STEPHENS, MARY MYERS: IV, 580
STEPHENS, MIRIAM ALICE: IV, 613
STEPHENS, MIRIAM CATHERINE: IV, 580
STEPHENS, MIRIAM ELIZABETH (PENNY): IV, 626
STEPHENS, MIRIAM PITMAN: IV, 580
STEPHENS, OLIVE FRANCIS: IV, 580
STEPHENS, REBECCA CALDWELL: IV, 580
STEPHENS, REBECCA: IV, 4
STEPHENS, ROBERT G.: I, 544
STEPHENS, ROBERT: I, 145; III, 215
STEPHENS, ROY S.: IV, 613
STEPHENS, SAMUEL SHADRACH: IV, 580
STEPHENS, SAMUEL: I, 175; IV, 419, 580
STEPHENS, SARAH ANN SKILES: IV, 580, 581, 627
STEPHENS, SHADRACH: IV, 614
STEPHENS, SUSAN THATCHER SAMUEL: IV, 626
STEPHENS, THOMAS DANIEL: IV, (DR.) 613, 614
STEPHENS, THOMAS W.: I, 206, 208, 389
STEPHENS, THOMAS: I, 213; IV, 614
STEPHENS, WILLIAM ASBURY: IV, 580
STEPHENS, WILLIAM G.: II, 666
STEPHENS, WILLIAM S.: IV, 580, 626, 627
STEPHENS, WILLIAM: I, 208, 267, 293; IV, 4, 39
STEPHENSON, I, 585
STEPHENSON, ALICE CHARLOTTE: IV, 360
STEPHENSON, C. D.: IV, 271
STEPHENSON, CLARENCE D.: II, 1; III, 388, 643; IV, 361, 592
STEPHENSON, CLARENCE DAVID: IV, 57, 359, 360
STEPHENSON, DAVID ELIAS: IV, 360
STEPHENSON, DAVID: IV, 360
STEPHENSON, ELIZABETH KNOWLES: IV, 360
STEPHENSON, FRANK: IV, (JR.) 20, 269
STEPHENSON, GRACE ELLEN: IV, 360
STEPHENSON, GRACE MARCELLA: IV, 360
STEPHENSON, JOHN Y.: II, 237
STEPHENSON, LAURA F.: IV, 151
STEPHENSON, MALONA R.: IV, 319
STEPHENSON, MARCELLA (MANNER): III, 191
STEPHENSON, MARCELLA HELEN MANNER: IV, 360
STEPHENSON, MARCELLA: IV, 592
STEPHENSON, MARGERY (MRS.): IV, 269
STEPHENSON, MARGERY MCCORMICK: IV, 19, 20
STEPHENSON, MARK: IV, 20
STEPHENSON, NANCY MAE: IV, 220, 360
STEPHENSON, REBECCA SMITH: IV, 360
STEPHENSON, REBECCA: IV, 360
STEPHENSON, RICHARD SUTOR: IV, 360
STEPHENSON, THOMAS: IV, 360
STEPHENSON, WILLIAM M.: I, 389
STEPHENSON, WILLIAM: IV, 360
STERETT, IV, (& MCILWAIN, & SANDLES, ROBINSON & CO. & RHEY) 590
STERETT, B. F. (DR.): I, 281

225

STERETT, BENJAMIN (JR.): IV, 591
STERETT, BENJAMIN F.: IV, 590, 591
STERETT, BENJAMIN FRANKLIN (DR.): IV, 590
STERETT, BESSIE IRWIN: IV, 590
STERETT, CHARLES EDWARD: IV, 590
STERETT, ELIZABETH FLEMING: IV, 591
STERETT, ELLA TYNDAL: IV, 591
STERETT, FRANK HERBERT: IV, 590
STERETT, JOHN H.: IV, 591
STERETT, JOHN: IV, 590
STERETT, MARY CAMPBELL: IV, 590
STERETT, MARY CATHARINE THOMPSON: IV, 590
STERETT, MARY MULHOLLAN: IV, 590
STERETT, MERCY FRALEY: IV, 591
STERETT, MYRTILLA IRWIN: IV, 590
STERETT, MYRTILLA: IV, 591
STERETT, N. M. D.: I, 261
STERETT, NANCY MCCOY HOGG: IV, 590
STERETT, NANCY: IV, 591
STERETT, SAMUEL H.: IV, 591
STERETT, W. I.: II, 170
STERETT, WILLIAM I.: II, 52
STERETT, WILLIAM IRWIN: IV, 590, 591
STERETT, WILLIAM P.: I, 237, 325, 331, 350
STERLING, B. F.: II, 548
STERLING, J. D. (MISS): I, 483
STERLING, MARTHA: IV, 296
STERLING, MARY (DRYLIE, NOW): III, 331
STERLING, NANCY JANE: IV, 255
STERLING, REBECCA: IV, 359
STERLING, WILLIAM: IV, 296
STERN, JOSEPH W.: II, 309
STERN, JOSEPH: III, 585
STERN, MORRIS: III, 585
STERRETT, ANDREW: III, 79
STERRETT, NATHAN M. C.: I, 186
STERRETT, W. J.: I, 642; III, 212
STETTLE, ROSS: II, 542
STEVELY, ANN: IV, 47
STEVENS, AARON D.: I, 405, 414, 421
STEVENS, DANIEL: II, 226
STEVENS, HOMER: II, 570
STEVENS, MOSS: III, 614-A
STEVENS, S. K. (DR.): I, i; III, 550
STEVENS, SAMUEL: I, 167, 169, 312
STEVENS, THADDEUS: I, 280, 367, 588; II, 552, 556, 565, 695; IV, 189, 242, 244
STEVENSON, I, 334; II, 271

STEVENSON, ADLAI: II, 729
STEVENSON, DAVID: I, 338
STEVENSON, JAMES S.: I, 323
STEVENSON, MARGARET J.: IV, 22
STEVING, HENRY H.: III, 347, 392, 431
STEWART, I, 586, 670, 677, 679, 684; II, (MISS) 272, (MR. OR MRS.) 315, 345, 503-508, 513, 746, 747; III, (DR.) 232, 354; IV, (DR.) 41, (MRS.) 278, (MR.) 292, IV, (ATTORNEY) 328, (MISS) 341, (SQUIRE) 414
STEWART, A. A.: I, 475
STEWART, A. H. (DR): II, 506, 572; IV, 442
STEWART, A. M.: II, 32, 79, 123, 125, 539; III, 318; IV, 266
STEWART, A. T.: IV, 31
STEWART, A. W.: I, 630
STEWART, A.: II, 4
STEWART, ADIENNE COMEGIST: IV, 269
STEWART, ALEX M.: I, 542; II, 257, (CAPT.) 418, 595; III, 443, 449, 543, 546-E, 614-B, 643; IV, (JR.) 291
STEWART, ALEX: II, 322, 325, 420, 441, 547, 550, 572, 665; IV, 202-B, 447, 449
STEWART, ALEXANDER H.: IV, 424
STEWART, ALEXANDER HAMILTON: IV, (DR.) 423, 424
STEWART, ALEXANDER M.: II, 420; IV, (SR.) 265, 269, 290, 451
STEWART, ALEXANDER: I, 26, 68, 269, 613; II, 169; III, 262-I, 262-J, 262-K; IV, 105, 270
STEWART, ALONZO C.: I, 320
STEWART, ANDY: I, 185, 186
STEWART, ANN HUTCHISON: IV, 53
STEWART, ANN: IV, 391
STEWART, ANNA BELINDA: IV, 77
STEWART, ANNIE DAVIS: IV, 279
STEWART, ARCH W.: III, 195, 196
STEWART, ARCHIBALD J.: III, (MRS.) 365; IV, 269
STEWART, ARCHIBALD W.: IV, 269
STEWART, ARCHIBALD: I, 177, 506, 550, 626, 676; II, 60, 81, 170; IV, 143, 267, 270, (II) 273, (I) 273, 291, 428, 606
STEWART, ARCHIE (UNCLE): III, 513
STEWART, AUGUSTA: IV, 260, 273
STEWART, BARBARA SWAN: IV, 54
STEWART, BLAINE I.: IV, 54
STEWART, BONITA LEE: IV, 238
STEWART, BYRON: II, 208
STEWART, CHARLES CLARK: IV, 279
STEWART, CHARLES: IV, 54, 279
STEWART, CLARA BELL: IV, 279

STEWART, DAVID: I, 196, 518, 550, 634; IV, (ASSOC. JUDGE) 50
STEWART, DICK: II, 540
STEWART, EDWARD M.: II, 116
STEWART, EDWARD R.: IV, 269
STEWART, ELEANOR: IV, 279
STEWART, ELIZA REYNOLDS: IV, 269
STEWART, ELIZABETH C.: IV, 269
STEWART, ELIZABETH CLOPPER: IV, 50
STEWART, ELIZABETH GALBREATH: IV, 279
STEWART, ELIZABETH H.: IV, 266
STEWART, ELIZABETH HINDMAN: IV, 269
STEWART, ELIZABETH JANE COLE: IV, 279
STEWART, ELIZABETH MARY EDNA: IV, 279
STEWART, ELIZABETH REBECCA: IV, 4
STEWART, ELIZABETH RUTH: IV, 292
STEWART, ELIZABETH: III, 457, 506; IV, 96
STEWART, ELMER E.: IV, 77
STEWART, EMMA MACK: IV, 279
STEWART, EMMA: IV, 48
STEWART, ERNEST: II, 217, 324, 434; IV, 48, 191, 291
STEWART, ESTELLA BLANCHE: IV, 260, 266, 273
STEWART, ESTHER: II, 505
STEWART, F.: I, 475
STEWART, FLORA A.: IV, 429
STEWART, FLORA ANNA: IV, 269
STEWART, FRANK: IV, 260, 273
STEWART, FRANKLIN L.: IV, 269
STEWART, G. A.: II, 270; III, 476
STEWART, GENEVIEVE MORRISON: IV, 279
STEWART, GEORGE (K.?): II, 330
STEWART, GEORGE R.: II, 229, 330, 534 III, 428, 429
STEWART, GLORIA HATRICK MCLEAN: IV, 449
STEWART, HART L.: I, 320
STEWART, HENRY VAN ZANDT: IV, 269
STEWART, HOPE: IV, 440
STEWART, IANTHIS: IV, 269
STEWART, IDA: IV, 269
STEWART, IRENE: IV, 279
STEWART, ISABELLA ROBINSON: IV, 424
STEWART, J. E.: II, 532
STEWART, J. G.: II, 110
STEWART, J. M.: II, (MR. & MRS.) 88, 93, 274, 276, 329, 517, 639; III, 346; IV, 291, 376, 420-J

STEWART, J. N.: III, 431
STEWART, J. T.: I, 463; II, 279, 411, 413, 414; III, 348, 358; IV, 32, 246, 409
STEWART, J.: I, 475
STEWART, JAMES (DR.): I, 267, 310
STEWART, JAMES (GRANDFATHER): III, 513
STEWART, JAMES COLE: IV, 279
STEWART, JAMES J.: II, 522, 523
STEWART, JAMES M. (DR.): I, 508, 509; IV, 40, 51, 113
STEWART, JAMES M.: I, 210, 236, 286, 352; II, 116, 420, (JIMMY) 441, 540, 547, 550, 575, 726; III, 262-K, 546-D, 536-E; IV, (SR.) 202-N, 266, 269, 273, 290, (SR.) 356, (SR.) 447
STEWART, JAMES MAITLAND: IV, 291, 292, (SR.) 292 (JIMMY) 447, (SR.) 451
STEWART, JAMES MANSFIELD: IV, 269
STEWART, JAMES N.: II, 298
STEWART, JAMES: I, 257, 281, 496, 516, 584; II, (JIMMY) 420, (JIMMY) 444, (JIMMY) 545, (JIMMY) 549, 570, 585, (JIMMY) 606, 630, 657, 658, 660, 667, (JIMMY) 709, (JIMMY) 754, III, 306-C, 503, 504, 505, 540, 541, 542, 543, 544, 628; IV, 50 (JIMMY); IV, 202-N, 279, (MAJ) 279, (JIMMY) 291, 304 & 448, 449, (GEN.) 450, 451.
STEWART, JANE CUMMINS: IV, 273
STEWART, JANE: IV, 422, 424
STEWART, JOHN A.: I, 683; IV, 109, 269
STEWART, JOHN ELKIN (LT.): II, 576
STEWART, JOHN GALBREATH: IV, 279
STEWART, JOHN HARVEY: IV, 424
STEWART, JOHN K.: IV, 202-N, 266
STEWART, JOHN KERR: IV, 269, 270
STEWART, JOHN M.: I, 351; III, 395
STEWART, JOHN SIDMAN: I, 516
STEWART, JOHN W.: III, 451
STEWART, JOHN: I, 30, 575, 648; II, (SEN.) 13, 15; IV, 51, 279
STEWART, JOSEPH HARVEY: IV, 424
STEWART, JOSEPH S.: IV, 424
STEWART, JOSHUA T.: II, 302; IV, 279, 280
STEWART, JOSHUA THOMPSON: IV, 278
STEWART, JOSIAH: I, 516
STEWART, JUDITH: IV, 7, (JUDY) 53 & 449
STEWART, KATE: IV, 269
STEWART, KELLY: IV, 449
STEWART, LAOTTA: IV, 405
STEWART, LAURA LOUISE: IV, 411
STEWART, LENA ANN: IV, 269
STEWART, LINDA: IV, 54

STEWART, LIZETTE: IV, 557
STEWART, LIZZIE R. DILL: IV, 279
STEWART, LOUISA: IV, 372
STEWART, M. C.: II, 463
STEWART, M. J. (MISS): II, 280
STEWART, MARGARET GETTY: IV, 270
STEWART, MARGARET MCFARLAND: IV, 279
STEWART, MARGARET: I, 601, IV, 267
STEWART, MARGARETTA T.: IV, 269
STEWART, MARIA: IV, 149
STEWART, MARIE: IV, 269
STEWART, MARTHA CANNON: IV, 269
STEWART, MARTHA: IV, 270, (MRS.) 296
STEWART, MARTIN L.: II, 28
STEWART, MARY ANN: IV, 279
STEWART, MARY BARBER: IV, 109
STEWART, MARY C. VAN HORN: IV, 269
STEWART, MARY GRAHAM: IV, 279
STEWART, MARY J. TAYLOR: IV, 266
STEWART, MARY KEZIAH: IV, 424
STEWART, MARY MCKEE: IV, 279
STEWART, MARY NANCY: IV, 110
STEWART, MARY WILSON: IV, 292
STEWART, MARY: III, 503, 506; IV, 15, 279, 293, 424
STEWART, MATILDA C. ALTEUS: IV, 279
STEWART, MATILDA E. ELLIOTT: IV, 50
STEWART, MAUD V. CAMERON: IV, 424, 442
STEWART, MICHAEL: III, 540
STEWART, MIRIAM: IV, 422
STEWART MURRAY C.: II, 637
STEWART, N. W.: IV, 372
STEWART, NANCY: IV, 294, 424
STEWART, NITA: IV, 292
STEWART, PETE: IV, 53
STEWART, RACHEL ELIZABETH: IV, 279
STEWART, RACHEL ROBINSON: IV, 270
STEWART, RACHEL: IV, 261
STEWART, RALPH MILLER: IV, 53
STEWART, REBECCA LEWIS: IV, 269
STEWART, REBECCA: IV, 55
STEWART, REID W. (DR.): II, 674
STEWART, RICHARD: IV, 279
STEWART, ROBERT G.: IV, 51
STEWART, ROBERT H.: IV, 55, 269
STEWART, RONALD J.: IV, 238, (II) 238
STEWART, RONNA JANINE: IV, 238
STEWART, S. M.: II, 72

STEWART, S. T.: I, 475
STEWART, SARAH E.: IV, 333, 440
STEWART, SARAH GROW: IV, 279
STEWART, SARAH: IV, 269, 453
STEWART, STACY LYNN: IV, 238
STEWART, SUSANNAH: IV, 105
STEWART, THOMAS: I, 216, 246, 354, 357, 524, 531; II, 81; IV, 342
STEWART, VIRGIE MILLER: IV, 54
STEWART, VIRGINIA: III, 503, 506; IV, 292
STEWART, W. G.: II, 398
STEWART, W. L.: II, 58, 303; IV, 405
STEWART, W. M.: I, 466, 627; II, 122, 170, 171; III, 53
STEWART, WALLACE B. (DR.): I, 509; IV, 333, 440
STEWART, WALLACE: II, 291
STEWART, WILLIAM G.: IV, 4, 109, 266, 267, 269, 292
STEWART, WILLIAM GRAHAM: IV, 279
STEWART, WILLIAM M.: I, 476, 477, 478, 542, 552, 592, 593, 600, 619, 623, 637, 664, 688; II, 2, 160, 170; IV, 50, 328, 354, 422
STEWART, WILLIAM: I, 337, 358, 486, 505, 543, 550; II, 169, 647, 745; IV, 7, 261, 267, 269, 270, 293, 424
STEWART, WILMER: II, 325, 433
STIEN, FRANCES: IV, 111
STIFFEY, DANIEL: IV, 600
STIFFEY, MARGARET W. MOORHEAD: IV, 23
STIFFEY, MARY: IV, 600
STIFFEY, S. D.: II, 60
STIFFEY, WILLIAM A.: IV, 23
STIFFLER, ELLA MARGARET: IV, 195
STIFFLER, JACOB: III, 321
STIFFLER, P. J.: III, 321
STILES, BENJAMIN (JR.): II, 753
STILES, EDWIN: IV, 594
STILES, GEORGE W.: II, 433, 455
STILES, MARTHA: IV, 594
STILLINGER, (FATHER): IV, 153
STILLINGER, J. A. (REV.): I, 291, 488, 626
STILLINGER, JAMES: II, (FATHER) 459; III, (FATHER) 575, 576; IV, 152
STILLMAN, (MR.): II, 129
STILLWELL, E. L.: IV, 18
STILWELL, JOHN: I, 104
STINE, JONATHAN E.: IV, 285
STINE, MARY SUSAN: IV, 285
STINEMAN, J. C.: III, 321
STITELER, I, 679
STITELER, CHARLES: II, 279
STITELER, JOHN F.: I, 678

STITELER, PETER: I, 306
STITELER, TOBY: II, 9
STITLER, J. F.: II, 150
STITT, EPHRAIM (CAPT.): I, 564, 565
STITT, GRETTA: IV, 631
STITT, HARRY: II, 368
STITT, JAMES M.: II, 187
STITT, JOHN: II, 71; III, 317
STITT, L.: III, 258
STITT, LABANNA: II, 156
STITT, LAWRENCE: IV, 626
STITT, MARY: IV, 152
STITT, R. G.: II, 337
STITT, ROBERT: I, 565
STITT, ROY: II, 570
STITT, W. H.: II, 152
STITT, WILLIAM: I, 565; II, 119
STIVER, ERNA: IV, 564
STIVER, JOSEPH: IV, 564
STIVER, NANCY: IV, 564
STIVER, SCOTT L.: II, 186
STIVISON, RAYMOND (SGT.): II, 577
STOBER, JEANNE: IV, 268
STOBER, JULIA E.: IV, 268
STOBER, LEWIS WILLIAM: IV, 268
STOCKDALE BLAIR: II, 441
STOCKDALE, GEORGE: III, 478
STOCKWELL, ELBRIDGE F. (JR.): IV: 148
STOCKWELL, OPAL MARY: IV, 148
STODDARD, J. F. (PROF.): I, 470, 471
STODDARD, W. B. (REV.): II, 369
STOKES, JAMES: III, 39, 427
STOKES, JOHN A.: II, 223, 433
STOKES, W. A.: I, 554
STOKOWSKI, LEOPOLD: II, 662; IV, 240
STOLTZ, SYLVANIA YEAGER: IV, 143
STONE, (GOV.): II, 262; IV, 172
STONE, C. A.: II, 262
STONE, CHARLES W.: II, 262
STONE, JEAN: IV, 26
STONE, RALPH: II, 770
STONE, W. A.: II, 262
STONE, WILLIAM A.: II, 262; IV, (GOV.) 410
STONEBACK, ELIZABETH: III, 457
STONEBRAKER, LOUISA: IV, 608
STONEBRAKER, WILLIAM F.: II, 256
STONER, ARABELLA: IV, 334
STONER, CLARENCE: IV, 633
STONER, OLIVE: IV, 633
STOOPS, JOHN: I, 358
STOOPS, MARY: IV, 365

STOOPS, ROBERT: I, 599
STORMER, CATHERINE: IV, 463
STORMER, CHARLES: IV, 463
STORMER, CLARA MYRTLE: IV, 96
STORMER, DORIS: IV, 444
STORMER, FRANK: II, 326
STORMER, WILLIAM P.: IV, 96
STORY, (CAPT.): III, 271
STOTMILLER, ANDREW: I, 538
STOTMILLER, GEORGE: I, 691
STOTTMILLER, I, 687
STOUFFER, ANN KERR: IV, 607
STOUFFER, CYRUS: IV, 604
STOUFFER, GEORGE A. W. (DR.): IV, 607
STOUFFER, GEORGE: I, 536
STOUFFER, J. PARKER: IV, 604
STOUTENBURG, MARY J.: IV, 61
STOUTENBURG, THOMAS: IV, 61
STOVER, GRACE MILLER: IV, 550
STOVER, GREGORY MILLER: IV, 550
STOVER, HEREBERT JACOB: IV, 550
STOVER, JACOB: IV, 550
STOVER, JEFFREY WARD: IV, 550
STOVER, LAURA ELIZABETH KALER: IV, 550
STOVER, MARY ANN: IV, 607
STOVER, POLLY BOWER: IV, 550
STOVER, WARD M.: II, 635
STOVER, WARD MILFORD: IV, 550
STOWE, (REV.): II, 359
STOWE, HARRIET BEECHER: I, 340; III, 91, 614-A
STRAHAN, ANN JANE: IV, 459
STRAITIFF, PAUL J.: II, 602
STRANAHAN, MAUD: IV, 558
STRANDQUIST, CHARLES: III, 409
STRASSLER, F. A.: IV, 623
STRASSLER, MAUDE: IV, 623
STRAUB, ELIZABETH MARY EDNA: IV, 279
STRAWN, MARGARET OAKES: II, (DR.) 798, 801
STRAYER, III, 315
STRAYER, EDNA P.: IV, 552
STRAYER, LUCINDA: IV, 162
STREAMER, (REV.): III, 262
STREAMS, (REV.): III, 276
STREAMS, HARRY: III, 460-L
STREAMS, S. BRUCE: III, 404
STREAMS, S. C.: II, 294, 534
STREAMS, SILAS C.: II, 243, 454
STREAMS, SILAS: III, 629, 630
STREAMS, TOM: III, 591
STREAMS, TURNER B.: II, 463

STREETER, ALSON J.: II, 18
STREETS, III, 79
STRICKLAND, I, 592
STRICKLAND, MARY LEE: IV, 368
STRICKLAND, WILLIAM: I, 317
STRICKLER, (DR.): III, 400
STRICKLER, LOU: II, 444
STRIGHT, I. LEONARD (DR.): II, 716; IV, 589, 590
STRIGHT, ROBERT LEONARD: IV, 590
STRIGHT, SUZANNE: IV, 590
STRIGHT, WILLIAM: IV, 590
STRINI, PRIMO: II, 496
STROBEL, CHARLES: II, 336
STRONG, I, 592; II, 397, 398; IV, (MISS) 177
STRONG, CATHERINE HOWARD: IV, 621
STRONG, DANIEL: IV, 621
STRONG, FRANCES: II, 553, 676, 678, 801; IV, 620, 621, 622
STRONG, HANNAH CATHERINE: IV, 594
STRONG, HANNAH MAY REED: IV, 621
STRONG, HANNAH: I, 307
STRONG, JACOB: I, 294
STRONG, JAMES: IV, (JR. & SR.) 621
STRONG, JEAN EVERWINE: IV, 621
STRONG, LAWRENCE W.: III, 385
STRONG, LAWRENCE: IV, 594
STRONG, MARY IMHEISER (EMMENHEISER): IV, 621
STRONG, MICHAEL: IV, 621
STRONG, N. L.: II, 394, 397
STRONG, NATHAN L.: III, 456
STRONG, SARAH BROWN: IV, 621
STRONG, THOMAS MARDIS: IV, 621
STRONG, TOM: II, 460
STRONGWOLF, (CHIEF): II, 513
STROUD, EILEEN: IV, 546
STROUD, R. H.: II, 488
STROUSE, ALAN: II, 658
STROUSE, WILLIAM F.: II, 568
STUART, ALEX: IV, 342
STUART, C. W.: II, 195
STUART, CHARLES: IV, 135
STUART, EDWIN, S.: II, 264
STUART, J. E.: III, 462
STUART, WILLIAM (COL.): I, 600
STUART, WILLIAM A.: I, 683
STUBY, DAVID: II, 668
STUCHAL, I, 661
STUCHAL, JOHN: IV, 389
STUCHA, L. ZETTA: IV, 107
STUCHEL, JOHN T.: II, 298

STUCHELL, II, 126
STUCHELL, ABRAHAM: I, 175; IV, 389
STUCHELL, ANGELINE: IV, 21
STUCHELL, ANNA MCGINITY: IV, 389
STUCHELL, C. ST. CLAIR: IV, 389
STUCHELL, CHARLES: II, 250
STUCHELL, CHRISTOPHER: IV, 389
STUCHELL, ELEANOR E.: IV, 89
STUCHELL, ELIZABETH: IV, 89, 389, 405
STUCHELL, F. G.: IV, 389
STUCHELL, H. C.: IV, 389
STUCHELL, HARRY: III, 281
STUCHELL, HIRAM: IV, 389
STUCHELL, ISAAC: IV, 389
STUCHELL, J. A.: II, 245, 414
STUCHELL, J. M.: II, 390
STUCHELL, J. S.: I, 477, 512; IV, 126
STUCHELL, J.: II, 146
STUCHELL, JANE: IV, 365, 389
STUCHELL, JOHN S.: IV, 389
STUCHELL, JOHN: I, 119; IV, 365, 405
STUCHELL, LAURA J.: IV, 443
STUCHELL, LELAND: III, 479
STUCHELL, LOGAN A.: IV, 389
STUCHELL, MAGDALINE GLASSER: IV, 389
STUCHELL, MARGARET: IV, 389
STUCHELL, MARTHA M.: IV, 48
STUCHELL, MARY M. ST. CLAIR: IV, 389
STUCHELL, MARY: IV, 622
STUCHELL, MAUDE (MISS): III, 365
STUCHELL, MILTON: II, 126
STUCHELL, NETTIE: IV, 389
STUCHELL, THEODORE: IV, 443
STUCHELL, THOMAS: IV, 389
STUCHELL, WILLIAM D.: IV, 89
STUCHUL, III, 310
STUCHUL, JAMES (MRS.): III, 365
STUCHUL, PERCY (MRS.): III, 365
STUCK, BEVERLY ANN: IV, 195
STUCK, HOM ER LEE: IV, 195
STUCKENRATH, ROBERT (DR.): I, 7
STUMP, I, 432
STUMP, JACOB: I, 438
STUMPF, ADAM: I, 294
STUMPF, CORA H.: IV, 405
STUMPF, HOMER: III, 423
STUMPF, HULDA (MISS): II, 521
STUMPF, J. R.: II, 321; III, 346, 423, 424, 431
STUPIC, FLORIAN: II (MR. & MRS.) 571
STURGEON, DANIEL: I, 243; IV, 85

STURIALE, CARMELIA: IV, 189
STUTZMAN, (MRS.): II, 635
STUTZMAN, ALICE: IV, 162
STUTZMAN, ALTHA JOY TUBBS: IV, 162
STUTZMAN, ANOLA CUTTS: IV, 162
STUTZMAN, BENJAMIN RUSSELL: IV, 162
STUTZMAN, BENJAMIN: IV, 162
STUTZMAN, DANIEL: IV, 162
STUTZMAN, DOYLE: IV, 162
STUTZMAN, EMMA: IV,162
STUTZMAN, GUY DARLING: IV, 161
STUTZMAN, GUY: II, 634; IV, 162
STUTZMAN, HAROLD DWIGHT: IV, 162
STUTZMAN, HAZEL REITHMILLER: IV, 162
STUTZMAN, LESLIE: IV, 162
STUTZMAN, LEWIS S.: IV, 162
STUTZMAN, LORENA GREEN: IV, 162
STUTZMAN, LUCINDA: IV, 162
STUTZMAN, MABEL: IV, 162
STUTZMAN, MARGUERITE REAM: IV, 162
STUTZMAN, MARTHA MUSSER: IV, 162
STUTZMAN, MARY M.: IV, 162
STUTZMAN, MARY MARTHA BENSHOFF: IV, 162
STUTZMAN, MILDRED IONE YEARICK: IV, 162
STUTZMAN, MILLIE MAY (STUZMAN): IV, 162
STUTZMA N, NORA CORLE: IV, 162
STUTZMAN, PAUL: IV, 162
STUTZMAN, RALF RUSSELL: IV, 162
STUTZMAN, RALF S.: IV, 162
STUTZMAN, RALPH: II, 634
STUTZMAN, ROSALIE: IV, 162
STUTZMAN, VESTA ALTEMUS: IV, 162
STUTZMAN, VIOLA: IV, 162
SULKOSKY, II, 747
SULLAWAN, MARGARET: III, 504
SULLINGER, PAT (MRS.): III, 610
SULLIVAN, DANIEL: I, 92
SULLIVAN, JOHN W.: IV, 258
SULLIVAN, MARSHA ANNE: IV, 258
SULLIVAN, MIKE: III, 402, 403
SULLIVAN, VIRGINIA B.: IV, 258
SUMARVILLE, UMBERTO: III, 420
SUMERFORD, ALONZO: IV, 28
SUMERFORD, ANNIE E.: IV, 28
SUMERFORD, BRUCE: IV, 28
SUMERFORD, LAURA BELLE: IV, 28
SUMERFORD, NINA MCCULLOUGH: IV, 28

SUMMERFIELD, JACK: II, 733
SUMMERVILLE, (REV.): I, 294
SUMNER, CHARLES: III, 53
SUNA, LEO: III, 479
SUNDAY, BILLY: II, 521
SUNDERLAND, ED: III, 474
SUNDRY, A. P.: III, 498
SUPINKA, ROSEMARY: IV, 6
SUPRIC, ESTELLE: IV, 565
SUPRINKA, MICHAEL (JR.): III, 529, 530
SUTHERLAND, (PROF.): II, 309
SUTHERLAND, III, 353
SUTILA, WILLIAM F.: II, 741
SUTILA, WILLIAM: II, 738
SUTOR, II, 97; IV, 57
SUTOR, AGNES: IV, 271, 397
SUTOR, ALEXANDER RUFUS: III, 145
SUTOR, ALEXANDER: III, 114, 145, 147; IV, 15, 57, 271, 360
SUTOR, ANN MORE: IV, 271
SUTOR, ANN: I, 506, 726; IV, 271
SUTOR, ANNIE BRICKLEY: IV, 360
SUTOR, ANNIE: IV, 56
SUTOR, EDNA: IV, 56
SUTOR, ELIZA: IV, 271
SUTOR, GRACE MARCELLA: IV, 360
SUTOR, J. S.: III, 195
SUTOR, JANE REBECCA: IV, 15, 57
SUTOR, JANE: IV, 360
SUTOR, JOHN: I, 352, (JR.) 530; III, 145, 147; IV, 270, 271, 360, 397
SUTOR, LOVICA MARSHALL: IV, 271
SUTOR, MARGARET: IV, 271
SUTOR, MARY: IV, 148, 271
SUTOR, PHOEBE SUTTON: IV, 271
SUTOR, ROBERT PARK: I, 654
SUTOR, ROBERT: III, 145; IV, 271
SUTOR, RUFUS A.: II, 370-B; IV, 56, 57
SUTOR, RUFUS ALEXANDER: IV, 360
SUTOR, THOMAS: I, 582; III, 145, 147; IV, 271
SUTOR, WILLIAM B.: IV, 271
SUTOR, WILLIAM: III, 260
SUTTER, L. F.: II, 211
SUTTER, LAFAYETTE: II, 412
SUTTON, I, 679; II, 20, (PRES.) 51, 68, 97, (BROS.) 127, (MR.) 528; III, 238, 397; IV, 31, 75, (SHERIFF) 243
SUTTON, A. D.: II, 97
SUTTON, AGNES A.: IV, 40
SUTTON, AGNES DUNCAN: IV, 48
SUTTON, AGNES: IV, 158
SUTTON, ANNA LENA: IV, 172, 243

SUTTON, ANNA MAY DAUGHERTY: IV, 158
SUTTON, ANNIE MABON: IV, 128
SUTTON, ANNIE: IV, 93
SUTTON, ARTHUR D.: IV, 439
SUTTON, BARBARA ELIZABETH: IV, 207
SUTTON, BENJAMIN: I, 69, 115
SUTTON, C. W.: III, 300
SUTTON, CAROLINE SPEEDY: IV, 48
SUTTON, CARR KEMPER: IV, 158
SUTTON, CATHERINE MAXWELL: IV, 459
SUTTON, CHARLES: II, 335
SUTTON, CLARA B.: IV, 48
SUTTON, CLARA: IV, 341
SUTTON, E. H.: II, 297
SUTTON, ED H.: III, 340, 346
SUTTON, EDWARD H.: IV, 3
SUTTON, EDWARD P.: IV, 243
SUTTON, ELIZA: IV, 105, 243
SUTTON, ELIZABETH ANDREWS: IV, 128
SUTTON, ELIZABETH E.: IV, 365
SUTTON, ELIZABETH M. WILSON: IV, 48
SUTTON, ELLA MAY: IV, 48
SUTTON, ELLA ZOLLINGER: IV, 243
SUTTON, ELLA: II, 67; IV, 368
SUTTON, ELLEN KESSLER (MRS.): IV, 48
SUTTON, ELLEN LOUGHRY: IV, 128
SUTTON, EMMA MOORE: IV, 105
SUTTON, EMMA: IV, 48
SUTTON, ESTHER: IV, 243
SUTTON, FLORENCE DOWNING: IV, 207
SUTTON, FLORENCE: II, 801; IV, 130
SUTTON, FRANK: IV, 31, 48
SUTTON, GAWIN (JR.): I, 518, 582, 584-5; IV, 48, 105, 172
SUTTON, GAWIN: I, 174, 215, 217, 357; IV, (SR.) 105, 128, (SR.) 128, (SR. & SHERIFF) 243
SUTTON, GEORGE C.: IV, 48
SUTTON, ISABELLE EASTMENT: IV, 158
SUTTON, J. B.: II, 294
SUTTON, J. BLAIR: II, 291, 293, 326, 396, 434; III, 451; IV, 48, 206-7, 130
SUTTON, J. H.: I, 655
SUTTON, J. W.: II, (MRS.) 67, (MR. & MRS.) 88
SUTTON, JAMES M.: I, 683; II, 101, 168; IV, (JR.) 47, (I) 47, 48, 92, 128, 202-H, (JR.) 207
SUTTON, JAMES: I, 210, 386, 478, 513, 514, 535, 538, 539, 542, 546, 552, 582, 590, 642; II, 59, 61, 123, 141, 169, 174, 680; III, 232; IV, 31, 107, 202-P, 221, 243, 265, 363, 392, 410
SUTTON, JANE C. GILCHRIST: IV, 172, 243
SUTTON, JANE MECHLING: IV, 31
SUTTON, JANE WARD: IV, 105
SUTTON, JENNIE MCCLUSKEY: IV, 107
SUTTON, JNO.: I, 552
SUTTON, JOHN: I, 397, 477, 535, 538, 542, 544, 590, 637; II, xi, 48, 50-51, 59, (LT.) 79, (LT.) 98, 98, 154, 169, 174-G, 174-Z, 283-86, 499, 662, 666, 675, 681, 706, 707, 715, 759, 795, 805; III, 217, 232, 245-50, 256, 643-44, 645; IV, 3, 39, 92-3, 105, 128; IV, 158, 169-69, 189, 192, 202-E, 314, 330, 332, 365, 387, 398-99, 455, 550, 565, 590
SUTTON, JOHN B.: IV, 206
SUTTON, JOHN BLAIR: IV, 48, 206
SUTTON, JOHN F.: IV, 48, (CAPT.) 48
SUTTON, JOHN S.: IV, 3
SUTTON, JOHN W.: II, 112, 140, 141, 204, 217; III, 235, 254, 487; IV, 2, 92, 93, 158
SUTTON, JOHN WALKER: IV, 157
SUTTON, JONATHAN AYERS: IV, 48
SUTTON, JOSEPH L.: IV, 48
SUTTON, JULIA A.: IV, 55
SUTTON, JULIANA: IV, 48
SUTTON, LOU MARIE (FINK): IV, 3
SUTTON, LOUISA MASON POST: IV, 158
SUTTON, LOUISA: II, 67
SUTTON, MALACHI: IV, 349, 385
SUTTON, MALEKIAH: IV, 48, 105, 128, 243, (MALACHIA) 243
SUTTON, MARGARET: IV, 128
SUTTON, MARTHA M. STUCHELL: IV, 48
SUTTON, MARTHA MCANULTY: IV, 105
SUTTON, MARY AGNES WALKER: IV, 93
SUTTON, MARY AGNES: IV, 158
SUTTON, MARY BOTHEL: IV, 107
SUTTON, MARY E.: IV, 48
SUTTON, MARY: IV, 105, 243, 437
SUTTON, NANCY A. FISHER: IV, 243
SUTTON, NANCY A.: IV, 48
SUTTON, NANCY C.: IV, 48
SUTTON, NANCY LEA: IV, 207
SUTTON, P. M.: III, 385
SUTTON, PARMELIA: IV, 105
SUTTON, PATIENCE: IV, 434
SUTTON, PETER A.: IV, 48

SUTTON, PETER: I, 133, 159, (JR.) 163, 163, 167, 175, 249, (JR.) 359, 397, 552, 569, 642, 659, 660, 661, 685; II, 10, 11, 13, 22, 48, 50, 54, 61, 92, 680; III, 232; IV, 30, (JUDGE) 31, 48, 105, (I, II) 105, 128, (I) 128, 243; IV, (II) 30, 265, 376, (JR.) 437
SUTTON, PHEBE KENNING: IV, 105
SUTTON, PHEBE: IV, 105, 128, 243, 349
SUTTON, PHIL: II, 156
SUTTON, PHOEBE: IV, 271
SUTTON, POLLY: IV, 105
SUTTON, R. G.: III, 252
SUTTON, REBECCA LOUGHRY: IV, 128, 243
SUTTON, REBECCA: IV, 128, 349, 385
SUTTON, ROBERT G.: IV, 243
SUTTON, ROBERT S.: II, (MRS.) 402, 434
SUTTON, ROBERT: I, 159, 284, 286; II, 294; IV, 128, 158
SUTTON, ROSS M: II, 222
SUTTON, S. S. (MRS.): II, 170
SUTTON, S. W.: II, 213
SUTTON, S.: I, 476
SUTTON, SALLY FISHER: IV, 243
SUTTON, SARAH (MRS.) II, 282
SUTTON, SARAH JANE: IV, 363
SUTTON, SUSAN BORDER: IV, 48
SUTTON, SUSANNAH: IV, 105
SUTTON, SYLVANUS A.: I, 678; IV, 105
SUTTON, THOMAS: I, 161, 163, 217, 234, 252, 253, 351, 352, 354; II, (MRS.) 67, (MR. & MRS.) 88, 98, 140, 217, 239, 283, 284, 285, 286, 307, 310, 525, 707; III, 232, (MR. & MRS.) 491; IV, (JR.) 2 & 3
SUTTON, VIOLET MIKESELL: IV, 48
SUTTON, WALTER POST: IV, 158
SUTTON, WILLIAM: II, 152; IV, 48, 128, 243
SUTZMAN, MILDRED YEARICK (MRS.): II, 458
SUYDAM, (MISS): IV, 64
SWAIN, THOMAS: I, 260
SWALGA, WALTER: III, 481
SWALLOW, II, 264
SWALLOW, SILAS C.: II, 262
SWAN, BARBARA: IV, 54
SWAN, CHARLOTTE: IV, 220
SWAN, ELIZABETH: IV, 593
SWAN, GEORGE W.: IV, 220
SWAN, GEORGE: II, 86; IV, 594
SWAN, ISABELLA GETTY: IV, 593
SWAN, ISABELLA: IV, 593
SWAN, J. M.: II, 121
SWAN, JAMES: I, 664; IV, 594

SWAN, JANE FLEMING: IV, 594
SWAN, JANE SPENCE: IV, 594
SWAN, JANE: IV, 571, 594
SWAN, MARGARET ISABELLE: IV, 69, 220
SWAN, MARGARET: IV, 593
SWAN, MARTHA: IV, 594
SWAN, MARY JANE: II, 380; IV, 44, 593
SWAN, MARY: IV, 594
SWAN, NANCY: IV, 593
SWAN, REBECCA J.: IV, 55
SWAN, SAMUEL: IV, (REV.) 55, 593
SWAN, SARAH J. LIGHTCAP: IV, 593
SWAN, SARAH: IV, 334
SWAN, THOMAS: IV, 593, 594
SWAN, WILLIAM FRANKLIN: IV, 593
SWAN, WILLIAM: I, 141; IV, 124, 593, 594
SWANK, GEORGE W.: I, 185
SWANK, HIRAM: II, 451, 587, 805
SWANLEK, MICHAEL: III, 541
SWANN, GUS: I, 558
SWARTS, ANDREW: III, 515
SWARTZ, BELLE: IV, 251
SWARTZ, GEORGE: II, 385
SWARTZWELDER, I, 440
SWAUGER, CRAIG G.: II, 774
SWAUGER, CRAIG: II, 668; III, 550
SWAUGER, MARTIN: II, 309
SWEARINGEN, (CAPT.): I, 93
SWEENEY, EDWARD: II, 208
SWEENEY, ELIZABETH A.: IV, 39
SWEENEY, ELIZABETH ANN: IV, 39
SWEENEY, ELIZABETH RAY: IV, 392
SWEENEY, ELIZABETH: II, 801
SWEENEY, JOHN (DR.): II, 725
SWEENEY, M.: II, 172
SWEENEY, MARY ELIZABETH: IV, 42
SWEENY, ANNIE: IV, 50
SWEENY, B. (DR.): I, 587
SWEENY, M. M. (REV.): II, 258
SWEET, W. H.: II, 456
SWEITZER, JACOB: II, 307; IV, 536, 537
SWEITZER, ROSE: IV, 537
SWEITZER, W S.: II, 408
SWENNEY, FRANK: III, 403
SWETNAM, GEORGE: II, 671, 673, (DR.) 676; III, 547; IV, 275
SWIFT, ELISHA P.: IV, 333
SWIFT, FRANCES: IV, 431
SWIFT, LISLE J.: IV, 431
SWIFT, MARY: IV, 333
SWIFT, W. F.: III, 421

233

SWIGART, D. W.: III, 274
SWIGART, ELIZABETH: IV, 368
SWINEHART, (REV.): II, 574
SWISHER, HARRY: IV, 633
SWISHER, HENRY: II, 471, 472
SWISHER, MARY D.: IV, 633
SWISHER, RACHEL M.: IV, 405
SWISSHELM, (MRS.): II, 73, 77; IV, 29, 320
SWISSHELM, JAMES: IV, 274
SWISSHELM, JANE G.: II, 96; IV, (MRS.) 274
SWISSHELM, JANE GREY: I, 374, 376; III, 135, 152; IV, 23, 273, 275, 378
SWISSHELM, MARY HENRIETTA: III, 155, 614-N; IV, 274
SWISSHELM, ZOE: IV, 274, 275
SWITZER, JOHN: I, 209, 536, 573; II, 146
SWOYER, I, 593
SYLVANUS, IV, 59
SYLVANUS, CHING LEE: IV, 58
SYLVANUS, JOHN: IV, 59
SYLVANUS, MYRTLE SMITH: IV, 59
SYLVANUS, THOMAS: II, 31, 61, 168; IV, 58, 59
SYLVANUS, TILLIE: IV, 59
SYLVIS, ANNA M.: IV, 83
SYLVIS, DAVID: II, 260
SYLVIS, JAMES C.: IV, 320
SYLVIS, MARIA: IV, 319
SYLVIS, NICHOLAS: I, 200: IV, 319
SYLVIS, WILLIAM H.: I, 200; II, 167; IV, 319, 320
SYOGRIN, CLARENCE (MRS.): IV, 435
TACKETT, STANFORD: II, (SEN.) 713, 714
TAFT, II, 266
TAFT, CHARLES P.: III, 455
TAFT, WILLIAM, H.: II, 265, 268, 269; IV, 78
TAFT, WM, HOWARD (PRES.): II, 376: III, 354, 453, 546-K; IV, 160
TAGG, CLARA: IV, 322
TAGGART, PAUL: III, 408
TAINER, W. S.: II, 274
TAISH, JOHN: II, 353
TAIT, WILLIAM (LT.): II, 549
TALBOT, JEREMIAH: IV, 323
TALKINGTON, JESSE: III, 45
TALKINSTINE, JOHN: I, 265
TALLMAN, DEBORAH: IV, 561
TALMADGE, CAROLINE: IV, 363
TALMAGE, ANN FRY: IV, 309
TALMAGE, CAROLINE: IV, 309

TALMAGE, SAMUEL (DR.): I, 133, 146, 177, 182, 309; IV, 309
TALMAGE, SAMUEL: I, 171, 348
TAMS, ARTHUR: III, 358
TANNEHILL, ADAMSON: I, 256, 257
TARR, CARRIE:
TARTOME, LELIA: III, 402
TARTTER, C. LOUIS: IV, 102
TARTTER, VIRGINIA C.: IV, 102
TATE, ANTHONY P.: II, 793
TATE, GEORGE: III, 592, 596
TATE, MARY HELEN: IV, 572
TATE, WILLIAM S.: II, 685, 740; III, (SKIP) 561, 596
TATE, WILLIAM: II, 742, 743, 744
TAUBLER, C. A.: III, 487, 488
TAYLOR, I, 127, 421, 592, 593; II, (CONGRESSMAN) iii, (DR.) 13; III, 308, 309, 310
TAYLOR, A. T.: I, 163; II, 58; III, 252
TAYLOR, A. W.: I, 146, 219, 221, 275, 291, 313, 314, 393, 396, 397, 417, 466, 477, 506, 514, 546, 552, 569, 579, 582, 592-94, 608, 623-24, 637, 664, 666, 676; II, xiii, 3, 4, 6, 7, 13, 15, 16, 22, 42, 58, 65, 91, 92, 112, 125, 586-H; III, 50, 224, 227, 252, 254 256; IV, 170, 341, 602
TAYLOR, ALEX T.: II, 455: IV, (ALEXANDER T.) 452
TAYLOR, ALEXANDER WILSON: IV, 382, 383, 384, 389
TAYLOR, ALEXANDER: I, 150, 157, 177, 206, 218, 267, (JR.) 276 & 516-J; III, 40; IV, (SR.) 324 & 389, (JR.) 389 & 390, (SR.) 390
TAYLOR, AMYE: IV, 182
TAYLOR, ANNA: IV, 446
TAYLOR, ANTHONY: I, 490
TAYLOR, B. E.: II, 430
TAYLOR, BESSIE: IV, 384
TAYLOR, BETTY: IV, 165
TAYLOR, C. F. (DR.): III, 474
TAYLOR, CAROLINE: IV, 272, 384, 389
TAYLOR, D. B.: IV, 215, 228
TAYLOR, DAVID BLAIR: IV, 446
TAYLOR, DAVID: I, 664, 672: II, 9
TAYLOR, DEEMS: II, 532
TAYLOR, ELIZABETH RALSTON: IV, 384
TAYLOR, ELIZABETH: IV, 106, 341
TAYLOR, EMILINE (MISS): II, 77
TAYLOR, FANNIE: IV, 384
TAYLOR, H. L.: II, 209, 300; III, 373, 375
TAYLOR, HARRISON: I, 502
TAYLOR, HENRY: III, 400
TAYLOR, ISABELLE R.: IV, 384
TAYLOR, J. M. (DR.): III, 50

TAYLOR, J.: I, 529
TAYLOR, JAMES M.: IV, 235, (DR.) 377
TAYLOR, JAMES MADISON (M.D.): IV, 389
TAYLOR, JAMES: I, 210, 253, 307, 354, 427, 430, 502, 550, 574; III, 114; IV, 324, 389, (DR.) 459
TAYLOR, JANE WILSON: IV, 389
TAYLOR, JANE: IV, 262, 389
TAYLOR, JIM (SHERIFF): III, 140, 147
TAYLOR, JOHN B.: II, 298, (CAPT.) 770; IV, 439
TAYLOR, JOHN S.: II, 237
TAYLOR, JOHN: I, 35, 47, 84-G, 209, 221, 225, 229, 233, 234, 235, 239, 252, 277, 316, 344, 351, 352, 353, 354, 357, 366, 367, 381, 502; III, 50; IV, 60, 146, 206, 272, 324, 384, 387, 388, 389, 390
TAYLOR, MARGARET B.: IV, 458, 459
TAYLOR, MARGARET BELLE: IV, 439
TAYLOR, MARGARET BLAIR: IV, 389
TAYLOR, MARGARET PATTON: IV, 389
TAYLOR, MARGARET: IV, 384, 389
TAYLOR, MARTHA: IV, 135, 216, 452
TAYLOR, MARY (LOWRY): I, 490
TAYLOR, MARY J.: IV, 266
TAYLOR, MARY MCKESSON: IV, 389
TAYLOR, MARY: IV, 384, 385, 388, 390, 609
TAYLOR, MATILDA: IV, 60
TAYLOR, MATTHEW: IV, 389, 390
TAYLOR, MOSES: II, 184
TAYLOR, R. C.: I, 214-G, 458, 473; II, 170; III, 217
TAYLOR, ROBERT CROMWELL: IV, 390
TAYLOR, ROBERT: I, 345; IV, 389
TAYLOR, ROYDEN: II, 537
TAYLOR, SARAH CROMWELL: IV, 390
TAYLOR, SARAH D.: IV, 42
TAYLOR, SARAH H. SILL: IV, 390
TAYLOR, SARAH JANE BELL: IV, 390
TAYLOR, THOMAS: I, 502
TAYLOR, VERNON F.: II, 542
TAYLOR, VERNON: II, (MRS.) 310, (MR.) 420, 547
TAYLOR, W.: I, 529
TAYLOR, WASHINGTON: IV, 389
TAYLOR, WILLIAM C.: II, 668, 669
TAYLOR, WILLIAM: I, 210, 286, 352, 445, 446, 552; II, 668; IV, 266, 389, 390
TAYLOR, ZACHARY: I, 387, 564, 582, 583; IV, (PRES.) 33, 118, 179
TEEDYUSCUNG, (CHIEF): I, 53, 55, 56
TEEDYUSCUNG, AMOS: I, 53
TEICHERT, II, 572

TEITHART, ELIZABETH: IV, 551
TELFORD, II, (REV.) 85, (JUDGE) 201, 211, 249, 250, 254, 277, 352, 364, & 365; III, (JUDGE) 392; IV, 423, (JUDGE) 462
TELFORD, ALEXANDER: I, 178
TELFORD, J. S.: II, 94
TELFORD, JENNIE P.: IV, 191
TELFORD, JOHN C. (REV.): IV, 191
TELFORD, JOHN SOMONSKI: IV, 191
TELFORD, MABEL T. WHITE: IV, 171
TELFORD, MABEL THERESA: IV, 191
TELFORD, MARGARET B.: IV, 191
TELFORD, MARTHA ORAM: IV, 191
TELFORD, MARY A.: IV, 191
TELFORD, O. C.: II, 482
TELFORD, S. J.: II, 44, (MRS.) 253, 258, 272, 298, 303, 341; IV, 125, 171, 276
TELFORD, SARAH E.: IV, 191
TELFORD, STEPHEN J.: II, 247, 264; IV, 190, 191, 420-B
TEMCHULLA, FRANK (LT.): II, 579
TEMPLETON, (MRS.): I, 514
TEMPLETON, ALEXANDER: I, 159
TEMPLETON, J. (MAJOR): I, 261
TEMPLETON, LETITIA: IV, 175
TEMPLETON, SAMUEL: I, 245
TENER, (GOV.): II, 255, 270

TENER, JOHN K.: II, 266, 267; III, 444-45
TEWKSBURY, DOROTHY: IV, 326
THAL, ANSELM: IV, 214
THAW, MARY SIBBET: IV, 30
THAW, WILLIAM: II, 90; IV, 30
THAYER, CORRIE: IV, 578
THAYER, JAMES L. (DR.): II, 104
THAYER, WILLIAM W.: I, 418
THAYERD, A. L.: II, 275
THAYERD, C. C.: II, 275
THEISS, HELEN ELKIN: II, 580
THEISS, PAUL (CAPT.): II, 580
THOM, J. C.: I, 483, 498
THOMAS, II, xii, (COL.) 229, (SHERIFF) 364, 572; III, (MRS.) 433; IV, (MR.) 381
THOMAS, A. H.: III, 221
THOMAS, A. S.: I, 484
THOMAS, ANDREW PATRICK: II, 177
THOMAS, ANN: IV, 360
THOMAS, ANNA: IV, 453
THOMAS, B. W.: II, 338, 544; IV, 463
THOMAS, C. HEBER: IV, 453
THOMAS, CHARLOTTE A. BARNHART: IV, 453
THOMAS, CLARA: IV, 68, 353

THOMAS, DUBRE: II, 171
THOMAS, EDITH: IV, 453
THOMAS, F. R. (MRS.): II, 744
THOMAS, FRED: II, 476; III, 400
THOMAS, GEORGE (GOV.): I, 25, 38
THOMAS, GEORGE H.: II, 256
THOMAS, H. W.: II, 215, 541
THOMAS, H. WALLACE: II, (SHERIFF) 324; III, 467; IV, 452, 453
THOMAS, HAL: II, 676
THOMAS, HAZEL: IV, 463
THOMAS, HERBERT: IV, 570
THOMAS, HIRAM: I, (JR.) 438; III, (JR.) 202, (SR.) 203
THOMAS, ISRAEL: I, 159; II, 170; IV, 453, 619
THOMAS, J. B.: II, 118
THOMAS, J. J.: III, 321
THOMAS, JESSE: I, 625; III, 113
THOMAS, JOHN C.: IV, 353
THOMAS, JOHN T.: II, 172
THOMAS, JOHN: I, (CAPT.) 267 & 292, (REV.) 294; IV, 382, 453
THOMAS, LENA MARY: IV, 570
THOMAS, LOUISA: IV, 453
THOMAS, MARGARET: IV, 124, 453
THOMAS, MARTHA ELIZABETH: IV, 559
THOMAS, MARY A. FLEMING: IV, 453
THOMAS, MARY ANN: IV, 575
THOMAS, MARY: IV, 26, 381, 628
THOMAS, NANCY: IV, 619
THOMAS, NORMAN: II, 404, 405, 546; IV, 233
THOMAS, PHILIPPE: I, 42
THOMAS, R. M.: II, 173
THOMAS, RICHARD (MRS.): IV, 435
THOMAS, SARA SPEEDY: IV, 453
THOMAS, T. D.: II, 194
THOMAS, WALLANCE: III, 410, 472, 473, 545-A
THOMPSON, "BARNEY": III, 257
THOMPSON, I, 592, 669, 679; II, 11, 100, 397; III, (JUDGE) 234, 302; IV, (DR.) 83
THOMPSON, A. P.: I, 596; II, 9; IV, 305
THOMPSON, A. S.: III, 254
THOMPSON, ADAM: I, 168, 345, 346, 501
THOMPSON, AGNES (NANCY): IV, 10
THOMPSON, ALEXANDER: I, 159, 174
THOMPSON, ANDREW: IV, 305
THOMPSON, ANN E. AYRES: IV, 429
THOMPSON, ANN E.: IV, 228
THOMPSON, ANN G.: II, 64
THOMPSON, ANN TRIMBLE: IV, 305

THOMPSON, ANN: IV, 110
THOMPSON, ANNA M. SYLVIA: IV, 83
THOMPSON, ANNIE I. MCMURRAY: IV, 190
THOMPSON, BARNEY: II, 98; III, 303
THOMPSON, BELLE (MRS.): II, 67; III, 343
THOMPSON, BERTHA MCCONNAUGHEY: IV, 190
THOMPSON, BLANCHE: IV, 305
THOMPSON, CLARK B.: I, 84
THOMPSON, D. E.: II, 185, 329; III, 346
THOMPSON, D. K.: I, 145, 589; III, 216
THOMPSON, DAVID K.: I, 169, 396; III, 212
THOMPSON, DAVID: I, 237
THOMPSON, DONALD: IV, 595
THOMPSON, EDITH ODESSA: IV, 350
THOMPSON, ELIZABETH D.: IV, 370
THOMPSON, ELIZABETH MULHOLLAND: IV, 429
THOMPSON, ELIZABETH: I, 84; IV, 236, 305
THOMPSON, ELLEN J. PATTON: IV, 429
THOMPSON, EMELINE: IV, 96
THOMPSON, EUGENE F.: IV, 595, 596
THOMPSON, EUGENE: II, 636
THOMPSON, EUPHEMIA MOORHEAD: IV, 429
THOMPSON, EUPHEMIA: IV, 236
THOMPSON, EVA G.: II. (MRS.) 95, 304; III, (MRS.) 344
THOMPSON, EVA GRIFFITH: II, 56
THOMPSON, EVA: IV, 268
THOMPSON, F.: I, 269
THOMPSON, FLORA A. STEWART: IV, 429
THOMPSON, FLORA ANNA: IV, 269
THOMPSON, FRANCIS: IV, 580
THOMPSON, GEORGE: I, 378; III, 584; IV, 370
THOMPSON, GUY C.: IV, 268
THOMPSON, H. A.: I, 492, 513, 595; II, 92
THOMPSON, H. J.: II, 234, 262, 455
THOMPSON, H. S.: II, 13, 58, 63, 66, 171, 303, 341; III, 252, 303, 317
THOMPSON, H. VAN (BARNEY): II, 98
THOMPSON, HANNAH (MRS.): IV, 596
THOMPSON, HARRIET FERGUSON: IV, 429
THOMPSON, HARRIET: IV, 429
THOMPSON, HARRY EARL: IV, 190
THOMPSON, HELEN: III, 458; IV, 307
THOMPSON, HORACE J.: IV, 190
THOMPSON, HORACE JOHN: IV, 83, 189

THOMPSON, HORACE: II, 208
THOMPSON, HUGH A.: IV, 429
THOMPSON, HUGH ALEXANDER: IV, 429
THOMPSON, HUGH S.: III, 139
THOMPSON, HUGH: I, 129, 130, 172; IV, 429
THOMPSON, ISABELLA JAMISON: IV, 429
THOMPSON, ISABELLA: IV, 29
THOMPSON, J. C. (DR.): I, 616
THOMPSON, J. E.: I, 631
THOMPSON, J. G.: I, 573, 661
THOMPSON, J. J. Y.: IV, 1
THOMPSON, J. K. (DR.): I, 485, 589; III, 260, 303
THOMPSON, J. K.: I, 625, 660, 661
THOMPSON, J. M.: I, 476, 478, 525; II, 112
THOMPSON, J. STEWART: IV, 54
THOMPSON, J. T.: II, 92
THOMPSON, J. WILSE: III, 360
THOMPSON, J. WILSON: III, 252
THOMPSON, JAMES: I, 75, 83, 84, 118, (JR.) 234, 238, 343; IV, 65, 236, 305, 429, 595
THOMPSON, JANE C.: IV, 429
THOMPSON, JANE THOMPSON: IV, 83
THOMPSON, JANE: IV, 10, 83, 278, 414, 429, 459
THOMPSON, JANICE: IV, 595
THOMPSON, JEAN LUMLEY: IV, 595
THOMPSON, JEANETTE: IV, 10
THOMPSON, JOHN B.: II, 12
THOMPSON, JOHN C.: IV, 428, 429
THOMPSON, JOHN E.: I, 554
THOMPSON, JOHN EDGAR: I, 566, 567
THOMPSON, JOHN G.: I, 281, 396, 664; II, 98; III, 253; IV, 96
THOMPSON, JOHN K.: II, 22
THOMPSON, JOHN KEENE: IV, 83, 190
THOMPSON, JOHN M.: II, 196; IV, 189
THOMPSON, JOHN MCMURRAY: IV, 190
THOMPSON, JOHN: I, 119, (JR.) 167 & 237, 261, 329, 501; II, 13, 417; III, 253, 255; IV, 83, 305, 414, 429, 437, 596
THOMPSON, JOSEPH: I, 229, 236, 246, 280, 286, 363, 396, 477, 552, 578, 579, 582; II, 62, 92, ("PIN") 98; III, 124 212, 256; IV, 131, 198, (JUDGE) 428 429, 596
THOMPSON, JOSEPH M.: I, 462, 464, 588, 622, 623, 666; II, 7, 24, 59; III, 227; IV, 29, 429
THOMPSON, LILLIAN (MISS): II, 303
THOMPSON, LYDIA: IV, 83, 127, 459

THOMPSON, MARGARET FULMER: IV, 595
THOMPSON, MARGARET WALLACE: IV, 305
THOMPSON, MARGARET: IV, 54, 147, 235
THOMPSON, MARGARETTA: IV, 15
THOMPSON, MARIE ANN WALBECK: IV, 595
THOMPSON, MARILYN K.: IV, 595
THOMPSON, MARTHA A.: IV, 312
THOMPSON, MARTHA LOUISE: IV, 379
THOMPSON, MARTHA: I, 178; IV, 131, 236, 364, 429, 445
THOMPSON, MARY (nee PARKS): I, 84
THOMPSON, MARY ANN: IV, 65
THOMPSON, MARY CANNON: IV, 429, 596
THOMPSON, MARY CATHERINE: IV, 590
THOMPSON, MARY LEASURE: IV, 429
THOMPSON, MARY MCCLUSKEY: IV, 596
THOMPSON, MARY P.: IV, 44
THOMPSON, MARY: IV, 62, 131, 242, 268, 366, 429, 441, 606
THOMPSON, MOSES: I, (JR.) 168, 345, 357, 501; IV, 10
THOMPSON, NANCY JEAN WORK: IV, 190
THOMPSON, NANCY: IV, 146, 339
THOMPSON, R. A.: II, 258, (MRS.) 270, (MRS.) 271
THOMPSON, R.: I, 286
THOMPSON, REBECCA: IV, 609
THOMPSON, ROBERT (JR.): I, 172, 397, 501; III, 114, 217; IV, 429, 596
THOMPSON, ROBERT (SR.): I, 172, 178, 315; III, 217; IV, 429
THOMPSON, ROBERT A.: II, 95, 304
THOMPSON, ROBERT: IV, 83, 131, 242, 268, 429, 441, (III) 596, 596
THOMPSON, ROXIE: II, 681
THOMPSON, RUE CETTA: IV, 268
THOMPSON, S. C.: II, 266
THOMPSON, S. H.: I, 485
THOMPSON, SAMUEL H. (MAJOR): I, 616; III, 139
THOMPSON, SAMUEL HENRY: I, 366, 368, 371, 384: IV, 269, 429
THOMPSON, SAMUEL: III, 114
THOMPSON, SARAH T. HAMILTON: IV, 596
THOMPSON, SARAH: IV, 305
THOMPSON, STEELE: IV, 595, 596
THOMPSON, STEWART: IV, 305
THOMPSON, SYLVESTER C.: IV, 268
THOMPSON, T. S.: II, 9

THOMPSON, T. ST. CLAIR: II, 265, 266; III, 114; IV, 269
THOMPSON, TILLIE (MISS): II, 67
THOMPSON, WALKER: II, 467
THOMPSON, WARREN: II, 437
THOMPSON, WILLETTA LIGHTCAP: IV, 596
THOMPSON, WILLIAM B.: I, 238, 269
THOMPSON, WILLIAM C.: IV, 429
THOMPSON, WILLIAM: I, 145, 281, 344, 345; III, 216; IV, 10, 147, 366
THONISSAHGARONA, (CHIEF): I, 65
THORBURN, HOWARD: III, 420
THORN, CHARLES (REV.): I, 295
THORN, MARTHA: I, 48
THORNBUR, HUBERT E. (LT. COL.): II, 765
THORNBURGH, II, (GOV.) 712, (GOV.) 714, 744, (GOV.) 745, (GOV.) 746, (GOV.) 788; IV, (GOV.) 616
THORNE, FOREST G.: IV, 214
THORNE, HELEN ESTHER: IV, 214
THORNTON DONALD: II, 618
THRUSH, PEGGY: IV, 324
THRUSH, WILLIAM R.: IV, 324
THUMB, TOM: I, 454
TIBBETT, LAWRENCE: II, 532
TIBBOTT, HARVE: II, 413, 414, 571, 727
TIDD, C. P.: I, 409
TIES, JOHN: II, 202
TIFFANY, II, 23
TIFFANY, B. B.: II, 79, 83, 223, 307; IV, 133
TIFFANY, JOSIE: IV, 133
TIFFANY, MARY L.: IV, 133
TILBROOK, VIRGINIA: IV, 148
TILDEN, III, 124; IV, 169
TILDEN, ROBERT G.: III, 127-28
TILDEN, ROBERT: I, 440
TILDEN, SAMUEL J.: IV, 331
TILDER, II, 7, 8
TILDER, SAMUEL J.: II, 7
TILGHMAN, JAMES: I, 67
TILGHMAN, WILLIAM: I, 218
TILLET, GEORGE: II, 551
TILLETT, GEORGE: II, 574
TILTON, ROBERT: I, 36
TIMBERLAKE, E. DALE: III, 490
TIMBERLAKE, ISABELL (MRS.): II, 533
TIMBLIN, ELIZABETH: IV, 405
TIMBLIN, GEORGE: IV, 405
TIMBLIN, WILLIAM: III, 294
TIMMONS, (CAPT.) "SMILES": II, 440
TINCOM, JOHN L.: I, 613
TIPPETS, JOSEPH: III, 541

TIPTON, EDMUND: IV, 13
TIPTON, MARY: IV, 13
TIRANOFF, ALEXIS: IV, 292
TIRANOFF, VIRGINIA: IV, 292
TITTERINGTON, ADAM: III, 187
TITTERINGTON, ELIZABETH: IV, 547, 592
TITTERINGTON, JOHN: I, 655
TITTERINGTON, S. E.: III, 186-87
TITTLE, C. L.: II, 69, 266, 450
TITTLE, CHARLES L.: II, 140
TITUS, KATHIRENE SUE: IV, 60
TITUS, WILLIAM: IV, 60
TOBIN, JOHN: III, 400
TODD, (MRS.): II, 20
TODD, ANDREW: IV, 280, 281
TODD, ANN: IV, 165, 334
TODD, ANNA RAMBO: IV, 280, (ANN RAMBO) 454
TODD, ANNA: IV, 165
TODD, ANNE: IV, 280
TODD, BARBARA: IV, 334
TODD, BELINDA: IV, 241
TODD, DAVID: IV, 280, 334
TODD, EDITH: IV, 622
TODD, ELEANOR: IV, 281
TODD, ELIZA: IV, 131
TODD, ELIZABETH: IV, 241, 280, 454
TODD, ISABELLA HAMILTON: IV, 280
TODD, JAMES M.: IV, 241
TODD, JAMES: I, 233, 239, 307, 477, 492, 496, 546, 552, 553, 584, 614; IV, 241
TODD, JEAN SMITH: IV, 280
TODD, JEMIMA: IV, 241
TODD, JOHN: IV, 280
TODD, LAVINA: IV, 241
TODD, LEVI: IV, 280
TODD, MARGARET T.: IV, 241
TODD, MARGARET: IV, 112, 241, 280, 281
TODD, MARY: IV, 131, 241, 280, 334
TODD, POLLY: IV, 241
TODD, REBECCA: IV, 280
TODD, ROBERT: IV, 221, 241, 280
TODD, ROSE CORNELL: IV, 280
TODD, SAMUEL: IV, 241, 280, 281
TODD, SARAH: IV, 221, 241, 280
TODD, SUSAN DRUM: IV, 241
TODD, SUSAN: IV, 280
TODD, WILLIAM A.: I, 395, 600, 614; IV, 241
TODD, WILLIAM: IV, 165, 280, 324, 454
TOLL, ELIZABETH: IV, 354

TOMB, IV, (MR.) 355
TOMB, ARABELLA: IV, 355
TOMB, CATHARINE: IV, 306
TOMB, D. H.: II, 264, 329; III, 251, 450
TOMB, D. R.: II, 44, 412, 526, 527, 528, 529, 548, 727; III, (SR.) 615
TOMB, DAVID R. (SEN. JR.): II, 732
TOMB, DAVID: I, 133; IV, 306, 401
TOMB, ELIZABETH DICKSON: I, 133; IV, 306
TOMB, ELIZABETH: IV, 306
TOMB, J. MILFORD: II, 501
TOMB, JOHN: IV, 305, 419
TOMB, MARGARET JANE: IV, 305, 306
TOMB, MARY W.: IV, 335
TOMB, MARY: I, 133; IV, 306
TOMB, MYRON H. (SR): II, 533
TOMB, MYRON HAY: II, 665
TOMB R. J.: I, 476
TOMB, WILLIAM D.: II, 141
TOMB, WILLIAM: IV, 306
TOMPKINS, HORACE: IV, 403
TOMS, DEELA: IV, 597
TOMS, ESTHER C.: II, 801
TOMS, ESTHER CHRISTINE (DR.): IV, 596, 597
TOMS, WALTER D.: IV, 597
TOMSON, KATHERYNE Y.: IV, 24
TONKIN, AFTON WORTH: IV, 264
TONKIN, ALLIE D.: IV, 264
TONKIN, BIRDIE SECHLER: IV, 264
TONKIN, DUDLEY R.: I, 211
TONKIN, JOHN T.: IV, 264
TONKIN, JOHN: III, 548; IV, 265
TONKIN, JOSEPH D.: IV, 264
TONKIN, JOSEPH DUDLEY: II, 537; III, 549
TONKIN, JOSEPH: III, 477
TONKIN, LOUISE GRIFFIN: IV, 264
TONKIN, MARGARET J. HUGHES: IV, 264
TONKIN, MARIE: III, 321
TONKIN, MARY ANN HICKS: IV, 264
TONKIN, MARY ANN: IV, 265
TONKIN, MAXINE E.: IV, 264
TONKIN, MAXINE: IV, 264
TONKIN, O. V.: III, 475
TONKIN, ORD T.: IV, 264
TONKIN, R. D.: I, 577; II, 208, 270, 240, 241, 242, 463, 640, 681; III, 148, 178-F, 474, 475, 477, 478
TONKIN, R. DUDLEY: II, 715; IV, 202-G, 265
TONKIN, ROBERT D.: IV, 264
TONKIN, ROBERT DUDLEY: III, 547; IV, 263

TONKIN, SARAH GLENN: IV, 264
TONKIN, V. ORD: II, 242
TONKIN, VINCENT ORD: IV, 264
TONKIN, VINCENT: I, 211; II, (MESSR.) 163, 242, 312; III, 321, 548; IV, 264, 265
TONKIN, VIVIAN S.: IV, 264
TOOTHMAN, CLEO (PVT.): II, 584
TORETTI, CHRISTINE LOUISE: IV, 387
TORETTI, MICHAEL JOSEPH: IV, 387
TORKELSON, LEONARD L.: IV, 220
TOROK, JOSEPH (FATHER): III, 639, 642
TORONTO, ED: III, 545
TORQUATO, JOHN: III, 546-I
TORRANCE, (DOC): II, 441
TORRANCE, IDA J.: IV, 368
TORRANCE, J. B.: I, 568; II, 432
TORRANCE, J. M.: IV, (DR.) 368
TORRANCE, JAMES M.: II, 155
TORRANCE, MARY ELLA: IV, 22
TORRENCE, (DR.): III, 507
TORRENCE, ADAM (REV.): I, 373
TORRENCE, ALBERT: III, 2
TORRENCE, ARTHUR: II, 689; III, 449; IV, 555
TORRENCE, J. M.: II, (DR.) 124; III, 274
TORRENCE, JOSEPH: I, 269
TOSCANINI, ARTURO: II, 662; IV, 240
TOTENA, TONY: III, 400
TOTH, JOE (SR.): III, 420
TOTH, KOLMAN K. (REV.): II, 356; III, 381
TOTTEN, HARRIET J. (MRS.): I, 274 IV, 8
TOURNIAIRE, (MADAME): I, 454
TOWNSEND, FRANCIS E. (DR.): II, 502
TOWNSEND, GEORGE ALFRED: I, 416
TOWNSEND, JANE (MRS.): IV, 589
TOWNSEND, MARY (MRS.): II, 277, 278
TOWNSEND, RUSSELL J.: II, 455
TOZER, HARRY: III, 474
TOZIER, ROBERT: II, 249
TRACKSON, ALEX: III, 420
TRACY, SPENCER: IV, 448
TRAINER, "TANTY" II, 300
TRAINER, BILL: II, 300
TRAINER, CHARLES OTIS: IV, 277
TRAINER, JOHN: II, 300
TRAINER, MAIDEE: IV, 277
TRAINER, MARY: IV, 277
TRAINER, W. D.: IV, 278
TRAINER, W. S.: II, 277, 278
TRAUGH, BEVERLY: IV, 56
TRAUGH, LUELLA: IV, 56

TRAUGH, ROBERT: IV, 56
TRAVAGLIA, MICHAEL: II, 756
TRAVIS, III, 272
TRAVIS, ANNABELLE: IV, 17
TRAVIS, MARGARET: IV, 255
TRAVIS, WILLIAM G.: I, 31
TRAVIS, WILLIAM: I, 344, 346, 347, 364
TREASE, HENRY: I, 345
TREASH, L. W.: IV, 559
TREASH, MARTHA ELIZABETH: IV, 559
TRECIZE, ALBERT: III, 439
TREES, IV, (MR.) 201
TREES, ELISHA: I, 358
TREES, JAMES: I, 358
TREES, JANE: IV, 88
TREES, JOHN L.: I, 358
TREES, JOHN: I, 540
TREES, JOSEPH: I, 358
TREES, JULIA: IV, 201
TREES, LEVI: I, 358
TREESE, EMMA: IV, 583
TREGO, LUCREZIA: IV, 397
TRENDELL, MARY CATHARINE: IV, 375
TRENDELL, WILLIAM: IV, 375
TRENT, WILLIAM (CAPT.): I, 43
TREVERSICK, WILLIAM: II, 177
TREZIYULNY, CHARLES S.: I, 317
TRIECE, HENRY: I, 268; II, 148
TRIECE, SUSANNAH: IV, 136
TRIECE, W. G.: II, 84, 307
TRIMARCHI, II, (MR.) 730, 731, 733
TRIMARCHI, CLARA HOSFELD BYERS: IV, 189
TRIMARCHI, E. JAMES: II, 600, 685, 729; III, (JR.) 528, 532, 533, 542, 567; IV, (JR.) 188
TRIMARCHI, EUGENE JAMES: IV, (JR.) 189, (SR.) 189
TRIMARCHI, FRANCIS: IV, 189
TRIMARCHI, GAETANO: IV, 189
TRIMARCHI, JAMES: II, 774; III, 561
TRIMARCHI, JULIA ELIZABETH: III, 529; IV,189
TRIMARCHI, NELL VERA: III, 529; IV, 189
TRIMARCHI, VERA CARNABUCI: IV, 189
TRIMBLE, ANN STEWART: IV, 391
TRIMBLE, ANN: IV, 305, 433
TRIMBLE, ANNA HUTCHESON: IV, 391
TRIMBLE, DAVID: I, 175
TRIMBLE, DRUSILLA: III, 458
TRIMBLE, E. T.: II, 44
TRIMBLE, ELIZABETH AGEY: IV, 391

TRIMBLE, ELIZABETH: IV, 391
TRIMBLE, GEORGE M.: IV, 391
TRIMBLE, GEORGE: I, 150, 153, 175, 234, 261; III, 43; IV, 391, 433, 557
TRIMBLE, HANNAH: IV, 391
TRIMBLE, J. A.: II, 129
TRIMBLE, JAMES: III, 235; IV, 391
TRIMBLE, JANE ARMSTRONG: IV, 391
TRIMBLE, JANE MEARNS: IV, 391, 557
TRIMBLE, JANE MORRISON: IV, 557
TRIMBLE, JANE: IV, 391, 419
TRIMBLE, JOHN: IV, 391
TRIMBLE, JONATHAN A.: IV, 391
TRIMBLE, MARGARET MCCREA: IV, 391, 557
TRIMBLE, MARGARET: IV, 22
TRIMBLE, MARY MCGAUGHEY: IV, 391
TRIMBLE, MARY: IV, 235, 391
TRIMBLE, MATILDA HENDERSON: IV, 391
TRIMBLE, POLLY: IV, 281
TRIMBLE, REBECCA: IV, 209, 443
TRIMBLE SAMUEL: I, 281, 344, 582; IV, 22, 390, 391, 557
TRIMBLE, SARAH: IV, 303
TRIMBLE, THOMAS: IV, 82, 235, 303
TRIMBLE, VENIZA H.: IV, 391
TRIMBLE, VENIZA HOOD: IV, 22
TRIMBLE, VENIZA: IV, 391
TRIMBLE, VIDA: IV, 82
TRIMBLE, WILLIAM: I, 159, 164, 233, 235, 343, 354; III, 313; IV, 391, 557
TRINDLE, JAMES: III, 313
TRINKEY, JOHN F.: II, 525
TROKELSON, PATRICIA ELLEN: IV, 220
TRONGO, NICHOLAS (REV.): II, 783
TRONZO, MICK: II, 569
TROSSLER, DANIEL: I, 600, 601
TROTT, HELEN: IV, 134
TROUT, ANDREW: II, 196
TROY, JONATHAN: IV, 298
TRUBY, AGNES: IV, 415
TRUBY, ANNE: IV, 415
TRUBY, BELLE SMITH: IV, 415
TRUBY, CHRISTOPHER: IV, 415
TRUBY, CROMWELL: IV, 417
TRUBY, ELIZABETH: IV, 415
TRUBY, EMMA: IV, 370
TRUBY, H.: IV, 107
TRUBY, INEZ HEVE RUNYON: IV, 415
TRUBY, J. DAVID: II, 786
TRUBY, JAMES T.: IV, 415
TRUBY, JANE: IV, 415
TRUBY, JENNIE M. HOOD: IV, 415

TRUBY, JOHN: IV, 414, 415, 417
TRUBY, MARGARET RUGH: IV, 417
TRUBY, MARGARET: IV, 415
TRUBY, MARY BLANCHE: IV, 248
TRUBY, MARY: IV, 129, 415
TRUBY, MICHAEL: IV, 415
TRUBY, N. OLIVIA: IV, 415
TRUBY, NANCY KELLY: IV, 414
TRUBY, SAMUEL: IV, 415
TRUBY, SIMEON HOVEY: IV, 415
TRUBY, SIMEON: I, 252, 486, 579; IV, 23, 414, 415, 417
TRUBY, STELLA: IV, 417
TRUBY, TRACY: IV, 417
TRUBY, WILLIAM HARRISON: IV, 414
TRUBY, WILLIAM: IV, 415
TRUCKS, GEORGE: I, 325; II, 121
TRUITT, HARRY W. (DR.): II, 394, 397
TRUITT, HARRY W.: II, 268
TRUMAN, (PRES.): II, 559, 573; IV, 366
TRUMAN, HANNAH (OR ANN): IV, 594
TRUMAN, HARRY: II, 727
TRUSCOTT, FRANK F.: II, 729
TRUSSELL, FRANCES DAVIS: IV, 420
TUBBS, ALTHA JOY: IV, 162
TUCK, C. W.: II, 137, 239
TUCK, L. A.: II, 548
TUCKER, GEORGE: I, 544
TUCKER, RUTH: IV, 261
TUCKER, WILLIAM: I, 587
TURBIN, RAI: IV, 132
TURBIN, RICHARD: IV, 132
TURIN, LINDA: IV, 404
TURK, HENRY: IV, 133
TURK, NANCY ANNA: IV, 133
TURLEY, BLAIR: IV, 453
TURLEY, MARIE: IV, 453
TURLEY, WILLIAM B.: II, 583
TURNBULL, AGNES SLIGH: II, 286, 302, 672, 726; III, 330, 460-B
TURNBULL, JAMES LYALL: II, 534
TURNBULL, MARIA: IV, 354
TURNER, I, 586, 592; III, (MRS.) 207; IV, (MISS) 249, 432
TURNER, A. M.: IV, 454
TURNER, ALEXANDER: III, 403
TURNER, AUGUSTA: III, 457
TURNER, CARL L.: III, 470
TURNER, ELIZABETH T.: IV, 454
TURNER, ELIZABETH: IV, 60, 416
TURNER, GEORGE W.: I, 415
TURNER, GEORGE: I, 160
TURNER, J. D.: II, 492
TURNER, J. M.: II, 177, 182, 280

TURNER, J. MCKINNIE: I, 30; II, 159
TURNER, JAMES MCKINNEY: IV, 249
TURNER, JAMES: I, 455, 640; II, 51, 139; IV, 169, 249
TURNER, JOHN: IV, 354
TURNER, JOSEPH: I, 159
TURNER, MARGARET (MRS.): III, 530
TURNER, MARY AUGUSTA MAHER: IV, 249
TURNER, MATILDA: IV, 249
TURNER, N. P.: III, 205, 206
TURNER, PORTER: I, 480; III, 205
TURNER, RICHARD: IV, 168
TURNER, SARAH A.: II, 801
TURNER, SARAH AUGUSTA: IV, 202-P, 248
TURNER, SUSANNA: IV, 354
TURNER, W. L. (MRS.): III, 346
TURNER, WILLIAM LINTNER: IV, 249
TURNER, WILLIAM: I, 573, 589
TURNEY, II, 4
TUSCANO, JAMES E.: II, (CPT.) 761; III, 526
TUTTLE, DAWN HARDES (MRS): II, 458
TUTTLE, HELEN TAYLOR: IV, 193
TUZI, JOHN: II, 808
TWAIN, MARK: II, 88
TWEED, LARRY: II, 574
TWEED, MARTHA W.: IV, 56
TWEED, WILLIAM: I, 247
TYE, HARRIET CORNELIA: IV, 28
TYGER, ADELINE LOUISE: IV, 157
TYGER, DEAN K.: II, 505
TYGER, JOHN: II, 574
TYLER, I, (VICE PRES.) 382 & 383; IV, 378
TYLER, CHRISTOPHER: IV, 156
TYLER, JOHN: I, 243, 245
TYLER, LUCY: IV, 156
TYNDAL, ELLA: IV, 591
TYSON, LYDIA: I, 290
UBER, ELIZABETH ANN: IV, 253
UBER, J. B.: II, 59
UBER, RALPH (JR.): IV, 253
UBER, U.: II, 59
UHLER, (DR.): II, 531, 712; III, 489
UHLER, ANNA MCKALLIP: IV, 435
UHLER, HELEN: IV, 435
UHLER, ISAAC M.: IV, 435
UHLER, JOSEPH M.: IV, (DR.) 434, 435
UHLER, LOWELL: IV, 435
UHLER, MARY HOFFNER: IV, 435
UHLER, NAOMI DOHNER: IV, 435
UHLER, RAY: IV, 435
ULLERY, DANIEL: I, 212

UNANGST, HARRY G.: IV, 327
UNANGST, VIRGINIA ALICE: IV, 327
UNCAPHER, ANDREW: I, 247
UNCAPHER, ANNA EWING: IV, 617
UNCAPHER, ELIZABTH: II, 56
UNCAPHER, GEORGE: I, 186
UNCAPHER, ISRAEL: I, 614
UNCAPHER, J. R.: III, 265
UNCAPHER, JOHN: I, 405; IV, 44, 617
UNCAPHER, LOUISE M.: IV, 617
UNCAPHER, LUCY J.: IV, 44
UNCAPHER, PETER: I, 581
UNCAPHER, ROBERT S.: II, 637
UNDERWOOD, ROSIE: IV, 247
UNRUH, HANS: II, 756
UPDEGRAFF, D.: II, 153
UPSHAW, II, 405
URBAIN, MINERVA: IV, 252
UREY, HELENA: IV, 38
URICH, ELIZABETH: IV, 97, 359
URICH, MARIA MARGARETHA: IV, 97
URICH, MICHAEL: IV, 97
URISH, JOSEPH (SGT.): II, 576
URSU, PHILIP C.: IV, 618
VALDI, DON PEDRO: I, 271
VALE, EUGENE: II, 703
VALENTI, CATALDO: II, 541
VALENTI, PETE: II, 423
VALENTINE, DONALD J.: IV, 578, 579
VALENTINE, EDNA: IV, 461
VALENTINE, LELAND: IV, 461
VALENTINO, RUDOLPH: II, 664
VALERCUSKI, IGNALLY: III, 409
VALESKI, TED: II, 598
VAN AMBURG, I, 457, 474
VAN BUREN, IV, 618
VAN BUREN, MARTIN (PRES.): I, 238, 239, 245, 386, 387, 582, 583 IV, 11
VAN DUSER, MARIE (MRS.): IV, 556
VAN DYKE, WARREN: II, 412
VAN ESSEN, II, 397
VAN HORN, (MR.): I, 298
VAN HORN, DORCAS: IV, 71
VAN HORN, ELIZABETH: IV, 65
VAN HORN, ELLEN H. MEANOR: IV, 65
VAN HORN, ELLEN: IV, 420
VAN HORN, GEORGE H.: IV, 65
VAN HORN, ISAIAH: IV, 71
VAN HORN, J. T.: I, 535
VAN HORN, JAMES T.: I, 395, 485; III, 217, 225; IV, 65, 420
VAN HORN, JAMES W.: IV, 65
VAN HORN, JANE: IV, 37, 433
VAN HORN, MARGARET: IV, 65

VAN HORN, MARY C.: IV, 269
VAN HORN, MARY: IV, 65, 420
VAN HORN, MIRIAM W.: IV, 455
VAN HORN, NANCY: IV, 321
VAN HORN, RACHEL: IV, 65
VAN HORN, S. C.: III, 345
VAN HORN, SAMUEL: IV, 455
VAN HORN, SARAH: IV, 459
VAN HORN, TABITHA LOGAN: IV, 71, 454
VAN HORN, WILLIAM: I, 306
VAN MEETER, III, 117
VAN METRE, IV, 29, 116, 378
VAN METRE, GARRETT: I, 434, 439, 440, 441, 444, 445, 446, 447, 448, 449; III, 53, 124, 125, 127, 128, 129, 135, 139, 144
VAN METRE, ISAAC: I, 445, 446
VAN METRE, JACOB: I, 446
VAN METRE, JOSEPH: I, 440, 445
VAN OOT, III, 332
VAN RAY, NICHOLAS: IV, 186
VAN ROWE, NICHOLAS: IV, 186
VAN SCOYOC, W. C.: III, 478
VAN SWEARINGEN, I, (CAPT.) 88, (CAPT.) 106; IV, (MISS) 75
VAN SWERINGEN, M. J.: II, 438
VAN SWERINGEN, O. P.: II, 438
VAN TASSELL, DONALD: II, 444, 445
VAN TRUMP, JAMES D.: II, 679
VAN ZANDT (DR.): I, 311
VAN ZANDT, I, 450
VAN, WAGNER: II, 405
VANDEMARK, WILLIAM N. (REV.): II, 79, 88
VANDERGRIFT, IV, 432
VANDERLUGT, PETER (CAPT.): II, 494
VANDERNECK, RICHARD: III, 623
VANDERSAAL, S. W.: II, 213
VANDERWATTER, HARRY: II, 542
VANDEVINDER, NICHOLAS: II, 28
VANHORN, II, 267, 271, 272
VANHORN, A. M.: II, 265
VANHORN, E. H. (MRS.): II, 87
VANLEAR, III, 114
VARE, II, (SENATOR) 396, (CONGRESSMAN) 400, 402
VARE, W. S.: III, 471
VARE, WILLIAM S.: II, 395
VARGO, STEVE: III, 639, 640
VARNAL, ROBERT: II, 756
VARNER, J. D.: II, 736
VARNER, JO ANN: III, 632, 633
VARNER, JOHN D.: II, 734, 738
VATH, ROY: IV, 434

VAUGHN, PHOEBE: IV, 222
VAUX, ROBERT: I, 280
VEECH, I, 592
VEIOCK, ISODEEN ELIZABETH: IV, 66
VELTRA, II, 252
VELTRA, JOSEPH: II, 249
VELTRE, FRANK: II, 249
VENDUS, S. G.: II, 541
VERIK, COLEMAN: II, 207
VERTZ, ELIZABETH: IV, 313
VERTZ, THOMAS: IV, 313
VIELE, AUNOT: 1, 14
VILLEMONTE, DOROTHY: IV, 226
VILLEMONTE, EULIALIA HANNA: IV, 227
VILLEMONTE, JAMES LEROY: IV, 227
VILLEMONTE, JAMES ROY: IV, 227
VINACKE, ANN: IV, 12
VINACKE, JOHN: IV, 12
VINACKE, SARAH A.: IV, 12
VINROE, N.: II, 139
VINTON, FRED: II, 196; III, 479
VIOLA, II, 76
VIOLI, DOMINIC (MRS.): III, 639
VIRONE, SALUATORE: III, 481
VIRTUE, SAMUEL W. (DR.): IV, 562
VIS, WILLIAM A.: II, 40
VOELKEL, RAY: II, 757
VOELKEL, SUSAN: II, 757
VOGEL, (FAMILY): II, 46
VOGEL, JOHN W.: II, 356
VOGEL, JOHN: III, 449, 451
VOGEL, WOLFGANG: III, 253
VOLSAGE, HENRY: I, 207
VON MOSCHZISKER, ROBERT (CHIEF JUSTICE): III, 469
VON STEUBEN, I, 101
VON, JOHN J.: I, 572
VOORHEES, ALAN M.: IV, 91
VORIS, II, 51
VRESILOVIC, JOHN: III, 639
VUCKOVICH, ANN PASTERNAK: IV, 270
VUCKOVICH, CAROL A.: IV, 270
VUCKOVICH, FRED R.: IV, 270
VUCKOVICH, JERRY M.: IV, 270
VUCKOVICH, JUDITH A. ELWELL: IV, 270
VUCKOVICH, WALTER S.: IV, 270
VUCKOVICH, WALTER STEPHEN: IV, 270
VUCKOVICH, WALTER: II, (D.A.) 781, 782; III, 574
WACHOB, I, 669
WACHOB, C. O.: II, 251

WACHOB, EVELYN: II, 542
WACHOB, J. S. (PROF.): I, 472
WACHOB, JAMES: IV, 255
WACHOB, JOHN H.: IV, 279
WACHOB, JOHN: I, 536
WACHOB, MARY A.: IV, 255
WACHOB, RACHEL ELIZABETH: IV, 279
WACHOB, ROBERT M.: II, 660
WACHOB, WILLIAM: III, 301
WACHOWSKY, DOLORES: IV, 298
WADAS, VANCE S.: IV, 196
WADAS, VICKI: IV, 196
WADAS, VICTORIA: IV, 196
WADAS, VINCENT E.: IV, 196
WADDELL, JOHN: II, 188, 197
WADDELL, MARGARET JANE: IV, 446
WADDELL, MARGARET: IV, 453
WADDELL, MARINDA J.: IV, 426
WADDELL, S.: I, 523
WADDING, (MRS.): III, 515
WADDING, LINCOLN: II, 80
WADDLE, MARINDA J.: IV, 277
WADDLE, MARY C.: IV, 351
WADDLE, SAMUEL: I, 185; II, 164
WADDLE, WILLIAM: I, 524
WADE, GEORGE N.: II, 728
WADE, JEREMIAH: IV, 318
WADE, MARY JANE: IV, 318
WADSWORTH, N.: IV, 608
WAFFLE, MARGARET: IV, 335
WAFFLE, WILLIAM: IV, 335
WAGNER, (SENATOR): II, 470
WAGNER, A. R.: IV, 46
WAGNER, ALTON R.: IV, (MRS.) 46, 46
WAGNER, ALTON RAY: IV, 47
WAGNER, ANN SIDES: IV, 47
WAGNER, ANNA MAY: IV, 47
WAGNER, ANNIE E. PENROSE: IV, 47
WAGNER, AUGUST DEWEY: IV, 47
WAGNER, BARBARA: IV, 223
WAGNER, BETSY: IV, 223
WAGNER, CHESTER LOGAN: IV, 47
WAGNER, D. E.: III, 475
WAGNER, DORA ADESSIA: IV, 47
WAGNER, ELIZABETH MCQUE: IV, 47
WAGNER, ELIZABETH: IV, 610
WAGNER, FLORENCE ELLEN: IV, 46
WAGNER, GEORGE HARRISON REYNOLDS: IV, 47
WAGNER, GEORGE: II, 13
WAGNER, IVA LAURA: IV, 47
WAGNER, J. S.: II, 149
WAGNER, JACOB: IV, 47

WAGNER, JAY ORD: IV, 47
WAGNER, JOHN MOWRY: IV, 47
WAGNER, JOHN: IV, 223
WAGNER, JOSEPH (RABBI): II, 551
WAGNER, LULA R.: IV, 47
WAGNER, MAE E. ANDERSON: IV, 47
WAGNER, MARY (MRS.): IV, 610
WAGNER, MARY A.: IV, 610
WAGNER, MARY LILLIAN: IV, 47
WAGNER, MICHAEL KARL: IV, 47
WAGNER, MICHAEL WALBECK (III): IV, 47
WAGNER, MICHAEL: IV, 47, (II) 47, (I) 47
WAGNER, OTIS JACOB: IV, 47
WAGNER, OTIS: II, 250
WAGNER, REBECCA VIOLA BYERS: IV, 47
WAGNER, SALLIE A.: IV, 88
WAGNER, SARAH JANE: IV, 313
WAGNER, SARAH PEARL: IV, 47
WAGNER, SARAH WALBECK: IV, 47
WAGNER, SUSAN EMMA: IV, 47
WAGNER, SUSAN: IV, 47
WAGNER, W. B.: II, 378, 379
WAGNER, WILLIAM BRUCE: IV, 46, 47
WAGNER, ZORA CLAIRE CAMPBELL: IV, 46
WAGNER, ZULA E.: IV, 47
WAGONER, I, 684
WAGONER, JOHN: I, 683
WAHLER, SAUL: III, 554, 559
WAHOB, JOHN: I, 664
WAHR, CORINNE MENK: II, 708
WAITE, HANNAH: IV, 136
WAITE, LINA BELLE: IV, 367
WAITE, MORRISON R.: II, 18; IV, 332
WAKEFIELD, I, 684
WAKEFIELD, ALBERT (DR.): IV, 318
WAKEFIELD, ALFRED N. (M.D.): IV, 317
WAKEFIELD, ANDREW: IV, 318
WAKEFIELD, ANNA GERTRUDE: IV, 299
WAKEFIELD, CAROLINE E.: IV, 452
WAKEFIELD, CAROLINE: IV, 300
WAKEFIELD, CATHERINE J.: IV, 300
WAKEFIELD, CLARA F.: IV, 452
WAKEFIELD, CYNTHIA PALMER: IV, 299
WAKEFIELD, CYNTHIA REBECCA: IV, 299
WAKEFIELD, D. W.: I, 280
WAKEFIELD, DAVID H.: IV, 317
WAKEFIELD, DAVID W.: I, 607

WAKEFIELD, DAVID: I, 144; IV, 300, 318, 452
WAKEFIELD, DELLA SUSAN: IV, 299
WAKEFIELD, ELIZABETH HOUGH: IV, 317
WAKEFIELD, ELIZABETH M.: IV, 452
WAKEFIELD, ELIZABETH MORTON: IV, 317
WAKEFIELD, ELIZABETH: IV, 39, 300, 369
WAKEFIELD, EMMA L.: IV, 300
WAKEFIELD, GEORGE WASHINGTON: IV, 452
WAKEFIELD, GILBERT: IV, 318
WAKEFIELD, GRACE WILDA: IV, 299
WAKEFIELD, HUGH CLINTON: IV, 299
WAKEFIELD, JACOB CLAIR: IV, 299
WAKEFIELD, JAMES B.: IV, (M.D.) 317, 452
WAKEFIELD, JAMES ELMER: IV, 299
WAKEFIELD, JAMES M.: IV, 299, 318
WAKEFIELD, JAMES: I, 144, 291, 295, 683; IV, 299, 300, 318, (REV.) 402
WAKEFIELD, JANE C.: IV, 452
WAKEFIELD, JANE CARNAHAN: IV, 300
WAKEFIELD, JANE LING: IV, 318
WAKEFIELD, JANE: IV, 300
WAKEFIELD, JENNIE: IV, 452
WAKEFIELD, JEREMIAH: I, 173; II, 12, 26; IV, 300, 318, 452
WAKEFIELD, JOANNA: IV, 318
WAKEFIELD, JOHN C.: IV, 299
WAKEFIELD, JOHN S. (REV.): IV, 317
WAKEFIELD, JOHN: I, 297; IV, 300, 318
WAKEFIELD, JOSEPH: I, 297
WAKEFIELD, JULIA CLARA: IV, 299
WAKEFIELD, LAURA FRANCES: IV, 299
WAKEFIELD, LUCINDA PALMER: IV, 452
WAKEFIELD, LUCINDA: IV, 305
WAKEFIELD, MARGARET: IV, 375
WAKEFIELD, MARTHA DIETZ: IV, 299
WAKEFIELD, MARTHA E.: IV, 452
WAKEFIELD, MARTHA: IV, 98
WAKEFIELD, MARTIN L.: IV, 452
WAKEFIELD, MARY (HOGUE): I, 144
WAKEFIELD, MARY CLARK: IV, 318
WAKEFIELD, MARY COVERT: IV, 317
WAKEFIELD, MARY E.: IV, 300
WAKEFIELD, MARY JANE CAMPBELL: IV, 452
WAKEFIELD, MARY JANE: IV, 318, 452
WAKEFIELD, MARY: IV, 300, 318, 369, 402

WAKEFIELD, MATTHEW: IV, 318
WAKEFIELD, MINA LICHTENFELS: IV, 299
WAKEFIELD, ROBERT: IV, 318, (I, II) 318
WAKEFIELD, SAMUEL: I,144, 292, 297, 298; IV, 300, (REV.) 317, 318
WAKEFIELD, SARAH ELIZABETH: IV, 299
WAKEFIELD, SARAH JANE: IV, 299
WAKEFIELD, THOMAS J.: IV, 299
WAKEFIELD, THOMAS P.: IV, 300
WAKEFIELD, THOMAS: I,159; IV, 39, 317, 318
WAKEFIELD, VIOLA EMMA: IV, 299
WAKEFIELD, WESLEY S.: IV, 452
WAKEFIELD, WILLIAM W.: IV, 452
WALAHAN, ELEANOR: IV, 88
WALBECK, ELIZABETH: IV, 47
WALBECK, MARIE ANN: IV, 595
WALBECK, SAMUEL: IV, 47
WALBECK, SARAH: IV, 47
WALBRIDGE, (MR.): IV, 62, 366
WALBRIDGE, H. J.: II, 224
WALBRIDGE, JANE: IV, 62, 366
WALDO, ALBIGENCE (M.D.): IV, 564
WALDO, BESSIE BERDAN: IV, 563
WALDO, CORNELIUS: IV, 564
WALDO, JEFFREY RALPH: IV, 563
WALDO, JOAN NOBLE: IV, 563
WALDO, JOCK ALAN: IV, 563
WALDO, KARLA ANN KING: IV, 563
WALDO, LYNN ELLEN: IV, 563
WALDO, PETER: IV, 563
WALDO, R. F. (DR.): III, 624
WALDO, RALPH FORDYCE: IV, (DR.) 563, 564
WALDO, RALPH FULLER: IV, 563
WALDO, SAMUEL LOVETTE: IV, 564
WALDO, WALLIAM ALBIGENCE: IV, 563
WALKENSHAW, J.: I, 345
WALKER,I, 118, 592; III, 17, 19, (GOV.) 227
WALKER, A. C.: IV, 558
WALKER, AGNES: IV, 158
WALKER, ALEX: III, 192
WALKER, BARBARA JEAN: IV, 575
WALKER, BENJAMIN: I, 119, (JR.) 120,127,174,177, 345, 346, (JR.) 346; IV, 96, 125, 325, 592
WALKER, CHARLES VICTOR: IV, 77
WALKER, CORA: III, 457
WALKER, DELLA MILLER: IV, 622
WALKER, DOLLIE: IV, 57
WALKER, EDGAR: II, 420

WALKER, ELIZABETH GENNETT: IV, 594
WALKER, ELIZABETH JOHNSTON: IV, 77
WALKER, ELIZABETH: IV, 125
WALKER, ELSIE: IV, 359
WALKER, FAYE: IV, 627
WALKER, HARRY: IV, 575
WALKER, J. (REV.): IV, 457
WALKER, J. M.: I, 650
WALKER, J. MARLIN: II, 170
WALKER, JAMES H.: II, 17
WALKER, JAMES M.: I, 645, 647
WALKER, JAMES: I, 120, 536 III, 19
WALKER, JOHN PARR: IV, 622
WALKER, JOHN: I, 539; IV, 245
WALKER, JOHNSTON: I, 644
WALKER, JOSEPH F.: II, 510
WALKER, JOSEPH W.: II, 380
WALKER, JOSEPH: I, 46
WALKER, JOSEPHINE: IV, 111
WALKER, KENNY: II, 475, 542
WALKER, M. C.: I, 470
WALKER, MARGARET CUNNINGHAM: IV, 592
WALKER, MARGARET: I, 159
WALKER, MARTHA E.: IV, 622
WALKER, MARY A.: I, 287, 304
WALKER, MARY AGNES: IV, 93
WALKER, MARY: IV, 356, 424, 592, 635
WALKER, MOSES: IV, 42
WALKER, NANCY J.: IV, 558
WALKER, NANCY: IV, 569
WALKER, P. W. (MISS): II, 44
WALKER, R. A.: II, 278, 305, 537; III, 56-P, 306-L, 550, 551
WALKER, ROBERT A.: II, 668
WALKER, ROBERT: I, 159, 177
WALKER, RUSTY: II, 532
WALKER, SAMUEL: III, 19; IV,111
WALKER, SARAH: IV, 42, 426
WALKER, SUSANNAH: IV, 245
WALKER, T. EDGAR: III, 449
WALKER, T. P.: II, 127
WALKER, THOMAS KERR: IV, 324
WALKER, THOMAS: I, 470, 524, 573, 580, 581, 586; IV, 324
WALKER, VIRGINIA (MRS.): II, 731
WALKER, W. PEARL: II, 291, 542; III, 443, 449
WALKINSHAW, I, 684
WALKINSHAW, H. W.: II, 93
WALKINSHAW, JOHN (PVT.): II, 381
WALKINSHAW, JOSEPH: IV, 424, 446

WALKINSHAW, MARGARET B.: IV, 424
WALKINSHAW, R. D.: I, 555, 561, 683
WALKINSHAW, ROBERT (CAPT.): IV, 201
WALL, MILES: II, 359
WALLACE, II, 126; IV, (MISS) 606
WALLACE, ABRAHAM: II, 260
WALLACE, ALPHOEN S.: IV, 194
WALLACE, ANN ELIZA: IV, 81
WALLACE, BENJAMIN: II, 292
WALLACE, CATHERINE: IV, 26
WALLACE, ELIZA ISABELLA: IV, 26
WALLACE, EMMA: II, 292
WALLACE, EPHRAIM: I, 501; II, 105; IV, 581
WALLACE, ESTHER: IV, 251
WALLACE, FLORENCE: II, 536
WALLACE, GEORGE C.: II, 737
WALLACE, H. W.: II, 539
WALLACE, HENRY: II, 727
WALLACE, J. C.: II, 266
WALLACE, JACOB: II, 105, 292
WALLACE, JAMES: I, 79; II, 504
WALLACE, JANE: IV, 26
WALLACE, JANET MCCULLOCH: IV, 581
WALLACE, JESSE A.: IV, 26
WALLACE, JOHN CRAIG: IV, 194
WALLACE, JOHN: I, 257; IV, 26, 305
WALLACE, JOSEPH: IV, 85,146
WALLACE, LAURA: IV, 26
WALLACE, LUELLA ELIZABETH SEANOR: IV, 194
WALLACE, M. FLORENCE: II, 801; IV, 194
WALLACE, M. J. (MRS.): III, 339
WALLACE, MARGARET: IV, 146, 294, 305
WALLACE, MARY FLORENCE: IV, 193
WALLACE, MARY: IV, 26, 194, 223
WALLACE, NANCY: IV, 26
WALLACE, PAUL (DR.): III, 549
WALLACE, PAUL A. W.: I, 31, 35
WALLACE, PETER: I, 364; IV, 26, 358
WALLACE, RACHEL: IV, 26
WALLACE, REBECCA: IV, 358
WALLACE, RICHARD: I, 97, 110, 112; IV, 26
WALLACE, ROBERT: IV, 581
WALLACE, SAMUEL: I, 61, 159, (DR.) 170, 357; IV, 26, (DR.) 211, 223
WALLACE, SARAH: IV, 75, 211, 581
WALLACE, THOMAS DAVIS: IV, 26
WALLACE, TODD: IV, 173
WALLACE, W. (JUDGE) II, 528
WALLACE, W. W.: I, 527; III, 227

WALLACE, W.: I, 397
WALLACE, WILLIAM (REV.): IV, 26
WALLACK, I, 104
WALLEN, MARIANNE: IV, 575
WALLER, IV, (DR.) 313
WALLER, A. B.: I, 211
WALLER, A. J. (JR. DR.): II, 308
WALLER, ANNA APPELMAN: IV, 416
WALLER, AVONEL LOUISA: IV, 572
WALLER, D. J. (DR.): III, 278, 329
WALLER, DAVID J.: II, 284, 285; IV, (DR.) 344, (JR.) 416
WALLER, DAVID JEWETT: IV, (JR., DR.) 415, (JR.) 416
WALLER, ELIZABETH: IV, 416
WALLER, HARRIET: IV, 416
WALLER, MABEL: II, 801; IV, 313, 416
WALLER, MARGARET: IV, 416
WALLER, RICHARD A.: IV, 572
WALLER, ROBERT P.: IV, 416
WALLEY, A. W.: II, 482
WALLS, MARTHA A.: IV, 596
WALSH, III, 90
WALSH, DEAN: II, 527
WALSH, FRANCIS: IV, 407
WALSH, HUGH: IV, 407
WALSH, LOUISE GILCHRIESE: IV, 407
WALSH, LUCY: IV, 407
WALSH, M. J.: II, (DR.) 525, 527, 528, 529, 530, 586
WALSH, MATTHEW JOHN (DR.): IV, 406, 407
WALTENBAUGH, VIOLA MAE: IV, 360, 592
WALTER, AMY E.: IV, 368
WALTER, BRUNO: II, 662
WALTER, BUZZ: II, 531
WALTER, DANIEL: I, 573; IV, 373
WALTER, EDWIN: IV, 368
WALTER, JACOB: IV, 455
WALTER, JOHN: IV, 567
WALTER, MARGARET J. (MRS.):
WALTER, MARGARETHA CATHERINE: IV, 455
WALTERS, EDNA: IV, 627
WALTERS, GERTRUDE E. M.: IV, 455
WALTERS, GIDEON: IV, 150
WALTERS, GRACE V. KERN: IV, 455
WALTERS, HARRY ELSWORTH: IV, 455
WALTERS, HARRY WILSON: IV, 455
WALTERS, MARGARET: IV, 567
WALTERS, NANCY: IV, 128
WALTERS, RACHEL: IV, 567
WALTERS, ROYCE E.: IV, 302, (DR.) 455, 456

WALTERS, ROYCE: II, (DR.) 678, 707; III, 645; IV, 562
WALTERS, RUTH I. SHIREY: IV, 455
WALTERS, RUTH SHIREY: IV, 456, 562
WALTERS, SARAH L.: IV, 150
WALTERS, TODD R.: IV, 455
WALTERS, TODD: IV, 562
WALTHOUS, EDNA (MISS): II, 281
WALTON, I, 125
WALTON, OLLIE: III, 281
WALTOUR, ELIZABETH: IV, 446
WANAMAKER, II, 262
WANAMAKER, JOHN: IV, 333, 410
WANECK, HANK: II, 611
WANG, LAN: IV, 132
WANNETT, ANDREW: IV, 569
WANNETT, JULIA: IV, 569
WANNETT, JULIE: IV, 569
WAPEE (WIPEY), JOSEPH: I, 9
WARD, III, 391, 395, 397, 398; IV, 200
WARD, EDWARD: I, (CAPT.) 46, (MAJOR) 73 & 74
WARD, GERTRUDE (MRS.): III, 365
WARD, JANE: IV, 105
WARD, PAULINE: IV, 12
WARD, ROBERT H.: IV, 12
WARD, T. E.: III, 391
WARD, WALTER: II, 502
WARDEN, EMILY A.: IV, 221
WARDEN, EMORY: II, 387, 388
WARDEN, JOHN A.: II, 424
WARDEN, MARGARET E.: IV, 455
WARDEN, MARY: IV, 221
WARDEN, WILIAM: IV, 221
WARDROP, DOROTHY LOUISE: IV, 621
WARDROP, W. B.: II, 195
WARE, LYNN: II, 300
WARFEL, III, 328
WARFORD, (MR.): I, 321
WARGO, ANNE: IV, 572
WARNER, (MISS): IV, 178
WARNER, DOROTHY M.: II, 801
WARNER, DOROTHY MELSENA: IV, 177
WARNER, EFFIE ALICE MOORE: IV, 178
WARNER, EVELYN: IV, 582
WARNER, HARRY STEELE: IV, 178
WARNER, HELEN CAROLINE: IV, 178
WARNER, ISAAC W.: IV, 178
WARNER, ISAAC: III, 302
WARNER, JOHN W.: II, 235, 278, 375, 451, 458, 459, 462, 477, 478, 480, 494, 558, 635; III, 336
WARNER, JOHN: II, 543

WARNER, MELSENA CHRISTINA FURMAN: IV, 178
WARNER, PETER: IV, 178
WARNICK, ELIZABETH: IV, 11, 134, 322, 554
WARNOCK, WILLIAM: I, 554, 555
WARREN, BARRY: IV, 551
WARREN, BENJAMIN H.: IV, 551
WARREN, BENJAMIN: III, 114, (BEN) 148
WARREN, BENJIAH: I, 536
WARREN, BONNIE: IV, 551
WARREN, DENNIS: IV, 551
WARREN, EDNA P. STRAYER: IV, 552
WARREN, J. K.: I, 487
WARREN, MARJORIE J. COLLIVER: IV, 551
WARREN, NANCY: IV, 551
WARREN, RANDALL: IV, 551
WARREN, ROBERT O.: IV, 552
WARREN, ROBERT: IV, 551
WASHBURN, BERTHA ABIGAIL: IV, 232
WASHBURN, ELMER EDSON: IV, 232
WASHBURN, GLADYS: II, 801; IV, 99, 231, 232
WASHBURN, ISRAEL: IV, 309
WASHBURN, MARY E.: IV, 309
WASHINGTON, III, (CAPT.) 161; IV, (GEN.) 35, 172
WASHINGTON, BOOKER T.: II, 354; III, 354
WASHINGTON, GEORGE: I, 43, 71, 81, 86, 88, 89, 93, 101, 109, 111, 123, 150, 156, 236, 263, 268, 269; II, 536; III, 29, 31, 175, 202; IV, 69, 81, 122, (GEN.) 342, 564
WASON, HUGH: I, 119; III, 16, 17
WASON, JERRY: III, 17, 18
WASON, JOSEPH: I, 119
WASS, II, (REP.) 647, (MR.) 741, 742, 745, 746, 747
WASS, METRO: IV, 46
WASS, PAUL: II, 609, 737, 738, 744, 745, 782, 788, 804; III, 574; IV, 45, 46
WASS, VICKI LEE: IV, 46
WASS, VICKI: II, 742
WASS, VIRGINIA ILEAN MEARS: IV, 46
WASSAM, ADDA WILT: IV, 582
WASSAM, CHARLES E.: IV, 582
WASSAM, FORD: IV, 615
WASSAM, GRACE: IV, 615
WASSAM, NELLIE E.: IV, 582
WASSON, I, 126
WATERMAN, L. S.: IV, 105
WATERMAN, PARMELIA: IV, 105
WATERSON, J. S.: I, 642

WATERSON, JOHN S.: I, 560
WATKINS, II, 394
WATSON, II, 264, (COL.) 391, 572; III, 302, 308, 310, 482; IV, (WHITE & CO.) 121, (COL.) 268, (MR.) 278, 423
WATSON, ALDA JEAN FRANKLIN: IV, 268
WATSON, ALEXANDER PATTISON: IV, 277
WATSON, ALEXANDER: IV, 426
WATSON, ANN: IV, 278
WATSON, ANNA MABEL: IV, 277
WATSON, CATHERINE HELEN: IV, 277
WATSON, E. S.: II, 11
WATSON, ELIZABETH: IV, 365
WATSON, HARRY: IV, 103
WATSON, HESTER AMELIA: IV, 277
WATSON, ISABELLA J.: IV, 278
WATSON, ISABELLA JANE: IV, 277
WATSON, J. P.: II, 323
WATSON, JAMES HERMAN: IV, 277
WATSON, JAMES: II, (LT.) 565; IV, 230, 277, 278
WATSON, JANE THOMPSON: IV, 278
WATSON, JANE: IV, 278
WATSON, JEANNE STOBER: IV, 268
WATSON, JENNIE: IV, 442
WATSON, JOHN: IV, 278
WATSON, JULIA W.: II, 391
WATSON, JULIA WHITE: II, 420, 565
WATSON, JULIET E. WHITE: II, 350
WATSON, JULIET EUGENIE: IV, 277
WATSON, JULIET: IV, 268
WATSON, M. C.: II, 17, 186, 202, 240, 268, (MRS.) 271, 272, 273, 298, 329, 339, 341, 455; III, 305; IV, 103, 160, 191, 202-N, 277
WATSON, M. S.: II, 260
WATSON, MAE EVALINE: IV, 426
WATSON, MAIDEE: IV, 277
WATSON, MARGARET MCCLELLAND: IV, 278
WATSON, MARGARET: IV, 278, 359
WATSON, MARINDA J.: IV, 277, 426
WATSON, MARY CLARK: IV, 277
WATSON, MARY GENEVIEVE: IV, 277
WATSON, MARY PATTISON: IV, 277
WATSON, MARY: IV, 230, 278, 631
WATSON, MATTHEW C.: IV, 268
WATSON, MATTHEW CLARK: IV, 268, 276, 277
WATSON, MATTHEW: IV, (SR.) 278, (JR.) 278
WATSON, NANCY: IV, 37
WATSON, R. W. (CAPT.): II, 255
WATSON, REBECCA P. WILSON: IV, 278
WATSON, RICHARD W.: II, 391, 397, 420; IV, (JR.) 268, 268, 273
WATSON, RICHARD WHITE: II, 385 (MAJ.); IV, 267, 277
WATSON, ROBERT: IV, 278
WATSON, T. C.: III, 440
WATSON, THOMAS: I, 401; IV, 278
WATSON, WILLIAM MARK HAMILTON: IV, 277
WATSON, WILLIAM: IV, 278
WATT, (JUDGE): I, 462; IV, 60, 61
WATT, ANNA: IV, 61
WATT, CASHIER: III, 313, 314
WATT, ELIZA C.: IV, 61
WATT, EMMA: IV, 61
WATT, HARRY: IV, 61
WATT, I. M.: I, 243, 477, 513, 546, 552, 637, 642, 668
WATT, ISAAC M.: I, 535, 589; IV, 60, 554
WATT, ISABELLA: IV, 61
WATT, J. M.: II, 341; III, 281
WATT, JAMES M.: II, 231
WATT, JAMES: IV, 29, 61
WATT, JANE MCKENNAN: IV, 61
WATT, JANE: IV, 554
WATT, JOHN WESLEY: II, 358
WATT, JULIA: IV, 61
WATT, LAURA: IV, 61
WATT, MARTHA: IV, 61
WATT, MARY J.: IV, 61
WATT, NETTIE E. JAMISON: IV, 61
WATT, NETTIE: III, (MRS.) 257; IV, 29
WATT, RILLA: IV, 61
WATT, SARAH: IV, 61
WATTERING, MINTA C.: IV, 7
WATTERSON, J. S.: I, 533, 602
WATTERSON, LYMAN S.: I, 229
WATTS, ELEANOR: IV, 9
WATTS, FREDERICK: I, 411, 417; III, 159
WATTS, ISAAC M. (MRS.): III, 115
WAUGAMAN, FLORA B.: II, 216
WAUGAMAN, FLORENCE: II, 801
WAUGAMAN, M. R.: III, 281
WAUGH, JANE: IV, 370
WAXLER, LINDA BRIGMAN: IV, 626
WAXLER, LOTTIE LEILA HUMBLER-INN: IV, 626
WAXLER, LOUISE E. COMINS: IV, 625
WAXLER, ROBERTA L.: IV, 625
WAXLER, SARAH GORDON: IV, 625
WAXLER, SARAH L.: IV, 625
WAXLER, SAUL: IV, 625, 626
WAXLER, WILLIAM: IV, 625

WAYNE, "MAD ANTHONY" (GEN.): I, 124, 127
WAYNE, (GEN.): IV, 369
WEAKLIN, GUSSIE: IV, 273
WEAMER, ABRAHAM: IV, 610
WEAMER, ADAM: IV, 610
WEAMER, AL: III, 265
WEAMER, ALEXANDER: IV, 610
WEAMER, ANDREW: IV, 610
WEAMER, ANNA M. SYLVIS: IV, 83
WEAMER, BONIFACE: I, 538
WEAMER, CORNELIA: II, 562
WEAMER, DANIEL: IV, 610
WEAMER, DAVID: IV, 83, 610
WEAMER, ELIZA STEAR: IV, 610
WEAMER, ELIZABETH MENCH: IV, 610
WEAMER, ELIZABETH WAGNER: IV, 610
WEAMER, EMMA: IV, 613
WEAMER, GEORGE: IV, 610
WEAMER, ISABELLA MAHON: IV, 610
WEAMER, J. S. (DR.): II, 370
WEAMER, JACOB: I, 587; IV, 610
WEAMER, JOHN: I, (JR.) 637; IV, 124, (SR.) 610
WEAMER, JOSEPH: IV, 610
WEAMER, LOUISA CLARK: IV, 610
WEAMER, LOUISA: IV, 610
WEAMER, MARGARET JOHN: IV, 610
WEAMER, MARGARET ROOF: IV, 610
WEAMER, MARTHA MILLER: IV, 610
WEAMER, MARY A. WAGNER: IV, 610
WEAMER, MARY GETTY: IV, 610
WEAMER, MARY: IV, 610
WEAMER, MATILDA REPINE: IV, 610
WEAMER, NANCY SHANKS: IV, 610
WEAMER, NANCY: IV, 610
WEAMER, SARAH: IV, 610
WEAMER, SILAS C.: IV, 613
WEAMER, SUSAN: IV, 610
WEAMER, W.: I, 625
WEAMER, WILLIAM: IV, 610
WEAVER, I, 636; II (MR.) 109, 257, 539; IV, (MR.) 158
WEAVER, BEN: I, 247
WEAVER, BERNARD (MRS.): IV, 548
WEAVER, CAROL SUZANNE: IV, 592
WEAVER, CATHERINE WHITE: IV, 158
WEAVER, DAVID: IV, 446
WEAVER, DIXON: III, 346
WEAVER, EDWARD: III, 544
WEAVER, F. R.: III, 195
WEAVER, H. S.: II, 322, 357
WEAVER, HENRY: III, 346
WEAVER, IDA: II, 188
WEAVER, J. E.: II, 279
WEAVER, J. H.: II, 188, 319
WEAVER, JAMES B.: II, 12
WEAVER, JOHN HEIL: II, 196
WEAVER, JOHN: I, (JR.) 459, 563; IV, 446
WEAVER, MARGARET: IV, 345
WEAVER, MARTHA: IV, 446
WEAVER, MARY CATHERINE: IV, 148
WEAVER, MARY JANE: IV, 446
WEAVER, MARY: II, 188
WEAVER, SOLOMON: III, 371
WEAVER, W. C. (REV.): III, 257
WEAVER, WILLIAM H.: II, 137
WEBB, DEBORAH: II, 756
WEBB, NELL: II, 627
WEBB, STANFORD: III, 577
WEBB, W. B.: II, 236
WEBER, II (MR.) 738
WEBER, C. J.: II, 186
WEBER, CHARLES: II, (DR.) 632, 734, 737
WEBER, DENISE: II, 681
WEBER, ESTELLA: IV, 215
WEBER, JANE I.: IV, 622
WEBRIS, E. N.: III, 427
WEBSTER, BERT C.: IV, 594
WEBSTER, CLAUDE: III, 474
WEBSTER, ELLEN J.: IV, 594
WEBSTER, G. R.: III, 474
WEBSTER, JOHN M.: I, 634
WEBSTER, JOHN MURRAY: IV, 612
WEBSTER, SARA ELVERTA: IV, 612
WEDDELL, (MR.): II, 243
WEED, THURLOW: I, 223
WEEKS, II, 407
WEEKS, ADELINE: IV, 126
WEGLEY, ABRAHAM: IV, 394
WEGLEY, CHRISTINA BRINEY: IV, 394
WEGLEY, CHRISTINA JOHNSTON: IV, 394
WEGLEY, CHRISTINA: IV, 394
WEGLEY, ELIZABETH HEASLEY: IV, 394
WEGLEY, ELIZABETH: IV, 394
WEGLEY, FRED: II, 148
WEGLEY, JACOB: IV, 394
WEGLEY, JOHN: IV, 394
WEHRLE, BONA: I, 495
WEHRLE, R. W.: I, 5; II, 144, 244, 304, 463, 513, 536
WEHRLE, RICHARD: III, 340
WEHRLE, WILL: II, 97
WEHRUM, HENRY: II, 184

WEIBLE, ELIZABETH: IV, 27
WEIBLE, MAY: IV, 339
WEICKER, IRMA MARY: IV, 193
WEIMER, ROGER B.: II, 805
WEINELL, ANNIE: III, 457
WEINER, FRANK (DR.): II, 700
WEINIG, KATHARINE: IV, 350
WEIR, I, 636; III, (MRS.) 234
WEIR, AARON: I, 661
WEIR, ARCHIBALD: I, 246, 386; IV, 49, 559
WEIR, CATHARINE A.: IV, 346
WEIR, GEORGE: I, 160
WEIR, H. W.: I, 624, 627, 658, 659, 683; IV, 346
WEIR, HUGH W.: I, 622, 666
WEIR, JANE COLEMAN: IV, 559
WEIR, JANE: IV, 49
WEIR, JOHN: I, 476, 619, 628; II, 10, 258; III, 196, 252
WEIR, MARY JANE: IV, 559
WEIR, ROBERT: I, 84
WEIR, SARAH: IV, 375
WEISER, CONRAD: I, 36, 38, 39, 40, 42, 44, 84-I, 314
WEISS, JEAN: IV, 592
WEISS, LENA: IV, 547
WEISS, NELLE: IV, 99
WEITZEL, FRED: II, 487
WEITZEL, J. C.: IV, 188
WEITZEL, MARION: IV, 188
WELCH, F. D.: II, 548
WELCH, JOAN L.: IV, 69
WELCH, JOHN: I, 57
WELCH, LEONARD E.: IV, 69
WELCH, LOUISE: IV, 69
WELCH, SARAH: IV, 347
WELCH, SYLVESTER: I, 195, 322, 327; IV, 347
WELLER, E. A.: IV, 398
WELLER, MADGE E.: IV, 398
WELLING, D. S. (REV.): I, 299, 309
WELLMAN, H. M. (DR.): II, 270, 344, 345; IV, 393
WELLMAN, HOMER M. (DR.): III, 367
WELLS, ARRON: IV, 76
WELLS, D. C.: II, 265
WELLS, DAVID: II, 151
WELLS, ELIZABETH PIERCE: IV, 76
WELLS, ELMER U.: IV, 76
WELLS, FREDA LARUE: IV, 176
WELLS, HOWARD M.: IV, 76
WELLS, JAMES A.: IV, 76
WELLS, JAMES: IV, 76

WELLS, JOHN C.: I, 600; III, 431, 439; IV, 76
WELLS, JOHN CLARK: IV, 75
WELLS, JOHN J.: II, 146
WELLS, LAURA: IV, 613
WELLS, LLOYD G.: IV, 75
WELLS, MARGARET E: IV, 75
WELLS, MARIA K. LEWIS: IV, 75
WELLS, MARTHA J.: IV, 75
WELLS, SARAH J. REISH L: IV, 75
WELSH, FRANK D.: II, 470
WELSH, MARTHA: IV, 91
WELTY, (DR.): II, 723, 725
WELTY, JOHN (DR.): II, 631
WELTY, JOHN D.: (DR.) 708, 712, 714
WEMER, (WEAMER) JACOB: I, 509
WENTZEL, MARY: IV, 570
WERKHEISER, W. H.: II, 93
WERTHEIMER, CHARLES: II, 804
WERTS, LUELLA: IV, 56
WEST, CLARENCE: III, 539
WEST, F. W.: II, 234
WEST, FRANK W.: II, 210
WEST, ISABELLE: IV, 134
WESTBROOKE, LAURA M.: IV, 4
WESTBROOKE, NATHAN B.: IV, 4
WESTFALL, GEORGE: IV, 623
WESTFALL, MARY FOLEY: IV, 623
WESTFALL, WANDA: IV, 623
WESTLAKE, I, 669, 670, 690
WESTLAKE, ADA A. (MRS.): I, 477
WESTLAKE, J. WILLIS: I, 477, 622; III, 221
WESTLAKE, SMITH: I, 464
WESTLAKE, WILLIS (PROF.): I, 458, 464, 633; III, 384-H
WESTON, ELIZABETH: IV, 592
WESTON, IDA LEILA: IV, 321
WESTON, JESSIE C.: IV, 317
WESTON, JOHN: I, 102, 104; III, 26, 27, 260
WESTON, MINA: III, 458
WESTON, RICHARD: I, 102, 103, 104; III, 26
WESTOVER, HEBER: II, 425
WESTOVER, OLIVER J.: III, 321
WETMORE, JOE: II, 239
WETTLING, ANNIE K.: IV, 31
WETTLING, ELIZABETH: IV, 11
WETTLING, EMMA: IV, 186
WETTLING, FRED: II, 99; IV, 31
WETTLING, GLADYS: IV, 11
WETTLING, JACOB: II, 264; III, 396, 398; IV, 11
WETTLING, JOHN R.: IV, 11

WETTLING, JOHN: IV, 11
WETTLING, MABEL: IV, 216
WETTLING, MARIE A.: IV, 11
WETTLING, N. F.: II, 329
WETTLING, W. F.: II, 221, 222, 293, 298, 430
WETTLING, W. FRED: III, 484, 485
WETZEL (WEITZEL?), W. F.: II, 344
WETZEL, II, 126
WETZEL, ALICE REBECCA BEATTY: IV, 148
WETZEL, CHARLES SUMNER: IV, 148
WETZEL, DORINDA GRIFFITH: IV, 148
WETZEL, EARL: IV, 353
WETZEL, ELAINE VIRGINIA: IV, 148
WETZEL, ELEANOR WILLIAMS: IV, 148
WETZEL, ELIZA WEAVER HORTON: IV, 148
WETZEL, ELIZABETH STORMER PEFFER: IV, 148
WETZEL, ERNEST STEWART: IV, 148
WETZEL, ESSIE AUL: IV, 148
WETZEL, EVA OPAL VIRGINIA SPENCE: IV, 148
WETZEL, GARNETT FISHER: IV, 148
WETZEL, GEORGE ROSS: IV, 148
WETZEL, GEORGE RYNEHART: IV, 148
WETZEL, GERALD HENRY: IV, 148
WETZEL, HARRY: IV, 148
WETZEL, HENRY HARRISON: IV, 148
WETZEL, HENRY: IV, 148
WETZEL, IVA BLANCHE PEFFER: IV, 148
WETZEL, JAMES W.: IV, 148
WETZEL, JEAN VERNE: IV, 353
WETZEL, JOHN: IV, (JR.) 148, (SR.) 148
WETZEL, KATHLEEN ANN JOYNER: IV, 148
WETZEL, LEWIS GRIFFITH: IV, 148
WETZEL, LEWIS: IV, 148
WETZEL, LINDA MCCAIN: IV, 148
WETZEL, LOIS CRIBBS: IV, 148
WETZEL, MARGARET ELINOR: IV,148
WETZEL, MARY BONNETT: IV, 148
WETZEL, MARY CATHERINE WEAVER: IV, 148
WETZEL, MARY E.: IV, 148
WETZEL, MARY ELIZABETH WORK: IV, 148
WETZEL, MARY ELIZABETH: IV, 148
WETZEL, MARY SUTOR: IV, 148
WETZEL, MARY W.: III, 457
WETZEL, OPAL MARY: IV, 148
WETZEL, PAUL WALLACE: IV, 148

WETZEL, PERRY HUNTER: IV, 148
WETZEL, RICHARD SHERWOOD: IV, 148
WETZEL, S. S.: II, 126; IV, 148
WETZEL, SAMUEL SHERWOOD: IV, 148
WETZEL, SARAH AMANDA: IV, 148
WETZEL, SARAH YOST: IV, 148
WETZEL, SARAH: IV, 236
WETZEL, SHERWOOD S.: II, 129
WETZEL, SILAS CLARK: IV, 148
WETZEL, VIRGINIA TILBROOK: IV, 148
WETZEL, W. S.: II, 460, 461
WETZEL, WENDELL: II, 636
WETZEL, WILDA JEAN FYOCK: IV, 148
WETZEL, WILLIAM DWIGHT: IV, 148
WETZEL, WILLIAM SHERWOOD: IV, 147, 148
WEYANDT, CARL S.: IV, 623
WEYANDT, FRANCES ECKHARDT IV, 623
WEYANDT, JOHN JACOB: IV, 623
WEYANDT, KATHLEEN GRESOCK: IV, 623
WEYANDT, WANDA WESTFALL: IV, 623
WEYANDT, WINFIELD SCOTT: IV, 623
WEYGANDT, MARIE ELIZABETH: IV, 228
WHALEY, ELIZABETH: IV, 434
WHARTON, I, 93, 97, 105
WHARTON, ELIZA: I, 268
WHARTON, JOSEPH : II, 181, 182; IV, 80
WHEATON, CATHERINE: IV, 594
WHEELER, III, 319; IV, (MR.) 373
WHEELER, A. N.: I, 438
WHEELER, C. B.: I, 276, 516-J
WHEELER, ELLEN: IV, 373
WHEELER, EUNICE: IV, 432
WHEELER, JOHN: II, 252
WHEELER, JONAS M.: I, 232
WHEELER, MARIAN: I, 44
WHEELER, SENATOR: II, 470
WHERRY, W. G. (CAPT): II, 493
WHIG, JEFFERSON: IV, 60
WHISSEL, B.: I, 452
WHISSEL, CONRAD: II, 64; III, 256
WHISSEL, Z.: II, 65
WHISTLE, MART (MRS.): III, 417-19
WHITAIRE, EMOGENE: II, 567
WHITE EYES, (CHIEF): I, 87, 106
WHITE EYES, CHESTER: II, 460

WHITE, (JUDGE): II, 67, 203, 250, 252, 257, 262, 263, 264, 294, 354; IV, 113, 115, 116, (BENCH JUDGE) 117, 118, 119, 120, 170, 171

WHITE, II, iii, vi, 11, (DR.) 347; III, 62 (& THOMPSON) 302; IV, 44, 113, 114, (MRS.) 116, 118, 119, & 120; IV, (WATSON & & CO.) 121, (MAJOR) 166 & 167, (GEN.) 168 & 169, (FAM) 202-L, (MR.) 326

WHITE, ALEX M.: I, 286, 651, 652; IV, (ALEXANDER M.) 121 & 173

WHITE, ALEXANDER PERCY: IV, 121

WHITE, ALEXANDER: I, 245, 358; III, 127; IV, 118, 120, 121, 122, 202-B

WHITE, ALMA MABEL: IV, 121

WHITE, ANN: IV, 196, 335

WHITE, ANNA LENA SUTTON: IV, 172, 243

WHITE, ANNETTE: IV, 121

WHITE, BENJAMIN: III, 40

WHITE, C. B. M. (MRS.): II, 170; IV, 113, 171

WHITE, C. F.: II, 402

WHITE, CARL A.: II, 621

WHITE, CARL: III, 649

WHITE, CATHERINE BROOKS MCCONNELL: IV, 113

WHITE, CATHERINE BROOKS: IV, 122, 159, 202-G

WHITE, CATHERINE SIBYL: IV, 120

WHITE, CATHERINE: IV, 121

WHITE, CHARLES: I, 523

WHITE, CLARENCE B.: IV, 121

WHITE, D. N.: IV, 30

WHITE, DOLLY: IV, 223

WHITE, E.: I, ii; IV, 94

WHITE, EDWARD: II, (COL.) 91, 92; IV, 94, 154

WHITE, ELIZABETH SAVAGE: IV, 113

WHITE, ELIZABETH: IV, 122, 292, 348

WHITE, ERNEST MILTON: IV, 121

WHITE, FLORENCE MARTHA MCQUIGG: IV, 172

WHITE, GENEVIEVE ALICE: IV, 120

WHITE, GEORGE WASHINGTON: IV, 122

WHITE, HARRY (see list separate sheet)

WHITE, HASTINGS: IV, 122

WHITE, HELEN: II, 307; IV, 172

WHITE, HELENE MAYNARD: IV, 121

WHITE, HENRY LLOYD: IV, 122, 165

WHITE, HERBERT E.: IV, 121

WHITE, HERMAN RICHARD: IV, 120

WHITE, HERMAN: IV, 121

WHITE, J. H.: II, 501

WHITE, J. W.: II, 470

WHITE, JAMES: II, (DR.) 73 & 74; IV, 292

WHITE, JANE BURKE: IV, 122

WHITE, JANE: IV, 106, 163, 236

WHITE, JESSICA B. KERR: IV, 172

WHITE, JOHN E.: IV, 223

WHITE, JOHN W. (REV.): II, 79

WHITE, JOHN: I, 96, 117, 159, 262, (REV.) 492; II, 201, (S/SGT) 576; IV, 122

WHITE, JOSEPH: I, 174, 345; IV, 44, (REV.) 163

WHITE, JULIET E.: II, 350

WHITE, JULIET EUGENIE: IV, 120, 277

WHITE, JULIET: II, 420; IV, 119, 121, 122, 268

WHITE, KATHERINA HELENA: IV, 277

WHITE, KATHRINA: IV, 121

WHITE, KATIE REGINA: IV, 121

WHITE, LYDIA: IV, 44

WHITE, MABEL T.: IV, 171

WHITE, MABEL THERESA: IV, 120, 191

WHITE, MARIE LOUISA PARKER: IV, 121

WHITE, MARY DURANG: IV, 113

WHITE, MARY: IV, 122, 437

WHITE, MAXIMILIAN: IV, 120

WHITE, MORTON: III, 503

WHITE, PHILLIP C. (DR.): III, 637

WHITE, REBECCA J.: IV, 196

WHITE, RICHARD: I, 628, 651, 653, 655; III, 127, 339; IV, (COL.) 41, IV, 118, 120, 121, 122, (MRS.) 169, (COL.) 191, 202-B, (COL.) 277

WHITE, ROBERT (REV.): IV, 437

WHITE, SARAH ELEANOR: IV, 122

WHITE, SARAH ELINOR PERRY: IV, 122

WHITE, SARAH: IV, 261

WHITE, SUSAN: IV, 380

WHITE, T. C. (DR.): II, 307

WHITE, T.: I, 523

WHITE, THOMAS (see separate list)

WHITE, THOMAS D.: III, 541

WHITE, THOMAS H.: I, 206

WHITE, VIRGINIA: IV, 172

WHITE, WASHINGTON: I, 270

WHITE, WILLIAM A.: III, 55

WHITE, WILLIAM W.: IV, 196

WHITE, WILLIAM: I, 54, 247; III, 2; IV, 196

WHITE-HITCHCOCK, VIRGINIA (MRS.): III, 344

WHITED, CHARLES: II, 808

WHITED, SAMUEL: I, 565, 566

WHITEMAN, PAUL: II, 545

WHITESAL, PHILIP: I, 345

WHITESELL, HARRY: II, 323

WHITESIDE, II, 271
WHITFORD, SARAH ELEANOR: IV, 122
WHITFORD: GEORGE (SIR): IV, 122
WHITHAM, ELIZABETH C.: IV, 269
WHITHAM, LUTHER B.: IV, 269
WHITLEY, ROBERT: I, 262
WHITMYRE, DEAN: IV, 435
WHITMYRE, GEORGE: IV, 435, 436
WHITMYRE, JEAN MCILROY: IV, 435
WHITMYRE, KATHERINE: IV, 435
WHITMYRE, MARGARET: IV, 436
WHITMYRE, WALTER M. (JR.): IV, 435
WHITMYRE, WALTER MURRAY: IV, 435, 436
WHITNEY, II, 17
WHITTAKER, JANE: IV, 594
WHITTAKER, LINCOLN: IV, 594
WHITTIER, JOHN GREENLEAF: I, 405
WHITTIER, PAULINE: IV, 577
WHITTING, ISAAC (REV.): I, 491
WHITTLE, RUBY MAY: II, 576
WICHAL, A.: III, 215
WICKERSHAM, II, (STATE SUPER.) 52; III, 237, 238, 241
WICKERSHAM, J. P.: III, 238; IV, (DR.) 399
WIDA, MIKE: II, 630
WIDDOWSON, C. W. (MRS): II, 486
WIDDOWSON, ELECTA: IV, 320
WIDDOWSON, ELIZABETH LYDICK: IV, 622
WIDDOWSON, EMMA S.: IV, 276
WIDDOWSON, F. R.: II, 344
WIDDOWSON, JOSEPH L.: IV, 276
WIDDOWSON, JOSIAH: II, 361
WIDDOWSON, MARIE: II, 404, 406, 686; IV, 233
WIDDOWSON, MARY AMANDA: IV, 622
WIDDOWSON, MARY JANE: IV, 238
WIDDOWSON, THOMA,S: IV, 622
WIDDOWSON, WILLIAM: II, 137
WIDMEYER, JOHN HOMER: IV, 56
WIDMEYER, RUTH: IV, 56
WIER, ARCHIBALD: I, 201
WIER, GEORGE: I, 161; III, 49
WIER, H. W.: IV, 628
WIER, HUGH: III, 224
WIER, MARY: IV, 260
WIER, RACHEL: IV, 88, 260
WIER, REBECCA: IV, 260
WIGGINS, (MISS): II, 485
WIGGINS, ADELAIDE CRAIGEN: IV, 603
WIGGINS, ALEXANDER: I, 47
WIGGINS, BLANCHE KEYES: IV, 603
WIGGINS, COULTER: IV, 602, 603
WIGGINS, ELIZABETH COLTER: IV, 603
WIGGINS, ELIZABETH LYTLE: IV, 603
WIGGINS, ELLEN: IV, 603
WIGGINS, ELSA BEATRICE: IV, 603
WIGGINS, EMILIE ISELIN (MRS.): II, 612
WIGGINS, HUBERT: IV, 603
WIGGINS, JAMES W. ROBERT: IV, 603
WIGGINS, JAMES W.: IV, 603
WIGGINS, JAMES: III, 346
WIGGINS, JANE ELIZABETH: IV, 603
WIGGINS, JEMIMA: IV, 603
WIGGINS, LAURA J. (MISS.): II, 474, 480
WIGGINS, LENA ANN: IV, 356
WIGGINS, LYDIA STEETLE: IV, 603
WIGGINS, LYDIA: IV, 44
WIGGINS, MALINDA C.: IV, 603
WIGGINS, MARGARET: IV, 236, 603
WIGGINS, MARGARETTA: IV, 603
WIGGINS, MARTHA: IV, 443
WIGGINS, ROBERT HARRISON: IV, 603
WIGGINS, ROBERT: I, 511; IV, 603
WIGGINS, SAMUEL: I, 174; IV, 356, 603
WIGGINS, THOMAS: IV, 603
WIGGINS, WALTER: III, 262-K
WIGGINS, WILLIAM E.: IV, 443
WIGGINTON, JACK H. (JR.): IV, 585
WIGGINTON, PATRICIA ANN: IV, 585
WILBURN, II, (ALL DR.) 711, 715, 716, 717, 718, 720, (MRS.) 720; IV, (DR.) 91
WILBURN, ANNABEL GRACE MCWHERTER: IV, 91
WILBURN, JASON ROBERT: IV, 91
WILBURN, JOHN A.: IV, 91
WILBURN, MARTHA WELSH: IV, 91
WILBURN, MONICA AGNES: IV, 91
WILBURN, NELSON: IV, 91
WILBURN, PATTI ELLEN ZUIDEMA: IV, 91
WILBURN, ROBERT (DR.): II, 659, 707, 744
WILBURN, ROBERT C.: II (PRES.) 675, (DR.) 712; III, (DR.) 645; IV, 91
WILBURN, ROBERT CHARLES: IV, 90
WILCOX, (CAPT.): I, 268
WILCOX, GLORIA: IV, 592
WILCOX, MARK: I, 290, 291
WILCOX, WILLIAM H.: III, 587-89
WILDE, OSCAR: III, 353
WILDEN, DILLIE MAY: IV, 320
WILDEN, HATTIE LULA: IV, 320
WILDEN, SAMUEL: IV, 320

WILDEN, THOMAS: IV, 320
WILEY, G. M.: II, 441
WILEY, GEORGE E.: II, 546
WILEY, GEORGE T. (DR.): II, 574
WILEY, H.: I, 616
WILEY, ISAAC WILLIAM: IV, 112
WILEY, JOHN A. (BRIG. GEN.): III, 422, 443
WILEY, JOHN: IV, (SR.) 139
WILEY, SAMUEL T.: II, 302
WILHELM, EVERETT G.: II, 424
WILHELM, JOHN: I, 262
WILISH, TONY: III, 405, 406
WILKIE, THOMAS: I, 146
WILKIE, WENDELL: II, 414
WILKINS, (MR.): I, 190, 677
WILKINS, A. J.: I, 676; IV, 166
WILKINS, ANDREW: I, 167
WILKINS, GEORGE LAVERNE: IV, 256
WILKINS, GERALDINE M.: II, 753; IV, 255, 256
WILKINS, GERALDINE: II, 801
WILKINS, JACK: II, 116
WILKINS, JAMES: I, 84, 95, 96,117
WILKINS, JULIA ELIZABETH: IV, 256
WILKINS, LAURA: IV, 608
WILKINS, LINDA O'NEILL: IV, 256
WILKINS, MARGARET: IV, 152
WILKINS, MICHAEL GEORGE: IV, 256
WILKINS, NANCY: IV, 11
WILKINS, PAUL (REV.): II, 786
WILKINS, WILLIAM CLYDE: II, 216
WILKINSON, (GEN.): I, 258
WILKINSON, CONSTABLE: I, 434
WILKINSON, ELIZABETH: IV, 556
WILKINSON, FREEMAN: II, 116, 339
WILKINSON, GEORGE M.: II, 270
WILKINSON, GEORGE: I, 201, 214-I, 214-J, 432, 615, 616, 625; II, 173, 268; IV, 556
WILKINSON, GILBERT: II, 116
WILKINSON, MARGARET: IV, 208
WILKINSON, MARY B.; IV, 321
WILKINSON, MARY: IV, 208
WILKINSON, NANCY J. BROWN: IV, 556
WILKINSON, SARAH ANN: IV, 439
WILL, CARRIE KOENER: IV, 82
WILL, DOROTHY MILDRED GARVIN: IV, 82
WILL, HARRY A.: IV, 420-C
WILL, HARRY ALBERT: IV, 82
WILL, HARRY: III, 588
WILL, LOUIS H. E.: IV, 82
WILL, MARY MARGARET: IV, 82

WILL, PATRICIA ANN: IV, 82
WILLARD, FRANCES E.: II, 268
WILLETS, ABNER: I, 491
WILLETT, ABNER: I, 292
WILLETT, ANNE: IV, 323
WILLET, J. W.: II, 550
WILLIAM, (KING. THE CONQUEROR): IV, 595
WILLIAM, EDGAR: II, 665
WILLIAMS, II, 18; III, 401; IV, 442, (MISS) 461
WILLIAMS, ANNIS: IV, 233
WILLIAMS, B. F.: II, 70, 141, 150, 152
WILLIAMS, BEN F.: II, 95
WILLIAMS, BENONI: I, 167, 258
WILLIAMS, BERTHA ABIGAIL: IV, 232
WILLIAMS, C. (MAJOR): I, 326
WILLIAMS, CORNELIUS: II, 380
WILLIAMS, D. E.: II, 178, 179
WILLIAMS, DANIEL: I, 389, 511
WILLIAMS, DAVID E.: III, 292
WILLIAMS, DAVID: II, 586-C
WILLIAMS, EDWARD H.: II, 122
WILLIAMS, ELEANOR: IV, 148, 442
WILLIAMS, ELIZABETH: IV, 157
WILLIAMS, ELMA IONE: IV,157
WILLIAMS, ELMER E.: II, 218
WILLIAMS, ENION: I, 129
WILLIAMS, FRANK: II, 607
WILLIAMS, H. E.: II, 306
WILLIAMS, HARRY: IV, 622
WILLIAMS, HENRY OWEN: IV, 157
WILLIAMS, HUGH: II, 260
WILLIAMS, J. W.: II, 110
WILLIAMS, JOHN C.: I, 162
WILLIAMS, JOHN W.: II, 549
WILLIAMS, JOHN: I, (REV.) 295; IV, 233
WILLIAMS, JOSEPH T.C.: II, 455
WILLIAMS, L. B.: I, 487
WILLIAMS, L. W. (REV.): I, 299, 309
WILLIAMS, LAURA: IV, 233
WILLIAMS, LEWIS E.: II, (LEW) 248; III, (ALL DR.) 638, 639, 643
WILLIAMS, LUTHER S.: II, 737
WILLIAMS, MARTHA: IV, 442
WILLIAMS, MARY BELLE: IV, 438
WILLIAMS, MARY ELIZABETH: IV, 575
WILLIAMS, MARY ELLEN: IV, 220
WILLIAMS, MATTIE: II, 61
WILLIAMS, NELSON (REV.): I, 491, 502
WILLIAMS, OLIVE: IV, 313
WILLIAMS, P. A.: II, 66
WILLIAMS, PHILIP A.: IV, 438

WILLIAMS, ROBERT G.: IV, 157
WILLIAMS, ROBERT M. (MRS.): IV, 32
WILLIAMS, ROGER: IV, 148
WILLIAMS, RUTH LOUISE: IV, 157
WILLIAMS, SAMUEL: I, 377, 503; II (SAM) 61, ("BLACK SAM") 62, (SAM) 87, 664
WILLIAMS, VIOLA: IV, 622
WILLIAMS, W. (COL.): I, 516
WILLIAMS, WALTER E.: IV, 313
WILLIAMSON, AGNES: IV, 336
WILLIAMSON, CATHERINE: IV, 294
WILLIAMSON, DAVID: I, 84-G
WILLIAMSON, JEREMIAH: I, 84-G
WILLIAMSON, JESSE: IV, 294
WILLIAMSON, JOHN D.: III, 484
WILLIAMSON, JOHN: III, 232
WILLIAMSON, S.: III, 485
WILLIAMSON, SARAH: IV, 25
WILLIARD, II, (MRS.) 346; IV (AUNTY SUE) 125, (MRS.) 126
WILLIARD, R. (MRS.): II, 351
WILLIARD, ROBERT: II, 68,152; III, 252, 253, 263; IV, 126
WILLIARD, SUE (MISS): II, 345
WILLIARD, SUE E.: II, 351, (MRS.) 352, 353; IV, 21, 125
WILLIARD, SUSAN (AUNT): II, 507
WILLIARD, SWAN E. HAUXHURST: II, 350
WILLIARD, WILLIAM B.: II, 227
WILLING, MARY: IV, 337
WILLINK, WILHELM: I, 131
WILLIS, CHARLES E. (PVT.): II, 583
WILLS, GRACE C.: IV, 362
WILMOT, DAVID: I, 385, 589, 591
WILSON, II, 20, 68, 97,165, 269, (PRES.) 371, 393, 394, 397, 411; III, 306, (PRES.) 454; IV, 75
WILSON, A. D.: II, 116
WILSON, A. E.: III, 514
WILSON, A. EUGENE: II, 403; IV, (SHERIFF) 579
WILSON, A. W.: I, 456, 462, 544, 546, 597, 622; II, 42, (SR.) 43, 48, 50, 58, 66, 80, 112, 155, 156, 167, 168, 173, 283, 286, 534; III, 317; IV, 31, (JR.) 84, 92, 128, 330, 420-H, (JR.) 425
WILSON, AGNES: IV, 70
WILSON, ALEXANDER: I, (REV.) 164; III, 46; IV, 401
WILSON, ANDREW: II, (JR.) 43, 226; III, 253
WILSON, ANN: IV, 236, 385
WILSON, ANNA PRAGUE: IV, 155
WILSON, ARTHUR W.: II, 200
WILSON, BEATRICE: IV, 633
WILSON, BENJAMIN: IV, 370

WILSON, C. M.: II, 117
WILSON, CATHY A.: I, 118
WILSON, CHESTER: II, 323
WILSON, CLARK: I, 589, 590; III, 312, 384-H
WILSON, CORDELIA: IV, 351
WILSON, DANIEL: IV, 369
WILSON, DICK: II, 322
WILSON, E. H.: II, 24, 112, 123, 170,171; III 227; IV, 310
WILSON, EDGAR FRANK: IV, 579
WILSON, ELIZA: IV, 293
WILSON, ELIZABETH GREGG: IV, 545
WILSON, ELIZABETH M.: IV, 48
WILSON, ELIZABETH: IV, 424, 442
WILSON, EMMA BOSTIC: IV, 579
WILSON, EMMA K: IV, 313
WILSON, EMMA WALLACE: II, 292
WILSON, GEORGE: I, (LT. COL.) 89; IV, 39, 211
WILSON, GERTRUDE J.: IV, 405, 637
WILSON, H. B. (HON.): II, 201
WILSON, H. STANLEY: IV, 579
WILSON, H. W.: II, 156, 213
WILSON, HANNAH: IV, 545
WILSON, HARRIET: IV, 545
WILSON, HARRY W.: II, 157, 229, 239, 346; IV, 157
WILSON, HARRY: II, 17, 155, 226
WILSON, HENRY I.: II, 414
WILSON, HENRY: III, 217; IV, 340
WILSON, HOWARD STRICKLER: IV, 579
WILSON, ISAAC: II, 138
WILSON, ISABELLA BARR: IV, 358
WILSON, ISABELLA: IV, 358
WILSON, J. DICK: II, 323; III, 451
WILSON, J. R.: II, 11
WILSON, J. WILLIS: II, 393; III, 450, 487; IV, 202-P
WILSON, JAMES E.: IV, 351
WILSON, JAMES M.: IV, 545
WILSON, JAMES: I, 87, 130, 133, 206, 255, 256; IV, 104, 168, (MAJOR) 358
WILSON, JANE: IV, (MRS.) 217, 389
WILSON, JANET: IV, 105
WILSON, JENNIE: IV, 297
WILSON, JNO. R.: III, 227
WILSON, JOHN G.: I, 235, 277; IV, 388
WILSON, JOHN M. (DR.): II, 292
WILSON, JOHN R.: IV, 130, 545
WILSON, JOHN: I, 154, 163,174, III, 35, 48, 216; IV, 134, 155, 545
WILSON, JOS. A.: III, 284
WILSON, JOSEPH ALEXANDER: IV, 545

WILSON, JOSEPH M.: IV, 637
WILSON, JOSEPH: I, 160
WILSON, JULIA: IV, 579
WILSON, JUNE: IV, 289
WILSON, LAYOLA (MISS): III, 364
WILSON, LETITIA ELIZABETH: IV, 545
WILSON, LETITIA MCADOO: IV, 545
WILSON, LETITIA: IV, 369
WILSON, LUCY: IV, 40
WILSON, LYDIA: IV, 400
WILSON, M. H. (REV.): I, 469, 484, 485
WILSON, M. HENDERSON: IV, 239
WILSON, MARGARET EMALINE RITENOUR: IV, 579
WILSON, MARGARET: IV, 152, 370
WILSON, MARTHA GREGG: IV, 545
WILSON, MARTHA J.: IV, 545
WILSON, MARY A.: IV, 310
WILSON, MARY ALMA SPICHER: IV, 579
WILSON, MARY CATHARINE: IV, 545
WILSON, MARY E.: IV, 130, 292
WILSON, MARY M.: IV, 239
WILSON, MARY PATTON: IV, 545
WILSON, MARY: IV, 134, 279, 384, 388, 545
WILSON, MATTHEW: (REV.) 390, 544; III, (REV.) 156
WILSON, NANCY ELLEN: IV, 196
WILSON, NANCY: IV, 354
WILSON, OLIVER M.: II, 439
WILSON, R. H.: III, 280
WILSON, R. M.: II, 209; IV, 545
WILSON, REBECCA NEAL: IV, 637
WILSON, REBECCA P.: IV, 278
WILSON, RICHARD: I, 159 II, 226; III, 424; IV, 186
WILSON, ROBERT D.: II, 522
WILSON, ROBERT H.: II, 278
WILSON, ROBERT W.: II, 219
WILSON, ROBERT: I, 84 II, 497
WILSON, ROXIE STOVE SHAFFER: IV, 579
WILSON, RUBY JEAN: IV, 579
WILSON, S. S.: IV, 384
WILSON, SAMUEL: I, 596
WILSON, SARAH: IV, 39
WILSON, SUSANNE FERGUSON: IV, 186
WILSON, THOMAS S.: IV, 545
WILSON, VAN: IV, 40
WILSON, W. J.: II, (REV.) 254
WILSON, W. T.: II, 221; III, 274, 431'
WILSON, W. W.: IV, 207
WILSON, WILLIAM B.: II, 400

WILSON, WILLIAM D.: IV, 196
WILSON, WILLIAM FINDLEY: IV, 545
WILSON, WILLIAM T.: II, 148
WILSON, WILLIAM: I, 103, 104, 527, 544, 587; IV, 279, 545
WILSON, WOODROW: II, 272; IV, 400
WILT, ADDA: IV, 582
WILT, IDA: IV, 218
WILT, ROBERT: IV, 218
WILT, WILLIAM: III, 614
WIMER, EDNA V.: IV, 566
WIMER, T. R.: I, 664
WIMER, T.: I, 476
WIMMER, ABBOT BONIFACE: I, 489
WINDER, (GEN.): I, 656
WINDRUM, MARY: IV, 370
WINE, HELEN (MRS.): IV, 556
WINE, MIKE (MRS.): III, 409, 410
WINEBRENNER, JOHN (REV.): I, 490
WINECOOP, DAVID: IV, 365
WINECOOP, JANE: IV, 365
WINEMAN, II, 385
WINEMAN, CLARK (SGT.): II, 381
WINEMAN, MATILDA SIMPSON: IV, 76
WINGER, D. C.: II, 523
WINGERT, ELLEN M.: IV, 247
WINGERT, JOSEPH H.: IV, 247
WINKLE, III, 299; IV, 363
WINKLE, ELIZA CATHERINE: IV, 363
WINKLE, WILLIAM L.: IV, 363
WINKLEMAN, A. L.: II, 320
WINKLEMANT, WILLIAM H.: II, 315
WINSHEIMER, ELIZABETH IRENE JOHNSTON: IV, 600
WINSHEIMER, ELIZABETH KERLEY: IV, 600
WINSHEIMER, FRANK ELMER: IV, 600
WINSHEIMER, GEORGE MICHAEL: IV, 600
WINSHEIMER, GEORGE: I, 30
WINSHEIMER, JOHN MICHAEL: IV, 600
WINSHEIMER, MARY M. EMERICK: IV, 600
WINSHEIMER, MICHAEL: III, 110
WINSHEIMER, RUTH IRENE: IV, 599
WINSLER, MIKE: II, 248
WINSLOW, II, 21
WINSLOW, MARTHA: IV, 315
WINSLOW, R. C.: II, 7, 8
WINSLOW, REUBEN C.: IV, 315
WINTER, ROBERT: II, 713
WINTERS, JACOB W.: I, 486
WIPEY, IV, 401

WIPEY, JOSEPH: I, 63, 72, 73, 75, 80, 95, 197; III, 15, 56-C; IV, 32
WIRE, SARAH ELLEN (MRS.): IV, 571
WIRT, WILLIAM: I, 235, 236
WISE, (GOV.): I, 412
WISE, ARNOLD: II, 778
WISE, FRED: I, 219
WISE, JACOB M.: I, 206
WISE, JOHN A. (MASTER): II, 102
WISE, MARY A.: IV, 65
WISE, ROBERT L.: III, 636
WISE, WILLIAM W.: I, 385, 611, 614
WISELEY, W. P.: III, 487
WISSEL, HENRY CLAY: II, 98
WISSINGER, ELLIS: II, 126
WISSINGER, HAROLD: II, 551
WISTAR, OWEN (MRS.): III, 362
WITMER, CLARISSA BELLE: IV, 635
WITMER, H. K.: II, 449
WITT, MAY S.: II, 309
WITTE, W. H.: I, 676
WITTHOFT, JOHN: I, 5, 16
WIXEN, JOAN: IV, 291
WOHLER, ARABELLE: IV, 96
WOLANIN, MICHAEL: IV, 88
WOLANIN, SUSAN KAY: IV, 88
WOLF, III, 237; IV, (GOV.) 259, (GOV.) 311, (GOV.) 437
WOLF, A. T.: III, 283
WOLF, ABRAHAM: I, 585
WOLF, ELEANOR: IV, 45
WOLF, GEORGE (GOV.): I, 188, 227, 228, 232, 233, 234, 235, 236, 238, 239, 269, 306
WOLF, IDA: IV, 352
WOLF, JACOB: I, 470; III, 219
WOLF, JAMES A.: II, 94, 95
WOLF, JAMES: I, 271
WOLF, JOHN: III, 203; IV, 45
WOLF, LEORA HARMAN: IV, 352
WOLF, MARY,: I, 171
WOLF, RALPH: I, 161; IV, (RALF) 352
WOLF, REBECCA GRIFFITH: IV, 352
WOLF, ROBERT: III, 317
WOLF, SAMUEL: I, 145, 470, 472, 485, 625; II, 36, 45, 48, 274, 420; III, 211, 253; IV, 351, 352, 369, 428
WOLF, SUSANNA: IV, 45
WOLF, VERNER: IV, 352
WOLFE, III, 546; IV, (MR.) 269
WOLFE, B. L.: III, 431
WOLFE, BAIN: II, 443
WOLFE, C. P.: II, 271
WOLFE, DOROTHY: IV, 214
WOLFE, JAMES: II, 338

WOLFE, O. G.: III, 431
WOLFE, PAUL T.: IV, 214
WOLFE, RALPH: III, 49
WOLFE, REBECCA: IV, 269
WOLFE, S.: I, 476
WOLFE, SAMUEL: III, 219
WOLFE, SUSAN: IV, 273
WOLFENDEN, II, 412
WOLFENDEN, (MR): II, 491
WOLFENDEN, C. GILBERT: II, 411, 490, 527, 543, 553
WOLFENDEN, CHARLES GILBERT: IV, 150, (JR.) 151
WOLFENDEN, CHARLES: IV, 151
WOLFENDEN, EDITH BUCHANAN: IV, 151
WOLFENDEN, GEORGE: IV, 151
WOLFENDEN, GILBERT: II, 545
WOLFENDEN, NELLE HANDFORTH: IV, 151
WOLFENDEN, RICHARD JAMES: IV, 151
WOLFF, ALFRED R. (DR): II, 521
WOLFF, DIANE: IV, 240
WOLFGANG, JAMES: III, 574
WOLFORD, WILLIAM: II, 676
WONDER, A. M.: II, 327
WOOD(S), ANN: IV, 324
WOOD, ALBERT: II, 256
WOOD, FRANK A.: II, 289, 539
WOOD, FRANK: II, 379; III, 431
WOOD, G. W.: II, 112
WOOD, GEORGE (JR.): I, 128
WOOD, HEZEKIAH: III, 203
WOOD, J. A.: III, 287
WOOD, JAMES (MAJOR): III, 57, 61, 67
WOOD, JAMES L.: II, 256
WOOD, JOS. H.: III, 254
WOOD, LEONARD (GEN.): IV, 78
WOOD, LLOYD H.: II, 728, 729
WOOD, MABEL (MRS): II 536
WOOD, WILMER H.: II, 272
WOODALL, LAURA: IV, 56
WOODBURN, JAMES S.: I, 486
WOODEND, JOHN W. (CAPT.): II, 377
WOODEND, JUDITH: IV, 158
WOODEND, W. W. (REV.): I, 373, 469, 486, 487, 498, 682; II, 44; IV, 158
WOODEVD, JOHN: II, 31
WOODFORD, JOSIAH: I, 212
WOODHEAD, EVELYN: IV, 143
WOODHEAD, JOSEPH: IV, 143
WOODHEAD, PRISCILLA PEARSON: IV, 143
WOODHULL, II, 21

WOODING, JIM: II, 720
WOODROW, RICHARD J.: II, 808
WOODS, I, 593
WOODS, ANN: III, 31; IV, 341
WOODS, BARBARA: IV, 314
WOODS, CATHERINE: IV, 34
WOODS, CLARA: IV, 230
WOODS, DANIEL: IV, 300
WOODS, ELIZA: IV, 3
WOODS, ELIZABETH: IV, 368
WOODS, EMMA L.: IV, 300
WOODS, FULLERTON: I, 246; IV, 139
WOODS, H. B.: I, 464, 589, 595
WOODS, H. BLAST: I, 672
WOODS, HELEN JANE: IV, 314
WOODS, HENRY B.: I, 588, 597; IV, 34
WOODS, HENRY W.: IV, 34
WOODS, JAMES M.: IV, 314
WOODS, JANET: IV, 441
WOODS, JOHN: III, 514, 517; IV, 300, 314, (JR.) 314
WOODS, MAE FENNELL: IV, 314
WOODS, MARGARET: IV, 204
WOODS, MARJORIE: IV, 412
WOODS, MARY E.: IV, 300
WOODS, MARY: IV, 363
WOODS, SARAH: IV, 139
WOODS, WILLIAM: I, 115
WOODWARD, I, 584, 677; II, 402
WOODWARD, A. B.: II, (MR. & MRS.) 359
WOODWARD, ABSALOM: I, 358, 543; IV, 221, 333, 334
WOODWARD, CLYDE: III, 505
WOODWARD, FRANK J. (REV.): II, 359
WOODWARD, G.: I, 476
WOODWARD, ISABELLA: IV, 159, 393
WOODWARD, JAMES F.: III, 463
WOODWARD, LAVINA: IV, 241
WOODWARD, MICHAEL C.: II, 144
WOODWARD, R. H.: I, 370, 387, 465, 543, 579
WOODWARD, ROBERT: I, 345
WOODWARD, SARAH: IV, 221, 333, 334
WOODWARD, W. J.: IV, 331
WOODWORTH, G. M.: IV, 97
WOODWORTH, MARY LOUISE: IV, 97
WOOLEY, II, 263
WOOLF, II, 17
WOOLF, JAMES A.: II, 302, 305
WOOLWEAVER, IV, 59
WORHLER, HARRY: IV, 96
WORK, I, 593, 678; II, 100; IV, (DR.) 77, (DR.) 78, (DR.) 193

WORK, A. N.: I, 236-7
WORK, A. S.: II, 289; III, 174
WORK, A.: I, 382
WORK, AARON: I, 243, 249, 485; IV, 38
WORK, ALEXANDER S.: IV, 311
WORK, ALEXANDER SCROGGS: IV, 321
WORK, ALEXANDER: IV, 72
WORK, ALICE CONNOR: IV, 320
WORK, ALICE MAY: IV, 182
WORK, ALLEN N.: I, 230, 233; II, 84
WORK, ALLEN NEWTON: IV, 78, 183, 311
WORK, AMY ELDER: IV, 320
WORK, ANN ELIZA: IV, 81
WORK, ANNA BELINDA: IV, 77
WORK, ANNA ELIZA: IV, 110
WORK, ANNIE REBECCA: IV, 321
WORK, ARABELLA: IV, 71, 77
WORK, ASENATH: IV, 71, 303
WORK, BERTA: IV, 571
WORK, BERTHA: IV, 77
WORK, BUTLER HUGH: IV, 320
WORK, CALVIN: I, 648
WORK, CARL HAMILTON: IV, 321
WORK, CAROLINE SIMPSON: IV, 321
WORK, CECILIA G. SCHASNY: IV, 460
WORK, CEVILLA MAY HUFF: IV, 110
WORK, CHARLES R.: II, 300, 309, 322
WORK, CHARLES W.: II, 322
WORK, CHARLIE OSBORNE: IV, 320
WORK, CLARA BELLE: IV, 322
WORK, CLARA FRANCES: IV, 321
WORK, DAVID BROWN: IV, 183
WORK, DAVID: IV, 321
WORK, DILLIE MAY: IV, 320
WORK, DORCAS LOGAN: IV, 193
WORK, E. E.: II, 118
WORK, EDGAR STANLEY: IV, 183
WORK, EDITH DODDS: IV, 77
WORK, EDITH L.: IV, 77
WORK, EDNA JANE: IV, 110
WORK, EDSELL HALE: IV, 321
WORK, ELIJAH I.: IV, 303
WORK, ELIZA C. CONNOR: IV, 320
WORK, ELIZA JANE: IV, 110, (AYRES) 182
WORK, ELIZABETH B.: IV, 321
WORK, ELIZABETH BELLE SIMPSON: IV, 183
WORK, ELIZABETH CRAIG: IV, 71
WORK, ELIZABETH ESTELLA: IV, 321
WORK, ELIZABETH FRANCES: IV, 72
WORK, ELIZABETH JOHNSTON: IV, 77

WORK, EMMA (MRS.): IV, 322
WORK, EPHRAIM ENZOR: IV, 311
WORK, ERNEST: II, 275, 277, 279, 294, 522, 524; IV, 352
WORK, ETHEL REED GANO: IV, 193
WORK, EUPHEMIA S.: IV, 321
WORK, F. ERNEST: II, 378 (SUPER.), 380
WORK, FORREST B.: IV, 434
WORK, FRANCES ELIZA: IV, 110
WORK, FRANCES A.: IV, 72
WORK, FRANCES MARY: IV, 193
WORK, FRANCIS EMALINE COLKITT: IV, 183
WORK, FRANK ERNEST: IV, (DR.) 76, 77
WORK, FRANK LAUCORT: IV, 110
WORK, GAYNELLE ANNA: IV, 460
WORK, GLENN ROYAL: IV, 460
WORK, H. L.: II, 305
WORK, HATTIE LULA: IV, 320
WORK, HELEN TAYLOR TUTTLE: IV, 193
WORK, HENRIETTA LUCILLE: IV, 320
WORK, HENRY: IV, 72
WORK, HOMER N.: IV, 150
WORK, HOPE MAY: IV, 320
WORK, HUBERT ROBERT: IV, 193
WORK, HUBERT: II (DR.) 400, 403; III, 463, 471; IV, 192
WORK, HUGH H.: IV, 320
WORK, IDA LEILA WESTON: IV, 321
WORK, IRMA MARY WEICKER: IV, 193
WORK, ISABELLA C. SIMPSON: IV, 311
WORK, J. M.: II, 7, 119
WORK, J. W.: II, 86
WORK, JAMES B.: II, 24; IV, 37
WORK, JAMES IRVIN: IV, 71, 77
WORK, JAMES M.: IV, 183
WORK, JAMES MONROE: IV, 321
WORK, JAMES: IV, 72, (I) 77, 78, 149, 242
WORK, JENNIE MYRTLE: IV, 72
WORK, JEREMIAH B.: I, 388
WORK, JEREMIAH BROWN: IV, 321
WORK, JEREMIAH WALTER: IV, 321
WORK, JESSIE FREMONT: IV, 321
WORK, JESSIE G. STEELE: IV, 460
WORK, JOHN A.: III, 211
WORK, JOHN CHARLES FREMONT: IV, 322
WORK, JOHN HORTON: IV, 110
WORK, JOHN L.: III, 204, 211, 260
WORK, JOHN: I, 167, 178; IV, 9, 77, 78, 110, 111, 320
WORK, JOSEPH B.: IV, 321

WORK, JOSEPH WALTER: IV, 320
WORK, JOSHUA LEWIS: IV, 311
WORK, JOSIAH: II, 9
WORK, KATE IOLA: IV, 434
WORK, LAURA MAY ARBUCKLE: IV, 193
WORK, LENARD ROSS: IV, 320
WORK, LESTER ANDERSON: IV, 110
WORK, LESTER: IV, 460
WORK, LETITIA: IV, 72, 77, 455
WORK, LIB (MISS): II, 85
WORK, LIZETTA: IV, 81
WORK, LIZZIE T. (MISS): II, 85
WORK, LOIS IRENE HULL: IV, 110
WORK, LOLA MAY WYNKOOP: IV, 322
WORK, LOTTIE NANCY: IV, 321
WORK, LOUISE NORWOOD: IV, 193
WORK, LUESTA K. RICHARDSON: IV, 110, 460
WORK, LYDIA LEWIS: IV, 311
WORK, MABLE HOPE: IV, 110
WORK, MAGGIE OLA: IV, 320
WORK, MARGARET HAMILTON: IV, 321
WORK, MARGARET HOPKINS: IV, 71, 77
WORK, MARGARET: IV, 77, 303
WORK, MARIE L.: IV, 77
WORK, MARIE STEWART: IV, 149
WORK, MARIE: IV, 269
WORK, MARTHA ETTA: IV, 110
WORK, MARTHA HAMILTON: IV, 77, 110, 320
WORK, MARY ALDA BAYLOR: IV, 110
WORK, MARY ANN ROSS: IV, 321
WORK, MARY B. WILKINSON: IV, 321
WORK, MARY BRADY: IV, 77
WORK, MARY CAROTHERS: IV, 321
WORK, MARY ELIZABETH: IV, 148
WORK, MARY HORN: IV, 149
WORK, MARY JANE: IV, 321
WORK, MARY M.: IV, 108
WORK, MARY NANCY BROWN: IV, 321
WORK, MARY S.: IV, 72
WORK, MARY T. HAMILTON: IV, 321
WORK, MARY: IV, 8, 150, 454
WORK, MAUD CAROTHERS: IV, 321
WORK, MILTON: IV, 71
WORK, MINNIE ORA: IV, 110
WORK, MIRIAM SCROGGS: IV, 72, 455, 455
WORK, MIRIAM: IV, 38, 72, 149, 311
WORK, MOSES T.: I, 176, 395, 534, 535, 595, 664; IV, 311, 322, 454
WORK, MOSES THOMPSON: IV, 71, 77, 78, 110, 149, 193

WORK, MOSES: I, 585, IV, 72
WORK, NANCY JEAN: IV, 190
WORK, NANCY: IV, 38, 236, 311
WORK, OLLIE BLANCHE: IV, 320
WORK, OLLIE D.: III, 457
WORK, PAUL BOYLTON: IV, 110
WORK, PHILIP: IV, 193
WORK, RACHEL: IV, 311
WORK, REBECCA: IV, 242
WORK, RHODA HASELTIHNE: IV, 321
WORK, ROBERT H.: IV, 183
WORK, ROBERT HAMILTON: IV, 110, 182
WORK, ROBERT HUFF: IV, 110
WORK, ROBERT VAN HORN: IV, 193
WORK, ROBERT: I, 135; III, 215
WORK, ROENA FEE: IV, 320
WORK, RUTH ANN: IV, 320
WORK, RUTH HUBBARD: IV, 193
WORK, RUTH: IV, 71, 72
WORK, S. B.: II, 131
WORK, S. M.: II,101, 310, 321; III, 356
WORK, SAMUEL M.: II, 86, 87, 309
WORK, SAMUEL: IV, 77
WORK, SARA STEELE: IV, 72
WORK, SARAH BEATTY: IV, 110
WORK, SARAH ELLEN COLKITT: IV, 321
WORK, SARAH IDA: IV, 110, 182
WORK, SARAH J.: IV, 37
WORK, SARAH S.: IV, 455
WORK, SHERMAN LOT: IV, 77
WORK, SILAS WARREN: IV, 321
WORK, SUSAN CUMMINS: IV, 321
WORK, SYLVANUS HOWARD: IV, 110
WORK, TABITHA LOGAN VAN HORN: IV, 71
WORK, TABITHA LOGAN: IV, 454
WORK, TABITHA RUTH: IV, 77
WORK, TABITHA: IV, 71
WORK, THADDEUS C.: II, 293; IV, 71, 110, 320
WORK, THADDEUS CLARK: IV, 110
WORK, THADDEUS F.: IV, 77
WORK, VALJEAN LANSCORT: IV, 460
WORK, WALTER: II, 86, 730
WORK, WILLIAM ALEXANDER: IV, 149, 269
WORK, WILLIAM M.: IV, 81
WORK, WILLIAM: I, 167, 175, 177, 367, 384, 388, 390, 579, 580; 111, 114; IV, 72, (I) 108, 111, 149, 236, 311, 321, 455
WORKHEISER, III, 551
WORRALL, JAMES (COL.): II, 122

WORTHEN, (DR.): II, 713, 714, 715, 717, 718; IV, 233
WORTHEN, ANNIS WILLIAMS: IV, 233
WORTHEN, AUGUSTA: IV, 233
WORTHEN, BRADLEY EDWARD: IV, 233
WORTHEN, DEWEY: IV, 233
WORTHEN, ED: IV, 233
WORTHEN, JOHN E. (DR.): II, 711, 712
WORTHEN, JOHN EDWARD (DR.): IV, 232
WORTHEN, SAMANTHA JANE: IV, 233
WORTHEN, SANDRA DAMEWOOD: IV, 232
WORTHINGTON, MARCIA ANN: IV, 220
WORTHINGTON, RONALD: IV, 220
WORTHMAN, ANNA BARBARA: 111, 110
WORTMAN, C. M.: II, 454; III, 431; IV, 462
WORTMAN, CASPER: I, 262
WORTMAN, MARY LAVINA: IV, 462
WRAY, IRA J.: II, 278
WRAY, JANE HUSTON:
WRAY, ROBERT: I, 345
WRIGHT, I, 593
WRIGHT, A. D. (HON.): I, 579
WRIGHT, ALONZO: I, 655
WRIGHT, JOHN: I, 174
WRIGHT, OLIVE: IV, 365
WRIGHT, P. D.: II, 430
WRIGLEY, WM.: III, (PROF. & MRS.) 363
WU, M. M.: IV, 132
WU, YEN-MIEN: IV, 132
WYANT, GEORGE: IV, 136
WYANT, HARRIET LEANTHA: IV, 136
WYBERT, MARTHA IDE: IV, 15
WYCOFF, MARGARET: IV, 593
WYKE, LOLA: IV, 38
WYLIE, JAMES: I, 593
WYLY, NELL: IV, 260
WYMER, ELIZABETH: IV, 354
WYNCOOP, A. R.: III, 433
WYNCOOP, MATTHEW: I, 167
WYNKOOP, CORA: IV, 248
WYNKOOP, DAVID: IV, 365
WYNKOOP, IOLA MAY: IV, 322
WYNKOOP, JAMES S.: IV, 248
WYNKOOP, JANE: IV, 365
WYNKOOP, JENNIE: IV, 242
WYNKOOP, MATTHEW: I, 159
WYNKOOP, ROBERT: IV, 148
WYNKOOP, SARAH AMANDA: IV, 148
WYNKOOP, WILAMINA: IV, 248

WYNKOOP, WILLIAM: II, 740
WYNN, HANNAH: IV, 302
WYNN, HENRY: I, 199, 530
WYNN, ISAAC: II, 143, 354
WYNO, EDWARD: II, 766
WYNO, JOSEPH (SGT 1ST CLASS): II, 766
WYNO, TONY: II, 766
WYNO, YAKARI: II, 766
WYSOTSKI, ALBERT: III, 479
YABLONSKI, JOSEPH: II, 619
YACOOPPI, JOE: III, 390
YAGEL, BOBBIE: II, 785
YAHN, BLANCHE: IV, 594
YAHN, PAUL: IV, 594
YAKELY, ELIZABETH: IV, 336
YAKEMIK, JANICE: II, 757
YALTON, REBECCA: IV, 363
YANER, PAUL: III, 603
YANES, ANDY: III, 479
YANITY, CASS: II, 734
YANITY, DONNA: II, 567
YANNIS, III, 396
YANOSEK, M. A. (REV.): III, 500
YANTE, III, 396
YARKOWSKI, ALEX (S/SGT.): II, 577
YASKO, MIKE: II, 549
YASKO, TONY: III, 420
YATES, A. G.: III, 372, 373, 375
YATES, CATHERINE: IV, 97
YATES, F. W.: II, 194
YATES, RICHARD: IV, 409
YATES, VIRGINIA: IV, 176
YATES, WILLIAM: IV, 176
YAUNIS, BRUNO: III, 394
YEARICK, (DR.): III, 400
YEARICK, MILDRED IONE: IV, 162
YEARICK, MILDRED: II, 458
YELLETS, VINCENT: II, 354
YESOLIVICH JOSEPH: II, 532
YESOLIVICH TED: II, 532
YOCCUTTIS, JOE: III, 395
YOCKEY, SUSAN: IV, 630
YORK, L. DAVID: IV, 590
YORK, SUZANNE: IV, 590
YOST, JACOB: I, 104
YOST, SARAH: IV, 148
YOUCHAK, HARRY: III, 618
YOUNG, I, 533; III, 50, 301; IV, 9, (MRS.) 64, (PROF.) 444
YOUNG, AGNES MCLAWS: IV, 397
YOUNG, AGNES: IV, 397
YOUNG, ANNIE: III, 457

YOUNG, CAROLINE TAYLOR: IV, 272, 389
YOUNG, CHRISTINA: IV, 339
YOUNG, CRAIG: II, 757
YOUNG, ED: III, 291
YOUNG, EDITH: IV, 282
YOUNG, FLORENCE B.: IV, 444
YOUNG, FRANK P.: III, 195
YOUNG, ISABELLA: IV, 158
YOUNG, J. H.: II, 13, (REV.) 32, (MR. & MRS.) 88, 140, 213, (PROF.) 309; III, 251, 256, 355; IV, 186, 282, (PROF.) 368, 444
YOUNG, J. J.: III, 50
YOUNG, JAMES H.: I, 580
YOUNG, JAMES ROBERT: I, 163
YOUNG, JAMES S.: IV, 103, 281
YOUNG, JAMES T.: II, 116
YOUNG, JANE: IV, 9, 221
YOUNG, JOHN B.: I, 590
YOUNG, JOHN F.: I, 588, 619, 622
YOUNG, JOHN: I, 122, 149, 150, 152, 159, 172, 177, 204, 232, 239, 251, 262, 294, 310, 317, 476; III, (JUDGE) 36, 40 & 42, 49, 54, (JUDGE) 339; IV, (JUDGE) 271, 272 & 389, 583
YOUNG, JOSEPH H.: II, 52
YOUNG, JOSEPH J. F.: IV, 389
YOUNG, JOSEPH J.: I, 83, 262; IV, 272
YOUNG, JOSEPH: IV, 158
YOUNG, JOSIE B.: IV, 402
YOUNG, LAURA L.: IV, 368
YOUNG, LEMUEL: III, 284
YOUNG, MARIA BARCLAY: IV, 272
YOUNG, MARY: I, 163
YOUNG, O. W.: I, 360
YOUNG, R. A.: II, 140
YOUNG, R. E.: II, 146, 297
YOUNG, REBECCA: IV, 9, 78
YOUNG, ROBERT A.: III, 252, 253, 256
YOUNG, ROBERT E.: II, 269
YOUNG, ROBERT: I, 221, 333; II, (CAPT.) 762, 764
YOUNG, ROXY: II, 86
YOUNG, SALLIE A.: IV, 29
YOUNG, SAMUEL: I, 159, 162, 163, 175
YOUNG, WILLIAM: II, 380; III, 36; IV, 271, 397
YOUNGBLOOD, P. S.: I, 286
YOUNGBLOOD, PHILIP (MAJOR): I, 267
YOUNGBLOOD, REBECCA: IV, 606
YOUNGBLOOD, S.: I, 476
YOUNGER, JOHN E.: III, 252
YOUNGER, W. P.: III, 256
YOUNGER, WALTER P.: III, 252

YOUNKIN, CECIL: III, 599
YOUNKIN, LORRAINE: III, 600
YOUNKINS, III, 346
YOUNKINS, J. B.: II, 502; III, 431
YOUNKINS, JACOB B.: II, 231, 289
YUHA, JOHNNY: II, 689
YUKARI, II, 766
YURKEY, DAVID: II, 574
ZABO, DANIEL: IV, 185
ZABO, MARGARET MARTIN: IV, 185
ZACUR, DOLLY: II, 576
ZAFFINO, VINCENZO: III, 402
ZAJES, FRANK: II, 478
ZANE, RUTH: IV, 610
ZANER, GEORGE: IV, 27
ZANNEY, DOLLY: II, 576
ZANNOS, WILLIAM: II, 515
ZARHART, HARRY W.: II, 399
ZARICK, CARL (S/SGT.): II, 565
ZARTMAN, ALEXANDER: IV, 196
ZARTMAN, ANN CATHARINA: IV, 196
ZARTMAN, DAVID HARRISON: IV, 196
ZARTMAN, JEMIMA JANE RUPERT: IV, 196
ZARTMAN, MIMA: IV, 196
ZARTMAN, VERVA M.: IV, 196
ZARTMAN, VERVA MARGARET: IV, 196
ZARTMAN, VERVA: II, 801
ZAYLOR, ELLEN: IV, 206
ZBUR, MICHAEL: II, 575
ZEHNER, CHAS.: IV, 182
ZEHNER, MAGGIE B.: IV, 182
ZEHRINGER, FRANCIS A.: III, 391
ZEIGLER, ED: II, 86
ZEIGLER, FRANK: II, 291
ZEIGLER, JAMES: II, 86; III, 315
ZEIGLER, LORAINE: II, 291
ZEIGLER, WILLIAM: III, 235, 252
ZEIGLER, WINNIE: III, 574
ZEICILER, ED.: II, 326
ZEISBERGER, I, 19, 20
ZELLEM, EDWARD BRIAN: IV, 550
ZELLEM, MILDRED ANN: IV, 550
ZELLEM, SALLY LONDON: IV, 550, 551
ZELLEM, SALLY: II, 793, 801; III, 595
ZELLEM, SCOTT ALLEN: IV, 550
ZELLEM, THEODORE F.: IV, 550
ZELLERS, ALBERT: III, 449
ZEMENAK, DOROTHY C.: IV, 251
ZEMENAK, STEPHEN: IV, 251
ZENER, GEORGE: IV, 27
ZENTNER, ALFRED "ZIP": II, 691
ZERFOSS, EUGENE: II, 424

ZEZARK, JOHN: III, 420
ZHOMPSON, SUSAN: IV, 236
ZHRYOCK, HENRY: I, 157, 160, 163, 166, 312, 359; III, 39, 40, 80, 82; IV, 106, 372, 373, 390, 391, 393
ZIEGLER, ED: II, 98, 291
ZIMMERMAN, BETTY (MRS.): II, 671
ZIMMERMAN, JULIE E.: IV, 268
ZIMMERMAN, MARY: IV, 11
ZIMMERMAN, PETER: I, 599; II, 251
ZIMMERMAN, ROBERT (MRS.): II, 671
ZINK, GEORGE: IV, 395
ZINK, JOHN: IV, 395
ZINK, LAURA LUELLA: IV, 395
ZINK, NORAH (DR.): III, 574
ZINK, NORAH E.: II, 718, 801; IV, (DR.) 394, 395
ZINK, RALPH: IV, 395
ZINK, RAYMOND: IV, 395
ZINZENDORF, COUNT: I, 22, 27
ZIPF, CARL F.: II, 455
ZOLDAK, CONSTANTIN J.: IV, 587
ZOLDAK, GEORGE: IV, 587
ZOLDAK, PAULINE JANDREHOVSKI: IV, 587
ZOLLINGER, ELLA: IV, 243
ZONKIN, II, 134, 135, 136
ZUIDEMA, PATTI ELLEN: IV, 91
ZULICH, (GEN.): III, 227

Subject Index (Volumes I-IV)

Roman figures refer to volume number.
Letters or a "+" following a number designate illustrations.

A - Abnerville I:263,324,356
  Abolitionists (see Antislavery movement)
  Academies I:62-N,O,284-287,475-487,493;II:40-45,174-E,277-8
  Academy of Natural Sciences (Philadelphia) II:463
  Accidents (see Tragedies)
  African M.E. Church I:293-4,379,491;II:63,80
  Agey's Mill I:168-9,198;II:149
  Aging
    Problems of II:789-90. Senior Citizens II:789
  Agricultural organizations I:532,534,536;II:131,236,462,635-6 (also see
    Fairs, Grange)
  Agriculture
    Agway II:639. Amish (see separate entry). Barbed wire II:127. Barn
    raising III:370-1,546-F. Bees and honey I:493,533;II:130,461. Butter
    and cheese I:532,686;II:150 (see Creameries). Cabbage (see below Fruits
    and Vegetables). Century Farms II:633. Cheese (see above Butter).
    Clearfield Bituminous Coal Corp. farms II:233. Cream (see Creameries).
    Creswell Farm II:452. Dairies II:128-9,234-5,459-60,552,635,638
    Heilwood Dairy II:235. Depression - Farm foreclosures II:481. Farm
    loans II:491. Eggs (see below Poultry). Electrical phenomena II:604-5.
    Electricity use II:452,459. Farm acreages I:531;II:233-4,633. Farm
    income II:459. Farm machinery I:536-7;II:125-127,132,139-141,150,
    173,233,458-9,639 Steam power II:125-6. Stump puller II:127,140,173.
    Threshers II:125-6,140,146;III:110-1. Traction engines II;126,233,459;
    III:319-20. Tractors II;233,458-9. Farmers Curb Market II:639. Farmers
    Institutes II:235. Farms, number of II:459,474,633. Fertilizer use II:130.
    Flax (see below Hay) Four-H Clubs II:462. Fruits and vegetables I:531-2,
    534;II:130,234,461,634,639. Cabbage II:63-65. Potatoes II:130,233-4,
    461,634-5. Future Farmers of America II:462. Grain I:533,686;II:129-30,
    233-4,461,635. Greenhouses II:461,640. Hay, flax and miscellaneous
    I:533;II:234,635. Home conveniences II:459. Home Economics Extension
    II:458. Honey (see above Bees) Incubators II:132. Indiana County
    Extension Assoc. II:476,635. Farm Bureau II:236,457-8. Soil
    Conservation Dist. II:634. Lime use I:531;II:130,458. Livestock I:532-3,
    685-6;II:107,128-9,234-5,460-1. Horse training and riding II:634. Pigs
    II:634. Poultry and eggs II:129,234,634. Sheep (see below Wool). Turkeys
    II:517-8. Master Farmer degree II:461,634. Milk (see above Dairies).
    Miscellaneous products (see above Hay). Molasses I:533;II:130,234.
    Mutual aid II:634. Natural gas - leases II:606-7, Use of II:452. Nuts
    II:639. Old Home Manor II:633. Soil - erosion control II:492-495.

Survey II:634. Tobacco II:130. Triple Del Farms II:633. Vegetables (see above Fruits). Weather hazards I:533-4;II:640-1. Western Experimental Farm II:127-8. Wool I:532,686;II:234,634. World War effects (2nd) II:558-9.

Agriculture-related industries I:537-541;II:212-3,638-640 (also see Creameries, Flour mills, Grain elevators, Hatcheries, Maple sugar and syrup, Meat packing, Mills, Wineries, Woolen manufacture)

Air conditioning II:627

Airplanes II:238,335-337,439-446,656-659 (also see Balloons, Postal service: air mail).
  Accidents II:445-6,569-70,657,659. Airway Express II:445. Blairsville airfield II:441,446,658-9. Bomber salute (Clymer) II:570. Bombing demonstrations II:336-7. Brae Breeze Airfield II:439-40,569. Civil Air Patrol II:550. Flight training (ISTC) II:445,548. Hamilton Field II:442-444,569,656. Indiana airfield II:441-2,444-5,656-658. Indiana Airways Co. II:442,658. Jimmy Stewart Airport II:630,657; III:540-544,546-D,E. Parachute jumper II:496. Planes made in Indiana II:336. Planes at Indiana Co. Fair (1912) II:336. Private airplanes (1941) II:550. Roof signs II:442,445. World War (1st) II:388. World War (2nd) air raid drills II:551-565-6.

Akansea Indians I:24

Aliens II:549,551 (also see naturalizations)

Allegheny Portage Railroad I:195,326,332,339

Allison's Blockhouse I:117-8,121,126

Allison's Mill I:169,209,346

Altman's Run I:138,143,167,345

Alum Bank I:269-70,612

Alverda (Sides or Tipperary) II:189,425,447

Amalgamated Association of Iron and Steel Workers II:209

Ambrose P.O. II:117

American, The I:214-0,219-20,275-6;II:295;III:546-M

American Antislavery Society I:367-8

American Journal of Science I:194

American Legion II:391,417-420,475,487,519,541,545,552,555,566-7, 585-6

American Natural Gas Co. II:226,452

American Party (see Know Nothing)

American Protestant Union I:466,493

American and Republican Gazette I:214-0,222,224-227,266-7,277, 285,296,312-3,318,516-J,K,590

American Republican Party I:397-8,587-590,592-3,595,660-1

American Revolution I:85-113,150;III:20-27 (see Revolutionary veterans)
  Hostilities begin (W. Pa.) I:84-0,90-93. Indian captives III:21-25,38. Tories III:26-7.

American Union Telephone Co. II:341
America's Industrial Heritage Project II:633
Amish II:636,639,703,780;III:570-572
Andorra II:196
Animals
 Stray I:168-9,208
Animals and reptiles (wild) I:13,15-6,82,117,169,208-9,213,215-6,264-267,310-312,362,529,610;II:138,243-4,299,300,463 (see Birds).
 Game preserve II:395,463
Anthony's Garden (tract) I:79
Antimasonic Party I:224-240,277,329
 decline of I:242-3. and antislavery movement I:367,381
Antisemitism (see Racial relations, Jews)
Antislavery movement I:365-6,441,682,690-1;III:145-6 (see Free Soil Party, Kansas, Liberty Party, Marais des Cygnes, Free Democratic Party, Underground Railroad). Charles Dickens I:378. Churches and ministers I:365; II:150-152. Diamondville, July 4, 1853 (see Diamondville). Harpers Ferry Raid I:406-425;III:157-164,262-A,B,C. and Know Nothings I:369-70. Newspapers I:366,368-370. Opposition to I:376-380,689-692. Prior to 1837 I:365-368.
Appalachian, The I:274,370,386-7,396-7,401,453,465,507,543,546-J, 549,562-564,572,579,581,583,586,590,602,612;III:16.
Apprentice system I:201,545;III:33-4
Aqueduct Post Office I:324,575
Aqueducts
 Laurel Run I:72,135,196,617. Lockport I:323-4. small I:322,328-9. Tub Mill creek I:324. Tunnelton I:318,320,325,340-1,342-C,D.
Arcadia II:179,189,201,224,250,366,379,455,607-8
Arcadia Coal Co. II:186
Arcadia State Bank II:456
Archaeological excavations I:11-13,16,84-A,B,C,D,E;II:676
Armagh I:141,144,204,209;III:45-6
 Banks II:600. Borough I:263. Canal employment office I:319. Civil War company I:629. Earthquake tremors II:72. Fair II:462. Fire company II:518. Founding I:133-4. Foundries I:523;II:141. High School II:558. Johnstown Flood aid II:71. "Light Infantry" I:261. Mail routes I:165. Meeting favors Ligonier county I:607. Physicians I:177,310. Post Offices I:172,263,361;III:40. Presbyterian Church I:134,140-1. Roads I:139,196, 348-9. Roadster factory II:593. Schools I:146;III:217. Stage stop I:350. Sylvis, William H. I:200. Temperance lecture I:309. Unseated lots I:206. U.S. Centennial III:260-1.
Armagh and Conemaugh Turnpike I:354
Armagh and Johstown Turnpike I:354
Armorford II:466

Armorford Coal Co. II:185.
Armstrong and Clearfield Turnpike Road Co. I:354-5.
Armstrong Expedition (see Kittanning Expedition)
Armstrong, Indiana, and Cambria Turnpike I:351-2
Armstrong Indiana Intermediate unit (ARIN) II:697-8
Armstrong Township I:62-A,78,210
>   Circular hunt I:266. Division of I:160,165. Early settlers I:81;III:16-19. Elections (1803-07) I:173-4. Free School Act rejected I:280-282. Indian sites I:29. Indian victims I:98. Kittanning Path juncion I:31. McComb farm I:168. Original township I:53,68,70,121,131,164. Loyalty oaths (1794) I:136;III:29,30. Sharp tract I:126;III:16. Support order (Court) I:177. Taxables I:172. Thomas Covered Bridge II:370-K. Voting places I:140,173-175,222. Walker Blockhouse I:119.

Armstrong's or Indian oak I:35,46.
Arrowheads: Fluted I:6
Art and artists I:62-E, 271,458-9,546-I;II:83,307,533-4,664-666;III:574-576.
>   Performing arts II:666-7

Arzee Manufacturing Company II:594.
Assessments (see Taxes)
Associate judges I:159-161,239,248,251-2;II:22;III:101,231-2.
Associate Presbyterian Churches I:374.
>   Beraccha I:288,630. Conemaugh I:288-9,300,365,373. Crete I:288. Crooked Creek I:365,373. Indiana I:84+,288,365,367,493. Mahoning I:288. Saltsburg I:288. West Union I:289,298.

Associate Reformed Presbyterian churches I:142-3,289,300 (see Bethel A.R.P. Church)
>   Antislavery stance I:373. Indiana convention I:374. Synod dispute with Rev. Jamieson I:143,214-P.

Atlas of Indiana County (see Maps)
Atlas Powder Company II:450
Atrium, The II:632
Attorneys (see Indiana County Bar Association)
>   First I:160-1;III:42. First woman II:753. German speaking I:597. Prosecuting I:252.

Auld Run Coal Company II:185.
Aultman II:193,308,318,608,628.
Automobiles II:320-325,432-3,648-653.
>   Accidents II:322,325,434-5,652. Agencies II:205 - Sutton-Miller Ford II:324-5,651. Ambulances II:346,798-9. Busses II:325-6,434,650-652; III:306-A. Complaints about II:324. "Craze" III:424.
>   Early models II:321-323,325;III:306-A. Electric-powered II:325. Expenditures II:651. Fire trucks II:650. First II:321;III:423-4. Garages II:323,433-4. Gasoline shortages II:652-3. Hired II:325. Indiana County

Automobile Association II:323-4,326,430. at Indiana County Fair (1915) II:238,325. Insurance II:628-9. Licenses II:321-2. Long-distance trips II:324. Motorcycles II:321,324,650. Number of II:650. Owners (percentage) II:627. Parking regulations II:434,650-1. Prices II:324. Romance "wasteful, destructive" II:656. Speed limits II:434. Steam-powered II:321;III:423-4. Trucks II:322-324,433,650. World War II problems II:550,563,569.

Ayers Inn and Post Office I:342-F,359-60,576,603.

B - Bald Ridge I:312.

Balloons, dirigibles, lighter-than-aircraft I:456;II:102-3,237-8,335-6,440; III:441-2,460-E.

Baltimore and Ohio Railroad I:547

Blairsville meeting favorable I:548-9. Buys Buffalo, Rochester, and Pittsburgh Rail Road II:438. Chesapeake and Ohio Rail Road (CSX) II:655. Coal and freight traffic II:655. Indiana station II:655. Last passenger train II:655;III:547,614-M. Mallet locomotive II:586-L,655.

Bank of the United States, local opinion I:235,237,243,247.

Banks I:202,240-1,541-2;II:169-171,174-C,G;230-1,370-I;423-4,449,451, 455-6,458,462,475,480,483,487,489,496,502,596-7,599-602,627.

Banks Township: Hemlock Lake Park II:686. Indian sites I:30,240.

Baptist churches I:292-3,375,489;II:78;III:154-5.

Calvary Baptist Church and academy II:704,778. Conemaugh Assoc. I:375. Indiana I:493;II:355. Plumville I:375;III:154. Twolick II:355.

Bard's escape I:53-4;III:1-8.

Bardville Post Office I:263,361,363.

Barnes' Ferry I:138.

Barnes and Tucker Coal Co. II:463,611,613-4.

Barr's Fort (see Fort Barr)

Barr Slope II:187,224,467,470-1,473,476,591-2.

"Barrans", the I:152.

Bauer Co. II:593.

Bear Run Coal Co. II:178.

Beck Machine Co. II:562,590.

Beckwith Machinery Co. II:593.

Bedford County I:68,79-81.

Bedford "Melitia" I:100.

Bedford Village (novel) I:181.

Bell's Mill I:525,575;II:206 (see Josephine)

Bell's Mill Coal Co. II:185.

Bellmore II:179.

Bell Telephone Co. II:324,551,641,659-60 (see Central District and Printing Telegraph Co.)

Ben Avon II:476.

Benevolent and Protective Order of Elks (BPOE) II:370.
Benjamin Franklin Highway II:430;III:56-K,483-487.
Benton Furnace (see Loop Furnace)
Bent Rung Ladder and Manufacturing Company II:221-2,375,450.
Bethel Associate Reformed Presbyterian Church I:289,306,315.
Bethel Lutheran Church I:290.
Bethel Presbyterian Church I:141-2,214⁺,287-8,306,308,315.
Beyer (Wallopsburg) II:195,318,447,461,483.
Bible societies I:492.
Bicentennial of U.S. II:677.
Biocontrol technology (see Coratomic)
Birds (wild) I:452;II:138,242,299.
Black Hand (terrorists) II:251-2,353,423.
Black Legs Creek I:26,81-2,98,106,108,124,145,168-9,210,345,525,621.
Black Legs Indian village I:25-6,32,68.
Black Legs P.O. I:263,361-2,575.
Black Lick, the I:29,182.
Black Lick (town)
    Baker Mine Services II:617. Banks II:230,600. Baseball II:300. Buffalo, Rochester and Pittsburgh extension II:317. Cribbs Rest Home II:505. Crime II:757-8. Fire Company II:518. Fires II:366. Flour Mill II:150. Greek Orthodox Church II:358. Housing II:793. Knights of Labor II:229. Library II:535. Palmer Theater II:290,684. Presbyterian Church I:79. Schooley Torpedo Works II:375. Schools II:556. Sesquicentennial II:688.
Black Lick Creek I:9,29,30,33,68,70,73,78,80,84-P,95-6,117,125,127,132, 135,137,139,145,190-1,212,318,346,357,525.
    Bridges I:519,575;II:121, Fish dynamited II;243. Fording I:79,132. Log drives II:136. Public highway I:364.
Blacklick Furnace I:196,518-521,525;II:219.
Blacklick Land and Improvement Co. II:184
Blacklick Manufacturing Company II:143,219.
Blacklick P.O. I:575;II:447.
Blacklick Soil Conservation District II:499,634.
Blacklick Station I:555,575;II:313.
Blacklick Township I:210,516.
    "Blacklick Greys" I:615. Capture of Campbell and others III:21. Creation of I:165. Early settlers I:81-2,120,126. Election (1807) I:174. Hopewell Methodist congregation I:292. Indian sites I:30,37. Indiana County Farmers Alliance II:236. Lytle steam saw mill II:137. Militia drill site I:259. Mine accident I:194. Schools I:145,281;III:214. Temperance society I:309. Voting places I:174-5,222. Wagon maker I:360.

Blacklick Valley
  Central railroad route I:547-550. Early schools III:214-5. Iron ore I:520.
  Mills I:135,209. Pennsylvania Railroad lines II:184. Sharp Expedition
  III:31.
Blacklick and Yellow Creek Railroad II:241,318.
Black people I:293-4,305 (see African M.E. Church, Kidnapping of
  1845, Racial relations, White Township: Chevy Chase, slavery issue)
  Censuses of I:305,501;II:509. Churches II:509. Civil rights struggle
  II:772. Civil War soldiers I:502,692-3;II:63. Colonization movement
  I:377-8. Condescension toward II:62,770-772. Crimes of I:254,504;
  II:63,510. District of Columbia schools I:487-8. Early history I:499-504.
  Employment of II:63,354,452. Federal juror, first from Pa. I:503;II:61.
  Freedmen's Aid society II:61. Fugitive slaves I:426-451;II:62.
  Greenback-Labor challenger II:10. Housing II:61-2. Indiana County
  Colored Republican Club II:510. Indiana University of Pa. students
  II:724-5,770,774. Kidnappings I:502-03. Lecturers II:63,88,510. Mack
  Center pool II:772-774;III:646-7. Miners II:354. Poor children II:63.
  Railroad workers II:320. Runaways I:501. Scholarship aid II:774.
  Sexual incidents II:61,510. Visitors to Indiana County II:354-5. Votes
  for I:502;II:61;III:52. West Indies emancipation celebrations I:504,688.
  World War I soldiers II:380.
Black's salt works I:247.
Blacksmiths, early I:170,197.
"Black Walnut Bottom" (tract) I:81.
Blaides II:447.
Blair's Gap road to western boundary I:165-6.
Blairsville
  Academy (see Blairsville: schools). African M.E. Church I:293-4,491;II:80.
  Airfields II:441,446. American Legion II:417-8. Armistice Day II:389,
  586-C. Art and artists I:271,459;II:83 (see Blairsville Catholics - Glink
  paintings). "Artillerists" I:260. Associate Reformed Presbyterian Church
  I:289. Banks I:542;II:170,230,449,455-6,483,487,496,599,600. Blairsville
  and Blacklick Oil Co. I:524. "Blues" I:214-I,260-1,615,214-I. Board of
  Trade II:649. Borough created I:263. Borough manager II:749. Branch,
  PRR I:551-2;II:654;III:152. Bridges I:524;II:120,432,586-F (see
  Blairsville covered bridge and Cokeville). Brownstown I:206,263;II:169.
  Budget and taxes I:217;II:747.
Blairsville Business and Economy
  Chestnut Ridge Plaza II:595. Commodity prices I:202. Labor cost I:201.
Blairsville Catholics
  Choir I:458. First Mass I:291. Glink paintings I:459;III:574-576.
  SS Simon and Jude Church I:291,516-G.
Blairsville charity work II:475
Blairsville Citizen, The (see Citizen, The)

Blairsville civic organizations (see Blairsville: Social...)
Blairsville Civil War activities I:619,625,627-8,631,638-9,642-3;III:164-5.
Blairsville Coal and Coke Co. (Blairsville Coke Co. Ltd.) II:183.
Blairsville College Journal II:281.
Blairsville College for Women I:479-481,516-H;II:46-7,280-282;III:204-
 210,221,306-I,M,333-4,614-K.
Blairsville Community Center II:684.
Blairsville, Conemaugh Terrace II:596,791.
Blairsville, county seat proposed I:246.
Blairsville Courier (Evening Courier, Weekly Courier) II:243,259,
 265,267-269,275,305,393,537.
Blairsville covered bridge I:331,342-A,L:350,355-6;II:119-20,586-D,E.
Blairsville cultural activities
 Debating society I:274. Libraries I:275;II:89,90 (see Blairsville Library)
Blairsville dentists (see Blairsville physicians)
Blairsville, Depression times II:475,491.
Blairsville and Derry Street Railway Co. II:329.
Blairsville Diamond, the II:586-M,632.
Blairsville Dispatch II:537,668-9,728,745,750.
Blairsville early settlers I:81,117.
Blairsville earthquake tremors II:244.
Blairsville, Einstein's Opera House II:174-J,288,358,793.
Blairsville electricity (see Blairsville - public utilities)
Blairsville Enameled Ware Co. II:209,366.
Blairsville Enterprise II:17-8,26,74,87,94,167,266,296,302,305,360,537.
Blairsville entertainment (see Blairsville: recreation)
Blairsville Episcopal Church I:293,295,302,614;II:355;III:97-103,
 178-A,306-K.
Blairsville evangelistic meetings II:358.
Blairsville Female Seminary (see Blairsville College for Women)
Blairsville ferries I:355.
Blairsville fire companies II:69,368.
Blairsville fire engine, first I:62-M,313,515.
Blairsville fire equipment II:69,518.
Blairsville fire hydrants II:157.
Blairsville fires II:70,367,517.
Blairsville, First colored Baptist Church II:509.
Blairsville Floods (1936) II:518-19.
Blairsville Foodland II:598.
Blairsville, founding of (see Blairsville: borough created)
Blairsville foundries I:195,521,537;II:140,209,366,449-50.
Blairsville fraternal orders (see Blairsville; Social...)
Blairsville historical societies II:596,678-9.
Blairsville history II:673.

253

Blairsville hospital, proposed II:796.
Blairsville hotels I:179,332,360,502;II:172-3,599.
    Exchange Inn I:179+,332,360;II:172.
Blairsville houses II:169.
Blairsville housing projects II:596.
Blairsville Independent II:94.
Blairsville Indian sites I:6,11-13,16,26,84-A,B,C,D,E,;192.
Blairsville and Indiana Railroad Co. (proposed) II:654-5.
Blairsville industries I:184,195,198-200,212,360.
    Arzee Manufacturing Company II:594. Breweries I:305,538. Bricks I:530;II:143. Carriages and wagons I:360;II:146. Cigars II:147,222, 586-P. Clark Brothers Glass Manufacturing Company II:215-6,586-0. Coal oil I:530. Columbia Plate Glass Co. II:216,297,370-K,450,492,496. Concrete products (see Blairsville industries: Wilbert Vault Co.) Conemaugh Iron Works II:449-50,517,550. Copper, tin and sheet iron ware I:531. Diamond Metal Products II:591. Enameled ware (see Blairsville: Enameled Ware Co.) Federal Laboratories (branch) II:562. Flour mills I:514,539-40;II:148,211. FMC Corp. II:589-90. Foundries (see Blairsville: Foundries, Blairsville industries: Tittle Foundry). Fours Company II:590. Furniture (see Blairsville industries: planing mills). Glass II:143,215-6,225 (see Blairsville industries: Clark Brothers, Columbia Plate Glass, Hamilton Glass, National Plate Glass, Neville Glass, West Penn Glass, Whitney Glass) Hamilton Glass Company II:366. Hen-E-Ta Bone Company II:212-13. Imaging Systems Corporation II:593. Jones, Ray C. Chemical Company II:587. Ladder Company II:222. Letarcan Apparel II:594. Machine Products Co. II:590,641. Trimble Mfg. Co. II:239,594. McGuire Manufacturing Company II:361. Meat packing II:211. National Plate Glass Company II:450,490. Neville, Asa G. Glass Company II:216. Ocean Energy Company II:593-4. Patton Industries II:593. Planing Mills, furniture and wood products II:152-3,239. Porter, H.K. Company II:550, 557,562,573,589. Refrigeration equipment II:223. Rolling Mill and Tin Plate Company II:209,256,586-N. Sanitary Company II:450,496. Schwarzenbach-Huber Company II:451,590. Sheet iron (see Blairsville industries: copper). Starch I:539. Tanneries I:521,528;II:140,144. Taurus Manufacturing Company II:590. Tin (see Blairsville industries: copper and Rolling Mill) Tittle, C.L. Foundry II:450,587. Trimble Manufacturing Company (see Blairsville industries: Manufacturing Company). Westinghouse Specialty Metals Division II:591. West Penn Glass Company II:143,215,225. Whitney Glass Company II:215. Wilbert Vault Company II:593. Wood products (see Blairsville industries planing mills). Woolen mills I:537-8,605;II:151,217.
Blairsville Infirmary II:344.
Blairsville influenza epidemic II:506.

Blairsville insurance agents I:533.
Blairsville Intersection I:551;II:107,313,437;III:228-9.
Blairsville In-Town Group II:596.
Blairsville, Johnstown Flood experiences II:71-2.
Blairsville Journal I:464,466,661.
Blairsville and Kittanning Plank Road Company I:572-3.
Blairsville Ladies Seminary (see Blairsville College)
Blairsville Library II:303,486,535,671-2;III:384-G,563-565.
Blairsville "Light Dragoons" (Light Infantry) I:261,615.
Blairsville, "Lisbon" Tract I:214-A.
Blairsville lock-up I:603.
Blairsville Lutheran Church I:290.
Blairsville, Maherville II:171.
Blairsville Main Street program II:632.
Blairsville Market House (see Blairsville Town Hall)
Blairsville Memorial Hall II:499.
Blairsville Methodist Church I:291-2,295.
Blairsville Militia I:260-1,615-16 (see Blairsville "Artillerists", "Blues", "Light Dragoons", "Troop").
Blairsville Moose Temple II:290.
Blairsville, Morewood Towers II:792.
Blairsville music
 Band II:486. Bandstand II:531,586-K,M. Cornet band I:457-8. Kiwanis Band II:401. Klan Cornet Band II:512. Music Club II:85,533.
Blairsville, name origin I:348.
Blairsville National Guard II:34-5,377-8,381,383.
 Armory II:254,370-C.
Blairsville natural gas (see Blairsville public utilities).
Blairsville **New Era**, The (see N - New Era, the)
Blairsville opera houses II:100,265,288,297 (see Blairsville Einstein's Opera House)
Blairsville, patent for land I:214-A.
Blairsville, Pennsylvania Canal I:62-H,271,319-322,325,330-333,337,339.
Blairsville, phonograph, first II:97-8.
Blairsville photographers II:307.
Blairsville physicians and dentists I:310-11,511.
Blairsville politics I:248;II:9,12 (see P - Political Affairs)
Blairsville population I:332.
Blairsville P.O. I:263,361-363;II:250,447.
Blairsville Presbyterian Church I:288,373,516-B,602;II:521;III:231.
Blairsville Press I:546-K;II:65,92-94.
Blairsville public utilities
 Electricity II:158,224. Natural gas II:155-6,452-3. Water systems II:157,227,453,490,609.

Blairsville railroad facilities and notes.
    Baltimore and Ohio Railroad favored I:548-9. Central route favored for PRR I:547-8. Dispute with PRR I:554,560. Passenger service II:653. Rail yards II:108-9,654,749. Stations I:551-2,560-1;II:313,370-P,586-L, 654-656. Steam locomotives, first I:546-A,551. Last II:654;III:545. Subway (underpass) II:313. Western Pa. Railroad engine house I:559, office I:546-C.

Blairsville, recollections of III:262-D.

Blairsville Record I:201,225-227,235,238-9,248,273-4,277,280,294,326, 332,342-G,H,407,465-6,501,568,570,593,626,628-9,659,667,669,672, 688;III:8,164,201.

Blairsville recreation and entertainment (see Blairsville: Opera houses, Music, Phonograph, Roller skating rinks).
    Chautauqua week II:293,545. Circuses I:453-4. Hypnotism I:457. July 4th I:269,295-6. Minstrels I:268. Nickelodeons and theaters II:290, 538,541. Ten pin alley I:452. Wild west show II:293.

Blairsville Red Cross II:567.

Blairsville redevelopment II:595-6,632.

Blairsville religions I:296,495 (see Blairsville specific churches)

Blairsville Reporter (Times Reporter) II:95,305.

Blairsville roads and streets I:30,347,370-L,386-J.

Blairsville roller skating rink II:99.

Blairsville roof sign for airplanes II:445.

Blairsville schools (see below Blairsville-Saltsburg School District, Vale Tech) Academies I:286,484;II:40,174-E,702;III:221. Faculty II:277. Female Seminary (see Blairsville College). Franklin Assoc. I:280. High School II:279,282,309,524,553. Parochial II:45-6,704. Private I:283,474-5. Public elementary I:279-281;II:275, Old log schoolhouse I:62-M,279; II:275, Second Ward II:174-E,275, New school (ca 1882) II:37, Third Ward II:275-6, Brick (1837) I:282;III:56-C,103-105. Saltsburg School District II:693,696-7,700,702. Teachers Institute I:468-9.

Blairsville sesquicentennial II:676.

Blairsville sewage disposal II:775.

Blairsville, slavery issue I:432-3 (see Antislavery and Slavery).

Blairsville social, civic and fraternal organizations.
    Benevolent and Protective Order of Elks (BPOE) II:291,297. Business and Professional Women's Club (BPW) II:508,516. Century Club II:304, 362-364. Civic Club III:364. Daughters of the American Revolution (DAR) II:419. International Order of Odd Fellows (IOOF) II:369. Junior Chamber of Commerce II:631. Kiwanis Club II:516. Loyal Order of the Moose (LOOM) II:290. Masonic order II:369. New Era Club III:362,364.

Blairsville state liquor store II:515.

Blairsville streetcar line II:332-334;III:306-D.

Blairsville streets (see Blairsville: roads).

Blairsville, striker's contributions II:470.
Blairsville telegraph line I:570-1;II:122.
Blairsville telephones II:123-4,339,447.
Blairsville temperance movement I:309,512-13.
Blairsville tollhouse I:572.
Blairsville Town Hall I:62-G,283;II:749.
Blairsville "Troop" I:261.
Blairsville True American I:465-6,587,590-1,593,596.
Blairsville, United States Centennial III:262.
Blairsville unseated lots I:206.
Blairsville, Vale Technical School II:595-6,599,703-4.
Blairsville Veterans of Foreign Wars II:766.
Blairsville, views of I:342-A;II:586-E,J.
Blairsville visitors. Anne Royall I:319,Maximilian I:350.
Blairsville water systems (see Blairsville: public utilities).
Blairsville weather conditions II:72.
Blairsville Young Men's Christian Assoc (YMCA) II:368.
Blanket Hill I:49,90-92.
Blind pensions II:492.
Blockhouses I:115-121.
Blue stone II:164-5.
Boatyards I:62-H,200.
"Bolar's Chance" (tract) I:80.
Bolar's road I:344.
Bolivar I:324,329,339;II:120;III:70.
Bolivar Branch, PRR II:183.
Bollinger-Andrews Company II:208,449.
Bolshevism (see Communists).
Boltz (Charles) II:183,610,660.
Books about Indiana County or by county citizens I:146,214-P,272;II:65, 87,90-1,301-02,534.
Boroughs, creation of I:214-F,L.
Boundary lines I:68,70,78,139.
Bow Station II:312.
Bowman Coal Mining Company II:184.
Boy Scouts II:369,372,379,400,420,487,493,495,531,542,545,557.
Bracken's Mill I:80,135,170;III:10.
Brady Post Office I:576 (see Marion Center).
Brady's Mill I:167,170-1,209.
Brae Breeze Airfield II:439-40,569.
Brethren congregation I:294;II:79,350,355.
Breweries I:198-9,305,514-5,538;II:65,67,144-5,174-C,211,365,451,486, 514-516,586-K.
Brick manufacture I:198-9,201;II:142-3,167,191,587 (see refractories).

Bridges I:166,216,331,342-A,I,L,M,N,O,351,355-358,574-5,605;II:119-121,366,370-H, K,586-D,649-50;III:178-P,440-1,614-E,F (see Street railway bridges, Railroad bridges).
    Bailey bridges III:178-D,E.
Broad Fording (or Broadford) I:79,97,137-8,145,182,255,346,355,494; III:214.
Brodsky and Company II:590.
Brown's old stand I:345.
Brownstown (Burrell Twp.) I:206,263;II:169.
Brush Creek I:95,170,357.
Brush Creek Coal Mining Co. II:193,195.
Brush Valley (Mechanicsburg) I:170,258,263,280.
    Academy I:485-6. Borough organized I:610. Community choir II:533. Community fair II:462. Fires II:366. Literary society II:304. Maternity hospital II:505. Murder-suicide II:426. Planing mill II:152. Post office I:361,363,575. Schools I:479;II:523. Select school II:279. Temperance lecture I:309. Tornado II:244. Underground Railroad I:433-4.
Brush Valley Township (see Buena Vista Furnace)
    Circular hunt I:267. Civil War I:629. Creation of I:262. Early settlers I:84. Evangelical Assoc. I:293. Grist mill, first I:170. High School II:512. History II:674. Iron ore I:517. Lost child I:169. Lutheran Church (Frey's Meeting House) I:289-90. Mormon Missionary I:294. Pine Grove Associate Reformed Presbyterian Church I:289. Politics I:401. Rail fence I:62-B. Schools I:176,280-1. West Indies Mission II:521.
Brushey Run I:109.
Buck Run I:213,343,554.
Buena Vista Furnace I:62-D,461,516-N,518-520;II:677.
    Bridge II:121. Railroad workers II:313.
Buena Vista Park Assoc. II:537.
Buffalo-Pittsburgh Highway Assoc. II:430.
Buffalo, Rochester and Pittsburgh Railroad.
    Acquisition by Iselin II:112-3. Black Lick extension II:317. Buffalo and Susquehanna RR connection II:195. Coal II:189-191. Completion to Indiana II:298,316-7;III:262-E,F,426-7. Creekside yards II:317. Elders Ridge extension II:318. Excursions II:317,437,586-A. Fares II:437. Fulton Run extension II:318. Home underpass II:430. Lucerne extension II:317-8. Motor car II:318. Nesbit Run extension II:318. New York Central RR connection II:186. Passenger service II:438,521; III:262-E,F,426-7. Punxsutawney-Dayton line II:316. Rails, first II:191. Sale of II:438. Tearing Run extension II:193,318. Tunnel II:317,586-O; III:306-E,424-426. Stations II:437, Goodville II:316, Indiana II:317, 370-M, Savan II:197. Western Union Telegraph line II:448. Whiskey Run extension II:318.
Buffalo and Susquehanna Coal and Coke Co. II:195.

Buffalo and Susquehanna Railroad II:195,318-9,422.
Buffington P.O. II:312.
Buffington Township
   "Blacklick Furnace" I:196,518-521,525,602. Early settlers I:82,116-7; III:40. Indian sites I:30. Methodist Church I:292. State road funds lost II:428. Vinton Lumber Co. II:240-1. Woolen mill II:152.
Building materials II:219-222 (see specific materials, such as Bricks, Wood, &c.)
Bull Moose Party (see Progressive Movement)
Bullock Path I:32.
Burrell Coal Co. II:199,200.
Burrell Township (see Blacklick Manufacturing Co.)
   Chemical works II:142. Chestnut Ridge Inn II:599. Community Center II:684 Early settlers I:82,99. Health clinic II:796-7. Highest point in Indiana County I:16. Illegal still II:514. Indian sites I:11,30. Indiana County Farmers Alliance II:236. Murders I:601. Organization of I:610. Pine Ridge Park II:686. Saylor Park II:686-7. Schools I:146.
Bushy Run, battle of I:61.

C - Cambria and Indiana Railroad II:241,319,423,656.
   Cameron Manor II:641.
   Camp Seph Mack I:31;II:493,495,685.
   Campbell's Mills I:80,127,135,137,145,166-7,177,209,309-10,344,346, 360-1,364,575;II:370-E,543-4;III:31,36-38,40,230-1.
      Bridge II:121.
   Campbellites (see Disciples of Christ)
   Campville I:263.
   Canals (proposed) II:122,448 (see Pa. Canal)
   Canoe Creek I:166;III:13.
   Canoe Place I:27,32,62-C,67,128,130,136,139,206.
   Canoe Ridge P.O. I:576.
   Canoe Ridge Mines II:186.
   Canoe Township (see Locust Lane)
      Holland Land Co. I:131. Horse thief I:599. Indian sites I:30. Organization of I:610. Widdowson saw, lath and shingle mill II:137.
   Carbon 14 dating method I:7.
   Carnahan's blockhouse I:94,110.
   Carnegie Museum I:11-13;II:463.
   Carpenters I:201.
   Carriage and wagon manufacture I:199,200,360;II:145-6,218-9;III:287-8
   Carter's Mill I:575 (see Blacklick P.O. and Station)
   Catawba Indians I:54.
   Catawba Trail I:30-1,35,65.
   Catholic (see Orthodox and Roman Catholic)

Censuses 1790-1980 I;132,188,197-8,207-209,213,262,305,466,492,517, 546,610;II:229,454,474,561,625.
Centennial of Indiana II:290,294-5.
 of Indiana County II:294;III:384-A,B,C,D. of United States II:34-5, 105-6,139,169;III:251-262.
Center Township
 Antislavery Society I;367,370;III:149-50. Bard's escape III:4. Bethel Presbyterian Church I:214. Circular hunt I:266. Creation of I:165. Early settlers I:82-84,99,117. Election (1807) I:174. Illegal still II:514. Indian sites I:30. Literary society I:462. Lucerne Park II:686. Murders I:601-2. Power Safety International II:604. Schools I:145-6,280-1;II:486; III:215. Taxables I:172. Voting places I:174-176,222. "Whiskey Boys" I:136. Woolen mill I:198.
Centerville (Huff) I:116,135-6,206,259,263,324,342-M,357,522,574; II:141,519,602,613,616,660;III:88,178-D,E,217; (see Conemaugh Electric Station)
Central Charities II:474-478.
Central District and Printing Telegraph Co. II:124,339-342,447.
Central Labor Union II:496.
Chambersville
 Electricity II:452. Family destitute II:484. Influenza (1918) II:506. Labor II:201. Mining II:197. Post office I:576. "Union Guards" (Militia) I:616 Workers' Unemployment Council II:483.
Charity I:506;II:59,60,351-353,506-508,786-788 (see Central Charities, Indiana Community Chest, Poor children, Poor house, Poor overseers, Poverty)
 Blind pensions II:492. Emergency relief (Depression) II:404-05,407,410, 480-482,484-493,497,503. Food stamps II:787. Handicapped aid II:790. Indian Haven (County Home) II:174-D,352,641,788. Medical Assistance II:787. Mother's Assistance Board II:478. Old Age Assistance II:492, 788-9;III:585-6. Welfare Assoc. of Indiana County II:478,492. Williard Home II:507.
Charles (see Boltz)
Cheese (see agriculture: butter)
Chemical works II:142,167.
Cherokees I:50-1,54,67.
Cherry Hill Manor (Penn's Manor) I:60,84-M,N,107,131,170-1;III:41.
Cherryhill Township (see Clymer Fire Tower, Wimer)
 Benedictine chapel and monastery I:516-A. Boy Scout camp II:493,495. Brethren congregation I:294. Early settlers I:121,208. Election banner won I:619. Friends Congregation I:293,490. Grave robbery I:510. Indian sites I:30,37. Organization of I:610. Panther I:266. Schools I:176,467; II:38-9,279-80;III:216. World War II honor scroll II:554.
Cherry Run I:117-8,258,344-5.

Cherry Tree, the I:27,67.
Cherry Tree I:14,23,128,136 (see Bardville P.O., Campville, Canoe Place, Grant P.O., New Lancaster, Newman's Mills.)
  Academy I:484. Banks II:230,456,462,483,599. Borough organized I:610-11. Bridge I:609. Christmas trees II:547. Civic Club II:684. Electricity II:224. Fair II:239. Fire company II:518. Foundries I:522;II:141,207-8. Joe McCreery IV:340. Library II:535. Male and Female College II:47-8. Maple sugar I:529. Monuments I:62-C,67;II:294,305,312;III:178-F,320-322,460-B. Municipal building II:498. Names of I:263. **News** II:537. Pine County favored I:607-08. Poets I:460-1. Post office I:361;II:447. Presbyterian Church I:493. Rafts II:240. Railroads II:312,315;III:460-B. **Record** (see **Grant Record**) II:94,113,117,173,305,312,314;III:320. Red Cross II:567. Schools II:276,279. Sesquicentennial II:688. Water system II:609. World War I flag II:372.
Cherry Tree Coal Co. II:559.
Cherry Tree and Dixonville Railroad II:316,655-6.
Cherry Tree plank road I:572.
Cherry Tree portage I:32.
Chest Creek and Falls I:139,212.
Chestnut Ridge I:15,16,25,43,68,70,78,95,100,136-7,197,270.
  Great Bear Caves I:456.
Chestnut Ridge Coal Co. II:178.
Chestnut Ridge Energy Center II:603-04.
Chestnut Ridge Mining Co. II:618.
Chestnuts I:529;II:243.
Chevy Chase (see White Township).
Children abandoned I:505.
Children's toys and pastimes I:270.
Chill Wheel and Plow Co. (see Indiana Foundry Co.).
Christian Church (see Disciples of Christ)
Christian Science II:357.
Christmas
  Arrival of Santa Claus by Railroad II:438. Commercialism II:688,783. Customs and observances I:455;II:101-2, 168,297,546-7. Political meeting I:242,299. Shooting match I:267-8,299. Vietnam III:601-02. World War Two II:564.
Christmas savings accounts II:601,688.
Christmas seals II:347,506.
Christmas Tree Capitol III:628-630.
Christmas Tree Festival II:632,637.
Christmas Tree Journal II:670.
Christmas trees II:242-3,297,463,547,636-7,688;III:601-2.
Church of God I:490-1;II:79;III:546-M,577.
Churches (see Religion and specific denominations).

Cigar manufacture I:199;II:222,586-P.
Circuses I:453-455,736⁺;II:104-5,132,292,545,689;III:507.
Citizen, The (Blairsville) I:384,465,545,546-K,548,563,579.
Citizens Light, Heat and Power Co. (see Penn Public Service Co.)
Citizens National Bank (Indiana) II:451.
Citizens Water Co. (Clymer) II:227.
Civil defense II:767-8.
Civil War I:618-694.
 Assassination of Lincoln, local views I:679-682. Canal excursion to camp III:164-5. Courthouse flag I:622-624. Economy, local I:685-688. Emancipation Proclamation I:690,692. End of war I:679. Government contracts I:687. Greenbacks I:687. Gun missing II:418. Inflation I:687-8. Ministers' views I:661-2,673,678-9,691. Monuments I:683;II:32-3,174-K, 253-4. Newspapers, arrival by train I:621. Opinions of Lincoln I:671, 677,679. Peace I:619-621. Pennsylvania Senate tie vote I:655,677-8. Pre-war situation I:618-621. Pro-Southern sentiments I:661,667. Public arms collected I:626. Raising troops I:629-641: Bounties I:632,636-638, 640, Commutations I:637-639, Drafts I:633, 635-639, Exemptions I:633,637-8, Hired substitutes I:633-4,638, Regiments, efforts to form I:627-629. Secession, newspaper views I:618-9. Sixty-first Regiment, Company A, I:546-L,630,632,634,638,694⁺;III:166-178,178-A,191-2. Soldiers: Aid for I:641-643, Black I:502,692-3;II:63. Casualties I:652-655,657; III:165,191, Desertions I:630,634-5,640;II:2;III:191-2. Experiences and performance I:643-652;III:166-191,614-D, Imprisoned I:654-657, Number in service I:632;II:30. Recollections of Lincoln I:645. Strongstown flag I:546-M. Sumter, reactions to I:621-626. U.S. Sanitary Commission I:642-3. Verses III:192-194. Veterans II: 3,30-1,33,252-3, 257,294,418,766;III:522-3. Volunteers, first I:619-20,622,624,626-629; III:194-197.
Civil Works Administration II:489-491.
Civilian Conservation Corps (CCC) II:485,493-495,499,500,519-20,568.
Claghorn (Cleghorn) II:184-5,447,467.
Clarion of Freedom (Indiana) I:278,368-9,371-2,375-6,382-3,387,389, 393,426,438,464,546-N;III:122-3,150.
Clark Brothers. Coal Mining Co. II:178-9.
Clark Brothers Glass Manufacturing Company II:215-6,586-O.
Clark Coach Works II:118,145-6,218.
Clark Metal Products Company (see Diamond Metal Products)
Clark's Fording I:138,575.
Clark's Mill (Clerk's, Clarke's) I:135,167,170,346-7.
Clarke's ferry I:346,356,358.
Clarksburg I:168-9,263,575.
 "Clarksburg Regulars" (Militia) I:615. "General Meade Guards" II:33 Ice cream manufacture II:234. Sesquicentennial II:688.

Clearfield (Chinklaclamoose, "clear fields") I:44,103.
Clearfield Bituminous Coal Corp. (CBC) II:179,185-189,193,233,241,463, 465-473,476-7,500,504,611.
Clearfield and Jefferson Railroad II:114,314.
Clearfield Light, Heat and Power Co. II:187,224.
Clearfield Supply Co. II:186.
Cliffside Park II:487,544.
Climax (India) I:116;II:200,519 (see Lincoln village)
Climax Coal Company II:183.
Clock makers I:199.
Clothing industry II:217.
Clune II:447 (see Coal Run)
Clyde (New Washington) I:315,609,660.
Clymer
    American Legion II:417-8,552,567,766. Anniversaries II:688. Band II:308 496. Banks II:230,456,481,600-01. Baseball II:300. Boom (1973-75) II:610. Brick and fire clay II:219-20,451. Christian Church II:511. Depression II:478. Dr. Mitchell's tenant cabin II:121. Early history II:187. Electricity II:224. Fire company II:290,368,551. Fires II:367-8, 517. Floods II:518;III:178-E,592-3,595-598. Founding of III:385-388, 614-J. Godfrey, Arthur III:415-6. **Herald** II:187,267,306. Housing II:793. Hungarian Presbyterian Church II:356. Ice gorge II:464. Influenza II:506. International Order of Odd Fellows II:370. Labor problems II:201,476,468-9,483,618. Levinson's store II:595. Mine disaster (1926) III:417-422. Murray, Philip II:485. Opera House (see Clymer: theaters) Parochial school II:704. Post office II:447. Pre-cast Architectural Concrete Elements Co. II:594. Recollections of III:388-390. Red Cross II:567. Rifle and Pistol Club II:567. St. Anne's Byzantine Catholic Church II:780. St. Anthony's Roman Catholic Church II:780. St. Michael's Greek Orthodox Church II:174-L,358,520,780. Sample Run mine II:187,471,473;II:611;III:417-422. Schools II:279,552,570,586-I. Sewage system II:776. Sgriccia's market II:598. Slovak Club II:468. Streetcar line II:331-2,423;III:432-3,436-440,460-F,M. <u>Sun</u> II:538,668. Tate's market II:598. Theaters, opera house II:290,367-8,485,517,541. Train,first II:316. Views of III:614-H,I,K. Water system II:227,608-9. World War I enlistments II:372,388. World War II home front II:554-5.
Clymer-Cherryhill Story II:187,673;III:388.
Clymer, George
    Lands of I:131,149-156,162,171-2,284. Philadelphia home IV: 202-E.
Clymer Fire Tower (Cherryhill Township) II:518.
Clymer Manufacturing Co. (Indiana) II:208,226.
Clymer Water Co. (Indiana) II:157-8,227,366-7,453,608.

Coal (see specific mine or company, coke manufacture) I:183,191-193,
199,520,524;II:159-164,177-203,375,465-473,610-624.
Abandoned mines sealed II:491,498-9. Beneficial results II:620.
Boom period (1973-1975) II:610;III:633-635. Company stores II:174-P.
Country coal banks II:159. Disasters (see below Problems). Early
knowledge of I:69,150,152,163,170,191-2. Electric power generation
II:602-604,610,612;III:552-554,630-632,636. Ernest tipple II:370-M.
Experiments II:615-6,Gasification II:615-6;II:630,636-638;III:262-E,
636-638. Future problems II:611. Glen Campbell, first coal town
II:288-294. Indiana County Streetrailways mine II:334. and Iron police
II:402,404,468,470-472. "Jacksonville Agreement" II:467. Layoffs and
decline II:630. Labor organizations: United Mine Workers II:198-201,
617-620, Miners for Democracy II:619, Southern Labor Union II:618.
Mine service firms II:616-7: Joy Manufacturing Company II:616,
National Mine Service Company II:616, North American Galis II:615.
Northeastern Indiana County area II:178-180. Option transfer suit
II:203. Post-World War II slump II:610. Problems: Accidents and
disasters II:178,197-8,472-3,613,623,808;III:400-409,417-422, Black lung
II:623, Boys, employment of II:202, Decaying mining towns II:622;
III:638-643, Pollution II:620-622, Road damage II:622-3, Underground
mine fires II:622. Railroads, importance of II:177. Safety laws II:166-7,
477,612. Salt manufacture I:183,191-193;III:75-77. Shipments to
Indiana (1858) I:560. Statistics II:177,188-9,194-5,465,610-612. strikes
II:167,198-201,465-6,617-620;III:289-291: 1927-1928 II:467-472, 1933
II:487, Violence II:466-7,618-620, U.S. Senate Coal Investigating
Committee II:470-1. Technology II:614-616: Car mover II:203, Early
coal cars (pit wagons) II:140, "Long-wall" method II:614-5, Mine props
II:242, Mining equipment II:204,208, Pellet process II:615, Stretch cars
II:615, Strip Mining II:465,472,559,610,612,614,623-4, Tunnel boring
machine II:615, Unit trains II:615. Women miners II:620;III:632-3.
World War One II:375. World War Two II:549,559-60.
Coal oil manufacture I:530.
Coalport (Coal Port) I:191,263,318,321,335,576;II:160 (see Edri).
Coal Run (Clune) II:193,195,505,554,607-08.
Coal Run Mining Company II:193,195.
Coke manufacture II:161-163,180-182,203,617;III:411-12.
Ernest coke II:203,370-F,617;III:546-C,D. Graceton Coke Company
II:180. Graceton mines II:177. Isabella coke works II:162. Jamison
Coal and Coke Corporation II:549,617. Lucerne mines (Tide) II:617
McCreary Coke Co. II:180. Potter Coal and Coke Company II:182,466.
Prices II:467. Tide II:370-G.
Cokeville I:138;II:138,162. Bridge II:72,121,432.
Coleman's Mill I:345.
Colfax Telegraph II:88.

Colleges and seminaries II:46-55.
Columbia Gas Company II:606.
Columbia Plate Glass Company II:216,297,370-K,450,492,496.
Commissioners (see Indiana County).
Commodore (Pleasant Valley)
    C.W.A. project II:490. Founding II:466;III:416-7. History II:674. K.K.K. Band II:512. Peoples Bank II:456,483;III:56-J. Post Office II:447. Mines II:473,611. Workers' Unemployment Council II:483.
Commonwealth Coal and Coke Company II:183.
Commonwealth, Secretary of III:528-9.
Communists (Bolsheviks) II:390,394,405,407,523,769.
Community Chest (United Chest) II:476,481,493,502.
Conemaugh Bridge Company I:355-6.
Conemaugh bridges I:574;II:70,119-121.
Conemaugh Coal Company II:184.
Conemaugh County (proposed) I:607.
Conemaugh Dam II:605,687,807-08;III:306-I,559-60.
Conemaugh electric generating station (Huff, Centerville) II:602-03;III: 306-J,O.
Conemaugh Gas Company II:225-6,452.
Conemaugh fire engine I:313.
Conemaugh Furnace I:519.
Conemaugh, Indian name I:25.
Conemaugh and Indiana Plank Road Company I:572-3.
Conemaugh Iron Works II:449-50,496,517-8,550.
Conemaugh Old Town I:25,80.
Conemaugh Oil Company I:526.
Conemaugh Republican I:228,230-232,277,325,328,342-P.
Conemaugh River (see Conemaugh Valley)
    Boat yards I:135. Bouquet expedition (proposed) I:56. Broad Fording I:79,97,137-8,145,182,255,312,346,355. County boundary I:68,70,78,147. Fish I:214. Navigation I:132,136-7,184,212,364;III:68-73. Pollution of II:75,162,506;III:422-3.
Conemaugh-Kiskiminetas River, formation I:3.
    Maclay survey I:139;III:27-29.
Conemaugh Salt Works (Great Salt Works) I:184,187,192,318,346-7, 361-2.
Conemaugh Smokeless Coal Company II:183,197.
Conemaugh Sanitary Manufacturing Company II:449-50.
Conemaugh Teachers Institute I:469.
Conemaugh Township
    Covenanter (Blacklegs) Church I:289;II:80. Creation of I:165. Division of I:160,165. Drowning I:312. Early settlers I:80-84,118-9. Election (1807) I:174. Electricity II:605. Indian sites I:10,26,30,36. Military station

I:108-9. Mines II:473. Natural gas I:191. Taxables I:172. Temperance society I:309. Schools I:144-5,176,279-281,III:214-15. Voting places I:174-5,222.

Conemaugh Valley
Coal deposits I:192. Early settlers I:63,68,73,84,95-6,115-117. Fair I:532, 536;II:131. Fluted arrowheads I:6. Indian sites I:10,25-6,45,73. Indian traders I:34. McClure, Rev. David I:69. Ohio Company I:41. Petition for supply to Associate Presbytery I:69,77-8. Petroleum drilling I:524-5. Salt industry I:181-190. Saw mills I:546-H. Virginia Claim I:70-1. Wallace's fort I:73,96-98.

Conestoga Indians (see Susquehannocks)

Congregational Church II:79.

Congress of U.S., Indiana County members I:392,584-5;II:4,7,8,13,15, 262-3,265-269,307.

Conner Vehicle and Carriage Company II:218-9,451.

Conservation II:133,778.

Consolidated Coal and Iron Company II:191.

Constables I:215-6.

Constitutional Union Party I:593-4.

Consumer shortages II:628.

Cookport (Minta)
Academy II:40. Carriage and wagon makers II:146. Farmers Institute II:235. Fires II:70. Flour Mills II:150. Foundries II:141. Green Township Fair II:462,638. Homer and Cherry Tree Railroad meeting II:110. K.K.K. meeting II:512. Lutheran Church I:290. Planing mills II:152. Post office I:576;II:447. Roller skating rink II:99,291,462. Saw mill I:528. Select school II:279. Tax Justice League II:416. U.S. Centennial III:258-9. World War II honor scroll II:554.

Cookport Monitor II:95

Cooperatives I:544.

Cooper shops I:190,201-02.

Copperas I:197.

Copper Valley Coal Company II:618.

Coral ("Oklahoma") II:181-2,517,602,617,620;III:383-4.

Coratomic II:594.

Corporations, views on powers of I:241.

Corrigan, McKinney and Company II:206-7,449-50,502;III:371-375,614-B,C,D.

Cosgrove-Meehan mine II:478.

Counterfeiting II:28,251,754-5.

Counties, proposed I:246-7,606-609;II:21,246,416.

Courthouses and Courts (see Indiana County).

Covenanter Churches I:289,300,373,489;II:80,779.

Covered bridges (see bridges).

265

Covode (Kellysville)
: Academy I:62-N,O,484;II:40,277-8,702. Evangelical Association I:293; II:511. "Guards" II:34. July 4th picnic II:13. Union Church I:295. World War II honor scroll II:554.

Cox's Run I:80.

Cox's Army II:475,478.

Coy II:193,195,608.

Craftsmen, early I:190.

Cramer (Baker Furnace, Indiana Iron Works) I:95,195-6,516-L,N;II;183, 660.

Cramer Coal, Coke and Stone Company II:183.

Cramer-Coopersdale pike II:326,428,431.

Crawford County system adopted I:593,596,678;II:1.

Creameries II:150-1,234,638.

Credit cards II:628.

Creekside (Newville) II:201,317,424,514-5,517.
: Band II:531. Electricity II:452,500. Firemen's Hall II:500. Grange II:558. Library II:535. Macera Monument III:460-I. Mine water reclamation plant II:621;III:460-H,649-50. Theater II:541.

Creekside Gas Company II:226.

Crete Associate Reformed Presbyterian Church I:142-3.

Crete P.O. (Edgewood) II:117.

Crime (see Black Hand, Counterfeiting, Drug use and abuse, Executions Homicide, Horse thieves, Moonshining..., Sexual, Vandalism) I:253-255,599-603;II:25,27-29,156,247-252,295,299,421-427,475,753-760.
: Arson II:755-6. Bank embezzlements and robberies II:456,601-2,754. Bigamy I:508. Bomb manufacture and threats II:424-5;III:627. Concealed weapons II:759. County Commissioner crime III:622-624. Dynamitings II:356,424. First cases I:159-60. Indiana County bond book stolen II:24. Indiana County Home embezzlement II:731. Indiana County Treasurer's office robbery and shortages II:425,730-1. Intoxication as cause of II:65,426-7,755. Juvenile delinquency II:565,754. Policemen, criminal activity II:759. Police protection II:757-759. Railroad bribery II:320. Streetcar robbery III:436-440. Violent crimes II:757.

Croft II:447.

Crooked Creek (Eighteen Mile Run) I:28-9,32,42,118-121,126,149-50,166, 168,199,204,218,267,344-346;III:200-01.
: Bridges I:575. Indian name I:28-9. Schools III:217. Soil Erosion Control project II:492,494-5,499.

Croylands II:370-D,O,677.

Crystal Dairy and Ice Company II:234.

Cumberland Presbyterian Church II:80.

Curry Run I:29,115.
Curry Run Presbyterian Church I:30;II:779.
Curry Run Temperance Society I:309.
Cush Creek, Cushion Creek, or Cush cushion I:27,67,212,343-4.
Cush Creek and Mahoning Railroad II:241,318.

D - Dairies (see agriculture)
  Daily Blade (Indiana) II:33.
  Daugherty Planing Mill II:152,220-1.
  Daughters of the American Revolution (D.A.R.) II:536.
  Davis Brothers and Company planing mill II:153.
  Death
    Cemeteries II:81,245,292,361. Customs of I:314-5;II:81,783. First burial I:314. Glass caskets II:361. Mausoleums II:361. Tombstone manufacturing II:146-7. Undertakers II:522.
  Debt, imprisonment for I:173,202-03. Installment debt II:628. Sheriff's sales I:203.
  Deckers Point (Colfax) I:263,293,576.
  Deists I;236,302.
  Delano Coal Company II:677.
  Delaware Indians I:16-21,25,32,34,36-38,40,43-45,47,53-55,58-9,61,63, 66-7,71-75,87,94,101,106,109,115.
  Delco electric plants II:452.
  Delhi P.O. I:576.
  Democratic Club of Indiana County II:407.
  Democratic Messenger (Indiana) I:408,434,464,570,588-591,593-4,657- 659;III:384-H.
  Democratic Party (see political affairs, slavery and the Democrats)
  Democratic Republican Party I:173,218-221.
  Dentists I:311,512;II:73,347,370-A,798.
  Depressions
    1837-1840 I:243. 1873 II:169. 1893 II:229. 1916 II:474. 1929-1939 II:416-7,449,474-503.
  Derry Township, Westmoreland County I:78,97,147,164;II:453.
  Devil's Elbow II:422,514.
  Diamond Glass Company (see Indiana Glass Company).
  Diamond Metal Products II:591.
  Diamond Smokeless Coal Co. II:183.
  Diamondville (Diamond Mills, Mitchell's Mills) I:202,211,263,307,361, 364,373,506.
    Agricultural Machinery II:150. Anatomical investigation II:73. Fires II:70. Foundry I:522;II:141. July 4,1853 picnic I:374,376,389-392;III: 152-157,614-N. Maple sugar I:529. Post office I:575. Rafts I;577. Woolen Mill I:514;II:152.

Dias II:447,613.
Dietrich Industries II:593,641.
Dilltown (Franklin) II:121,185,312-3,478,506,613;III:178-B.
Dilltown Smokeless Coal Company II:472,479.
Dilts' Mill I:170,209,346-7.
Directories II:171,218.
Dirigibles (see balloons).
Disciples of Christ I:373,489;II:79,355,511.
Distilleries I:171,197,199,209,305,538;II:145.
Divorce I:179,240;II:802.
Dixon's blockhouse I:120.
Dixon Brothers mine II:182.
Dixon Coal Company II:610.
Dixon Run I:292,343-4.
Dixon Run Coal Company II:618.
Dixon Run Land Company II:186.
Dixon Run News II:306.
Dixonville (see Barr Slope) I:494;II:187,224,234,252,300, 308,358,500,554,618,620.
  Deposit Bank II:456,480,495. Hospital II:344. Macedonian Chorus II:533. Theater II:541. UMWA local II:467. Wesleyan school II:704.
Dixonville Coal Co. II:187.
Domestic economy I:541;II:174,558-9,635.
Domestic living standards II:627-8.
Domestic problems I:302-304.
Downtown Indiana Businessmen's Association II:632.
Draft (Military) II:762-3,767;III:611-613 (see Civil War, World Wars I and II).
Drama II:534-5.
Drug use and abuse II:506,719-20,755,784;III:589-591.
Dugan Glass Company (see Indiana Glass Company)
Dunkards (see Brethren congregation).
Dunmore's War I:71,77,79,82-84;III:10,15-6,56-B,C.
Dutch Run III:13.

E - Early Settlers I:63-4,79-84;III:8-10,16-19.
  Earthquake tremors II:72,244,464-5.
  East Mahoning Township I:610.
    Antislavery movement I:366,371. Ayers Inn I:342-F,359-60. Central Literary Society I:461. Diptheria II:73. Fires II:70. Grist mill I:170. Indian sites I:30,48. Mahoning Associate Presbyterian Church I:289, 300,641. Prunes I:532. School, first I:176-7. Singing schools I:458. Socks for Civil War soldiers I:641. Tax Justice League II:416. Teacher contract III:210-11. Temperance meetings II:63-4.

East Union United Presbyterian Church I:116.
East Wheatfield Township.
    Bucket factory I:195. Early settlers I:63,80-1,84,316. First minister I:144. Hice-Pershing Cemetery II:681. Iron furnace I:196. Nineveh Methodist Church I:292. Organization of I:610. Schools III:217. Snakebite death I:312. Wipey I:73;III:15-6. Woolen manufacturing I:198.

Eastern Orthodox Foundation III:460-O,578-580.
Ebenezer P.O. I:575 (see Lewisville).
Ebenezer Presbyterian Church I:141-2,145,287-8,296,298,306,497.
Ebenezer school III:214-5.
Ebensburg-Indiana-Kittanning turnpike (see Blair's Gap to western boundary; Armstrong, Indiana and Cambria Turnpike Road; Indiana and Ebensburg Turnpike Road Company) I:342-K,343,345, 351-354,350,363.
Ebensburg Mountaineer Herald II:314.
Economic conditions (see prices) I:544-546;II:169.
    Civil War I:685-688. 1837-1840 depression I:243. 1873 panic II:169. 1893 depression II:229,258. 1907 panic II:265. 1930-1939 depression II:416-7,449,454,474-503.

Economic revitalization II:629-633.
Economy of the backwoods I:168-173.
Edgewood II:171 (see Crete P.O.).
Edri (Foster P.O.) II:249,467,509,660 (see Coalport).
Edri Coal Company II:184.
Education (see schools).
Educational influences other than schools I:487.
Einstein's Opera House (see Blairsville).
Eighteen Mile Run (see Crooked Creek).
Eighth Pennsylvania Regiment I:88-9,93,95,100-01,105-107.
Eightieth Division parade III:56-E.
Elder's Ferry I:134,138,143.
Elder's Ford I:138,167,259 (site of Fillmore).
Elder's Ridge
    Academy I:468,481-484,516-I;II:41-2,235,277-8,517,524;III:222;IV: 102+,202-M; B.R. and P Railroad extension to II:318. Creamery II:234. Future Farmers of America II:462. Mine maintenance mechanics school II:616. Pioneer settler I:131. P.O. II:447. Presbyterian Church I:288,372. Vocational H.S. II:235,524,558. W.P.A. addition to high school II:499.

Elections (see political affairs).
Elections, Upper Westmoreland I:140.
Electric Coal Co. II:178.
Electricity II:104,158-9,223-225,245,452,500-01,586-G,602-605,612-3, 618,622,640,687;III:306-J,O,318-9,552-554,614-G,H,630-632,636.

Electro-Mec Inc. II:593.
Eliza Furnace I:519-20.
Ellis Mill (Indiana) II:454.
Ellsworth-Dunham Coal Co. II:178.
Elopement I:303-04.
Emerson's Mill I:200.
Emigrants from Europe III:106-110.
Empfield's Mill I:167,170.
Empty land (ca 1675-1723) I:13-16.
Enterprise Foundry I:516-O,522,527.
Entertainment and Recreation (see Centennial, Circuses, Children's toys and pastimes, Christmas, Holidays, Independence Day, Music, Picnics, Sports) I:264-270,452-457;II:96-106,288-301,538-547,682-692. Acrobatics II:238. Boating II:96-7,291. Campbell's Mill Park II:543-4. Camp Rest-a-While (Indian Springs Park) II:543. Carousels II:103, 238,293. Chautauqua week II:293,545. Cliffside Park II:487,544. Coleman's Park II:543. Conemaugh Dam II:687. Country clubs II:297-8,366,370-D,541-2,684. Dancing I:456;II:96,238,544. Dreamland II:543. Excursions II:105-6,298-9,317,586-A. Exhibits and curiosities I:268;II:238. Groundhog Park II:544. Hobbys II:688-9. Hypnotists and magicians I:457;II:545,667. Idlewild Park II:298-9. Imported entertainment II:292-3,545-6. Indiana County parks II:623-4,686. Lantern slides II:103-04. Library Hall II:99,100,538;III:262-G,H, 288-9,291,294,349-361,547. Local films II:541. Local talent II:291-2. Mack Center II:637-8,687. Marion Center Park II:544,684. Minstrel shows II:98,291,297,545. Music boxes II:291-2. Phonograph II:97-8. Radio and television II:682-3. Road houses II:500,544-5. Roller skating II:98-9,288,291,III:350-1. Rustic Lodge II:544,684. Seph Mack Scout Camp II:545,685. Skill games I:452;II:97. Streetcar parks II:334. Swimming II:370. Sycamore Park II:544. Tableaux I:456. Theaters and Nickelodeons II:288-290,299,538-543,545,781;III:306-C. Tiny Town II:688-9;III:178-G,H,555. Township Parks II:686-7. White's Woods II:687. Wild West and Indian shows I:456-7;II:237,292-3. Yellow Creek State Park II:684-5.
Episcopal churches I:293,489,516-B,D;II:78,355;III:178-A,306-K.
Ernest (McKee's Mill) II:191-2,194,197,201,203,476.
Band II:308,531. Baseball II:300. Coke ovens II:370-F;III:546-C,D Founding III:382-3. Influenza (1918) II:505. Mallet locomotive II:586-L. Mine closure II:612. Mine disasters III:401-409. Mine layoffs II:610. Mt. Zion Baptist Church II:509-10. Murder II:248. Nickelodeon II:290. Parochial school II:524. Post office II:660. Strike (1906) III:390-400. Streetcar line II:331. Theater II:541. Tipple II:370-M. Union hall II:620. View of III:262-O. Water system II:608.
Ethics of businessmen I:545.

271

Ethics: decline of morality II:784-786.
Evangelical churches I:293;II:79.
Evans' Mill I:169-70.
Everett House (see Exchange Inn).
Evines Run I:152.
Ewing's Mill (Kellar's Mill, Pine Township) I:62-F;II:680.
Ewing's Mill (W. Mahoning Township), Ewing's Mill P.O. I:191,263, 361-2.
Exchange Inn I:179[+],332,360.
Executions II:27,249,425;III:300-304.

F - Fairfield Township (Westmoreland) I:68,70,78,140,147,607.
Fairs
    Cherry Tree II:239. Conemaugh Valley I:532,536;II:131. Green Township II:462,638. Indiana County I:452,456,459,532;II:4,102-03, 131-2,236-238,370-J,586-B.
"Fallen Timber" military station I:108,119,121,145.
Fallen Timbers, Battle of I:127.
Farmers' Alliance II:329.
Farmers' Bank I:359;II:458.
Farmers' Register I:143,165,168,218.
Farmers Telephone Company II:341-2,447.
Farms (see agriculture).
Federal aid programs II:628.
Federal Bureau of Investigation (F.B.I.) III:460-N,621-2.
Federal Comprehensive Employment and Training Act (Manpower program) II:626,794-5.
Federal Laboratories II:450,543,562,573,587-8,641,808.
Federalist Party I:173,218-220,228-9,234,276.
Ferries I:133-4,138,346,350,355;III:614-F.
Fillmore I:574;II:556. (see Elder's Ford)
Findley's Mill I:135,209,346,517,617[+];III:47.
Findley's Run I:196.
Fires I:312-314,514-5;II:68,70,71,115,141,153,207,209-10,215,217,219, 222,227,290-1,355,366-7,370-A,449,475-6,517-8,803-806;III:265-268, 306-P,324-330,384-F,471-473,555-559,614-E.
    Aid to Chicago fire victims II:59. Fire companies II:67-69,367-8,803. Fire equipment I:62-M;II:68-70,368,650;III:263. Fire insurance I:546; II:367,453. Fire ordinances II:68. Fire training II:803. Firemen's parades II:69,70;III:263-4. Firemen's Relief Association II:367. Forest fires II:240,242,366,494. Penn View Fire Tower II:493.
First National Bank (Indiana) II:451,455,483,489.

Fish I:214,452;II:138,691;III:105-06.
    Dynamiting of II:243. Killed by acid pollution II:243. Petrified I:2. Stream stocking II:546.
Fisher Scientific Company II:592,630,641-644.
Five Nations (see Iroquois).
Five and Ten Cent stores II:232.
"Flax Scutching Bee" (painting) I:62-E.
Fleming Run I:344.
Fleming School District I:47.
Fleming Summit II:315-6.
Flint Glass Workers Union II:228.
Floods I:188,328-9,523,575;II:71-2,115,120-1,366,370-E,H,432,806-808. Conemaugh Dam flood control II:807-08. Johnstown Flood II:59,60, 71-2;III:315-318. Mississippi flood relief II:508. 1936 Flood II:518-520; III:178-O,P,513-519. 1972 Flood II:808. 1977 Flood II:603,806-7;III:178-B,C,D,E,591-601.
Flora II:179.
Florence County (proposed) I:606.
Florence Mining Company II:612-3,615.
Florentine II:179.
Flour Mills I:198-9,209,539-541;II:147-150,210-11,586-J,638-9.
Flowers II:534.
"Flying Camp" Militia I:121.
FMC Corporation (see Syntron).
Food preservation
    Canning factory II:233. Indiana Provision Company (Indiana Cold Storage Company) II:223-4,234. Refrigeration equipment II:223.
Food products (manufactured) II:210-11.
Fordings I:29,79,97,132,138,168,347,355.
Foreign goods (see imported goods).
Forests (see timber).
Forges (see iron).
Fort Barr I:97,100.
Fort Hand I:94,101,105-6.
Fort Hill I:9.
Fort Ligonier (Fort Preservation) I:55,58,61,76,119.
Fort Ligonier Journal I:95,100,113.
Fort McIntosh, Treaty of I:115.
Fort Shirley I:43,45-6,51.
Fort Stanwix, Treaty of 1768 I:62-C,66-7;III:460-B.
Fort Stanwix, Treaty of 1784 I:114,127.
Fort Stanwix, Treaty Monument I:62-C;II:294,305,681;III:460-B.
Fort Wallace (see Wallace's Mill) I:73,96-100,105-107.
Forty Mile Lick I:46.

Forty's Run I:345.
Foster Coal Company II:109.
Foster Coal and Mining Company II:160,177-8,184,467.
Foster County (proposed) II:21.
Four-H clubs II:462,545.
Fours Company II:590.
Frances mine II:186.
Frankstown Path (see Kittanning Path).
Frankstown Road I:132-3,138-9,165,207,347.
Fraternal orders II:369-70.
Free Democratic Party (see Free Soil Party).
Free Methodist Church II:357.
Free Presbyterian Church I:373.
Free Press, The (Indiana) I:188,209,217,229-236,277,298,336,366, 516-K.
Free Soil Party I:370-1,374,376,386-393,397-8,402,451,582,591;III:152-157,614-N.
French-English trading rivalry I:38-42.
French and Indian War I:43-62;III:1-8.
Frey's Meeting House I:289.
Fulling Mills I:134,197-8.
Fulton Run II:193,318,608.
Furs I:213,529.
Future Farmers of America II:462.

G - Gamble's Mill I:431.
Garden vegetables I:209.
Garfield (see Robinson).
Garfield Fire Clay Company II:142,219,450.
Gas, Manufactured II:154-5,227,245.
Georgeville I:130,214-M,263 (see Ewing's Mill and Mahoning P.O.)
  Academy II:42. Baseball II:300. Blacksmith shop II:586-O. Fires II:70. Horse Fair II:129. "Mahoning Guards" II:34.
Germany Lutheran Church I:290.
Gettysburg (see Hillsdale).
Giant Electric Light, Heat and Power Company II:224.
Gilgal Presbyterian Church I:48,178,274,288,372,516-F.
  Disciplinary actions I:301,508. First burials I:315. Foreign missions I:297. Hymn singing I:298. Pew Tax I:496. Sunday schools I:296. Temperance lecture I:309. "Uncle Sam" Brady grave I:315. Withdrawals from I:300.
Gilpin and Fisher lands I:131,148-153,171-2,204-05.
Gilpin P.O. (Kintersburg) II:70.
Gilpinsbourg I:149,214-D,E.

274

Gipsy II:179,224,235,241,278,300,308.
Girl Scouts II;557.
Girls Industrial School II:291,507.
"Glade" tract I:150-1,153.
Glade Run I:362.
Glass industry II:143-4,213-217,586-O.
Glen Campbell (Reakirtsdale) II:178,198-9,201.
    Band II:263,308,379,391. Banks II:230,481,502. Baseball II:300. Central Charities, branch II:475. Churches II:779. Coal fields II:114, 163-4;III:288-9. **Comet** II:306,314. Community center II:684. Description (1894) III:291-294. Electricity II:224. Fire tower II:518. Fires II:367, 517. First house III:262-P. Gas well II:453. **Graphic** II:306. High School II:279 **Journal** II:306. Lightning death II:365. Murders II:247,249-50; III:294. **News** II:537. Post Office II:447. State labor camp II:479. Strikes III:289-291. Theater II:541. World War II honor scroll II:554.
Glenmore Coal and Coke Company II:183.
Glen Oak P.O. I:576.
Glenwood mines II:177-8.
Gold Rush I:542-544.
Good's Mill I:575;II:328.
Goodville II:294,316 (Goodville Station).
Graceton (see Mikesell Station) II:163,180,182,198,248. Coking coal II:180-182. Mines II:177.
Graceton Coke Company (Youngstown Steel Company) II:180.
Graceton Coal Mining Company II:617.
Graff Coal Company II:182,200.
Graff's Run I:345.
Grain elevators II:233.
Grand Army of the Republic (G.A.R.) II:31-2,245,253-4,418.
Grange II:131,236,369,462,493,526,544,683.
Grant P.O. I:611.
Grant Record II:94,305.
Grant Township I:312;II:70.
Graphic arts (see art and artists) I:271,458-9;II:82-84,306-7,533-4,664-666.
Great Salt Works (see Conemaugh Salt Works).
Great Shamokin Path (see Shamokin Path).
Greek Orthodox Church (see Orthodox Catholic Churches).
Green Township I:201,206,511,516.
    Chemical toilets in schools II:523. Circular hunt I:267,452. Civil War activities I:630. Creation of I:262. C.W.A. project II:490. Fair II:462, 638. First school directors I:281. Free School Act rejected I:280-1. Future Farmers of America II:462. Harmony Literary Society I:461.

275

High School II:524. Kidnappings (1845) I:435-439. Kittanning and Venango Paths, junction of I:31,46. Liquor manufacturing I:538. "Living Waters" Pentecostal camp II:521. Moonshine still II:424,514. Salem and Cookport Methodist Protestant societies I:292. Sheepskin Band II:307-08. Timber I:212;III:284-5. Tornado II:365. Two Lick Baptist Church I:292. Voting places I:222.

Greenback-Labor Party II:8-18.

Greenbacks (paper money) I:687;II:9.

Greensburg Register (Greensburgh and Indiana Register) I:275;III:73.

Greensteel Chalkboard Company II:591-2.

Greenville (see Penn Runn).

Greenwich Coal and Coke Company II:193,196.

Greenwich Collieries II:613.

Greiner Baking Company II:174-C,451,476,478,516,587.

Grist mills (see Mills).

Guidebook to Indiana County II:670.

Gunpowder manufacturing I:199;II:222.

Guthrie's saw mills II:71,134,136-7,239,242.

Guthrie-Tuck Manufacturing Company II:220,239-40.

H- Halliburton Company II:606.

Hamill (Oak Tree Station) I:30.

Hamilton Coal Mining Company II:197.

Hamilton Fashion Accessories II:587.

Hamilton Glass Company II:366.

Handicapped people I:505-06;II:58-9.

Hanging Rock School II:556.

Hanna's Town I:70-1,74,79,84-L,89,91,94,98,102,105,107,109-10,124, 131,139.

Burning of I:111-2,144-5. Resolutions I:85.

Harden's Branch (Reeds' Run) I:167,345.

Harmony Presbyterian Church I:178,267,288;II:779.

Harper's Ferry and Albert Hazlett I:406-425;III:157-164,262-A,B,C.

Harper's Run I:108,345.

Harris Coal and Coke Company II:183.

Hart Town II:192,517.

Hasinger and Tuck (see Guthrie-Tuck Manufacturing Company).

Hatcheries II:639.

Hatteries I:197-8,201.

Hawskin's Mill I:575.

Hazard's Register I:182.

Hebron Lutheran Church I:290.

Heilwood (see Possum Glory).
    Amusement hall II:196. Band II:531. Baseball II:300. "Black Hand" II:251. Boy Scouts II:369. Churches II:196. Dairy II:196,235. Electricity II:196. Elementary schools II:196. Founding of II:196. Glory sub-station II:452. High School II:196,279-80. Hospital II:196,347;III:365-367. Inn II:196. Murder II:248-9. Post Office II:196. Theater II:541. Water system II:608. World War II honor scroll II:554.
Helen Mining Company II:613.
Helvetia Coal Company II:612.
Hen-E-Ta Bone Company II:212-3.
Herlinger and Dodson Planing Mill II:152.
Hermitage Furnace I:192.
Heshbon (Black Lick Mills) II:149,185,328,367,426,440,660.
Hess's blockhouse (see Thompson's blockhouse).
Hessian soldiers I:262.
Hice's graveyard I:63.
Highways (see Transportation).
Hillsdale (Gettysburg, Monterey) I:375,576,596,608;II:70.
    Planing mill II:153. Robbery II:424. Select school II:278-9.
Hillsdale Coal and Coke Company II:178-9.
Hinckston's Run I:72.
Historians I:273-4,462-3;II:90-92,537,673-675,678.
Historic preservation and microfilming II:679-682.
Historical celebrations II:676-7 (see Centennials).
Historical and Genealogical Society of Indiana County.
    Clark House II:677;IV:420-D,E. Log house I:62-F,677. Museum (proposed) II:677-8,792. Organization of II:536. Stove manufactured in Indiana II:370-B.
Historical geology and paleontology I:1-5.
Historical societies II:303,536-7,677-679.
History
    Church II:302. George Washington Bicentennial II:536. Local II:302-03,536-7,673-682. Medical II:303. Research II:675-6. World War I servicemen and women II:374.
Holidays I:455;II:100-103,293-297 (see Centennials, Christmas, Independence Day, Indiana County Fair).
Holland Land Company I:130-1,171,205-06.
Home (Kellysburg, Rayne Township, Pa.) I:263,361.
    Baseball II:300. Bootlegger II:514. Fires II:70. Indiana County Farmers Alliance II:236. Rose Angle Inn II:174-P. Select school II:278. Tannery II:144. Woolen Mill II:151-2,366.
Home Economics (see Domestic economy).
Homer-Center School District (formerly Laura Lamar) II:302,694,696.
Homer, Cherry Tree and Susquehanna Railroad II:110-112,312.

277

Homer City (Homer, see Phillips' Mill, Yankeetown).
  Academy II:42. Allison's hill I:267. American Legion II:417-8. Band
  II:308. Banks II:230,456,502,553,599,600. Baseball II:300. Bridge
  II:121,328;III:384-D. C.C.C. Camp II:499,500,568. Centennial II:688.
  Central Charities, branch II:475. Cooperative canning II:233. County
  seat (proposed) I:151. Crystal Dairy & Ice Company II:234. C.W.A.
  project II:490. Dance hall II:547. Early settlers I:96,126. Electricity
  II:225. Feed mill II:517. Fire equipment II:518. Fires II:517. Floods
  III:178-B,C. Flour mill II:149. Guthrie-Tuck Manufacturing Company
  II:220. Guthrie saw mill III:56-J,282-3. History II:536. Homer Electric
  and Manufacturing Company II:450. Homer Railroad Station I:117,555.
  Hospital (proposed) II:505. Iler Electric Company II:450. Indian sites
  I:29,30,54. International Order of Odd Fellows II:370. **Journal** II:537.
  Labor problems II:202. Library II:535. Lions Club II:516. Lockup II:246.
  Methodism I:292. Methodist Episcopal Church II:355-6. Moonshine
  still II:421,516. Political meeting I:596. Post Office II:447. Prairie
  State Incubator Company II:212,366-7,375,450;III:56-L,M,376-378,
  614-A. Railroad III:384-D. St. Mary's Greek Orthodox Church II:520.
  Saw mill I:527-8,577;II:71,134,136-7,239 (see Phillips Mill). Schools
  II:276,279,524,556. Sewage system II:776. State Bank II:456. Streets
  II:328. Syntron II:589-90. Telephone service II:447. Theater II:290,517,
  541,553,556. "Thomas Guards" II:33. Trinity Lutheran Church II:783.
  United Presbyterian Church II:79. U.S. Centennial III:257-8. Water
  system II:499,608. Women's clubs II:684;III:362,365. W.P.A. reservoir
  II:499. World War I flag II:375-6,379. Yankeetown II:547.
Homer City Electric Station II:603,612-3,618,622;III:306-J,614-G,H,636,
  640,687.
Homicide I:253-255;II:27-8,60,247-250,422-426,756-7;III:53,460-N,621-2.
Hoover, Hughes and Company II:239.
Hooverhurst II:241.
Hooverhurst and Southwestern Railroad II:241,318.
Hopewell Forge I:196.
Horse thieves I:599-601;II:251.
Horton P.O. (Smithport) I:576;II:447.
Hospitals
  Ambulance II:346. Blairsville Infirmary II:344. Brush Valley II:505.
  Dixonville II:344,505. Heilwood II:347;III:365-367. Indiana II:344-
  347,370-E,380,504-05;III:367-8. Proposed II:505. Saltsburg II:345.
  Simpson and Neal II:344-5,370-E.
Hotels and inns I:342-F,N,354,358-360;II:171-173,174-D,370-P,462;III:
  306-A,F,N,384-F,582-585,586-H,N.
Housing problems II:790-793;III:638-643.
Huff (see Centerville, Conemaugh Electric Station).
Hughes-Guthrie Lumber Company II:242.

278

Hungarian Presbyterian Churches II:356,467-471.
Hunting I:264,452;II:546,691.
Huntingdon, Cambria and Indiana Turnpike I:165,325,342-I,J,347-351, 355,363,572,599;II:117.
Huntingdon and Clearfield Telephone Company II:341-2,447.
Hustonville (Kenwood) I:431.

I - Ice cream manufacture II:234.
Ice use II:107,234.
Idamar II:187-8,224,308,447,465.
Idlewild Park II:298-9.
Iler Electric Company II:450,477.
Imaging Systems Corporation II:593.
Imperial Coal Corporation II:611.
Imported goods I:203.
Independence Day
   Blairsville I:269;II;295-6. Indiana I:455,665-6;II;100-01,296-7. Newport I:133. Other II:100-01,296;III:202-204.
Independent, The (see **Indiana Independent**)
Independent Bible Society of Indiana County I:492.
Independent Order of Good Templars II:64.
Independent Republican Party II:13.
India (see Climax).
Indian Brewing Company II:174-C,211,324,586-K.
Indian Haven II:174-D,352,641,731.
Indiana Academy I:202,284-286,458,470,472,475-479;II;42-3;III:216,221.
Indiana African M.E. Church I:294,491;II:509.
Indiana airfields II:441-445,656-658;III:540-544,546-D,E.
Indiana Airways Company II:442.
Indiana American Legion II:417-8,519,541,545,552-3,557,566-7,586-H, 632.
Indiana Area Council of Churches III:580-1.
Indiana Area Recreation and Parks Department II:687.
Indiana Area School District II:693.
Indiana, Armistice Day II:389,392.
Indiana Armory II:499,508,512.
Indiana, Armory Hall II:9,34-5,78,98,104,288,291.
Indiana Art Association II:533,664.
Indiana Associate Presbyterian Church I:84⁺,164,288,365,367,372-374, 470,488,494,498;III:153-4.
Indiana automobile agencies II:205.
Indiana Banks I:359,542;II:169-171,174-C,G,230,370-I,430,451,455,458, 480,483,489,495,502,516,586-I,596-7,599-602,627,631-2,679-80,751.
Indiana Baptists I:292;II:355.

279

Indiana Beef and Provision Company II:451.
Indiana Benevolent and Protective Order of Elks (B.P.O.E.) II:370.
Indiana Bent Rung Ladder Company II:221-2,375,450.
Indiana and Blairsville Intersection Street Railway Company II:329.
"Indiana Blues" or ("Citizen Blues") I:260.
Indiana Board of Trade II:167,231.
Indiana Boat Club II:96.
Indiana Borough Council II:749-50.
Indiana Borough created I:263.
Indiana Borough Manager II:749.
Indiana Bottling Works II:514.
Indiana Boy Scouts II:369,531.
Indiana Branch, Pa. Railroad I:528,546-A,B,552-556,559-561;II:180,182, 190,199.
> Abandoned II:655. Accidents and vandalism I:555-6,561. Business volume (1860) I:561. Carnival (1953) II:654. Cars II:108. Christmas trees II:654. Completion I:555. Construction I:553-555. Depot II:107-8, 313-4,370-C,H,448,654. Employees II:107-08. First schedule I:555. First year of operation I:559-60. Flood (1936) II:519. Freight rates I:560. Freight tonnage (1858) I:560,569;II:107. Gasoline coach II:437. Homer City III:384-D. Ice cutting II:107. Last passenger train III:56-K,487-9. Livestock shipments II:128. Locomotives I:554-5;II:108. Lumber shipments II:134. Passenger service II:107,438;III:487-489. Passenger volume, first week I:555. Receipts, first month I:556. Stockyards II:313. Subscriptions to stock I:552-3. Turntable II:313. Warehouse I:556. Wood consumption I:560.

Indiana Brass band I:620-1,629,641.
Indiana, Breezedale IV:202-I,407[+].
Indiana Brewery II:174-C,211,365,451,486,505,514-5.
Indiana, Buffalo, Rochester and Pittsburgh Railroad II;317,370-M.
Indiana Building and Loan Association II:455.
Indiana Buildings (see above Armory Hall).
> Clarissa Hall I:489;II:97,171. Library Hall II:255-6,265-6.

Indiana Businesses (see Indiana banks, manufactures, public utilities, restaurants) I:5,162-3,201,516-P;II:167-8.
> Atrium II:597. Blacksmiths I:163. Bon Ton II:174-I,454,491,501,595. Book bindery I:466. Brodsky and Company II:557. Brody's II:454,595. Buchanan Wholesale II:595. Carpenters I:163,201. Clock makers I:163. Cold storage II:234. Cooperative store I:544. Cost's harness shop II:594. Downtown Indiana Businessmen's Association II:596-7. Drug stores II:97. Five and Ten Cent stores II:453. G.C. Murphy Company II:453, 595. General merchandise I:162-3,544. Grain elevator II:233. Handy Andy's II:370-J. Hart Chemical Company II:621-2. Hetrick Brothers drug store IV:420-B. Indiana Lumber and Supply Company II:450.

Indiana Mall II:595. J.C. Penney II:595. Jewelers I:5. J.G. McCrory
II:453,595,597. J.M. Stewart Hardware II:517,595;III:262-I,J,K,505-513;
IV:202-B,290-292,420-J. K-Mart II:595. Montgomery Ward II:453,595.
Morganti's Pennzoil Service II:598. Murphy Mart II:595. Music store
II:309-10. National Mine Service Company II:616. North Plaza II:594.
Penn Furniture Company II:551,566. Photographers I:459. Pottery
I:162. Regency Mall II:594-5. Roumm's Scrap Company II:557. Royal
Oil and Gas Corporation II:606. Ruffner Dental parlors II:370-A.
Saturday night shopping II:594;III:554. Sears, Roebuck II:453,595.
Shopping district decline II:594-598. Shopping malls II:594-5.
Shryock Store I:516-P. Streamline Market II:454,597.
Supermarkets II:597. S.W. Jack II:606. Tailors I:163. Tanners I:163.
Troutman's II:595. University Plaza II:594. Weston's II:595. White,
Mrs. C.B.M. Building IV:202-G. White, Harry Building 202-E.

Indiana Carriage Company II:218,324.

Indiana Catholic settlers I:291.

Church I:488-9,516-C;II:78,174-N,311. Select School I:475.

"Indiana Cavalry" I:615.

Indiana Cemeteries and Mausoleums II:81,245,292,361;IV:202-L.

Indiana Centennial and anniversaries II:290;III:338-349.

Indiana Chamber of Commerce II:231,451,482,487,501,590,592.

Indiana, Chinese laundry II:509.

Indiana Choral Society II:85.

Indiana Christian Church II:355,510-512.

Indiana Citizens Committee for Good Water II:453.

Indiana Civil War activities I:619-624,626-630,639-642.

Indiana, Clairvaux Commons II:793.

Indiana, **Clarion of Freedom** (see Clarion of Freedom).

Clymer and Creekside Railway Company II:330-1.

Indiana, Clymer Water Company II:157-8,227,453,608.

Indiana Coal and Coke Company II:178,181.

Indiana, Cobalt Silver Mining Company II:231.

Indiana Collar factory II:451.

Indiana Community Center building II:489,493,499.

Indiana Community Development Corporation II:587.

Indiana Congregational Church II:79.

Indiana Countian II:538,555,558,560,569,668;III:349,415.

Indiana Country Club II:542,569.

Indiana County Agricultural Society I:534-5;II:236-238.

Indiana County American II:306,360,363.

Indiana County Anti-slavery Society I:367-8,371,374.

Indiana County Artificial Breeding Cooperative II:460,635-6.

Indiana County Atlas (see Maps).

Indiana County Automobile Club II:323-4,326,430.

281

Indiana County Bankers' Association II:455,635.
Indiana County Baptist Association II:462.
Indiana County Bar Association II:191.
Indiana County Bible Society I:492.
Indiana County Board of Assistance II:507.
Indiana County Centennial III:384-A,B,C,D;II:294.
Indiana County Chamber of Commerce II:629-30.
Indiana County Christian Endeavor Society II:359.
Indiana County, Christmas Tree Capital III:628-630.
Indiana County Christmas Tree Growers Association II:637.
Indiana County Coal Company II:191.
Indiana County commissioners
   Chairmanship controversy (1977) II:743. Election of I:216,220-1.
   First I:158-9,161. Hildebrand supported by Republicans II:728.
   Members I:217,220,233-4,236,238,246-7,249,258-9,584. Salaries
   I:215-6. Unable to meet obligations (Depression) II:478.
Indiana County Community Action Program II:794-5.
Indiana County Congress of Women's Clubs II:350,508;III:361-365.
Indiana County Cooperative Extension Service II:463.
Indiana County Cooperative Potato Association II:461.
Indiana County Courthouses 1809,I:161-2;II:23;III:48-55,56-I. 1870,II:
   22-25,154,174-F,O,678-680,750-1;III:178-I,J,223-227,306-C,D,384-E,
   613-4. 1970,II:631,750-1;III:306-H,M,615-621,627.
   Annexes II:749. Basement II:414-5. Bridge of sighs II:415. Cannons
   II:245,254, 557. Clock II:245. C.W.A. painting project II:490,499.
   Electricity II:245. Equipment and furnishings II:245. Fuel I:216,604;
   II:24,161. Gas II:245. Janitors I:216,604. Leased II:597,632,679-80.
   Modernization proposals II:750. Repairs I:217,603-4;II:245;III:384-E.
   Sewers and toilets II:25,245-6,414. Tear gas incident II:415.
   Temporary I:158-9. Water supply II:245. World War (2nd) II:550.
   W.P.A. work (proposed) II:415.
Indiana County Courts (see Judges, Attorneys, Associate judges, Juries,
   Indiana County Courthouses, Judicial districts, Justices of the peace).
   Civil Damage cases II:753. Costs I:253;II:477. Organization of
   I:157-162;III:49. Records I:604;II:681-2,753. Sessions I:251;III:53-4.
Indiana County Deposit Bank II:455,483,489,495.
Indiana County, early development (1810-1844) I:181-364.
Indiana County early history III:229-30.
Indiana County elections (see political affairs).
Indiana County Emergency Relief Board II:404-5,407,410,480-482,
   484-493.
Indiana County Extension Association II:476.
Indiana County Fair I:452,456,459,532,637-8;II:102-3,131-2,452,462,
   637-8. Association II:501,638. B.R and P. excursion tickets II:317.

Depression II:478. Grandstand II:462. Horace Greeley visit II:4;
III:227-8. Mack Center II:637-8. New grounds II:236-7. Old grounds
sold II:237. Race Track II:586-B. Revival efforts II:496,501. "Round
House" II:237-8,370-J. Shows and concessions II:462. World War II
cancellation II:564.

Indiana County Farm Bureau II:236,375,457-8.

Indiana County Farmer II:458.

Indiana County Farmers Alliance and Industrial Union II:236.

Indiana County Farmers Association II:636.

Indiana County Farmers League II:19.

Indiana County Farmers and Threshermen's Association II:236,458.

Indiana County Finances and taxes (see taxes and taxables) I:215-217,
609-10; II:20,416-7,629,747. Bond book stolen II:24. First financial
statement I:154. Printing expenses I:216. Treasurer's shortages II:730-1.

Indiana County Gas Company II:157,166,226.

Indiana County Gazette II:19,20,95,180-182,184-5,189-192,195-6,201,
204,206,229,252,256,258,260-262,282-3,304-306,313-318,320,322,329-
30,342,348,351-2,356,358,360,370;III:267,277,280-1,294,307-8,310-12,
324,338,342,371,373,378,380,382-3,390,393,399,401,423-427,429-30,
432,434,442,444.

Indiana County Geographical Center I:150-153.

Indiana County Good Roads Association II:429.

Indiana County Guidance Center II:794.

Indiana County Heritage II:168,673-4.

Indiana County, highest and lowest points I:16.

Indiana County Historical and Genealogical Society (see Historical and
Genealogical Society).

Indiana County Home (see Indian Haven).

Indiana County Hospital Association II:345-6.

Indiana County Horse and Mule Association II:460.

Indiana County Industrial Development Authority II:593,629-631,642.

Indiana County Industries (see Industries).

Indiana County jails (see Jails).

Indiana County Journal II:306.

Indiana County Library system II:671.

Indiana County Medical Society I:508-9.

Indiana County Military Training Association II:371-2.

Indiana County Municipal Services Authority II:608.

Indiana County National: II:9,10,93.

Indiana County Normal School I:470-1;II:45.

Indiana County officials and public offices (see Indiana County
Courthouses, Indiana County Commissioners).
First I:161-2;III:44. Offices moved (1868) II:20. Prothonotary I:159,
239,243,246,275. Register and recorder I:159,239,246;III:44.

Repairs I:216. Sheriff I:158-9,233,246,252-3. Treasurer I:215,217, 239,247.
Indiana County, organization of I:147-179;III:48-9,56-G.
Indiana County parks II:623-4.
Indiana County, partition of (see counties, proposed).
Indiana County pioneer period I:1-179.
Indiana County Planning Commission II:623-4,748.
Indiana County Pomona Grange II:369.
Indiana County Population (see censuses) I:132,172.
Indiana County Poultry Association II:460.
Indiana County Protective Association II:424.
Indiana County Railways Company II:330-332.
Indiana County Red Cross (see Red Cross).
Indiana County Redevelopment Authority II:631.
Indiana County Sabbath School Association II:359,363,462.
Indiana County Sesquicentennial III:538-540.
Indiana County Sheep and Wool Growers Association II:460.
Indiana County social services II:794.
Indiana County Soil Conservation District II:634.
Indiana County Soldiers Monument Association II:32.
Indiana County Street Railways (see Street Railways).
Indiana County Suffrage League II:270.
Indiana County Tax Justice League II:416-7.
Indiana County Teachers Institute II:276,376.
Indiana County Temperance Society I:299,309.
Indiana County Temperance Union II:66-7.
Indiana County Thrift Corporation II:455.
Indiana County Tourist Promotion Council II:632.
Indiana County Transit Authority II:651-2.
Indiana County Tribune II:668.
Indiana County Trustees I:148-156.
Indiana County Tuberculosis Society II:506.
Indiana County Unemployment Committee II:476.
Indiana County Welfare Association of II:478-482.
Indiana cultural activities I:487.
Indiana curb market II:461.
Indiana Daily Blade (see **Daily Blade**).
Indiana Democrat I:464-5,636,639,662-680,683,685,687-690,693-4;II:1, 24,37,49-52,92,95,122,296,304,412,538-9,668;III:227.
Indiana Democrat and Farmers and Mechanics Weekly Advertiser I:246,278,283,441,546-J;III:198.
Indiana Democratic Messenger (see **Democratic Messenger**).
Indiana dentists II:73,370-A.
Indiana, early residents III:232-234.

Indiana, early settlement I:83,113.
Indiana, early visitors III:38-44.
Indiana and Ebensburg Turnpike Road Company I:351-2,355,357,572; II:117.
Indiana Electric Light Company II:223,586-G.
Indiana Enquirer I:217,229-30,233-235,277,342-P.
Indiana, Enterprise Foundry (see Enterprise Foundry).
Indiana Episcopal Church I:293,295,496,516-B,D;II:29,78,355;III:266-268.
Indiana Evening Gazette (see **Indiana Gazette**).
Indiana farmers institute II:235.
Indiana Female Seminary (see Indiana schools).
Indiana finances II:20,21,417,747.
Indiana fire companies II:67-8,292,367,569.
Indiana fire engine (first) I:313-4,514-5.
Indiana fire equipment II:368,518;III:263.
Indiana fire ordinances II:68.
Indiana firemen's parades III:263-4.
Indiana Firemen's Relief Association II:367.
Indiana fires I:313,514-5;II:70,366-7,517.
Indiana, founding of I:153-157,162-164;III:34-36,48-9,56-G.
Indiana foundries I:516-O,521-2;II:139-40,370-B,J,449-50,561.
Indiana Foundry Company II:140,150,204-06,374,449-50,588.
Indiana Free Presbyterian Church (see Free Presbyterian Church).
Indiana Free Press (see **Free Press**).
Indiana fraternal orders (see Indiana social and fraternal organizations).
Indiana Gas Company II:225-6.
Indiana Gazette I:430.
  II:192-3,251-2,266-268,305,378,381-2,384,389,393,395,397,399,400, 406-413,419,421,423,428,433,438,441,443-4,452-3,464,481,483,487, 489-90,494,496-7,499-502,526,530,538-9,543,552-3,557-8,560-562,564, 566,570,573,585-6,595,602,612,617,623-4,630,640,643-4,646-7,651-653, 656-7,661,668-670,673-4,687-8,689,695,698,702,706,709-711,713,719-721,725,727,728-30,734,736,738,740-1,743,750-752,754,760,764-5,768, 771-774,777,781-2,791.
  III:322,333,367-371,375,404-05,408-410,416-7,420,422,432,434,440, 446-7,450-453,455-6,458,461,464,466,468-9,471,473-4,477-8,481,483, 487,489-90,492,494-497,499-501,503,513,518,520-523,525-6,528-30, 536-538,540,543,545,547,550,552,554,557,560,562-3,566,568-570, 572-3,577-8,580-583,585-6,591-593,595,598-601,603-04,607-08,611, 613,615,617,619,621-2,624-628,630,632-3,636,638,646-7,649.
Indiana, Girls Industrial School II:291,351,490-1.
Indiana Glass Company II:213-215,226,228,352,450,476,496,517-8;III: 56-N,471-473.

Indiana, Grandview area II:493.
Indiana, Greiner Baking Company II:174-C,451,476,478,516.
"Indiana Guards" I:260.
Indiana gymnasium (see Indiana buildings: Clarissa Hall).
Indiana, Hamilton Field II:442-444.
Indiana historical societies and historians I:462-3.
Indiana hospitals II:344-347,370-E,380,504-05,795-6,797-8;III:306-G, 367-8.
Indiana hotels I:163,342-N,354,359,428,430,503,505,514,573;II:171-2, 174-D,230,251,370-P,454,514,518,586-H,N,598-9.
    Indiana House (Indiana Hotel) I:62-L,342-N;II:454,598;III:306-F, 546-N,O,P,557-559. Moore Hotel II:172,470,478,598;III:306-A,N,384-F, 583-585.
Indiana houses I:62-F,L,214-C;II:370-D,G,O,586-H;IV:202-D,H,I,L,M,N, 420-B,C,D,E,F,H,I,L.
Indiana Independent I:369,393-395,407,426,464,466,589-90,596; III:135.
Indiana, Indian sites I:35,46,84-H.
Indiana Industrial Development Corporation II:590-592.
Indiana industries (see Indiana manufacturers).
Indiana, International Order of Odd Fellows (I.O.O.F.) II:369.
"Indiana Invincibles" I:260.
Indiana Iron Works (Baker Furnace, Cramer, Hopewell Forge) I:196,452, 461,514,516-L,M,N,517-8,521;II;139,204.
"Indiana and Jefferson Greens" I:260.
Indiana and Jefferson Whig I:516-J.
Indiana and Kiskiminetas Turnpike Road Company I:354.
Indiana, Kiwanis Club II:471,516.
Indiana, Knights of Labor II:229.
Indiana Lecture Association II:100,103.
Indiana libraries I:274-5,462;II:89,303,535,670-1.
Indiana, Library Hall II:99,100,288-9,291,294,547;III:262-G,H.
Indiana, Lions Club II:506,547.
Indiana literary societies I:462,473,475,478;II:88.
Indiana Lumber and Supply Company II:221,450.
Indiana Lutheran Church I:144,289-90,295,300,315,458,471,496,516-B; II:78,355,420,512,520,564.
Indiana Lutheran cemetery (Memorial Park) II:81,292,420-1;III:114,505-06,687.
Indiana Main Street program II:632.
Indiana manufacturers.
    Beck Machine Company II:562,590. Beckwith Machinery Company II:593. Bent Rung Ladder Company II:221-2,375,450. Breweries I:514-5,538;II:65,67,145,174-C,211,365,451,486,586-K.

Brickmaking I:163,530;II:142. Clymer Manufacturing Company II:208,226. Conner Vehicle Company II:586-G. Coratomic II:594. Diamond Glass Company II:450,496,517. Distilleries I:538. Electro-Mec Inc. II:593. Fisher Scientific Company II:592. Flour mills I:540-1; II:147-8,210,454,517,586-J. Foundries I:516-O,521-2;II:139-40,370-B, J,450,561. Glass Company II:213-215,226,228,352,450,476,496,517-8. Greiner Baking Company II:174-C,451,476,478,516,587. King Leather Goods Company II:217,451,517. Macaroni Company II:210,450,561,587. Manufactured gas I:526;II:154-5. McCreary Tire and Rubber Company (see McCreary Tire and Rubber Company). Metals Forming Company II:594. Mills I:209,514;II:586-J. Nail cutting I:194-5. Paragon Company II:562,573. Penn Enamel Sink Company II:208-9,450. Planing mills/furniture II:152,220-1. Pottery I:530;II:150. Provision Company II:223-4,234, Resilient Wheel Company II:451. Robertshaw-Fulton Controls Company II:591. Robinsteen Collar and Leather Company II:212,223,450-1. Saw mills I:521,527-8. Season-all Industries II:591-2. Silk mill II:451,550,561. Sportswear Company II:590-1. Standard Manufacturing II:217. Starch I:539. Stone and marble I:531;II:146-7. Storage Ice and Supply Company II:452. Strawboard manufacturing I:514,530,538-9;II:141-2. Tanneries I:528;II:144. Threshing machine manufacturing I:536. Wagons and vehicles I:360;II:146,218-9,517, 586-G. Woolen mills II:217,226,366.

Indiana Masonic orders II:369.

Indiana merchants (see Indiana businesses).

Indiana Messenger I:464,630,633,646,657-8,660-667,669-70,680-1,685, 693;II:6,8,9,50,67-8,91-94,123,127,145,259,304,313,395,406,421,430, 437,461,468-9,511-2,537,668;III:384-H.

Indiana Methodists I:291-2;II:74-5,78-9,356,520.

Indiana Militia I:256,260-262,615-617;II:34.

Indiana Ministerium II:484.

Indiana Municipal Building II:246,370-N,597,632,749.

Indiana Music (see Indiana Normal School: music).
Boy Scout Band II:400,420,531. Brass Band I:309,456-7;II:86,308,310. Children's Chorus II:532. Choral Society II:85,308-310,532. Concerts I:458,477. Glee clubs I:478. Juvenile Military Band I:457. Ladies Chorus (Monday Musical Club) II:310,475,532-3,542. Military Band II:377,379, 391. Municipal Band II:496,531. Musical Association I:271. Singing schools I:458. Store II:309-10. Symphony orchestra II:308,310. Theater organs II:532.

Indiana News II:56,258,304.

Indiana Noodle Company II:587.

Indiana Normal School I:473;II:48-55,282-287;III:222-3.
Activities (see Indiana Normal School courses and activities). Indiana Normal School Association II:48. Buildings and land:

Annex and Music Conservatory II:174-G. Bell II:52-3. Boiler Plant and
tunnel II:54,284,525. Campus size II:282. Chapel III:460-A. Clark Hall
fire II:283,366-7;III:324-330. Fairgrounds purchased II:237. Grandstand
II:174-F. John Sutton Hall (first building) II:51-2,174-G,282-287;III:
178-L,M,237-239,306-B,460-A. Land selected II:50-1. Leonard Hall
III:306-H,P,555-557. Model School II:53,282. Naming buildings II:283,
525. Views II:174-E.
Indiana Normal School courses and activities.
Art II:306-7. Business school II:285. Catalogue III:178-N.
Commencement Week III:249,251. Courses II:285. Dances II:286.
Debating club II:266,286. Degrees authorized II:525. Military training
II:285,376,390. Pennant III:306-B. Swing Out II:253. Visitors II:302.
Indiana Normal School facilities.
Coal heat II:54. Early improvements II:54. Electric clock II:54,283.
Electricity II:282-3. First telephone II:54,124. Food II:287.
Furnishing first building II:52. Libraries II:90,286-7. Manufactured
gas II:53-4,154,227. Finances: Legislative appropriations II:50,283;
Stock subscriptions II:49-51; West Indiana attempt to tax II:287.
History of II:287. Incorporation II:49,50. Influenza epidemic. (1918)
II:505. Johnstown Flood (1889), free tuition to victims II:72. Land
(see buildings and land). Music 285,310-11,512,532: Chorus II:291;
Conservatory of Music II:174-G; Music teachers II:86; Pipe organ II:311.
National Guard training (World War I) II:377. Officials and staff:
Faculty II:52-3,86,274,284; Free tuition for teachers II:279,286;
Principals II:284-5; Superintendents of Public Instruction II:284-5;
Trustees II:50,53-4,286,525;III:245-249. Publications: Catalogues
II:286-7;III:178-N,239-245; **Instano** II:287,307; **Herald** II:287;
Sports: Baseball Diamond II:174-E; Football II:301. Staff (see officials
and staff). (Change to) State Normal School II:525. State ownership
II:287. (Becomes) State Teachers College II:525. Students II:53,101-2,
286. Tornado II:244. Vandalism II:29. (and) Turnbull, Agnes Sligh
II:302;III:330-333,460-B.
Indiana ordinances II:20-1,68,129.
Anti-pornography II:785-6. Zoning II:748.
Indiana Outing Club II:370.
Indiana parochial school II:524.
Indiana: **The Patriot** (see **Patriot**).
Indiana physicians I:164,177,310,508-09.
Indiana and Pittsburgh Turnpike Road Company I:354.
Indiana policemen II:246.
Indiana population I:164.
Indiana post office and postal routes I:263,361-363,576;II:250,446-7,
478,586-I,660-1.

Indiana Presbyterian Church I:163-4,288,309,315,372,377,458,477,488,
494,496,516-E. II:77-8,356,497,522.
Indiana Progress II:7-9,11,21,33,50-1,53,58,65-6,90,93.95-6,100,105,
107,110-1,122-3,126-128,132,136,144,150,161,169,187,190-1,193,263,293,
295,302-304,306,328,334,350,365,378,388-9,391-2,395,406,428,447,455,
457,459,461,465,473-4,477,506,537,542,668;III:48,111,194,223,234,237,
245,249,251,255,263,266,268,284,315,334,336,361,365,374,376,412,435.
Indiana Provision Company II:223-4,234.
Indiana public utilities (see Indiana water supply).
Electricity II:158-9,223-4. Natural gas II:155-6.
Indiana, Punxsutawney and Sagamore Street Railway Company II:332.
Indiana Railway Express II:118,338,433.
Indiana Railroad Stations II:370-C,H.
Indiana recreation and entertainment (see Indiana theaters and
nickelodeons, music, sports).
Camp Rest-A-While II:419,474. Chautauqua week II:293,545.
Christmas I:455;II:297. Circuses I:453-455;II:292. Dancing I:456,544.
Halloween I:455. July 4th I:455. Library Hall II:99,100,288-9,291,294,
547;III:262-G,H,349-361. Mack Center II:772-774. Picnics I:456. Skating
rinks II:288,291. Twentieth Century celebration II:294. Uncle Tom's
Cabin II:292. Valentine's Day I:455. Wax exhibition I:268. Wild West/
Indian shows I:456-7;II:292-3. W.P.A. playground II:498.
Indiana Red Cross II:567.
Indiana Register and **Indiana Weekly Register** I:238,244-5,277,369,
379,382,389-90,393-397,401,403,406,408,412,416-418,423,438,454-456,
459,462-464,472,474,479,493,507-08,514-5,516-K,520,522,528,531-2,534,
543,546-K,O,P,552-555,560,565,567-573,577,583-586,588-591,593-597,
601-603,605-06,609,611-2,618-621,623,626-628,630,632,635,638,643-645,
649,651,660-1,663-665,667-8,671-2,674,676-690,692-3;II:1,64,74,92;III:
80,157,164,197,199,200.
Indiana Register and **American** I:546-K;II:3,93,100.
Indiana religion (see specific denominations).
Drive-in church II:782-3. Evangelistic tabernacles II:520-1,778.
Hebrew Unity congregation II:520. Immanuel College of the Bible
II:782. Jehovah's Witnesses II:780. Sabbath violations I:299.
Salvation Army II:80,511,520. Union Sunday School I:296.
Indiana Republican I:278,368,438,465,487,546-J,578,601,606;III:135,
143,202.
Indiana restaurants II:599.
Indiana: Rice grant I:153,164,315.
Indiana: roads and streets I:167-8,352;II:116,174-B,D,G,328,370-L,P.
Indiana: Rochester and Pittsburgh Coal Company Office II:174-B.
Indiana roller skating rinks II:98-9.
Indiana roof sign for airplanes II:442.

Indiana Rotary Club II:419,471,504,507,516.
Indiana schools II:274-5,277,279;III:216-7 (see Indiana Academy, Normal School, State Teachers College, University).
    Administrators II:277,698. Benjamin Franklin School II:695. Building program II:694-5. Business College II:280. Buses II:701. Courses II:279. Discipline problems II:699-701. 1859 school I:62-K,83. Eisenhower School II:695. Expenditures II:39,40,524. Farm added to district I:282. Female Seminary I:286-7,304,479;III:221. First schools I:163;III:216. First school directors I:280. High schools II:279,490,513,524,552-554, 556,695. History of II:702-3. Horace Mann School II:275,490,524,552,695. Leech's Actual Business College II:280. Music instruction denied I:458. Night School II:46. Parochial and private I:283,476;II:46,552,704. Public schools I:62-K,467,473-475. Second Ward School II:274-5,524. Seminary (see Indiana Academy). Sex education II:700. Strikes II:702. Taxes II:524,697. Teachers I:468;II:277,524,698. Textbooks I:467-8. Thaddeus Stevens School II:524,552,556. WPA project II:495. West End School II:275.

Indiana Sesquicentennial II:676.
Indiana sewage systems II:348-9,506,776.
Indiana: social, fraternal and civic organizations.
    Country Club II:684. Eagles II:684. Elks II:174-I,291,567,570,684. Junior Women's Civic Club II:508,516,670-1,684. Kiwanis II:450,516, 521,527. Lions II:450,790. New Century Club II:271-2,303-4,345,348-9, 568,684;III:361-2,365. Outing Club II:255,381. Rotary Club II:450,516.
Indiana sports.
    Baseball II:300. Christmas Day shooting match I:267. Circular hunt I:267. Sporting Club I:267.
Indiana Sportswear Company II:590-1,629,641.
Indiana State College (see Indiana State Teachers College).
Indiana: State liquor store II:515.
Indiana State Normal School (see Indiana Normal School).
Indiana State Teachers College II:478,525-531.
    Art department II:525,533. Auditorium II:529-531. Cadet nurse training II:568. Depression, effects of II:525,529. Dining Room annex II:525. Discipline II:718-9. Elkin House II:531,705. Extension centers II:531, 716. Fausold administration II:528-530. Fisher dinner II:403. Flight training II:445,548,568. Foster administration controversy II:411-413, 526-528. Housing in YMCA II:489. Leonard Literary Society II:535. Minstrel show II:545. Navy Reserve Corps II:568. Newman Club II:567. NYA program II:495. Presidents II:525-531. Reserve Officer Training Corps II:716. Television education II:716. Training (laboratory) school II:529-30,552,556. Transition to State College II:704. Trustees II:525-528. Vandalism II:426. Water safety classes II:568. Womens Army Corps training II:568. WPA improvements II:499.

World War II cancellation of sports and homecoming II:564. World War
  II honor scroll II:554.
Indiana streetcar line II:334,370-P.
Indiana streetlamps II:154,484,569.
Indiana streets (see Indiana roads and streets).
Indiana taxes II:479.
Indiana Telephone Company II:124,339-342.
Indiana telephone service II:123-4,339-342,447-8.
Indiana temperance movement I:309,513;II:63-4,66.
Indiana Textile Mills Corporation II:451,550.
Indiana theaters and nickelodeons II:288-290,370-L,376,379,403,422-3,
  425,475,481-2,506,532,538-542,556,666-7.
Indiana Times II:12-3,17-19,28,47,67,74-5,89-90,93,95,107-8,113-4,126,
  132,136,142,155-6,162,198-200,225,238,258-260,304-5,356,363,537;
  III:68,88,265,272,282-3,287-291,300,305,314,318.
Indiana, "Tiny Town" III:178-G,H,555.
Indiana Townsend Club II:502.
Indiana True American I:369,393,546-P,587,590,594,596,646,668,693;
  II:1.
Indiana United Fund/United Way (see Community Chest).
Indiana United Presbyterian churches (see Associate Presbyterian
  Church) I:489;II:79,356-7,454,511,520.
Indiana: U.S. Centennial celebration III:251-257.
Indiana University of Pennsylvania.
  Alcohol use II:720-1. Alumni II:726. Anti-Vietnam activity II:720-1.
  Association of Pennsylvania State College and University Faculties
  (APSCUF) II:709-715. Bequests and gifts II:708. Black students II:724-
  5,770,774. Building program II:705-708. Center for Community Affairs
  II:596. Creation of II:704-5;III:565-567. Crime on campus II:719-721,758.
  Curriculum II:716-718. Economically disadvantaged students II:724.
  Electricity co-generation II:605,708. Elkin House (see Indiana State
  Teachers College) II:680-1. First fairgrounds site I:535. Foreign students
  II:725-6;IV:394-5. Foundation for II:708. Fraternities III:569. Hassler
  resignation II:712-3;III:567-8. Homecoming parades II:688. Housing off
  campus II:722. Indian grinding stone I:31. Income and expenditures
  II:708-712,715. Leonard Hall II:705; III:306-P,555-557. Library II:671,
  706-708,716,718. Masters and doctoral programs II:716-7. Museum
  II:666,718. National recognition II:718. Obscenities II:721;III:568-9.
  Presidents II:712 (see Indiana State Teachers College). Repeal attempt
  II:735. Reserve Officer Training Corps (ROTC) II:716-7,720-1,762,765.
  Robertshaw-Fulton plant donated II:591. Salaries II:715. Senate of
  II:713. Small Business Incubator II:630-1,708. State System of Higher
  Education II:715-6. Student constructive activities II:722-3;III:569.
  Student Cooperative Association II:631,723. Student enrollments II:723

Student loans II:723. Student permissiveness II:718-722. Student Union
Building I:31,35,46. Sutton Hall II:632,706-708,718;III:643-645.
Trustees (see Indiana State Teachers College) II:714. Worthen
resignation II:713-4.
Indiana: unseated lots I:206.
Indiana veterans and organizations II:245,253;III:460-F.
Indiana views I:214-H;II:174-B,C,D,G.
Indiana water supply I:217;II:157-8,227,453,608.
Indiana weather II:72.
Indiana Weekly Messenger (see **Indiana Messenger**).
Indiana Weekly Register (see **Indiana Register**).
Indiana: West Indiana fire company and fires II:68-71,367.
Indiana: West Indiana merger with Indiana II:246.
Indiana: West Indiana schools (see Indiana schools, West End).
Indiana: Women's Christian Temperance Union II:362,515.
Indiana writers I:461.
Indiana YMCA II:368,370,489-90;III:306-F.
Indians
  Christian Indians I:68-9,111;III:11-14. End of control I:57-62. Known
  to Europeans I:16-32. Lead ore I:197. Lappawinzoe I:84-F. Legends I:10,
  11,17,20. Message (1777) I:90. Names (see specific names, as
  Conemaugh, Mahoning, Kiskiminetas, Punxsutawney, Susquehanna,
  &c.) Paths I:28-9,31-2,34-37,40,42,46,60,65,79,95,102-03,126. Prehistoric
  I:5-13,69,73,84-A,B,C,D,E,192. Regime of I:1-62. Relics II:536;III:28.
  Sites I:6,10-13,24-32,35-37,39-40,42,48,84-H. Traders with I:32-37.
  Treaties and conferences I:32,37-40,42,44,53-4,56,59-61,65-6. Treaties
  with William Penn I:13-15,17,38,44,66. Tribes (see specific tribe).
  Villages I:9,10,25-6,32,68-9,75,78. Wars (1790-1794) I:115-127;III:30-33.
  Wipey, Joseph III:56-B,C.
Industries (see Blairsville industries, carriage and wagon manufacture,
  chemical works, coal, coke, flour mills, glass, Indiana manufactures,
  iron, gas, manufactured, natural gas, strawboard mills, salt, woolen
  manufacture, &c.)
  Earliest industries I:134-5. 1810-1844 I:181-200,209-10,213. 1845-1865
  I:517-531,536-541. 1866-1890 II:139-166. Accidents II:207,222-224,226,
  239-40. Employees II:452. Industrial parks II:630. 1891-1916 II:204-223.
  1917-1945 II:449-452. 1946-1988 II:587-594. Production II:451-2.
Inflation II:628.
Influenza epidemic (1918) II:505-6.
Insurance II:533,546;II:171,201,627.
International Order of Odd Fellows (IOOF) II:369-70.
Intoxicating beverages I:236,301,306-7,309,784 (see breweries,
  distilleries, taverns, temperance movement &c.)

Crime due to II:65,426-7,755. Licensing of I:160,171,513;II:64,66-7,362-365. Mothers Against Drunk Driving II:784. at Pearl Harbor II:574. Speakeasies (see Moonshining). Whiskey use I:135,259,278,305-6,513. Wine use I:299.

Inventors I:210;II:108,125,141,153,173-4,203-4,221-2,231,454-5.

Inyard's blockhouse I:115-6.

Irish Catholic immigrants I:291,298,305,499.

Iron furnaces and foundries I:62-D,194-196,199,516-L,M,N,O,517-523, 602;II:139-141,204-210,366,370-B,J,449-50,502.

Iron ore I:520;II:164.

Iroquois I:13-15,18,21,23-4,27-8,32,37-8,40,42-44,47,56,58-9,65-67,87,93, 114,127.

Isabella Furnace Company II:162.

Iselin II:192,194-5,475.

    Band II:391. Company store II:174-P. Housing II:790-1,793. Labor problems II:201-2. Nickelodeon II:290,541. Post office II:660. Roman Catholic Church II:356. Sewage system II:776-7. Shootings and murders II:248-9. So and Sew Club III:365. Speakeasies II:364. Water problems II:607-8.

J - Jacksonville (Kent P.O.) I:257,263

    Academy I:484-5;II:43. Associate Reformed Presbyterian Church I:289. Bank robbery II:423. Borough organized (1852) I:610. Buffalo, Rochester and Pittsburgh Railroad II:318. Circus I:454. Civil War I:625,627,641. Electricity II:452. Farmers and Miners National Bank II:456. Fires II:517. Greenback meeting II:9. "Greys" I:615. July 4 (1847) I:598. Kearney Guards II:33-4. Methodist Church I:292. Mines II:194,610,614. "Patriots" I:615. Physicians I:509. Political meetings I:402. Post office (Kent) I:361,404,575. Temperance convention I:309.

Jacoby, W. and Company II:180.

Jails I:158,214-G,J,215-217,253,605-6,610;II:26,140,246,252,370-N,752; III:54,56-H.

Jail escapes I:161,253,600-1,604-5;II:25,252,752;III:460-P,624-626.

Jamison, B.K. and Company (Philadelphia) II:230.

Jefferson County: civil-judicial jurisdiction of Indiana County I:159.

Jefferson and Clearfield Coal and Iron Company II:189,191,194,201.

Jeffersonian, The (Brookville) II:8.

Jeffersonian Democrat I:242,245,278.

Jews II:80,357-8,520,780.

Jewtown (New Jerusalem) II:361.

Jiffy Steak Company II:594.

John Sutton Hall (see Indiana Normal School).

Johnston Indian site I:11-13.

Johnston's Mill I:345.

Johnston's Point I:182-3.
Johnstown Coal Company II:183.
Johnstown Flood (see floods).
Johnstown Sanitary Dairy Company II:234.
Johnstown Tribune-Democrat II:670;III:567-8,636.
Jones, Ray C. Chemical Company II:587.
Josephine II:185,449,613,790-1,793 (see Bell's Mill).
Josephine furnaces II:206-7,449-50,502;III:371-375,614-B,C,D.
Josephine Furnace and Coke Company II:450.
Journalism I:275-278,463-466;II:92-95,304-306,537-8,668-670.
Judges I:158-9,239-40,251-2,584,597-8;II:21-2,246-7,753;III:49,50.
    (see associate judges)
    District justices II:753-4. Elections II:6,7,21-2,246-7,258-60,264;
        III:307-315. Second judge appointed II:739,753.
Judicial districts I:70,139,158-9,250-255,597.
Judicial system failures II:759-60.
July 4 (see Independence Day).
Juneau II:195,318,466.
Juries I:159,215-6,247,262;II:753.
    First women jurors III:456-458.
Justices of the peace I:228,233,252.
Juvenile delinquency (see crime).

K - Kansas and Indiana County I:399-406,375-6,392,398,546-M.
    Keckenepaulin's Town I:25,57.
    Keelboats I:363-4.
    Kelley's Ford I:168.
    Kelley's Station I:81;II:108.
        Bridge II:121. Camp meetings II:77.
    Kellysburg (see Home).
    Kennedy and Fair Planing Mill II:152-3.
    Kent Post Office (see Jacksonville).
    Keystone Coal and Coke Company II:179.
    Keystone Electric station II:602-3,618,632.
    Keystone 400 Bushel Club II:461.
    Keystone Party (see Progressive movement).
    Kidnappings of 1845 I:384,390,435-439 (see Van Metre vs. Mitchell);
        III:52-3,113,121,124-128,131-136,143-4.
    King George's War (1744) I:38,40.
    King Leather Goods Manufacturing Company II:217,451,475,517,587.
    Kinports dam II:239.
    Kintersburg I:172 (see Gilpin P.O.).
    Kirkpatrick Indian attack I:121.
    Kiskiminetas (Indian name) I:24-5.

Kiskiminetas (Kiskemeneco town) I:45,57.
Kiskiminetas Coal Company II:184-5.
Kiskiminetas Path I:31,42,79.
Kiskiminetas River
    Formation I:3. French name of I:36. Maclay's survey I:139;III:27-29. Navigation I:136. Pollution II:506,621. Public Highway I:136. Stream clearance I:364.
Kiskiminetas Springs hotel II:173.
Kiskiminetas Springs School II:43.
Kiskiminetas Valley Press II:305.
Kittanning evacuated (1777) I:94-5;III:20-1.
Kittanning Expedition (1756) I:35,45-52,62$^+$,84-J;II:676.
    Fortified III:10.
Kittanning Path (Frankstown Path) I:28-9,31,34-37, 40,42,46,60,79,84-G, 95,102-3,126,176;III:9.
Kiwanis Club of Indiana II:450,516,521.
Knights of Columbus II:356,783;III:578.
Knights of Labor II:229.
Know Nothing Party (see American Republican Party) I:369-70,393-398, 402,405,426,491,585-592,660-1.
Korean War II:590,760-1;III:523-528.
Kovalchick Realty Company II:607-8,610,790-792.
Kovalchick Salvage Company II:587,616.
K and S Coal Company II:618.
Ku Klux Klan II:398,510-513;III:458-460.

L - Labor Day observances II:466,487,496.
    Labor relations I:200;II:167,198-202,228-9,641-648.
        Apprentice system slavery I:545. Collective bargaining II:487. Conflict with capital I:250. Depression labor disturbances II:476-479. "Foreign" workers II:452. Protection for operatives and mechanics I:545. Railroad riots II:35. Strikes: Coal miners II:167,198-201,206,228,465-6,560;III: 289-291,460-I; Columbia Plate Glass Company II:496; Fisher Scientific Company II:642-644; Gas line diggers II:156; Homestead Steel II:228-9; McCreary Tire and Rubber Company II:644-648; Railroad workers II:353-4; Robertshaw Controls Company II:641-2; Stonecutters II:23; Strawboard workers I:539; Streetrailway workers II:456-7. Wages in cash opposed II:10. Wage cuts II:143. Women workers II:627. Workmen's insurance II:201-2.
    Labor Unions (see United Mine Workers)
        Amalgamated Association of Iron and Steel Workers II:209. Central Labor Union II:496. Federation of Flat Glass Workers II:496. Flint Glass Workers II:228. International Association of Machinists and Aerospace Workers II:642-644.

295

International Union of Electrical, Radio and Machine Workers II:641-2.
Knights of Labor II:229. Labor Non-partisan League II:406,414.
Railroad unions II:320,402-3. United RubberWorkers II:644-648.
Lackawanna Coal and Coke Company II:184-5.
Land Office (Pa.) I:67-8,128-130,203-4.
Land speculation I:130-1,171-2,203-207,545-6.
Land: unpatented or unseated I:207,217.
Land values I:346.
Last raft II:463.
Laura Lamar School District (see Homer-Center School District).
Laurel Ridge I:25,55,70,137,139;II:687.
Laurel Run I:72,135,196,617.
Laurel Run aqueduct I:328.
Lead ore I:73,197;III:165.
Legislature: proposals to amend I:240.
Lenni Lenape (see Delaware Indians).
Letarcan Apparel Company II:594.
Le Tort's camp (or town) I:28,32-3.
Lewisville I:309,361,575;II:45.
Liberty Party I:366,368-9,381-392.
Libbey-Owens-Ford II:450.
Libraries I:274-5,461-2;II:89,90,303-4,486,535-6,670-672;III:384-G,
    563-565.
Library Hall II:99,100,288-9,291,294,538,547;III:262-G,H,349-361.
Lichenthaler's Ford I:29.
Liebengood's Summit (see Torrance).
Liggett's Lock I:79,116.
Ligonier (Pittsborough) I:56,95-97,101,105-6,111.
Ligonier County (proposed) I:607.
Lime I:198,520.
Lincoln (village) II:183.
Lions Club II:450.
Liquor (see Breweries, Criminal cases, Distilleries, Intoxicating
    beverages, Moonshining, &c.)
"Lisbon" tract I:214-A.
Literature (see Books, Poetry) I:146,214-P,271-273,459-463,517;II:87-89,
    301-306,534-5,672-3.
    Literary figures II:534-5. Literary societies I:482-3,485;II:87,304,535.
    WPA Writers' Project II:534-5.
Little Mahoning Creek (Pine Creek) I:26,30,84-P,167,171,364,577;II:135.
    Bridges I:574-5. WPA dam II:499.
Livermore I:318,357,362,511,574;II:432.
Livermore Bridge Company I:574.
Livermore covered bridge II:119-20,328.

Lobbyists I:240.
Local Blade II:94.
Local history II:302-3,536-7,673-682.
Local life prior to historic Indians I:1-5.
Lochry disaster I:110.
Lochvale II:179,447.
Lockport I:190,192,323-4,328,356-7,511,517,519,550;II:109-10.
Locust Lane (Locust P.O., Roseboro): Canoe Guards II:34.
Logan II:179.
Logging (see Timber, Rafting) I:546-I.
    Camps II:133. Drives II:135-6,241-2. Slides II:134,239;III:546-G,H. World War II, II:562.
Logstown I:38,40-43,46.
Loop covered bridge II:370-H.
Loop furnace I:518.
Loop Post Office II:447.
Loree Footwear Corporation II:590.
Love: early publication on I:146,271-2,303.
    Elopements I:303. Verses III:198-9,201-2.
Lovejoy II:187,196,224,251,316,447.
Lower Indiana County Industrial Development Corporation II:631.
Loyal Run I:84.
Loyalhanna Creek I:45,55-57,68,70,78,94,111,124,132,136-7;III:27-8.
Loyalhanna Path I:32.
Loyalists (see Tories).
Loyalty oaths (1794) I:136.
Lucerne (Lucerne mines) II:192,195,511,615.
    Band II:308,496. Buffalo, Rochester and Pittsburgh Railroad extension II:317-8. Coke II:617. Company store II:370-A. First mine III:262-L,M. Mine development III:412-415. Mine locomotive III:262-M. Mine and Power plant closure II:612. National Guard encampment II:255; III:460-C,D. New mines II:612,620. Shootings and crime II:248,422,425. Theater II:541. Water system II:608.
Luciusboro II:193,195,437,608.
Lumber (see Timber).
Lutheran bequest to missions I:493.
    Cemetery (Indiana) II:292. Congregations (Indiana) I:144,289-90,496; II:78,355. Others I:289-90,489;II:355. Language problems I:290,300.
Lycoming County I:129,132,147,171.
Lydick's Strong House I:120.

M - McAbee Powder Company (McAbee Powder and Oil Company) II:375,450.
    McCartney's Blockhouse I:116.

McConaughey Fort (see Allison's Blockhouse).
McCormick's Bridge I:30.
McCormick Station II:422.
McCormick Water Turbine IV:202-A,C.
McCreary Coke Company II:180.
McCreary Industrial Products Company II:588.
McCreary Tire and Rubber Company II:211-2,561-2,569,588-9,601,604,
    630,644-648;III:56-O,375-6.
McCrory Store Corporation II:482.
McElhaney Spring I:35.
McElhoes Blockhouse I:115.
McFarland Foundry II:139,204,370-B.
McFarland's Mill I:167,169,209,346.
McGee's Run I:73,79,97,138,328-9,339.
McGuire Manufacturing Company II:361.
McHenry Run I:126,169.
McIntyre II:193,318,473,476,496,505,608,610;III:478-481.
McKeage Dam II:239.
McKee's Mill (see Ernest) I:150,167,169,209,346,575;II:191,316.
McKee Run (see McHenry Run).
McKinney Steel Company II:449.
McKonkey's Cliff I:54.
Macaroni II:210.
Madeira and Mamore Railroad (Brazil) II:116.
Madeline II:179.
Magyar Presbyterian Churches (see Hungarian Presbyterian).
Maher Mine II:177.
Maherville II:171.
Mahoning Baptist Church I:292-3,375.
Mahoning Country I:67,128-9.
Mahoning County (proposed) I:606;II:21.
Mahoning Creek and Valley (Mohulbucktitum) I:26-7,56,61,84-P,166,
    171,212,344,364,518;III:12,13.
    Bridges II:71. Floods II:71. Petroleum indications I:525. Pollution II:506.
    Rafting I:577;II:135.
Mahoning Guards II:34.
Mahoning Indian name I:26-7.
Mahoning Medical Center II:666.
Mahoning National Reform Association (see Marion).
Mahoning Navigation Company II:135.
Mahoning Post Office (see Ewing's Mill, Georgeville) I:230,361,363.
Mahoning Road I:344.
Mahoning Supply company II:477.
Mahoning and Susquehanna Railroad I:559.

Mahoning Swiss Cheese Cooperative II:630,636.
Mahoning Temperance Society I:309.
Mahoning Town III:10.
Mahoning Township
    Creation I:165. Division of I:262. Election (1807) I:174. First school directors I:280. Free School Act rejected I:280-1. Revolutionary veterans I:249. School inspectors I:281. Taxables I:172. Unseated lands I:206. Voting places I:174-5,222.
Mahoning United (Associate) Presbyterian Church I:458,495.
Mahoning Volunteers I:615.
Mail (see postal).
Manpower program (see Federal Comprehensive Employment and Training Act).
Manufactures (see industries and under towns).
Manver (see Pine Flats).
Maple sugar and syrup I:529;II:639.
Maps
    Atlas of Indiana County II:65,90,111,127-8,131,139,144-5,149-152,159, 168,674. Other II:171. Peelor map I:523. Reading Howell I:84-P,132, 343. Townships and Boroughs I:214-F,K,L. Upper Westmoreland I:84-K.
Marais des Cygnes massacre I:546-M.
Marchand (Holland Town) I:30,361,538,596.
    Brae Breeze Airfield II:439-40. Carriage and wagon manufacture II:146. Cemetery, Clyde Kelly marker II:174-M. Civil War I:626,629-30,641. "Marchand Guards" I:616. "Potatriotic" club II:374. Select school II:279.
Marion Center (Marion, Brady P.O.)
    Abandoned baby III:304-5. Auditorium II:513. Bank I:694$^+$;II:230,483. Celebrations: Armistice Day II:389; Centennial II:688; Independence Day III:202-204; U.S.; Centennial III:259-60. Civil War I:625,630-1; III:172. Cornet Band II:86, 308. "Dry" town II:516. Early settlers I:130. Farmers Institute II:235. Fires and fire protection II:70,366-7,369,517-8. Hack driver theft I:603. History II:674. Houses I:62-P,129-30. Literary Society I:461. Mahoning National Reform Association II:77-8. Manufactures: Carriages and wagons II:146; Creamery II:151,234,638; Flour mill II;148-9,210-11, 461,638-9; Foundry II:141; Grist mill I:540; Planing and furniture mill II:153,220; Woolen mill I:538;II:151,217. Medical: Dentists II:73; Influenza II:506; Mahoning Medical Center II:666,796-7. Methodist Church I:292;II:511. Order of Good Templars II:64. Park II:544,684. Political meeting (1860) I:596. Post office II:447, 660. Recreation: Baseball II:300; Reading room II:89; Roller skating rink II:99; Speedway II:689; Travelling show I:457. Rochester and Laughlin store III:56-F,286-7. Roof sign for airplanes II:445. Sale of lots I:214-N, 263. Schools: First school II:83; High School II:280,663;

Lower Marion II:38,512 M.C. Area School District II:693,696-7,700-01;
M.C. Institute I:485;II:45; Select II:278-9. Streets and sidewalks
II:117-8,328. Utilities: Electricity II:224-5; Sewage treatment II:796;
Telephone II:124; Water system II:227. World War II, II:553-4.

Marion Independent (Marion Center Independent) II:36,82,94-5,
102,104,118,123-4,126,148-9,173,224,301,305-6,338,403,537-8,668;
III:286,304,319,441.

Marital customs and problems (see Divorce, Love, Polygamy, Sexual
matters, Women, abuse of) I:179,302-3,506-508;II:351,508-9.
Elopements I:508. Marriage licenses II:57. Wedding serenade I:268-9.

Marlin's Mill (Indiana) I:209.

Marlin's Mill (Willet, Washington Township) II:586-B.

Marshall Foundry II:449.

Marshall Heights II:449.

Masonic orders I:222-224,229-233,235,240;II:369,783.
Indiana County Shrine Club III:578.

Meadowcroft Rock Shelter I:7.

Meals on Wheels II:789.

Mears Coal Company II:614,618-9.

Meat packing II:141,211.

Mechanicsburg (see Brush Valley).

Mechanicsburg Academy II:43.

Medical care (see Physicians, Sickness &c.) II:795-800.
Ambulances II:346,798-9. Nursing and personal care homes II:797.
Visiting Nurse Association II:789,794.

Meldren Brick Works II:219.

Memorial Day II:32.

Mental problems I:177,505-6;II:347,794,800.

Mentcle (Penn Mary) II:447.

Merchants (see Towns, Townships).

Metal-working shops I:194.

Metals Forming Company II:594,630.

Methodism beginnings I:144,291-2.

Methodist Episcopal Church I:489;II:78-9,355-6.
Slavery issue I:374-5.

Methodist Protestant societies I:292,375.

Mexican border service II:257,371.

Mexican War I:385,580,611-614;II:254.

Mikesell Station (see Graceton) II:108,162-3.

Military training II:285,762-3 (see Civil War: Drafts; World War I: Draft,
Indiana County Military Training Association, Students Army
Training Corps; Militia; National Guard; Draft; World War II: Draft,
World War II: Reserve Defense Corps; Indiana University of Pa.: ROTC).

Militia of Pa. I:127,133,150,214-I,255-6,259-262,611-617;II:33
  (see National Guard).
Miller's Mill I:168-9,209,346-7.
Milliron's Mill I:345.
Mills, flour (see flour mills).
Mills, grist I:62-E,79,80,127,135,137,141,145,150,166-171,177,191,196,
  200,209,263,309-10,329,344-347,517-8,540-1.
Mingo Indians I:24-5,32,55,71,93,106.
Mining (see Coal).
Minquaas Indians I:24.
Minstrels I:268.
Minta Post Office I:576.
Mitchell's Mills (see Diamondville).
Mitchell Mine II:177-8.
Mitchell-Watson Coal and Coke Company II:184.
Mohulbucktitum Creek (see Mahoning Creek).
Monopolies, views on I:202.
Montgomery Township
  Creation I:262-3. First school directors I:281. Holland Land Company
  I:205,512. Methodist Protestant Society I:292. Montgomery Guards
  I:616. Shingle mill II:137.
Moonshining, bootlegging, speakeasies II:364,421-2,424.
Moorhead's Blockhouse I:118;IV:420-G.
Moorhead's Independent Company I:87,89,91,93.
Moorhead's Mill I:79;III:10.
Moorhead's stone house I:214-C;II:370-G;IV:420-I.
Moorhouse woolen mill II:217.
Mooween I:181;III:660.
Morality (see Ethics).
Moravian missionaries I:19,54-57.
Mormons I:294,489-90;II:80,358,780-1.
Morris, Betts and Company II:239.
Mothers Assistance Board II:478
Mothers of Democracy II:374,381,420,555.
Mottarn's Mill I:30,170.
Movies II:288-290,299,538-543,545,781;III:306-C.
Mud-lick Creek I:170.
Music I:271,298,309,457-459,503;II:84-87,263,307-311,531-533,663-4;
  III:136.
  Bands II:308,379,391,400-01,531,663;III:359;IV:505: Blairsville Cornet
  Band I:457-8;II:86,263,400; Brass bands at Indiana County Fair (1901)
  II:238; Dance bands II:532; Indiana Brass Band I:271,309,457;II:86,
  308,310; Marion Cornet Band II:86; Sheepskin Band II:307-8.

301

Blairsville College for Women II:281. Blairsville Monday Music Club II:533. Blairsville Music Club II:85. Choral Music: Brushvalley Community Choir II:533; Indiana Choral Society II:85,308-310; Indiana Ladies Chorus (Monday Musical Club) II:310,475,663; Indiana Male Chorus II:532; Macedonian Chorus (Dixonville) II:533; Operas and operettas II:309;III:353,357-359; Singing schools II:84-5,87; Stephen Foster legend II:664; Watchmen, The II:664. Community Concert Association II:532. Composers II:309-311,533. Farnsworth reproducing pianos II:664;III:562-3. Festivals II:532. Indiana music store II:309-10. Indiana Normal School/Indiana University II:285,310-11,512;III:358-9: Cogswell Hall II:662; Conservatory of Music II:174-G; Gorell Recital Hall II:622-3; Music Department II:662-3; Music teachers II:86. Indiana Symphony Orchestra II:308,310. Instrumentalists II:531-2. Pipe organs II:87,285,311,530-532,539,663-4. Pittsburgh Symphony Chamber Orchestra II:662. Saltsburg Music Club II:310. School music II:277. Sheet music IV:202-K. Visiting singers and musicians II:531,533,664.

Musser Nurseries II:463,635-637. (Musser Lake, Grove Chapel).

MY Coal Company II:618.

N - Nashville (Ord P.O.) II:241.

Napoleonic soldiers I:262.

National Glass Company (see Indiana Glass Company).

National Guard II:33-35,200,254-257,400,478,765.

Anthracite strike area duty II:200,255. Blairsville Armory II:254,370-C. Co. F, 10th Regiment III:460-E. Encampments II:34,255;III:442-446, 460-C,D,E. Homestead Steel strike duty II:228-9,255. Indiana Armory II:421,462,495,499 (see Indiana: Armory Hall). Jefferson County duty II:229,255. McKinley inauguration II:255. Railroad riot duty II:35; III:268-272. Spanish-American War II:255-6;III:277-281. Veterans II:767. World War I, II:377-8,381-383,390. World War II, II:548-9.

National Mine Service Company (Whiteman Company) II:616.

National Plate Glass Company II:450,490.

National Recovery Act (NRA) II:405-6,487,489-90.

National Register of Historic Places II:679,681.

National Youth Administration (NYA) II:495.

Natural gas I:191,362,526;II:155-157,165-6,225-6,452-3,605-607,621-2.

Naturalizations I:160,466.

"Nazareth" tract I:82.

Negroes (see black people).

Nesbit Run (village) II:192,318.

Neville, Asa G. Glass Company II:216.

New Alexandria and Conemaugh Turnpike I:186.

New Deal II:483-4,489.

New Era I:466,515,526,546-P,684;III:200.

New Florence I:72,76.
New Florence-Centerville covered bridge II:119-20.
New Growth Arts Festival II:666.
New Lancaster I:263.
New York Central Railroad II:179,186-7,241,315-6,437-8,463,552,
  559,655.
  Beech Creek Railroad II:314-5.
Newman's Mills Post Office I:263,361,463,611.
Newport I:132-3,146,167-8,177,214-B,263,309,311,361.
Newpapers (see journalism).
Nicholsburg I:263.
Nicholson lands I:130,205-6.
Nineveh (see Rodgers Mill) I:135,196,263,292,305.
Nineveh Station I:528,574;II:120.
Nolo (Stone House) I:62-O,576;II:447.
Normal School Act (1857) I:472-3.
Normal School movement I:469 (see Indiana Normal School).
North American Coal Corporation II:612-3,615,618-9.
North Mahoning Township
  Christian Indians III:13. Early settlers I:130. First mill I:170.
  Groundhog Park II:544. Holland Land Company I:131. Indian sites I:30.
  Lead, reports of I:197. Organization of I:610. Petroleum drilling I:525.
  Round Top (St. Paul's) Lutheran Church I:290,300-01,516-H. Strike
  violence II:466. War of 1812 veterans I:258-9.
North Point (Sellersville) I:125;II:328.
Northumberland County Jurisdiction I:128.
North Western Railroad I:556-558;II:114.
  Accidents I:557. Blairsville right-of-way I:556-558. Contracts and
  construction I:557-8. Financial problems I:558. First locomotive I:556.
  Foreclosure I:558. Labor problems I:557. Tunnel I:557.
Northwood Glass Company (see Indiana Glass Company).
Nowrytown II:171,447,602,609.

O - Oaks Point (see Packsaddle Gap).
  Ocean Energy II:593-4.
  Oklahoma (see Coral).
  Old Home Manor II:463.
  Old Indian Brewing Company II:516.
  Old Town Indian Village I:26.
  Onberg Post Office II:117.
  Orthodox Catholic Churches
    Black Lick II:358,780. Clymer II:174-L,358,520,780. Dixonville II:358,
    780. Eastern Orthodox Foundation III:460-O,578-580. Homer City
    II:520,780.

Osprey Indian site I:10.
Otter Creek (see Conemaugh).
Otzinachson I:27.
Ox Hill Fair II:462,638.

P - Pacifism II:768-9.
Packsaddle Falls I:212;III:69-72.
Packsaddle Gap I:26,62-I,270,339,363;II:687-8.
Palmer's Fort I:81,95-6,116.
Palmertown II:623.
Pan-American Exposition II:191.
Paragon Company II:562,573.
Parkwood (Stewartsville) I:115,516;II:447.
Parkwood Telephone Company II:342.
Parochial schools I:475;II:46,552.
Patchinville I:212.
Patents (see inventions).
Patriot, The II:306,354,394,400-1,404,467,537,668.
Patriotic organizations (see American Legion, Grand Army of the Republic, Veterans of Foreign Wars &c.)
  Daughters of the American Revolution II:419. Mothers of Democracy II:374,381,420. Sons of Union Veterans II:419.
Patrons Mutual Fire Insurance Company II:453.
Patterson Mill II:210.
Pattison School of Art II:307.
Patton Coal Company II:465.
Patton Industries II:593.
Peale, Peacock and Kerr II:187.
Peholand Indian camp I:29,32.
Peholand Path I:29,32.
Peholand Run I:29.
Peles Brothers Coal Company II:618.
Penitentiary of Pennsylvania I:216,253.
Penn Bus Company II:569.
Penn Central Railroad II:641,654.
Penn Enamel Sink Company II:208-9,450.
Penn Hill Coal Corporation II:618.
Penn-Indiana Brewing Company II:515-6.
Penn-Mary Coal Company II:196-7,235,347,374.
Penn Mine II:177.
Penn Public Service Company II:224,452.
Penn Run (Greenville)
    Academy II:42. Cherryhill Township High School II:279-80. Electricity II:452. Flour mill II:150. Grange II:555.

Greenville I:244,263,509,575,582,596. Harmony Presbyterian Church
I:178;II:779. Indian sites I:30. Political meetings I:401. Post office I:263,
361,575. Select School II:278. Sesquicentennial II:688. Social and
Literary Club III:365. Summer normal school III:384-G. Woolen mill
II:217. World War II honor scroll II:554.

Penn View Summit II:443,493.

Penn View Mountain Railroad II:656.

Penns Manor School District II:694,696,698,701-2.

Pennsylvania Anti-Saloon League II:272-3.

Pennsylvania Association of State Fairs II:462.

Pennsylvania Attorney General II:247,262,286.

Pennsylvania Bureau of Employment Security II:626.

Pennsylvania Canal I:316-342,562-569.
　　Accidents I:339. Allegheny Mountain conquest I:326. Alternate routes
　　considered I:316. Boats I:337-339: Passenger packets I:62-H,333-335;
　　Section boats I:335-6,563. Commissioners I:242,247,249,316-318,320,
　　322-3,326,329,331,390,568. Conventions I:317. Decline I:562-564.
　　End of I:567-569. Excursion (1861) III:164-5. Financial difficulties
　　I:323,328,341-2. Freight service I:335-337. History II:673. Idea of
　　I:316-318. Irish workers I:262,298,318,322,325;III:88-91,306-E. Labor
　　costs I:562. Legislation I:317-8,322,326. Limitations I:328-330,547.
　　Maintenance I:329-30,562. Murders I:254-5. Rafts (see Pa. Canal
　　Western Division). Railroad impact I:564-5. Route, general I:326-328.
　　Salt industry I:190,317-8. Sale of I:565-567. Towns I:263. Travelers
　　I:339-341;III:91-97,460-C.

Pennsylvania Canal, Western Division
　　Abandoned I:568. Accidents I:339,564,562,568. Blairsville I:330-333,
　　562-3. Boat lines: Leech's Line I:321; Marshall Line I:494; Pioneer
　　Line I:332,334,338,360; Reliance Line I:335,338,562; Union Line I:299,
　　331,337-8. Boatmen's Association I:569;II:320. Boat paper I:342-E.
　　Boats: Packets I:333-335,342-F,563-565,567-8. Section boats I:563;
　　Steam navigation I:336. Breakdowns I:328-9,562,567-8. Construction
　　I:318-9,322-324: Advertisements for labor I:318-9,329; Irish laborers
　　I:262,298,318,322,325;III:88-91. Descriptions I:321-2,340-1. Financial
　　difficulties (see Pa. Canal). Freight: Agents I:322,330-1; Costs I:321;
　　Iron scows I:336,568; Locomotives transported I:565; Rafts for Saltsburg
　　bridge I:358; Salt (see Pa. Canal). Illustrations (see Pa. Canal).
　　Inventions I:336-7. Kiskiminetas-Conemaugh Line I:318-322.
　　Legislation (see Pa. Canal). Ligonier Line I:322-325. Murders (see Pa.
　　Canal). Operating periods I:330: Sunday non-operation I:299,338,494;
　　Packsaddle scene I:62-I. Passenger fares I:563. Pennsylvania Railroad
　　(see Pa. Canal railroad impact) I:568. Saltsburg I:333. Schedules I:342-B.
　　Speeds I:334,338,562-565,567. Structures I:319,322,324,327-8:
　　Aqueducts I:322-324,328; Dams I:320-322,324-5,327-8,330-1,339-40,568;

305

Locks I:317,319,322-324,327-8;II:110,112; Tunnel and aqueduct I:318, 320,325,331,340,342-C,D. Suicide I:515-6. Toll Collector I:321,342-E,562. Towns (see Pa. Canal). Travelers I:339-341,564;III:91-99,614-A.
Pennsylvania capitol building II:264-5.
Pennsylvania Christmas Tree Growers Association II:637.
Pennsylvania Coal and Coke II:178-9,189.
Pennsylvania Constitution, proposed revisions I:221;II:257,270,395,398, 408.
Pennsylvania Constitutional Conventions I:202,239-242;II:4-6.
Pennsylvania County Commissioners, Association of II:246.
Pennsylvania Electric Company II:224,501,552,602-605,622,632,641, 685,687.
Pennsylvania Farmers Association II:636.
Pennsylvania Gazette (1777) I:84-O.
Pennsylvania House of Representatives I:157,173-5,218,220-222,226, 233-4,236,238,246-7,249,316.
Pennsylvania Land Office (see Land Office).
Pennsylvania Liquor Control Board II:490.
Pennsylvania Lottery II:627,652.
Pennsylvania Manufacturer's Association II:402.
Pennsylvania Medical Society II:73.
Pennsylvania Mines Corporation II:613.
Pennsylvania and Northwestern Railroad II:314.
Pennsylvania Population Company I:130.
Pennsylvania Public Assistance, Department of II:507.
Pennsylvania Railroad I:549-556,559-561;II:179,193,312-314 (see Indiana Branch, Pa. Railroad)
Blackleg Creek Branch II:438. Blacklick Creek lines II:184,312-3. Blairsville Branch I:551-2,654;III:545. Blairsville Intersection I:551; II:107,313,437. Blairsville Station II:313,370-P,586-L,655. Blairsville subway II:313. Bolivar Branch II:183,313. Bow Station, west tunnel bridge II:312. Bribery case II:320. Cherry Tree extension II:312. Civil War shipments I:685-6. Conemaugh Division II:183,247,653. End of II:653-655. Historical records sold II:654. Indiana property sold II:631,654. Laurel Ridge Gap extension II:109. Lockport aqueduct removed II:109-10. Locomotives: Coal conversion I:524; First I:550; "Henry Clay" I:546-A; Wood burning I:524,528. Relocations of 1950's II:653. Saltsburg Station II:655. Stock subscriptions I:549. Streetcar line controversy II:332. Tonnage tax repealed I:569-70. Torrance bridge razed II:654. Twolick Creek extension II:312. Western Division I:550-1; II:108-110. West Penn Division II:314.
Pennsylvania sales tax II:598
Pennsylvania Secretary of the Commonwealth (see Commonwealth).
Pennsylvania Security League II:488,496-7.

Pennsylvania Senate contests II:11,15-19.
Pennsylvania Society for the Promotion of Internal Improvements I:317.
Pennsylvania State Association of Trotting Horse Breeders II:237.
Pennsylvania State Experimental Farm (see Western Experimental Farm).
Pennsylvania State Fair (1893) II:237-8.
Pennsylvania State Grange II:462.
Pennsylvania State Teachers Association I:471-2.
Pennsylvania Superintendent of Public Instruction II:284-5.
Pennsylvania Supreme Court II:257,262-3,272:
    Justice S.M. Clark II:5,13-15;IV:327-334,420-C,D,E. Justice J.P. Elkin II:247,264;IV:407-412.
Pennsylvania Workmen's Insurance II:202.
People's Gas Company II:226,452-3,606.
Peoples Party (1893) II:257-8.
Performing arts II:666-7.
Perry's camp I:36.
Perseverance Line (or Perseverance Mail Stage Line) I:332,350,360.
Personal income II:627.
Petroleum I:190-1,524-526;II:165;III:76-7 (Boggs Salt Works), IV:213[+].
Philadelphia and Pittsburgh Railroad II:314.
Philippine War II:257.
Phillips Mill I:540,555,576;II:34.
Phillips, T.W. Gas Company II:226.
Photography I:459;II:83-4,307,534,666;III:51.
Physicians I:146,177,309-10,366,374,508-511;II:73-4,347,506,797-8.
Picnics I:269,456.
Pike's Peak Nursery II:637.
Pine County (proposed) I:606-608.
Pine Creek (see Little Mahoning).
Pine Creek Township I:128.
Pine Flats (Manver)
    Academy I:486;II:43. Baseball II:300. Bethesda Church I:295. Christian Church I:489. Homer and Cherry Tree Railroad meeting II:111. Manver Station II:319. Select school II:279. Timber II:242. Tornado II:518.
Pine Hollow I:267.
Pine Run (Rayne Township) I:130,309.
Pine Township I:511
    Burns II:318. CWA projects II:490. High School II:279-80. Organization of I:610. St. Patrick's Catholic Church I:290-1,370-F.
Pine Township Coal Company II:614.
Pioneer Coal Company II:187-8.
Pioneer Line I:332,334,338,360.
Pittsborough (see Ligonier).

Pittsburg Transportation Line I:330.
Pittsburgh Chronicle Telegraph II:190.
Pittsburgh and Eastern Railroad II:314-5.
Pittsburgh Gas Coal Company II:192,194-5,318.
Pittsburgh Gazette I:184,192.
Pittsburgh Mercury I:183,192.
Pittsburgh Stores Fixtures and Equipment Company II:451.
Plaindealer, The II:116,135.
Plum (Plumb) Creek I:28,31-33,50,167,345,361.
Plumb Tree Bottom I:32-3.
Plumville
    Band II:201,294,308. Banks II:230,483,599. Baptist Church I:375,401. Beraccha Associate Presbyterian Church I:289,630. Carriage and wagon manufacture II:146. Chicken thieves II:424. Cooperative store I:544. CWA project II:490. Fires II:366;III:265-6. Flour mills II:150. High School II:522-3. History II:674. Independent Order of Good Templars II:64. Mining II:195,473. Ox Hill Fair II:462.
    Physician fees protested I:509. Planing mill II:153. Political meetings I:401,596. Post office I:576. Religious meeting disrupted II:359. Select School II:278. Study and Fancy Work Club III:365. Theater II:541.
Plumville Herald II:94,161.
Plumville Review II:306.
Poetry I:271-273,369,459-461;II:302,534;III:1-8,82-3,117,136,164,192-194,197-202,255.
Pohang Iron and Steel Company II:613-4.
Political affairs (see Crawford County system; Elections, Upper Westmoreland; Indiana County Officials; Judges; Judicial districts; Women's rights movement; and specific political parties).
    1803-1805 I:173-4. 1806, First officials I:158-9,174. 1807-1809 I:175. 1810-1814 I:218. 1816-1826 I:219-222. 1827-1836 Antimasonic upheaval I:222-239. 1838-1842 Tippecanoe campaign I:242-246. 1843-1844 Whig control I:247-250,382-3. 1845-1854 Slavery Question. Drum to Congress. Diamondville picnic I:380-393,578-586. 1855-1856 Know Nothings. Rise of Republican Party. Bleeding Kansas I:393-406,585-589. 1857-1860 Lincoln Elected I:398-9, 546-0,589-597. 1861-1865 Civil War. White resigns Pa. Senate. Lincoln Reelectd. Assassination I:659-685.1866-1868 Post-war campaigns II:1,2. 1869-1870 Covode-Foster Congressional Contest II:2-4. 1871-1873 Pa. Constitutional Convention. Taylor to Congress II:4-6. 1874-1875 White defeated for Congress II:6,7,22. 1876-1877 Hayes-Tilden Contest. White to Congress, St. Clair to Pa. Senate II:7,8. 1878-1879 Greenback-Labor movement II:9-11. 1880-1881 Mosgrove defeats White II:11-13. 1882-1890 Democratic victory: Pattison, Clark, Patton II:13-20,22;III: 305-6. 1891-1895 Blair-White Judicial election scandal II:257-260;III:307-315. 1896-1909 Quay ring.

Elkin. Socialists. Bryan visits II:260-266. 1910-1916 Progressive
Movement. Woman suffrage II:266-273. 1917-1920 World War I and
postwar II:393-4. 1921-1930 Governor Fisher. Leonard campaign
II:394-403;III:455-6,461-471,546-A,B;IV:420-A. 1931-1940 Depression
and New Deal II:403-414,481;III:481-483. 1941-1945 World War II,
II:571-2. 1946-1954 Post-war campaigns II:727-729. 1955-1959
Democratic upset, Republican comeback II:729-30. 1960-1966 Kennedy.
Local scandals. First woman party chairperson. Johnson carries county
II:730-733;III:529-538,546-H,I,J,K. 1968-1969 Moore-Buchanan battle
II:733-738. 1970-1971 Democrats take Pa. House and Senate II:738-9.
1972-1979 Democratic embarrassments II:739-744. 1980-1988
II:744-747.

Political and Commercial Register (Philadelphia) I:156;III:34-36.

Pollution
Air II:506,522. Garbage II:777. Mine water reclamation III:460-H,
649-50. Radioactive waste II:777. Streams and water II:74-5,138,243,
506,621-2,777;III:422-3,647-649.

Polygamy II:58.

Poor children
Blacks II:63. Children's Aid Society II:351. Education I:177,216,279;
II:351. "Foreign" II:352.

Poor house votes I:505;II:352.

Poor overseers I:177,505;II:351,507.

Population (see census).

Populists (Peoples Party) II:257-8,304.

Portable Car Body Line I:336.

Porter, H.J. Company II:550,557,562,573,589.

Port Johnston I:167-8.

Port Monitor (see **Cookport Monitor**).

Possum Glory (or Glory) II:315-6,452.

Possum Glory Coal and Coke Company II:196.

Postal service I:165,196,263,342-K,348-9,353,361-363,575-6;II:337-8,
446-7,660-1.
Air mail II:174-M,440,443-446,660. City delivery II:337-8. Early
routes III:83-88. Mail trains II:338. Postmasters removed II:17. Post
offices closed II:660. Routing to Johnstown II:660-1. Rural delivery
II:337-8,464. Shryock mail stage I:342-K. Streetcar mail service II:338.
U.S. Postal Service II:660. V-Mail (World War II) II:555. Volume II:660.

Postal Telegraph Company II:338-9,448.

Potter Coal and Coke Company II:182,466.

Potteries I:199,530;II:150.

Pottsville, Conemaugh and Mahoning Oil Company I:525-6.

Poverty (see Charity, Poor children, Poor house, Poor overseers) I:177, 304,310,505-6;II:59,174-D,786-788;III:586-589.
  Mothers' Assistance Fund II:353.
Prairie State Incubator Company II:212,366-7,375,450;III:56-L,M, 376-378,614-A.
Precast Architectural Concrete Elements Corporation II:594.
Prehistoric times I:1-16.
Presbyterian Churches (see geographic location, Blairsville, Indiana, &c.)
  Hungarian (Magyar) churches II:356. Indiana County I:489,II:79,356. Kiskiminetas Presbytery forces closures II:779. Northern Indiana County parish II:779. Ministers role in education III:221. Slavery views I:371-373.
Presbytery of Blairsville
  Blairsville College appropriation II:282. Depression effects II:477. Eighteenth Amendment favored II:515. Presbyterial Academy (see Elders Ridge Academy). Slavery denounced I:372. Women denied eldership or pastorate II:508.
President of U.S. I:245
  Garfield assassination II:12,13. Harding III:508. Hayes-Tilden contest II:7,8. Kennedy II:730,732;III:530-538,546-H,I,J,K.
  Lincoln I:671,677,679-682. McKinley assassination II:263. McKinley Monument II:586-K,M. Taft visit III:354,452-455,546-K.
Prices I:201-2,546,687-8;II:169,231-2,481.
Primary elections (see Crawford County system).
Printing (see Journalism) I:198,201,222.
Proclamations of 1763 and 1766 I:64.
Proctor's Battalion I:85-6.
Profanity I:301.
Progressive movement II:7,66-7,265-272,306,363,393-4,397-400,405,407, 413.
Progressive Party (1948) II:727.
Prohibition I:513;II:19,64-67,362-365,394,401,408,514-516.
Prohibition Party II:7,66-7,265,267,306,363,393-4,397-400,405,407,413.
Prosecutions: State I:215-6.
Protective Association of Pennsylvania, Indiana County Branch II:454.
Prushnok and Neal Coal Company II:611.
Public assistance (see Charity).
Public utilities (see Electricity, Telephone, Water, Natural gas, &c.) II:154-159,452-3,602-609.
Punxiana Coal and Coke Company II:467.
Punxsutawney (or Ponkies Town, Puncksotonay, Ponchestanning, Ponksutennick) I:16,27,45,56,61,111,205,212,362,606-7;III:10-13.
Punxsutawney Spirit II:21,80,261,670;III:380.

Punxsutawney Street Railway Company II:186.
Purchase Line, the I:36,67-8,114,128,131,139,176,178,345.
Purchase Line Academy II:43-4,278,524,702.
Purchase Line School District II:693,695-6.

Q - Quakers I:293,490.

R - Racial relations (see Black people, Irish, Jews) I:305,499-504;II:60-1,
    353-355,362,365,509-10,770-775;III:646-7.
    Black Hand II:251-2,353. Chinese II:31,61,354. Hungarian II:60,164.
    Italian II:60,353-4. Mexican II:320,354. Slavic II:60-1,353.
Radio II:542-3,635,682-3;III:489-90;IV:556-7.
Rafting I:212,312,494,576-7;II:133-135,239-241;IV:340$^+$.
    Last raft II:242,463;III:460-J,473-478. Rafting monument II:681;
    III:178-F.
Railroads (see Pennsylvania Railroad; Clearfield and Jefferson Railroad;
    Philadelphia and Pittsburgh Railroad; Cherry Tree and Dixonville
    Railroad; Cambria and Indiana Railroad; Pennsylvania and
    Northwestern Railroad; New York Central Railroad; Buffalo, Rochester
    and Pittsburgh Railroad; Homer, Cherry Tree and Susquehanna
    Railroad; Blacklick and Yellow Creek Railroad; Buffalo and
    Susquehanna Railroad; Pittsburgh and Eastern Railroad.)
    I:192-3,322;II:107-116,312-320,437-439,653-656.
    Accidents II:114-5,298-9,319,438-9,656. Amtrak II:654. Black and
    Mexican workers II:320. Blairsville Intersection I:551;II:107,313,437.
    Bridges II:108-9,114-5,654. Central route, Pennsylvania Railroad
    I:547-550. Church transportation II:79. Coal "beast of burden" II:177.
    Continuous railroad movement I:547-549. Decline II:437-8.
    Equipment II:205-6. Excursions II:105-6,298,437. Farm train II:236.
    Gasoline cars II:318,437-8,467. Inventions II:108,320. Jury train II:247.
    Locomotive "Henry Clay" I:546-A. Logging Railroad II:240-1,318-9.
    Narrow gauge II:109,160-1,197. Possum Glory Junction II:316.
    Railway Express II:118,338,433. Ramsey's Air Line II:319. Riots II:35;
    III:268-272. South Penn Railroad II:315. Strikes II:353-4. Surveys
    and plans II:112-3. Tonnage tax I:569-70. Tram railways II:143.
    Unions II:320.
Ramsey's Run I:35,49.
Rankin Run I:344.
Rattlesnake flag I:150.
Ray Coal Company II:183.
Rayne Coal Company II:619-20.
Rayne Post Office I:576.

Rayne Township I:130,511,516,525,610.
 Bethel Lutheran Church I:290. Blue Spruce Park II:686. Bookamyre murder II:250. CCC Camp II:493-4. Cumberland Presbyterian Church II-80. Fluted arrowpoints I:6. Liquor manufacture I:538. McKee's Mill I:169. Meadowbrook II:500. Political convention II:1. Schools I:145,694;III:217. Thompson's Blockhouse I:119. Traction engine tragedy III:319-20. Washington Presbyterian Church I:294.
Raytown II:179.
Reakirtsdale Coal Company II:198.
Recluses III:585-6.
Reconstruction Finance Corporation II:496,500.
Reconstruction laws II:2.
Recreation (see entertainment).
Recycling II:777.
Red Cross II:347,372-374,379-80,474,480,482,489,505-508,516,518,549, 554,566-7,793.
Reed Post Office II:477.
Reed's Station I:344;II:107.
Reed and Wallace Mill I:200.
Reformed Presbyterian Church (see Covenanter).
Refractories (see Brick manufacture).
 Black Lick Manufacturing Company II:143,219. Garfield Fire Clay Company II:219,367;III:298-300. Reese-Hammond Fire Brick Company II:197;III:294-298. Tuyeres II:143.
Reick-McJunkin Dairy Company II:460.
Reider Distillery I:153.
Reisinger School I:16.
Reliance Portable Boat Line I:335,338.
Reliance Transportation Line I:335,338.
Religious matters
 Activities and organizations I:492-3;II:359. Beginnings I:69,78,140-144; III:212,230. Beth-El Covenant Community II:783. Bible College II:782. Bible as literature I:301-2;II:782. Bible societies I:492. Christian amendment II:77-8. Christian Endeavor Society II:359. Church buildings II:76. Closed churches II:778-9. Clymer grant controversy II:355,357. Dancing; religious attitudes II:75,77-8,96. Deaf, services for II:355. Debate II:357. Denominations and sects I:178-9,287-296,488-491; II:78-9,355-358,522,778-781. Dissensions and violence I:299-301,496-7; II:355-357,359,522. Drive-in churches II:782-3. Evangelistic meetings I:297-8,492;II:77,358-9,521. Faith healing II:359. Family devotions I:499. Formality I:498. Heresy I:494. History II:302. Humor II:77. Hymns and music I:298,489. Interdenominational relationships I:294-296,489-90; II:78,357,521,783: Mergers II:779; Tolerance I:238,247-8;

Union churches I:489. Ministers I:293,493-4: Civil War views I:661-2,673, 678-9,691; Political involvement I:683-685; II:359-60. Missionaries I:297;II:359,781;III:581-2. Missionary organizations I:493;II:521,781. Passion plays II:521. Philosophy I:497-499;II:75: God I:498; II:75,409,498. Profanity and obscenity I:301,497; II:785. Publications I:214-P,493. Sabbath observance I:298-9,494-496;II:65-6, 75,360-1,521-2,546,781-2;III:580-1. Sacraments I:299. Satanism II:783. School released time II:521,782. Slavery issue I:370-376;III:150-152. Sleepiness in church II:76-7. Statistics I:489;II:358. Sunday Schools I:296-7,495;II:359,363,521,782. Telephone sermons II:355. Trances I:142,492-3;II:77.

Rembrandt Station II:188.

Renosky Lure Company II:593.

Republican Party formation I:370,395-6,398,451 (see American Republican Party, Elections, Political affairs).

Resilient Wheel Company II:451.

Revolution (see American Revolution).

Revolutionary veterans I:134,249,315[+];III:42.

Rexis II:318-9,423.

Reynoldsville Star II:669.

Richard's Falls III:69.

Richard's Run I:136-7.

Richmond (see Rochester Mills).

Ritter and Winslow mines II:466.

Roads (see transportation).

Roadster Factory II:593.

Roaring Run I:70.

Robertshaw-Fulton Controls Company II:591,629,631.

Robertsville I:263.

Robindale (Smokeless) II:183,197,472,519,641-2;III:599,600.

Robinson (Garfield) I:9,492;II:197.
    Brickyards II:142. Bridge II:432. Centennial II:688. Fires II:367. Garfield Fire Clay Company II:219,367,450;III:298-300. Reese-Hammond Fire Brick Company III:294-298. Shooting incident II:248. Water supply II:609.

Robinson Run I:108,118,318.

Robinson's Strong House I:118.

Robinsteen Collar and Leather Company II:212,223,450-1.

Rochester Mills (Richmond, Simpson's Mill)
    Carousel manufacture II:293. Flour mill II:150. Greenback meetings II:9,10,14,15.

Rochester and Pittsburgh Coal Company II:174-B,189-195,403,466-7, 472-3,476-7,610-619,621-2;III:378-380.
    Accident insurance II:201. Donations II:504,568,686-7. History II:674.

Russian commission II:559. Victory gardens II:559. Scrap iron
collection II:557.

Rochester and Pittsburgh Railroad (see Buffalo, Rochester and
Pittsburgh Railroad).

Rochester Plan II:478.

Rodgers graveyard I:63.

Rodgers Mill (Nineveh) I:135,141,167,196,209,263,354.

Roman Catholic churches I:290-1,489;II:78.
   Anti-Catholicism (see Know Nothing Party) I:491-2,499;II:78,356.
Benedictine chapel and monastery I:516-A. Census II:358. Iselin
church dynamited II:356. Junior Catholic Daughters of America II:567.
Knights of Columbus II:356. Newman Chapel II:780. Sabbath observance
II:360-1. St. Anne's Byzantine Catholic Church II:780. St. Anthony's
Church II:780. St. Bernard Church II:356,780. St. Patrick's Church
II:370-F. SS Simon and Jude Church II:356,780.

Rossiter II:185,200,225,488;III:380-1 (see Smyerstown).
   Abraham Brody store II:454; Fire company II:518; Fires II:367;
Flood of 1936 III:513-515; History II:674; Hungarian Presbyterian
Church II:356,467-471; Influenza epidemic (1918) II:506; Last coal
shipment II:611; Loree Footwear Co. II:590. Murder II:248.
   Post office II:447. Rossiter Junction II:186. Schools II:696. State Bank
II:456,483. Strike of 1927-28 II:467-471. Theater II:541. View of
III:262-M; Water system II:608.

Rossiter Citizen II:186,306.

Rossmoyne (Frantz's Mill) II:366,447.

Ross's Run I:30,128,130.

Rotary Club II:450.

Round Top (St. Paul's) Lutheran and Reformed Church I:290,300,304-5,
315,516-H.

Royal Oil and Gas Company II:631.

Rugh's Station I:525,555;II:107,299.

Rural Electrification Administration II:500-1;IV:157.

Russell Coal Company II:188.

Russell's Ford I:347.

S - Sagamore II:195,318.
   St. Clair's defeat I:122-127.
   St. Matthew Catholic Church I:62-J.
   St. Patrick's Catholic Church I:290-1;II:370-F.
   St. Paul's Lutheran Church (see Round Top Church).
   St. Peter's Episcopal Church (see Blairsville).
   Salt manufacture I:146[+],181-190,199,322,347;III:78-9,546-L (see
Conemaugh Salt Works)
      Black and Company III:74-76. Boggs' Salt Works III:56-N,76-7.

Decline I:523-4;II:164. Discovery I:504. Early years III:73-4.
Keel boats I:363-4.
Salt Works Post Office I:263.
Saltsburg
Associate Presbyterian Church I:289,488;II:688. Banks II:170,601. Borough created I:263. Bridges II:432 (see Saltsburg covered bridges). Businessmen I:210;II:431. Canal Park II:686. Catholics I:62-J. Cemeteries II:81. Civil War I:627,629,631;II:32,174-K. Coal Co. II:160. Coal Mining Co. II:183-4,201. Covered bridge I:342-I,M, N,O,358;II:119-20,431,517;III:440-1,614 E,F. Electricity II:225,605. Ferries I:355,502;III:614-F. Fires and fire protection II:368,517-8. Floods III:178-O,P. Founding I:184,263. Grand Army of the Republic II:254. Historical Society II:678. History II:675. Hospital II:345. Hotels II:173. Housing project II:793. Ice gorge II:72.
Saltsburg Industries
Carriage and wagon shops I:573;II:118,145,218. Cigars II:147. Flint Bottle Co. II:217. Foundries I:522-3;II:141,209. Glass Co. II:144,217. Hail Clark Carriage Works II:69;III:287-8. Jiffy Steak Co. II:594. Marble works II:147. Meat packing II:141. Mills I:379; II:149,210,367. Planing mill II:153. Rolling Mill II:209-10,586-H. Stanley Manufacturing Co. II:594. Steam engines II:141. Steiner Manufacturing Co. II:592-3. Tanneries II:144. Threshing machines I:536. TRW Management Specialists Ltd. II:594. Winchester Industries II:593.
Saltsburg, International Order of Odd Fellows II:369.
Saltsburg Library II:303,535,671.
Saltsburg Lions Club II:516.
Saltsburg literary societies I:461,486,543.
Saltsburg Masonic order II:369.
Saltsburg Methodists I:292.
Saltsburg militia I:259-261,615-6,627;II:33-4.
Saltsburg music I:458-9;II:308,310.
Saltsburg, natural gas II:155-6,225-6.
Saltsburg newspapers
Saltsburg Press II:19,93,305,537,668;III:56-P,306-L,550-552.
Saltsburg Sentinel II:668.
Saltsburg, Pennsylvania Canal I:320,333,338.
Saltsburg physicians I:511,796.
Saltsburg politics I:245,247,379,581.
Saltsburg Post Office I:263,361-2,447,660.
Saltsburg Presbyterians I:288,373.
Saltsburg railroad structures I:546-D,F,G;II:109.
Saltsburg recreation and entertainment I:452-454.
Saltsburg Red Cross II:567.

Saltsburg Sabbath schools I:296.

Saltsburg schools
  Abundant Life Christian Academy II:704. Academy I:62-E,K;II:44,459, 486-7,543. Conemaugh Teachers Institute I:469. High School I:62-K. Public schools II:276,279,556. School district II:693,696-7,700,702. Select school II:279. WPA high school renovations II:498.

Saltsburg sewage system II:776.

Saltsburg, Spanish American War III:280-1.

Saltsburg Stone House Museum I:62-A.

Saltsburg Street Railway Company II:329.

Saltsburg streets II:328,370-O.

Saltsburg telephone service II:447.

Saltsburg temperance movement I:309;II:64.

Saltsburg theater II:541.

Saltsburg Universalist Church I:490;II:79.

Saltsburg unseated lots I:206.

Saltsburg visitors I:319.

Saltsburg water systems II:227,609.

Salvation Army II:80,511,520,547,559,781.

Sample Run (Howearth's Mill) II:187,468,471,473.

Sanitation (see Sewage systems) II:74-5.

Savan Coal Mining Company II:197.

Savan dam II:499.

Savan Station II:197.

Saw Mills I:133,199,200,211-2,329,345-347,516,527-8,522,546-H,599; II:134,136-7,240-1,586-M;III:56-J,282-284.

Schools (see Academies)
  Amish II:703. Armstrong-Indiana Intermediate Unit II:697-8. Buildings I:62-K;II:36-7,274-276,694-697;III:212-3. Buses II:650,701. Chemical toilet fuss II:523. Colleges (see Indiana Normal School, Indiana State Teachers College, Blairsville College, Indiana University of Pennsylvania): Cherry Tree Male and Female College II:47-8; Indiana Business College II:280,524; Leech's Actual Business College II:280; Vale Technical Institute II:703-4. Consolidation movement II:693-4. Costs II:523,697-699. County superintendents I:466-7,469-472,493; II:36,274,522-3,697;III:220-1. Courses II:277,279,698-9;III:213-4. Deaf schools II:38. Discipline II:39,699,701. Earliest schools I:144-146, 176-7,278;II:275;III:55-6,211-218. Educational failures II:703. First school directors I:280-1. Free School Act I:279-80,282. Head Start II:698. History III:211-223,334-336. Inspectors I:281. Milkweed collections (see World War II). Needy children I:216,304;II:480-482,698. One-room schools II:523. Private and parochial schools I:283,304,474-5; II:45-6,524,703-4. Public elementary schools I:278-283,466-7,473-4; II:36-40,274-277. Public secondary schools II:277-280,522-3.

Publications II:39. Pupils II:38,72,277. Select schools II:278-9,523. Special education II:698. State appropriations II:277. Statistics I:282, 466-7. Strikes II:702. Summer schools III:322-324,384-G. Suspension advocated I:217. Taxes II:39,277,697. Teachers I:468470;II:37,56,276, 698;III:210-11. Teachers associations I:468-9;III:218-9. Teachers institutes I:468-9;II:37-8,48,50,52,276,376;III:218-220,354. Terms II:36,274. Testing II:698-9. Textbooks I:467-8. Vocatonal-technical high schools II:235,278,699; III:336-338.

Schwarzenbach-Huber Company II:451,590.

Scott Glen II:185.

Scrip I:517,541-2.

Season-all Industries (United Door Company) II:591-2,606,641.

"Seceder" Presbyterian Church (see Associate Presbyterian).

Seldom Seen (town) II:242.

Senate of U.S. I:173,220,227,233,237,243,249.

Senatorial districts of Pennsylvania I:218.

Seneca Indians I:23-4,32,53,60-1,90,93,106-108,125.

Seneca Coal Mining Company II:197.

Sesquicentennials of Indiana and Indiana County II:676.

Settlement
  Beginnings I:63-84;III:212. Renewal I:114-146.

Seventh Day Adventist Church II:358,704.

Sewage disposal II:25,348-9,635,775-777.

Seward electric plant II:603.

Sexual matters (see Love)
  Abandoned baby III:304-5. Abortion II:800. Bigamy I:508. Contraception II:509. Crimes sexually motivated I:603,757. Fornication, church actions I:301,508. Homosexuals II:720,800. Pornography II:785-6. Promiscuity II:784-5. Prostitution II:58. School problems II:700-1,721,785. Seduction II:57,61. Street walkers I:508.

Shamokin Path I:32,34.

Shanktown (Starford) II:187,196,224,316,473.

Sharp Indian attack (1794) I:126-7.

Sharp's Mills (Shelocta) I:263,361,363,610.

Shaver's Sleeping Place I:42.

Shaver's Spring I:35,46,62[+],84-H.

Shawanese Cabins (Shawanese Bottoms) I:39,40,42.

Shawnee Indians I:14,21-23,25,28,32,34,38,40-1,44,55,59,65-67,71,75,77, 94,100,109.

Shelocta (Sharp's Mills) I:5,47,120,361,385 (see Sharp's Mills)
  Borough organized I:610. Bridges II:328. Carriage and wagon manufacture II:146. CCC Camp II:494,499. Civil War, socks for soldiers I:641. Clipper Telephone Company II:343. Grist Mill I:540.

"Independent Blues" I:615. Indian name I:28. Itinerant shows
prohibited I:457. Jubilee II:688. Keystone generating unit II:602.
Log house I:62-F,677. Militia encampment I:617. Robbers I:602;II:426.
Sycamore Park II:544. World War II honor scroll II:554.

Shoppers' news II:668,670.

Shoupstown I:263.

Shryock Hill Brewing Company (see Indian Brewing Company)

Shryock's Run I:312;III:81.

Shryock's Tavern I:157.

Sickness I:177,309-312,483,504,508-512 (see Dentists, Hospitals, Mental problems, Physicians) II:73,281,505-6,799,800.

Sides (Alverda, Tipperary) II:375.

Sidney II:179,447.

Simpson's Blockhouse I:117-8.

"Sisco" II:452.

Six Nations (see Iroquois)

Slavery issue
"Bleeding Kansas" I:399-406. Democrats and slavery I:250,384-387, 392,394-5,397,399-401. Fugitive slaves (see Kidnappings of 1845) I:426-451. Fugitive Slave Law I:378,392-3,451. History of II:673. Politics and slavery I:380-399. Pre-Civil War opinions I:688. Proponets of I:376-380. Religion and slavery I:370-376,407-8. Wartime views I:688-694.

Smicksburg I:191
Academy I:487. Bank robbery II:424. Borough organized I:610. Christian Indians III:14. CWA project II:490. Flour mills II:150. Founding I:263. Foundries II:141. Independent Order of Good Templars II:64. Indian sites I:31-2. Lutheran Church I:290. Marble works II:147. Oil Company I:524. Old house I:516-C. Physicians I:310. Political meeting I:596. Post office I:361-2. Rail Splitters Club I:596. Sabbath convention I:495. Select school II:279. Sham battle III:276-7. State Bank II:456,495. String band I:458. Unseated lots I:206. U.S. Centennial III:262.

Smith mine II:177,182.

Smithport II:224 (see Horton Post Office)

Smith's Station I:555,601;II:107.

Smitten (see Trade City) Post Office I:576.

Smokeless Post Office (Robindale) II:183,447,660.

Smyerstown II:186,468,517.

Snake bites I:310-312.

Snyder Station II:108,193,195.

Social Hall I:318;II:313.

Social problems (see specific problems, including Drug use, Charity, Marital, Pollution, Crime, Handicapped, Sexual, Racial, Intoxication, Poverty, Sickness, Fire, Floods &c.)

Social Security Act II:409,508.
Socialism II:231,265-270,390,393-4,397-400,403-407,409,412-3,498.
Society of Friends (see Quakers).
Soil erosion control II:492-495,499.
Sons of the American Revolution II:536.
Sons of Temperance I:512-3.
South Mahoning Township
    Baptist Church I:458. Early settlers and traders I:128,130. Holland Land Company I:131. Indian sites I:30,37. Joshua Lewis home IV:202-N. Organization I:610. Singing schools I:458. Smyrna Associate Reformed Presbyterian Church I:289,298,300.
Southwest Central Rural Electric Cooperative II:452,500-1,604.
Spanish American War II:255-257;III:277-282,460-G,H,509.
Spiritualists I:490.
Sports (see hunting and fishing) I:266-7,452-3;II:97,299-301,689-692.
    Auto racing II:689. Baseball II:174-E,300,361,546,690. Basketball II:301,546,690;III:356. Big business aspects II:689. Boating II:690-1. Football II:301,689-90. Golf II:546,690. Horse racing II:97,103,300,586-B, 689. Horse riding II:690. Horseshoe pitching II:546. Indiana County Sports Hall of Fame II:691-2. Indiana Fishing Club II:299. Indiana Gun Club II:299. Indiana Stove League II:300. Prize fights II:301. Sunday sports II:781. Swimming II:370,690-1. Trolley League II:300, 546. Wrestling II:690;III:582-3,614-L.
Spruce Bend Falls I:212.
Spruce Camp (see Shawanese Cabins).
Spruce Post Office III:284.
Squatters I:58,60,63-4.
Squaw campaign I:101.
Squirrel Hill Indian Village I:9,10,25-6,69,75,78.
Stage lines I:332,342-K,345,348-350,353,550-1,559,571-2.
Standard Manufacturing Company II:217.
Stanley Manufacturing Company II:594.
Starch factories I:199.
Starford (Shanktown) II:187,196,224,426,506,517,541,613.
Star Manufacturing Company II:630.
Steam engines I:185,199,200;II:140,142.
    Farm engines II:125-6. Logging use II:133-4. Manufacture of II:140-1.
Steiner Manufacturing Company II:592-3.
Stewartsville (see Parkwood).
Stony Point I:136.
Stony Run I:83,87,344-5;III:10.
Stony Run Aqueduct I:329.
Storage Ice and Supply Company II:452.
Straight Branch Creek I:30.

Strangford II:183.
Strawboard Mills II:141-2,586-F.
Streams (see Transportation).
Streetrailways II:174-J,329-335,435-437.
    Accidents II:334-5,436-7;III:432-435,460-M. Bandits II:423;III:436-440. Blairsville and Derry Street Railway Company II:329. Blairsville line II:332-334;III:432. Block light system II:333. Bridges II:333. Car barns II:174-J,330,333. Chartered cars II:334. Closing of II:436. Clymer line II:331-2;III:432-435,460-F. Coal mine II:334. Electric power II:332-335,435. Ernest line II:331. Excursions III:430-432. Fares II:436. First run III:429-30. Freight II:334. General managers II:436. Indiana and Blairsville Intersection Street Railway Company II:329. Indiana, Clymer and Creekside Railway Company II:330-1. Indiana County Streetrailways Company III:435-6. Indiana County Railways Company II:330-332,460-K. Indiana, Punxsutawney and Sagamore Street Railway Company II:332. Indiana Station II:334. Indiana Street Railways Company II:329. Passengers II:333-4,435-6. Pennsylvania Railroad controversy II:332. Planning II:329;III:427-429. Problems II:335. Recreation parks II:334. Saltsburg Street Railway Company II:329. Streetcars II:331,333,370-P;III:306-D,460-N,L. Strike II:456-7. Theater parties II:290,299. Trolley League II:300,546.

Strongstown
    Academy II:45. Band II:308. Civil War flag I:546-M. Creswell Farm II:452. Founding I:263. Inn I:353-4. Lutheran Church I:290,295. Mines nearby II:613. Post office I:263,361,660. Saw and planing mill I:528. Schools I:528,556. Unseated lots I:206. World War II honor scroll II:554.

Strongstown and Ligonier Bridge Company I:574.
Stump pulling machine I:210.
Suffrage and tax qualifications II:241-2.
Suicides, Depression era II:475,478,482,491.
Sulfur Run I:330.
Suncliff Post Office II:117.
Sunday observance I:298-9,494-496;II:65-6,75,360-1,521-2,546,781-2;
    III:580-1.
Superior Coal Mining Company II:178.
Supervisors I:215-6.
"Surry" tract I:79.
Survey by Samuel Maclay (1790) I:26.
Surveyor General of Pennsylvania I:239,316.
Surveyors of Indiana County I:316.
Susquehanna West Branch
    Bridges I:575. Canoe navigation I:37. Coal shipments I:194. French name I:36. Indian name I:27. Indians (see Susquehannock). Log drives II:135-6.

Public highway I:136,364. Rafting I:212,312,577;II:135. Removal of obstructions II:135. 1768 purchase boundary I:67.
Susquehannock Indians (Conestoga Indians) I:13-15,21,23-4,33,36.
Sutter-Rinn mine II:473.
Sutton Brothers and Bell (see Indiana Foundry Company) II:140, 150,204.
Sutton Hall (see Indiana Normal School).
Sutton-Miller Company II:250-1,324-5,433-4,444.
Swank, Hiram Sons Inc. II:451,587.
Swedenborg religious beliefs I:294,490.
Sylvanian Journal II:670.
Syntron Company II:450,589-90.

T - Tanneries I:199,212-3,346,528;II:144.
Tannery Post Office I:576.
Tanoma Coal Company II:614.
Tar making I:311,528-9.
Taurus Manufacturing Company. II:590.
Taverns I:160,163,171,305-6,513;II:64,66-7.
Taxes and taxables I:215-217,251,546;II:20,169,246,479,495,628-9,697, 747-8.
Delinquent taxes II:474,477-8,482,486. Invalid tax sale II:731. Tax Justice League II:487.
Taylorsville (Utah Post Office).
Circular hunt I:452. Founding of I:610. Justice of the peace II:1. Normal school and academy II:45. Union church I:295. Utah Post Office I:610.
Tearing Run I:525.
Tearing Run mine II:182-3.
Teenage spending II:628.
Telegraph service I:570-1;II:6,122-3,338-9,448,660.
Telephone service II:123-4,339-343,447-8,659-60 (see Bell Telephone Company).
American Union Telephone Company II:341. Blairsville Telephone Company II:339,447. Central District and Printing Telegraph Company II:339-342,447. Courthouse phone II:340. Farmers Telephone Company II:341-2,447,659. Huntingdon and Clearfield Telephone Company II:341-2,447. Independent companies II:339-343. Indiana Telephone Company II:339-342. Inventions II:343. Long distance II:339-40. Percentage of phones II:627.
Television II:627,635,682-3.
Temperance movement I:236,299,305-309,452,512-3;II:63-67,363 (see prohibition, Prohibition Party, Women's Christian Temperance Alliance, Women's Christian Temperance Union).

Murphy movement II:66. Pennsylvania Anti-Saloon League II:272-3, 363-4.
Tenants Organization of Indiana County II:791-2.
Texas Navy veteran I:262.
Theaters (see entertainment).
Thomas Covered Bridge II:370-K.
Thompson's Blockhouse I:119.
Thondrakians II:522.
Threshing machines I:209;II:125-6;III:110-1.
Tide II:318,370-G,422,554,608.
Tide Coal Mining Company II:194-5.
Timber resources I:211-213,239-242,527-529,546-I,573;II:71,132-138,462, 640 (see Saw mills, Wood products, Rafting, Logging, Christmas trees, Tar making).
    CCC tree planting II:499. Forest fires II:240,242,462-3. Last lumberman III:547-550;IV:202-G,263-265.
Tipperary II:375.
Tittle, C.L. Foundry II:450,587.
Tobacco use I:311-2,512;II:57,130,281,799.
    Cigar manufacture II:147,222.
Tohogos Cabin (Tohogus) I:28.
Tonkin Memorial Timber Dam IV:202-G.
Tories I:86,101,105.
Tory Expedition I:102-104.
Tornados II:518,809;III:520-522.
Torrance (see Blairsville Intersection) I:550-1;II:437.
Tourist promotion II:632-3.
Townsend Coal Company II:183.
Townsend Plan II:502.
Townships, earliest I:164-5,214-F,K,L.
Trade City (Davidsville, Smitten Post Office) I:32,546-G;II:447,490.
Tragedies and accidents (see Fires, Coal mining disasters, Floods, Tornados) I:312,504,514-516;II:178,197-8,365,453,808-9;III:80-82,319-20.
Transportation (see Pennsylvania Canal, Railroads, Airplanes, Street Railways).
Transportation, roads and streets (see Automobiles, Devil's Elbow, Bridges, Stage lines).
    Accidents II:118. Benjamin Franklin Highway II:430;III:56-K,483-487. Bicycles II:118. Bond issues II:327,428-9. Buffalo-Pittsburgh Highway II:174-P,430. Bypasses II:649-50;III:545-6. Carriage and wagon manufacture I:573-4;II:118,218,324. Concrete paving II:428-431. Contracts II:322. Cramer-Coopersdale pike II:326,428,431.
    Federal aid II:495. Fingerboards II:117. General road conditions I:547,571-2; II:116-7,324,326,429;III:152-3. Hired vehicles I:572.

Improvements II:326,328. Indiana County Good Roads Association II:429. Mail Service I:575-6;II:117. Pennsylvania Department of Highways II:430,650. Pinchot roads II:431. Plank roads I:572-3. Sidewalks II:117-8. Sledding I:494,571,573;II:116,133. State maintenance II:327. Streets II:328,334. Sunday travel I:495-6. Trucks cause deterioration II:623,653. Wagoning I:495,573. Water troughs II:117. William Penn Highway II:327,429,432,444.
Transportation, streams I:136-138,166,189-90,363-4,577;III:234-237.
Travis's Mill (Traves's) I:209,347.
Trees (see Timber).
Tribune-Review II:652,669-70,698,745,768,775.
Trimble's Improvement I:153.
Trimble Manufacturing Company II:594.
TRW Management Specialists Limited II:594.
Tub Mill Creek I:115,328-9;III:68-9.
Tub Mill Creek Aqueduct I:324,329.
Tunnel Hill I:321.
Tunnel, Pennsylvania Canal I:318,320,322,325,340-1,342-C,D.
Tunnel Post Office I:361.
Tunnel Station II:108.
Tunnelton (Kelley Station, Tunnelview) I:263,318,320,325,361,375; II:431,450,517-8,660.
Tunnelton Mining Company II:613,615.
Turner Mine II:177,182.
Turnpikes I:347-355.
Tuscarora Indians I:15.
Two Lick Chemical Works II:142,243-4.
Two Lick Country Club II:297-8,366,370-D.
Two Lick Creek I:29,36,39,40,47,49,60,68,70,78,95,117,130-1,149,151, 155,168-9,206,343-4,352,357,364,525,534.
  Bridges I:575. Rafting and Logging I:577;II:136.
Two Lick Lake II:685-687.
Two Lick Manufactory I:198.
Two Lick Mills (see Agey's Mill)
Two Lick Normal School II:45.
Two Lick Rocks II:174-H.
Two Lick Station I:555;II:107,136-7;III:283-4.
Two Lick Temperance Society I:309.
Two Licks, the I:29,35,42,46-7,60,93,182.

U - Underground Railroad I:374,426-451;III:111-149.
Unemployment, Depression II:479,491;after 2nd World War II:625-627.
Union churches I:294-5,489.
Union Labor Party II:18.

Union Line (Pennsylvania Canal) I:299,331,337-8.
Union Oil Company I:525.
Uniontown (Berringer Post Office, Kesslerville) I:32;II:521,613.
Unitarians I:143-4,490;II:780.
United Door Corporation (see Season-all Industries).
United Mine Workers of America II:198-201,228,406-408,411,467-8,470-472,476,485,531,551,560,617-620,644,663.
United Parcel Service II:660.
United Presbyterian churches I:489;II:79,356-7,783.
United School District II:693,696,702.
United Service Organization (USO) II:550.
United States Senate Coal Investigating Committee II:470-1.
Universalist Church I:371,490;II:79,357.
Upper Westmoreland
    Elections I:140. French claim I:41. Gist surveys I:41. Indian occupation, trading with Europeans I:32-38. Indians known to Europeans I:16-32. Iron furnaces III:68. Local scenery and life before historic Indians I:1-16. Map (1792) I:84-P. Prior to Revolution I:84-K. Revolutionary times I:85-113. Unknown early settlers I:62-64.
Urban renewal movement II:631-2.
Urey (Bryson) II:177-179.
Utah Post Office (see Taylorsville) I:576,610.
Utah (state of) I:574.

V - Valley Camp Coal Company II:613.
    Van Metre vs. Mitchell I:439-451.
    Venango Path I:31,36-7,46.
    Veterans
        American Legion II:391,417-420,475,487,766-7. Civil War (see Grand Army of the Republic, Memorial Day) II:3,30-1,33,252-3,257,294,418, 766;III:56-D,E,522-3: Bounties II:30; Gettysburg monument II:253; Nominees for county offices II:3; Orphans of II:33; Park Veteran Drum Corps II:253; Pensions II:31; Reunions II:33,252-3,418;III:272-277; Sons of Union Veterans encampment II:294; Union Veteran Legion II:257. Disabled American Veterans II:766. Eightieth Division reunion II:419,766. Grave registration project II:419,493. Indian Wars II:419. Mexican War II:254. Revolution (see Revolutionary veterans). Soldiers bonus II:479. Spanish-American War II:257,418-9,767. Veterans Civic League II:397. Veterans of Foreign Wars (VFW) II:418,544,555,766-768. "Veterans News" II:419. Vietnam II:766. Western Pennsylvania Veterans Foundation II:486. War of 1812 I:624;II:30-1. World War I, II:391,393, 402,417-421,570,766-7;III:56-E,505-6: Candidates for office II:393,402, 419; Doughboy Monument II:420-1;III:505-6. World War II, II:572,586, 765-6;III:56-E.

Victor Coal Company II:188.
Victor Enameling Works II:209.
Vietnam War II:720-1,761-765;III:178-K,L,601-611,614-O.
Vinton Colliery Company II:184-5.
Vinton Lumber Company II:240-1.
Virginia land claims I:71,77-8,86,89.
Virginia-Pennsylvania trading rivalry I:41-2.
Visitors of note (see Presidents: Kennedy, Taft) II:545-6;III:228-9,262-K, 450-455,490-492,614-C.
Vogel Electric Company II:452.
Voting privilege I:381.

W - Wages I:201.
Wagon manufacture (see Carriage and wagon manufacturing).
Wagonning and sledding on Sabbath I:495.
Walker's Blockhouse I:119,127.
Wallace's Mill (Westmoreland) I:112,329.
Wallopsburg (see Beyer).
Walum Olum Legend I:10-1,17,20.
War of 1812 I:218-9,257-259;III:57-67.
Warrantee surveys
　Beck, John I:155-6. Brineman, Adam I:36. Brown, William I:35,60,155-6. Culbertson, Joseph I:26. Caldwell, Samuel I:36. Campbell, George I:33. Campbell, Thomas I:26. Cummins, Moses I:29. Fullerton, Humphrey I:27. Gall, Jonas I:155-6. McCausland, Alexander I:28. McGuire, Charles I:29. McKenzie, John I:29. Nicholson, John I:27. Palmer, John I:36. Proprietaries, the I:60,84-M,107,131. Ramsey, John I:33. Taylor, John I:47,84-G. Tilton, John I:36. Wood, George I:29.
Washington Party (see Progressive Movement)
Washington Township
　"Artillery" (Militia) I:616. Circular hunt I:266. Creation of I:165. Early settlers I:126. Election of 1807 I:175. First school directors I:280. "Guards" I:615. Indian sites I:31. Kidnappings of 1845 protested I:438. Marlin's Mill II:586-B. Presbyterian Church I:492. Sabbath school I:296. School inspectors I:281. Voting places I:175,222. Wool carding and spinning I:198.
Waterman II:193,195,437,473,506,608,612,660.
Water power (see Mills) II:173,454-5,605;IV:17-20,202-A,C.
Water supplies and systems II:157-8,227,453,607-609,640,685-6,775.
Watt Post Office II:70.
WCCS radio II:682.
WDAD radio II:543;III:489-90.
Weather (see Floods, Tornados) I:533-4;II:72,244,464,640-1,809.
Weaver, J.H. and Company II:196.

Wehrum II:184-5,197,248,300,313,354,361,373,447,681;III:400-1.
Weiser's journey (1748) I:38-40,84-I.
Welch's Run I:153.
Wesleyan Methodist Church
　　Antislavery position I:374-5;III:150-152. Pine Grove Church I:375.
　　Shelocta debate I:385. Wesleyan School II:704.
West Indiana (see Indiana, West).
West Indies Mission II:521.
West Lebanon I:263,433,496-7,525.
　　"Artillerists" I:615. Band II:308. Bank II:483,601. "Blues" I:616.
　　Churches II:779. Grist mill I:540. Post office I:576. Spanish-American
　　War II:256. Threshing machine manufacture I:536. U.S. Centennial
　　III:261-2. Water system II:608. World War II honor scroll II:554.
West Mahoning Township (see Loop Furnace)
　　Buckwheat Club II:294. Coleman's Park II:543. Early settlers I:125.
　　Loop Covered Bridge II:370-H. Organization of I:610. Rail Splitters
　　Club I:596.
West Penn Glass Company II:143,215,225.
West Penn Powder Company II:222.
West Union Presbyterian Church I:288.
West Wheatfield Township
　　Bethel Associate Reformed Presbyterian Church I:289. Early settlers
　　I:79. Dietrich Industries II:593. Germany (or Zion) Lutheran Church
　　I:290. Organization of I:610.
Western Experimental Farm II:127-8.
Western Pennsylvania Conservancy II:687.
Western Pennsylvania
　　First European I:14. First Revolutionary hostilities I:89-93.
Western Pennsylvania Observer II:670.
Western Pennsylvania Railroad I:546-C,D,E,F,G,558-9.
　　Bolivar extension II:109. First passenger train I:558. Foster Coal
　　Company spur II:109. Headquarters removed II:109. Relocation II:109.
　　Schedules I:546-E;II:109. Stations II:108-9. Tunnel I:546-F.
Western Pennsylvania Water Company (see Clymer Water Company)
　　II:608,640,685-687.
Western Union Telegraph Company II:338-9,448,660.
Westinghouse Specialty Metals Division II:591,641;IV:202-J.
Westmoreland County (see Upper Westmoreland)
　　Avonmore 1936 flood III:178-P. Organization of I:70. Petitions I:74-5.
Westmoreland and Indiana Bridge Company I:357,574.
Westmoreland Republican I:219-20,275.
Westsylvania I:88.
Wheatfield Post Office I:196.
Wheatfield Presbyterian congregation I:134,140-1.

Wheatfield Township (see Indiana Iron Works) I:139-40,165,168,196, 210,600.
    Camp meeting I:297. Creation of I:75,78,164. Death by falling tree I:312. Elections (1803 and 1807) I:173,175. First school directors I:280. "Fort Hill" Indian site I:9. Loyalty oaths (1794) I:136;III:29,30. School inspectors I:281. Spinning wheelwright III:34. Taxables I:172; III:45-6. Voting places I:175,222.
Wheatfields, the I:15,63,144.
Whig Party I:237,239,242-249,381-2,393,395,397,401-2,443,578,580-584,586
Whiskey Boys I:136.
Whiskey Rebellion I:135-6,316;III:29,30.
Whiskey Run I:108,345;II:192,201,247-8,318,423;III:409-411 (see Reed Post Office).
White Station I:62-I,181,184,318;II:108,425;III:215 (see Mooween, Conemaugh Salt Works).
White Township
    Bauer Company II:593. Cheese making I:539;II:150. Chemical works II:142,167,366. Chevy Chase II:684,770-1,774-5,793;III:262-P,546-M, 572-574,577. Creation of I:262. CWA project II:490. Diptheria I:510. Distilleries I:538;II:145. Early settlers I:84,113. Election banner I:619. Flour mills (see Agey's Mill) II:149. Indian sites I:31,35. Moorhead settlement I:83;III:8,9. Poet's Village II:792. Renosky Lure Company II:593. Rustic Lodge II:544. Saw mill II:149. Schools I:145,282,469; II:695,704;III:215-6. Sewage disposal II:775-6. Strawboard mill II:586-F. White's Woods II:556,687;IV:202-M. Woolen factory II:149,152. Zoning proposal II:748-9.
Whitney Glass Company II:215.
Wilbert Vault Company II:593.
Wilderness, late prehistoric I:15-16.
Wildlife and resources I:210-1,213-4;II:130,138,243-4 (see animals and reptiles, birds).
Wilgus II:179,447,460.
Willet I:31,576;II:484,495 (see Marlin's Mill).
William Penn Highway Association II:327,429,432,444.
Williams, D.E. & Company II:178.
Williams' Fording I:138.
Williard Orphans Home II:507,793.
Willowbrook Mining Company II:613.
Wimer (Twenty Four) II:188.
Winchester Industries II:593.
Wind power II:605.
Winebrenarians (see Church of God)
Wineries II:639-40.

Wipey's cabin I:80,95
  Lead ore I:197. Murder of I:72-77;III:15,16,56-B,C.
Witchcraft II:80.
Witmer, H.K. Construction Company II:449.
WIUP Radio II:682.
WNQQ Radio II:682.
Women (see Marital customs and problems, Sexual matters)
  Abuse of I:507;II:56-7,802-3. Businesswomen I:304. Domestic economy I:541. Early situation of I:302-304,506-508. Feminist movement II:803. First coal miners III:632-3. First Indiana County official II:399. First jurors II:398;III:456-458. First political party chairperson II:731; III:529-30. Laborers II:627,800. Lecturers and speakers I:506-7;II:56. Legal inequalities II:5. Leonard for Congress II:395,397-8;III:455-6. Ministers II:350,355. Notables since World War II, II:800-1. Organizations for II:349-50,508,535,683-4,801-2;III:361-365,546-P: Indiana County Congress of Women's Clubs III:362-365,546-P; Indiana County Republican Women II:394,801-2; League of Women Voters II:802; New Century Club II:271-2,303-4,345,348-9,684;III:361-2,365; Women's Christian Temperance Alliance II:67; Women's Christian Temperance Union II:56,67,174-G,362,515,793; Young Women's Christian Association II:350. Overworked I:506. Professional women II:56,508. Women's rights I:506-7;II:56,269-272,350,393-4. Smokers II:57. Teachers I:283,302,304;II:56.
Wood products I:687
  Mine props II:242. Planing mills, furniture II:152-3,220. Shingles II:137. Tan bark II:137-8,240. Tool handles II:239.
Woolen manufacture I:171,197-8,537-8;II:149,151-2,217,366.
Workers Federation of Indiana County (Workers Unemployment Council) II:407,483-488,492-3,496-7.
Works Progress Administration (WPA) II:408-411,415,417,495,497-499, 519-20,545,550,558.
World War I, pre-war period
  Belgian and French relief II:371,374. Foreign Miners II:371.
  Jewish relief II:371,507. Neutrality advocated II:371. Pre-war bombing demonstrations II:371.
World War I activities
  Aliens II:373,376,378,388,392. Army aviation II:388. Army nurses II:380. Black soldiers II:380. Boy Scouts II:372,379. Casualties II:374, 377-8,381-2,384-387. Coal production II:375. Declaration of war II:371-2. Draft II:378-380. Farm labor II:375. Fuel conservation II:376. Homer City flag II:375-6,379. Indiana County Military Training Association II:371-2. League to Enforce Peace II:376-7. Liberty Loans II:372.

Mothers of Democracy II:374,381. Rationing II:374-5. Red Cross II:372-374,379-80. Students Army Training Corps II:376. Tank demonstration II:372. United War Work II:376,391. War experiences II:380-388. War films II:376,379. War gardens II:374. War industries II:375. War song II:376. Young Men's Christian Association II:376,380.

World War I Armistice and after
American Legion II:391,417-420. Armistice celebrations II:389,392, 586-C;III:446-7. Bolshevism hysteria II:390. Gold Star Mothers II:421. Post-war relief II:507. Soldiers bonus II:419. Soldiers naturalized II:392. Veterans II:419-421;III:505-6. Welcome home festivities II:390-1;III:447-450,460-F.

World War II, pre-war period II:548-551
Alien registrations II:549,551. Allied Relief Fund II:549. 110th Infantry II:548-9. Private aircraft II:550. Red Cross II:549. Reserve Defense Corps II:549-551. State Council of Defense II:550. Textile mill closed II:550. U.S. Civil Air Patrol II:550. United Service Organization (USO) II:550. "V" on Courthouse II:550.

World War II home front II:551-573
Absentee voting II:555. Agriculture II:558-9. Air raid drills II:551,565-567;III:499-501. Canteen II:568,586. China Relief II:553. Draft II:548-550,554,560,564,570. End and victory celebrations II:572-3;III:501-503. Enlistments and recruiting II:550,570-1. Evacuees III:496-7. FDR dies II:573. Honor scrolls II:554;III:497-499. Industries and war workers II:560-562. Keeping in touch II:554-556. Milkweed collections II:568. Mining II:549,551,559-60. Morale II:562-565. Nurses II:549,571,576, 580,584. Politics II:571-2. Raising money II:551-554,586. Rationing II:562-564,586. Red Cross II:554,566-7. Reserve Defense Corps II:570; III:495-6. Salvage drives II:556-558. Training programs II:568. Transportation II:550,569-70. USO II:553-4. Veterans bonus II:571. Victory gardens II:559. Volunteer work II:566-568. V-mail II:555. War loans II:551,586.

World War II war front II:574-575
Atomic bomb II:573. Casualties II:551,565. Congressional Medal of Honor II:584. Deserters II:571. England II:549,575-6;IV:448-9. Europe II:576-580. Five and six sons in the service II:570-1;III:499,500. Jimmy Stewart III:510-512. North Africa to Italy II:575. Pacific area II:553,580. Pearl Harbor II:551,574;III:492-495,614-P. Prisoners of war II:564-575. World War I volunteers II:570.

World War II, post-war period
Courthouse "V" lighted II:572-3. Jimmy Stewart home III:503-505. Total in service II:571. Victory arch proposed II:572,586.

Wyandot Indians I:115.

Y - Yankeetown (Homer City) II:547.
- Yellow Creek I:95,130,149,151,170,206,265,357,361,499.
- Yellow Creek bridges I:575.
- Yellow Creek State Park II:632,684-5;III:262-N,O,560-1.
- "York" tract I:119.
- Young Township I:210.
    - Agricultural machines II:150. Anderson's pottery I:530. Civil War I:635. Creation of I:262. Early settlers I:82. First school directors I:280. Military station I:108. School inspectors I:281. Steam mill I:200.
- Young Men's Christian Association II:376,380,567,684,793-4;III:306-F, 368-9.
- Young Women's Christian Association II:350.
- **Your Family Tree** II:673.

Z - Zion Lutheran Church (see Indiana Lutheran Church and Germany Church)
- Zoning (see Indiana County Planning Commission and Indiana ordinances)
- ZR-1 dirigible III:460-E.

GAZETTEER OF INDIANA
COUNTY PLACE NAMES

This gazetteer includes past and present towns, villages, housing developments, townships, post offices and railroad stations. Also major streams, canals, fordings, large dams and lakes, Indian names and sites, noted historic sites and structures, and schools of secondary level or higher. Only the major roads, bridges and streets, a few scenic or natural features, a few historic mills, and only the highest hills are noted. Check the subject index for additional information. Early one-room school districts may be found in the Atlas of Indiana County (1871).

AARONSVILLE, Montgomery Twp. An advertisement by John Grumbley in the Indiana Weekly Register Apr. 10, 1855 offered lots for sale.

ABNERVILLE, West Wheatfield Twp. Site of a Pa. Canal lock. Lots on both sides of the canal and on both sides of a street from the canal to Clark's Ferry were sold Oct. 3 and 4, 1828 by Abram Horbach and J. B. Alexander.

ADVANCE, Washington Twp. Post office established July 14, 1868 at the Kinter & Dixon Store, James E. Dixon, first postmaster. Population 34 in 1880; 55 in 1930. Post Office closed Sept. 15, 1908. See maps by J. S. Wall, 1893 and Smith & Crawford, 1909.

AGEY'S MILL, White Twp., Rte. 954 at Two Lick Creek. Erected ca 1806 by Jonathan Agey. In December 1808 a road (2 miles, 75 rods) was laid out from Indiana to Agey's Mills. Noted on Taylor's 1817 map of Indiana County. By 1843 it was known as "Two Lick Manufactory" (blanketing, flannel, sattinets, carpets). The property was advertised for sale in 1876, consisting of a 3 1/2-story frame grist mill powered by an overshot wheel and a water turbine, with three runs of stone burrs, corn sheller, &c.; a saw mill with a 12-foot overshot wheel and circular saw; and a 3-story frame woolen mill with one jack (130 spindles), one twister (40 spindles), set of 30-inch manufacturing machines, set of roll cards, picker, &c. In the dam was a boom for storage of logs. A store at "Twolick" was located here 1844-1868. Also known as Upper Two Lick. See USGS map, 1902.

ALLEN RUN, Cherryhill Twp, flowing into Two Lick Creek. May have been named for James Allen, an early school teacher. The Free Press Apr. 21, 1831 mentioned a shooting contest to be held at the house of James Allen. Prizes were a 500-pound ox, the "runing geers" of a wagon, and a "Rifle Gunn".

ALLSHOUSE, location uncertain. Postoffice opened July 13, 1886, Thomas Cook, postmaster; closed November 19, 1886.

ALTMAN'S RUN, Blacklick & Center Twps. bordering Conemaugh & Young Twps. Flows into Conemaugh River. Named for early settlers. Tract "Surry" surveyed Apr. 3, 1769 for John Peter Altman. Noted on Reading Howell map, 1792 and Taylor map, 1817.

ALUM BANK, 260-foot cliff in Burrell Twp. above Conemaugh River. Early picnic and recreation spot named for an aluminous substance oozing from the rocks (see vol. I:269-70) Noted on Atlas of Indiana Co. p. 40.

ALVERDA, Pine Twp. Rte. 553, also known as Sides Station or Tipperary. Named for Alverda Heiser, wife of Dr. Heiser, early residents. First mine opened 1914 by Estep Bros. Post office opened Jan. 22, 1918, Sadie E. Heiser, first postmaster.

AMBROSE, South Mahoning Twp. at intersection of L.R. 4006 & 4015. Post office opened Mar. 15, 1870 John Getty, first postmaster; closed Dec. 15, 1908. Named for Civil War General Ambrose E. Burnside.

ANDASTE. French name for Susquehanna West Branch.

ANDORRA, Green Twp., now Starford. Mining town established 1904 on farm of A. L. Buterbaugh. L.R. 32064. Indiana County Gazette noted location about 1/2 mile south of Lovejoy.

ANGORA, Buffington Twp. opposite Nipton (Cambria Co.) Post office opened Aug. 27, 1880, Jonathan W. Duncan, first postmaster; closed July 18, 1894 and transferred to Nipton.

ANTHONY RUN, Armstrong Twp., flows into Crooked Creek. Named for pioneer settlers, William, David and Levi Anthony. Map: USGS 1904.

APPALACHA, 4 miles southeast of Indiana, a mining town of ca 1917-18. Exact location unknown. Name derived from Appalachian.

AQUEDUCT, may have been located at east end of Pennsylvania Canal aqueduct between Lockport and West Wheatfield Twp. (approx. where Climax was in later years). The Indiana Republican June 11, 1845 listed it as a post office.

ARBANA on Elder's Run 4 miles east of Saltsburg (Indiana Progress June 6, 1872).

ARCADIA, Montgomery Twp. Rte. 286. Mining town founded by Pennsylvania Coal and Coke Co. An advertisement in the Indiana County Gazette Aug. 1, 1900 headed "The Town of Arcadia" said lots were to be sold Aug. 6 by the Arcadia Land Co., J.O. Clark, secretary. "The name 'Arcadia', signifies contentment and is given to this place for its pastoral location." The post office opened Mar. 15, 1902, Joseph H. Ake, first postmaster. Population 1,526 in 1930.

ARMAGH, East Wheatfield Twp., Rte. 22. Eight families from Counties Armagh and Antrim, Ulster, led by James and Margaret Jane Graham, arrived here in August 1792. After the death of her first husband, Lord William Parker, Margaret (see Tomb) married Mr. Graham, caretaker of the estate. They left to escape social pressures against their marriage. The first post office in Indiana County was established here in June 1805, Thomas Kerr, postmaster. Beginning Oct. 2, 1804 Armagh had mail service. The Farmers Register (Greensburg) Oct. 6, 1804: "On Tuesday laft, a mail ftarted from this borough by the way of Armagh, Beula, &c. to Alexandria in Huntingdon county for the first time. The route will be rode once a fortnight." (two weeks). The town was surveyed in 1800 by Joseph McCartney and chartered a borough by Act of the General Assembly Apr. 10, 1834. The name means "the field on a hill."

ARMORFORD, mining town ca 1912 by Armorford Coal Co. near Dilltown probably on East Wheatfield side of Blacklick Creek.

ARMSTRONG TOWNSHIP was originally a vast area created 1771 in Bedford County and became part of Westmoreland County 1773. In 1803 part of Armstrong was continued as one of the first townships in Indiana County and was partitioned by the Court in 1807. It comprised the western half of the county south of the Purchase Line. The name honors Gen. John Armstrong.

ATTIQUE, French name for Kiskiminetas River, used by Montcalm 1758.

ATWOOD post office established August 1868 at store of Marshall, Butler & Co. near Willet, J.W. Marshall postmaster (Indiana Register & American Aug. 12, 1868).

AULD'S RUN, Brush Valley Twp. Flows into Blacklick Creek. Named for William Auld, early settler ca 1817.

AULTMAN, mining town, Center Twp., founded May 1912 when a contract for 50 houses was awarded to Hyde-Murphy Co. Several months later another ten houses were erected between the highway (Rte. 286) and Altman's Run and humorously dubbed "The Ten Commandments". Post office opened June 1, 1914, William J. Richards, postmaster. Named due to proximity to Altman's Run.

AURORA FALLS or "Buttermilk Falls", West Wheatfield Twp. near L.R. 32012. 45-foot waterfall over a rock ledge (branch of Hice's Run).

AVONMORE, Conemaugh Twp. on T-300 near the Armstrong County line, also known as Foster P.O. (see). The name signifies "plain by the river". The Indiana Times Sept. 23, 1891 reported that the name of Avonmore Post Office in Indiana County had been transferred last week to Edri Post Office (see).

AYERS Post Office, East Mahoning Twp., along Rte. 119, opened July 31, 1856, James Ayers, postmaster; closed Apr. 15, 1863. Ayers Inn was a log building 48 x 33 ft. erected in 1820 by Jonathan Ayers. About 1830 and "for several years" thereafter, Jonathan had Mahoning Post Office here. It was the site of the first township election in 1846 and was noted as an early dancing place (vol. I:359-60).

BAKER FURNACE, East Wheatfield Twp. (see Indiana Iron Works).

BAKER'S RUN, Green Twp. Flows into South Branch of Two Lick Creek. Named for George Baker, an early settler.

BALD RIDGE, Grant Twp. Site where David Gorman, tax collector, was frozen to death Nov. 17, 1840.

BALTIMORE & OHIO RAILROAD, formerly Buffalo, Rochester and Pittsburgh Railroad, was purchased by B. & O. in 1930. Operations began and the name was changed Jan. 1, 1932. The last passenger train ran June 10, 1950. Control passed to the Chesapeake & Ohio Railroad Feb. 4, 1963, which later was CSX. The line is now the independent Buffalo-Pittsburgh Railroad. (See subject index).

BANKS TOWNSHIP, formed 1868 by a division of Canoe Twp. Named in honor of William Banks, prothonotary, early attorney of Indiana Co. and member of the legislature.

BARDVILLE Post Office opened June 17, 1833, Richard Bard, postmaster; closed July 24, 1841 (see Cherry Tree).

BARNES' FERRY began operating ca 1799, Joseph Barnes, proprietor. Burrell Twp. where the Frankstown Road terminated. It did a good business until completion of the covered bridge at Blairsville in 1822.

BARR SLOPE, Green Twp. near Dixonville and Rayne Twp. line off Rte. 403. Surveyed Apr. 16, 1909 by J.W. Botsford for the Clearfield Bituminous Coal Corp. and named for W.N. Barr, one of the land owners.

BARRETT RUN, Canoe & Grant Twps. Flows into Little Mahoning Creek. Named for Daniel and Lysander Barrett, early settlers.

BARTON Station, Baltimore & Ohio R.R., in East Mahoning Twp. north of Marion Center (USGS map 1939).

BEAR RUN, Banks Twp., merges with South Branch of Bear Run just over the Clearfield County line and flows into the Susquehanna West Branch at McGee's Mills.

BEECH RUN, Canoe & Grant Twps., flows into Barrett Run.

BELL'S MILLS, village in Burrell Township at present location of Josephine. Grist mill 1839-1841 owned by David Ralston. Village lots laid out by Ralston for Walter Bell. Sold to Corrigan, McKinney & Co. 1905. Peelor map (1855-56) indicates a post office. See Atlas of Indiana County, pp. 38,40.

BELLMORE. Indiana County Gazette Jan. 31, 1906 notes a number of new houses going up at this site between Glen Campbell and Urey, Banks Twp. Bellis & Passmore have several good coal openings. Coined from BELLis and PassMORE.

BEN AVON, White Township south of Indiana along Rte. 119.

BENCETOWN, Green Twp. Noted on Automobile Club of Indiana County, Street Map of Indiana, 1989. L.R. 1018 about one mile N.E. of Dixonville. Named for Henry Bence, an early farmer. Built by Victor Coal Co.

BENJAMIN FRANKLIN HIGHWAY, now Rte. 422. Opened May 14, 1930, dedicated Oct. 4 by Gov. John S. Fisher.

BENTON FURNACE (see Loop Furnace) An item in the Indiana Weekly Register Nov. 13, 1860 said Benton Mills on Big Mahoning had been rebuilt and in operation "several weeks".

BERRINGER Post Office opened Apr. 4, 1878, Pitman Berringer, first postmaster; closed Apr. 14, 1906. Village was named Kesslerville; now Uniontown, Green Twp. at intersection of Rtes. 240 and 580.

BETHEL PRESBYTERIAN CHURCH, Center Twp. at intersection of L.R. 3014 and T-470. Organized 1790, log church erected 1797; one of the two oldest congregations in Indiana County. First burial, Mary Robinson Aug. 1794. Rev. Joseph W. Henderson, first pastor 1799-1823. The name is of Bible origin. "I am the God of Beth-el where thou anointedst the pillar, and where thou vowedst a vow unto me..." (Genesis 31:13).

BEYER, South Mahoning Twp., Rte. 85. Known as Wallopsburg when founded in 1905. P.O. May 13, 1918 to present, William J. Moore, first postmaster. Named for Johnson Beyer, a store owner.

BIG RUN, Conemaugh and Young Twps. Flows into Blacklegs Creek.

BLACK LEGS, an Indian town located in Conemaugh Twp. on both sides of Blacklegs Creek at or near its mouth on the Kiskiminetas River. Believed to have been one of "three Shawanese towns" located on "Connumach Creek" according to an affidavit by Jonas Davenport and James Le Tort Oct. 29, 1731. Noted on Scull's map 1770. Black Legs may have been a Chief.

BLACKLEGS CREEK, Conemaugh & Young Twps. Flows into Kiskiminetas River. Named for old Indian town.

BLACKLEGS Post Office, Conemaugh Twp. along Blacklegs Creek, opened May 22, 1830, John H. Morrison, postmaster. Closed Mar. 2, 1848 and moved to Clarksburg.

BLACK LICK, the. An early salt lick noted on the John McKenzie Warrantee Survey "Situate on the North Side of Black Lick Creek, Including the Black Lick". The application for survey refers to it as "Sickamahonen". Noted on Taylor's map of Indiana County 1817.

BLACK LICK, Burrell Twp. at intersection of Rte. 119 and L.R. 2017 Indiana Weekly Messenger Feb. 20, 1861 said lots were being laid out at Blacklick Station for the new town "Blacklick City". Lots to be sold Mar. 12, 1861. Founded by James Gardner. Post office opened Apr. 2, 1906, M.C. Fair postmaster.

BLACK LICK CREEK, one of the major streams in Indiana County and a major tributary of the Conemaugh River into which it flows.

BLACKLICK FURNACE, Buffington Twp. at bridge over Blacklick Creek, and L.R. 2012 intersection with 2013. Charcoal iron furnace erected by David Stewart ca 1844-45. About 1850 he was a partner with Peter Shoenberger of the Cambria Iron Co. until dissolution Dec. 29, 1852. Thereafter Cambria Iron Co. operated the furnace for a time and then leased to Wood, Morrell & Co. May 21, 1855. Operations were suspended Sept. 20, 1859. About 100 men were out of work. Buffington Post Office was at this site later. Noted on Peelor map in 1855-56 and on Indiana County Atlas (1871) as "Wood Morrell & Co." on both sides of Blacklick Creek.

BLACK LICK MILLS (see Heshbon) P.O. Mar. 2, 1863 until Dec. 12, 1863. Name changed to Heshbon.

BLACK LICK Post Office opened July 1809, probably at Campbell's Mill, Conrad Lintner, postmaster. (Blacklick Twp.) Closed Jan. 1, 1821 and moved to Blairsville. Reopened Feb. 8, 1850 George W. Campbell, postmaster; closed Dec. 12, 1858.

BLACKLICK STATION, Burrell Twp. Carter's Mill P.O. was at this site Mar. 7, 1854 until Jan. 28, 1859, J.P. Carter, postmaster. The name was changed to "Blacklick Station Postoffice", Joseph M. Gardner, postmaster in Mar. 1859. James Gardner was the first PRR station agent. Later the name was simply "Blacklick P.O." This post office was discontinued Apr. 2, 1906 and reestablished in the town of Black Lick.

BLACKLICK TOWNSHIP was created by Court action in 1807 out of the territory of Armstrong Township.

BLAIDES Post Office, Buffington Twp. at intersection of L.R. 2020 and T-874 was opened Aug. 9, 1902, Samuel C. Graham, postmaster. Closed Jan. 15, 1919. Noted on USGS map, 1904.

BLAIRSVILLE. Lots were sold at auction Nov. 11, 1818 by James Campbell, owner of the site, and Andrew Brown, owner of an adjoining site. The first houses were erected in March 1819. It was named in honor of John Blair, president of the Huntingdon, Cambria & Indiana Turnpike Road Co. who resided at Blair's Gap near Duncansville, Pa. His name was also given to Blair County. The post office opened Jan. 1, 1821 (named "Black Lick") at Andrew Brown's tavern (later Smith's Station), George Mulholland Jr., postmaster, and was later moved into town and named Blairsville. Incorporated Mar. 25, 1825. The first burgess was John Cunningham. At one time Blairsville was the largest town in Indiana County. North Blairsville, owned by Samuel McAnulty, was laid out 1883. In 1890 it was annexed to the borough.

BLAIRSVILLE COLLEGE FOR WOMEN originated in 1851 as Blairsville Female Seminary. In 1895 the name was changed to Blairsville College. It closed in June 1913.

BLAIRSVILLE INTERSECTION, Westmoreland County, was the point where the Indiana Branch of the Pennsylvania Railroad connected in 1851 with the main line. At first known as Liebengood's Summit, it was later (1925) Torrance Intersection.

BLAIRSVILLE-SALTSBURG SCHOOL DISTRICT was formed 1966 comprised of Blairsville & Saltsburg Boroughs, Burrell, Black Lick & Conemaugh Twps., Clarksburg Independent and Loyalhanna Twp., Westmoreland Co. (II:693,696-7).

BLUE SPRUCE PARK, Rayne Township, 420 acres. Development of the park began in 1966.

BOILING SPRING RUN, Montgomery Twp. (see Steam Mill Run).

BOLTZ, East Wheatfield Twp. near Rte. 711 on PRR line. Also known as Charles. Post Office opened Dec. 14, 1916 named Boltz, a name coined from first initials of surnames of five major stockholders of Diamond Smokeless Coal Co.: Frank D. Baker. Charles Owens. Harry Ling. James P. Thomas. Edward H. Zimmerman. First postmaster was Edward Hern. On Jan. 1, 1960 Boltz P.O. was made a rural branch of Seward P.O.

BORLAND'S RUN, early name of Fulton Run. Noted on Taylor map (1817) as "Boarland's Run", White Twp. for early White Twp. settlers, William & Christopher Borland.

BOWDERTOWN, Montgomery Twp., named for Jonathan F. Bowder who moved to Indiana County 1861. Noted on Smith & Crawford map, 1909.

BOW STATION, Conemaugh Twp. opposite eastern end of bridge and R.R. tunnel through horseshoe "bow" or loop of Conemaugh River. Noted on USGS map, 1900. The bridge and tunnel were completed 1863.

BRACKEN'S RUN, early name of Mardis Run, Buffington Twp. Named for William Bracken who erected the first grist mill in Indiana County on the run in 1773. Noted on Taylor's map, 1817.

BRADY Post Office opened Jan. 12, 1858, John C. Rochester, postmaster. This was the post office for "Marion" until Dec. 26, 1890 when the names of both town and P.O. were changed to Marion Center. There were a number of early Bradys who settled in the area.

BRADY'S MILL, East Mahoning. An advertisement Aug. 27, 1803 referred to "Brady's new mills, on Little Mahoning". This was the first mill north of the Purchase Line, erected by Hugh & Robert Brady who later sold to another brother, William P. Brady. Exact location uncertain but it was near Mottarn's Mill of later years.

BRADY'S MOBILE HOME PARK, White Twp. E. of Indiana off East Pike. On Merchant Map: Ind. Boro/White Twp. 1990.

BRADY RUN, Banks Twp. Flows into Cush Creek. Probably named for John Brady, an early settler. Another Brady's Run noted on the Atlas of Indiana County (1871) p. 12, originates in East Mahoning, flows into South Mahoning west of Ambrose and empties into the South Branch of Plum Creek.

BRAE BREEZE, early private airport located near Marchand along Rte. 119. Owned by Hugh W. Smeaton, it may date to ca 1918.

BRENDLINGER STATION, Brush Valley Twp. on Cresson Division, P.R.R. Noted on Shrum map, 1915.

BREWER RUN, Canoe Twp., flows into Little Mahoning Creek. Named for Daniel Brewer, an early settler.

BROAD FORDING, Burrell Twp. over Conemaugh River opposite mouth of McGee's Run. Also spelled "Broadford". At an early day it was known as a safe fording place if the water did not cover a large stone in the river called a "riding stone". Noted on Taylor's map 1817. There was another Broad Ford in Conemaugh just above the junction of the Conemaugh and Loyalhanna.

BRODHEAD RUN, Canoe Twp., flows into Little Mahoning Creek. Named for John Brodhead, Deputy Surveyor, 1790, of Purchase District No. 2 north of the Purchase line.

BROOKWOOD ESTATES, White Twp., a modern housing development noted on a 1979 Indiana County Chamber of Commerce map.

BROWN'S RUN, Cherryhill Twp., flows into Two Lick Creek. Named for John Brown, early warrantee owner.

BROWNSTOWN, Burrell Township, now the eastern portion of Blairsville, was laid out Oct. 1827 and named for Andrew Brown, proprietor of a tavern located at Smith's Station. In 1890 Brownstown was merged with Blairsville.

BROWNSTOWN, Pine Twp. is located off Rte. 553 near Alverda and was named for Sam Brown, owner.

BRUCE Post Office along Conemaugh River in West Wheatfield Twp. along the P.R.R. line. Opened Oct. 30, 1899. Mrs. Lottie Lute, postmaster; closed May 14, 1904. Formerly India (see). Named for Albert Bruce Lute.

BRUSH CREEK and its South Branch are located in Brush Valley Twp. It empties into Blacklick Creek. The Arms & White history p. 512 says "In the early days the timber along the creek was short and compared by the settlers to brush". Noted on Taylor's 1817 map.

BRUSH RUN, Rayne Twp. Flows into Crooked Creek.

BRUSH VALLEY Post Office was opened July 5, 1842, John C. Magill, postmaster. The town was known as Mechanicsburg for many years (see Mechanicsburg).

BRUSH VALLEY TOWNSHIP was formed by Court action from the territory of Wheatfield Twp. in 1835. Named for Brush Creek.

BRUSHEY RUN. A 1780 letter by Col. Lochry cited in the Pa. Archives (1) VIII: 282 mentioned that Indians had killed two men and wounded one near "Brushey Run". It is uncertain where this was.

BRYAN HILL, site of a housing development in White Twp. north of Indiana on both sides of Rte. 119. Named for the Bryan Family, several of whom resided at "Bryan Manor".

BRYSON, Banks Twp., an early mining town ca 1889. Named for Robert Bryson, the first postmaster of Urey P.O. (see).

BUCK RUN Cherryhill & Green Twps., flows into Two Lick Creek. Noted on a draft of a State road from Indiana to intersect the Milesburg-LeBoeuf Road Nov. 28, 1810 (Now Rte. 286), also on Taylor's map, 1817. Also a small community nearby has same name.

BUENA VISTA FURNACE, Brush Valley Twp. on Cresson Division, P.R.R., erected 1847 by Henry T. & Elias B. McClelland and Stephen A. Johnston. Named due to publicity re the Battle of Buena Vista, Feb. 22-23, 1847, during the Mexican War. This charcoal iron furnace was not successful and was sold by the Sheriff in 1850 to Alexander Johnston. In later years the site was owned by the Delano Coal Co. which donated it to the Hist. & Genealogical Soc. of Indiana Co. Nov. 5, 1957.

BUFFALO-PITTSBURGH HIGHWAY, commonly referred to as B-P Highway, is now Rte. 119. It was paved and opened Aug. 28, 1925 (see II:429-30).

BUFFALO, ROCHESTER & PITTSBURGH RAILROAD, later the Baltimore & Ohio R.R. (see), enterd Indiana County Oct. 1899 on the line to Butler Junction. In 1902-1904 the line to Indiana was completed.

BUFFINGTON Post Office opened Dec. 3, 1879 at the site of Blacklick Furnace (see), Buffington Twp. William Wilson was the first postmaster. It closed Dec. 31, 1904.

BUFFINGTON TOWNSHIP was created by Court order dividing Pine Twp. in 1867 and named in honor of Judge Joseph Buffington who was on the Bench at that time.

BULLOCK PATH. Indian trail from the forks of Mahoning and Little Mahoning Creeks north into Jefferson County.

BUM BEE, early name of Tanoma, Rayne Twp. It is said two men at a blacksmith shop were wrestling in a field and rolled onto a bumble bee's nest, hence "Bum Bee".

BURNS, Pine Twp., a railroad station on the Black Lick & Yellow Creek Railroad from Rexis - later Cambria & Indiana R.R. - to connect with the Cherry Tree & Dixonville R.R. Passenger service between Burns & Rexis began May 25, 1908. Noted on Strum's State Highway map, 1915. Burns was later Stiles Station.

BURRELL TOWNSHIP was created 1853 by dividing Blacklick Township and named for Judge Jeremiah M. Burrell who presided over the Court at that time.

BUTTERMILK FALLS. There are two waterfalls of this name, one is also known as Aurora Falls (see). The other was perhaps on Muddy Run between Campbell's Mills and McCormick's Bridge (North of Blairsville).

CAMP ORENDA, Armstrong Twp., formerly the Indiana Lions Health Camp, was acquired ca 1939 when the first building was erected. Incorporated Sept. 24, 1940 and used as a summer camp for under-privileged children until the late 1960's when it was used for physically and mentally handicapped children and renamed Camp Orenda.

CAMP REST-a-WHILE, White Twp., was a popular recreation spot along Indian Springs Road about where the township office and storage facilities are now. It opened July 9, 1921, closed ca 1942 (see II:543).

CAMP SEPH MACK, Cherryhill Twp., was developed in 1935 as a W.P.A project for a Boy Scout summer camp. John Sephus Mack donated the land and financed its construction. A stone mess hall 72 x 36 ft. was erected, also cabins. Other buildings were added 1954 f. (II:685). On Dec. 3, 1982 the state purchased the 156-acre site as part of Yellow Creek State Park.

CAMPBELL'S MILL, on the Burrell Township side of Blacklick Creek, was erected probably after the Revolution by militia general, Charles Campbell. Black Lick Post Office (see) opened here in July 1809 and later that year Joshua Gilpin visited Campbell's Mill and wrote an interesting description (III:37-8) mentioning there was also a saw mill and distillery. The mill burned in Jan. 1813 and was rebuilt. Noted on Taylor's map, 1817. It was later a recreation spot known as "Campbell's Mill Park", but the old mill was swept away by the 1936 flood (II:544).

CAMPBELLTOWN, mining town Rayne Twp., had a dozen or so houses 1906-1910 at site of Ernest #5 Mine. Named for land owner, E.B. Campbell. Population 78 in 1910.

CAMPVILLE, one of several early names of sections of Cherry Tree, was surveyed in 1844 by David Peelor for Heth F. Camp.

CANOE CREEK, North Mahoning & Canoe Twps. flows northwest into Jefferson County and empties into Mahoning Creek. The name derives from the belief that its mouth on the Mahoning was the head of canoe navigation.

CANOE PLACE was where canoe travel on the Susquehanna West Branch ended as noted on Scull's map 1770 and on Warrantee Survey A63-263 surveyed by William P. Brady for John Nicholson Aug. 23, 1794. At one time a large wild cherry tree stood at the spot which is now marked by a large monument erected by the state in 1894. The monument also marks the corner of the proprietaries purchase of Indian lands at the Treaty of

Fort Stanwix Nov. 5, 1768. It is also the corner of three counties: Cambria, Clearfield & Indiana (see Fort Stanwix Monument and the Purchase Line).

CANOE RIDGE Post Office opened Aug. 7, 1861 located in Canoe Twp., Job Pearce postmaster. It closed Nov. 21, 1865 but was reopened Dec. 5, 1867; closed Apr. 12, 1870. Reopened again Mar. 27, 1886, closed May 19, 1887; reopened Sept. 17, 1889, reclosed Nov. 10, 1891; reopened Nov. 19, 1892 and finally closed Nov. 15, 1907. Noted on Smith & Crawford map 1909.

CANOE TOWNSHIP was formed 1847 by dividing Mahoning Township in half, including what later became Banks, Grant & Montgomery Twps. Name derived from Canoe Creek.

CARNEY RUN, Pine & Buffington Twps. flows S.E. into Cambria County and empties into the North Branch of Blacklick Creek.

CARNEY TOWN was north of Indiana according to an item in the Indiana Progress Dec. 15, 1915. It was located probably in White Township, perhaps at or near the place where the streetcar line crossed Rte. 119. It may have ceased after six houses burned there in March 1916.

CARR RUN (see Kerr Run)

CARTER'S MILL Post Office (see Blacklick Station)

CATAWBA PATH, an Indian warpath running north-south through Indiana County. Named for the Catawba Tribe who used the trail in attacks on the Iroquois in New York State and vice versa.

CEDAR POINT (see Oakes Point). Noted on Strum map 1915.

CENTER TOWNSHIP was created 1807 by order of the Court dividing Armstrong Township. It was then thought to be at or near the center of the county.

CENTREVILLE, West Wheatfield Twp. along Pa. Canal line, later known as Huff. Founded by William Liggett. Sale of lots Sept. 18, 1828. It was said "The name of Centreville has been adopted because the site is about equal distance from Blairsville and from Johnstown and from the Chestnut Ridge and Laurel Hill".

CHAMBERSVILLE, Rayne Twp. on L.R. 4008. The village was laid out in 1848 by David Peelor, surveyor, for William Swan and named for Elisha Chambers, original owner of the site. The post office opened May 16, 1854 George Swan, postmaster.

CHARLES (see Boltz) The *Indiana* Progress May 3, 1916 referred to Charles as a new town, 20 houses being built, and one mine in operation with 90-100 employees. Named for Charles S. Owen, a major stockholder and official of Diamond Smokeless Coal Co.

CHEESE RUN, Armstrong Twp., flows into Curry Run. Taylor's 1817 map calls it "Stuart Run".

CHERRY HILL MANOR, Cherryhill Twp., was reserved for the Proprietors (heirs of William Penn) by warrant dated Oct. 13, 1760. It was later surveyed by Joshua Elder July 23, 1773 and found to contain 1,202 1/4 acres. Later the manor called "Cherry Hill" was sold to Thomas Duncan in 1803. After several changes of ownership, it was subdivided into smaller parcels and sold during 1830-1832.

CHERRYHILL TOWNSHIP was created in 1854 from parts of Green and Brushvalley Twps. and received its name from the Penn's manor of "Cherry Hill."

CHERRY RUN, White and Center Twps. flows into Two Lick Creek. Shown on Taylor's map 1817. May indicate a predominance of wild cherry trees.

CHERRY TREE, originally Canoe Place (see), has been known by several names applicable in one way or another, including Bardville, Campville, Grant P.O., New Lancaster and Newman's Mill (see). After Bardville (1833) the post office was Cherry Tree July 24, 1841 until Jan. 3, 1842 and then Newman's Mills until Nov. 10, 1864 when it was Grant P.O. until Jan. 31, 1907. Thereafter to the present it has been Cherry Tree. Cherry Tree Borough was incorporated Apr. 30, 1855 by Act of the General Assembly from parts of Cambria, Clearfield and Indiana Counties. Named for a large wild cherry tree which once stood at the site of the present Treaty of Fort Stanwix monument. It washed away in a flood ca 1837.

CHERRY TREE & DIXONVILLE RAILROAD. In June 1905 the rails of the New York Central (NYC) and Pennsylvania Railroads were interconnected at Cherry Tree and the two began jointly to construct a new and unique railroad 22.25 miles to Clymer and Dixonville terminating at Sample Run and La Rayne. Each railroad operated its own rolling stock.

P.R.R. began passenger service Apr. 1, 1907 and NYC later. NYC ended its passenger service in Feb. 1933 and PRR on Oct. 4, 1947.

CHERRY TREE MALE & FEMALE COLLEGE was incorporated by Act of the General Assembly Apr. 14, 1868. It is said the school opened in 1870 but the venture was unsuccessful and ceased ca 1874.

CHERRY VALLEY. The only thing known about this place is that the Indiana Weekly Register Apr. 19, 1865 listed a dealer in merchandise. Were there many wild cherry trees?

CHESTNUT RIDGE in Indiana County extends from the Packsaddle area of Burrell and West Wheatfield north east nearly as far as Clymer, gradually merging into the Appalachian Plateau. The highest elevation in Indiana County, 2160 ft., is on Chestnut Ridge south east of the old Reisinger school, Burrell Twp.

CHESTNUT RIDGE PLAZA, Burrell Twp. N.E. of Blairsville along Rte. 22. Indiana Co. Chamber of Commerce map 1985.

CHEVY CHASE, White Twp. appears to have had its inception with a full-page advertisement "Chevychase Heights!" in the Indiana Times July 24, 1907 offering 420 lots at prices ranging from $50 to $200 along the new trolley line. One source thinks it may have been planned as an elite residential development modeled on Chevy Chase, Maryland, but that the Depression and the lack of water and sewage facilities caused people to sell out or rent to low-income folks, including blacks, and thus became somewhat of a slum area.

CLAGHORN, Brushvalley Twp. on the Cresson Division of PRR planned ca 1903-04 by Lackawanna Coal & Coke Co., but, due to economic problems, development was halted until 1916. The post office opened Sept. 24, 1917, James A. Roush postmaster, closed May 31, 1924 after the Claghorn mines closed. At its peak there were 84 houses, a company store, 22-room hotel, and movie house, 100 x 40 ft., which was also used as a schoolhouse. The town was named for Clarence R. Claghorn, superintendent of the Lackawanna Co.

CLAIRVAUX COMMONS, located in White Twp. near the Indiana Borough line was developed as an 86-unit elderly housing complex in 1982 near the new St. Bernard's Church.

CLARK'S FORDING was in West Wheatfield Twp. a short distance west of Centreville near Abnerville and was named for James Clarke who later conducted a ferry at this point. In July 1852 a covered bridge was erected. Noted on Taylor's map 1817. There was a Clark's Fording over Blacklick Creek and another over the Conemaugh about 4 miles above Blairsville in Burrell Twp. The latter is shown on the <u>Atlas of Indiana Co.</u>, p. 40, although not identified as Clark's Fording (see Clark's Mill).

CLARK HOUSE at the junction of South Sixth St. & Wayne Ave., Indiana was erected 1869-70 by Silas M. Clark, one of the founders of Indiana Normal School, and later a Justice on the Pa. Supreme Court (1883-1891). The heirs sold the mansion to Indiana County Jan. 19, 1917 for use as a veterans memorial and was used by several veterans organizations and related auxiliaries for some years, known as "Memorial Hall" or "Chapter House". Beginning Jan. 1951 the Hist. & Genealogical Soc. of Indiana Co. had the use of one room and gradually expanded until it purchased the structure in 1992. In 1978 it was placed on the National Register of Historic Places. Indiana Academy, the first secondary school in Indiana Co., was erected on this site ca 1815-16.

CLARK'S MILL. There appears to have been three different mills of this name. One was built at the site of Bracken's Mill (see Bracken's Run) by William Clark, one of Indiana County's Commissioners (1806-09, 1820-1822). In 1805 it was assessed at $120 and was said to be "a better arranged mill than its predecessor". It is thought he also owned land in Conemaugh Twp., including a mill, mentioned on "Black Legs" Creek in the Indiana County Road Docket, 1813 and 1816. The third mill may have been a saw mill operated by John Clarke, a son of Pa. Canal Commissioner James Clarke, ca 1845-49 "at a fording about four miles above" Blairsville (original letters owned by author).

CLARK (or CLARKE) RUN in the southern extremity of East Wheatfield Twp. originates in Laurel Ridge and empties into the Conemaugh River. Named for William Clark, one of the earliest settlers in the region. (IV:401) Clarke Run, Buffington Twp., flows south into Blacklick Creek.

CLARKSBURG, Conemaugh Twp. Rte. 286, was laid out in 1841 by Thomas McCrea, surveyor, for John Milliron. It is thought to have been named for William Clark (ca 1762, d. July 26, 1822). The post office at Blacklegs (see) was closed and moved to "Clarksburgh" where it opened March 2, 1848, James M. Kier postmaster. On Dec. 7, 1893 the "H" was dropped.

CLAYPOOLE HEIGHTS, White Twp. West of Indiana and north of Rte. 422. Modern housing development named for Vernon Claypoole, land owner.

CLEARFIELD & JEFFERSON RAILROAD, constructed 1889-90 from McGee's Mills to Glen Campbell and Montgomery Twp. Later, the New York Central Railroad.

CLIFFSIDE PARK, White Twp. alongside Two Lick Creek at a spot now obliterated by the Rte. 119 Bypass cloverleafs and exits south of Indiana. Developed 1922-23 by Antonio Bianco of Homer City. Destroyed by the 1936 flood and a 1937 fire (II:544).

CLIMAX, formerly Aqueduct (see), located in W. Wheatfield Twp. on the P.R.R. line, L.R. 2008. In July 1891 David Harris of Lockport laid out a town called "Lincoln", 28 houses and a school. Later Climax Coal Co. had two mines ca 1914. During the 1936 flood the schoolhouse sheltered 62 persons.

CLUNE was the postoffice for Coal Run (see), opened Nov. 8, 1923, James C. Orr, postmaster. The name is said to have been coined from the words coal-CL, and run-UN, with an added E.

CLYDE, West Wheatfield Twp., Rte. 22, earlier known as New Washington (see). The name Clyde was adopted for the post office due to confusion with Washington, Pa. It opened Oct. 19, 1882, John W. Huston postmaster; closed Mar. 15, 1955. Clyde is a river in Scotland.

CLYMER, located in Cherryhill Twp. at the intersection of Rtes. 286 & 403, was founded by the Clearfield Bituminous Coal Corp. and affiliated coal companies. The Indiana County Gazette Apr. 13, 1904 reported a coal company was organized "last night" at a meeting in Indiana by Messrs. Rembrandt & Frank Peale, New York; C.C. Springer, Boston; J.L. Mitchell, Phila.; Harry & J.O. Clark, Glen Campbell; E.H. Ellsworth, Sup't Arcadia Coal Co.; and M.C. Watson, Indiana. They own 10,000 acres of coal land on Two Lick Creek. "Openings will be made and a town will be laid out." The first sale of lots was held Oct. 11-12, 1905. It was named at the suggestion of John S. Fisher in honor of George Clymer, a signer of the Declaration of Independence and Constitution of the U.S., who 100 years before had donated land in Indiana for the county seat. The main street was named Franklin Street in honor of Benjamin Franklin, and many other streets were named for other signers of the Declaration of Independence. Clymer was planned as an open town in contrast to numerous other company-owned mining towns. It grew to be the largest mining town in Indiana County. The post office opened Feb. 8, 1906, J. Ward Houck, postmaster. Borough incorporated Feb. 29, 1908.

COALPORT, Conemaugh Twp. near the mouth of Robinson Run, began ca 1829 when James Alcorn erected a store along the Pa. Canal line. It soon became a loading port for canal boats to load up with coal. One of the first canal boats built, and the first to reach Pittsburgh, was constructed here. By 1839 Samuel M. Kier was building boats for the Reliance Transportation Line. The boats were called "Iron Sides" because the hulls were covered with 1/8-inch sheet iron. The post office opened May 8, 1851, John Fulton postmaster; closed Nov. 1, 1865. Coalport later revived as Edri (see).

COAL RUN in Young and Blacklick Twps. flows into Altman's Run.

COAL RUN village, Young Twp. L.R. 3029 on a spur of the Jacksonville Branch, B.R. & P.R.R., was begun about Jan. 1913 when the Coal Run Mining Co. began mining. There were about 75 houses. The post office was Clune (see).

COLFAX or Deckers Point (see) in Grant Twp. junction of L.R. 1035 & 1037, was named ca 1868-69 for Schuyler Colfax, vice-president of the U.S. (1869-1873). The Indiana Progress July 10, 1874 reported there were 16 houses, a hotel, a store and post office, shook shop, smithy, grocery, carpenter shop, wagon maker and saw & planing mill.

COLLEGE PARK PLAZA (see University Plaza)

COLONIAL TRAILER COURT, White Twp. housing development Merchant Map: Ind. Boro/White Twp. 1990. West of Indiana via College Lodge Road.

COMMODORE in Green Twp. off Rte. 286 was founded ca 1919-20 by C.B.C. Corp. in the former village of Pleasant Valley (see). It was named for Commodore Vanderbilt who built up and controlled the New York Central Railroad, of which C.B.C. Corp. was a wholly-owned affiliate producing "captive coal" for railroad use. The post office opened Nov. 13, 1919, Nellie F. English postmaster. Commodore was considered a model mining town.

CONEMAUGH DAM, Conemaugh Twp. off T-312, was constructed by the U.S. Army Corps of Engineers beginning Apr. 1946 and completed Sept. 1953 at a cost of $46,200,000 including land acquisition and relocation of 21 miles of railroad track and 11 miles of highway. At full capacity it impounded 90 billion gallons of water and created a lake 21 miles long (6,820 acres). Its purpose was to control flood waters and prevent a repetition of the 1936 flood disaster. The "damn project", as Blairsville referred to it, was a severe setback for its people (II:807-8).

CONEMAUGH ELECTRIC GENERATING STATION, W. Wheatfield Twp. on L.R. 2008 near Huff, is a coal-fired plant owned and operated by a consortium of electric companies to provide electricity along the eastern U.S. seaboard. Construction began July 1966 and Unit #1 began generating power May 1970. Unit #2 began March 1971. Total capacity 1, 640,000 kilowatts. The two smokestacks are each 1,000 ft. high.

CONEMAUGH IRON WORKS (see Indiana Iron Works)

CONEMAUGH RIVER, forming the entire southern boundary of Indiana County with Westmoreland Co., was one of the earliest known features of the Western Pa. landscape, known to the Indians long before European infiltration. The name in the Indian tongue meant "otter creek".

CONEMAUGH SALT WORKS (Great Salt Works or Salt Works) was located about where White Station in Conemaugh Twp. along the P.R.R. line was erected later. Andrew Boggs advertised for colliers at "Conemaugh Salt Works" in the Pittsburgh Mercury Nov. 2, 1814 (I:192). Samuel M. Reed announced in the Greensburg & Indiana Register May 21, 1814 that "Connemaugh Salt Works is now in operation..." "Great Salt Works" post office opened Jan. 21, 1818, Robert Johnston postmaster; closed June 18, 1831. Judge Thomas Mellon visited the Boggs salt works ca 1825-26 and wrote an interesting account (III:76-7). Noted on Taylor's map 1817.

CONEMAUGH TOWNSHIP may have been organized 1803-4 (I:165) as a division of Armstrong Twp.

CONPITT JUNCTION, West Wheatfield Twp. on P.R.R. line, is noted on USGS map 1922.

COOKPORT was founded ca 1858 on land owned by William Cook located in Green Twp. along Rte. 240. The post office opened July 27, 1858, Lewis B. Shaw, postmaster. Later in 1862 the P.O. name was changed to Minta (see) and reverted to Cookport Apr. 11, 1873; closed Jan. 15, 1917. Green Twp. Fair held here annually since 1917.

COOPERSTOWN (see Harttown)

CORAL, Center Twp. near Blacklick Twp. line, off Rte 119. In 1890 the Indiana Coal & Coke Co. purchased the site, including a small settlement of six houses called "Oklahoma", and built 24 coke ovens. In 1899 the ovens were leased to Harry McCreary who later purchased them and sold to Joseph Wharton of Philadelphia Mar. 1, 1902. The name is said to have originated from the remark of a coal prospector that "the coal and clay hereabouts will be as valuable as coral". Wharton enlarged the plant to 300 ovens and houses for 400 employees. The post office opened Oct. 29, 1902, Simpson E. Stahl postmaster. The Indiana Evening Gazette July 11, 1939 reported that 137 houses, a store, 2 filling station locations and a $30,000 water system would be auctioned July 17 either as a whole or piecemeal. An advertisement July 12 was headed "For Sale the entire town of Coral".

COUNTRY CLUB ESTATES, White Twp. housing development. Noted on Indiana map 1979.

COVODE Post Office opened June 22, 1861, John Rishell postmaster; closed Aug. 31, 1915. The place had formerly been known as Kelleysville for John Kelly, owner of the site, who had erected a log house ca 1840. The Peelor map (1855-6) notes it as "Kellysville" but on Aug. 27, 1861 the Indiana Weekly Register published a letter from "Many Citizens" asking that all letters be addressed to Covode due to confusion with Kellysburg in Rayne Twp. "Honest John" Covode of Westmoreland County represented Indiana County in Congress. He donated the bell for Covode Academy (erected 1863).

COWANSHANNOCK CREEK originates in S. Mahoning Twp. and flows west into Armstrong Co., emptying into the Allegheny River. Derived from an Indian word, "Gawanschanne", meaning brier stream.

COX'S RUN, probably an early name for Weir's Run (see). About 1771 the Dixon Bros., Samuel, Joseph & John, were said to have camped at "the mouth of Cox's Run, about a mile below Campbell's Mill..."

COY, Center Twp. on Tearing Run at the end of a spur of the B.R. & P.R.R. originated when the Brush Creek Mining Co. opened its Coy #1 mine May 15, 1913. By 1914 there were 110 employees. The #2 Coy mine opened 1918. By 1928 there were 23 double frame houses. Named for J.B. Coy, a land owner who sold to Brush Creek Mining Co.

COY JUNCTION, nearby.

CRAMER, E. Wheatfield Twp. Rte. 403, earlier known as Baker Furnace or Indiana Iron Works (see). About 1887-88 Joseph Cramer erected a house. He had a grocery store, began quarrying stone and later organized the Cramer Coal, Coke & Stone Co. The post office opened Jan. 18, 1890, Joseph Cramer postmaster; closed Dec. 31, 1959.

CREEKSIDE, Washington Twp. at intersection of Rtes. 110 & 954, was founded as "Newville" (see), 1854. Creekside P.O. opened July 12, 1870, William A. St. Clair postmaster. Population 50 by 1880. Named for its location along Crooked Creek.

CRESS'S FORK (see Dixon Run)

CRETE Post Office opened May 22, 1866, Miss M.S. Smith postmistress closed Apr. 3, 1868. Located in Center Twp. at junction of Rtes. 56 & 286. Later a village named Edgewood (see) grew up. The P.O. reopened Apr. 16, 1868, closed Aug. 17, 1871. Reopened again June 8, 1876, closed finally Sept. 17, 1902.

CRIBBS, Young Twp. on B.R. & P.R.R. line. Probably named for Daniel Cribbs, land owner. Noted on Shrum map 1915.

CROFT Post Office, Buffington Twp. at junction of L.R. 2021 and T-740, opened July 28, 1890 Alexander J. Croft postmaster; closed Jan. 15, 1919.

CROOKED CREEK is shown on very early maps, including Sir William Johnson and Scull, 1770. The Indian name "Woak-hanne" means crooked stream. Also known in early times as "Eighteen Mile Run".

CROOKED RUN, E. Mahoning & Grant Twps., flows into Little Mahoning Creek.

CROSSMAN RUN, N. Mahoning Twp., flows north into Jefferson Co. and empties into Mahoning Creek. Asa Crossman was an early settler in this area.

CROYLANDS, a mansion erected by Harry White in 1872 at the corner of Croyland Ave. and N. Ninth St., Indiana. Named for an estate near Dublin, Ireland, owned by Richard White, father of Thomas White. Razed ca 1971.

CURRY RUN, Armstrong Twp., flows into Crooked Creek. Noted on Taylor map, 1817. The stream parallels Rte. 422. A small community of the same name, including Curry Run Presbyterian Church, was located along this route about 1 1/2 miles east of Shelocta.

CUSH CREEK, Montgomery & Banks Twps., flows N.-N.E. into Clearfield Co. and discharges into the Susquehanna West Branch.

CUSH CREEK village (also spelled Cushcreek) was a post office in Banks Twp. S.W. of Arcadia, opened Feb. 28, 1890, Amos D. Powell postmaster; closed Apr. 14, 1906. Noted on Smith & Crawford map 1909, a short distance N.W. of Bowdertown.

CUSH CUSHION CREEK, Green Twp., flows into the Susquehanna West Branch at Cherry Tree. Noted on Taylor's map 1817. Tradition has it that a band of Indians stole a pig from John Bartlebaugh who followed the squealing of the pig. On the opposite bank, one of the Indians held it up by the tail and pointed to it, exclaiming "Kisch Kusha! Kisch Kusha!" and thereafter the name of the stream was Cush Cushion.

CUSH CUSHION STATION, Green Twp., was located on the Cherry Tree and Dixonville R.R. line. Smith & Crawford map 1909.

DARK HOLLOW RUN, Armstrong Twp., flows into Crooked Creek.

DAVIDSVILLE, N. Mahoning Twp. Original name of Trade City (see). Named for David Mutersbaugh, owner of the land, who platted the village 1852. Soon afterward Mutersbaugh moved to Virginia. Noted on Peelor map 1855-56.

DAVID WEISS SHOPPING CENTER, White Twp. Rte. 286 S.W. of Indiana. Chamber of Commerce map 1985.

DAVIS Post Office opened Feb. 11, 1874 William H. Foreman, postmaster; closed Aug. 31, 1905. On L.R. 4006, Washington Twp. Probably named for Daniel C. Davis who was postmaster several years. On Smith & Crawford map 1909.

DECKER'S POINT, Grant Twp., named for John Decker, a Revolutionary veteran who settled here ca 1820. Log schoolhouse 1837. Shiloh Baptist Church 1839. Post office opened June 25, 1856 William Midkirk postmaster; closed June 15, 1907. Village laid out 1867 on lands of Adam Titterington and W.N. Prothero and named Colfax (see). Noted on Peelor map 1855-56.

DELHI Post Office opened Jan. 25, 1859 in Ralston's tavern, also known as Eastern Inn, Cherryhill Twp. Miss Eliza J. Ralston, postmistress. P.O. closed Jan. 29, 1866.

DENTON Post Office, Rte. 954 S. Mahoning Twp. Opened Mar. 11, 1890 George S. Marshall Postmaster; closed June 30, 1906. Noted on Smith & Crawford map 1909.

DERRY TOWNSHIP organized 1775 by the Westmoreland County court appears to have included what is now Burrell Twp. (I:78). Its name may be derived from County Londonderry, N. Ireland. On Sept. 22, 1804 John Spires advertised in the Farmers Register that a stray horse came "trespassing on the place of the subscriber, in Indiana County, and in Derry Township, near Gen. Campbell's mill..."

DEVIL'S ELBOW, a sharp bend in the old highway between Indiana and Ebensburg, pictured on old postcards. Cherryhill Twp. Clearly shown on Atlas of Indiana County p. 28 but not named.

DIAMOND, The. Noted square at the intersection of Market and Liberty St., Blairsville, where a statue of President McKinley and a bandstand were erected ca 1902. The old Exchange Inn was erected at the northwest corner of the square ca 1828 and numerous other fine stone houses were here. The bandstand and statue were removed in the 1930's, and the Inn and all the stone buildings in February and March 1967.

DIAMONDVILLE or "Diamond Mills", Cherryhill Twp., was founded 1824 by Dr. Robert Mitchell, owner of the site, and A.T. Moorhead who leased the grist mill. Mitchell considered it the "diamond", having the greatest value of all the pine tracts of the area. Another version of the name was given by the Indiana Progress July 24, 1873: "an individual (whose business was to control the movements of an ox team)" named "the village after that of his lead ox (Diamond)..." In 1831 John Clarke and Robert Mitchell advertised "Pine boards for sale" at "The diamond mills". Gordon's Gazetteer of Pa. (1833) lists "Diamond's Mills" with 4 or 5 dwellings, a store and a mill. Spelled "Diamondmill" on Peelor's map, 1855-56. For some years the place was also known as Mitchell's Mills (see).

DIAS, Brushvalley Twp., was a station along the route of the Cresson Division, P.R.R, and along Blacklick Creek. P.O. opened Sept. 21, 1920 Albert F. Fick Postmaster; closed Aug. 31, 1927. Reopened Jan. 16, 1929; closed Feb. 15, 1937. Named for Richard Dias, an early settler in the vicinity, Dias Run nearby, ca 1800.

DICE'S BRIDGE (see Trusal Covered Bridge), named for Thomas Dice who lived nearby.

DILLTOWN, Buffington Twp., was laid out ca 1850 by James Dill and William Stephens. Matthew Dill was a pre-Revolutionary settler 1773. The post office opened Aug. 11, 1887 George M. Stephens postmaster. According to Stewart I:452 the place was also known as Franklin.

DIXON RUN, Green and Cherryhill Twps., flows into Two Lick Creek. On Reading Howell's 1792 map of Pennsylvania the stream is called "Cress's Fork". The Dixons, who resided south of Indiana in the Black Lick area, are said to have pastured cattle along the run. Samuel Dixon, the first of the family, settled in Blacklick Twp. before the Revolution.

DIXONVILLE, Green Twp., was named because of its location along Dixon Run. The post office opened July 14, 1868 George Row Jr., postmaster. The settlement appears to date to ca 1860. Harry E. Sterner and his father, William H. Sterner, were said to have erected the first building. Dixonville Hospital opened November 1908.

DOUGLAS RUN, Green Twp., flows N.E. into Cambria Co. and empties into the Susquehanna West Branch. Named for Barnabas Douglass.

DOWNEY RUN, Buffington, Twp., flows E. into Cambria Co.

DREAMLAND, popular recreation park in Indiana along First Street between Rte. 286 and Oak St. Constructed 1927 by Charles Cicero, it had a 300 x 700-foot swimming pool, a dance hall 60 x 120 feet, and a boating and fishing lake. The dance hall (also used for roller skating) burned Jan. 30, 1934. In 1943 the park was closed.

DUTCH RUN. There are three streams of this name. One in Washington Twp. flows W. into Armstrong Co. and discharges into Plum Creek. Another in Pine Twp. flows E. into Cambria Co. and joins Blacklick Creek. A third originates in North Mahoning Twp., flows N. into Jefferson Co. and empties into Mahoning Creek. The names may signify early settlements of German-speaking people, commonly called "Dutch".

EAST CENTERVILLE (see Painter)

EAST MAHONING, a town in East Mahoning Twp. Evan Boice advertised he had laid out this town "close to Mahoning Creek on the graded road leading from Indiana to Punxsutawney where the Robertsville and Smicksburg road leading to Clarion Crosses" about 14 mi. N. of Indiana and 12 mi. S. of Punxsutawney. From this description it is obvious the stream was Little Mahoning. Public sale of lots was to be held Nov. 11, 1857. (Indiana Weekly Register, Oct. 13, 1857)

EAST MAHONING TOWNSHIP was created by court action in 1846. The name derives from Mahoning Creek and old Mahoning Township.

EAST RUN in Grant Twp. flows into Little Mahoning Creek.

EAST RUN village, Grant Twp., was a post office from Apr. 4, 1898 until closed June 15, 1907. John Farnsworth was the first postmaster. A descendant, also named John Farnsworth, conducts a business here, the Farnsworth Piano Co. The village in "Big Bottom" had a smithy, carpenter shop and saw mill ca 1879-80.

EAST WHEATFIELD TOWNSHIP was created in 1859 by a division of Wheatfield Township (see).

EASTERN ORTHODOX FOUNDATION, a transitional living center in Cherryhill Twp. was founded in 1966 by Very Rev. George Hnatcko and 24 Eastern Orthodox Christians.

EBENEZER Post Office opened Aug. 12, 1852 in the village of Lewisville, Conemaugh Township (see). John Milliron was the first postmaster. The P.O. closed Apr. 30, 1903. Named for Ebenezer Presbyterian Church organized 1790. Bible origin. "Then Samuel took a stone and set it between Mizpeh and Shen, and called the name of it Ebenezer, saying, Hitherto hath the LORD helped us." (1 Samuel 7:12)

EDGEWOOD, also known as Crete (see) in Center Twp. began about 1872 after Crete P.O. closed. By Sept. 19, 1877 the Indiana Weekly Messenger observed that "Quite a little village is springing up..."

EDRI Post Office was established at the former village of Coalport (see) and was on the Pennsylvania Railroad line in Conemaugh Twp. The P.O. opened Aug. 27, 1891 James Culp, postmaster; closed Nov. 30, 1957. For about two months until Nov. 25, 1891 the P.O. was known as "Avonmore" and was then Edri there after.

EIGHTEEN MILE RUN, an early name for Crooked Creek, mentioned in John Harris Jr.'s itinerary of points along the Frankstown-Kittanning Path, 1753.

ELDER'S FORDING and FERRY, Blacklick Twp. about at the later site of Fillmore. The map of Fillmore in the 1871 <u>Atlas of Indiana Co.</u> (p. 39) shows "Site of Elders Fort Built in 1771." Here near the residence of John Elder was an early fording place over the Conemaugh River. He later conducted a ferry service. An advertisement of a sale of the effects of John Elder in the <u>Farmers Register</u> of Greensburg Nov. 29, 1800 mentioned "a ferrying Flat". Noted on Taylor's map 1817. John Elder owned 1,056 acres in the area which he named "Belle Fonts" and is marked on Reading Howell's 1792 map of Pa.

ELDERS RIDGE, a village in Young Twp., was named for Robert Elder who, with his family, settled in the area in 1786. The Presbyterian Church was organized 1829-30 and held services in a log church. Elders Ridge Academy was opened Apr. 16, 1847 in charge of Rev. Alexander Donaldson. A post office opened Jan. 12, 1858, Samuel Kennedy, postmaster; closed July 15, 1922.

ELDER'S RUN, Conemaugh Twp. flows S. into the Conemaugh River. Named for Robert Elder (above). Noted on Reading Howell's map, 1792.

ELKIN, Brush Valley Twp. adjacent to Rte. 56 N. of Blacklick Creek, had 12 houses at one time. Named for Stanley Elkin who built the town ca World War I.

ELKIN, South Mahoning Twp., was the location of a United Presbyterian Church called Smyrna. The post office opened June 25, 1890 Rev. William D. Ewing, postmaster; closed Dec. 15, 1913. Named for John P. Elkin family.

ENTERPRISE, Canoe Twp. on Little Mahoning Creek above Rochester Mills, had one of the largest sawmills in Indiana County in the late 19th century operated by the Enterprise Lumber Co. The mill burned July 1893. Noted on Smith & Crawford map 1909.

ERNEST, a major coal town, in Rayne Twp., was founded in 1902-03 by the Rochester & Pittsburgh Coal Co. It had 278 coke ovens. Formerly known as McKee's Mill (see), it was named for Ernest Iselin. The post office opened July 10, 1903, John A. O'Conner, postmaster; closed June 30, 1973. Population 2,600 in 1930. The mines and coke ovens closed Feb. 17, 1965 and were later razed.

EWING'S MILL. There have been two mills of this name. One in Buffington Twp. almost at the corner of Pine, Cherryhill and Brush Valley Townships was built in 1838 by Christian Kellar and was known for some years as Kellar's Mill. In 1913 it was purchased by John Ewing and operated by him and his son, Charles Ewing until 1953. In 1963-1966 it was restored by Raymond Rodkey and opened for tourists. The other Ewing's Mill is no longer in existence. It was located on Little Mahoning Creek in W. Mahoning Twp. near the line of N. Mahoning. Noted on Taylor's map, 1817. Ewing's Mills P.O. opened Mar. 31, 1826 John Ewing, postmaster; closed Jan. 27, 1827 and renamed "Mahoning Post Office" (see).

FACTORY HOLLOW & FACTORY DAM, White Twp. Not shown on USGS maps; may have been site of Indiana Chemical Works, 1887.

FAIRFIELD TOWNSHIP created by Westmoreland County 1773 included "That part of Armstrong Township that lyes between the Laurel hill & Chestnut Ridge..."

FAIRVIEW HEIGHTS, Burrell Twp. housing development near Blacklick. USGS map 1922. On some maps "Fairfield Heights". Lots sold July 18, 1907.

FAIRVIEW, White Twp. on Indiana-Shelocta road. Mentioned in the Indiana Times Apr. 25, 1894.

FERRIER RUN, Brush Valley Twp., flows into Yellow Creek.

FERRY'S RUN village, Brush Valley Twp. on upper Yellow Creek at Ferry's Run bridge (Ferrier Run?); about 20 houses ca 1914-1917.

FILLMORE, Blacklick Twp. at Elder's Fording (see) over Conemaugh River. A bridge to Livermore was later constructed, the tollhouse located in Fillmore ca 1853-54. Noted on Peelor map 1855-56. Named for President Millard Fillmore.

FINDLEY RUN. There are two streams of this name. One in E. Wheatfield Twp. flows into the Conemaugh River and was Laurel Run at an early day. George Findley erected a log gristmill on it ca 1784-85. Noted on Taylor's map 1817. Some maps designate it Stutzman's Run. Others show Findley Run following the course of Trout Run. Another Findley Run originates as two branches in Pine Twp. which unite in Cambria Co. and empty into the North Branch of Blacklick Creek. George Findley was probably the first to attempt to settle in Indiana Co. 1764-65.

FINNEY'S RUN, an early name of the North Branch of Plum Creek: Reading Howell map 1792. Mentioned in an advertisement of the Indiana County trustees in the Political & Commercial Register (Philadelphia) Oct. 25, 1805.

FIVE POINTS, Washington Twp. on Rte. 954 at junction of five roads. First buildings ca 1858-60. J.S. Wall R.R. map 1893. Atlas of Indiana County (1870-71) pp. 18, 20.

FLEMING SUMMIT STATION, Green Twp. on Cherry Tree & Dixonville R.R. Noted on Smith & Crawford map 1909. Named for George H. Fleming, land owner.

FLINN'S STATION, Banks Twp. on Bellwood Division, P.R.R. Noted by Smith & Crawford 1909.

FLORA Post Office, Banks Twp., opened Dec. 27, 1882 Louis S. Fuller, postmaster; closed May 15, 1908. On J.S. Wall R.R. map, 1893.

FLORENTINE, Montgomery Twp., a small coal mining patch, had a P.O. from May 20, 1905 until Apr. 14, 1906 when it closed. James T. Allison, postmaster. Noted on 1930 map of Charles D. Hevenor Co.

FORT HILL, West Wheatfield Twp. between Laurel Run and Richards Run. Elevation 1,720 ft. Site of a prehistoric Indian "fort" or ring (I:9). On USGS map, 1922.

FORT STANWIX MONUMENT in Cherry Tree erected by the State and dedicated Nov. 16, 1894 in commemoration of the Treaty of Fort Stanwix at Rome, N.Y. Nov. 5, 1768. By the terms of the treaty the Six Nations ceded all the land south of the Purchase Line.

FOSTER Post Office, Conemaugh Twp. about one mile from Coalport, was established Nov. 28, 1883 John C. Jamison, postmaster. On Mar. 3, 1884 the name was changed to "Avonmore" and continued as such until Aug. 27, 1891 when it was transferred to Coalport but two months later it was re-named Edri (see). A narrow-gauge railroad connected the Foster mines with the West Penn Division, P.R.R. at Edri. Noted on Smith & Crawford map, 1909.

422 PLAZA, White Twp. w. of Indiana along Rte. 422. A shopping plaza.

FOWLER HEIGHTS, a White Twp. housing development N. of Indiana and w. of Rte. 119.

FOX RUN, Center Twp., flows into Muddy Run.

FRANCES, a mining town in Canoe Twp. N. of Rossiter, was founded 1907 by the Punxsutawney Coal Co. and named for Frances Blaisdell, daughter of one of the principal stockholders. A dam here burst Mar. 17, 1936 drowning four people. The mine closed 1950 and the buildings dismantled.

FRANKLIN (see Dilltown)

FRANKLIN STREET, main street of Clymer, named in honor of Benjamin Franklin.

FRANKSTOWN PATH, named for an Indian trader, Frank Stevens, of "Frankstown" near Hollidaysburg, Pa. It led west to the Indian town of Kittanning and was therefore known as the Kittanning Path (see).

FRANKSTOWN ROAD, an early State road from Frankstown to a point on the Conemaugh River where it was thought "to be navigable at all seasons". Built ca 1788-89 by Robert Galbraith, contractor. In later years the Huntingdon, Cambria & Indiana Turnpike (see) was built on the same route, and still later the William Penn Highway (see), now Rte. 22.

FRANTZ'S MILL (see Rossmoyne)

FREY'S MEETING HOUSE, Brush Valley Twp., was the first Lutheran structure in Indiana County, ca 1820-21, Rev. Gabriel Adam Reichart, first pastor. Named for Peter Frey who lived nearby and donated the land.

FULTON RUN, White Twp., flows into Crooked Creek. John Taylor's 1817 map marks it "Boarland's Run".

FULTON RUN village, White Twp. was mentioned by the Indiana Progress Jan. 4, 1877. "Another Coal Town" was the heading of an Indiana County Gazette article Oct. 4, 1905 telling of a new town to be erected.

GAIBLETON, nicknamed "Little New York", Rayne Twp. on Rte. 119 near junction of L.R. 1005. An old stone bridge over Crooked Creek was close by, jokingly called "Brooklyn Bridge". The P.O. opened Feb. 17, 1894. Ulysses G. Hoover, postmaster; closed Mar. 30, 1907.

GARFIELD, W. Wheatfield Twp. (see Robinson)

GAS CENTER, East Wheatfield Twp. on Rte. 22. Probably originated about the time the William Penn Highway (see) was completed (ca 1924-25). At one time there were seven gasoline service stations.

GEORGETOWN RUNNING BROOKS, White Twp. housing development located near Rte. 422 Bypass.

GEORGEVILLE, East Mahoning Twp. off Rte. 210. Lots were sold Nov. 11, 1830 by Andrew Compton and George Hoover. The name of the village derives from Hoover's given name. The first P.O. was called Mahoning (see) but was moved at times to other places. Henry Kinter was the first Georgeville postmaster. On Mar. 13, 1874 the P.O. was named Georgeville, Isaac R. Kinter, postmaster and continued over 60 years until June 30, 1934 when it was closed.

GERMANY, West Wheatfield Twp. near Rte. 259. A German-speaking Lutheran Church was organized here 1822 and a brick church erected 1849. USGS map 1922.

GETTY HEIGHTS, White Twp. s.w. of Indiana adjacent to Rte. 286. May have been named for Samuel J. Getty who owned a 164-acre farm.

GETTYSBURG, Montgomery Twp. along Rte. 286 was "Monterey" on Peelor's map, 1855-56, but by 1858 or before was Gettysburg. M. Clark Getty was proprietor of a store. The Indiana Times Aug. 8, 1894 said "To Mr. Getty, Gettysburg (Hillsdale post office), this county, owes its existence. He was very largely instrumental in its formation. He erected and owned many of its buildings, assisted in building all its churches and was a contributor in every good work". The Atlas of Indiana Co. (1871) pp. 16,17 spells the name "Gettysburgh". The P.O. was named "Hill's Dale" for Daniel Hill, the first postmaster when it opened June 25, 1856. Due to confusion with Gettysburg of Civil War fame, that name was discontinued and Hillsdale adopted (see).

GETTYSVILLE, Conemaugh Twp. adjoining Saltsburg on the east was a housing development by Rev. Andrew Getty, a Universalist minister, for whom it was named. See Atlas of Indiana County p. 37.

GIBSON'S RUN originates in Center Twp. and flows S. into Blacklick Twp. emptying into Blacklick Creek. Named for John & Levi Gibson, early settlers. It was noted on Taylor's 1817 map, but the USGS map (1922) designates it "Muddy Run".

GILGAL PRESBYTERIAN CHURCH, East Mahoning Twp., is the oldest congregation N. of the Purchase Line in Indiana Co. "And the people came up out of Jordan...and encamped in Gilgal in the east border of Jericho. And those twelve stones which they took out of Jordan did Joshua pitch in Gilgal." (Joshua 4:19,10). The people had occasional supplies prior to 1806. In 1808 the congregation was organized and a log church erected ca 1810f. The first burial is said to have been a victim of Indians.

GILHOUSER RUN (see Laurel Run) Buffington Twp.

GILPIN Post Office, Rayne Twp. was located in Kintersburg (see) part of the time. Also along Rte. 119 between Gaibleton & Grove Chapel. It opened Aug. 19, 1863 David McLaughlin postmaster; closed Oct. 31, 1903. Named for the Gilpin Family, notably Joshua and Thomas Gilpin, owners of over 24,000 acres of Indiana Co. land. Noted on Pa. Dep't. Highways map of Indiana Co., 1916.

GILPINSBOURG. This town never existed but is listed here because it was the name proposed for the county seat if it were located on Gilpin land.

GIPSY Post Office, Montgomery Twp., and a town of the same name date to ca 1885. The P.O. opened Oct. 3, 1891 William W. Fales, postmaster. Mines in the vicinity during the late 1890's and early 1900's caused the town to grow.

GLADE RUN originates in W. Mahoning Twp. and flows west into Armstrong County. A meadow or open space surrounded by woods.

GLEN CAMPBELL, Banks Twp. adjoining Rte. 286 was the first mining town of Indiana Co. founded in 1889 by the Glenwood Coal Co. The first coal car went out on the Clearfield & Jefferson Railroad Oct. 21, 1889 and on Nov. 5, 1889 the post office named "Glenn Campbell" opened, Cornelius Campbell, postmaster. Mr. Campbell was a railroad contractor, and the town and post office name derived from Glenwood Coal Co. and Campbell.

GLEN OAK Post Office, South Mahoning Twp., opened Aug. 17, 1863 Silas W. Brady, postmaster; closed Jan. 31, 1866. A glen with oak trees.

GLORY Substation, Pine Twp. (see Possum Glory)

GOBBLER'S RUN, Armstrong Twp. flows west into Armstrong County and empties into Crooked Creek.

GOODVILLE, West Mahoning Twp. N.W. of Smicksburg on L.R. 4026. Also known as Good's Mill. The first water power gristmill was erected ca 1815 by William Travis. Goodville Station (or Smicksburg Sta.) on the Buffalo, Rochester & Pittsburgh R.R. was erected ca 1896-1900. Site of annual "Buckwheat Club" reunions in Coleman's Park near the station (II:294). Named for Samuel Taylor Good on whose farm the station was located. His son, Richard Clair Good, was the Goodville ticket agent and was succeeded by his brother William Laurence Good.

GOOSE RUN, East and South Mahoning Twps. Flows into South Branch of Plum Creek.

GORMAN SUMMIT, Montgomery Twp. on Hooverhurst & Southwestern Railroad. Noted on Pa. Dep't. of Highways Map of Public Roads in Indiana Co., 1916. David G. Gorman was a local farmer.

GRACETON, Center Twp. along Rte. 119. The first coke ovens in Indiana Co. were erected here in 1886 by George Mikesell. The place was then near Ranson Station on the Indiana Branch of P.R.R. (1883). By Nov. 1888 it was Mikesell Sta., discontinued 1890 when the town of Graceton was built by J.W. Moore, John McCreary and Harry McCreary who purchased the coke ovens from Mikesell. Graceton P.O. Feb. 12, 1891, Harry McCreary postmaster. Said to have been named for a daughter of Harry McCreary; however, the obituaries of Mr. McCreary and his wife mention only two sons surviving and an infant son.

GRAFF'S RUN noted on a map of a State road from Saltsburg to the Armstrong County line, Dec. 1840 (II:345).

GRAFTON, Blacklick Twp. was platted in 1906 on the farm of Sumner Graff. The houses later had to be moved due to the Conemaugh Flood Control project. There was a two-room school.

GRAHAM'S MILL, Blairsville, was a three-story 75 x 50-foot structure fronting on the canal basin erected 1831 by Major Mark Graham. It was the first steam-powered mill in Indiana Co. The boiler exploded in 1840, killing a 16-year-old boy.

GRANDVIEW HEIGHTS (or Grandview), White Twp. adjoining Indiana on S.E. was laid out 1904 by the Grandview Realty Co. It was considered as a site for a Civilian Conservation Corps camp in 1935 but was dropped because Indiana refused permission to connect to the borough sewage system.

GRANT Post Office, one of a number of names for Cherry Tree (see Bardville, Campville, Canoe Place, New Lancaster, Newman's Mills). Post office opened Nov. 10, 1864 named for Gen. Ulysses S. Grant; closed Jan. 31, 1907 and re-named Cherry Tree. Ebenezer B. Camp, first postmaster. The newspaper was the *Grant Record* from Nov. 1890 until Dec. 1892.

GRANT TOWNSHIP was created Dec. 1865 by a division of Montgomery Twp.

GREAT SALT WORKS, also known as Conemaugh Saltworks (see) or Salt Works, was later White Station (see) and still later Mooween P.O. (see).

GREEN TOWNSHIP was formed 1816 by a division of Wheatfield Twp. and was named for its immense green forests of pine and hemlock. It is the largest township in size.

GREENDALE ACRES, White Twp. along Rte. 422 West, a housing development.

GREEN VALLEY Mobile Home Court, White Twp. near intersection of Warren and Barclay Road.

GREENVILLE, Cherryhill Township, is now Penn Run (see). It was named for Green Twp. where it was situated at the time it was laid out in 1838.

GREY'S RUN, Blacklick Twp., flows into Blacklick Creek. Noted on USGS map 1903. Probably named for Israel Gray, an early settler.

GRIP, East portion of Green Twp. near Cambria Co. line. P.O. Mar. 31, 1890 J. Keith, postmaster; closed Feb. 15, 1911. Noted on Smith & Crawford map, 1909.

GRISEMORE, Green Twp., intersection of L.R. 1019 and T.R. 916 near border of Pine Twp. P.O. opened Aug. 9, 1881 James C. Getty, postmaster; closed May 31, 1911. Select School organized ca 1894-1896 Grisemore Sta., Pine Twp. on Cambria & Indiana R.R. line.

GROUNDHOG PARK, North Mahoning Twp. along Rte. 119 and near crossing of Buffalo & Susquehanna R.R.

GROVE CHAPEL, Rayne Twp. along Rte. 119. Site of Grove Chapel Lutheran Church, formerly Oak Grove Chapel, and Musser Nurseries and Musser Lake (see).

HAMILL (Oak Tree Sta.), East Mahoning Twp. Rte. 119 near Buffalo, Rochester & Pittsburgh R.R. P.O. opened Sept. 1, 1879 William E. Simpson, postmaster; closed May 15, 1907. May have been named for Hugh Hamill a farmer and stock dealer listed on the 1871 Beers Atlas map of East Mahoning.

HAMILTON FIELD, White Twp. along East Pike (old Rte. 422) was Indiana's first airport. Opened 1929 by Indiana Airways Co. Dr. R. Drenning Hamilton, president. Closed 1950.

HAMILTON RUN, West Mahoning Twp., flows s. into Mahoning Creek.

HARDIN'S BRANCH of Altman Run (see Reed's Run)

HARMON COVERED BRIDGE, Washington Twp. off L.R. 4006 erected 1910. Town truss, 44 ft. long over Plum Creek. Named for J.S. Harmon, nearby farmer and Civil War veteran.

HARPER'S RUN, Young Twp., flows into Black Legs Creek.

HARTTOWN, Young Twp., along Whiskey Run. Earlier known as Cooperstown for William Cooper who sold the site to James Hart in 1806. Purchased by the Buffalo, Rochester & Pittsburgh R.R. which constructed a spur in 1906 and erected 26 double houses and other structures.

HATTENBOUGH'S RUN, noted on Taylor's 1817 map in Blacklick Twp., was later Stewart Run (see).

HAZLETT RUN, Montgomery and Green Twp., flows into Cush Cushion Creek. Probably named for Samuel Hazlet who settled in this area ca 1828.

HEILWOOD, Pine Twp. along Rte. 403 was founded by John Heil Weaver & Co. in 1904 and took its name from his middle name. In 1906 he sold out to the Penn-Mary Coal Co. One of the early hospitals of Indiana County opened here in 1905 in charge of Dr. R.F. McHenry. The P.O. opened Oct. 29, 1904, John M. Thompson, postmaster. Population 2,114 in 1930.

HEMLOCK LAKE PARK, Banks Twp. along Straight Run was developed 1967-68 by the Pa. Fish Commission and is maintained and operated by Indiana County as a county park.

HESHBON, Brush Valley Twp. along Blacklick Creek, is on the Cresson Division of the P.R.R. and accessible by Rte. 259. Also known as Black Lick Mills. P.O. established Dec. 12, 1863 William B. Hoskinson, postmaster; closed July 31, 1906; reopened May 17, 1907; closed Apr. 30, 1955. Heshbon is mentioned in the Bible. "Wherefore they that speak in proverbs say, come into Heshbon, let the city of Sihon be built and prepared." (Numbers 21:27)

HESS'S RUN, Canoe Twp., flows into Brodhead Run. Named for George Hess, early settler, 1842.

HICE'S RUN, East Wheatfield Twp., flows into Conemaugh River. Named for Hice Family, early pioneers.

HILLMAN STATION, Banks Twp., on Pa. and Northwestern R.R. which was constructed ca 1888. North Summit on Smith & Crawford map, 1909 (see).

HILLSDALE, Montgomery Twp., also known as Monterey and Gettysburg (see), was the post office of the town established as "Hill's Dale", Daniel Hill, postmaster, June, 25, 1856; closed June 9, 1871, reopened Aug. 1, 1871. Due to confusion with Gettysburg in Adams County, the name of the P.O. supplanted it.

HOFFMAN SUMMIT, Grant Twp., was a point on the Hooverhurst & Southwestern Railroad.

HOME Post Office, Rayne Twp., was established Jan. 28, 1834, Andrew W. Porter, postmaster, and at first was at the home of Hugh Cannon on the road to Marion. The village of Kellysburg was laid out ca 1838 for Daniel Stanard, an attorney of Indiana, and was named "Stannardsville" until ca 1847 when it was Kellysburg for Meek Kelly, the surveyor who laid out the lots. Later the P.O. was moved to the village and John P. Prothero was the first postmaster in the village.

HOMER, Center Twp., was the original name of Homer City (see)

HOMER-CENTER SCHOOL DISTRICT was organized 1952 as a joint high school called Laura Lamar Joint High School and was renamed in 1966 (II:694) because Laura Lamar was found to be a fictional character.

HOMER, CHERRY TREE & SUSQUEHANNA RAILROAD. A projected railroad for which ground was broken Jan. 31, 1871 but only a few miles were graded due to financial problems. The route is marked on the Atlas of Indiana Co. (1871) p. 7.

HOMER CITY was laid out 1856 by William Wilson Jr. and named for the Greek poet, Homer. First sale of lots June 12, 1856. Phillips' Mills (see) nearby was named for Armour Phillips and was later incorporated into the town. The Homer City P.O. opened Jan. 29, 1874, George H. Ogden, postmaster. The borough was incorporated in 1872.

HOMER CITY GENERATING STATION, Center Twp., a huge coal-fired electrical generating plant, began operating 1969 and by late December 1977 a third unit was operational. Total capacity 1,850,000 kilowatts. Jointly owned by Pa. Electric Co. and N.Y. State Electric & Gas Corp. One of the 3 smokestacks is 1,216 ft., higher than the Empire State Bldg. in New York.

HOOPER RUN, Young Twp., flows into Blacklegs Creek. It was marked as "Keers Run" (Kier's) on Taylor's 1817 map.

HOOVERHURST, Montgomery Twp., was founded 1899-1900 as a lumbering town by Nathaniel L. Hoover who also constructed the Cush Creek and Mahoning Railroad to Gipsy and Nashville, later sold and reorganized as a coal hauling railroad, the Hooverhurst & Southwestern. The P.O. opened July 19, 1900, Luther M. Weitzel, postmaster; closed Nov. 30, 1905.

HOPEWELL FORGE (see Indiana Iron Works)

HOPEWELL METHODIST CHURCH, Blacklick Twp., 1817 was the first Methodist church structure in Indiana County.

HORTON RUN, Banks Twp., flows into Cush Creek. Named for early settlers, the Horton Family.

HORTON'S Post Office, Banks Twp., established Jan. 15, 1857, Eliza Z. Horton, postmistress; closed Jan. 15, 1919. Also known as Smithport (see).

HOWEARTH'S MILL, Cherryhill Twp. (see Sample Run)

HUFF Post Office, West Wheatfield Twp., was formerly Centreville (see). P.O. opened Jan. 22, 1892, Joshua T. Stewart, postmaster; closed Nov. 30, 1934. Named for Congressman George F. Huff. Site of Conemaugh Electric Generating Station (see).

HUNTINGDON, CAMBRIA & INDIANA TURNPIKE was a toll road constructed on the route of the old Frankstown Road (see). Some portions were completed 1818. The "Northern Route Mail Stage" commenced Jan. 29, 1819 running through Armagh and over Penn View Mountain to Blairsville. Fully completed 1821.

HUSTONVILLE, Cherryhill Twp. named for Robert Huston who had a house and smithy ca 1850. The P.O. opened Aug. 7, 1879, John H. Elwood, postmaster; closed Jan. 24, 1882 at which time the name was changed to Kenwood (see).

IDAMAR, Green Twp. near Dixonville, was a mining town founded ca 1905 by John Heil Weaver and named for his daughters, Ida and Mary. P.O. Feb. 27, 1908, William H. Metzger, postmaster; closed Mar. 31, 1941. There were over 100 houses, a general store, ice house, tavern, railroad station and schoolhouse. The mine closed 1940.

IDEAL Post Office, Cherryhill Twp., opened Nov. 18, 1899 at the home of William J. Short, the postmaster. Named for "Ideal Farm" operated by Short. P.O. closed Jan. 31, 1902.

INDIA, West Wheatfield Twp., a 360-acre tract, was "India" owned by David Reid 1804 at the "most southern bend" of the Pa. Canal. Sale of lots held Aug. 22, 1828. On L.R. 2008 and Conrail Line. Bruce P.O. here 1899 (see). Harris Coal & Coke Co. mine opened ca 1902-03; Commonwealth Coal Co. 1904. Also see Lincoln and Climax.

INDIAN HAVEN, White Twp., formerly the Indiana County Home was opened Aug. 24, 1908. Named for Indiana County.

INDIAN SPRINGS ESTATES, White Twp., a housing development s.w. of Indiana adjacent to Rte. 286.

INDIAN SPRINGS PARK, White Twp. along Indian Springs Road at the present site of the White Township municipal buildings. Also known as Camp Rest-a-While (see).

INDIANA AREA SCHOOL DISTRICT was formed July 1, 1965 comprised of Indiana and Shelocta Boroughs, White and Armstrong Twps. (II:693-695).

INDIANA Borough. Site selected Apr. 11, 1804 by Indiana Co. Trustees. 250 acres donated by George Clymer, signer of the Declaration of Independence and Constitution of the U.S. First sale of lots Dec. 10, 1805. The name signifies "Indian". P.O. opened Apr. 28, 1810, John Denniston, postmaster. Incorporated Mar. 11, 1816.

INDIANA COUNTRY CLUB, White Twp. N.E. of Indiana off Rte. 119. Incorporated Apr. 1919. Clubhouse opened Nov. 20, 1920.

INDIANA COUNTY created by Act of the General Assembly Mar. 30, 1803 from territory of Westmoreland and Lycoming Counties. Named for the former Indian inhabitants.

INDIANA IRON WORKS, also known as Baker Furnace, East Wheatfield Twp. where Cramer is now. In 1846 Elias Baker, ironmaster of Blair County, acquired Hopewell Forge (built ca 1837 by Henry & John Noble) and an iron furnace (erected 1840 by the Nobles). About 1848 Baker erected a new furnace which burned 1855 but was rebuilt and continued to operate until sometime after the Civil War. Named because of location in Indiana Co.

INDIANA MALL, White Twp. S.W. of Indiana along Rte. 286, is the largest shopping center in Indiana County, a 500,000 sq. ft. complex constructed by Zamias Construction Co., Johnstown for Crossgates Inc. Groundbreaking July 11, 1978; opened Oct. 1, 1979.

INDIANA NORMAL SCHOOL organized by the "Normal School Association" 1870, incorporated Apr. 15, 1872. John Sutton, first president; Silas M. Clark, first secretary of the trustees. Groundbreaking Apr. 1873; building now known as John Sutton Hall completed 1875. Dr. E.B. Fairfield, first principal. In April 1920 the State took ownership and it became Indiana State Normal School.

INDIANA STATE TEACHERS COLLEGE, formerly Indiana State Normal School, took this name June 1, 1927 and granted the first degree May 31, 1927. Act 788 in late 1959 again changed the name to Indiana State College.

INDIANA UNIVERSITY of PENNSYLVANIA created by Act 430 December 1965 following introduction and passage of House Bill 1023 by William G. Buchanan.

ISELIN, Young Twp., a Rochester & Pittsburgh Coal Co. town ca 1904-05 named for the Iselin Family, principal stockholders. P.O. June 1, 1904

Joseph H. Burgess, postmaster; closed May 31, 1960. The next day it was designated a rural branch of Saltsburg P.O. Population 2,600 in 1930.

ISENBERG RUN, Green Twp., flows into Cush Cushion Creek.

JACKSONVILLE, N.W. corner of Blacklick Twp. on Rte. 286. Laid out 1830 by William and Joseph McFarland and named for President Andrew Jackson. Incorporated as a borough Sept. 28, 1852. P.O. named Kent (see).

JEWEL, Black Lick Valley near the Jewel Mine.

JEWTOWN, Pine Twp. on Rte. 553, also known as "New Jerusalem" dates to ca 1910-1915. Named because several stores and houses were owned by Jews.

JIMMY STEWART AIRPORT, White Twp. N.E. of Indiana off Rte. 286, is owned and operated by Indiana County. Officially opened Sept. 3, 1951. At that time it was operated by Indiana Borough. The land was purchased and donated by the Rochester & Pittsburgh Coal Co. On Dec. 26, 1957 it was sold to the county. Named in honor of James Maitland Stewart, Hollywood cinema star. See III, 540-544.

JIMTOWN, East Mahoning Twp. near old Upper Creek School and about 1/2 mile from the Savan R.R. Station, was a mining town ca 1912-1915. There was a tipple and 12 to 15 houses. Named because there were so many "Jims" living there at the time.

JOHN'S RUN, W. Wheatfield Twp., flows into Richards Run.

JOHN SUTTON HALL (see Sutton Hall)

JOHNSONBURG, Banks Twp. at intersection of L.R. 1052 and 1033.

JOSEPHINE, Burrell Twp. N.E. of Black Lick via T660. On Oct. 4, 1905 the Indiana County Gazette headlined an article "Million Dollar Blast Furnace to be Built at Bell's Mills" by Corrigan, McKinney & Co. of Cleveland, Ohio. In March 1906 the name Bell's Mills (see) was changed to Josephine for Josephine Burke McKinney, one of the partner's wives. The first furnace began operating Jan. 15, 1907 but an explosion and strikes caused it to shut down. A second furnace was built and went into production August 1912. Daily output of both furnaces was about 650 tons of pig iron. There were 190 or more houses, a chartered electric light plant and two water systems - one for the town and one for the iron works. The company was "Josephine Furnace Co." until Jan. 1, 1918 when it was reorganized as McKinney Steel Co. There were 230 employees in 1919. Production ceased in 1926. The furnaces and village were razed in 1936-37. Thereafter the place was called "The Patch". The P.O. opened Dec. 28, 1906 Nathan C. Coyl, postmaster. Population 1930 was 3,200.

JUNEAU, Canoe Twp. at junction of Buffalo, Rochester & Pittsburgh R.R. with Buffalo & Susquehanna R.R. on L.R. 1045. Established ca 1899-1900 by B.R. & P.R.R. as a station and named for Juneau, the capital of Alaska, due to the Klondike Gold Rush. P.O. Mar. 2, 1900 Samuel A. Smith, postmaster; closed Nov. 30, 1903; reopened Feb. 10, 1904; reclosed Mar. 31, 1988.

KEAL RUN village, Banks Twp. noted on USGS map 1942. On T701. May have been named for Jacob Keel, early settler.

KELLER'S MILL (see Ewing's Mill)

KELLER RUN, Montgomery Twp. flows into West Branch of Susquehanna River. May have been named for David H. Keller, an early blacksmith.

KELLEY'S FORD on Conemaugh River, probably at Kelley Station (see) Named for early settlers, John, James and Samuel Kelly.

KELLEY STATION, Conemaugh Twp., noted on <u>Atlas of Indiana Co.</u> (1871) p. 38. Albert G. Kelley and J.I. Miller advertised "Lots for Sale" Apr. 2, 1864 at "Kelley's Station" on W. Pa. Central R.R. A bridge over the Conemaugh River was erected here ca 1886-7. The post offices were variously named Tunnel View, Tunnellsville, Tunnel and Tunnelton (see) due to the nearby canal and railroad tunnels.

KELLYSBURG (see Home)

KELLYSVILLE (see Covode)

KENT Post Office, Blacklick Twp. at Jacksonville (see). Established July 30, 1832. Joseph A. Henderson, postmaster.

KENWOOD, Cherryhill Twp. Rte. 403 was formerly Hustonville (see). P.O. opened Jan. 24, 1882 Laura N. Conover, postmistress; closed Apr. 30, 1908. Penns Manor H.S. was completed here 1960 and an elementary school 1979-80.

KERR (or Carr) RUN, West Mahoning Twp., flows into Mahoning Creek. Named for John Kerr, blacksmith and first postmaster of Smicksburg.

KESSLERVILLE, now Uniontown (see), Green Twp. on Rte. 240 was named for Peter Kessler who platted the village in 1871. The post office was Berringer (see).

KEYSTONE ELECTRIC GENERATING STATION is in Armstrong Co. near the Indiana County line off Rte. 156 Unit #1 began production Aug. 1967 and Unit #2 on July 23, 1968. Ownership is invested in a consortium of electric companies. The visitor center overlook in Indiana Co. opened during the summer of 1967.

KIER'S RUN, Young Twp. was earlier known as Hooper Run (see). Named for early residents, including Samuel Kier who developed the process of refining petroleum.

KILNS RUN, Montgomery Twp., Flows E. into Cambria Co.

KIMMEL Post Office, Green Twp., was established May 22, 1865 at the residence of John Martin; Robert S. Pershing, postmaster; discontinued Mar. 15, 1894. Noted on J.S. Wall R.R. map (1893). Martintown P.O. (see) continued at the same location.

KIMMEL STATION, Rayne Twp. on Buffalo, Rochester & Pittsburgh R.R. off L.R. 4008 betwen Gaibleton and Chambersville.

KINTER HILL, Grant Twp. about halfway between Deckers Point and Rochester Mills, is the second highest elevation in Indiana Co. 2,080 ft. Named for John Kinter, early settler, 1808.

KINTER STATION, Pine Twp. on Cambria & Indiana Railroad near Cambria Co. line. Noted on Pa. Dep't. of Highways "Map of the Public Roads of Indiana County" (1916).

KINTERSBURG, Rayne Twp. near L.R. 1005. Village named for Kinter family, early settlers (John Kinter ca 1808). Isaac Kinter began a store 1854. Site of Kintersburg Covered Bridge, Howe truss 66 ft. long, erected 1877. Gilpin P.O. (see) was located in the store 1863 until it burned March 1886.

KISKIMINETAS PATH, an Indian trail from the Kittanning Path in Armstrong Twp. S.W. to "Warren's Sleeping Place" at Apollo. Named because it led to the Kiskiminetas River.

KISKIMINETAS RIVER forms the S.W. boundary of Indiana Co. from the junction of the Conemaugh River and Loyalhanna Creek opposite Saltsburg to the Armstrong Co. line. An Indian name meaning "plenty of walnuts". As early as 1755 Lewis Evans noted the "Kishkeminetas" was passable for canoes and "has Coal and Salt". French maps marked it "Attique" (see). Declared a public highway by Act of Mar. 9, 1771.

KITTANNING PATH (see Frankstown Path)

LARAYNE (or Lorraine?) S.E. corner of East Mahoning Twp., coal town established by "Lorayn Coal Co." 1922. At one time had 40 houses, 2-room school, &c. the Cherry Tree & Dixonville R.R. terminated here. Origin of name uncertain. One version is that Ralph Boucher opened the mine. He had been in France during World War I and named it for Lorraine, France.

LAVERNE. Data could not be located.

LAUREL RIDGE in the S.E. corner of East Wheatfield Twp. The Conemaugh River cuts through the mountain at this point forming the deepest gorge in Eastern U.S. Rte. 403 from Cramer goes through the Gap.

LAUREL RUN. There are or were six streams of this name in Indiana Co. **1.** Buffington Twp. in N.W. corner of Buffington Twp. on <u>Atlas of Indiana County</u> (1871) flows into Little Yellow Creek. It is "Gilhouser Run" on USGS map (1961), Strongstown Quad. **2.** Cherryhill & Pine Twps. flows W. into Yellow Creek. **3.** W. Wheatfield Twp. flows S. into Conemaugh River at Robinson. Noted on Pa. Dep't. of Highways Map of the Public Roads of Indiana County (1916). **4.** Center & Brush Valley Twps. flows into Blacklick Creek. **5.** Cherryhill Twp. flows S.W. into Yellow Creek. **6.** It appears that the stream now known as Findley Run, which flows south through Cramer, E. Wheatfield Twp., and empties into the Conemaugh River, was known as Laurel Run when Findley erected his gristmill, and when the noble Bros. erected Hopewell Forge and furnace (see vol. I:135,196,617). During canal days there was an aqueduct there (vol. I:328).

LEAH Post Office, location uncertain, opened May 21, 1900 David Brubaker, postmaster; closed June 14, 1902.

LEARN Post Office, Cherryhill Twp. on route of Cherry Tree & Dixonville R.R., established Nov. 22, 1899. John B. Siverd, postmaster; closed June 15, 1911. Smith & Crawford map (1909) notes it as "Leard". Named for Andrew and John Learn, early settlers ca 1824.

LEASURE RUN, South Mahoning Twp., flows into S. Branch of Plum Creek. Another Leasure Run (also spelled Leisure Run) in Canoe & N. Mahoning Twps. flows into Little Mahoning Creek. Solomon Leasure was an early settler.

LEONARD RUN, Pine Twp., flows into Yellow Creek.

LETORT'S TOWN was actually a camp or trading post, also known as "Plumb Tree Bottom" on the north side of Plum Creek, perhaps in Armstrong County not far from the Indiana County line. James LeTort (French Huguenot) is believed to have been trading with the Indians of the area sometime prior to 1727 (see vol. I:32-3). An application for survey on record in Harrisburg is as follows: "3^d April 1769 - George Campbell, Att'y. Upon Plumb creek, known by the name of Jaems Litart's town,..." Another "LeTart's camp" was along Blacklick Creek.

LEVEL VIEW ACRES, a recent housing development in White Twp. S.W. of Indiana and N. of Rte. 286.

LEWISVILLE, Conemaugh Twp. L.R. 3009 was also known as Ebenezer (see). Lewisville P.O. opened Feb. 28, 1840 William Moore, postmaster; closed Feb. 26, 1846, later opened 1852 as Ebenezer P.O. Named for Rev. David Lewis, pastor of Ebenezer Presbyterian Church, 1832-1844.

LICHENTHALER'S FORD was at Blacklick Creek where evidences of an Indian Village were found some years prior to the Civil War (see I:29). The precise location could not be ascertained. Mathias Lichtenthaler was an early elder of Blairsville Presbyterian Church, 1838.

LINCOLN, mining town associated with Commonwealth Coal & Coke Co. 1909. Later known as India, Bruce, or Climax (see).

LIONS HEALTH CAMP (see Camp Orenda)

LITTLE BRUSH CREEK, Brush Valley Twp., flows into Brush Creek.

LITTLE MAHONING CREEK flows through several townships north of the Purchase Line and empties into Mahoning Creek. It was known as Pine Creek on Reading Howell's map (1792) and in Scott's Gazetteer of Pa. (1806). Sir William Johnson's map noted it as "Mahone".

LITTLE YELLOW CREEK, Pine, Buffington & Brush Valley Twps., flows into Yellow Creek.

LITTLETON, Brush Valley Twp., is said to have been named for William Little, a landowner, who gave each of his children a plot of land.

LIVING WATERS CAMP, Green Twp. near Uniontown was built by the Pentecostal Churches in 1939 at a cost of $20,000. Seating capacity 2,500 in the amphitheater.

LOCKPORT AQUEDUCT carried the Pennsylvania Canal over the Conemaugh River from West Wheatfield Twp. to Lockport in Westmoreland County (see I:323-4).

LOCKVALE, Banks Twp. on Bear Run, was a small coal town where Superior Coal Co. had a mine. In some places it is spelled "Lochvale". The post office opened July 2, 1913 James W.A. Roley, postmaster; closed Dec. 31, 1936.

LOCUST LANE Post Office, Canoe Twp., a small community founded ca 1863. The P.O. opened Mar. 3, 1868 William G. Lewis, postmaster. He was also the first merchant. A steam powered sawmill set up in 1872 (20 h.p. engine) had a capacity of 8,000 ft. a day. The Indiana Progress May 15, 1873 said it was named for "a lane with locusts planted on the road side". The place was noted as Roseboro on one map. A 133-ft bridge was erected over a ravine in 1884. The name of the P.O. was changed July 25, 1895 to Locust P.O., Stephen B. Smith, postmaster; closed Nov. 30, 1901; reopened May 5, 1902; reclosed Mar. 31, 1907. Locust Station on the B.R. & P.R.R. was a short distance away.

LOGAN, Banks Twp. near the Montgomery Twp. line, a small coal town ca 1910. The miners worked for the Bear Run Coal & Coke Co. May have been named for Judge James A. Logan. The P.O. was named Madeline (see).

LONG'S MOBILE HOME PARK, White Twp. at intersection of Rte. 286 and L.R. 1003 on Lutz School Road.

LONG RUN, Green Twp., flows E. into Cambria Co. and discharges into Moss Creek.

LONGVIEW ACRES, White Twp. housing development S. of Indiana along Indian Springs Road.

LOOP, West Mahoning Twp. near Mahoning Creek, L.R. 4026. Lysander Barrett settled here ca 1842. An iron furnace called "Loop Furnace" was erected nearby in a loop of the creek, 1847. (see I:518). Noted on Peelor map (1855-6). P.O. Dec. 15, 1885 John M. Gahagen, postmaster; closed Mar. 31, 1959. Loop Covered Bridge erected 1873, destroyed in 1943 flood. It was said "A person can stand on the bluff and throw stones into the creek in two directions, and yet the water has flowed a distance of nearly two miles between the two points."

LOVEJOY, Green Twp. along Cherry Tree & Dixonville R.R. off Rte. 286 and 240. Coal town built ca 1903. P.O. Feb. 24, 1904 Amariah N. Buterbaugh, postmaster; closed Nov. 13, 1919. As early as Mar. 22, 1911 the Indiana County Gazette reported the town to be in a declining state. Named for Frank Lovejoy, mine foreman.

LOWER TWO LICK Post Office, also known as Two Lick Mills P.O. Sept. 4, 1874 James W. Mahan, postmaster; closed Jan. 31, 1882.

LOWRY STATION, Armstrong Twp. near Young Twp. line on B.R. & P.R.R. Elders Ridge extension.

LOYAL RUN, Brush Valley Twp. settled by Robert Weir ca 1776.

LUCERNE or LUCERNE MINES, Center Twp. E. of Rte. 119 near Homer City. A major coal town of the Rochester & Pittsburgh Coal Co. 1906-07. Population 2,721 in 1930. In 1957 Lucerne had 500 employees plus 38 in the electric power plant (which closed Aug. 22, 1964). P.O. Apr. 16, 1913 Jay H. Shields, postmaster. Named for Lucerne, Switzerland, the ancestral home of the Iselin Family, principal stockholders of R. & P. Coal Co.

LUCIUSBORO, Center Twp. L.R. 2018. Mine #1, Brush Creek Mining Co. (an R. & P. subsidiary), opened Aug. 1913. Named for Lucius Waterman Robinson, president of R. & P. At one time had 51 single and 26 double houses.

LYTLE'S RUN, Young Twp. named for William Lytle, early settler ca 1800. Lytle's Siding on B.R. & P.R.R., Elders Ridge.

McCARTNEY RUN, (some maps give McCarthy Run) White Twp., merges with Stony Run. Named for Samuel McCartney, blacksmith and early settler prior to 1800.

McCORMICK HOUSE, South Mahoning Twp. near W. Mahoning line. L.R. 4018. Built by Joshua Lewis ca 1820; owned later by John Kerr Stewart, great-grandfather of James M. Stewart; purchased 1896 by John B. McCormick, noted designer of improved water turbines, who added an imposing stone tower 1902-05. Nearby is McCormick Station on the Buffalo & Susquehanna R.R.

McCREA ROW, Blacklick Twp. on Muddy Run. Named for John & Elizabeth McCrea. Warrant Apr. 3, 1769 called "Anti-Tyrannical".

McHENRY RUN (see McKee Run)

McINTYRE, Young Twp. near border of Armstrong Twp. on L.R. 3031. Coal town developed ca 1910 by Jefferson & Clearfield Coal & Iron Co. (subsidiary of R. & P. Coal Co.) Indiana Progress (Nov. 1, 1916) said town was named for H. Barclay McIntire. P.O. Nov. 17, 1911 George S. Keagle, first postmaster. Methane gas explosion in mine June 30, 1941 killed 7 men and hospitalized 18.

McKEAGE'S STATION, Green Twp. on Cherry Tree & Dixonville R.R. McKeage's Dam on Cush Cushion Creek near Cherry Tree about 150-160 rods from the Susquehanna West Branch was important during the rafting boom. Robert McKeage, owner.

McKEE RUN, White, Rayne and Washington Twps., flows into Crooked Creek at Creekside. Earlier known as McHenry Run named for Isaac McHenry. About 1806 James McKee built a small water-powered mill and thereafter the stream was McKee Run (vol. I:169). Noted on Taylor's 1817 map. For a brief time the new town of Ernest was called McKee's (vol. II:191).

McKEEVERVILLE, Conemaugh Twp. on Rte. 286 between Clarksburg & Saltsburg, founded 1946.

MACK COMMUNITY CENTER, White Twp. s. of Indiana, also known as the Fair Grounds. The county fair was held here for the first time in 1892. At that time it was owned and managed by the Indiana County Agricultural Society. Financial problems during the Depression caused the fair to be discontinued in 1932. J.S. & Edgar M. Mack purchased the grounds at Sheriff's Sale Feb. 26, 1937 and leased them to the Indiana Co. Fair Assoc. The county fair resumed that year. Official dedication as the J.S. Mack Community Center was held July 4, 1951.

MADELINE, post office for Logan, Banks Twp. (see). Established Feb. 28, 1903 Harry S. Boucher, postmaster; closed Feb. 29, 1916.

MADERIA HILL STATION, N.E. corner of Banks Twp. at terminus of a branch line from Bellwood Division, P.R.R. Noted on Pa. Dep't. of Highways Map of the Public Roads of Indiana County, 1916.

MAHERVILLE, Burrell Twp., S.W. of and adjacent to Blairsville. Lots sold 1883. Named for William Maher. Annexed to Blairsville Borough 1890.

MAHONING CREEK rises in Clearfield County, flows through Jefferson County, and enters Indiana County in the N.E. corner of N. Mahoning Twp. Traverses W. Mahoning Twp. where Little Mahoning merges, continues through Armstrong Co. and empties into the Allegheny River. It was declared a public highway from its mouth to Canoe Creek by the Act of Mar. 21, 1808. In the Indian language Mahoning meant "at the lick". The stream was first called "Mohulbucktitum" (see).

MAHONING Post Office, North Mahoning Twp. on Little Mahoning Creek near the W. Mahoning line. James Ewing settled at this location ca 1814 and his son, John Ewing, opened Ewing's Mill P.O. here 1827 (see Ewing's Mill). The actual site of the office moved several times to Georgeville, back to Ewing's Mill and to Ayers (see). Closed Mar. 13, 1874 and continued as Georgeville P.O.

MAHONING TOWNSHIP was formed in 1806 and included all eight present townships north of the Purchase Line. The first election was Mar. 20, 1807 at the house of James Brady. The territory was part of Pine Creek Twp. (see), Lycoming County. Divided in half 1834 and the remainder into four townships 1846.

MANOR, Cherryhill Twp., was a name applied to a small community including a schoolhouse in the center of the Penn's "Cherry Hill" manor (see).

MANVER STATION, Green Twp. N. of Pine Flats at the junction of the Cherry Tree & Dixonville R.R. with the Cambria & Indiana R.R. Erected 1912. The name was coined from the names B. Dawson ColeMAN and J. Heisley WeaVER, officials of the C & I R.R.

MARCHAND, North Mahoning Twp. on Rte. 119, is on land purchased by Archibald Smitten from the Holland Land Co. 1822 and was known as "Holland Town" for a time. Marchand P.O. opened Sept. 28, 1842 John Kelly, postmaster. Named for Congressman Albert G. Marchand.

MARDIS RUN, Buffington Twp., flows S. into Blacklick Creek and was originally Bracken's Run (see). Another stream spelled "Marldis Run" in E. Wheatfield Twp. flows N.W. into Blacklick Creek. Named for Jacob Mardis, early settler.

MARGUS LAKE, Cherryhill Twp., along Rte. 422 at Eastern Orthodox Foundation.

MARION CENTER was founded 1841 as "Marion" on land owned by John Park who chose the name in honor of Revolutionary hero Gen. Frances Marion. The P.O. was Brady (see) until Dec. 26, 1890 when the names were both changed to Marion Center. Incorporated as Marion Borough June 1869.

MARION CENTER AREA SCHOOL DISTRICT was formed July 1, 1951 comprised of E. Mahoning, Grant, Rayne, S. Mahoning, Washington Twps., Plumville & Marion Center Boroughs, and Canoe Independent. Creekside Borough was added later (II:693,696).

MARION CENTER SPEEDWAY, East Mahoning Twp. Founded by David Potts, owner.

MARKET STREET, principal street of Blairsville.

MARLIN'S MILL (see Willet)

MARSH RUN originates in White Twp., flows s. through Indiana and merges with White's Run S. of Indiana.

MARSHALL HEIGHTS, Burrell Twp. S. of Black Lick, was built 1917 for employees of the Marshall Foundry. The foundry was dismantled 1926.

MARSHALL RUN, Conemaugh & Young Twps., flows into Blacklegs Creek and was named for John Marshall, an early settler ca 1768.

MARTINTOWN, Green Twp. on L.R. 1013 was formerly Kimmel P.O. (see). Martintown P.O. Mar. 15, 1894 John D. Martin, postmaster; closed Nov. 30, 1905.

MECHANICSBURG, Brush Valley Twp. on Rte. 56, was laid out by John Taylor for Robert McCormick. First lots sold Sept. 7, 1833. The P.O. (1842) was "Brush Valley" (see). Named as an inducement for craftsmen and artisans, "mechanics", to settle. Incorporated a borough 1857; charter annulled Sept. 1919.

MECO, a small coal patch developed by Center Coal Co.of Indiana ca 1916, probably in Center Twp. along Rte. 954 at edge of Brush Valley Twp. Tipple destroyed by fire Feb. 1930.

MEMORIAL HALL, Indiana (see Clark House)

MENTCLE, Pine Twp. on Rte. 553. P.O. Mar. 16, 1920 Orrin D. Askins, postmaster. The name first suggested was Clement but, since there was another of that name, the last four letters "ment" were transposed. Pa. Dep't. of Highways Map of the Public Roads (1916) indicates "Penn Mary's" as another name.

MIKESELL STATION was a new P.R.R. station at Mikesell's coke ovens (Indiana Times Nov. 28, 1888). George Mikesell built the first coke ovens here 1886. Later the site was sold and Graceton (see) was developed.

MILFORD was mentioned as a new town below Plumville by the Marion Independent May 16, 1885. It does not appear on any maps.

MILLER RUN, Conemaugh Twp., flows into Altman's Run. Christopher Miller's mill on Black Legs Creek near Clarksburg was mentioned in an 1804 advertisement of a tract for sale.

MINTA Post Office, Green Twp., Apr. 29, 1862 Lewis Z. Shaw, postmaster; closed Apr. 11, 1873. Prior to this time the P.O. name was Cookport (see).

MITCHELL'S MILLS, Cherryhill Twp. was named for Dr. Robert Mitchell, owner. The mill was leased Apr. 1, 1824 to A.T. Moorhead. The P.O. opened Mar. 23, 1833. John Clarke, postmaster; closed Feb. 28, 1914. The town was Diamondville (see). In 1838-39 Dr. Mitchell and Edward O'Neil erected a new mill 45 ft. square, three stories, with four runs of burrs.

MITCHELL RUN, Armstrong & Washington Twps., flows into Crooked Creek. Named for John & Samuel Mitchell, who settled prior to 1807.

MOHULBUCKTITUM CREEK, Indian name of Mahoning Creek (see). Means "where we abandon our canoes". Noted on early maps including Lewis Evans (1755) as "Moghulbughkitum", passable with bark canoes "a good Way" towards the Susquehanna West Branch; Scull (1770), Hutchins (1778) and Sir William Johnson.

MONTEREY, Montgomery Twp. ca 1851 (see Gettysburg & Hillsdale) Monterey, Mexico, figured prominently in the actions of the Mexican War.

MONTGOMERY TOWNSHIP created by a division of old Mahoning Township north to south, allocating the eastern half to Montgomery. Surveyed June 24, 1834. Named for John Montgomery, Revolutionary veteran and member of George Washington's life guard, who owned a large tract in this area.

MONTICELLO, housing development in White Twp. w. of Indiana. Named for Thomas Jefferson's home.

MOORHEAD'S MILL on Stony Run, White Twp. was built by Samuel Moorhead in 1774 (vol. I:83).

MOORHEAD SETTLEMENT, White Twp. w. of Indiana along Rte. 422 was settled May 1772 by Fergus Moorhead and others. Because of Indian attacks a blockhouse was erected ca 1781 or later. (vol. I:83, 118).

MOOWEEN Post Office, Conemaugh Twp. Jan. 30, 1908 Elmer C. Hackedorn, postmaster; closed May 15, 1953. Previously it was known as White Station (see) and earlier as Great Salt Works or Salt Works (see).

MOORISON SIDING, East Mahoning Twp. N. of Marion Center on B.R. & P.R.R. Noted on Smith & Crawford map (1909). Named for Charles Morrison, landowner.

MORROW, North Mahoning Twp. on Buffalo & Susquehanna R.R. Noted on Strum map of Pa. (1915), State Highway Commission. Dr. John W. Morrow owned 300 acres and other real estate.

MUDDY RUN. There are three streams of this name. The Samuel Caldwell Warrantee Survey (C36-117) says the forks of the Kittanning & Venango Paths in Green Twp. was "Situate on Muddy Run..." This now seems to be the South Branch of Two Lick Creek (see I:46). Muddy Run in Center & Blacklick Twps. flows into Blacklick Creek. Taylor's 1817 map identifies it as Gibson's Run (see). Muddy Run, White Twp. (?).

MUDLICK RUN, North Mahoning Twp., flows into Little Mahoning Creek. William Dilts erected a mill on this stream, 1809. Mudlick Run, Washington Twp., flows into the S. Branch of Plum Creek.

MUSSER LAKE, Rayne Twp. along Rte. 119 at Musser Nurseries and near Grove Chapel Lutheran Church. The lake covering 30 acres was completed 1953 and named for Fred Musser, one of the stockholders of Musser Forests Inc.

NASHVILLE, Grant Twp. at junction of L.R. 1034 with L.R. 1037. Founded 1872, named for William Nash Prothero who opened first store. Steam sawmill of James Barkey, 1873. By 1874 there were also a hotel, smithy, shook shop, shingle mill, carpenter & wagon shop, and school. Site of covered bridge erected 1878. The P.O. was named Ord (see).

NEAL RUN, Young Twp., flows into Reed's Run. Named for William Niel who settled ca 1790.

NESBIT RUN, Young Twp., flows into Black Legs Creek. Nesbit Run Jct. on an extension of the B.R. & P.R.R. Elders Ridge Line, 1906. Site of Iselin #4 mine.

NEW LANCASTER, laid out ca 1839 by Isaiah Bartlebaugh in what is now the eastern part of Cherry Tree. Named because Bartlebaugh came there from Lancaster County, Pa.

NEW WASHINGTON, West Wheatfield Twp. on Rte. 22. James Downey petitioned in 1845 to open a house of public entertainment (tavern). Noted on Peelor map (1855-6). Due to confusion with Washington, Pa. the P.O. was named Clyde (see) when it opened in 1882. Noted on Atlas of Indiana County (1871) p. 43.

NEWMAN'S MILL, now Cherry Tree. In 1833 Peter Newman purchased a grist mill which had been erected 1826-7 by William Sebring. He named the village Newman's mill and was the first postmaster of Newman's Mill P.O. when it opened Jan. 3, 1842. On Nov. 10, 1864 the name was changed to Grant P.O. (see). Also see Cherry Tree.

NEWPORT, Blacklick Twp. on Conemaugh River, was founded 1790 and was the first town in Indiana County, laid out by Robert Cochran for Alexander Denniston. It was thought navigation on the Conemaugh River was feasible at this point, which would be a "new port", and that it would be the terminus of the Frankstown Road. Instead the road bypassed Newport in 1791 when it was extended to Pittsburgh. The P.O. opened April 1810, Thomas N. Sloan, postmaster; closed 1818. Noted on Taylor's map (1817). The town gradually faded away. There were only six dwellings by 1833 and by 1865 only ruins were left.

NEWVILLE, Washington Twp., is now Creekside (see). Newville was laid out 1854 by David Peelor for John Weamer. Noted on Peelor's map 1855-6. July 4, 1855 was celebrated at a stand along the banks of Crooked Creek.

NICHOLSBURG, or "Nicollville", West Mahoning Twp. was said to have been laid out 1817 by John Nicoll but "not a house was ever erected" (Arms & White, 486). However, it continued to appear on several maps until as late as 1848. Gordon's Gazetteer of Pa. (1833) said it had six or eight dwellings, a store, tavern and mill. Taylor's map (1817) located it at the forks of the Mahoning and Little Mahoning Creeks.

NINEVEH, East Wheatfield Twp., was platted in 1832 by William W. Wakefield. The name is said to have been used by two merchants, Henry Noble and William Lapsley. There was a Methodist meeting house by 1840. In 1867-8 a covered bridge was erected over the Conemaugh River. Nineveh Station on the P.R.R. main line was on the Westmoreland Co. side. Earlier the site was known as Rodgers' Mill (see). The city of Nineveh had been condemned by God to be destroyed for its evil ways. Jonah was sent to preach there, the people repented and were spared (Jonah Chap. 3).

NOLO, Pine Twp. on Rte 422 was known as the "Stone House" ca 1849 (see). In 1863 (Apr. 20) it became a P.O., Josiah Lydick, postmaster, and continued until closed Aug. 31, 1923. The name signifies "no low ground" (elevation 1,942 ft.).

NORTH MAHONING TOWNSHIP was created by a division of Mahoning Township in 1846.

NORTH PLAZA, White Twp. adjoining Indiana via Fourth St. A shopping center.

NORTH POINT, West Mahoning Twp. on L.R. 4026 was formerly Sellersville where the first house was erected by Philip Enterline in 1849 and a mill 1850. There was said to have been a cellar under every house, hence "Sellersville". In 1863 there was a store, John & G. Goheen, proprietors. North Point P.O. opened Feb. 16, 1874 John Goheen, postmaster and the Indiana Progress (Nov. 12, 1874) noted that the town aspired to be the county seat of a new county. Named due to being one of the most northern points in Indiana Co.

NORTH SUMMIT, Banks Twp., P.O. Dec. 6, 1889 Charles S. Simmers, postmaster; closed June 14, 1902. Also known as Hillman Station.

NORTHVIEW ESTATES, White Twp. trailer court N. of Indiana.

NOWRYTOWN, Conemaugh Twp. on L.R. 3019 and T307. Founded 1883 (Indiana Times Mar. 14, 1883) and named for Samuel H. Nowry, owner of the land. P.O. June 30, 1890 William E. Robinson, postmaster; closed Aug. 15, 1918 (also see Wallopsburg).

O'HARA, South side of Blairsville, laid out by William Maher probably some years prior to 1865. Annexed to Blairsville Borough 1890. May have been named for James O'Hara, an early settler; whose will was recorded in December 1808 (Indiana Co. Will Book 1, pp. 9, 21).

OAK TREE STATION, East Mahoning Twp. on B. R. & P.R.R. (see Hamill).

OAKES POINT or Cedar Point, Burrell Twp. peak on Chestnut Ridge overlooking Packsaddle Gap. Purchased 1969 by W. Pa. Conservancy. Noted on Atlas of Indiana County (1871) p. 40. Edward Oakes, a soldier of the War of 1812 and Mexican War, was an early settler.

OKLAHOMA (see Coral)

OLD HOME MANOR, Brush Valley Twp. adjoining Rte. 56. 1,676-acre estate of James S. Mack, sold August 1970 to William G. Leasure.

ONBERG Post Office, Rayne Twp. on L.R. 1005, was opened July 14, 1868 in the store of George Houck, first postmaster; closed Mar. 30, 1907.

ORD Post Office (Nashville) Grant Twp., opened May 12, 1884 Joseph L. Widdowson, postmaster; closed June 15, 1907.

OTZINACHSON, said to have been the name given by the Susquehannock Indians to the Susquehanna West Branch.

OX HILL, South Mahoning Twp. near Plumville at intersection of Rte. 85 and 210. Site of an old-time school and later the Ox Hill Fair beginning Oct. 10, 1936. At the time of oats harvest in 1863 Zachariah Spencer and his sister were driving an ox team up the steep hill with a heavy load of oats when a violent storm broke. The animals were urged beyond their strength and collapsed on the hill and died. The boy was so shocked that he went to bed and died a short time later. The grieving father requested the school be named Ox Hill.

PACKSADDLE GAP between Indiana and Westmoreland Counties in the Chestnut Ridge where the Conemaugh River cuts its way through. Said to resemble a saddle pack. Prior to construction of the Pa. canal, rafting through the gap was very dangerous due to rocky obstructions at Spruce Bend and Packsaddle Falls (see III:68-73). Construction of the Pa. Canal in 1829 required two slackwater dams, two guard locks, and six lift locks to overcome these problems.

PAINTER Post Office Feb. 26, 1849 William Carnahan, postmaster. Name changed to East Centerville. July 21, 1849; closed March 12, 1856. Probably in E. or W. Wheatfield. Atlas of Indiana Co. (1871) shows "Painters coal bank" and "I. Painter". William Carnahan was one of the Indiana County commissioners to erect a bridge over the Conemaugh River at Centerville (Act of Mar. 2, 1848).

PAINTER RUN, Montgomery & Green Twps., flows into Cush Cushion Creek. Another Painter Run, originates in Jefferson and flows into Canoe Creek just over the county line in the northern part of Canoe Twp. The early settlers often referred to panthers as "painters".

PALMER RUN, Burrell Twp., flows into Black Lick Creek. Named for early settlers.

PALMERTON (or Palmertown), Burrell Twp. on L.R. 2017 adjoining Black Lick. Named for Johnston Palmer, early land owner.

PARKWOOD, Armstrong Twp. at intersection of L.R. 3022 and L.R. 3037. Laid out as Stewartsville by Thompson McCrea Jan. 1, 1848 for William Anderson Sr. and named in honor of Archibald Stewart. The first improvement at the site had been made by James Stewart in 1837. Parkwood P.O. opened Aug. 31, 1870 William Calhoun, postmaster; closed Feb. 15, 1930.

PATCH, THE (see Josephine). Name sometimes applied to small, decaying coal towns.

PEAK (see Pike's Peak)

PEHOLAND, an Indian village or camp in Center Twp. on W. side of Two Lick Creek opposite Homer City. Referred to in several warrantee surveys, such as C 123-289 for Charles McGuire, described as including "Neakpeckoland's Camp". Trails to this camp were called "Peholand Path". An 1808 letter to Joseph McCartney mentions "Peholand Run".

PENN'S MANOR (see Cherry Hill Manor). Penns Manor Joint School District comprising Clymer Borough, Pine & Cherryhill Twps., was organized 1955 (vol. II:694, 696).

PENN MARY (see Heilwood and Mentcle)

PENN RUN, Cherryhill Twp., flows into Two Lick Creek. Name derives from the Penn heirs "Cherry Hill" manor.

PENN RUN, Cherryhill Twp. on Rte. 553 was founded by William Evans who laid out lots in 1838 and called the town "Greenville" (see) because it was then in Green Township. The P.O. was Penn Run, opened June 13, 1839 Andrew Wiggins Jr., postmaster. Named for the stream. Noted on Peelor map (1855-6), both names.

PENN VIEW MOUNTAIN, point on Chestnut Ridge where Rte. 22 crosses. The Civilian Conservation Corps erected a fire tower here in 1935, later removed.

PENN VIEW MOUNTAIN RAILROAD, Burrell Twp., was initiated in 1964 as a tourist attraction and officially opened by Sloan Cornell in 1965. It was 2 1/2 miles long ending at Oakes Point overlooking the Packsaddle. The last run was in November 1973 and in July 1976 everything was moved to Gettysburg, Pa.

PENNSYLVANIA CANAL, Western Division, followed the course of the Conemaugh River, partly in Indiana County, partly in Westmoreland County. Full account in vol. I:316-342, 562-569. List of canal structures in Stephenson, Pa. Canal (1961).

PENNSYLVANIA RAILROAD (see I:549-556,559-561;II:107-110,312-314, 437-439,653-655). The history of this railroad begins in Indiana Co. 1850 and ends with bankruptcy 1970.

PERRY'S CAMP (see I:36-7)

PETERMANTOWN, Rayne Twp. on N. side of Crooked Creek near site of Peterman Mine ca 1917-1926. Crooked Creek Baptist Church is close by. Ten houses. Population 50 in 1920. Probably named for J. Peterman who had a coal bank here in 1871.

PHILADELPHIA STREET, main street of Indiana named in honor of George Clymer, donor of 250 acres for the county seat, whose home was in Philadelphia.

PHILLIPS' MILL Post Office, named for Armour Phillips Sr. owner of the mill, was established Aug. 28, 1857 Hugh Mullen, postmaster; closed Jan. 29, 1874 and transferred to Homer City (see). Later incorporated into Homer City Borough.

PICKERING RUN, East Mahoning Twp., flows into Little Mahoning Creek. Named for Charles Pickering, an early absentee land owner.

PIGTOWN, Green Twp. ca 1909. Pigs raised in area.

PIKE'S PEAK, Cherryhill Twp. on Rte. 422, was said in 1882 to be "fast looming up as a business point". (Indiana Times Aug. 30, 1882). The name was probably an allusion to Pike's Peak, Colorado. The P.O. opened Oct. 25, 1889 Robert Dinwiddie, postmaster; closed Sept. 1, 1892. It reopened as "Peak P.O." Jan. 7, 1901 with Dinwiddie as postmaster again; closed July 15, 1910. Site of Pike's Peak Nursery.

PINE CREEK (see Little Mahoning Creek)

PINE CREEK TOWNSHIP, a vast township created in 1785 by the Northumberland County Court and transferred to Lycoming County in 1795. Included all of Indiana County's present eight townships north of the Purchase Line.

PINE FLATS, Green Twp. on Rte. 580. Pine Flats Academy initiated 1852; Evan Williams store 1860. P.O. opened July 14, 1868 Phillip J. Arthur, postmaster; closed Nov. 30, 1912. Named for predominance of pine in area.

PINE RIDGE PARK, Indiana County park in Burrell Twp. 630 acres, opened July 1, 1971. N.E. of Blairsville adjacent to Rte. 22.

PINE RUN, East Mahoning & Rayne Twps., flows into Crooked Creek.

PINE TOWNSHIP created 1850 by a division of Green Twp.

PINETON Post Office, Pine Twp. Rte. 403 at intersection with T-585. P.O. opened May 8, 1896 Albert J. Farabaugh, postmaster; closed Mar. 31, 1909.

PIONEER LAKE

PLEASANT HILLS, White Twp. housing development N. of Indiana at top of Bryan Hill adjacent to Rte. 119.

PLEASANT VALLEY, Green Twp., now the site of Commodore, was a "new village built within a few years..." (Indiana Times June 14, 1882). "It is said that Pleasant Valley, Green Township, will be the site of a new town." (Indiana County Gazette Sept. 2, 1903).

PLEASANT VALLEY, White Twp. N. of Indiana and E. off Rte. 119 at foot of Bryan Hill.

PLUM CREEK originates in the North and South Branches (E. & S. Mahoning, and Washington Twps.) which unite in Armstrong County and flow into Crooked Creek. There is some disagreement about the name. Early maps such as Sir William Johnson's, Scull (1770), Reading Howell (1792) and Scott's gazetteer (1806) all spell it "Plumb Creek". Other sources think Plum derives from the Indian word "Sipu-as-hanne" (a stream in the place of plums). In 1756 Hugh Mercer survived for a time on wild plums in a "plumb bottom" which may have been Plum Creek; therefore "plumb" may have been an old spelling of plum. Reading Howell designates the North Branch "Finney's Run" (see).

PLUM CREEK Post Office began Nov. 23, 1838 David Peelor, postmaster; closed Sept. 13, 1843. Location uncertain.

PLUMB TREE BOTTOM (see LeTort's Town)

PLUMVILLE, South Mahoning Twp., Rte. 85. Noted as "Plumbville" on Harrison map (1847) and Morris map (1848). P.O. July 21, 1853 Philip Mikesell, postmaster. Borough incorporated 1909. Name derived from Plum Creek.

POET'S VILLAGE, housing development, White Twp. on Shelly Drive S. of Rte. 422 and W. of Indiana. Constructed probably 1975.

POMPEY RUN, Greel Twp., flows into N. Branch of Two Lick Creek.

POSSUM GLORY, Pine Twp. near Heilwood along Rte. 403. First reference is in Indiana Times Jan. 15, 1890. "Possum's Glory". The name was the idea of Edmund Randolph Sutton (1848-1923) while employed at J.M. Guthrie's Mills. About 1901 the Possum Glory Coal & Coke Co. owned 8,000 acres of coal. The railroad reached here in 1903-04; first train Dec. 12, 1904. The station was Possum Glory Junction until May 1912 when it was changed to Heilwood. The place was also known as "Glory" in the 1920's when a sub-station of Penn Public Service Co. had that name.

POWELL RUN, Montgomery Twp., flows into Shryock Run. John Powell, early settler.

PROSPERITY HILL, Green Twp. First house erected prior to 1880 by Peter Wilson Kinter.

PURCHASE LINE, the. This was the line of demarcation between lands claimed by the Six Nations Indians and lands purchased by the Province of Pa. at the First Treaty of Fort Stanwix Nov. 5, 1768. It ran from "Canoe Place" (Cherry Tree) to a point on the Allegheny River above Kittanning. It was surveyed by George Croghan in Spring 1769 and trees blazed on both sides, comprising a zone 50 feet wide. At the Second Treaty of Ft. Stanwix in 1784 the rest of the Indian lands north of the line were purchased.

PURCHASE LINE ACADEMY, Green Twp. near Purchase Line village, was founded 1873, closed 1918. Site marked by a bronze tablet. It was probably the last of the old-time academies. Purchase Line School District, formed 1954, continues the name. It comprises Green & Montgomery Twps. and Glen Campbell Borough plus five districts in Clearfield Co. (II:693,695-6).

PURCHASE LINE STATION, Green Twp., was located s. of Purchase Line village on the Cherry Tree & Dixonville R.R. Noted on Smith & Crawford map, 1909.

PURCHASE LINE village, Green Twp. adjoining Rte. 286, had a post office which opened July 14, 1862 Samuel M. Huston, postmaster; closed June 15, 1911.

RADAKER Post Office opened Oct. 18, 1893 James Radaker, postmaster; closed Dec. 17, 1898. Location unknown.

RAIRIGH RUN, Grant Twp., flows into Little Mahoning Creek. Named for George and Samuel Rairigh, founding members of the Brethren (German Baptist) church, who moved here ca 1845.

RAMSEY RUN. There are three streams of this name. One in W. Wheatfield Twp. flows into Blacklick Creek. Another in E. Wheatfield Twp. also empties into Blacklick Creek. Ramsey's Run in White Twp. flows into Two Lick Creek. On this run about half a mile above the mouth was located the "two licks" on a tract surveyed in 1773 for Elijah Brown (I:35).

RANKIN RUN, location uncertain, was mentioned on an 1826 map of points on a State road from Indiana to Blairsville. It may have been in Blacklick Twp. (I:344) William Rankin settled here 1794.

RANKINSVILLE, Montgomery Twp., was the site of a July 4th celebration (Indiana Weekley Register July 22, 1856). Named for William Rankin.

RANSON STATION, a flag station on the Indiana Branch, P.R.R., established 1883 between Rugh and Homer City. Noted on J.S. Wall railroad map of Pa. (1893). Named for William Ranson, supervisor of the Indiana Branch, who resided in Blairsville, and for whom Ranson Avenue in Blairsville was named.

RAYNE Post Office was at two sites in Rayne Twp. The first opened Feb. 5, 1862 on the Indiana-Punxsutawney Road, George Wolf, postmaster; closed May 31, 1866. Reestablished June 26, 1897 between Marion Center and Dixonville, Rte. 403; closed Aug. 31, 1905. Noted on USGS map (1902)

RAYNE RUN, Rayne Twp., flows into Crooked Creek. Named for James Rayne, an early settler (1786) who went down the Ohio and Mississippi Rivers to New Orleans about 1791 and died ca 1799-1800 on the return trip.

RAYNE TOWNSHIP organized Sept. 1845 from parts of Washington and Green Twps. The Indiana Republican Dec. 31, 1845 said "That name was suggested by the circumstance that a man by the name of 'Rayne' at a very early day built a cabin within the bounds of the new township, on the north side of Crooked Creek. He was, we believe, the first settler in this section of the country."

RAYTOWN, Banks Twp. on N.Y. Central R.R. near Clearfield Co. line. Noted on USGS map, 1942.

REAKIRTSDALE, Banks Twp. adjoining Glen Campbell. Site of mine operated by Reakirtsdale Coal Co.

RED BARN, Center Twp. along Rte. 119 near Homer City. Formerly a large red barn owned by Mr. Guthrie stood here.

REDDENS RUN, Washington and S. Mahoning Twps., flows into S. Branch of Plum Creek. Noted on Strum map (Pa. State Highways), 1915. USGS Plumville Quad. shows "Redding's Run".

REED Post Office established Sept. 16, 1907 in company store, Whiskey Run, Young Twp., Leonard K. Fassett, postmaster; closed Nov. 30, 1928. Name derived from Reed's Run. Noted on Smith & Crawford map, 1909.

REED'S JUNCTION, Young Twp. s. of Reed P.O. on Elders Ridge Branch, B.R. & P.R.R. Noted on Smith & Crawford, 1909.

REED STATION, White Twp. on Indiana Branch, P.R.R., two miles s. of Indiana. Named for Charles Reed, owner of the land, who d. Dec. 2, 1860. Noted on J.S. Wall railroad map of Pa., 1893.

REED'S RUN, Armstrong and Young Twps., flows into Altman's Run. Noted on USGS map, 1904. Taylor's 1817 map of Indiana Co. designates it "Hardin's Branch". George Reed & Wallace erected the second steam mill in Indiana Co. 1839.

REGENCY MALL, shopping center, White Twp. adjoining Indiana on S.W. Branch of Indiana Post Office opened here Feb. 6, 1970; closed Nov. 29, 1974.

REISING RUN, East Wheatfield Twp., also spelled "Risinger Run" on some maps, merges with Findley Run.

REMBRANT STATION, Cherryhill Twp. on Cherry Tree & Dixonville R.R. between Clymer and Dixonville. Victor #26 mine nearby. Named for Rembrandt Peale, a major stockholder affiliated with the Clearfield Bituminous Coal Corp.

REPINE RUN, Green Twp., flows into S. branch of Two Lick Creek.

REXIS, Buffington Twp. on Cresson Division, P.R.R., near Cambria Co. line. P.O. Aug. 9, 1901 George W. Campbell, postmaster; closed Aug. 14, 1909. Site of large Vintondale Lumber Co. yard. Noted on USGS map, 1907. Named for Rex Family which owned part of the land at one time.

RICHARD'S FALLS, dangerous rapids in the Conemaugh River, mentioned by T.S. Reid in 1882 (III:69, 70). Probably near Richard's Run.

RICHARD'S RUN, West Wheatfield Twp., flows into Conemaugh River. Noted on Taylor's map of Indiana Co., 1817.

RICHMOND, Grant and Canoe Twps. (see Rochester Mills) was Simpson's Mill prior to 1862. About that time the place acquired the name Richmond. There are two or three explanations for the name. One is that

John C. Rochester, the first merchant in the vicinity, was born in Virginia in 1815. Another, that it was merely a result of excitement of the Civil War. Daniel Potts, a lifelong resident, at age 90 was interviewed by a member of the Hist. & Genealogical Soc. of Indiana Co. (June 1950). He said "some of the people were in favor of the South. A man by the name of Black came along and named the village Richmond..." A former Richmond minister ca 1875, Rev. J.H. Pershing, wrote in 1928 "I heard that there were a few men that resisted the draft, and about half of a company of United States Soldiers were sent there in 1863 to carry out certain orders...I was acquainted with Aaron and Josiah Work who knew about those who resisted the draft." On Apr. 10, 1873 an Indiana Progress correspondent signed "A.B." wrote that Richmond had 1 grist mill, 2 saw mills, 2 stores, 1 church and another being built. "She is the namesake (though her spirit is different) of fallen Richmond, Va." The name persisted a long time. In 1921 a public meeting voted to incorporate the "Farmers & Miners Bank of Richmond".

RICO, Brush Valley Twp. on Rte. 259. P.O. Sept. 15, 1899 Margaret Empfield, postmistress; closed July 15, 1910. Noted on USGS map, 1902.

RISHELL RUN, Canoe Twp., flows into Little Mahoning Creek. Christopher Rishell bought 100 acres in Canoe Twp. 1852.

RISINGER, Center Twp. probably at Risinger School on old Rte. 119 N. of Homer City. Risinger School District. 1st bldg. 1855. Michael Risinger settled 1824.

ROARING RUN, Conemaugh Twp., flows into Conemaugh River. Another in W. Wheatfield Twp. also flows into Conemaugh R. Both noted on Taylor map of Indiana Co. 1817.

ROBERTSVILLE, S. E. Canoe Twp. along Little Mahoning Creek. Founded ca 1841 and named for Robert Roberts Jr. Noted on Peelor map (1855-56) and Atlas of Indiana Co. (1871) p. 10. It is said that Roberts erected a saw mill here, a two-story frame house of eight rooms, and a log cabin. By 1880 there was only one house and the residents had departed. The William Widdowson circular saw mill, first of its kind in the county, was located here in 1868 f. Capacity 6000 ft. of boards a day.

ROBINDALE, East Wheatfield Twp. on P.R.R., also known as Smokeless P.O. (see). Mine opened 1914 by Conemaugh Smokeless Coal Co. Abandoned after the disastrous July 19, 20, 1977 flood.

ROBINDALE HEIGHTS, East Wheatfield Twp., a new community established after the July 1977 flood for former residents of Robindale.

ROBINSON, West Wheatfield Twp. on P.R.R. and Rte. 259, formerly Garfield in honor of President James A. Garfield. Garfield Fire Clay Co. first brick plant erected 1889 by William I. and Thomas J. Robinson. Town platted 1896 by D.E. Moorhead, civil engineer; however settlement appears to have begun ca 1880, probably by people working at the refractories across the river in Bolivar. By Apr. 20, 1887 the Indiana Times noted a "building boom" at Garfield, over 80 lots sold within the past few months. On June 17, 1891 the Times reported the death of Elliott Robinson June 10, 1891 "A few years ago he located the town of Garfield on his farm..." The P.O. opened Jan. 27, 1902 Robert B. Bowser, postmaster; named for Irvin Robinson, the original landowner, a British soldier during the Revolution, who came to America after the war and settled on the tract. The above Robinsons were descendants.

ROBINSON RUN, Conemaugh Twp., flows into the Conemaugh River about at Edri. Named for Robert Robinson who acquired a tract called "York" Feb. 25, 1780 - 210 acres.

ROCHESTER MILLS, Grant and Canoe Twps., was earlier Simpson's Mill, then Richmond (see). The post office was named Rochester Mills when it opened July 25, 1871, John C. Rochester, postmaster. He was the first merchant in 1866. An advertisement Aug. 1, 1866 by Mr. Rochester in the Indiana Weekly Register, headed "Stave Makers Wanted" stated "at Rochester's Mills - late Simpson's". The place was a stronghold of the Greenback-Labor movement, 1878-79 (II:9,10,14,15).

ROCK RUN, Montgomery Twp., flows E. into Clearfield Co. Rock Run School was located nearby. Another Rock Run flows into the S. Branch of Two Lick Creek.

RODGER'S MILL, East Wheatfield on the Conemaugh River was constructed ca 1784-85 for Isaac Rodgers by Robert Work, a noted wheelwright of the time. It was the only "dry weather" mill in a wide area, attracting people from as far as 40 miles when other mills were silenced by lack of water. On Feb. 12, 1802 Rodgers petitioned to erect a wing dam in the river. By 1832 the community was known as Nineveh (see).

ROLLING MEADOWS, White Twp. w. of Indiana, a housing development along Barclay Rd.

ROMANETTO CREEK, another name for Kiskiminetas River, noted on John Mercer's map of Ohio Company lands: "Romanetto or Kiskomenetto Creek", Nov. 6, 1752.

ROSEBORO, Canoe Twp. (see Locust lane P.O.) May have been named for Allen Rose who came 1842.

ROSE RUN, Cherryhill Twp., flows into Yellow Creek.

ROSE TERRACE, housing development in E. part of Indiana Borough.

ROSS RUN, S. and E. Mahoning Twps., flows into Little Mahoning Creek. Named for John Ross, an early Indian trader.

ROSSITER, Canoe Twp., founded 1900 by Clearfield Bituminous Coal Corp. Named for William Rossiter, treasurer, and a major stockholder of the company. P.O. opened Oct. 19, 1900 Martin H. Haines, postmaster. It reached its peak about 1929-30 when the population was 3,620 and was one of the major mining towns of Indiana Co. Also see Smyerstown.

ROSSMOYNE, S. Mahoning Twp., also known as Frantz's Mill. Grist mill erected 1830 by Isaac Lydick, purchased by Frantz 1856. Burned Oct. 16, 1892. Rebuilt and burned again July 1939. Probably named for Ross Run.

RUGH STATION, Blacklick Twp. on Indiana Branch, P.R.R. Named for Christian Rugh, early landowner.

RUMMEL RUN, E. Wheatfield Twp., flows into Blacklick Creek. Noted on USGS map, 1907.

RUNNING BROOK, housing development, White Twp. near Warren Rd. w. of Indiana.

RUSSEL'S FORD, Conemaugh River, mentioned in Road Docket No. 1, Sept. Term 1816.

RUSTIC LODGE, White Twp. s.w. of Indiana on Rte. 286. Developed late 1920's by Leslie Pattison. Restaurant, dance hall, pavilions, gazebos, picnic shelters, wild animals. Rustic appearance due to log construction. Acquired 1947 by Tony Ricupero who enlarged and modernized it over a period of time. Banquet capacity 1,000.

ST. PATRICK'S CHURCH, Pine Twp. in area known as "Cameron's Bottom". First Roman Catholic Church in Indiana County erected 1820-21 (log). Small stone church 1827-29. The land was deeded by Mark Wilcox of Delaware Co. to Rt. Rev. Michael Egan, Bishop of Philadelphia Sept. 5, 1810.

ST. PETER'S CHURCH, Blairsville, erected 1830. First Episcopal Church in Indiana County and now the oldest standing church structure in the county. Congregation organized 1828.

SALSGIVER RUN, Canoe and Banks Twps., flows into N. Branch of Little Mahoning Creek. Named for George Salsgiver, an early settler.

SALT WORKS (see Conemaugh Salt Works and Great Salt Works).

SALTSBURG, founded by Andrew Boggs who offered lots in "Saltzburgh" for sale Nov. 4, 1816. Named for the early salt industry along the Conemaugh and Kiskiminetas Rivers. Noted on Taylor's map (1817) as "Saltzburg". P.O. opened May 9, 1828 Philip Meckling, postmaster. Borough incorporated 1838. Covered bridge 1840.

SAMPLE RUN, Cherryhill Twp., flows into Two Lick Creek.

SAMPLE RUN Post Office, formerly Howearth's Mills, was included with Clymer Borough when it was incorporated in 1908. Prior to then it was a post office established Dec. 12, 1899 in the store of James W. Howearth, postmaster; closed Mar. 30, 1907. A grist mill was erected sometime prior to 1853 by John Howearth and a new saw mill in 1857 by Samuel Howe, Jr. The Cherry Tree & Dixonville R.R. reached this point 1906. Clearfield Bituminous Coal Corp. opened Sample Run mine, 1905. The mine explosion here in 1926 took the lives of 44 men - the worst mine disaster in Indiana County's history.

SAVAN, E. Mahoning Twp., was the railroad station near Rochester Mills. An item in the Indiana County Gazette June 10, 1903 said the B.R. & P.R.R. named the station at Richmond "Savan", an Indian name for valley. Since 1842 there had been a mill at this place, converted ca 1888 to the roller process and known as "Savan Roller Mill". Savan Coal Mining Co. opened a mine nearby in 1912 connected by a narrow gauge railroad to the B.R. & P. tracks at Savan Station. A WPA dam was constructed in 1938 in Little Mahoning Creek.

SCOTLAND, Young Twp., named for the native land of Andrew Cunningham who founded the settlement. Location uncertain. It does not appear on any of the early maps.

SCOTTGLEN, extreme S.E. corner of Brush Valley Twp. in a loop of Blacklick Creek. Coal town ca 1914-15. About 25 houses at one time, now a ghost town. A short spur from the Cresson Division, P.R.R., led to it. Scottglen Station, Buffington Twp. was N.E. about a half mile.

SEAMENTOWN, _____ Twp., may have been named for Andrew H. Seaman (1887-1974), grocer and landowner.

SELDOM SEEN, Green Twp., described as a new lumber town near Grisemore, was damaged by fire May 1, 1901.

SELLERSVILLE (see North Point)

SHADOWOOD VILLAGE, approximately 110 homes in White Twp. S.W. of Indiana along Warren Road and between Rtes. 422 and 286. Founded 1956. An upper-income housing development in 1956. Name said to have been inspired by the shade of an old apple orchard.

SHAFFER'S ISLAND in Conemaugh River on eastern side of Chestnut Ridge. Location of Pa. Canal dam and guard lock #1.

SHAMOKIN PATH, an Indian trail coming from Jefferson County S. of Fordham to the W. of Trade City thence to Smicksburg and Dayton (Armstrong Co.) Shamokin was an old Indian town, now Sunbury, Pa.

SHANKTOWN, Green Twp. on Cherry Tree & Dixonville R.R. L.R. 1012. Mining town founded by Greenwich Coal & Coke Co. ca 1904 when the railroad arrived. Mine explosion in 1924 took the lives of 36 miners.

SHARP'S MILLS, Armstrong Twp. (see Shelocta)

SHARP'S SIDING, or Sharp's, S.E. corner of Center Twp. on Cresson Division, P.R.R. Noted on Pa. Dep't. of Highways map of Indiana Co., 1916.

SHARPSBURG, S. Mahoning Twp., also known as East Plumville, near intersection of Rtes. 85 and 210. Noted on Smith & Crawford map, 1909.

SHAVER'S SLEEPING PLACE, White Twp. at the "two licks" along Ramsey Run (see Two Licks, the).

SHAVER'S SPRING, Indiana, formerly known as McElhaney Spring, now incorporated into the Student Union Bldg. on Indiana Univ. of Pa. campus. Named for Peter Shaver, an unscrupulous, villainous Indian trader. Noted on the William Brown warrantee survey (C8-24) as "Spring". It is believed the Catawba and Kittanning Indian trails crossed at this point where at one time there had been a circle of trees painted with "warrior's marks". In 1756 this was, by tradition, the place where the Armstrong expedition obtained water (I:35,46,62) and has, therefore, also been called "Armstrong Spring."

SHAWANESE CABINS, or "Shawanese Bottoms", Green Twp. on S. Branch of Two Lick Creek about half a mile above the forks. Location of a small settlement of Shawnee Indians. Noted by Conrad Weiser in his journal Aug. 23, 1748 (I:39).

SHAWNCY BRANCH of Two Lick, Green Twp., probably the North Branch of Two Lick Creek. Noted by John Taylor on his 1817 map. The name appears to be a misspelling of Shawnee.

SHEARWOOD TERRACE, housing development in Burrell Twp. N.W. of Blairsville along Rte. 217. Named for Irvin Shearer.

SHELOCTA, Armstrong Twp. was formerly Sharp's Mills where in 1822 Thomas and Joseph Sharp erected a house and saw mill and in 1824 a grist mill. A post office (Sharp's Mills) was established Mar. 9, 1829 James Thompson Jr., postmaster. After being closed Jan. 15, 1830 Sharp's Mills P.O. reopened Sept. 23, 1830 but was closed again July 22, 1831. In 1835 Abner Kelly laid out village lots which were offered for sale May 20. Shelocta Post Office opened Nov. 1, 1837 Daniel Metzker, postmaster. Some early sources (Morris map of Pa., 1849) spelled the name "Shalocta". The name appears to be of Indian origin, supposedly an Indian Chief, of whom almost nothing is known.

SHOUPSTOWN, E. Wheatfield Twp. was laid out ca 1807 by Henry Shoup along the old Frankstown Road, now near U.S. Rte. 22 and had a store and six cabins. The Huntingdon, Cambria & Indiana Turnpike constructed 1818-1821 by-passed Shoupstown and it faded into oblivion.

SHRYOCK RUN, Montgomery Twp., flows E. into Clearfield Co. Named for Henry Shryock of Indiana who was lost for several days in the area in 1818. (III:80-82)

SIDES RUN, Green Twp., flows into Repine run. Adam Sides settled here 1854.

SIDES STATION, or "Tipperary", in the northern section of Pine Twp. on the Cambria & Indiana R.R. Noted on Pa. Dep't. of Highways map of Indiana Co., 1916.

SIDNEY, Banks Twp. near Cambria Co. line on Bear Run. Originated as a lumbering town by Isett & Wray. P.O. Sept. 18, 1890 David L. Wray, postmaster; closed Feb. 15, 1902. Later Bear Run Coal & Coke Co. (Harvey Bowers, Punxsutawney, Pa.) ca 1916. P.O. reopened Mar. 5, 1908; closed Mar. 15, 1927.

SIMPSON'S MILL named for David Simpson (see Rochester Mills)

SLABTOWN (see Stewartsville, Brush Valley Twp.)

SLIPPY Post Office had a brief existence from May 12, 1900 until closed Nov. 15, 1900. Martha Slippy, postmistress. Location uncertain.

SMATHERS, Center Twp. 1 1/2 mi. S.E. of Bethel Church. P.O. July 13, 1886 Elmer E. Lewis, postmaster; closed Jan. 31, 1902.

SMELTZER, or Smeltzertown, White Twp., w. of Indiana along Rte. 422 initiated ca 1940's. Located just outside Indiana Borough limits where White's variety store and other businesses are. Named for Sam Smeltzer Family.

SMICKSBURG or "Schmicksburg", W. Mahoning Twp. Rte 954. Founded May 1827 by Rev. J. George Schmick, a Lutheran minister who purchased the land from Charles Coleman. P.O. Oct. 1, 1830 John Kerr, postmaster and blacksmith. Incorporated a borough 1854.

SMICKSBURG STATION (see Goodville)

SMITH STATION, Burrell Twp. on Indiana Branch, P.R.R., two miles from Blairsville. Brown's tavern located here in early days, 1817-1823. Robert Smith Coal Co. records begin 1824.

SMITHPORT, Banks Twp., intersection of L.R. 1033 and 1038, originated as Horton's P.O. (see). Laid out 1854 by Edmund Paige, a surveyor. Name changed to Smithport 1909 due to numerous Smiths owning land in the vicinity. Matthias Smith log cabin 1848. First store M.C. Getty 1854.

SMITHVILLE, Banks Twp. a short distance from Smithport at intersection of L.R. 1038 and T970.

SMITTEN Post Office (see Trade City)

SMOKELESS P.O., E. Wheatfield Twp. (see Robindale). P.O. Oct. 1, 1917 George E. Martin, postmaster; changed to branch of New Florence P.O. Oct. 1, 1959.

SMYERSTOWN, Canoe Twp. adjacent to Rossiter. Independent village not controlled by Clearfield Bituminous Coal Corp. ca 1901. Named for Benjamin Smyers, first settler.

SMYRNA (see Elkin, S. Mahoning Twp.) Bible name: "And unto the angel of the church in Smyrna write; these things saith the first and the last, which was dead, and is alive." (Rev. 2:8).

SNYDER STATION, Burrell Twp. on P.R.R. near junction of Conemaugh River & Blacklick Creek. Named for Antes Snyder, a P.R.R. civil engineer.

SOUTH MAHONING TOWNSHIP, created 1846 by court action dividing Mahoning Twp.

SOUTH PLAZA (see University Plaza)

SPRUCE Post Office, Green Twp. Rte. 580. P.O. Jan. 31, 1870 John McAnulty, postmaster; closed Apr. 14, 1906. Also known as #9 because of a school there. Named for predominance of conifers and logging acttivity.

SPRUCE BEND, a dangerous bend in the Conemaugh River described by T.S. Reid in III:71.

SPRUCE HOLLOW RUN, Brush Valley and Buffington Twps. Empties into Brush Creek. Noted on USGS map, 1902.

STANNARDSVILLE, Rayne Twp. (see Home). Noted on Harrison map of Pa., 1847.

STARFORD, Green Twp. off Rte 286, L.R. 1012. P.O. opened Mar. 14, 1905 Jay E. Long, postmaster. Mining town developed by Pioneer Coal Co., an affiliate of Clearfield Bituminous Coal Corp. Said to have been named for John P. Starford, a company official. Appears to have begun 1904 as "Andorra" (see).

STEAM MILL RUN, Montgomery Twp., flows into Cambria County.

STEER (Stear) RUN, W. Mahoning Twp., discharges into Mahoning Creek. Named for George Stear, settled ca 1820 and erected a gristmill on Little Mahoning Creek.

STERLING, a development by Indiana Land & Improvement Co. in 1906 on the Robert Mitchell lands on Yellow Creek near bridge over Yellow Creek, Rte. 954. Uncertain whether the site was in White or Brush Valley Twps.

STEVENS RUN, Pine Twp., flows E. into Cambria Co.

STEVENSVILLE. Indiana Progress June 27, 1917 reported nearly 100 men at work for Ferrier Run Coal Co. on Yellow Creek.

STEWART'S RUN, Blacklick Twp., flows into Blacklick Creek. Earlier was "Hattenbough's Run" (see).

STEWARTVILLE, Brush Valley Twp. on W. side Rte. 56 at Brush Creek. Also known as Slabtown for school erected ca 1860's. Named for Martin Luther Stewart who made upper leather, harness and saddles.

STEWARTSVILLE (see Parkwood)

STILES STATION (see Burns)

STONE HOUSE, Pine Twp. Rte. 422, now Nolo (see). William Crawford petitioned the Court Mar. 21, 1849 for authorization to keep an inn or tavern in the "Stone House" occupied by him. The house is still standing and was a stage stop on the Ebensburg-Indiana turnpike road.

STONY POINT on Conemaugh River, location uncertain. Mentioned in Act. of Apr. 13, 1791 appropriating money for improvement of the river for navigation.

STONY RUN, S.W. & S part of White Twp. Noted on Taylor's 1817 map. Site of Samuel Moorhead's grist mill erected 1774 is in extreme S. end of White Twp. near Indiana Branch, P.R.R. Referred to in 1804 as "Welch's Run" (see).

STRAIGHT RUN, Canoe and Banks Twps., joins the N. Branch of Little Mahoning Creek.

STRANGFORD, Burrell Twp. along Conrail line E. of Blairsville. Date of founding uncertain, probably prior to 1908 when the Strangford Methodist Church was erected. Mining town developed by Blairsville Coal & Coke Co. 1909. A railroad engineer said the smell of a chemical plant here was enough to "strangle" someone, hence Strangford.

STRANGFORD CAVE, Burrell Twp. 2 mi. E. of Blairsville and one mile S. of Rte. 22, was discovered Oct. 1930 after a blast in the bluestone quarries.

STRONGSTOWN, Pine Twp. Rte. 422, was platted in 1823 by John Evans for James Strong and James Hill. P.O. May 27, 1835 Edmund Burke, postmaster; closed July 27, 1863, reopened Apr. 28, 1864 until Dec. 3, 1965 when it was made a rural branch of Twin Rocks P.O. (Cambria Co.).

STUART RUN (see Cheese Run)

STUTZMAN'S RUN (see Findley Run). Named for Benjamin Stutzman who settled 1868.

SUGARCAMP RUN. There are two streams of this name. One in W. Mahoning Twp. flows S. into Mahoning Creek. Another in Washington Twp. empties into the S. Branch of Plum Creek.

SULPHUR RUN, also spelled "Sulfur", in Burrell Twp. flows through Blairsville into the Conemaugh River. Another Sulphur Run in Conemaugh Twp. discharges into the Kiskiminetas River. Probably named for the taste or color of the water.

SUNCLIFF, Brush Valley Twp. on the S. Branch of Yellow Creek at the Pine Twp. line. P.O. Dec. 1, 1868 John B. Simons, postmaster; closed Jan. 15, 1914. Another local name was "Simon's Rocks". The following description is from the Indiana Times Feb. 8, 1882. A cliff rises about 200 ft. "In one place an ambitious hemlock tree...shot up its top along the ledge of perpendicular rocks to the height of a hundred feet...you can approach the brink of the precipice and lay a rail across and walk over (if not too timid) from the rocks to the top of the tree and descend the same to its base...the sun can only shine on the roots of said tree one hour in the twenty-four" hence sun-cliff.

SUNSET ACRES, White Twp. housing development W. of Indiana and S. of Rte. 422.

SUSQUEHANNA RIVER WEST BRANCH at Cherry Tree. The Chiefs of the Susquehannocks gave a deed to William Penn Sept. 13, 1700 conveying "all the said River Susquehannagh...to the utmost confines of the Lands which are or formerly were, the Right of the...Susquehannagh Indians..." Declared a public highway by the act of Mar. 9, 1771. The Iroquois Indians called it "Otzinachson" and the French, the "River Andaste". The name is of Indian origin for the Susquehannock Indians but there is disagreement as to the meaning. One version is "long crooked river". Another "mud river".

SUTTON HALL on the campus of Indiana University of Pennsylvania was erected 1873-1875 and is the original and oldest structure. It was "Indiana Normal School" until 1902 when it was named John Sutton Hall in honor of the first president of the board of trustees.

TANNERY Post Office, Armstrong Twp., began ca 1839 when Samuel McCullough started a tannery along what is now Rte. 56. He was also the first postmaster Nov. 16, 1857. Since then Tannery P.O. has had an on and off existence. Closed Apr. 6, 1877. Reopened May 10, 1877, closed Feb. 7, 1878. Reopened Mar. 18, 1878, closed Dec. 21, 1880. Reopened Jan. 5, 1881, closed Apr. 10, 1883. Reopened Jan. 10, 1889, closed Sept. 9, 1895. Reopened Oct. 23, 1895, closed finally July 31, 1905.

TANOMA, Rayne Twp. at intersection of L.R. 1005 and 1012, was formerly "Bum Bee" (see). The P.O. opened Mar. 5, 1888 George L. Shaffer, postmaster. The name was coined by Samuel Kuhns (Koontz) using the first letters of the given names of his children: Tillie, Alice, Norman (No), Matilda, Alice. The P.O. closed July 31, 1911.

TAYLORSVILLE, Green Twp. at L.R. 1027 and T776. The town was laid out in 1848 and named for President Zachary Taylor. Other sources say it was laid out in 1854. The P.O. opened Jan. 26, 1859 but was named "Utah" Joseph M. Moorhead, postmaster. It continued until June 29, 1907. Taylorsville Borough was incorporated 1858, but the charter was annulled in Apr. 1874 by Court decree. Union Church erected 1832.

TEARING RUN, Center Twp., flows into Two Lick Creek. Tearing Run mine commenced in 1894 operated by the Guthries. A P.R.R. railroad spur from the Indiana Branch line at Tearing Run Junction went to the mine.

TEN COMMANDMENTS Center Twp. near Aultman along Rte. 286. Ten houses erected in 1912 for the miners of Rochester & Pittsburgh Coal Co. and humorously dubbed "The Ten Commandments".

THOMAS STATION, Armstrong Twp. on the Ridge Branch of B.R. & P.R.R., earlier known as "Thomas Fording" until the Thomas Covered Bridge was erected 1879 by Amos Thomas.

TIDE, Center Twp. on T724. Tide Coal Mining Co. shipped out the first coal July 9, 1913 on a branch of the B.R. & P.R.R. In 1952 a row of 264 coke ovens was constructed and operated intermittently until 1971 or 1972.

TIPPERARY (see Alverda and Sides Station)

TOHOGUS, or Tohoga's Cabins, may have been in Armstrong Twp. near the junction of Plum and Crooked Creek. Scull's map (1770) shows it on the west side of Plum Creek which would be in Armstrong County. Several early surveys by Joshua Elder in 1770 locate "Tohogos Cabins" on Crooked Creek including a "large Bent" in the stream. It was an Indian town, probably Shawnee, and Tohoga appears to have been a chief (I:28).

TOM'S RUN, Burrell Twp., discharges into the Conemaugh River.

TRADE CITY, N. Mahoning Twp. at intersection of Rtes. 210 and 954. The Town began as Davidsville (see) in 1852. When the P.O. opened in 1857 (James Chambers, postmaster) it was named Smitten for Archibald Smitten who purchased land from the Holland Land Co. in 1822. On Jan. 23, 1879 the P.O. name was changed to Trade City, Daniel Ramey, postmaster; closed Oct. 15, 1931.

TRADE CITY STATION is s. of Trade City on the B.R. & P.R.R.

TROUT RUN, E. Wheatfield Twp., is shown on early maps as Findley Run. Later maps show Trout Run flowing into Findley Run at Cramer.

TRUSAL COVERED BRIDGE, Washington Twp. over Plum Creek, was erected 1870, a 40-foot Town Truss, named for Robert Trusal. It has also been known as Dice's Bridge (see).

TULEY Post Office, Canoe Twp., is indicated on a 1930 map of Indiana Co. published by Charles D. Hevenor Co. The P.O. functioned a little over a year from June 9, 1902 until Aug. 31, 1903. Daniel Timblin, postmaster.

TUNNEL VIEW Post Office, Conemaugh Twp., was within sight of the Pa. Canal tunnel and aqueduct which were completed in 1829. A town was laid out by George Mulholland Jr. and lots advertised for sale Apr. 1, 1828. He noted the "water power afforded by a dam seventeen and a half feet high..." Tunnel View P.O. opened May 9, 1828 Fullerton Woods, postmaster. Its purpose appears to have been to accommodate the construction workers and officials. Closed Mar. 20, 1831.

TUNNELLSVILLE or TUNNEL Post Office, Conemaugh Twp., may have been in or near what later became Kelly Station (see) or Tunnelton. P.O. Mar. 5, 1836 James S. Shoemaker, postmaster; closed May 1, 1837. Tunnel P.O. Dec. 23, 1839 Isaac G. Weld, postmaster, was a renewal of the same office, although possibly not in the same location; closed Nov. 9, 1860.

TUNNELTON Post Office, Conemaugh Twp., was established Mar. 28, 1862 Philip Uncapher, postmaster, perhaps in anticipation of the resumption of construction on the Western Pennsylvania Railroad, and had to be discontinued Jan. 2, 1863 when construction didn't start. When the railroad was completed in 1864, the station was Kelley's Station (see). Tunnelton P.O. reopened May 9, 1867 and continued 92 years until finally closed June 30, 1959.

TWENTY TWO (22) PLAZA, a shopping mall in Burrell Twp. N.E. of Blairsville along Rte. 22.

TWOLICK, White Twp., probably at Agey's Mills (see)

TWO LICKS, the (see Shaver's Sleeping Place) was where Peter Shaver slept ca 1733. The year before the Iroquois Chief Shikellamy complained about his bringing rum to the Indians. Later, John Harris in 1753 noted "P. Shaver's Sleeping-Place, At Two Large Licks". Also Ramsey's Run. Warrantee Survey D-58-279 refers to the Two Licks as "the encamping ground of Gen. Armstrong in his expedition against Kittanning".

TWO LICK BAPTIST CHURCH, Cherryhill Township near Rte. 403 between Dixonville and Clymer, was the first Baptist Church in Indiana County, 1824. When it burned, the congregation built a new church in Dixonville in 1911. Only the cemetery remains at the old site.

TWO LICK COUNTRY CLUB, White Twp. "Indiana Men to Build Model Club House Along Twolick Creek" (Indiana Progress July 9, 1902). Joseph W. Clements, R.E. Young, B.H. Lichteberger and W.A. Guthrie purchased 40 acres from J.C. Agey and erected a 2 1/2-story frame clubhouse 20 x 44 ft. surrounded by a 14 ft. deep porch. Henry Hall was elected first president in Oct. 1902. Charter granted Sept. 7, 1903. The site was damaged by floods in 1907. In 1922 the Boy Scouts were given the use of the site. By that time the Indiana Country Club was supplanting it. It was sold Aug. 25, 1969 to Mr. & Mrs. Donald E. Hoffmaster.

TWO LICK CREEK derives its name from the two salt licks at Shaver's Sleeping Place (see). It is one of the five or six major streams in Indiana County and appears on nearly all maps. Scott's gazetteer (1806) indicates "Lick Creek". In Green Twp., it divides into the North and South Branches. The latter is noted "Muddy Run" on the Samuel Caldwell Warrantee Survey (C36-117). Scull's map (1770) shows what is now Black Lick Creek as Two Lick.

TWO LICK LAKE in White and Cherryhill Townships was constructed by Pa. Electric Co. and N.Y. State Gas & Electric Co. to impound the waters of Two Lick Creek for use at the Homer City Generating Station. It also supplies water to the Western Pennsylvania Water Co. for use in Indiana and White Twp., and is used for boating.

TWO LICK MILLS (see Lower Two Lick)

TWO LICK Post Office, Center Twp. N. of Homer City along the Indiana Branch, P.R.R., was initiated Mar. 5, 1872 John P. St. Clair, postmaster; closed Mar. 3, 1879. Resumed May 6, 1879; closed June 26, 1886. On Jan. 5, 1888 it reopened as "Two Licks", and continued until closed Sept. 30, 1905. Reestablished as "Two Lick" Apr. 8, 1907 and closed finally July 31, 1908.

TWOMILE RUN, Washington Twp., flows into Crooked Creek.

TYSON FARMS MOBILE HOME PARK W. of Indiana and S. of Rte. 422 off Barclay Rd. in White Twp.

UGLY RUN, Banks Twp., flows N. into Jefferson Co.

UNIONTOWN, Green Twp. at intersection of Rtes. 240 and 580. Earlier the town was called Kesslerville (see) and the P.O. was Berringer (see). Tradition says that the residents were not satisfied with either name but couldn't decide on another until one morning they discovered that someone had tacked up a board with the name "Uniontown".

UNITED JOINT SCHOOL DISTRICT was organized in 1949 comprised of E. Wheatfield and Buffington Twps. and Armagh Borough. Brush Valley Twp. was added in 1961 and W. Wheatfield 1962 (II:693,696).

UNIVERSITY PLAZA, White Twp. S. of Indiana opened as College Park Plaza in late August 1962. South Plaza branch of Indiana P.O. opened here Mar. 1, 1963.

UPPER TWO LICK (see Agey's Mill).

UREY, Banks Twp. N. of Glen Campbell, L.R. 1050. Mining Town on land donated by Henry and George Prothero ca 1889-90 and named Bryson. P.O. Jan. 30, 1891 Robert Bryson, postmaster. About May 1892 the name was changed to Urey. P.O. closed Dec. 30, 1916. Named for Frank Urey, early settler, 1843.

UTAH Post Office was in Taylorsville, Green Twp. P.O. opened Jan. 26, 1859 Joseph M. Moorhead, postmaster; closed June 29, 1907. Utah Territorial government was established Sept. 3, 1850.

VALE TECHNICAL INSTITUTE, Blairsville, was organized 1946 by Eugene Vale. The first classes began Jan. 6, 1947 (II:703-4).

VENANGO PATH, an Indian trail, branched off from the Kittanning Path in Green Twp. and headed northwest to Venango (II:31, 36, 46).

VINEGAR HILL, Indiana, is an eminence between Water and Chestnut St. reached at the end of N. Seventh St. by a flight of concrete steps. By tradition the name originated from the circumstance that a family named Repine at one time made vinegar in a barn on this hill.

VIRGINIA, E. Wheatfield Twp. on Blacklick Creek, Rte. 403 S. of Dilltown.

WALKER RUN, Armstrong Twp., flows into Crooked Creek. Named for Benjamin Walker, an early settler ca 1786.

WALLOPSBURG (see Beyer) Also said to have been an early local name for Nowrytown due to a "wallop" of a storm.

WAL-MAR ESTATES, White Twp. housing development N. of Indiana along Martin Rd.

WANDIN, or Wandin Junction, on Cherry Tree & Dixonville R.R. partly in Green Twp. and partly in Cherryhill Twp.

WASHINGTON TOWNSHIP created Mar. 1807 by court action out of the territory of Armstrong Twp.

WASHINGTON, Northern Banks Twp. Noted on the Peelor map 1855-56.

WATERMAN, Center Twp. Rte. 56. Mining town, Brush Creek Coal Mining Co. (R. & P. subsidiary) had 80 houses by 1913 when Mine #1 opened. Named for Lucius Waterman Robinson, pres. R. & P. Coal Co. P.O. May 1, 1914. D.G. Jenkins, postmaster, became a rural branch P.O. of Homer City Feb. 29, 1964.

WATT Post Office, Armstrong Twp., opened Feb. 14, 1870 John Lucas, postmaster; closed July 8, 1884. Named for Watt's Hill and Thomas M. Watt.

WEHRUM, Buffington Twp. on Cresson Division, P.R.R. L.R. 2013. Mining town ca 1901, Lackawanna Iron & Steel Co. The Indiana Progress Oct. 9, 1901 said the first 30 houses had been completed and a large boarding house was being built. Later it had a 40-room hotel, a bank, a sixteen-room school, a large coal washer 175 x 45 ft. and coal storage building 341 x 105 ft., a company store, &c; yet by Aug. 1930 only six families remained and nearly everything was closed. The houses were sold for $50 each. P.O. Feb. 14, 1902 Clarence R. Claghorn, postmaster; closed May 31, 1930. Named for Henry Wehrum of Elmhurst, Lackawanna Co., a major stockholder of Lackawanna Iron & Steel Co.

WEIR'S RUN, Burrell Twp., (Cox's Run) flows into Blacklick Creek. George Weir settled ca 1800.

WELCH'S RUN, White Twp. (probably Stony Run) mentioned in a letter Apr. 15, 1804 from John Young to J. & T. Gilpin (I:153).

WELLS STATION, S. Mahoning Twp. on Buffalo & Susquehanna R.R. line. Noted on Smith & Crawford map, 1909. Tracks laid 1905. May have been named for James Wells, an early farmer.

WESTGATE TERRACE, White Twp. named due to location on the western approach to Indiana.

WEST INDIANA was once a separate borough comprised of all the streets west of Eighth Street. Incorporated Sept. 28, 1870. A special election Aug. 3, 1895 resulted in merger.

WEST INDIES MISSION, Brush Valley Twp., Rte. 259, was established 1945 at the J.G. McCrory mansion. Later known as "The Master's Meadows". Sold to private owners 1970. The McCrory's supported mission work in the West Indies.

WEST LEBANON, Young Twp. Rte. 56 was laid out Dec. 25, 1839 by Thompson McCrea for John White and Wm. Kier, owners, and named West Lebanon to distinguish it from Lebanon in E. Pa. Another version is that it was originally intended to name the town Lebanon because of the cedars in the vicinity but the existence of Lebanon, Pa. precluded this name. P.O. Aug. 15, 1846 Andrew F. Henderson, postmaster; closed Nov. 15, 1905. Reestablished Oct. 3, 1908.

WEST MAHONING TOWNSHIP was created 1846 by a division of Mahoning Twp. William Travis's Mill was the first in this area.

WEST WHEATFIELD TOWNSHIP was created 1879 by a division of Wheatfield Twp.

WHEATFIELD Post Office in East Wheatfield Twp. s. of the bridge over Blacklick Creek seems to have been a revival of Buffington P.O. (see) but in a different location. P.O. July 31, 1905 Thomas Dodd, postmaster; closed Sept. 30, 1911.

WHEATFIELD TOWNSHIP was one of the original townships of Indiana County inherited from Westmoreland County where it was formed in 1775 and so named because parts of the area were "barrens" - places without timber - therefore considered "wheat fields" suitable for wheat. Originally it included all the lands east of Chestnut Ridge as far as the Purchase Line.

WHISKEY RUN, Young Twp., flows into Blacklegs Creek. It is said to have received this name in the late 1850's when revenue officers discovered a moonshining operation and poured the whiskey into the run. Noted on Taylor's map, 1817 - so the date of this occurrence may have been earlier.

WHISKEY RUN, Young Twp. mining patch, at one time had six small houses and 15 double houses and other features. Founded ca 1906 by R. & P. Coal Co. Notorious for 25 murders in 23 years, none solved (II:247-8). The P.O. was Reed (see).

WHITAKER RUN, Green Twp., flows into S. branch of Two Lick Creek.

WHITE'S RUN, White Twp., merges into Marsh Run. Named for Thomas White, owner of the land.

WHITE STATION, Conemaugh Twp. on P.R.R. line, ca 1864 when the rail line was completed. Previously known as Conemaugh Salt Works, Great Salt Works or Salt Works (see). The P.O. was Mooween (see). Named for Thomas White who owned lands in the area.

WHITE TOWNSHIP was created in 1843, taking parts of Washington, Green, Center and Armstrong Twp. so as to form a township around the county seat. Named in honor of Judge Thomas White.

WHITE'S WOODS, White Twp. adjoining Indiana Borough on the N.W. A 250-acre natural area purchased with state funds in 1968-1970. Named in honor of Judge Thomas White who erected a gatekeeper's house for an English-type estate which was never completed. Some family members were buried in vaults here but the bodies were removed years later.

WILGUS Post Office, Montgomery Twp. The village along L.R. 1013 was a mining town founded ca 1900 by the Pa. Coal & Coke Corp. Some maps indicate Lower Wilgus and Upper Wilgus. P.O. May 2, 1904 Joseph M. Schmittle, postmaster; closed Oct. 15, 1919.

WILLET Post Office, Washington Twp. Rte. 954, also known as Marlin's Mills. Joshua Marlin purchased a 305-acre tract in 1785 and was the first settler. Jesse Marlin erected a saw mill 1832 and grist mill 1834. P.O. Dec. 28, 1853 Jesse Marlin, postmaster; closed Feb. 28, 1906. A productive field of natural gas was discovered in the vicinity, Dec. 1890.

WILLIAM PENN HIGHWAY, now Rte. 22, was earlier the Frankstown Road (see) and Huntingdon, Cambria & Indiana Turnpike (see). The William Penn Highway Association was organized 1916 for the purpose of paving the road. In 1924 a section of 5 3/4 miles east of Blairsville was paved and the entire route was opened in July 1925.

WILLIAMS FORDING, Conemaugh River, Burrell Twp. W. of Blairsville and S. of Snyder. Noted on Taylor's map, 1817.

WIMER, Cherryhill Twp. off Rte. 403 between Clymer and Dixonville, also known as "Twenty Four" because there were that number of houses. Named for William R. Wimer, early settler.

YANKEETOWN, northern section of Homer City.

YELLOW CREEK merges with Two Lick Creek at the western edge of Homer City.

YELLOW CREEK Post Office, Cherryhill Twp., opened Mar. 6, 1832 James Lapsley, postmaster; closed Apr. 18, 1836. Exact location uncertain. Mr. Lapsley had a tavern and distillery and was Indiana Co. Commissioner 1835-1837.

YELLOW CREEK STATE PARK. The state purchased 2,793 acres in 1963 along Yellow Creek and constructed a dam 1965-1969. The dam covers 740 acres. Recreational and sanitary facilities were constructed during the early 1970's. Dedication July 3, 1976.

YOUNG TOWNSHIP was formed March 31, 1831 from portions of Conemaugh and Blacklick Twps. and named in honor of Judge John Young.

Bibliography

Adams, Joseph. "An Account of Huntingdon County, Pennsylvania", Collections of the Historical Society of Pennsylvania, Philadelphia, 1853.

Addleman, Andrew Nelson. Early Presbyterianism in Westmoreland County Before 1800, Thesis, University of Pittsburgh, 1932.

Albert, George Dallas. The Frontier Forts of Western Pennsylvania, Harrisburg, 1916.

> Volume 2 of Report of the Commission to Locate the Site of the Frontier Forts of Pennsylvania edited by Thomas Lynch Montgomery.

----.History of the County of Westmoreland, Pennsylvania, Philadelphia, 1882.

> Reprinted 1975 by Westmoreland County Historical Society, Greensburg, Pa. with added introductory page by Calvin E. Pollins, president and index of names, churches, ministers and cemeteries.

Albert, Richard C. "Five 'Fine' Kuhlmans in Western Pennsylvania", Trolley Talk No. 137 (Feb. 1980), pp. 137-3 to 137-5.

> Information, plans, photos re Kuhlman street railway cars used in Indiana County.

----.Trolleys From the Mines. Street Railways of Centre, Clearfield, Indiana and Jefferson Counties Pennsylvania, Forty Fort, Pa., 1980.

> Indiana County Street Railways, pp. 54-74. Cambria and Indiana Railroad Battery Cars, pp. 91-94.

Aldrich, Lewis Cass. History of Clearfield County, Pennsylvania, Syracuse, NY, 1887.

Allison, James Lewis. History of the Allison Family. That Branch Belonging to Pennsylvania A.D. 1750 to 1912, Wilkinsburg, Pa., 1912.

Allison, Martha and Risinger, Eulene and Glenda. History of Bethel Church, Center Township ... 1788-1988.

Allison, Susan K. "Altemus Grist Mill a Brush Valley Pillar", Indiana and Jefferson News-Shopper, March 3, 1976.

Ambrose, Rev. J.C. "Marion" in Sloan, D.H. History of the Presbytery of Kittanning, pp. 261-264.

Presbyterian Church of Marion Center.

----."Rayne Presbyterian Church" in Sloan, pp. 298-300.

American, The (first series). Weekly newspaper, Indiana, Pa. published by James McCahan.

Only a few copies in existence in private hands.

American, The and Republican Gazette (new series). Weekly newspaper, Indiana, Pa., James Moorhead, editor; Alexander T. Moorhead Sr., proprietor.

36 numbers, 1827-1828 owned by Donald M. Miller, Indiana, Pa. One copy January 30, 1828 in Hist. & Genealogical Society of Indiana County. One copy June 11, 1827 in Library of Congress.

Amos, Ruth Ann. A Follow-up of Business Education Graduates from the Graduate School, Indiana University of Pennsylvania, from 1962 to 1970, Thesis, IUP, 1971.

Anderson, Jenella M. "History of Indiana County Street Railways 1907-1933", Indiana County Heritage vol. 3:2 (Winter-Spring 1969-70), pp. 1-11.

Anderson, Linda Diane. An Analysis of Achievement of Sixth Grade Students in the Indiana Area Schools . . . Thesis, IUP, 1970.

Anderson, Osborne P. A Voice from Harper's Ferry.

Rare pamphlet published by Anderson after John Brown's raid at Harper's Ferry. Contains much information about Absalom Hazlett.

Anderson, William M.D. A Brief Biographical Sketch of the Medical Profession of Indiana County, Penna.... Indiana Pa., 1890.

Andrist, Ralph K. "Footprints of the Great Ice", American Heritage XI:3 (April 1960), pp. 40-45, 86, 87.

Antiques magazine. "A Pennsylvania Primitive Painter. A Gallery Note", February 1939, pp. 84-86, (Linton Park).

Apalachian, The. Weekly newspaper, Blairsville, Pa., published by Richard B. McCabe and R.H. Woodward.

Complete file in Blairsville Public Library beginning May 20, 1846 (vol. 1, no. 1) to May, 1849 (vol. 3:52), IUP Library has microfilm. Author owns three issues dated June 24 and July 22, 1846; January 27, 1847. Hist. Geneal. Soc. of Indiana County has Apr. 19, 1854.

Apron String Rangers. Reunion of . . . Tamarack Farm, Thursday, August 20, 1885. Blairsville Enterprise office, Nov. 1885.

In Hist. & Geneal. Soc. of Indiana Co.

Archambault, A. Margarette. Guide Book of Art, Architecture and Historical Interests in Pennsylvania, Philadelphia, 1924.

"Indiana County" pp. 381-384.

Armagh Area Bicentennial Committe. Armagh Area Bicentennial 1792-1992.

[Arms, Christopher Tyler and White, Edward, editors] History of Indiana County, Pennsylvania. Newark, OH, 1880.

The first book-length history of Indiana County.
Reprinted 1976 and 1981 by Hist. & Geneal. Soc. of Indiana Co. with added surname index. Includes "Outline Plan of Indiana County" by Walter F. Arms, C.E. 1981 edition had prefatory note by C.D. Stephenson citing evidence that Arms & White were the actual authors but were not credited by the publisher.

Armstrong County, Pennsylvania, 2 vols. Chicago, 1914.

Armstrong County Historical & Museum Society. Armstrong County, Pennsylvania. A Collection of Topical and Family Sketches, 1980.

Armstrong Township School District (Indiana County). Teachers' Monthly Reports, 1861.

In IUP Library.

Armstrong Trail Society. Scrapbook of Armstrong Expedition Bicentennial, 1956.

Collection of clippings, programs, sketches of soldiers, etc.

Association of the 110th Infantry. History of the 110th Infantry (10th Pennsylvania) of the 28th Division, U.S. Army, 1917-1919, Greensburg, 1920.

Atlas of Indiana County, Pennsylvania, New York, 1871.

> Compiled from surveys in 1870. Maps of townships, boroughs and towns accompanied by numerous business notices. Illustrations. Table of Distances. "Sketch of the Early History of Indiana County, Pa." pp. 4,5. Reprinted 1982 by Hist. & Geneal. Soc. of Indiana Co.

Avey, E.S., comp. Business Directory of the Counties of Armstrong, Butler, Clearfield, Clarion, Cambria, Indiana, Jefferson, Venango, Westmoreland, 1896-1897, Marion Center, ca 1897.

> Only known copy is privately owned. Indiana County pp. 169-191.

Bair, Betsy et al. Papers on Indiana County Mine Accidents, MS 1961 by Indiana State College students. In Hist. & Geneal. Soc. of Indiana Co.

Baker, Michael and Berringer, Gloria. Silhouette on South Sixth Street, MS n.d. (ca 1977).

> James Mitchell house, Indiana.

Baker, Michael Jr. Inc. Feasibility Study for Proposed State Bank in Blairsville, Indiana County, Pa., 1962.

Bankes, Rodney J. An Electorial Study of Indiana County, Thesis, IUP, 1972.

Baptist Evangel, The. Dedication Number, Indiana, Pa., May 1899.

> "History of the Baptist Church of Indiana, Pa." pp. 1-3,6.

Barnes, J.F. "History of the City of Beula; also of Beula Baptist Church and Brief Biographical Sketches of the Lives of Its Pastors", Minutes of 13th Annual Meeting, Indiana Baptist Association, Sept. 18, 1889, pp. 28-46.

> Data on Indiana County Baptist churches, pp. 6,8,56; Barnes' Ferry, p. 29; Mary Shadrach and Two Lick Baptist Church, pp. 38-40; David Price settled near Dixonville, p. 42.

----."Indiana Baptist Association" in Stewart, Joshua T., vol. I:286.

Bartlett, Marguerite G. The Chief Phases of Pennsylvania Politics in the Jacksonian Period, Philadelphia, 1919.

Bash, Judy et al., editors. Shelocta Jubilee 1727-1977, Shelocta Jubilee Committee.

Basile, Frank J. Rossiter in Pictures 1890-1991, Indiana, Pa.

----.Rossiter, Pennsylvania. Her People, Past and Present, Greensburg, Pa. 1979.

Bassler, Margaret McElhoes. Lineages of McElhoes Kinter and Todd Families and of Thompson, Leasure and Culbertson Families, privately printed, 1991.

Battick, Bonnie. "Former Klansman Tells His Story", Tribune-Review, January, 23, 1983.

----."Reflecting with Friends. Memories from a Small Village", Indiana County Heritage, vol. 8:2 (Winter 1983-84), pp. 28-34. (Five Points).

Baumann, Roland M. Dissertations on Pennsylvania History 1886-1976: A Bibliography, Harrisburg, 1978.

----, and Wallace, Diane S. Guide to the Microfilm Collections in the Pennsylvania State Archives, Harrisburg, 1980.

Bayer, James. A History of the Catholic Church in Indiana, MS, n.d.

Interview with Rt. Rev. Msgr. James Brady. In Hist. & Geneal. Soc. of Indiana Co.

Baylor, Sara Wolfe. History of the Creps School. Address at the First Annual Reunion, September 18, 1954.

Beamer, R.W. An Analysis of the Elders Ridge Joint Vocational School District with a View of Determining Its Ability to Provide Education Needs, Thesis, Pennsylvania State College, 1931.

Beard, Irene L. Down Memory Lane - A Family History, 1980. (Liggett-Wallace-Parker).

Bee, Daniel H., M.D. "History of Medicine, Indiana, Pennsylvania", Indiana, Pennsylvania 150th Anniversary, 1966.

Bee, Daniel H. MS Letter December 23, 1863. Camp near Brandy Station, Virginia to Miss Mary Gray.

Bell, A.T. "Washington Presbyterian Church" in Sloan, D.H. History of the Presbytery of Kittanning, pp. 354-358.

Bell, Albert Harvey. Memoirs of the Bench and Bar of Westmoreland County, Pa., Batavia, NY, 1925.

> Includes biographical sketches of Judges John Young, Thomas White, J.M. Burrell, Jos. Buffington and John C. Knox. Also James A. Logan, Frank Cowan, H.W. Walkinshaw, Archibald A. Stewart, James J. Hazlett, James C. Clarke.

Bell, Samuel. Justice's Docket, 3 vols. 1815-1817, 1827-1856.

> In Hist. & Geneal. Soc. of Indiana Co. Front and rear covers of vol. 1 consist of portions of The American for Feb. 13 and 27, 1815.

Bennett, Ethel et al., comp. History of Indiana County Churches, Scrapbook, 1965. In Hist. & Geneal. Soc. of Indiana Co.

Berkebile, Fred D. Our Native Indians. Somerset, Pa., 1940.

----."Youth Activities in the Historical and Genealogical Society of Indiana County". Pennsylvania History, vol. XXII, no. 1 (Jan. 1955), pp. 79,80.

Berringer, Gloria Jean. "Little Tiny Pieces of Time". Seminar paper, IUP, August, 1971.

> Jimmy Stewart.

----, director. Preliminary Research Report: Comprehensive Historic Sites Survey of Indiana County, Pa., 1979.

----."The Saltsburg Railroad Station", Canal Day 1984. Historic Saltsburg Inc.

----and McKosky, Deidre. "A Walking Tour - Indiana's Historic Sixth Street", Indiana County Heritage, vol. 8, no. 1 (Summer 1980). Centerfold insert.

Berringer, Patricia Jane "Elders Ridge Academy 1839-1914", Indiana County Heritage, vol. 5, no. 2 (Winter 1977-78), pp. 9-13.

----. "The Public Life of Silas M. Clark", <u>Western Pennsylvania Historical Mag.</u>, vol. 57:4 (October 1974), pp. 389-401.

Bethel United Presbyterian Church. Program of Dedication Aug. 11, 1957 in Hist. & Geneal. Soc. of Indiana Co.

<u>B'hoy, The</u>. Ephemeral half-tabloid size paper published Indiana, Pa., August 1859.

Privately owned.

Bianco, Thelma Lou. <u>An Account of Early Life in Homer City and the Surrounding Areas from the Years 1768 to 1854</u>, MS, Indiana State College, December 1960.

Biank, Samuel A. <u>Will ROTC Students at IUP Serve in the Officer Corps of an All-volunteer Army?</u> Thesis, IUP, 1972.

Bickert, Tom. <u>Indiana Evening Gazette</u> series on crime and violence. Part 1 "Area Police Link Alcohol to Increased Vandalism" Dec. 20, 1979, p. 35. Part 2 "Police Claim Manpower Shortage Exists in Area" Dec. 22, 1979, p. 21.

Billinger, Robert D. <u>Pennsylvania's Coal Industry</u>, Penna. Historical Assoc., 1954.

Binder, Frederick Moore. <u>Coal Age Empire - Pennsylvania Coal and Its Utilization to 1860</u>, Harrisburg, Pa., 1974.

Bining, A.C. <u>Pennsylvania Iron Manufacture</u> . . . Harrisburg, 1938.

<u>Biographical Annals of Franklin County</u>. Chicago, 1905.

<u>Biographical Directory of the American Congress 1774-1927</u>. Washington DC, 1928.

Birkinbine, John. "The Manufacture of Pig Iron in Pennsylvania", <u>Annual Report, Secretary of Internal Affairs</u>, vol. XXII (1894), Part III.

Bishop, Avard Longley. <u>The State Works of Pennsylvania</u>. New Haven CT, 1907.

Pennsylvania Canal. Reprinted from <u>Transactions of the Connecticut Academy of Arts and Sciences</u>, XIII (Nov. 1907), pp. 149-297.

Black Lick Sesquicentennial. <u>Then and Now</u>, 1957

Blacklick Township Grade Schools. MS, n.d. (handwritten). In Hist. & Geneal. Soc. of Indiana Co.

Blair, Lois C. A Great Heritage. Inventors and Inventions, MS, (typed), 1990. In Hist. & Geneal. Soc. of Indiana Co.

Blaire. Blairsville High School yearbook.

Blairsville Borough. Minute Book of the Borough of Blairsville, 1828-1864.

Blairsville College for Women (also as Blairsville Seminary). Catalogues.

> Blairsville Public Library has Session ending March 31, 1853 and many others ending in 1907-08.

Blairsville College publications in Blairsville Public Library and Hist. & Geneal. Soc. of Indiana Co.

> Blairsville College Journal ca 1899-1908 (monthly).
> Blue and Gold (semi-annual student publication) 1897 f.
> Blairsville College Cook Book comp. by Alumnae Assoc., n.d.
> Blairsville College Necrology (also Blairsville Seminary), 1851-1896 and 1851-1901.

Blairsville Common School District. Record of the Minutes, Proceedings and Documents of . . . 1864-1888.

Blairsville Courier, Blairsville Evening Courier, Blairsville Daily Courier. Charles Kerler Jr., editor & publisher; James A. Woolf, associate ed. Daily and semi-weekly.

> In Blairsville Public Library (1894-1899; 1905-1910; 1912-1919). Microfilm, IUP. Vernon R. Beatty & H.L. Reed purchased plant 1917 from Kerler. In Nov. 1918 Courier buys subscription list of Blairsville Enterprise. Name changed 1920 to Blairsville Dispatch.

Blairsville Dispatch. Blairsville, Pa., semi-weekly 1920 to present.

> Blairsville Public Library has Mar. 31, 1922 to ? IUP Library has microfilm, 1921-1965. Proprietors 1920 were Vernon R. Beatty & H.L. Reed. Beatty sold his interest 1923. Reed sold to Robert N. Slough, Fall 1928. Slough sold to Milton R. Shale, Spring 1929. Shale sold to W.P. Lombard Oct. 18, 1943. Lombard sold to William C. Taylor & Harold Hunter 1952. Hunter dropped out ca 1954 and Taylor sold to Cone,

Drinkard & McGrath 1970. They went into receivership 1972 and Taylor resumed publication until August 1974 when he sold to <u>Tribune-Review</u> of Greensburg.

----.<u>Flood Record in Pictures</u>. March 17 and 18, 1936. In Blairsville Public Library.

----.Historical Number, May 28, 1935.

----.Historical edition, 3 sections, July 17, 1975.

<u>Blairsville Enterprise</u>. Blairsville, Pa. weekly until 1898 when it became tri-weekly.

Blairsville Public Library has 4-9-1880/4-21-1888; 4-15-1893/4-6-1895; 4-30-1898/4-8-1899; 4-21-1900/11-17-1918. IUP Library has same microfilm. Various owners 1880 until 1886 when Joseph Moorhead acquired control. Moorhead died 1917 and the paper was sold November 1918 and became <u>Blairsville Courier</u>.

Blairsville. Findley Patch Post #137, G.A.R. <u>Song Souvenir of Old War Songs</u> . . . December 1913.

In Hist. & Geneal. Soc. of Indiana Co. Roster of past and present members.

Blairsville. <u>First Presbyterian Church Session Minutes</u> 1822-1871. MS In Presbyterian Historical Society, Philadelphia.

Blairsville. <u>Hebron Lutheran Church 150th Anniversary</u>, June 19-26, 1977. In Hist. & Geneal. Soc. of Indiana Co.

<u>Blairsville Independent</u>. Weekly began Nov. 6, 1879 published by John C. Layton with .James A. Wolf. ed. Discontinued ca 1880.

Blairsville Ladies Seminary. <u>Programme</u> . . . June 14, 1881. In Hist. & Geneal Soc. of Indiana Co.

<u>Blairsville Press</u>. Weekly published R.M. Birkman Jan. 5, 1867 until Dec. 24, 1869. Microfilm at <u>Indiana Gazette</u> office.

<u>Blairsville Record</u> (first series). Weekly published by Thomas McFarland, beginning about October 1827. Discontinued ?

Extant issues: May 20, 1830 in Henry E. Huntington Library, San Marino, CA. Nov. 25, 1830 in Pa. State Library, Harrisburg. (Both Blairsville Record and Conemaugh Reporter). Mar. 5, 1834 in Pa. State Library. Incomplete file Oct. 15, 1834 to Aug. 12, 1835 in Blairsville Public Library. Nine issues in Gideon & Thaddeus Welles Collection, Connecticut State Library, Hartford, CT. (4-1,7-1,7-15,7-22,11-25-1835; 6-1,6-29-1836; 4-12-1837; 3-14-1838). Latter two published as Blairsville Record and Indiana & Westmoreland Advertiser. May 26, 1841 in Hist. & Geneal. Soc. of Indiana Co. Sept 11, 1844, owned by author.

Blairsville Record (second series). Weekly published by James F. Campbell 1858-1862, and by James Irvin Steel for a short time afterward.

31 scattered issues in Blairsville Public Library, 1858-1863.

Blairsville Reporter. Weekly published by J.A. Woolf and E. H. Harn 1891 to ca 1896. One issue Sept. 12, 1891 owned by author.

Blairsville Seminary Association. Minutes of . . . MS.

Blairsville Seminary History 1851-1896. MS in Blairsville Public Library.

Blairsville. Young Men's Volunteer Fire Department. Blairsville Historical Record 1760-1947. Published 1948.

Blakley, Eileen F. History of Indiana County. MS, Indiana State College, 1961.

Includes a collection of original letters, newspaper clippings, programs, documents, cards, etc. ca 1864 to 1900's.

Bloom, Louine. Cemeteries of Indiana MS n.d. in Hist. & Geneal. Soc. of Indiana Co.

Blose, Elcy Marie. Hello God, The Life Story of Elcy Marie Blose. New York, 1968.

Blough, Elder Jerome E. History of the Church of the Brethren of the Western District of Pennsylvania. Elgin, IL, 1916

"Manor Congregation" by Joseph Holsopple pp. 126-131 including 3 illus. "Montgomery" pp. 139-141, 1 illus. "Plum Creek" pp. 152-154. "Joseph Holsopple" pp.420-422.

Bonser, H.J. Social Life in the Crooked Creek Area. Bulletin 345, Pa. State College School of Agriculture & Experiment Station, 1937.

Bonya, John A. "A Check List of Indiana County's Early Stone Buildings", Indiana Co. Heritage, vol. 11:2 (Winter 1987-88) pp. 29,30.

Boone, Lisa. "Kemp's Old Mill" Western Pennsylvania Observer, 1975, pp. 10-12.

Boucher, John N. History of Westmoreland County, Penna. New York, 1906, 3 vols.

----.and Hedley, Fenwick Y. Old and New Westmoreland, New York, 1918, 4 vols.

Bown, Henry E. and Baumann, Roland M. Guide to the Records of Special Commissions in the Pa. State Archives. Harrisburg, Pa. Historical & Museum Commission, 1979.

Boy Scouts of America, Pioneer Trails Council. The Old Traders Path, Butler, Pa., ca 1967.

LeTort Town, p. 13; Weiser & Post, pp. 9-12.

Bracken, Evelyn C. Claypoole Family in America, vol. 1 & 2, Indiana, Pa., 1971, vol. 3, Aurora, IL 1973. Supplement to vol. 1, Indiana, Pa., 1974.

----.The Claypooles; How They Served Their Country, compiled for Daughters of American Colonists & Hist. & Geneal. Soc. of Indiana Co., 1968.

Brady, Barbara. "Stone Houses in Indiana County", Indiana County Heritage, vol. 11:2 (Winter 1987-88) pp. 19-28.

Brady, Cyrus T. Historical Sketch of Capt. Samuel Brady. Published by Hugh W. Smeaton, 1927.

Brady, W.P. Warrantee Survey for John Nicholson, August 23, 1794.

Warrantee Survey A63-263 in Land Office, Dep't. of Community Affairs, Harrisburg. Includes "Cannoe Place" and "Cherry Tree".

Brady, William Young. Brady Annals. Published serially by the author, Washington DC., from April 1923 to 1955. 12 issues.

----."'Old' Samuel Brady, Indian Scout, Brother of Captain John Brady", Now and Then, vol. XI:282-286 (July 1954-Apr. 1957), Muncy, Pa. Historical Society, 1957.

Bramhall, Russell G. Individual Environmental Perception, Selected Individual Characteristics and Their Relationship to Residential Locational Preference. IUP thesis, 1974.

Residential mobility in Indiana, Pa.

Branch, E. Douglas. "The Coming of the Telegraph to Western Pennsylvania" Pennsylvania History, vol. V:21-29 (1938).

Brandon, Thomas M. The Moorhead Fort Site, A Preliminary Report. IUP, 1973.

Breindel, Josephine T. Pre-orientation Program for Students Entering Indiana Junior High School from St. Bernard's Parochial Elementary School. IUP thesis, 1971.

Brethren, Church of the. Two Centuries of the Church of the Brethren in Western Pennsylvania, Elgin, IL, 1953.

Manor congregation, Penn Run, pp. 272 f, 339. Montgomery congregation pp. .309 f.

Brewer, Abraham T. Address at Marchand Home-Coming, 1905 in Stewart, J.T. vol. I:529-533.

----. Early School Days in Ohio and Pennsylvania n.p. September 20, 1926.

Original in Western Reserve Historical Society, Cleveland, Ohio. Recollections of Mitchell School, one mile north of Covode. Also, a bear story, a black boy who attended, "Union Meeting House" (non-denominational), an escaping slave who died and was buried beside the road.

----.History Sixty-first Regiment Pennsylvania Volunteers 1861-1865. Art Engraving & Printing Co., Pittsburgh, 1911.

----. Logging in the Alleghenies. n.p. September 20, 1927.

Experience in a logging camp in Clearfield County, October 1859. Original in Western Reserve Historical Society, Cleveland, Ohio.

----. The Woolen Shawl. Mimeographed copy.

Original in possession of M. Ella Moore. Presented as "Birthday Greetings September 20, 1841-1929" to Co. A, 61st. Regiment.

Brewster, William. The Pennsylvania and New York Frontier: History from 1720 to the Close of the Revolution., Philadelphia, George S. McManus Co., 1954.

Brinkman, Charles W. "Blairsville. City Once Threatened Pittsburgh for District Supremacy", Pittsburgh Press, July 16, 1933.

----."Blairsville Was a Boom Town in the Early Canal and Turnpike Days", Pittsburgh Press, July 10, 1932.

----."Cherry Tree. Place Was at Head of Navigation for Indians' Canoes", Pittsburgh Press, October 7, 1934.

----."The Pennsylvania Canal" in Pennsylvania Farmer, vol. 113, no. 2. (July ?)

----."Saltsburg Borough. Discovery of Briny Spring Paved Way for Salt Industry", Pittsburgh Press, June 4, 1933.

----."Wolves and Indians Harried the Early Settlers of Indiana Borough", Pittsburgh Press, September 10, 1933.

Bromwell, William. Locomotive Sketches with Pen and Pencil, or, hints and suggestions to the tourist over the great central route from Philadelphia to Pittsburgh. Philadelphia, J.W. Moore, 1854.

Brown, Rev. A.B. An Address Delivered Before the Amphisbeteon Literary Society of Eldersridge Academy, October 12, 1849. McMillin & Shryock, Pittsburgh, 1850.

Brown, Joseph Ringle. Store Account Book, ca 1874 to 1880's. MS owned by R.R. Brown, M.D., Homer City, Pa.

Includes an Indiana Progress receipt dated December 5, 1891 signed by A.T. Moorehead and also a physician's card, "Orlando C. Stewart, Physician and Surgeon; Dealer in Drugs, Medicines, Paints, Oils, Dye-Stuffs, etc.; Wines and Liquors for Medical Purposes; Cookport, Pa."

Brownson, Sarah M. Life of Demetrius Augustine Gallitzin. New York, 1873.

Several references to R.B. McCabes's "Reminiscenses of Dr. Gallitzin". Details of how Irish canal laborers saved Gallitzin's home from Sheriff's sale. Items re Rev. Terrence McGirr and Rev. James A. Stillinger, pp. 356-358.

Brunot, Rev. Sanson. Journal of... His Ministry at Blairsville and Greensburg, Penna.

MS in Carnegie Library, Pittsburgh, original dated May 9, 1830 to Jan. 3, 1831, owned by Hillary Brunot.

Bubenko, Michelle. "Local Historians Theorize Vaults Used to Store Beer", Indiana Gazette, Feb. 11, 1989.

Discovery of vaults in Indiana.

Buck, Solon J. and Buck, Elizabeth Hawthorn. The Planting of Civilization in Western Pennsylvania, University of Pittsburgh, 1939.

Buczek, Richard Charles. A Profile of 100 Commissionees of the ROTC Program at Indiana University of Pa. 1966 through 1970. Thesis, 1973.

Buena Vista Day Book, 3 vols. 1847-1849. In Blair County Historical Society, Altoona, Pa.

Buffalo, Rochester & Pittsburgh Railway Co. Office of Chief Engineer, Valuation Dep't, Corporate History of the Buffalo, Rochester & Pittsburgh Railway Co., 1920.

----.Right of way map to accompany agreement with Marion Center Coal Mining Co., 1917; revised 1919 & 1925. In author's collection.

Burgess, Ellis Beaver. Memorial History of the Pittsburgh Synod of the Evangelical Lutheran Church ..., Greenville, Pa., 1925.

"Churches of Indiana County" ..., pp. 531-561.

----.History of the Pittsburgh Synod ... of the Evangelical Lutheran Church ... Philadelphia, 1904.

Chap. IX "The Churches of Indiana County", pp. 250-293.

Burgess, George H. and Kennedy, Miles C. Centennial History of the Pennsylvania Railroad Company 1846-1946, Philadelphia, 1949.

Burke, John R. "The Blairsville Main Street Program", Indiana County Heritage, vol. 10:1 (Winter 1985) pp. 4,5.

Burkert, Richard "Silas M. Clark House History - and Restoration". Indiana County Tourist Bureau tabloid supplement in <u>Indiana Evening Gazette</u>, December, 1978.

----."A Walking Tour of Historic Saltsburg", <u>Indiana County Heritage</u> 7: 1 (Spring 1979), Centerfold insert.

Burr, David H. <u>Map of New Jersey and Pennsylvania</u>...1839.

    List of post offices. Roads shown as 1-horse mail "sulkey" except Kittanning-Ebensburg road 2 horse mail stage, and Frankstown Road 4-horse mail post coach

<u>Burrell-Black Lick Jubilee</u>. Sept. 18, 1976.

    Includes "Early History of the Burrell-Black Lick Area".

Buterbaugh, Bertha Manner. <u>This Was Our Honey Hollow School</u>. n.d. ca 1977.

Butler, Russell Harris. <u>Genealogy of the Uncapher and Unkefer Families</u>..., privately printed, n.d.

Caldwell, Eleanor. "Indiana County's Most Daring Robbery" in Stephenson, ed. <u>The Clymer-Cherryhill Story</u>, pp. 11,13.

    Reprinted December 1977 in <u>Guidebook to Indiana County</u>, pp. 7,8,10,16.

Calhoun, Donald B. <u>History of the Blairsville College for Women</u>, IUP thesis, 1968.

----."The Blairsville College for Women", <u>Indiana County Heritage</u>, vol. 10:1 (Winter 1985) pp. 26-30.

Calkin-Kelly Directory Co. <u>Indiana Pa., Directories</u> over a period of years to the present.

Camp, E.B. "Cherry Tree Presbyterian Church" in Sloan, D.H. <u>Hist. of Presbytery of Kittanning</u>, pp. 136-139.

Campbell, Charles, Lieutenant of the County of Westmoreland, to His Excellency Thomas Mifflin, June 2, 1791. In Hist. Soc. of Western Pa.

----.*A Journal of Travels of Charles Campbell of Pennsylvania, Westmoreland County*. In Arms & White, pp. 141,142.

Location of Original unknown. Begins Sept. 25, 1777; ends Oct. 14, 1778.

Campbell, John. "Salt Industry Was Big Business", *Saltsburg Press*, February 19, 1891.

Campbell, Marius Robinson. *Latrobe Folio, Pa*. U.S. Geological Survey maps of Westmoreland and Indiana Counties, 1904.

Campbell, Paul. *History of the Campbell Family*, MS, March 1987.

James Campbell emigrated 1799 from Londonderry, Ulster and descendants.

Campero, James A. *A Survey of Financial, Academic and Social Adjustment Problems of Veterans Attending Indiana University of Pennsylvania*, IUP thesis, 1971.

Campisano, Elvira Jean. *A Follow-up of Graduates in Counselor Education from Indiana University of Pennsylvania, 1959-1968*, IUP thesis, 1970.

Canal Currents. Pennsylvania Canal Society bulletin 1967 to date.

Index numbers 1-52 in No. 52.

Carpenter, Ephraim. *Journal*, MS in possession of Nell Russell McMahan, Indiana, Pa.

Diary of a hunting expedition to Clearfield County November 1850 by E. Carpenter, E. Paige, J. Douglass, S. Kreps, W.N. Sims & I. McHenry, pp. 21-26. Genealogy of the Carpenter Family by E. Carpenter, 1853, pp. 29-53. "The Loss of Henry Shryock of Indiana" in June 1818, pp. 83-93.

Carson, Harry F. *Early History of Saltsburg*, read at Kiskiminetas School campus to a tour group from the Hist. Soc. of Western Pa., July 14, 1939.

----."Salt and Early Saltsburg", *Saltsburg Press*, Sept. 30 & Oct 17, 1920.

Carson, Mary. "Early History of Saltsburg", *Indiana County Heritage*, vol. 4:1 (Summer-Fall 1970-1971), pp. 1-15.

Cashdollar, Charles D. "A History of Calvary Church" in The Heritage of Calvary Church, Indiana, Pa., 1976.

----."The World War I Letters of Frederick W. Hinitt", Indiana County Heritage, Spring 1977, pp. 7-13.

Catalogue of the Loan Exhibition. Court House, Indiana, Pa., Feb. 25-Mar. 10, 1881, Pittsburgh, 1881.

48-page detailed listing of hundreds of items loaned.

Cathcart et al. History of the Hawthorne School, Rayne Township, Indiana County, Pa., 1930.

Center Township Literary Society, MS, Minutes, 1864. In Hist. & Geneal. Soc. of Indiana Co.

Centerville Store Journal, MS, Apr. 19, 1834-May 20, 1835.

Record of individual accounts owned by Robert J. Wagner, Greensburg, Pa.,

Cessna, Mary Ann. History of the School of Home Economics at Indiana University of Pa., 1911-1971. M.Ed. research project IUP 1971.

Chalfant, George Wilson. Courtship letters, 1859, MS

In Westmoreland Co. Hist. Society. See Swetnam, George, "Letters of a Poetic Lover".

Chalfant, Harry Malcolm. Father Penn and John Barleycorn, Harrisburg, 1920.

Chamberlain, Pamela. East Side, West Side, typed MS, n.d. in Hist. & Geneal. Soc. of Indiana Co.

Chambers, Will Grant. Organization of the Public Schools of Indiana, Pa. as a System of Practice and Training Schools for the State Normal School, 1904.

Chapman, Homer Lucius. Memoirs of an Itinerant, An Autobiography, n.d.

From internal evidence published ca 1908-09.

Chapman James F. "Indiana County Schools" Indiana Progress, 103d Anniversary Edition June 7, 1916. Sec 6. p. 2.

Chapman, Thomas J. Valley of the Conemaugh, Altoona, 1865.

> Notations on Blairsville, Newport, Saltsburg and other points along the river; and biographical sketches of R.B. McCabe, pp. 181-186, and John Cunningham, pp. 191-196.

Charles, Edwin K. Man as a Geomorphological Agent in Indiana County, Pa., MS thesis, IUP, 1972.

Cherry Tree Centennial. 1822-1922 (pamphlet).

Cherry Tree News. Weekly newspaper, 1922-?

> Hist. & Geneal. Soc. of Indiana Co. has July 5 and August 2, 1922. Darlington Library, Univ. of Pittsburgh has June 28, Aug. 2 & 9, 1922. Issue of Aug. 2 is Centennial edition (vol. 1, no. 6).

Cherry Tree - 150th Anniversary, 1822-1972.

Cherrytree Record. Weekly newspaper, 1880-?

> Souvenir edition Nov. 17, 1894 for dedication of Fort Stanwix Treaty Monument, published by H.L. Work, editor & proprietor. Author owns this and Nov. 24, 1894. W.R. Hevner, Cherry Tree, owns Mar. 1, 1882 (vol. 2, no. 26 edited by Harter & Driscoll). Darlington Library, University of Pittsburgh has Sept. 15, 1880; Feb. 8 & 22, 1882; Jan. 31, 1883; Apr. 4, 1888 and Nov. 17, 1894.

Cherryhill Township Volunteer Fire Department, Jubilee Book Committee. Penn Run. One Hundred and Fifty Years. Indiana, Pa. 1988.

Chevalier, Michel. Histoire et Description des Voies de Communication aux Etats-Unis et des Travaux D'Art Qui en Dependent. Paris and London, 1840. Vol. 1, part 2, sec. 2. Chap. VII p. 418.

> Description and specifications of Pa. Canal aqueducts and tunnels on Conemaugh. Mention of "Loopville, immediately adjoining the canal bridge" at the Conemaugh tunnel.

Chew, Paul A. Southwestern Pennsylvania Painters 1800-1945. Greensburg, 1981.

> Special exhibit Sept. 27-Nov. 29, 1981 featuring artists of Southwestern Pa.

Chovanes, Andrew B. Religious Adherence and Racial Prejudice Among Selected Religious Groups in Indiana, Pa., IUP thesis, 1966.

Christian, Donna. Indiana County Elementary School Library Programs... M.Ed. research project, 1971.

Christy, Harry C. and Mrs. H.C. "Indiana Volunteer Fire Department", Indiana Progress, 103d Anniv. ed., June 7, 1916 Sec. 2, p. 3.

Christy, Sarah R. "Fugitive Slaves in Indiana County", Western Pennsylvania Historical Mag., vol. 18 (1935), pp. 278-288.

----."Women's Clubs", Indiana Progress, 103d Anniv. ed., June 7, 1916. Sec. 6, p.5.

Chronoski, Helen M. Effectiveness of the Indiana Area Senior High School Business Education Department in Preparing Graduates for Beginning Positions. IUP thesis, 1970.

Churchill, Dr. George R. "Indiana County Dentists", Indiana Progress, 103d Anniv. ed. June 7, 1916. Sec. 10, p. 3.

Citizen, and Blairsville Advocate. weekly newspaper published by Thomas A. Maguire.

12 issues, Nov. 13, 1845 (vol. 1, no. 1) - Feb. 18, 1846, owned by author.

Citizens Guide to Cherryhill Township in Hist. & Geneal. Soc. of Indiana Co.

Clarion of Freedom. weekly newspaper published by James Moorhead.

5 copies in Hist. & Geneal. Soc. of Indiana Co.: Aug. 17, 1845; June 3, 1846; Jan. 18 & June 7, 1853; July 10, 1850. Two copies owned by Donald Moorhead, Indiana: Dec. 18, 1844 & Feb. 20, 1850 (as Freedom's Clarion). 4 copies owned by P.R. Cummins, Homer City: Mar 4. May 9, June 17 & July 15, 1846. Microfilm of 5 issues in Pa. Hist. & Museum Commiss.: July 14 & 21, 1847; Apr. 25, May 23 & June 6. 1849.

Clark, Georgia et al. Academies in Indiana County, typed MS, in Hist. & Geneal. Soc. of Indiana. Co.

Clarke, James. Autobiographical Sketch written for the Convention to Reform the Constitution of Pennsylvania, MS, Feb. 13, 1838 in Hist. Society of Pa., Philadelphia.

----.Extracts from the Journal of James Clarke's Autobiography, MS, copied from the original by Jane Ford and recopied by Harriet Ford Boyle.

Personal and ancestral history, 1688-1811.

----.Speech of James Clarke, Esq. of Indiana, Delivered in the Convention to Amend the Constitution of Pennsylvania . . . Philadephia, 1837.

Delivered Dec. 1, 1837 in support of an amendment prohibiting banks from issuing notes of less than $ 10, and less than $ 20 after 1842.
In Library of Congress.

Clarke Papers. MS, 1830-1860.

57 letters, maps, speeches and 10 financial items to James C. Clarke from his father, James Clarke, and other family members re politics, business affairs, Jefferson College, classmates, friends etc., owned by author.

Clarke, William P. Official History of the Militia and the National Guard of the State of Pennsylvania . . . 3 vols., 1909.

Clarksburg Sesquicentennial Committee. History of Clarksburg Penna., 1829-1979.

Clawson, W.S. Pi On The Floor, 1967.

Moorhead family genealogy.

Closson, Bob & Mary, comp. Index to Indiana County, Pa., Wills 1803-1900. Apollo, Pa. 1982.

Clymer, George, et ux. Certified copies of deeds to Chas. Campbell et al. and to Indiana County Commissioners, 1807, 1808. In IUP Library.

----.Papers, MS, microfllm in IUP Library.

Clymer Sun. "History of Clymer", clip n.d. in Hist. & Geneal. Soc. of Indiana Co.

Coal Age. Map of Heilwood, Pa., Nov. 1911.

Reprinted in Mulrooney, Margaret M., A Legacy of Coal: The Coal Company Towns of Southwestern Pa., Washington, DC, 1989, p. 15.

----."Other Pennsylvania Operators Cry; R. & P. Thrives", May 1986, p. 13.

Coffman, John Dodson. <u>Christmas Tree Industry of Indiana County</u> . . ., Indiana State College, 1962.

Colananni, Norma. "The Borough of Blairsville", <u>Borough Bulletin</u> (of Pa.), December 1961.

Coleman, Ernest H. "Western Division Canal Boomed Salt Sales", <u>Canal Currents</u>, #17 (Summer 1971).

Coleman, Nancy. "Wehrum Still Draws 'Em'", <u>Tribune-Democrat</u> (Johnstown, Pa.). August 1, 1984.

Come, Gene Savoy. <u>Use of Alcoholic Beverages at Indiana University of Pa.</u>. M.Ed. research project, IUP.

Conemaugh Associate Presbyterian and United Presbyterian Church <u>Session Records</u>, 1855-1858, 1866-1948 (Saltsburg, Pa.) MS in Presbyterian Hist. Soc. of Philadelphia.

----.<u>Church Register</u>, MS in Presbyterian Hist. Society.

Deaths 1813-1879, marriages 1803-1866, baptisms 1810-1858, communicants 1797-1889.

<u>Conemaugh Republican</u>. Weekly newspaper published by Benjamin Andrews in Blairsville.

Issue of Sept. 3, 1830 (vol. 1, no. 29) in Huntington Library & Art Gallery, San Marino, CA, author has photocopy negative.

Conrad, Robert T., ed. <u>Sanderson's Biography of the Signers to the Declaration of Independence</u>, revised and edited, Phila. 1865.

Picture of Clymer's Philadelphia residence p. 453; bio. sketch pp. 455-474.

<u>Contact</u>. weekly shoppers free tabloid published by Eugene Friedline.

Author owns June 13, 1973 (vol. 1, no. 1).

Conyngham, W. L. & Jones, T. R., eds. "Northern Route, Conemaugh Salt Work", <u>Pennsylvania Forests and Waters</u>, May-June 1952 (vol. 4, no. 3), pp. 66-68.

From an original MS ca 1818, author unknown.

Cooper, Eileen "CBC Community a New Kind of Coal Town", Indiana Evening Gazette, Jan. 13, 1979, p. 15 and Feb. 10, pp. 13,15.

----."Ernest: Life in a Mining Town", Pennsylvania Heritage, Sept. 1977 (vol. III:4), pp. 10-13.

----."The Ernest Mine Disaster of 1916" Indiana County Heritage, Winter 1977-1978, (vol. 5, no. 2), pp. 14-19.

----."The Ernest Mining Plant", Indiana County Heritage, Winter 1978-1979 (vol. 6, no. 2), pp. 21-24.

----."Fireworks and Festivities: Indiana County Celebrates the Fourth of July", Indiana County Heritage, Spring 1977 (vol. 5, no. 1), pp. 29-34.

----.The First One Hundred Years, Rochester & Pittsburgh Coal Co., 1982.

----."History of Coke Part II. Graceton, Coral Grew as New Nation Emerged". Indiana Evening Gazette, Dec. 1 & 15, 1979, pp. 17 & 21 respectively.

----."Iselin", Indiana Evening Gazette, July 29 & Aug. 12, 1978.

----."The Iselin Family", Indiana Evening Gazette, Oct. 18 & Nov. 1, 1980.

----."Labor Archives in IUP's Special Collections", Indiana Co. Heritage, vol. 12:1 (Summer-Fall 1989), p. 19.

----."Lucerne", Indiana Evening Gazette, July 28, 1979, p. 7 and Aug. 11, 1979 p. 7.

----."Old Time Mining", Indiana Evening Gazette, Apr. 7 & 14, 1979.

----."Whiskey Run", Indiana Evening Gazette, Oct. 28 & Nov. 11, 1978.

----."Whiskey Run Where Coal Dust Mixed with Murder", Pennsylvania Heritage, Spring 1980 (vol. VI:2, pp. 15-19.)

----."A Woman's Day: Work and Anxiety", Pennsylvania Heritage, Sept. 1977 (vol. III:4), pp. 14-17, 35.

----."Miners' Wives. Life in Coal Towns Hard on Women Too", Indiana Evening Gazette, Nov. 3, 1976, p. 29.

Copley, Josiah. Gathered Sheaves from the Writings of...New York, 1886.

"Biographical Sketch" VII-XVI. "Recollections of Boyhood", pp. 84-90.

----.Gatherings in Beulah, New York, 1877.

"Rev. Joseph W. Henderson", pp. 399-404. "My First Communion", pp. 459-462, "A Memoir of Early Life. Carrying the Mail", pp. 497-504.

----."Indiana County, Pa., A Visit to the Scenes of My Early Life", Presbyterian Banner, February 9, 1876, reprinted in Stephenson III:229-234.

----."Rev. Joseph W. Henderson", Indiana Register & American, Mar. 27, 1867, reprinted in Copley, Gatherings in Beulah, pp. 399-404.

Corbin, C.J. Indiana Pa., 1878.

General view with inset pictures of Armory Hall, Silas M. Clark residence, JohnSutton Hall, Court House, and Catholic, Methodist, Presbyterian & U.P. Churches.

Cornell, William A. The Political Career of John S. Fisher, typed MS, read at meeting of Historical Society of Western Pennsylvania. Dec. 12, 1950. In HSWP filed in EA Collections.

----.Political Career of John S. Fisher Governor of Pennsylvania, 1927-1931. Master's thesis Univ. of Pittsburgh, 1949.

Cotroneo, Kathy Ann. Survey of Parental Attitudes Toward the Indiana County Child Day Care Preschool Program, M.Ed. thesis, IUP 1975.

Covode Academy. First Reunion Program, August 23, & 24, 1911.

----.Annual Exhibition Programs of Everett Literary Society for 1863-1865, 1868, 1870 1874 & 1878 in Hist. & Geneal. Soc. of Indiana Co.

Cowan, Frank. Southwestern Pennsylvania in Song and Story and an appendix, The Battle Ballads and Other Poems of Southwestern Pennsylvania, Greensburg, 1878.

James Crow of Blairsville, pp. 192-194. First salt well, pp. 160-164, Conemaugh legend, pp. 197-200, Old Indian town at or near Saltsburg, p. 22.

Craig, Jane Maria. Samuel Craig, Senior, Pioneer to Western Pennsylvania, and His Descendants, Greensburg, 1915.

   Notes on Alexander Craig, agent for George Clymer, in connection with locating the county seat at Indiana on lands owned by Clymer.

Craig, M.B. et al. History of the West Union United Presbyterian Church, 1814-1964, mimeographed 1964.

Craighead, J.G. "John Elder", Western Penna. Hist. Mag., June 1935 (vol. 18), pp. 270,271.

Craighead, Rev. James R.E., ed. The Bond, nine issues July 1932-May 1939 in Hist. & Geneal. Soc. of Indiana Co.

   Elders Ridge Academy and Presbyterian churches of Elders Ridge and West Lebanon.

----."The Cable That Lifted a Community", Donaldson Papers XI, pp 68-85.

----.Donaldson Papers, Saltsburg, 1940, papers by students of Elders Ridge Vocational School and others.

----."James Elder, Pioneer", Western Penna Hist. Mag., Dec. 1938 (vol. 21:4), pp. 267-274.

----.Pastoral Letter to Presbyterian Church of Cherry Tree, July 18, 1896 in Hist. & Geneal. Soc. of Indiana Co.

Cramer, Jayne E. Pennsylvania Historic Resource Survey Forms, Pa. Historical & Museum Commission, Indiana County, 1985-86.

Crawford, Rev. A.J.T. "Covode Academy" in Sloan, D.H. History of the Presbytery of Kittanning, pp. 376,377.

   ----.and Bell, Rev. A.T., "Mt. Pleasant Presbyterian Church" in Sloan, D.H. History of the Presbytery of Kittanning, pp. 272-276.

Creighton, David Caldwell. Scale Model of Indiana University of Pennsylvania Expansion Program from 1968 to 1980. M.Ed. research project, IUP, 1970.

Cremer, Henry. Available Sources for the Study of Industrial and Social History of Western Pennsylvania, Indiana, 1930.

----. Available Sources for the Study of Problem Economics in Western Pennsylvania, Indiana, 1930.

Creps, Jeanne D. Part-time Occupational Activities of Indiana Area Senior High School Students, IUP, 1970.

Crevak, Michael A. "He's Gone To Be A Soldier", Blairsville at War, 1861-1865, Blairsville Pa., 1991. 15 pages, footnotes and bibliography.

Crosby, Rev. John R. "Modern Witches of Pennsylvania", Journal of American Folk-Lore vol. 40, pp. 304-309 (1927).

Russian sect of Thondrakians in Indiana County, customs of witchcraft.

Cubbison, Douglas R. "That Gallant Company" Indiana County Heritage, vol. 9, no. 1 (Summer 1984), pp. 15-19.

Co. B, 11th Regiment, Pennsylvania Reserves.

Cummings, Hubertis M. Pennsylvania Board of Canal Commissioners' Records, with Allied Records of Canal Companies Chartered by the Commonwealth. Descriptive Index. Dep't. of Internal Affairs, Harrisburg, Pa., 1959.

Cummins, Margaret H., comp. Sesqui-Centennial History of the First United Presbyterian Church, Indiana, Pa., 1808-1958, Indiana, Pa., 1958.

Cunningham, C.M. Map, Blairsville Borough, 1955 (blueprint).

Cunningham, Mrs. Howard et al Ghost Towns (of Indiana County), typed MS, 1958 in Hist & Geneal Soc. of Indiana Co.

Claghorn, Cokeville, Robertsville, Rossmoyne, Scott Glen, Armorford, Wehrum, Newport.

Cunningham, James L. Our Family History Subsequent to 1870, 1943.

Cunningham, T.D. In Memoriam (46 pages) in Hist. & Geneal. Soc. of Indiana Co.

Cunningham, William. Our Family History, Peoria, IL, 1870.

Cunningham, William J. Hugh St. Clair Story . . . Bolivar, Pa., 1981.

Darlington, William M., ed. Journals of Christopher Gist . . . Pittsburgh, 1893.

Daugherty, Mrs. Hart B. "Some Local Stories About Judge White" *Indiana County Heritage*, Fall 1967 (vol. 2, no. 1), p. 5.

Davis, Belle W. *Indian Camp or Village Near the Forks of Plum and Crooked Creeks*, MS n.d. in Hist. & Geneal. Soc. of Indiana Co.

Davis, F.A. *New Illustrated Atlas of Westmoreland County, Pennsylvania, 1876* ... Reading, Pa., 1976. Facsimile with additional data, Rimersburg, Pa., 1971.

Davis was surveyor.

Davis, Mrs. Guy Pratt. *Indigenous Houses of Indiana County, PA*, survey 1939 by New Century Club, Indiana.

Also published as series of 12 articles in *Indiana Evening Gazette* 1939-1940.

Davis, Lawrence A. *Geography of Pennsylvania*, New York, 1939.

Former head of geography department, Indiana State Teachers College.

Davis, Paul. *Bolsheviks in Indiana County*, typed MS, n.d. in Hist. & Geneal. Soc. of Indiana Co.

Davis, Ruel et al. *Papers on Crime in Indiana County*, typed MS by Indiana State College students, 1961, in Hist. & Geneal. Soc. of Indiana Co.

Stills, first and last hangings, Whiskey Run, murders 1915-1918.

Day, Sherman. *Historical Collections of the State of Pennsylvania*...Phila. 1843.

"Indiana County" pp. 374-379 including 2 woodcuts of Philadelphia St., Indiana and Blairsville and Pa. Canal. R.B. McCabe's Brady sketches pp. 99,100,104-106,177,178,229,230. His recollections of Huntingdon County pp. 366-368.

De Bastiani, Irene. *Role of Company A of Indiana County (61st Regiment) in the Civil War*. Typed MS, 1961 in Hist. & Geneal. Soc. of Indiana Co.

De Joinville. *Memoirs of Prince De Joinville*, translated by Lady Mary Lloyd. New York, 1895.

Notes on Pennsylvania Canal 1838 & 1841, 1842, pp. 113, 220.

De Frehn, Mary Ellen. Mears Family History, typed MS 1983.

De Gaetano, Robert. First Methodist Church Indiana Pa., n.d

De Haven, Pat. Brief History of Plumville, 1966.

Deckers Point, History of. 1986 n.a.

Dektor, Eugene A. Attitudes Toward Aging and the Elderly of Students Attending Indiana University of Pennsylvania During the 1974-1975 School Term, M.Ed. thesis, IUP, 1975.

Delaney, Marsha Sullivan. Professional Backgrounds, Educational Qualifications and Guidance Duties of Elementary School Teachers in the Indiana Area School District, M.Ed. thesis, IUP, 1974.

Delfavero, Delia. John Martin, typed MS n.d.

Democratic Messenger. weekly newspaper published in Indiana, Pa. by Clark Wilson, ed. & prop.

Scattered issues from Sept. 26, 1860-Feb. 20, 1861 owned by Donald Miller, Indiana, Pa., Apr. 25, 1860 & Feb. 13, 1861 in Hist. & Geneal. Soc. of Indiana Co.

Denniston, John. Store Journal 1808-1809; J. Denniston & Patton June 4, 1824 f.; John Denniston 2d July 26, 1827 f. MS owned by Hist. & Geneal. Soc. of Indiana Co.

A large portion of journal has been pasted over with clippings.

Development Associates Inc. Report on Evaluation of the Indiana County Community Action Program Inc., Mar. 2-6, 1970.

Dickens, Charles. American Notes, New York, 1842. Reprinted Gloucester, MA, 1968.

Account of trip from Harrisburg to Pittsburgh March 1842 on Pa. Canal, pp. 168-180. Reprinted in Stephenson III:94-97.

Dickey, Joseph. Interview with . . . by Rose Taucher and Ellen Sayers, May 14, 1945, MS in Hist. & Geneal. Soc. of Indiana Co.

Dixonville, History of, and Surrounding Area. n.a. 1976.

Dixonville Wesleyan Methodist Church Centennial 1855-1955.

Donaldson, Rev. Alexander. "Elders Ridge Presbyterian Church" in Sloan, D.H. History of the Presbytery of Kittanning, pp. 176-183,

----.History of the Churches in Blairsville Presbytery . . . Pittsburgh 1874.

----.History of the Donaldson Family, Pittsburgh 1878.

---.Memorial Exercises . . . at a Meeting of Kittanning Presbytery . . . Pittsburgh 1873.

Includes articles by other ministers and laymen.

----.Quarter-Century Sermon . . . Pittsburgh 1864.

----."West Lebanon" in Sloan, D.H. History of the Presbytery of Kittanning pp. 365-368.

Donaldson, Rev. Robert M. "A Memorial to Rev. Alexander Donaldson D.D." in Donaldson Papers by Craighead, James R-E., XI, pp. 5-16

Donaldson, Warren A. History of the Donaldson Family and Its Connections. Phoenix, AZ 1972.

Donehoo, George P. Indian Villages and Place Names, Harrisburg 1928.

----.Pennsylvania, A History, 5 vols., New York & Chicago 1926.

Western Pennsylvania in vol. 2, pp. 620-1011.

Donnelly, Joe. "Pine Township Coal Uses Unique Mining Method", Indiana Evening Gazette, March 7, 1957.

Douds, Charles T. Douds Family of Plumville, Pa., 1972.

Dougherty, Jim. Corporate Strategies for the 80's and the Robertshaw Plant Closing. . . M.A. thesis, 1984, IUP.

Douglas, H.B. "Commodore, the Town the New York Central Built", New York Central Lines Magazine, May 1922, pp. 27-30.

Douglass, Samuel A. "Indiana County", Twentieth Century Bench and Bar of Pennsylvania, Chicago, 1903, pp. 362-374 in vol. 1.

Dragoo, Don W. "Blairsville Before Blair", Carnegie Magazine, Apr. 1953 (vol. 27, no. 4) pp. 117-120.

----."Excavations at the Johnston Site, Indiana County, Pennsylvania", Pennsylvania Archaeologist, Aug. 1955 (vol. 25, no. 2), Memoir Issue No. 1, pp. 85-141.

Drake, Benjamin. Tecumseh, Cincinnati 1856.

Shawnee Creation legend cited in Stephenson, vol. I:22.

Dructor, Robert M. Guide to Genealogical Sources at the Pennsylvania State Archives, Pa. Hist. & Museum Commission, Harrisburg 1980.

Drum, Augustus. Papers 1846-1856, MS in Hist. Society of Pennsylvania, Philadelphia, 50 items.

----.Nebraska and Kansas Bill. Speech . . . in House of Representatives May 19, 1854. Washington, D.C., 1854. In Library of Congress.

----.Speech . . . in House of Representatives, May 29, 1854 on the Tariff-Duties on Salt. Washington, DC, 1854. In Library of Congress.

Drum, Jacob. Robert Wilson Map of Saltsburg, 1828. In Saltsburg Hist. Society.

Du Chateau, Amelia. Campus Ministry at Indiana University of Pennsylvania, M.Ed. research, IUP, 1971.

Dzombak, William. "Canal Voyage Journal - 1849", Canal Currents, No. 78 (Spring 1987), pp. 13-15.

Written by unidentified traveler Oct. 1-6, 1849 on flyleaf of a volume in Hist. Society of Western Pa.

----.Inventory of Structures Remaining on Route of West Penn Railroad Within Conemaugh Flood Control Reservoir Area, typed MS, 1981.

----."Kiski-Conemaugh Canal Section" supplement to News-Citizen (Vandergrift), Apollo Record & Saltsburg Press, August 1979, pp. 1-5,8.

----.Trail of Transportation Historic Site. Prepared for Southwestern Pa. Heritage Preservation Commission by Indiana Co. Office of Planning and Development June 30, 1992.

----.Tunnelview Historic Site. Prepared Oct. 1992 for Indiana Co. Office of Planning and Development. Numerous maps, charts, pictures and appendices.

----."Western Division Sesquicentennial Year!", Canal Currents, No. 48 (Autumn 1979) pp. 11-13.

Earl, G.W. "Early Methodism in Indiana", A Twentieth Century Colonial Church, First Methodist Episcopal Church, Indiana, Pa., n.d., pp. 18,19.

Eastern Orthodox Foundation. Dedication, Sept. 7, 1969. Open House, Sept. 13, 1970.

Eavenson, Howard N. First Century and a Quarter of American Coal Industry. Pittsburgh 1942.

Ebenezer United Presbyterian Church. 175th Anniversary of the Congregation, Sept. 5, 1965.

----.200th Anniversary 1789-1989.

Ebensburg Mountaineer-Herald. weekly newspaper, Ebensburg, Pa. 45th Anniversary ed. Aug. 13, 1915.

In Hist. Society of Cambria Co. Includes article on Eliza Furnace.

Eddy, Henry Howard. Guide to the Published Archives of Pennsylvania. Pa. Hist. & Museum Commission. Harrisburg 1949.

Covers 138 volumes of Colonial Records and Pennsylvania Archives series.

Edwards, Charles Stuart. Contributions of David Jewett Waller, Jr. to Educational Administration in Pennsylvania. Pa. State Univ. thesis, 1965.

Elder, Joshua. Warrantee Surveys, in Land Office, Pa. Dep't. of Community Affairs, Harrisburg. MS.

Elder, Marguerite M. "Eldersridge Academy", Western Pa. Historical Mag., April 1918 (vol. 1), pp. 57-66.

Elder, T.B. "Elders Ridge Academy". In Sloan, D.H. History of the Presbytery of Kittanning, pp. 378-388.

Eldersridge Academy. Catalogue 1892, in Hist. & Geneal. Soc. of Indiana Co.

Elders Ridge High School, Class of 1971. History of Elders Ridge High School, 1847-1969.

Eldridge, Brian J. Economic Impact of Selected Aspects of Indiana University of Pa. in the Community from June 1, 1973 to May 31, 1974. M.A. thesis, IUP.

Eleventh Regiment Pennsylvania Volunteers History of... Unsigned MS in Regional Historical Records Center, IUP.

Elkin, Cortlandt W.W. "Early Settlement of Indiana County", Western Pa. Hist. Mag., vol 18 (1935), pp. 267-277.

----.Elkin, John P. Newspaper clippings about, from Philadelphia Telegraph, Philadelphia Press, Myersdale Commercial, Pittsburgh Times, etc. 1902 in Indiana Univ. of Pa. Library.

----.Why the Qualified Electors Should Favor a Bond Issue of Fifty Millions of Dollars to Improve and Rebuild the Highways of the Commonwealth. Address before Good Roads Convention in Hall of House of Representatives, Sept 18, 1913.

Emerick, John II (1815-1894). Memorandum, MS, undated ca 1892-1894, owned by John Emerick, Pittsburgh, Pa.

Includes an account of the family's emigration from Germany 1832, working at iron furnaces in Franklin & Bedford Counties, 1833-1839, and arrival in Indiana Co. 1840. Reprinted in Stephenson III:106-110.

Esch, Mary L. My Forty-Seven Years at Indiana, address February 2, 1962 to District of Columbia Alumni Assoc. of Indiana State College, Chevy Chase, Maryland.

Espenshade, A. Howry. Pennsylvania Place Names. Pa. State College, 1925.

Evans, Lewis. Analysis of a General Map of the Middle British Colonies in America. Phila. 1755. Facsimile in Lawrence H. Gipson, Lewis Evans (Hist. Soc. of Pa., 1939).

On p. 27 "Moghulbughkitum" passable with bark canoes "a good way" towards West Branch of Susquehanna. "Kishkeminetas" passable with canoes 40 or 50 miles. "It has Coal and Salt."

Ewing, William S. "Indian Captives Released by Colonel Bouquet", Western Pa. Hist. Mag., vol. 39, no. 3 (Fall 1956).

Eyles, Allen. James Stewart., London 1984.

Fails, George A. Ebenezer United Presbyterian Church History, MS in Hist. & Geneal. Society of Indiana Co.

----.Salt Industry of Southwestern Pennsylvania, Its Rise and Decline. Master's thesis, IUP, 1967.

Fair, Roberta Gladys. Miniature Melting Pot: An Investigation of the Extent of Acculturation of Descendants of New Immigrants in a Western Pennsylvania Community. Master's thesis, Indiana State Teachers College, 1959.

Survey of a class at Elders Ridge High School.

Farmerie, Samuel A. " Westward Ho! The Migration and New Home of theElders", Indiana County Heritage, Fall 1986 (vol. 11, no. 1), pp. 8-11.

Farmer's Register, weekly newspaper, Greensburg, Pa.

Bound file June 21, 1799-Apr. 24, 1802 in Carnegie Library, Pittsburgh. Scattered issues May 28, 1803-May 3, 1805 in Harvard College Library; photostats in Hist. Soc. of W. Pa. Issues May 24, 1799-May 21, 1803 and single copy Mar. 2, 1810 in Hist. Soc. of Pa., Phila. One copy July 12, 1800 at Washington & Jefferson College. American Antiquarian Society, Worchester, MA has Aug. 13, Sept. 10, 1803; Aug. 21, Sept. 4, 1807; June 10-July 1, 1808; Feb. 17-Apr. 14, 28, May 12, June 30, Oct. 6-27, Nov. 17, 1809; Jan. 5, Feb. 9, Mar. 30, June 29, 1810.

Farmers Telephone Company of Indiana, Armstrong and Jefferson Counties, Official Directory, Marion Center, Pa., 1908 owned by Mrs. Virginia Stuchell, Creekside. Pa.

Index to divisions and advertisers with names of all subscribers.

----.Papers and Records, MS, owned by author.

Federal Cases... in the Circuit and District Courts of the U.S., St. Paul, 1896.

 Van Metre vs. Mitchell no. 16,864, 16,865 & 16,865a in Book 28, pp. 1036-1044.

Fendrick, Virginia Shannon. American Revolutionary Soldiers of Franklin County, Pa., Chambersburg, 1969.

 Contains numerous sketches of Revolutionary veterans who later settled in Indiana.

Ferguson, Robert W. and Calhoun, Donald B. "The Blairsville Diamond", Indiana County Heritage, Winter 1985 (vol. 10, no. 1), p.35.

Findlay, G. History of Armagh, Penna. for Use in the Elementary Grades, Indiana State College, 1965.

Findley, George, comp. History and Genealogy of the Findley Family, typed MS, 1974.

First Annual Manufacturers' Exhibit, Indiana, Pa., Mar. 10 and 11, 1930. In Hist. & Geneal. Soc. of Indiana Co.

First Hanging in Indiana County, MS in Hist. & Geneal Soc. of Indiana Co.

First Shields School Reunion. June 26, 1982.

Fishbein, Meyer H. Census of Manufactures, 1810-1890, Reference Information Paper No. 50, National Archives, 1973.

Fisher, Charles A. Early Wills and Administrations of Northumberland County, Pa., Including... Union, Mifflin and Indiana Counties, Baltimore 1974.

 Abstracts of Indiana Co. Wills 1817-1849, pp. 52-65; Letters of Administration 1818-1849, pp. 45-51; Deeds 1798-1807, p. 66.

Fisher, Gladys W. Guide to Pennsylvania Music, Pa. Federation of Music Clubs, Indiana, Pa., 1951.

----. Useful Information About Pennsylvania Music, Pa. Federation of Music Clubs n.d.

Fisher, John S. "Clymer", Indiana Progress, 103d Anniversary ed. June 7, 1916 sec. 10, p. 1.

----."Colonel John Armstrong's Expedition Against Kittanning", Pennsylvania Magazine of History & Biography, vol. 51 (1927), pp. 1-14. Address Sept. 8, 1926 at unveiling of a monument in Kittanning, Pa.

----.Memorial Day Address at Gettysburg, May 30, 1933 in Hist. & Geneal Soc. of Indiana Co.

----.Message of . . . to the General Assembly of Pennsylvania, Jan. 6, 1931.

----.Papers, 1886-1940, MS 64 cu. ft. MG-159 in Pa. Hist. & Museum Commiss., Harrisburg.

Fisher, John S. 2d. "Bench and Bar", Indiana, Pennsylvania 150th Anniversary, 1966.

Fisher, Mrs. Robert M. "Governor John S. Fisher", Indiana Pennsylvania 150th Anniversary, 1966.

Fleck, G. Dare and Lovell, Vivian C. Armstrong Family Tree, 1958.

Descendants of John Armstrong (1788-1857) and Rachel Corns.

Fleck, Janet. Ku Klux Klan in Indiana County, typed MS in Hist. & Geneal. Soc. of Indiana Co.

Fletcher, Stevenson Whitcomb. Pennsylvania Agriculture and Country Life,1640-1940, 2 vol. Pa. Hist. & Museum Commiss., Harrisburg.

Flick, Alexander C. Papers of Sir William Johnson, 12 vol., Albany, NY.

Map in vol. 8, p. 006 shows Crooked Creek, Mohulbuctitum, Mahone, Plumb Creek, Tohogus's Cabins, Indian villages at Blacklego Creek (west side), Two Licks and Black Lick.

Flickinger, George L. Frequency and Reasons for Pupil-counselor Contact in Respect to Pupil Problems at Indiana Senior High School. M.Ed. research project. IUP 1973.

Foderaro, Albert E. Attitudes of Undergraduate Students at Indiana University of Pennsylvania Regarding Drug Abuse. M.A. thesis, IUP 1973.

Foltz, Robert S., comp. Civil War Letters of Robert F. Templeton, 1986.

Fortune. "Biggest Christmas Tree Grower" December 1952, pp. 140,141, 154,156.

Fowler, T.M. and James B. Moyer Indiana, Pennsylvania 1900, Map 28 5/8 x 14 inches, Morrisville, Pa.

> General view in form of a street layout with most streets marked. Inset view of Indiana Glass Works.

Frampton, Tracy Edwin and Hedrick, Jodie Molnar. Pennsylvania Historic Resource Survey Forms, Pa. Historical & Museum Commission, Indiana County 1989.

Franks, Theo. Book of Surveys, Plans and Deeds with Description of Property in Possession of the State of Pennsylvania, along the lines of Public Improvements. MS in Pa. State Archives, Pa. Board of Canal Commissioners' Records W2-b.34, Surveys of Property, 1847.

Fraser, Alexander. Second Report of the Bureau of Archives for the Province of Ontario, 1904.

> Information regarding Tories who settled in Canada after the Revolution.

Fraser, Rev. J. Wallace. History of the Old Ebenezer Church, 130th Anniversary, 1921.

Fratrick, W. Forgotten Towns of Indiana County, typed MS in IUP Library.

Freemasonry in Indiana County. typed MS, ca 1953 in Hist. & Geneal. Soc. of Indiana Co.

Free Press and Indiana & Jefferson Advertiser, weekly newspaper, Indiana, Pa., published by John Taylor and, after Jan. 26, 1832, by Taylor and John G. Wilson.

> Hist. & Geneal. Soc. of Indiana Co. has file 1830-1833 with some gaps.

Frisch, David Craig. A History of the United Mine Workers of America in Indiana County, Pa. from 1915 to 1925, seminar paper, Graduate School, IUP 1970.

Fritz, David & Clemensen, A. Berle. Juniata and Western Divisions, Pennsylvania Main Line Canal. National Park Service August 1992.

Fullerton, Rev. J.Q.A. "Gilgal Presbyterian Church" in Sloan, D.H. Hist. of the Presbytery of Kittanning, pp. 196-199.

Fulton, Rev. R.H. "Bethel Presbyterian Church" in Sloan, D.H. Hist. of the Presbytery of Kittanning, pp. 112-117. Also "Homer", pp. 222-226.

Fulton, Rev. S. Alfred. "Dr. Donaldson's Pastorate at West Lebanon" in Craighead, James R.E. Donaldson Papers IX-E, pp. 63-65.

Furgiuele, Alberigo Richard. A Place Called Cameron's Bottom, 1981.

Only ten copies printed, one in Hist. & Geneal. Soc. of Indiana Co.

Furgiuele, Samuel F., ed. Dr. & Mrs. Willis E. Pratt: President and First Lady, Indiana University of Pennsylvania, 1948-1968, Indiana, 1968.

Gable, John E. History of Cambria County, Pa., Topeka & Indianapolis, 1926. 2 vols.

Galbraith, D. "The Old Wooden Bridge" Saltsburg Press, May 11, 1916.

Garfield Refractories Co. Catalog of Fire Clay Brick, Bolivar, Pa. 1945.

Garner, Larry B. Bikeway Planning Study for Indiana, Pa., M.A. thesis, IUP.

Gasteiger, E.L. & Boster, D.O., comps. Pennsylvania Agricultural Statistics 1866-1950. Pa. Dep't. of Agriculture, Harrisburg 1954.

Gatti, Mary Jane. Indiana County Eleventh Graders' Attitudes Toward Major Issues in Today's World, M.Ed. research proiect, IUP. 1970.

Gaul, Joseph. "George Clymer: His Part in the Founding of Indiana County", Junior Historian December 1952 (vol. 9, no. 1), pp. 32-36. Also in Stephenson, The Clymer-Cherryhill Story, pp. 75-80.

Geisel, Glenn George. A Cartographic Representation of the Indiana University of Pa. Campus from 1875 to 1975, M.A. thesis, IUP, 1973.

Gelbach, Clyde C. "The Stephenson History of Indiana County", Indiana County Heritage, Winter 1978-1979 (vol. 6, no. 2.), pp. 4-6. Review of Vol. I.

George, Andrew J. Survey of Sexual Behavior and Attitudes Among Unmarried College Students Between Seventeen and Twenty Years of Age, M.Ed. thesis, IUP, 1975.

George, Gertrude. Centennial Program Scrapbook, West Lebanon Presbyterian Church, MS, August 1953 in Hist. & Geneal. Soc. of Indiana Co.

----.History of Armstrong Township, typed MS in Hist. & Geneal Soc. of Indiana Co.

----.West Union United Presbyterian Church, typed MS in Hist. & Geneal. Soc. of Indiana Co.

Gessler, Ralph L. " The First 130 Years" in Historical Record of Blairsville, Young Men's Volunteer Fire Dep't., 1947, pp. 15-25.

Getts, Paul R. History of Education in Indiana, Pa., Doctor's thesis, Pa. State University, 1965.

----."Public Schools of Indiana", Indiana, Pennsylvania, 150th Anniversary, 1966.

Giffen, Wallace. Ellen Caroll, MS in Hist. & Geneal. Soc. of Indiana Co.

Gilgal Presbyterian Church. Plan of Meeting House, 1839 and pew assignment of John Sutor Sen., owner, Paul Botsford, Indiana, Pa.

----.Session Minutes, June 6, 1840-Mar. 25, 1908. MS copied from original by Mrs. Zola M. Hoyt, 4 vols. in Hist. & Geneal. Soc. of Indiana Co.

Includes a history of the church by Rev. John Carothers dated May 16, 1861.

Gilpin, Henry D. Papers: Alexander Taylor Field Notes of Surveys for Joshua & Thomas Gilpin, MS #238 in Historical Society of Pennsylvania, Philadelphia.

----.Papers: Legal Documents 1771-1859, Papers Pertaining to Western Lands of Thomas Gilpin and Others 1773-1780, MS # 238 in Hist. Society of Pa., Phila.

----.Papers: Letters and Accounts, Gilpin & Fisher 1800-1818, MS #77 in Hist. Society of Pa., Phila.

Letters from the Gilpins to correspondents and agents in Indiana County, including plans for "Gilpinsbourg" proposed county seat.

----.Papers: Miscellaneous Letters, Etc. pertaining to Indiana Lands of Thomas and Joshua Gilpin, 1800-1836, MS #238 in Hist. Society of PA, Phila.

Includes correspondence from John Young, Joseph McCartney and others re fixing of the county seat at Indiana; and other correspondence from Thomas White, Daniel Stanard and others. Also journal of Joshua Gilpin, 1809.

Gilpin, Joshua. "Indiana in 1809", Indiana County Heritage, vol. 1, no. 2 (Fall 1966), p. 56.

Extracts from his 1809 journal.

----.Journals and Notebooks 1790-1833, MS 1 cu. ft. and 62 vols. in Pa. Historical & Museum Commission.

----.Papers, 1770-1868, MS 131 items and 64 vols. in Eleutherian Mills Historical Library, Greenville, DE.

Transcripts, photocopies & microfilm from originals in private hands and Matthew Bolton Collection; Assay Office, Birmingham, England; NY Historical Society; Hist. Society of Pa.; Pa. Historical & Museum Commission; and Univ. of Virginia Library.

Gilpin, Maria & Elizabeth. Papers 1738-1878, MS 100 items in Hist. Society of Pa., Phila.

Includes a map of Gilpin & Fisher tracts in Indiana County in relation to townships drafted probably prior to 1816 since Green Twp. is not shown. Also shows "Cherry Hill" manor.

Gingrich, Robert B. Background and Motivating Factors of the Freshmen Taking Military Science on an Optional Basis, (at Indiana University of Pa.), M.A. research proiect, IUP 1971.

Given, Rev. Hugh F. Lumbering in Northern Indiana County in Early Days, typed MS, 1953 in Hist. & Geneal. Soc. of Indiana Co.

Glen Campbell News. weekly newspaper, assorted scattered issues in Hist. & Geneal. Society of Indiana Co. ca 1918-1923.

Gordon, Thomas F. A Gazetteer of the State of Pennsylvania, Phila. 1833.

Graff, Paul. History of the Graff Family, Phila. 1891.

Graff, William F. "Blairsville's First Railroad", Indiana Co. Heritage, vol. 11:2 (Winter 1987-88), pp. 7-11.

----."'Conemaugh' Purchased in 1836 Still Operates after 134 Years", Indiana Evening Gazette, Oct. 17, 1970.

----."County's Oldest Town Settled by Irish Immigrants", Indiana Evening Gazette, Mar. 17, 1971, p. 10.

----."County's Pioneers Believed in Credit-Buying, Too", Indiana Evening Gazette, Jan. 2, 1965, p. 10.

----."Disorderly Bell at Schoolhouse, Pits and Privies Council Topics", Indiana Evening Gazette, Oct. 21, 1970.

Summary of Blairsville Council minutes, 1828-1864. Also in IEG, July 18, 1975, pp. 30, 31.

----."How to Move a Railroad - Lock, Stock, Enginehouse and Honeymooners", Trains, vol. 37, no. 3 (Jan. 1977), pp. 52,53.

----."Memories! Good and . . . ", Indiana Gazette, Nov. 28, 1987. Recollections of Depression and World War II years.

----."New Coal Boom Boosting Clymer", Indiana Evening Gazette, Nov. 6,1965.

----."Railroad 'Tracks Up' Blairsville", Indiana Evening Gazette, Mar. 2, 1968, Sec. 2, p.1.

> Deteriorating condition of Blairsville Railroad yard.

----."A Tale of Two Bridges", Indiana Evening Gazette, Sept. 2, 1978. Abandoned bridges.

----."Two Days the Rain Came Down", Indiana Gazette, Mar. 15, 1986. 1936 Flood.

Green, M. Margaret. From Trail Dust to Star Dust, Johnstown, 1960.

Green, Samuel E. Narrative of Miss Emiline Taylor's Serial Trance at Kelly's Station, W.P.R.R., Indiana County, Pennsylvania, of November 20, 1870-March 9, 1871 and July 10, 1871, Pittsburgh, 1871.

Greene, Maud Honeyman. "Raritan Bay Union, Eagleswood, New Jersey", Proceedings of the New Jersey Historical Society, vol. 68 (Jan. 1950), p. 4.

> Account of the burial of Absalom Hazlett.

Green Township Community Association. Eleventh Annual Green Township Fair, Cookport, Pa., Sept. 20-21-22, 1928.

Greensburgh and Indiana Register, "Conemaugh Saltworks", May 4, 1816.

Griffin, Samuel, ed. Blairsville Souvenir and Industrial Prospectus. Blairsville Board of Trade, 1898.

Griffith Bros., Marion's First (vol. 1, no. 1), Feb. 20, (1879).

> Miniature newspaper printed on a toy press; 1879 year not given but is derived from internal evidence in the paper. Owner, Mrs. H. Glenn Lowry, Indiana, Pa.

Griffith, J. Neal. "Grandma's Super Market", Indiana County Heritage, vol. 3, no. 2 (Winter-Spring, 1969-1970), pp. 12-15.

----.The Griffith Family, typed MS, Apr. 1977.

----.Linton Park: American Primitive, Indiana, Pa., 1982.

----.Verses and Views, Indiana, Pa. 1984.

Griffith, J.S., comp. Postoffice and Political Directory of Indiana County, Penna., revised to July 1, 1900.

Groft,----. Saw Mill Account Book, 1871-1894, MS.

Grossman, Jonathan P. William Sylvis, Pioneer of American Labor. Columbia Univ. Press, 1945, Reprinted 1973 Octagon Press (paperback) and 1986 Sylvis Society, Cincinnati, OH, (paperback).

Grundfest, Jerry. George Clymer, Philadelphia Revolutionary 1739-1813, New York, 1982, Ph.D. dissertation, Columbia University, 1973.

Guidebook to Indiana. "Citizens Ambulance: A Vital Community Service", Jan. 1975, pp. 4,5.

----."Coratomic: Applied Bio-medical Engineering", Feb. 1975, pp.13,14.

----."Indiana's Underground Railroad", Mar. 1975, pp. 6,7.

----."The Old Indiana County Courthouse. A 104 Year Old Landmark Renovated", Dec. 1974, p. 4.

----."Those Who Have Administered Justice", August 1975, pp. 10,11,12,27.

Excerpt from a booklet published by the Indiana County Commissioners at the dedication of the new courthouse, May 1, 1971.

----."Cherry Tree Joe Legend", Feb. 1977, pp. 6,7.

----."The First Hanging in Indiana County", August 1977, pp. 4,9-11,21,30.

----."Indiana County Economic Profile", Sept. 1977, pp. 22,23,29 and "Indiana County Economic Analysis", Oct. 1977, pp. 18-20.

Guilday, John E. "Animal Remains from an Indian Village Site, Indiana County, Pennsylvania", Pennsylvania Archaeologist vol. 25, no. 2 (Aug. 1955) Memoir Issue No. 1, pp. 142-147.

Guyer, E., ed.. <u>The Daily Chronicle and Convention Journal</u>:...Proceedings of the convention which Assembled at the State Capitol in Harrisburg, May 2, 1837 to Alter and Amend the Constitution of the State of Pennsylvania.

Hadden, James. <u>History of Uniontown, Pennsylvania</u>, Uniontown, 1913. Slave catching episode in Blairsville involving Peter Heck.

Hadden, Rebecca et al. <u>History of the Saltsburg United Presbyterian Church</u>, 1974.

Hall, Rev. David. "Indiana Presbyterian Church" in Sloan, Rev. D.H. <u>History of the Presbytery of Kittanning</u>, pp. 227-234.

----.<u>Pastor's Register</u> MS owned by D. Hall Blair, Indiana. Pa.

Includes sermon data 1878-1889; communicants received 1874-1894, marriages 1885-1899; funerals 1882-1894; pastoral visits 1879; miscellaneous addresses 1878-1882.

Hamilton, Von Gail. <u>An Every-Name Index to Boucher and Hedley's Old and New Westmoreland</u>.

Computerized index of 20,600 names.

----.<u>An Every-Name Index to Clarence Stephenson's Marion Center-East Mahoning, A Centennial History</u>, Park City, UT, 1975.

----.<u>Work Family History. Twelve Generations of Works in America, 1690-1969</u>, Park City, UT, 1969.

Hancock, Harold B. and Wilkinson, Norma B. "The Gilpins and Their Endless Papermaking Machine", <u>Penna. Magazine of History & Biography</u>, Oct. 1957, pp. 391- 405.

Handler, Earl R. "Law and Order in Comtemporary Society" <u>Indiana Evening Gazette</u>, Oct. 7, 1972, p. 9.

Address Sept. 28, 1972 to Indiana County Farmers Association.

Hanna, Charles A. <u>The Wilderness Trail</u>, New York & London, 1911, 2 vols.

Harlow, Alvin F. Old Towpaths, New York, 1926.

>Chapter XI "The Building of the Pennsylvania State Canals".

Harpster, John W. "The Historical Tour of 1939" Western Penna. Hist. Magazine vol. 22, pp. 147-152.

> Visit to Indiana County July 14, 1939.

----."Manuscript and Miscellaneous Collections of the Historical Society of Western Pennsylvania", A Preliminary Guide in WPHM beginning vol. 49:1 (Jan. 1966) to 55:2 (Apr. 1972).

Harris, Isaac. Pittsburgh Business Directory for the Year 1837. . ., Pittsburgh, 1837.

> Includes Indiana p. 221; Blairsville pp. 221-223; Armagh p. 223. In Carnegie Library, Pittsburgh.

Harrison, Apollos W. Pennsylvania and Her Eminent Men (map), Phila. 1847.

> Route of Pa Canal, turnpikes, stage roads, common roads and proposed railroad along course of Blacklick Creek; townships and towns.

Harrison, Mark W. Characteristics of People seeking Help from the Alcohol Education and Counseling Service. Indiana Pa., M.A. thesis, Indiana Univ. of Pa., 1975.

Hart, L.C. and Hill, George. Map of Newport, 1940.

Hasse, Adelaide R. Index of Economic Material in Documents of the States of the United States Pennsylvania 1790-1904 in vol. 12. Carnegie Institution of Washington, 1919.

Hassler, Edgar W. Old Westmoreland, A History of Western Pennsylvania During the Revolution, Cleveland, 1900.

Hassler, William W. "Blairsville College for Women: Indiana County Heritage, vol. 3:1 (Summer-Fall, 1968) pp. 13-19.

----."Fisher - The Builder", Indiana County Heritage, vol. 2, no. 2 (Winter-Spring 1967-68), pp. 1-13.

----."Harry White: General, Senator, Judge and Master of Croylands", Indiana County Heritage, vol. 2, no. 1 (Fall 1967), pp. 1-4.

----."Indiana Glass Works and Its Ware", Indiana County Heritage, vol. 3, no. 1 (Summer-Fall 1968), pp. 1-5.

----."Keels and Wheels Reach the End of the Line", Indiana County Heritage, vol. 2, no. 1 (Fall 1967), pp. 14-19.

----."The Rise and Fall of Timber in the Indiana County Area", Indiana County Heritage, vol. 2, no. 2 (Winter-Spring 1967-68), pp. 16-24.

Hatfield, Victor M. "What a Year at Elders Ridge Did for Me", in Craighead, James R.E. Donaldson Papers IX-G pp. 60-62.

Hauxhurst Letters. MS 1857, owned by John J. Dropcho, Indiana, PA.

   Mostly to Jackson Hauxhurst from his father, Solomon Hauxhurst, and sister, Susannah Hauxhurst, Apr. 20 to Dec. 10, 1857. Also a few others.

Hayes, Rev. Arthur Marshall. "Mahoning United Presbyterian Church" in Stephenson, Marion Center-East Mahoning. The Centennial Story, pp. 49-56.

----."The Presbyterian Church of Marion", in Stephenson (above), pp. 13-24.

----.They Found a Country - The Marshall Family (mimeo), 1966.

Hays, Calvin C. History of the Presbytery of Blairsville and Its Churches, Pittsburgh, 1930.

Hazard, Samuel, ed. Register of Pennsylvania, 16 vols., Phila. 1828-1835.

Heacock, William."Carnival Glass by Dugan and Diamond" and "A New Look at Old Pattern Glass: More on Dugan/Diamond Carnival Glass", The Antique Trader Weekly, Feb. 25, 1981 pp. 78-81 and Apr. 29, 1981 p. 99.

----.et al. Dugan/Diamond The Story of Indiana, Pennsylvania, Glass. Marietta, OH, 1993.

----.Harry Northwood. The Early Years 1881-1990, Marietta, OH, n.d.

Chapter 4 "Harry Takes Hold at Indiana, Pa.", pp. 106-146.

Hecker, Patricia Anne. An Evaluation of the Graduate Program for a Master's Degree in Elementary Education at Indiana University of Pennsylvania, 1970.

Heckewelder John. History, Manners and Customs of the Indian Nations Who Once Inhabited Pennsylvania and the Neighboring States, Phila., Hist. Society of, Pa., 1876.

----.Names Given by the Lenni Lenape or Delaware Indians to Rivers, Streams and Places in the Now States of New Jersey, Pennsylvania, Maryland and Virginia, Allentown, Pa., Pa. German Folklore Society, 1940.

Reprinted from Transactions of the American Philosophical Society, vol. IV:371 f., 1834.

Heckman, Oliver S. What to Read About Pennsylvania, Harrisburg, Pa. Hist. Commission, 1942.

Heiges, Ralph E. et al. A History of the College, Alumni Bulletin, State Teachers College, Indiana, Pa., vol. 1, no. 2 (May 1950).

Heiges, Richard F. Indiana County, Harrisburg, Dep't. of Community Affairs, 1972.

Study of delivery of services of all kinds in Young Twp., Indiana Co.

Held, Rev. Charles E., ed. Program and Historical Souvenir Booklet. Homer City and Center Township, Indiana County, Pa., Commission for the Celebration of the 200th Anniversary of the Birth of George Washington, 1932.

Helman, Blaine. Deaths in Indiana County, Pa. (1879-1885), typed MS, 1964, Items copied from Indiana Times in Hist. & Geneal. Soc. of Indiana Co.

----.Ebenezer Presbyterian Church Cemetery Records, typed MS, 1951-1952 in Hist. & Geneal. Soc. of Indiana Co.

Helman, Frances Strong. Births of Indiana County, Pa., (1852-1856), typed MS. from records in Indiana County Register & Recorder's Office.

----."Brief History of Gilgal Prebyterian Church", (clip), n.d. in Hist. & Geneal. Soc. if Indiana Co.

----."The Colonial Ancestry of Governor John S. Fisher", Indiana County Heritage, vol. 2, no. 2 (Winter-Spring 1967-68), pp. 13-15.

----."Documentary Proof of Existence of St. Patrick's Land Tract Prior to Year 1820", typed MS in Hist. & Geneal. Soc. of Indiana Co.

----."Early Settlers and Important Personages", Indiana, Penna. . ., 150th Anniversary 1966.

----.Experiences of Hannah Strong, typed MS, n.d., in Hist. & Geneal. Soc. of Indiana Co.

----."Genealogy of the Whites of Croylands, Indiana", Indiana County Heritage, vol. 2 no. 1 (Fall 1967), pp. 6,7.

Also published as a pamphlet reprint entitled "Croylands" by Hist. & Geneal Soc. of Indiana Co.

----.Heads of Family in Indiana, Pa. 1840, typed MS, n.d., in Hist. & Geneal. Soc. of Indiana Co.

----."The Historical and Genealogical Society of Indiana County", Pennsylvania History, XXII, no. 1 (Jan. 1955), pp. 75-78.

----."History of Indiana County" in Souvenir Program, Sesquicentennial Celebration of Indiana County, 1953.

----."Indiana County, Past and Present", The Pennsylvanian, vol. 8 (1951), pp. 39,40.

----.Indiana County Wills and Letters of Administration, typed MS, n.d., in Hist. & Geneal. Soc. of Indiana Co.

----.Mahoning Township, Indiana County, Pa. Taxables of 1807 and 1815, typed MS, n.d., in Hist. & Geneal Soc. of Indiana Co.

----.Newport, typed MS. Apr. 11, 1958 in Hist. & Geneal. Soc. of Indiana Co.

----.Pioneer Mothers of Old Armstrong and Wheatfield Townships, typed MS, n.d., in Hist. & Geneal. Soc. of Indiana Co.

----."Sketches of Revolutionary Soldiers of Indiana County" series in Indiana County Heritage, vols. 1,3,4 and 5 (1965-1978).

> Includes James Shields, Patrick McGee, George Hice, Randall Laughlin, Conrad Rice, John Work, Peter Sutton, John Leasure, Cornelius Hutchison, John Montgomery, Gawin Adams, William Neal (Niel), John Shields, Hugh McIntire, William Work, John Brandon, Aaron Forrester James Lyon.

----."Soldiers of War of 1812 Buried in Indiana County", MS copied from clip. in Indiana Evening Gazette, n.d.

----.Some Facts About Moorhead Brothers, Sons of Samuel, MS, June 17, 1952 in Hist. & Geneal. Soc. of Indiana Co.

----.The Strongstown Book, typed MS, 1963, in Hist. & Geneal. Soc. of Indiana Co.

> Includes records of Union and Pineland Cemeteries.

----.Strongstown and the Old Clay Pike (mimeo.) 1964.

----.That's What Happened, Hist. & Geneal. Soc. of Indiana Co., 1963, Folklore.

----.and Heffelfinger, Beulah, eds., Your Family Tree, quarterly periodical 1948-1966.

Henderson, Mrs. C.E. Canoe Township, typed MS in Hist. & Geneal. Soc. of Indiana Co.

Henigin, Amy Jo. Looking Back. A Collection of Personal Memories, Hist. Soc. of Blairsville Area, 1989.

Henry, Thomas R. "Ice Age Man, the First American", National Geographic Mag., Dec. 1955, pp. 781-806.

Herbert, James R. An Oral History of the Prohibition Era, Indiana County, Pa., IUP, 1982.

   Also in Western Pa. Historical Mag., vol. 66, no. 4 (Oct. 1983), pp. 335-346.

Heslit (Hazlett), James. Naturalization Certificate, June 10, 1811, owned by Mrs. John Price, Indiana Pa.

Hetrick, William Roy. A Study of the Evidences of Discrimination Against Negroes in Indiana, Pennsylvania, Master's thesis, Indiana State College, May 1962.

Hickey, William H., comp. Directories. . .of Punxsutawney, Lindsey, Reynoldsville, Brookville and Indiana, Pa., Boston, 1905.

Higginson, Rev. Thomas W. Cheerful Yesterdays, Boston, 1898. Recollections of Absalom Hazlett included.

Hildreth, Samuel P. Pioneer History, Cincinnati, OH 1848.

Hill, Connie L. Handbook of Source Materials on Indiana County Indian History for Intermediate Level Elementary School Children, Indiana Univ. of Pa., 1970.

Hill, Rev. George. Day Book & Papers, MS, 1788-March 1822, owned by Mrs. Walter S. Ogden.

Hill, Rev. George 2$^{\underline{d}}$, Sermons preached in connection with the 30th Anniversary of the Settlement of. . . as Pastor of the Presbyterian Church of Blairsville. . .Pittsburgh, 1872.

Hill, George M. George Manett Hill Genealogy (chart), in Hist. & Geneal. Soc. of Indiana Co.

Hill, William B. Poll Book, Campaign of 1908, 2nd Ward, Indiana Boro, William B. Hill, Dem. Committeeman, Original in possession of author.

Himler, Jeff. "Blairsville Once a Major Glassmaking Center", The Dispatch, Blairsville, Pa., Dec. 13, 1986, p. 1.

Hinton, Richard J. John Brown and His Men. . ..New York, 1894.

   Picture and Sketch of Albert Hazlett, pp. 158, 512-527.

----.Hinton Papers, MS, Kansas State Historical Society, Topeka, KS.

Historic Saltsburg Inc. Canal Day (series).

>Annual beginning June 4, 1983 commemorating Saltsburg's Canal Park Dedication.

Historical Society of the Blairsville Area. Blairsville: A Sampler of Its History, prepared for a visit of the Heritage Preservation Commission, April, 15, 1988.

History of Cumberland and Adams Counties. Chicago, Warner, Beers & Co., 1886.

>Information re Fergus Moorhead obtained from a descendant in Part II, History of Cumberland County, pp. 321,322.

Hodge, Frederick Webb, ed. Handbook of American Indians North of Mexico, 2 vols., Washington, DC, 1912 (Bulletin 30, Bureau of American Ethnology).

Hoenstine, Floyd G. Col. Armstrong's Expedition to Kittanning, thesis, Franklin & Marshall College.

>#712 in Hoenstine, Guide. . .

----.Guide to Genealogical and Historical Research in Pennsylvania, Hollidayburg, 1978.

----.Supplement to Guide. . .,1985.

Hojo, Larry. Series on natural gas, Indiana Evening Gazette, beginning Dec. 27, 1979 in four parts.

Holmes, Joseph J. "The Decline of the Pennsylvania Militia", W. Pa. Historical Mag., vol. 57:2, (April 1974), pp. 199-217.

Homer Center School District. Our "Old High", 1991, illus.

Homer City Journal, edited by John D. George; published by H. L. Reed. Charles Roser, Homer City, owns three copies, Aug. 2, 23. & 30, 1928.

Hone, Philip. Diary of. . . .edited by Allan Nevins, New York, 1927.

Pa. Canal trip in 1847 on p. 805.

Hood, Frank B. "Centennial History, Indiana Fire Association" special tabloid, Indiana Evening Gazette, June 23, 1978.

----."History of Newspapers in Indiana", Indiana Pennsylvania, 150th Anniversary, 1966.

----."History of the Salvation Army, Indiana Corps, 1886-1986", Centennial Commemorative Booklet, May 11-18, 1986.

----.comp. Indiana Gazette Centennial, Aug. 27, 1990, special edition 1890-1990.

----."IUP 20 Years a University", special supplement (tabloid), Indiana Gazette, Oct. 31, 1985.

----."Rural Poverty Examined at Day-long State Legislative, Executive Hearing", Indiana Evening Gazette, June 12, 1971.

----."200 Attend Human Relations Discussion, 50 Form New Unit", Indiana Evening Gazette, Apr. 23, 1968.

----"Underground Vaults Uncovered in Indiana Borough", Indiana Gazette, Jan. 28, 1989.

Hoover, J.C. Civil War letter, MS and typed copy in Hist. & Geneal. Soc. of Indiana Co. (member Co. E., 148th Pa. Regiment).

Hopewell Methodist Church, History of. typed MS, 1980 in Hist. & Geneal. Soc. of Indiana Co.

Hosack, John J. History of the Family of, and Martha Barnes Hosack, Indiana, 1962.

Hosack, William C. Memoir of Civil War Experiences and Personal Life, typed MS, ca 1921, owned by Mrs. Gail Redheffer Stull, Willow Street, Pa.

Houck, Clyde. "History of East Mahoning Baptist Church", clip. 1941, in Hist. & Geneal. Soc. of Indiana Co.

----,comp. East Mahoning Baptist Church, Hundredth Anniversary, Oct. 13 & 14, 1951.

Houk, David Raymond. History of Purchase Line Academy from 1873 to 1900, typed MS in Hist. & Geneal. Soc. of Indiana Co.

Read June 30, 1899. Additions by D.D. Patterson. Reprinted as "History of Purchase Line Academy" in Indiana Evening Gazette, Oct. 11, 1938.

Howard, Connie, ed. Indiana County, Pa., A History, 1976.

----,Welcome to Indiana, Pa. 175 Years Young!! 1991.

Howell, Reading. Map of the State of Pennsylvania, 1792, in Pa. State Archives.

----.Map of. . .Pa., Phila., 1811 (color 21 x 33 1/2).

----.Map of. . .Pa., Phila., 1816.

Howorth, Elma and George et al. History of Commodore and Green Township, 1976.

Hoy, J.M. History of the Street Railways in Indiana County, Master's thesis, Indiana State College, Indiana, Pa.,1962.

Partially reprinted by mimeograph for Hist. & Geneal. Soc. of Indiana Co.

Hoyt, Theodore Charles and Zola Mansfield Hoyt. Some Genealogical Data of the Brendlingers, Wallbecks, Baumgardners, Lichtenfels, Hendersons and Riddles of Westmoreland and Indiana Counties, Penna., mimeographed, Indiana, Pa., 1941, in Hist. & Geneal. Soc. of Indiana Co.

Hudson, Thomas H. Life and Times of Rev. T.H. Hudson, 1871.

Hudson, William L. A Case Study: Economic Issues and Problems of the White Township Sewer Project, Indiana County Pa., Indiana State College, Indiana, Pa. 1964.

Hulbert, Archer B. The Great American Canals, vol. 13 of Historic Highways of America series, Cleveland, 1904.

Pennsylvania Canal, pp. 169-215.

Hunter, Fred G. From the Edward Doty of the Mayflower to the Revolutionary War Nathaniel Doty, to the Family of Frederick Guilford Hunter (mimeo.), 1971.

Hunter, William A. Forts on the Pennsylvania Frontier, 1753-1758. Harrisburg, Pa. Hist. & Museum Commiss., 1960.

----."Provincial Negotiations with the Western Indians" Pennsylvania History, vol. XVIII:3 (July 1951), pp. 5-7.

----."Victory at Kittanning", Pennsylvania History, vol. 23:3 (July 1956), pp. 376-407.

Huntingdon, Cambria & Indiana Turnpike Road. Poster, Rates of Toll, Ebensburgh, n.d., owned by Joseph Barkley, Punxsutawney, Pa.

"To be taken at the Gates, on the Huntingdon, Cambria and Indiana Turnpike Road, in pursuance of the Acts of Assembly of the 24th February, 1806 and 4th March 1807, for every space of five miles. . ."

Hutchins, Thomas. Map of the Western Country and the Ohio, 1778.

Facsimile in Lloyd A. Brown Early Maps of the Ohio Valley (Univ. of Pittsburgh Press, 1959). Includes Chest Creek, Canoe Place, Moghulbucktitum Creek and Kishkemanetas River.

Hutchison, Bob. "Wehrum May Be Gone, But to Former Residents It's Not Forgotten", Nanty Glo Journal, Aug. 5, 1981, pp. 11,12.

Idamar and La-Rayne, MS, in Hist. & Geneal. Soc. of Indiana Co.

Independent, The. weekly newspaper published by James W. Moorhead & William McClaran, Indiana Pa.

Only two copies (1859) known in private hands.

Indiana Airport Advisory Committee. Indiana County Industrial Development as Related to Completion of the Jimmy Stewart Airport (4 pages), 1961.

Indiana. American Legion Post #141. Historical Number of Indiana County's George Washington Bi-Centenary Celebration, Indiana, Pa., 1932.

----& American Legion Auxiliary, Scrapbook of clippings in Hist. & Geneal. Soc. of Indiana Co.

Indiana Area Recreation & Parks Dep't. Human History of White's Woods (mimeo.) n.d.

Indiana Baptist Association. Minutes of the 35th Anniversary..., 1911.

----.Annual Reports.

Indiana. Beth Israel Congregation. Dedication Program, June 26-28, 1953.

Indiana Borough. Code of Ordinances, 1946.

----.Zoning Ordinance, 1963 and 1979, in IUP Library.

Indiana. Calvary Presbyterian Church. Anniversary Programs, 125th (Nov. 20 & 21, 1932),. Also Apr. 7 & 10, 1935. 145th (Oct. 12, 1952).

----.Sixth Annual Handbook, Mar. 31, 1909.

----.Program Dedication & Jubilee Rally, May 20, 1906.

----.Year Book & Directory...for Year ending Mar. 31, 1943.

Indiana Central Game Club. Charter, Constitution & By-Laws of.... Indiana, Pa. Apr. 26, 1875, in Hist. & Geneal. Society of Indiana Co.

Indiana Community Sesqui Inc. Indiana Penna... One Hundred Fiftieth Anniversary 1816-1966. Also titled "Indiana Echoes".

Indiana Countian, tri-weekly newspaper, Indiana, Pa. in Hist. & Geneal. Soc. of Indiana Co.. Jan. 1, 1942-Dec. 28, 1944.

Indiana County Agricultural Extension Association. Annual Dinner, 40th Anniversary, Oct. 24, 1957, in Hist. & Geneal. Soc. of Indiana Co.

Includes historical sketch.

----.Golden Anniversary 1917-1967, illus.

----.Twenty Year Photographic Souvenir Program 1917-1937.

Indiana County Agricultural Society. 19th Annual Exhibition of the. . ., 1876.

Includes "History of Indiana County" by A.W. Taylor, in IUP Library.

----Forty-seventh Annual Fair In IUP Library.

Indiana County Auditors. Financial Reports, various years in Hist. & Geneal. Soc. of Indiana Co. and IUP Library.

Indiana County, Automobile Club of. Street map of Indiana, 1989 (also Indiana County).

Indiana County Bicentennial of the United States. 4th of July Celebration, July 1-5, 1976.

Indiana County Board of Assistance. Annual Statistical Reports and INDICO News.

----.Family Rehabilitation Program (mimeo. Apr. 1962).

----.A Public Accounting of Public Welfare Results and Factors Influencing Them July 1962 through June 1964 (mimeo. June 1965).

Indiana County Cemetery Location & Plot Maps. In Hist. & Geneal. Society of Indiana Co.

Indiana County Centennial Fair Premium List, 1962.

Indiana County Chamber of Commerce. Industrial Directory, 1982.

Indiana County Commissioners. Indiana County, Pennsylvania 1803-1971 Dedication of Indiana County Courthouse, May 1, 1971.

Indiana County Community Action Program, Inc. Caution: Drinking This Water May Be Hazardous to Your Health, 1971.

----.ICCAP Comments (newsletter, irregular intervals).

----.Project FIND, September 1968 - May 1969.

FIND is acronym for "Friendless, Isolated, Needy, Disabled".

----. Senior Opportunities and Services (serial newsletter).

Indiana County Cooperative Extension Service. <u>Indiana County Directory</u>, 1979 and subsequent years.

Indiana County Court of Common Pleas No. 2, September Term, 1931. <u>Plaintiff's Bill of Complaint</u>. Clearfield Bituminous Coal Corp., plaintiff, and Carl Armanini et al., defendants.

<u>Indiana County Directory and Court Calendar</u>, 40th Judicial District, 1975.

<u>Indiana County Education Association News</u>.

Indiana County Farm Bureau. <u>Annual Report</u> for the Year ending December 1, 1919.

----.and Farmers Bank & Trust Co. <u>Indiana County Farmer</u> (monthly) J. W. Warner, County Farm Agent, Associate Editor. 25 issues, 1923-1927 in Stephenson collection.

Indiana County Farmers' Association. Annual Meeting programs.

Indiana County Four-H Clubs. <u>Triennial Atlas & Plat Book</u>, Indiana Co., Pa., 1973 and following.

<u>Indiana County Gazette</u>. (weekly, Indiana, Pa.) Microfilm Aug. 20, 1890 to Dec. 4, 1912 in IUP Library and at <u>Indiana Gazette</u> office.

<u>Indiana County Heritage</u>. (semi-yearly periodical, Hist. & Geneal. Society of Indiana Co.), 1965 to date.

----."An Album of Indiana Memories" commemorating the Sesquicentennial of Indiana Boro. Vol. 1, no. 2 (Fall 1966) pp. 37-48. Folio of pictures.

----."A Gallery of Photos. Depicting Croylands, noted historical landmark..." Vol. 2 no. 1 (Fall 1967) pp. 8-13.

----."A Graphic Record of Saltsburg's History" vol. 7, no. 1 (Spring 1979) pp. 34, 35.

----."Indiana's First Fire Equipment" vol. 1, no. 2 (Fall 1966) p. 51.

----."The Steretts of Saltsburg" vol. 7, no. 1 (Spring 1979) pp. 37-39.

----."A Walking Tour of Historic Blairsville 'Old Town'" Vol. 10, No. 2 (Winter 1985) insert.

----."A Walking Tour of Historic Saltsburg" Vol. 7, No. 1 (Spring 1979) centerfold and map.

Indiana County Heritage Committee. Indiana County Heritage Preservation Plan America's Industrial Heritage Project, 1990. 33 pages, pictures and appendices A-H.

Indiana County, Historical & Genealogical Society of...Biographical Index of History of Indiana County, Penn'a (by Arms & White, published by J. A. Caldwell, Newark, Ohio, 1880) mimeo., n.d.

----.Scrapbook, Indiana County Schools and Indiana State College, Aug. 1961 June 1964.

----.Indiana County Women in Service, n.d.

----.Scrapbook, Marion Center Centennial 1869-1969.

----.Men Who Belong to Co. F of World War I, typed MS, 1968-69 from original records.

----.Revolutionary Soldiers of Indiana County, ring binder of family record sheets.

----.Scrapbook of clippings, miscellaneous, 2 vols.

----.World War II Deceased.

----."Sesqui" Background, series of items contributed to Indiana Evening Gazette beginning Jan. 5, 1953.

Includes Shaver's Sleeping Place & Shaver's Spring, First Township, George Findley, First Army to cross Indiana Co., unknown settlers, Capture of Campbell, Laughlin, etc., 1777, Bard's escape, Gawin Adams, Joseph Barnes, Caldwell Families, Elder Family, Fergus & Jane (White) Moorhead by Col. Richard W. Watson.

----.Some families of Indiana County, Pa., typed MS, 1971.

Indiana County Hospital Extension Bulletin, 1920.

Indiana County. Human Relations Committee. Program and Membership (annual).

----.Annual Newsletter.

Indiana County Jail. Dedication Ceremonies, Sept. 28, 1973.

Indiana County Memorial Hospital. We Do Care! June 20-July 1, 1929

Indiana County National, weekly newspaper, Indiana, Pa. Greenback organ. Hist. & Geneal. Society of Indiana Co. has Aug. 5, 1881 and Sept. 7, 1883.

Indiana County Parks Dep't and Northern Cambria Community Development Corp. A Master Plan for the Ghost Town Trail, Oct. 1, 1992.

Indiana County Planning Commission. Fiscal Analysis, Nov. 1963.

----.Future Land Use Plan. Traffic & Transportation Plan. Community Facilities Plan. Public Utilities Plan, Open Space & Recreation Plan, February 1970.

----.Housing, September 1963.

----.Housing and Renewal Plan. October 1967.

----.Indiana County Sewer and Water Study. November 1968.

----.Population Study and Projections.

----.Public Facilities and Utilities 1964.

----.Quadrennial Reports 1961, f.

----.Subdivision Regulations, Indiana 1962.

----.Summary Comprehensive Plan, Indiana 1967.

----.Traffic Circulation and Transportation, 1964.

Indiana County Quarter Sessions Court. Petitions for taverns, restaurants & eating house licenses, 1854-1872. In Archives of the Industrial Society, University of Pittsburgh Libraries. Record Group 73:14. 103 items.

Indiana County Road Dockets. Prothonotary's office, Courthouse, Indiana, Pa.

Indiana County Rules of Court. Fortieth Judicial District, Hon. John P. Blair, Judge. Adopted Jan. 12, 1881.

----.Same, adopted 1905. S. J. Telford, Judge.

Indiana County Sabbath School Association. Record of the King's Business as Conducted in Indiana, Pa. 1911.

Indiana County School Authority to Mellon National Bank & Trust Co. as Trustee and First National Bank in Indiana as Co-trustee. Trust Indenture November 1, 1953 Securing School Building Revenue Bonds (Initial Issue $5,500,000).

Indiana County Soil & Water Conservation District. Annual Reports.

----.District Program 1966.

----.Erosion and Sediment Control Handbook. . . Indiana 1974.

Indiana County Superintendent of Schools. Annual Directories.

Indiana County Tax Records, typed MS in Hist. & Geneal. Soc. of Indiana Co.

Washington Twp. 1807, 1820-1822, 1847; Indiana Boro 1822; Green Twp. 1830.

Indiana County Teachers' Institute. Annual programs.

Indiana County Tourist Council. (later Tourist Promotion Bureau Inc.), Indiana County Christmas Tree Festival annual programs, 1964 f.

----.Tourism. The Golden Future for Indiana County.

----.Indiana County, Pennsylvania (tabloid newspaper format) n.d., probably 1977.

Indiana County Tribune. Charles Frank Martin, ed. Political tabloid, Strongstown, Pa.

Indiana County Veterans Grave Registration Books. Veterans Affairs Office of Indiana County.

Indiana Daughters of American Colonists. "Colonists of Indiana County" series of three articles in Indiana Evening Gazette by James LeTort Chapter, DAC.

Indiana. Daughters of the American Revolution, Indiana Chapter. Book of Sketches Dedicated to the Memory of the Pioneers and Revolutionary Soldiers of Indiana County, typed MS, 1956 in Hist. & Geneal Soc. of Indiana Co.

-----. Genealogical Records from Applications of Members of the Indiana County Chapter, DAR, 1961.

-----. Revolutionary Soldiers Whose Descendants are in the Indiana County Chapter, DAR, typed MS, 1970.

Indiana Democrat. weekly newspaper published at Indiana, Pa.

> First issue 5-7-1862 to 12-26-1889 on microfilm at Indiana Gazette office; also 19-1890 to 5-1-1890; 4-1891 to 12-30-1891; 1-7-1892 to 5-4-1893; 5-2-1895 to 4-21-1897. Also same microfilm at IUP with 1906-1944 in addition. Pa. State Library has same to Dec. 1912. Hist. & Geneal. Soc. of Indiana Co. has bound vols. 1894-1944. Darlington Library Univ. of Pittsburgh has 3-6-1873 to 7-13-1876.

Indiana Democrat and Farmers' & Mechanics Weekly Advertiser. weekly newspaper published by Jeremiah Murphy at Indiana, Pa.

> Hist. & Geneal. Soc. of Indiana Co. has bound file from vol. 3, no. 33 (Apr. 20, 1842) to vol. 4, no. 32 (May 10, 1843). IUP Library has same microfilm.

Indiana Echoes. Pageant script, Indiana Boro, Sesquicentennial, 1966. In Hist. & Geneal. Co. of Indiana Co.

Indiana Enquirer. weekly newspaper published by Fergus Cannon & Co. at Indiana, Pa.

> One original in Huntington Library, San Marino, CA dated Aug. 5, 1830, author had photocopy (vol. 1, no. 6).

Indiana Evening Gazette (or Indiana Gazette). daily newspaper published at Indiana, Pa., Apr. 22, 1904 to date.

> Microfilm at Gazette office and at IUP Library, also at Pa. State Library. Name changed Jan. 1, 1982 to Indiana Gazette.

----.The Action's On Main Street, tabloid supplement by Downtown Indiana Business Association, May 15, 1985.

----.Black Lick 150th Anniversary special edition, July 13, 1957, pp. 6,7.

----.Blairsville Sesquicentennial edition, 4 sections, July 18, 1975.

----.Business Indiana tabloid supplement, Nov. 6, 1987. Also Family Business tabloid supplement, June 28, 1988.

----.Cherry Tree Sesquicentennial edition, tabloid supplement, Sept. 1, 1972.

----.Clymer Diamond Jubilee, tabloid supplement, July 5, 1980. Also Clymer Golden Jubilee special edition, Aug. 15, 1955.

----.Constitution Bicentennial special edition, Sept. 16, 1987.

----."Dungeon in Old Stone House Sheltered North-bound Slaves", Aug. 8, 1966, Sec.A.p. 14.

Recollections of Harry H. Johnson who was born in old stone house owned by Judge Thomas White in White's Woods in 1890 and whose father, Edward Johnson, served as gardner for Judge Harry White. (In Indiana Boro Sesquicentennial edition).

----."GAR Blossomed After Civil War" in Indiana Boro Sesquicentennial edition, Aug. 8, 1966, Sec. D, pp. 3-5.

Reprint of first reunion. 11th Pa. Regiment, Sept. 25, 1879.

----.Gazette Years 1890-1971 special tabloid size supplement Nov. 12, 1971.

----.Historic Front Pages from the Indiana Evening Gazette. November 1971 (booklet).

----."Historical Society Discovers Many Ghost Towns in County" Apr. 14, 1958.

----.Homer City Centennial edition, July 26, 1954.

----.Indiana County Dedicates New Courthouse, tabloid special, Apr. 30, 1971. Also see regular edition May 3, 1971.

----.Indiana County Sesquicentennial edition, 10 sections, June 29, 1953.

----.Indiana, Pennsylvania. A College Community Looks Ahead, n.d. promotional brochure.

----."Indiana Seat for County's Legal Group", Indiana Boro Sesquicentennial edition, Sec. D, pp. 20,21.

----.Indiana Sesquicentennial edition, 12, sections, Aug. 8, 1966. Index in Sec. E, p. 32.

----.Indiana University of Pennsylvania, Development tabloid, Jan. 6, 1971. First 100 Years, special edition, Oct. 12, 1974. Twentieth Anniversary tabloid, Oct. 31, 1985.

----."It's a Wonderful Life" tabloid extra, May 19, 1983 celebrating Jimmy Stewart's 75th birthday visit.

----.Marion Center Centennial edition, July 5, 1969.

----.Rochester & Pittsburgh Coal Co., Diamond (75th) Anniversary, Apr. 6, 1957.

----.Saltsburg Quasquicentennial edition, Apr. 16, 1963, pp. 13-16.

----.Saltsburg Sesquicentennial and Canal Days tabloid supplement, June 3, 1988.

----."Stephen Foster Inspired to Write Favorite Songs by Samuel Williams, Indiana's Escaped Slave from Kentucky", July 10, 1944.

----."Toward a Better Indiana", full page civil rights advertisement, Dec. 16, 1965.

----.United States Bicentennial special edition July 3, 1976.

    Sec. B,C,D,E and F comprised of C.D. Stephenson vol. I, Indiana County: 175th Anniversary History.

----.Weather '77, tabloid supplement, Dec. 30, 1977.

----."The Worthen Inauguration", special tabloid section, Apr. 29, 1980.

Indiana, Pa. First Presbyterian Church. Dedication of the Christian Education Recreation Building, Mar. 27, 1955.

----.Memories of the Old First Church by Willing Workers Sabbath School Class, 1926.

----.Session Minutes 1819-1889, Pastor Rev. David Hall's Register, 1869-1884. In Presbyterian Historical Society, Philadelphia.

Indiana, Pa. First Regular Baptist Church, Centennial 1858-1958.

Indiana, Pa. First United Presbyterian Church. Dedication booklet, June 26, 1927.

Indiana, Pa. Grace United Methodist Church in the Bicentennial Year 1976.

Indiana, Pa. Graystone United Presbyterian Church, Directory, illus. n.d.

Indiana Foundry Company. Catalog No.49, n.d., illus. in Hist. & Geneal. Soc of Indiana Co.

Indiana Healthcare Corp. and Indiana Hospital. House Call, Annual Report, Fall 1989.

Chronological summary of Indiana Hospital history 1914-1989.

Indiana High School. High Arrow, The Junta, L'Indien, Senioran, Senior Hitorian Handbook, 1952-53 & 1953-54. Others. Yearbooks, journals, publications.

----.Junior Historians & Hist. & Geneal. Soc. of Indiana Co., Tombstones Removed to Church Basement when Graves Were Levelled at First Presbyterian Church. Indiana, Pa., Mar. 12 & 13, 1952.

Indiana Hospital Auxiliary. Yearbooks.

Indiana Hospital Development Fund. Indiana Hospital: A Continuing Commitment to Your Health Care, 1914-1975.

Indiana Hospital School of Nursing. Swells, Ripples and All That Jazz by Alumni Association, n.d., ca 1978.

----.Fiftieth Anniversary 1915-1965. Anniversary Home Coming Oct. 30, 1965.

Article by Floy S. Campbell, dated Sept. 1955 on first class of student nurses. List of nursing school graduates 1918-1965.

----.The White Cap, (yearbooks) 1947, f.

Indiana Hospital. Thirty-fifth Anniversary 1914-1949, in First Methodist Church, Indiana, Pa., Oct. 29, 1949.

Indiana Iron Works Account Books, MS, Nov. 27, 1844 to May 8, 1851 in Blair County Hist. Soc., Altoona.

----.Scrip. The Store at Indiana Iron Works (Cramer, Pa.) Jan. 1, 1856.

> Excellent view showing furnace, forge, road, railroad, cast house, water wheels, etc. Two items 25 cent piece and 50 cent piece in Hist. & Geneal. Soc. of Indiana Co. Fifty cent denomination in Numismatic Collection, Yale Univ., New Haven, CT. Enlarged and reproduced on August page of 1973 calendar of National Bank of the Commonwealth, Indiana, Pa.

Indiana and Jefferson Whig . (first series), weekly newspaper published Indiana, Pa .

> Two copies known, vol. 1, no. 28 (Jan. 9, 1822) in Boston Athenaeum, MA. American Antiquarian Society, Worchester, MA has same issue. Issue of May 15, 1822 owned by Donald M. Miller, Indiana,Pa.

----.(new series). Pa. State Library, Harrisburg has vol.. 1, no. 3 dated Feb. 13, 1826 on mocrofilm. Hist. & Geneal. Soc. of Indiana Co. has Mar. 27, 1826 and Jan 7 & Apr. 9, 1829.

Indiana Kiwanis Club. Anniversary Progam with club history, 1962.

> In IUP Library & Hist. & Geneal. Soc. of Indiana Co.

Indiana Lodge #931, Benevolent & Protective Order of Elks. History of (one page) in Hist. & Geneal. Soc. of Indiana Co.

Indiana Messenger and Indiana Weekly Messenger, weekly newspaper, Indiana, Pa.

> Hist. & Geneal. Soc. of Indiana Co. has Aug. 17, 1864, Apr. 19, 1866, Jan. 26, 1876 and bound files 1893-1940 in crumbling condition. IUP Library has microfilm July 23, 1890 to Dec. 28, 1892 and 1897-1906, 1908-1941. First issue Feb. 27, 1861 and subsequent issues 1861-1862 owned by Donald M. Miller, Indiana, Pa. Author has 12 issues Jan. 9 to May 8, 1895 relating to court testimony in contested Blair-White election for Judge; also Mar. 29, 1923.

Indiana Mothers of Democracy. The American Guidebook, Indiana, Pa. 1945.

> Contains honor roll of World War II local soldiers as of June 30, 1945. Numerous local advertisements.

----.Historical Sketches of the Sons and Daughters of Indiana, Pa., illus. ca. 1919.

> Men and women in service from Indiana, World War I.

Indiana. Palladium Lodge #346, International Order of Odd Fellows, Indiana, Pa. 100th Anniversary...,1949.

Indiana Penn, campus newspaper, 1926 to date. Indiana State Normal School, Indiana, State Teachers College, Indiana State College, Indiana University of Pennsylvania. IUP Library has microfilm beginning Mar. 19, 1926.

Indiana Post #28, Grand Army of the Republic. Papers, MS, minutes in memory of departed comrades in Hist. & Geneal. Soc. of Indiana Co.

Indiana. Presbyterian Church Registers MS, 1852-1882 and 1911-1957.

> First vol. includes communicant lists 1852-1874, baptisms 1852-1874, marriges 1852-1874, deaths 1860-1873, in Presbyterian Hist. Society, Philadelphia, Pa.

Indiana Progress. weekly newspaper, Indiana, Pa.

> Indiana Gazette office and IUP Library has microfilm Jan. 21, 1870 to Dec. 19, 1889, Jan 7, 1891 to Dec. 28, 1892, Mar. 3, 1894 to Dec. 30, 1896 and Jan. 5, 1898 to Dec. 30, 1903. Hist. & Geneal. Society of Indiana Co. has bound files 1899-1944 in crumbling condition. Pa. State Library has microfilm Jan. 21, 1870 to Dec. 22, 1881, Jan. - Dec. 1889, Jan. - Dec. 1892, Jan. 1894 to Dec. 1896, Jan. 1898 to Dec. 1912, Jan. 1918 to Dec. 1940 and Jan. 1944 to Dec. 1945.

----.Centennial edition, June 24, 1903.

> Includes "Old Court House" by Harry White and picture and item re Mrs. Leah Keith, age 101, d/o George and Mary Shirley Lowmaster, who came to Indiana Co. ca 1810.

----."First Military Company Formed in Indiana" (Civil War) by a member. 103d Anniversary edition (below) Sec. 9 p. 7.

----."History of Commodore", June 21, 1922.

----.103d Anniversary edition, 12 sections, June 7, 1916.

----."Over the Hills", May 1, 1879. Reprinted from Philadelphia Times dated Harrisburg Apr. 18, 1879.

A survey Fall 1878 by Col. James Worrall of Philadelphia pursuant to Act of Congress sponsored by Harry White giving plans for a canal from Pittsburgh to tide water at Havre de Grace. Reprinted in Canal Currents #44 (Autumn 1978) under heading "A Second Pennsylvania Canal?", pp. 10,11.

----."Presbyterian and United Presbyterian Graveyards", Aug. 12, 1896.

List of persons buried. Hist. & Geneal. Soc. of Indiana Co. has typed copy.

----. "Recollections of Indiana County from 1814. By an Old Inhabitant", Feb. 5, 1874 p. 1, col. 2-4 and Mar. 12, 1874 p. 1, col. 2,3.

Signed "South Side". Some evidence within the articles that the author may have been Thomas S. Reid.

Indiana Register and Indiana Weekly Register (first series), weekly newspaper, Indiana, Pa.

Hist. & Geneal. Soc. of Indiana Co. has Nov. 18, 1835; Aug. 3, Oct. 19 & 26, 1836; Oct. 28, 1840; Feb. 3, Sept. 8, 1841; Oct. 18 & 25, Dec. 27, 1843; Mar. 6, Nov. 29, 1844; Feb. 26, Mar. 26, 1845; Aug. 5, Nov. 4, 1846; Nov. 3, 1847; Mar. 15, 1848; Mar. 21, Apr. 4, 1849; Oct. 20, Nov. 20, 1850; Oct. 29, 1851. Donald M. Miller, Indiana, Pa. has June 30, July 7, Aug. 18, Sept. 1, 8, 15, 22, 29; Oct. 6, Nov. 17, 1841; June 15 and 22, 1842. Hist. Society of Pa. (Phila.) has Feb. 10. 1847.

----.(new series). Hist. & Geneal. Soc. of Indiana Co. has originals and microfilm, Apr. 7, 1852 to Jan. 30, 1867 complete. IUP Library has microfilm.

Indiana Register and American, weekly newspaper, Indiana Pa., originals and microfilm in Hist. & Geneal. Soc. of Indiana Co. Feb. 6, 1867 to Jan. 5, 1870 complete. IUP Library has microfilm.

Indiana Republican, weekly newspaper, Indiana, Pa. Bound file vol. 1, no. 2 (Sept. 18, 1844) to vol. 3, no. 4 (Oct. 7, 1846), final issue in Hist. & Geneal. Soc. of Indiana Co. IUP Library has microfilm.

Indiana Rotary Club. History of 40 Years of...1921-1961, IUP Library.

Indiana Seminary. Catalogue and Circular of... 1858-1859, Indiana, Pa. Second Annual Catalogue & Circular of the Indiana Seminary and Normal School, 1859-1860.

1858-1859 in Hist. & Geneal. Soc. of Indiana Co. 1859-1860 in IUP Library.

Indiana Shopper, free shopper paper published Indiana, Pa. by Creps Publishing Co.

Author has Aug. 9, 1936.

Indiana State Normal School, Indiana State Teachers College, Indiana State College.

Alumni News Bulletin 1927-1965; Annual Catalogues 1875 to date; Annual Catalogue of the Conservatory of Music and School of Fine Arts 1914-1915; Clionian (yearbook) 1888; Daily Bulletin 1928-; Faculty News 1948-; Graduate Studies Bulletin 1957-; Instano (yearbook) 1912-1927; Normal Herald (quarterly); Oak (yearbook) 1928 to date; Scroll (Quill Club) and others. Facsimile reprint of first Catalogue (1875) published 1975. In IUP Library, some in Hist. & Geneal. Soc. of Indiana Co.

Indiana Times, weekly newspaper, Indiana Pa. Bound originals and microfilm in Hist. & Geneal Soc. of Indiana Co. Sept. 4, 1878 to July 6, 1927. Microfilm in IUP Library. Microfilm 1889-1912 in Pa. State Library.

----."Interesting Book", Aug. 20, 1924.

Description of account book of James Adams, toll keeper at Indiana-Ebensburg turnpike east of Indiana, for period Nov. 11, 1823 to Apr. 1, 1831.

----.List of Soldier Graves, May 21, 1879. Also typed MS in Hist. & Geneal. Soc. of Indiana Co.

----.Official List of Pensioners in Indiana County, Nov. 11, 1883.

----."Sketch of Shelocta" Jan. 15, 1890, p. 5.

Indiana True American (first series), weekly newspaper, Indiana, Pa.

> Organ of the American (Know Nothing) Party. Hist. Soc. of Pa. (Phila.) has May 8,15,22 & 29, 1855. Author has microfilm of same. Hist. & Geneal. Soc. of Indiana Co. has Aug. 11, 1857. Donald M. Miller, Indiana, Pa. has June 4, 1861.

----.(new series). Hist. & Geneal. Soc. of Indiana Co. has Oct. 17, 1866 (vol. 1. no. 48).

Indiana University of Pennsylvania. Alumni Directory, 1978.

> 880 pages including geographical and class year indexes.

----.Centennial convocation of...Sept. 13, 1974.

> Contains biographies of Agnes Sligh Turnbull, James M. Stewart, others; list of presidents of IUP; brief history; and "Indiana Normal in the Old Days!" by Turnbull.

----.Centennial History Committee. Centennial Scrapbook,1975.

----.Gorell Recital Hall Inaugural Series, Nov. 8-15, 1981.

----. Institute of Local Government & Community Assistance. Directory of Local Government Officials; Indiana County, 1976.

----.Printout of Pennsylvania Room Holdings up to and including Jan., 1, 1974.

----.A Video History of Indiana County, Part I-Transportation. Video and Teachers Guide. 1992.

Indiana Weekly Messenger. "Gilgal Centennial", Sept. 26, 1906.

Indiana Weekly News. Indiana, Pa., Hist. & Geneal. Soc. of Indiana Co. has Apr. 25, 1884; Mar. 3 & Apr. 27, 1885.

Ingham, S.D., Secretary of the Treasury. Document No. 55, House of Representatives, 21st. Congress, First Session. Feb. 8, 1830.

> Letter from Secretary of the Treasury transmitting a report of the number and nature of the salt works established in the U.S., etc. Includes

letters from David Brinnemen, D. Easton & Co. and Jacob Drum re salt made along Conemaugh-Kiskiminetas Rivers, pp. 23,24,53,54.

Insurance Company of North America, Philadelphia, Pa.

Insured property maps and descriptions of numerous properties in Indiana Co. Hist. & Geneal. Soc. of Indiana Co. has photocopies.

Irwin, Rev. D.J."Ebenezer Presbyterian Church" in Sloan, Rev. D.H. Hist. of the Presbytery of Kittanning, pp. 170-175. "Clarksburg", pp. 140-143. "Jacksonville", pp. 235-237.

Jack, Fulton "The Last Drive" in Craighead, James R.E. Donaldson Papers XI, pp. 66-67.

Jack, Phil R. "A Farm Family's World, 1880", Western Pa. Hist. Mag., vol. 47:3 (July 1964), pp. 213-224.

Diary of Nancy Allison Dilts, Georgeville area, 1880.

----.Some Customary Practices of Rural Life, 1870-1913, in Parts of Indiana and Jefferson Counties, Pennsylvania. Univ. of Pittsburgh doctoral thesis, 1954. Hist. & Geneal. Society of Indiana Co. has microfilm copy, 610 pages. Covers rural household technology, farm technology, social aspects of farm life.

Jack, William B. Ebenezer Church, typed MS, 1941, in Hist. & Geneal. Soc. of Indiana Co.

Jackson, Walter H. series of 20 articles in Indiana Evening Gazette beginning July 7, 1956 on various Indiana County history subjects.

----."Library Hall - An Institution", Indiana Countian, June 2,4,7,9, & 11, 1948.

----."Walter Jackson, Former Burgess, Recalls Boro's 100thAnniversary", n.d. clip from Indiana Evening Gazette. In Hist. & Geneal. Soc. of Indiana Co.

Jacobs, Harry A. Juniata Canal and Old Portage Railroad, Altoona, 1941.

James, Alfred P., comp. & ed. Index to Volumes 1-43, Western Pennsylvania Historical Magazine, 1918-1960, Pittsburgh, 1963.

Jamieson, Rev. John. An Account of the Disputes Between the Affociate Reformed Synod and the Rev. John Jamieson, etc., Greensburg, 1800, two copies, one in Pittsburgh Theological Seminary, one in Westmoreland County Hist. Society.

----.Journal, MS (shorthand) in Archives Room, Barbour Library, Pittsburgh Theological Seminary.

Jamieson, Rev. J.M. One Hundredth Anniversary of the Organization of the Presbytery of Monongahela...,Pittsburgh 1893.

"Rev. John Jamieson" pp. 19-23.

Jamison, Clair R. Geographic Survey of Three Selected Tourist Facilities in Indiana County, Pa., M.Ed. thesis, Indiana Univ. of Pa., 1967.

Christmas Tree Festival, Penn View Mountain Railroad, Mahoning Valley Vacation Farm.

Jefferson County Historical & Genealogical Society. Jefferson County, Pennsylvania History, 1982.

Jeffersonian Democrat, weekly newspaper, Indiana Pa.

Donald M. Miller, Indiana, Pa. has one copy vol. 1, no. 29, Jan. 7, 1840.

Jenkins, David B. "Place Names of Indiana County", Indiana County Heritage, vol. 11, no. 1 (Fall 1986), pp. 19-22.

Summarization of an independent study, May 1979 for Indiana University of Pennsylvania Geography and Regional Planning Dep't.

Jenkins, Howard M., ed. Pennsylvania Colonial and Federal, 3 vols., Phila. 1905.

Jewett, Julia A. Brief Genealogy of the Loughry Family of Pennsylvania. St. Louis, MO 1923.

Jimmy Stewart Statue Committee Inc. Happy Birthday Jimmy, May 20, 1983, Indiana, Pa.

Johns, John O. "Tragedy of the Last Raft", Commonwealth, vol. 4, no. 1, (1950) pp. 2-4.

Johnson, George B. "Ann Royall Visits Saltsburg", <u>Canal Currents</u>, No. 47, Summer 1979, pp. 8,9.

----.<u>Canal Boatman's Association Membership</u>, typed MS, 1980, 9 pages.

Compiled from files of <u>Saltsburg Press</u>, <u>Indiana Times</u> and <u>Indiana County Gazette</u>.

----."Canal Days in Indiana County", <u>Indiana County Heritage</u>, vol. 6:1 (Spring 1978), pp. 20-27.

----."The Canal Store in Centreville", <u>Canal Currents</u>, No. 66 (Spring 1984), pp.3-12.

Published 1994 in pamphlet "The Lost Canal Store"

----."The Last of a Breed", <u>Canal Currents</u>, No. 66 (Autumn 1981), pp. 11- 16.

Canal Boatman's Association Meetings.

----."Murder on the Canal!", <u>Canal Currents</u>, No. 59 (Summer 1982), pp.10-15. Published as pamphlet, same title 1994

----."Mysteries of the Canal Boat Ledger", <u>Canal Currents</u>, No. 71 (Summer 1985) pp. 1-7, 10-12.

Published as pamphlet, same title 1994

----."Saltsburg Borough Council Minutes and the Pennsylvania Canal, 1850-1866", <u>Canal Currents</u>, No. 48 (Autumn 1979), pp. 4-7.

----."Saltsburg Canal Diary", <u>Canal Currents</u>, No. 51 (Summer 1980), pp. 3- 7.

Hugh Kelly house, discovery of canal marker stones, Andrew Getty houses, location of Jacob K. Gamble's mill, W. Wheatfield. Also letter to editor, p. 15.

----."Saltsburg Canal People", <u>Canal Currents</u>, No. 54 (Spring 1981), pp. 10- 15.

Biographical notes re canal boatmen, lock tenders, etc. arranged alphabetically.

----.<u>Saltsburg and the Pennsylvania Canal</u>, 1984.

----."Saltsburg and the Pennsylvania Canal", Indiana County Heritage, vol. 7:1 (Spring 1979), pp. 24-33.

Same title in Canal Currents, No. 46 (Spring 1979), pp. 1,12-15.

----."Samuel S. Jamison. Saltsburg's Canal Contractor, Supervisor, Senator" Canal Currents No. 68 (Autumn 1984) pp. 3-12.

----."A Shipment of Salt", Canal Currents, No. 58 (Spring 1982), pp. 1,2 and "More Shipments of Salt" in No. 62, (Spring 1983), pp. 12-15.

Published as pamphlet "The Porter-O'Hagan Salt Letters" 1994

----. "Whiskey Shipped on the Western Division", Canal Currents, No. 67 (Summer 1984), p. 7.

Johnson, George B. and Palmer, Ann. Saltsburg-The Way it Was - An Appreciation Indiana, Pa. 1986.

Collection of photographs 1875-1936.

Johnson Publishing Company. City Directory for Indiana, Pa., 1978? In Indiana University of PA Library.

Johnston, William. Salt Works Account, July 20, 1812-May 22, 1813 in Arms, C.T. and White, Edward Hist. of Indiana County, Pa., pp. 380,381. Original copy lost.

Johnstown Tribune-Democrat. Salute to Indiana on its 150th Anniversary, special tabloid section, Aug. 2, 1966.

Jolly, Rev. A.H. Handbook and History of the Marion Presbyterian Church, June 15, 1885.

Present organization, history, church roll, summary of statistics, death roll.

Jones, Joann Catherine. History of Wehrum, Pa., Indiana State College, Indiana, Pa. 1963

Jones, Uriah J. History of the Early Settlement of the Juniata Valley, Harrisburg, Pa., 1940. repring of original edition, Phila. 1856.

Chapt. 21 "Tories of the Valley", etc., pp. 232-246.

Jordan, John W. Encyclopedia of Pennsylvania Biography, 6 vols., New York.

----.(ed.) "Rev. John Ettwein's Notes of Travel from the North Branch of the Susquehanna to the Beaver River, Pa. 1772", Pa. Magazine of History & Biography XXV (1901), pp. 215-217.

Juliette, Ronald A. The "Likeness Man" Comes to Town. A History of Indiana Borough Photographers, MS, 1987. Also "Indiana County Studio Photographers 1840-1985".

----.Same title in Indiana County Heritage, vol. 12:1 (Summer-Fall 1989), pp. 9-18.

----.and Landon, Dale E. Indiana University of Pennsylvania. Our Homage and Our Love, Foundation for IUP, 1991.

Kaler, Lillian Hicks, comp. Jacob Giles Hicks: Revolutionary War Records & References, typed MS, 1939 in Hist. & Geneal. Soc. of Indiana Co.

Kay, John L. & Smith, Chester M. Jr. Pennsylvania Postal History, Lawrence, MA 1976.

Indiana County, pp. 195-200.

Kehl, James A. Ill Feeling in the Era of Good Feeling: Western Pennsylvania Political Battles, 1815-1825. University of Pittsburgh Press 1956.

Kehler, Dale M. Origin of Names of Townships, Boroughs and Towns (of Indiana County). Typed MS, in Hist. & Geneal. Soc. of Indiana Co.

Kellogg, Louise Phelps. Frontier Advance on the Upper Ohio! 1778-1779. Madison, WI 1916.

----.Frontier Retreat on the Upper Ohio. Madison, WI.

Kelly, Ben S. "Discovery of Salt Water", Saltsburg Press, Sept. 15, 1875.

Kelly Family Papers 1815-1937. MS in Pa. Historical & Museum Comm. Harrisburg.

Largely letters 1836-1865 re Pa. politics, Civil War & Kelly Family affairs. Includes correspondence to Meek Kelly, member Pa. Senate 1834-1838.

Kelly, Norma E. Dias. "The Dias Family", <u>Indiana County Heritage</u>, vol. 7:2 (Winter 1979-1980), pp. 39-43.

Kelly, Porter. Civil War Letter Jan 12, 1863. Copy in Hist. & Geneal. Soc. of Indiana Co. Member Co. A., 18th Regiment.

Kemp, Rev. M.S. "A Church History, Establishment of Lutheranism in the Mahonings". (from a booklet by the author) <u>Indiana Progress</u>, May 9, 1900, p. 7.

----."Lutheran Churches" <u>Indiana Progress</u>, June 7, 1916 sec. 9, p. 4.

Kengla, John. "Transportation in Indiana Borough", <u>Indiana, Pennsylvania</u> 150th Anniversary, 1966.

Kent, Barry C., Smith, Ira F. III, and McCann, Catherine, eds. <u>Foundations of Pennsylvania Prehistory</u>, Harrisburg 1971.

Kerler, Charles Jr. <u>1919 vs. 1894, or Blairsville's Marvelous Development in a Quarter of a Century</u>, Blairsville 1894.

Imaginary account of Blairsville's growth into a large city.

Kinietz, Vernon and Voegelin, Erminie W., eds. <u>Shawnese Traditions. C.C. Trowbridge's Account</u>, Ann Arbor, MI 1939.

Kinsey, Charles Ernest. <u>History of Indiana, Pa.</u>, Master's thesis, Pa. State College 1934.

Kinter, John. <u>Officers Commissions</u> from Governor A. G. Curtin. Originals in Hist. & Geneal. Soc. of Indiana Co.

First Lt., Co. F, 74th Regiment, May 2, 1865. Captain of same, July 25, 1865.

Kinter, Tim. "Our Economy - What Makes It Tick?", <u>Indiana Evening Gazette</u> series, Oct. 31, Nov. 1 & 15, Dec. 6, 1975.

Kirkpatrick, Mrs. Allen Jr. <u>Fergus Moorhead, the Pioneer</u>, MS unpublished, n.d.

Kiskiminetas Presbytery History Committee. <u>Presbytery of Kiskiminetas</u>, Indiana, Pa. 1988.

<u>Kiskiminetas Valley Press</u>, March 19, 1891 to March 26, 1896 in Hist. & Geneal. Soc. of Indiana Co.

----."Saltsburg Mill Moving Ahead", July 13, 1893.

Kissell, Joseph. An Evaluation Study of the Student Union of Indiana University of Pa. thesis, Indiana Univ. of PA, 1975.

Kittochtinny Magazine "Captivity of Richard Bard, Esq.", vol. 1:1, (Jan. 1905), pp.1-23.

Klein, Philip S. Pennsylvania Politics 1817-1832: A Game Without Rules, Phila. 1940.

Klein, Steven. ". . .As Leaves After a Wintry Blast", Indiana County Heritage, vol. 6:2 (Winter 1978-1979), pp. 13-20.

11th Regiment, Pa. Volunteer Reserve Corps.

Klein, Theodore B. Canals of Pennsylvania and the System of Internal Improvements, Harrisburg 1901. Reprinted 1973 by Canal Press Inc.

Kline, Benjamin F.G. Jr. Dinkies, Dams and Sawdust. The Logging Railroads of West Central Pennsylvania, 1975. No. 12 of a series.

Vinton Lumber Co., Rexis, Indiana Co.,pp. 1239-1241; Nathaniel L. Hoover, Hooverhurst & Southwestern Railroad, pp. 1280,1281.

Kline, Warren P. Forts and Blockhouses in Indiana County, typed MS, Dec. 5, 1946 in Hist. & Geneal. Soc. of Indiana Co.

----.Indiana County. . .Historically (map), Indiana, Pa. 1953.

Klinepeter, Roberta S. History of the Activities of the Indiana County Chapter of the American Red Cross, 1939-1967. MA. thesis, Indiana Univ. of Pa. 1970.

Kochanowski, Kathy. History of the Nicholas Cup Farm. Conemaugh Township Indiana County. Pa. 1814-1977, typed MS, May 23, 1977 in Hist. & Geneal. Soc. of Indiana Co.

Koontz, Norman Clair. About Norman Clair Koontz, typed MS owned by Clarence M. Koontz and Mrs. P.D. Lott, Indiana, Pa. 1960.

Reminiscences re Rayne Township and Tanoma, Cherryhill Township, Penn Run and "Manor Settlement" and various schools and teaching positions.

Koziel, Gerard J. and McCann, Beverly. People Working Together: Human Resources Directory, Indiana County, Pittsburgh 1974.

Kramp, William Merle. Coal Industry of Indiana County, typed MS 1961, Indiana Univ. of Pa. in Hist. & Geneal. Soc. of Indiana Co.

Krupnik, Dorothy Vogel. "Working Women in Indiana County", Indiana Co. Heritage, vol. 12:11 (Summer-Fall), pp. 4-8.

Ku Klux Klan. Enlistment Papers, MS, 1924-1926, PA Historical & Museum Comm.

Records of persons accepted into membership, grouped by counties. Also correspondence, bills, receipts and miscellaneous publications confiscated by Pa. State Police.

Kuhn, William H. comp. Official Business and Political Directory of Indiana County, Pennsylvania, Indiana, Pa. 1896.

Arranged by political subdivisions with name, political party and post office of residents.

Kunkle, H.S. Mill Account Books, 1904, 1907-08, MS, 2 vols.

Chop and flour mill, Homer City. In Hist. & Geneal. Soc. of Indiana Co.

Kuntz, Eulene. Ghost Towns in Northern Indiana County, MS. Indiana State College 1961.

Includes LaRayne, Idamar, Robertsville, Rossmoyne, Nashville, Enterprise, Gilpin, Sidney, Lockvale, Frances, Johnsonburg, Flora, Hillman, Madaline, Wilgus & Urey. Map & bibliography.

Kuntz, Marlene. Marion Center and the Civil War, MS, Indiana State College, 1961.

Kurti, Laszlo. "Hungarian Settlement and Building Practices in Pennsylvania: A Brief Comparison", Pioneer America, February 1980, pp. 34-53.

Wehrum and Vintondale

Kussart, Mrs. Sarepta. The Allegheny River. Pittsburgh, 1938.

"Salt Trade", pp. 65-76 relates to manufacture of salt in Kiskiminetas Valley.

Kycko, Debra L. et. al. Historic Blairsville: A Summary of a Historic Resource Survey of the Borough of Blairsville, Indiana County, Pa., Center for Community Affairs, Indiana University of Pa. 1985.

Laird, Ellen M. "Saltsburg Academy or Memorial Institute", in Sloan, D.H., History of the Presbytery in Kittanning, pp. 406-416.

Landmarks Planning Inc. Report on John Sutton Hall...Pittsburgh 1975.

Landon, Dale E. "'Aunt Jane' Leonard's Whirl: The 1922 Congressional Election". Indiana County Heritage, vol. 8, no. 1 (Summer 1980), pp. 14-19.

----. and Wiley, George. "The Last Hurrah!" Indiana County Heritage, vol.6, no. 1 (Spring 1978), pp. 12-19. Rochester and Pittsburgh Baseball League 1937 season.

----."1930's Mine League Part of the 'The Great Past'", and "League Action Hot and Heavy in '32, '34" and "Ernest Defended Title in 1935" "Players Often Given Break on Work Duties", Indiana Evening Gazette, Nov. 10, 11, 12 and 13, 1976.

Larimer, Nettie Elder. "Dr. Donaldson and His Work at Elders Ridge" in Craighead, James R.E. Donaldson Papers XI, pp.31-36.

Leach, Sara Amy, ed. Two Historic Pennsylvania Canal Towns: Alexandria and Saltsburg. Historic American Buildings Survey/Historic American Engineering Record, National Park Service, 1989.

Chap. 4 - Historical Overview of Saltsburg, pp. 141-169. Data of 22 Saltsburg structures, pp. 170-263.

Learn, Marilyn J. Community Needs of Educational Radio Station WIUP FM, Indiana, Pa., M.Ed. thesis, Indiana Univ. of PA, 1974.

Leason, Hannah, (1784-1869). Letter to William Moorhead August 10-18.

Relating trip with her father down Kiskiminetas River by flatboat in 1794, attacked by Indians, and death of her father in Pittsburgh. Reprinted verbatim in Arms & White, eds. Hist. of Indiana Co. Pa., pp.

156,157 from Presbyterian Banner. Location of original unknown. Reprinted in Stephenson III: 30-33.

Lee, Tillie Wray. "The Girls of Yesterday" in Craighead, James R.E. Donaldson Papers IX-G, pp. 53, 54.

Leech, J.M. and Hildebrand, Walter W., comps. Directory, Business and Political of Indiana County, Pa., Indiana, Pa. 1886.

IUP Library and Hist. & Geneal. Soc. of Indiana Co. Names arranged alphabetically, subdivided into townships and towns. List of post offices at end with town or township where located. Despite the title, there is no listing of industries or business establishments.

Lehman, Neil. "County Flourished During Anthracite Strike" (1902). Indiana Evening Gazette, Nov. 8, 1976.

Lenglet, Isadore R. Indiana Area School District: Occupational Needs Survey for Vocational-technical Education Curriculum. Indiana Area School District. 1972.

Lenz, George E. History of Dixonville (mimeo.), 1961, in Hist. & Geneal. Soc. of Indiana Co.

Lesley, J.P The Iron Manufacturer's Guide to the Furnaces, Forges and Rolling Mills of the United States...New York 1859.

Letso, Robert. A Delineation of the Present Retail Trade Area of Indiana, Pa., Indiana State College, Pa., 1963.

Levine, Rachel Stewart. Brush Valley Township, Indiana County Pennsylvania.

Warantee Surveys 1772-1900 (limited edition), author has copy.

Lewandowski, Frank. "Old Jail - A Monument to an Era" in Guidebook to Indiana, June 1975, pp. 4-6, 24.

Lewis, Estel Evers. Glimpses Beyond, East Aurora, NY, 1927.

Resident of Glen Campbell, Pa.

Lewis, Mary Park. Album of Indiana County Covered Bridge Pictures, and Other Pictures, n.d. in Hist. & Geneal. Soc. of Indiana Co.

Life Story of Silas Alfred Fulton (mimeo.), 1961. In Hist. & Geneal. Soc. of Indiana Co.

Lingle, C.M. "Graceton Coke" and "Automobile Club" in Indiana Progress, June 7, 1916, Sec. 6, p. 2 and Sec. 12, p. 3.

Livermore Presbyterian Church Registers 1855-1898. MS in Presbyterian Historical Society, Phila., Pa.

Lockhart, Howard. Rossmoyne, MS in Hist. & Geneal. Society of Indiana Co., n.d.

London, E. Gertrude. The History of Our Normal School, unpublished thesis. Indiana Normal School, 1904.

Loudon, Archibald. Selection of Some of the Most Interesting Narratives, of Outrages Committed by the Indians in Their Wars with the White People, also an account of Their Manners, Customs, Traditions. . .etc. Whitehall, Pa. 1808-1811, 2 vols. reprinted 1971 by Arno Press, NY.

Lovell, Vivian C. "The Cookport Fair", Indiana County Heritage, vol.6, no. 1 (Spring 1978), pp. 28-34.

----.History of Green Township High School, 1955.

----."My Indiana County Ancestors", Indiana County Heritage, vol. 8, no. 1 (Summer 1980), pp. 26-31.

Lowman School History, MS, n.d.

Lowry, Flora. Autobiography of Miss Flora Lowry, Tyrone, Pa. 1885.

References to Indiana Co. pp. 66,67,71-77,79-87,134-137.

Lowry, W.P. Lowry's Indiana Directory 1908, Indiana, Pa.

Alphabetical listing of Indiana residents, with business advertisements. Churches & doctors, p. 76. Lodges & hotels, p. 78.

----.Post office and Political Directory of Indiana County, Pa. 1911. Indiana, Pa. In Hist. & Geneal. Soc. of Indiana Co.

Lowther, Thomas, S. "Coal Companies", Indiana Progress, June 7, 1916, Sec. 9, p. 5.

Lukehart, Margaret Irene. Abraham Sink, Indiana County 1819-1966, (mimeo.) 1966.

----.Lukehart Family History, (mimeo.) 1968.

----.Marshall Family, (mimeo.) 1964.

Lumbermen's and Raftmen's Association. Souvenir Program - Lumbermen's and Raftsmen's Reunion, August 3-8, 1936, Burnside, Pa.

Includes "Historical Sketch - Lumbermen's and Raftsmen's Association" initiated 1928 and "Biography of 'Cherry Tree Joe' McCreery".

Lydic et al. Negro Progress in Indiana County, MS, in Pa. Historical & Museum Commission, Harrisburg, Pa. W.P.A. Writers Project 1938.

Lydick, Dorothy J. "Cookport, Pennsylvania and the Green Township Community Fair" in Green Township Community Fair Cookport, Pa. 1917-1987. 70th Anniversary, Green Township Community Fair Assoc.

Lydick, Edward N. Compliments of McGaughey Public School Second Reunion August 22, 1929 in Hist. & Geneal. Soc. of Indiana Co.

Lytle, J.P. The Reed Family, A History of the Descendants of Robert Reed Sr. Marion Center, Pa. 1909. In Hist. & Geneal. Soc. of Indiana Co.

McAllister, John L. and Shields, Milligan D. History of Covode Academy. Punxsutawney 1911.

McCabe Family Papers 1776-1945, MS in Univ. of Pittsburgh Library, Archives of the Industrial Society.

Family history by R.B. McCabe, July 27, 1853. Obituary sketch of R.B. McCabe from Blairsville Record Jan. 25. 1860.

McCabe, Richard B. "Early Reminiscences of Derry Township, Westmoreland County - Sketches of Pumroy and Wilson, First Settlers" reprinted in Arms & White, Hist. of Indiana County, Pa. pp. 103,104 from unknown original source.

----.Under pseudonym "Conemaugh", "Sketch of Some of the Early Settlers and Settlements West of the Allegheny Mountains", The Apalachian, Blairsville, Pa. June 24, 1846. Reprinted in Guidebook to Indiana County, Jan. 1977, pp. 6,7,20. Reprinted in Stephenson III: 16-19.

----.Under pseudonym "Mohulbuckteetam", "Sketches of the First Settlement of Indiana County" from Blairsville Record, date unknown.

Reprinted in Hazard Register of Pennsylvania, vol. 12 (1833), pp. 184,185 and vol. 14 (1834), pp. 43,44. Day Historical Collections...(1843), pp. 376, 377. Rupp History and Topography...(1848), pp. 617-620. Reprinted in Stephenson III: 8-10.

----.Reminiscences of Dr. Gallitzin, MS, n.d.

The original MS is inside a book in the Blairsville Public Library titled A letter to a Protestant Friend on the Holy Scriptures etc. by Demetrius A. Gallitzin (Ebensburg 1820). On the cover page is written in pencil "R.B. McCabe". It appears to have been published in the Blairsville Record July 14, 1858 since it is cited as a reference in Brownson's Life of..Gallitzin, pp. 348,350,353,356-358.

----.Sketches of the Life and Indian Adventures of Captain Samuel Brady, Lancaster, Pa. 1891.

Comprises nine sketches, No. 1-8 inclusive and no. 10; sketches no. 9 and no. 11 are in the The Free Press, Indiana, Pa. July 12, 19, and 26, 1832. Also in Day Historical Collections. . .(1843) under pseudonym "Kiskiminetas" pp. 99,100,104-106,177,178,229,230. Day (p. 99) says the sketches were published in the Blairsville Record 1832.

McCall, Max. The McCall History, Indiana Pa 1965.

McCarthy, Pat and Pugliese, Sibby, comps. Epitaphs from the Catholic Cemetery. Indiana. Pa., MS, in Hist. & Geneal. Society of Indiana Co.

McClain, Lavora Deane. Pennsylvania Electric Company Plant, Seward, Pa.: An Economic Geography Study. Indiana State College, Pa. 1963.

McClure, Alexander K. Old Times Notes of Pennsylvania 2 vols., Phila. 1905.

McClure, Rev. David. Diary of...1748-1820, with notes by Franklin B. Dexter, New York 1899.

Reprinted in Old Westmoreland, vol. 2, no. 1, pp. 41-43 and 2:2 40-44, 2:3 44-48.2:4 39-43.

McClure, Rev. W. Don. Red-Headed, Rash and Religious. Pittsburgh 1975.

McCormick, John B. The Primal, n.d.

>Vocal music arrangements. No. 70, 86 and 94-5 by McCormick.

----.School and Concert, New York 1881, Vocal music works.

----.The Village Choir, n.d. Vocal music works.

McCrea, Thompson. New Town of Clarksburgh map surveyed Sept. 23, 1841.

>Copy in Hist. & Geneal. Soc. of Indiana Co.

McCreary, Ralph W. A Story of Men and Tires MS, 1972 in Hist. & Geneal. Soc. of Indiana Co.

McCrory, W.B. History of Bethel Church, Clyde, Pa. 1918.

>United Presbyterian Church located in West Wheatfield Township.

----.Program of Dedication. Bethel United Presbyterian Church Aug. 11, 1957.

McCullough, Robert and Leuba, Walter. The Pennsylvania Main Line Canal. Martinsburg, Pa. 1962. Reprinted 1973 by American Canal Transportation Center, York, Pa.

McDevitt, Maude. Dixonville Hospital, MS, n.d. in Hist. & Geneal. Soc. of Indiana Co.

MacDonald, Mrs. George. Letter written Feb. 16, 1873 published in MacDonald, Greville George MacDonald and his Wife, (London 1924), p. 447. Reprinted in Indiana County Heritage vol. 1, no. 2 (Fall 1966), p.58. Stephenson III: 228-229.

>Account of visit to Indiana to lecture on Robert Burns.

McElwain, Rev. A. "Indiana Classical School" and "Indiana County Normal School" in Sloan, Rev. D.H., Hist. of the Presbytery of Kittanning, pp. 405,422,423.

Macfarlane, James R. George Clymer, Signer of the Declaration of Independence. Framer of the Constitution of the United States and of the State of Pennsylvania. His Family and Descendants. Sewickly, Pa. 1927.

McGowan, Helene. James Stewart, Bison Books Ltd. London, 1993.

McHenry, Herbert L. As A Private Saw It - My Memories of the First Division. World War I, Indiana, Pa. 1988.

McIntyre, H.B. "Jacksonville Academy" in Sloan, Rev. D.H. Hist.of the Presbytery of Kittanning, pp.423,424.

McKim, J. Miller. Papers, MS in Cornell Univ. Library.

Information re Albert Hazlett.

McKinniss, Dr. C.R. "The Pennsylvania Canal" in Pennsylvania Farmer, June 1, 1940, pp. 5,13,14,20.

McKnight, William James. Jefferson County, Pennsylvania. Her Pioneers and People 1800-1915. 2 vols. Chicago, 1917. Reprinted 1975 by Unigraphic, Evansville, IN with index added.

----.A Pioneer History of Jefferson County, Pennsylvania. Phila. 1898.

----.Pioneer Notes of Jefferson County, Pa. (1800-1900). Bound copy in Pa. State Library, Harrisburg, Pa.

----.Pioneer Outline History of Northwestern Pennsylvania...Phila. 1905.

----."Rev. John Jamieson, Indiana County's Pioneer Preacher" in The United Presbyterian, March 6, 1902, pp. 10,11.

McMillan, Hugh. "Early Romance of Western Pennsylvania Railroads Is Depicted in Personal History of Conemaugh Road Supervisor. . . ", Pittsburgh Sunday Post, Feb. 18, 1923.

Derived from a personal diary of Henry Miller, a PRR supervisor 1867 to ca 1917.

McMillen, Emma Bell Martin. The Memory Book, typed MS, n.d.

McMullen, Alexander. "Incidents of the War of 1814", Indiana True American May 8,22 & 29, 1855 under pseudonym "Agricola".

Also in Arms & White, 308-312, citing McMullen as author of an article in the Chambersburg Repository, 1820.

McNelis, Father N.P. <u>History of St. Bernard</u>, typed MS, 1904. St. Bernard Roman Catholic Church in Indiana, Pa. In Hist. & Geneal. Soc. of Indiana Co.

McVitty, Raymond. "Art Glass of Calvary", <u>The Heritage of Calvary Church</u>, Indiana Pa. 1976.

Mack, Hugh. <u>Family of Robert S. Mack</u>. McKeesport, Pa. 1931.

Madden, J. Patrick and Gerweck, John E., directors. <u>Elderly Persons in Pennsylvania Selected Social Indicators from the 1970 Census...Indiana County</u>. Dep't. of Agricultural Economics and Rural Sociology, Pa. State University in cooperation with Bureau for Aging, Dep't. of Public Welfare, Harrisburg, Pa., 1974.

Maddox, Kathryn R. <u>McCormick Old Stone House</u>... typed MS, James LeTort Chap., Daughters of the American Colonists, Indiana Pa. 1968.

In Pa. State Library, Harrisburg, Pa.

Magore, J.V. <u>Map of the Borough of Blairsville</u>..., 1898.

Mahr, August C. "Diary of a Moravian Indian Mission Migration Across Pennsylvania in 1772", <u>Ohio State Archaeological & Historical Quarterly</u>, LXII, No. 3 (July 1953), pp. 247-270.

<u>Main Line of the Pennsylvania State Improvements</u>...Philadelphia 1855.

Manley, Henry S. <u>Treaty of Fort Stanwix 1784</u>, Rome, NY 1932.

Manner, Bertha. <u>Close the Door Gently</u>, 1965.

Recollections of Indiana Hospital 1921-1965.

Manner, Mathias. <u>Civil War Diary</u>, May 4, 1862 to Jan. 9, 1864, MS owned by Marcella H. Stephenson.

Sergeant, Co. I., 105th Pa. Volunteers, killed May 5, 1864 in Battle of the Wilderness. Also see Stephenson, <u>Life and Military Service of Matthias Manner</u>.

Manners, Herbert. "Revolutionary Soldiers Known to be Buried in Indiana County" two articles published in <u>Indiana Evening Gazette</u>, n.d. available, typed MS in Hist & Geneal. Soc. of Indiana Co.

Marcus, Irwin M. "A Labor Trilogy", Indiana County Heritage, vol. 11:2, (Winter 1987-88), pp. 12-18.

> Part I -The Greenback-Labor Movement in Indiana County 1878-79. Part II - 1894: Year of Protest in Indiana County. Part III - Socialist Surges: 1912 & 1917.

----."William Sylvis: Advocate of Workers and Unionism", Indiana County Heritage, vol. 7:2, (Winter 1978-80), pp. 26-30.

----. et al. "The Coal Strike of 1919 in Indiana County", Pennsylvania History, vol. 56:3, (July 1989), pp. 177-195.

Margry, Pierre. ed Decouvertes et etablissements des Francais, Paris 1888; cited in Kent, Donald H. The French Invasion of Western Pennsylvania, Harrisburg 1954.

Marion Center-East Mahoning Joint High School Hi-Memories. (yearbook 1946).

> All graduating classes 1917-1946.

Marion Center Firemen's Community Fair. (1949).

Marion Center Methodist Episcopal Church. Centennial Program... (Marion Center 1937).

Marion Center Volunteer Fire Department. 50th Anniversary (1988).

Marion Independent and Marion Center Independent (weekly), December 24, 1881 to ca 1962.

> Incomplete file in Hist. & Geneal. Soc. of Indiana Co., 1881-1882, 1884, 1887, 1891, 1893, 1895, 1897-98. Scattered issues 1909, 1918, 1920, 1928, 1929, 1931-32 1936-1940, 1962 and full years 1919, 1934, 1941-1961.

Marion Center Presbyterian Church. 100th Anniversary...(1960).

Marlin, Ira. Washington Township, MS in Hist. & Geneal. Soc. of Indiana Co.

Marsh, Katherine. "Strangford", Blairsville Dispatch, May 23, 1935.

Marshall, Harry B. "Indiana Minstrels", Indiana Progress, June 7, 1916, Sec. 12, p. 3.

Marshall, J.M. "Civil War Companies from Indiana County", Indiana Progress, June 7, 1916, Sec. 12, p. 1.

Marshall, O.S. The Marshall Family...Kittanning 1884. Reprinted in Hayes, Rev. Arthur M. They Found a Country.

Marshall, Thomas Davis. "History of Blairsville and Vicinity" in Stewart J.T. Indiana County, Pa., vol. I, pp. 458-482.

Martin, Melvin. "Reminiscences", Canal Days 1988, Historic Saltsburg, Inc.) pp. 22-26.

Martineau, Harriet. Society in America, New York, 1837.

Description of canal travel, including tunnel on W. Division, vol.2, pp. 15-21. Reprinted in Canal Currents, (Autumn 1980) 52:11,12.

Marx, Robert L. Analysis of the Spatial Organization of the Proposed Campus Development Plan of Indiana University of Pennsylvania (IUP, 1973).

Marzhauser, Rev. A.C. St. Patrick's Roman Catholic Church, Cameron's Bottom, MS, Jan. 30, 1950 in Hist. & Geneal Society of Indiana Co.

Maximilian, Prince of Wied. Travels in the Interior of North America translated from German by H. Evans Lloyd, London, 1843.

Account of trip over Frankstown Road 1832, passing through Armagh and Blairsville. Reprinted in Reuben G. Thwaites Early Western Travels, vol. 22, pp. 137,138.

Mayer-Oakes, William J. Prehistory of the Upper Ohio Valley. . .Annals of Carnegie Museum, vol. 34, Pittsburgh 1955.

Measell, James S. "Dugan's Pompeian, Japanese & Venetian Glass" Antiques & Collecting Jan. 1993 pp. 26-7, 32.

Mechlin, Rev. Lycurgus. "Curry Run Presbyterian Church" in Sloan, Rev. D.H. History of the Presbytery of Kittanning, pp. 160-167.

----."Smicksburg" in Sloan, pp. 338-340.

Meginness, John F. The Historical Journal: A Monthly Record of Local History and Biography...(of) Northwestern Pennsylvania, 2 vols., Williamsport, Pa. 1888-1894.

----.comp. Journal of Samuel Maclay, while surveying the West Branch of the Susquehanna, the Sinnemahoning and the Allegheny Rivers in 1790. Williamsport, Pa. 1887. Reprinted from an old newspaper.

Trip up Kiskiminetas and Conemaugh Rivers included.

----.Otzinachson: A History of the West Branch Valley of the Susquehanna. Williamsport, Pa. 1889.

Melish, John. Map of Pennsylvania...engraved by B. Tanner, 1826.

Mellon, Thomas. "...Recollections of Petroleum in Western Pennsylvania", Pittsburgh Dispatch, Aug. 14, 1892. Reprinted in Giddens, Paul H. Pennsylvania Petroleum 1750-1872, pp. 30-35.

Mendell, Melissa R. et al. History of Blairsville College for Women, Blairsville. Pa. 1901.

Merritt, Joyce Faith. The Differences Between the Problems Concerning the College Male Veteran and Those of the College Male Non-veteran at Indiana University of Pennsylvania, IUP 1975.

Merryman, John E. The Indiana Story 1875-1975...,1976 from University of Pittsburgh doctoral thesis Indiana University of Pennsylvania: From Private Normal School to Public University, 1972. Partially reprinted in Indiana Evening Gazette, Oct. 12, 1974, Sec. B, pp. 1-79.

Metarko, Delphine S. Application of a Model of Family-centered Maternity Care to the Maternity Department at Indiana Hospital, Indiana, Pa., MS thesis, Indiana University of Pennsylvania 1974.

Metzgar, Thomas. "The Saltsburg Covered Bridge", Canal Days 1987 (Historic Saltsburg Inc.), pp. 5-16.

----. and Whisker, James B. "Gunsmiths of Western Pennsylvania", Bedford, Pa., 1988.

Indiana County pp. 49-68.

Michael, Richard. "Rescuing the Past", Indiana County Heritage, 5:2
Winter 1977-78, pp. 4-8.

Progress report on Indiana County Historical Site Survey.

Miladin, Judith Grimm. Student Participation in University Governance at Indiana University of Pennsylvania from 1960-1973. M.A. thesis, IUP 1974.

Miller, Beth. Marriages, Presbyterian Church of Indiana, Pa. 1879-1884, MS in Hist. & Geneal. Soc. of Indiana Co.

Miller, Helen. "The Underground Railroad", spirit process copy, one page, n.d. Marion Center High School.

Miller, M A. Meet the Blair Family. Altoona, Pa. 1946.

John Blair of Blair's Gap, for whom Blairsville, Pa. and Blair County were named. Illus. of shinplaster issued Apr. 2, 1817 by Huntingdon, Cambria & Indiana Turnpike Road Co., p. 34.

Miller, Nelson H. Ebenezer Presbyterian Church, 1863, in Hist. & Geneal. Soc. of Indiana Co.

Miller, Rev. S.W. "Saltsburg Presbyterian Church" in Sloan, Rev. D.H. Hist. of the Presbytery in Kittanning, pp. 313-322.

Mishock, John E. Attitudes of Graduating High School Males in the Indiana, Pa. Area Concerning a Teaching Career in Elementary Education, Indiana University of Pennsylvania 1970.

Mitchell, Danny. Prelude to Oil: The Story of Salt in Western Pennsylvania 1755-1890. Preliminary draft of thesis, Penna. State University 1967.

----.Samuel Martin Kier: Pioneer Industrialist, Master's thesis, Pennsylvania State University, June 9, 1966.

Mitchell, James. Lumbering and Rafting in Clearfield County, Pennsylvania. . . ca 1922.

Mitchell, Jennie. Scrapbook in Hist. & Geneal. Soc. of Indiana Co., selected portions reprinted by spirit process 1953 (see Stabley, Rhodes).

Mitchell, Jesse Jamieson. The Genealogy of the Jamieson Family, Indiana County, Pa. 1941 in Hist. & Geneal. Soc. of Indiana Co.

Mitchell, Robert T., comp. Biography of Dr. Robert and Jane Clark Mitchell...MS, 1916 in Hist. & Geneal Soc of Indiana Co.

Moedinger, William Jr. "World's Most Modern Railroad...never built", Trains, June 1943, pp. 27-34.

Details re Loree's New York, Pittsburgh & Chicago Railroad, 1925-26, which would have traversed Indiana County.

Mohr, Sister Marie H. A Bibliography of Westmoreland County, Pa., Harrisburg 1949.

Montgomery, Horace. "John Buchanan McCormick, Ballad Singer of Many Talents", Pennsylvania Magazine of History and Biography, vol. XCI, no. 2 (Apr. 1968), pp. 239-248.

Montgomery, Margaret N. Industrial Study of Coal in Indiana County, Pennsylvania, Indiana University of Pa. 1959.

Moore, J. C. "Way Back in the Sixties - A Pen Picture of Saltsburg" in Stewart, J. T. Indiana County, Pennsylvania. . .vol. I, pp. 504-506.

Dated February 21, 1913. "Sixties" refers to 1860's. Reprinted in Canal Days 1988, (Historic Saltsburg, Inc.), pp. 27-33.

Moore, Robert K. The Historical Development of Power and Powerlessness, Indiana University of Pennsylvania thesis, 1982.

Indiana, Pa. history, industries, politics and government and community power.

Moorhead, A.T. Jr. History of the Moorhead Family...Indiana Pa. 1901.

----."Reminiscences", Indiana Progress, Jan. 11, Feb. 15 and 22, Mar. 1,8 and 15, May 3, 1899.

The underground railroad in Indiana County. Reprinted in Stephenson, Clarence D. Indiana County 175th Anniversary History, vol. III, pp. 111-143.

Moorhead, D.L. Map of the Borough (of) Indiana, July 1896.

Moorhead, James. Flowers of Song: or Religious and Moral Poems. . . Indiana, Pa. 1824. In Presbyterian Historical Society, Philadelphia and Princeton University Library.

Moorhead, Joseph. Original Poems, Blairsville, Pa. 1911.

Moorhead-Nunes, Susan. Tree Top Baby, Baltimore 1984.

Geneology of Moorhead-Strong and intermarried families.

Morris, William E. Map of Pennsylvania. . .engraved by Edward Yeager, Philadelphia 1849.

Moss, Roy A. A Quantitative Analysis of Selected Student Characteristics in a Changing Institution of Higher Education in Indiana, Pa., 1953-1973. Doctoral thesis, Univ. of Pittsburgh 1976.

Mount Pleasant Presbyterian Church Register 1854-1915 and Session Minutes 1884-1941. In Presbyterian Historical Society, Philadelphia.

Mrozowski, Stanley. A Study of Long-Term Public Assistance Recipients in Indiana County, Pa. M.A. thesis, Indiana University of Pennsylvania 1975.

Mulkearn, Lois and Pugh, Edwin V. A Traveler's Guide to Historic Western Pennsylvania, University of Pittsburgh Press 1954.

Indiana County, pp. 261-266.

Mullin, A.C., comp. "A Decaying Industry", Pennsylvania and the Centennial Exposition, vol. 1, part 2, pp. 173-175, Philadelphia 1878.

Manufacture of salt in Pennsylvania.

Mulvihill, Francis. Ledger 1830-1849, 1859-1871 in Historical Society of Western Pennsylvania, Pittsburgh.

Mulvihill settled in Strongstown, Pa.

Munnell, Raymond et al. County Teachers' Statement on Proposed Loyalty Oath, n.d.

Objections to Pa. Senate Bill 27 by Senator Albert Pechan.

Murdock, George Wallace. Values and Personal Profiles of Employed and Non-employed College Students, Ed.D. thesis, George Washington University 1971.

Murdoch, John Jr. to Jane Robb in North Ireland, November 8, 1826. Reprinted in Western Pennsylvania Historical Magazine, vol. 48. (Jan. 1965), pp. 110,111.

Notes re Andrew Murdoch (1805-1829), brother of the writer securing a teaching position in Blairsville.

Murdock, William G. Brady Family Reunion and Fragments of Brady History and Biography, Milton, Pa. 1909.

"Address of Mr. St. Clair Thompson on the Military History of the Families of Samuel and James Brady...", pp. 20-25.

Musser, A.J. "Coal and the New York Central Railroad Company", The Explosives Engineer, March-April 1944, pp. 68-75.

History of the Clearfield Bituminous Coal Corp.

----.Forestry and Coal Mining, 1930.

Myers, Albert Cook, ed. Narratives of Early Pennsylvania, West New Jersey and Delaware, 1630-1707, in Jameson, J.F. Original Narratives of Early American History, vol. 13, New York 1912.

Myers, C. Maxwell. Rise of the Republican Party in Pennsylvania, 1854-1860, University of Pittsburgh doctoral thesis, 1940.

Myers, Harold L. Pennsylvania and the War of 1812, Harrisburg, Pa. 1964.

Myers, John L. "The Early Antislavery Agency System in Pennsylvania 1833-1837", Pennsylvania History XXXI, no. 1 (Jan. 1964), pp. 62-86.

Myford, James Cribbs. The Construction of a Scale Model of the Proposed Central Indiana Urban Renewal Project, Indiana University of Pennsylvania 1966.

----. A Welded Aluminum Outdoor Sculpture for Indiana University of Pennsylvania, IUP 1978.

Mylander, Loa F. Pennsylvania Canal in Indiana County, MS, April 1949 in Hist. & Geneal. Soc. of Indiana Co.

Nahalka, Michael E. The History and Architectural Heritage of the Indiana County Courthouse of 1870, M.Ed. thesis, Indiana University of Pennsylvania 1975.

Nania, Gina. "The Automobile Comes to Indiana County", Indiana County Heritage, 5:2 (Winter 1977-78). pp. 20-24.

----. and Reinard, Jade. "John Sutton Hall: Yesterday, Today and Tomorrow", Guidebook to Indiana, Sept. 1975, pp. 4-6,27.

Nanty Glo Journal. "Vintondale Iron Furnace - Historical Iron Maker", Aug. 13, 1953, Sec. 2, p. 1.

National Gathering, Circus Model Builders, Indiana, PA, (Souvenir Program) August 1-4, 1974.

National Guard, Indiana. MS from Watson Collection, Hist. & Geneal. Soc. of Indiana Co.

National Inquirer, Indiana, Pa., Jan. 20, 1919 in Hist. & Geneal Soc. of Western Pa., Pittsburgh.

National Park Service: America's Industrial Heritage Project. Saltsburg, Pennsylvania Site Concept Plan, July 1989, 12 pages and questionnaire.

----.A List of Cultural Resources in Indiana County, MS rough draft, Denver Service Center, N.P.S. ca 1990.

Neale, Russell. The Story of a Country Place, New York 1931 (fiction).

Nesbit, Margaret Stouffer. Historic Notes of the Blairsville M. E. Church 1822-1922 clip, n.d. in Hist. & Geneal. Soc. of Indiana Co.

New Era, The (weekly). Blairsville, Pa., vol. 1, no. 18 to 28 (Sept. 2 to Nov. 11, 1865) in possession of author.

New Lancaster, plot of, 1839, (MS map), in Hist. & Geneal. Soc. of Indiana Co.

New York Industrial Recorder. A Commercial and Industrial Review of DuBois, Indiana, Punxsutawney, Falls Creek, Brookville, Clearfield, Reynoldsville, Pennsylvania and Vicinity. New York & Buffalo, n.d. (ca 1907) in Hist. & Geneal. Soc. of Indiana Co.

Indiana, Pa. pp. 29-34, 13 illustrations.

News of Our Men and Women in Service...from Indiana County, 1951- 1958.

Scrapbook of clips, in Hist. & Geneal. Soc. of Indiana Co.

Nichol, Joseph. Lumbering MS, 1953 in Hist. & Geneal. Soc. of Indiana Co.

Nichols, Alice. Bleeding Kansas, New York 1954.

Nicholson, Arthur F. "Academy History at Purchase Line" in Indiana Evening Gazette, August 13 and 15, 1968.

----."Foster's Indiana Visits Doubted", Indiana Evening Gazette, Mar. 16, 1967, p. 12.

----."Jane E. Leonard's Romance with James Buchanan", Indiana Alumni News, vol. 6:2 (Dec. 1954), reprinted in Indiana Evening Gazette, Aug. 8, 1966, sec. B-19.

----.The Story of a Man: Dr. Willis E. Pratt, President, Indiana University of Pennsylvania, IUP, 1966.

(Nicklin, Philip H.) Peregrine Prolix (pseudonym). A Pleasant Peregrination Through the Prettiest Parts of Pennsylvania. Philadelphia, 1836. Reprinted by American Canal and Transportation Center, York, Pa. 1975.

Nilson, Karl Eric. The Development of a University: Willis E. Pratt and Indiana University of Pennsylvania, IUP 1979.

Noble, Faith. Memorial Park and the Erection of the Doughboy Monument, as Told by Alex Stewart, MS, n.d. in Hist. & Geneal. Soc. of Indiana Co.

North, T.C. "History of the Water Project", Annual Report of the Borough Manager (of Blairsville) for Year Ending December 31, 1927, pp. 5-20.

Hillside Reservoir project.

Oakland Cemetery, White Township Indiana County 1864-1962, 2 vols., March 1967 in Hist. & Geneal. Soc. of Indiana Co.

Old Westmoreland (quarterly), Laughlintown, Pa. 1980-

Unpublished primary source material.

Oliver, James M. "Danger Flu!", Indiana County Heritage, vol. 6:2, (Winter 1978-79), pp. 25-32.

----."Rescuing the Past", Indiana County Heritage, vol. 5:1 (Spring 1977), pp. 4-6 and vol. 7:2 (winter 1979-80), pp. 4-7.

Regional Historical Records Center, Indiana University of Pennsylvania Local History Project.

Olmsted, G.P. Map and Profile of the Proposed Route for a Railway and Canal from the Head of Juniata Canal to the Head of Kiskiminetas Feeder, 1826. Record Group 17, Map Book 9, Historical & Museum Commission, Harrisburg. Pa.

O'Neill, E. "East Union Presbyterian Church" in Sloan, Rev. D.H. History of the Presbytery of Kittanning, pp. 168,169.

Oravec, Veronica M. A History of the Indiana County Chapter of the American Red Cross, 1917-1938, M. Ed. thesis, Indiana University of Pennsylvania 1973.

Orr, Ethel et al. Indiana Evening Gazette series on area fire departments, 1971-1972.

Blairsville Apr. 29, 1971 by Bill Graff; Saltsburg May 6, 1971 by Leonard Hess; Indiana May 20, 1971 by Graff; Blacklick June 10, 1971 by Polly Hendrickson; Brush Valley June 17, 1971 by Ethel Orr; Plumville June 24, 1971 by Erma Dovenspike; Commodore July 14, 1971 by Orr; Coral Graceton Aug. 3, 1971 by Orr; Armagh-E. Wheatfield Aug. 18, 1971 by Hendrickson; Little Washington Sept. 9, 1971 by Hendrickson; Marion Center by Dovenspike; Clymer Sept. 22, Cherryhill Township Oct. 13, Cherry Tree Oct. 21, Pine Township Nov. 11, 1971 by Orr; Creekside? Nov. 17, 1971 by Dovenspike; Aultman Dec. 8, 1971 by Hess; Young Township Dec. ? by Hess; Rossiter Jan. 5, Glen Campbell Jan 12, Rochester Mills Aug. 17, 1972 by Orr.

----."Indiana County-The Christmas Tree Capital", Pennsylvania Illustrated. vol. 2:36 (Dec. 1977).

Pacella, Robert D. A Survey to Determine How Well Landlords Within Indiana Borough Understand Housing Laws, Indiana University of Pennsylvania 1976.

Packer, Ruth M. Alverda, typed MS 1985.

Palmer, Ann. "Dr. Benjamin Sterett: Saltsburg's First Resident Physician", Canal Days 1988, pp. 34,35.

----."A History of Saltsburg's Banks", Canal Days 1988, pp. 36-38.

(Palmer, W.F.) Memories of Samuel Shryock Jamison, Phila. 1878.

"W.F.P." in original believed to be W.F. Palmer.

Pane, Jim. "First Indiana Water Company Formed 100 Years Ago", Indiana Gazette. Apr. 27, 1985, p. 18.

Papers on Indiana County's Representation in the State Legislature and U.S. Congress, typed MS, 1960 in Hist. & Geneal. Soc. of Indiana Co.

Park, Linton. Extant Paintings and Drawings.

1. "Flax Scutching Bee", 50 1/4 x 31 1/4 in. National Gallery of Art, Washington, DC 1885. Full size color reproduction in Mahoning Medical Center, Marion Center, Pa., illus. in color National Geographic Magazine, Feb. 1951, p. 193 and Sept. 1962, pp. 372-3. Life, July 2, 195?, pp. 72-73, Antiques, Mar. 1980 frontispiece.

2. "Floral Design", 6 x 4 1/2 in. ca. 1859 in autograph book to Mary Lang Park (niece of Linton), in Hist. & Geneal. Soc. of Indiana Co.

3. "Felling Trees and Hauling Logs", 21 x 30 1/2 in. ca 1874, in Argosy Gallery, New York City.

4. "Crack-up of a Raft Near Mahaffey", 23 1/8 x 35 1/8 in. ca 1874, in NY State Historical Assoc., Cooperstown, NY.

5. "Rafting Scene at 'Hoyt's Dam'", 23 x 34 in ca 1880, in collection of David Paul Smay III.

6. "Rafting Scene: Leaving the Sawmill", 22 x 32 in. ca 1880, in Argosy Gallery, New York City.

7. "Deer Hunter's Return: Near Patchinville", 21 x 30 1/2 in. ca 1880, in collection of Irene Park Barbor.

8. "Merino Sheep", 32 3/4 x 52 in. ca 1885, in Chrysler Museum, Norfolk, VA.

9. "Dying Tonight on the Old Camp Ground", 32 x 38 in. ca 1894, in Collection of James Glasser.

10. "The Burial", 24 x 33 in ca 1894, in National Gallery of Art, Washington DC.

11. "Old Mill", 22 x 36 in. n.d., in Hist. & Geneal. Soc. of Indiana Co.

Parker, William and Johnston, William. Store Ledger, Armagh, Pa. 1814-1815, owned by William F. Graff, Blairsville, Pa.

See Mr. Graffs article based on this ledger "County's Pioneers Believed in Credit Buying Too", Indiana Evening Gazette, Jan. 2, 1965.

Pastoral Register of Bethel, Fairfield, Homer City and Crete Congregations in Conemaugh Presbytery, 1853-1892, in Presbyterian Hist. Soc., Phila.

The Patriot (Patriota), weekly newspaper in English and Italian, Indiana, Pa., Aug. 8, 1914-1955. in Hist. & Geneal. Soc. of Indiana Co.

Patten, John Map of the Ohio Country ca 1752, original in Library of Congress. Facsimile in Brown, L A. Maps of the Ohio Valley, map #16.

Conemaugh noted as "Kunnamax", Black Lick Creek is "Quemahoning" and "Kifkemenatas, Sea Coal here".

Patterson, D.D. "Those 'Old Summer Schools' Important in County History", Indiana Evening Gazette, May 17, 1966.

Payton, Jacob S. Our Fathers Have Told Us: The Story of the Founding of Methodism in Western Pennsylvania, Cincinnati, OH 1938.

Pealer, Thomas. Map of Indiana County 11 3/4 x 10 1/8 in., Jan. 1911, published by W.P. Lowry, Indiana, Pa.

----. Indiana County Street Railway Maps, Scale 1 in. = 200 ft., 1915, Clymer line 9 sheets, Ernest-Creekside Line 22 sheets, Blairsville line 13 sheets, owned by author.

----.Maps of Townships and Towns, blueprint surveys.

----.Pealer-Wenner-Lawrence-Ladd-Dieffenbacher Families, privately publ. 1947.

Pearse, John B. A Concise History of Iron Manufacture of the American Colonies, Phila. 1876.

Peelor, David et al. Map of Indiana County Pennsylvania from Actual Surveys by David Peelor Assisted by J.B. McLaughlin and J.A. Kinter, North Hector, NY, 41 x 52 in., surveys made 1855-56; best copy, not glazed, is in Map Division, Library of Congress.

Includes separate borough and town maps of Indiana, Blairsville, Saltsburg, Shelocta, Smicksburg and Armagh; and border vignettes (pictures) of First Courthouse; Blairsville Covered Bridge; Exchange Inn, Blairsville; Blairsville Female Seminary; Indiana Episcopal Church; hotel Indiana House; Enterprise Foundry, Indiana; David Peelor residence, Indiana; Daniel Stanard residence, Indiana; J.Y. Smitten residence & store, North Mahoning, Elders Ridge Academy; and J.H. Shryock store, Indiana.

Peelor, John W. The Peelor Family, Rockwell, NC 1935.

Penn (pseudonym). "Looking Into the Past", Indiana Times, Jan. 9 and 30; Feb. 6,13,20,27; Mar. 6 and 27, 1889.

Sketches of early history of Blairsville and area.

Penn, Governor John. Broadside proclamation offering reward for the capture of John Hinkson and James Cooper for the murder of Joseph Wipey, an Indian. July 28, 1774. Original in Darlington Library, University of Pittsburgh.

Penn Run Penna. 100th Anniversary, August 12-13-14, 1938.

Pennsylvania Archives, eight series, 135 volumes, published 1838-1935, (first 16 volumes titled Colonial Records).

Pennsylvania Constitutional Convention. Proceedings and Debates of the Convention...to Propose Amendments to the Constitution (of Pa.), Harrisburg, Pa., 14 volumes by John Agg, stenographer, beginning May 2, 1837.

Pennsylvania Convention Assembled to Organize a State Anti-Slavery Society. Proceedings, Harrisburg 1837, in Hist. & Geneal. Soc. of Pennsylvania, Phila.

Pennsylvania at Gettysburg. Ceremonies at the Dedication of the Monuments Erected by the Commonwealth of Pennsylvania...Harrisburg 1893, 2 vols.

Pennsylvania Department of Community Affairs. Applications for Survey, Land Office, Harrisburg, Pa.

 Application #525 Charles McGuire "at Neakpecholond's Camp" 300 acres.
 Application #1511 John Latta "at or near Tohogos Cabins" 300 acres.
 Application #1994 George Campbell "upon Plumb Creek, known by the Name of James Letart's Town" 300 acres.

----.Warrantee Surveys, Land Office Harrisburg.

 A63-263 John Nicholson including "Cannoe place" and "Cherry Tree" Aug. 23, 1794 by W.P. Brady.
 B23-144 The Proprietaries called "Cherry Hill" July 23, 1773 by Joshua Elder.
 C8-24 William Brown including "a spring and a number of Warrior Marks" July 9, 1773 by Joshua Elder.
 C36-117 Samuel Caldwell including "forks of Kittanning and Venango Paths" Oct. 5, 1773 by Joshua Elder.
 D58-279 William Kenly including all or parts of 11 other tracts, the "Two Licks" and Kittanning Path by John Taylor.
 D60-242 Thomas Campbell including "Blacklegs old Town" May 8, 1828.

Pennsylvania Department of Highways, Maps.

 Public Roads in Indiana County 34 x 36 in. Oct. 1, 1916 (revised Feb. 1931).
 Road Map of Pennsylvania 54 1/2 x 32 1/2 in. Jan. 1, 1916.
 Road Type Map of Pennsylvania 57 3/4 x 32 3/4 in. July 1940 including railroads, streams and political subdivisions.
 General Highway Map, Indiana County 47 3/4 x 35 in. 1961 (culture features 1956) including numerous separate maps of towns & villages.
 Map of Indiana County 24 x 20 in. revised May 1968.

Pennsylvania Department of Internal Affairs. Bulletin of... "First Humans May Have Lived in Pennsylvania in Glacial Period", vol. III. No. 3 (Feb. 1937).

----.Pennsylvania Industrial Directory, 1914f. (later Dep't. of Labor & Industry).

Pennsylvania Department of Mines. Annual Reports, 1888f.

Pennsylvania Department of Transporation. Bureau of Bridge and Roadway Technology. "Listing of all Indiana County Bridges 20 Feet and Greater", Harrisburg, Aug. 23, 1990.

Pennsylvania Electric Company, With the Future in Mind. n.d. ca 1971, (Indiana Evening Gazette tabloid special).

Electric Generating Stations, Chestnut Ridge Energy Center.

The Pennsylvania Gazette, Benjamin Franklin, editor, Apr. 9, 1777. In Historical Society of Pennsylvania, Philadelphia.

Capture of Fergus Moorhead by Indians, page 2 headed "Philadelphia April 9".

Pennsylvania, Grand Army of the Republic, Department of Pennsylvania, Annual Encampments of. . .

Pennsylvania Heritage. Pennsylvania Historical & Museum Commission, vol. 1. no. 1 (Dec. 1974) to date.

Pennsylvania Historical & Museum Commission. Boat Clearance Papers, Pennsylvania Canal, Public Records Division, Harrisburg, Pa.

----.Canal Commissioners' Records, Pennsylvania board of Canal Commissioners, 1825-1858.

----.Indiana County Postcard & Photograph Collection, MG213 & MG218.

----.Patronage Papers, Governor's Papers, Patronage Correspondence, Appointments, etc. 1777-1889, Public Records Division, Harrisburg, Pa.

----.Pennsylvania At War 1941-1945, Harrisburg, Pa. 1946.

----.Preliminary Guide to the Research Materials of. . .Harrisburg, Pa. 1959.

----.Road and Turnpike Papers, Record Group 12, Harrisburg, Pa.

----.Stream Improvement Papers, Harrisburg, Pa.

----.Tavern Licenses, Public Records Division, Harrisburg, Pa.

Pennsylvania Historical Association. Pennsylvania History (quarterly).

Pennsylvania House of Representatives. House Journal.

----. Report of a Committee . . . to investigate (the) official conduct (of James Clarke), etc., March 23, 1830, Harrisburg, Pa., in Library of Congress.

Pennsylvania Magazine of History and Biography, Historical Society of Pennsylvania, Phila., Pa.

Pennsylvania Manual, Bureau of Publications, Commonwealth of Pa. Harrisburg 1893.

Previously was Smull's Legislative Handbook, 1876-1892. Historical list, members of Pa. Senate & House in 1947-48 volume pp. 503-621.

Pennsylvania Railroad Company Inventory of P.R.C. Real Estate Department Maps and Drawings of Canal Lock House Lots and Canal Locks. Johnstown to Pittsburgh, loose-leaf collection in Johnstown Public Library.

----.Railroad Tracing Maps, in Pennsylvania Historical & Museum Commission, Harrisburg, Pa.

Maps also show Pennsylvania Canal route and sites.

Pennsylvania School Journal. 1852-

Pennsylvania State Library. Union List of Newspapers in Pennsylvania, Checking edition, Harrisburg, Pa., 1961.

Pennsylvania State University. Highway Impact Research Program. Blairsville: A Bypass Study. The Economic and Social Impact of a Highway, University Park, Pa. 1962.

Pennsylvania, Superintendent of Common Schools. Annual Reports, 1835-1874. Superintendent of Public Instruction Annual Reports, 1875-1960.

Peoples Natural Gas Company. "Blairsville's Remarkable Sesquicentennial", Voice magazine, vol. 14, no. 3 (Fall 1975), pp. 2-7.

----."Musser's Christmas Kingdom", Voice (Winter 1967), pp. 6,7.

----."You'll Love Indiana Too", Voice (Summer 1964).

Pershing, Edgar J. The Pershing Family in America, Phila. 1924.

Pidgeon, Regan. "Tragedies of Wehrum Remembered Sunday", Indiana Gazette, June 23, 1984.

Pierce, Marybelle. The Establishment of the Associate, Reformed and Associate Reformed (Presbyterian) Churches in Western Pennsylvania, Univ. of Pittsburgh thesis 1931.

Pietrak, Paul The Buffalo, Rochester & Pittsburgh Railway, privately printed, North Boston, NY 1979.

Pine Township. Report (map) on the Division of. . . March 28, 1867, owned by author.

Pitts, B.F. Store Journal, MS, Cherry Tree June 8, 1875-July 14, 1880, in Special Collections, Indiana Univ. of Pa.

Pittsburgh Baptist Association. Centenary of Organized Baptist Work in and About Pittsburgh, Pa. 1812-1912, 1913.

Pittsburgh Dispatch, "Fight for Freedom", Feb. 13, 1898, p. 28, reprinted in Stabley "Underground Railroad", pp. 25-29.

Pittsburgh Recorder, March 1, 1825, reprinted as "Journal of an Itinerant" in Old Westmoreland, vol. 1, no. 2, pp. 36-38.

Preached to Presbyterian congregations in Saltsburg and Ebenezer. Visited Blairsville and Indiana. Includes an account of salt manufacture; Jan. 31-Feb. 4, 1825.

Platt, William Greenough. Report of Progress in Indiana County, Second Geological Survey, Harrisburg, Pa. 1878.

Plum Creek United Presbyterian Church. Session Records 1849-1884, in Presbyterian Historical Society, Phila.

Plumville Herald (weekly newspaper). Hist. & Geneal. Soc. of Indiana Co. has one copy Apr. 5, 1884.

Political and Commercial Register, Philadelphia, Pa. (weekly newspaper).

On p. 1, Oct. 23, 1805 "By Order of the Justices of the County of Indiana" an advertisement of the sale of lots in the new county seat of Indiana beginning December 10, 1805.

Pollicino, Frank. "The Exploration of a Legend" (career of Harry White), Western Pennsylvania Historical Magazine, vol. 53, no. 3 (July 1970), pp. 243-248, 2 illus.

Pollock, John et al. Civil War Letters, MS owned by Robert George Pollock, Nashua, NH.

Porter, Byron. Historical Sermons Delivered by Rev. Byron Porter in the Shelocta United Presbyterian Church and the Elderton United Presbyterian Church, Pittsburgh 1877.

Potter, Leona J., comp. "Indiana County Deaths for 1884 and Part of 1885", from Indiana Times, in Hist. & Geneal. Soc. of Indiana Co.

Potts, Daniel. "Narrative of Rochester Mills and Canoe Township", June 1950, in Hist. & Geneal. Soc. of Indiana Co., reprinted in Indiana Evening Gazette "Canoe Township...", June 29, 1953, (Indiana Co. Sesquicentennial ed.), Sec. B, pp. 25,26.

Poydence, Charles B ."A Brief History of the Political Parties of Indiana County", Indiana County Heritage, vol. 3, no. 1 (Summer-Fall 1968), pp. 6-12.

Prairie State Incubator Co. Annual Catalogue. Homer City, Pa. 1898.

Original in Hist. Society of W. Pa., Pittsburgh.

Price, Giles D., comp. Index to Local Legislation in Pennsylvania from 1700-1892... Phila. 1894.

Indiana County section, pp. 355-364.

The Punxsutawney Spirit. "Rossiter, Just Over the Jefferson County Line, Is Thriving Modern Town, Taking Rank As Next to Largest Mining Center in Punxsutawney Coal Field", vol. XI, sec. 4, p. 8, Sept. 1916.

Purchase Line Academy <u>Annual Exhibition of the Philosphian Literary Society</u> Friday evening Oct. 1, 1875, in possession of author.

Purchase Line Church of the Brethren. <u>One Hundredth Anniversary 1868-1968</u> published 1969.

Purchase Line Elementary Students. <u>P.L. Towns</u> 1994

>Information and illus. re towns in the Purchase Line-Green Township school area.

<u>The Quarterly</u>, (genealogical data), Hist. & Geneal. Soc. of Indiana Co., vol. 1, no. 1, (Summer 1978) to date.

<u>Quay Family Papers 1836-1927</u>. 311 MS items in Univ. of Pittsburgh Libraries, Archives of the Industrial Society, MS70-1843 in National Union Catalog of Manuscript Collections.

Quin, Richard H. and Rose, Kenneth D. <u>Indiana County, Pennsylvania. An Inventory of Historic Engineering and Industrial Sites</u> Washington D.C. National Park Service 1993.

>277 pages, 83 illustrations, one map, bibliography and index. Includes Extractive Industries, Metals Manufacturing, Bulk Industries, Utilities and Transportation.

<u>Railroad Museum of Pennsylvania Collections</u>. MS 1830-1974, 600 cubic ft., MG-199, Pa. Historical & Museum Commission.

Ralston, John N. <u>Ralston Family...1798-1977</u>.

Ralston, Lemmon. "115 Years of Progress in Educational Buildings at Elders Ridge", <u>Indiana County Education Assoc. News</u>, Apr. 10, 1954.

Ranck, J. Harold. "The 'Last Raft' Recalls Different Types of Rafts", typed MS, reprint of <u>Cherry Tree Record</u> "Last Raft" edition, April 5, 1938, in Hist. & Geneal. Soc. of Indiana Co.

Ranck, Miles E. "Seeing Pennsylvania Over Its Indian Trails" series in <u>Marion Center Independent</u>, 1929, in Hist. & Geneal. Soc. of Indiana Co.

----,comp. <u>Seeing Pennsylvania Over "Old Monument Trail"</u>, Barnesboro, Pa. 1926.

Ray, Eleanor. Tombstone Records from the Old Cemetery, Blairsville, Pa., typed MS, in Hist. & Geneal. Soc. of Indiana Co.

Ray, Leonard N. A Brief Sketch of the Ray Family of Indiana County, Pennsylvania, Altoona. Pa. 1943.

Redpath, James. Life and Trial...of John Brown, New York 1859.

Redstone Presbytery. Minutes of...Sept. 19, 1781 to December 1831, Cincinnati, OH.

Reed, H.L., ed. Young Men's Volunteer Fire Company's Handbook of... Blairsville, Aug. 1921.

Reid, Thomas S. Life of an Old Political Journalist, Pittsburgh 1870, in Hist. Soc. of Pennsylvania, Phila.

----."Progressive History of Western Pennsylvania", series of 19 articles in Indiana Times, Nov. 23, 1881; Jan. 4,11 and 18; Feb. 1,8,15 and 22; Mar. 1,8,15,22 and 29; Apr. 5 and 26; May 3 and 17; July 19 and 26, 1882.

Rhea, Jane and Kanyan, Donna, comps. History of Jacksonville United Presbyterian Church 1841-1978 in Hist. & Geneal. Soc. of Indiana Co., includes tombstone inscriptions.

Richard William, J. Statement of Policy and mimeographed cover letter adopted Sept. 19, 1968 by Indiana County Improvement Assoc.

Richman, Terry. "The A.W. Wilson Building", Indiana County Heritage, vol. 7, no. 2 (Winter 1979-80), pp. 17-25.

----."Frozen Moments of Time", Indiana County Heritage, vol. 9, no. 1, pp. 8-14. Oakland Cemetery tombstones, Indiana, Pa.

Rieseman, Joseph. History of Northwestern Pennsylvania, New York 1943, 3 vols.

Rife, J. Merle. "Graystone: A Church in Indiana", Indiana County Heritage, vol. 5, no. 2 (Winter 1977-78), pp. 25-29.

----."Graystone Dates Back 171 Years", Sunday Tribune-Review, Greensburg, Pa., Indiana Section, Aug. 19, 1979, p. 7.

Riley, Ridge. "Earl Hewitt Another Early Pro from Indiana County", excerpt from Road to Number One: A Personal Chronicle of Penn State Football, New York 1977. Reprinted in Indiana County Heritage, vol. 7, no. 2 (Winter 1979-80), pp. 15,16.

Rimmel, William M. "The Salt Boom Built a Town in Pennsylvania", Pittsburgh Post-Gazette Sunday magazine, Feb. 19, 1961.

Rinn, Mrs. Samuel and Helman, Blaine. Greenwood Cemetery Records, Indiana, typed MS, 1957 in Hist. & Geneal Soc. of Indiana Co.

Risinger, Glenda et al . "A Walking Tour of Indiana's Historic Philadelphia Street", Indiana County Heritage, 11:2 (Winter 1987-88), centerfold insert.

Risinger, J. M. "Memories" reprinted from Indiana Progress, Oct. 3, 1945. Shopping in Indiana 65 years ago (ca 1880), in Hist. & Geneal. Soc. of Indiana Co.

Ritenour, W.H. comp. Indiana County Gazette, Special Illustrated Industrial and Trade Edition, Feb. 3, 1904. including 48 illus.

Robbins, Jhan. Everybody's Man: A Biography of Jimmy Stewart, New York 1985.

Roberts, Solomon W. Diary, MS in Historical Society of Pennsylvania, Phila.

A portion reprinted in Stapleton, Darwin H. "Solomon W. Roberts' Trip from Blairsville to Pittsburgh".

----."Reminiscences of the First Railroad Over the Allegheny Mountains", Pennsylvania Magazine of History & Biography, vol. II, no. 4 (1878). Read before the Historical Society of Pennsylvania, Phila. Apr. 8, 1878.

Robertson, Carolouise. "An Abstract of Indiana County Will Book No. 1", Oct. 1806 to Nov. 1820. Indiana County Heritage, vols. 2 to 6 (10 issues) Fall 1967 to Winter 1978-79.

----.and Robertson, Mary B. McDowell Cemetery MS 1967 in Hist. & Geneal. Soc. of Indiana Co. (Green Twp.)

----.comp. "Naturalizations Recorded in Indiana County", The Quarterly, (Hist. & Geneal. Soc. of Indiana Co.), vol. I, no. 3 & 4; vol. II, no. 1-4. Arranged alphabetically A to Greer.

Robinson, Charles Asbury. The Roving Red Rangers, or Laura Lamar of the
Susquehanna. The author, Greenfield, Indiana 1902 (fiction).

Robinson, James B.P. The False and True in Reforms and Reformers,
an address delivered before the Amphisbeteon Literary Society of
Eldersridge Academy, Oct. 1, 1850, Pittsburgh 1850, in Hist. & Geneal.
Soc. of Indiana Co.

Robinson, Peg et al. "A Walking Tour of Historic Blairsville's 'Old Town'",
Indiana County Heritage, 10:1 (Winter 1985), centerfold insert.

Rochester, J.H. "Some History of Marion Center", undated clip. from
Marion Center Independent, in author's collection.

Rochester & Pittsburgh Coal Co. 75 Years Rochester & Pittsburgh Coal
Company, 1957.

Rodkey, Raymond. A Commentary on Diamondville, MS presented for the
School Reunion of 1975, in Hist. & Geneal. Soc. of Indiana Co.

----. "The Story of Diamondville: A 'Boom Town'", Indiana Evening Gazette,
Mar. 27, 1982, p. 18 and Apr. 3, 1982, p. 22.

Rosewall, Richard Byron. Singing Schools in Pennsylvania 1800-1900,
Univ. of Minnesota 1969.

Information on John B. McCormick. Samuel & Moses Work and others.

Ross, Elaine L. A History of Brushvalley Township, privately printed,
Brush Valley, Pa. 1973.

----."A History of Brush Valley Township in Indiana County, Mechanicsburg,
Pa.", Indiana County Heritage, vol. 4, no. 2 (Winter-Spring 1970-71), pp.
1-20.

Row, George. Indiana Borough School History 1881, typed MS in Hist. &
Geneal. Soc. of Indiana Co.

----."The Rise, Progress and Achievements of the Republican Party",
Indiana Progress, Apr. 8,15,22 and 29; May 6,13 and 20, 1914.

Former resident of Indiana County, later in Lorain, Ohio. Former editor,
Indiana Register. Defends the idea that the Pittsburgh Republican

Convention of Sept. 5, 1855 adopted much of the 'Know Nothing' platform drawn up in Indiana County.

Row, Jonathan. "Early History of Indiana County", series of five articles in Indiana Register, Aug. 18 and 25; Sept. 1,15, and 22, 1852, in Hist. & Geneal. Soc. of Indiana Co.

----."History of Indiana County" in 16 chapters, Indiana Weekly Register, Feb. 1, 1859 to Jan. 24, 1860, in Hist. & Geneal. Soc. of Indiana Co.

Issue of Feb. 22, 1859 reprinted in Arms & White, pp. 133-135. Hist. Soc. of Indiana of Western Pennsylvania has 61 pages, MS in EA collections (see WPHM 21:310).

----."Life on the Border" series of 18 chapters in Indiana Weekly Register, June 29 to Sept. 28, 1853, in Hist. & Geneal. Soc. of Indiana Co.

In IWR, May 25, 1853: The series is "now in course of preparation by one who, years ago, collected many incidents from the then survivors of the pioneer settlers which have never yet appeared in print. . ."

Rowe, A.T. et al. History of the Bovard-Brandon School 1844-1914, Marion Center, Pa. 1914 (East Mahoning Twp.).

Royall, Anne. The Huntress (weekly newspaper, Washington, DC).

Biographical sketch of Augustus Drum in Mar. 18, 1854 issue, in Rare Books Room, Library Congress.

----.Pennsylvania, or Travels Continued in the United States, privately printed, Washington. DC 1829. 2 vols.

References to Saltsburg in vol. 1, pp. 221-224 and Blairsville, pp. 224-229.

Royer, Kathryn M. "Linton Park, A Primitive Pennsylvania Painter", Marion Center Independent, Aug. 1 and 8, 1940.

Rubin, Jay Y. ed. The Jimmy Stewart Film Festival in Celebration of the 75th Birthday of James Maitland Stewart, May 20-22, 1983.

Ruddock, Vicki. (Two-part series on the history of Indiana's downtown theaters), Indiana Gazette, Feb. 26 and Mar. 5, 1983.

Runyan, Paul R. History of Indiana County. ARIN Intermediate Unit #28, Spring 1974, for use of elementary school pupils.

Rupp, Israel D. Early History of Western Pennsylvania...Pittsburgh 1846.

----. History and Topography of Dauphin, Cumberland, Franklin, Bedford, Adams, Perry, Somerset, Cambria and Indiana Counties, Lancaster, Pa. 1848. "Indiana County" is Chap. XLVIII, pp. 596-620, including a woodcut of Philadelphia St. in Indiana, reprinted in Old Westmoreland, vol. VII, No. 4 (May 1987), pp. 1-7 and front cover picture.

Rural Housing Alliance. Studies in Bad Housing in America. Indiana County Pennsylvania, Washington DC, n.d. (ca early 1970's).

St. Clair, M. Agnes. "Indiana County", History of the Pennsylvania Woman's Christian Temperance Union, Quincy, Pa. 1937, pp. 158-162.

St. Francis Roman Catholic Church, Coral Pa. Souvenir Silver Jubilee 1910-1935.

----.and St. Bonaventure Churches. Golden Anniversary 1910-1960.

St. Matthew Catholic Church, Saltsburg, Pa. Souvenir of the 100th Anniversary of...1947.

St. Patrick Historical Legacy, Cameron's Bottom, Pa. 1982.

S.S. Simon & Jude Church, Blairsville, Pa. 1830-1973.

Salem Evangelical Lutheran Church 125th Anniversary 1842-1967, Smicksburg, Pa.

Salisbury, Ruth, ed. Pennsylvania Newspapers. A Bibliography and Union List, Pa. Library Assoc., Pittsburgh 1969.

Saltsburg Borough Council. Minutes, MS 1838-1869, in Stone House Museum, Saltsburg Historical Society.

Saltsburg Mainliner, quarterly beginning April 1992 (vol. I, no. 1) Indiana, Pa.

Saltsburg Male and Female Academy. Annual Catalogue of the Officers and Students...Year Ending March 31, 1858, with The Regulator, vol. 1, no. 5, in Saltsburg Historical Society.

Saltsburg Presbyterian Church. Register, MS, 1880-1918, 2 vols. in Presbyterian Historical Society, Phila., Pa.

Saltsburg Press (weekly newspaper). Sept. 15, 1875 to 1979 except for 5 years (Mar. 19, 1891 to Mar. 26, 1896) when it was Kiskiminetas Valley Press, microfilm in Indiana Univ. of Pa. Library.

----.Article by "R", no title, Jan. 12, 1876.

Tells of shipping merchandise by flat boat from the Kiskiminetas area to New Orleans.

Saltsburg Quasquicentennial 1838-1963.

Saltsburg Sentinel (weekly newspaper). Only 3 issues printed, Oct. 8,18 and 25, 1962, in author's collection.

Sanborn, F.B., ed. The Life and Letters of John Brown, Boston 1891, information re Absalom Hazlett.

Sanborn Map Co. Insurance Risk Maps, Pelham, NY, available for numerous communities of Indiana County 1886-1930. In Library of Congress, Map Division.

Sanderson, John. Biography of the Signers of the Declaration of Independence, Phila. 1823.

George Clymer vol. 4, pp. 171-246 including illus. of his residence in Philadelphia, Chestnut Street near Seventh "drawn from memory by C. A. Poulson".

Sangree, Anne C. Elevations in Pennsylvania. Bulletin of the Department of Internal Affairs, Jan.-Feb. 1954.

Sargent, Lois Derr. Indiana County Guidance Center 1958-1969: A Descriptive Study, M.Ed. research project, Indiana Univ. of Pa. 1970.

Savings & Trust Company, Indiana, Pa., In Memoriam. Ephraim Enzer Lewis, 1869-1951.

Saylor, John P. Representation of Indiana County in the U.S. House of Representatives 1789-1955.

Saylor, Roger B. and Warne, Alice. An Economic Survey of Indiana County, Pennsylvania, Pa. State College, Bureau of Business Research. 1950.

Schanz, John J. Jr. Bulletin of the Mineral Industries Experiment Station. Historical Statistics of Pennsylvania's Mineral Industries, 1759-1955.

Schappelle, Newell A. The Old Grist Mills in Indiana County typed MS, n.d. in Hist. & Geneal Soc. of Indiana Co.

Schiermeier, Francis A. Large Power Plant Effluent Study, U.S. National Air Pollution Control Administration, Raleigh, NC 1970.

Schlatter, Charles L. "Map Exhibiting That Portion of the State of Pennsylvania Traversed by the Surveys for a Continous RAILROAD from Harrisburg to Pittsburg...1839 and 1840". Facsimile in Burgess and Kennedy between pp. 28-31.

Schull, William. Plumville Past and Present, MS in Hist. & Geneal. Soc of Indiana Co.

Schultz, Michael John. An Analysis of Certain Economic Aspects of Indiana County from 1932 to 1940, M.Ed. thesis, IUP 1961.

Scott, George A. "County History: Atcheson House", Clearfield Progress, June 5 and 6, 1968.

Scott, Joseph. A Geographical Description of Pennsylvania, Phila. 1806.

Indian mound in Wheatfield Township pp. 88,89, Indiana County p. 143.

Scott, Kate M. History of Jefferson County, Pennsylvania, Syracuse, NY 1888. Reproduction by Unigraphic, Evansville, IN 1977 with surname index added.

Scouller, James B. History of the United Presbyterian Church of Big Spring, Newville, Pa. 1764-1878.

Biographical information re Rev. John Jamieson pp. 21-25.

----. A Manual of the United Presbyterian Church of North America 1751-1887, (second edition), Pittsburgh 1887.

Biographical data re Rev. David Blair p. 233; John A. Hindman p. 379; John Jamieson p. 394; and others.

Scull, William. Map of the Province of Pennsylvania, Phila. April 4, 1770.

    Shows Tohoguses Cabins, Black Legs Town, Two Lick Creek (what is now Black Lick Creek), Kishkemanetas River, Canoe Place, Crooked Creek and Moghulbucktitum, Creek (now Mahoning Creek).

Seelhorst, Marjorie Wolter. A History of the Art Curricula at Indiana University of Pennsylvania from 1875 to 1970, M.Ed. thesis, Indiana Univ. of Pa. 1970.

Sefick, Robert. "Where is Wehrum?" Tribune-Democrat (Johnstown, Pa.), June 30, 1966, p. 12.

Senate of Pennsylvania. Senate Journal.

Sense, Glenn. "Industry Fires Out, But Flames of Love High in Town Linked to Irish Romance", Tribune-Democrat (Johnstown, Pa.), Feb. 20, 1954.

    Armagh, Pa.

Sexton, Amy. Execution -Far and Near, MS, 1985 in Hist. & Geneal. Soc. of Indiana Co.

Shadrach Papers, typed MS and two photocopies of letters in Hist. & Geneal. Soc. of Indiana Co.

    Two Lick Baptist Church, Shadrach and Leyde Families.

Shaffer, Mrs. Willard and Bavone, Fred A. eds. Our Historical Heritage. Homer City, Pa. Centennial July 29-30-31, 1954., Homer City Community Centennial Corp.

Shane, Rev. Samuel W. A History of Conemaugh Presbytery (United Presbyterian) Committee on Historical Records, 1933.

Shank, William H. Three Hundred Years With the Pennsylvania Traveler. American Canal & Transportation Center, York, Pa. 1976.

Shankman, Arnold. "John P. Penny, Harry White and the 1864 Pennsylvania Senate Deadlock", Western Pa. Historical Mag. 55:1 (Jan. 1972), pp. 77-86.

Sharp, Myron B. "Troubles on the Pennsylvania Canal", Western Pa. Historical Mag. 52:2 (Apr. 1969), pp. 153-159.

Based on Mathiot Papers re to flood damages to canal and losses of salt manufacturers.

----.and Thomas, William H. A Guide to the Old Stone Blast Furnaces in Western Pennsylvania, Pittsburgh 1966, reprinted from Western Pa. Historical Mag. 48; 4-1 (1965).

Indiana County Furnaces pp. 54-56, additional note re Loop Furnace in WPHM, 52:1 (Jan. 1969), p. 103.

Shearer, W.J. "John Brown's Raid", (pamphlet) Carlisle, Pa. 1905 reprinted as "One of John Brown's Raiders 1859" in Two Hundred Years in Cumberland County. Carlisle 1951 pp. 186-191.

Details re capture of Albert Hazlett and hearings and court actions which followed.

Shelocta Golden Age Club. Shelocta, MS in Hist. & Geneal. Soc. of Indiana Co.

Shelocta, Pa. United Presbyterian Church 100th Anniversary Programs, June 24-27, 1956.

Shepley, Samuel Howard. The Pageant of Blairsville, Dispatch Press, Blairsville, Pa. 1925.

Shick Printing Co. Guidebook to Indiana (Serial), annually 1972, 1973; monthly beginning December 1974.

----.Indiana Area (map 22 1/4 x 16 3/4), 1976.

Shields, W.H., comp. Covode Academy Papers, MS in Hist. & Geneal. Soc. of Indiana Co.

Shields, Winfield Scott. Civil War Diary, MS, 2 vols., Feb. 22, 1864 to July 15, 1865 in Hist. & Geneal Soc. of Indiana Co.

Member, Battery G, First Pa. Volunteer Artillery.

Shively, Robert Allan. Some Characteristics and Voting Behavior of Registered 18-20 Year Old Indiana University of Pennsylvania Students, Fall 1971, M.A. research project, IUP 1972.

Shoemaker, Henry W. "Legend Tells of William Penn's Trip to Cherry Tree in 1701", undated clip. from Indiana Evening Gazette.

Simonetti, Martha L., comp. Descriptive List of the Map Collection in the Pennsylvania State Archives, Harrisburg, Pa. 1976.

----.comp. Inventory of Canal Commissioners' Maps, Pa. Historical & Museum Commission 1968, 91 pages.

Simpson, Emma Hamilton. A History of the Descendants of William Stewart 1754-1810, Marion Center, Pa. 1935.

Simpson, Dr. George E. "Indiana County Medical Society", Indiana Progress June 7, 1916, sec. 11, p. 2.

Simpson, Jean McMillen, comp. History of Plumville Area, 2nd ed. 1980. (1st. ed. The Record of Plumville and School 1916-1946, pub. 1966).

Includes South, West and North Mahoning, Rayne and Washington Townships; Smicksburg and Plumville Boroughs.

Sims, Edward Roy. History of the Music Department of the Indiana University of Pennsylvania. . .Ph.D. thesis, Michigan State University 1968.

Sinclair, John. "It All Started With an Idea. . . And a $500 Check Helped", Indiana Evening Gazette, July 24, 1971, p. 9.

Syntron Corp.

Sink, Louella. Davis Family History 1750-1970. (mimeograph, offset pictures) 1970.

Sipe C. Hale. Fort Ligonier and Its Times, Harrisburg, PA. 1932.

Also see Speece, Jody Rogers. Every Name Index to Fort Ligonier and Its Times, Apollo, Pa. 1983.

----.The Indian Wars of Pennsylvania. Harrisburg Pa. 1931.

Sipes, William B. The Pennsylvania Railroad. . . Phila. 1875, illus.

Sipos, Frank J. "Fire Protection Here Assured Day and Night", Indiana Evening Gazette, Apr. 8, 1950.

Includes a history of the Indiana Fire Department written ca 1880-1881.

----. series of eight articles on towns of Indiana County in Indiana Evening Gazette, 1949.

----.and Reed, Paul E. Indiana County Courthouse 1870-1970, an album of photographs.

Sixty First Regiment, Pennsylvania Volunteers. Roster of Surviving Comrades and Their Addresses So Far As Known, Pittsburgh 1895.

Skarvelis, Emmanuel John. Comparative Study of the Auditor in Indiana County and Controller in Allegheny and Armstrong Counties, M.A. research project, Indiana Univ. of Pa. 1974.

Sleber, Richard L. Characteristics of the Veteran Attending Indiana University of Pennsylvania During the 1974-1975 Academic Year, IUP 1975.

Slifer, Rev. Luther W. History of Grove Chapel Evangelical Lutheran Church, 1923.

Slippy, Wayne. "History of Area Banks", three-part series, Barnesboro Star, Oct. 24,31 and Nov. 7, 1979.

Sloan, Rev. B.S. "Bethesda" in Sloan, D.H. History of the Presbytery of Kittanning, pp. 118,119.

----."Greenville Academy", in ibid., p. 422.

----."Harmony Presbyterian Church", in ibid., pp. 218-221.

Sloan, Rev. D.H. History of the Presbytery of Kittanning. Pittsburgh 1888.

Includes, churches, academies, seminaries and normal schools.

----.Sketch of the Life and Character of the Rev. Alexander Donaldson. D.D. Cincinnati, OH 1890.

Smelko, Maureen. <u>Study of the Perceived Change of Attitudes Toward the Opposite Sex of the Indiana University Student When Living in a Co-Ed Dormitory</u>, M.A. thesis, IUP 1974.

Smeltzer, Wallace Guy. <u>Methodism on the Headwaters of the Ohio</u>, Nashville, TN 1951.

Smicksburg, Pa. Presbyterian Church. <u>Baptized Members and Communion List</u>, MS, 1854 in Hist. & Geneal. Soc. of Indiana Co.

Smith, A. Woodward "Smith Station" in <u>Blairsville Dispatch</u> Historical Number, May 28, 1935. Reprinted in <u>Heritage and History</u> vol. 8:2 (Feb. 1993) p. 5. Historical Soc. of the Blairsville area.

Includes account of "Master Wilkins", an early teacher and severe disciplinarian.

Smith, Rev. George B. "Recollections of My Early Years at Elders Ridge Academy" in Craighead, James R.E. <u>Donaldson</u> Papers IX-G, pp. 47, 48.

Smith, Hiram and Crawford, Boyd S., comps. & pubs., <u>Indiana County</u> (map), 1909.

Includes index to coal mines and towns.

Smith, Jean. "Linton Park, Pennsylvania Painter", <u>Antiques</u>, November 1981, pp. 1203-1209, illus.

Smith, Jeffrey. <u>Blairsville's Railroad Relics</u>, MS in Hist. Soc. of the Blairsville Area.

----.<u>Blairsville: A Brief History</u>, MS, n.d.

Smith, Joseph. <u>Old Redstone: or Historical Sketches of Western Presbyterianism</u> Phila. 1854.

Smith, Lois Paton. <u>Early History of Blairsville</u>, Master's thesis, Pa. State College 1939.

Smith, Rev. M.M. "Historical Sketch of East Mahoning Baptist Church", <u>Indiana Progress</u>, Nov. 17, 1926.

Smith, Robert W. <u>History of Armstrong County, Penna</u>. Chicago 1883. Reprinted by Unigraphic, Evansville, IN 1975 with index added.

Smith, Dr. W.W. "The Home of Dr. Donaldson" in Craighead, James R.E. Donaldson Papers XI, pp. 55-59.

Smith, W. Wayne. "1934: The Critical Election in Indiana County" in People, Poverty, and Politics by Coode, Thomas H. and Bauman, John F. (Lewisburg, Pa. 1981), pp. 108-128.

----."The Depression Strikes Indiana County", Pennsylvania Heritage, III:4 (Sept. 1977), pp. 18-20.

----.Grube, Pat and Wilson, Lynne. "Hard Times in Indiana County", Indiana County Heritage, 6:2 (Winter 1978-79), pp. 33-41.

Smull's Legislative Handbook. Harrisburg 1876-1892.

Name changed to Pennsylvania Manual 1893 to date.

Smyth, A.H., ed. Writings of Benjamin Franklin, New York 1905-1907. William Franklin's journey to Ohio with Conrad Weiser, vol. II pp. 364-5.

Snyder, Anna Mae. History of Subordinate Granges of the Order of Patrons of Husbandry, 1974.

Snyder, Rev. J. Milton. History of Brush Valley Evangelical Lutheran Church, Indiana County, Pa. (mimeograph 1961).

Solley, Paul M. A Century of Elementary Teacher Education, 1875-1975, at Indiana University of Pennsylvania, Ed.D. thesis, IUP 1976.

Stabley, Rhodes R. Underground Railroad, Indiana, Pennsylvania Material Selected from the Jennie Mitchell Scrapbook in the Historical & Genealogical Society of Indiana County, (spirit process duplication), Indiana, Pa. 1953.

Partial contents: Reminiscences of A.T. Moorhead Jr., pp. 3-25; Pittsburgh Dispatch, Feb. 13, 1898, pp. 25-29; original letter A. B. Hollingsworth 1862, p. 29; original letters Robert Mitchell II and Robert Tracy 1861-62, pp. 32- 34; articles by Jane G. Swisshelm on Judge Grier and trial of Dr. Mitchell. pp. 34-38; obituary of Dr. Mitchell, Indiana Messenger 1863, pp. 38,39.

Stahl, Robin "Dreams of Wealth Spawned Newport", Tribune-Review, Greensburg, Pa., Aug. 5, 1979.

Stapleton, Darwin H. "Solomon Roberts' Trip from Blairsville to Pittsburgh", Canal Currents, No. 22 (Fall 1972).

>Jan. 13-15, 1830 from Roberts' diary in Hist. Soc. of Pennsylvania, Phila.

States Publishing Co. Rural Directory. Indiana County 1940-1941, Napoleon, OH.

Stearns, Robert. "Blairsville's Buried Treasure", Pittsburgh Press Roto, Apr. 22, 1973, pp. 16-18.

Steele, M.T. and Work, Edith. The Work Family. A History of the Descendants of William and John Work, Marion Center, Pa. 1894.

Steele, Ruth Gilgal Presbyterian Church. Sesquicentennial Program August 25 and 26, 1956.

Steele, Mrs. Walter. Stuchell History, typed MS in History & Geneal. Soc. of Indiana Co.

Steffy, Robert E. The Dowser's Primer, Indiana, Pa. 1980.

>Includes local notes of Indiana Co. and Marion Center area.

Stemmler, David F. IUP Student Attitudes on the Vietnam War As Reflected by the Penn, 1965-1973, M A. thesis, IUP 1986.

Stephens, Thomas W. Recollections of the Past Eighty Years, Syracuse, NY 1891.

>Early days in Green and Cherryhill Townships, Cherry Tree and Cherry Hill Manor.

Stephenson, Clarence D. "The Antislavery Movement", Indiana Pennsylvania, 150th Anniversary 1966.

----."Boy Scout Relay Will Retrace Armstrong Expedition's Route of 1756 Attack on Kittanning", Internal Affairs, 24:9 (Aug. 1956), pp. 17-22.

---.Buena Vista Furnace, Marion Center, Pa. 1968, (mimeograph) illus.

----."BuenaVista Furnace", Indiana County Heritage, 1:1 (Fall & Winter 1965), pp. 6-13, 21,22.

----."Buena Vista Furnace", Guidebook to Indiana County, V:4 (Apr.1977), pp. 6,13,20,28,30; V:5 (May 1977), pp. 6,12,13,26,28-30.

----.Biographical Sketch of the Life of Silas M. Clark, typed MS, ca 1947 in possession of author.

----."Civil War Excursion", Canal Currents, No. 8 (Spring 1969), p. 3.

Canal boat excursion from Blairsville to visit volunteers.

----.ed. Clymer-Cherryhill Story, Clymer High School 1953.

----.Early Salt Industry of the Conemaugh-Kiskiminetas Valley, Marion Center, Pa. 1968 (mimeograph) illus.

----.Family Tree of Richard Manner and Blanche Cochrane Manner, and of their Children, (mimeographed) 1966.

----."The First Hundred Years of Indiana County Schools", Indiana County Education Association News, 7:2 (Apr. 9, 1956).

----."The Founding of Indiana, Pennsylvania", Indiana County Heritage, 1:2 (Fall 1966), pp. 27-36, 49-53.

----."The Founding and Early Years of Indiana", Indiana, Pennsylvania, 150th Anniversary 1966.

----."Gems..." Western Pa. Observer (1975) pp. 22,23. July 4th celebrations.

----.Guidebook to Indiana, series on communities.

Indiana Aug. 1955; Homer City Sept. 1975; Clymer Oct. 1975; Marion Center Nov. 1975; Plumville Dec. 1975; Creekside-Ernest Jan. 1976; Cherry Tree Feb. 1976; Penn Run Mar. 1976; Blairsville Apr. 1976; Black Lick-Josephine June 1976; Shelocta July 1976; Dixonville-Barr Slope-Idamar Aug. 1976; Brush Valley Sept. 1976; Commodore-Starford-Lovejoy Oct. 1976; Armagh Nov. 1976.

----."Historical Sketch of Indiana County" Pennsylvania Heritage, III:4 (Sept. 1977) pp. 4-9.

----,and Poorman, Lewis. History of Public Transportation in Indiana County, Pennsylvania (pamphlet), Indiana County Transit Authority 1983, illus.

----.*Impact of the Slavery Issue on Indiana County*, Marion Center, Pa. 1964 (mimeograph) illus.

----.*The Indian Viewpoint in the Warfare With the White Settlers* (pamphlet), Marion Center, PA 1969 (mimeograph).

----."Indiana County's First and Second Courthouse", *Indiana County Pennsylvania 1803-1971*, dedication, Indiana County Courthouse, May 1, 1971.

----.*Indiana County 175th Anniversary History*, 5 vols., Indiana, Pa., illus. vol. I:1978, vol. II:1989, vol. III:1979, vol. IV:1984, vol. V in preparation.

----.*Indiana Gazette* series by subject, date of issue and page.

airplanes 5-31-1986:2,6,7
automobiles 11-21-1987:2,4
Beck Enterprises 11-1-1986:21
Black History 1-26,2-16,3-30,4-29 & 6-8-1985
Brown Horse thief ring 12-17-1983 :20
Clymer, George 9-16-1987:2,4;4-7-1990
Coffey, Titian J. 11-26-1983:20
Congress, Ind. Co. members 1-21 & 28-1984
Counties (proposed) 8-22-1986:2
Electricity in Indiana 8-22-1987:2,14
Fair 8-24-1985:2,17
Fisher, John S. 4-7 & 21-1984
Glass, Indiana 7-28-1984:20
Glen Campbell 3-14-1987:2,4;8-19,23, 24, & 26, 1989
Halloween 10-28-1989: Fam. Leisure 2,7
Hazlett, Albert 12-17-1983
Henry Hall store 12-6-1986:14
Indiana Co. 9-5-1989:4,5,7-11,21

Iron Foundries, Indiana 7-26-1986:2
Jails 10-15-1983:8
Kinports 8-3-1985
Ku Klux Klan 5-10-1986:2,7
Levinson store 2-7-1987:28
Memorial Day 5-23-1987
Memorial Park 5-26-1984:4
Music 10-19-1985
Newport July 4:7-3-1987:2
Newspapers 6-20-1987:2;10-21-1989
Pershing Fam. 4-11-1987
Saltsburg 6-3-1988:4,5,17
Sutton, Peter 2-25-1984:18
Sylvanus, Thomas 9-17-1983:6
Sylvis, William H. 6-23-1990
Thomas Covered Bridge 10-4-1986:1,5
Underground Railroad 6-23,8-18, 9-15,10-13 & 11-24-1984
Veterans 11-9-1985:2,14
Women 12-4-1985: 1-11,208 & 3-8-1986; 1-30-1988

----."James Clarke, Father of the Pennsylvania Canal", *Indiana County Heritage* 10:1(Winter 1985), pp. 15-19.

----."John Brown's Man from Indiana County: Albert Hazlett", Indiana County Heritage 5:1 (Spring 1977), pp. 18-24.

----."Kiski and Conemaugh Area in Times Past" Saltsburg Sentinel 1: 1-3 (Oct. 8, 18 & 25, 1962).

----. Marion Center-East Mahoning. The Centennial Story Marion Center, Pa. 1969 (mimeograph) illus.

----."Memorial Hall and Memorial Park - Indiana" Guidebook to Indiana County December 1976 pp. 6,7.

----."Olden Times in the Conemaugh Valley" series in Blairsville Dispatch Oct. 9, 1961 to June 18, 1962.

----.The Park Family of Pennsylvania. Indiana, Pa. 1993.

----.Penns Manor of Cherry Hill Marion Center, Pa. 1968 (mimeograph) illus.

----.The Pennsylvania Canal:Indiana & Westmoreland Counties Marion Center, Pa. 1961 illus. Reprinted 1979 by A.G. Halldin Pub. Co., Indiana, Pa.

----."Political History" in Indiana, Pennsylvania. 150th Anniversary 1966.

----."Rescuing the Past" Indiana County Heritage 8:2 (Winter 1983-84) pp. 4-8.

Frances Strong Helman tribute.

----."Rev. Andrew Getty, Universalist Minister" typed MS 1964 in possession of author.

----."The Slippery Senator" Pittsburgh Press Family Magazine Apr. 22, 1979 pp. 6,7.

Harry White as Confederate prisoner.

----.Survey of Blairsville History prepared Feb. 1984 for Center for Community Affairs, IUP. Reprinted 1989 by Historical Society of the Blairsville Area.

----.Tribune-Review (Greensburg, Pa.) series in Sunday Indiana section by subject and date of issue.

agriculture 9-21 & 28, 10-5 & 12 1980
airplanes 8-19-1979
Allison hanged 4-25-1982
Armagh 4-18-1982
Arms & White 12-21-1980;5-17 & 24-1981
ArmstrongExped. 11-29,12-6-1981
assassinations 4-5-1981
Atlas 5-9-1982
automobiles 4-26, 5-3 & 10-1981
Blacks, history 1-24 & 31;2-7,14,& 21-1982
Blair-White election 5-18 & 25,6-1 & 8-1980
Boat exped. 9-9-1979
Brown horse thieves 11-23-1980
Campbell, Chas. 4-3 & 10-1983
Cherry Hill Manor 12-28-1980
Christmas 12-23-1979
Christmas trees 12-16-1979
Clark, S.M. 11-15 & 22-1981
Clarke, James 4-20-1980
Clymer, Geo. 7-6-1980
coal 3-2,9,16,23,30;4-6 & 13-1980
Coffey, T.J. 9-16-1979
counties (proposed) 10-21-1979
courthouses 10-11 & 18-1981
covered bridges 6-17 & 24,7-1-1979
Crow, Jas. 4-12-1981
Dickens, Chas. 11-14-1982
Earhart Fam. 11-30-1980
Electricity 9-2-1979
Elkin, J.P. 9-19 & 26-1982
Energy 8-9-1981
entertainment 8-10,17,24;9-7-1980
Fair 8-23-1981
female seminaries 3-15-1981
fires 1-4,11,18,25;2-1-1981

iron industry 11-18 & 25- 12-2 & 9-1979
jails 1-20-1980
judges 8-8,15,22,29 & 9-5-1982
July 4th 7-4-1982
Kidnappings of 1945 7-13,20,27 & 8-3-1980
Kier, S.M. 4-19-1981
Labor 8-31-1980
Leason, Hannah 9-30-1979
Leonard, Jane E. 7-18-1982
Liquor 10-10,17,24,31 & 11-7-1982
McCormick, J.B. 6-22 & 29-1980
McCreery, Joe 12-13-1981
Macera, Nicola 1-27-1980
medical 12-30-1979;1-6 & 13-1980
natural gas 12-7 & 14-1980
newspapers 5-16,23,30;6-6-1982
Newport 4-18-1982
Park, Linton 11-1-1981
Peelor map 12-20-1981
Pa. Canal 5-31,6-7,14,21,28-1981
Pershing Fam. 2-22-1981
petroleum 10-7 & 14-1979
Phila. Street 6-15-1980
place names 7-5,12,19,26;8-2,9-27, 10-4-1981
politics 5-11-1980;4-17 & 24, 5-1, 8,15-1983
poor people 3-6-1983
postal service 8-26-1979;3-13 & 20-1983
Quay, M.S. 8-1-1982
railroads 11-21-1982 to 1-16-1983
salt indus. 12-27-1981;1-3 & 10 1982
schools 8-30,9-6,13 & 20-1981
Span.-Amer. War 5-2-1982

Gilgal Ch. 8-16-1981
glass plant Indiana 2-15-1981
Glen Campbell 9-23-1979
Gold Rush 2-8-1981
Griffith, J.N. 7-25-1982
Halloween 10-25-1981
historians 11-8-1981
hunting 8-5 & 12-1979
immigrants 1-17-1982
incubator plant 11-6-1980
Indiana foundry 2-3-1980
Indiana Normal Sch. 9-14-1980
industries 1-23 & 30;2-6,13,20,27-1983
inventors 4-11-1982
Stewart, Jas. 10-28,11-4 &11-1979;5-22-1983
street railways 2-10,17,24-1980
Swisshelm, J.G. 7-15-1979
Sylvanus, Thos. 7-29-1979
telegraph 8-26-1979
telephone 8-26-1979;9-12-1982
timber 2-28,3-7,14,21,28;44-1982
transport 7-22-1979
White, H. 6-13,20,27;7-11-1982
White, Thos. 10-19 & 26; 11-2 & 9-1980
Wipey 4-27, 54-1980
women 7-8 & 15-1979;3-1,8,15,22 29-1981

----."A Tribute" Canal Days 1988 Historic Saltsburg Inc. pp. 7-21.

Saltsburg Sesquicentennial.

"Wilderness Days" Indiana, Pennsylvania 150th Anniversary 1966.

----."William Douglass, Clockmaker" Indiana County Heritage 8:1 (Summer 1980) pp.22,23.

----."The Wipey Affair: An Incident Illustrating Pennsylvania's Attitude During Dunmore's War" Pennsylvania History 23:4 (Oct. 1956) pp. 504-512. Reprinted in Guidebook to Indiana County March 1977 pp. 6,7,13-15,20,26.

Stephenson, Marcella and Clarence D. Life and Military Service of Matthias Manner (mimeograph) Marion Center, Pa. 1962.

Steving, John. Interview of May 14, 1945 by Dr. Ralph Heiges. Typed MS in Hist. & Geneal Soc. of Indiana Co.

Stewart, Archibald W. "The Diary of Archibald W. Stewart" Indiana County Heritage, vol. 1:1 (Fall-Winter 1965), pp. 14-19; and 2:1 (Fall 1967) pp. 20- 23.

Dec. 1851-Oct. 1852 - With annotation and introductory biographical sketch by Rev. Reid W. Stewart.

Stewart, J.M. Recollections of . . . typed MS Apr. 9, 1906 in Hist. & Geneal. Soc. of Indiana Co.

Stewart, Jimmy. Jimmy Stewart and His Poems. New York 1989.

Stewart, Joshua T. Indiana County, Pennsylvania. Her People, Past and Present. 2 vols. Chicago 1913.

Stewart, Nathaniel Weed. An Account of My Career While in the Signal Corps MS Civil War journal Feb. 17, 1864 to Aug. 27, 1865 owned by Mrs. Arthur (Rachel) Levine, Westfield, NJ.

Stewart, Reid W. The Journal of the Rev. John Jamieson and the Man Behind It typed MS, 1983.

----."History of the Armagh Presbyterian Church, 1786-1986." Old Westmoreland vol. 12, no. 3 (Feb. 1993) pp. 1-9.

----.Revolutionary Ancestors (mimeograph) 1973.

----.200th Anniversary History of the Founding of the Armagh Presbyterian Church. Latrobe, 1986.

Stewart, Ronald John. John B. McCormick: Pathfinder for a New Age in Water Turbines. Seminar paper, Indiana University of Pa. August 1967.

Stewart, Thomas J., comp. Record of Pennsylvania Volunteers in the Spanish-American War, 1898. Harrisburg, Pa. 1901.

Fifth Regiment, Pa. Volunteer Infantry pp. 212-266.

Stitt, Ephraim G. "The Boatman's Song" 1899, written for 14th Annual Boatman's Reunion at Apollo, Pa. Reprinted in Johnson, George B., Saltsburg and the Pennsylvania Canal pp. 120, 121.

Stofiel, L.E. "S.M. Kier, the Pioneer Oil Refiner" in Giddens, Paul H. Pennsylvania Petroleum 1750-1872 pp. 10-30. From the Pittsburgh Dispatch July 31 and Aug.7, 1892.

Stone, Ralph A Social Picture of Chevy Chase, Indiana County, Pa. Indiana State College, Indiana, Pa. 1960.

Stone, Ralph W. Elders Ridge Folio, Pa. U.S. Geological Survey, Washington D.C. 1905.

----."Evolution of Life on Earth as Told by the Rocks" Bulletin of the Department of Internal Affairs XI:8 (July 1943).

Storey, Henry Wilson. History of Cambria County, 3 vols. New York 1907.

Stouffer, Susan "Conrad Rice - A Pioneer Settler" Guidebook to Indiana County July 1977 pp. 7,10,11,21.

----."The Day of the Tornado" (June 23, 1944) Guidebook to Indiana County June 1977 pp. 20,21,28-9,53,59.

Stowe, Harriet Beecher "The Canal Boat" Godey's Lady's Book vol. 23 (July-December 1841) pp. 167-169. Reprinted in Canal Currents No. 27 (Winter 1974) pp. 5,6 and in Stephenson, Clarence D. Pennsylvania Canal: Indiana & Westmoreland Counties (1979 edition) pp. 32-34.

Streams, S.C. Funeral Home (Indiana, Pa.) The Scrap Book: Choice Bits of Wit, Humor, and Philosophy Begged, Borrowed and Begotten, n.d.

Strum, G.P. Map of Pennsylvania Pa. State Highway Commission Feb. 1, 1915.

Stutzman, Brent and Brodsky, Stephan "Blairsville...150th Anniversary..." Western Pennsylvania Observer (1975) pp. 6-9,28,29.

Suran, Frank M., comp. & ed. Guide to the Record Groups in the Pennsylvania State Archives. Harrisburg 1980.

Swardell, Thomas A. World War I and Its Effect on Indiana County MS in Hist & Geneal. Society of Indiana Co.

Superficial review of items culled from Indiana Messenger 1917-1919.

Suiters, Dale L. The Train From Colver. The History of the Cambria and Indiana Railroad. New Enterprise, Pa. 1992 63 pages illus.

Sutter, Thomas M. "Indiana County Covered Bridges Then and Now" Portals (Theodore Burr Covered Bridge Society of Pa.) vol. 2:4 (Dec. 1962) pp. 7,8 and 3:1 (Mar. 1963) pp. 6,11.

Sutton, Florence et al. Sutton, Fisher, & Allied Families, typed MS in Hist. & Geneal Soc of Indiana Co.

Suydam, David L. Development of Special Education in Indiana County. Indiana University of Pa. May 1976.

Swank, James M. Early Iron Enterprises in Cambria, Somerset, Westmoreland and Indiana Counties Phila. 1900.

----.History of the Manufacture of Iron in All Ages...Phila. 1884.

Indiana County p. 170.

----.Introduction to a History of Ironmaking and Coal Mining in Pennsylvania. Phila. 1878.

Indiana County p. 66.

----.Progressive Pennsylvania. A Record of the Remarkable Industrial Development of the Keystone State Phila. 1908.

Swauger, Craig G. "Growing up in Saltsburg" Indiana County Heritage 7:1 (Spring 1979) pp. 8-23.

----."A Remembrance...Indiana State Teachers College 1938-1942. The 1938 Bus Ride on the Route 80 Shortway" Indiana University of Pa. Alumni Assoc. n.d.

Swetnam, George "Cherry Tree Joe" Now and Then 17:10 (1974) pp. 453 f.

----."Cherry Tree Joe...Pennsylvania's Paul Bunyan" Pittsburgh Press Family Magazine Oct. 2, 1955 pp. 8,9.

----."Father of Refining" (Samuel M. Kier) Pittsburgh Press Family Magazine Nov. 2, 1958.

----.(under pseudomyn 'Acker Petit') "The Forgotten Man of John Brown's Raid" (Albert Hazlett) Pittsburgh Press Family Magazine, July 12, 1953 p. 9.

----.and Smith, Helene. Guidebook to Historic Western Pennsylvania University of Pittsburgh Press 1976 (revised 1991).

Indiana County pp. 155-163.

----."John Brown's Pittsylvania Horseman" Pittsburgh Press Family Magazine Apr. 8, 1973 p. 8 (Albert Hazlett).

----."Junior Historians" Pittsburgh Press Family Magazine Dec. 12, 1954 pp. 10,11.

Junior Historians of Clymer High School.

----."Legend of Cherry Tree Joe" <u>Pittsburgh Press Family Magazine</u> Feb. 4, 1973 pp. 6,7.

----."Letters of a Poetic Lover" <u>Pittsburgh Press Family Magazine</u> Jan. 7, 1973 pp. 6,7; and "Presstime" in ibid. Feb. 4, 1973.

George Wilson Chalfant to Sarah (Sallie) Moore July 30, 1859 f. Both were teachers in Saltsburg Academy.

----."Men Against the Wilderness" <u>Pittsburgh Press Family Magazine</u> Aug. 16, 1956 pp. 12,13.

Armstrong Expedition against Kittanning, 1756.

----."More About Cherry Tree Joe" <u>Keystone Folklore Quarterly</u> VII:2 (Summer 1962) pp. 38-41.

----."On the Trail of Cherry Tree Joe" <u>Keystone Folklore Quarterly</u> VII:1 (Spring 1962) pp. 15-33.

----."On the Trail of Cherry Tree Joe" <u>Pittsburgh Press Family Magazine</u> Jan. 28, 1973 p. 5.

----.<u>Pittsylvania Country</u> New York, 1951.

----."Portrait of a Painter" (Linton Park) <u>Pittsburgh Press Family Magazine</u> Nov. 24, 1957 pp. 8,9.

----."Regiment of Heroes" <u>Pittsburgh Press Family Magazine</u> Nov. 26, 1961.

61st Regiment, Pa. Volunteers.

----. (under pseudonym "Acker Petit") "She Knew Cherry Tree Joe" <u>Pittsburgh Press Family Magazine</u> Dec. 10, 1961.

Swisshelm, Jane Grey. <u>Half a Century</u>. Chicago 1880.

"My Crooked Telescope" pp. 115-121 retrial of Dr. Robert Mitchell for harboring fugitive slaves.

----."Judge Grier and Dr. Robert Mitchell", clip from <u>The Independent</u> n.d. (Indiana, Pa.) in <u>Mitchell Scrapbook</u> in Hist. & Geneal. Soc. of Indiana Co. Reprinted in Stabley, Rhodes <u>Underground Railroad</u> pp. 35-37.

----. "Our Indiana Trip" <u>The Saturday Visiter</u>, Pittsburgh, Pa. July 16, 1853 p. 103.

Sylvis, James C. <u>Life, Speeches, Labors and Essays of William H. Sylvis</u> Phila. 1872.

Taber, Thomas T. III. <u>The Goodyears: An Empire in the Hemlocks</u>. No. 5 in Logging Railroad Era of Lumbering in Pennsylvania series, Williamsport, Pa. 1971.

Buffalo and Susquehanna Railroad pp. 509,512.

Tartalone, F.M. <u>Coal Minning Industry of Indiana County</u>. Indiana Univ. of Pa.

Taylor, A.W. "Historical Sketch of Indiana County" <u>Indiana Democrat</u> July 13, 1876. Reprinted in numerous other sources.

----,and Robinson J.M. "Indiana County" in Egle, William H. <u>Illustrated History of the Commonwealth of Pennsylvania</u>, Phila. 1880 pp. 790-797.

Taylor, Bruce Alan. <u>Unreported and Reported Crime at Indiana University</u> of Pennsylvania. IUP, 1976.

Taylor, John. <u>Map of Indiana County</u> Apr. 16, 1817. Original in Pa. Historical & Museum Commission, Harrisburg.

----.<u>A Sketch of the rout, for the great canal, by the way of the West branch of the Susquehana and the Twolick creek</u>...etc. (survey ca 1825. Original in Pa. Canal Commissioners Records, PHMC. Map Book B-50. Items 59,60.

----.<u>Warrantee Survey D58-279 to William Kenly</u> showing all or portions of eleven other tracts, including "The Two Licks" and Kittanning Path. Original in Land Office, Dept. of Community Affairs, Harrisburg.

Teeters, Negley K. <u>Electrocutions in the Commonwealth of Pennsylvania 1915-1962</u>.

----.<u>Scaffold and Chair: A Compilation of Their Use in Pennsylvania, 1682-1962</u>.

Teloron Associates <u>Greater Indiana Area 1966</u> (map) Latrobe, Pa.

Theiss, L.E. "The Last Raft" <u>Pennsylvania History</u> vol. 19, pp. 465-475 (1952).

Thomas, J.C. "Curry Run Presbyterian Church" (mimeograph) Dec. 15, 1928.

Thomas, John C. "Thomas Covered Bridge" Indiana County Heritage 4:2 (Winter-Spring 1970-71) pp. 21,22.

Thomas, Mack "Brief History of the Indiana, Northwood, National and Diamond Glass Companies" typed MS in Hist. & Geneal. Soc. of Indiana Co., n.d.

Thomas, Tony A Wonderful Life. The Films and Career of James Stewart New York, Citadel Press 1988.

Thompson, Eva G. "Gilgal - Mother of Churches" clip from Presbyterian Banner n.d. (ca 1918), Pittsburgh.

Thompson, H.E. and Griffith, Charles R. Marion Center, Penna. Marion Center n.d. (ca 1896-97).

Thompson, Howard. James Stewart. New York 1974.

Thompson, Hugh S. and Robert A. History of the Ancestry and Descendants of Robert Thompson 1921.

Thompson, Roxie Mock Ancestors and Descendants of David C. Hazlett and Elizabeth Jane George Indiana, Pa. 1980.

----."Rescuing the Past" Indiana County Heritage 6: 1 (Spring 1978) pp. 5- 11.

Cemeteries of Indiana County.

Thompson, Sylvester C. "Address...Sept. 19, 1906" Centennial of the Dedication of Gilgal Presbyterian Church.

Thwaites, Reuben Gold and Kellogg, Louise Phelps. Documentary History of Dunmore's War, 1774. Madison, WI 1905.

----.Frontier Defense on the Upper Ohio, 1777-1778. Madison, WI 1912.

----.Revolution on the Upper Ohio, 1775-1777. Madision, WI 1908.

Todes, Charlotte. William H. Sylvis and the National Labor Union. New York 1942.

Tomb, Myron Hay. The Art of the Pattisons privately printed 1987, illus.

Tomeo, David A. Study of Students' Perceptions of the Indiana University of Pennsylvania Student Union M.A. thesis, IUP, 1975.

Tonkin Family Papers 1828-1963. MS in University of Pittsburgh, Hillman Library Archives of the Industrial Society.

Tonkin, Joseph Dudley. The Last Raft. Harrisburg 1940.

Tonkin, R. Dudley. "Looking Back 100 Years" Forest Leaves (Pa. Dept. of Forests & Waters) vol. 34:4 (Sept.-Oct. 1949) pp. 1-3.

----.My Partner, The River. Univ. of Pittsburgh Press, 1958.

----.Papers. MS Clearfield County Historical Society.

----.The Tree Cherry Tree, Pa. 1962, privately printed.

Tonkin, Vincent. Papers 1867-1899 MS 5 cu. ft., MG-129 in Pa. Historical & Museum Commission.

Toronto, Ed. "Old Starford Mine, Once Closed, Now Modern" Indiana Evening Gazette June 13, 1951.

Toth, Kolman K. "Hungarian Presbyterian Church at Rossiter, Pa." Punxsutawney Spirit vol. XI (Sept. 1916) sec. 4 p. 8.

Toth, Michael. "Important Discovery: Discovery of Salt Led to New Indiana Town" Tribune-Review (Greensburg, Pa.) July 21, 1985.

Trego, Charles B. Geography of Pennsylvania. Phila. 1843.

Indiana County pp. 259-261.

Trexler, Ralph O. History of Armagh, Pennsylvania, the author, 1949.

Trimarchi, Julia E. "George Clymer: A Profile" Indiana County Heritage 11:2 (Winter 1978-88) pp. 5,6.

Truby, J. David "Indiana's Jimmy Stewart, Alex's Boy" Pennsylvania Illustrated Oct. 1978 pp. 46-49.

Trussell, John B .B . Jr. Pennsylvania Historical Bibliography: Additions Through 1970 Pa. Hist. & Museum Commission, Harrisburg 1979. Additions Through 1973, ibid. 1980. Additions Through 1976, ibid. 1980.

Additions Through 1979, ibid. 1983. Additions Through 1982, ibid. 1986. Additions Through 1985, ibid. 1989.

Truxal, Nellie Luchsinger. An Inquiry into Some Problems Involved in the Construction of the Pennsylvania Canal. Master's thesis, Indiana State College Indiana, Pa. May 1962.

Turnbull, Agnes Sligh. "Indiana Normal in the Old Days" Centennial Convocation of Indiana University of Pennsylvania Sept. 12, 1974. Reprinted with preliminary notes and postscript by C. D. Stephenson in Tribune-Review (Greensburg, Pa.) Sept. 14, 1980 and in Indiana County 175th Anniversary History vol. III pp. 330-333.

----.The Day Must Dawn. New York 1942.

----.Remember the End.

----.The Rolling Years. New York 1936.

Turnbull, Wilson. Ernest, Pa. MS in Hist. & Geneal. Soc. of Indiana Co.

Turner, S. Augusta. "My Reminiscences of Blairsville" Indiana County Heritage 10:1 (Winter 1985) pp. 20-25.

Twolick Store Journal, 1844-1868. MS owned by Donald Lockhart, Smicksburg, Pa.

See "Old Ledger Reveals Past" by Frank Hood in Indiana Evening Gazette Mar. 31, 1979.

Tyler, Lyon G., ed. Narratives of Early Virginia, 1606-1625. New York 1907. Reprint 1959 by Barnes & Noble, New York.

Capt. John Smith A True Relation cited in Stephenson vol. I:23-4.

United States. Bureau of the Census. Agriculture-Pennsylvania 1930 Washington, DC 2 vols.

----.Census of Agriculture, Pennsylvania, 1959.

----.Enumeration District Maps for Indiana County, Blairsville and Indiana 1930 & 1940. In National Archives, Washington, DC.

----.Federal Population Schedules, Indiana County National Archives, Washington, DC. Available on microfilm.

1800 (Lycoming) vol. 10	1830, vol. 40	1870, vol. 30
(Westmoreland) vol. 11	1840, vol. 13	1880
1810, vol. 8	1850, vol. 31	1890
1820, vol. 12	1860, vol. 32	1900

----.Manufactures of the United States in 1860. Washington DC 1865.

----.Census of Manufactures, Pennsylvania, 1939.

----.Population Tables. Aggregate Amount of Persons Within the United States in the year 1810. Washington, DC 1811
Census for 1820. Washington, DC 1821
Fifth Census (1830):...Washington, DC 1832
Sixth Census (1840):...Washington, DC 1841
Statistical View of the United States by J.B.O. DeBow. Washington, DC 1854 Indiana County pp. 296-301
Preliminary Report on the Eighth Census (1860) Washington, DC 1862
Population of the United States in 1860. Washington, DC 1864
Statistics of the U.S....in 1860. Washington, DC 1866.

United States Geological Survey. Geologic Atlas of the United States Indiana Folio. Pa. 1904.

----.Topographic Maps. Washington, DC
Scale 1:62,500 Quadrangles; Indiana 1900. Latrobe 1900. Johnstown 1901-1904. Barnesboro 1902. Elders Ridge 1902. Punxsutawney 1902-1904. Smicksburg 1906-1907. Florence 1920.

----.Topographic Maps.
Scale 1:24,000 Quadrangles; Barnesboro 1961. Commodore 1961. Strongstown 1961. Brush Valley 1963. Clymer 1963. Ernest 1963. Indiana 1963. Avonmore 1964. Blairsville 1964. Bolivar 1964. Elderton 1964. McIntyre 1964. New Florence 1964. Saltsburg 1964. Vintondale 1964. Burnside 1968. Dayton 1968. McGee's Mills 1968. Marion Center 1968. Plumvill, 1968. Punxsutawney 1968. Rochester Mills 1968. Valier 1968.

U.S. News & World Report "One of the New Boom Towns Across the U.S.Indiana County, Pa. - A Place with Energy to Spare" November 10, 1975. Reprinted in Guidebook to Indiana, Dec. 1975 pp. 10,11.

United States. <u>Register of All Officers and Agents, Civil, Military, and Naval, in the Service of...on the Thirtieth September 1835</u>. Washington, DC.

List of Pa. postmasters and compensation pp. 98-126.

University of Pittsburgh. Darlington Memorial Library. <u>Descriptive Checklist of Manuscript Collections</u>. Pittsburgh 1969.

Ursiak, Joanne Marie. <u>A Survey of Attitudes of Parents and Teachers of the Indiana Area School District...Toward Parent-Teacher Conferences</u>. M.Ed. thesis, IUP, 1971.

Van Atta, Robert B. "Pioneers in Pro Football" <u>Indiana County Heritage</u> 7:2 (Winter 1979-80) pp. 8-14.

Van Rensselaer, Cortlandt D.D. Address Delivered at Blairsville Female Seminary Sept. 27, 1853 <u>Female Education: Its Principles and Field</u> Phila. 1853.

----.Address...(to) Ereuneteon and Matheteon....Literary Societies of Elders Ridge Presbyterial Academy Sept. 29, 1853. <u>The Common School and the College</u>. Philadelphia 1853.

Van Trump, James D. "The Sutton-Elkin House, Breezedale, in Indiana, Pennsylvania" <u>Western Pa. Historical Mag.</u> 56:2 (Apr. 1973) pp. 107-128.

V.F.W. Post 1989, Indiana, Pa. <u>26th District Anti-Communist Day</u>, Saturday, May 9, 1953.

Villard, Oswald Garrison. <u>John Brown 1800-1859 - A Biography Fifty Years After</u>. New York 1943.

----.<u>Villard Papers</u> MS in Columbia University Library, New York.

Items re Albert Hazlett.

Vogel, Dorothy "'Hot as Hell, But a Good Place to Work': The Diamond Glassware Company" <u>Indiana County Heritage</u> 8:1 (Summer 1980) pp. 7- 13.

----,"With Loving Hands' Old Time Nursing" <u>Indiana County Heritage</u> 8:2 (Winter 1983-84) pp. 18-26.

----."A Woman in Business: Adeline Hawxhurst" Indiana County Heritage 7:2 (Winter 1979-80) pp. 31-36.

Waddell, Mildred C. A Resourcebook on the History of Indiana, Pa. for Elementary Teachers, Intermediate Level. M.Ed. thesis, Indiana State College 1964.

Wakefield, Homer. The Wakefield Memorial (privately printed), 1897.

Walam Olum, or Red Score: The Migration Legend of the Lenni Lenape or Delaware Indians, Indianapolis 1954.

Walker, Rev. A. Frank "Comrades in Pedagogy" in Craighead, James R.E. Donaldson Papers IX-G, pp. 49-52.

Walker Joseph E. ed. Pleasure and Business in Western Pennsylvania: The Journal of Joshua Gilpin 1809, Harrisburg.

Part 4 - Pittsburgh to Bedford via Indiana County pp. 106-132.

Walkinshaw, Lewis Clark. Annals of Southwestern Pennsylvania, 4 vols. New York, 1939.

Wall, Carol, ed. Bibliography of Pennsylvania History: A Supplement Harrisburg, 1976.

Wall, J. Sutton. Railroad Map of Pennsylvania. Dept. of Internal Affairs, Harrisburg, 1893.

Large folded map in hard cover folio showing all railroads, county boundaries, towns, post offices, streams.

Wallace, Helen Shields. I Remember MS n.d.

Includes biographical sketches, "Our Amish Neighbors", "Post Offices in the Early Days", "Wake", etc. xerox in possession of author.

Wallace, Paul A.W. Conrad Weiser. Philadelphia 1945.

----."Historic Indian Paths of Pennsylvania", Pennsylvania Magazine of History and Biography vol. 76:4 (October 1952).

----.Indians in Pennsylvania Harrisburg 1961.

----.Indian Paths of Pennsylvania. Harrisburg 1965.

Wallner, Peter A. Politics and Public Works: A Study of the Pennsylvania Canal System, 1825-1857. Ph.D. thesis, Pa. State University 1973.

Walsh, Mrs. Louise G. and Matthew J. History and Organization of Education in Pennsylvania. Indiana, Pa. 1930.

Walters, Royce E. "Parson Fairfield: President, Principal and Chancellor", Indiana County Heritage 5:1 (Spring 1977) pp. 14-17.

----. "A Treasure from the County's Past: William Douglass's 'Clock No.3'" Indiana County Heritage 8:1 (Summer 1980) pp. 20-22.

Warden, David B. Recherches sur les Antiquities de l'Amerique Septentrionale. Paris, 1827.

Indian mound in Indiana County. Cited in Donehoo Indian Villages, 275.

Warner, John A. and Cunningham, H.C. Existing Covered Bridges in Indiana County in 1959 and Other Data MS in Hist. & Geneal. Soc. of Indiana Co., 1938.

Warner, John W. "Pennsylvania's First Vocational High School", Indiana Progress June 7, 1916. Reprinted in Stephenson III:336-338.

----.A Survey of Farm Practices in Indiana County, Pa. Master's thesis, Pa. State College 1933.

Warner, Marie Shields, comp. History of Bethel Church, Center Township, Indiana County, Pa. 1790-1965 (pamphlet).

Warner, Raynor M. et al. Business and Preservation: A Survey of Business Conservation of Buildings and Neighborhoods. New York, 1978.

Includes data on restoration of old Indiana County Courthouse by National Bank of the Commonwealth.

Washington, Nanthalia. Characteristics of Formerly and Presently Enrolled Black Students: Implications for Black Student Attrition at Indiana University of Pa. M.Ed. thesis, 1975.

Washington United Presbyterian Church. 145th Anniversary Program and History. . ., Sept. 12, 1976.

----.150th Anniversary, Home, Pa. 1831-1981.

----.Records 1850-1958. MS in Hist. & Geneal. Soc. of Indiana Co.

Watkins, J. Elfreth. History of the Pennsylvania Railroad Company 1846-1896. Unpublished proof print, 1896, in Pa. Historical & Museum Commission holdings.

Watson, Richard White. "Fergus and Jane (White) Moorhead, Pioneers" Indiana Evening Gazette Feb. 26, 1953.

--- ."Historical Sketch of Company F, Tenth Regiment Infantry, National Guard of Pennsylvania", Our State Army & Navy Journal, April 1911. Cover and pp. 3-13, illus.

----."A History of the Pennsylvania National Guard" MS 1946 in Hist. & Geneal., Soc. of Indiana Co.

----.Lists of Soldiers Buried in Indiana, in Hist & Geneal. Soc. of Indiana Co.

Watson, Richard White Jr. History of Transportation & Communication in Indiana County, MS n.d. in Hist. & Geneal. Soc. of Indiana Co.

----."The War Experience of General Harry White of Indiana", The Junior Historian, vol. 9:1 (Dec. 1952) pp. 37-41. Same article also in Indiana Evening Gazette June 6, 1951.

Waugaman, Flora B. Glass Industry in Blairsville, MS 1953 in Hist. & Geneal. Soc. of Indiana Co.

Wayne, Anthony. Papers MS in Hist. Society of Pa., Philadelphia, XXI:68.

Letter of Charles Campbell cited in Stephenson I:124.

Weaver, Elinor V. A Guide for the Selection and Use of Fabric in the Restoration of the Harry White Home, Croyland Avenue, Indiana, Pa. as Exemplified in the Bedroom of Judge Harry White. M. Ed. thesis, Indiana University of Pa. 1969.

Weaver, Jay B. and Ruffner, Joseph D. Soil Survey of Indiana County, Pa. U.S. Dep't. of Agriculture, Soil Conservation Service, in cooperation with Pa. State University and Pa. Dep't. of Agriculture, Jan. 1968.

Weber, Denise. Delano's Domain: <u>A History of Warren Delano's Mining Towns of Vintondale, Wehrum and Claghorn</u>, vol. 1, 1789-1930, Indiana, Pa. 1991.

----."The Wehrum Mine Explosion" (June 23, 1909) in <u>Indiana County Heritage</u> 9: 1 (Summer 1984) pp. 20-27.

Weiss-Frey, Friedrich. <u>Heinrich Iselin of Rosenfeld and His Descendants</u>. Privately printed, Basle, Switzerland, 1963.

Wells, Frank L., comp. <u>Scrapbook</u> chiefly Marion Center vicinity owned by Leonard Covatch. Xerox Copy in Hist. & Geneal. Soc. of Indiana Co.

Welsch, Mrs. John E., comp. <u>Shelocta</u>. Golden Age Club of Shelocta, May 1970.

Welshons, George H. "An Old Circuit Rider", <u>Pittsburgh Dispatch</u> article reprinted in <u>Indiana Times</u> Apr. 12, 1882.

Interview with Rev. Samuel Wakefield Mar. 22, 1882.

<u>West Lebanon Presbyterian Church Register</u> 1889-1956 in Presbyterian Hist. Society, Philadelphia.

<u>Western Pennsylvania Historical Magazine</u> published quarterly by Hist. Soc. of Western Pa., Pittsburgh.

Index vols. 1-43 by Alfred P. James, comp. (1963), and Index vols. 44-53 by Florence C. McLaughlin, comp. & Mrs. W. Howard Pollard ed. (1974).

Western Pennsylvania Historical Survey. <u>Guidebook to Historic Places in Western Pennsylvania</u>. Pittsburgh, 1938. Indiana County pp. 97-98.

<u>Western Pennsylvania Observer</u>, 1975. Lisa W. Boone, ed. & publisher, Home, Pa. Only one issue published.

Westmoreland County. <u>Dedication of Westmoreland County Courthouse</u>, Greensburg, Pa. Jan. 31, 1908.

Includes pictures of Judges Young, Burrell & Buffington and first courthouse and jail 1786, and second courthouse & jail 1798.

<u>Westmoreland County Map</u>, 1773 in Recorder of Deeds Office, Courthouse, Greensburg, Pa. Reprint in "Focus" magazine, <u>Tribune-Review</u>, Greensburg July 4, 1982.

Westmoreland Republican (weekly), Greensburg, Pa. Darlington Library, University of Pittsburgh.

University of Pittsburgh has bound volume Apr. 25, 1818 to Apr. 13, 1821 Carnegie Library, Pittsburgh, and Pa. Historical & Museum Commission, Harrisburg, have microfilms Apr. 25, 1818 to Apr. 9, 1824. Hist. Soc. of W. Pa. has one copy Mar. 1827.

Wetzel, Myrtle and Howard, comps. George Rynehart Wetzel Family 1729-1974 Marion Center, Pa. 1974, illus.

Wetzel, William S. Indiana County Agriculture, a Brief Narrative Sketch MS 1953 in Hist. & Geneal. Soc. of Indiana Co.

Wheatfield Township Map of Division of, June 22, 1859, original in possession of author.

Whipkey, Harry E., comp. & ed. Guide to the Manuscript Groups in the Pennsylvania State Archives. Harrisburg, Pa. 1976.

Whiskey Insurrection Papers, MS in Library of Congress, Manuscript Division, vol. 2, pp. 189 and 194.

Meetings to swear allegiance to U.S. government: Wheatfield and Armstrong Townships.

White Family Papers 1841-1920 in University of Virginia Library, Charlottesville, VA. 600 items relating to Richard White and other family members.

White, Harry. Account Book, 1866-1887. MS in Hist. Soc. of W. Pa. listed as "F.B. Gen. Harry White's Account Book".

----.Papers 1878-1889 in Hist. Soc. of W. Pa.

----.Speech of (State) Senator Harry White Against the Bill. . . (re) Congressional Apportionment, 1873 Hist. & Geneal. Soc. of Indiana Co.

----.Speech of. . .(in) Senate of Pennsylvania March 8, 1871 Against the Final Passage of the Apportionment Bill, in Hist. & Geneal. Soc. of Indiana Co.

----.Address of...December 7, 1905. Dedicating the Monument at Andersonville, Georgia to the Pennsylvania Soldiers Who Died as Prisoners of War and Are Buried There, in Hist. & Geneal. Soc. of Indiana Co.

----.Address of...November 17, 1910. Dedicating the Monument at Salisbury, North Carolina to the Pennsylvania Soldiers Who Died as Prisoners of War and Are Buried There, Hist. & Geneal. Soc. of Indiana Co.

----."Indiana County's Influence in the Judiciary of the State", Indiana Progress June 7, 1916, sec. 8, p. 2.

----."Old Courthouse" Indiana Progress June 24, 1903, p. 2 and June 7, 1916, sec. 8, pp. 1 and 4.

----.Prisoner of War Diary Dec. 15, 1863 to May 12, 1864 in Libby Prison, Richmond, Virginia. Original in Hist. & Geneal Soc. of Indiana Co.

White, Thomas and Harry. Fee Books, Whites & Coffey, Aug. 1855-1865; and Harry White 1874-1887. In Hist. & Geneal. Soc. of W. Pa. listed as "F.B. Thomas and Harry White".

White Township map, Indiana, Pa. n.d.

Widdowson, Velma C. Old Mills, MS in Hist. & Geneal Soc. of Indiana Co.

Wiggins & McKillop. General Directory of the Towns of Indiana, Blairsville, Saltsburg, with the Villages in Indiana County 1876-77. Columbus, Ohio 1876.

Wiley, George T. "A Date That Will Live in Infamy - Part One", Indiana Evening Gazette Dec. 5, 1981 p. 25.

Interviews with local persons who were in Pearl Harbor on Dec. 7, 1941.

----. ed. Indiana County During World War II. January 1942

First of a proposed series of wartime extracts including pictures from the Indiana Evening Gazette.

----."Pearl Harbor..." Indiana Gazette Dec. 7, 1991, p. 32.

----."World War II Diary" <u>Indiana Gazette</u> beginning July 3, 1982.

    Extracts from <u>Indiana Evening Gazette</u> during World War II years.

Wiley, Samuel T. <u>Biographical and Historical Cyclopedia of Indiana and Armstrong Counties</u>. Philadelphia, 1891. Also Surname Index comp. by Melanie Joy Adams (Apollo, Pa. 1982).

Wilkinson, Norman B., comp. <u>Bibliography of Pennsylvania History</u> Harrisburg, Pa. 1957.

Williams, David M. <u>Indiana County at Gettysburg</u> MS in Hist. & Geneal Soc. of Indiana Co.

----."Indiana County Military History" <u>Indiana, Pennsylvania</u>, 1966. 150th Anniversary.

Williams, Mrs. Howard. <u>Mottarn's Mill</u> in Hist. & Geneal. Soc. of Indiana Co

Williams, Isabel McAnulty. "Blairsville: A Place of Consequence" <u>Indiana County Heritage</u> 10:1 (Winter 1985) pp. 6-13.

----."Charles Augustus McAnulty: Author of 'Col. Blair's Musings'" <u>Indiana County Heritage</u> 10:1 (Winter 1985) pp. 31-35.

----.comp. <u>Letters to Samuel McAnulty 1849-1865</u> MS in possession of Mrs. Williams; xerox copies in author's collections.

    Letters and transcriptions re gold rush to California; shipments of coal by canal to Philadelphia gas works; efforts to locate Pa. Railroad main line through Blairsville; 2nd Lieutenant commission 1826 in "Blairsville Blues"; and family business affairs including "Publick House" in Blairsville.

Wilson, Andrew Wilkins. <u>Memoir</u>, Mar. 19, 1890; privately published.

    Wilson & Wilkins family notes.

Wilson, Cathy A. <u>In Search of a Faded Legacy: The Moorhead Fort</u>. Typed MS for history seminar, Indiana University of Pa. Aug. 1, 1974.

Wilson, Chester Arthur. <u>Sequential Development of Transportation in Indiana County, Pa</u>. M. Ed. research project, Indiana State College, 1963.

Wilson, Goldie Ewing, ed. & comp. Ewing History (mimeographed) 1969.

Wilson, William Bender. History of the Pennsylvania Railroad Company, 2 vols. Philadelphia 1899.

Wilt, William E. Delineation of Retail Trade Areas of Four Selected Supermarkets in Indiana, Pa. MA thesis, Indiana University of Pa. 1970.

----. History of the First Presbyterian Church of Indiana, Pa. MS Dec. 1961 in Hist. & Geneal. Soc. of Indiana Co.

Witthoft, John "The American Indian - Hunter" Pennsylvania Game News, vol. 24, no. 2-4 (Feb., Mar., Apr. 1953).

----. Indian Prehistory of Pennsylvania. Harrisburg, Pa. 1965.

Wolf, Samuel "Indiana County" in Report of the Superintendent of Public Instruction 1877, pp. 299-309. Harrisburg, Pa. 1878.

History of Indiana County schools in observance of the Centennial of the U. S.

Wolfe, Lisa M. "Indiana Gallery Displays Pattisons' Works" Indiana Gazette Feb. 21, 1987 "Family Leisure" magazine cover and p. 2.

Wolford, A William, ed. 1987 Canal Days. Covered Bridge souvenir edition, Historic Saltsburg Inc.

----.Early Industrialization in the Upper Kiskiminetas Valley of Western Pennsylvania. Research MS, 1979.

Early salt industry.

----."The Salt in Saltsburg" Canal Day 1986. Historic Saltsburg Inc.

----.The Pre-Revolutionary History of the Upper Kiskiminetas Valley MS (mimeographed) 1976.

Women's Christian Temperance Union. The Home Defender (periodical). One copy ca 1905 in possession of author.

Woodend, Rev. W.W. Presbyterian Church of Saltsburg, Indiana County, 1870

Woolf, James A. and Kerler, Charles Jr. <u>From Palace to Hovel, or the Mystery Revealed. Being the Strange Story of Blairsville's "Bob Maul"</u>. Blairsville, Pa. 1897.

  Robert Maul was a real person but the story is entirely fictional.

Work, F. Ernest "Indiana Schools" <u>Indiana Progress</u> June 7, 1916, sec. 5, p. 2.

Work, J. Kyle. <u>Rest Your Head on the Curb</u>. Indiana, Pa. 1975.

  Satirical exposition on use of intoxicating drinks.

Wray, Ira J. "Elders Ridge" in Craighead, James R.E. <u>Donaldson Papers</u> IX-H, pp. 17-30.

Wright, J.E. and Corbett, Doris S. <u>Pioneer Life in Western Pennsylvania</u>, University of Pittsburgh, 1940.

Yeoman, Mildred Krogh, ed. <u>Westmoreland County History. A Union List and Bibliography</u> Greensburg, Pa. 1979.

Zahm, Dan. "They Did Their Duty as They Saw It" <u>Johnstown Tribune-Democrat</u>, Feb. 12, 1955.

  Antislavery movement and underground railroad.

Zeisberger, David "A History of the Indians" <u>Ohio Archaelogical & Historical Society Quarterly</u> XIX (1910).

Zion Lutheran Church. <u>Frontiers of the Church, 1963; the Sesquicentennial Celebration...1813-1963</u>.

----.Zion Luthern Church. <u>Zion Historical Journal</u>, four sections. Spring 1988.

  Detailed information on church history, Conrad Rice and other early members, pastors, buildings, church-related organizations. Also sketches of other Lutheran churches of Indiana, Lutheran Campus Center at IUP, and community outreach activities.

----.<u>Yearbook-Directory 1966</u>.

APPENDIX 1 - LIST OF COUNTY OFFICIALS AND STATE & NATIONAL LEGISLATORS

Political Party Abbreviations:

A.R. - American Republican (Know Nothing)
Anti. - Antimasonic
Dem. - Democratic
Dem. Rep. - Democratic Republican
Fed. - Federalist
G-L - Greenback-Labor
Key. - Keystone
NP - Nonpartisan
Proh. - Prohibition
Rep. - Republican

MEMBERS, PENNSYLVANIA HOUSE

* Indiana County Residents

1803-1806   Henry Allshouse (Dem.Rep.) Armstrong, Indiana, Jefferson & Westmoreland
1803-1808   James McComb (Fed.) * Armstrong, Indiana, Jefferson & Westmoreland
1808-1809   John Sloan (Dem.Rep.) Armstrong, Indiana & Jefferson
1809-1814   James McComb (Fed.) * Armstrong, Indiana & Jefferson
1814-1815   David Reid (Dem.) * Armstrong, Indiana & Jefferson
1815-1818   James M. Kelly (Fed.) * Armstrong, Indiana & Jefferson
1815-1817   Joshua Lewis (Fed.) * Armstrong, Indiana & Jefferson
1817-1819   Samuel Houston (?) Armstrong, Indiana & Jefferson
1818-1821   Robert Orr Jr. (Dem.) Armstrong, Indiana & Jefferson
1819-1822   Robert Mitchell (Dem.) * Armstrong, Indiana & Jefferson
1821-1824   John Taylor (Dem.) * Armstrong, Indiana & Jefferson
1822-1825   Joseph Rankin (?) Armstrong, Indiana & Jefferson
1824-1827   David Lawson (Dem.) Armstrong, Indiana & Jefferson
1825-1826   Thomas Johnston (?) Armstrong, Indiana & Jefferson
1826-1829   Joseph Rankin (?) Armstrong, Indiana & Jefferson
1827-1828   Robert Mitchell (Anti.) * Armstrong, Indiana & Jefferson
1828-1829   David Lawson (Dem.) Armstrong, Indiana & Jefferson
1829-1830   Robert Mitchell (Anti.) * Indiana & Jefferson
1830-1832   William Houston (Anti.) * Indiana & Jefferson
1832-1833   James M. Stewart (Anti.) * Indiana & Jefferson
1833-1835   William Banks (Anti.) * Indiana & Jefferson
1835-1837   James Taylor (Anti.) * Indiana & Jefferson

1837-1839 William McClaran Jr. (Whig) Indiana County alone
1840-1841 Allen N. Work (Anti)
1841-1842 John Cummins (Dem.)
1843-1844 John McEwen (Whig)
1845-1846 John McFarland (Whig)
1847-1848 William C. McKnight (Whig)
1849-1851 William Evans (Whig)
1852-1855 Alexander McConnell (Whig)
1856-1857 Robert B. Moorhead (A.R.)
1857-1859 John Bruce (A.R.)
1859-1861 A.W. Taylor (A.R.)
1861-1862 James Alexander (Rep.)
1863-1864 John W. Huston (Rep.)
1865-1866 George E. Smith (Rep.)

In 1866 Indiana & Westmoreland were combined for three House seats

1867 William C. Gordon (Rep.) *, A. W. Kimmel (Rep.) *, Thomas F. Gallagher (Rep.)
1868 Gordon*, Gallagher & Robert F. McCormick (Dem.) *
1869 David M. Marshall (Rep.) *, James A. Hunter (Rep.), A.C. Hamilton (Rep.)
1870 Marshall*, A. M. Fulton (Rep.), Jacob Creps (Rep.) *
1871-1872 Fulton, Daniel Ramey (Rep.) *, Thomas McMullen (Rep.) * Ramey also served 1873-74

Constitution of 1874 - 2-year terms beginning December after election; Indiana County elects two members

1875-1876 J. K. Thompson (Rep.), A. W. Kimmel (Rep.)
1877-1878 A. H. Fulton (Rep.), Jacob Creps (Rep.)
1879-1880 Fulton & John Hill (Rep.)
1881-1882 Hill & William C. Brown (Rep.)
1883-1884 Brown & John Lowry (Rep.)
1885-1886 Lowry & John P. Elkin (Rep.)
1887-1888 Elkin & S. J. Craighead (Rep.)
1889-1890 Craighead & W. L. Reed (Rep.)
1891-1892 Noah Seanor (Rep.), John W. Morrow (Rep.)
1893-1894 Seanor & William Hosack (Rep.)
1895-1896 Seanor & John McGaughey (Rep.)
1897-1898 McGaughey & John W. Morrow (Rep.)
1899-1902 H. J. Thompson (Rep.), M. K. Leard (Rep.)
1903-1906 A. F. Cooper (Rep.), S. J. Smith (Rep.)

Change in district; only one member for Indiana County

1907-1910   M. C. Watson (Rep.)
1911-1912   James T. Henry (Rep.)
1913-1914   M. C. Watson (Key./Rep.)
1915-1918   Wilmer H. Wood (Rep.)
1919- Jan. 27, 1922   John Thomas Davis (Rep.). Resigned, vacancy

Change in district; two members for Indiana County

1923-1932   Charles R. Griffith (Rep.), Elder Peelor (Rep.)
1933-1934   Peelor & Earl E. Hewitt (Rep.)
1935-1938   Joshua T. Stewart (Rep.), J. Clair Sloan (Rep./Proh.)
1939-1940   Stewart & Hewitt
1941-1952   Hewitt & William R. McMillen (Rep.)
1953-1954   Hewitt & William G. Buchanan (Rep.)

Change in district; one member for Indiana County

1955-1956   Hewitt
1957-1966   Buchanan

Two districts created Feb. 4, 1966

60th Dist. (Armstrong County and part of Indiana Co.: Saltsburg, Jacksonville, Homer City, Young, Conemaugh, Blacklick, Center & Burrell Twps.)
1967-1971   C. Doyle Steele (Dem.) non-resident

62nd District (all the rest of Indiana Co.)
1967-1968   Buchanan
1969-1970   Frank E. Moore (Rep.)
1971-1972   William R. Shane (Dem.)

Districts reapportioned Dec. 29, 1971

66th District (Jefferson County and part of Indiana Co.: Cherry Tree, Clymer, Creekside, Glen Campbell, Marion Center, Plumville, Smicksburg, Banks, Canoe, Cherryhill, East, West, North & South Mahoning, Grant, Green, Montgomery, Rayne, Washington Twps.)
1973-1982   L. Eugene Smith (Rep.) non-resident

62d dist. (the rest of Indiana Co.)
1973-1976   Shane
1977-1982   Paul Wass (Rep.)

Districts reapportioned 1982

62^d Dist. (Cherry Tree, Clymer, Creekside, Ernest, Homer City, Indiana, Marion Center, Shelocta, Armstrong, Brush Valley, Center, Cherryhill, East Mahoning, Green, Rayne, Washington & White Twps.)
1983-1990   Wass
1991-   Sara Steelman (Dem.)

66th District. (Jefferson County and part of Indiana Co.: Glen Campbell, Plumville, Smicksburg, Banks, Canoe, Grant, Montgomery, North, South & West Mahoning Twps.
1983-1986   L. Eugene Smith
1987-   Samuel Smith (Rep.) non-resident

72d Dist. (portions of Armstrong & Cambria Counties and part of Indiana Co.: Armagh, Blairsville, Jacksonville, Saltsburg, Blacklick, Buffington, Burrell, Conemaugh, Pine, East & West Wheatfield, Young Twps.)
1983-1987   William J. Stewart (Dem.) non-resident
1988-   Andrew Billow (Dem.) non-resident

MEMBERS, PENNSYLVANIA SENATE

Constitution of 1790 - Four-year terms

1804-1815   James Brady (?) Armstrong, Indiana, Jefferson & Westmoreland
1815-1819   John Reed (?) Indiana, Jefferson & Westmoreland
1819-1823   Henry Allshouse (Dem.) Indiana, Jefferson & Westmoreland
1823-1825   Robert Orr Jr. (Dem.) resigned Armstrong, Cambria, Indiana, Jefferson, Venango & Warren
1825-March 1829 Eben S. Kelley (Dem.) died in office   Same district
1829-1830   Joseph M. Fox (?) Armstrong, Indiana, Jefferson, Venango & Warren
1830-1833   Philip Mechling (Anti.)
1834-1838   Meek Kelly (Dem.) *

Constitution of 1838 - Three-year terms

Dec. 4, 1838-Feb. 2, 1839   Alexander Irvin (Whig)
1839-1841   Findley Patterson (Dem.)
1842-1847   William Bigler (Dem.)

Jan.-July 1848   William Freame Johnston (Whig) resigned when he was sworn in as Governor after Francis R. Shunk died July 20, 1848
July 1848-Feb. 16, 1849   Vacancy
Feb. 1849-1850   Augustus Drum (Dem.) *
1851-1853   Christian Myers (?)
1854-1856   Samuel S. Jamison (Dem) *
1857-1859   Titian J. Coffey (A.R.) *
1860-1862   Jonathan E. Meredith (Rep.)
1863   Harry White (Rep.) resigned Nov. 1863 while in Libby Prison *
1864-1868   Thomas St. Clair (Rep.) * Special election Feb 19, 1864
1868-1874   Harry White (Rep.) *
1875-1876   R. C. Winslow (Rep.)

Constitution of 1874 - Four-year terms

1877-1880   Thomas St. Clair (Rep.) *
1881-1884   W. J. McKnight (Rep.)
1885-1888   George W. Hood (Rep.) *
1889-1892   Hannibal K. Sloan (Dem.) *
1893-1900   James G. Mitchell (Rep.)
1901-1908   John S. Fisher (Rep.) *
1909-1916   T. M. Kurtz (Rep.)
1917-Sept. 15, 1920   Wilbur P. Graff (Rep.) * died in office
1921-1924   Joseph O. Clark (Rep.) *
1925-1928   L. S. North (Proh.)
1929-1932   Harvey G. Bowers (Rep.)
1933-1935   Edward B. Bennett (Rep.) *
1936-1940   C. Gilbert Wolfenden (Rep.) *
1941-1948   Henry I. Wilson (Rep.)
1949-1956   Murray Peelor (Rep.) *
1957-1964   Arthur E. Kromer (Rep.)
1965-Sept. 4, 1969   Albert R. Pechan (Rep.) died in office
June 9, 1970-   Patrick J. Stapleton (Dem.)* 41st Dist. Armstrong, Clarion, Indiana & Jefferson Counties until reapportionment in 1982. Armstrong, Clarion, Clearfield, Jefferson & part of Indiana Co. except 39th Dist.

1983-1988   James R. Kelley (Dem.) 39th Dist. (Westmoreland County & part of Indiana Co.: Armagh, Saltsburg, Brush Valley, Buffington, Conemaugh, East & West Wheatfield Twps.)
1989)-   Gene Porterfield (Dem.)

MEMBERS OF CONGRESS REPRESENTING INDIANA COUNTY

1803-1817   William Findley (Dem.Rep.) 8th to 14th Congress
1817-1821   David Marchand (N.P.) 15th & 16th Congress
1821-1827   George Plumer (Dem.) 17th to 19th Congress
1827-1835   Richard Coulter (Dem.) 20th to 23d Congress
1835-1839   John Klingensmith Jr. (Dem.) 24th & 25th Congress
1839-1843   Albert G. Marchand (Dem.) 26th & 27th Congress
1843-1847   Joseph Buffington (Whig) 28th & 29th Congress
1847-1849   Alexander Irvin (Whig) 30th Congress
1849-1853   Alfred Gilmore (Dem.) 31st & 32nd Congress
1853-1855   Augustus Drum (Dem.) * 33d Congress
1855-1863   John Covode (Whig; changed to Rep.) 34th to 37th Congress
1863-1867   John L. Dawson (Dem.) 38th & 39th Congress
1867-Jan. 1869   John Covode 40th & 41st Congress
1869-1870   Vacancy, contested election
Feb. 9, 1870-Jan. 11, 1871 Covode died in office
1871-1873   Henry D. Foster (Dem.) 42^d Congress
1873-1875   A. W. Taylor (Rep.) * 43d Congress
1876-1877   George A. Jenks (Dem.) 44th Congress
1877-1880   Harry White (Rep.) * 45th & 46th Congress
1881-1882   James Mosgrove (Dem.) 47th Congress
1883-1885   John D. Patton (Dem.) 48th Congress *
1885-1887   Alexander White (Rep.) 49th Congress
1887-1889   James T. Maffett (Rep.) 50th Congress
1889-1891   Samuel A. Craig (Rep.) 51st Congress
1891-1893   George F. Huff (Rep.) 52nd Congress
1893-1897   Daniel B. Heiner (Rep.) 53d & 54th Congress
1897-1899   Edward B. Robbins (Rep.) 55th Congress
1899-1903   Summers M. Jack (Rep.) * 56th & 57th Congress
1903-1907   William O. Smith (Rep.) 58th & 59th Congress
1907-1909   Joseph G. Beale (Rep.) 60th Congress
1909-1915   Jonathan N. Langham (Rep.) * 61st to 63d Congress
1915-1917   Solomon T. North (Rep.) 64th Congress
1917-1934   Nathan L. Strong (Rep.) 65th to 73d Congress
1935-1938   Joseph A. Gray (Dem.) 74th & 75th Congress
1939-1948   Harve Tibbott (Rep.) 76th to 80th Congress
Jan.-Apr. 20, 1949   Robert L. Coffey (Dem.) 81st Congress; died in office

1949- Oct. 28, 1973 John P. Saylor (Rep.) 81st to 93d Congress;
 died in office
Feb. 5, 1974-1982 John P. Murtha (Dem.) 93d to 97th Congress
1983-1991 Joseph Kolter (Dem.)
1992- John P. Murtha (Dem.)

JUDGES OF INDIANA COUNTY

Tenth Judicial District: Armstrong, Cambria, Indiana, Jefferson (Mar. 26, 1804-Apr. 2, 1830), Somerset (until 1818), Westmoreland
March 1, 1806-1836 John Young appointed by Governor
Dec. 1836-Feb. 26, 1847 Thomas White appointed *
Feb. 27-May 24, 1847 Vacancy
May 25, 1847- April 1848 Jeremiah M. Burrell appointed ad interim
April 11, 1848-Feb. 1852 John C. Knox appointed. Cambria transferred to another district by Act of April 5, 1849

Act of April 15, 1851 Judges to be elected for 10-year term. First election for Judge October 1851

Feb. 1852-Fall 1855 Jeremiah M. Burrell resigned to accept position as Federal District Judge, Kansas Territory
1855-1871 Joseph Buffington appointed, elected 1856, reelected 1866, resigned 1871
1871-1874 James A. Logan appointed, elected Oct. 1871.

40th Judicial District: Indiana County Created after adoption of new Constitution of Pennsylvania Jan. 1, 1874. All Indiana County members

1875-1884 John P. Blair
1885-1904 Harry White
1905-1915 Stephen J. Telford
1916-1935 Jonathan N. Langham
1936-1955 Elbie E. Creps
1956-1975 Edwin M. Clark   Earl R. Handler appointed second Judge Jan. 3, 1972, elected unopposed Nov. 1973
1976-Apr. 1983 Handler steps up as President Judge, retires due to compulsory retirement law. Robert C. Earley elected second Judge Nov. 1975, takes office 1976

Apr. 1983   Earley steps up to President Judge, reelected 1985
W. Parker Ruddock appointed second Judge June 7, 1983, elected unopposed November 1983

1988   William J. Martin, second judge; W. Parker Ruddock steps up as President Judge

ASSOCIATE JUDGES OF INDIANA COUNTY. Associate Judges were not required to have training in law. There were usually two appointed by the Governor to serve with the President Judge. The following list is from the Indiana Progress Dec. 21, 1871. All Indiana County members.

1806-1828	Charles Campbell
1806-1817	James Smith
1818-Apr. 25, 1828	Joshua Lewis (date of death)
1828-1836	John Taylor
1829-Sept. 29, 1830	Andrew Brown (date of death)
1830-1841	Samuel Moorhead Jr.
1836-1841	Dr. Robert Mitchell
1842-May 14, 1843	Meek Kelly (date of death)
1842-1845	James McKennan
1843-1848	John Cunningham
1845-Oct. 10, 1846	Fergus Cannon (date of death)
1846-1851	Joseph Thompson
1849-1851	Dr. James M. Stewart

The Constitution was amended in 1850 to provide for the election of Associate Judges for terms of five years

1851-1856	Peter Dilts Sr.
1851-1861	Isaac M. Watt
1856-1866	Dr. John K. Thompson
1861-1866	Peter Sutton
1866-1871	T. B. Allison and Joseph Campbell
1871-1876	Peter Dilts Jr.
1871-Feb. 1874	James S. Nesbit

The office of Associate Judge was terminated by the Constitution adopted Jan. 1, 1874

INDIANA COUNTY SUPERINTENDENTS OF SCHOOLS.
All Indiana County Members

July 5, 1854-May 31, 1863	S. P. Bollman
June 1, 1863-June 3, 1866	Samuel Wolf

June 4, 1866–June 3, 1869	A. J. Bolar
June 4, 1869–June 14, 1871	J. T. Gibson
June 15, 1871-June 5, 1878	Samuel Wolf
June 6, 1878–June 1, 1884	Samuel J. Craig
June 2, 1884–June 3, 1890	William A. Cochran
June 4, 1890–June 1, 1899	Aubrey M. Hammers
June 2, 1899-May 31, 1908	Joshua T. Stewart
June 1, 1908-Oct. 12, 1936	James F. Chapman (died in automobile accident)
Nov. 4, 1936-July 5, 1942	D. Lester Winger
July 6, 1942–July 2, 1950	D. D. Patterson
July 3, 1950–July 31, 1950	Max C. Harwick (acting)
Aug. 1, 1950-1962	William J. Norman
1962-Oct. 31, 1965	Ronald M. Coulter
Nov. 1, 1965-Nov. 1, 1969	Max C. Harwick
Nov. 1, 1969-June 30, 1971	John R. Coulson

Act 102 in 1970 terminated the office of County Superintendent. Supervision was thereafter with district superintendents at the secondary level, and the Armstrong Indiana Intermediate Unit (ARIN) at the elementary level. Charles E. Glendenning was the first ARIN executive director, succeeded by Thomas P. Carey.

TREASURERS OF INDIANA COUNTY. All Indiana County members

?	Joseph McCartney	1875	John Ebey
1808	Joseph Moorhead	1878	John Truby
1811	James McKnight	1882	John T. Gibson
1813	Thomas Sutton	1885	T. C. Ramey
1815	John Taylor	1888	D. A. Luckhart
1817	William Lucas	1891	G. H. Ogden
1820	William Douglass	1894	Samuel Nesbit
1822	Alexander Taylor	1897	Philip M. Sutton
1824	William Trimble	1900	D. W. Simpson
1827	William Lucas	1903	Harrison Seanor
1830	Blaney Adair	1906	I. R. McMasters
1833	James Todd	1909	J. C. Leasure
1836	I. M. Watt	1912	J. Willis Wilson (4-year term)
1839	William W. Caldwell	1916	Frank M. Smith
1842	William Bruce	1920	S. L. Barr
1843	William Douglass	1924	John Bennett
1845	William W. Caldwell	1928	Elmer W. Allison
1847	Samuel R. Rankin	1932	Charles C. McLain

1849	William W. Caldwell	1936	John M. Thompson
1851	James Hood	1940	W. R. Calhoun
1853	Gawin Sutton	1944	H. A. Nichol
1855	Thomas McCandless	1948	John Woods
1857	John Brink	1952	H. A. Nichol
1859	William Earl	1956	John W. Everett
1861	James Moorhead	1960	Walter Work (died in office)
1863	W. H. Coleman	July 31, 1961	Earl G. Pifer (appointed)
1865	John A. Stewart	1962	G. Stephens Edwards
1866	John Ebey	1966	Frank E. Moore
1867	George W. McHenry	1968	Paul Wass
1869	Noah Lohr	1978	Emma S. Ober
1871	James M. Sutton	1988	Sandra Kirkland
1873	George H. Johnston		

DEPUTY ATTORNEY GENERALS

DISTRICT ATTORNEYS
All Indiana County Members

1817	Thomas Blair	1850-1855	Edmund Paige
1819	William H. Brackenridge	1856-1861	Henry B. Woods
1819	Henry Shippen	1862-1864	John Lowry
?	Thomas White *	1865-1868	Daniel S. Porter
1822	_____ Cannon	June 8, 1871	William R. Allison
1824	Ephraim Carpenter *	1874	Samuel Cunningham
1836	William Banks *	1877	M. C. Watson
1839	Augustus Drum *	1883	Summers M. Jack
1842	Thomas C. McDonald	1889	John M. Leech
1843	Thomas Sutton *	1895	John L. Getty
1844	Thomas C. McDowell	1898	W. M. Mahan
1845	John Potter	1901	George J. Feit
1846 (June)	Ephraim Carpenter *	1907	W. F. Elkin
1846 (Sept.)	Pliny Kelly *	1916	William N. Liggett (4-year term)
1846 (Dec.)	Ephraim Carpenter *	1920	Wilmer H. Wood
Dec. 1847	Orville H. Brown	1924	L. E. Miller
1848 (Mar.)	Ephraim Carpenter *	1932	William M. Ruddock
1848 (Sept.)	Alexander Taylor *	1936	Edwin M. Clark
		1948	J. Murray Buterbaugh
		1960	W. Thomas Malcolm
		1976	Walter S. Vuckovich
		1980	Gregory A. Olson
		1984	William J. Martin
		1988	Michael Handler

SHERIFFS OF INDIANA COUNTY (Early years from Indiana Progress Dec. 21, 1871)

1806-1809	Thomas McCartney (3-yr. term) appointed by Governor from two names designated by voters		
1809-1812	Thomas Sutton	1885-1887	James McGregor
1812-1815	Robert Robinson	1888-1890	D. C. Mack
1815-1818	Thomas Sutton	1891-1893	H. P. Lewis
1818-1821	James Elliott	1894-1896	D. C. Mack
1821-1824	Henry Kinter	1897-1899	T. S. Neal
1824-1827	Clemence McGara	1900-1902	D. E. Thompson
✓1827-1830	James Gordon	1903-1905	Josiah Neal
1830-1833	James Taylor	1906-1908	Jacob Wettling
1833-1836	Joseph Loughry	1909-1911	H. Wallace Thomas
1836-1839	James Kier	1912-1915	George H. Jeffries (4-yr. term)
1839-1842	William Evans	1916-1919	Harry A. Boggs
1842-1845	David Ralston	1920-1923	J. R. Richards
1845-1848	Simon Truby	1924-1927	John M. Malcolm
1848-1851	Gawin Sutton	1928-1931	H. Elmer Borland
1851-1854	John Mullen	1932-1935	A. Eugene Wilson
1854-1857	John Montgomery	1936-1939	Harry E. Koozer
1857-1860	Joseph Smith	1940-1943	J. Clair Irvin
1863-1866	A. P. Thompson	1944-1947	William J. Moore
1866-1869	Jacob Creps	1948-1967	Paul W. Jeffries
1869-1872	Henderson Howard	1968-May 31, 1977	Donald E. Smith (date of death)
1879-1881	Daniel Ansley		
1882-1884	M.F. Jamison	1977-1991	John R. Gondal
		1992-	Donald Beckwith

COUNTY COMMISSIONERS OF INDIANA COUNTY

The first officials were termed trustees. The Act of March 30, 1803 named three trustees, all from Westmoreland County: James Parr, William Jack and John Pomroy. They were empowered to receive proposals for conveyance of land at or near the center of Indiana County for the county seat and to accept the "most eligible" site.

The Act of March 25, 1805 terminated the duties of the first trustees and named Charles Campbell, Randal Laughlin and John Wilson to succeed them. They were all residents of the new county of Indiana. Their duties are described in Vol. I, pp. 154-5.

The Act of March 10, 1806 provided for the first election of county officials to be held October 13. These first Commissioners are listed below. Each of the three were to serve three years, according to the Constitution of 1790,

562

but one was to be elected each year so that the membership of the board rotated. Each board selected its chairman, but who they were is uncertain.

1806-1807	Alexander McLain, William Clarke, James Johnston
1808	McLain, Clarke and James McKnight
1809	Clarke, McKnight and John Jamieson
1810	McKnight, Jamieson and Robert Robinson
1811	Jamieson, Robinson and Joshua Lewis
1812	Robinson, Lewis, Joseph Moorhead
1813	Lewis, Moorhead and Francis Boals
1814	Moorhead, Boals and Alexander McLain
1815	Boals, McLain and Gawin Sutton
1816	McLain, Sutton and Thomas Sharp
1817	Sutton, Sharp and John Smith
1818	Sharp, Smith and Thomas Laughlin
1819	Smith, Laughlin and Joseph Henderson
1820	Laughlin (?), Henderson and William Clarke
1821	Henderson, Clarke and Clemence McGara
1822	Clarke, McGara and Stewart Davis
1823	McGara, Davis and Alexander Pattison
1824	Davis, Pattison and James Gordon
1825	Pattison, Gordon and William W. Caldwell
1826	Gordon, Caldwell and James Todd
1827	Caldwell, Todd and Peter Dilts
1828	Todd, Dilts and Samuel Trimble
1829	Dilts, Trimble and Archibald Johnston
1830	Trimble, Johnston and Gawin Sutton
1831	Johnston, Sutton and James Lewis
1832	Sutton, Lewis and William Leard (Laird?)
1833	Lewis, Leard and Alexander McMullen
1834	Leard, McMullen and James McComb
1835	McMullen, McComb and James Lapsley
1836	McComb, Lapsley and John Cummins
1837	Lapsley, Cummins and Joseph McMasters
1838	Cummins, McMasters and William Smith

Constitution of 1838 mandated rotation of the chairmanship. First named is chairman.

1839	Smith, Philip Rice and James Rhea
1840-41	Rice, Rhea and John Dick (elected Oct. 20, 1839)
1842	Rhea, Dick and Charles Campbell
1843	Dick, Campbell and Thomas Stewart
1844	Campbell, Stewart and John A. Jamison

1845   Campbell, Jamison and Alexander T. Moorhead
1846   Jamison, Moorhead and Abraham Davis
1847   Moorhead, Davis and Thomas Walker
1848   Davis, Walker and Jacob Gamble
1849   Walker, Gamble and Thomas Gibson
1850   Gamble, Gibson and John Lytle
1851   Gibson, Lytle and John Shields
1852   Lytle, Shields and Samuel H. Johnston
1853   Shields, Johnston and Robert H. Armstrong
1854   Johnston, Armstrong and Moses T. Work
1855   Armstrong, Work and George S. Lowman
1856   Work, Lowman and John Gourley
1857   Lowman, Gourley and David Henderson
1858   Gourley, Henderson and Thomas Davis
1859   Henderson, Davis and A. L. McCluskey
1860   Davis, McCluskey and William Johnston
1861   McCluskey, Johnston and Samuel Irwin
1862   Johnston, Irwin and Andrew Shields
1863   Irwin, Shields and S. A. Allison
1864   Shields, Allison and W. C. McCrea
1865   Allison, McCrea and W. G. Stewart
1866   McCrea, Stewart and Robert Adams
1867   Stewart, Adams and George Shryock
1868   Adams, Shryock and Elliott Ferguson
1869   Shryock, Ferguson and James T. VanHorn
1870   Ferguson, VanHorn and John S. Fleming
1871   VanHorn, Fleming and Jacob Darr
1872   Fleming, Darr and James M. Work
1873   Darr, Work and George W. Boadenhamer

Constitution of 1873 ended the rotating chairmanship, provided for three-year terms, and people voted for two Commissioners but three to be elected. Each political party had two names on the ballot, thus assuring the minority party one member. Minority party is indicated.

1874   Work, Boadenhamer and Samuel G. Miller
1875   Boadenhamer, Miller and Francis Mabon
1876-1878   Jeremiah Lomison, Frederick Cameron, Frederick Buterbaugh (Dem.)
1879-1881   John G. Robinson, A. P. Thompson, William Daugherty
1882-1884   James Johnston, William Mabon, James C. McQuown (G-L)
1885-1887   A. W. Steele, R. N. McComb, Jeremiah Wakefield (Dem.)
1888-1890   J. Wilson Shields, J. M. Marshall, S. C. Kennedy (Dem.)
1891-1893   A. C. Rankin, John G. Cameron, A. H. Braughler (Dem.)

1894-1896 Adam Black, Clarence Hart, Robert McElhoes (Dem.)
1897-1899 Hiram Stuchell, M. H. Henry, C. F. Murray (Dem.)
1900-1902 James K. Dick, T. P. Stephens, Peter Frech (Dem.)
1903-1905 Columbus McCoy, Johnston Moorhead,
           John A. Campbell (Dem.)
1906-1908 Cyrus Stouffer, George L. Shaffer, W. L. Neal (Dem.)

Constitutional amendment Nov. 2, 1909 provided four-year terms beginning 1911.

1909-1911 J. M. Marshall, D. T. Niel, Adam F. Bowman (Dem.)
1912-1915 E. M. Ansley, John Bennett, J. M. Wakefield (Dem.)
1916-1919 J. M. Marshall, W. B. Wagner, A. P. Lowry
1920-1921 J. C. Douglass, J. Willis Wilson, D. P. Bothel (Dem.)
           Douglass died May 11, 1921
1921-1923 Wilson, Bothel and R. C. Doty
1924-1927 Lewis G. Clark, F. M. Smith, C. L. Campbell (Dem.)
1928-1931 George Nesbit, Charles L. Bence, J. I. Henderson
1932-1935 H. A. Rairigh, J. B. Flenniken, C. L. Campbell (Dem.)
1936-1939 Flenniken, Campbell, Levi Houck
1940-1943 Steele Clark, Campbell and L. F. Robinson
1944-1947 Clark, Robinson, W. F. Hildebrand (Dem.)
1948-1951 Clark, Hildebrand and L. C. Rosensteel
1952-1955 Rosensteel, Hildebrand and H. A. Orr
1956-1959 Orr, Dee Miller (Dem.), Harold C. McCormick (Dem.)
           Democratic majority first time for many years.
1960-1963 Miller, Frank M. Barkley, John W. Everett
1964-1967 Barkley, William W. Jones, Patrick J. Stapleton (Dem.)
1968-May 1970 Jones, Stapleton, William J. Fiscus (Stapleton elected to
               Pa. Senate, resigns)
May 1970-1971 Jones, Fiscus, Daniel B. McDivitt (Dem.)
1972-June 30, 1973 McDivitt, Andrew J. Kuzneski, William R. McMillen
                    (McDivitt ordered by Court to resign)
July 16, 1973-1975 Kuzneski, McMillen, Jay B. Dilts (Dem.)
1976-1979 Dilts, John A. Dellafiora (Dem.), Vaughn L. Davis (Rep.)
1980-1983 McMillen, Dilts, Day K. Nichol
1984-1987 James McQuown (Dem.), Beatrice States, (Dem.),
           Anthony Hewitt (resigned Nov. 10, 1987)
1988-1991 McQuown, States, George E. Sulkosky Jr. (Rep.)
1992-   McQuown, Paul Wass, Thomas Coyne

PROTHONOTARIES AND CLERKS OF COURT, and REGISTERS & RECORDERS OF INDIANA COUNTY

The functions of these two offices were combined from 1806-1835

1806	James McLain
1818	John Taylor
1821	James McCahan
1824	Alexander Taylor
1828	William Banks
1833	Richard B. McCabe

Prothonotaries & Clerks

1836	Thomas Laughlin
Feb.-Dec 1839	Fergus Cannon
1839	Robert Craig
1845	A. W. Taylor
1851	N. B. Loughry
1854	John Myers
1857	James R. Porter Jr.
1860	E. P. Hildebrand
1866	John Lowry
1872	A. C. Boyle
1882	W. S. Daugherty
1888	John A. Scott
1894	J. Elder Peelor
1900	W. R. Calhoun
1906	A. L. Gilbert
	(died Aug. 1908)
1908	John C. Wells
1916	Walter H. Ayers
1923	Claude E. Bath
1932	W. Earl Long
1940	A. B. Ansley
1948	J. Carlyle Orr
1956	Ronald A. Johnston
1980	Helen Mulholland
1984	Linda Moore

Register & Recorders

1836	William Douglass
1839	Isaac M. Watt
1842	William McClaran
1847-Dec. 1847	Isaac M. Watt
1847	David Peelor
1853	John H. Lichteberger
1862	A. L. McClusky
1868	W. R. Black
1874	David R. Lewis
1881	B. F. McClusky
	(died Aug. 18, 1882)
1882	J. A. Findley
1890	James McGregor
1897	James M. Stewart
1903	Horace M. Lowry
1909	J. Blair Sutton
1916	J. Clair Longwill
1924	Walter H. Ayers
	(died July 24, 1924)
July 1924	Dollie W. Ayers
1928	W. Ralph Cummings
1934	W. R. Calhoun
1938	Elmer W. Allison
1941	Orrin M. McMillen
	(died Dec. 12, 1949)
Mar. 9, 1950	John B. Lowry
	(appointed)

1952	Donald B. Shank
1989	George E. Thompson (died Jan. 28, 1992)
1992	Blair Swistock appointed
1994	Patricia Streams

APPENDIX 2 -
ADDITIONAL BIOGRAPHICAL SKETCHES AND ADDENDA TO VOLUME IV SKETCHES

BOWMAN, ADAM FRANKLIN (Addenda to the sketch in Volume IV, p. 376)

Mr. Bowman was born in Westmoreland County near Saltsburg, May 10, 1844, a son of Daniel and Martha (Wolford) Bowman. He was employed 41 years with J. M. Stewart Co. in Indiana. His wife, Rachel Fleming, was born May 31, 1852, died ca 1929. Their children were Olive, John D., Myrtle G. md. Andrew E. Longwill, James M. and William E. md. (1) Hester McCune (2) Clementine Keeler.

Daniel Bowman, s/o Adam and Ann Elizabeth (Kuhn) Bowman, was b. Sept. 6, 1810, d. Jan. 16, 1892. He md. Martha Wolford Mar. 11, 1834 and they had the following children: Harriet (1831/Jan. 16, 1914) md. J. Gamble Fleming; John (Sept. 12, 1837/Nov. 1, 1904); Jacob (Sept. 14, 1839/July 5, 1922) md. Irene Howard; Adam above; Daniel Washington (Feb. 22, 1848/Jan. 20, 1925) md. Mathilda Kunkle; William Rilus (Sept. 30, 1850/Dec. 24, 1924) md. Alice Whitsell.

Adam Bowman (grandfather) was b. ca 1780 in Northampton County, Pa. He md. (1) Eve Crumbaugh by whom he had a daughter, Catherine, and (2) Ann Elizabeth Kuhns. Their children were John Dieter, Maria, Daniel (above), Margaret Elizabeth, Samuel, Hannah, Philip Kuhns, Joseph and Adam Dreisbach. Adam Sr. d. Mar. 1863. He was a s/o Barnhard and Catherine (Dreisbach) Bauman.

BRONSON, JAMES HENRY, awarded the Congressional Medal of Honor, was b. ca 1838 near Blairsville. At the time of the Census of 1850 his mother, Hanna Bronson, was age 30. The other children were Ellen, age 12, David 9, John 5 and Benjamin 2. It seems his father may have died or otherwise removed prior to 1850. It may be that his grandfather was George Bronson, an early Blairsville resident and one of the first trustees of the African Methodist Episcopal Church of Blairsville which met during the 1840's in the old log church and schoolhouse. He d. Mar. 10, 1862 age 85. James Bronson enlisted in Company D, 5th Colored Troops, on July 4, 1863 in Delaware County, Ohio and rose to the rank of First Sergeant. On Sept. 29, 1864 at Chapin's Farm, Va. he "Took command of his company, all the officers having been killed or wounded, and gallantly led it." In recognition he was awarded the Congressional Medal of Honor Apr. 6, 1865. He later asked to be demoted to sergeant so that he could play in the regimental band. On Oct. 4, 1865 he was honorably discharged and took up residence in Allegheny County where he died Mar. 16, 1884 and was buried in Chartiers Cemetery near Carnegie, Pa. He was a barber and member of G.A.R. Post #206. On Nov. 10, 1990 he was again honored at a memorial service in Chartiers Cemetery. A Congressional Medal of Honor headstone was dedicated by the Sons of Union Veterans and a memorial wreath placed by an Allegheny County official. Nine members of the Blairsville Area Historical Society attended the service.

CUNNINGHAM, CLAIR MONROE Jr. b. May 20, 1935 s/o Clair M. Sr. and Myrtle (Mauk) Cunningham, in White Twp., Indiana Co. He md. Donna Elaine Campbell July 19, 1958 in Blairsville. She is an R.N., b. Jan. 27, 1938 d/o Donald Lee & Eileen (McIntire) Campbell.

Clair Jr. graduated from Indiana H.S. 1953 and from Case Institute of Technology, Cleveland, Ohio 1957 with a degree in metallurgy. He was employed by Westinghouse Metals near Blairsville, was commissioned 2nd Lt. U.S. Air Force June 6, 1957 and called to active service Mar. 1958. Graduated from Harlingen, TX Navigational School with top honors, then went to Randolph Field, San Antonio, TX for navigator training on the KC-97, Assigned Strategic Air Command navigator to various air bases. At Travis A.F. Base, CA he had duty in numerous Pacific areas. In early Sept. 1967 he was assigned to Korate Royal Thai Base and participated in reconnaissance missions over Viet Nam until 1968. Returning to the U.S., he was chosen to navigate the first C-5A from Marietta, GA to Travis. In 1973 he was commander of his outfit at Altus A.F. Base, OK, assigned special duty testing the A.F.'s largest cargo plane, the C-5A Galaxy. Assigned Sept. 1, 1975 to Ramstein, Germany as commander of a 40-man detachment. In Oct. 1978 was Director of Maintenance Engineering, 322d A.F.D. Ramstein. Promoted Colonel June 1979, transferred to Transportation Dep't. the Pentagon, Washington D.C. Transferred Apr. 1983 to Military Traffic Management Command, Eastern Area, Bayonne, NJ and became Commander July 9, 1984 overseeing the operations of two military ocean terminals in

Bayonne and Southport, NC and managing export cargo at eight commercial port facilities. He has received eleven medals. Retired Mar. 1988 with 30 years service. Member several Masonic units and A.F. Association.

Col. and Donna Cunningham have a daughter, Lisa Dawn, b. Mar. 29, 1963 in Portsmouth, NH. The family tree goes back to Andrew Cunningham on the paternal side who served five years in the Revolution from Lancaster Co. On the maternal side he has several Revolutionary ancestors including Robert Walker who died during that conflict, and his son, Benjamin Walker. Robert Walker's wife, Mary Abraham, was a g. granddaughter of Dr. Thomas Wynne who came with William Penn to Philadelphia and served as the first elected Speaker of Pennsylvania's first colonial Assembly.

DARR, JACOB (Addenda to the sketch in Vol. IV, p. 402) Submitted by Robert H. Darr in 1988.

Jacob md. Elizabeth Barr who was b. June 17, 1812 d/o Thomas & Elizabeth (Evans) Barr, d. Jan. 16, 1879. Their surviving children were John Steele (1849-1916) md. Ellen Diamond, and Robert S. (1853-June 18, 1927) md. Josie B. Young. Other children died young. John S. & Ellen Darr had one child, Mary or Molly (1880-1920) who md. Floyd Burnheimer (1878-1972).

John Darr, father of Jacob, owned a farm in Green Twp. from ca 1836-1846 when the entire family, except Jacob, moved to Rose Twp., Jefferson County.

DIAS, RALPH E. (Supplement to sketch in vol. IV pp. 140,141)

He was born in Shelocta, not Indiana, and was mortally wounded at an enemy encounter in the Que Son Mountains, Viet Nam on November 12, 1969.

DUTKO, JOHN WILLIAM, born Dilltown, Pa., was awarded the Congressional Medal of Honor posthumously. Homer City Post # 7412, Veterans of Foreign Wars, was named John W. Dutko Post in his honor. The action for which he was cited occurred during the Third Infantry Division landing at Anzio Beachhead during World War II.

"For conspicuous gallantry and intrepedity at risk of life above and beyond the call of duty on 23 May 1944 near Ponte Rotto, Italy, Pfc. Dutko left the cover of an abandoned enemy trench at the height of an artillery concentration in a singlehanded attack upon three machineguns and an 88-mm. mobile gun. Despite the intense fire of these four weapons which were aimed directly at him, Pfc. Dutko ran 100 yards through the impact area, paused momentarily in a shell crater, and then continued his one-man assault. Although machinegun bullets kicked up the dirt at his heels, and 88mm. shells exploded within thirty yards of him, Pfc. Dutko nevertheless made his way to a point within thirty yards of the first enemy machinegun and killed both gunners with a handgrenade. Although the second machinegun wounded him, knocking him to the ground, Pfc. Dutko regained his feet and advanced on the 88mm. gun, firing his Browning automatic rifle from the hip. When he came within ten yards of this weapon he killed its five-man crew with one long burst of fire. Wheeling on the machinegun which had wounded him, Pfc. Dutko killed the gunner and his assistant. The third German machinegun fired on Pfc. Dutko from a position twenty yards distant wounding him a second time as he proceeded toward the enemy weapon in a half run. He killed both members of its crew with a single burst from his Browning automatic rifle, continued toward the gun and died, his body falling across the dead German crew."

His buddy, Private Cleo A. Toothman, described this as "the most courageous act I have ever seen or ever expect to see."

His wife, Ethel M. (Costello) Dutko, b. Dec. 6, 1922, later moved to Delanco, New Jersey. They had one daughter, Patricia Ann Dutko. On Aug. 3, 1948 at Beverly, NJ Master Sergeant Dutko (rank awarded posthumously) was buried with full military honors in the U.S. National Cemetery and the flag from his coffin was presented to four-year-old Patricia Ann who never saw her father. She told her friends "my daddy's home." The headquarters company, Ninth Division, and members of the 716th Military Police

Battalion Fort Dix, composed the honor guard. A six-man special honor contingent was headed by two Congressional Medal of Honor winners: Master Sgt. James R. Hendrix, Sepanto, AR and Pfc. Franklin E. Sigler, U.S. Marine Corps. Mrs. Dutko died Dec. 18, 1992.

HAMMERS, AUBREY MAYHEW (Addenda to the sketch in Vol. IV, p. 505-06)

He was b. Blacklick Twp. Jan. 17, 1857, d. Nov. 18, 1908 s/o George and Ann Elizabeth (Allison) Hammers. He served fifteen consecutive terms as principal of West Indiana schools. For a time he lectured for the Redpath Bureau and as a Chautauqua Institute instructor. After the death of Aubrey Hammers, the school children of Indiana County collected nearly $400 for a monument at his grave. His son James St. Elmo Hammers was b. May 7, 1879. Another son, Karl Rex Hammers b. July 27, 1885 md. Carrie A. Scanlon June 23, 1915.

George Hammers was a s/o William Hammers (1803-Sept. 1890) and Lydia Ann Wein, b. 1806 in Adams Co. Ann E. Hammers was a d/o Dr. David Ramsey Allison and Henrietta Mulvina Roney. After Dr. Allison died, his widow md. Clinton B. Greenlee of Pittsburgh May 4, 1916.

HOWARD, HENDERSON C. (Supplement to sketch in vol. IV:506)

Sergeant Howard was issued the Congressional Medal of Honor March 30, 1898 for an action which took place at Glendale, Virginia June 30, 1862. While pursuing one of the Confederate sharpshooters, he encountered two others whom he bayoneted in hand-to-hand combat. He was wounded in action three times.

KELLY, ALEXANDER, recipient of the Congressional Medal of Honor, was b. Apr. 7, 1840 in Conemaugh Twp. He enlisted in the U.S. Colored Troops Aug. 24, 1863 at Allegheny, Pa. as a substitute for Joseph Kelly. He gave his occupation as coal miner and was described as five feet, three inches tall, hazel eyes, black hair and complexion. He rose to the rank of First Sergeant of Company F 6th U.S. Colored Troops. At the battle of Chapin's Farm, VA on Sept. 29, 1864 he "Gallantly seized the colors, which had fallen near the enemy's lines of abatis, raised them and rallied the men at a time of confusion and in a place of the greatest danger" according to the Citation awarding the Congressional Medal of Honor on Apr. 6, 1865. He was honorably discharged Sept. 20, 1865 at Wilmington, NC. In 1898 he applied for a pension, stating he was a night watchman in a livery stable and resided in the east end of Pittsburgh. He also said he had a hole in his cheek, a lump on his forehead between the eyes, and a scar on his back. He was given a pension of $12 a month.

His wife's name was Victoria. Alexander Kelly died June 19, 1907 and was buried in St. Peter's Cemetery, Pittsburgh. Victoria predeceased him in 1898.

On Oct. 6, 1990 a plaque with a Medal of Honor star was added to his headstone, provided by the Veterans Administration, and a plaque for Victoria was donated by American Legion Post # 5. "It is a tribute for this man which is long overdue," said Harold Norton, Post Commander. A 21-gun salute was fired by the 93d Pa. Volunteer Infantry, a Civil War reenactment group from Lebanon, Pa.

LEASURE, WILLIAM CLAIR (Addenda to sketch in Vol. IV, p. 584-5).

A letter dated Feb. 9, 1987 states: "W. C. Leasure has twenty-four U.S. patents and one hundred and forty-four patents in foreign countries. The Leasure patents of the 1950's and the early 1960's made possible automatic packaging of snack food (potato chips, corn chips, pretzels, etc.) items. Prior to the Leasure methods, packaging into bags was done primarily by hand assists. The Leasure methods made a superior package, using rolls of film to make the bag, with filling and sealing the package in one automatic sequence. Productivity per packaging employee was increased six to eight times over the previous methods and to a large degree was instrumental in the rapid, highly profitable growth of the industry. The snack food industry world-wide uses the methods developed by Leasure."

MILLER, LEWIS EARLE (Addenda to sketch in Vol. IV p. 627)

Mr. Miller md. Elizabeth Fleming in 1908, d/o David W. and Nancy (Henderson) Fleming. She was b. Armstrong Twp. May 29, 1881, d. Aug. 30, 1953. Their children were Willis E. md. Faye Walker, Donald M. (see Vol. IV p. 618-9), Paul D. md. Edna Walters, Anna md. Kenneth Leasure, and Lisle F. md. Volene Keye.

POLLOCK, CLARK CRAIG b. Apr. 14, 1887 s/o Hugh McIsaac Pollock and Anna Pauline Craig. d. Mar. 18, 1869. He md. Mary Louise Hopkins d/o William Work Hopkins & Laura Bell Ewing, who was b. Mar. 4, 1891 near Georgeville, Pa., d. June 11, 1975. They are buried in Mahoning U.P. Cemetery.

Mr. Pollock was well known as a progressive Indiana County farmer, president of the Indiana County Extension Association; director 24 years of the Eastern States Farmers Exchange (now Agway); and secretary of the Indiana County Cooperative Potato Growers Association. In 1923 his 423 bushel per acre potato yield qualified him for membership and a gold keystone emblem in the Pennsylvania 400-bushel Potato Club. He was also a dairyman in East Mahoning Twp. For 35 years Mr. Pollock was secretary of the Farmers Telephone Co. of Indiana, Jefferson & Armstrong Counties. In early life he taught in several one-room rural schools, having obtained a certificate to teach by attending summer school. He was an elder for over fifty years of the Mahoning Reformed Presbyterian Church and a member of the Board of Home Missions & Church Extension.

Clark and Mary Louise Pollock had three children: Herbert Clark b. Nov. 18, 1925 md. Mary Nell Cribbs. Hugh Wallace b. Jan. 23, 1928 md. Ethel Grace Mears. Laura Craig b. May 16, 1933 md. Carl Richard Resener. Hugh (known as Wallace) and his son, David Pollock, continue to operate the family farm. In 1970 they had the second highest potato yield in Pennsylvania - 719.2 bushels of Katahdins.

Hugh McIsaac Pollock, father of Clark Pollock, was a s/o Robert Pollock and Jane McIsaac. Their children were Hugh (above), Andrew Melvin, Robert Forsythe, John Knox Cameron, Samuel Rutherford and Matilda Jane. Robert Pollock was a s/o Andrew Pollock (ca 1780-1874) and Martha (Steele) Pollock who located in E. Mahoning Twp. in 1844. They were md. 1817 and had children: Robert, Hugh md. (1) Mary Cochran (2) Ann Mabon (3) Catharine Stiver; Mary Ann md. James S. McCracken, Martha md. James Knox, David md. Jane L. Steele, Rebecca md. James McKee, Jane md. S. B. Miller, Rachel md. M. S. Crawford, Nancy, and Andrew md. Lizzie Graham. Martha Steele Pollock was a d/o Hugh Steele & Mary Forsythe.

On the McIsaac side, Jane McIsaac Pollock was a d/o Hugh McIsaac (ca 1782-1865) and Jane (nee McIsaac) who was b. ca 1781, d. 1853. They came to the U.S. 1827. Hugh McIsaac's parents were Robert McIsaac and _____ Macready.

Anna Pauline (Craig) Pollock was a d/o John Craig and Mary Brown. He was b. 1810 near Chambersburg, Franklin Co. s/o Samuel Craig & Jane Kelly. Their children were Elizabeth, Jane Elizabeth md. Milton Work, William B., Almira md. William Kelso, Sarah B. md. J. O. McLaughlin, Agnes md. Silas Marshall, and Anna Pauline. Samuel & Jane Kelly Craig were both natives of Ireland. He came with his father, Samuel, to Franklin Co. 1793 when he was age 15 (b. ca 1778). Here he met and md. Jane Kelly Feb. 20, 1806. In 1811 they moved to the vicinity of Hannastown, Westmoreland Co., where he was a teacher until 1822 when they moved to the Craig farm in E. Mahoning which had been patented in 1800 by William P. Brady and named "Green Park". This is now the Pollock farm. Samuel Craig continued teaching and later (1861 when Jane died) moved to Brookville where he d. ca 1867. They were charter members of the Presbyterian Church of Marion organized June 15, 1860. Their children were Mary b. Sept. 17, 1806 md. Abraham Y. Leasure; Samuel (June 6, 1808/Nov. 10, 1885) md. Margaret Hjelm Park; John b. Apr. 3, 1810 md. Mary Brown; James b. May 29, 1812 md. (1) Amanda Hopkins (2) Amelia Allen; Jane b. Jan. 5, 1815 md. Rev. Samuel Barr; William F. b. July 29, 1817 md. Anne Brown; Andrew b. Feb. 23, 1820 md. Elizabeth Brady; Nancy b. Oct. 20, 1823 md. Samuel Black. Mary Brown Craig's parents were Jeremiah Brown and Elizabeth Cummins d/o David Cummins & Jennet Davison (see vol. I:126 and IV:281)

SHAMBAUGH, CHARLES, born in Prussia, joined Company B, 11th Pennsylvania Reserves (40th Regiment) June 10, 1861. He captured a Confederate flag at the battle of Charles City Crossroads June 30, 1862 and was later wounded at Bull Run on Aug. 30, 1862 (see vol. I:654). Discharged Oct. 13, 1862. On July 17, 1866 he was awarded the Congressional Medal of Honor for his courageous service.

SHOMO, MAJOR WILLIAM A. (Supplement to sketch in vol. IV:539,540)

While Major Shomo was with the U.S. Army Air Corps 82nd Tactical Reconnaissance Squadron in the action with Japanese planes over Luzon, his "extraordinary gallantry and intrepedity in attacking such a far superior force (12 enemy fighters and a twin-engine bomber) and destroying seven enemy aircraft in one action" was cited in the Congressional Medal of Honor award as "unparalled in the southwest Pacific area".

VANHORN, ROBERT THOMPSON b. 1824 in E. Mahoning Twp. s/o Henry VanHorn & Elizabeth Thompson. He learned the printing trade in the old American office in Indiana and moved in 1855 to Kansas City where he published a daily newspaper for 41 years, the Kansas City Journal. He headed a Missouri regiment in the Union Army during the Cival War, was a member of the Missouri legislature, and was elected to Congress four terms. He was mayor of Kansas City several times, first in 1861, and played a major role in making Kansas City the principal railroad center west of St. Louis. Mr. Van-Horn married a Miss Cooley of Meigs County, Ohio in 1864. She d. 1910 and he d. Jan. 3, 1916 age 91, survived by one son, Richard VanHorn.

Henry VanHorn (father) was a s/o Isaiah VanHorn, a Revolutionary veteran, and Dorcas Logan. He md. Elizabeth Thompson in 1815. She was b. 1788 d/o Robert and Mary (Cannon) Thompson. They lived in E. Mahoning Twp. where Elizabeth d. Feb. 13, 1858. Henry d. 1877. Their children were Mary C., Dorcas L., James T. (see vol. IV:65), Tabitha L., Robert T. (above), Isaiah and Harry A.

For Robert Thompson see IV: 429. Isaiah VanHorn was a s/o Christian and Jane (VanZandt) VanHorn who were both natives of Holland. They settled in Berks County and owned and leased land in New York State. About 1796-97 they moved to West Wheatfield Twp. and in 1804 to East Mahoning about a mile east of Georgeville. He had a fine orchard. Their children were Henry (above), Alexander, a veteran of the War of 1812, b. 1789, d. ca 1873, md. Mary Wharry; Jane b. 1792 md. John McElhoes; Joshua b. 1794, d. 1881, md. Fanny Briggs; John b. Cumberland Co. 1796, md. Thersey Hastings; William b. Mar. 3, 1802 md. Rachel Pounds; Nancy b. 1804 md. Hugh Hamilton; Isaiah md. Mary Hopkins; Isaac; and George Logan b. 1813, md. Mary Brady.

WATTERSON, JOHN AMBROSE b. Bairdstown, Westmoreland Co. May 27, 1844 s/o John S. and Sarah (McAfee) Watterson, attended St. Vincent College, Latrobe, Pa., was ordained priest Aug. 9, 1868 and celebrated his first Mass in Blairsville. He was on the faculty of St. Mary's Seminary, Emmitsburg Md. 1868 and became president 1877-1880. On Aug. 8, 1880 he was elevated Bishop of Columbus, Ohio. He d. Apr. 17, 1899 and was buried in Columbus.

John S. Watterson was b. 1805 in Carroll County, Md., moved to Pennsylvania and was a merchant in Blairsville for 36 years. There were eleven children in the family. He d. 1870.

APPENDIX 3 - THE NUGEN CAVE

The following from the <u>Indiana</u> <u>Progress</u> May 14, 1874 gives some details about early efforts to locate loot stolen from travelers along the old Huntingdon, Cambria & Indiana Turnpike by John "Yank" Brown and rumored to have been hidden in a cave about halfway between Armagh and Blairsville. Part of the story has been told by Frances Strong Helman in a folklore pamphlet, "That's What Happened". Refer also to Volume I, pp. 599-601.

We will now try to give a few items in regards to the great "Nugen Cave." And although this cave has not yet the world wide reputation of other caves, such as the great Mammoth Cave of Kentucky, we will however class the Nugen Cave among the first class as only cue(?) entrance is to it, and we might add hardly that for no less than four companies have tried to effect an entrance to this cave; none however succeeded as well as the last and now present company, they having about thirty feet of an entrance in. We have been waiting patiently for some three weeks on this company to progress in this undertaking (as they have been idle over one month) but they have failed as yet for some reason, that we cannot account for. This cave is situated about half way between Armagh and Blairsville on the old Pike road. When the Pike was made or shortly afterward, the entrance to this cave was shut up, by the extension in width of the road. We understand it was done purposely on account of stage drivers being afraid to drive past it. Old settlers tell us that for a number of years the cave was the resting place of a band of Robbers famously noted in this county, and on this account men could not be hired to ply the stage past this spot unless well armed and double teamstered. The excitement was so high and ghosts so plenty that in a short time even the horses in the stages would shy past this place. We believe one or two attempts to rob the passengers and mail were made which led to the closing of this cave. We will add that for two years before the closing up of the cave no one dared to visit it on account of its location and the party who resorted to it. From the amount of persons and stores that were robbed by this band, and the horses stolen, it was from that until the present time supposed to contain goods and money, from the fact of the capture of all the party except one who escaped and also the death of an old lady who revealed the fact that there were two kegs of gold and silver and over a bushel of watches in it. She concealed all stolen goods in her house for them, until they could get them to the cave. During her life she had the privilege of taking $10 per month from the cave, no more no less; she was bound to secrecy under penalty of death, while they were living. So at her death, they being all dead also, she revealed to this effect, that in a cave between the two places mentioned on the pike would be found two kegs of money, gold and silver, and a bushel of watches; also stating of her useing the $10 per month while she lived. Hence it was at once settled on this cave as the one; and a company of settlers at once proceeded to effect an entrance to the cave, but having too much old rye along with them. Before they came to the mouth of the cave they fought about a shovel and who would go in first, and one of them receiving a bloody nose and black eye, the rest of the party became disgusted and went home, thus endeth the first company. In a short time a company organized in Pittsburgh and came on and worked one week to find the cave, but not knowing the exact locality of it, and the people not over anxious to show them, they left also none the wiser.

Some two months elapsed and a company from New Washington came down vowing what they were going to do. Well this company worked four days and left, with the conviction that there never was a cave there. One year has passed away, the cave business is dying fast and people are beginning to forget old Nugen ever was, when lo! a company organizes right in our midst; consisting of the leading men of Blacklick, none were excluded, Doctors, Merchants, Mechanics, Millers, Farmers and Laborers all joined in and determined to see the end of the business as they called it. One fine morning as your correspondent was standing on the bank of Goose Creek we espied a party winding their way up the ridge road leading to the pike, we exclaimed to ourself, "fare ye well". After three days work was done and good prospects of an entrance, excitement ran high, post carriers were established between here and the cave. The mail arrived each day 7 p.m. (prospects good). We pass over three weeks work and still no entry to the cave. "Bank stock" below par. Some of the company feel like selling out low. A few more days all is quiet, no post carriers, no talking on the subject, workmen all leave but three and they work away, determined to see the thing out; after one weeks hard work they finally came to the stone said to be laid over the mouth of the cave, and they labor away until they effect an entrance past it, and have worked in until they are now thirty feet in, but can't tell where the main part of the cave is or ought to be; at this point they rest for the present. This they do know, that as yet they have not seen the gold or silver and bushel of watches. The only sign or omen of success since commencement was the finding of a watch crystal at the depth of five feet under ground. We leave them for the present, and if any new omens of success turns up, will let you hear from them, till then adieu.

A September 22, 1914 newspaper story reprinted in the Sunday Indiana Gazette in 1994 said:

"People of Armagh. . .and for miles around are searching for a lost woman named Mrs. Close who disappeared from the home of her son, John Close, Sept. 1st, and who has not been heard of since that date. The woman is probably the oldest person in Western Pennsylvania, being upon her last birthday 105 years old. **It is believed (she) entered the thousands of acres of woodland and thick underbrush lying to the east of her home. . .known as 'Horsethief Cavern'. Other citizens of that country have enterd there and never returned."

APPENDIX 4 -
HARRY WHITE'S LETTER FROM LIBBY PRISON

The following from the <u>Indiana</u> <u>Progress</u> July 20, 1876, p. 4, col. 1 relates to the political situation in 1864 which resulted in a deadlock in the Pennsylvania Senate. Refer to Volume I, p. 678.

A Bit of History

In looking over some old war newspaper files we came across some incidents which were escaping our minds. Among others we meet the letter of resignation which Gen. White sent to the Senate in 1863, while he was a prisoner of war. While the particulars of the deadlock in the Senate during the session of 1864, when the Democrats refused to organize the Senate or do any business because of the capture and imprisonment of Harry White, are familiar; yet the features of the letter of resignation had escaped our mind. It was written, of course, under the most trying circumstances, and, as we were informed, secreted in the back of a pocket testament, given to a surgeon who was being released, and by him brought through the lines.

The original manuscript is in the State Department in Harrisburg. We, below give the letter entire and it explains itself. This was one of the interesting features of the war, so far as our State was concerned:

Libby Prison,
Richmond, Va., Nov. -, 1863

Hon. J. P. Penny, Speaker of the Senate of Pennsylvania.

My Dear Sir:- Considerations I shall briefly state, make it prudent and proper for me to tender my resignation as a member of the Senate of Pennsylvania. After the adjournment of our Legislature last spring, I rejoined my regiment and resumed my military duties in the field. Upon the advance of General Lee's army in June last, into the Shenandoah valley, on his Pennsylvania campaign, the forces with which I was connected were ordered to Winchester, and in the battle at that place I fell into the hands of the enemy as a prisoner of war, with other Federal officers. I was immediately sent to Richmond, and since the twenty-third of June, have remained as a prisoner in the "Libby." No general exchange of prisoners has taken place in the meantime, nor does any appear to me in early prospect, Shut off for long months from friends and the outer world, I have yet not been entirely ignorant of passing events. The recent election in our State has, I learn, altered somewhat from the last session the political complexion of our Senate. My absence, it seems, gives to each party represented there equal numerical strength. This will, in all probability, embarrass organization and delay necessary legislation. I regret this situation, and am unwilling my present political misfortune should in any way affect public interest, or interrupt, for a moment, that cordial cooperation between our State and National Governments, so necessary in this crisis. It is true that some time must elapse before my presence in Harrisburg is actually required, yet, as I have no hope of release by general exchange, the Richmond authorities, I am convinced, will retain me as long as possible, because I am a Senator and my vote important under the circumstances, it behooves me to do what I can to relieve the difficulty likely to result from my continued imprisonment. I am sure you will not doubt me when I confess it would be much more acceptable to my taste and feeling, to spend the months of the coming winter in active legislation in our Senate Chamber, than to languish within the gloomy walls of a Southern prison. My present situation places the least agreeable alternative in prospect, and I see but one solution to the difficulty. Other and greater interests are involved in this matter than my personal comfort and private inclinations. My health, my life are nothing to the success of these great principles I was elected to represent.

The good people of my district are chiefly interested in the matter, and my duty to them in the premises has given me many an hour of anxious solicitude in this weary prison life. I cannot now in any way consult with them. They should, however, not at this time go unrepresented. Their general confidence was but recently given me, and they will, I trust, give the approval of their voice to the step I now take, and select as my successor one who will be as faithful to their interests and the great cause of our country as I, at least, desired to be. Be pleased, therefore, to accept my resignation as a Senator from the Twenty-first Senatorial District. Be kind enough to convey to my brother Senators assurances of my respect and esteem. Tell them "though cast down I am not dismayed. Though in bonds I am full of hope." Tell them my prayer and trust is that no word or deed may go out of the counsels of your Senate to weaken the arm or make faint the heart of those brave soldiers of the Union who are bearing in the field a sure and triumphant success, the greatest strength of history. Accept my dear sir, my kindest wishes for your good health and future prosperity.

I am yours truly,
Harry White

APPENDIX 5 - THE ORIGIN OF "JIM CROW"

"Jim Crow", as many people know, refers to certain state and local laws which, for many years, forced negroes to sit in separate railway coaches, wait in separate waiting rooms, sit at the rear of busses, attend separate schools, and in other ways be segregated and set apart from others. Black people, and many whites also, have rightfully resented these practices as an unfair relegation of a large segment of our population to a degrading second-class citizenship based only on skin coloration and not in keeping with our traditions of freedom and equal opportunity for all.

Knowing this, very few persons would expect "Jim Crow" to have any connection with Indiana County. The term, as it is now understood, began to be used by writers in the 1890's shortly after the Jim Crow laws were put on the statute books in various Southern states. Many years earlier Thomas Dartmouth Rice, an early American comedian (1808-1860), adapted or improvised a song and dance routine called "Jim Crow" for one of his shows. His inspiration was reported (by Robert P. Nevin, father of the noted composer, Ethelbert Nevin) to have been a black stage driver in Cincinnati whom he heard singing a catchy refrain:

> Turn about an' wheel about an' do jis so,
> An' ebery time I turn about I jump Jim Crow.

The next autumn, under hilarious circumstances described by Nevin, he used the ditty for the first time in a Pittsburgh theater.[1] By 1838 "Jim Crow" is believed to have come into general use as referring to a person of the black race.[2] It seems certain that Rice did not himself originate the term. To whom was he indebted for the idea? According to Nevin, his inspiration was the black stage driver in Cincinnati, but Frank Cowan has written that the idea came indirectly from an Indiana County citizen, and that negro minstrelsy

> ...originated with Mr. James Crow a handsome humorist of Blairsville fifty years ago [1828], and long since dead; except his better half, a widow who, as late as the past winter of '77-8, was in good health in the neighborhood of Freeport, and his mirth which lives like an immortal in the memory of the good old men along the Conemaugh;... James Crow came into prominence at the opening of the western division of the Pennsylvania canal in 1830. He was one of the passengers aboard the "Lady Clark," (in honor of the wife of Canal Commissioner James Clarke), when for the first time in the annals of the Little World between Blairsville and the First Tunnel below, the waters of the west were divided in the rear of a tandem mule-team on a tow-path. And when called upon to contribute to the amusement of the party, he responded in his hilarity with a curious combination of rhythmical nonsense and fantastic caperings which, in the general good feeling that prevailed, made a decided and lasting impression - the refrain of his

song and dance on this memorable occasion being the familiar -

> Turn about; wheel about; do just so!
> And every time you turn about, jump Jim Crow'!

The refrain was carried to Pittsburgh, continues Cowan, where Rice is presumed to have heard it and used it on the stage of a Pittsburgh theater as related in Nevin's article, but with

> ... never a word, however, about the barkeeper of McAnulty's hotel in Blairsville, Mr. James Crow... Of this origin of Negro Minstrelsy in James Crow, as given above for the first time in print, the writer has the full and explicit statements of three credible gentlemen who were of the party on the memorable voyage, two of whom were acquainted with Crow and his family for many years, before and after the occurrence described.[3]

This story is tradition of course, but appears to be plausible. Frank Cowan, sole authority for the story, was born in 1844, son of United States Senator Edgar Cowan. Frank served as secretary to his father and later as private secretary to President Andrew Johnson. He graduated as a doctor of medicine and published a weekly newspaper first in Greensburg and later in Pittsburgh; also a number of books and pamphlets, chiefly poetry, folklore or travel. He was considered rather eccentric and died in 1905.

Although Cowan's story appeared in a volume of folklore, the story itself was in small print as a preface to the verses which followed. This suggests that he desired in this way to distinguish fact from folklore. He mentioned that he had "the full and explicit statements of three credible gentlemen" who were on board the canal boat. It may be that Cowan made a note of their names, but if so it has probably perished because his private papers cannot be found, probably burned by heirs or relatives, angered because he set aside most of his resources to publish some of his writings.

It is historical fact that there were individuals and families by the name of Crow living in the Blairsville area. Anne Royall who came to Blairsville about 1828 while the canal was still under construction, mentioned meeting her nephews, Edward H. Day and James G. Crow, "the latter the barkeeper."[4] In 1829 James G. Crow signed a petition to the Pennsylvania General Assembly asking that Alonzo Livermore and William P. Sterett, owners of a sawmill in Blairsville, or their tenant, Merrick Bacon, be permitted to use water from the Canal Dam at Blairsville.[5] Among the records of tavern licenses found in the Public Records Division of the Pennsylvania Historical & Museum Commission is one issued to James G. Crow in June 1832 at Blairsville.[6] There are other references to members of the Crow family.

The Old Crow Distillery Company, Frankfort, Kentucky, claims as its founder one James Crow, who first began the manufacture of bourbon whiskey about 1835. A letter from the "Old Crow Historical Bureau" in answer to an inquiry by the author states "...we believe that the James Crow of Blairsville, Pennsylvania, is not the James Crow who first distilled Old Crow."[7]

---

1 - Nevin, Robert P. "Stephen C. Foster and Negro Minstrelsy," <u>Atlantic Monthly</u> vol. XX (November 1867) pp. 608-610
2 - Woodward, C. Vann <u>The Strange Career of Jim Crow</u> (New York 1955) p. 7
3 - Cowan, pp. 192-194 (see Bibliography)
4 - Royall, vol. II, p. 227 (see Bibliography)
5 - <u>Records of the General Assembly</u>: House File Canal Petitions MS in Public Records Division, Pennsylvania Historical & Museum Commission, Harrisburg
6 - <u>Tavern Licenses</u>: Indiana County MS in Public Records Division, Pa. Historical & Museum Commission.
7 - Bloomgarden, Lee Oscar, Old Crow Historical Bureau, to C. D. Stephenson July 21, 1961

APPENDIX 6 -
OLD STONE HOUSE IN WHITE'S WOODS

The following description of the stone house was written about 1950 by Norah Katherine Apple with assistance from Mary Genevieve Watson. Both were granddaughters of Richard White, son of Judge Thomas White. Norah Apple married Robert William Stadden of Glen Campbell, Pa. Mary Genevieve Watson, also known as "Maidee", married Charles Otis Trainer. A copy of this account was furnished to the author by Mabel Apple Talley, sister of Mrs. Stadden, in 1979 along with a photograph of the stone house.

Some of the holdings of Thomas White in Indiana County at the time of his death were - farm acreage in the vicinity of Saltsburg known as White Station - a vast amount of land (definite acreage unknown) on the outskirts of Indiana which consisted of farms, all with good houses and each occupied by a tenant farmer. There they raised cattle and sheep and farmed the land raising feed for the cattle and sheep and produce for the families. On a portion of one of the farms along the highway which now leads to Earnest(sic) the big sheep barn stood well remembered by Maidee Trainer and Norah Stadden in their early childhood. There were so many sheep that it was necessary to have a shepherd named Mr. Hastie. The Hasties and Kinghornes[1] were two of the original farmers in Thomas White's day - in Maidee's and Norah's early days, the Clawsons and Malcome(sic) Harmons, and in the little house below the vault Henry Snetzberg[2] lived and took care of the terraced vinyards and made the wine which was for home consumption and for sale in the area.

Thomas White planned to build an English Manor house on the acreage on the outskirts of Indiana, and at the time of the Civil War in 1861, the stone gate lodge had already been completed[3] and Thomas' son, Alexander, and family were living there. Thomas' son, Richard, who was in the Union Army and stationed in South Carolina, had left his family - wife and four children (Herman, Max, Juliet and Mabel)[4] in Lily (vicinity of Johnstown) which worried Thomas. Then Alexander moved to Baltimore and Thomas moved Richard's wife and family to the gate lodge.

The war over Richard returned and died shortly from effects of inflamatory rheumatism contracted from exposure during his army life.[5] Once during Richard's army life he returned on leave, went to Baltimore taking his 12 years old son, Herman, who contracted diptheria and died. It could have been during this army leave or another one that Thomas and Richard went to the location near what we children knew as the "big spring" and put in the stakes for the location of the Manor house. The war over and Richard dead and buried all these plans were discarded, and the Manor house was never built. Thomas and wife continued to live in the homestead in Indiana.[6] Thomas died some six months (?)[7] after Richard, but his will provided that

Richard's widow and children would live in the gate lodge which we grandchildren and the inhabitants of Indiana knew as "The Old Stone House". The original stone house consisted of two rooms downstairs and two upstairs, also one back downstairs room of one story. Entrance to front was as follows. A fence enclosed the house and out buildings in which there were three gates - 1 front and two side gates - the front gate opened onto a walk which led to a covered grape arbor[8] attached to the stone enclosed front porch in the sides of which were two elongated narrow window openings.

A door led from the front porch into each of the downstairs rooms both of which were libraries. The right-hand room was the English library - the left-hand room was the library containing foreign language books. French, Italian, German and Latin. A chimney went up between the rooms, upper and lower, and in the left library, Grandmother[9] had a round coal heating stove which also heated the two upper rooms which were bedrooms.

In the English library, when we were small, were double chests of drawers with bookcases mounted on top; all of solid cherry, and other bare wall spaces were covered with shelves. The end wall consisted of a big round bay window[10] in which stood the big cherry desk of Richard's, and in the room were three big arm chairs of cherry - two covered with deer skin and one covered with bear skin. The desk and chair Richard had had a cabinet maker build. When we grandchildren were small and went to visit grandmother on Sunday, we spent the time in the English library looking at the pictures in the Punch and Dr. Syntax books. In the foreign language library in the back left corner, an enclosed stairway went to the two upstairs bedrooms. Maidee and Norah cannot remember what furniture was in this library.

Upstairs the three girls slept in one bedroom, Uncle Max in the other. When Maidee remembers the girls room, Genevieve slept in the one as Mabel and Juliet were both married. Bedroom furniture grandmother had consisted of dark wood, Napoleon beds and dark chests of drawers and small dark light stands. These Maidee and Norah remember.

The one-story room back of the libraries was grandmother's bedroom and was furnished with a Napoleon bed in dark wood - the chest of drawers that now stands in Mabel Talley's guest room - possibly the small sewing table that Norah Stadden has and one of the light stands. That is all that Maidee and Norah remember.

Before Alexander moved to the old stone house, a frame portion was added back and to the right of grandmother's room consisting of a dinning (sic) room, living room, parlor and side porch to the right and a large kitchen which opened into a narrow leanto kitchen where vegetables and fruits were taken care of and milk was brought in from the barn. Out of the lean to kitchen there was a long narrow stretch of brick paving across which the wash house stood. You went up three or four steps to enter the wash house, the back wall of which was taken up with a big fireplace in which a crane held a huge black iron kettle, and in the wall at the left side of the fireplace was the small door opening into the oven when they had baked bread. In the wash house there were also two big tubs one on each side wall - in Maidee's and Norah's life time the tubs were used for cattle and chicken feed, as grandmother kept cows, pigs and chickens.[11] Out of the kitchen at the back right an enclosed stair case went up to an attic in which there were two rooms, an unfinished one at the right top of steps, then a long dark hall led to a finished room at left over the parlor which was Mary's[12] room. As you went along the long dark hall to the right, there was a deep drop and over the dining room there was a deep very dark place with only planks laid over the rafters over the dining room ceiling. This was always called the dungeon and during the war when escaped slaves were going from the U.S. to freedom in Canada this dungeon was part of that underground railway. The slaves came by night to a place north of Indiana called Mitchell's Mills where they stayed until the next night when they were taken to the dungeon in the old stone house and the next night they moved on.[13] A record of this is contained in the Indiana History in possession of J. O. Trainer.[14]

The old stone house stood in a large clearing surrounded by huge trees, many were chestnut trees. There was also to the front and well off to the right a huge fenced in garden where fruit trees and berry bushes grew and vegetables were raised.

Recreational area - was in large chestnut tree grove above the house - and it was used for church picnics and camp meetings.

Norah Apple Stadden

---

1 - The Indiana Weekly Register November 30, 1853 mentioned that a keg of butter weighing some 200 pounds and 100 pounds of fresh pork were stolen from Mr. Kinghorn residing on Judge White's farm "immediately to the northwest of this borough."

2 - Capt. Henry Schnetberg, well-known Mexican War veteran, died May 21, 1901 age 98. He came to Indiana about 1857 and worked as a gardener for Thomas White.

3 - According to Juliet Eugenie White (Mrs. M. C. Watson) in an article in the Indiana Evening Gazette November 22, 1939 the stone house was built about 1838. She was a daughter of Richard White.

4 - The children of Richard White were: Herman Richard White b. Sept. 3, 1852, d. Oct. 8, 1864. Catherine Sibyl White b. Apr. 23, 1854, d. Aug. 31, 1855. Juliet Eugenie White b. Dec. 1, 1855, md. Matthew Clark Watson, d. Oct. 10, 1944. One of her six children was "Maidee" referred to in the narrative. Maximilian White b. Dec. 18, 1857, d. Apr. 18, 1935. Single. Mabel Theresa White b. Oct. 20, 1859, md. Judge Stephen J. Telford, d. Dec, 16, 1944. Genevieve Alice White b. in the stone house Oct. 21, 1865, md. Charles Spicer Apple,

d. July 6, 1934. Their daughter, Norah Katherine, wrote the above account of the stone house.

5 - Richard White had been captured by the Confederates, imprisoned but released on an exchange arrangement, arrived home August 17, 1864 and died April 14, 1865

6 - The Thomas White home was to the right of the former G. C. Murphy Store on Philadelphia Street in Indiana

7 - Thomas White died July 22, 1866

8 - See photo from Mrs. Talley in volume IV, page 202M

9 - "Grandmother" was Kathrina Helena Podesta, wife of Richard White, born in Heidelberg, Germany August 20, 1849

10 - See photos

11 - Mrs. Watson in 1939 (see # 3) said the cook and wash house contained water and the means of heating it. Outbuildings, including a gardeners cottage, were not extant at that time. She said "The place contained the first bathtub in town".

12 - Probably "Maidee" whose full name was Mary Genevieve

13 - An Indiana Evening Gazette item August 8, 1966, page A14, tells of a visit to Indiana by Harry Hitchcock Johnson (black) who claimed to be one of two children of Edward and Nancy Johnson born in the stone house. Edward Johnson was a gardener for Harry White. Harry Johnson, born 1890, also recalled the "dungeon" which was used as a hiding place for escaping slaves. A letter to the author from Mabel Apple Talley dated July 30, 1979 states that her sister, Nora Apple Stadden, denied that the Johnson boys were born in the stone house because "Our grandmother was living there until after 1896 or 1897." It is more likely the Johnsons were born in the gardener's cottage (see # 11)

The movement of the refugee slaves does not agree with the account of A. T. Moorhead in 1899 (see vol. III, pages 111-143)

14 - It is uncertain what history this was, or where it might be .

A NOTE ABOUT THE WHITE MAUSOLEUM

On the hill above the stone house was the White Mausoleum which is pictured in vol. IV, page 202L, and was the burial place of nine members of the White Family. It is uncertain when it was built, but may have been prior to the Civil War.

The first burial may have been Juliet White, only daughter of Thomas White, who died in 1853 age 23.

Other burials were Mrs. Judith McConnell, mother of Mrs. Thomas White, died April 14, 1855; Catherine Sibyl White, infant daughter of Richard White, died August 31, 1855 age one year four months; Herman Richard

White, son of Richard White, died Oct. 8 1864 age 12 years, one month; Col. Richard White died April 14, 1865; Judge Thomas White died July 22, 1866; Catherine Brooks (McConnell) White, wife of Thomas White, died April 21, 1880; Anna Lena (Sutton) White, wife of Harry White, died Feb. 27, 1912; Judge Harry White died June 23, 1920.

After Mrs. Richard White died on October 19, 1901, the bodies of Richard White and their two children were removed October 28 to St. Bernard's Cemetery. In 1923 the remaining six bodies were removed to Oakland Cemetery. The house and mausoleum were interesting places to visit over the following years but gradually fell into disrepair and the stones were appropriated for other uses. Only a few stones remain today.

APPENDIX 7 - BENEDICTINE MONASTERY, CHERRYHILL TOWNSHIP

Along Airport Road about four miles east of Indiana is a 75-acre property owned by Ray I. and Willeta Winters on which is located an old Benedictine Monastery. They purchased it in January 1951 and remodeled it as their home.

Very little history of the monastery is known. Charles A. Mead sold the land to the Benedictine Society of Westmoreland County by deed dated October 10, 1851. As nearly as can be determined, the stone monastery shown in volume I, page 516A was erected during the early 1850's. Almost nothing is known of the activities of the Benedictines. It may be that they conducted an orphanage. The small cemetery contains graves of two children. A portion of the tract was sold to James McAvoy July 18, 1878 and the remainder to Andrew Ness on April 25, 1885; so that the Benedictines appear to have been active about twenty-five years more or less. Why they sold out is unknown.

The stone walls of the structure are 24 to 28 inches thick. As the picture shows, there was a belfry, which has been removed, and the bell is now displayed in the side yard. There was no basement originally.

According to Mrs. Winters, William Fisher and Patrick Denning were among the early owners. Later Harry and Day Nichol owned it. Just before the Winters bought it, the place was known as the Barkley Farm.

Some of the published accounts of the Benedictine Monastery appear to confuse it with Cameron's Bottom which is in Pine Township and is the site of St. Patrick's Church. The ruins of an old monastery can be seen near St. Patrick's, but this one was conducted by the Franciscan Order. The date 1828 ascribed to the Cherryhill Township Benedictine Monastery is erroneous.

APPENDIX 8 - SOLDIERS OF EARLY YEARS, SPANISH AMERICAN & FIRST WORLD WAR

Note: The authenticity or completeness of this list cannot be assured because records of early military service are scattered or incomplete. The various series of the Pennsylvania Archives contain muster rolls and pension lists but unfortunately many of them do not give the county of origin or residence of each soldier. Revolutionary War muster rolls are scattered throughout the series. There are two Revolution pension lists, one in the 2nd series, volume 15, pages 683-741 (in the interest of brevity this and other Archives references are shown thus: (2)XV:683-741). The other Revolution list is in (3)XXIII:469-607. Indiana County War of 1812 soldiers are identified in (6)VII:775-793 and there is a list of 1812 pensioners not listed by county in (6)IX:311-603. Mexican War soldiers from Indiana County are in (6)X:249-458. The problem with these lists is that, even for those listing soldiers by county, one cannot know whether an individual might have moved later to another county or state.

Principal reliance, therefore, has been placed on those known to be buried in Indiana County as shown on the Indiana County Veterans Grave Register and/or on lists compiled by the Historical & Genealogical Society of Indiana County. Other reliable sources are old newspapers and early histories such as Arms & White.

It should be kept in mind that, although nearly all those named in this list appear to have resided in Indiana County at one time or another, the place of burial of some is uncertain because they may have later moved elsewhere.

Many who served in the Revolution or War of 1812 also served in the Indian Wars, but it has proved nearly impossible to identify all who may have done so and therefore no attempt has been made to list Indian War veterans.

The best list of Civil War veterans is in Arms & White Chap. LIII pp. 266-308; therefore it should not be necessary to duplicate this list here. Places of burial may be obtained in the Indiana County Veterans Grave Register, Office of Veterans Affairs, Courthouse, Indiana, Pa.

No attempt was made to compile a list of soldiers, sailors, marines, coast guard, &c. for World War II and more recent conflicts, primarily because so many of them are still living and also because it would be a massive research project far beyond the constraints of time and available resources. I leave this task to future historians.

594

Veterans are designated for each war as:

    Rev.   - Revolution
    Br. Rev. - British soldier, Revolution
    1812   - War of 1812-14
    Mex.   - Mexican War

Other abbreviations are:

Arms & White - Christopher Tyler Arms & Edward White, editors History of Indiana County Pennsylvania, Newark, Ohio 1880
  HGSIC - Historical & Genealogical Society of Indiana County
  ICG - Indiana County Gazette
  ICH - Indiana County Heritage
  ICVGR - Indiana County Veterans Grave Register
  IEG - Indiana Evening Gazette
  IP - Indiana Progress
  IRA - Indiana Register & American
  IWR or IR - Indiana Weekly Register or Indiana Register
  PA - Pennsylvania Archives
  Stephenson - Clarence D. Stephenson Indiana County 175th Anniversary History. Indiana, Pa. 5 vols. 1978-1994.
  Stewart - Joshua T. Stewart Indiana County Pennsylvania. Her People, Past and Present. Chicago 1913. 2 vols.

Abbott, Daniel (1812) mentioned in IWR Apr. 23, 1861 and Stephenson I:624. Burial place unknown.
Ackright, Isaac (1812) IR Feb. 22, 1859 and Indiana Weekly Messenger Feb. 23, 1859: he died Feb. 16, 1859 in Shelocta, age 80, had been a resident of Indiana County "upwards of 40 years". Burial place uncertain. Arms & White, 316: pensioner age 56 in 1840.
Adams, Gawin (Rev.) Frances S. Helman in ICH vol. 3:2 p. 19. Listed by HGSIC and on ICVGR. Bur. old Presbyterian & U.P. graveyard.
Adams, Samuel (1812) He wrote the IRA July 14, 1869 as follows: Served 1813-14 from Venango & Butler Counties in the 16th Division, Pa. Militia. Resided in Indiana Co. 1816-1869. Now visiting friends in Andalusia, IL. "I was at Erie on duty as a private when Commodore Perry sailed from that place in 1813 to engage the enemy's ships and was on board the fleet. We were then discharged and called out again in the winter of 1814." Burial place uncertain.
Allen, C. (1812) Noted in PA (6)IX. Burial place uncertain.
Allen, Thomas (1812) Arms & White 486: b. Cumberland Co. 1783, d. Sept. 7, 1871. Served from Cumberland Co. Burial place uncertain.

Allison, Andrew (Rev.) Arms & White 455: b. Cumberland Co. 1757, settled Indiana Co. 1788, d. 1815 age 58. HGSIC: bur. U.P. churchyard Indiana. ICVGR

Altman, Philip (Rev.) ICVGR: bur. Blairsville Cem.

Anderson, Thomas (1812) ICVGR & HGSIC: b. 1785, d. Nov. 16, 1844, bur. McDowell Cem., Green Twp.

Aultman, Philip (Rev.) HGSIC: bur. on John Brown farm Blacklick Twp. ICVGR

Ayers, Jonathan (1812) HGSIC: bur. Gilgal Presby. Cem. ICVGR

Barber, John (1812) HGSIC: bur. Wakefield Cem. E. Wheatfield Twp. ICVGR

Barr, James (1812) Arms & White 407: d. 1878 over 90 years old. Burial place uncertain.

Barr, Thomas (1812) Arms & White 534. Burial place uncertain

Barrett, Samuel E. (Mex.) Arms & White 480: served on supply ship Ann McKimm, participated in storming Vera Cruz; also served in Civil War. ICVGR, Bur. Smicksburg Union Cem.

Bayard, Russell (1812) PA(6)IX:409-505. Susan Bayard, widow, pension for service of her husband. She resided in Blairsville. Burial place uncertain.

Beatty, William (1812) HGSIC: bur. Presby. Cem. Plumville, ICVGR

Beck, Daniel (1812) Arms & White 454: b. Indiana Co., served with Westmoreland Co.

Bell, James R. (1812) Arms & White 316: listed as pensioner age 46 Washington Twp. in 1840

Bennett, Nathan (1812) Arms & White 372: came from Mass. to Blacklick Twp. 1824. Burial place uncertain

Black, Alexander (1812) Arms & White 448: settled in Indiana Co. 1838. Indiana Times June 15, 1887 reported his widow resided near Chambersville, Indiana Co. and was over 100 years old. HGSIC/ICVGR: bur. Washington Presby. Cem., Rayne Twp.

Black, James (Rev.) Arms & White 389: served under Gen. Washington, settled on farm near the Broad Ford 1792 Saltsburg Press Jan. 12, 1876: in 1806 moved to Cadiz, Ohio where he died.

Bolar, George (1812) ICVGR: bur. Armagh Presby. Cem.

Bolar, John (Rev.) Arms & White 422: prior to Revolution settled on a tract in E. Wheatfield "Bolar's Chance" patented 1786. HGSIC: bur. Armagh Presby. Cem.

Bonar, _____ (1812) PA(6)IX:409-505 Hannah Boner, widow residing Brush Valley, receiving pension for husband's service.

Bonnin, George (Mex.) Stewart I:468: during his war service, burning sands affected his eyes and he became blind; was an attorney, d. Blairsville. Served in "Westmoreland Guards" Co. E, 2nd Pa. Volunteers.

Bothel, John (1812) Arms & White 448

Bowers, George (Rev.) Arms & White 316: pensioner age 82 in Green Twp. 1840

Bowers, Joseph (1812) Arms & White 433: Col. Bowers d. Petroleum Centre, Venango Co. Mar. 19, 1874 age 80 y. 10 m. 7 d., bur. Edgewood Cem. Saltsburg. ICVGR Stephenson I:624: he was among a group of 1812 veterans who raised a flag over the Courthouse in Indiana at the outbreak of the Civil War in 1861 IRA July 14, 1869: listed among those attending a meeting of 1812 soldiers, age 76.

Boyd, Thomas (Rev.) The American June 11, 1827 noted he d. Monday May 21 at his residence, Armstrong Twp. age 102 yrs. and "a few days". The paper added "He had been in the war of the Revolution, his papers having been lost or mislaid, he never came on the pension list."

Boyer, Jacob (1812) PA(6)IX:409-505. Pensioner listed as resident of Indiana

Boyles, Robert (Rev.) Arms & White 473: seven yrs. in Revolution, moved about 2 mi. N. of Indiana ca 1802-03 and d. age 57.

Brady, Hugh J. (Mex.) Arms & White 291,308: enlisted when only 17 in Co. E, 2nd Pa. Volunteers; later was colonel in Civil War

Brady, James (Rev.) ICVGR. IWR Apr. 24, 1855 referred to him as captain when a legislative bill for a pension for his son, Joseph Brady, was introduced. The bill stated Joseph's father never received a dollar from the State; bur. Gilgal Cem.

Brady, John (1812) ICVGR lists two veterans of this name, one on p. 341, the other p. 343, both bur. Gilgal Cem.

Brady, Samuel (Rev.) Act of Apr. 4, 1809 granted him a pension. Revolutionary service cited in Brady Annals 17-8,20,120 and by William Y. Brady in Now and Then XI:282-286. See Stephenson IV:7-9. Bur. Gilgal Presby. Cem. ICVGR

Brandon, John (Rev.) F.S. Helman in ICH 4:2 pp. 25-27 and 5:1 p. 38

Buchanan, David (Mex.) Arms & White 291: 2nd Pa. Vols. Co. D

Burns, Thomas (Rev.) ICVGR. Arms & White 453: served 4 yrs. under John Paul Jones; purchased homestead in Center Twp. 1790; d. 1833 age 84. Bur. Bethel Presby. Cem. Center Twp.

Byerly, John (1812) ICVGR: bur. St. John's Cem. S. Mahoning Twp.

Cameron, Hugh (1812) Arms & White 536: later settled near Strongstown

Campbell, Alexander (Rev.) Arms & White 316: pensioner age 86 in Blacklick Twp. 1840

Campbell, Charles (Rev.) See Stephenson vol. V surname index for numerous references. ICVGR: bur. Bethel Presby. Cem. Center Twp. IP Oct. 17, 1928: monument dedicated by Conemaugh Chap. DAR, Blairsville.

Campbell, James (1812) ICVGR: bur. W. Union Cem. Armstrong Twp. ICVGR

Campbell, John (Mex.) ICVGR. Bur. Blairsville Cem.

Campbell, Michael (Br.Rev.) Arms & White 541: served in the British Army during the Revolution and "long after the cessation of hostilities" came to Buffington Twp.

Campbell, Michael (1812) ICVGR: bur. Bethel Presby. Cem.

Campbell, William A. (Mex.) Arms & White 291: 2nd Pa. Vols., d. soon after arrival home. See extract from Apalachian July 14, 1847 in Stephenson I:612. Bur. Blairsville Cem. ICVGR

Carson, Prine (1812) ICVGR: bur. old Saltsburg Cem. (St. Matthew)

Chambers, James (1812) Arms & White 483: b. Ireland, early settler N. Mahoning Twp. ICVGR, bur. Gilgal Cem.

Clawson, Albert Dell (Mex.) ICVGR: bur. Clarksburg Presby. Cem.

Coleman, Archibald D. (1812) Arms & White 434-5 ICVGR: bur. Conemaugh Cem. Conemaugh Twp.

Coleman, John (Rev.) Arms & White 534: b. Ireland, came to site of Indiana "a year or two before the village was surveyed," and to the Manor, Cherryhill Twp. "a short time after the county seat was established." He d. 1829 age 104. Free Press Dec. 16, 1830: he d. Dec. 5 "an old Revolutionary soldier, at a very advanced age..."

Coleman, John (1812) Arms & White 434-5. ICVGR, bur. Conemaugh Cem., Conemaugh Twp.

Coleman, Nicholas (Rev.) ICVGR: bur. Ebenezer Presby. Cem.

Coleman, Robert (1812) Arms & White 434-5

Cook, William (1812) IRA July 14, 1869: attended a meeting of 1812 veterans, age 81

Cooper, J. Fullerton (Mex.) ICVGR: bur. Oakland Cem., Indiana

Cooper, Samuel (1812) Arms & White 386-7: entered Sept. 10, 1812 as captain "State Pittsburgh Blues" moved to Saltsburg 1867. ICVGR: d. Dec. 21, 1881 bur. Edgewood Cem. Saltsburg. See Stephenson V - surname index.

Coulter, James (1812) IWR Mar. 10, 1863: d. Mar. 6 in White Twp. age about 72; citizen of Indiana County 50 yrs. Stephenson I:624: was one of the 1812 veterans who raised the flag over the Courthouse at beginning of Civil War 1861.

Cramer, E.V. (Mex.) ICVGR: bur. Old Cem., Montgomery Twp.

Craven, Thomas (Rev.) DAR dedicated marker in Gilgal Presby. Cem.

Crawford, Moses (Rev.) ICVGR: bur. Gilgal Presby. Cem.

Crawford, Moses (1812) Stewart I:769

Cummins, John (Whiskey Rebellion) Arms & White 446.

Cunningham, Andrew (Rev.) Arms & White 429: b. Scotland, served 5 yrs.

Daugherty, Ruben (1812) ICVGR: bur. Pine Grove Cem., Canoe Twp. Also served in Civil War.

Davis, Robert (Rev.) Arms & White 397: "an old Revolutionary soldier who resided near where Hoskins Mill is now situated," taught a subscription school in Armagh summer and fall of 1799, d. 1813 over 60 yrs. old, bur. in old Luthers graveyard.

Dayton, Ebenezer (Rev.) ICVGR: bur. Lutheran Chapel Cem. Coral

Dayton, Julius A. (1812) IRA July 14, 1869: attended a meeting of 1812 veterans, age 79 (See Stephenson II:31)

Decker, John (Rev.) Arms & White 464-5: settled on Robert Park place, now Marion Center ca 1812 and moved "a few years later" to site of Deckers Point.

Devinney, Aaron (1812) ICVGR: bur. Center Twp. U.P. Cem.

Ditts (or Dilts?), James (Mex.) ICVGR: bur. Pine Grove Cem., Canoe Twp. Also served in Civil War.

Dixon, Joseph (Rev.) ICVGR: bur. Blairsville Cem.

Doty, Jonathan (Rev.) ICVGR: bur. Hopewell Cem. Blacklick Twp. Stewart I:653

Doty, Zebulon (Rev.) Arms & White 316: pensioner age 85 in Blairsville 1840 (age appears to indicate Revolutionary service) ICVGR: bur. Hopewell Cem. Black Lick Twp.

Doyle, George (1812) ICVGR: bur. St. John's Lutheran Cem. S. Mahoning Twp.

Dripps, Andrew (Mex.) The Apalachian Mar. 15, 1848: letters received "in this neighborhood" stating he had been wounded at Chapultepec and was in the hospital.

Drummond, John (Rev.) ICVGR: bur. Ebenezer Presby. Cem.

Duncan, John (1812) Arms & White 542: b. 1790, served "several months" d. 1857 Came to Indiana Co. prior to War of 1812

Earhart, Anthony (1812) Arms & White 390: b. York, Pa., came to Conemaugh Twp. 1813 where he d. "about sixty-nine years of age" ICVGR, bur. Ebenezer Cem. Conemaugh Twp.

Eason, William (1812) Arms & White: b. Lycoming Co. 1799, served 6 mo. in War of 1812, came to Cherry Tree vicinity fall of 1826, d. 1843

Elder, James (Rev.) ICVGR: bur. Ebenezer Presby. Cem.

Elliott, Benjamin (1812) Arms & White 370. ICVGR: bur. Armagh Presby. Cem.

Elliott, John (1812) Arms & White 428: enlisted "but peace was declared before they reached the seat of war"

Elliott, William (1812) Arms & White 428: brother of John, also enlisted but saw no action

Ewing, Alexander (1812) Arms & White 459: d. age 70, came to vicinity of McFarland's Mill 1788

Ewing, James (Rev.) ICVGR: bur. Mahoning U. P. Cem., E. Mahoning

Ewing, John (Rev.) ICVGR: bur. Ebenezer Presby. Cem. Arms & White 316: listed as John Ewing sen., pensioner Young Twp 1840 age 75.

Ewing, Robert (1812) Arms & White 459: d. about 70 yrs. old

Fair, Peter (Rev.) ICVGR: bur. Bethel Cem., Center Twp.

Ferguson, John (Rev.) Arms & White 316: pensioner age 76 Center Twp. 1840. IR Oct. 29, 1851: d. Oct. 14 in Duncansville, Pa. "in his 89th year. He was for many years a worthy citizen of this county"

Ferguson, David (1812) ICVGR: bur. Ebenezer Cem., Conemaugh Twp.

Ferrier, Amos W. (Mex.) ICVGR: bur. Manor Cem., Cherryhill Twp.

Findley, George (Rev.) ICVGR: bur. Matthews Cem. E. Wheatfield Twp. See Stephenson V - surname index.

Findley, James (1812) Arms & White 421: b. Franklin Co. 1777, assisted in building Fort Meigs, d. age 60.

Forrester, Aaron (Rev.) F.S. Helman in ICH vol. V:1 p. 37. ICVGR: bur. Bethel Cem. W. Wheatfield Twp. Marker dedicated by Indiana Co. Chap. DAR

French, Joseph (1812) IWR Apr. 14, 1857: mentioned as 1812 veteran.

Gardiner, John (Mex.) Arms & White 532: Lieutenant Co. B, 2nd Pa. Vols.

Gardiner, Robert (1812) Arms & White 532: father of James d. 1874 age 98

Gardner, James (Rev.) ICVGR: bur. Taylorsville Cem. Green Twp.

Gardner, Moses (1812) Stewart I:797

Geer, Roger (Rev.) Arms & White 366: d. Blairsville age 95

Gibson, James (1812) Arms & White 429: drowned in Lake Erie while in service

Gordon, James (Rev.) Arms & White 441: b. Ireland, among early settlers of Blacklick Twp.

Griffith, J.S. (Mex.) ICVGR: bur. Oakland Cem., Indiana

Grow, Jacob (1812) Arms & White 543: b. Franklin Co. 1792, was 18 mo. in War of 1812, moved to Pine Twp. 1840

Grow, John R. (Mex.) Arms & White 543

Hamilton, William (Rev.) ICVGR: bur. Bethel Presby. Cem. Center Twp.

Hammer, Tobias (Rev.) Arms & White 377: among early settlers of Center Twp.

Harbison, Francis (Rev.) Arms & White 504: b. near Philadelphia, was prisoner of war part of time, settled in Young Twp. 1798, d. 1823 age 65

Harmon, Andrew (Rev.) ICVGR; bur. St. John's Lutheran Cem. S. Mahoning

Harrold, Christopher (Rev.) Charles E. Held, ed. Program & Historical Souvenir Booklet, Homer City...(1932) p. 96: listed as one of nine Revolutionary veterans buried in Bethel Presby. Cem. Center Twp. ICVGR

Harrold, John (Rev.) ICVGR: bur. Hopewell Cem. Blacklick Twp.

Harrold, William (1812) IRA July 14, 1869: one of the 1812 veterans attending a meeting, age 82. ICVGR, bur. Bethel Presby. Cem., Center Twp.

Hazlett, William (1812) Arms & White 481

Henderson, Joseph (1812) Arms & White 395

Henderson, Robert (1812) Arms & White 388,395, Listed by HGSIC. IRA July 14, 1869 names him attending a meeting of 1812 veterans, age 87. Stephenson II:31. He d. Aug. 15, 1871 age 89, bur. Edgewood Cem. Saltsburg, ICVGR

Hice, George (Rev.) F.S. Helman has an extended sketch in ICH vol. I:1 p. 4 citing pension record in National Archives

✶Hicks, Jacob Giles (Rev.) Announcement of dedication of grave marker in IEG stated he was captain, 10th Pa. Regiment. Bur. old Presbyterian & U.P. Cem. ICVGR Grave marker in Memorial Park, Indiana

Hilands, Nathan (Rev.) Arms & White 517. He was b. 1749, wounded during the war, d. 1828

Hill, John (1812) Arms & White 479; d. at Battle of Chippewa. Stephenson I:258

Hill, John (1812) Arms & White 374. Captain under Gen. Harrison; later a member of Pa. House & Senate, d. 1856 age 65. Stephenson IV:316

Hood, William (Mex.) Arms & White 291; 2nd Pa. Vols. resided Bairdstown ICVGR, bur. Blairsville Cem.

Hosack, David (Rev.) ICVGR, bur. Lutheran Cem. Coral

Howard, Peter (Rev.) ICVGR, bur. Brush Valley Lutheran Cem.

Hunter, Robert (1812) Arms & White 411. He was b. 1782, d. 1856 age 75; was postmaster of Jacksonville 4 yrs.

Huston, James (Rev.) Arms & White 316; on 1840 list of pensioners, age 82 in Center Twp.

Hutchison, Cornelius (Rev.) Arms & White 316; on list of pensioners, age 84 in Wheatfield Twp. (spelled Hutcheson) F.S. Helman has sketch in ICH vol. III:l p. 22 and IV:l p. 22

Hutchison, George (Mex.) Arms & White 291 Co. d. 2nd Pa. Vols.

Hutchison, John (Rev.) ICVGR, bur. W. Union Cem. Armstrong Twp.

Hutchison, Robert (Rev.) ICVGR, bur. Hice's Cem., E. Wheatfield Cem.

Irwin, Eliphalet (Rev.) Arms & White 505. Stephenson IV:359. ICVGR, bur. Ebenezer Cem. Conemaugh Twp.

Jack, Patrick (Rev.) Arms & White 442. Captain, came to Black Lick Twp. 1789 ICVGR, bur. Ebenezer Cem., Conemaugh Twp.

Jamison, John W. (1812) Arms & White 405 states he d. in Indiana age 86 in 1851. His oldest son also served in 1812 (Arms & White 387) Stephenson IV:202

Jamieson, John (1812?) Arms & White 316 states he was a pensioner age 67 in Washington Twp. 1840

Johnston, John (1812) Arms & White 450; volunteered but the war closed before he saw active service

Jordan, Robert A. (Rev.) Arms & White 466; served throughout the entire conflict, d. 1835 age 87. Grave marker in Gilgal Cem. dedicated by DAR. Blairsville Record Mar. 18, 1835: d. at his home in Mahoning Twp. Mar. 2 in his 84th year; was in Battles of Trenton, Brandywine, Germantown & White Plains.

Justice, Peter (1812) ICVGR: bur. Gilgal Cem.

Kane, James (Rev.?) Arms & White 316; pensioner age 80 in Conemaugh Twp. 1840

Kebler, John T. (Mex.) ICVGR: bur. St. Bernard Cem., Indiana

Keely, Thomas C.M. (Mex.) Apalachian Aug. 2, 1848: he was b. in Blairsville, moved to Pittsburgh 1846, d. May 12, 1848 in Mexico. Arms & White 291 lists "Kirtland Keely". Stephenson I:614

Kelly, James (Rev.) Arms & White 136; private in Col. McGaw's regiment, Franklin Co., was in Battles of Brandywine & Monmouth and Sullivan's expedition, d. Indiana Co. 1803. Stephenson IV:71

Kelly, James (1812) Arms & White 316; pensioner age 71, Brush Valley Twp. 1840

Kelly, James M. (Mex.) Arms & White 291,308,413,522; d. in battle Mexico City Aug. 21, 1847. Stephenson IV:71

Kelly, John (Rev.) also spelled Kelley. Arms & White 432. First settler at Kelley's Station, enlisted in Lancaster Co. where he d. of camp fever.

Kelly, Patrick (Rev.) Apalachian July 19, 1848: d. July 16 in Brownstown east of Blairsville age about 90 years, bur. Catholic Cem. Blairsville. Served in Battles of Monmouth, White Plains, Paoli, Germantown, &c.

Kelly, Patrick (1812) Arms & White 409

Kelly, Pliny (Mex.) brother of James M. Kelly. Arms & White 291,308,413,522; enlisted age 17 after being twice refused, practiced law in Indiana, moved to Calif. 1849. Stephenson I:613-4; IV:106

Kelly, Robert (1812) also spelled Kelley. Arms & White 432. ICVGR, bur. Ebenezer Cem., Conemaugh Twp.

Kelly, Samuel (Rev.) Arms & White 432, brother of John, enlisted age 17; bur. Ebenezer Cem. ICVGR

Kerr, David (1812) Arms & White 433; d. Sept. 27, 1866 age 83 y. 7 mo. 27 da., bur. Edgewood Cem. Saltsburg, ICVGR

Kerr, Joseph (1812) Arms & White 486

Kifers, Henry (Rev.) Arms & White 316. Pensioner 1840 in Green Twp., age 97

Killen, Samuel (Mex.) Arms & White 291. Co. D, 2nd Pa. Volunteers

Kinter, Henry (1812) Arms & White 525. Was afterward Sheriff of Indiana Co. Stephenson IV:446. Named vice president at a State convention of 1812 veterans (IWR Feb. 28, 1860)

Kinter, John (Rev.) Arms & White 525. Father of Henry Kinter (above), enlisted three times, two months each time. Moved to Indiana Co. 1808, d. in 82nd year. Bur. Washington Presbyterian Cem., Rayne Twp. ICVGR Stephenson IV:242,447

Kinter, Peter (Rev.) Brother of John Kinter (above). Stephenson IV:447

Knott, Wilson (1812) Arms & White 362. Captain of a company raised in Indiana & Westmoreland Co., served nearly two years, d. 1856 age 67, bur. Blairsville Cem. ICVGR Stephenson IV:358

Krehn, Jacob (Mex.) ICVGR: bur. Blairsville Cem.

Kuhn, Jacob (Mex.) Arms & White 291. Co. E, 2nd Pa. Volunteers. Stephenson I:614

Kuhns, Daniel (Mex.) Arms & White 308. 2nd Pa. Volunteers, died in attack on Mexico City (name given as David Kuhns in Arms & White:291), bur. Blairsville Episcopal Cem. Stephenson I:614

Landis, S.S. (Mex.) ICVGR: bur. Oakland Cem., Indiana

Laughlin, Randall (Rev.) Sketch by F. S. Helman in ICH: I, no. 1, pp. 4,5; bur. Bethel Presbyterian Cem. ICVGR Stephenson IV:11

Lawrence, Amos (Rev.) Listed by HGSIC, also see Arms & White 362; came to Blacklick Twp. 1808. Bur. Hopewell Cem., Blacklick Twp. ICVGR

Leasure, John (Rev.) Pensioner 1840 age 76 in Mahoning Twp. (Arms & White 316). Sketch by F. S. Helman in ICH:III, no. 1, p. 21 Stephenson IV:242. Bur. Gilgal Presbyterian Cem. ICVGR

Loughry, John (1812) ICVGR: bur. Clarksburg Presby. Cem.

Loughry, Joseph (1812) Loughry Genealogy by Julia A. Jewett (1923) pp. 40,41. Was Sheriff of Indiana Co. Stephenson IV:385

Loughry, William (Rev.) Listed by HGSIC, bur. Ebenezer Presbyterian Cem. ICVGR Loughry Geneal. (above) pp. 23,24. Stephenson IV:385

Lowman, John (1812) Listed by F. S. Helman for HGSIC. ICVGR, Bur. Marion Center Cem.

Lydick, James (1812) Arms & White 462, served about 6 months.

Lydick, John (Rev.) Listed by HGSIC, bur. Memorial Park, Indiana. ICVGR Stephenson IV:310,311,622

Lyons, James (Rev.) Sketch by F. S. Helman in ICH: vol. V, no. 2, pp. 34,35

Lyons, Samuel (1812) Arms & White 433; b. Jan. 14, 1762, d. May 5, 1844 age 82, bur. Ebenezer Presbyterian Cem. ICVGR

McAnulty, John Jr. (Rev.) Arms & White 336

McAnulty, Patrick (1812) Arms & White 336. Son of John McAnulty (above). Drafted, served full time, reenlisted, served full time but did not return home. May have settled elsewhere

McCabe, Robert Adams (1812) Listed by HGSIC, bur. Blairsville Cem. ICVGR

McCartney, Joseph (Rev.) Listed by HGSIC, bur. E. Union Cem., Buffington Twp. ICVGR

McCartney, Samuel (Rev.) Listed by HGSIC, bur. old Presbyterian & U.P. Cem., Indiana, ICVGR

McComb, Allen (Rev.) Arms & White 505. Served six years and afterward located in Young Twp. b. 1748, d. 1829, bur. Ebenezer Cem., ICVGR

McComb, George (Rev. & 1812) Arms & White 412. Colonel during Revolution, brigadier general of militia, War of 1812. b. ca 1758, d. July 5, 1814, bur. Bethel Presbyterian Cem., Center Twp. Stephenson IV:395-6

McComb, James (Rev.) ICVGR: bur. Bethel Presby. Cem., Center Twp.

McCormick, Patrick (Rev.) Listed by HGSIC, bur. Lowman Cem. Brush Valley Twp. ICVGR

McCoy, Daniel (Rev.) Listed by HGSIC, bur. Oakland Cem., Indiana, ICVGR

McDonald, John (Mex.) ICVGR: bur. McDowell Cem., Green Twp.

McDonald, Thomas (Rev.) Listed by HGSIC, bur. McDowell Cem., GreenTwp. ICVGR

McFarland, John (1812) Listed by HGSIC, buried Ebenezer Presbyterian Cem. ICVGR

McFarland, William (Rev.) Listed by HGSIC, b. 1751, d. Jan. 25, 1840, bur. Ebenezer Presbyterian Cem. ICVGR

McFarland, William (1812) Arms & White 537 (Ralston)

McGarry, John (1812) Listed by HGSIC, bur. Devers Cem., Banks Twp. ICVGR

McGee, Patrick (Rev.) Arms & White 453. Sketch by F. S. Helman in ICH: vol. I, no. 1, p. 3 Soldier 3 years, prisoner of the British part of time in New York City. Bur. Oakland Cem. Indiana, ICVGR

McGee, Patrick (Rev.) ICVGR: bur. Hopewell Cem., Black Lick Twp.

McGuire, James (1812) Arms & White 501, b. 1787, d. 1858

McHenry, Isaac (Rev.) Listed by HGSIC, bur. Gilgal Presbyterian Cem. ICVGR

McHenry, William (Rev.) Arms & White 316,528. Pensioner 1840 Washington Twp. age 70

McIntire, Hugh (Rev.) Arms & White 411, d. 1836 age 82. Sketch by F. S. Helman in ICH: vol. IV, no. 1, p. 21. Bur. Bethel Presby. Cem., Center Twp. ICVGR

McKissen, James Sr. (Rev.) Arms & White 503, served "till the cessation of hostilities," d. 1838 about 90 years old.

McKissen, James Jr. (1812) Arms & White 503-04, served six months

McLain, James (Rev.) Listed by HGSIC, bur. Oakland Cem., Indiana, ICVGR

McLochhar, John (1812) Attended a meeting of veterans of War of 1812 in Indiana, age 78 (IRA July 14, 1869)

McMullen, Alexander (1812) Arms & White 408. Sergeant in a company from Franklin Co. in battles of Lundy's Lane and Chippewa; d. winter of 1863-64. Stephenson IV:335.

McMullen John (Rev.) Arms & White 408. Father of Alexander McMullen (above), settled 1790 in Centre Twp., returned to Franklin Co. due to Indian hostilities, Stephenson IV:335

McPherson, John (Br. Rev.) Arms & White 541. In Cornwallis' army, afterward settled in Buffington Twp.

McQuown, Lawrence (1812) Arms & White 492, d. 1830 age 53. Stephenson IV:549

Mabon, George (1812) Arms & White 473

Mabon, James (1812) Arms & White 473, brother of George Mabon (above) He d. Mar. 13, 1865 in S. Mahoning Twp, in 79th year (IWR Mar, 22, 1865)

Mardis, Joseph (Mex.) Arms & White 291 Co. D, 2nd Pa. Volunteers

Marshall, Archibald (Rev.) Listed by HGSIC, b. 1755, d. Nov. 24, 1832 bur. Ebenezer Cem.; ICVGR

Marshall, Scott (1812) Arms & White 433. b. May 10, 1788, d. July 28, 1864 age 76 y. 2 mo. 18 days. IWR gives date of death Mar. 13, 1865 ICVGR, bur. Clarksburg Presby. Cem.

Marshall, William (Rev.) Listed by HGSIC, bur. Ebenezer Presbyterian Cem. ICVGR

Matthews, Proody (Rev.) Listed by HGSIC, bur. Matthews Cem., E. Wheatfield, ICVGR.

Matthews, William (Mex.) Arms & White 291,308,422. Co. B, 2nd Pa. Volunteers; d. in attack on Mexico City

Merritts, George (1812) ICVGR: bur. Cramer Cem., East Wheatfield.

Miller, Samuel (1812) Listed by HGSIC & ICVGR Arms & White 511. Bur. Taylorsville

Mitchell, John (1812) Arms & White 429; in Gen. Wilkinson's army, went to New Orleans

Mitchell, Parkinson (1812) Brother of John Mitchell (above) Arms & White 429; went to New Orleans

Mitchell, Samuel (1812) Arms & White 429 (brother of John & Parkinson Mitchell) went to New Orleans

Mitchell, Samuel (Rev.) Listed by HGSIC, bur. Covode Presby. Cem., Covode ICVGR

Mogle, Caspar (1812) Arms & White 463; d. 1819 about 60 yrs. old

Montgomery, John (Rev.) Arms & White 316. Sketch by F. S. Helman in ICH III:2 p. 18 Listed by HGSIC. Stephenson IV:342-3. IEG clipping Feb. 22, 1966 and sequel. Bur. Ebenezer Cem., ICVGR.

Moorhead, Fergus (Rev.) Listed by HGSIC, bur. Oakland Cem., Indiana. ICVGR Stephenson IV:162-164

Moorhead, Joseph (Rev. or 1812?) Arms & White 316, pensioner age 72 in 1840

Moorhead, Samuel (1812) Arms & White 522 (Sloan). Son of Fergus Moorhead (above)

Moorhead, Samuel (Mex.) Arms & White 291. 2nd Pa. Volunteers

Mullen, Michael (Rev.) Listed by HGSIC, bur. Bethel Presbyterian Cem., Center Twp. ICVGR

Murphy, John (Mex.) Arms & White 537; d. Louisville, KY on way home

Myers, Benjamin (1812) Listed by HGSIC, bur. Lutheran Cem., Brush Valley Twp. ICVGR. IRA July 14, 1869: age 79

Neal, William (Rev.) Sketch by F. S. Helman in ICH vol. III:2 p. 20

Neil, John (1812) Listed by HGSIC, bur. Bethel Presbyterian Cem., Center Twp. ICVGR

Neil, Thomas (Rev.) Arms & White 316. Pensioner age 78 Mahoning Twp. 1840

Nesbit, Nathaniel (1812) Listed by HGSIC, bur. Conemaugh Cem., Conemaugh Twp. ICVGR Arms & White 435, b. Jan. 7, 1792. IRA July 14, 1869: age 78

North, John (1812) Arms & White 466. One year's service, detailed to work at DuPont powder works

Oliver, James (1812) Arms & White 434-5,509 (Coleman); d. 1865 age 89

Oliver, Matthew (1812) Arms & White 435

O'Neil, Timothy (Rev.) Listed by HGSIC, d. Dec. 29, 1816, bur. place unknown

Palmer, Mathias (Mex.) Arms & White 291,308; d. in attack on Mexico City Co. B, 2nd Pa. Volunteers

Patterson, _____ (Mex.) Apalachian Mar. 15, 1848: a volunteer from Armagh neighborhood, d. Jan. 9 in hospital.

Pattison, Alexander (1812) Listed by HGSIC, bur. W. Union Cem. ICVGR

Pearce, Job (Rev.) Arms & White 316. Pensioner Montgomery Twp, 1840, age 88

Peelor, David (Rev.) ICVGR: bur. Peelor Farm, Armstrong Twp.

Pifer, Conrad (Mex.) Marion Center Independent Jan. 20, 1911: veteran of Mexican & Civil War, "the only soldier of these two conflicts in the county." Enlisted at Columbia, Pa. at age 19 in 1846, placed in a Virginia regiment; d. Jan. 14, 1911 in 85th year, bur. Pine Grove Cem., Richmond, Pa.

Pilson, John (Rev.) Listed by HGSIC, bur. Oakland Cem., Indiana, ICVGR

Porter, Robert W. (1812) Listed by HGSIC & ICVGR, bur. Gilgal Cem., E. Mahoning Twp.

Porucker, Alvin F. (Mex.) ICVGR: bur. Edgewood Cem., Saltsburg

Potts, Samuel (Mex.) ICVGR: bur. Armagh Cem.

Ralston, David (1812) Arms & White 537

Rankin, Matthew (Rev.) Listed by HGSIC, bur. W. Union Cem. ICVGR

Rankin, William (Rev.) Arms & White 487, d. 1823 age 80

Ray, Hugh (1812) Arms & White 451

Repine, Christopher (1812) ICVGR: bur. Bethel Cem., Center Twp.

Ressler, N.A. (Mex.) ICVGR: bur. Armagh Cem.

Rice, Conrad (Rev.) Sketch by F. S. Helman in ICH vol. I:1 p. 53. Lancaster County militia. Bur. Memorial Park, Indiana, ICVGR

Roberts, Milton (Mex.) Returned to Indiana Apr. 17, 1848 (Apalachian Apr. 19, 1848)

Robinson, Irwin (Rev.) Arms & White 470 "wounded severely with buckshot," d. age 70

Robinson, John (1812) Listed by HGSIC, bur. U.P. Cem., Shelocta ICVGR

Rodgers, Robert (Rev.) 8th Company, 3d Battalion, Cumberland Co. militia 1780 (Stewart I: 674)

Ruffner, Henry W. (Rev. & 1812) Listed by HGSIC & ICVGR, bur. old Fairview Cem., Grant Twp.

Schnetberg, Henry (Mex.) Arms & White 291,343; b. 1802 Germany. Corporal "American Highlanders," Co. B, 2nd Pa. Volunteers. Served in Pa. militia for defense of State during Civil War. Engaged in 20 skirmishes and two battles during Mex. War. At Chapultepec a piece of shell cut an ugly gash on his face (ICG May 22, 1901), d. May 21, 1901 Bur. St. Bernard Cem., Indiana. ICVGR

Sents, John (1812) ICVGR: bur. Bethel U.P. Cem., Brushvalley Twp.

Shields, John (Rev.) Sketch in F. S. Helman ICH vol. I:1 p. 19, bur. Washington Cem., Rayne Twp. ICVGR Arms & White 410.

Shields, John (1812) Arms & White 447

Shields, James (Rev.) Sketch by F. S. Helman in ICH vol. I:1 p. 3. Arms & White 467. Served 6 1/2 years "wounded in both arms and a leg," d. 1847 "lacking one day of being 115 years of age." Pensioner Mahoning Twp. 1840 age 101. Denied a vote 1844 due to neglect of assessor, age about 107 (Indiana Republican Nov. 6, 1844)

Shoef, John (Mex.) Arms & White 291

Simpson, Isaac (1812) Arms & White 517, d. 1879 age 89

Simpson, Levi (1812) Listed by HGSIC & ICVGR, bur. Covode Presbyterian Cem.

Simpson, James (Rev.) ICVGR: bur. Harmony Cem., Cherryhill Twp.

Smith, James (Rev.) Listed by HGSIC, bur. Bethel Presbyterian Cem., Center Twp. ICVGR

Smith, John (Rev.) Listed by HGSIC, bur. on farm near Mahoning Cem. "Engraved powder horn carried in the Revolutionary War by John Smith" exhibited by Henry Hall (Catalogue of the Loan Exhibition (1881), item 312)

Smith, Richard W. (Rev.) Arms & White 499 "claimed to have carried papers for General Washington, but was a boy too young for enlistment." d. 1849 age about 84. Known as "Quaker Smith", b. NJ, came to Indiana Co. (Green Twp.) 1824

Smith, William (Rev.) Arms & White 339, located Center Twp. 1772, d. 1822. Stephenson I:99.

Spires, Joseph (1812) Listed by HGSIC, bur. Hopewell Cem., Blacklick Twp. ICVGR. IRA July 14, 1869: age 80

Stephens, Samuel (1812) Arms & White 541, d. age 72 in State of Indiana

Stewart, Charles & John (Br. Rev.) Arms & White 541, served in army of Lord Cornwallis, settled afterward in Buffington Twp. John Stewart d. 1844 age 92

Stewart, David (1812) Arms & White 514, served in Southern campaign

Stewart, James (1812) Arms & White 514, served in Northwest under Gen. Harrison, promoted to lieutenant. Known as "Moccasin Jimmie", d. 1858, bur. Harmony Cem. near Penn Run. ICVGR Brother of David Stewart (above)

Stuchal, Abraham (1812) Arms & White 459

Stuchal, Christopher (1812) Arms & White 459 (brother of Abraham Stuchal above)

Sutton, Peter (Rev.) Sketch by F. S. Helman in ICH vol. III:1 p. 20

Taylor, Alexander (Rev.) Arms & White 523, resided SW of Indiana (4 1/2 mi.), moved to Bedford Co. where he d. Mar. 8, 1815 age 59.

Taylor, John (1812) Arms & White 372, drafted but did not see active service

Thompson, John (Rev.) Listed by HGSIC, bur. Washington Cem., Rayne Twp. ICVGR Arms & White 525, served five years, known as "Blockhouse" John, d. 1838 age 77.

Thompson, John (1812) Arms & White 525, served 6 mo.

Thompson, Joseph B. (1812) Listed by HGSIC, bur. Curry Run Cem. ICVGR. IRA July 14, 1869: age 80

Thompson, Thomas (1812) Arms & White 525, served 6 mo., d. in FL (bro. of John above)

Tincom, John L. (Mex.) Arms & White 291. Co. B, 2nd Pa. Volunteers, promoted to drum major. Apalachian Dec. 1, 1847: From Armagh, returned home Nov. 26 Bur. Armagh Presbyterian Cem.

√Todd, William (Mex.) Arms & White 291. In Cambria Guards, distinguished himself at Chapultepec (Apalachian Apr. 19, 1848), Honored at a dinner in Indiana (Apalachian Aug. 16, 1848) ICG Aug. 2, 1899: "first man over the wall when the City of Mexico capitulated." ICVGR, bur. Oakland Cem., Indiana

Trimble, George (Rev.) Listed by HGSIC, bur. Greenwood Cem., Indiana

Uncapher, Israel (Mex.) Honored at a dinner in Saltsburg (Apalachian Aug. 2, 1848) His diary cited in W. Pa. Historical Magazine 24:2 pp. 101-126

Van Horn, Alexander (1812) Listed by HGSIC, bur. Presbyterian Cem., Blairsville? Arms & White 479 ICVGR has bur. Armagh Presby. Cem

Van Horn, Isaiah (Rev.) Arms & White 316,479. Pensioner Mahoning Twp. age 80 in 1840. Came to W. Wheatfield Twp. ca 1796-97 and to E. Mahoning Twp. 1804, bur. Gilgal Presbyterian Cem. ICVGR

Wakefield, Thomas (Rev.) Listed by HGSIC, bur. Gamble Cem., W. Wheatfield Twp. ICVGR

Walker, Benjamin (Rev.) Listed by HGSIC, bur. W. Union Cem., Armstrong Twp. ICVGR

Wallace, Ephraim (Rev.) PA (5) V:118: served in Bedford Co. militia
Wallace, Hugh (1812) Listed by HGSIC, bur. Blairsville Cem. ICVGR
Warner, Peter (Rev.) Listed by HGSIC, bur. Sherman farm, Banks Twp.
Weaver, Solomon (1812) Stewart I:538
Weaver, William (1812) Arms & White 474, moved to S. Mahoning Twp. 1824
Weir, Robert (Rev.) Arms & White 456, came to Loyal Run, Brush Valley Twp. about beginning of Revolution, entered army 1777 until end of war, was recruiting sergeant last two years, d. 1823.
White, William (Rev.) Arms & White 316. Pensioner age 84 Montgomery Twp. 1840
Wiggins, John (1812) Arms & White 516
Wilkinson, Edward Mott (Rev.) Listed by HGSIC, bur. Blairsville Cem. ICVGR Arms & White 316,366. Pensioner age 75 in Blairsville 1840; located in Indiana Co. 1816
Wilkinson, Mark (Rev.) Arms & White 372, b. Hartford CT 1760, came to Blacklick Twp. 1819, d. 1856
Williams, Benoni (1812) Arms & White 454, captain of a company he recruited in Indiana Co., served about a year
Wilson, James (Mex.) Arms & White 369, died while serving as a wagon master
Wilson, John (Rev.) Arms & White 522, was "one of Washington's life guards for three years". Moved to White Twp. 1795, d. 1827 age 70. "Haversack carried by John Wilson, member of Gen. Washington's staff 5 yrs" exhibited by Mrs. R. S. Stewart of Indiana (Catalogue of the Loan Exhibition 1881, p. 13, item 171) Bullet pouch & haversack and "Continental currency with which John Wilson was paid for his services during the Revolution" exhibited by R. E. & R. W. Allison (Catalogue op. cit. p. 46, items 24,25,26) Jewett (Genealogy of the Loughry Family 1923 p. 37) "tradition says as one of Gen. Washington's life guards for 3 years" Bur. Memorial Park, Indiana, ICVGR.
Wilson, Robert (Rev.) Listed by HGSIC, bur. Ebenezer Presbyterian Cem., Conemaugh Twp. ICVGR
Wise, William W. (Mex.) Letter published in Apalachian Mar. 15, 1848. Honored at a dinner in Indiana (Apalachian Aug. 16, 1848) IR Feb. 10, 1847: letter published dated Feb. 10, 1847, published a newspaper at Gen. Winfield Scott's headquarters. b. Greensburg Apr. 27, 1827, at age 14, learned printing trade in Indiana, after Mex. War located in Brookville, Pa. Enlisted for Civil War, d. Stone River, TN Dec. 1862. Prominent as lawyer, member Pa. legislature.
Wise, Simon (Mex.) Arms & White 291
Woodend, John (1812) Attended meeting of 1812 veterans in Indiana, age 84 (IRA July 14, 1869). Arms & White 433, d. May 25, 1875 age 89 yrs., 4 mo., 13 da., bur. lot 69, Edgewood Cem., Saltsburg. ICVGR Obit. in IP June 3, 1875.

Woods, Fullerton (1812) ICVGR: bur. Bethel Cem., Center Twp.
Work, John (Rev.) Listed by HGSIC, bur. Gilgal Cem., E. Mahoning Twp. ICVGR Sketch by F. S. Helman in ICH vol. I:1 p. 53
Work, William (Rev.) Listed by HGSIC, bur. Gilgal Cem. ICVGR Sketch by F. S. Helman in ICH vol. IV:2 p. 23

SPANISH-AMERICAN WAR VETERANS BURIED IN INDIANA COUNTY

Adams, Zenas	Blairsville Cem.
Agey, Frank S.	Greenwood Cem. (Indiana)
Akins, Oliver C.	Edgewood Cem., Saltsburg
Anderson, Baird N.	Oakland Cem. (Indiana)
Ayers, Walter H.	Greenwood Cem. (Indiana)
Baker, James Roy	Blairsville Cem.
Barrett, Harry M.	Smicksburg Union (W. Mahoning) Cem.
Bartlebaugh, Clark	Mahoning U. P. (E. Mahoning) Cem.
Betts, Lemon M.	Blairsville Cem.
Blakley, Joseph A. Jr.	Oakland Cem. (Indiana)
Boucher, Taylor H.	Cookport Methodist Cem. (Green)
Bridge, Edward G.	Blairsville Cem.
Buchanan, Joseph B.	Greenwood Cem. (Indiana)
Byrne, Peter J. (also World War I)	Blairsville Cem.
Cameron, Thomas B.	Isabella or Climax (W. Wheatfield)
Campbell, George Westley	Blairsville Cem.
Clark, Charles B.	Pine Cem. (Canoe)
Clark, Morrison C.	Cookport Methodist Cem.
Clawson, Ellis R.	Blairsville Cem.
Clawson, Harry S.	Oakland Cem. (Indiana)
Coleman, William Edgar	Oakland Cem.
Coleman, William S.	Blairsville Cem.
Curry, Jesse Snyder	Blairsville Cem.
Collins, Thomas R. (also World War I)	West Lebanon Cem. (Young)
Davis, Clarence C.	Oakland Cem. (Indiana)
Davis, George M.	Oakland Cem.
DeVinney, Albert O.	Blairsville Cem.
Dickey, William H.	Harmony Cem. (Cherryhill)
Dixon, Edward E.	Blairsville Cem.
Donahoe, George E.	Two Lick Baptist Cem. (Green)
Daugherty, David Newton	Oakland Cem. (Indiana)
Daugherty, Louis Gilbert	Blairsville Cem.
Drummond, John P.	Edgewood Cem., Saltsburg
Dunlap, Edwin David	Blairsville Cem.
Earhart, Harry W.	Oakland Cem. (Indiana)
Elkin, William Francis	Greenwood Cem. (Indiana)
Fails, Harry S.	Oakland Cem.
Fee, Harry W.	Greenwood Cem.
Feeney, Patrick J.	Harmony Grove Cem. (Washington)
Feit, George Johnston	Oakland Cem.

Fetterman, Ira Green	McDowell Cem. (Green)
Fetterman, James M.	East Mahoning Baptist Cem. (Grant)
Fleming, Horace F.	Cookport Methodist Cem.
Fleming, James A.	Oakland Cem. (Indiana)
Flynn, Michael John	Blairsville Cem.
Forsha, Addison G.	Blairsville Cem.
Fox, David S.	Greenwood Cem. (Indiana)
George, David H.	Oakland Cem.
George, Herbert C.	Blairsville Cem.
George, James Henry	Oakland Cem.
Glenn, Frank D.	Blairsville Cem.
Gorman, John T.	St. Bernard Cem. (Indiana)
Gray, Charles A.	Blairsville Cem.
Gray, Christopher H.	Blairsville Cem.
Hammers, James S. (also World War I)	Oakland Cem. (Indiana)
Harkcom, Harry L.	Blairsville Cem.
Hill, Don J.	Greenwood Cem. (Indiana)
Huston, Augustus E.	Coral Lutheran Cem. (Center)
Jack, James P.	Ebenezer Cem. (Conemaugh)
Jamison, William F.	Greenwood Cem. (Indiana)
Kauffman, James F.	Greenwood Cem.
Kelly, James	Blairsville Cem.
Kerr, Harry W.	Blairsville Cem.
Kerr, John M.	Greenwood Cem.
Kerr, Steele H.	Greenwood Cem.
Kunkle, Michael F.	Greenwood Cem.
Langham, Robert Wilson	Oakland Cem. (Indiana)
Lemmon, John Cannon	Pine Grove Cem. (Canoe)
Lewis, John	Pine Grove or Urey (Banks)
Lichtenfels, Harvey M.	Lutheran Cem. (W. Wheatfield)
Livingston, Charles Frank	Blairsville Cem.
Long, Hays	Oakland Cem.
Lower, David C.	Greenwood Cem. (Indiana)
Lydick, Harry S.	Gilgal Cem. (E. Mahoning)
McCarthy, William	Blairsville Cem.
McClaran, Harry M.	Oakland Cem. (Indiana)
McClaron (McClaran?), Rome V.	Edgewood Cem. (Saltsburg)
McClung, Nathan Boyd	Blairsville Cem.
McCoy, Robert Milton	Pine Flats Cem. (Green)
McCune, Philip B.	Blairsville Cem.
McFarland, Joseph R.	Devers Cem. (Banks)
McFeaters, William A.	Blairsville Cem.

McHenry, George T.	Greenwood Cem. (Indiana)
McLain, Charles C.	Oakland Cem. (Indiana)
(also World War I)	
McLaughlin, Frank W.	Washington Cem. (Rayne)
McQueeney, Michael Patrick	Laurel Swamp Cem. (Cherryhill)
Mahan, William Meade	Greenwood Cem.
Mardis, Jackson	Pineland Cem. (Pine)
Marshall, John R.	Oakland Cem. (Indiana)
Mikesell, Ira B.	Oakland Cem.
Monroe, Robert J.	Blairsville Cem.
Moorhead, Alexander Ralph	Oakland Cem.
Muir Frank H.	Blairsville Cem.
Mull, Timothy	Oakland Cem.
Myers, John W.	Greenwood Cem. (Indiana)
Neil, Clarence R.	Blairsville Cem.
Nesbit, Arthur L.	Blairsville Cem.
Nupp, Irvin H.	East Mahoning Baptist Cem. (Grant)
Nupp, Orren O.	East Mahoning Baptist Cem. (Grant)
Ogden, Joseph Clark	Oakland Cem. (Indiana)
Palmer, Mellville Mack	Armagh Cem.
(also World War I)	
Patrick, William O.	Blairsville Cem.
Patterson, Harry C.W.	Edgewood Cem. (Saltsburg)
Pearce, Reese B.	Blairsville Cem.
Peelor, David O.	Oakland Cem. (Indiana)
Perin, Benjamin F.	Blairsville Cem.
Pierce, John M.	Greenwood Cem. (Indiana)
Prothero, Charles Gilbert	Oakland Cem.
Reager, Samuel S.	Blairsville Cem.
Reed, J. Clark	Blairsville Cem.
Reed, Walter A.	Oakland Cem.
Reed, William G.	Blairsville Cem.
Repine, Charles Bertram	Greenwood Cem.
Robertson, Hugh	Robertson Cem. (Brush Valley)
Robertson, Hugh E.	Robertson Cem.
Rodgers, Robert H.	Armagh Cem.
Ruffner, Lewis B.	Dunkard-Ruffner Cem. (Rayne)
Russell, Arthur J.	Oakland Cem. (Indiana)
St. Clair, Vergie	Blairsville Cem.
Shannon, Wesley M.	Greenwood Cem. (Indiana)
Sharp, Wilmer A.	Oakland Cem
Shaw, Charles A.	Oakland Cem.
Shertzinger, Joseph F.	Oakland Cem.
Smith, Absalom Woodward	Blairsville Cem.

Smitten, Archibald T.	Mahoning Union Cem. (N. Mahoning)
Sneed, Samuel B.	Armagh Cem.
Sowers, Fred M.	Blairsville Cem.
Sprankle, John M.	Oakland Cem. (Indiana)
Stewart, Grace Miller	Oakland Cem.
Stewart, Harry Miles	Oakland Cem.
Stiffler, Charles H.	McDowell Cem. (Green)
Stonebraker, William F.	Greenwood Cem. (Indiana)
Streams, Harry B.	Greenwood Cem.
Stuchell, Matthew R.	Oakland Cem. (Indiana)
Tart, William Sr.	Greenwood Cem.
Taylor, James W.	Edgewood Cem. (Saltsburg)
Taylor, Royden J.	Oakland Cem.
Thompson, Benton R.	Marion Center Cem.
Van Horn, George P.	Gilgal Cem. (E. Mahoning)
Wakefield, George W.	Blairsville Cem.
Walker, Israel Thomas	Oakland Cem.
Ward, Thomas F.	St. Bernard Cem. (Indiana)
Washington, Jake	Grove Chapel Cem. (Rayne)
Weston, Avery	Beracha Cem. (S. Mahoning)
Wetzel, Lewis G.	Marion Center Cem.
Wherry, Paul	Oakland Cem. (Indiana)
White, Joseph Campbell	Oakland Cem.
Wiley, Hugh R.	Blairsville Cem.
Williams, Henry C.	Oakland Cem.
Wilson, John D.	Greenwood Cem. (Indiana)
Wolford, Harvey Leslie	Blairsville Cem.
Work, Edson L.	Mahoning U. P. Cem. (E. Mahoning)

FIRST WORLD WAR VETERANS BURIED IN INDIANA COUNTY
(Name, cemetery and location by town and/or township)

Adams, Clarence Kerchifu	Greenwood Cem., Indiana
Erwin Z.	Cookport Methodist Cem., Green Twp.
Joseph	St. Bernard Cem., Indiana
Adamski, John	St. Bernard Cem., Indiana
Adamson, Silas M.	Oakland Cem., Indiana
Agnello, Salvatore	Oakland Cem., Indiana
Airgood, Clyde	Union Cem., Canoe Twp.
Alexander, May L.	Blairsville/SS Simon & Jude Cem.
Allen, Stanley Perry	Mechanicsburg United Methodist Cem. Brushvalley Twp.
Allison, Claude Stanley	Greenwood Cem., Indiana

Altemus, Hugh M.	Pineland Cem., Pine Twp.
Anderson, Thomas Nelson	Blairsville/SS Simon & Jude Cem.
Angelini, Nicola	St. Matthew Cem., Saltsburg
Ankeny, Ross Harry	Oakland Cem., Indiana
Antolini, Pietro	Blairsville/SS Simon & Jude Cem.
Arbuckle, Donald B.	Beracha Cem., South Mahoning Twp.
Archibald, Andrew	Oakland Cem., Indiana
Archcavage, Davis B.	Pine Vale Cem., Grant Twp.
Attwood, Charles L.	Armagh Cem.
Aul, Charles L.	Gilgal Cem., East Mahoning
Ayers, Albert F.	Mt. Tabor Cem., West Wheatfield Twp.
Axe, Raymond C	Blairsville/SS Simon & Jude Cem.
Ruben J.	Blairsville/SS Simon & Jude Cem.
Bagley, Clarence R.	Greenwood Cem., Indiana
Bair, Charles Leroy	Fairview Cem., Canoe Twp.
Harrison Merle	Oakland Cem., Indiana
James Howard	Edgewood Cem., Saltsburg
Baker, Edgar Frank	Blairsville/SS Simon & Jude Cem.
Walter	Nowrytown Cem., Conemaugh Twp.
William Harvey	Edgewood Cem., Saltsburg
William R.	Greenwood Cem., Indiana
Banks, Guy Arnold	Oakland Cem., Indiana
Barclay, Frank L.	Greenwood Cem., Indiana
Paul M.	Blairsville/SS Simon & Jude Cem.
Barriss, Chris	Oakland Cem., Indiana
Barry, Floyd E.	Greenwood Cem., Indiana
Bartlebaugh, Clyde M.	Rowley Cem., Montgomery Twp.
Barton, William H.	Blairsville/SS Simon & Jude Cem.
Bates, Harry N.	Oakland Cem., Indiana
Bath, Clarence R.	Oakland Cem., Indiana
Walter C.	Oakland Cem., Indiana
Baum, Clair V.	IOOF & Citizens Cem., Montgomery Twp. (Cherry Tree)
Baun, Homer Ward	Pine Cem., Canoe Twp.
Bayler, Edwin L.	Blairsville/SS Simon & Jude Cem.
Beacom, Robert Z.	Blairsville/SS Simon & Jude Cem.
Bearinger, Samuel L.	Greenwood Cem., Indiana
Beatty, Donald Caldwell	Marion Center Cem.
Ralph Francis	Blairsville/SS Simon & Jude Cem.
Beck, Harry McKinley	Greenwood Cem., Indiana
William E.	Greenwood Cem., Indiana
Beer, Clair A.	Grove Chapel Cem., Rayne Twp.

Bennett, Edward B.   Oakland Cem., Indiana
     Henry A.   Bethel Cem., East Wheatfield Twp.
     Roland D.   Oakland Cem., Indiana
Benny, Robert   IOOF & Citizens Cem., Montgomery Twp.
Bergmen, Augnstus B.   Blairsville/SS Simon & Jude Cem.
     Gilbert R.   Blairsville/SS Simon & Jude Cem.
     Robert H.   Blairsville/SS Simon & Jude Cem.
Berringer, Clark R.   Cookport Methodist Cem., Green Twp.
     Clark R.   Uniontown Cem., Green Twp.
     Dean A.   McDowell Cem., Green Twp.
Beveridge, James   Harmony Cem., Cherryhill Twp.
Billings, Sheldon D.   Rowley Cem., Montgomery Twp.
Black, Walter D.   Gilgal Cem., East Mahoning Twp.
Blakely, Charles Clyde   Blairsville/SS Simon & Jude Cem.
Blose, Murray R.   Rowley Cem., Montgomery Twp.
Bocco, Rocco   Blairsville/SS Simon & Jude Cem.
Boch, Charles Paul   Blairsville/SS Simon & Jude Cem.
Bolvin, Marlin   Greenwood Cem., Indiana
Bonarrigo, Domenico   St. Bernard Cem., Indiana
Booth, William West   Oakland Cem., Indiana
Boring, Steele R.   Bethel Cem., West Wheatfield
Borland, Edgar C.   Greenwood Cem., Indiana
Boroski, Joseph P.   St. Matthew Cem., Saltsburg
Bothel, Lawrence A.   Blairsville/SS Simon & Jude Cem.
Boucher, Paul   Greenwood Cem., Indiana
Bowers, Elmer E.   Luther Cem., West Wheatfield
     Isaac Clinton   Harmony Cem., Cherryhill Twp.
Boyer, Calvin M.   Oakland Cem., Indiana
Bratten, William B.   Blairsville/SS Simon & Jude Cem.
Braughler, Brook R.   Oakland Cem., Indiana
Brenizer, Clarence S.   Blairsville/SS Simon & Jude Cem.
Breth, Carlisle   IOOF & Citizens Cem., Montgomery Twp. (Cherry Tree)

Brett, James H.   Lutheran Cem., Montgomery Twp.
Brickell, Charles   Rowley Cem., Mongomery Twp.
     George R.   Brickell Cem., Banks Twp.
     Howard Austin   Fry Cem., Banks Twp.
Bridge, Allen D.   Coral Lutheran Cem., Center Twp.
     Clark S.   Blairsville/SS Simon & Jude Cem.
Brinker, Clarence C.   Armagh Cem.
Brougher, E. C.   Blairsville/SS Simon & Jude Cem.

Brown, Apalonius McKinley	Manor Cem., Cherryhill Twp.
David W.	Greenwood Cem., Indiana
Paul	Blairsville/SS Simon & Jude Cem.
William N.	Greenwood Cem., Indiana
William T.	Greenwood Cem., Indiana
Brubaker, Richard Leroy	Blairsville/SS Simon & Jude Cem.
Buch, Joseph Anthony	Blairsville/SS Simon & Jude Cem.
Buchanan, Charles A.	Greenwood Cem., Indiana
Walter B.	Greenwood Cem., Indiana
William Paul	Oakland Cem., Indiana
Buntin Alex O.	Greenwood Cem., Indiana
Burgan, Clarence H.	IOOF & Citizens Cem., Cherry Tree
Burkett, Roy J.	Germany Cem., West Wheatfield Twp.
Bush, Arthur K.	Covode Presbyterian Cem., N. Mahoning
Busi, Carlo	St. Matthew Cem., Saltsburg
Buterbaugh, Howard B.	Greenwood Cem., Indiana
Mack H.	Greenwood Cem., Indiana
Ward H.	Shiloh Cem., Grant Twp.
Butterbaugh, William Dean	East Mahoning Baptist Cem., Grant Twp.
Byers, David	Oakland Cem., Indiana
Dwight K.	Oakland Cem., Indiana
Raymond	Oakland Cem., Indiana
Terrence O.	Oakland Cem., Indiana
Byrne, Peter J.	Blairsville/SS Simon & Jude Cem.
(also Span.-Amer. War)	
Robert D.	Greenwood Cem., Indiana
Cable, Arthur S.	Germany Cem., West Wheatfield
Cain, Francis L.	Greenwood Cem., Indiana
Caldwell, Samuel C.	Greenwood Cem., Indiana
William Freed	Greenwood Cem., Indiana
Calhoun, Franklin E.	Ebenezer Cem., Conemaugh Twp.
Campagna, Angelo	Blairsville/SS Simon & Jude Twp.
Campbell, Floy L.	Greenwood Cem., Indiana
Harry Lester	Greenwood Cem., Indiana
James E.	Oakland Cem., Indiana
Paul H.	Coral Lutheran Cem., Center Twp.
Scott	Oakland Cem., Indiana
Carnahan, Earl	Oakland Cem., Indiana
Robert B.	Greenwood Cem., Indiana
Carney, Oakey C.	Greenwood Cem., Indiana
Samuel M.	Union Cem., Armstrong Twp.
William L.	Greenwood Cem., Indiana
Caulfield, Charles	Blairsville/SS Simon & Jude Cem.
Chapman, John Henry	Greenwood Cem., Indiana

Charlton, John Jr.	Greenwood Cem., Indiana
Chespa, Joseph "Guiseppe"	Blairsville/SS Simon & Jude Cem.
Ciocco, Felice	St. Matthew Cem., Saltsburg
Clark, Luther Steele	Thompson Cem., Montgomery Twp.
William G.	Spruce Cem., Cherryhill Twp.
Clawson, Albert Howard	Oakland Cem., Indiana
Bert Wilbert	Oakland Cem., Indiana
Ernest M.	Greenwood Cem., Indiana
James S.	Oakland Cem., Indiana
John G.	Oakland Cem., Indiana
John M.	Oakland Cem., Indiana
Norman	Oakland Cem., Indiana
Clevenger, John R.	Lutheran Cem., Brush Valley Twp.
Coad, Frank Miller	Blairsville/SS Simon & Jude Twp.
Coalmer, Harman	Fry Cem., Banks Twp.
Coates, William	Edgewood Cem., Saltsburg
Cochran, Neil M.	Bethel Cem., West Wheatfield
Colgan, John W.	Pine Grove Cem., Canoe Twp.
Collins, Thomas R. (also Span.-Amer. War)	West Lebanon Cem., Young Twp.
Colton, Russell Smith	Oakland Cem., Indiana
Compton, Clarence B.	Oakland Cem., Indian
Frank W.	Oakland Cem., Indiana
Connelly, William J.	St. Patrick's Cem., Pine Twp.
Conrath, Elmer T.	Greenwood Cem., Indiana
Cook, George W.	Greenwood Cem., Indiana
Cooper, William H.	Greenwood Cem., Indiana
Cordes, John William	Blairsville/SS Simon & Jude Cem.
Corey, John C.	St. Bernard Cem., Indiana
Costello, John E.	Coral Lutheran Cem., Center Twp.
Coy, Henry Theodore	Harmony Cem., Cherryhill Twp.
Logan W.	Edgewood Cem., Saltsburg
Craig, John M.	Armagh Cem.
Karl M.	Marion Center Cem.
Cramer, Cyrus G.	Georgeville Methodist Cem., East Mahoning Twp.
Crandall, Jack B.	Greenwood Cem., Indiana
Crawford,	
Frederick McDonald	Oakland Cem., Indiana
George Earl	Pine Grove Cem., Canoe Twp.
Harry C.	Blairsville/SS Simon & Jude Cem.
Jacob C.	Blairsville/SS Simon & Jude Cem.
Crilley, Edward	Oakland Cem., Indiana
Critzer, John Wilfred	Greenwood Cem., Indiana

Crookshank, John William	Edgewood Cem., Saltsburg
Crusan, Harry A.	Coral Lutheran Cem., Center Twp.
Crowinsky, George	Sample Run Cem., Cherryhill Twp. near Clymer
Cummings, George D.	Oakland Cem., Indiana
John Elmer	Blairsville/SS Simon & Jude Cem.
Cunningham, George Smith	Blairsville/SS Simon & Jude Cem.
Curtis, George William	Blairsville/SS Simon & Jude Cem.
James Oliver	Blairsville/SS Simon & Jude Cem.
Davidson, Francis	Greenwood Cem., Indiana
William	Greenwood Cem., Indiana
Davis, Medus Monroe	Oakland Cem., Indiana
William	Oakland Cem., Indiana
Deemer, William C.	Greenwood Cem., Indiana
DeHaven, Cline W.	Grove Chapel Cem., Rayne Twp.
DeLuca, Nick	St. Matthew Cem., Saltsburg
Depp, Duff	Round Top Cem., North Mahoning Twp.
DeSabato, Guy L.	Blairsville/SS Simon & Jude Cem.
Detorre, Nick A.	Blairsville/SS Simon & Jude Cem.
Detwiler, Dallas E.	Spruce Cem., Cherryhill Twp.
Deyarmin, Manuel Edgar	Thompson Cem., Montgomery Twp.
Dias, Allen Brion	Armagh Cem.
Milward I.	Germany Cem., West Wheatfield Twp.
Dickey, Russell O.	Greenwood Cem., Indiana
Diebler, Otis L.	Greenwood Cem., Indiana
Dillen, Norman F.	West Union Cem., Armstrong Twp.
Dinsmore, Emmet	Oakland Cem., Indiana
Dipaolo, Antonio	Coral Lutheran Cem., Center Twp.
Dixon, Harry Boyd	Blairsville/SS Simon & Jude Cem.
Ivan N.	Blairsville/SS Simon & Jude Cem.
Joseph Laird	Blairsville/SS Simon & Jude Cem.
Dodson, Frank Edward	Oakland Cem., Indiana
Oscar C.	Blairsville/SS Simon & Jude Cem.
Russell E.	Blacklick Cem., Buffington Twp.
Donahey, Heber D.	Taylorsville Cem., Green Twp.
Donahue, James B.	St. Patrick's Cem., Pine Twp.
Donald, John Karl	Greenwood Cem., Indiana
Donehue, William F.	Oakland Cem., Indiana
Douglass, Clarence W.	Greenwood Cem., Indiana
John I.	Blairsville/SS Simon & Jude Cem.
Newell M.	Oakland Cem., Indiana
Doyle, John J.	St. Bernard Cem., Indiana
Drummond, George	North Point Cem., West Mahoning Twp.
Dudinak, John	Coral Lutheran Cem., Center Twp.

Duncan, Andrew J. Jr.	Blairsville/SS Simon & Jude Cem.
David	Oakland Cem., Indiana
Norman L.	Greenwood Cem., Indiana
Robert P.	Blairsville/SS Simon & Jude Cem.
William H.	Blairsville/SS Simon & Jude Cem.
Dunlap, Lawrence Clyde	Montgomery Cem., Grant Twp.
Dunlop, James R.	Union Cem., Canoe Twp.
Dunmire, Robert Blair	Union Cem., N. Mahoning Twp.
Eales, Thomas F.	Blairsville/SS Simon & Jude Cem.
Earhart, Earl Melvin	Edgewood Cem., Saltsburg
Eastlack, Joseph O.	Mahoning Baptist Cem., S. Mahoning Twp.
Eckert, Paul M.	Oakland Cem., Indiana
Edmiston, Howard P.	Oakland Cem., Indiana
Edwards, Homer R.	Smicksburg Methoodist Cem., W. Mahoning Twp.
Elder, Dewey C. (also World War II)	Devers Cem., Banks Twp.
Elgin, George Wilbert	Oakland Cem., Indiana
Elle, Albert	Marion Center Cem.
Elliott, Alexander S.	Armagh Cem.
Clair W.	Oakland Cem., Indiana
Ellis, Joseph Henry	Oakland Cem., Indiana
Empfield, Edgar F.	Blairsville/SS Simon & Jude Cem.
Harry A.	Blairsville/SS Simon & Jude Cem.
Erhard, Ernest Lewis	Armagh Cem.
Erickson, John Alvin	Oakland Cem., Indiana
Oscar	St. John's Lutheran Cem., S. Mahoning Twp.
Ernest, John W.	Edgewood Cem., Saltsburg
Esachina, Paul	Blairsville/SS Simon & Jude Cem.
Everett, John William	Pine Grove or Urey Cem., Banks Twp.
Ewing, Charles	Lutheran Cem., Brush Valley Twp.
Charles Raymond	Ridgeview Cem., Young Twp.
Facemyer, Joseph	St. John's Lutheran Cem., S. Mahoning Twp.
Faipler, Alfred L.	Union Cem., Canoe Twp.
Fair, James Mertred	Sample run Cem., Cherryhill Twp. near Clymer
Fairley, John B.	Conemaugh Cem.
Fairman, Herbert C.	Greenwood Cem., Indiana
Roy Milton	Oakland Cem., Indiana
Felock, Anthony S.	St. Bernard Cem., Indiana
Fenstamaker, Charles D.	Greenwood Cem., Indiana

Ferguson, George A.   Blairsville/SS Simon & Jude Cem.
     Irwin Russell   Blairsville/SS Simon & Jude Cem.
     Paul Luther   St. John's Lutheran Cem.,
         S. Mahoning Twp.
     Paul S.   Oakland Cem., Indiana
     Richard Davis   Blairsville/SS Simon & Jude Cem.
     William C.   Lutheran Cem., Washington Twp.
Ferrier, Robert J.   E. Mahoning Baptist Cem., Grant Twp.
Fetterhoff, J. Clair   Round Top Cem., N. Mahoning Twp.
Fetters, John Philip   Smicksburg Methodist Cem.
File, Clinton McDavid   Oakland Cem., Indiana
Findley, Herbert R.   Armagh Cem.
Fiore, Alfonso   St. Bernard Cem., Indiana
Fisca, Nicola   Blairsville/SS Simon & Jude Cem.
Fiscus, Wilson Samuel   United Presby. Cem., Armstrong Twp.
Fisher, George A.   Greenwood Cem., Indiana
Flanick, Patrick   Oakland Cem., Indiana
Fleck, William C.   Oakland Cem., Indiana
Fleming, Jesse Frank   Oakland Cem., Indiana
     John Wilson   Curry Run Cem., Armstrong Twp.
     Roy   Cookport Methoodist Cem., Green Twp.
     Vernon N.   Covode Presby. Cem., N. Mahoning Twp.
Fletcher, Kenzie   Oakland Cem., Indiana
Flun, Daniel   Greenwood Cem., Indiana
Fontaine, William E.   Oakland Cem., Indiana
Forsha, Leslie J.   Blairsville/SS Simon & Jude Cem.
Fouse, Victor V.   Lutheran Cem., W. Wheatfield Twp.
Foust, Wilbert E.   Mt. Tabor Cem., W. Wheatfield Twp.
Fowler, James M.   Harmony Cem., Cherryhill Twp.
     Paul   Harmony Cem., Cherryhill Twp.
Frampton, John H.   Oakland Cem., Indiana
Frantz, Jay W.   Greenwood Cem., Indiana
     Paul H.   Greenwood Cem., Indiana
Freedline, Daniel M.   Oakland Cem., Indiana
Fry, Lowry N.   Armagh Cem.
Frye, Charlie Dickey   Greenwood Cem., Indiana
Fulcomer, Walter Edward   Isabella or Climax Cem.,
         W. Wheatfield Twp.

Fulton, Frank Ford   Marion Center Cem.
     John Rockefiller   Smicksburg Union Cem.,
         West Mahoning Twp.

Furman, Calvin L.   Marion Center Cem.
Fyock, David M.   United Brethren Cem., Cherryhill Twp.
Gabster, James   St. Bernard Cem., Indiana

Galbreath, James L.	Oakland Cem., Indiana
Galentine, Benjamin G.	Pine Grove Cem., Canoe Twp.
Gallagher, George C.	Edgewood Cem., Saltsburg
Gamble, Russell E.	Mt. Tabor Cem., W. Wheatfield Twp.
Gardner, John J.	Bennett-Gardner Cem., Montgomery Twp.
Garrigan, Edward P.	Blairsville/SS Simon & Jude Cem.
Gaster, Tom B.	Greenwood Cem., Indiana
Gates, Oliver P.	Greenwood Cem., Indiana
William D.	Oakland Cem., Indiana
Gaul, George M.	Germany Cem., Washington Twp.
Geiyer, Joseph O.	Lutheran Cem., Washington Twp.
George, Frank W.	Greenwood Cem., Indiana
Heber	Blairsville/SS Simon & Jude Cem.
Gilbert, Barton W.	Oakland Cem., Indiana
Glass, Wade	Mechanicsburg United Methodist Cem., Brush Valley Cem.
Goheen, John Boyd	Greenwood Cem., Indiana
Good, Dorcie Dean	McDowell Cem., Green Twp.
Goodhart, Clair	Oakland Cem., Indiana
Gorton, Frank E.	Blairsville/SS Simon & Jude Cem.
Gould, James W.	Edgewood Cem., Saltsburg
Graff, George Ower	St. Bernard Cem., Indiana
Ralph C.	Blairsville/SS Simon & Jude Cem.
Graham, Alexander	Greenwood Cem., Indiana
Brinton W.	Blairsville/SS Simon & Jude Cem.
Foster Alexander	Ebenezer Cem., Conemaugh Twp.
John R.	Blairsville/SS Simon & Jude Cem.
Grater, Harry W.	Blairsville/SS Simon & Jude Cem.
Gray, Daniel D.	Blairsville/SS Simon & Jude Cem.
Greene, Norman B.	Oakland Cem., Indiana
Griffith, Arthur G.	Greenwood Cem., Indiana
Wesley F.	Bethel Lutheran Cem., Rayne Twp.
Groft, Charles A.	Oakland Cem., Indiana
Edward Frank	Edgewood Cem., Saltsburg
Oren E.	Oakland Cem., Indiana
Gromley, Edgar Lincoln	Pine Cem., Canoe Twp.
Grumbling, Jay Smith	Greenwood Cem., Indiana
Grow, Thomas George	Luthern Cem., Brush Valley Twp.
Guthrie, Clyde Graeme	Greenwood Cem., Indiana
Haagen, Henry W.	McDowell Cem., Green Twp.
Hacker, Edward K.	Greenwood Cem., Indiana
Haddens, Evert	Old Cem., Montgomery Twp.
Haer, Samuel C.	Oakland Cem., Indiana
Hahagan, Grover C.	North Point Cem., W. Mahoning Twp.

Hall, Russell C.	Oakland Cem., Indiana
Hamacek, Tom	Blairsville/SS Simon & Jude Cem.
Hamilton, Nora Belle	Greenwood Cem., Indiana
Hammers, Charles Ralph	Oakland Cem., Indiana
James S.	Oakland Cem., Indiana
(also Span.-Amer. War)	
Tony Winfield	Greenwood Cem., Indiana
Hancock, John L.	Coral Lutheran Cem., Center Twp.
Hanna, Francis E.	Oakland Cem., Indiana
George	Oakland Cem., Indiana
William E.	Oakland Cem., Indiana
Harris, Alexander	Greenwood Cem., Indiana
Walter S.	Greenwood Cem., Indiana
Harshberger, Roy	Oakland Cem., Indiana
Hatten, Orange	Uniontown Cem., Green Twp.
Havrilla, Michael E.	Greenwood Cem., Indiana
Hebrank, Joseph R.	Plumville Presbyterian Cem.
Helman, Daniel B.	Oakland Cem., Indiana
Henry, Andrew Blair	Salem Methodist Cem., Green Twp.
Clarence Harold	East Mahoning Baptist Cem., Green Twp.
Daniel B.	Sample Run Cem., Cherryhill Twp. near Clymer
Daniel F.	Blairsville/SS Simon & Jude Cem.
Garrett Hobart	Lutheran Cem., Brush Valley Twp.
James M.	Lutheran Cem., Brush Valley Twp.
James U.	Greenwood Cem., Indiana
Mary R. (Nicklas)	Blairsville/SS Simon & Jude Cem.
William Mabon	Brethren Cem., Cherryhill Twp.
Heron, James Samuel	McDowell Cem., Green Twp. (page 61)
James Samuel	McDowell Cem., Green Twp. (page 63)
Hershberger, Olva	Oakland Cem., Indiana
Hess, Louis L.	Blairsville/SS Simon & Jude Cem.
Hetrick, Walter L.	Edgewood Cem., Saltsburg
Hevner, James E.	Thompson Cem., Montgomery Twp.
Hewitt, Claude L.	Union Cem., Canoe Twp.
Hile, James Warren	Oakland Cem., Indiana
Hill, Benjamin	Greenwood Cem., Indiana
Harry Foster	Oakland Cem., Indiana
Norman	Oakland Cem., Indiana
Richard H.	Blairsville/SS Simon & Jude Cem.
Hilty, Eli F.	Edgewood Cem., Saltsburg
John	Oakland Cem., Indiana
Roy	Nowrytown Cem., Conemaugh Twp.
Hodge, Warren C.	McDowell Cem., Green Twp.

Hoffman, Anna Ednie	St. Matthew Cem., Saltsburg
Russell W.	Pineland Cem., Pine Twp.
Hood, J. Clair	Bethel Cem., W. Wheatfield Twp.
Hook, John Arlington	Blairsville/SS Simon & Jude Cem.
Torrance W.	Greenwood Cem., Indiana
Hoover, Benjamin F.	Oakland Cem., Indiana
Horrell, Daniel D.	Greenwood Cem., Indiana
Hosack, Orive John	Mahoning Union Cem., N. Mahoning Twp.
Houck, Logan L.	Oakland Cem., Indiana
Householder, Isaac Stewart	Blairsville/SS Simon & Jude Cem.
Hovis, George P.	Greenwood Cem., Indiana
Hughes, Thomas J.	Oakland Cem., Indiana
Hullihen, Bruce	Greenwood Cem., Indiana
Humm, Ralph E.	Greenwood Cem., Indiana
Huntington, Willis B.	St. John's Lutheran Cem., S. Mahoning
Huston, Ray Orland	Coral Lutheran Cem., Center Twp.
Inzerma, Salvatore	Blairsville/SS Simon & Jude Cem.
Irvin, William Philip	Oakland Cem., Indiana
Irwin, Clarence J.	Gilgal Cem., East Mahoning Twp.
George Thomas	Blairsville/SS Simon & Jude Cem.
William Wallace	Thompson Cem., Montgomery Twp.
Isenberg, Walter G.	Lutheran Cem., Brush Valley Twp.
Jarvie, John	Greenwood Cem., Indiana
Jennings, Frank A.	Blairsville/SS Simon & Jude Cem.
John, David Mathias	Diamondville Cem., Cherryhill Twp.
Johns, Arthur	Oakland Cem., Indiana
Elmer H.	Blairsville/SS Simon & Jude Cem.
John	Cookport Methodist Cem., Green Twp.
Johnson, Cecil Melvin	Oakland Cem., Indiana
Clarence E.	Greenwood Cem., Indiana
George Jr.	Edgewood Cem., Saltsburg
Horace R.	Oakland Cem., Indiana
Johnston, Clement M.	Oakland Cem., Indiana
Johnston, Emil	Beracha Cem., S. Mahoning Twp.
John F.	Edgewood Cem., Saltsburg
Joiner, Doyle G.	Mt. Union Cem., Pine Twp.
Jones, Franklin W.	Blairsville/SS Simon & Jude Cem.
Henry D.	Blairsville/SS Simon & Jude Cem.
Hugh Lincoln	Edgewood Cem., Saltsburg
William R.	Oakland Cem., Indiana
Jordan, Charles W.	Edgewood Cem., Saltsburg
Juart, Roy S.	Oakland Cem., Indiana
Kauffman, William Erwin	Oakland Cem., Indiana
Wilmer E.	Oakland Cem., Indiana

Keating, Calvin H.	Cookport Methodist Cem., Green Twp.
Keener, Clark Watson	Oakland Cem., Indiana
Keirn, Dean A.	Blairsville/SS Simon & Jude Cem.
Quay	Diamondville Cem., Cherryhill Twp.
Kellar, William H.	Oakland Cem., Indiana
Kelly, George	Conemaugh Cem.
Moss M.	Union Cem., Canoe Twp.
Kempf, William Herley	Greenwood Cem., Indiana
Kenly, George J.	Oakland Cem., Indiana
William C.	Coral Lutheran Cem., Center Twp.
Kephart, Orange A.	Sample Run Cem., Cherryhill Twp. near Clymer
Kerley, Charles V.	Blairsville/SS Simon & Jude Cem.
Kerr, Lester	Thompson Cem., Montgomery Twp.
Kifer, Walter	Coral Lutheran Cem., Center Twp.
Kilby, Judson Wood	Covode Presbyterian Cem., N. Mahoning Twp.
Kile, Albert C.	Blairsville/SS Simon & Jude Cem.
Wilbur J.	Blairsville/SS Simon & Jude Cem.
Kime, David B.	Cookport Methodist Cem., Green Twp.
Kiner, George McCombs	Ebenezer Cem., Conemaugh Twp.
King, Darrel J.	Greenwood Cem., Indiana
John William	Oakland Cem., Indiana
Kinter, Frank C.	Oakland Cem., Indiana
Paul V.	Greenwood Cem., Indiana
Kitchen, Court E.	Taylorsville Cem., Green Twp.
Kneedler, C. Zene	IOOF & Citizens Cem., Cherry Twp.
Knupp, Hale E.	E. Mahoning Baptist Cem., Grant Twp.
Murray A.	E. Mahoning Baptist Cem., Grant Twp.
Kosperski, William	St. Bernard Cem., Indiana
Kring, Ralph M.	Greenwood Cem., Indiana
Kritzer, John	Oakland Cem., Indiana
Kuhn, George A.	Blairsville/SS Simon & Jude Cem.
Kunkle, George L.	Blairsville/SS Simon & Jude Cem.
James Neal	Blairsville/SS Simon & Jude Cem.
Laura Emma	Edgewood Cem., Saltsburg
Ralph B.	Greenwood Cem., Indiana
Laird, Joseph D.	Blairsville/SS Simon & Jude Cem.
Richard Allen Jr.	Blairsville/SS Simon & Jude Cem.
Richard H.	Blairsville/SS Simon & Jude Cem.
LaJos, George.	St. Bernard Cem., Indiana
Laney, Jesse D.	McDowell Cem., Green Twp.
Larkin, Edward M.	Blairsville/SS Simon & Jude Cem.
Lathrop, Charlton P.	Marion Center Cem.

Laughlin, Harry J.	Oakland Cem., Indiana
Lavalle, Domenick	Oakland Cem., Indiana
Lavis, Frank Howard	Armagh Cem.
Layton, Harry H.	Lutheran Cem., Washington Twp.
Learn, Ross L.	Greenwood Cem., Indiana
Leasure, John C.	Pine Grove Cem., Canoe Twp.
Lee, Shelton L.	Armagh Cem.
Lehman, Andrew	Blairsville/SS Simon & Jude Cem.
Leonard, Charles W.	McDowell Cem., Green Twp.
John McGwik	Blairsville/SS Simon & Jude Cem.
Lettieri, Francesco	St. Bernard Cem., Indiana
Levenski, John	St. Bernard Cem., Indiana
Lewis, Arthur C.	Coral Lutheran Cem., Center Twp.
Don Walter	Oakland Cem., Indiana
Edward R.	Grove Chapel Cem., Rayne Twp.
Hugh A.	Smicksburg Union Cem., W. Mahoning Twp.
Perie Olen	Marion Center Cem.
Russell J.	Smicksburg Union Cem., W. Mahoning Twp.
William W.	Smicksburg Union Cem., W. Mahoning Twp.
Leydic, James B.	Greenwood Cem., Indiana
Liggett, Hugh P.	Bethel Cem., W. Wheatfield Twp.
Lightcap, Budd E.	Oakland Cem., Indiana
Linsey, Homer	Blairsville/SS Simon & Jude Cem.
Lintner, Antes Snyder	Blairsville/SS Simon & Jude Cem.
Little, Lawrence S.	Greenwood Cem., Indiana
Norman C.	Brethren Cem., Cherryhill Twp.
Lockard, Charles M.	Edgewood Cem., Saltsburg
David Paul	Greenwood Cem., Indiana
Ross	Greenwood Cem., Indiana
Lockhart, Elmer D.	Blairsville/SS Simon & Jude Cem.
John D.	Gilgal Cem., E. Mahoning Twp.
Long, John Walter	Devers Cem., Banks Twp.
Olis Earl	Blairsville/SS Simon & Jude Cem.
Longwill, Clinton W.	Greenwood Cem., Indiana
Lore, William Floyd	Blairsville/SS Simon & Jude Cem.
Loughner, Elmer E.	Greenwood Cem., Indiana
Loughry, William Robert	Oakland Cem., Indiana
Lowery, Harry Edward	Blairsville/SS Simon & Jude Cem.
Lowman, Forrest J.	Blairsville/SS Simon & Jude Cem.
Guy W.	Greenwood Cem., Indiana
Lowmaster, LeRoy	Pine Grove or Urey Cem., Banks Twp.

Lowry, John Beatty Oakland Cem., Indiana
   (also World War II)
Luchsinger, Myrtle Iva Blairsvilee/SS Simon & Jude Cem.
Lunger, Kenneth K. Mahoning Union Cem., N. Mahoning Twp.
Lutz, George V. Oakland Cem., Indiana
Lyda, Mearl C. Coral Lutheran Cem., Center Twp.
Lydick, John T. Greenwood Cem., Indiana
McAdams, Andrew J. Bethel Cem., W. Wheatfield Twp.
McAdoo, Budd F. Best Cem., Grant Twp.
McAfoos, Clinton B. Oakland Cem., Indiana
   Earl D. Mt. Tabor Cem., W. Wheatfield Twp.
McAvoy, Joseph A. Coral Lutheran Cem., Center Twp.
McCardle, Charles A. Oakland Cem., Indiana
McCarthy, Timothy Oakland Cem., Indiana
McClaron, James Fred Edgewood Cem., Saltsburg
McCollim, William A. Mt. Tabor Cem., W. Wheatfield Twp.
McCormick, Charles Lloyd Marion Center Cem.
   James D. Marion Center Cem.
McCoy, Thornton A. Smicksburg Methodist Cem.,
   W. Mahoning Twp.
McCracken, Floyd Cookport Methodist Cem., Green Twp.
   James Thompson Cem., Montgomery Twp.
McCreary, Lee Roy IOOF & Citizens Cem., Cherry Twp.
McCreery, John Melvin Pineland Cem., Pine Twp.
McCullough, Harry B. Armagh
   Neil H. Oakland Cem., Indiana
   Roy Slater Cookport Methodist Cem., Green Twp.
McCully, Benjamin F. IOOF & Citizens Cem., Cherry Tree
McCunn, Charles Rayne Cem., Rayne Twp.
McCurdy, Adam H. Oakland Cem., Indiana
McFarland, Kenneth G. Greenwood Cem., Indiana
   Rawle Garfield Marion Center Cem.
McGaughey, James Arthur Sr. Oakland Cem., Indiana
McGeary, Cameron W. Armagh Cem.
McGee, Herbert Scott Greenwood Cem., Indiana
McGinnity, James J. Greenwood Cem., Indiana
McHenry, James G. Greenwood Cem., Indiana
   Herbert E. Grove Chapel Cem., Rayne Twp.
   Herbert L. Greenwood Cem., Indiana
   Wilbur J. Oakland Cem., Indiana
McIlwain, Ralph Levingston Edgewood Cem., Saltsburg
McIsaac, Milton Robert Oakland Cem., Indiana
McKee, Edgar Elroy Greenwood Cem., Indiana

McKelvey, Alexander Ray	Bethel Cem., W. Wheatfield Twp.
Charles A.	Edgewood Cem., Saltsburg
McLain, Charles C.	Oakland Cem., Indiana
(also Span.-Amer. War)	
Charles L.	Oakland Cem., Indiana
Harry D.	Oakland Cem., Indiana
McManiuos, Russell S.	Greenwood Cem., Indiana
McMillen, Orange B.	Pine Grove Cem., Canoe Twp.
Orrin M.	Blairsville/SS Simon & Jude Cem.
McNaughton, Chester Alexander	Oakland Cem., Indiana
McNeilly, William M.	Bethel Cem., Center Twp.
McNelis, Thomas James	Oakland Cem., Indiana
McQueeney, William	Uniontown Cem., Green Twp.
McQuiston, Homer W.	Greenwood Cem., Indiana
Mack, Paul W.	Greenwood Cem., Indiana
Manner, David B.	Oakland Cem., Indiana
Manners, Herbert H.	Oakland Cem., Indiana
Manno, Ralph	St. Bernard Cem., Indiana
Marcozzi, Anronio	Blairsville/SS Simon & Jude Cem.
Mardis, Ernest	Coral Lutheran Cem., Pine Twp.
James R.	Pineland Cem., Pine Twp.
Mario, Olivia	St. Matthew Cem., Saltsburg
Marks, Peter E.	Greenwood Cem., Indiana
Marshall, John R.	Greenwood Cem., Indiana
Percy L.	Blairsville/SS Simon & Jude Cem.
Martin, Elmer W.	Round Top Cem., N. Mahoning Twp.
Matthis, Alfred	Oakland Cem., Indiana
Mauk, Harvey Aaron	North Point Cem., W. Mahoning Twp.
J. Walter	Pine Grove Cem., Canoe Twp.
Maun, John C.	Edgewood Cem., Saltsburg
May, Lawrence Alexander	Blairsville/SS Simon & Jude Cem.
Mayhood, Harvey L.	Blairsville/SS Simon & Jude Cem.
Merley, Stephen	Edgewood Cem., Saltsburg
Mertz, John Hanaton	Smicksburg Methodist Cem., W. Mahoning Twp.
Metcolfe, John C.	Greenwood Cem., Indiana
Michel, Ernest B.	Blairsville/SS Simon & Jude Cem.
Mikesell, Elmer E.	Coral Lutheran Cem., Center Twp.
Miller, Alfred N.	St. John's Lutheran Cem., S. Mahoning Twp.
Harvey D.	McDowell Cem., Green Twp.
Harry William	Blairsville/SS Simon & Jude Cem.
Jacob Clements	Blairsville/SS Simon & Jude Cem.

Miller	James Eaton	Blairsville/SS Simon & Jude Cem.
	John H.	Greenwood Cem., Indiana
	James Ira	Oakland Cem., Indiana
	Michael F.	Blairsville/SS Simon & Jude Cem.
	Raymond J.	Greenwood Cem., Indiana
Mitchell, Philip J.		Oakland Cem., Indiana
Monego, Maranto		St. Bernard Cem., Indiana
Montgomery, Thomas S.		Grove Chapel Cem., Rayne Twp.
Moore,	John S.	Greenwood Cem., Indiana
	Robert Galen	Marion Center Cem.
Moorhead,	Ernest A.	Oakland Cem., Indiana
	Harry Clair	Oakland Cem., Indiana
	Kenneth A.	Greenwood Cem., Indiana
	Lulu	Greenwood Cem., Indiana
	Thomas J.	Greenwood Cem., Indiana
Moose, Sandy A.		Lutheran Cem., Brush Valley Twp.
Moran, John B.		Edgewood Cem., Saltsburg
Moritz (Moritez), Henry R.		Blairsville/SS Simon & Jude Cem.
Morris, David O.		Smicksburg Union Cem., W. Mahoning Twp.
Moss, James Reed		Marion Center Cem.
Muir,	Harry J.	Blairsville/SS Simon & Jude Cem.
	Isaac I.	Blairsville/SS Simon & Jude Cem.
Mumau,	George	Taylorsville Cem., Green Twp.
	Howard	E. Mahoning Baptist Cem., Grant Twp.
Munshower, Paul		Oakland Cem., Indiana
Murray, Thomas F.		St. Bernard Cem., Indiana
Muse, Clarence		Greenwood Cem., Indiana
Myers,	Clark L.	Greenwood Cem., Indiana
	Earl Vandertown	Cookport Methodist Cem., Green Twp.
Neal,	John R.	Ebenezer Cem., Conemaugh Twp.
	Harry P.	Blairsville/SS Simon & Jude Cem.
	Phoebe Kelly	Blairsville/SS Simon & Jude Cem.
Nealer,	Oliver T.	St. Bernard Cem., Indiana
	William O.	Greenwood Cem., Indiana
Nedzieta, John		Armagh Cem.
Neff, John N.		Greenwood Cem., Indiana
Nelson, Charles E.		Union Cem., Canoe Twp.
Nesbit, James R.		Blairsville/SS Simon & Jude Cem.
Nicewonger, Daniel		Greenwood Cem., Indiana
Nichols,	Herman N.	Greenwood Cem., Indiana
	Sherd H.	Greenwood Cem., Indiana
Nicholson, James B.		Greenwood Cem., Indiana
Nix, William Henry		Greenwood Cem., Indiana

Nixon, James S.	Edgewood Cem., Saltsburg
Northrop, Clyde S.	Pine Grove or Urey Cem., Banks Twp.
Notley, John F.	IOOF & Citizens Cem., Cherry Tree
W. D.	IOOF & Citizens Cem., Cherry Tree
Nyland, Charles E.	Beracha Cem., S. Mahoning Twp.
Olsen, Clarence P.	St. John's Lutheran Cem., S. Mahoning Twp.
Samuel Andrew	Greenwood Cem., Indiana
Onstott, Virgil S.	Edgewood Cem., Saltsburg
Orner, Lytle D.	Pineland Cem., Pine Twp.
Orr, Bryan Earl	Harmony Grove Cem., Washington Twp.
James C.	Greenwood Cem., Indiana
Owens, Frank F.	Mt. Union Cem., Pine Twp.
Homer Ward	Mt. Union Cem., Pine Twp.
Painter, William E.	Edgewood Cem., Saltsburg
Palmer, Barton Stuchell	Marion Center Cem.
Edward D.	Greenwood Cem., Indiana
John	Blairsville/SS Simon & Jude Cem.
Mellville Mack (also Span.-Amer. War)	Armagh Cem.
Merl	Mt. Tabor Cem., W. Wheatfield Twp.
Palombo, Antonio	Blairsville/SS Simon & Jude Cem.
Pardee, James Leonard	Pine Grove or Urey Cem., Banks Twp.
Parson, Edward B.	Edgewood Cem., Saltsburg
Pati, Phipop	Blairsville/SS Simon & Jude Cem.
Patterson, Grant	Blairsville/SS Simon & Jude Cem.
Hugh E.	Blairsville/SS Simon & Jude Cem.
Peace, Clarence Lee	Oakland Cem., Indiana
Pearce, Edward Ward	Clarksburg Presbyterian Cem., Conemaugh Twp.
Harry L.	Pine Grove or Urey Cem., Banks Twp.
Peddicord, Carl G.	Thompson Cem., Montgomery Twp.
Peelor, Lindley M.	Oakland Cem., Indiana
Peightel, James	St. Bernard Cem., Indiana
Pendlebury, Thomas	Nowrytown Cem., Conemaugh Twp.
Pennington, Clarence A.	Oakland Cem., Indiana
Peoples, Rose H.	Blairsville/SS Simon & Jude Cem.
Perri (Paris), Guiseppe (Joseph)	Greenwood Cem., Indiana
Persons, Oliver	Greenwood Cem., Indiana
Peterman, John M.	Oakland Cem., Indiana
Walter D.	Oakland Cem., Indiana
Petsock, Joe	St. Bernard Cem., Indiana
Philips, Newel F.	Oakland Cem., Indiana

Phipps, James Ruddock	Oakland Cem., Indiana
Pierce, Freeman R.	Pierce Cem., Canoe Twp.
Lewis W.	Greenwood Cem., Indiana
Pino, Tony	St. Bernard Cem., Indiana
Polkosky, James P.	St. Bernard Cem., Indiana
Pollock, Samuel Carlisle	Union Cem., Canoe Twp.
Powell, Ralph W.	Greenwood Cem., Indiana
Pratt, Timothy P.	Coral Lutheran Cem., Center Twp.
Preszygoda, Mike	Sample Run Cem., Cherryhill Twp. near Clymer
Prichard, William	Greenwood Cem., Indiana
Provanzano, Tony	St. Bernard Cem., Indiana
Przebicin, Stanley	St. Matthew Cem., Saltsburg
Pugh, James E.	Wesleyan Methodist Cem., Green Twp.
William E. Jr.	Greenwood Cem., Indiana
Putt, Harry A.	Manor Cem., Cherryhill Twp.
Rager, Bert	Blairsville/SS Simon & Jude Cem.
Frank J.	IOOF & Citizens Cem., Cherry Tree
George Cline	Blairsville/SS Simon & Jude Cem.
George W.	Blairsville/SS Simon & Jude Cem.
John	Blairsville/SS Simon & Jude Cem.
Paul	Blairsville/SS Simon & Jude Cem.
Ramsden, George	Blairsville/SS Simon & Jude Cem.
Ramsey, Harry Arthur	Mt. Tabor Cem., W. Wheatfield Twp.
Ralph	Oakland Cem., Indiana
Ray, Bell D.	Oakland Cem., Indiana
Frank Patton	St. Bernard Cem., Indiana
George	Oakland Cem., Indiana
Robert Hastie	Oakland Cem., Indiana
Stephen B.	Oakland Cem., Indiana
Raymond, Robert L.	Greenwood Cem., Indiana
Reece, Philip P.	Oakland Cem., Indiana
Reed, Arthur M.	Lutheran Cem., Brush Valley Twp.
Charles T.	Blairsville/SS Simon & Jude Cem.
Joseph	Blairsville/SS Simon & Jude Cem.
Reeger, Samuel E.	Greenwood Cem., Indiana
Reese, Harry Preston	Pine Grove Cem., Canoe Twp.
Paul Eber	Greenwood Cem., Indiana
Rehm, Robert S. Sr.	Greenwood Cem., Indiana
Reithmiller, Walter John	Greenwood Cem., Indiana
Ringer, John R.	Oakland Cem., Indiana
Repine, Arch	McDowell Cem., Green Twp.
Earl L.	Blairsville/SS Simon & Jude Cem.
Revie, James W.	Oakland Cem., Indiana

Richards, John A.   Blairsville/SS Simon & Jude Cem.
         Jay C.   Blairsville/SS Simon & Jude Cem.
Richardson, Fay D.   Pine Grove Cem., Canoe Twp.
Rick, Frank A.   Marion Center Cem.
Riddle, Arley W.   Greenwood Cem., Indiana
Riggs, Oliver L. Jr.   Armagh Cem.
Riley, Joseph Clair   Uniontown Cem., Green Twp.
Rinaldi, Arnaldo   St. Bernard Cem., Indiana
Rink, Charles Emory   Oakland Cem., Indiana
Rinn, Samuel William   Oakland Cem., Indiana
Risheberger, John A.   Oakland Cem., Indiana
Rishel, Zimmerman J.   Fairview Cem., Canoe Twp.
Rishell, Ward McClain   Union Cem., Canoe Twp.
Risinger, John Creswell   Greenwood Cem., Indiana
Roberts, Owen D.   Oakland Cem., Indiana
Robinson, Harry Alexander   Union Cem., Armstrong Twp.
          J. Arthur   Oakland Cem., Indiana
          Joseph S.   Edgewood Cem., Saltsburg
          Raymond S.   Lutheran Cem., W. Wheatfield Twp.
Rodgers, Walter C.   Greenwood Cem., Indiana
Rodkey, Edwin R.   Pineland Cem., Pine Twp.
Roof, Francis J.   Oakland Cem., Indiana
Roschella, Florio Nicholas   Oakland Cem., Indiana
Roser, Lawrence C.   Greenwood Cem., Indiana
       Sarah Marie   Greenwood Cem., Indiana
       Wilmer I.   Laurel Swamp Cem., Center Twp.
Roudebush, Sanford James   Coral Lutheran Cem., Center Twp.
Rowe, John   Bethel Lutheran Cem., Rayne Twp.
Rowley, Francis D.   Rowley Cem., Montgomery Twp.
Rowland, Harry W.   Oakland Cem., Indiana
Ruggles, John   Uniontown Cem., Green Twp.
Rumbaugh, Ross R.   Oakland Cem., Indiana
Rummel, Kelcie F.   IOOF & Citizens Cem., Cherry Tree
Rupert, Eugene V.   Edgewood Cem., Saltsburg
Russell, Harry   Greenwood Cem., Indiana
Sable, Mike   McDowell Cem., Green Twp.
Sacls (Scals?), Claude F.   Greenwood Cem., Indiana
Saelezsan, Mike   Edgewood Cem., Saltsburg
St. Clair, Fred W.   Greenwood Cem., Indiana
           George M.   Isabella or Climax Cem.,
                                    W. Wheatfield Twp.
Salsgiver, Frank M.   Edgewood Cem., Saltsburg
           John W.   Fry Cem., Banks Twp.
Salvente, Angelo   Blairsville/SS Simon & Jude Cem.

Sawyer, William R.	Oakland Cem., Indiana
Schleneth, Adam S.	McDowell Cem., Green Twp.
Schroder, Charles A.	Greenwood Cem., Indiana
Scogsburg, Robert C.	Oakland Cem., Indiana
Scatella, Vincenze	Oakland Cem., Indiana
Scollon, Alfred	IOOF & Citizens Cem., Cherry Tree
Scott, Ira Franklin	Old Cem., Montgomery Twp.
James F.	Oakland Cem., Indiana
John M.	Old Cem., Montgomery Twp.
Seger, Norman J.	Union Cem., Canoe Twp.
Sell, John Royden	Oakland Cem., Indiana
Senez, Liboric	St. Bernard Cem., Indiana
Serrani, Venanzio	St. Matthew Cem., Saltsburg
Shaffer, Charles C.	Greenwood Cem., Indiana
Sharp, James Steele	United Presby. Cem., Armstrong Twp.
Shearer, George W.	Blairsville/SS Simon & Jude Cem.
Sheerer, Arthur W.	Greenwood Cem., Indiana
Sheesley, Alonza K.	Pine Grove Cem., Canoe Twp.
Sherrick, Mervyn J.	Oakland Cem., Indiana
Shick, Irwin J.	Blairsville/SS Simon & Jude Cem.
Shields, Lewis M.	Brickell Cem., Banks Twp.
Lisle H.	Beracha Cem., S. Mahoning Twp.
Shilinski, Charles	Blairsville/SS Simon & Jude Cem.
Shirley, Thomas L.	Edgewood Cem., Saltsburg
Shomo, Thomas Harris	Isabella or Climax Cem., W. Wheatfield Twp.
Short, Wilbur G.	Blairsville/SS Simon & Jude Cem.
Shultz, Augustus Earl	Pineland Cem., Pine Twp.
Sickenberger, Lisle	Diamondville Cem., Cherryhill Twp.
Luther J.	Oakland Cem., Indiana
Tracy Earl	Mahoning U.P. Cem., E. Mahoning Twp.
Simpson, Charles W.	Greenwood Cem., Indiana
John	Greenwood Cem., Indiana
William A.	Greenwood Cem., Indiana
Sindorf, Samuel Warren	Blairsville/SS Simon & Jude Cem.
Skinner, James A.	Blairsville/SS Simon & Jude Cem.
Slaughterbeck, Ellsworth V.	Armagh Cem.
Smathers, Francis M.	Oakland Cem., Indiana
Smith, Charles M.	Blairsville/SS Simon & Jude Cem.
Donald R.	Greenwood Cem., Indiana
Herman Clark	Greenwood Cem., Indiana
James Thoburn	Greenwood Cem., Indiana
Joseph C.	Edgewood Cem., Saltsburg
William R.	Edgewood Cem., Saltsburg

Sokaski, Mike		Greenwood Cem., Indiana
Somerville, John		IOOF & Citizens Cem., Cherry Tree
Speedy, Arthur W.		Greenwood Cem., Indiana
Spicher, Owens K.		Thompson Cem., Montgomery Twp.
Spires, Charles L.		Blairsville/SS Simon & Jude Cem.
Stamler, Carl T.		Pierce Cem., Canoe Twp.
Stammler, Christian		Union Cem., Canoe Twp.
States, Irvin Paul		Fairview Cem., Canoe Twp.
Stear, Turner H.		Cookport Methodist Cem., Canoe Twp.
Steele,	Jessie M.	Blairsville/Ss Simon & Jude Cem.
	John E.	Greenwood Cem., Indiana
	Lester Donald	Mahoning Cem., E. Mahoning Twp.
Steffey,	John A.	Greenwood Cem., Indiana
	Robert H.	Oakland Cem., Indiana
	William Jacob	Bethel Cem., Center Twp.
Stephens,	Nestor Downey	Diamondville Cem., Cherryhill Twp.
Stephens, Richard J.		Blairsville/SS Simon & Jude
Sterner,	Charles H.	Oakland Cem., Indiana
	Herbert Harrison	E. Mahoning Baptist Cem., Grant Twp.
Stevenson, Frank B.		Oakland Cem., Indiana
Stewart,	Alex M. (also Span.-Amer.)	Greenwood Cem., Indiana
	Charles R.	Oakland Cem., Indiana
	Earl	Greenwood Cem., Indiana
	James B.	Oakland Cem., Indiana
	Lynas D.	Blairsville/SS Simon & Jude Cem.
	Merle	Greenwood Cem., Indiana
	Paul P.	Oakland Cem., Indiana
	William R.	Oakland Cem., Indiana
Stiefel, Sebert Sterling		Rowley Cem., Montgomery Twp.
Stietle, Charles Robert		Washington Cem., Rayne Twp.
Stile, Walter J.		Greenwood Cem., Indiana
Stiles, Frank B.		St. Patrick Cem., Pine Twp.
Stiver, Phillip E.		Oakland Cem., Indiana
Stormer, Logan Bernard		Bethel Cem., W. Wheatfield Twp.
Straitiff, Paul J.		Oakland Cem., Indiana
Strasler, Gorman J.		Fry Cem., Banks Twp.
Strausbaugh, John R.		Armagh Cem.
Streams, Harry		Gilgal Cem., E. Mahoning Twp.
Strong, Blair Vincent		Brethren Cem., Cherryhill Twp.
Stuchell,	Paul E.	Edgewood Cem., Saltsburg
	Simon Ralph	Greenwood Cem., Indiana
Stumbaugh, Harry W.		Armagh Cem.
Stumpf, Frank M.		Blairsville/SS Simon & Jude Cem.

Summerson, Robert	Edgewood Cem., Saltsburg
Sundry, Angelo Peter (Yacabush)	Blairsville/SS Simon & Jude Cem.
Nick A.	Blairsville/SS Simon & Jude Cem.
Sutton, Frank	Oakland Cem., Indiana
J. Charles	Greenwood Cem., Indiana
Swartz, Richard Guy	Greenwood Cem., Indiana
Swauger, Lawrence H.	Blairsville/SS Simon & Jude Cem.
Sweet, Harvey	Armagh Cem.
Tanner, Edward	Greenwood Cem., Indiana
John William	Oakland Cem., Indiana
Taylor, Harry D.	Oakland Cem., Indiana
Thomas, David	IOOF & Citizens Cem., Cherry Tree
Thurston, Harry M.	Greenwood Cem., Indiana
Timberlake, Elton Dale	Oakland Cem., Indiana
Timblin, G. Vernon	St. Bernard Cem., Indiana
Ward Nathaniel	Greenwood Cem., Indiana
Tomb, Harry J.	Armagh Cem.
John Bion	Greenwood Cem., Indiana
Tortella, Steve Wilmer	St. Bernard Cem., Indiana
Trimble, Charles W.	Blairsville/SS Simon & Jude Cem.
Troutman, Jacob Blaine	St. John's Lutheran Cem., S. Mahoning Twp.
Tupis, Peter P.	Coral Lutheran Cem., Center Twp.
Tyger, Isaac R.	Fairview Cem., Canoe Twp.
Uber, Luther K.	Greenwood Cem., Indiana
Uncapher, Roy Melvin	Oakland Cem., Indiana
Underwood, William E.	Armagh Cem.
Valenti, Louis	Blairsville/SS Simon & Jude Cem.
Vanderhoof, H. Elwood	St. Bernard Cem., Indiana
VanHorn, Norman C.	Gilgal Cem., E. Mahoning Twp.
Varoszwiski, Tony	Oakland Cem., Indiana
Vorlage, Frank Hackett	Blairsville/SS Simon & Jude Cem.
Wagner, Alton A.	Blairsville/Ss Simon & Jude Cem.
John L.	Armagh Cem.
Walbeck, George Lloyd	Bethel Cem., W. Wheatfield Twp.
Waldron, Lester J.	Oakland Cem., Indiana
Walker, Arthur Burnett	Oakland Cem., Indiana
Arthur Charles	Greenwood Cem., Indiana
Clarence L.	Ridgeview Cem., Young Twp.
Earl	IOOF & Citizens Cem., Cherry Tree
John	Thompson Cem., Montgomery Twp.
Jolly Vernon	Montgomery Cem., Grant Twp.
Thomas Edgar	Oakland Cem., Indiana

Wallace, Paul	Bethel Cem., W. Wheatfield Twp.
Walls, Forest	IOOF & Citizens Cem., Cherry Tree
Walters, Harry E.	Edgewood Cem., Saltsburg
Watt, William Thomas	Union Cem., Armstrong Twp.
Way, Charles Andrew	Blairsville/SS Simon & Jude Cem.
Wehrle, Richard M.	St. Bernard Cem., Indiana
Weido, Thomas	Harmony Cem., Cherryhill Twp.
Weitzel, Frederick G.	Oakland Cem., Indiana
William F.	Oakland Cem., Indiana
Wellen, Charles W.	Oakland Cem., Indiana
Wetzel, William S.	Marion Center Cem.
Wick, Joseph Charles	Blairsville/SS Simon & Jude Cem.
Wiggins, Garvin McCurdy	Oakland Cem., Indiana
Wiley, Sevia Vern	Oakland Cem., Indiana
Wilkerson, Howard Lester	Greenwood Cem., Indiana
Wilkins, William W. (also World War II)	Oakland Cem., Indiana
Wilkinson, John F.	Blairsville/SS Simon & Jude Cem.
William, Franklin Reed	Oakland Cem., Indiana
Williams, William R.	Harmony Grove Cem., Washington Twp.
Williamson, Charles	Oakland Cem., Indiana
Wilt, Ira Paul	Dunkard-Ruffner Cem., Rayne Twp.
Wineberg, Emerson Lee	Pine Cem., Canoe Twp.
Wissinger, Vern O.	Oakland Cem., Indiana
Witmer, Walter A.	Coral Lutheran Cem., Center Twp.
Wolfe, Samuel J.	Grove Chapel Cem., Rayne Twp.
Wolford, James D.	Blairsville/SS Simon & Jude Cem.
Wood, Don A.	Marion Center Cem.
Woodle, Ashley Coates	Oakland Cem., Indiana
Woodruff, Albert G.	Oakland Cem., Indiana
Elmer P.	Oakland Cem., Indiana
Picket C.	Oakland Cem., Indiana
Woods, Ernest C.	McDowell Cem., Green Twp.
Work, Valjean L.	Oakland Cem., Indiana
Yankasky, Mike	Union Cem., Canoe Twp.
Yanni, Genial A.	Union Cem., Canoe Twp.
Yard, Daniel	Oakland Cem., Indiana
Yeager, Thompson J.	IOOF & Citizens Cem., Cherry Tree
Yelletts, John V.	Blairsville/SS Simon & Jude Cem.
Young, Jordan Franklin	Georgeville Methodist Cem., E. Mahoning Twp.
Harry P.	Greenwood Cem., Indiana
Zehner, Thomas Clyde	Oakland Cem., Indiana
Zeigler, Frank L.	Oakland Cem., Indiana

APPENDIX 9 - FOLKLORE NOTES

Webster's Ninth New Collegiate Dictionary defines folklore as 1. traditional customs, tales, sayings, or art forms preserved among a people. 2. a branch of knowledge that deals with folklore. 3. a widely held unsupported notion or body of notions.

It is therefore inappropriate to include folklore tales in the narrative of a volume of history, although there may be some elements of fact or probability in some folklore stories. One such example is the Jim Crow story (Appendix 5 and IV:95)

"Cherry Tree" Joe McCreery is another example. He was a real person whose grave may be seen in the Cherry Tree cemetery (see IV:339,340), but the tall tales about him are folklore. Perhaps the earliest notice of him as a folklore figure was a ballad by Henry Wilson published about 1880 in the <u>Cherry Tree Clipper</u>.[1]

> You rivermen have surely heard
>   About the appropriation
> That was made to clean our little ditch
>   And benefit the nation;
> That we might run through Chest Falls
>   Nor get the least bit weary,
> So they raised the stamps
>   And gave the job to Cherry Tree Joe McCreery
>
> *Chorus*
> Looking out for number one
> Spending all the money
> And getting nothing done
>
> There's Bob McKeage and E. B. Camp,
>   Who held the ready Ginger
> Some men of sense said "build a dam,"
>   But they would not raise a finger
> We will blow the rocks sky high said they,
>   So Porter don't get skeery,
> But let rip and she'll go through
>   Said Cherry Tree Joe McCreery
> *Chorus*

Now you all know and I can show
    That fate is a cruel master,
When once you're going down the hill!
    He's sure to push you faster,
And that's the way mind what I say
    And don't you see my deary
That everything happens now
    Is blamed on Joe McCreery
        Chorus

One day this spring as I came up,
    I met somebody's daughter
Who held her apron to her eyes
    To catch the salty water,
Dear girl, said I, what makes you cry,
    You must feel very dreary,
Why my Daddy stoved in Chest Falls
    And I am hunting Joe McCreery
        Chorus

The other day they had a splash
    And jammed her tight as thunder,
A circumstance that caused our folks
    To gaze around in wonder,
They prayed and tore, ripped and swore,
    Until they all grew weary,
Sheff cut his Bill Raft into sticks,
    And cursed Cherry Tree Joe McCreery
        Chorus

Now Captain Dowler the other day,
    He struck a raft of timber,
That was hanging up to Sliding Point,
    And tore the rope asunder;
The Captain winked and scratched his head
    Saying this kind of dreary,
Then he jumped his oar, went on shore
    And prayed for Joe McCreery
        Chorus

>   Our Squire Riddle on the hill,
>   Who deals out justice even,
>   His head is very bald you know,
>   No hair twixt him and heaven,
>   I asked how his hair came out
>   And he answered sort of dreary
>   That it must have come out thinking
>   About Cherry Tree Joe McCreery
>   *Chorus*
>
>   In years to come when no rafts run
>   On our dear little river,
>   And the cheery cry of "land tie up"
>   Shall be heard no more forever;
>   Down Rocky Bend and through Chest Falls
>   On winter nights so dreary,
>   You'll see the Phantom Raftmen chasing around
>   The Ghost of Cherry Tree Joe McCreery
>   *Chorus*

George Swetnam has explored the Cherry Tree Joe story in depth, including the music to which Henry Wilson's ballad was sung.[2] The appropriation referred to in the first stanza appears to have been an Act of the legislature in March 1871. Chest Falls was and is a dangerous and rock-strewn rapids on the West Branch of the Susquehanna near Mahaffey.

The following tall tales in abbreviated version[3] are similar to the Paul Bunyan tales; however, the Cherry Tree Joe ballad dating to some time between 1871-1880 preceded Paul Bunyan some thirty or more years. Some of Cherry Tree Joe's feats might have been possible, but most of them were beyond even the strength of Hercules. He was said to have been a huge man anywhere from 6 1/2 feet on up, big enough to straddle two rafts and guide them down the river. He had a cabin in the woods where he kept moose for milk and a panther as a pet. His wife cooked on a griddle six feet square, using a side of bacon to grease it and a barrel of flour every time she made flapjacks. He had a reputation for being crafty. One time he sawed up knotty hemlock boards, rafted them downstream, and told the buyer they were "knot pine". When the man found he had been deceived and had paid twice as much as they were worth, he confronted Joe the next time he saw him but Joe blandly reminded him he had said "It's not pine." He was strong enough to lift five bushels of lead shot but got mired down in mud when he tried to carry it on a bet. When he spat it was said to bounce. If a raft got snagged on a rock, the raftsmen called for Joe instead of using dynamite. Once a birch log raft was badly jammed. While Joe was figuring out how to move it, he began whittling and reduced the whole raft into toothpicks. Not dismayed, he loaded the toothpicks on a flatboat and took them to Philadelphia where he sold them for more than the raft had been worth.

His eyesight was so keen he could take a raft down a rough place in the river in pitch darkness. He never needed a foghorn but instead sang or whistled and could be heard for three miles. Folks said he single-handedly broke a ten-mile log jam and once lifted an entire raft clear of a rock, set it in safe water, and jumped aboard. Another time he was racing with a friend, Bob McKeage, when it looked like Bob's raft might get ahead, so he pulled up a hundred-foot pine by the roots and stuck it in front of Bob. Once he met John L. Sullivan in a hotel and called his bluff by slapping the champion boxer's wrist. He was fond of drinking and carousing. During one drunken revel, he whacked off the tail of an organ grinder's monkey whereupon the enraged animal jumped up on the bar and began bombarding Joe with bottles while Joe hurled them back until the place was a wreck. When a rush order came from Williamsport boom, Joe made a sail from his shirt to help the raft along. During the Johnstown flood of 1889 he saved the lives of a mother and her children by pulling the house up on a bank as it came on the crest of the flood waters. On another occasion he approached the owner of some tugs and coal barges which had run aground on a grass flat and offered to help. Joe put a tug under each arm and deposited them in deeper water, then went back for the coal barges. Another exploit was lifting Pennsylvania Railroad coal cars from a spur of the railroad to a higher elevation as easily as if they were toys.

Frances Strong Helman compiled a pamphlet of local folklore in 1963 containing eight stories, "the result of many years of collecting". One was "The Ghosts of Watt's Hill" which was also mentioned in the Indiana Times September 18, 1889. "The Fiddling Ghost of Mahoning Valley" was told by George Swetnam earlier in 1955.[4] "Headless Apparitions" was about a traveler who was seen walking along a road carrying his head under his arm. Another headless man grabbed the bridles of passing horses. "Hexes and Tokens" told of a watering trough hexed by a band of gipsies and of a premonition of death. "The Shadowing Hand" told of a stone house where two brothers lived. They did not get along and one murdered the other and fled. A neighbor later noticed a hand protruding from the shallow grave. Leslie Pattison's painting of the old house showed a great hand over it. "The Ghost with the Lighted Lantern" told of an encounter between a traveler on his way to Strongstown meeting a woman with a lighted lantern who vanished even as he watched. "That Poor Simpson Boy" related the story of a young man who had saved $300 for a trip to Kansas to homestead on a tract of land. He planned to meet two local residents at a watering trough at 4 a.m. and ride with them in a wagon to Indiana to catch a train. He was never heard of again until someone dressed exactly as Simpson had been when he left tapped on the window of a neighbor and asked directions to the Simpson house, then disappeared. The neighbors with whom Simpson planned to ride to Indiana seemed to have considerable money to spend afterward.

"Yank Brown" told by Mrs. Helman was also told in several versions by others. He was an infamous tavern keeper and horse thief who was believed to have robbed and murdered travelers along the Huntingdon, Cambria & Indiana Turnpike between Armagh and Blairsville. He was another real person (see I:599-601). His ill-gotten loot was said to have been hidden in a cave along the pike (see Appendix 3 "The Nugen Cave") For some years people traveling that way were frightened by ghostly figures, causing horses to bolt, or by eerie sounds of hooves of stolen horses.

Frank Cowan, a Greensburg poet and folklorist, has told numerous stories in verse, among them about James Crow and the origin of the expression "Jim Crow". (Appendix 5) He also published the story of "The Ghost of Packsaddle Gap" in 1881. This was retold by George Swetnam.[5] In brief essence it is the story of Tom Skelton, a young hunter who loved Maria McDowell. She lived with her parents in a cabin that Tom helped her aging father build in the Gap. One day he shot at what he thought was a deer, only to discover it was his beloved Maria. The McDowell cabin was swept away during a storm and the aging parents with it to their deaths in the flood waters. Thereafter Tom wandered the slopes of Chestnut Ridge, a wild man shunning all companionship. Canal boatmen later saw the ghostly apparition of an old man beside the towpath frightening the mules and horses towing the boats. Later, railroad engineers were horrified to see an old man appear in front of the locomotive and be ground under the wheels, but when they stopped the train and walked back to investigate nothing at all could be found.

Henry W. Shoemaker, a noted folklorist told in 1952 about Oliver Lerch of Indiana County who in 1890 went to carry water from a well. Soon he could be heard crying "Help, it's got me!" up in the air until his cries were out of hearing. This story appeared originally in the Indiana Progress, December 26, 1906. Shoemaker also claimed that William Penn came by canoe in September 1701 as far as Cherry Tree. This is unsupported by fact (for details of the story see I:695-6 "Source Notes" #31).[6]

Other local yarns have appeared here and there, among them another story in the Indiana Progress May 18, 1876 about a haunted house between Blairsville and Saltsburg. The Blairsville Dispatch February 15, 1938 had an automobile version of phantom hitch-hikers thumbing a ride only to disappear during the ride.

1 - n.d., reprinted in its successor, the <u>Cherry Tree Record</u>, and as a broadside distributed by R. D. Tonkin. Also in Korson, George, ed. <u>Pennsylvania Songs and Legends</u> (Philadelphia 1949)
2 - Swetnam, George "On the Trail of Cherry Tree Joe" <u>Keystone Folklore Quarterly</u> vol. VII, no. 1 (Spring 1962) pp. 15-33 and "More About Cherry Tree Joe" in <u>KFQ</u> VII, no. 2 (Summer 1962) pp. 38-41. Also <u>Pittsburgh Press</u> Family Magazine "Cherry Tree Joe... Pennsylvania's Paul Bunyan" Oct. 2, 1955 pp. 8,9; "She Knew Cherry Tree Joe" Dec. 10, 1961 p.3; "On the Trail of Cherry Tree Joe" Jan. 28, 1973 p. 5; "Cherry Tree Joe" Feb. 4, 1973 pp. 6,7; and responses from readers and descendants Feb. 11 and Mar. 18, 1973
3 - Most of them are from Swetnam. Some were also published in the <u>Indiana Evening Gazette</u> June 29, 1973
4 - Helman, Frances Strong "That's What Happened" Hist. & Geneal. Soc. of Indiana Co. Oct. 18, 1963. Swetnam "The Fiddling Ghost of Mahoning Valley" <u>Pittsburgh Press</u> Family Magazine Oct. 30, 1965 pp. 4,5
5 - Swetnam "The Ghost of Packsaddle Gap" <u>Pittsburgh Press</u> Family Magazine (clip. in author's collection, n.d.)
6 - Clip. "Historians Compile a List of 'Mysteriously Missing'" in <u>Indiana Evening Gazette</u> 1952 release by Henry W. Shoemaker.

APPENDIX 10 - BLAIRSVILLE IN 1827

From the Blairsville Record, reprinted in the Westmoreland Republican and Farmers' Chronicle, Greensburg, Pa. October 12, 1827.

BLAIRSVILLE

As this place has but recently made its appearance on the map of Pennsylvania, and has improved with uncommon rapidity, a brief notice of its situation, progress and present prospects, may prove acceptable to our distant readers.

Blairsville is situated on the Indiana side of the Conemaugh river, which is here the line between Indiana and Westmoreland counties; on the northern, or Huntingdon, Cambria and Indiana turnpike, at the crossing of the river, forty-two miles east of Pittsburg; distant from Greensburg twenty miles and from the borough of Indiana sixteen. An elegant bridge is thrown over the Conemaugh with but one arch, spanning two hundred and seventy feet, which connects Blairsville with Bairdstown, on the Westmoreland side.

By the original plan, the town contained one hundred and eighty town lots, sixty feet in front by one hundred and fifty feet in depth, bounded by three principal streets, (on their fronts) and four alleys, at right angles with the river; and five cross streets and one alley parallel to the river. About sixty acres fronting on the alleys by which three sides of the village are surrounded, are laid off in small, but convenient out-lots.

In February, 1819, the lots were first offered for sale; at that period there was not a solitary building on the area embraced by the plan of the town.[1] On the 25th day of March, 1825, it was incorporated as a borough, "under the name, style and title of the Borough of Blairsville." The corporate limits include the out-lots.

On the 17th September last the population of all ages amounted to five hundred and one souls. The professions, offices and occupations exercised at that period, appear in the following list, viz:

Physicians 3; Attorneys at law 1; Justices of the peace, 2; Retail stores, 9; Taverns, 4; Bookstores, 2; Druggists, 2; Carpenters, 9; Wagon-makers' shops, 2; do. and Coach do. 1; Tailors do. 4; Hatters do. 1; Coopers do. 4; Blacksmiths, do. 5; Weavers do. 1; Saddlers' do. 3; Cabinet makers' do. 3; Silversmiths' do. 1; Chairmakers' do. 1; Tinplate worker's do. 2; Cordwainer's do. 2; Tanners 3; Stone cutters, 2; Stone masons, 4; Bricklayers, 4. -One Post office and one Printing office.

Eighty dwelling houses have been erected exclusive of shops and store houses, of that number nineteen are built of stone or brick; ten brick buildings are being erected this autumn.

Owing its existence and continued prosperity to the system of internal improvement, so happily adopted and persevered in by the people of this commonwealth, BLAIRSVILLE bears the name of an efficient friend to that system. It will convey to posterity a memento of JOHN BLAIR, Esq. of Huntingdon county, whose name it perpetuates.[2]

During the past year there were received at Blairsville, from the east side of the mountains, upwards of fifteen hundred tons of iron, in bars and blooms, to be transported from thence to Pittsburg by water. This year very little iron has arrived, and business has been rather duller than formerly. The dams on the Kiskiminetas, one of twenty-seven feet, the other of sixteen feet in height, having been put under contract early in the season, prevented the carriers here from undertaking transportation, when it was so likely to be impracticable to comply with such engagements at the period they would be bound to perform them.[3] These dams having been sanctioned by the board of commissioners, without any provision having been made in conformity to the directions of the fifth section of the act of 9th April, 1827, by their causing "to be made a means of navigation equally safe and practicable as now exists at such place or places so to be obstructed," a meeting was held of the citizens of this place, and others interested, and a committee appointed to remonstrate to the board on the subject. This was done, and there the matter, as to the dams, on the part of Blairsville has ended. It was understood that the acting commissioner had been displeased with this, or some other acts of the people or individuals, and had threatened the place with his vengeance; which, rumor said, would be inflicted by exerting his influence so as to affect the place most injuriously, in the location and construction of the improvements. It ought not to be credited, nor is it, to any considerable extent, that, that gentleman is capable of such expressions or motives in the discharge of a high public trust. He can have no private interest to subserve, of his own, in the location; and whatever influence he possesses in the board, or with the legislature through the board or governor, should be ascribed to, as in truth it must result from, the clearness of his views, and the entire devotion with which he has attended to the public interest, at a salary far below what his previous standing in socity [sic] and acknowledged abilities, might command for him in other pursuits. The contractors are progressing with the dams and though we do not anticipate that the navigation can be opened on the canal below them much before this time next year, and believe that the river navigation cannot meanwhile be resorted to, we hope some indemnity will be made to individuals who may or have suffered.

Gen. Lacock[4], the acting commissioner, is now taking measures for the location of the canal from the upper end of the present lettings to a point, "at or near Blairsville," proposals for the completion of which will be received here from the 15th to the 23d instant. We hope "the (*summer*) of our discontent," will be followed by a cheerful "winter," and by the approximation of the Pennsylvania canal to Blairsville, on its way eastward.

When that great work shall have been completed,[5] this village will be most eligibly situated; and nothing but enterprising capitalists will be wanting to enable it to emulate Pittsburg in *Manufactures*. Stone coal is found in every hill in abundance, and of superior quality; the cheapness of fuel, labor, and provisions, the facility of communication with the east and the west; the fertility of the country around; the purity and salubrity of the air and the water, afford assurances that, in the nature of things, and the course of a few years. *Blairsville*, combining so many advantages, for business, for health or for pleasure, will be second to few towns in Western Pennsylvania. Its progress hitherto, its change within six years from a wilderness to a borough, raises a presumption of its future importance, and its local advantages are of such a nature as to afford a solid basis for its increasing prosperity.

---

1 - Arms & White, 349, say Blairsville was platted in July and August 1818 and sale of lots began November 11, 1818. A town lot was offered free to the person who completed the first house. There was competition between Isaac Green (on behalf of Hugh Richards) and James Rankin. Green finished two hours ahead of Rankin in March 1819, and then in the Fall of 1819 both lots were sold to John Mulhollan. Arms & White attributed this information to Our Family History by Rev. William Cunningham (Peoria, Illinois 1870 pp. 23, 24). It is known that the mail stage began running January 29, 1819 (see I:348)
2 - See vol. IV:245
3 - Apparently these dams were at and near Leechburg, Armstrong County (I:321)
4 - Gen. Abner Lacock
5 - The Pennsylvania Canal from Leechburg to Blairsville was constructed during 1828-1829 and the first canal boat reached Blairsville July 22, 1829 (see I:318-321)

EPILOGUE - WHAT OF THE FUTURE?

In the previous volumes the history of our area, and more particularly Indiana County, has been traced from prehistoric wilderness through more than 250 years of activity by European people, many of whom were our forebears. Their labors established towns, roads, farms, industries and social, cultural, religious and political institutions. We of this generation have inherited all of this. Basically we have a good place in which to live, faced with many problems it is true - but still good when compared with many cities.

What of the future? What legacy will be left to our children and descendants? When historians try to peer into the future they can only "see through a glass darkly" (1 Corinthians 13:12), and so their predictions are apt to be wrong. I will not try to predict our future in specific terms but will attempt to survey our present condition and suggest what may happen if the trends and problems we now face are unaltered. To do so it is necessary to consider the relationship of Indiana County to the State, the nation and the world. Our small corner does not exist in isolation but is more or less affected by what goes on in other places. In the words of John Donne "No man is an island" and the same is true of any community. Our fate is irrevocably and inextricably tied to the fate of our nation.

Adlai Stevenson recalled a visit with Albert Schweitzer in 1959. He "told me he considered this the most dangerous period in history - not just modern history, but all human history. Why? Because, he said, heretofore nature has controlled man, but now man has learned to control elemental forces before he has learned to control himself." Warfare with atomic or hydrogen bombs delivered by inter-continental missiles would indeed be a holocaust and would likely result in the extinction of mankind.

Alistair Cooke 21 years ago in 1973 wrote "The race is on between (America's) decadence and its vitality." He recognized "several of the symptoms that Edward Gibbon maintained were signs of the decline of Rome, and which arose not from external enemies but from inside the country itself'. Today in 1994 matters have not improved and indeed are worse than then. We are running out of time.

What are the symptoms of decadence today? One is moral indifference. Aleksandr I. Solzhenitsyn, Nobel prize winner for literature in 1970, said in a speech at Harvard that our "despiritualized and irreligious humanistic consciousness" was a "calamity" and that "We have placed too much hope in political and social reforms". Humanism appears to me a fatally flawed substitute for religion because it dodges the tough reality of man's mortality. Humanism says that man's only hope is for happiness on earth, yet the reality is that much of man's lot on earth is essentially unhappy and painful, with death at the end. We will not find happiness by looking inward, peering at our own feelings in the psychiatrist's office, or by pursuing our own happiness on earth exclusively. Whoever wants to find real meaning in life must look beyond self and beyond material things to what is greater than self - to God and to love of our neighbors. "Whosoever shall seek to save his life shall lose it; and whosoever shall lose his life shall preserve it" (Luke 17:33). "If we love one another, God dwelleth in us, and his love is perfected in us." (l John 4:12).

Religion has declined for many reasons but chiefly due to increasing moral relativism, permissiveness and licentiousness which are eating away at the hearts of men. We may be approaching a second civil war over conflicting values. Sin has been present at all times in all societies. What changes is how it is viewed. Sin is now seen in relative terms. Many people rationalize, "I am not responsible for my situation, society is, and therefore I am not responsible for my behavior." This is the path to hell on earth.

Another evidence of decadence is materialism and hedonism - money, constant pleasure, luxuries, nice cars, television addiction. Money is desired as the source of all happiness and is seen as more godlike than God. Irving Kristol in the Wall Street Journal wrote that the pursuit of happiness has sunk to "a ludicrous parody of capitalism in which we consume in succession all possible brands of pie-in-the-sky". When Jefferson in the Declaration of Independence spoke of "the pursuit of happiness" as an "inalienable right" he meant, I am sure, in moderation and not in excess. One of the foulest indications of excess is perversion in and obsession with sex. Pornography is one result. Even though homosexuals know full well their practices are a violation of the natural order, they are not satisfied to be left alone to their abnormalities but demand to be recognized on a par with normal sexuality. Greed is another result of materialism. Franklin D. Roosevelt in the dark days of the Depression charged that the "money changers...have fled from their high seats in the temple of our civilization." History appears to be repeating itself and the men of Wall Street, high finance, business and industry are fleeing to foreign lands to exploit cheap labor, leaving behind ever-increasing numbers of unemployed and underemployed eking out an existence on minimum wages.

Excessive debt, both personal and governmental, is another disturbing fact of our times. This is the age of plastic credit cards, bank loans, mortgages, and installment buying. Many young people do not want to save until they can afford their desires. They want it all now. Congress and legislative bodies at all levels are issuing bonds of indebtedness in ever-increasing amounts to finance "entitlement programs," public housing, subsidies, public works, and benefits of various kinds. Some of the spending is little more than boondoggle and pork. Where will it all end? Dependence on the government is definitely a factor in the slide toward decadence. Welfare has become a way of life. Even the rich look greedily to the government for handouts - subsidies for agricultural products, for railroads, for air lines. Something for nothing is the goal of many, witness the gambling mania, Las Vegas, Atlantic City, sweepstakes, Government lotteries, riverboat gambling dens.

Crime and violence are alarming signs of decadence when committed on the widespread scale of the present. Murder, robbery, vandalism, rape, gun craze and drug addiction are increasing every year while at the same time our system of justice is failing to protect people. Criminals get out of prison after short terms and are free to commit more crimes. Youths are attracted to crime because it is remunerative and because they know they might escape punishment or serve only a brief time due to "juvenile" status. Solitary confinement and hard labor are almost unheard of. Prisoners now enjoy amenities such as television and law libraries where they can plot appeals which clog the courts with unnecessary work and frustrate justice. Prisoners have gained more rights than victims from "soft" judges.

Cultural decadence is a pervasive fact of society. Ugliness and shock are enshrined in literature, visual arts, film and music as "creative expressions". Some kinds of paintings are nearly incomprehensible. Rap music features explicit sexual lyrics. Crudity and vulgarity abound. Many erotic novels are published merely for sales appeal and have little or no redeeming values. In the words of Max Rafferty, "Personal dirtiness, unkempt hairiness and wholesale nudity are the brand and hallmark of the savage. They negate centuries of painful striving up from the cave. They bring man closer to the beast." I recall a film which had sound effects but no spoken words. A man in a cabin beside a lake received a letter and proceeds to spread out several sheets of artist's boards underneath a raised boardwalk. He mixes several colors of paint in spray guns, squirts them on the boards, puts more paints in pails and splashes them here and there. Then we hear the sound of a saw as he cuts the "paintings" into smaller squares. Soon we hear the sound of an airplane which lands. The newcomer greets the "artist" and goes to look at the "paintings". Expressing approval, he produces a large wad of money which he gives the "artist". The plane departs and all is quiet except for a duck waddling along under the boardwalk. We hear "quack, quack, quack."

Another trend which, if continued, will fragment our society and end in disaster is racial separatism. In the guise of ethnic diversity we have "black studies" in schools and universities which are essentially skewed and slanted history aimed at denigrating Western culture. Multilingual schools are in effect resisting and delaying absorption into the English-speaking mainstream. We have racial ghettoes in the cities and flight of whites to the suburbs and countryside. A flood tide of immigrants, legal and illegal, threatens to overwhelm the "melting pot". Must we absorb all people who want to come to America? Black urban communities are hell holes of the drug culture, violence and brutality. Single unwed black mothers as young as thirteen and fourteen live on welfare while the fathers are absent. Younger blacks have a very poor perception of responsibility and little sense of right and wrong. They have been fed a deadly dose of unbalanced rhetoric by so-called black leaders who place all responsibility for the black plight on "racism", excusing all kinds of antisocial behavior by black hoodlums. In effect these "leaders" are promoting a reverse racism against whites. Alistair Cooke notes that black demands on society would require massive taxes "beyond the experience or the known tolerance of the whites to bear". Supreme Court Justice Lewis E. Powell Jr., in an address to the American Bar Association, pointed out that "Racial prejudice in the hearts of men cannot be legislated out of existence. It will pass only in time, and as human beings of all races learn in all humility to respect each other."

Environmental problems, although they are sometimes exaggerated, are not to be overlooked. Pollution of air and water, depletion of natural resosurces, overpopulation, destruction of wildlife habitat and extinction of species are pressing problems, among many others.

A sure sign of decadence is breakdown of family life. Divorces have more than doubled since 1960. Children in single-parent homes have tripled. It is estimated that, by the end of the 20th Century, 40% of all births will be out of wedlock and of those 80% will be blacks. The idea is being circulated in some radical feminist quarters that men contribute little that is unique to family life and that women can do as well alone as with a husband.

Our educational system is failing to teach right and wrong. Instead "self-esteem" is the aim and good citizenship is subordinated to other studies. Science, technology and mathematics, while important, are by their nature amoral. The real heroes in most schools are athletes who are supposedly taught "good sportsmanship" but everyone knows that winning is the name of the game. College athletes are glorified and coddled with bonuses and perquisites of all kinds. Prayer is illegal. Condoms are distributed. Educators list drug and alcohol use, pregnancy, suicide, rape and violence as top problems. Clearly something is very wrong when society does not know how to discipline and teach children to behave with consideration for other members of society. Alex Haley has observed that there are many "latchkey children" because it takes the income of two working parents to maintain a desired standard of living, but "the loss may be greater than the gain" in terms of the child's ultimate development. Students are encouraged to aspire to college and professional whitecollar careers, yet this kind of emphasis inadvertently implies that manual labor is unworthy. Public school systems are now controlled by bureaucrats and unions. Parents face entrenched professionals who jealously guard their prerogatives. Incompetence and bad morals are protected by tenure laws. Elected school boards have been gutted by law of most real authority and are mandated to do what the State says, what the courts say, what unions want. In effect we want your child and your money but keep your advice to yourself.

Distorted ideas of the meaning of freedom and liberty are widespread. Many take them to mean license to do anything. A false idea is rampant that the individual will and welfare are the highest good and first goal of freedom. This philosophy leads to anarchy. The First Amendment says "Congress shall make no law respecting an establishment of religion" and at the same time prohibits interference with the free exercise of religion or with the right of freedom of speech, of the press or to petition for redress of grievances. Some seem to think this means the government must be neutral regarding religion, but it is undeniable that the founding fathers' intention was to prevent the establishment of any particular religion such as the Church of England. The same amendment does not require neutrality in regard to free speech, free press or the right of peaceable assembly and petition, yet "free exercise of religion" is part of the same sentence. How can some rights be neutralized but not others in the same sentence?

I believe that ignorance is dangerous, and in particular ignorance of history. Apathy and ignorance are inimical to the proper functioning of a democratic society. A base level of knowledge and virtue are necessary. This base level is sadly lacking. Many young people are ignorant of the past. Their implied belief is that history began with them. They live only for the present. This ignorance makes them incompetent to preserve whatever is worth preserving in our culture. We need knowledge born of experience which helps us to know what is likely to help and what is likely to harm. In the words of John F. Kennedy "There is little that is more important for an American citizen to know than the history and traditions of his country."

Admittedly the foregoing has been a rather somber and frightening recital of evidences of decadence. Is it overstated? Solzhenitsyn firmly maintained "If the world has not come to its end, it has approached a major turn in history equal in importance from the Middle Ages to the Renaissance." Are we moving toward another Middle Ages? Is there hope? Yes. We have not yet arrived at doomsday. To make a parallel with Charles Dickens' "A Christmas Carol", just as Scrooge was confronted with the "shadows of things that might be", so are we face to face with what might be. As Alistair Cooke puts it, "The Republic can be kept, but only if we care enough to keep it." Or as Abraham Lincoln said when faced with the Civil War "If destruction be our lot, we ourselves will be the author and finisher." Our fate lies in the character of America's people. Are we, are you, of good or bad character? Our destiny will not be found in outer space, nor in science and technology, but in inner space - each man and each woman's inner soul.

Picture Album

Above: Blairsville Firemen's ladder wagon and hose cart (<u>Blairsville Hist. Record</u> p. 249)

Left: Henry Schnetberg, Mexican War veteran and resident of Indiana (<u>Indiana County Gazette</u> May 9, 1900)

654

Above: Indiana House being enlarged and remodeled (Hist. & Geneal. Soc. of Indiana Co.)

Right: First Memorial Day (Decoration Day) in Blairsville May 30, 1868 (Hist. & Geneal. Soc. of Indiana Co.)

First Decoration Day in Blairsville, Pa., May 30, 1868, at the Marker House in the Diamond.

655

Old technology of natural gas drilling (Hist. & Geneal. Soc. of Indiana Co.)

First building, Savings and Trust Co., Indiana ca 1903-04 (Ritenour, Indiana County Gazette Feb. 3, 1904)

Indiana Telephone Co. building, corner Gompers and Carpenter Ave. ca 1903-04 (Ritenour, Indiana County Gazette Feb. 3, 1904)

657

Citizens Heat, Light and Power Co., Blairsville ca 1898. First electric generating plant in Indiana County. (Griffin, Blairsville Souvenir...)

Advertisement, Indiana County Gazette June 15, 1898

First high school building, later public school, Homer City (Hist. & Geneal. Soc. of Indiana Co.)

(Hist. & Geneal. Soc. of Indiana Co.)

Old Kline Hotel, south side Philadelphia St., Indiana opposite old Court House and Pittsburgh National Bank (Hist. & Geneal. Soc. of Indiana Co.)

Old Zion Lutheran Church, Indiana,
on same site as present church

Pennsylvania Railroad Depot, Saltsburg 1884 (Saltsburg Hist. Soc.)

Interior, Elders Ridge Academy by John W. Warner
(Hist. & Geneal. Soc. of Indiana Co.)

Purchase Line Academy (Hist. & Geneal. Soc. of Indiana Co.)

Clearfield Bituminous Coal Corp. Building by Douglas Studio, and doorway. Now Indiana County Courthouse Annex (Hist. & Geneal. Soc. of Indiana Co.)

Main St., Plumville

Old view, north side Philadelphia St. at corner of Sixth St. toward Fifth St.

Old view, North Seventh St. toward Vinegar Hill.
Compare with vol. II:370-L. (Hist. & Geneal. Soc. of Indiana Co.)

Heavy snow Feb. 14, 1910 south side Philadelphia st. between Fifth & Sixth St. (Hist. & Geneal. Soc. of Indiana Co.)

The Packsaddle, Chestnut Ridge (Pyle Collection)

Clawson House, formerly Rieder Hotel, now Brown Hotel (Pyle Collection)

First United Presbyterian Church, Indiana, on present site of Graystone Church (Russell Collection)

Indiana Progress Building ca 1880
(Arms & White opposite p. 336)

Streetcar at Indiana Depot, South Seventh St. (Householder)

Glen Campbell News July 27, 1921

674

View of Saltsburg ca 1880. Note Saltsburg Glass Co. lower right
(Saltsburg Hist. Soc.)

The Apalachian, Blairsville June 24, 1846

Second United Presbyterian Church, North Seventh St., Indiana

Indiana Democrat office and residence (Arms & White opposite p. 336)

676

Bethel Presbyterian Church, Center Township, Oct. 25, 1970

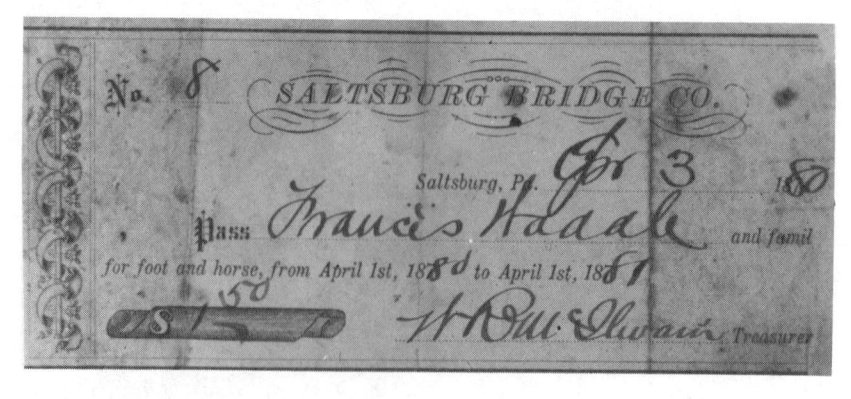

Saltsburg Bridge Co. yearly pass to Francis Waddle 1880 $1.50 (Saltsburg Hist. Soc.)

E. E. Heilman Ford Garage, Hillsdale. Ted McQuown (left) & Everett Peddicord (Indiana Evening Gazette)

Passenger train at Marion Center Depot, Buffalo, Rochester & Pittsburgh RR

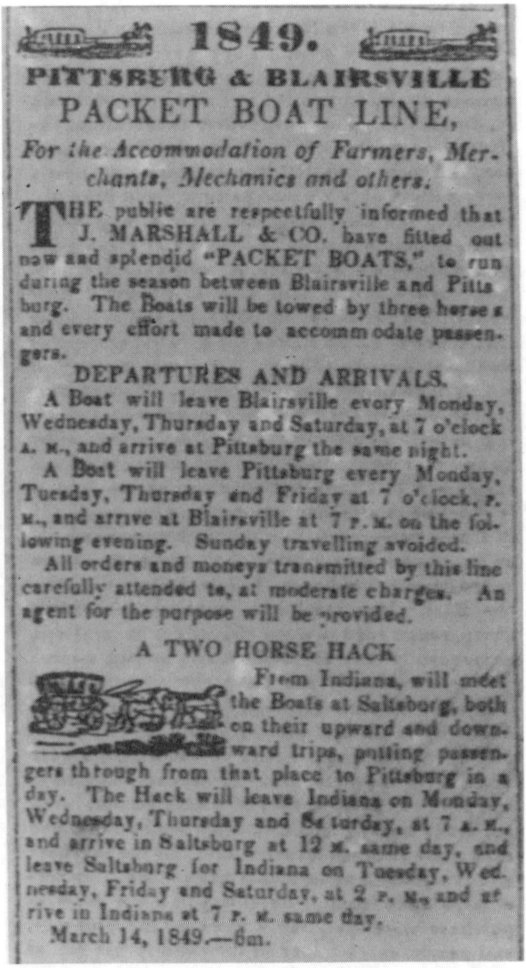

1849.
PITTSBURG & BLAIRSVILLE
PACKET BOAT LINE,

For the Accommodation of Farmers, Merchants, Mechanics and others.

THE public are respectfully informed that J. MARSHALL & CO. have fitted out new and splendid "PACKET BOATS," to run during the season between Blairsville and Pittsburg. The Boats will be towed by three horses and every effort made to accommodate passengers.

DEPARTURES AND ARRIVALS.

A Boat will leave Blairsville every Monday, Wednesday, Thursday and Saturday, at 7 o'clock A. M., and arrive at Pittsburg the same night.

A Boat will leave Pittsburg every Monday, Tuesday, Thursday and Friday at 7 o'clock, P. M., and arrive at Blairsville at 7 P. M. on the following evening. Sunday travelling avoided.

All orders and moneys transmitted by this line carefully attended to, at moderate charges. An agent for the purpose will be provided.

A TWO HORSE HACK

From Indiana, will meet the Boats at Saltsburg, both on their upward and downward trips, putting passengers through from that place to Pittsburg in a day. The Hack will leave Indiana on Monday, Wednesday, Thursday and Saturday, at 7 A. M., and arrive in Saltsburg at 12 M. same day, and leave Saltsburg for Indiana on Tuesday, Wednesday, Friday and Saturday, at 2 P. M., and arrive in Indiana at 7 P. M. same day.

March 14, 1849.—6m.

Advertisement, Pittsburg & Blairsville Packet Boat Line 1849

Interior view, Indiana County Street Railway Car

Interior view, Indiana County Street Railway Car

West portal, Bow Tunnel constructed 1907 by Pennsylvania Railroad (U.S. Army Corps of Engineers)

Indiana Water Works, first water supply 1887 from 325-foot well west of Indiana

683

ARMORY HALL

Armory Hall, Indiana on site of Municipal Parking Garage, corner Water Street & Carpenter Ave. Formerly the Methodist Episcopal Church, it was purchased July 21, 1876 at public outcry by Capt. H. C. Howard & Lt. John Sutton for use as an armory (Corbin Indiana, Pa. view 1878)

684

Blairsville Intersection (Torrance), Pennsylvania Railroad

Indiana Branch locomotive & crew at Blairsville Intersection, PRR
(Charles Roser)

685

Indiana Iron Works (Baker Furnace), Cramer, East Wheatfield Township. Compare with vol. I:516-L,M,N.

School Bells!
Church Bells!

We never had such good, clear sounding Bells as at present, and price is right. A quick choice will get a dandy.

Indiana Foundry Co., Ltd.

Indiana Foundry advertisement January 4, 1905
(Indiana County Gazette)

Model T Ford pumper, Armagh-East Wheatfield Fire Co.

W. M. Hosack's grocery delivery wagon ca 1898,
Blairsville (Griffin, Blairsville Souvenir...)

Crest gates opened on Conemaugh Dam February 27, 1961.
For normal operation see III:306-I (William F. Graff)

North side Philadelphia St., Indiana corner of Seventh St. toward Sixth St. showing Brody's & G.C. Murphy Stores

George Hicks Store, Marchand

Dugan Glass, Works, Indiana. Also see III:56-N

National Glass Co. plant, Indiana 1900 (Fowler view)

Moore Hotel. Also III:306-A, N:384-F. Note corner gable of first Pennsylvania Railroad Depot on left. Compare with II:370-H.

Ebenezer Presbyterian Church, Conemaugh Township

Second Methodist Episcopal Church structure,
South Seventh St., Indiana (Corbin Indiana, Pa. view 1878)

Indiana Foundry ca 1904 (Ritenour, Indiana County Gazette Feb. 3, 1904)

Philadelphia Street, Indiana, decorated for Indiana Borough Centennial 1916

Mottarn's Mill and covered bridge, formerly Enterline Mill erected ca 1860 by Philip Enterline. William Mottarn & son, Samuel, at upper door. Elmer Mottarn, Mr. Shields & Albert Mottarn (left to right) at lower door. Vernie & Edna Mottarn at right corner of mill. Covered bridge erected 1880.

Indiana-Ernest-Creekside streetcar ca 1910. Ed Hoffman, conductor. Andy Hoffman, motorman

Indiana-Clymer streetcar (chipped, peeled glass photo) Fred Kier & Andy Hoffman (right)

Aeroplane view, Indiana Normal School November 15, 1919 by H. Jaquey (?) (Hist. & Geneal. Soc. of Indiana Co.)

Rochester & Pittsburgh Coal Co. plant, Lucerne

Last Canal Boatmen's Reunion, Blairsville 1913

Stump fence (Hist. & Geneal. Soc. of Indiana Co.)

MARION WOOLEN FACTORY,

Brady P. O., Indiana Co., Pa.

I wish to thank my patrons for their kind patronage, and also to inform them and the public that I have repaired my machinery, and have added all necessary improvements at a great expense. My machinery is all of the latest and best style, and my mechanics are the best to be had in the country. With good machinery, good mechanics, and an honest purpose on my own part, I will guarantee all work intrusted to my care. Work will be promptly done in the best possible manner.

I have on hands a large and varied stock of the BEST PATERNS and FAST COLORS, including

White Blankets, Red Blankets, Barred Blankets, and Gray Blankets, Red and White Twilled Flannels, Gray Flannels, Logman's Flannels, Plain and Barred Flannels, Knitting Yarns, Satinets, Cassimeres, Jeans, Socks, and Stockings.

I will exchange any of the above for wool, or sell for cash, and will warrant the goods to be the best in the market for the price.

We will CARD & SPIN, CARD ROLLS, do COUNTRY DYEING, MANUFACTURE WOOL on the SHARES, &c.

I wish to urge on you the importance of tying your wool in good, strong cloths, large enough to protect your work, as we have to keep so much together that we cannot take care of bad packages. Wool can be left with any of the following parties to be manufactured. It will be returned without additional cost:

Brilhart & St. Clair, Indiana, Pa,
Perry & Munshower, Cookport, Pa.
E. R. Camp & Son, Cherrytree, Pa.
P. Churchill, Gettysburg, Pa.
L. S. Fuller, Flora, Pa.
Prothero & Bro., Smithport, Pa.
H. J. Thompson, Deckerspoint, Pa,
S. Weymer, Plumville, Pa.
J. H. Butler, Georgeville, Pa.
R. & W. Elkin, Smicksburg, Pa.
T. B. Allison & Son, Marchand, Pa,
Gourley & Barkley, Covode, Pa.
Wm. Johnston, East Run, Pa.
Neel & Stear, Trade City, Pa.
B. F. Duffy, Richmond, Pa.
J. H. Campbell & Co., Dayton, Pa.

Thanking you for past favors, and soliciting your patronage, with an invitation to call and examine our goods and work, I am

Yours Respectfully, **FRANK S. CHAMBERS.**

Advertisement, Marion Woolen Factory

1st TV 1948

First television seen in Indiana at Art Lewis Store October 11, 1948. People standing in the rain. (Arthur Lewis)

Marion Woolen Factory, upper Manor Street, Marion Center

First creamery, Marion Center at intersection Rochester Mills & Decker's Point roads with Main Street. Constructed 1888

Reopening of Marion Center Milling Co. 1912

Company A, 61st Regiment Reunion, Marion Center (Mary Bee)

Marion Center Main Street views showing bank, Mahoning House hotel & S. H. Jones Store (Viola Holt)

Marion Center Main Street

Old view, Rustic Lodge, Indiana (John Busovicki)

Bill Neff, magician, and the "Neff Guillotine"
(John Busovicki)

Clymer Manufacturing Co., Indiana, incorporated 1901 at 1051 Philadelphia St., formerly the McFarland Foundry (Hist. & Geneal. Soc. of Indiana Co.)

Early view, Indiana Country Club by Douglas Studio (John Busovicki)

International Order of Odd Fellows Building, Blairsville 1895
(Hist. & Geneal. Soc. of Indiana Co.)

First National Bank, Blairsville, erected 1904 (Hist. & Geneal. Soc. of Indiana Co.)

Interior , Blairsville Savings & Trust Co. December 26, 1928 (Hist. & Geneal. Soc. of Indiana Co.)

Cicero's Skating Center, Blairsville 1942 (Hist. & Geneal. Soc. of Indiana Co.)

Glen Campbell Labor Day parade 1909 "Hail to the Chief. Wm. B. Wilson. The Champion of Labor" (Hist. & Geneal. Soc. of Indiana Co.)

718

Streetcar at Blairsville Depot. Compare with vol. III:306-D.
(Hist. & Geneal. Soc. of Indiana Co.)

Old Methodist Church, Homer City (Hist. & Geneal. Soc. of Indiana Co.)

Peoples Bank of West Lebanon

(Hist. & Geneal. Soc. of Indiana Co.)

Streetcar on North Sixth Street, Indiana. Compare with vol. II:370-P.
(Hist. & Geneal. Soc. of Indiana Co.)

Municipal Water plant, Homer City (Hist. & Geneal. Soc. of Indiana Co.)

Altimus-Rugh country one-room schoolhouse 1919 (Hist. & Geneal. Soc. of Indiana Co.)

Rev. M. S. Kemp in buggy, Smicksburg (Hist. & Geneal. Soc. of Indiana Co.)

Citizens Band in wagon, Gipsy (Hist. & Geneal. Soc. of Indiana Co.)

Commercial Hotel, Homer City (Hist. & Geneal. Soc. of Indiana Co.)

Pennsylvania Railroad Depot, Homer City (Hist. & Geneal. Soc. of Indiana Co.)

Weatherboarded log house in Shelocta built by Abner Kelly early 1800's. Compare with vol. I:62-F. Standing: Mr. & Mrs. W. F. Walker. On horse: Edgar Walker & Kelly Carnahan (Hist. & Geneal. Soc. of Indiana Co.)

728

Rochester & Pittsburgh Coal Co. units, Indiana County Sesquicentennial parade 1953 (Hist. & Geneal. Soc. of Indiana Co.)

Rochester & Pittsburgh Coal Co. units, Indiana County Sesquicentennial parade 1953 (Hist. & Geneal. Soc. of Indiana Co.)

Ernest Community Band at United Mine Workers of America convention, Miami, Florida ca 1960's (Hist. & Geneal. Soc. of Indiana Co.)

South Main Street, Homer City

Moore Cannonball
campaign lyrics
October 1968
(<u>Indiana Evening
Gazette</u>)

INTRODUCING . . .
　　"THE FRANK MOORE CANNONBALL"

TUNE: WABASH CANNONBALL

VERSE 1

Now listen all you people
　　to what we have to say
we have another choice to make
　　on next election day
We want that man that's moving on
　　this train's about to roll
jump on the "Frank Moore Special"
　　cause Harrisburg's our goal.

CHORUS:

We're on our way to victory
　　we're on our way again
with Frank Moore at the throttle
　　we'll watch the votes roll in.
The whistles screeming out the news
　　it's heard across the land
this trains a-moving-on to make
　　Frank Moore — Assemblyman.

VERSE 2

We won a great big Victory
　　on last primary day
We won it fair and square and straight
　　the Grand Old Party way.
Now some folks need convincing
　　some just can't stand to fall
But they can't beat the Victory streak
　　of the Frank Moore Cannonball.

CHORUS:

VERSE 3

Now you can't knock experience
　　and you can't knock degrees
But what goods all these attributes
　　if you don't meet peoples needs.
One man, and only one was picked
　　to represent us all
This Victory train now bears his name
　　it's called the Frank Moore Cannonball.

CHORUS:

Hear the FRANK MOORE SPECIAL ON WDAD
. . . and sing along, as the FRANK MOORE
CARAVAN COMES THROUGH YOUR TOWN
THIS SATURDAY. Starting from the P.T. Parking
Lot at 8:30 A.M. Decorate your car and
join in the fun!
　　　　　Words by Vaughn Davis
　Pol. Ad Pd. by Moore For The People Committee
　　J. D. Varner, Ch.　　A. Almes, Treas.

Moore Cannonball campaign lyrics October 1968 (Indiana Evening Gazette)

INTRODUCING — ANOTHER CAMPAIGN SONG
'FRANKLY, THERE'S NO MOORE CANNONBALL'

TUNE: WABASH CANNONBALL (Again - - -as in elections off and on for 80 years)

VERSE 1

Oh, listen to it rumble,
And listen to it spew,
As it coughs and chugs and falters,
And comes in overdue.
It's a whole train of distortions
That is riding for a fall.
And the word in Indiana is
There's no Moore Cannonball.

CHORUS

Buchanan's worked for all of us;
There's not a doubt of that.
From the training of the miners,
To the Bible Study Act.
It's progress for our county
If Buchanan keeps his seat;
For fourteen years in Harrisburg,
His record can't be beat.

VERSE 2

When the people have a second look,
At local candidates,
There's only one who knows the ropes
And has the goods it takes.
His name is Bill Buchanan,
And he's known quite well by all.
We'll stick with Bill
And never Moore, the muddy cannonball.

CHORUS

VERSE 3

Politicians can't be made
Of smiles and homilies.
They've got to stand up for you
In hard necessities.
As it comes time to do your part,
This truth you must believe:
A man's faith should be in his heart,
And not upon his sleeve.

CHORUS

Lyrics by Dogger Al

Pol. Ad Paid By Citizens For Buchanan
Chas. Weber, Chm.,   Kathleen Yanity, Treas.

HALLOWEEN

IS ON THE WAY...

...So The "False Faces" Are Already Appearing.

THEY MUST THINK THE ADULT VOTERS OF THE 62nd LEGISLATIVE DISTRICT ARE CHILDREN.

BUT DON'T LET THEM "SCARE" YOU!

You will NOT damage your ballot by voting for Bill Buchanan for General Assembly.

A sticker or write-in is perfectly legal.

It's also ethical, moral, democratic, fun and easy.

HERE'S ALL YOU DO:

1. Put on the sticker... or write in the name.
2. Then vote as always - either straight party or split ticket.

ADD A LITTLE ZEST TO YOUR VOTING EXPERIENCE ON NOV. 5th

Political Ad Paid For By "Citizens For Buchanan"
Chas. Weber, Chm.   Cass Yanity, Treas.

Buchanan campaign advertisement October 23, 1968
(Indiana Evening Gazette)

GRAND THEATRE

Indiana's Exclusive

Feature Photoplay Theatre

A Big Feature and a Big Star Every Day

FRANK A. WOOD, Owner, Manager

Grand Theater advertisement (Indiana Progress June 7, 1916)

736

Alley Oop cartoon strip (Indiana Evening Gazette Oct. 13, 1973)

THE PLUMVILLE REVIEW

VOLUME I.   PLUMVILLE, INDIANA CO., PA., FRIDAY, AUGUST 7, 1908.   NUMBER 1

Plumville Review August 7, 1908 (Indiana Gazette)

Telephones,
Bell, 73
Union, 15

Patterson
Milling Company

Manufacturers of and Dealers in

SPRING and
WINTER WHEAT,
FLOUR, FEED, MEAL,
GRAIN, SALT,
HAY and
STRAW

"*Golden Leaf Flour*"
Guaranteed

Saltsburg, Pa.

Patterson Milling Co. advertisement, Saltsburg
(Indiana Progress June 7, 1916)

Prairie State Incubator Co., Homer City, Pa., 18??

Annual Catalogue, Prairie State Incubator Co.,
Homer City. See III:56-L,M, 614-A
(Hist. Soc. of Western Pa.)

740

Guarding Blairsville Bridge nine days after Pearl Harbor December 1941 (Indiana Evening Gazette Dec. 16, 1941)

With bayonet fixed Rabbi Joseph Wagner of Indiana stands guard at the Blairsville crossing of the Conemaugh river as other members of Indiana County's Reserve Defense Corps, Company A, similarly guard river crossings at Saltsburg, Freeport, Kittanning, Parker's Landing, East Brady and an unspecified power plant. Rabbi Wagner and other RDC guards, now beginning their second week of duty, report that citizens have been very kind to them on their "beats," offering shelters, coal, hot coffee and cigarettes.

IEG 12-16-1941

Don't Wait!

PRICES AND TERMS YOU CAN AFFORD

Quality Plates As Low As

Beautiful porcelain teeth — My Regular $25 Value — Special **$14.50**

Extractions Asleep or Awake Per Tooth **50¢**
Special Attention to Nervous People and Children

Lifelike in appearance. Fully guaranteed. **$22.50**

Forget All You've Heard About the High Cost of Good Work
You Will Be Pleasantly Surprised at Our Low Prices!

Fillings----Cleanings----Bridges---Crowns

Office Hours
9 A. M. to 6 P. M.
Tues. - Thurs.
Sat. to 8:30 P. M.

No Appointment Necessary

Dr. FINKELSTEIN

Smith Building — Over Woolworth's
713 Philadelphia Street

"The Friendly Office of Careful Dentistry"

Depression era dental advertisement
(Indiana Evening Gazette Mar. 20, 1936)

Sing Lee Chinese Laundry

Rear Hotel Moore, opposite P. R. R. Station

No. 29 North 8th Street,   **INDIANA, PA.**

Bring your linen and have it washed by hand, not cut and worn by machinery. All collars and cuffs done with a dull finish. When sending laundry, money must accompany it for paying of work and also for parcel post.

ALL GOODS DELIVERED PROMPTLY

Advertisement, Sing Lee Chinese Laundry (Indiana Progress June 7, 1916)

LOW-PRICES-AS-ALWAYS
AT THE
STREAMLINE MARKET

Pillsbury Flour   24 lb. sack 99c

CHOPTANK PEAS **4 cans 29c**	Pillsbury Pancake Flour **2 BOXES – 19c**
Camels, Luckies and Chesterfield Cigarettes 14 pk. or 3 pks. 40c	
Sea Rock **Peaches** ..... No. 2½ can 25c	Hershey **Kisses** .... lb. 19c
Dixie **Peanut Butter** .... 2-lb. jar 23c	Kippered **Snacks** .... 2 cans 9c
Cut Rite **Wax Paper** ...... 2 boxes 11c	Perfection **Paint Cleaner** .... can 27c
Kellogg's **Whole Wheat Biscuit** 9c	Just Rite **Lye** .... 2 cans 15c
Booth's **Lake Herring** .... kit 79c	Pillsbury **Bran** .... box 15c
Clean Quick **Chips** .... 5 lb. 29c	Rochester **G. B. Corn** .... 2 cans 17c
Moonshine .... qt. 19c	Palmetto **Molasses** ..... No. 2½ can 19c
Arrow **Borax Soap** ...... 10 bars 21c	Climax **Wall Paper Cleanser** 4 for 25c
Wheat Puffs ...... 2 pkgs. 23c	**Fels Naphtha Soap** 10 bars 43c
Kellogg's **Wheat Krispies** ...... box 9c	**No. 1 Eggs** ------- 2 doz. 43c
PRIME STEER BEEF	**Veal Roast** --------- lb. 19c
All Steaks --------- lb. 23c	**Veal Steak** -------- lb. 29c
Chuck Roast ------- lb. 14c	Brookfield
Pot Roast --------- lb. 18c	**BUTTER** -------- 2 lbs. 65c
Rump Roast ------- lb. 22c	**Oleomargerine** - 3-lb. roll 37c

Depression era grocery prices
(<u>Indiana Evening Gazette</u> Mar. 20, 1936)

743

| Regal | **HOMER MOTOR CO.** | Studebaker |

Automobile Accessories
FIRESTONE and FEDERAL TIRES
Gasoline, Oils, Greases and Repairs of all Kinds

We also have a Standard Four at $985 and an Eight at $1,200.

We also carry a line of Firestone, Fisk and Pennsylvania Tires, Tubes

Ford owners attention, we have in stock the safety raidus rod for your Ford guaranteed to make your Ford 100 per cent, safer and steer 100 per cent easier.

We carry a line of high grade gasoline, oils and greases.

Call, write or phone us and let us explain about our easy payment plan on Regal and Studebaker cars.

Homer Motor Co.
MAIN STREET   **HOMER CITY, PA.**
Bell Phone 3M

REGAL — DETROIT

You get these 10 Essentials when you buy a

Regal Four

1—Powerful, dependable motor.
2—106-inch wheelbase.
3—Dyneto non-stallable electric starter and electric lights.
4—Genuine cantilever rear springs.
5—Full floating rear axle.
6—One-man Mohair top.
7—30x3½-inch tires (non-skid on rear.)
8—Demountable rims.
9—Built-in ventilating windshield.
10—Attractive, streamline body design.

We have been building motor cars for eight years, and they are standing up and giving service to their owners.

$695

Homer Motor Co. advertisement (Indiana Progress June 7, 1916)

THE NEW 4th CONGRESSIONAL DISTRICT

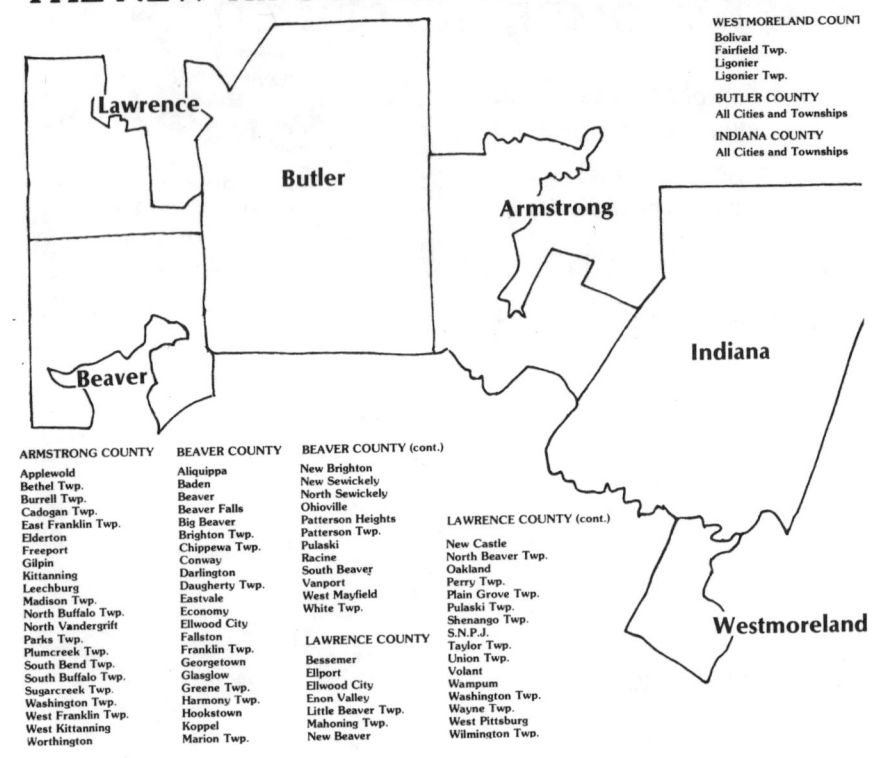

WESTMORELAND COUNT
Bolivar
Fairfield Twp.
Ligonier
Ligonier Twp.

BUTLER COUNTY
All Cities and Townships

INDIANA COUNTY
All Cities and Townships

ARMSTRONG COUNTY
Applewold
Bethel Twp.
Burrell Twp.
Cadogan Twp.
East Franklin Twp.
Elderton
Freeport
Gilpin
Kittanning
Leechburg
Madison Twp.
North Buffalo Twp.
North Vandergrift
Parks Twp.
Plumcreek Twp.
South Bend Twp.
South Buffalo Twp.
Sugarcreek Twp.
Washington Twp.
West Franklin Twp.
West Kittanning
Worthington

BEAVER COUNTY
Aliquippa
Baden
Beaver
Beaver Falls
Big Beaver
Brighton Twp.
Chippewa Twp.
Conway
Darlington
Daugherty Twp.
Eastvale
Economy
Ellwood City
Fallston
Franklin Twp.
Georgetown
Glasgow
Greene Twp.
Harmony Twp.
Hookstown
Koppel
Marion Twp.

BEAVER COUNTY (cont.)
New Brighton
New Sewickely
North Sewickely
Ohioville
Patterson Heights
Patterson Twp.
Pulaski
Racine
South Beaver
Vanport
West Mayfield
White Twp.

LAWRENCE COUNTY
Bessemer
Ellport
Ellwood City
Enon Valley
Little Beaver Twp.
Mahoning Twp.
New Beaver

LAWRENCE COUNTY (cont.)
New Castle
North Beaver Twp.
Oakland
Perry Twp.
Plain Grove Twp.
Pulaski Twp.
Shenango Twp.
S.N.P.J.
Taylor Twp.
Union Twp.
Volant
Wampum
Washington Twp.
Wayne Twp.
West Pittsburg
Wilmington Twp.

Gerrymandered 4th Congressional District

745

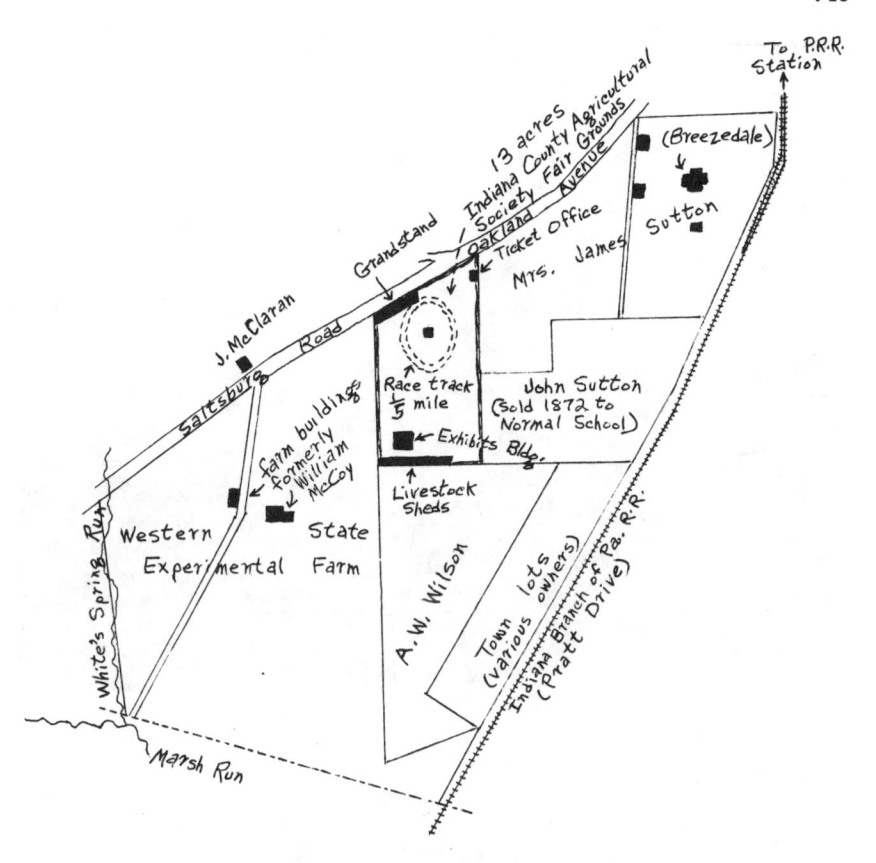

Indiana Normal School area map 1870-71
(Modified from 1871 Atlas of Indiana County)

PADLOCKED CHURCH

The Magyar Presbyterian Church, Rossiter, from which the congregation was barred after holding services twice daily since last September. Here four United States Senators, coal investigation committee, met with strikers last February and sang hymns in alleged violation of Judge J. N. Langham's injunction.

Rossiter Strike news photos 1928 (Pitttsburgh Sun-Telegraph)

COURAGEOUS PASTOR

The Rev. A. J. Phillips, militant pastor of a congregation composed of striking miners' families, Rossiter, Pa.

OPEN AIR ORGANIST

Mrs. Margaret Harkleroad, organist, in aiding to hold open-air meetings in defiance of state police, uses a melodeon.

Rossiter Strike news photos 1928
(Pittsburgh Sun-Telegraph)

748

THEIR WORSHIP STOPPED

Strikers wives who are members of Pastor Phillips flock and who attended the open-air services that were broken up by the state police June 34. left to right are Mrs. Harkleroad, Mrs. Margaret Hughes and Mrs. Anne Jackson. The worshippers, when dispersed, used a rock as a pulpit.

Sun-Tele Photo

1928

Rossiter Strike news photos 1928
(Pittsburgh Sun-Telegraph)

Streetcar Station, Clymer 1953 (Clymer-Cherryhill Story)

Sample Run Mine plant, Clearfield Bituminous Coal Corp (A. J. Musser The Explosives Engineer March-April 1944)

Interior views, Blairsville College for Women
(Griffin, Blairsville Souvenir...)

STUDENTS' PARLOR AND LIBRARY.

Blairsville Baseball team 1887. E.H. Berlin photo (William F. Graff)

A hot air balloon rises from the Indiana County Fairgrounds in 1881.

Site of Fisher Auditorium & Waller Hall.
(William F. Graff)

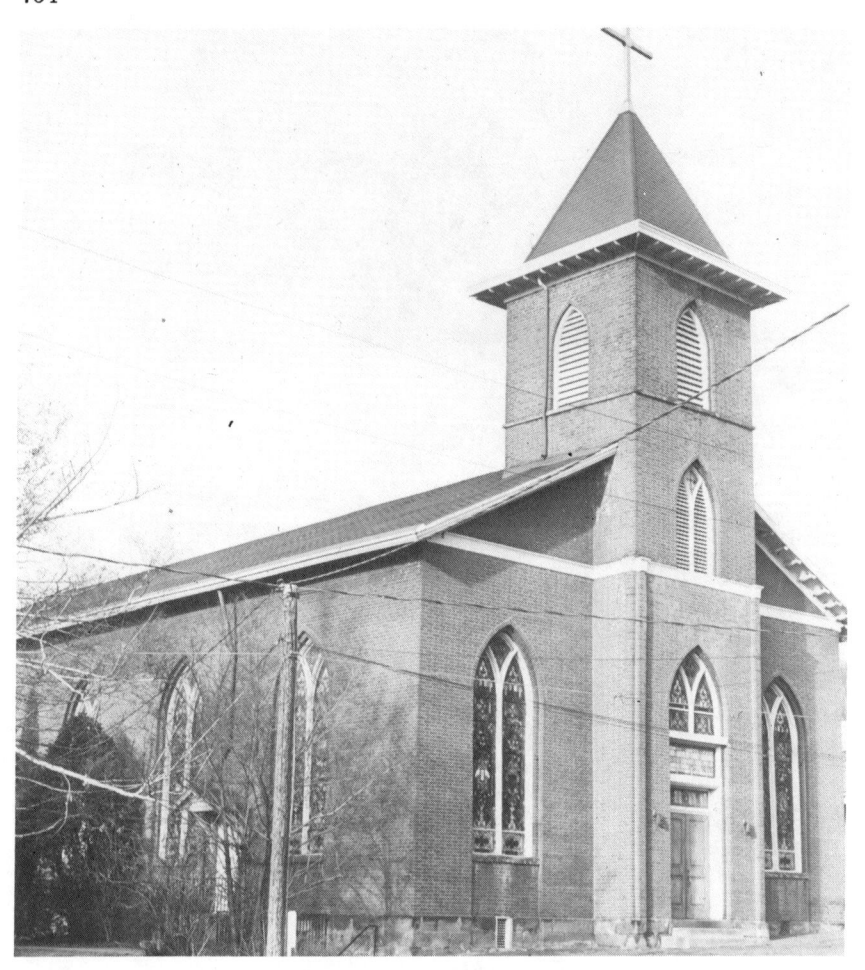

Old S.S. Simon & Jude Catholic Church, Blairsville
(William F. Graff)

Civil War veterans in Blairsville. Note signs for a travelling Chautauqua (William F. Graff)

Old method of erecting utility poles in Blairsville (William F. Graff)

First passenger run, Indiana County Street Railways July 4, 1907. A converted work car (Dixon Lightcap)

Amish buggy in Marion Center 1976 (William F. Graff, Indiana Gazette)

Rotary coal car dump at Diamond Smokeless Coal Co. mine, Boltz (Indiana Gazette)

Slovak Band, Graceton 1916. Left to right seated: Edward Odaharisky, Andrew Pluchinsky, John Pluchinsky. Standing: Andy Odaharisky, Edward Pluchinsky (Helen Pluchinsky Horchar)

Proud group of newly naturalized citizens July 8, 1921. Joseph Majerik seated right, Steve Brezany standing left, others unidentified (Margaret Stonebraker)

Dixonville Hospital established 1908 by Dr. B.F. Coe
(Indiana Progress June 7, 1916)

Peeling bark from a hemlock tree. Jake Clevenger, Thomas I. Ryan & Nathaniel Ryan standing on log. Clint Palmer on ground. (Samuel L. Barr)

Original Brody Store, Indiana (Indiana Gazette)

Burnheimer Brothers sawmill at Kenmore, Cherryhill Township 1908. Jess & Sherd Burnheimer on roof; Ross Holmes on steam traction engine; on ground left to right: L. Strong, Rash Golden, Mapery Golden (timber owner), Floyd Burnheimer. (Mrs. Ron Burnheimer)

J.H. Butler and 1906 International truck at McCormick Station, South Mahoning Township. (Mrs. Francis Crawford)

McGill Motors Garage, formerly Sutton-Miller Ford Garage, South Sixth Street, Indiana. Now Penn Towers (Indiana Evening Gazette June 29, 1953)

Longwall mining system at Jane #2 Mine, Rochester & Pittsburgh Coal Co. 1972

Old Green Township Fair roundhouse (12 sides), Cookport (Indiana Gazette)

770

Stone house erected ca 1817-1819 by John Lucas, a tailor, south side of Philadelphia Street between 5th and 6th St. Purchased by John Taylor and occupied for many years by members of the Taylor family. Believed to be the oldest house standing in Indiana, occupied in recent years by Charles Hawk TV Shop (Indiana Evening Gazette)

J.M. Stewart Co. hardware store original building. Compare with vol. III:262-J (Russell Collection)

Last commercial rafts to leave Cherry Tree Spring 1896. Destination Lock Haven, Pa. Piloted by Jake Huff, George Kneedler & Jerry Brickley (W.R. Hevner)

First air mail pickup, Hamilton Field, Indiana May 20, 1938

Encampment of 110th Infantry, Pa. National Guard, on Indiana Hospital grounds prior to departure for World War I service 1917 (Clair Evans)

Encampment of 110th Infantry, Pa. National Guard, on Indiana Hospital grounds prior to departure for World War I service 1917 (Clair Evans)

Deposit Bank, south side Philadelphia St. between 6th & 7th St., Indiana. Left to right: Thomas E. Hildebrand, vice president; W. Clarence Fleck, cashier; Harry White Jr. November 1917 (Hist. & Geneal. Soc. of Indiana Co.)

Buffalo, Rochester & Pittsburgh RR bridge over Mahoning Creek, West Mahoning Twp. Completed ca 1899 (Sheffar Collection)

Indiana Normal School students returning from Christmas vacation 1915 on Pennsylvania Railroad special (<u>Normal Herald</u> 1915-16)

Western Pennsylvania Children's Aid Society Building 240 South Eleventh St., Indiana ca 1903-04. (Ritenour, Indiana County Gazette Feb. 3, 1904) Acquired 1894, later known as Girls' Industrial Home.

The Patriot (Il Patriota) published by Francisco Biamonte. First issue August 14, 1914 in English, later English & Italian. Discontinued shortly after Biamonte's death on Sept. 4, 1955 (Hist. & Geneal. Soc. of Indiana Co.)

Second World War draftee contingent typical of many. This group left Indiana May 29, 1943 and included Wilmer E. Roser, Clair T. White, John A. Brickell, Arthur W. McCurdy, James W. Miller, Adam S. Zbignewich Jr., James L. Foreman, Phillip D. McConnell, John L. Johnson, Richard J. Kennedy, Pete A. Micale Jr., Napolean J. Patti, Lyle W. Kunkle, Howard E. Steffey, James F. Ober, James K. McElhoes, John C. McFarland, Paul B. Miller, Rudolph A. Steffish, Paul T. Bortz, Richard Sheehe, Theodore S. Elias, Richard E. Stear, Dennis W. Ray, Herbert R. Renz, William A. Simpson, David G. Buchanan, Robert D. Ruddock, Thad P. Work, Emery P. Faith, Albert S. Bernardo, Carl E. Dugan, Royden N. Tyger & Roy J. Fishel (John A. Brickell)

The American House, formerly Continental Hotel until April 1876 when Martin Earhart purchased it and renamed it American House. Later enlarged and renamed Moore Hotel (Ritenour, Indiana County Gazette Feb. 3, 1904)

Lackawanna Coal & Coke Co. #3 plant ca 1922, located between Wehrum and Vintondale (Denise Weber)

Blacklick Inn, Wehrum, Pa. ca 1925 (Denise Weber)

Blacklick & Yellow Creek Railroad locomotive 1907. Charles Gill standing on cab (Denise Weber)

The Home Defender

Published Annually in Defense of the Homes by Indiana Co. Woman's Christian Temperance Union

OFFICERS.

President, Mrs Eva G Thompson, Indiana
Vice President, Miss Jane E Leonard, Normal
Treasurer, Mrs M A Bodenhamer, Indiana
Recording Secretary, Mrs M W Bell, Saltsburg
Corresponding Sec, Miss May Pearce, Saltsburg
Organizer, Mrs T C Watson, Blairsville

Superintendents of Departments.

Soldiers and sailors, Mrs R Y Elder; Sabbath Observance, Mrs Bell L Fowler, Saltsburg. Work Among Railroad Employes Mrs M J Leard; Press Work, Mrs C A Sloan Legislative, Mrs T C Watson, Blairsville. Evangelistic, Mrs Bell T Thompson; Narcotics, Mrs S C Lowry Social Meetings Mrs D A Cunningham; Jail Work, Mrs Renie S Thompson; Temperance Instruction in Schools Mrs F S Crawford Loyal Legion, Miss Harriet J McAnulty, Indiana. Franchise, Miss Marie Moore Rochester Mills; Sunday School Work, Mrs Mary Remaley, Eldersridge; Work Among Foreigners, Mrs Mary Berry, Homer City; Temperance Light Bearers, Mrs Ada B Kinter, Marion Center.

Loyal Temperance Legion

MOTTO, TREMBLE KING ALCOHOL, WE SHALL GROW UP.

Eldersridge—L T L Superintendent, Miss May McLaughlin
Indiana- Superintendents, Mrs Lee E Perry, Mrs. Della Graffiam, Miss Bell O'Neil.
President, Miss Maude Widdowson
Secretary, Florence Stahl
Treasurer, Herman White
Marion Center—Superintendent, Mr Norman Loughry
Wehrum—Superintendent, Miss May Cornman

"When every woman is a member of the Woman's Christian Temperance Union or some other equally aggressive organization the days of the liquor traffic are ended."

Directory..

Blairsville— President, Mrs M J Laird
  Secretary, Mrs M H Watson
  Treasurer, Mrs M E Hamilton
Clarksburg— President, Miss Boyd Black
  Secretary, Miss Vernie Ferguson
  Treasurer Miss Dollie Marshall
Creekside— President, Mrs Ida L Mahan
  Secretary Mrs Leda Frech
  Treasurer, Mrs Della Bohel
Eldersridge President, Mrs M D Remaley
  Secretary, Mrs Emma Baker
  Treasurer, Mrs M M France
Homer City President, Mrs Sarah Rumbaugh
  Vice President Mrs Nannie Allison
  Secretary Mrs Bell Evans
  Treasurer, Mrs Mary Berry
Indiana President, Mrs Bell T Thompson
  Vice President, Mrs Mary Bruce
  Secretary, Miss Harriet McAnulty
  Treasurer, Mrs S C Lowry
Juneau—President, Mrs Jennie Wineberg
  Secretary, Mrs Eva Stiver
  Treasurer Mrs Margaret Kanouff
Marion Center President, Mrs M J Lang
  Secretary, Mrs Ada B Kinter
  Treasurer Mrs W F Foresman
Rochester Mills President, Mrs Marie Moore
  Secretary, Miss Iva Doty
  Treasurer, Mrs Mary Given Work
Saltsburg—President Mrs Emma Wilson
  Vice President, Mrs Eleanor Ewing
  Secretary Mrs Ida Trimble
  Treasurer, Mrs Anna Getty
Trade City President, Mrs Henry Miller
  Secretary Mrs William Domb
  Treasurer, Mrs Joseph Gamble

EDITORIAL.

"With malice toward none and charity for all" and only sorrow for the necessity, we send this issue out to our readers, the friends of the home. Upon the existence and happiness of the home depends the existence of the country. Home makes the man. Jacob Riis says, "a man cannot live like a pig and vote like a man"—hence to have even good citizens we must preserve the homes from the saloon. The home and the ballot are the corner stones upon which our free institutions rest, destroy the home, corrupt the ballot and free government in a country like this is a failure. The liquor saloon aims its deadly blow at both. The saloon influence is for sale to the highest bidder.

At a convention of Methodists a distinguished Divine said "I would like to see the man who by purchase, intimidation or miscount attempt to destroy the ballot, die for it." The man who would destroy the ballot assassinates the principles that underlie the rights of all men. The liquor traffic des'roys the ballot, perverts it, corrupts it even in Indiana county.

A district attorney addressing a jury not long ago said: "I have defended 1,000 persons for crime and I know the saloon is the robber's retreat, the house-breaker's pawnshop, the burglar's cache, the foot pad's fence, the assassin's alibi." He added, marshal your forces, concerted and determined and oppose its relentless ways against home and society.

LICENSE GRANTED AT INDIANA.

There were but two licenses granted at Indiana where nine were remonstrated against. The Clawson House, First ward, had on its petition the names of 125 voters, and on the remonstrance there were 54 voters, 183 women and 14 minors.

The New American House, Fourth ward, contiguous to the depot, convenient for traveling men, speakers, lecturers, troupes, &c, it was alleged needed to be a hotel with luxuries and these luxuries could not be provided at 50c a meal, hence it was argued that to provide luxuries for the people whose aesthetic tastes and habits demanded such things, it was better to take bread from the mouths of hungry children, fuel from the hearthstones of the poor, pennies from the needy mothers, in fact to drag down, debauch, degrade, damn hundreds by the drink route in order that a few rich, luxurious folks might be better fed, furnished with costlier rooms, surrounded with more beautiful embellishments, and hence license was granted W. L. Allen.

We are unable to see the logic from which such a conclusion was deduced, Unable to see why many hundreds must be ruined that a few may be benefitted; why children must be robbed of their heritage, why lives must be ruined and souls damned in order that rich meals may be served to rich guests, and yet that was the process of reasoning that won a license to sell at the American House, by the bottle to the man who wants to carry it home and beat his wife, or over the bar to the more fastidious.

On the American House petition there were 78 voters asking for the license while on the remonstrance against it were 81 voters, 178 women and 16 minors. There are 21 licensed hotels in the county and only eight of these had remonstrances filed against them. People had grown weary petitioning and having no attention paid to their pleas.

The Home Defender n.d. published 1905
by Indiana Co. Woman's Christian Temperance Union

Historic old stone houses in Blairsville before razing began February 23, 1967. The Blairsville Redevelopment Authority disregarded numerous strong protests (William F. Graff, Indiana Evening Gazette)

Rebecca B. Hadden (left) named Saltsburg "Canal Days Queen" June 1993. The "Old Stone House Museum" (see I:62-A) was renamed Rebecca B. Hadden Stone House Museum in her honor. Charles Gebrielson (center) purchased the structure during the 1960's and allowed the Saltsburg Area Branch Historical Society to purchase it interest free as money became available. On the right is Dorothy Pless, president of the Society, with a cotton throw presented to Mrs. Hadden depicting historic Saltsburg scenes. Mary Lee Cunningham, chair, Canal Days 1993, is behind Mr. Gabrielson. (Indiana Gazette June 7, 1993)

Star design from which was suspended a large chandelier in Einstein's Opera House, Blairsville. See II:174-J. Uncovered during renovation in 1986 (William F. Graff, Indiana Gazette)

John Graff House, South Liberty Street, Blairsville, erected 1835
(Bill Graff Jr., Indiana Gazette)

This is a Warning

——FROM——

The Old Residents of Stewart St.

TO ALL THE WOMEN
of This Neighborhood

Who are Known to Have a Bad Reputation

They haven't fooled the neighbors as much as they though they had, and unless they reform, steps will be taken to rid the neighborhood of these prostitutes.

Ex-Boarding House Mistresses, take notice.

Stewart St. Old Citizens

Leaflet distributed in Blairsville early 1900's
(Hist. Soc. Blairsville Area)

Conemaugh Iron Works plant under construction, Blairsville Feb. 17, 1926. Later occupied by FMC Materials Handling Division (Hist. Soc. Blairsville Area)

1) The Indiana County American published at Homer City weekly by David F. & Harry L. Berry. This issue April 18, 1924. First issue September 10, 1910 (Hist. & Geneal. Soc. of Indiana Co.) **2)** Indiana County National Sept. 7, 1883, organ of the Greenback-Labor Party. It was published in the Indiana Messenger office. The first issue appeared the third week of September 1878 (Hist. & Geneal. Soc. of Indiana Co.) **3)** Indiana County Journal, Homer City January 7, 1932. Began October 1926 published by H. L. Reed, John D. George, editor. Another Indiana County Journal was published in Glen Campbell ca 1899, discontinued ca 1911. (Hist. & Geneal. Soc. of Indiana Co.) **4)** The Clymer Sun April 30, 1943, published by Howard Crops in the Indiana Countian office. Began about June 1942 (Hist. & Geneal. Soc. of Indiana Co.) **5)** The Cherry Tree News Centennial edition, August 2, 1922 (vol. 1, no. 6) (Hist. & Geneal. Soc. of Indiana Co.)

1) The Saltsburg Press April 9, 1879. First issue appeared September 15, 1875 financed by a stock company and published by John & William McWilliams. Continued under numerous owners until the last issue Sept. 10, 1985. See vol. III;56-P,306-L. **2)** The Indiana Democrat September 14, 1865. First issue was May 7, 1862 published by James B. Sansom and afterward by his son, Franklin Sansom, and others until ca 1950.

3) Marion Center Independent February 21, 1929. First issue Dec. 24, 1881 as Marion Independent. See vol. II:94. After death of Charles Griffith, editor & proprietor, Sept. 26, 1935, it was continued under various management until ca 1963. **4)** Blairsville Enterprise February 6, 1885. First issue early April 1880. Various management until 1886 when Joseph Moorhead assumed control. Later sold to Blairsville Courier. **5)** Blairsville Reporter September 12, 1891. First issue July 1890 published by James A. Wolf & Milton G. France. It only lasted a few years. **6)** Blairsville Independent February 26, 1880. First issue October 1879 published by John C. Layton & James A. Wolf. Short duration.

1) The Cherrytree Record souvenir edition November 17, 1894 at the time of dedication of the Treaty of Fort Stanwix Monument. First issue published September 8, 1880 by M.J. Shannon. Published for a time as Grant Record. Date of discontinuance unknown.

2) The Indiana Progress October 28, 1914 at time of dedication of Indiana Hosptial. First issue ca January 1870 published by R.M. Birkman. Various management afterward until 1887 when A.T. Moorhead assumed control, succeeded by his sons, Albert S. & A. Ralph Moorhead. Sold to the Indiana Evening Gazette. Last issue was April 14, 1946.

3) Blairsville Daily Courier April 19, 1904. This was the first daily newspaper in Indiana County. First issue as Evening Courier March 5, 1894, J.D. Berry, editor & publisher. Continued 1905 as Blairsville Weekly Courier until 1917 when it was sold and name changed to Blairsville Dispatch in 1920.

First building, regular Baptist Church, Indiana (Hist. & Geneal. Soc. of Indiana Co.)

Recreated band of the "Wildcat" 105th Regiment at Harper's Ferry July 3, 1994. The instruments are actual period antiques of the Civil War era restored to working order, and the music the band plays is also Civil War era. Several members of the original Wildcat Band 1861 had been members of the Indiana Countians in 1992. This fact inspired B.J. Pino Jr. to undertake the recreation with able assistance of several other Indiana Countians in 1992. Left to right seated or on the ground are Bob Murphy, Nick McFerron (facing away from camera), B.J. Pino (3d generation), Jon McDowell, Rudy Bruno, Matt Amendt, Sherman Good, Joe McFerron, Dr. Edward McDowell, Bruno J. Pino Sr. (Bandmaster), two unidentified reclining on ground, Richard McFerron, B.J. Pino Jr. (Band leader), Greg Caivetti, Ron Freda, unidentified boy in front of tent. Left to right standing: Scott Pappal, Tom Shadle, Larry Peterson, Mark Elrod, Tim Palmer, Dennis Emert, Don Amendt, Jason Krecota, Casey Moore, Paul Maybery, Michael Clopp, Jim Bruno. Photo by Ron Juliette

Strobel's Airship at the 1909 Indiana County Fair (see vol. II pp. 335-6) (Indiana Gazette)

Doughboy Statue, Memorial Park, Indiana.
See vol. II:420-21.

Shaft, Lucerne, Pa., near Homer City, Pa.

(Hist. & Geneal. Soc. of Indiana Co.)

Air view Conemaugh Dam and site of Pennsylvania Canal tunnel & aqueduct (U.S. Army Engineer Corps)

B. R. & P. R. R. Depot, Indiana, Pa.

Passenger coaches at B. R. & P. Station, now the "Train Station Restaurant"

National Guard Armory, Wayne Avenue, Indiana April 1989. Constructed 1922 and an addition 1929.

Patterson Mill, Saltsburg July 2, 1971

John G. McCrory Home, Brush Valley Township, October 1971

American Legion Building, Indiana April 1989. Constructed ca 1829 as an inn by W.W. Caldwell and later known as the "Black Horse Inn" or "Black Mule", Farmers and Drovers Hotel, and Central Hotel.

Note streetcar.

West Indiana Public School erected 1870-71, originally four rooms. Four-room addition 1889. Another addition 1922. Named Thaddeus Stevens School April 1931. Sold to Indiana State College 1961.

Musser Nursery #3 and lake October 1970. Constructed 1953

Alex Stewart Home, North Seventh Street (Vinegar Hill), Indiana

Devil's Elbow, eastern side of Two Lick Creek, Cherry Hill Township (John Busovicki)

Governor John S. Fisher Home, North Sixth St., Indiana, April 1970

Works Progress Administration dam and cement marker on Little Mahoning at Savan. Completed March 28, 1938

813

Erected 1908-09, now Horace Mann School. Four rooms added 1916.

High School, Indiana, Pa.

Dr. Robert Mitchell Home, north side of Philadelphia St. between Fifth & Sixth St. Note old streetcar on left converted to Dean's Diner (Hist. & Geneal. Soc. of Indiana Co.)

Thomas White stone house, White's Woods. Compare with vol. IV:202-M. (Hist. & Geneal. Soc. of Indiana Co.)

817

Moore Hotel and Pennsylvania Railroad Depot (Pyle & Russell Collections)

Certificate, Washington Temperance Benevolent Society to Alexander H. Thompson February 22, 1843.

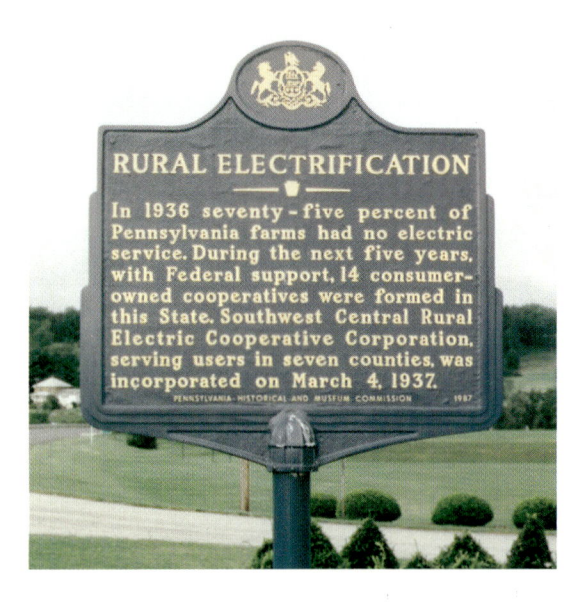

Pennsylvania Historical & Museum Commission roadside marker erected 1987.

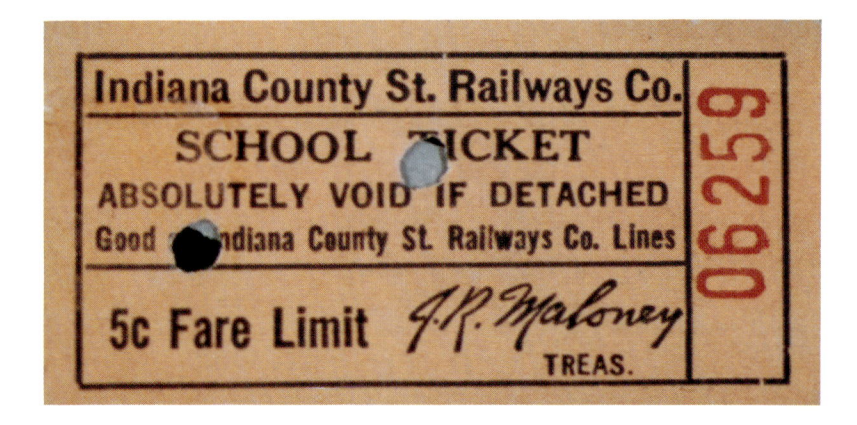

John Montgomery tombstone, Ebenezer Presbyterian Cemetery, Conemaugh Township. Revolutionary veteran and member George Washington's life guard. Montgomery Township named in his honor.

Eliza Furnace September 1971. Erected 1846-47.

Grace United Methodist Church, Indiana

"Cherry Tree Joe" McCreery tombstone, Cherry Tree Cemetery. See Folklore Notes, Appendix 9. (Hist. & Geneal. Soc. of Indiana Co.)